Interactive Computer Graphics

A Top-Down Approach with Shader-based OpenGL

OpenGL을 이용한 컴퓨터 그래픽스

6th Edition

구자영 | 권오봉 | 김욱현 | 김재준 | 백낙훈 | 정회경 옮김

Edward Angel • Dave Shreiner

홍릉과학출판사

Preface

저자 머리말

6판에서 새로워진 점들

- 최신의 셰이더 기반의 OpenGL을 사용한다.
- OpenGL 3.1에서 반감을 샀던 OpenGL 함수들을 사용하지 않는다.
- 응용코드와 셰이더 모두에서, 변환과 관측의 구현을 보다 상세히 기술한다.
- OpenGL ES 2.0과 WebGL과의 호환성을 유지한다.
- C 대신에 C++를 사용한다.
- OpenGL Shading Language(GLSL)과의 호환성을 갖는 응용코드를 작성하기 위해서 벡터와 행렬 클래스를 추가한다.
- 정점당 조명(per-vertex lighting)과 단편당 조명(per-fragment lighting)을 다룬다.
- 다각형 삼각분할과 Delaunay 삼각분할을 추가한다.
- 볼륨 렌더링(volume rendering)을 소개한다.
- OpenGL 3.1과의 호환성을 위해서 모든 코드 예제들이 재작성 되었다.
- OpenGL Programming Guide의 저자인 David Shreiner가 공저자로 추가되었다.

이 책은 응용 프로그램에 중점을 둔 컴퓨터 그래픽스 입문서이다. 1997년에 발간된 초판은 표준 그래픽스 라이브러리와 하향식 접근 방식을 처음 사용했다는 점에서 혁명적이었다. 이후 다섯 번의 개정판이 출간되며 13년이 지나는 동안 이 책의 접근방식은 거의 모든 컴퓨터 그래픽스 입문과정에서 채택되었고 대부분의 다른 교재들도 이 방식을 따르게 되었다.

최근 수년 동안에 일어난 그래픽스 하드웨어의 주요한 변화는 그래픽스 소프트웨어에 중대한 변화를 가져왔다. OpenGL이 발표된 후 처음 15년 동안은 새로운 버전들이 발표될 때 항상 후향 호환성(backward compatibility)을 유지했다. 소프트웨어가 업그레이드 될 때 기존의 코드를 재사용할 수 있다는 점은 응용프로그램 개발자들이나 그래픽스를 가르치는 사람들에게 큰 장점이었다. OpenGL 3.0은 많은 주요 변경들을 발표했는데 그 중 주요한 것은 OpenGL 3.1부터는 많이 사용되는 함수들이 폐기되었다는 점이다. 이처럼 이전 버전으로부터 급진적으로 벗어난 것은 최신의 programmable graphic unit(GPU)들의 기능을 활용하기 위한 변화들 때문이다. 이러한 변화들은 무선전화나 태블릿 등의 모바일 기기에서 응용 프로그램을 개발하기 위해서 사용되는 OpenGL ES 2.0과 대부분의 최신 브라우저들에서 지원되는 WebGL에서도 일어난다.

이 책 이전의 다섯 번째의 개정판의 저자로서, 또한 OpenGL Programming Guide (Edward)와 OpenGL ES 2.0 Programming Guide(Dave)의 저자로서 우리는 이러한 변화에 어떻게 대처할 지에 대한 딜레마를 겪어왔다. 우리는 여러 해 동안 책들을 펴냈고 OpenGL 입문과정을 SIGGRAPH에서 가르쳤다. 대학에 있는 사람들이나 고급 게임업계 외부의 응용 프로그래머들 가운데 이러한 변화를 안 사람은 거의 없었고 이 사실을 알았던 동료들도 우리가 이 개념을 입문과정에서 가르칠 수 있다고는 생각하지 못했다. 이것은 우리가 저항할 수 없는 도전이었다. 우리는 SIGGRAPH에서 반나절 과정을 시작했고 이것을 통해서 기초단계 이상의 셰이더 기반 OpenGL 응용 프로그램의 경험이 없는 사람들에게 기존의 OpenGL 버전에 약간의 강의를 더함으로써 가르칠 수 있다는 사실을 확신하게 되었다.

우리가 이 책을 개발했을 때 이러한 접근 방식이 가능할 뿐만 아니라 컴퓨터 그래픽스를 배우는 학생들에게 보다 유익하다는 확신하게 하는 또 다른 이유를 발견하게 되었다. 불과 최근까지만 해도 우리는 OpenGL이 Windows, Linux, Mac OS X 등에서 사용 가능하므로 학생들이 선호하는 환경에서 가르칠 수 있다는 장점을 강조하였다. 그러나 이제는 OpenGL ES와 WebGL을 통해서 자신의 무선전화나 웹브라우저를 위한 응용 프로그램을 개발할 수 있게 되었다. 이러한 점은 컴퓨터 그래픽스를 배우거나 가르치는 사람 모두에게 새로운 교육적 또는 상업적 기회를 열어줄 것이다.

보다 중요한 점은 OpenGL의 새로운 버전에서 대부분의 디폴트들과 고정 기능의 파이프라인을 제거한 점이다. 얼핏 보면 이러한 제거가 처음 과정을 많이 어렵게 하는 것처럼 보인다. 좀 더 어려워진 것이 사실이겠지만 보다 큰 장점이 있다. 대부분의 학생들은 이러한 함수들을 의존하고 교재나 강사가 가르치는 것에 크게 주의를 기울이지 않는 경향이 있었다. 그들이 투시관측이나 조명을 수행하는 내장된 함수를 사용하는 것을 막을 수 없었다. 그러나 이러한 함수들이 제거되고 학생들이 자신의 과제를 수행하기 위해서 자신의 고유한 셰이더를 작성할 수밖에 없게 된 지금 그들은 배경이 되는 파이프라인과 수학을 이해해야만 하게 되었다.

하향적 접근

최근의 이러한 발전과 이전 판들의 성공에 의해서 컴퓨터 그래픽스 입문과정에서는 하향적이고 프로그래밍 지향적으로 접근해야 한다는 생각이 더욱 굳어졌다. 요즈음 많은 컴퓨터 과학이나 공학과에서 컴퓨터 그래픽스를 두 과목 이상 제공하지만 많은 학생들은 한 과목만을 수강할 것이다. 이러한 과목은 커리큘럼 상에서 학생들이 프로그래밍, 알고리즘, 소프트웨어 공학 및 기초 수학을 배운 후에 배우게 되어있다. 컴퓨터 그래픽스는 이러한 과목들을 바탕으로 유익하고 재미있게 강의될 수 있다. 우리는 학생들이 가능한 빨리 삼차원 응용들을 프로그램하게 되기를 바란다. 선 그리기라든지 다각형 채우기 등의 하부 알고리즘들은 학생들이 그래픽스를 생성한 후에 다루어질 수 있다.

컴퓨터 교육의 선구자인 John Kemeny는 컴퓨터 이해에 있어서 프로그래밍의 강조점을 주기 위해 우리에게 친숙한 자동차 비유를 사용한다. 자동차의 이해를 위해서 자동차 덮개 밑에 무엇이 있는지를 알아야 할 필요가 없다는 것을 그도 인정하지만 프로그램을 할 수 없다면 운전을 한다기보다 뒷자리에 앉는 것과 같은 것이다. 마찬가지 비유가 컴퓨터 그래픽스를 가르치는 방식에도 적용된다. 하나의 접근 방식인 알고리즘적 접근방법은 자동차가 동작하도록 하는 모든 것들 즉, 엔진, 변속기, 연소과정 등을 가르치는 것이다. 두 번째 접근 방식인 개관식 접근방법은 운전기사를 고용해서 뒷자리에 앉은 채로 구경꾼으로 세상을 보는 것과 같은 것이다. 세 번째 접근 방법인 프로그래밍적 접근 방법은 우리가 이 책에서 택한 방식으로 운전 방식을 가르치고 당신이 가고 싶은 곳으로 어떻게 갈 수 있는가를 가르치는 것과 같은 것이다. 오래된 자동차대여 광고에서는 이렇게 말하곤 했다. "우리가 당신을 운전석에 앉혀드리겠습니다."

OpenGL과 C++를 이용한 프로그래밍

Edward(제1저자)가 25년 전에 컴퓨터 그래픽스를 가르치기 시작했을 때 프로그래밍 지향적인 과목을 개설하고 교재를 쓰는 일에서 가장 어려웠던 점은 널리 받아들여지는 그래픽스 라이브러리 즉 API(Application Programmer's Library)가 없다는 점이었다. 뿐만 아니라 높은 비용, 한정된 가용성, 일반성의 결여, 및 높은 복잡성 등도 어려움이 되었다. OpenGL이 개발됨으로써 다른 API들(GKS나 PHIGS)이나 개별적으로 제작되었던 소프트웨어들에 대해서 겪었던 이러한 많은 문제점을 해소되었다. 오늘날 OpenGL은 모든 플래트폼에서 제공된다. Microsoft Windows와 Apple Ma OS X에서 번들 소프트웨어로 제공된다. 거의 대부분의 그래픽스 카드를 위한 드라이버가 제공된다. 대부분 리눅스 시스템에 포함된 Mesa라고 하는 OpenGL API도 있다.

그래픽스 강좌가 특정 API를 가르치는데 머무는 것은 아니지만 좋은 API를 가지고 있으면 삼차원 그래픽스, 음영법, 클라이언트 서버 그래픽스, 모델링, 구현 알고리즘 등 그래픽스의 핵심적 주제들을 가르치기가 용이하다. OpenGL의 광범위한 성능과 잘 정의된 구조는 이 분야의 이론과 실제적인 면 모두를 잘 가르치고 텍스처 매핑, 합성(compositing), 프로그래머블 셰이더와 같은 새로운 기능들을 가르치기 위한 보다 강력한 기반으로 사용된다.

Edward는 약 15년 전에 강좌를 OpenGL로 전환하였는데 그 결과는 놀라운 것이었다. 학기의 중간쯤 되었을 때 "모든" 학생들이 삼차원 관측과 이벤트 구동 입력의 이해를 필요로 하는 상당히 복잡한 삼차원 프로그램을 작성할 수 있게 되었다. 지금까지 컴퓨터 그래픽스를 가르쳐 오는 동안 이와 비슷한 성과도 낸 적이 없었다. 이 강좌가 이 책의 초판을 쓰는 동기가 되었다.

이 책은 컴퓨터 그래픽스 교재이지 OpenGL 매뉴얼은 아니다. 따라서 OpenGL API의 모든 면을 다루지 않고 이 책의 내용을 숙지하는데 필요한 것만을 설명한다. 나는 다른 API의 사용자가 큰 어려움을 느끼지 않는 수준에서 OpenGL을 설명한다.

이전의 판들과는 달리 이 책에서는 C 보다는 C++가 주된 프로그래밍 언어로 사용된다. 그 이유는 GPU를 제어하는 프로그램인 셰이더를 작성하는데 사용되는 OpenGL Shading Language(GLSL)와 관련이 있다. GLSL은 벡터와 행렬을 포함하는 기본 자료형과 이들을 다루는 중복된 기본 연산자를 제공하는 C 형태의 언어이다. OpenGL의 모든 최신 버전들에서는 모든 응용 프로그램들에게 두 개의 셰이더를 제공해야 한다. 따라서 C++에서 지원되는 이 기능들을 사용할 필요가 있다. C++의 바로 이 부분(단순 클래스, 생성자, 중복된 연산자들)만을 사용함으로써 응용 프로그램이나 셰이더에서 거의 동일한 코드를 사용하여 변환이나 조명과 같은 그래픽스의 기본개념들을 구현할 수 있다. 또한 이 책의 웹 사이트에서 제공되는 간단한 벡터와 행렬 클래스를 사용함으로써 보다 명료하고 짧은 코드를 작성할 수 있다. Java나 C로 시작한 학생들은 이 책의 코드에 약간의 어려움을 겪을 수 있다.

기대되는 독자들

이 책은 전산과학이나 공학 분야의 학부 상급생이나 대학원 1년생 및 프로그래밍 기술을 갖춘 다른 분야의 학생들에게 적합하다. 이 책은 많은 전문인들에게도 유용할 것이다. 우리는 백 회 정도의 전문인을 위한 단기 강좌에서 가르쳤었는데 그 학생들과의 경험이 이 책에 포함된 많은 부분들을 결정하는데 영향을 미쳤다.

이 책을 위한 기초 지식은 C++, Java, 또는 C 프로그래밍 기술과 기본적인 자료구조들(연결 리스트, 트리)에 대한 이해, 선형대수와 삼각함수의 기초 지식이다. 컴퓨터 과학 전공의 학생들은, 학부생이나 대학원생이나 마찬가지로, 다양한 수학적 배경을 가지고 있음을 알게 되었다. 따라서 컴퓨터 그래픽스에 필수적인 선형 대수와 기하학의 많은 부분들을 이 교재에 포함시키기로 하였다.

이 책의 구성

이 책의 구성은 다음과 같다. 1장에서는 이 분야를 개관하고 광학 장치에 의한 영상 형성을 소개한다. 따라서 삼차원 개념을 즉시 시작한다. 2장에서는 OpenGL을 이용한 프로그래밍을 소개한다. 우리가 개발하는 첫 프로그램이 이차원이지만-매 장마다 한 개 이상의 완전한 프로그래밍 예제를 포함한다-이것은 삼차원 환경 하에 포함된 것으로서 다루며 삼차원 확장으로 쉽게 연결된다. 대화식 그래픽스를 소개하고 이벤트 구동 그래픽스 프로그램을 개발한다. 3장과 4장에서는 3차원 개념에 집중한다. 3장은 3차원 객체의 정의와 조작과 관련된 것들을 다루며 4장에서는 그것들에 대한 관측을 다룬다. 5장에서는 광-재질 상호작용과 음영 처리를 소개한다. 이 장들은 순서대로 다루어져야 하고 대략 15주 학기 중 10주 정도에 마쳐질 것이다.

다음 6개의 장들은 임의의 순서대로 읽어도 된다. 6개의 장 모두 개방적이며 개관 수준에서 다루어 질 수도 있고 개별 주제들이 깊이 있게 추구될 수도 있다. 6장은 래스터화에 대해서 다루고 있다. 여기서는 절단, 선분생성, 다각형 채우기 등의 기본적 단계들에 대한 각각 한 두 개 정도의 주된 알고리즘을 소개한다. 7장에서는 현제 그래픽스 하드웨어와 OpenGL이 지원하는 새로운 이산적 기능들을 소개한다. 이 모든 기법들은 다양한 버퍼의 사용과 관련되어있다. 컴퓨터 그래픽스에서의 앨리어싱에 대해서도 간략히 다루고 있다. 6장과 7장에서는 대화식 그래픽스 시스템에서 사용되는 표준적 관측 파이프라인에 대한 논의를 결론짓는다.

8장에서는 계층적 모델링이라는 제목으로 느슨하게 결합된 몇 가지 주제들을 다루고 있다. 여기서는 모델의 부분들 간의 관계를 포함하는 모델의 구축으로부터 인터넷 공간에서의 그래픽과 절차적 기법 등의 고수준 접근법까지 다루고 있다. 여기에는 단순한 장면 그래프 API와 Open Scene Graph에 대한 소개가 포함된다. 9장에서는 입자 시스템, 프랙탈과 절차적 노이즈 등과 같은 절차적 방법들을 소개한다. 10장에서는 곡면의 분할을 포함하는 곡선과 곡면을 다룬다. 11장에서는 다른 접근 방식을 취하는 렌더링을 살펴본다. 여기에는 광선추적의 확장된 논의와 라디오시티, 그리고 영상기반 렌더링과 병렬 렌더링들도 소개된다.

이 책의 앞부분에 나오는 프로그램들이 부록 A에 포함되어있다. 이것들은 온라인상에서도 접근할 수 있다(보조 자료 항목을 보라). 부록 B와 부록 C는 배경이 되는 수학을 복습한다. 부록 D는 이 책에서 사용되는 OpenGL 함수들의 개요를 보여준다.

5판과의 차이점

초판에서 5판까지에 대한 독자들의 반응은 압도적으로 긍정적이었고 특히 OpenGL과 하향식 접근을 사용한 것에 대해서 그러했다. 각 개정판들에서 이 분야에서 새로이 일어나는 일들을 따라가기 위해서 내용이 추가되었지만 특히 5판에서는 프로그래머블 셰이더와 OpenGL Shading Language를 소개함으로써 중대한 변화가 있었다. 기존의 OpenGL 버전들은 후향 호환성을 가지므로 이 내용들은 어느 정도 선택적이었다. 대부분의 강사들은 처음 6 개의 장들에 집중하고 프로그래머블 셰이더를 다루지 않았다.

서문의 앞부분에서 언급했지만 최신의 OpenGL에서는 모든 응용 프로그램이 셰이더를 제공해야 한다. 기하학적 속성의 지정, 변환, 및 조명 매개변수의 지정을 위한 초기 버전의 기본적 함수들이 폐기되었다. 따라서 프로그래머블 셰이더와 GLSL을 2장에서 소개해야 하게 되었다. 많은 예제들은 이전 개정판들과 같은 출력을 만들지만 코드는 많이 다르다.

우리는 대화적 요소들의 핵심을 2장에 포함시키고 입력과 대화적 요소에 관한 별도의 장을 없애기로 하였다. 따라서 2장은 조금 길어졌지만 이전 판들에 비해서 프로그래머블 셰이더에 관해서 추가된 내용은 첫 프로그래밍 과제를 조금 지연시킨 것 정도로 느끼게 되었다.

프로그래머블 셰이더는 핵심적 그래픽스 기능을 어디에서 실행할 것인지에 대한 선택권을 프로그래머에게 준다. 특정 토픽에 대해서 어떤 내용들은 이러한 선택들을 함께 보여줄 수 있었다. 예를 들면, 정점 셰이더 내에서나 단편 셰이더 내에서의 조명 계산을 수행하는 것을 모두 5장에서 다루고 있다.

이전 판에서 1-6장의 핵심 내용들에 대해서는 긍정적 평가가 있어 왔기 때문에 이 부분들(6판의 1-5장)에 대한 변경은 최소화 하였다. 1-5장의 내용은 여전히 컴퓨터 그래픽스의 입문과정에서 핵심 내용이다. 6-11장의 내용들은 임의의 순서로, 한 학기 과정의 서베이 또는 두 학기 과정을 위한 기초로 다루어 질 수 있다.

보조 자료들

이 책에 대한 최신 보조 자료들은 저자의 웹사이트인 www.cs.unm.edu/~angel과 Addison-Wesley의 사이트인 www.aw.com/cssuport 에서 구할 수 있다.

보조 자료들은 모든 독자들에게 제공가능하며 다음의 것들을 포함한다.

- OpenGL에 대한 정보들
- 대부분 시스템들에서 OpenGL을 시작하는 방법들
- 보다 안정적인 OpenGL 응용 프로그램 작성을 위한 추가적 자료들
- 프로그램 코드
- 선별된 연습문제의 해답
- PowerPoint 강의
- 책의 그림들

프로그램이 아닌 연습문제에 대한 해답을 포함한 다른 보조 자료들은 이 책을 교재로 사용하는 강의자들에게만 www.pearsoninternationaledition.com/angel에서 제공된

다. 이 자료들에 대해서는 Addison-Wesley와 상의하기 바란다.

감사의 글

Edward는 지난 수 년 동안 UNM의 훌륭한 학생들과 함께 작업할 수 있었던 것은 행운으로 여긴다. 그들은 처음으로 내가 OpenGL에 관심을 갖도록 하였고 나는 그들로부터 많이 배웠다. Hue (Bumgarner-Kirby) Walker, Ye Cong, Pat Crossno, Tommie Daniel, Chris Davis, Lisa Desjarlais, Kim Edlund, Lee Ann Fisk, Maria Gallegos, Brian Jones, Christopher Jordan, Max Hazelrigg, Sheryl Hurley, Thomas Keller, Ge Li, Pat McCormick, Al McPherson, Ken Moreland, Martin Muller, David Munich, Jim Pinkerton, Jim Prewett, Dave Rogers, Hal Smyer, Takeshi Hakamata, Dave Vick, Brian Wylie, 및 Jin Xiong이 그들이다. 색 그림판의 많은 예제들은 이 학생들이 만든 것들이다.

이 책의 초판은 Edward의 안식년 기간 동안에 쓴 책이다. 여러 부분들을 다섯 개의 다른 나라에서 썼다. 내게 장비를 사용할 수 있도록 하여준 많은 사람들과 기관들의 도움이 아니었으면 이 일은 완성될 수 없었을 것이다. Universidad de los Andes (Venezuela)의 Jonas Montilva와 Chris Birkbeck, Universidad Tecnologica Equinoccial (Ecuador)의 Rodrigo Gallegos와 Aristides Novoa, National Tsing Hua University (Taiwan)의 Long Wen Chang, Chinese University of Hong Kong의 Kin Hong Wong과 Pheng Ann Heng 등에게 감사한다. ISTEC의 Ramiro Jordan과 the University of New Mexico 덕분에 많은 방문들이 가능했었다. University of New Mexico의 John Brayer와 Jason Stewart와 Addison-Wesley의 Helen Goldstein은 내가 어디에 있든지 내게 필요한 자료들을 제공해 주었다. 그의 웹사이트는 초판을 쓰는데 그 자신이 경험했던 모험들을 포함하고 있다.

NVIDIA의 David Kirk와 Mark Kilgard 는 친절하게도 최근의 알고리즘을 테스트하는데 카드들을 제공하였다. 다른 사람들도 많은 도움을 주었다. Ben Bederson, Gonzalo Cartagenova, Tom Caudell, Kathi Collins, Kathleen Danielson, Roger Ehrich, Robert Geist, Chuck Hansen, Mark Henne, Bernard Moret, Dick Nordhaus, Helena Saona, Dave Shreiner, Vicki Shreiner, Gwen Sylvan, 및 Mason Woo에게 감사한다. Mark Kilgard, Brian Paul, Nate Robinson은 OpenGL 코드가 다양한 플래트폼 상에서 개발될 수 있도록 하는 소프트웨어를 생성함으로써 OpenGL 커뮤니티에 기여하였다.

University of New Mexico에서, the Art, Research, Technology, and Science Laboratory(ARTS Lab)과 Center for High Performance Computing이 Edward의 프로젝트를 지원했다. Computer Science Department, College of Fine Arts의 Arts

Technology Center와 the National Science Foundation, Sandia National Laboratories, Los Alamos National Laboratory 등이 나의 많은 학생들과 프로젝트를 지원했는데 그것을 통해서 이 책의 많은 부분이 가능하게 되었다. David Beining은 Lodestar Astrnomy Center에 소속되었었는데 지금은 ARTS Lab과 함께 하며 Full Dome Project를 위해 많은 지원을 하였다. Sheryl Hurley, Christopher Jordan, Laurel Ladwig, Hue (Bumgarner-Kirby) Walker는 Full Dome Project를 통해서 색 그림판 이미지들을 제공하였다. Hue Warker는 이전의 세 번의 개정판에서 훌륭한 표지를 제공하였고 이 책의 표지도 그녀의 이미지에 사용하고 있다.

Dave(제2저자)는 이 프로젝트에 참여하도록 요청한 Edward에게 먼저 감사한다. 우리는 OpenGL과 어떻게 그것을 가르칠지에 대한 아이디어들을 여러 해 동안 교환했으며 그 개념들을 새로운 독자들에게 제공하는 것을 기쁘게 여긴다. Dave는 Silicon Graphics Computer Systems에서 근무하며 OpenGL을 만들었던 동료들에게 감사하고 API를 계속 발전시킨 Khronos Group의 OpenGL Working Group에도 감사한다. Edward가 언급했듯이 SIGGRAPH는 이 책을 개발하는데 탁월한 역할을 하였고 우리의 아이디어를 개발하는데 실험 자료들을 제공하였다.

초벌 원고의 평자들은 무엇을 포함시켜야하는가, 어느 정도의 수준으로 기술할 것인가에 대한 다양한 관점들을 제시하였다. Gur Saran Adhar(University of North Carolina at Wilmington), Mario Agrular(Jacksonville State University), Michael Anderson (University of Hartford), C. S. Bauer(University of Central Florida), Marty Barrett (East Tennessee State University), Kabekode V. Bhat(The Pennsylvania State University), Eric Brown, Robert P. Burton(Brigham Young University), Sam Buss(University of California, San Diego), Kai H. Chang(Auburn University), Ron DiNapoli(Cornell University), Eric Alan Durant(Milwaukee School of Engineering), David S. Ebert(Purdue University), Richard R. Eckert(Brigham Young University), Jianchao(Jack) Han(California State University, Domingues Hills), Chenyi Hu(University of Central Arkansas), Mark Kilgard(NVIDIA Corporation), Lisa B. Lancor(Southern Connecticut State University), Chung Lee(CA Polytechnic University, Pomona), John L. Lowther(Michigan Technological University), R. Marshall(Boston University and Bridgewater State College), Hugh D. Masterman (University of Massachusetts, Lowell), Bruce A. Maxwell(Swathmore College), James R. Miller(University of Kansas), Rodrigo Obando(Columbus State University), Adrea Salgian(The College of New Jersey), Lori L. Scarlators(Brooklyn College, CUNY), Han-Wei Shen(The Ohio State University), Oliver Staadt(University of California, Davis), Stephen L. Stepoway (Southern Methodist University), Gill Toll(Taylor University), Michael

Wainer(Southern Illinois University, Carbondale), Yang Wang(Southern Methodist State University), Steve Warren(Kansas State University), Mike Way(Florida Southern College), George Wolberg(City College of New York), Xiaoyu Zhang(California State University San Marcos), Ye Zhao(Kent State University), Ying Zhu(Georgia State University)등이 그들이다. 최종 결정이 그들의 관점을 반영하지는 않더라도-서로 간에 상당히 달랐다-원고의 모든 페이지마다 각 평자의 평이 영향을 미쳤다.

본 개정판의 평자들은 특별히 많은 도움을 주었다. Norman I. Badler(University of Pennsylvania), Mike Bailey(Oregon State University), Bedrich Benes(Purdue University), Isabelle Bichindaritz(University of Washington, Tacoma), Cory D. Boatright(University of Pennsylvania), Eric Brown, James Cremer(University of Iowa), John David N. Dionisio(Loyola Marymount University), W. Randolph Franklin(Rensselaer Polytechnic Institute), Natacha Gueorguieva(City University of New York/College of Stan Island), George Kamberov(Stevens Institute of Technology), Hugh Masterman(University of Massachusetts, Lowell), Tim McGraw(West Verginia University) Jon A. Preston(Southern Polytechnic State University) 와 Mill Toll(Taylor University) 등이 그들이다. 그들은 자료들을 검토하였고 우리의 접근방법의 중요성을 인식하였으며 채택할 의사를 표현하였다.

Addison-Wesley의 모든 제작팀에게 감사한다. Peter Gordon, Maite Suarez-Rivas, Matt Goldstein은 6판까지와 OpenGL Primer 책에서 기쁘게 함께 일했던 편집자들이었다. Katherine Harutunian은 Addison-Wesley에서 출판한 나의 모든 책의 제작에서 나를 도와주었다. Windfall Software의 Paul Anagnostopoulos는 언제나 TEX 문제점들을 해결하는데 도움을 주었다. Lyn Dupre에게 특히 감사한다. 만일 독자들이 이 책의 원고를 본다면 Lyn이 이 원고에 대해서 한 경이로운 일을 알 수 있을 것이다.

Edward는 그의 아내 Rose Mary Molnar에게 특별한 감사를 표한다. 그녀는 이전의 책의 그림을 맡았었는데 그 중 많은 것들이 이 책의 그림의 기반이 되었다. 아마도 다른 저자였다면 우리의 동료들이 책을 만드는 과정에서의 기여와 헌신에 대해서 보다 충실히 감사할 수 있었을 것이다. 이 책을 Rose Mary에게 진심어린 마음으로 헌정하지만 그녀의 기여에 대한 충분한 인정은 되지 못할 것이다.

Dave는 그의 아내 Vicki의 지원과 격려에 감사한다. 그녀가 아니었다면 이번 일은 불가능하였을 것이다. 그녀는 따뜻함과 동료애를 주었을 뿐만 아니라 우리의 프리젠테이션과 자료들에 대해서 값진 피드백을 주었으며 OpenGL에 대한 Dave의 노력의 대한 귀한 파트너였다.

Ed Angel
Dave Shreiner

Preface

역자 머리말

21세기의 정보통신기술 혁신에 힘입어 영상정보의 생성, 유통, 소비가 증대되고 있다. 컴퓨터 그래픽스는 영화의 특수효과에서부터 교육훈련, 게임 및 컴퓨터를 이용한 설계과정을 비롯한 광범위한 분야에서 양질의 영상 생성방법을 다루는 분야이다. 시스템 및 알고리즘의 발전으로 인해 컴퓨터 그래픽스의 수요는 지속적으로 증가될 전망이다. 이러한 추세에 따라 컴퓨터 그래픽스가 모든 대학의 전산학 관련 주요 전공과목으로 자리 잡아 가고 있다.

컴퓨터 그래픽스를 배우는 데는 서로 다른 두 가지 영역이 있다. 하나는 기존의 그래픽스 툴들의 기능을 숙지하여서 원하는 영상을 제작할 수 있는 능력을 갖추는 것이고, 다른 하나는 그러한 툴들의 동작 원리를 배움으로써 시스템의 활용도를 높일 뿐 아니라 새로운 요구를 충족하는 새로운 시스템의 개발능력을 갖도록 하는 것이다. 전산학을 전공자로서는 당연히 후자의 능력을 갖추는 것이 바람직할 것이다. 그러나 그래픽스 시스템의 동작원리는 처음 배우는 사람들이 쉽고 재미있게 배우기에는 집중을 필요로 하는 수학적 과정의 이해를 필요로 한다. 이러한 이유로, 환상적 영상을 자기 손으로 만들고 싶은 마음에 컴퓨터 그래픽스 과목을 수강한 학생들이 초기의 흥미를 잃게 되는 경우가 허다하다. 따라서 메마른 원리의 나열이 아닌 스스로 실습하며 그 원리를 하나씩 깨우쳐 가는 것이 처음의 흥미를 지속시키며 컴퓨터 그래픽스를 배우는 방법일 것이다.

원저자인 Edward Angel과 Dave Shreiner는 OpenGL을 이용해서 이 목표를 효과적으로 추구하고 있다. OpenGL이라는 널리 사용되는 특정 소프트웨어를 이용해서 그래픽 결과물을 만들고, 여기에 그치지 않고 이를 통해서 그래픽스 시스템의 내부구조와 동작원리를 습득하게 함으로써 전공자들이 사용법을 넘어선 원리를 알게 하고 새로운 시스템을 개발할 수 있는 능력을 배양시키고자 한다.

원서는 지금까지 6판이 발간되면서 시간의 검증을 받은 책이다. 이러한 책을 통해서 많은 학생들이 컴퓨터 그래픽스에 입문하는데 도움을 받기를 바란다. 번역과정에서 가장 어려운 점은 용어 문제인데, 될 수 있으면 더 많은 사람들이 현재 사용하고 있는 번역을 택하려고 노력했지만 아직도 어색한 부분이 많이 있음을 부인할 수 없다. 앞으로 기회가 있을 때마다 개선되어 가기를 바란다.

이 책이 나오기까지 수고를 아끼지 않은 홍릉과학출판사 관계자들의 노고에 감사를 드린다. 부디 많은 독자들이 이 책을 통해서 컴퓨터 그래픽스의 세계를 즐기게 되기를 바란다.

2014년 역자 일동

Contents

차례

Chapter 05 조명과 음영

Chapter 06 정점에서 단편들까지

Chapter 09 절차적 방법들

Chapter 10 곡선과 곡면

Chapter 01

그래픽스 시스템과 모델

Interactive Computer Graphics

우리가 생활하는데 컴퓨터와 통신 기술의 중요성은 아무리 과장해도 지나치지 않을 것이다. 영화, 출판, 금융, 교육과 같은 다양한 분야의 활동이 계속하여 혁신적인 변화를 이루고 있고 인간이 일생생활을 하는 방법도 그와 함께 많은 변화가 이루어지고 있다. 컴퓨터 그래픽스를 통한 컴퓨터, 네트워크, 복잡한 인간 시각 시스템의 결합은 정보를 표시하고, 가상세계를 보고, 인간과 기계와 통신을 하는 새로운 방법을 이끌어내고 있다.

컴퓨터 그래픽스는 컴퓨터를 이용하여 그림 또는 영상을 생성하는 모든 부분을 포함한다. 이 분야는 대략 50년 전에 **음극선관**(Cathode-Ray Tube, CRT)에 몇 개의 선을 표시함으로써 시작되었다. 또한 실제 물체 사진과 구별할 수 없을 정도의 영상을 컴퓨터로 생성할 수 있다. 현재는 모의 비행훈련 장치를 이용하여 조종사를 훈련하고 가상 환경에 필요한 그래픽스 영상을 실시간으로 생성한다. 컴퓨터 그래픽스 기술만을 이용하여 만든 장편 영화가 비평적인 면과 재정적인 면에서 모두 성공을 거두고 있다. 이 장에서는 컴퓨터 그래픽스 응용에 대하여 살펴보는 것으로부터 시작하여 그래픽스 영상에 대해 전반적으로 알아본다. 이 책의 접근 방식은 컴퓨터 그래픽스와 손으로 그린 그림 또는 사진 같은 익숙한 영상제작 방법과의 관련성에 주목하는 것이다. 이러한 관련성은 응용프로그램, 그래픽스 라이브러리, 그래픽스 시스템의 구조를 설계하는 데 도움이 된다.

이 책에서는 그래픽스 응용프로그램을 개발하는데 널리 표준으로 받아들여지는 특별한 그래픽스 소프트웨어 시스템인 **OpenGL**을 소개한다. 다행히, OpenGL은 배우기 쉬울 뿐 아니라 다른 일반적인 그래픽스 시스템과 많은 공통 특성을 갖고 있다. 이 책에서는 하향식 접근 방식(top-down)을 사용한다. 학습자들은 가능한 빨리 그래픽 출력을 생성하는 응용프로그램을 작성하고자 하므로, 간단한 프로그램을 작성한 후에는 기반이 되는 라이브러리와 하드웨어의 구현 방법에 대하여 알아본다. 바로 프로그램을 작성하기에 충분한 개요를 이 장에서 설명한다.

1.1 컴퓨터 그래픽스의 응용

컴퓨터 그래픽스의 발전은 사용자들의 요구와 컴퓨터 하드웨어, 소프트웨어 기술 발전에 힘입은 바 크다. 컴퓨터 그래픽스는 다양한 분야에 응용되지만 편의상 다음과 같이 응용 분야를 네 가지로 나눌 수 있다.

1. 정보의 표시
2. 설계
3. 시뮬레이션, 애니메이션
4. 사용자 인터페이스

비록 많은 응용이 두 개 이상의 분야에 걸쳐있지만 그 응용 분야에서의 발전은 각각 영역에서의 성과에 기초를 둔다.

1.1.1 정보의 표시

고전적인 그래픽스 기술은 인간 상호 간에 정보를 전달하기 위한 매체로서 생겨났다. 음성과 문자언어도 같은 목적으로 사용되지만, 인간 시각 시스템은 데이터 처리 장치와 패턴인식 장치로서 그 무엇보다도 탁월하다. 바빌로니아 사람들은 4,000년 전에 건물의 평면도를 돌판 위에 그렸다. 비록 건축을 설계하는데 사용되는 수학이 르네상스 시대까지 개발되지 않았지만, 2,000년 전에 이미 그리스 사람들은 건축에 관한 아이디어를 그림으로 나타낼 수 있었다. 오늘날에도 비슷한 정보가 컴퓨터 이용 설계 시스템(computer-based drafting system)을 사용하여 건축가, 기계 설계자, 제도사들에 의해 만들어지고 있다.

수세기 동안 지도 제작자는 비행정보, 지리정보 등을 표시하기 위해 지도를 개발해왔다. 이러한 지도는 극지방을 탐험하는 항해자들에게 필수적이었다. 오늘날에도 지리정보 시스템 같은 분야에서 지도는 매우 중요하다. 현재 지도는 인터넷을 통하여 실시간으로 개발되고 제작된다.

지난 100년 동안 통계학 분야 전문가들은 관측자들이 일련의 데이터로부터 정보를 추출하는데 도움이 되는 플로팅 기법을 개발하여 왔다. 오늘날에는 다양한 플로팅 기법과 채색도구, 여러 개의 대용량 데이터 집합을 다룰 수 있는 컴퓨터 플로팅 패키지가 제공된다. 그럼에도 불구하고, 궁극적으로 데이터에 포함되어 있는 정보를 해석하는 것은 사람의 능력에 속한다. 정보 가시화는 생명정보학에서 보안검색에 이르기까지 복잡한 현상을 이해하는데 많은 도움을 주어 점점 더 중요해지고 있다.

의료 영상(medical imaging)에는 흥미로운 데이터 해석문제가 있다. 컴퓨터 단층촬영(Computerized Tomography, CT), 자기공명촬영(Magnetic Resonance Imaging, MRI), 초음파 및 양자 방출 단층촬영(Position-Emission Tomography, PET) 등과 같은 새로운 영상 기술은 유용한 정보를 알고리즘으로 추출할 수 있는 3차원 데이터를 생성한다. 컬러 그림판 20은 사람의 두피를 투명하게 하고 내부를 불투명하게 하여 함께 표시한 것이다. 이 데이터는 의료 영상 시스템으로 얻었지만, 그 구조를 보여주는 영상은 컴퓨터 그래픽스에 의해 만들어졌다.

슈퍼컴퓨터는 현재 여러 분야의 연구자들이 예전에 다루기 어려웠던 문제들을 해결할 수 있게 한다. 과학 가시화 분야는 과학자들이 생성한 다양한 데이터를 해석하는데 도움을 주는 그래픽 도구를 제공한다. 유체역학, 분자생물학, 수학분야에서 데이터를 기하학적 객체로 변환하여 영상을 가시화한다. 이렇게 함으로써, 복잡한 과정을 간단하게 모델화하여 데이터를 관찰할 수 있다. 컬러 그림판 19는 지구의 맨틀에서 유체 흐름을 보여주고 있다. 이 시스템은 수리 모델을 사용하여 데이터를 생성하였다. 이 책 나머지 부분에서는 그래픽스의 예로서 여러 가지 가시화 기술을 보인다.

1.1.2 설계

건축과 공학분야의 전문가는 설계와 깊은 관련이 있다. 기술자와 건축가는 명세로부터 시작하여 그것을 만족하는 가장 경제적이고 심미적인 해결책을 찾는다. 설계는 반복과정을 거친다. 실세계의 문제가 유일한 최적 해를 갖는 경우는 드물다. 설계 문제는 **과하게**(overdetermined) 또는 **부족하게**(underderminde) 명세 되는데, 전자는 조건을 만족하는 해가 하나도 존재하지 않고 후자는 만족하는 해가 여러 개 존재한다. 이 때문에 설계자는 반복방식으로 작업한다. 설계자는 가능한 하나의 설계를 하고, 그것을 시험한 후 다음 해를 찾는 식으로 설계를 진행한다.

인간이 CRT 스크린에서 영상을 대화식으로 조작하는 패러다임의 시작은 40년 전 Ivan Sutherland에 의해서였다. 오늘날의 대화식 그래픽 도구는 건축, 기계부품, VLSI 회로설계 등의 컴퓨터 이용 설계(CAD)에서 널리 사용되고 있다. 예를 들면, VLSI 설계에 있어서 그래픽스가 사용자와 설계 패키지 간에 메뉴와 아이콘 등의 도구를 통해서 대화식 인터페이스를 제공한다. 또한, 하나의 가능한 설계가 끝나면 그것을 다른 도구로 해석하고 그 결과를 그래픽으로 표시할 수 있다. 컬러 그림판 9와 10은 같은 건축 설계를 다른 두 시점에서 본 것이다. 두 영상은 같은 CAD로 생성되었다. 이것은 설계 과정의 여러 단계에서 같은 물체를 다른 영상으로 생성할 수 있는 도구를 구비하는 것이 중요하다는 사실을 알려준다.

1.1.3 시뮬레이션과 애니메이션

일단 그래픽스 시스템이 정교한 영상을 실시간으로 생성할 수 있게 되면, 기술자와 연구자는 이것을 시뮬레이터로 사용하기 시작한다. 가장 중요한 활용 중 하나는 조종사 훈련이다. 그래픽 모의 비행훈련 장치는 안전하고 비용이 절감되는 것으로 알려졌다. 특수한 VLSI 칩의 사용은 모의 비행훈련 장치와 같은 정교한 아케이드 게임을 만들 수 있게 하였다. 가정용 컴퓨터의 게임 및 교육 소프트웨어는 아주 인상적이다.

모의 비행훈련 장치의 성공은 텔레비전 애니메이션, 영화, 광고 등에 컴퓨터 그래픽스 사용을 활성화시켰다. 모든 현대 애니메이션 영화는 컴퓨터를 이용하여 수작업으로 만든 전통적인 애니메이션보다 저렴한 비용으로 만들 수 있다. 수작업과 컴퓨터로 만든 영상의 합성은 기술과 예술성을 함께 살릴 수 있어 어느 하나만으로는 만들 수 없는 특별한 효과가 있다. 컴퓨터 애니메이션의 영상은 독특하면서도 사진과 같은 영상(photo-realistic images)을 만들 수 있다. 흔히 TV, 영화, 잡지 등에서 보는 영상들은 굉장히 사실적이어서 컴퓨터로 처리한 영상인지 카메라로 찍은 영상인지 구별하기가 쉽지 않다. 5장에서 컴퓨터 애니메이션을 만드는데 사용하는 다양한 조명 효과에 대해 알아본다. 컬러 그림판 23과 16은 예술가와 컴퓨터 기술자가 애니메이션 소프트웨어를 이용하여 함께 제작한 사실적인 조명효과를 보여준다. 비록 상용 소프트웨어를 사용하여 만들었지만 이러한 효과를 낼 수 있는 많은 대화형 소프트웨어가 있다. 컬러 그림판 14는 애니메이션을 제작하는 과정을 일부 보인다. 컬러 그림판 15와 16의 이미지 또한 사실적 렌더링의 예이다.

가상현실(VR)은 많은 새로운 분야를 개척했다. 스테레오 비전 효과를 내기 위해 관측자가 오른쪽 눈과 왼쪽 눈으로 분리된 이미지를 볼 수 있게 하는 표시장치 헤드셋을 착용한다. 머리, 손과 같은 몸의 위치와 자세를 컴퓨터가 추적한다. 힘을 감지하는 장갑이나 음향 등 별도의 대화식 장치도 사용 가능하다. 이렇게 하면 인간은 컴퓨터가 만든 영상의 한부분이 되어 동작할 수 있는데, 오직 컴퓨터의 영상생성 능력에 의해서만 기능이 제한된다. 예를 들면 외과 수련의는 이 방법으로 수술 훈련을 받고, 우주 비행사는 무중력 환경에서 훈련을 받을 수 있다. 컬러 그림판 22는 원격 진료를 훈련하는데 사용하는 가상현실 시뮬레이션의 한 장면을 보여준다.

영화산업에서 시뮬레이션과 가상현실이 여러 흥미있는 방법으로 결합되고 있다. 최근 3차원 입체 영화가 수익을 올리고 관중들로부터 찬사를 받고 있다. 컴퓨터 그래픽스를 이용한 특수효과가 실제로 모든 영화의 일부가 되었으며, 장면에서 결함을 제거하는 데도 컴퓨터 그래픽스의 사용이 일상화되었다. 유체 흐름에서 군중 시뮬레이션에 이르기까지 시각적인 효과를 내기 위해 물리 시뮬레이션이 사용되고 있다.

1.1.4 사용자 인터페이스

컴퓨터와 인간의 상호작용은 윈도, 아이콘, 마우스와 같은 지시장치를 포함하는 시각 패러다임으로 지배된다. 사용자의 입장에서 보면 X window 시스템, MS windows, 매킨

토시 운영체제 같은 윈도 시스템 간의 차이는 미세하다. 최근 인터넷 사용자는 수백만에 이른다. 이들은 같은 인터페이스 도구를 사용한 Firefox, Chrome, Safari 또는 Internet Explorer 같은 그래픽 네트워크 브라우저를 통해 인터넷에 접속한다. 이러한 도구의 인터페이스 방식이 유사하기 때문에 우리는 가끔 컴퓨터 그래픽스가 작업에 이용되고 있다는 것을 잊게 된다.

우리는 워크스테이션에서 사용하는 그래픽 사용자 인터페이스 형식에 익숙하지만[1], 컴퓨터 그래픽스의 발전은 다른 형식의 인터페이스도 만들 수 있게 되었다. 컬러 그림판 13은 고수준의 모델링 패키지와 함께 사용되는 인터페이스를 보인다. 여기에서는 이러한 패키지에 사용할 수 있는 여러 가지 도구와 사용자가 기하학적인 객체를 모델링하는데 이용할 수 있는 다양한 대화식 장치를 보여준다.

1.2 그래픽스 시스템

컴퓨터 그래픽스 시스템도 일종의 컴퓨터 시스템이다. 그것은 범용 컴퓨터 시스템이 갖는 모든 요소를 가지고 있다. 그래픽스 시스템을 그림 1.1의 전체 블록 다이어그램에서 알아보자. 이 시스템은 5개의 요소로 구성된다.

1. 입력장치
2. 중앙처리장치(CPU)
3. 그래픽스 처리장치(GPU)
4. 메모리
5. 프레임 버퍼
6. 출력장치

이 모델은 워크스테이션, 개인용 컴퓨터, 대화식 게임 시스템, 이동전화, GPS 시스템, 복잡한 영상생성 시스템을 포함하기에 충분한 일반적인 모델이다. 비록 모든 구성요소들이 범용 컴퓨터에도 존재하지만, 각 구성요소들을 그래픽스에 특화시킴으로써 전형적인 그래픽스 시스템의 다이어그램으로 전환할 수 있다.

1) 비록 개인용 컴퓨터와 워크스테이션이 좀 다른 경로로 발전해왔지만 현재 실제로 그들 사이에 근본적인 차이는 없다. 이 때문에 여기에서는 개인용 컴퓨터와 워크스테이션을 동의어로 사용한다.

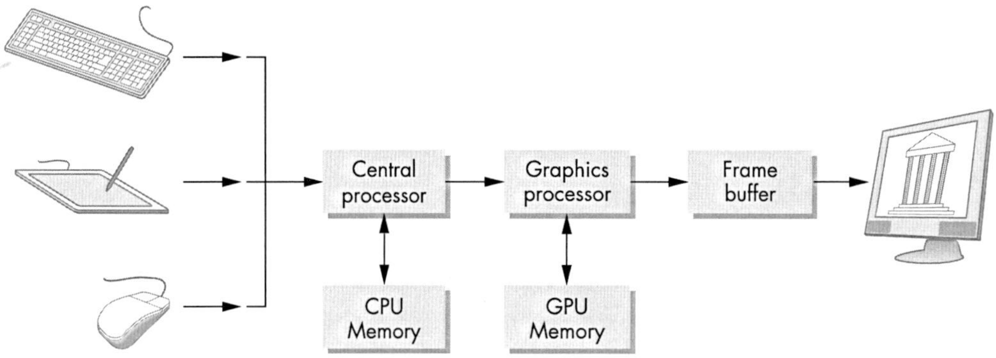

● 그림 1.1 ● 그래픽스 시스템

1.2.1 픽셀과 프레임 버퍼

실제로 모든 현대의 그래픽스 시스템은 **래스터**(raster) 방식이다. 그림은 그래픽스 시스템 안에서 **픽셀**(pixel)의 배열, 즉 래스터로 생성된다. 그림 1.2에서 보듯이 각 픽셀을 영상의 한 위치나 작은 영역에 대응된다. 픽셀은 **프레임 버퍼**(frame buffer)라고 부르는 메모리의 한 부분에 집단으로 저장된다. 프레임 버퍼는 그래픽스 시스템의 핵심적인 요소이다. **해상도**(resolution), 즉 프레임 버퍼의 픽셀 수가 우리들이 볼 수 있는 영상의 상세함을 결정한다. 각 픽셀의 비트 수로 정의되는 프레임 버퍼의 **깊이**(depth), 즉 **정밀도**(precision)가 주어진 시스템이 얼마나 많은 색을 표현할 수 있는지를 결정한다. 예를 들면, 1비트 깊이의 프레임 버퍼는 단지 두 색을 표시하나 8비트 깊이의 프레임 버퍼는 2^8(=256)가지의 색을 표시한다. **풀 컬러**(full-color) 시스템에서는 픽셀당 24비트 또는 그 이상을 허용한다. 이러한 시스템에서는 대부분의 영상을 사실적으로 표현하는데 충분한 색을 사용할 수 있다. 이러한 시스템을 **트루 컬러**(true-color) 시스템이라고도 하며 각 픽셀의 비트 그룹들이 각각 대부분의 표시장치 시스템에서 사용되는 삼원색(적색, 녹색, 청색)에 할당되기 때문에 **RGB 색**(RGB-color) 시스템이라고도 한다.

고다이나믹레인지(HDR) 시스템은 12비트 이상의 비트를 사용하여 각각의 컬러 성분을 저장한다. 최근까지 프레임 버퍼는 정수형식으로 컬러를 저장하였으나 최근에는 부동소수점 형식으로 저장하여 HDR 컬러를 보다 쉽게 지원한다.

단순한 시스템에서 프레임 버퍼는 단지 스크린에 표시되는 색상 정보만을 가지지만, 대부분의 시스템에서는 3차원 데이터로부터 영상을 생성하는데 필요한 깊이 정보 등도 가진다. 이러한 시스템에서 프레임 버퍼는 여러 개의 버퍼를 갖고 이들 중 일부가 스크린에 표시되는 색상 값을 갖는 **컬러 버퍼**(color buffers)이다. 현재 *프레임 버퍼*와 *컬러 버퍼*는 같은 의미로 쓰인다.

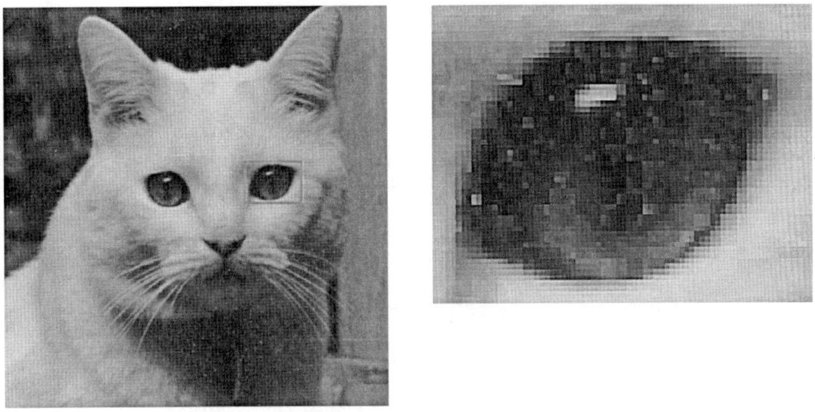

● 그림 1.2 ● 픽셀 (a) 고양이 Yeti의 영상, (b) 픽셀을 개별적으로 보여주는 한쪽 눈 주변의 상세도

1.2.2 CPU와 GPU

단순한 시스템에서는 한 개의 프로세서, 시스템의 **중앙처리장치**(Central Processing Unit, CPU)가 있는데 이것이 통상적인 일과 그래픽스를 함께 처리한다. 프로세서의 주된 그래픽 기능은 응용프로그램에 의해 생성된 선분, 원, 다각형 등의 그래픽 기본 객체를 입력으로 받아들여 형상을 프레임 버퍼의 픽셀로 표현하는 것이다. 예를 들면, 삼각형은 3정점으로 기술되고 3정점을 연결하는 선분으로 변을 표시한다. 그래픽 시스템은 관측자에게 선분으로 보이는 픽셀의 집합을 생성해야 한다. 기하학적인 도형을 프레임 버퍼 안의 픽셀 색, 위치로 변환시키는 것을 **래스터화**(rasterization) 또는 **주사변환**(scan conversion)이라고 한다. 초기 그래픽 시스템에서 프레임 버퍼는 중앙처리장치가 직접 주소를 지정할 수 있는 범용 메모리였다. 오늘날 모든 그래픽 시스템은 그래픽스 기능을 수행하기 위해 만들어진 전용 **그래픽스 처리장치**(Graphics Processing Units, GPUs)로 특화되고 있다. GPU는 마더보드 위 또는 그래픽 카드에 장착된다. 프레임 버퍼는 그래픽스 처리장치를 통해 접근되거나 GPU 안에 포함된다.

GPU는 CPU 이상으로 복잡하게 발전했다. 그것은 가속화된 그래픽스 연산과 대규모 병렬처리가 특징으로, 최근의 GPU는 100개 이상의 처리장치를 포함하고 있고 이들 각각이 프로그램 가능하다. GPU는 아주 강력하여 범용계산을 위한 미니 슈퍼컴퓨터로 사용할 수 있다. GPU의 구조는 1.7절에서 상세하게 다룬다.

1.2.3 출력장치

최근까지 지배적인 표시장치(모니터)는 음극선관(CRT)이었다. 그림 1.3에 CRT를 단순한 형태로 보인다. 튜브에 코팅되어 있는 형광물질에 전자가 충돌하면 빛이 발산한다.

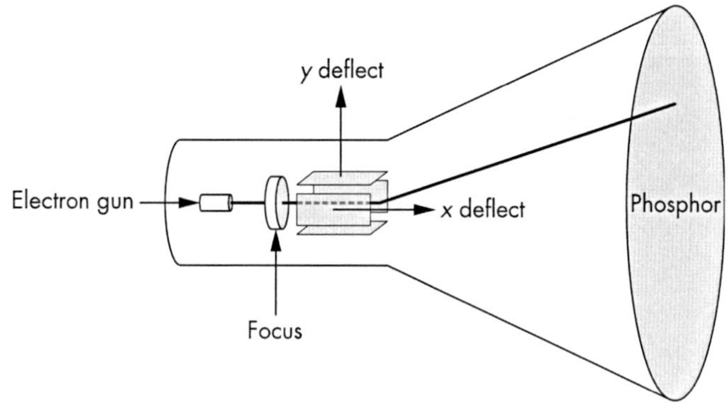

● 그림 1.3 ● 음극선관(CRT)

두 쌍의 편향판이 광선의 방향을 제어한다. 컴퓨터의 출력은 **디지털 아날로그 변환기**(digital-to-analog converter)에 의해 x, y 편향판 사이의 전압으로 변환된다. 충분한 양의 전자선이 형광물질에 도달하면 CRT 표면에서 빛이 방출된다.

빔을 조절하는 전압이 일정한 비율로 변할 때 빔은 직선을 그리는 것처럼 보인다. 이러한 장치에서는 빔이 화면상 임의의 위치에서 임의의 위치로 이동할 수 있기 때문에 **임의주사**(random-scan) CRT, 또는 **벡터**(vector) CRT라고 한다. 만일 광선을 끄고 이동하면 보이는 부분에 어떤 변화를 주지 않고 새로운 위치로 옮길 수 있다. 이러한 형식이 오늘날의 래스터 기술이 나오기 전 초기 그래픽스 시스템의 기본적인 구성이었다.

보통의 CRT는 형광물질이 전자 광선에 의해 자극을 받은 후에 수 밀리 초의 짧은 시간 동안만 빛을 방출한다. 대부분의 CRT 표시장치에서 깜박임이 없는 영상을 보기 위해서는 충분히 높은 주기로 경로가 반복되어 재추적 또는 재생되어야 하는데 이 반복되는 비를 **재생률**(refresh rate)이라고 한다. 구식 시스템에서 재생률은 전력 시스템의 주파수에 의하여 결정된다. 미국에서는 초당 60 Hz이고 50 Hz인 나라도 있다. 오늘날의 표시장치는 이러한 저주파수에 고정되어 있지 않고 약 85 Hz에서 동작한다.

래스터 시스템에서 그래픽 시스템은 프레임 버퍼로부터 픽셀을 읽어 다음 두 방법 중 하나로 표시장치의 점으로 표시한다. **비비월주사**(noninterlaced) 시스템에서는 픽셀을 재생률에 맞추어 모든 행 또는 열을 표시한다. **비월주사**(interlaced) 표시장치는 홀수 번째 행과 짝수 번째 행을 교대로 표시한다. 비월주사 시스템은 상용 텔레비전에서 사용된다. 60 Hz로 동작하는 비월주사 시스템에서는 시각적으로 시스템이 30 Hz가 아니라 60 Hz로 동작하는 것으로 착각할 수 있지만 화면은 초당 30회 디스플레이된다. 화면에 근접한 관찰자는 비월주사와 비비월주사 표시장치를 구별할 수 있다. 비비월주사 표시장치가 비월주사 표시장치보다 픽셀을 두 배 더 처리해야 하지만 비비월주사 시스템이 일반화되고 있다.

컬러 CRT는 작은 그룹으로 배열된 세 가지 다른 색형광물질(적색, 녹색, 청색)을 가진다. 일반적으로 **삼색조**(triad)라고 불리는 삼각형 모양으로 배열하는데, 각 삼색조는 삼원색의 발광물질로 구성된다. 대부분의 컬러 CRT는 세 종류의 형광물질에 해당하는 세 개의 전자광선을 가진다. CRT 안 작은 구멍을 가진 금속 스크린인 **섀도 마스크**(shadow mask)는 전자광선이 적당한 색만을 활성화하도록 한다.

CRT가 가장 흔한 표시장치이지만 현재 빠르게 평면 모니터로 대체되고 있다. 평면 모니터는 본질적으로 래스터 장치이다. 발광 다이오드(LED), 액정디스플레이(LCD), 플라스마 패널 등 이용할 수 있는 많은 기술이 있지만, 이들은 모두 각각 발광 요소의 주소를 지정하는데 2차원 격자를 사용한다. 그림 1.5는 일반적인 평판 모니터이다. 두 개의 외판은 각각 서로 수직으로 교차하는 평행한 선을 가지고 있다. 전자신호를 각 격자의 적당한 선에 보내면 두 선의 교차점에 전계를 걸 수 있어 내판의 요소를 제어할 수 있다. LED 패널의 내판에는 격자가 받는 전기신호로 켜거나 끌 수 있는 발광 다이오드가 붙어있다. LCD 표시장치에서는 전계가 내판에 있는 액정의 극성을 제어하여 패널을 지나는 빛을 켜거나 끈다. 플라스마 패널은 격자를 품고 있는 유리 패널 사이에 내장되어 있는 가스에 에너지를 주입하는데 그리드 전압을 사용한다. 에너지가 주입된 가스가 플라스마를 발광시킨다.

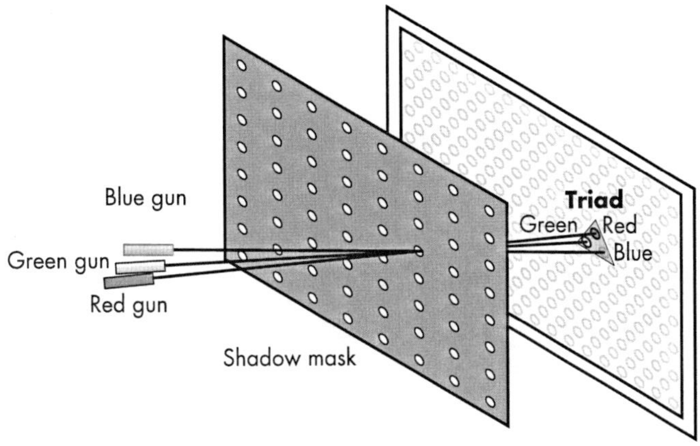

● 그림 1.4 ● 섀도우 마스크 CRT

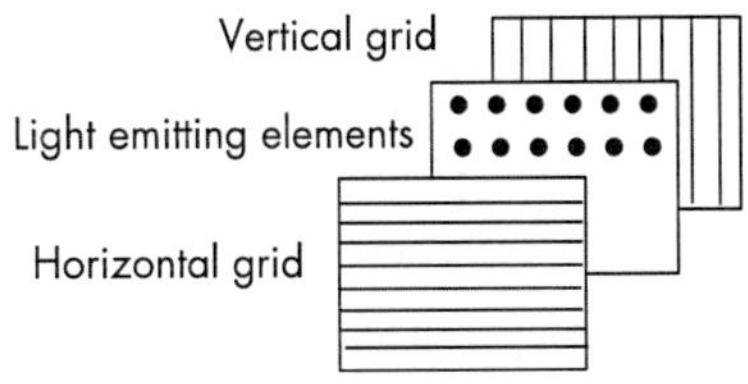

● 그림 1.5 ● 일반 평판 표시장치

대부분의 프로젝션(projection) 시스템도 래스터 장치이다. 이러한 시스템은 CRT, 디지털 광선 투영(Digital Light Projection, DLP)을 포함하여 여러 가지 기술을 사용한다. 사용자의 입장에서 보면 동일한 해상도와 정밀도를 갖는 표준 모니터와 큰 차이가 없다. 프린터, 모니터와 같은 하드카피 장치도 래스터를 기반으로 하지만 리플래시를 하지 않는다.

1.2.4 입력장치

대부분의 그래픽스 장치는 키보드 이외에 적어도 하나 이상의 다른 입력장치를 가진다. 가장 일반적인 입력장치는 마우스, 조이스틱, 데이터 태블릿(data tablet)이다. 각각의 장치는 시스템에 위치정보를 제공하고 신호를 프로세서에 보내기 위해 하나 이상의 버튼을 가지고 있다. 이러한 장치는 사용자가 표시장치의 특정한 위치를 가리킬 수 있기 때문에 **지시장치**(pointing device)라고 한다.

게임 콘솔과 같은 최신 시스템은 자주 새롭게 출시되는 아주 고급의 입력장치를 구비하고 있다. 3차원 입력(그 이상)을 제공하는 장치도 있다. 따라서 이러한 다양한 장치를 그래픽스 프로그램에 접속할 수 있는 융통성 있는 모델이 필요하다.

입력장치를 두 가지 다른 방법으로 볼 수 있다. 분명한 하나는 그들을 키보드 또는 마우스처럼 물리적 장치로 보고 그들이 어떻게 동작하는지 고찰하는 것이다. 입력장치의 물리적인 특성을 알아야 하며 입력에 대해서 완전히 이해하기 위해서는 그러한 고찰이 필요하다. 그러나 응용프로그래머의 관점에서는 물리적인 장치의 특성을 알 필요가 없다. 오히려 응용프로그래머는 입력장치를 그것들이 하는 일에 의해 그 특성이 명시되는 논리적인 장치로 다루는 것을 선호한다. **논리적 장치**(logical device)는 그들의 물리적인 특성이 아닌 사용자 프로그램과의 상위 인터페이스에 의해 특징지어진다. 논리적인 장치는 모든 고급 언어 프로그램의 작성자에게 친숙하다. 예를 들어 C의 데이터 입출력은 `printf`, `scanf`, `getchar`, `putchar` 같은 함수로 이루어지고 이들의 매개변수는 C의 자료형이다. C++의 경우는 입력(`cin`)과 출력(`cout`) 스트림으로 이루어진다. `printf` 함수를 사용하여 문자열을 출력하면 프린터, 모니터, 디스크 파일 같은 물리적 장치에 출력된다. 출력장치가 다른 프로그램의 입력일 경우도 있다. 출력장치가 요구하는 자세한 형식은 응용프로그램 작성자에게는 중요한 관심사가 아니다.

컴퓨터 그래픽스에서 논리적인 장치의 사용은 좀 더 복잡하다. 그 이유는 비그래픽스 응용에서 입력 형태가 비트열이나 문자열로 한정된 것에 비해 다양한 형태로 입력이 이루어지기 때문이다. 예를 들어 CRT 화면 위에서 위치를 얻거나 선택하고자 하는 메뉴의 항목을 지시하기 위해 물리적 장치인 마우스를 사용할 수 있다. 첫 번째 경우 x, y 쌍(어떤 좌표계에서)이 사용자 프로그램으로 반환되고, 두 번째 경우, 응용프로그램은 메뉴에 있는 한 줄의 식별자로서 한 숫자를 받을 것이다. 논리적 장치와 물리적 장치를 구분함으로써 같은 물리적 장치를 확연히 다른 두 가지 방식으로 사용할 수 있다. 또한 마우스가 데이터 태블릿이나 트랙볼 같은 다른 물리적 장치로 대체되더라도 동일한 프로그램을 수정하지 않고 사용할 수 있다.

1.2.5 물리적 입력장치

물리적 관점에서 보면, 각 장치는 어떤 작업에서 다른 장치들보다 더 적합한 특성을 가진다. 우리는 물리적 장치를 지시장치와 키보드장치 두 가지로 분류하는 워크스테이션의 관점을 택한다. **지시장치**(pointing device)는 사용자가 화면 위에서 한 위치를 지시할 수 있게 하고, 대부분의 경우 사용자가 컴퓨터에 신호, 즉 인터럽트를 보내기 위해 하나 또는 그 이상의 버튼을 가지고 있다. **키보드장치**(keyboard device)는 거의 하나의 물리적 키보드이지만, 프로그램에 문자 코드를 반환하는 임의의 장치를 포함하도록 일반화될 수 있다. ASCII 코드(American Standard Code for Information Interchange)를 예로 들 수 있다. ASCII는 한 개의 비부호 바이트를 각 문자에 할당한다. ASCII가 가장 흔하게 사용되는 코드라는 것 이외에는 이 선택을 제한할 것이 전혀 없다. 그러나 인터넷 응용에 사용하는 한 개의 문자를 여러 개의 바이트로 표현하는 코드는 보다 풍부한 문자의 집합을 지원한다.

마우스(그림 1.6)와 트랙볼(그림 1.7)은 사용 방식과 구조가 유사하다. 전형적인 기계적 마우스를 엎어 놓으면 트랙볼처럼 보인다. 그 두 장치에서 볼의 움직임은 장치 내부에 있는 볼의 움직임에 의해 회전하는 한 쌍의 인코더에 의해 컴퓨터로 되돌려 보내지는 신호로 변환된다. 인코더는 두 개의 직각 방향에서 움직임을 측정한다.

이 장치들에는 매우 다양한 변형들이 있다. 어떤 것은 움직임을 측정하기 위해 기계적 감지기 대신 광 감지기를 사용한다. 광학 마우스는 특별한 패드 위의 선을 셈으로써 이동한 거리를 측정한다. 작은 트랙볼은 키보드 사이에 직접 통합될 수 있기 때문에 휴대용 컴퓨터에 많이 사용된다. 키보드에도 움직이지는 않지만 마우스나 트랙볼과 비슷한 기능을 하는 다양한 압력 감응장치, 그것들의 인코더는 키보드의 중앙에 있는 두 개의 키 사이에 위치한 작은 꼭지에 가해지는 압력을 측정한다.

● 그림 1.6 ● 마우스

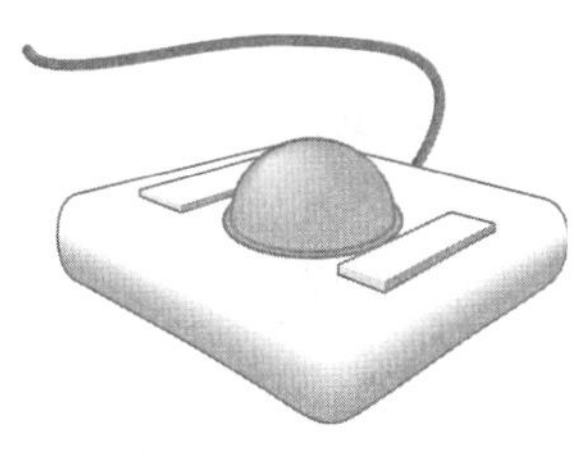

● 그림 1.7 ● 트랙볼

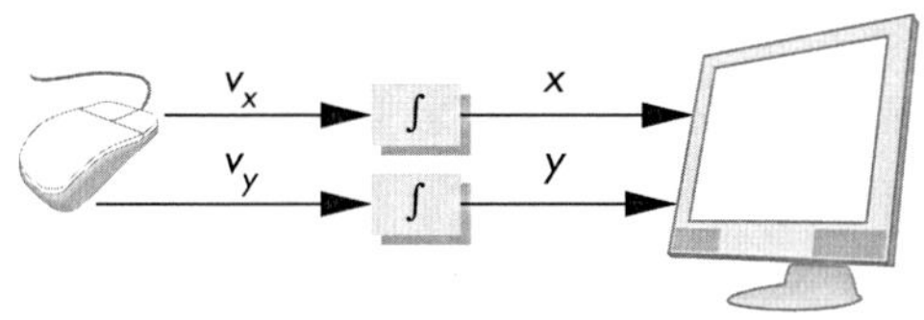

● 그림 1.8 ● 커서 위치 지정

마우스나 트랙볼의 출력을 장치가 제공하는 두 개의 독립적인 값으로 볼 수 있다. 이 값들은 위치로 간주될 수 있고, 그래픽스 시스템 또는 사용자 프로그램에 의해 화면 또는 편리한 좌표계의 2차원 위치로 변환될 수 있다. 만일 이런 방법으로 구성되었다면 장치는 자동적으로 표시장치의 표시(커서)로 사용될 수 있다. 그러나 이 장치들이 이런 직접적인 방법으로 사용되는 경우는 드물다.

마우스 또는 트랙볼의 인코더 출력을 위치로 해석할 필요는 없다. 대신, 장치 드라이버 또는 사용자 프로그램은 인코더로부터의 정보를 두 개의 독립적인 속도로 해석할 수 있다. 컴퓨터는 이 값들을 적분하여 2차원 위치정보를 얻는다. 즉 마우스가 표면을 가로질러 움직일 때 그림 1.8과 같이 속도를 적분함으로써 화면 위의 커서 위치로 변환될 수 있는 x, y 값을 얻는다. 볼이 움직인 거리를 속도로 해석함으로써 장치를 가변-감도 입력장치로 사용할 수 있다. 정지 상태에서 조금 벗어나면 느리거나 작은 변이를 일으키고 많이 벗어나면 빠르고 큰 변이를 일으킨다. 어떤 장치에서나 볼이 회전하지 않으면 적분 값의 변화는 없고 마우스의 위치를 추적하는 커서는 움직이지 않을 것이다. 이러한 모드에서 볼의 위치 변화에 의해서 사용자 프로그램에서 위치가 계산되기 때문에 이러한 장치들은 **상대위치 지정**(relative positioning) 장치라고 한다. 볼(또는 마우스)의 절대위치는 응용프로그램에 의해 사용되지 않는다.

마우스 또는 트랙볼에 의해 제공되는 상대위치가 항상 바람직한 것은 아니다. 특히 이 장치들은 도면을 트레이싱하는 것 같은 작업에는 적당하지 않다. 만일 사용자가 화면 위에서 곡선을 따라가는 중에 마우스를 들어서 움직이면, 따라가는 곡선의 절대적 위치를 상실한다. **데이터 태블릿**(data tablet)은 절대위치를 제공한다. 전형적인 데이터 태블릿(그림 1.9)은 표면 아래에 가로 세로로 전선이 들어있다. 태블릿 펜의 위치는 전선을 통해 진행하는 신호와 펜 안의 센서와 전자기적 상호작용을 통해 결정된다. 또한 CRT의 표면 위에 씌워질 수 있는 접촉 감응 투명 화면이 있는데 데이터 태블릿과 유사점이 많다. 작고 네모난 압력 감응 터치패드는 많은 휴대용 컴퓨터에 들어있다. 이 터치패드는 상대 또는 절대위치 장치로 구성될 수 있다.

다른 장치로는 **조이스틱**(그림 1.10)이 있다. 두 개의 직교 방향 안에서 막대의 움직임이 인코드되어 두 개의 속도로 해석되고, 적분되어 화면 위에서 위치를 알게 된다. 적분이 의미하는 바는 막대기가 정지 위치에 있으면 커서 위치에 변화가 없고 정지 위치에

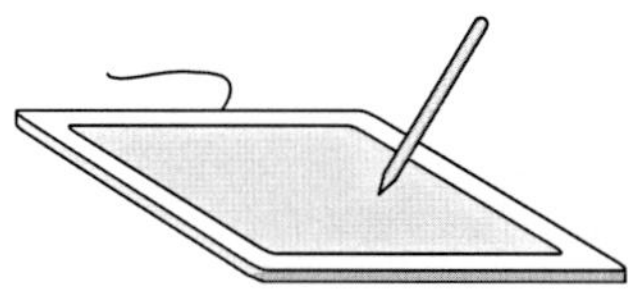

● 그림 1.9 ● 데이터 태블릿

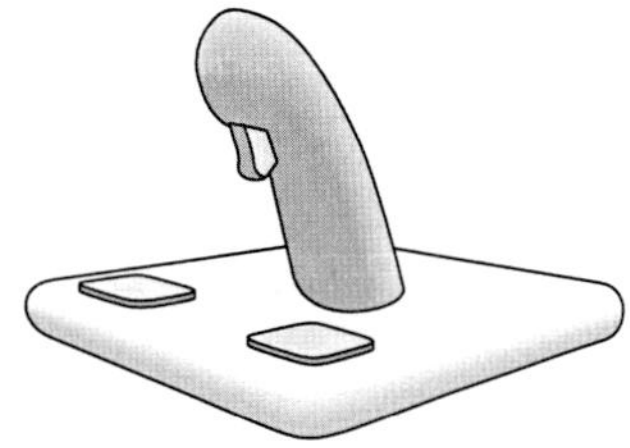

● 그림 1.10 ● 조이스틱

서 멀리 갈수록 화면 위치가 빨리 변한다. 따라서 조이스틱은 가변-감도 장치이다. 조이스틱의 또 다른 장점은 스프링과 제동기 같은 기계적 요소로 구성되어 막대를 미는 사용자에게 저항감을 준다는 점이다. 다른 장치에서는 불가능한 이런 기계적인 느낌으로 인해 조이스틱이 비행 시뮬레이션이나 게임 같은 응용프로그램에 적합하다.

3차원 그래픽스에서 3차원 입력장치를 선호할 수 있다. 다양한 장치들이 있지만 아직까지 2차원 입력장치만큼 널리 받아들여지지는 않는다. **스페이스 볼**(space ball)은 막대 끝에 볼이 달려 있는 조이스틱(그림 1.11)처럼 보이지만 막대는 움직이지 않는다. 대신 볼 안의 압력 센서가 사용자가 가하는 힘을 측정한다. 스페이스 볼은 세 방향의 직접적인 힘(상-하, 전-후, 좌-우)뿐만 아니라 세 개의 독립적인 비틀림도 측정한다. 그래서 그 장치는 6개의 독립적인 값을 측정하고, **6-자유도**(degree of freedom)를 가진다. 그러한 입력장치는 예를 들어, 카메라의 위치와 방향을 지정하는데 사용될 수 있다.

닌텐토 위모트(Wiimote)는 적외선을 장치에 보냄으로서 손잡이의 3차원 위치와 방향을 제공한다. 이 장치는 다시 측정한 데이터를 무선으로 호스트 컴퓨터에 전송한다.

레이저 기반구조적 조명(structured-lighting) 시스템과 레이저 거리측정 시스템 같은 다른 3차원 장치는 3차원 위치를 측정한다. 가상현실 응용에서 사용되는 다양한 추적 시스템은 사용자의 위치를 감지한다. 가상현실과 로봇 응용은 흔히 지금까지 설명한 장치들이 제공하는 2에서 6보다 더 큰 자유도를 필요로 한다. 데이터 글러브 같은 장치는 인체의 다양한 부분의 움직임을 감지할 수 있고, 따라서 많은 추가적 입력신호를 제공한다.

1.2.6 논리적 장치

이제 응용프로그램의 내부로부터, 즉 논리적 관점에서 입력을 살펴보자. 다음 두 가지 특징이 입력장치의 논리적 동작을 설명한다.

(1) 장치가 사용자 프로그램으로 반환하는 측정값
(2) 장치가 측정값을 반환하는 시간

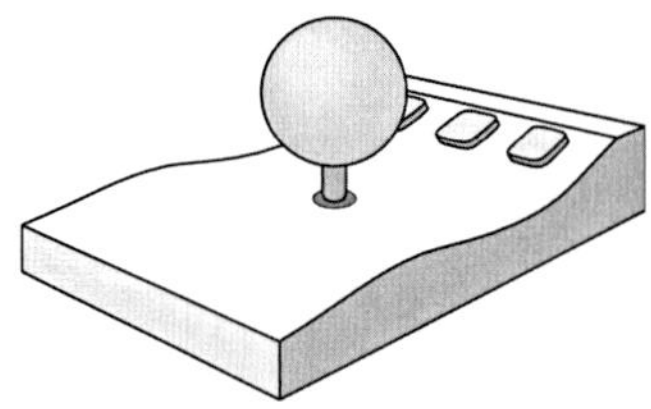

● 그림 1.11 ● 스페이스 볼

논리적 **문자열장치**(string)는 scanf 또는 cin을 이용한 문자입력과 같다. 물리적인 키보드가 문자열을 응용프로그램에 반환한다. 같은 문자열이 파일로 제공될 수 있으며, 사용자는 출력장치에 표시된 키보드를 보고 지시장치를 이용하여 문자열을 생성할 수 있다. 논리적으로 3가지 모두 문자열장치의 예이다. 이러한 장치를 사용하는 응용프로그램은 어떤 물리적 장치가 사용되든 동일하다.

물리적인 지시장치가 여러 가지 논리적인 방법으로 사용될 수 있다. **위치장치**(locator)로써 이것은 스크린 좌표나 OpenGL에서 세계 좌표와 같이 장치 독립적인 좌표를 응용프로그램에게 제공하고 응용프로그램은 이것을 다른 좌표계의 값으로 변환할 수 있다. 논리적 **지적장치**(pick)는 사용자 프로그램에게 표시장치 위의 객체 식별자를 반환한다. 그것은 일반적으로 위치장치와 동일한 물리적 장치로 구현되지만 사용자 프로그램에 대한 별도의 소프트웨어 인터페이스를 제공한다.

위제트(widget)은 윈도 시스템 또는 툴킷이 제공하는 대화식 그래픽 장치이다. 전형적인 위제트로는 메뉴, 스크롤바, 그래픽 버튼이 있다. 대부분의 위제트는 창(window)의 특별한 형태로 구현되며 부가적인 논리적 장치를 제공하기 위해 사용된다. 예를 들면 메뉴가 그래픽 버튼의 형태로 선택장치(choice)을 제공할 수 있다. 논리적 **밸류에이터 장치**(Valuators)는 사용자 프로그램에 슬라이드바와 같은 위제트을 통하여 아날로그 입력을 제공한다. 물론 같은 논리적 입력이 사용자가 숫자를 물리적 키보드에 타이핑하여 제공될 수도 있다.

1.2.7 입력 모드

다양한 입력형태가 컴퓨터 그래픽스를 특징짓지만 입력데이터를 응용프로그램에 제공하는 방법도 단순한 C나 C++ 프로그램에서 키보드를 이용하여 데이터가 입력하는 이상으로 다양하다. 물리적 입력장치와 논리적 입력장치가 응용프로그램에게 입력을 제공하는 방식은 측정과정과 장치 트리거로 설명될 수 있다. 한 장치의 **측정치**(measure)는 사용자 프로그램으로 장치가 반환하는 값이다. 장치의 **트리거**(trigger)는 사용자가 컴퓨터에게 신호를 주는데 사용할 수 있는 장치의 물리적 입력이다. 예를 들어, 키보드의 측정치는 문자열을 가지고 있고 트리거는 '리턴' 또는 '엔터' 키가 될 수 있다. 위치장치에서 측정치는 위치값, 이와 관련된 트리거는 위치장치의 버튼일 수 있다.

세 가지 다른 모드로 장치의 측정치를 구할 수 있다. 각 모드는 측정과정과 트리거 사이의 관계에 의해서 정의된다. 일단 측정과정이 시작되면 버퍼의 내용이 아직 응용프로그램에서 사용 가능하지 않더라도, 측정치가 얻어져서 버퍼로 들어간다. 예를 들어 응용프로그램의 마우스 입력 요구 여부와 관계없이, 마우스의 위치는 하부 윈도 시스템에 의해 연속적으로 탐지된다.

요구 모드(request mode)에서는 장치가 트리거될 때까지 측정값이 프로그램으로 반환되지 않는다. 이 입력 모드는 문자의 입력을 요구하는 전형적인 C 프로그램 같은 비그래픽스적인 응용프로그램의 표준이다. `scanf` 같은 함수가 사용될 때 프로그램이 이 문장을 만나면 단말기에서 문자를 입력할 때까지 기다린다. 타이핑을 교정하기 위해 원하는 만큼 후진할 수도 있다. 데이터는 키보드 버퍼에 들어오고, 그 내용은 '엔터' 키(트리거)를 누를 때 비로소 프로그램으로 반환된다. 위치장치 같은 논리적 장치에서 지시장치를 원하는 곳으로 옮길 수 있고 그 다음에 버튼을 사용해서 장치를 트리거하고, 트리거에 의해서 위치가 응용프로그램으로 반환된다.

샘플 모드(sample mode) 입력은 즉각적인 입력을 제공한다. 사용자 프로그램에서 함수의 호출을 만나는 즉시 측정값이 반환된다. 그러므로 트리거가 필요하지 않다. 샘플 모드에서 측정치가 버퍼로부터 즉각적으로 추출되기 때문에 사용자는 함수를 호출하기 전에 지시장치의 위치를 정하거나 키보드에 데이터를 입력해야 한다.

요구 모드와 샘플 모드를 지원하는 API의 특징 중 하나는, 사용자가 입력을 제공하는 장치를 확인해야 한다는 것이다. 따라서 함수 호출에 지정된 것 외의 어떠한 장치로부터 얻을 수 있는 어떠한 정보도 무시된다. 요구 모드와 샘플 모드 둘 다 프로그램이 사용자를 안내하는 상황에서는 유용하지만, 프로그램의 흐름을 사용자가 제어하는 응용프로그램에서는 유용하지 않다. 예를 들어 비행 시뮬레이터는 조이스틱, 다이얼, 버튼, 스위치같이 임의의 시간에 조종사에 의해 사용될 수 있는 여러 개의 입력장치를 가질 수 있다. 조종사가 시뮬레이션 과정 중 임의의 시점에서 어떤 장치를 사용할지를 알 수 없기 때문에 샘플 모드와 요구 모드만으로 시뮬레이터를 제어하도록 프로그램하는 것은 거의 불가능하다. 일반적으로 샘플 모드와 요구 모드 입력은 현대 컴퓨터 환경에서 발생하는 인간-컴퓨터 상호작용의 다양성을 다루기에는 충분하지 못하다.

세 번째 모드인 **이벤트 모드**(event mode)는 이러한 다른 상호작용들을 다룰 수 있다. 여러 개의 입력장치가 있으며, 각각 자신의 트리거를 가지고 있고, 측정과정을 실행하는 환경에 있다. 장치가 트리거될 때마다 **이벤트**(event)가 생성된다. 장치의 측정값이 장치 식별자와 더불어 **이벤트 큐**(event queue)에 들어간다. 이벤트 큐로 이벤트가 들어가는 과정은 응용프로그램이 이 이벤트에 대해 하는 일과 완전히 독립적이다. 응용프로그램이 이벤트로 작업할 수 있는 한 가지 방법을 그림 1.12에서 보여준다. 사용자

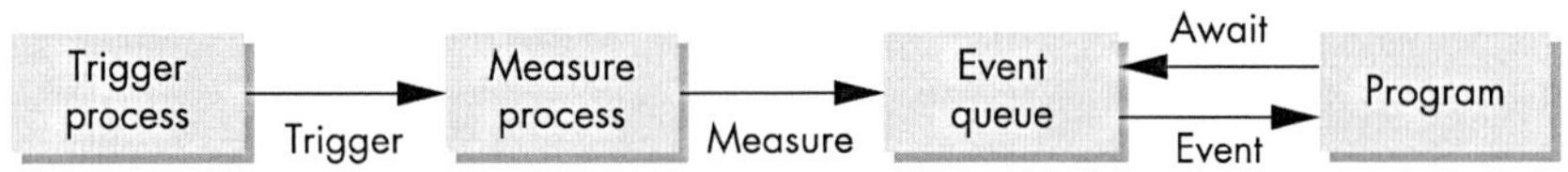

● 그림 1.12 ● 이벤트 모드 모델

프로그램은 큐의 선두 이벤트를 검사하거나, 큐가 비어있는 경우 이벤트가 생성될 때까지 기다릴 수 있다. 만일 큐에 이벤트가 생성되었다면, 프로그램은 이벤트의 종류를 살피고 무엇을 할 것인가를 결정한다. 예를 들어 만일 처음 이벤트가 키보드에서 오지만 응용프로그램이 키보드 입력에 관심이 없다면 그 이벤트는 버려지고 큐에 있는 다음 이벤트가 검사된다.

다른 접근법은 **콜백**(callback)이라고 하는 함수를 특정 이벤트와 연결시키는 것이다. 윈도 시스템에서 살펴보면 운영체제가 이벤트 큐를 정기적으로 질의하거나 조사하여 큐의 이벤트에 해당하는 콜백 함수를 실행한다. 이 접근방법은 주요 윈도 시스템에서 현재 사용되고 클라이언트 서버환경에서 잘 동작하기 때문에 여기에서는 이 접근법을 사용한다.

1.3 영상: 물리적인 영상과 합성 영상

수년 동안 전통적인 컴퓨터 그래픽스의 교육은 프레임 버퍼 안에 점, 선분, 다각형 같은 2차원의 단순한 기하학적인 객체(예를 들면 점, 선분, 다각형)의 래스터 이미지를 만드는 방법을 공부하는 것으로 시작하였다. 그리고 대부분의 교재는 이러한 2, 3차원의 객체를 컴퓨터 안에 수학적으로 정의하는 방법과 그들을 2차원의 래스터 요소로 영상화하는 법을 설명하였다.

이러한 접근방법은 간단한 객체들의 단순한 이미지를 만드는 데는 적합하다. 그러나 현대 시스템에서는 소프트웨어 및 하드웨어의 성능을 최대한 이용하여 3차원 객체들의 사실적인 영상을 생성하는데, 이 작업은 조명, 음영, 재질의 특성 등 영상생성의 다양한 면들과 관련된다. 대부분의 컴퓨터 그래픽스 시스템은 이러한 기능을 지원하기 때문에 한정된 모델을 점차 확장하는 방식보다는 처음부터 이러한 영상생성의 입장에서 다루는 것이 바람직하다.

컴퓨터로 만들어진 영상은 그것이 얻어지는 물체가 실제로 존재하지 않는다는 점에서 합성영상 또는 인공영상이다. 이 장에서는 컴퓨터가 영상을 생성하는 방법이 카메라 또는 인간의 시각 시스템과 같은 전통적인 영상생성 방법과 매우 흡사하다는 것에 대해 알아본다. 영상생성 프로그램을 작성하는 방법을 조사하기에 앞서, 영상이 광학 시스템에 의해서 어떻게 만들어지는가에 대하여 살펴본다. 여기서는 영상생성 과정의 모델을 만들고 그것을 이용하여 컴퓨터를 이용한 영상생성 시스템을 이해하고 개발한다.

이 장에서는 최대한 수학을 사용하지 않고 영상생성 패러다임과 그것을 구현하기 위한 컴퓨터 구조를 알아본다. 자세한 사항은 다음 장에서 설명하고 그곳에서 관련된 수식을 유도한다.

1.3.1 객체와 관측자

우리는 3차원 물체로 이루어진 공간에 살고 있다. 기하학과 삼각함수 같은 수학적인 개념은 물체 간의 거리, 물체의 크기 측정 같은 단순한 개념을 체계화하려는 인간의 욕망으로부터 시작되었다. 우리는 흔히 지도, 회화, 사진 등과 같은 그림과 이미지로 공간적인 관계를 이해할 수 있는 표현법을 찾는다. 이와 함께 카메라, 현미경, 망원경을 포함한 많은 물리적인 장치의 개발은 물체의 공간적 관계를 가시화시키려는 욕망과 관련되어 왔다. 이 때문에 영상생성을 위한 수학과 물리학 간에는 본질적인 관계가 있다. 이러한 관계를 이용하여 컴퓨터로 영상을 만드는 방법을 설명한다.

수학적인 방법, 물리적인 방법 중 어떤 방법을 사용해도 영상을 생성하는 데는 두 가지 기본적인 실체인 *객체*(물체, object)와 *관측자*(viewer)가 존재한다. 객체는 영상생성 과정이나 관측자와 관계없이 공간에 존재한다. 컴퓨터 그래픽스에서는 인공적인 객체만을 다룬다. 점, 선분, 다각형과 같은 여러 가지 기하학적인 기본 객체의 위치를 공간에서 지정하여 물체를 만든다. 대부분의 그래픽 시스템에서는 공간 위치, 즉 **정점**(vertex)의 집합으로 대부분의 물체를 정의하거나 근사한다. 그리고 구는 중심과 원주 위의 어떤 한 점으로 정의된다. CAD 시스템의 주요 기능은 사용자가 합성 모델의 세계를 구축하기 쉽게 인터페이스를 제공하는 것이다. 2장에서 OpenGL을 이용하여 단순한 객체를 생성하는 방법을 소개하고 8장에서 객체 사이의 여러 가지 관계를 고려하여 그것을 정의하는 방법에 대하여 알아본다.

모든 영상 시스템은 객체로부터 영상을 생성하는 수단을 제공해야 한다. 영상을 만들기 위해서는 그것이 사람이든, 카메라든, 디지타이저이든 객체를 관측하는 주체가 있어야 한다. 객체의 영상을 형성하는 것은 **관측자**(viewer)이다. 인간의 시각 시스템에서 영상은 안구 뒷면에 형성된다. 카메라에서 영상은 필름 면에 형성된다. 영상과 물체는 혼동되기 쉽다. 흔히 자기 시점에서 물체를 보고, 다른 곳에 있는 다른 사람은 물체를 다르게 본다는 사실을 잊는다. 그림 1.13(a)에서는 두 사람의 관측자가 다른 위치에서 같은 건물을 관측하고 있다. 이 그림은 두 사람의 관측자 B, C와 건물을 건물에서 멀리 떨어진 관측자 A가 함께 본 것이다. 관측자 A에게는 관측자 B, C도 건물과 마찬가지로 물체로 간주된다. 그림 1.13(b)와 그림 1.13(c)는 각각 관측자 B, C가 본 영상이다. 세 영상은 모두 같은 빌딩을 포함하고 있지만 빌딩의 이미지는 세 개가 모두 다르다.

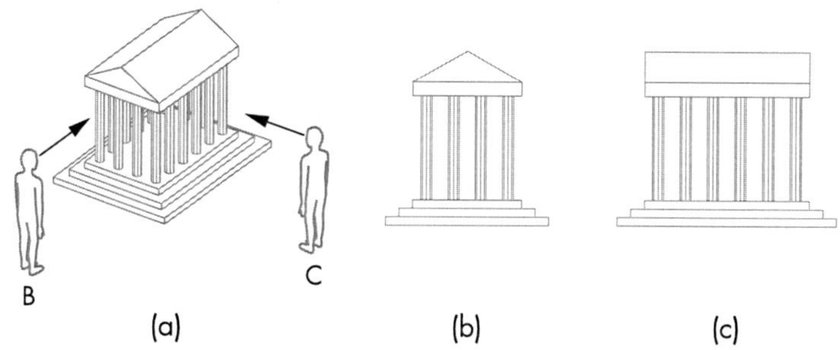

● 그림 1.13 ● 3인의 다른 관측자에게 보이는 영상 (a) A의 관측 (b) B의 관측 (c) C의 관측

그림 1.14는 건물을 관측하는 카메라 시스템을 보인다. 여기서 물체와 관측자는 3차원 공간에 존재하는 것을 알 수 있다. 그러나 필름 면에서 볼 수 있는 그들에 의해서 정의된 영상은 2차원이다. 영상생성의 요점은 2차원 영상을 생성하기 위해 물체(객체)의 명세를 관측자의 명세와 결합시키는 과정이다. 우리는 이것에 대하여 자세히 탐구할 것이다.

1.3.2 광원과 이미지

앞에서 설명한 영상생성 과정은 결코 완전하지 않다. 예를 들면, 광원에 대해서는 언급하지 않았다. 만일 광원이 없다면 객체는 어둡게 되고 이미지에서는 아무 것도 보이지 않는다. 그림에다 색깔을 넣는 방법도, 객체의 표면 효과가 무엇인지도 언급하지 않았다.

보다 물리적으로 접근하기 위해 단순한 물리적인 영상 시스템인 그림 1.15를 가지고 시작한다. 여기서도 장면에 물리적인 객체나 관측자를 볼 수 있지만 광원이 추가되었다. 광원으로부터 나온 빛이 여러 가지 물체의 표면에 부딪치고, 이중 반사된 일부의 빛이 렌즈를 통해 카메라로 들어간다. 빛과 물체 표면의 상호작용이 빛이 카메라에 들어가는

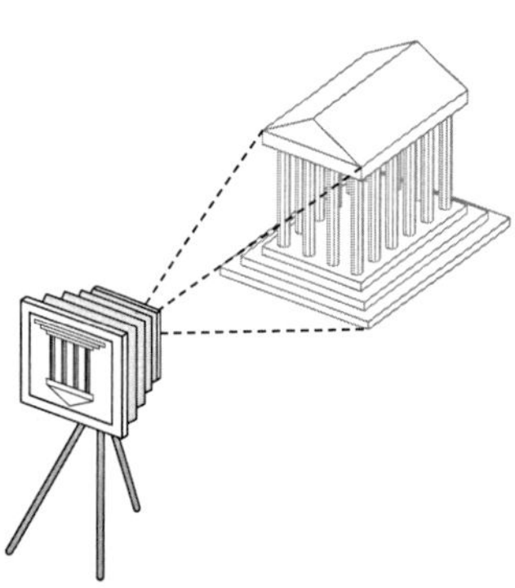

● 그림 1.14 ● 카메라 시스템

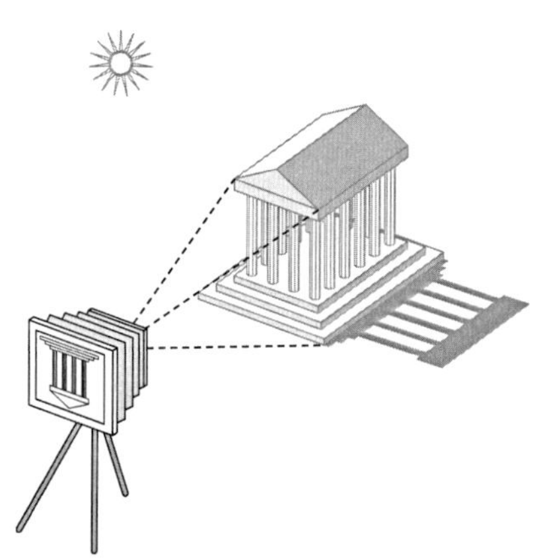

● 그림 1.15 ● 객체와 광원을 갖춘 카메라 시스템

양을 결정한다. 빛은 일종의 전자기 방사선이다. 전자기 에너지는 파장[2] 또는 주파수[3]로 특성화할 수 있는데 파동처럼 진행한다. 전자기 스펙트럼은 라이오파, 자외선(열), 인간 시각 시스템과 반응을 일으키는 부분을 포함한다. 이 **가시 스펙트럼**(visible spectrum)은 350~750나노미터의 파장을 갖는데 **가시광**(visible light)이라고 한다. 주어진 광원의 색깔은 그것이 방출하는 여러 가지 파장의 에너지에 의해서 결정된다. 가시 스펙트럼의 중간에 있는 520나노미터 주위의 파장은 녹색으로 보이고, 450나노미터 주위는 청색으로 보이며, 650나노미터 주위는 적색으로 보인다. 무지개에서 보는 것과 같이 적색과 녹색의 사이에 있는 파장을 갖는 빛은 황색으로 보이고 청색보다 짧은 파장을 갖는 빛은 자주색으로 보인다.

광원은 이산 주파수 또는 연속적인 값을 갖는 광을 방출한다. 예를 들어, 레이저는 단 하나의 주파수를 갖는 빛을 방출하나 형광등은 어떤 범위의 주파수를 갖는 에너지를 방출한다. 다행이 컴퓨터 그래픽스에서는 다른 주파수가 다른 색으로 보인다는 것을 제외하고는 빛의 물리적인 성질에 대해서는 다룰 필요가 없다.

대신 광량이 충분하고 빛이 파동성에 큰 영향을 미치지 않는다는 가정 아래 보다 전통적인 이론을 따를 수 있다. **기하광학**(geometric optics)은 광원을 빛에너지 방출자로서 모델링한다. 그들 각각은 고정된 강도를 가진다. 기하학적으로 빛은 광원으로부터 물체까지 직진하는 것으로 모델링한다. 이상적인 **점광원**(point source)은 한 지점에서 하나 또는 그 이상의 주파수로 모든 방향으로 빛을 방출한다. 전구 같은 보다 복잡한 광원은 점이 아닌 영역에서 빛을 방출하고 특별한 방향으로 보다 많은 빛을 특성화할 수 있다. 특정 광원은 각 주파수에서 방출하는 빛의 세기와 빛의 방향성에 의해서 특성화된다. 지금은 점광원만을 고려한다. 보다 복잡한 광원들은 흔히 주의 깊게 배치한 많은 점광원으로 근사화할 수 있다. 광원의 모델링은 5장에서 살펴본다.

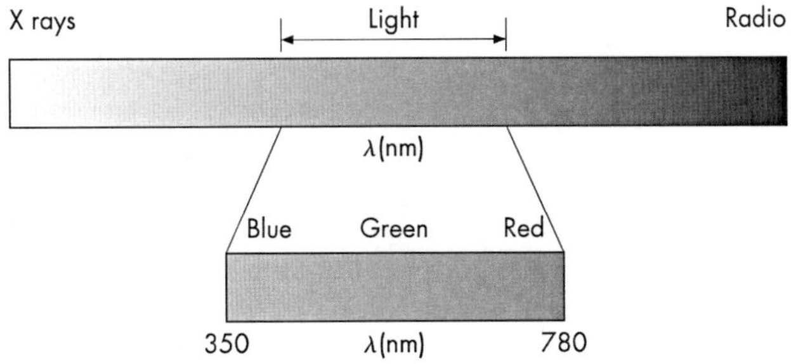

● 그림 1.16 ● 전자기 스펙트럼

2) 11장에서 이산 패킷으로 방출되는 광에 기반한 광자 매핑을 소개할 것이다.
3) 주파수(f)와 파장(λ) 사이의 관계는 $f\lambda = c$이다. 여기서 c는 빛의 속도이다.

1.3.3 영상생성 모델

장면에 있는 많은 객체, 객체의 빛의 반사도, 광원 특성으로부터 영상을 생성하는 데는 여러 가지 접근 방법이 있는데 이 항에서는 물리적인 접근 방법 두 가지를 소개한다. 비록 이러한 접근 방법이 궁극적인 목표인 실시간 그래픽스로는 적당하지 않지만, 영상을 만드는 구조를 이해하는데 많은 도움이 된다. 이러한 방법에 대해서는 11장에서 다시 구체적으로 다룰 것이다.

여기에서는 광원에서 방출되는 빛을 추적하는 영상 모델의 설정으로부터 시작한다. 그림 1.17의 장면을 생각해 보자. 점광원에 의해서 조명되며 관측자의 눈으로 들어오는 빛에만 주목할 필요가 있기 때문에 관측자를 그림에 포함시켰다. 관측자는 그림 1.18에서와 같이 카메라가 될 수도 있다. **광선**(ray)은 한 점에서 시작하여 임의의 방향으로 무

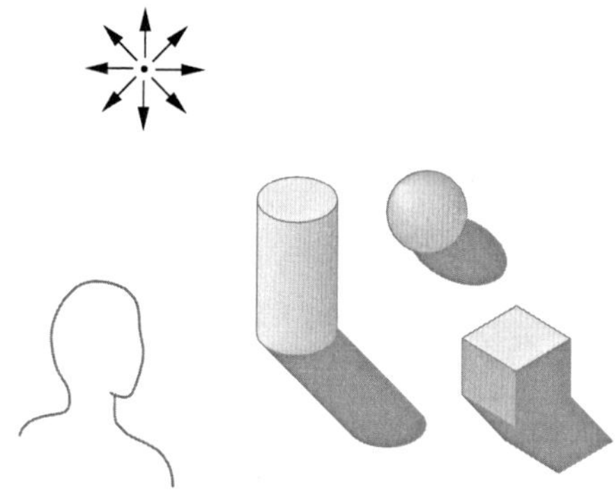

● 그림 1.17 ● 점광원을 갖는 장면

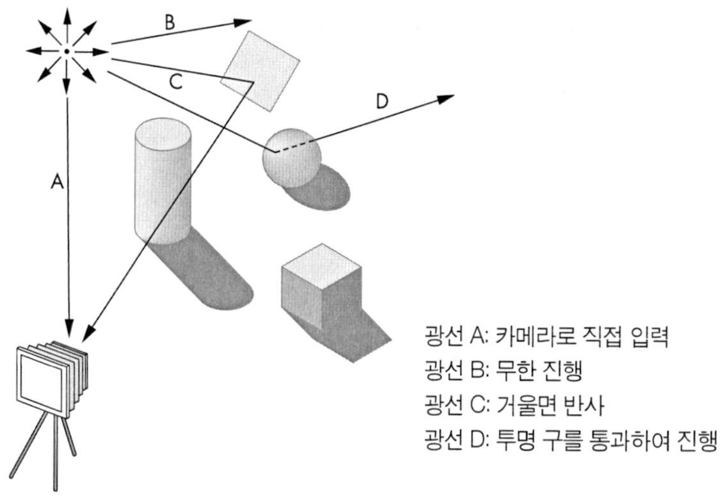

● 그림 1.18 ● 광선 상호작용

한히 진행하는 반직선이다. 광선은 직진하기 때문에, 광선을 점광원에서 모든 방향으로 방출하는 빛으로 간주할 수 있다. 무한히 많은 광선의 일부분만이 카메라 필름면의 영상을 생성하는 데 기여한다. 예를 들어 만일 광원이 카메라에서 보인다고 하면, 광선의 일부는 광원으로부터 카메라의 렌즈를 통하여 직접 필름 면에 닿는다. 그러나 대부분의 광선은 카메라로 들어가지도 않고, 객체에 충돌하지도 않고 장면 외부로 나간다. 이러한 광선은 비록 다른 관측자에게는 보일 수도 있겠지만 영상을 만드는 데 아무것도 기여하지 않는다. 그 나머지 광선이 물체에 부딪치고 이를 조명한다. 이러한 광선은 객체의 표면과 여러 가지로 상호작용한다. 예를 들어, 객체의 표면이 거울 같다면, 그 광선은 물체 표면 방향에 따라서 반사되어 카메라 렌즈에 들어가서 영상을 만드는데 기여한다. 이와 다른 종류의 표면은 빛을 모든 방향으로 반사시킨다. 만일 표면이 투명하다면, 광원으로부터 나온 광선은 물체를 통과하여 다른 물체와 상호작용한 다음, 카메라로 들어가거나, 또 다른 물체와 충돌없이 한없이 진행된다. 그림 1.18이 이러한 가능성 중 몇 가지를 보인다.

광선 추적(ray tracing) 또는 **광자 매핑**(photon mapping)은 이러한 개념에 근거를 둔 영상생성법인데 컴퓨터로 영상을 생성하는 기본 원리가 된다. 방대한 계산량을 감수하려고만 한다면, 광선 추적 모델을 이용하여 얼마든지 복잡한 물리적 효과를 시뮬레이션 할 수 있다. 광선 추적은 실세계에 근거한 모델이지만 실시간 처리에는 적합하지 않다.

다른 물리적인 영상생성법으로는 에너지보존법칙에 기반한 방법이 있다. 컴퓨터 그래픽스에서 가장 중요한 것이 **라디오시티**(radiosity)이다. 이 방법은 면에 입력된 광선이 모든 방향으로 똑같이 반사되는 물체에 가장 적합하다. 라디오시티는 실시간으로 처리로 할 수 있는 이상의 계산시간을 필요로 한다. 이러한 방법의 고찰은 11장으로 미룬다.

1.4 영상 시스템

여기에서는 바늘구멍 카메라와 인간 시각 시스템의 두 가지 영상 시스템을 소개한다. 바늘구멍 카메라는 카메라 기능과 다른 광학 영상생성기의 기능을 이해하는 데 도움이 되는 단순한 시스템의 예이다. 이것을 본떠 영상생성 모델을 만든다. 인간의 시각 시스템은 아주 복잡하지만 다른 영상 시스템과 물리적인 원리가 같다. 여기에서는 바늘 구멍카메라가 영상 시스템의 대표적인 예가 될 뿐 아니라 그 특성을 이해하는 것이 컴퓨터 그래픽스 시스템의 기능을 이용하는데 도움이 되므로 소개한다.

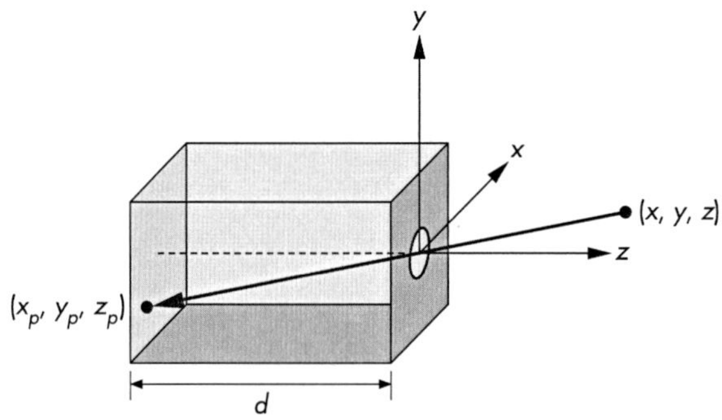

● 그림 1.19 ● 바늘구멍 카메라

1.4.1 바늘구멍 카메라

그림 1.19의 바늘구멍 카메라는 간단한 기하학적 모델로 이해할 수 있는 영상생성의 사례를 제공한다. 바늘구멍 카메라는 상자의 한쪽 면에 작은 구멍이 나 있고, 필름이 안쪽의 반대쪽 면에 놓인 상자이다. 카메라를 z축에 일치시키고 바늘구멍을 좌표계의 원점에 맞추었다고 하자. 구멍은 매우 작아서 한 점에서 발산된 한 줄기의 광선만 들어올 수 있다고 가정하자. 필름 면은 바늘구멍으로부터 거리 d에 위치한다. 그림 1.20의 측면도를 이용해서 점(x, y, z)의 이미지가 필름 면 $z = -d$에 맺히는 위치를 계산할 수 있다. 그림 1.20의 두 개의 삼각형이 닮은꼴이라는 점을 이용해서 이미지의 y좌표는 y_p임을 알 수 있다. 여기서

$$y_p = -\frac{y}{z/d}$$

이다. 마찬가지로, 평면도를 이용해서 좌표를 계산하면

$$x_p = -\frac{x}{z/d}$$

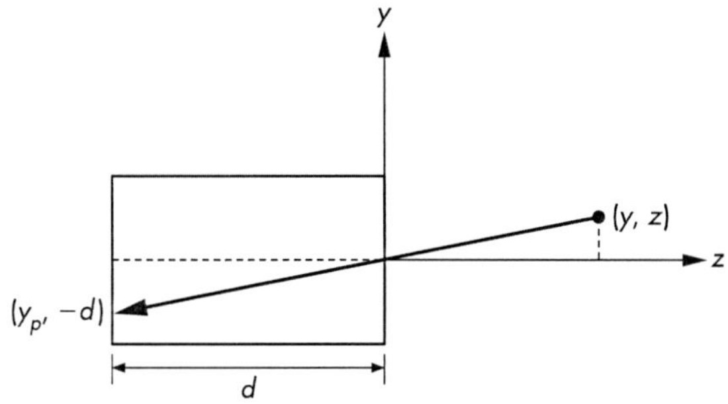

● 그림 1.20 ● 바늘구멍 카메라 측면 관측

이다. 점$(x_p, y_p, -d)$를 점(x, y, z)의 **투영**(projection)이라고 한다. 우리들의 이상적 모델에서 이 투영점의 색은 점 (x, y, z)의 색이다. 카메라의 **시야**(field, angle of view)는 필름 면에 맺힐 수 있는 가장 큰 크기의 객체에 의해 만들어지는 각도이다. 그림 1.21[4]을 이용해서 시야를 계산할 수 있다. 만일 h가 카메라의 높이이면 시야 θ는

$$\theta = 2\tan^{-1}\frac{h}{2d}$$

가 된다.

이상적인 바늘구멍 카메라는 무한대의 **피사계 심도**(depth of field)를 가진다. 물체가 카메라로부터 아무리 멀리 떨어져 있다 해도 시야 내의 모든 점들이 초점에 맞는다. 바늘구멍 카메라에는 두 가지 단점이 있다. 첫째는, 바늘구멍이 작기 때문에–하나의 점으로부터 단 하나의 광선만을 받아들인다–카메라로 거의 빛이 들어오지 않는다. 둘째는, 카메라가 다른 시야를 갖도록 조절할 수 없다는 점이다.

렌즈를 사용함으로써 좀 더 세련된 카메라나 다른 영상 시스템으로 만들 수 있다. 바늘구멍 카메라의 두 가지 문제는 바늘구멍을 렌즈로 바꿈으로써 해결된다. 첫째로, 바늘구멍을 통과하는 것보다 많은 빛을 렌즈가 모을 수 있다. 렌즈의 구경이 클수록 많은 빛을 모을 수 있다. 둘째로는 적절한 초점거리를 갖는 렌즈를 선택함으로써–이러한 선택은 바늘구멍 카메라에서 d를 선택하는 것과 같다–원하는 임의의 시야를 얻을 수 있다(180° 까지). 그러나 렌즈는 무한대의 피사계 심도를 갖지 않는다. 렌즈로부터 다른 거리만큼 떨어진 객체들의 모든 초점이 맞을 수는 없다.

영상을 생성하기 위해 이 장에서는 카메라의 앞면에서 필름 면까지의 거리 d를 초점거리로 하는 바늘구멍 카메라를 다룬다. 컴퓨터 그래픽스는 바늘구멍 카메라처럼 모든 물체의 초점이 맞는 이미지를 생성한다.

1.4.2 인간 시각 시스템

인간의 복잡한 시각 시스템은 카메라와 현미경과 같은 물리적 영상 시스템의 모든 구성 요소를 가지고 있다. 그림 1.22는 시각 시스템의 주요 요소를 보인다. 빛은 눈을 보호하는 투명한 구조를 갖는 각막(cornea)과 수정체(lens)를 통하여 눈으로 들어간다. 홍채(iris)는 눈으로 들어오는 빛의 양을 조절하기 위하여 개폐된다. 수정체는 안저에 있는 **망막**(retina)이라고 하는 2차원 조직 위에 상을 맺는다. 간상체(rod)와 원추체(cone)가 확대되었을 때 그 모양에 따라 이름이 붙여졌으며 망막 위에 분포하는 광센서이다. 그들은 350~780나노미터 범위에 있는 전자기 에너지에 반응한다.

---

4) 이 문제를 2차원이 아닌 3차원에서 고려하면 h 대신에 필름의 대각선 길이가 사용될 것이다.

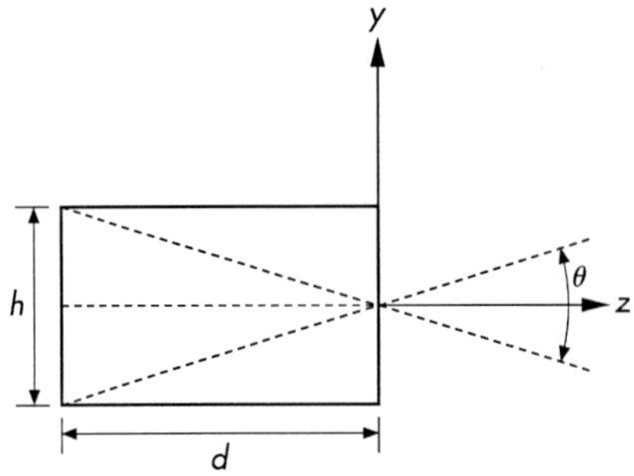

● 그림 1.21 ● 시야

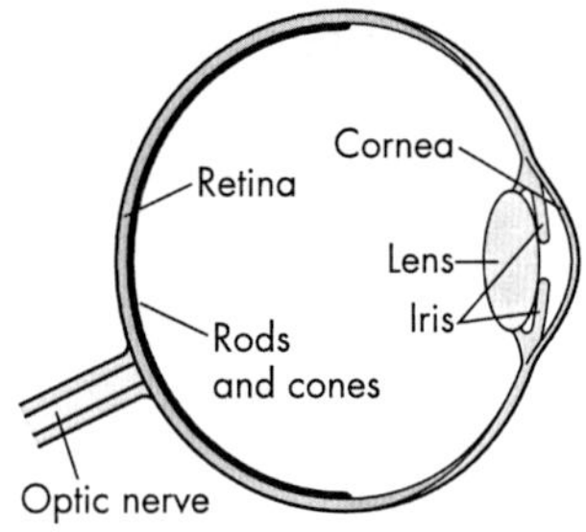

● 그림 1.22 ● 인간 시각 시스템

간상체는 야간 시각을 담당하는 어두운 빛 센서이며 원추체는 주간 시각을 담당한다. 수정체와 각막의 광학적인 성질과 간상체와 원추체의 크기가 함께 인간 시각 시스템의 **해상도**(resolution) 또는 눈의 **분해력**(visual acuity)을 결정한다. 좀 더 전문적으로 말하면, 두 점을 얼마나 가까이 놓고 그 두 점을 구별할 수 있는가 하는 척도이다.

인간의 시각 센서들은 여러 파장의 빛에너지에 대하여 균일하게 반응하지 않는다. 원추체는 세 종류가 있고 간상체는 한 종류가 있다. 조도(intensity)는 빛 에너지의 물리적인 척도이지만, **휘도**(brightness)는 인간이 물체에서 반사되는 빛을 얼마나 민감하게 감지하느냐의 척도이다. 인간의 시각 시스템은 단색 적색광(하나의 주파수로 이루어짐)과 단색 청색광에 대해 동일한 반응을 하지 않는다. 이들이 같은 에너지를 방출해도 다른 휘도로 보이는데, 이것은 원추체가 적색광과 청색광에 대해 다르게 반응하기 때문이다. 인간은 녹색광에 가장 민감하고 적색광과 청색광에는 덜 민감하다.

휘도는 인간이 조도에 반응하는 정도를 측정하는 종합적인 척도이다. 인간의 색 시각(color-vision)기능은 세 종류의 원추체가 다른 감지 능력을 가지고 있기 때문에 생긴다. 원추체가 세 종류이기 때문에 모든 가시광을 별도로 처리하지 않고, 인식할 수 있는 어떤 색이라도 삼원색으로 근사할 수 있다. 결론적으로 말하면, 필름, 비디오와 같은 대부분의 영상생성 시스템을 단지 **삼원색**(three primary)만 가지고 작동시킬 수 있다. 색에 대해서는 2장에서 보다 깊이 알아본다.

인간의 시각 시스템이 빛을 처리하는 원리는 전단에서는 대부분의 광학 시스템에서 사용하는 것과 같지만, 후단에서 카메라, 망원경보다 좀 더 복잡하게 처리한다. 시신경은 정교한 신호처리기의 특성을 갖는 복잡한 망으로 원추체와 간상체에 연결되어 있다. 최종 처리는 시각 대뇌피질이라고 하는 뇌의 한 영역에서 이루어지는데 물체 인식 같은 고도의 처리가 수행된다. 여기에서 후단의 처리는 다루지 않고, 다만 원추체와 간상체에서 뇌로 전달되는 영상이라는 관점에서 생각한다.

1.5 합성 카메라 모델

우리의 이런 광학 영상 시스템 모델이 현대의 3차원 컴퓨터 그래픽스의 개념의 기초가 된다. 여기에서는 컴퓨터를 이용하여 영상을 생성하는 것과 광학시스템을 사용하여 영상을 생성하는 것을 유사하게 본다. 이러한 패러다임을 **합성 카메라 모델**(synthetic-camera model)이라 한다. 그림 1.23의 영상 시스템을 살펴보자. 여기에 객체와 관측자가 있다. 이 경우에 관측자는 주름상자 카메라이다.[5] 영상은 카메라 뒷면의 필름에 형성된다. 인공영상을 만드는 이러한 과정을 흉내내기 위해 몇 가지 원리를 확인할 필요가 있다.

첫째, 객체의 명세와 관측자의 명세를 서로 독립적으로 지정할 수 있다. 이렇게 함으로써 그래픽스 라이브러리에서도 객체와 관측자를 기술하는 함수가 분리되어 있다고 짐작할 수 있다.

둘째, 바늘구멍 카메라에서와 같이 단순한 기하학적인 계산으로 영상을 계산할 수 있다. 그림 1.24의 카메라와 단순한 물체의 측면을 생각해 보자. 그림 1.24(a)의 시야 부분은 바늘구멍 카메라와 유사하다. 물체가 거꾸로 필름의 영상에 보이는 점에 주의하라. 실제 카메라에서는 물체방향을 복구하려면 필름을 돌려야 한다. 그러나 합성 카메라에서는 간단히 이 문제를 해결할 수 있다. 그림 1.24(b)와 같이 렌즈 앞으로 필름 면을 이동시킨다. 3차원 공간에서는 그림 1.25와 같다. 물체 위의 한 점으로부터 렌즈의 중심, 즉 **투영중심**(Center Of Projection, COP)으로 직선, 즉 **투영선**(projector)을 그어 가상의 영상면(virtual plane) 위에 그 점의 영상을 구할 수 있다. 모든 투영선은 투영 중심

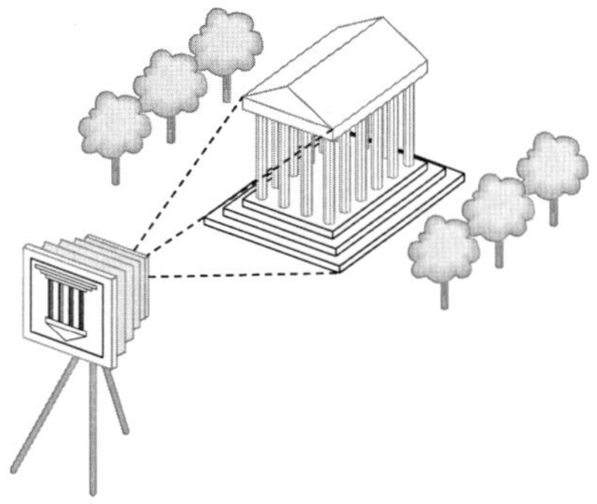

● 그림 1.23 ● 영상 시스템

5) 주름상자 카메라에서 렌즈가 있는 앞판과 필름 면이 있는 카메라의 뒷판은 신축 구조를 갖는 측면으로 연결된다. 이 때문에 카메라의 뒷부분을 앞부분과 독립적으로 움직일 수 있어 영상생성과정에 부가적인 융통성을 제공한다. 4장에서 이 융통성을 사용한다.

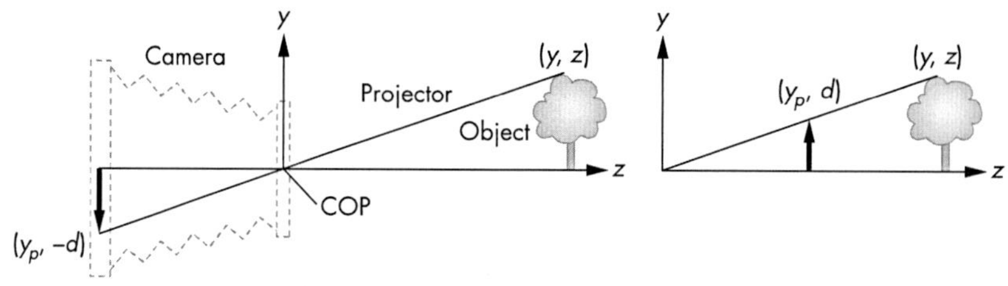

● 그림 1.24 ● 영상 형성의 등가적인 견해, (a) 카메라의 후면에 생성된 영상 (b) 영상면을 카메라 앞으로 이동

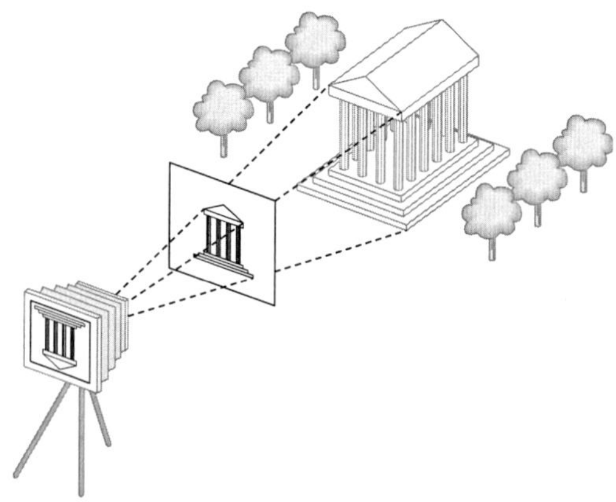

● 그림 1.25 ● 합성 카메라 영상

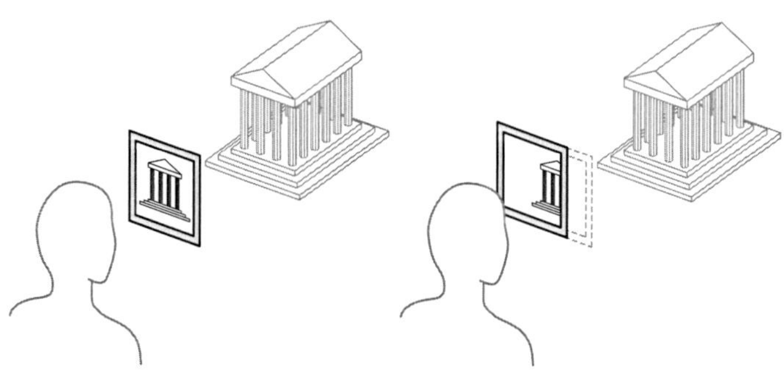

● 그림 1.26 ● 클리핑, (a) 윈도우의 초기 위치 (b) 윈도우의 이동

을 지나는 광선임을 명심하라. 합성 카메라 모델에서 렌즈 앞으로 이동시킨 가상 그림판을 **투영면**(projection plane)이라고 한다. 점의 영상은 투영선이 투영면과 교차하는 곳에 생긴다. 4장에서 이러한 과정을 자세히 설명하고 관련된 식을 유도한다.

바늘구멍 카메라에서 모든 물체가 필름 면에 상을 맺을 수 없기 때문에 영상 크기의 제한을 고려해야 한다. 시야(관측각)가 이 제한을 표현한다. 합성 카메라에서는 이러한 제한을 **클리핑 사각형**(clipping rectangle) 또는 **클리핑 윈도**(clipping window)를 투영면 안에 놓음으로써 해결한다(그림 1.26). 이 사각형은 투영중심에 위치한 관측자가 그것을 통해서 세계를 볼 수 있게 하는 창의 역할을 한다. 투영중심의 위치, 투영면의 위치와 방향, 또한 클리핑 사각형의 크기가 주어지면, 어떤 물체들이 영상에 나타날지 알 수 있다.

1.6 프로그래머 인터페이스

사용자는 그래픽스 시스템과 다양한 방법으로 상호작용한다. CAD 분야에서 사용되는 것과 같은 완비된 패키지로 사용자는 마우스나 키보드와 같은 입력장치를 사용해서 표시장치와 상호작용할 수 있다. 그림 1.27의 페인트 프로그램 같은 전형적인 응용에서는 사용자가 메뉴와 아이콘을 이용하여 가능한 작업을 지시한다. 이러한 항목을 누르면 사용자는 프로그램을 작성하지 않고 소프트웨어만으로 영상을 만들 수 있다.

물론 누군가가 이런 응용프로그램을 위한 코드를 개발해야 하며, 우리들은 상용 제품의 정교함에도 불구하고 자신의 그래픽스 응용프로그램을 개발하는데 필요한 코드를 작성하며 그렇게 하는 것을 즐긴다.

응용프로그램과 그래픽스 시스템과 인터페이스는 그래픽스 라이브러리 안에 있는 함수를 사용하여 명세한다. 이러한 명세를 **응용프로그래머 인터페이스**(Application Programmer's Interface, API)라고 한다. 이 시스템의 응용프로그래머 모델을 그림 1.28에 보인다. 응용프로그래머는 단지 API만을 볼 수 있고 그래픽스 라이브러리의 하드웨어와 소프트웨어 구현은 차폐(occlusion)된다. 소프트웨어 **드라이어**(driver)가 API 출력을

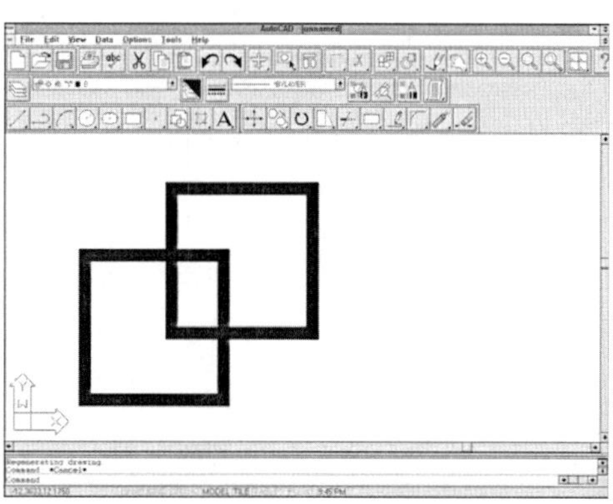

● 그림 1.27 ● 페인팅 프로그램 인터페이스

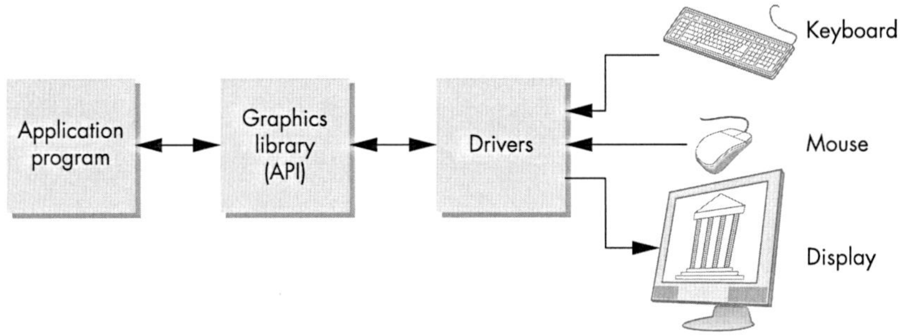

● 그림 1.28 ● 그래픽스 시스템의 응용프로그래머 모델

해석하여 이것을 특수한 하드웨어가 이해할 수 있는 형태로 변환하는 책임을 진다. 응용프로그램 작성자의 입장에서 API에서 사용할 수 있는 함수는 사용자가 영상을 기술하기 위해 사용하는 개념적인 모델과 일치한다.

1.6.1 펜 플로터 모델

역사적으로, 대부분의 초기 그래픽스 시스템은 2차원 시스템이었다. 그들이 사용한 개념적인 모델을 현재 **펜 플로터**(그림 1.29)라고 하는데, 받침대에 고정된 펜을 이동시켜 영상을 생성하며, 펜을 종이 위에서 두 개의 수직방향으로 이동시킬 수 있는 구조를 가지고 있다. 플로터는 펜을 올리거나 내리거나 하며 필요한 영상을 생성한다. 펜 플로터는 아직도 사용되고 있는데, 청사진 같은 커다란 도면을 그리는데 적합하다. LOGO와 PostScript 같은 여러 가지 API는 이러한 모델을 기반으로 한다. 비록 그들의 영상생성 과정이 다르지만, 모두 영상생성 과정을 종이판 위에 그리는 과정으로 본다. 사용자는 정해진 크기를 갖는 2차원 면 위에서 작업한다. 이 면 위에서 펜을 움직여 이미지를 종이 위에 그린다.

다음과 같이 두 개의 그리기 함수를 가진 그래픽스 시스템을 살펴보자.

```
moveto(x, y);
lineto (x, y);
```

moveto 함수의 실행은 아무 것도 그리지 않고 펜을 종이 위의 위치 (x, y)로 이동시킨다. lineto 함수는 현재의 위치에서 그리면서 펜을 위치 (x, y)로 이동시킨다. 초기화와 종료 절차를 추가하고, 선의 색과 굵기를 바꾸기 위해 펜을 교체하는 절차를 추가하면, 단순하지만 완전한 그래픽스 시스템이 된다. 다음은 이러한 시스템에서 사용할 수 있는 프로그램의 일부이다.

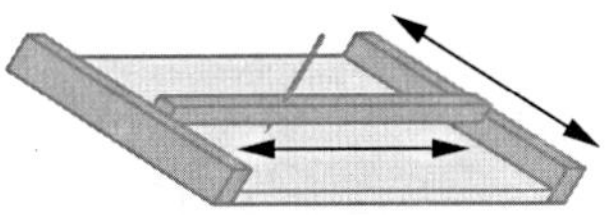

● 그림 1.29 ● 펜 플로터

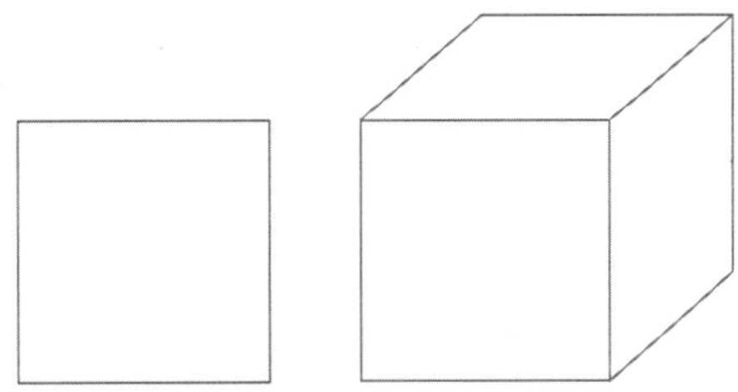

(a) (b)

● 그림 1.30 ● 펜 플로터 프로그램의 출력, (a) 사각형 (b) 육면체의 투영

```
moveto(0 , 0);
lineto(1 , 0);
lineto(1 , 1);
lineto(0 , 1);
lineto(0 , 0);
```

이 프로그램은 그림 1.30(a)의 출력을 생성한다. 만일 다음과 같은 프로그램을 덧붙이면 그림 1.30(b)와 같이 경사 투영으로 생성되는 육면체를 얻는다.

```
moveto(0, 1);
lineto(0.5, 1.866);
lineto(1.5, 1.866);
lineto(1.5, 0.866);
lineto(1, 0);
moveto(1, 1);
lineto(1, 5, 1.866);
```

인쇄 산업의 조판 편집과 같은 응용의 경우, 이러한 모델에 기반한 시스템은 잘 동작한다. 예를 들면, 이러한 아이디어를 정교하게 확장한 PostScript 조판 기술언어는 프린터와 식자기를 제어하는 표준이 되었다.

제한적이지만, 또 다른 래스터 기반의 2차원 모델은 직접 픽셀을 프레임 버퍼에 쓰는 것에 기반한다. 이러한 시스템은 다음 형태의 단 하나의 함수를 이용한다.

```
write_pixel(x, y, color);
```

여기서 x, y는 프레임 버퍼에서 픽셀의 위치이다. color는 그곳의 색을 지정한다. 이러한 모델은 래스터화나 디지털 영상처리를 위한 알고리즘을 작성하는데 적합하다. 그러나 사람들은 3차원 세계에 대해 많은 관심을 가지고 있다.

펜 플로터 모델을 성능 좋은 3차원 그래픽스 시스템으로 확장하기 어렵다. 예를 들면, 손이나 컴퓨터를 사용하여 3차원 물체의 영상을 2차원 면 위에 그린다고 하면 3차원 물체상 점에 해당하는 2차원 영상상의 점을 알아야 한다. 이러한 2차원 점은 1.5절에서 알아본 것과 같이 3차원 공간에서 점들의 투영이므로, 삼각함수를 이용하여 투영을 계산한다. 4장에서 투영에 필요한 수학을 탐구하겠다.

투영법의 이해는 3차원 그래픽스에 필수적이다. 그러나 응용프로그램을 작성하는 데는 사용자가 삼각함수를 계산하지 않고 컴퓨터가 자동으로 투영처리를 하여 문제 영역에서 작업할 수 있게 하는 API를 사용하는 것이 바람직하다. 이러한 접근법이 투시투영으로 물체를 스케치하는 기법 또는 제도판에 물체를 투영하는 기법을 익히는데 어려움을 갖는 사람들에게는 도움이 될 것이다. 무엇보다 중요한 것은 사용자들이 그들의 프로그램에다 투영법을 직접 구현하는 것보다, API 안에 있는 훨씬 더 효율적인 하드웨어와 소프트웨어로 구현되어 있는 투영법을 이용할 수 있다는 것이다.

1.6.2 3차원 API

합성 카메라 모델은 OpenGL, Direct3D 등 인기 있는 API의 기반이 된다. 합성 카메라 모델에는 다음을 기술할 수 있는 함수가 필요하다.

- 객체
- 관측자
- 광원
- 재질 특성

객체는 보통 **정점**(vertex)의 집합으로 정의된다. 선분, 사각형, 다각형 같은 간단한 기하학적인 객체들에 대해서는 정점의 리스트, 즉 공간에서 위치와 객체 사이에 단순한 관계가 정해진다. 보다 복잡한 객체에 대해서는 정점의 집합으로 객체를 정의할 때 여러 가지 방법이 있을 수 있다. 예를 들면, 원은 원주상 세 점 또는 중심과 원주상 한 점으로 정의할 수 있다.

대부분의 API는 사용자에게 유사한 기본 요소들의 집합을 제공한다. 이러한 기본 요소는 보통 하드웨어를 사용하여 빠르게 표시할 수 있는 것들이다. 보통 점, 선분, 다각형 때로는 텍스트가 있다. OpenGL 프로그램은 기본 요소를 정점의 리스트로 정의한다. 다음 OpenGL 코드는 그림 1.31의 3개의 정점을 표시한다.

```
float vertices[3][3]

vertices[0][0] = 0.0; /* 정점 A */
```

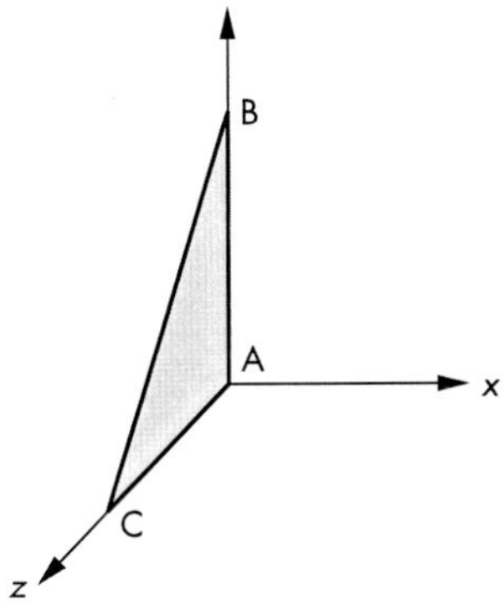

● 그림 1.31 ● 삼각형

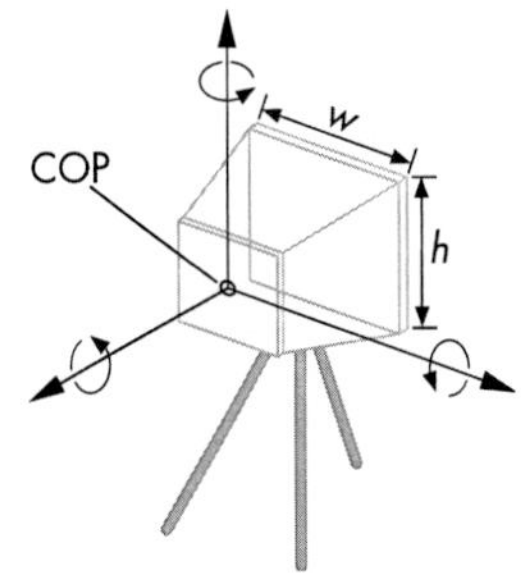

● 그림 1.32 ● 카메라 명세

```
vertices[1][0] = 0.0;
vertices[2][0] = 0.0;
vertices[0][1] = 0.0; /* 정점 B */
vertices[1][1] = 1.0;
vertices[2][1] = 0.0;
vertices[0][2] = 0.0; /* 정점 C */
vertices[1][2] = 0.0;
vertices[2][2] = 1.0;
```

OpenGL에서 이 배열을 디스플레이 할 때마다 GPU에 보내거나 나중에 디스플레이 하기 위해 GPU에 저장해야 한다. 그리고 이러한 세 정점이 3차원 공간에서의 위치만 명세하고 기하학적인 실체는 명세하지 않음에 주의하라. 위치는 그림 1.31의 삼각형을 기술하거나 첫 번째 선분을 명세하기 위해 처음 두개의 위치와 두 번째 선분을 명세하기 위해 두, 세 번째 위치를 사용하여 두 개의 선분을 명세하는 데 사용할 수 있다. 위치를 지정하고 응용프로그램에서 기하학적인 실체에 해당하는 파라미터를 설정하는 선택을 할 수 있다. 예를 들어 OpenGL에서 위에서 설명한 정점에 대해서 `GL_TRIANGLES`, `GL_LINE_STRIP`, `GL_POINTS`를 사용하여 해당하는 기하학적 실체를 그린다. 비록 이러한 세세한 것을 설명하는 것은 아직 이르지만, 기하학적인 실체에 관계없이 정점을 지정한 다음에 기하학적인 실체를 지정하고 프레임 버퍼에 픽셀의 색을 어떤 색으로 지정할지는 그래픽스 시스템에 맡긴다.

어떤 API들은 픽셀을 읽고 쓰는 함수들을 제공함으로써 사용자들로 하여금 프레임 버퍼에 직접 작업할 수 있게 하며 부가적으로 어떤 API들은 기본 요소로서 곡선과 곡면을 제공한다. 그러나 이러한 자료형들은 자주 응용프로그램 내에서 보다 간단한 일련의 기본 요소들로 근사된다. OpenGL은 프레임 버퍼를 액세스할 수 있다.

다양한 방식으로 관측자와 카메라를 정의할 수 있다. 각 API들은 카메라 선택에 있어서 얼마나 많은 유연성을 제공하는가와 얼마나 다른 방식들을 허용하는가에 있어서 차이가 있다. 그림 1.32는 네 종류의 필요한 명세를 보여준다.

1. **위치**(position) : 카메라의 위치는 렌즈의 중점으로 주어지는데 투영의 중심(COP)이 된다.
2. **방향**(orientation) : 일단 카메라의 위치가 정해지면 투영의 중심이 원점인 카메라 좌표계를 설정할 수 있다. 이 좌표계의 3축에 대하여 카메라를 독립적으로 회전시킬 수 있다.
3. **초점 거리**(focal length) : 렌즈의 초점 거리가 필름상 영상의 크기, 등가적으로는 카메라가 보는 세상의 범위를 결정한다.
4. **필름 면**(film plane) : 카메라의 후면은 높이와 너비를 가진다. 주름상자 카메라 또는 일부의 API에서는 카메라 후면 방향을 렌즈 방향과는 별도로 조정할 수 있다.

이러한 명세는 여러 가지로 정해질 수 있다. 카메라의 위치와 방향 명세를 정하는 방법 중 하나는 일련의 좌표계 변환을 사용하는 것이다. 이 변환이 객체의 정점을 기술하는데 편리한 객체 좌표계의 객체 위치를 투영 중심에 원점을 갖는 좌표계의 객체 위치로 바꾸어 준다. 이러한 접근방식은 구현을 하는데도 유용하고 융통성 있는 카메라가 제공하는 모든 관측을 획득할 수 있는 장점이 있다. 5장부터 이 접근방법을 광범위하게 사용하게 될 것이다.

그러나 조정해야 할 변수가 많으면 원하는 영상을 얻기 어려울 수 있다. 합성 카메라 모델에서 약간의 문제가 발생한다. 건축 설계에서 사용되는 고전적인 관측기법은 합성 카메라 모델이 강조하는 객체와 관측자와의 독립성(independence)보다는 물체와 관측자와 관계(relationship)를 강조한다. 이 때문에, 그림 1.33의 육면체에 대한 고전적인 2점 투시는 관측자와 육면체 면들 간의 특수한 관계 때문에 2점 투시가 된다(연습문제 1.7 참고). 비록 OpenGL API가 완전히 자유롭게 변환을 설정하게 하지만, 유용한 추가적인 함수를 제공하기도 한다. 예를 들어, 다음 두 함수 호출을 생각해 보자.

```
LookAt(cop, at, up);
Perspective(field_of_view, aspect_ratio, near, far);
```

처음 함수 호출은 카메라의 위쪽(*up*)을 지정하여 카메라가 투영 중심(*cop*)에서 주시

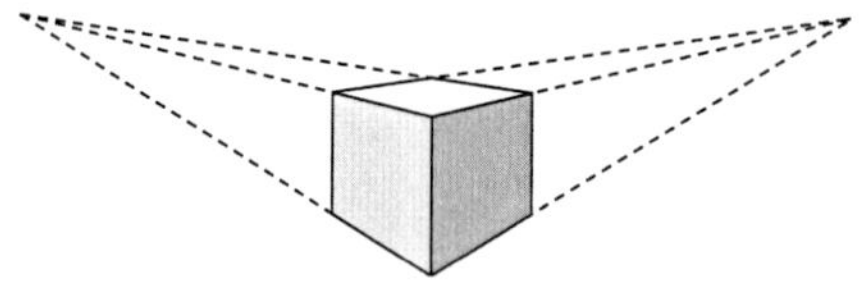

● 그림 1.33 ● 육면체의 2점 투시

점(*at*점)으로 향하게 한다. 그 다음 함수 호출은 투시관측(시야)을 위해 렌즈를 설정하고 카메라가 얼마나 넓게 세계의 영상(종횡비, 근거리, 원거리)을 담을지를 결정한다. 그러나 합성 카메라 모델을 이용한 어떤 API도 카메라와 객체 사이에 필요한 관계를 직접 지정하는 함수를 제공하지 않는다.

광원은 위치, 세기, 색, 방향성으로 정의된다. API는 각 광원에 대해 이러한 매개변수를 지정할 수 있는 여러 가지 함수를 제공한다. 재질 특성은 객체의 성질, 즉 속성이고 이러한 특성은 객체가 정의될 때 일련의 함수를 호출하여 지정한다. 광원과 재질 특성은 API에 의해 지원되는 빛-물질 상호작용 모델에 따라 좌우된다. 이에 대해서는 5장에서 살펴본다.

1.6.3 일련의 영상

2장에서는 이 책에서 사용할 OpenGL API에 대하여 상세하게 논의할 것이다. OpenGL 프로그램으로 정의된 영상은 영상 생성과정을 구현한 하드웨어 소프트웨어에 의해서 자동으로 생성된다.

이제 OpenGL API를 사용하여 만들 수 있는 영상을 보자. 동일 객체에 대해서 점차 복잡한 렌더링 방법을 적용하여 제작한 일련의 영상들을 볼 것이다. 이러한 순서는 이 책에서 다루게 될 관련된 주제의 대략적인 순서이며, 지난 30여 년간 그래픽스 시스템이 어떻게 발전해 왔는가를 반영하고 있다.

컬러 그림판 1은 화가가 제작한 태양과 같은 물체의 영상이다. 컬러 그림판 2는 선분만을 이용하여 렌더링한 물체이다. 물체는 많은 부분으로 이루어지고 프로그래머는 각 객체와 객체의 관계를 모델링하기 위해 복잡한 자료 구조를 사용했을지 모르지만, 렌더링된 장면은 물체의 윤곽선만 보인다. 이러한 형태의 영상은 단지 표면의 모서리만 볼 수 있기 때문에 **와이어 프레임**(wire frame) 영상이라고 한다. 이 영상은 빳빳한 철사로 모양을 만들어 모서리 사이에 아무런 불투명체를 채우지 않으면 만들 수 있다. 래스터 그래픽스 시스템이 나오기 전에 만들 수 있는 유일한 컴퓨터 영상이 와이어 프레임 영상이었다.

컬러 그림판 3에는 동일한 장면이 평면 다각형으로 렌더링되었다. 어떤 표면은 그것과 관측자 사이에 불투명 면이 있어 보이지 않는다. 이러한 보이지 않는 표면들은 은면 제거(Hidden-Surface-Removal, HSR) 알고리즘으로 없앤다. 대부분의 래스터 시스템에서 단색으로 다각형 내부를 채울 때 걸리는 시간은 와이어 프레임 영상을 그릴 때 걸리는 시간과 별 차이가 없다. 비록 객체가 3차원이지만, 각 표면이 단색으로 표시되면, 영상이 물체의 3차원 형상을 표현하지 못한다. 초기 래스터 시스템은 이러한 형태의 영상을 만들어냈다.

2, 3장에서는 단순한 기하학적인 객체−점, 선분, 다각형−로 구성된 영상을 생성하

는 방법을 알아본다. 3, 4장에서는 3차원 객체를 변환하는 방법과 은면 제거 모델이 요구하는 3차원으로 관측하는 방법에 대해 공부한다.

컬러 그림판 4는 부드러운 음영(smooth shading)을 이용하여 물체를 다각형으로 근사하는 방법을 보인다. 그것은 마치 영상의 객체가 3차원 실제 공간의 물체 같은 외양으로 보이게 한다. 5장에서 OpenGL이 지원하는 셰이딩 모델(shading model)을 알아본다. 이러한 시스템에서 음영영상을 생성하는데 걸리는 시간은 와이어 프레임 영상을 생성하는데 걸리는 시간과 대략 같다.

컬러 그림판 5는 10장에서 소개할 NURBS 면을 사용하여 만든 좀 더 세련된 와이어 프레임 모델을 보인다. 그러한 면들은 설계과정에서 응용프로그래머에게 융통성을 상당히 주지만 결국 선분과 다각형으로 렌더링된다.

컬러 그림판 6과 7에서 표면 텍스처를 객체에 추가했다. 텍스처는 6장에서 논의할 효과 중 하나이다. 최근 모든 그래픽스 프로세서는 텍스처 매핑(texture mapping)을 하드웨어로 지원하기 때문에 거의 처리시간이 추가되지 않는다. 컬러 그림판 6은 *범프 매핑*(bump mappint) 기법을 사용하였는데, 비록 다른 예와 같이 평면 다각형을 사용하였지만 표면이 거칠게 보인다. 컬러 그림판 7은 객체의 표면에 *환경 맵*(environment map)을 적용한 것인데 표면이 거울처럼 보인다. 이러한 기법에 대해서는 7장에서 자세히 논의한다.

컬러 그림판 8은 환경 맵을 이용하여 렌더링한 객체의 아주 작은 부분을 보였다. 왼쪽의 영상에서 에일리어싱(aliasing), 즉 프레임 버퍼의 이산적인 성질에 기인하는 에일리어싱 에러 때문에 뭉개진 모양을 볼 수 있다. 오른쪽에 있는 영상은 5, 6장에서 공부할 스무딩 또는 안티에일리어싱 방법을 이용하여 렌더링한 것이다.

이어지는 장에서 앞으로 하드웨어와 성능 좋은 API로 영상들을 생성하는 것이 어렵지 않다는 것을 알게 될 것이다. 또한 이 영상의 렌더링이 점차 개선되는 것처럼 프로그램도 점차 향상될 것이다.

1.6.4 모델링－렌더링 패러다임

CAD 또는 영화같이 복잡한 영상을 개발하는 것과 같은 많은 상황에서 영상생성, 즉 장면의 **렌더링**(rendering)을 장면의 모델링과 분리할 수 있다. 따라서 영상생성을 그림 1.34와 같이 2단계 과정으로 볼 수 있다. 비록 지금까지 살펴본 것과 같은 일을 하지만, 이 블록 다이어그램은 모델 생성기(modeler)와 렌더기(render)를 다른 소프트웨어와 하드웨어로 구현할 수 있음을 알려준다. 예를 들어 애니메이션의 한 장면을 제작한다고 하자. 먼저 객체를 설계하고 배치해야 한다. 이 과정에서는 고도의 상호작용성이 필요하지만, 객체의 세세한 영상을 만들 필요는 없다. 이 작업은 고성능 그래픽스 하드웨어를 구비한 워크스테이션에서 수행하는 것이 좋다. 일단 장면을 설계하고 나면 작품 수준의

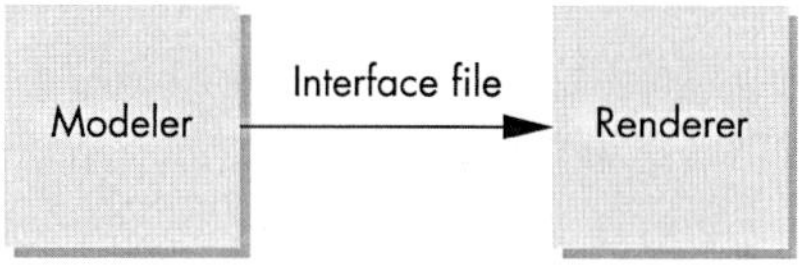

● 그림 1.34 ● 모델링-렌더링 파이프라인

영상을 얻기 위해 광원, 재질의 특성, 기타 상세 효과를 추가하여 렌더링해야 한다. 이 단계는 방대한 계산량을 필요로 하기 때문에 수치 계산에 특화된 컴퓨터 클러스터 렌더 팜(render farm)이 필요하다. 모델링과 렌더링은 서로 최적의 하드웨어도 다를 뿐 아니라 사용하는 소프트웨어도 다르다.

모델 생성기와 렌더기 사이의 인터페이스는 객체들을 나타내고, 광원들과 관측자의 위치 및 재질 특성 등 렌더기에만 중요한 추가적 정보를 포함하는 모델 생성기에 의해 만들어진 파일처럼 간단한 것이 될 수 있다. Pixar사의 Renderman 인터페이스는 이러한 방법을 따르고 모델 생성기가 텍스트 형식으로 렌더기에 모델을 전달한다. 더 나아가서, 적어도 이론적으로는 모델 생성기가 전혀 없이도 표준문서 작성기를 사용해서 인터페이스 파일을 생성할 수 있다. 그러나 지극히 단순한 경우를 제외하고는 렌더기를 위한 정보들의 리스트를 편집할 수 없다. 모델 생성기와의 대화를 위해서 적어도 단순한 객체들에 대한 이미지가 필요하기 때문에 이러한 영상을 실시간으로 만들기 위해 대부분의 모델생성기는 합성 카메라 모델을 사용한다.

이러한 패러다임이 컴퓨터 게임용 영상 또는 인터넷 영상을 제작하는 일반적인 방법이 되었다. 기하학적 객체, 광원, 카메라, 재질 특성을 포함된 모델이 **장면 그래프**(scene graph)라는 자료 구조로 통합되어 렌더기 또는 게임 엔진으로 전달된다. 장면 그래프에 대해서는 8장에서 논의한다.

1.7 그래픽스 구조

API의 한쪽에는 응용프로그램이 있고 다른 한쪽에는 API의 기능을 구현한 하드웨어와 소프트웨어의 조합이 있다. 연구자들은 그래픽스 API를 지원하는 구조를 개발하는데 여러 가지 접근 방법을 취해왔다.

초기의 그래픽스 시스템은 표준 Von Neuman 구조의 범용 컴퓨터를 사용했다. 이러한 컴퓨터의 특징은 한 순간에 하나의 프로세서가 하나의 명령을 처리하는 것이다. 이러한 초기 그래픽스 시스템의 단순한 모델은 그림 1.35와 같다. 이들 시스템에서의 표

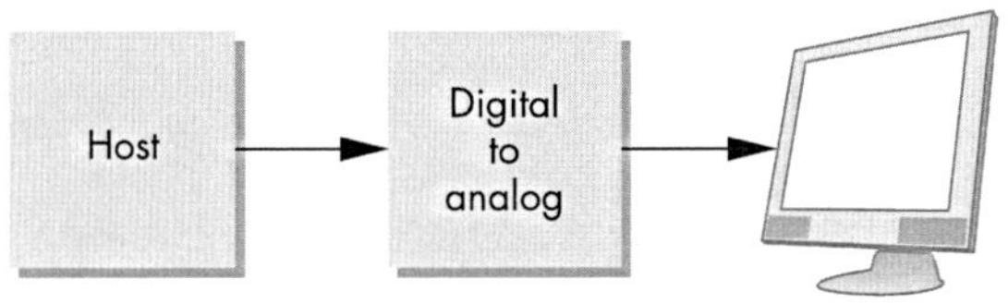

● 그림 1.35 ● 초기 그래픽스 시스템

시장치는 두 점을 연결하는 선분을 생성하는데 필요한 회로를 포함하는 CRT디스플레이 장치에 기반을 두었다. 메인 컴퓨터의 역할은 응용프로그램을 실행시키고 영상 내 선분의 양 끝점을 계산하는 것이었다(디스플레이 좌표계의 단위로). 이러한 정보는 이미지에 깜박임이 생기지 않을 정도의 높은 속도로 디스플레이 장치로 보내져야 했다. 컴퓨터 그래픽스의 초창기 컴퓨터는 너무 느려서 수백 개의 선분을 포함하는 간단한 이미지의 재생이 고가의 컴퓨터에도 벅찬 일이었다.

1.7.1 디스플레이 프로세서

그래픽스 전용 시스템을 구축하려는 초기의 시도는 디스플레이를 연속적으로 재생하는 임무를 범용 컴퓨터로부터 덜어주려는 것이었다. 이러한 **디스플레이 프로세서**(display processor)는 통상적인 구조를 가지고 있었지만(그림 1.36), CRT에 그래픽 기본 요소를 디스플레이하는 명령을 포함하고 있었다. 디스플레이 프로세서의 주된 장점은 영상을 생성하는 명령들은 호스트 컴퓨터에서 한 번 어셈블되어 디스플레이 프로세서로 보내어지고, 거기서 **디스플레이 리스트**(display list), 또는 **디스플레이 파일**(display file)로서 디스플레이 프로세서 자신의 메모리에 저장되었다. 그러면 디스플레이 프로세서는 디스플레이 리스트 안에 있는 프로그램을 호스트 컴퓨터에 독립적으로 깜박임을 피할 정도의 충분히 빠른 속도로 반복적으로 실행하여 호스트 컴퓨터의 임무를 덜어주었다. 이러한 구조는 대부분의 시스템에서 사용되는 클라이언트 서버 구조와 밀접한 관계가 있다.

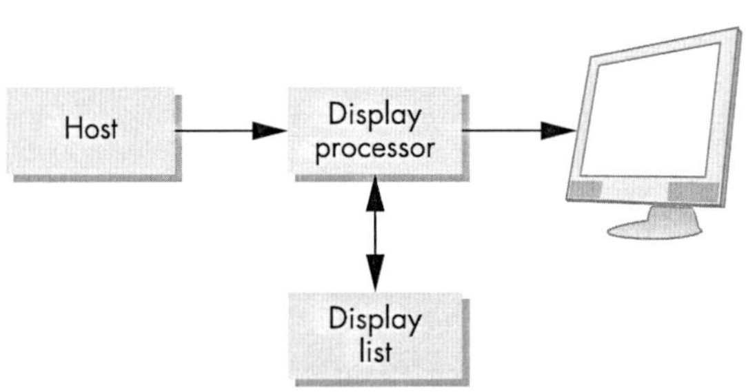

● 그림 1.36 ● 디스플레이 프로세서 구조

1.7.2 파이프라인 구조

그래픽스 구조의 주요 발전은 워크스테이션의 발전과 궤를 같이한다. 두 경우 모두에서 전용 VLSI 회로를 만들 수 있는 능력이 기술 진보의 핵심요소였다. 덧붙여서, 저가의 반도체 메모리가 래스터 디스플레이를 보편화시켰다. 컴퓨터 그래픽스 응용에 있어서 주문형 VLSI 회로의 가장 중요한 사용은 **파이프라인**(pipeline) 구조를 구성하는데 있다.

간단한 산술계산에 대한 파이프라인의 개념이 그림 1.37에 예시되어 있다. 이 파이프라인에 덧셈기와 곱셈기가 있다. $a + (b \times c)$를 계산하는데 이러한 구조를 사용하면 이 계산은 하나의 곱셈과 하나의 덧셈을 필요로 한다. 이것이 이 두 연산을 실행하기 위해 하나의 프로세서를 사용하는 경우에 필요한 계산량과 같다. 그러나 이와 같은 연산을 많은 값들에 대해서 실행한다고 가정해 보자. 이 경우 곱셈기는 연산의 결과를 덧셈기에 넘겨주고, 덧셈기가 처음 데이터들에 대한 두 번째 단계를 계산하는 동안 다음번 곱셈을 시작할 수 있다. 따라서 하나의 데이터 집합에 대해 계산 할 때는 같은 시간이 걸리지만, 두 데이터 집합에 대해 동시에 실행할 때 총 계산 시간은 현저하게 줄어든다. 여기서 데이터가 시스템으로 흘러 들어가는 비율, 즉 **처리율**(throughput)은 두 배가 되었다. 파이프라인에 상자를 더할 때마다 하나의 데이터가 시스템을 통과하는 시간이 증가하는 것에 주의하자. 이러한 시간을 시스템의 **지연**(latency)이라 한다. 파이프라인 성능을 증가시키기 위해서는 처리율과 지연이 균형을 이루어야 한다.

복잡한 산술계산의 처리율이 크게 향상하도록 파이프라인을 구성할 수 있다. 그러나 많은 데이터 집합에 대하여 동일 연산을 하지 않는 한 파이프라인의 이점은 없다. 다행이 많은 데이터에 대해 동일 연산을 하는 것이 컴퓨터 그래픽스의 특징이다. 많은 정점에 대하여 같은 처리가 이루어진다.

1.7.3 그래픽스 파이프라인

그래픽스 파이프라인은 객체의 모임으로부터 시작한다. 각 객체는 그래픽스 기본 요소의 집합으로 이루어진다. 각 기본 요소는 정점의 집합으로 이루어진다. 여러 종류의 기본 요소와 정점의 모임이 장면의 **기하**(geometry), 즉 형상을 정의한다고 할 수 있다. 복잡한 장면에서는 객체들을 정의하는 수천 또는 수백만 개의 정점이 있을 수 있다. 프레임 버퍼에 영상을 형성하기 위해서 이 모든 정점들을 유사한 방식으로 처리해야 한다.

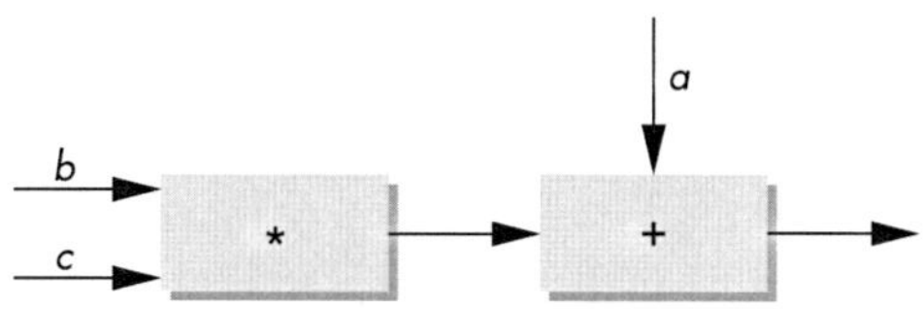

● 그림 1.37 ● 산술 파이프라인

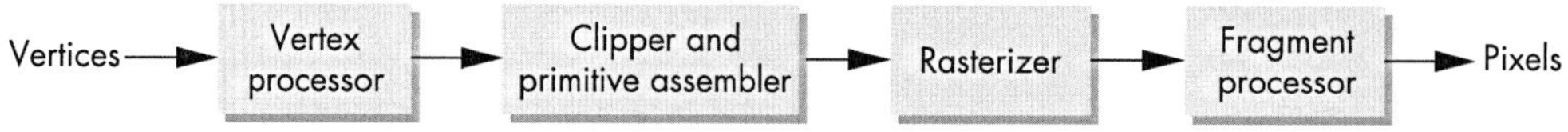

● 그림 1.38 ● 기하 파이프라인

그림 1.38은 다음과 같이 네 단계로 구성된 영상생성의 블록 다이어그램을 보인다.

1. 정점 처리(vertex processing)
2. 클리핑과 기본 요소로 조립(clipping and primitive assembly)
3. 래스터화(rasterization)
4. 단편 처리(fragment processing)

이후 장에서 이러한 단계를 자세히 공부한다. 여기에서는 이러한 단계들이 파이프라인화될 수 있다는 것을 보는 것으로 만족하자.

1.7.4 정점 처리

파이프라인의 처음 블록에서는 각 정점이 개별적으로 처리된다. 이 블록의 중요한 두 가지 기능은 좌표 변환을 수행하고 각 정점의 색을 계산하는 것이다.

영상생성의 여러 단계를 다른 좌표계 간 객체 표현의 변환으로 볼 수 있다. 예를 들면, 합성 카메라 모델 절에서 객체가 정의된 좌표계에서 객체의 표현을 카메라 좌표계의 표현으로 변환하는 것이 주요 부분이었음을 보았다. 변환의 또 다른 예는 영상을 최종적으로 CRT 또는 다른 출력장치에 출력할 때 일어난다. 객체의 내부적 표현이-카메라 좌표계로든지 아니면 그래픽스 소프트웨어에서 사용되는 좌표계로 표현되었든지-궁극적으로는 표시장치의 좌표로 표현되어야 한다. 좌표계의 연속적인 변경을 각 행렬 곱으로써, 즉 **연결**(concatenating)함으로써 하나의 행렬로 나타낸다. 3장에서 이 연산을 자세히 다룰 것이다. 하나의 행렬에 다른 행렬로 곱함으로써 또 다른 행렬이 만들어지기 때문에 연속된 변환은 파이프라인 구조로 될 수 있다. 또한 컴퓨터 그래픽스에서 사용되는 행렬의 크기가 항상 작기 때문에 (4 × 4) 파이프라인에 속한 변환 블록 안에서의 병렬성을 개발할 기회가 주어진다.

마지막으로, 여러 단계의 변환을 거친 후에 영상이 투영 변환으로 만들어진다. 투영 변환도 4 × 4 매트릭스로 구현할 수 있기 때문에 파이프라인에 적당하다는 것을 4장에서 알아본다. 일반적으로 객체가 파이프라인을 통과할 때 3차원 정보를 가능한 한 오랫동안 유지하는 것이 바람직하다. 따라서 투영 변환이 1.5절의 투영보다 일반적이 된다. 3차원 정보를 유지하는 것 외에 구현할 수 있는 많은 투영법이 있는데 이러한 투영법에 대해서는 4장에서 알아본다.

정점에 색을 할당하는 방법은 장면에서 광원의 특성과 객체 표면의 물리적인 특성을 고려한 물리적으로 사실적인 음영 모델을 이용하여 색을 계산하는 복잡한 방법과 프로그램이 색을 지정하는 단순한 방법 있다. 음영 모델에 대해서는 5장에서 다룬다.

1.7.5 클리핑과 기본 요소 조립

표준 그래픽스 파이프라인을 구현하는 두 번째 블록은 클리핑과 기본 요소 조립이다. 어떤 영상생성 시스템도 세계를 한 번에 모두 볼 수 없다는 제약 때문에 클리핑을 한다. 인간의 망막은 대략 90° 시야의 제한된 크기를 가진다. 카메라는 제한된 크기의 필름을 갖고, 우리는 적절한 렌즈를 선택함으로써 시야를 조절할 수 있다. 그림 1.25와 같이 렌즈 앞에 피라미드 같은 크기의 **클리핑 볼륨**(clipping volume)을 둠으로써 합성 카메라에 위에서와 같은 성질을 갖게 할 수 있다. 이 볼륨 안 객체들이 투영되어 영상으로 나타난다. 윈도 밖에 투영되는 객체는 영상으로 나타나지 않고 잘려 나간다. 윈도의 모서리에 걸친 객체들은 부분적인 영상으로 보인다. 효율적인 클리핑 알고리즘을 6장에서 알아본다.

클리핑은 정점 단위로 이루어지기보다는 기본 요소 단위로 이루어진다. 이 때문에 파이프라인의 클리핑 단계에서는 클리핑이 이루어지기 전에 정점의 집합을 선분과 다각형 같은 기본 요소로 조립해야 한다. 결국 이 단계의 출력이 투영 변환되어 영상으로 표시되는 기본 요소의 집합이다.

1.7.6 래스터화

클리핑기로부터 나온 기본 요소는 아직 정점으로 표현되어 있는데 프레임 버퍼의 픽셀로 변환되어야 한다. 예를 들면, 만일 세 개의 정점이 단색 삼각형을 의미한다면 래스터기가 프레임 버퍼안의 어떤 픽셀이 다각형 내부에 해당하는가를 계산해야 한다. 6장에서 선분과 다각형의 래스터화(또는 스캔-변환)에 대해 논의한다. 래스터기의 출력은 각 기본 요소 **단편**(fragments)의 집합이다. 단편은 색과 위치 정보를 전달하는 잠정적인 픽셀이라고 할 수 있다. 또 단편이 주어진 픽셀에 대해서 현재의 단편이 이미 래스터화 된 단편의 뒤에 놓여 있는지를 결정하기 위해 파이프라인 뒷단에 전달하는 깊이(depth) 정보일 수도 있다.

1.7.7 단편 처리

파이프라인의 최종 블록이 래스터기에서 생성한 단편을 받아들여 프레임 버퍼 안에 있는 픽셀을 갱신한다. 만일 응용이 3차원 데이터를 생성한다면 어떤 단편은 그들을 정의한 평면이 다른 평면 뒤에 놓이기 때문에 보이지 않을 수도 있다. 단편의 색은 컬러 그림판 6, 7과 같이 텍스처 매핑 또는 범프 매핑으로 바꿀 수 있다. 단편에 대응하는 픽셀의 색은 프레임 버퍼로부터 읽혀질 수도 있고, 반투명의 효과를 주기 위해 단편의 색과 혼합할 수도 있다. 이러한 효과는 7장에서 다룬다.

1.8 프로그램 가능한 파이프라인

표준 CPU에 비교하여 그래픽스 컴퓨터 구조에서 전용 하드웨어의 중요성은 주기적으로 변하였다. 그러나 파이프라인 구조의 중요성은 주기에 무관하게 유지되어 왔다. 현재 광선추적, 라디오시티, 광자 매핑같은 다른 어떤 기법도 관측자가 복잡한 동적인 장면을 원활이 볼 수 있는 실시간 처리에 이르지 못했다. 더구나 그래픽스 하드웨어의 성능이 향상됨에 따라 실시간이란 용어가 점차 정의하기가 어려워지고 있다. 비록 광선추적이 실시간에 접근하고 있지만 누구도 단순한 응용프로그램 또는 단순한 CPU 프로그램만으로 파이프라인 구조의 성능을 끌어낼 수 없다. 이 때문에 상용 그래픽스 시장은 파이프라인을 그래픽스처리 유닛으로 구현한 그래픽스 카드에 지배되고 있다. 이러한 모든 상용 카드는 비록 여러 가지 옵션을 가지지만, 앞에서 설명한 파이프라인으로 구현한다. 이것에 대해서는 다음 장에서 논의한다.

수년 동안 이러한 파이프라인 구조는 기능이 고정되어 있었다. 응용프로그램이 많은 매개변수를 설정할 수 있었지만, 파이프라인 안에서 이용할 수 있는 기본적인 연산은 고정되어 있었다. 최근 파이프라인 구조에도 괄목할 만한 발전이 이루어졌다. 응용프로그램이 정점 프로세서와 단편 프로세서를 프로그램할 수 있게 되었다. 가장 괄목할만한 발전은 이전에 고정된 파이프라인에 속해 있지 않기 때문에 실시간으로 처리할 수 없었던 것들이 실시간 처리를 할 수 있게 되었다는 점이다. 예를 들면 컬러 그림판 6에 보인 범프 매핑이 이전에 오프라인으로 처리했던 것이 이제는 프로그램 할 수 있는 알고리즘으로 되었다.

정점이 파이프라인을 통과할 때 정점 프로그램이 각 정점의 색 또는 위치를 변경한다. 이렇게 함으로써 다양한 광-재질 모델 또는 새로운 투영법을 개발할 수 있다. 단편 프로그램은 정점보다는 단편기반으로 광원 같은 파이프라인의 다른 부분을 구현하는 데 텍스처를 새로운 방법으로 사용할 수 있게 한다.

현재 프로그램 가능 기능은 핸드폰과 같은 휴대용 장치를 포함하여 여러 레벨에서 이용할 수 있다. WebGL이 웹 브라우저를 구축하는데 사용되고 있고 프로그램이 가능하며 병렬처리를 하는 고속의 GPU가 그래픽스 처리가 없는 방대한 계산량의 응용을 고성능으로 계산하는데 활용되고 있다. OpenGL의 최근 버전은 응용프로그래머가 고정 파이프라인 대신에 사용할 수 있게 표준장치의 옵션으로서 프로그램 가능 기능을 추가하여 응용프로그램이 정점 셰이더와 단편 셰이더를 제공할 것을 요구한다. 본 교재에서는 이러한 새로운 표준을 따른다. 비록 이러한 방법이 기본 프로그램보다 코드 크기가 증가하지만 코드가 효율적이고 확장 가능해지므로 가치가 있다.

1.9 성능 특성

그래픽스 구조에는 두 개의 기본적으로 다른 처리가 있다. 전단에는 여러 가지 변환, 정점 셰이딩, 클리핑, 기본 요소 조립으로 구성된 정점 처리에 기반한 기하학적인 처리가 있다. 이러한 처리는 파이프라인에 매우 이상적으로, 주로 부동소수점 계산으로 이루어진다. Silicon Graphics(SGI)에서 개발된 기하 처리기(geometry engine)는 이러한 연산을 VLSI 전용 칩으로 구현하였는데 고속 그래픽스 워크스테이션의 기반이 되었다. 뒤에 부동소수점 처리 가속기 칩이 4 × 4 매트릭스 변환 유닛 위에 올려졌으며, 매트릭스 곱셈을 칩화하여 단 하나의 연산으로 감소시켰다. 현재 그래픽스 워크스테이션과 상용 그래픽스 카드는 그래픽스 연산의 대부분을 칩 레벨에서 수행하는 그래픽스 처리 유닛(GPU)을 사용한다. 파이프라인 구조가 고성능 시스템을 지배하고 있다.

래스터화와 뒤에서 다루게 될 많은 기능들은 프레임 버퍼 안의 비트들을 직접 조작해야 한다. 이러한 후단 처리는 전단 처리와 근본적으로 다르고, 비트들의 블록을 빠르게 전송할 수 있는 구조를 이용해서 가장 효과적으로 구현할 수 있다. 전체적인 시스템의 성능은 파이프라인으로 얼마나 빨리 기하학적 요소들을 이동시킬 수 있는가와 프레임 버퍼 내 픽셀들을 1초에 얼마나 많이 변경시킬 수 있는가에 따라 결정된다. 따라서 초고속 그래픽스 워크스테이션은 파이프라인화된 전단과 병렬 비트 프로세서의 후단으로 특징지어진다. 10년 전까지는 전단과 후단의 처리는 명확히 구분되어 다른 컴포넌트로 만들었으며 각각의 전용 보드가 있었다. 현재 상업용 그래픽스 카드는 하나의 칩에 모든 파이프라인을 내장하고 있는 GPU를 사용한다. 최근 카드는 모든 파이프라인을 부동소수점 연산으로 구현하고 부동소수점 프레임 버퍼를 가지고 있다. 이러한 GPU들은 아주 강력하여 여러 단의 파이프라인으로 구성된 최고급 시스템에서조차 이러한 프로세서를 사용한다.

파이프라인 구조는 그래픽스 분야, 특히 실시간 성능이 중요한 분야를 지배하고 있다. 우리는 시스템 하드웨어를 구현하는데 이러한 구조를 사용하는 예를 보일 것이다. 상용 그래픽스 카드는 GPU 안에 파이프라인을 도입한다. 채 100달러도 안 되는 카드가 초당 수백만 개의 다각형을 텍스처 매핑과 음영처리가 된 영상으로 변환한다. 그리고 파이프라인이 API의 완전한 소프트웨어 구현에 기초가 되었다는 것을 보일 수 있다.

합성 카메라 패러다임의 위력은 후자의 경우에도 잘 적용된다.

그러나 사실성이 중요한 경우에는, 계산 비용이라는 대가를 지불하고 성능 좋은 렌더기를 사용할 수 있다. Pixar사의 Render Man 인터페이스는 오프라인 렌더기로 인터페이스하도록 만들어졌다. 광선 추적, 라디오시티와 같은 물리기반 기법이, 비록 실시간은 아니지만 고품질의 사실적인 영상을 생성할 수 있다.

요약

이 장에서 컴퓨터 그래픽스를 하향식으로 개발하기 위해 여러 가지 준비를 하였다. 다음 장에서는 여러분들이 아무 것도 모르고 작업을 한다는 느낌을 갖지 않게 응용프로그램을 작성할 수 있도록 그래픽스의 전반적 조감도를 보일 것이다.

여기에서는 컴퓨터 그래픽스가 고전적인 영상생성법, 특히 카메라 같은 광학시스템의 영상생성법과 관련지어야 한다는 것을 강조하였다. 바늘구멍 카메라에 대한 설명과 함께 인간 시각시스템에 비교하여 소개하였다. 이 둘은 모두 영상 시스템의 예이다.

컴퓨터 그래픽스에 응용할 수 있는 다중 영상생성 패러다임을 기술하였다. 합성 카메라 모델은 두 개의 중요한 특징을 컴퓨터 그래픽스와 공유한다. 첫째, 물체와 관측자가 별개임을 강조하는데, 이러한 구별이 그래픽스 라이브러리가 되는 함수들을 구성하는 방법을 찾는데 도움을 준다. 둘째, 파이프라인 구조의 개념을 이끌어낸다. 파이프라인은 여러 단으로 구성되며 각 단은 기하학적인 실체에 대하여 다른 처리를 하고 변환된 객체를 다음 단으로 넘긴다.

영상 획득 방법으로써 광선 추적 개념을 소개하였다. 특히 이 패러다임은 물리적인 영상생성의 필수적인 요소인 빛과 재질과의 상호작용을 이해하는데 유용하다. 그러나 광선 추적 및 다른 물리기반 기법은 실시간으로 장면을 렌더링할 수 없기 때문에 논의를 11장까지 미룬다.

모델링 렌더링 패러다임은 점차 중요해지고 있다. 표준 그래픽스 워크스테이션은 최대 해상도로 초당 수백만 개의 선분이나 다각형을 렌더링한다. 그러한 워크스테이션은 다각형을 단순한 음영 모델로 사용하고, 가시면을 이러한 속도로 렌더링한다. 그러나 사실적인 영상은 필름 해상도에 맞추기 위해 최대 4000×6000 픽셀을 요구하며 실시간으로 구현할 수 없는 광원과 재질 모델을 필요로 한다. 비록, 이용할 수 있는 하드웨어와 소프트웨어 성능이 계속 향상되고 있지만, 모델링과 렌더링은 서로 다른 목적을 갖기 때문에 이 둘은 계속 서로 구별되리라 예상한다.

다음 단계에서는 그래픽스 프로그램의 응용적인 측면을 알아본다. 이 책에서는 대부분의 플랫폼이 지원하는 강력한 능력을 지닌 OpenGL을 사용할 것인데, 그것은 컴퓨터 그래픽스가 응용프로그램으로부터 표시장치 위에 최종 영상을 어떻게 생성하는지 동작방법을 이해시킬 수 있는 특별한 구조를 가지고 있기 때문이다.

참고문헌

많은 우수한 그래픽스 교과서가 있다. Newman과 Sproull[New73]이 합성 카메라 모델을 사용한 현대적인 관점을 취한 최초의 책이었다. Foley 등 [Fol90, Fol94]의 개정판이 지난 십여 년간 표준 참고문헌이었다. 다른 좋은 교재로는 Hearn과 Baker[Hea11], [Hil07]. Shirley[Shi02]가 있다.

일반적으로 좋은 참고문헌으로는 SIGGRAPH(Association for Computing Machinery의 Special Interest Group on Graphics)의 계간잡지인 Computer Graphics 및 IEEE Computer Graphics and Application, Visual Computer 등이 있다. 매년 열리는 학술 발표 논문집 SIGGRAPH에는 최신 기술이 실린다. 이 전에는 Computer Graphics의 여름호로써 출판되었으나 최근에는 ACM Transactions on Grphics의 특별호로서 출판되며 DVD도 이용할 수 있다. SIGGRAPH의 새로운 애니메이션 기술과 그 학술 발표에서 가르치고 있는 튜토리얼 코스가 새롭게 컴퓨터 그래픽스를 시작하는 사람의 많은 관심을 끈다. 이러한 재료는 현재 DVD 또는 ACM 디지털 도서관에서 이용할 수 있다.

Sketchpad : A Man-Machine Graphical Communication System[Sut63]로 출판된 Sutherland의 박사학위 논문인 "Project Sketchpad"가 아마 대화식 컴퓨터 그래픽스의 기념비적인 논문이 될 것이다. Surtherland는 인간이 CRT 표시장치 상에서 영상을 사용하여 상호작용할 수 있다는 패러다임을 깨달은 최초의 사람이다. 그가 처음으로 만든 필름의 비디오 복사본을 아직도 이용할 수 있다.

Tufte의 책 [Tuf83, Tfu90, Tuf97]은 좋은 시각 디자인의 중요성을 보이고 그래픽스 개발과 관련된 중요한 역사적 정보를 담고 있다. Carlbom과 Paciorek[Car78]의 논문은 건축과 같은 분야에서 사용되는 고전적인 관측과 컴퓨터를 이용한 관측과의 관계를 논하고 있다.

많은 책들이 인간의 시각 시스템에 관하여 기술하고 있다. Pratt[Pra78]은 래스터 표시장치의 동작에 관하여 도움이 되는 짧은 논의를 하고 있다. Glassner[Gla95], Wsyzecki와 Stiles[Wys82], Hall[Hal89]의 책도 참고하기 바란다.

연습문제

1.1 이 장에서 논한 컴퓨터 영상을 생성하는데 사용된 선호되는 방법의 주요한 장단점은 무엇인가?

1.2 인간의 시각 시스템은 카메라나 현미경 같은 물리적인 영상시스템의 모든 구성요소를 가지고 있다. 인간의 눈에 있는 주세포나 광센서는 무엇에 해당하는가? 항목별로 어떻게 사용되는지 설명하라.

1.3 구를 근사하는 또 다른 방법은 네 개의 삼각형으로 구성된 정사면체를 이용하는 것이다.

정사면체가 원점에 중심을 갖고 정점의 하나가 y축에 위치한다고 가정할 때 정점의 좌표값을 계산하라. 사면체면의 분할을 이용하여 단위 구에 점차 근사해가는 알고리즘을 유도하라.

1.4 3차원 사각 클리핑 윈도 또는 정육면체에 대한 점의 클리핑을 생각해 보자. 수학적으로 점이 어떻게 클리핑되는지 보여라. 계산을 위해 점의 좌표, 3차원 사각 클리핑 윈도 또는 정육면체를 구성하는 평면의 방정식을 이용하라.

1.5 각 영상은 객체의 집합으로 이루어지고 각 객체는 기하학적 기본 요소로 이루어진다. 각 기본 요소는 무엇으로 구성되는가? 영상 생성 처리의 주요 단계는 무엇인가?

1.6 디스플레이 프로세서는 일종의 전용 프로세서이다. 디스플레이 프로세서의 중요한 장점은 무엇인가? 간단히 설명하라.

1.7 그림 1.39 육면체의 투시 투영을 생각해 보자. 왼쪽에 있는 것은 육면체의 윗면과 나란한 모든 평행선들이 영상에서 하나의 소실점으로 모이기 때문에 1점 투시라고 한다. 이에 비하여 오른쪽에 있는 것은 2점 투시라고 한다. 왜 하나는 1점 투시가 되고 다른 하나는 2점 투시가 되는지 파악하기 위해 관측자(카메라)와 육면체와 특별한 위치 관계를 조사하라.

1.8 프레임 버퍼에 사용하는 메모리는 깜박거림을 피하기 위해 충분히 빠른 속도로 표시장치를 재생해야 한다. 전형적인 워크스테이션 표시장치는 1,400 × 1,200 픽셀의 해상도를 가진다. 만일, 초당 60번 재생된다고 하면 메모리는 얼마나 빨라야 하는가? 즉, 메모리부터 한 개의 픽셀을 읽는데 얼마나 시간이 걸리는가? 비월주사로 50 Hz로 동작하는 800 × 600 표시장치에서 속도는 얼마나 되어야 하는가?

1.9 표시장치가 800 × 600 픽셀의 해상도를 갖고 픽셀당 24비트의 색 값을 가진다. 만일 초당 25프레임으로 비디오를 생성하고 이것을 인터넷에 업로드하려면 비디오를 전송하는데 요구되는 인터넷의 속도는 얼마가 되는지 계산하라.

1.10 발전소 설계와 같은 특별한 응용을 위한 2차원 그래픽 API의 설계를 생각해 보자. 이 설계에 넣어야 되는 모든 기본 요소와 속성의 항목을 열거하라.

1.11 한 개의 전자총을 사용하고 섀도우 마스크가 없는 컬러 CRT의 설계가 가능하다. 한 개의 빔이 원하는 형광물질을 자극하기 위해 적당한 시간에 켜지고 꺼진다. 왜 그러한 CRT가 섀도우 마스크 CRT보다 설계가 어려운지 알아보라.

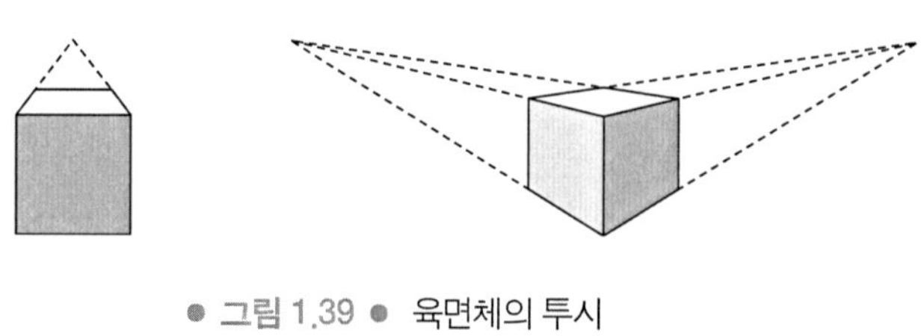

● 그림 1.39 ● 육면체의 투시

1.12 전형적인 섀도우 마스크 CRT에 원활한 표시를 하려면 픽셀의 길이가 삼색조(triad) 폭의 세 배가 되어야 한다. 픽셀의 모니터 표시장치의 CRT 직경이 55 mm이고 CRT 깊이가 27 cm라고 하면, 섀도우 마스크 안에 있는 홀 사이의 공간을 추정하라.

1.13 그래픽스 지원 프로그램이 어떻게 구성되었는지 이해하는데 도움이 되는 방법은 표시장치의 속성을 조사하는 것이다. 당신의 컴퓨터에서 제어판, 디스플레이 설정으로 가서 화면 해상도와 색품질을 재설정하라. 표시장치의 해상도와 색이 어떻게 변화하는가? OS가 표시장치 속성 설정을 바꾸도록 허용하는가?

Chapter 02

그래픽스 프로그래밍

Interactive Computer Graphics

본 교재는 프로그래밍 지향적으로 학습하며 가능한 빨리 그래픽스 프로그램을 시작하도록 한다. 최소한의 응용프로그램 인터페이스(API)를 소개하고 이를 이용하여 프로그램을 작성한다. 이 API는 많은 흥미로운 2차원 문제와 3차원 문제를 프로그래밍할 수 있게 하며, 기본적인 그래픽스의 개념을 익히는데 많은 도움을 준다.

여기서는 2차원 그래픽스를 3차원 그래픽스의 특수한 경우로 취급한다. 이 장에서는 3차원 개념을 가볍게 다루기는 하지만 이렇게 함으로써 3차원 관점에서 시작할 수 있고 2차원 코드를 3차원 시스템에서 수정없이 실행할 수 있다.

프로그램 예로 간단하고 재미있는 시어핀스키 개스킷 문제를 사용한다. 약간의 그래픽스 함수를 사용해서 개스킷 이미지를 생성하여 미처 예상치 못한 재미있고 복잡한 그림을 그리는 방법을 배울 것이다. 여기서는 API로 OpenGL을 사용하지만, 기본적인 개념 대부분은 현재 널리 사용되고 있는 시스템을 포함할 만큼 포괄적이다. 이 장에서 소개하는 함수만으로 사용자와 상호작용성을 요구하지 않는 2차원과 3차원 프로그래밍을 세련되게 작성할 수 있을 것이다.

2.1 시어핀스키 개스킷

시어핀스키 개스킷을 그리는 문제를 예로 사용한다. 이것은 재미있는 모양을 하고 있는데 오랫동안 프랙탈 기하학 분야의 흥미로운 주제였다. 시어핀스키 개스킷은 재귀적이고 랜덤한 형식으로 정의할 수 있다. 2차원으로 그리지만, 2.10절의 3차원도 거의 비슷하다.

공간상에 정점 3개가 있다고 가정하자. 이 정점들이 일직선으로 나열되지 않는 한, 이들은 유일한 삼각형의 정점으로 또한 유일한 평면을 정의한다. 이 평면은 $z = 0$이라 하고, 임의의 편리한 좌표계[1] 위에 지정된 정점들의 위치가 $(x_1, y_1, 0)$, $(x_2, y_2, 0)$, $(x_3,$

y_3, 0)이라 하자. 알고리즘은 다음과 같다.

1. 삼각형 내부에서 임의의 시작점 **P** = (x, y, 0)을 잡는다.
2. 세 개의 정점 중 임의로 하나를 선택한다.
3. 시작점 **P**와 임의로 선택된 정점의 중간점 **q**을 찾는다.
4. 표시장치상 대응하는 위치에 작은 원과 같은 마커로 **q**를 표시한다.
5. **p**를 **q**로 바꾼다.
6. 2단계로 돌아간다.

이와 같이 새로운 점을 계산할 때마다 그것을 출력장치에 표시할 수 있다. 이 과정을 그림 2.1에 보인다. $\mathbf{p}_0$가 시작점이고, $\mathbf{p}_1$과 $\mathbf{p}_2$는 알고리즘에 의해 만들어진 처음의 두 위치이다.

프로그램을 개발하기 전에, 결과 이미지가 어떻게 나올지 알아보기 위해 종이 위에 그려보자. 아마도 놀라운 결과가 나올 것이다.

그래픽스 프로그램의 개념적인 형태는 다음과 같다.

```
main()
{
    initialize_the_system();
    p = find_initial_point();

    for(some_number_of_points)
    {
       q = generate_a_point(p);
       display_the_point(q);
       p = q;
    }
    cleanup();
}
```

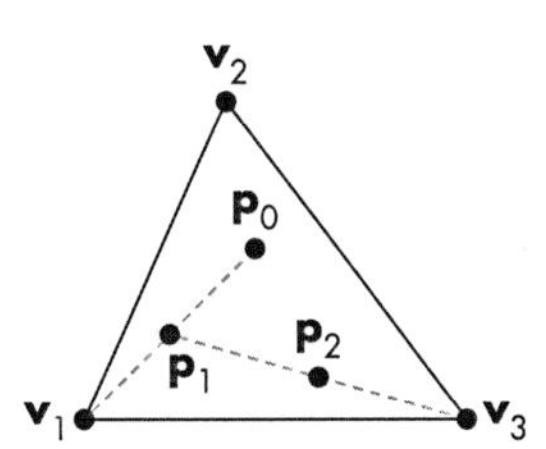

● 그림 2.1 ● 시어핀스키 개스킷의 생성

1) 3장에서 좌표계(coordinate system) 개념을 프레임(frame)이라는 더 일반적인 시스템으로 확장할 것이다.

이러한 개념적인 코드가 실제 프로그램으로 쉽게 변환될 수 있으나 이러한 추상화 레벨에서도 두 개의 다른 형태가 있음을 알 수 있다. 다음의 의사 코드를 살펴보자.

```
main()
{
    initialize_the_system();
    p = find_initial_point();

    for(some_number_of_points)
    {
       q = generate_a_point(p);
       Store_the_point(q);
       p = q;
    }
    display_all_points();
    cleanup();
}
```

이 알고리즘에서 먼저 모든 점을 계산하고 배열 또는 다른 자료구조에 저장하여 하나의 함수를 이용하여 디스플레이 했다. 이러한 접근법은 각각의 점에 대한 소량의 데이터를 그래픽스 프로세서에 보내는 오버헤드는 줄지만 모든 데이터를 저장해야 해야 하는 비용이 발생한다. 첫 번째 알고리즘에서 사용하는 방식을 **즉시 모드**(immediate mode) 그래픽스라고 하며 최근까지 그래픽스 디스플레이의 표준적인 방법으로 상호작용성이 필요한 곳에서 주로 사용되었다. 즉시 모드는 기하학적 데이터를 저장하는 메모리가 없어 만일 첫 번째 예제 프로그램으로 점을 한 번 더 표시장치하려면 모든 과정을 다시 반복해야 한다.

두 번째 알고리즘에서는 데이터가 자료구조에 저장되어 있기 때문에 점을 재생성하지 않고 디스플레이되는 색과 점의 크기만을 변경하여 배열을 다시 보냄으로서 데이터를 다시 디스플레이할 수 있다. 이러한 방식을 **유지 모드**(retained mode) 그래픽스라 하며 초기의 전용 그래픽스 표시장치 하드웨어에서 사용되었는데 현재 다시 이 방식으로 되돌아가고 있다. GPU을 이용한 현대 그래픽스 시스템 구조는 세 번째 버전의 프로그램을 이끌어내고 있다.

만일 애니메이션을 하는데 같은 객체를 다시 디스플레이하려고 할 때 두 번째 버전은 중대한 결점이 발생한다. 애니메이션에서 객체의 모양은 변하지 않지만 객체는 이동할 수 있는데 모든 점을 디스플레이한다는 것은 객체를 새로운 위치에 표시할 때마다 CPU가 GPU에 데이터를 다시 보내야 하는 것을 의미한다. 다음 또 다른 방법을 생각해보자.

```
main()
{
```

```
    initialize_the_system();
    p = find_initial_point();

    for(some_number_of_points)
    {
        q = generate_a_point(p);
        store_the_point(q);
        p = q;
    }
    send_all_points_to_GPU();
    display_data_on_GPU();
    cleanup();
}
```

앞에서와 같이 데이터를 배열에 넣었지만 디스플레이 과정을 두 부분, 즉 데이터의 GPU 저장과 저장된 데이터의 표시로 나누었다. 만일 데이터를 단 한 번만 표시한다면 앞의 방법과 별 차이가 없다. 그러나 만일 애니메이션을 한다면 데이터가 이미 GPU에 있기 때문에 다시 디스플레이하는 데는 부가적인 데이터 전송을 요구하지 않는다. 단지 객체가 이동된 것을 표시하는 공간적인 데이터를 변경하는 함수의 호출만으로 충분하다.

비록 최종 OpenGL 프로그램이 세 번째 방법과 좀 다른 구조지만 위의 세 번째 방법을 따른다. 완전한 프로그램을 단계별로 개발하는데 우선은 문제의 핵심 부분, 즉 점의 생성과 표시에 초점을 맞춘다. 이를 위해 다음 두 가지 문제를 해결해야 한다.

- 공간에서 점을 어떻게 표현하는가?
- 2차원, 3차원, 또는 다른 차원 표현법을 사용하는가?

일단 이러한 문제가 해결되면, 렌더링할 수 있는 형태로 GPU에 기하 데이터를 전송하여 프로그램 가능한 셰이더를 이용하여 객체를 관측하는 법을 배울 수 있다.

2.2 2차원 응용프로그램

시어핀스키 개스킷과 같은 2차원 응용프로그래밍은 비록 펜 플로터 같은 응용프로그램이 사용하지만, 이러한 접근 방법에는 한계가 있다. 대신, 3차원 공간에서 시작하고 펜 플로터와 같은 2차원 시스템을 3차원의 특수한 경우로 간주한다. 수학적으로, 2차원 평면 또는 단순한 2차원 곡면을 3차원 공간의 부분 공간으로 볼 수 있다. 즉 실제적이든 추상적이든 보다 큰 3차원 공간이 단순한 2차원 공간을 포함한다.

$z = 0$인 평면 위의 점을 3차원 공간의 한 점 $\mathbf{p} = (x, y, 0)$ 또는 2차원 평면 위의 한 점 $\mathbf{p} = (x, y)$로 볼 수 있다. 대부분의 3차원 그래픽스 시스템과 같이 OpenGL은 두 가지를 모두 표현할 수 있으며, 사용자의 선택에 관계없이 내부에서 표현은 같다. 여러 가지 방법으로 정점을 표현할 수 있지만, 가장 간단한 것은 3차원 점을 세 성분이 한 조인 $\mathbf{p} = (x, y, 0)$ 또는 다음과 같이 열행렬로 표현하는 것이다.

$$\mathbf{p} = \begin{bmatrix} x \\ y \\ z \end{bmatrix}$$

당분간 **p**가 어떤 좌표계의 표현인지는 접어둔다.

OpenGL에서는 점(point)보다는 **정점**(vertex)이라는 용어를 사용한다. 한 정점은 공간상에서 어떤 위치이다. 컴퓨터 그래픽스에서는 2차원, 3차원, 4차원 공간을 사용한다. 그래픽스 시스템에서 인식되는 가장 작은 기하학적 객체를 정의하기 위해 정점을 사용한다. 공간에서 가장 단순한 기하학적 객체는 점이며, 이는 단 하나의 정점에 대응된다. 두 개의 정점은 그 다음으로 단순한 객체인 선분을 표시하고, 세 개의 정점은 삼각형이나 원을 표시하고, 네 개는 사각형을 표시한다.

시어핀스키 개스킷 프로그램의 핵심은 점을 생성하는 것이다. 세 번째 알고리즘을 동작하는 프로그램으로 바꾸기 위해서는 OpenGL에 대한 지식이 필요한데, 가능한 한 단순한 프로그램으로 시작한다. 좌표계 간의 변환에 대해서 알아보는 것을 잠시 뒤로 미루고 표시하려는 모든 기하 데이터를, $(-1, -1, -1)$에서 $(1, 1, 1)$로 지나는 대각선을 가진 정육면체 내부에 원점을 중심으로 하는 공간에 넣는다고 가정하자. **절단 좌표계**(clip coordinate)라고 하는 이러한 시스템은 정점 셰이더가 정보를 래스터기에 전달하는데 사용된다. 정육면체 외부의 객체들은 절단되어 표시장치에 나타나지 않는다. 응용프로그램에 가장 적합한 **객체 좌표계**(object coordinate)에서 객체를 명세하는 방법에 대해서는 뒤에서 배울 것이다.

우선 각 점의 x, y 성분을 저장하는 두 요소의 배열을 만들어 프로그램을 작성하자. 만일 2차원 점의 자료형과 이 자료형을 이용한 연산을 정의할 수 있다면 코드가 명료해질 것이다. 여기에서는 그러한 클래스와 연산자를 만들어 `vec.h` 파일에 저장한다. `vec.h`와 뒤에 3, 4차원 클래스에서 정의되는 자료형은 OpenGL 셰이딩 언어에서 사용하는 자료형과 일치한다. 이렇게 하는 것이 일반적인 배열을 사용하는 것보다 코드를 명확하게 만든다. 이러한 새로운 자료형의 정의와 함께 `vec.h`와 동반된 파일 `mat.h`는 GLSL과 일치하는 이러한 자료형과 중복 정의된 연산자와 생성자를 정의한다. 따라서 다음 코드가

```
vec2 a = vec2(1.0, 2.0);
vec2 b = vec2(3.0, 4.0);
```

```
vec2 c = a + b;
```

셰이더 또는 응용프로그램에 나타난다. 더욱이 통상의 스트림 연산자 cin, cout을 이용해서 점들을 입출력할 수 있다. 좌표의 요소는 통상의 p.x, p.y 같은 멤버십 연산자 또는 p[0], p[1]과 같은 배열 인덱스로도 접근할 수 있다.

얼마간의 코드를 첨가하여 응용프로그램을 보다 확실하게 할 수도 있다. GLSL의 vec2를 사용하는 대신에 point2를 다음과 같이 정의할 수 있다.

```
typedef vec2 point2;
```

vec.h 안에서 자료형 vec2는 두 개의 GLfloat형의 성분으로 된 구조체로 정의된다. OpenGL에서는 종종 C의 자료형 float와 int를 사용하기보다는 GLfloat와 GLint와 같은 기본 OpenGL 자료형을 사용한다. 이러한 자료형은 OpenGL 헤더 파일 안에서 다음과 같이 확실하게 정의된다.

```
typedef float GLfloat;
```

더구나 OpenGL 자료형의 사용은 구현하는데 있어서 부가적인 융통성을 허용한다. 예를 들면 기존 응용프로그램을 변경하지 않고 float형을 double형으로 변경할 수 있다.

다음 코드는 $z = 0$ 평면에 놓여있는 삼각형의 정점에서 시작하여 5,000개의 점을 생성한다.

```
#include "vec.h" // 포인트 형과 관련 연산을 포함
#include <stdlib.h> // 난수 생성기를 포함

typedef vec2 point2; // vec2와 동일한 point2 자료형 정의

void init()
{
    const int NumPoints = 5000;
    point2 points[NumPoints];

    // z = 0인 평면상의 삼각형

    point2 vertices[3]={point2(-1.0,-1.0), point2(0.0,1.0),
                        point2(1.0,-1.0)};

    // 삼각형 내부의 임의의 초기점

    points[0] = point2(0.25, 0.50);

    // NumPoints-1번 새로운 점을 계산하고 저장
```

```
    for(int k = 1; k < NumPoints; k++)
    {

        int j = rand() % 3; // 정점을 임의로 선택

        // 선택된 점과 그 전 점 중점 계산
        points[k] = (points[k-1]+vertices[j])/2.0;
    }
}
```

생성된 모든 점은 세 개의 정점으로 정의되는 삼각형 안에 있기 때문에 아무 것도 잘라버리지 않는 것에 주목하라.

rand() 함수는 호출될 때마다 정수인 난수를 생성하는 표준 난수 생성기이다. 이 난수에 나머지 연산자를 적용하여 세 개의 정수 0, 1, 2 중 하나를 갖도록 하였다. 반복 횟수가 적은 경우 난수 생성기는 특별한 특성을 나타나지 않고, 어떤 다른 난수 생성기도 최소한 rand처럼 작동한다.

이러한 점들은 한 번만 생성되고 GPU에 넣어지도록 이 부분을 초기화 함수 init로 만들었다. 이러한 점들은 2차원으로 기술하였는데 z 좌표를 추가함으로써 3차원으로 기술할 수도 있는데, 이때 2차원으로 표시하기 위해서는 3차원 자료형으로 정의된 mat.h와 vec.h의 z값을 0으로 설정해야 한다. 코드 변환은 최소한으로 되며 다음과 같다.

```
#include "vec.h" // 3차원 자료형

typedef vec3 point3;
```

그리고

```
point3 points [NumPoints];
point3 vertices[3] = {point3(-1.0,-1.0, 0.0), point3(0.0,1.0, 0.0),
                      point3(1.0,-1.0, 0.0)};
```

아직 완전한 프로그램은 아니지만 그림 2.2에 프로그램 출력을 보인다.

일직선을 이루지 않는 어떤 3점도 유일한 평면을 만들기 때문에, 일직선이 아닌 3점 (x_1, y_1, z_1), (x_2, y_2, z_2), (x_3, y_3, z_3)에서 시작하는 삼각형은 평면 위에 개스킷을 생성한다.

이제 프로그램의 핵심 부분은 작성되었다. 그러나 다음과 같은 문제들을 더 생각해야 한다.

1. 어떤 색으로 그려야 할 것인가?
2. 이미지는 화면의 어디에 표시해야 할 것인가?
3. 이미지를 얼마나 크게 표시할 것인가?

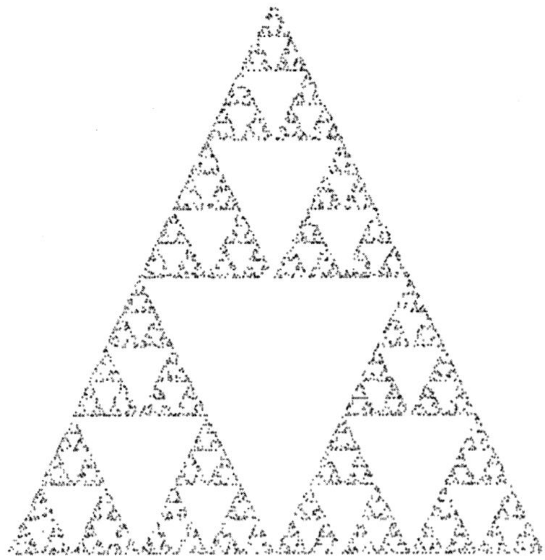

● 그림 2.2 ● 5,000개의 랜덤한 점으로 생성한 시어핀스키 개스킷

4. 이미지 표시를 위해 화면상 영역(창)을 어떻게 만들어야 할 것인가?
5. 무한한 그리기 면 중 얼마만큼이 스크린에 표시될 것인가?
6. 이미지를 화면에 얼마나 오랫동안 표시해야 할 것인가?

비록 처음에는 그래픽스와 무관한 문제 같지만, 이 모든 문제의 답은 매우 중요하다. 곧 알게 되겠지만 이 질문들을 해결하고 정점 위치를 지정하고, 렌더링 결과를 표시하기 위해 개발하는 프로그램들은 서로 크게 다르지는 않을 것이다. 따라서 이러한 문제들을 한 번 알아두면 계속 사용 가능하다.

2.3 OpenGL 응용프로그램 인터페이스

지금까지 간단히 그래픽스 프로그램의 핵심 부분은 파악했고, 이제 객체들을 표시장치 상에 표시하는 방법에 대해 알아본다. 또한 프로그램 흐름을 제어하고 윈도 시스템과 상호작용해야 한다. 프로그램을 완성하기 전에 OpenGL에 대하여 좀 더 자세히 알아보자. 정점들이 2차원 개체로 명시되었든, 3차원 개체로 명시되었든지 동일한 효과를 가질 것이다. 물론, 3차원에서 더욱 많은 것을 할 수 있지만, 이제 겨우 시작했을 뿐이다. 이 장에서는 표시될 기본 요소를 명세하는 법에 집중한다.

OpenGL의 구조는 DirectX와 같은 가장 현대적인 API 구조와 유사하다. 그래서

OpenGL을 배우는데 들인 노력은 다른 소프트웨어 시스템에 대해서도 쓸모가 많다. 다른 API와 비교하여 OpenGL이 배우기 쉽지만 그 효과는 보다 강력하여 2장부터 5장까지에서 개발하게 될 간단한 2차원, 3차원 프로그램을 지원하고, 또한 7장에서 11장까지 공부하게 될 고급 렌더링 기술도 지원한다.

이 책의 주된 목표는 API를 이용하여 컴퓨터 그래픽스를 공부하는 것이다. 따라서 OpenGL 함수의 일부를 공부할 것이고 세세한 부분은 생략할 것이다. OpenGL과 다른 API들에 대한 자세한 정보는 이 장의 끝부분 참고문헌에 있다.

2.3.1 그래픽스 함수

그래픽스 패키지의 기본 모델인 **블랙박스**는 내부 처리에 관해서는 상관하지 않고, 단지 그 특성을 입력과 출력으로만 기술하는 시스템을 표시하기 위해 엔지니어들이 사용하는 용어이다. 여기서는 그래픽스 시스템을 사용자 프로그램으로부터 함수호출과 마우스와 키보드와 같은 입력장치로부터의 측정값과 운영체제의 메시지와 같은 다른 가능한 입력을 받아들이는 박스로 생각할 수 있다. 출력은 주로 출력장치에 보내지는 그림이다. 여기에서는 그림 2.3과 같이 입력은 함수 호출로, 출력은 화면상에 표시된 기본 요소라는 단순화된 관점에서 취급할 것이다.

그래픽스 시스템은 출력을 생성하고 입력을 처리하기 위해 여러 가지 일을 한다. 이러한 시스템과 접속하는 API는 수백 개의 개별 함수로 이루어지는데 함수들의 기능에 따라 다음과 같이 7가지 그룹으로 나눌 수 있다.

1. 기본 요소 함수
2. 속성 함수
3. 관측 함수
4. 변환 함수
5. 입력 함수
6. 제어 함수
7. 질의 함수

비록 우리가 OpenGL이라고 하는 특정 시스템을 사용하지만 모든 그래픽스 API는 유사한 기능을 지원한다. 이들 API들 간의 차이는 어디에서 이러한 함수를 지원하는가이

● 그림 2.3 ● 블랙박스로서의 그래픽스 시스템

다. OpenGL은 파이프라인에 적합하도록 설계되었으며 현대적인 버전은 프로그래머블 셰이더의 사용에 기반한다. 결론적으로 OpenGL과 DirectX처럼 비슷한 구조를 지원하는 API들은 많은 공통점을 가지는 반면에 OpenGL과 광선 추적기를 위한 API는 공통점이 적을 것이다. API는 기반 구조에 관계없이 7가지 기능으로 분류할 수 있다.

기본 요소 함수는 저수준 객체, 즉 시스템에 표시할 수 있는 낮은 수준의 항목을 정의한다. API에 따라서 기본 요소들에는 점, 선분, 다각형, 픽셀, 텍스트, 그리고 여러 형태의 곡선 및 곡면을 포함하나 OpenGL은 점, 선분, 삼각형의 매우 제한된 기본 요소를 지원한다. 다른 기본 요소들은 응용프로그램이 이러한 기본 요소를 이용하여 근사하도록 한다. 정다면체, 2차 곡선, 베지어 곡선 및 곡면과 같은 중요한 객체는 OpenGL이 직접 지원하지 않고 라이브러리 코드가 제공된다. 확장된 기본 요소의 집합은 일반적으로 프로그래머블 셰이더를 통하여 효율적으로 만들 수 있다.

기본 요소가 API의 '무엇'이라면, 속성은 '어떻게'이다. 즉 속성은 기본 요소가 화면상에 나타날 수 있는 방법을 제어한다. **속성 함수**는 선분을 표시할 색을 고르는 것에서부터 다각형의 내부를 채울 패턴을 고르고, 그래프 제목의 글자체를 선택하는 것까지 다양한 연산을 수행할 수 있도록 한다. OpenGL에서 색 지정은 응용프로그램이 정보를 셰이더로 보내거나, 셰이더가 광원과 기하 모델의 면 속성을 이용하여 색을 계산할 수 있다.

이미지를 생성하려고 한다면 합성 카메라가 있어야 한다. 1장에서 보았듯이 카메라의 위치와 방향을 정하고, 렌즈에 해당하는 것도 선택해야 한다. 이 과정은 관측을 정의해 줄뿐 아니라 너무 가깝거나 먼 객체를 클리핑할 수 있도록 해 준다. **관측 함수**는 API들마다 제공하는 관측을 선택하는데 유연성의 정도 차이는 있지만, 다양한 관측을 지정할 수 있도록 해준다. OpenGL은 어떤 관측 함수도 제공하지 않아 관측하기 위해서는 셰이더에 있는 변환을 이용한다.

좋은 API는 사용자에게 회전, 이동, 크기 변환 등 객체의 변환을 수행할 수 있게 하는 **변환함수** 집합을 제공한다. 4장의 관측과 8장의 모델링의 이론 전개과정에서 많은 행렬 변환을 사용할 것이다. OpenGL에서 우리는 응용프로그램에서 변환행렬을 구성하여 그것을 응용프로그램 또는 셰이더에서 적용함으로써 변환을 수행한다.

대화식 응용프로그램을 위해 API는 현대 그래픽스 시스템의 특성인 다양한 형태의 입력을 다룰 수 있도록 하는 **입력 함수** 집합을 제공한다. 키보드, 마우스 그리고 데이터 태블릿과 같은 장치를 다룰 수 있는 함수를 필요로 한다. 이 장의 후반부에서 여러 가지 입력 모드와 다양한 입력장치를 다룰 수 있는 함수를 소개한다.

실제 응용프로그램에서 다중처리, 다중 윈도 환경에서 동작으로 인한 복잡성도 고려해야 한다. 이러한 환경에서는 일반적으로 네트워크에 연결되어 있고 다른 사용자들이 있다. **제어 함수**는 윈도 시스템과 통신을 가능하게 하고, 프로그램 초기화하며, 프로그램을 실행하는 동안 발생하는 에러를 처리한다.

장치 독립적인 프로그램을 작성하려면, 얼마나 많은 색이 지원되며 화면 크기가 얼마나 커야 하는지에 관한 문제를 관리하는 API가 필요하다. 더구나 특별한 구현의 속성을 알아야 하는 응용프로그램도 있을 수 있다. 예를 들어, 수백만 색을 지원하는 화면 장치 대신, 단 두 가지 색만을 지원하는 화면장치에 작업하고 있다는 것을 미리 알고 있다면 아마 다르게 처리할 것이다. 보다 일반적인 응용프로그램에서는 API에 있는 카메라 매개변수 또는 프레임 버퍼 안에 있는 값을 포함한 다른 정보를 사용한다. 좋은 API는 이러한 정보들을 **질의 함수**를 통해 제공한다.

2.3.2 그래픽스 파이프라인과 상태 기계

그래픽스 API에 대한 위와 같은 모든 관점들을 통합하면 OpenGL이 실제로 구성되고 구현되는 방법에 대하여 다른 견해를 얻을 수 있다. 모든 그래픽스 시스템을 **상태 기계**, 즉 유한상태 기계를 포함하는 블랙박스로 생각할 수 있다. 이 상태 기계는 응용프로그램에서 입력을 받고 기계 상태를 바꾸거나 기계가 가시적인 출력을 할 수 있도록 한다. API의 관점에서의 그래픽스 함수는 두 가지가 있다. 상태 기계 안에서 파이프라인을 통해 기본 요소을 정의하는 것과 기계 내부의 상태를 바꾸거나 상태 정보를 되돌리는 것이다. OpenGL에서 출력을 생성하는 함수는 드물다. 대부분은 은면 제거, 텍스처, 렌더링에 사용되는 매개변수 설정과 같은 OpenGL의 기능으로 상태를 설정하는 것이다.

최근까지 OpenGL은 많은 상태 변수를 정의하고 각 변수의 값을 설정하기 위한 분리된 함수를 가지고 있었다. 최근 버전은 대부분의 이러한 변수와 함수를 제거하고 대신에 응용프로그램이 자신의 상태변수를 정의하고 사용하거나 그 값을 셰이더에 보낼 수 있게 하였다.

여기서 중요한 결론은 OpenGL에서 대부분의 매개변수가 유지된다는 것이다. 매개변수의 값들은 상태 변경 함수를 이용하여 다시 지정할 때까지 남아 있다. 예를 들어, 어떤 색을 한 번 지정하면 색을 변경하는 함수를 이용하여 변경할 때까지 현재 색을 그대로 유지한다. 또 다른 결론은 적색선(red line), 청색원(blue circle)과 같이 속성이 객체를 한정한다고 생각하는 것이다. 비록 응용프로그램에서 상태가 기본 도형을 한정하는 것으로 생각할 수 있지만, 상태 변화가 필요할 때 무시하거나 현재 상태를 따라 가지 못한다면 의외의 결과를 얻을 수도 있다.

2.3.3 OpenGL 인터페이스

OpenGL 함수들은 GL(윈도 시스템에서는 OpenGL)이라는 하나의 라이브러리로 구성되고 함수이름은 영문자 `gl`로 시작된다. 셰이더는 OpenGL과 분리된 명세를 갖는데 OpenGL 셰이딩 언어(GLSL)로 작성되고 응용프로그램과 셰이더는 OpenGL API 함수를 이용하여 인터페이스한다.

윈도 시스템과 상호작용하고 외부 장치에서 입력을 프로그램 내부로 읽어 들이기 위해 최소한 한 개 이상의 라이브러리가 필요하다. 대부분의 윈도 시스템 각각에는 윈도 시스템에 OpenGL을 연결하는 특정 시스템에서 사용하는 특별한 라이브러리가 필요하다. X Window 시스템에서는 이 라이브러리를 GLX, Windows에서는 wgl, Macintosh에서는 agl이라고 한다. 본 교재에서는 각각의 OS에 다른 라이브러리를 사용하기 보다는 쉽게 이용할 수 있는 **OpenGL 확장 랭글러**(GLEW), **OpenGL 유틸리티 툴킷**(GLUT)을 사용한다. GLEW는 OS 의존성을 제거하였고 GLUT는 현대 윈도우 시스템에서 지원하는 최소한의 기능만 제공한다.[2] 이 장에서는 이들 함수 일부를 소개하고 3장에서 보다 구체적으로 설명한다.

그림 2.4는 X 윈도 시스템 환경에서 이 라이브러리 구조이다. 이러한 윈도 시스템에서 GLUT는 GLX와 X 라이브러리를 이용한다. 응용프로그램은 GLUT 함수를 사용하기 때문에 다른 윈도 시스템에서는 해당하는 GLUT 함수와 함께 다시 컴파일하여야 한다.

OpenGL은 코드 가독성을 향상시키고 매직 넘버의 사용을 피하기 위해서 정의된 상수를 많이 사용한다. 이를 위한 `GL_FILL`과 `GL_POINTS`와 같은 상수는 `.h` 헤더 파일에 정의되어 있다. 대부분의 구현에서는 다음 인클루드 파일의 추가만으로 `glut.h`와 `gl.h`를 문제없이 읽어 들인다.

```
#include <GL/glut.h>
```

또는

```
#include <GLUT/glut.h>
```

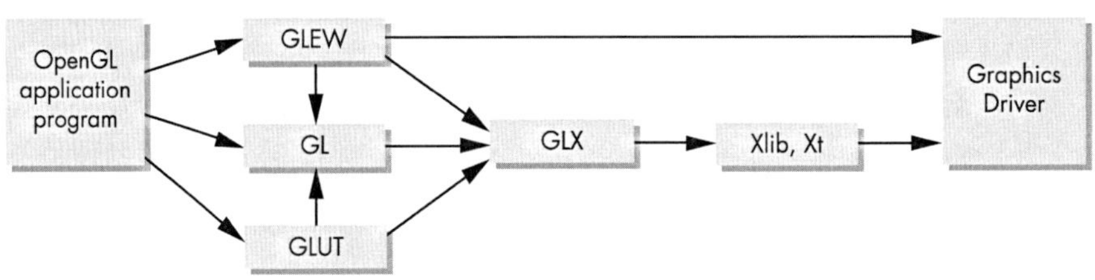

● 그림 2.4 ● 라이브러리 구성

2) freeglut라는 이름의 최신 GLUT 버전을 Web에서 구할 수 있다.

비록 OpenGL이 객체지향은 아니지만 많은 여러 가지 함수의 형식을 통하여 다양한 자료형을 지원한다. 예를 들어 데이터를 셰이더에 전달하기 위해 여러 형태의 glUniform 함수를 사용할 수 있다. 만일 시간과 같은 부동소수점을 사용한다면 glUniform1f를 사용해야 되고 3차원 정수 배열의 포인터로 3차원 공간에서 정수로 표시된 위치를 전달하기 위해서는 glUniform3iv를 사용할 수 있다. 뒤에 부동소수점 4 × 4 행렬을 전달하기 위해 glUniformMatrix4fv를 사용할 것이다. 이러한 함수들을 다음과 같은 표기로 나타낼 것이다.

```
glSomeFunction*();
```

여기서 *는 nt 또는 nvt 형식의 두 개 또는 세 개의 문자로 해석되고 n은 차원(2, 3, 4 또는 matrix), t는 정수(i), 단정도 실수(f), 배정도 실수(d)과 같은 자료형, v는 만일 존재한다면 인수 리스트가 아니라 배열의 포인터를 의미한다. 필요에 따라 적당한 것을 선택할 수 있다. 다른 여러 가지 구체적인 형식에 대해서는 OpenGL Programming Guide[Shr10]을 참조하기 바란다. 응용프로그래머가 어떤 형식을 선택하든, 개스킷을 2차원 공간에서 구성하든 $z = 0$인 3차원 공간에서 구성하든 차이가 없듯이 기반이 되는 표현은 동일하다. 하지만 3장에서 4차원이 기반이라는 것을 알게 될 것이다. 아직 응용프로그래머는 그러한 사실에 대해 걱정할 필요는 없고 응용프로그램에 가장 적합한 형식을 선택하는 것으로 충분하다.

2.3.4 좌표계

여기서 다시 시어핀스키 개스킷 프로그램으로 되돌아가자. 아마 정점 x, y, z의 값을 어떻게 해석해야 할지 당황할 것이다. 이 값들의 단위는 무엇인가? 피트, 미터, 마이크론? 원점은 어디일까? 각각의 경우에 대하여 가장 간단한 대답은 여러분에게 달려 있다.

원래 그래픽스 시스템에서는 사용자가 정점의 위치와 같은 모든 정보를 표시장치의 단위로 직접 지정해야 했다. 고수준 응용프로그램에서도 마찬가지라면, 표시장치의 모서리에서부터 픽셀 또는 센티미터 단위로 화면 위치를 지정해야 했을 것이다. 이와 같은 방법에는 명백한 문제가 있는데, 광년(천문학적인 데이터 표시) 또는 마이크론(집적회로 설계)과 같은 단위를 표현하기 위해 화면상 거리를 사용할 수 없다. 사용자가 원하는 어떠한 좌표계에서도 작업할 수 있는 것이 그래픽스 소프트웨어 시스템의 중요한 장점 중 하나이다. **장치 독립 그래픽스**(device independent graphics)의 출현은 응용프로그래머들을 입출력장치의 세부사항에 관한 우려로부터 해방시켰다. 사용자의 좌표계는 **세계 좌표계**(world coordinate system), **응용 또는 객체 좌표계**(application or object coordinate system)로 알려져 있다. 컴퓨터에서 부동소수점 계산의 한계라는 사소한 제

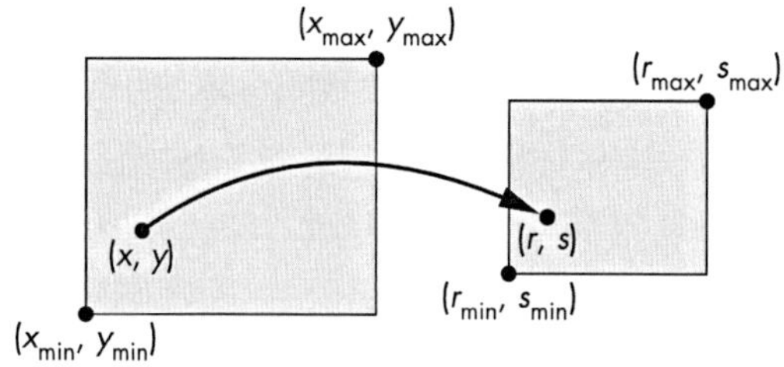

● 그림 2.5 ● 정점 좌표에서 화면 좌표로 매핑

한 아래, 문제에 맞는다면 어떤 수든지 사용할 수 있다.

응용프로그램이 정점의 위치를 지정하기 위해서 사용하는 단위를 정점 좌표계(vertex coordinates)라고 하는데 대부분의 응용프로그램에서 정점 좌표계는 객체 좌표계 또는 세계 좌표계와 같으나 셰이더 안에서 기능의 선택여부에 따라 달라진다. 정점 좌표계는 파이프라인에서 사용되는 다른 내부 좌표계의 하나로 볼 수 있다.

표시장치의 단위는 처음에는 **물리적 장치 좌표**(physical device coordinates)나 단순히 **장치 좌표**(device coordinate)라 하였다. 대부분의 CRT 표시장치와 같은 래스터 장치에서는 **윈도 좌표**(window coordinate) 또는 **화면 좌표**(screen coordinate)라는 용어를 사용할 것이다. 프레임 버퍼에서 어떤 점이든지 중심은 고정된 격자 상에 위치해야 하기 때문이다. 즉, 점들은 원래 이산적이고, 이들을 정수를 사용하여 주소 지정을 할 수 있기 때문에 화면 좌표는 항상 정수로 표현된다.

어떤 점의 세계 좌표값은 그림 2.5와 화면 좌표로 매핑되어야 한다. 이 작업에 대한 책임은 사용자보다는 그래픽스 시스템에 있고, 매핑은 관측 처리의 일부로써 자동적으로 수행된다. 2.6~2.7절에서 보게 되듯이, 사용자는 이 매핑을 정의하기 위해 단지 몇 개의 매개변수, 즉 보기를 원하는 세계의 영역과 디스플레이의 크기만을 지정하면 된다. 비록 응용과 프레임 버퍼 사이에 2개의 셰이더와 래스터기가 있지만 앞으로 관측에서 배우겠지만 다른 중요한 세 개의 중간 좌표계가 있다는 것을 알게 될 것이다.

2.4 기본 요소와 속성

그래픽스 커뮤니티에서는 API에서 지원해야 할 기본 요소에 대한 논쟁이 오랫동안 진행되어왔다. 이 논쟁은 아직 완전히 해결되지 않고 계속되고 있다. 최소주의자쪽에서는 API가 모두 하드웨어로 지원할 수 있는 작은 기본 요소의 집합으로 구성해야 한다고 주장한다. 또한, 각 기본 요소는 다른 요소들로부터 얻어질 수 없는 특성을 갖고 직교성이 있어야 한다는 것이다. 전형적인 최소 시스템은 선분, 다각형, 텍스트(문자열) 등과 같이 하드웨어로 효과적으로 생성할 수 있는 것들이다. 반대쪽에는 구, 곡선, 곡면, 입체 등 보다 복잡한 여러 가지 기본 요소를 지원하는 시스템이 있다. 이쪽의 주장은 사용자가 복잡한 응용프로그램을 쉽게 구현하기 위해서 많은 기본 요소를 지원해야 한다는 것이다. 그러나 사용자 집단의 모든 요구가 반영된 커다란 기본 요소 집합을 지원할 수 있는 하드웨어 시스템은 거의 없기 때문에 이러한 시스템에서 개발된 프로그램은 기본 요소들을 모두 지원하는 하드웨어의 구현을 기대하기가 어렵고 이식성이 없다.

그래픽스 하드웨어의 성능이 향상됨에 따라 실시간 렌더링 성능이 초당 수천만 다각형 단위로 측정하게 되었다. 이 때문에 균형의 추가 최소한의 기본 요소만을 지원하는 쪽으로 기울었는데 이는 GPU가 주로 점, 선분, 삼각형을 빨리 렌더링하는데 최적화되었기 때문이다. 여기에 맞추어 뒤에서 GPU가 지원하는 기본 요소를 사용하여 곡선과 곡면을 근사화하는 코드를 개발할 것이다.

OpenGL에서는 두 종류의 기본 요소, 즉 **기하학적 기본 요소**와 영상 또는 **래스터 기본 요소**를 지원한다. 기하학적 기본 요소는 문제 영역에서 정의되는데 점, 선분, 다각형, 곡선, 곡면 등이 있다. 기하학적 기본 요소는 그림 2.6처럼 기하학적 파이프라인을 통하여 진행하는데, 기본 요소가 시점에서 보이는지 확인하고, 기본 요소가 보이면 윈도의 어느 위치에 나타나는지 계산하기 위해 기하학적 변환을 한다. 그 후 기본 요소를 픽셀로 변환하여 프레임 버퍼에 저장한다. 기하학적 기본 요소는 2차원, 3차원 공간에 존재하기 때문에 회전, 이동과 같은 연산을 이용하여 조작할 수 있다. 또 이것은 동일한 연산을 사용하여 다른 기하학적 요소를 구성하기 위한 빌딩 블록으로 사용된다. 픽셀과 같은 래스터 기본 요소는 기하학적 성질을 가지고 있지 않기 때문에 기하학적 기본 요소와 같은 방법으로 처리되지 않는다. 이들은 중간에 분리된 병렬 파이프라인을 통하여 프레임 버퍼를 통과한다. 래스터 기본 요소에 대해서는 7장에서 다룬다.

기본적인 OpenGL의 기하학적 기본 요소는 정점의 집합으로 지정한다. 응용프로그

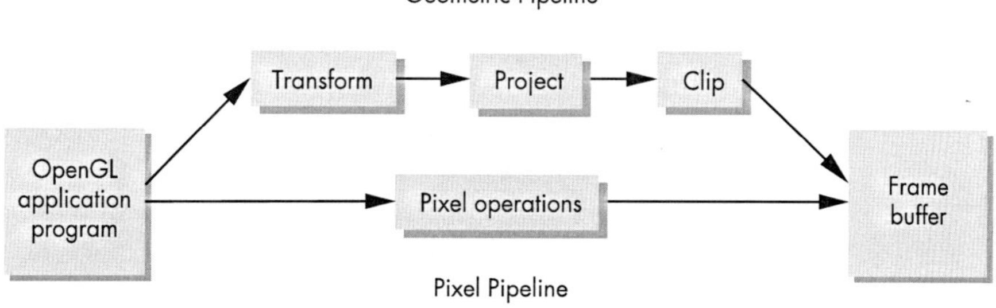

● 그림 2.6 ● 단순화시킨 OpenGL 파이프라인

램은 정점 데이터(위치와 다른 속성)의 계산으로부터 시작하여 디스플레이하기 위해 결과를 GPU에 보내는 배열에 저장한다. 어떤 기하학적 실체를 디스플레이하려면 정점의 해석방법을 지정하는 매개변수를 함수에 넣어 그 함수를 호출한다. 예를 들면 앞에서 계산한 시어핀스키 개스킷의 정점을 다음 함수로 호출하여 이들을 GPU에 보낸 다음 첫 정점에서 시작하여 점으로서 디스플레이할 수 있다.

```
glDrawArrays(GL_POINTS, 0, NumPoints);
```

모든 OpneGL의 기하학적 기본 요소는 점, 선분, 삼각형의 변형이다. 점은 한 개의 점 또는 점의 그룹으로 표시될 수 있다. 선분이라고 부르는 두 점 간의 유한직선은 기하학과 컴퓨터 그래픽스에서 매우 중요하다. 곡선을 근사하는데 선분을 사용할 수 있으며 그래프의 데이터 값을 연결하는데 일련의 선분을 사용할 수도 있고 내부를 갖는 폐도형의 변을 표시하기 위해 이를 사용할 수 있다. 결론적으로 정점과 선분을 함께 생각하면 많은 도움이 된다.

점이나 선분을 표시할 때, OpenGL에서 몇 가지 선택사항이 있다(그림 2.7). 기본 요소들과 그 type들은 다음과 같다.

점(GL_POINTS): 각 정점은 적어도 한 픽셀의 크기로 표시된다.

선분(GL_LINES): 선분 형은 연속되는 정점들의 쌍을 각각의 선분들의 양 끝점으로 해석한다. 한 쌍씩 해석되기 때문에, 일반적으로 연속되는 선분들은 끊어져 있게 된다.

다중선분(GL_LINE_STRIP, GL_LINE_LOOP): 연속되는 선분들이 이어져 있다면, 선의 조각(line strip), 즉 다중선분 형식을 사용할 수 있다. 많은 곡선은 적절한 다중선분으로 근사할 수 있다. 다중선분이 닫히기를 원한다면, 처음 사용한 정점을 마지막 라인에 한 번 더 쓰거나, 마지막 정점에서 처음 정점까지 선분을 그려주는 GL_LINE_LOOP형을 사용할 수 있다.

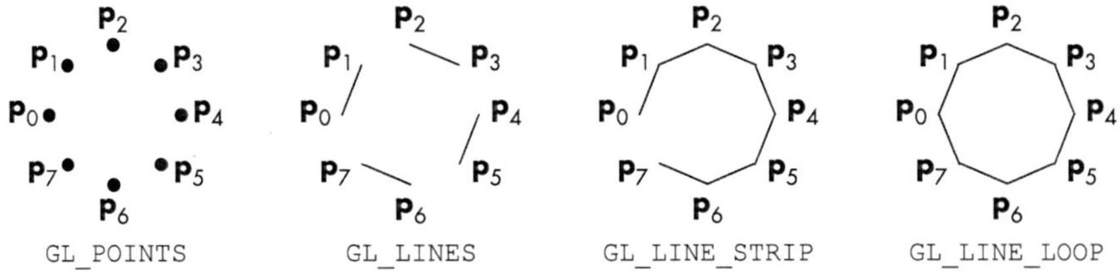

● 그림 2.7 ● 점과 선분 형

2.4.1 다각형의 기초

선분과 다중선분은 객체의 변들을 모델링할 수 있고, 닫힌 객체는 내부를 갖게 된다(그림 2.8). 보통 선분들의 루프로 표현되는 경계를 갖고, 명확히 정의된 내부를 가진 객체[3]를 **다각형**(polygon)이라 한다. 다각형은 디스플레이하기가 쉽고 곡면을 근사하는데 사용될 수 있기 때문에 컴퓨터 그래픽스에서 특별한 역할을 한다. 그래픽스 시스템의 성능은 1초에 디스플레이할 수 있는 다각형의 수로 측정된다.[4] 여러 가지 방법으로 다각형을 디스플레이할 수 있다. 변만을 디스플레이할 수 있고, 그 내부를 색 또는 패턴으로 채울 수 있으며, 그림 2.9에서 보듯이, 변을 디스플레이하거나 하지 않을 수도 있다. 다각형의 외부 변들이 순서 있는 정점의 목록으로 쉽게 정의되기는 하지만, 내부 정의가 명확하지 않으면 다각형은 부정확하게 그려질 것이다. 다각형은 단순하고, 볼록하고, 평면이어야 한다.

2차원에서 다각형의 어떠한 두 변도 교차하지 않으면 그것은 **단순 다각형**이라 한다. 그림 2.10과 같이, 단순 2차원 다각형은 잘 정의된 내부를 가진다. 정점들의 위치로 다각형이 단순한지를 결정하지만, 테스트 비용이 크기 때문에 대부분의 그래픽스 시스템은 응용프로그램이 필요한 테스트를 하도록 한다(연습문제 2.12 참고). 그래픽스 시스템에 비단순 다각형이 그려지도록 주어지면, 그래픽스 시스템이 어떻게 동작할 것인지, 비단순 다각형의 내부를 정의하는 방법이 있는지에 대해서 의문을 가질 수 있다. 이러한 질문들은 6장에서 다룬다.

다각형의 내부를 채우는 실질적 알고리즘을 구현의 관점에서 보면, 종종 생각보다 간단치 않다. 일부 API들은 다각형이 볼록해야만, 모든 구현에서 일관된 채우기를 보장한다. 객체 내부 또는 경계상 임의의 두 점 사이의 선분 위의 모든 점이 객체 내부에 있다면(그림 2.11), 객체는 볼록하다(convex). 지금까지 2차원 객체만을 다루었지만, 이 정의는 객체의 종류와 차원에 무관하다. 볼록 객체에는 삼각형, 사면체, 사각형, 원, 구, 평

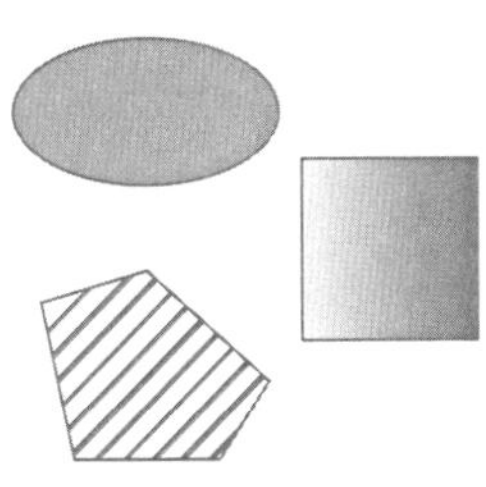

● 그림 2.8 ● 채워진 객체

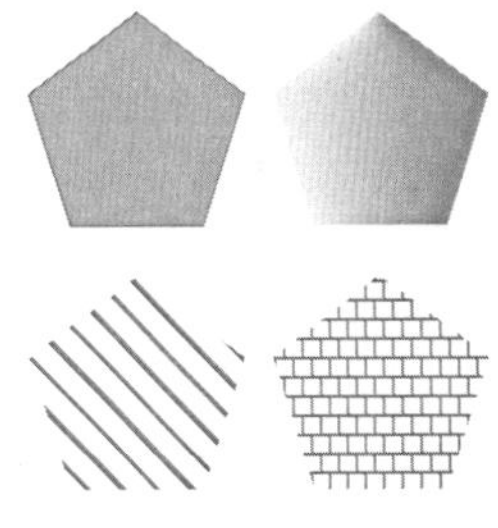

● 그림 2.9 ● 다각형 표시 방법

3) 채움이라는 용어가 가끔 다각형 대신에 사용된다.
4) 다각형의 렌더링은 정점과 픽셀 수에 따라 그 속도가 결정된다.

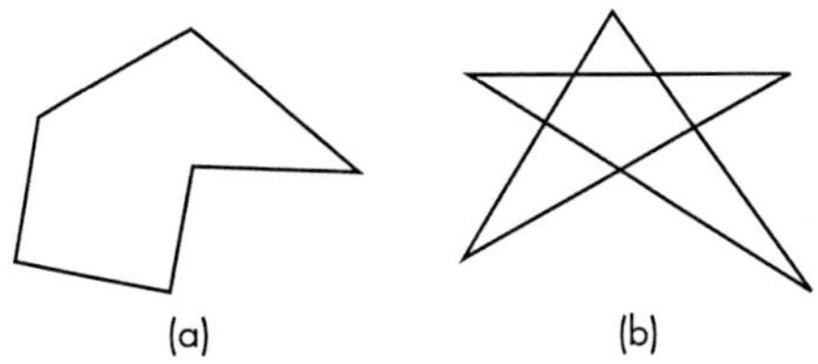

● 그림 2.10 ● 다각형 (a) 단순 다각형 (b) 비단순 다각형

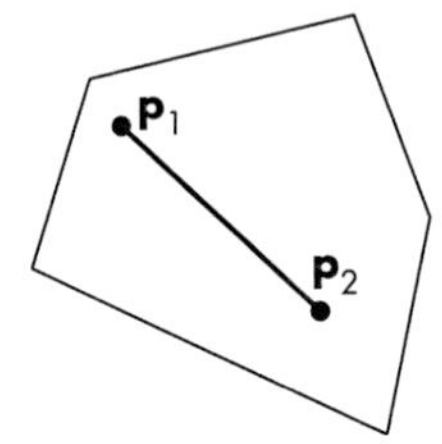

● 그림 2.11 ● 볼록함

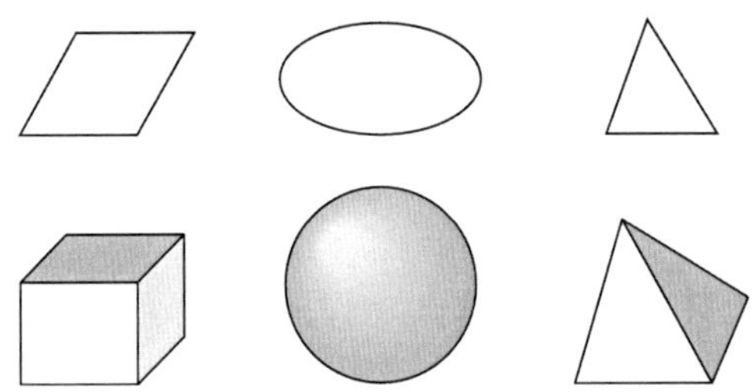

● 그림 2.12 ● 볼록 객체

행육면체를 포함한다(그림 2.12). 볼록함을 검사하기 위한 다양한 검사법이 있다(연습문제 2.19 참고). 그러나 다각형의 단순성 검사와 마찬가지로 볼록함 검사도 비용이 많이 들어 보통 응용프로그램에게 책임이 돌아간다.

3차원에서 다각형은 모든 2차원 객체와 달리 같은 평면에 놓여있지 않기 때문에 좀 더 어려운 점이 있다. 대부분의 그래픽스 시스템이 이용하고 우리도 사용하는 한 가지 성질은 동일선상에 있지 않은 임의의 세 정점은 삼각형과 그 삼각형이 놓인 평면을 결정한다는 것이다. 그러므로 삼각형을 사용한다면, 안전할 것이고 객체들이 바르게 렌더링될 것을 확신할 수 있다. 종종, 정점들이 평평한 볼록 다각형 형태라야만 전형적인 렌더링 알고리즘이 바르다는 것을 보증할 수 있기 때문에 삼각형을 사용할 수밖에 없는 경우가 많다. 뿐만 아니라 하드웨어와 소프트웨어는 흔히 세 개의 정점을 가진 다각형보다 삼각형을 더 빠르게 렌더링한다.

2.4.2 OpenGL에서 다각형 형들

다시 OpenGL 형으로 돌아가자. OpenGL이 지원하는 유일한 OpenGL 다각형은 삼각형이다. 삼각형은 정점들에 해당하는 점들, 변들, 또는 내부가 채워진 도형으로 디스플레이될 수도 있다.

OpenGL에서는 디폴트인 채우기 대신에 변이나 정점의 점을 셰이더가 생성하도록 하기 위해서 함수 `glPolygonMode`를 사용할 수 있다. 그러나 채우기도 하고 변도

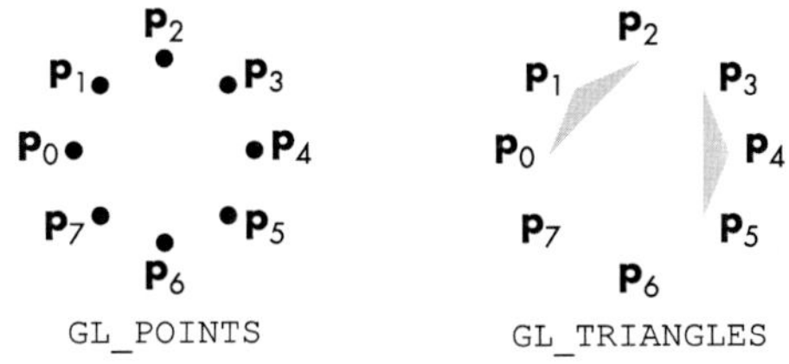

● 그림 2.13 ● 삼각형 형

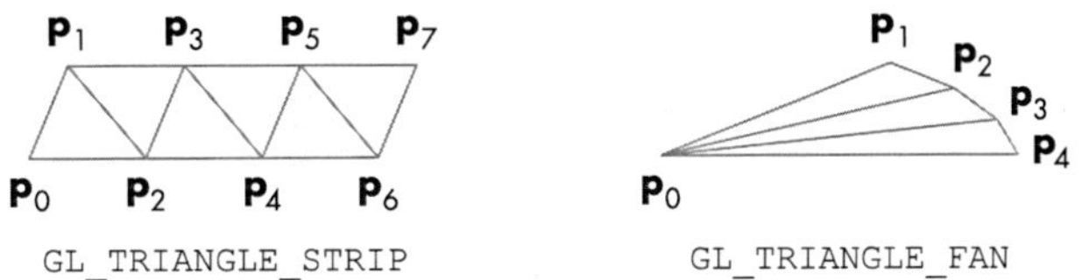

● 그림 2.14 ● 삼각띠와 삼각형 부채꼴

그리고 싶으면 각각의 모드에서 두 번 그려주든지, 아니면 다각형을 그리고 같은 정점들로 라인 루프를 그려주어야 한다. 기본 요소와 관련된 자료형은 다음과 같다.

삼각형(GL_TRIANGLES) : 만일 line loops를 사용하면 변은 동일하다. 연속적인 세 정점의 그룹이 하나의 삼각형을 명세한다.

띠와 부채꼴(GL_TRIANGLE_STRIP, GL_TRIANGLE_FAN) : 이러한 객체들은 정점과 변을 공유하는 삼각형의 그룹에 기반한다. 예를 들어, 새로운 삼각형을 명세하기 위해 부가되는 각 정점이 앞의 두 정점과 결합한다(그림 2.14). 삼각형 부채꼴은 하나의 고정된 점에 기반한다. 다음 두 개의 점은 처음의 삼각형을 결정하고, 이후 삼각형들은 새로운 점과 이전의 점과 처음(고정된) 점으로부터 구성된다.

2.4.3 구의 근사화

부채꼴과 띠는 많은 곡면을 간단하게 근사할 수 있게 한다. 예를 들어, 그림 2.15에 보이는 것과 같이 위도와 경도에 그려진 선으로부터 정의되는 다각형의 집합을 사용한다. 사각 띠와 삼각 띠를 사용하여 효율적으로 수행할 수 있다. 단위 구를 생각해 보자. 이것은 세 개의 식으로 나타낼 수 있다.

$$x(\theta, \phi) = \sin\theta \cos\phi$$

$$y(\theta, \phi) = \cos\theta \cos\phi$$

$$z(\theta, \phi) = \sin\phi$$

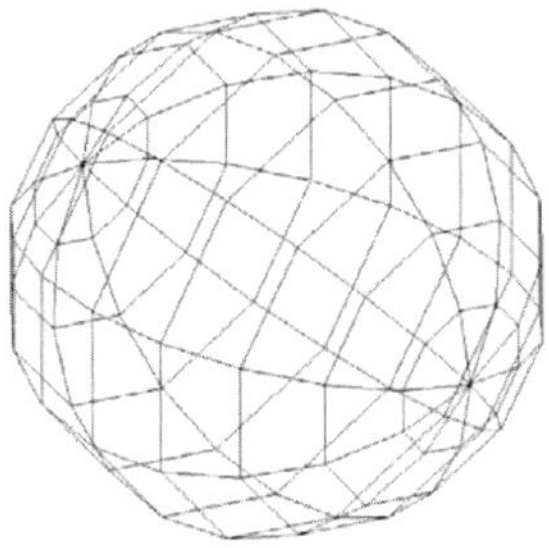

● 그림 2.15 ● 사변형들로 근사한 구

θ를 고정시키고 ϕ를 변화시키면서 곡선을 그리면 일정한 경도를 갖는 원을 그릴 수 있고, 거꾸로 ϕ를 고정시키고 θ를 변화시키면 일정한 위도를 갖는 원을 그릴 수 있다. 일정한 간격으로 θ와 ϕ를 증가시키면서 점을 생성하여 그림 2.15와 같은 사변형들을 만들 수 있다. 그러나 OpenGL은 사변형이 아니라 삼각형을 지원하기 때문에 각 사변형에 해당하는 삼각형 데이터를 생성한다. 표준 삼각 함수를 이용하기 위해서 각도(degree)를 라디안으로 변환해야 한다. θ와 ϕ를 각각 20°씩 증가시켜 사변형을 그리는 코드는 다음과 같다.

```
const float DegreesToRadians = M_PI / 180.0; // M_PI = 3.14159...

point3 quad_data[342];  // 8 열의 18 사변형
int k = 0;
for(float phi = -80.0; phi <= 80.0; phi += 20.0)
{
   float phir   = phi*DegreesToRadians;
   float phir20 = (phi + 20.0)*DegreesToRadians;

   for(float theta = -180.0; theta <= 180.0; theta += 20.0)
   {
      float thetar = theta*DegreesToRadians;
      quad_data[k] = point3(sin(thetar)*cos(phir),
                            cos(thetar)*cos(phir), sin(phir));
      k++;
      quad_data[] = point3(sin(thetar)*cos(phir20),
                            cos(thetar)*cos(phir20), sin(phir20));
      k++;
   }
}
```

뒤에 이러한 데이터를 glDrawArrays(GL_LINE_LOOP) 또는 다른 드로잉 함수를 사용하여 렌더링할 수 있다. 그러나 모든 경도에 해당하는 선들이 극에서 만나기 때문에 더 이상 띠를 사용할 수 없고 다음과 같이 극에서는 두 개의 부채꼴을 사용하면 된다.

```
const float DegreesToRadians = M_PI / 180.0; // M_PI = 3.14159...

int k = 0;
point3 strip_data[40];

strip_data[k] = point3(0.0, 0.0, 1.0);
k++;

float sin80 = sin(80.0*DegreesToRadians);
float cos80 = cos(80.0*DegreesToRadians);

for(float theta = -180.0; theta <= 180.0; theta += 20.0)
{
    float theta  = theta*DegreesToRadians;
    strip_data[k] = point3(sin(thetar)*cos80,
                            cos(thetar)*cos80, sin80);
    k++;
}

strip_data[k] = point3(0.0, 0.0, -1.0);
k++;

for(float theta = -180.0; theta <= 180.0; theta += 20.0)
{
    float thetar = theta;
    strip_data[k] = point3(sin(thetar)*cos80,
                            cos(thetar)*cos80, sin80);
    k++;
}
```

이러한 데이터는 glDrawArrays(GL_TRIANGLE_F, ...) 또는 다른 드로잉 함수로 렌더링할 수 있다. 그림 2.15와 같이 선으로 디스플레이하려면, 부채꼴은 다각형이기 때문에 처음에 다각형 모드를 lines 대신에 fill로 설정해야 하는 것에 주의하라.

2.4.4 삼각형 세분화

지금까지 다각형과 삼각형을 구별없이 사용하였는데 내부가 있는 객체를 그리려면 일반 다각형으로는 여러 가지 문제가 발생한다. 정점의 집합이 동일 평면 위에 있지 않을 수도 있으며 단순 다각형이 아니거나 볼록 다각형이 아닌 것을 지정할 수 있다. 삼각형에서는 이러한 문제가 발생하지 않는데 삼각형의 3 꼭짓점이 동일 직선상에 놓이지 않는 한 내부는 단순하고 평면이고 볼록하기 때문에 잘 정의된다. 결론적으로 삼각형은 렌더링하기가 쉽다. 이 때문에 OpenGL이 인식하는 유일한 채울 수 있는 기하학적 실체는 삼각형이다. 그러나 실제 응용프로그램에서는 보다 일반적인 다각형을 다루어야 하기 때문에 리스트로 정의된 다각형과 동일한 삼각형의 집합을 **삼각형 세분화**(triangulation)하는 것이 일반적이다.

그림 2.16은 볼록 다각형과 두 개의 다른 삼각형 분할을 보이는데 비록 모든 정점이 삼각형으로 분할되었지만 이들이 모두 같지 않다. 그림 2.17의 사각형을 관찰해 보자. 만일 그림 2.17(b)와 같이 분할하면 그림 2.17(c)에서와 같이 유사 등변 삼각형 대신에 2개의 폭이 좁고 긴 삼각형이 될 것이다. 5장에서 조명에 관해 공부하면 알겠지만 폭이 좁고 긴 삼각형에서는 시각적인 왜곡이 발생한다. 평면 볼록 다각형의 삼각형 분할을 능숙하게 처리하는 단순한 알고리즘을 그림 2.18에 보인다. 처음에 정점 3개로 삼각형 1개를 만들고 정점 리스트에서 두 번째 정점을 제거한다. 최종 삼각형을 이루는 마지막 정점 3개가 남을 때까지 이 처리를 반복한다. 단 이 방법은 분할된 삼각형이 등변 삼각형이 되지 않을 뿐 아니라 오목 다각형은 처리할 수 없는 문제가 있다. 6장에서는 래스터화하는데 사용하는 단순, 비볼록 다각형의 삼각형 세분화에 대하여 알아볼 것이다.

보다 일반적인 삼각형 세분화 알고리즘에 대해서는 10장에서 곡선과 곡면에 대하여 알아 볼 때까지 미룬다. 그 이유는 면을 모델링할 때 발생하는 고려해야 할 사항이 있기 때문이다. 예를 들어 레이저 스캐닝은 비구조화된 수백만의 3차원 정점 데이터를 생성하는데 이러한 정점을 기반으로 삼각형 메시 형태로 면을 생성해야만 한다. 들로네 **삼각**

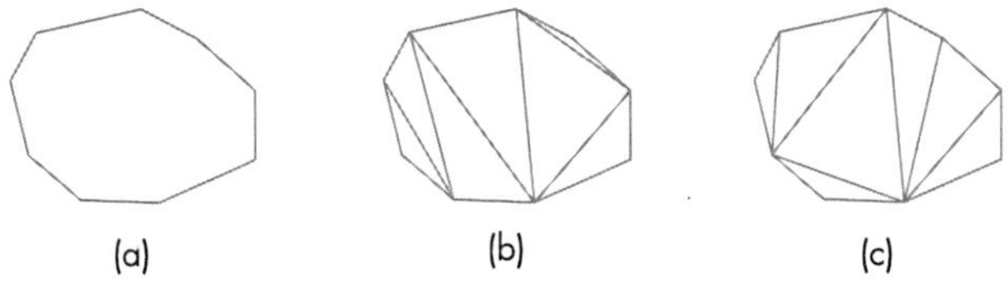

● 그림 2.16 ● (a) 2차원 다각형 (b) 삼각형 세분화 (c) 다른 형태의 삼각형 세분화

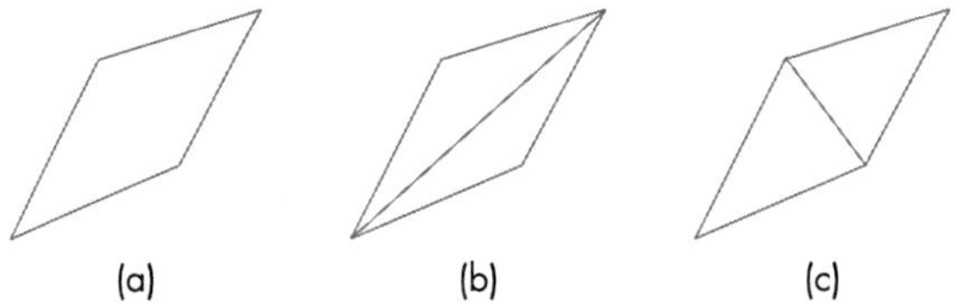

● 그림 2.17 ● (a) 사각형 (b) 삼각형 세분화 (c) 다른 형태의 삼각형 세분화

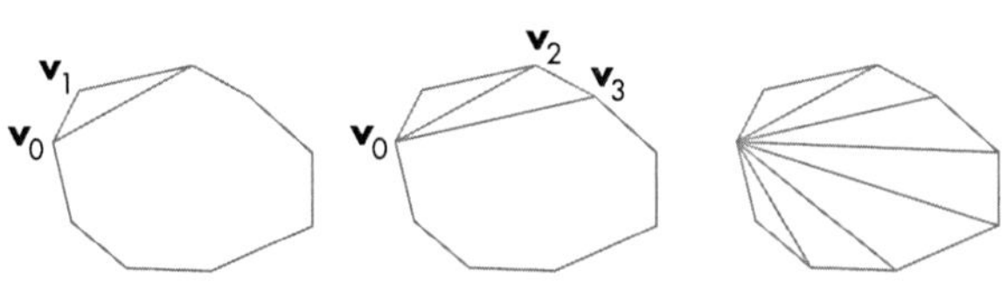

● 그림 2.18 ● 순환적인 볼록 다각형의 삼각형 분할

형 세분화(Delaunay triangulation) 알고리즘은 어떤 삼각형이 만드는 원 내부에 다른 어떤 삼각형의 정점도 포함되지 않는다는 의미에서 최상의 삼각형 세분화 알고리즘이다. 삼각형 세분화 알고리즘은 다각형을 다각형 메시로 나누는 **세분화**(tessellation) 알고리즘의 특별한 경우이다. 여기서 반드시 다각형 메시가 삼각형 메시일 필요는 없다. 일반적으로 세분화 알고리즘은 복잡한데 원래의 다각형이 구멍을 포함하고 있을 때는 더욱 그렇다.

2.4.5 문자열

데이터 분석과 표시 같은 응용에서 그래픽 출력은 그래프의 라벨과 같은 주석을 요구한다. 비그래픽 프로그램에서는 문자열 출력이 일반적이지만, 컴퓨터 그래픽스에서의 문자열은 간단하지 않다. 비그래픽 응용에서는 보통 항상 같은 방법으로 표시되는 간단한 문자 집합으로 만족한다. 하지만, 컴퓨터 그래픽스에서는 활자 종류, 크기, 색과 다른 매개변수를 조절함으로써 다양한 모양의 문자열을 표시하고 싶어한다. 또한 서체를 선택할 수 있길 원한다. Times, Computer Modern 또는 Helvetica처럼 특정 부분의 활자 모양을 **폰트**(font)라 한다.

문자열에는 획(stroke)과 래스터(raster) 두 종류가 있다. **획 문자열**(stroke text)(그림 2.19)은 다른 그래픽스 기본 요소들과 같은 방식으로 만들어진다. 각 문자의 윤곽을 나타내는 선분과 곡선을 정의하기 위해 정점들을 사용한다. 닫힌 경계로 정의된 문자라면, 그 내부를 채울 수 있다. 획 문자열의 이점은 다른 객체처럼 매우 세밀하게 정의될 수 있고, 그래픽스 객체와 같은 방법으로 정의되기 때문에 표준 변환에 의해 조작되고, 다른 그래픽스 기본 요소처럼 보여질 수 있다. 획 문자열의 분명한 이점은 획 문자를 확대 또는 회전시켰을 때 문자의 세밀함과 모양이 유지된다는 것이다. 따라서 문자를 오직 한 번만 정의하면 되고, 원하는 크기와 방향으로 만들기 위해서 변환을 사용할 수 있다.

128문자 또는 256문자를 가진 획 폰트를 정의하는 것은 복잡할 수 있고, 그 폰트는 많은 메모리와 처리시간을 차지할 수 있다. 표준 PostScript 서체는 다항식 곡선으로 정의되고, 그것들은 획 문자열의 장점과 단점 모두를 보여준다. 다양한 PostScript 폰트들이 고해상도와 저해상도 응용프로그램에서 사용될 수 있다. 종종 개발자들은 프린터로

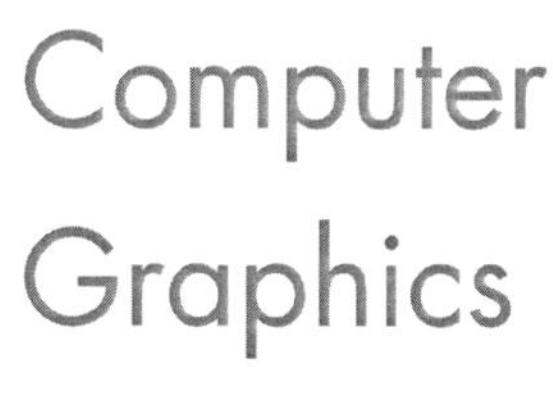

● 그림 2.19 ● 획 문자열(PostScript 폰트)

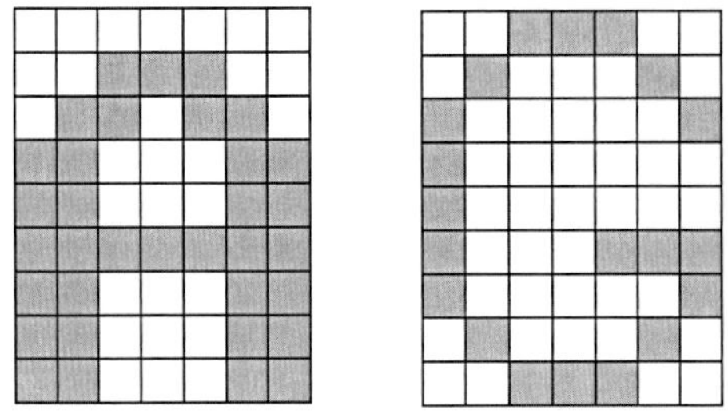

● 그림 2.20 ● 래스터 문자열

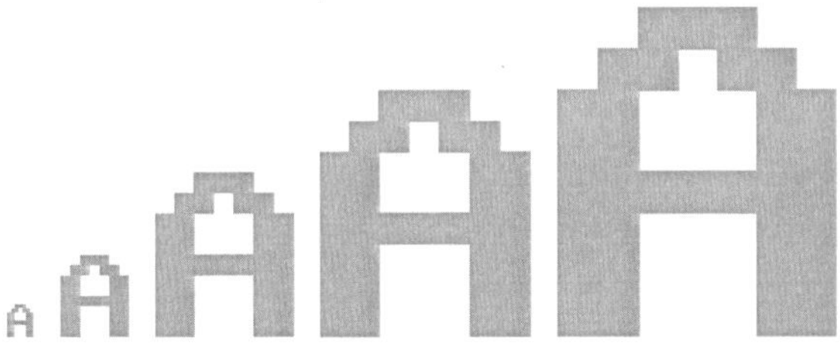

● 그림 2.21 ● 래스터 문자의 복제

상당한 처리 능력을 옮김으로써 획 문자의 느린 렌더링 문제를 완화시킨다.

그림 2.20의 **래스터 문자열**(raster text)은 간단하고 빠르다. 문자는 **비트 블록**이라고 하는 사각형의 집합으로 정의된다. 각 블록은 블록 내부에서 0과 1을 조합하여 문자를 정의한다. 래스터는 **비트 블록 전송** 명령을 이용하여 빠르게 프레임 버퍼에 놓일 수 있다. 이 명령에 대해서는 7장에서 다룬다.

픽셀들을 반복하거나 복사해서 래스터 문자의 크기를 키울 수 있으나, 이 과정에서는 확대된 문자에 톱니모양이 나타나게 한다(그림 2.21). 회전과 같은 래스터 문자의 변환은 프레임 버퍼 내에서 문자를 이루는 비트를 픽셀의 위치가 아닌 곳으로 이동시킬 수 있기 때문에 의미가 없을 수 있다.

스트로크(stroke)와 비트맵 문자는 다른 기본 도형으로 나타낼 수 있지만, OpenGL에는 텍스트 기본 도형이 없다. 그러나 GLUT 라이브러리에서는 소프트웨어로 미리 정의되고 이식이 가능한 비트맵과 스트로크 문자를 제공한다.

2.4.6 커브 객체

지금까지의 기본 요소들은 모두 정점을 통하여 정의되었다. 점 형을 제외하고는 모든 것이 선분으로 구성되거나, 색이나 패턴으로 채워질 영역의 경계를 정의하기 위해 선분을 사용한다. 더욱 풍부한 객체 집합을 생성하기 위해 두 가지 접근방법을 취할 수 있다.

먼저, 곡선과 곡면을 근사하기 위해 기본 요소를 사용할 수 있다. 예를 들어, 원을 그리고자 한다면, n개의 변을 가진 정다각형을 사용할 수 있다. 마찬가지로, 삼각형과 사변형으로 구에 근사시킬 수 있다. 보다 일반적으로는 곡면을 볼록 다각형들의 메시로 근사할 수 있다. 이것을 세분할(tessellation)이라 하며 렌더링 단계나 사용자 프로그램에 등장할 수 있다.

10장에서 보게 될 다른 접근방법은 곡선 객체를 수학적으로 정의해서 그것들을 구현하기 위한 그래픽스 함수를 만드는 것이다. 2차 곡면, 매개변수를 이용한 다항식 곡선과 곡면 같은 객체는 수학적으로 잘 이해되고, 정점 집합을 통하여 명세할 수 있다. 예를 들면, 구의 중심과 표면 위의 점으로 구를 정의하거나, 4점으로 3차 다항식 곡선을 정의할 수 있다.

2.4.7 속성

비록 주어진 기하학적 객체는 정점의 집합으로 명세되지만 여러 가지 다양한 방법으로 디스플레이될 수 있다. 객체가 어떻게 렌더링되는지를 기술하는 것을 속성이라 한다. 이용할 수 있는 속성은 객체의 종류에 따라 다르다. 예를 들면 선은 흑색 또는 녹색일 수 있으며 실선일 수도 있고 점선일 수도 있다. 다각형은 단색으로 또는 패턴으로 채워질 수 있다. 또 내부를 채울 수도 있으며 채우지 않고 단지 변만을 그릴 수도 있다. 그림 2.22에 선과 다각형을 보인다.

속성은 큐브의 색과 같이 기하학적 객체, 즉 **경계**(bound)(선, 면)와 관련된다. 종종 육면체와 같은 하나의 객체를 면으로 모델링하고 각 면의 속성을 지정하는 것이 바람직하다. 정육면체의 6면을 녹색으로 하면 정육면체는 녹색이 된다. 각 면은 두 개의 삼각형으로 기술하기 때문에 궁극적으로 12개의 녹색 삼각형이 하나의 정육면체를 이룬다.

이를 더 분해하면 각각의 삼각형은 3개의 정점으로 정의된다. 파이프라인 구조에서 각 정점은 정점 셰이더를 통하여 독립적으로 처리된다. 이 때문에 속성을 각 정점에 주어야 한다. 예를 들어 다각형의 각 정점에 다른 색을 할당했다면 각 단편이 다른 색을

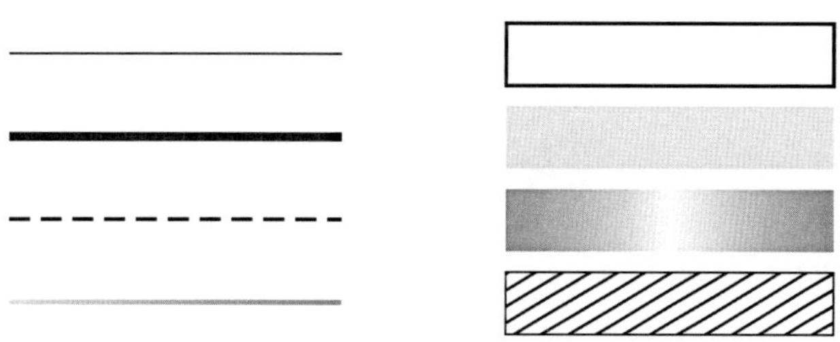

(a) (b)

● 그림 2.22 ● 선(a)과 다각형(b) 속성

얻기 위해 래스터기가 이 정점의 색을 보간해야 한다. 이러한 **정점속성**(vertex attribute)은 응용에 따라 다를 수 있다. 예를 들면 물체의 열 분포에 관한 시뮬레이션에서 응용프로그램이 물체를 정의하는 각 정점에 온도속성을 포함시킨다. 3장에서 GPU에 보내는 정점의 위치 배열에 정점 속성 데이터를 포함시킬 것이다.

즉시 모드와 파이프라인 구조를 사용하는 시스템에서 일부의 속성은 그래픽스 시스템의 상태이다. 이 때문에 다음과 같이 상태를 변화시키는 함수가 실행될 때까지 모든 기본 요소가 현재 색(current color)로 렌더링될 것이다.

```
set_current_color(color);
```

색 설정 이외에 속성을 설정하는 다양한 함수가 있다.[5)]

각 기하학적 자료형은 속성 집합을 가진다. 예를 들어, 점은 색 속성과 크기 속성을 가진다. 선분은 색, 두께, 종류(실선, 단선, 점선) 속성을 가진다. 다각형 같은 채워진 요소는 채우는 방법을 지정하기 위해 충분한 매개변수를 명세해야 하기 때문에 더 많은 속성을 가진다. 색이나 패턴으로 내부를 채울 수 있다. 다각형은 채우지 않고 그 변만 디스플레이하도록 결정할 수 있다. 만약 다각형을 채운다면, 또한 그것의 내부와 다른 색으로 디스플레이할 수 있다.

기본 요소로써 획 문자열을 지원하는 시스템에서는 속성의 다양성이 있다. 이 속성 중 일부가 그림 2.23에 표시되어 있다. 그것들은 문자열의 방향, 문자열에서 연속되는 문자들의 경로, 문자의 높이와 너비, 서체, 종류(굵은 글자, 이탤릭, 밑줄)를 포함한다.

비록 현재 상태에 대한 개념이 상호작용적 응용에서는 잘 동작하지만 인간의 물리적 직관과는 일치하지 않는다. 상자는 녹색이나 적색일 수 있다. 그것은 표면에 패턴을 가질 수도 있고 그렇지 않을 수도 있다. 객체지향 그래픽스는 속성이 기하학적 객체의 부분이라는 기본적으로 다른 접근방식을 따른다. 8장에서 Open Scene Graph와 같은 시스템의 기본이 되는 장면 그래프에 대해 고찰하고 보다 고차원의 객체지향 접근방법이 컴퓨터 그래픽스에 어떻게 적용되는지 알아볼 것이다.

2.5 색

색은 인간 시각과 컴퓨터 그래픽스에서 가장 흥미 있는 대상이다. 1장의 인간 시각 체계

5) OpenGL의 초기 버전은 `glColor`, `glLineWidth`, `glStipple`와 같은 상태를 설정하는 함수를 갖추고 있으나 이러한 속성은 셰이더 내부에서 구현될 수 있다.

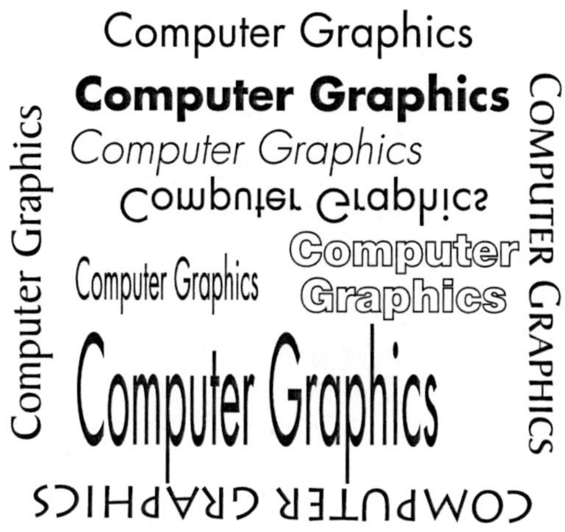

● 그림 2.23 ● 획 문자열 속성

모델을 확장하여 유용한 색 모델을 만들 수 있다. 컴퓨터 그래픽스를 사용해서 인간 시각 체계를 충분히 이용하기 위해서는 여기에서 설명할 수 있는 것보다 더 많은 인간에 대한 해부학, 생리학, 정신물리학의 깊은 이해를 필요로 한다. 보다 복잡한 모델은 6장에서 탐구한다.

빛은 그림 2.24와 같이 약 350 nm부터 780 nm까지 파장을 갖는 전자기적 스펙트럼의 일부이다. 가시 스펙트럼에서 주어진 파장 λ의 값이 그 파장의 세기를 색으로 전환한다.

이러한 색에 대한 묘사가 측정할 수 있는 특성을 가진 물리적인 관점에서는 정확하겠지만, 사람이 어떻게 색을 인지하는지 고려하지 않는다. 1장에서 고찰한 것과 같이 인간의 시각 시스템은 색을 감지하기 위하여 세 종류의 원추체를 가지고 있다. 이 때문에 인간의 뇌는 주어진 색에 대한 모든 색 분포 $C(\lambda)$를 인식하는 것이 아니라 3원색–**3자극색**(tristimulus)–만 인식하는데 이것이 색에 대한 세 종류 원추체의 반응이다. 어떤

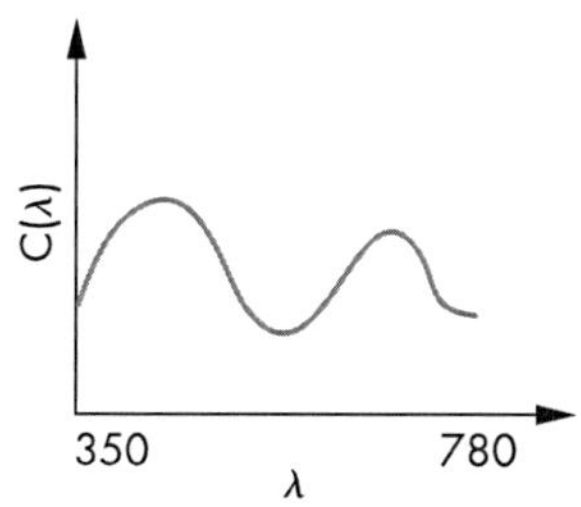

● 그림 2.24 ● 색 분포

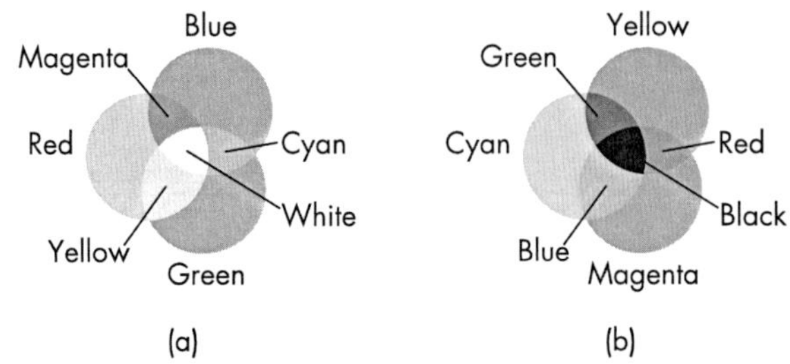

● 그림 2.25 ● 색 결합, (a) 가산 모델 (b) 감산 모델

색을 세 개의 값으로 축소하여 표현할 수 있다는 것이 **삼색이론의 기본적인 원리**(basic tenet of three-color theory)이다. 만일 어떤 두 색의 3자극색의 값이 같다면 그들은 시각적으로 구분할 수 없다.

이것의 결론은 원리적으로 표시장치는 단지 3원색, 인간 관측자에게 필요한 3자극색(tristimulus)만 있으면 된다는 것이다. 3원색의 세기를 조절하여 1장의 CRT에서 보는 것과 같은 색을 만들 수 있다. CRT는 3원색이 더해져 인식되는 색을 만드는 가산적 색 모델을 사용한다. 가산적 색 모델의 다른 예는 프로젝터와 슬라이드 필름이 있다. 이러한 시스템에서 3원색은 적색, 청색, 녹색이다. 가산적 색 모델에서 3원색이 처음에 흑색 표시장치에 더해져서 원하는 색을 만든다.

상업용 인쇄와 페인팅에서는 **감산 모델**(subtractive color model)을 사용한다. 이 모델에서는 종이와 같은 흰색의 표면에서 출발한다. 그리고 물감이 표면에 부딪치는 빛에서 색의 성분을 제거한다. 흰색 빛 이 어떤 표면을 쪼인다고 가정할 때 그 면이 스펙트럼의 적색 영역만 제외하고 모두 흡수한다면 적색이 된다. 감색 모델에서는 보색, 즉 시안, 마젠타, 옐로 3원색이다(CMY, 그림 2.25). 감산 모델은 여기에서 더 이상 다루지 않는다. 단지 RGB 가산 모델이 CMY 감산 모델의 쌍대(dual)라는 것을 알면 된다(연습문제 2.8 참고).

색을 그림 2.26과 컬러 그림판 21에 보인 것과 같이 색 입체 내의 점으로 생각할 수 있다. 3원색을 좌표의 각 축에 대응시켜 색을 표현할 수 있다. 원점에서 좌표축 위의 거리는 3원색의 세기를 표현한다. 만일 3원색의 최댓값을 1로 정규화하여 이것을 사용하면 어떤 색이라도 단위 큐브 상의 점으로 표현할 수 있다. 큐브 상 정점은 3원색이 모두 꺼져 있을 때 흑색, 하나가 켜져 있을 때 적색, 녹색, 청색, 두 개가 완전히 켜져 있을 때 시안(녹색, 청색), 마젠타(적색, 청색), 옐로(적색, 녹색), 세 개가 완전히 켜져 있을 때 흰색을 표현한다. 3자극색이 모두 같은 큐브의 대각선은 회색으로 표현한다.

색에 대하여 아직 고려하지 않은 많은 사항이 있으나 후에 6장에서 알아보도록 한다. 우려되는 것은 여러 가지 3원색의 집합에 차이가 있고 실제 장치의 물리적인 한계 때문에 발생되는 제한이다. 특히 어떤 한 장치가 만드는 색의 집합, 즉 **색 범위**(color gamut)

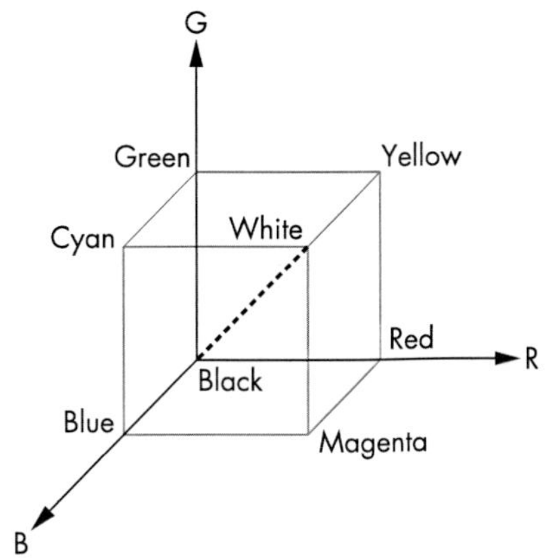

● 그림 2.26 ● 색 입체

는 다른 장치가 만드는 색 범위와 다르며 더구나 인간 상호간의 색 범위도 서로 다르다. 어떤 장치의 3자극값이 다른 장치의 3자극 값과 일치한다고 해도 정확히 같은 색을 만들지는 않는다.

2.5.1 RGB 색

그래픽스 시스템에서 색이 어떻게 다루어지는지를 프로그래머 관점, 즉 API를 통하여 살펴보자. 두 가지 접근법이 있는데 후에 배울 조명과 음영의 이해에서 중요하기 때문에, RGB **색 모델**을 강조한다. RGB 색 모델은 **인덱스 색 모델**(indexed color model, 2.5.2절)에 비하여 방대한 메모리가 요구되어 기본적으로 하드웨어로 지원하기 어렵지만 최근에는 메모리 가격이 내려서 이 모델을 지원할 수 있게 되었다.

가산 3원색 RGB 시스템에서 적색, 녹색, 청색 영상에 대한 프레임 버퍼는 개념적으로 분리되어 있다. 각 픽셀은 메모리 내 해당 위치에 분리된 적색, 녹색, 청색 요소를 가진다(그림 2.27). 전형적인 시스템에서 1280 × 1024 픽셀 배열을 가지고, 각 점은 적색, 녹색, 청색 각각에 한 바이트씩 모두 24비트(3바이트)로 구성된다. 각 픽셀은 24비트로 구성되는데, 적색, 녹색, 청색에 대해 각각 8비트씩 대응된다. 현재 상업용 그래픽스 카드는 12 GB까지 메모리를 보유하고 있으므로, 이제는 프레임 버퍼의 내용을 비디오 속도로 저장하고 표시하는 것이 문제되지 않는다.

프로그래머들은 프레임 버퍼에 임의의 색을 지정하기를 바란다. 24비트로는, 2^{24} 색까지 지정이 가능하다. 종종 16M 색이라고 하는데 여기서 M은 1024^2을 의미한다. 색당 12비트(또는 그 이상) 또는 색당 4비트를 가진 시스템도 있다. API는 특정한 하드웨어에 독립적이어야 하기 때문에, 프레임 버퍼의 픽셀 당 비트 수와 독립적으로 색을 지

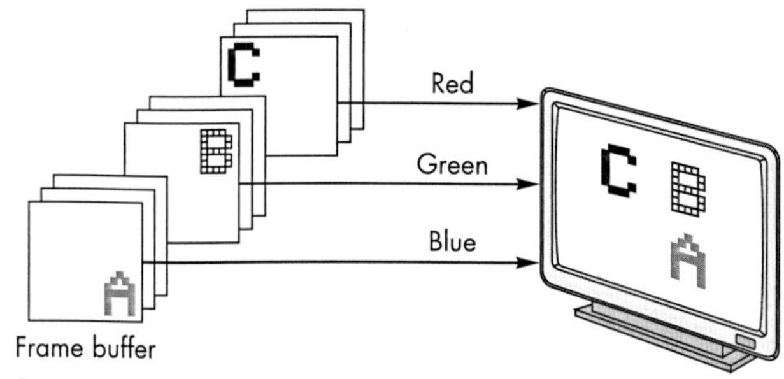

● 그림 2.27 ● RGB 색

정하고, 지정한 색을 드라이버와 하드웨어가 가능한 근접하게 이용할 수 있는 표시장치에 맞추는 것이 바람직하다. 자연스러운 방법은 색 입방체를 사용하고, 0.0에서 1.0 사이의 숫자로 색 요소를 명시하는 것이다. 여기서 1.0은 원색의 최대치(**포화** 값), 0.0은 영점치이다.

색을 정점에 대응시키는 응용프로그램에서 다음과 같이 색을 별도의 자료 구조에 넣을 수 있다.

```
typedef vec3 color3;

color3 colors[3] = {color3(1.0, 0.0, 0.0), color3(0.0, 1.0, 0.0),
                    color3(0.0, 0.0, 1.0)};
```

이렇게 하여 적, 녹, 청의 색을 보유하게 하거나 정점과 정점의 색을 함께 갖는 배열을 만들 수 있다. 이러한 데이터가 셰이더에 보내지고 그곳에서 색이 프레임 버퍼의 픽셀에 적용된다.

나중에, 4색(RGBA) 체계에 대해 자세히 알아보겠지만 네 번째 색 A는 **알파 채널**(alpha channel)이라 하여, RGB 값처럼 프레임 버퍼에 저장되고, 4차원 색 함수에 의해 설정될 수 있다. 7장에서 안개 효과나 이미지 결합에서 알파 채널의 여러 가지 쓰임새를 보게 될 것이다. OpenGL 프로그램을 초기화하는 데도 알파 값이 필요하다. 알파 값은 OpenGL에 의해 **불투명도** 또는 **투명도**로 취급된다. 투명도와 불투명도는 서로 "불투명도 = 1 − 투명도" 관계를 가진다. 불투명한 객체는 빛이 통과하지 못하며 투명한 객체는 빛이 통과한다. 객체는 완전 투명(A = 0.0)부터 완전 불투명(A = 1.0)까지의 범위를 가질 수 있다.

출력이 디스플레이되는 화면 영역−그려지는 윈도−을 지우는 일이 그래픽스 프로그램의 첫 번째 작업이다. 또한 새로운 프레임을 그리고자 할 때마다 이 창을 지워야 한다. 4차원(RGBA) 색 체계를 사용함으로써, 그려진 윈도우가 지워질 때 그 창에 할당된 불투명도를 조절함으로써 밑에 있는 다른 창과 상호작용하는 효과를 낼 수 있다.

```
glClearColor(1.0, 1.0, 1.0, 1.0);
```

이 함수는 처음 세 성분이 1.0으로 설정되었고, 알파 성분이 1.0으로 불투명하기 때문에 지우기 색을 흰색인 4색으로 정의한다. 그런 다음에 `glClear` 함수를 사용하여 화면에 흰색 윈도를 만들 수 있다. `glClearColor`의 알파 성분이 1.0이 아닌 다른 값으로 설정할 수 있다. 디폴트인 경우 창은 불투명하게 설정된다.

2.5.2 인덱스 색

초창기 그래픽스 시스템은 깊이가 제한된 프레임 버퍼를 가지고 있다. 예를 들면, 프레임 버퍼가 1280 × 1024의 해상도를 가질지라도, 각 점은 단지 8비트 깊이만 가질 수 있는데 이 8비트가 각각 적색, 녹색, 청색에 할당하기 위한 더 작은 그룹으로 나누어진다. 이렇게 지정하는 것이 적합한 응용도 있지만 1바이트를 비트 그룹으로 나누는 것은 색을 할당하는데 융통성을 충분히 주지 못하여 성능에 영향을 미칠 수 있다. 인덱스 색은 응용이 한 픽셀로 참조할 수 있는 것보다 많은 색을 필요로 하지 않는다면 범위의 색을 지정할 수 있다. 이 방법은 현재에도 많이 사용되고 있다.

인덱스 색은 유화를 그리는 화가를 유추하면 쉽게 이해가 된다. 유화 화가는 한정된 수의 물감으로부터 그것들을 혼합함으로써 거의 무한대의 색을 만들어 낼 수 있다. 화가가 큰 색 팔레트를 가지고 있다고 하자. 그런데 임의의 시점에서 아마도 붓의 수가 제한되어 있기 때문에 화가는 단지 몇 색만을 사용할 수 있다. 한정된 수의 색으로 그림을 그리는 경우 커다란 **팔레트**에서 몇 가지 색을 선택할 수 있으므로 화가가 표현하고자 하는 그림을 그릴 수 있다.

컴퓨터 모델로 돌아와서 각 응용에서 많은 선택 가능한 색 중에서 한정된 수의 색을 고를 수 있다면(팔레트에 비유), 대부분의 경우 질 좋은 이미지를 만들어 낼 수 있다.

제한된 깊이의 픽셀을 색상값이 아닌 **인덱스**로 해석하여 색을 선택할 수 있다. 인덱스들은 테이블 내 라인들, 즉 항목들에 해당한다. 프레임 버퍼가 픽셀 당 k비트를 가진다고 가정하자. 각 점 값, 즉 인덱스는 0에서 $2^k - 1$사이의 정수 값이다. 정밀도 m비트로 색을 표시장치할 수 있다고 가정하자. 즉, 2^m개의 적색, 2^m개의 녹색, 2^m개의 청색에서 선택하는 것을 뜻한다. 그러므로 표시장치에 2^{3m}개의 색을 만들 수 있지만, 프레임 버퍼는 단지 그것들 중 2^k개만 명시할 수 있다. $2^k \times 3m$(그림 2.28) 크기의 사용자 정의 **색 참조 테이블**(color-lookup table)을 통하여 선택할 수 있다. 사용자 프로그램은 적색, 녹색, 청색 각 m비트를 사용하여 원하는 색을 테이블의 2^k 항목(행)에 채운다. 일단 사용자가 테이블을 구성하면, 색 참조 테이블(그림 2.29)에서 적절한 항목을 가리키고

Input	Red	Green	Blue
0	0	0	0
1	$2^m - 1$	0	0
.	0	$2^m - 1$	0
.	.	.	.
.	.	.	.
$2^k - 1$	.	.	.
	m bits	*m* bits	*m* bits

● 그림 2.28 ● 색 참조 테이블

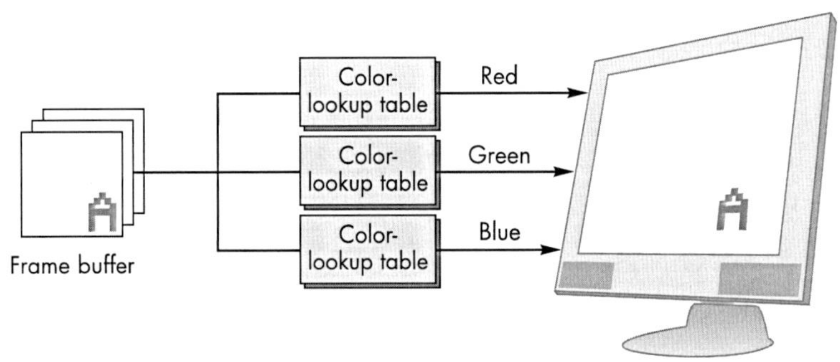

● 그림 2.29 ● 인덱스 색

있는 인덱스에 의해서 색을 명시할 수 있다. 일반적인 구성인 $k = m = 8$에 대하여 16M 색 중에서 256개를 선택할 수 있다. 테이블에서 256개 항목이 사용자 색 팔레트를 구성한다.

색 참조 테이블을 지원하는 시스템에서 현재 색은 테이블에서 특정 색을 함수를 이용하여 선택한다. 색 참조 테이블의 항목을 설정하거나 바꾸는 것은 윈도 시스템과 상호작용을 수반한다. 한 가지 어려운 점은 윈도 시스템과 기반이 되는 하드웨어가 적은 수의 색만을 제공한다면 윈도 시스템은 모든 윈도에서 사용되어야 하는 하나의 색 테이블을 가지거나, 화면상 각 윈도에 대해서 하나씩 여러 개의 테이블들을 마술처럼 조작해야 한다.

역사적으로 색-인덱스 모드는 프레임 버퍼를 위한 적은 메모리를 요구하고, 다른 하드웨어 부품을 적게 요구하였기 때문에 중요하였다. 그러나 요즈음에는 메모리 가격이 더 이상 문제되지 않고, 더구나 색-인덱스 모드는 몇 가지 문제가 있다. 표준 8비트(256색) 프레임 버퍼에 대해서는 적은 수의 색으로 하나의 이미지를 적절하게 표현할 수 있다. 그러나 음영처리를 해야 하는 동영상을 가지고 작업할 때에는 보다 많은 색들이 필요하다. 따라서 대부분의 경우 RGB 색을 사용한다고 가정한다.

단 주요한 예외가 있는데 단색 이미지를 기반으로 하는 위색화(pseudo coloring)라는 기술이다. 예를 들어 온도와 같은 스칼라 값을 색으로 표시하는 경우가 있다. 이러한 온도를 색 참조 테이블과 같은 적, 녹, 청색에 매핑하여 표시한다.

2.5.3 색 속성의 설정

간단한 예제 프로그램에서는 RGB 색을 사용할 것이다. 설정해야 할 세 가지 속성이 있다. 첫째는, 지우기 색이다. 다음은 백색으로 설정하는 방법이다.

```
glClearColor(1.0, 1.0, 1.0, 1.0);
```

이 함수가 RGB 색을 사용하고 있는 것에 주의하라.

점들을 렌더링하기 위해 사용하는 색은 셰이더 내부에서 설정된다. 응용프로그램에서 다음과 같이 RGB 색을 설정할 수 있다.

```
typedef vec3 color3;
color3 point_color = color3(1.0, 0.0, 0.0);
```

또는 다음과 같이 RGBA 색으로

```
typedef vec4 color4;
color4 point_color = color4(1.0, 0.0, 0.0, 1.0);
```

그리고 이러한 색은 정점 셰이더로 보내진다. 또한 전적으로 색을 셰이더 내부에서 설정할 수도 있은데 이에 대해서는 이 장의 뒷부분에 있는 옵션을 보아라. 렌더링되는 점의 크기는 다음의 OpenGL 함수를 이용하여 2픽셀 크기로 설정할 수 있다.

```
glPointSize(2.0);
```

점 크기와 선 너비 같은 속성들이 픽셀 크기로 명세됨을 주의하라.[6] 따라서 두 표시장치에서 점의 크기가 다르면(화면의 크기와 해상도에 의해서), 디스플레이된 그림은 약간씩 다르게 나타날 수 있다. 같은 사용자 프로그램으로 모든 시스템에서 같은 디스플레이를 얻게 하기 위해서 어떤 그래픽스 API들은 장치 독립적인 방법으로 모든 속성을 지정한다. 그러나 두 시스템에서 같은 디스플레이를 얻게 하는 것은 까다로운 구현

6) 점의 크기는 OpenGL 함수로 설정할 수 있는 상태변수의 하나로 최신 버전의 OpenGL 함수로 점의 크기를 설정할 수 있다.

상의 문제여서, OpenGL은 원하는 동작과 현실적인 제약 사이에서 좀 더 실질적인 균형을 선택하게 되었다.

2.6 관측

이제 다양한 그래픽 정보를 2차원으로 표현하고, 이런 객체들이 어떻게 보여야 하는지에 대해서는 살펴보았지만, 이런 객체들 중 어느 것이 화면상에 나타날지에 관한 것은 알아보지 않았다. 카메라의 방향과 사용 렌즈에 의해 사진이 찍히는 것이 결정되는 것과 마찬가지로, 프로그램에서도 관측에 대해 유사한 결정을 해야 한다.

1장에서 소개된 합성 카메라에서 나타난 기본 개념은 장면 내 객체 지정은 카메라의 지정과 완전히 독립적이라는 것이다. 일단 장면과 카메라를 지정하면, 이미지를 구성할 수 있다. 카메라는 노출된 필름에 의해 이미지를 형성하는 반면에, 컴퓨터 시스템은 관측 파이프라인에서 일련의 명령을 수행함으로써 이미지를 생성한다. 평범한 사진가가 셔터의 동작 원리와 빛과 필름의 광화학적 반응의 세부사항까지 신경 쓸 필요가 없는 것처럼 응용프로그램은 객체와 카메라에 대한 매개변수의 지정만 신경 쓰면 된다.

컴퓨터 이미지 형성에서 고정 렌즈를 가진 기본 카메라의 설정과 유사한 디폴트 관측 상태가 있다. 하지만, 고정 초점을 가지고 고정된 위치에 놓인 카메라는 사진에 찍힌 세계를 왜곡시킨다. 코끼리의 사진을 찍기 위해서는 카메라를 충분히 먼 거리에 두어야 하고, 개미의 사진을 찍기 위해서는 렌즈 가까이에 개미를 두어야만 하는 것이다. 다양한 대상들의 영상을 쉽게 얻을 수 있게 하기 위해서 렌즈 교환의 융통성을 갖는 것이 바람직하다. 그래픽스 시스템에서도 마찬가지이다.

2.6.1 직교 관측

가장 간단한 OpenGL의 디폴트 관측은 직교 투영이다. 투영 등에 대해서는 4장에서 자세히 알아보기로 한다. 여기에서는 직교 투영을 이해시켜 3차원 프로그램을 작성할 수 있도록 한다. 수학적으로 직교 투영은 합성 카메라 모델의 카메라가 무한히 긴 망원 렌즈를 사용하고 카메라를 물체에서 멀리 떨어진 곳에 놓으면 얻을 수 있다. 그림 2.30은 동일한 효과의 영상을 고정시키고 카메라를 이 그림판에서 무한한 거리까지 이동시킴으로써 얻을 수 있는 결과를 보인다. 극한에서 모든 투영선이 평행이 되고 투영의 중심은 **투영 방향**으로 대체된다.

카메라를 무한히 먼 곳으로 이동시키는 대신에 그림 2.31과 같이 $z = 0$에 투영면을 놓고 투영선을 평행하게 투영면과 교차시킴으로써 얻을 수 있다. 투영선은 투영면과 수

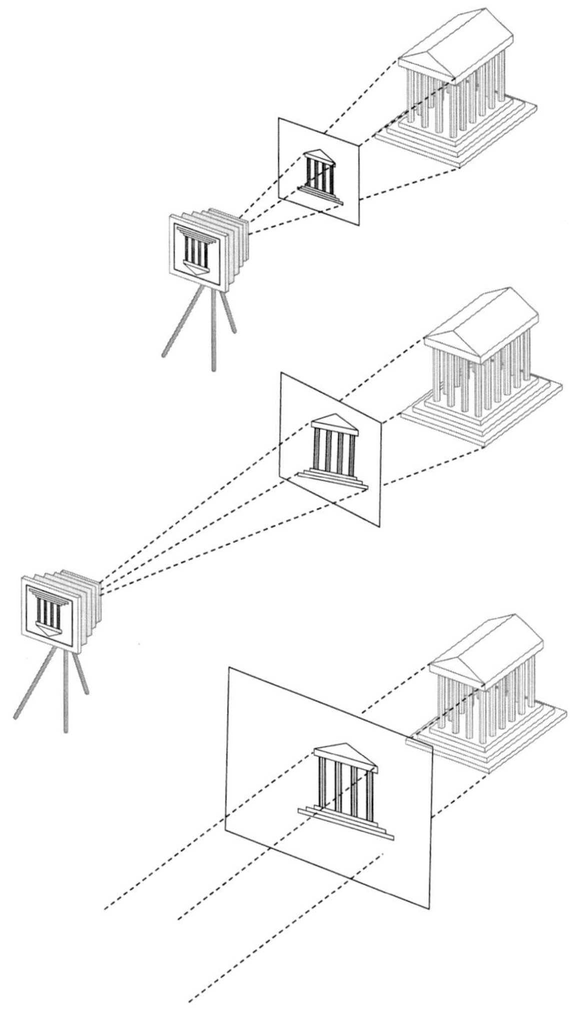

● 그림 2.30 ● 투영면에서 카메라를 무한한 거리까지 이동시킨 직교 관측

직이며 직교하나 투영선과 투영면의 교차에는 변화없이 z축을 따라서 투영면을 기울일 수 있는 것에 주목하자.

직교 관측을 위해서 특별한 직각 카메라가 투영면에 놓여있다고 생각한다. 다른 관측은 할 수 없다. 정확히 말하면 투영면 위에 기준점이 있고 이곳으로부터 관측 공간과 관측 방향을 측정한다. OpenGL에서는 그림 2.32와 같이 기준점이 원점에서 시작하고 카메라는 음의 z방향을 향한다. 그림 2.33과 같이 점 (x, y, z)를 직교 투영하면 그것은 점 $(x, y, 0)$에 놓인다. 마치 $z = 0$인 평면에서 정점을 사용하여 2차원으로 작업하는 것과 같다. 점과 그것의 투영은 동일하다. 그러나 이미지를 생성하기 위해 3차원 그래픽스 시스템의 방법을 사용할 수 있다.

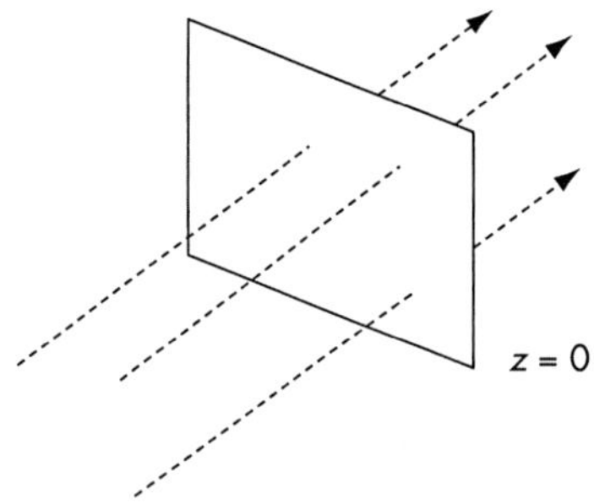

● 그림 2.31 ● 투영면이 $z = 0$ 직교투영선

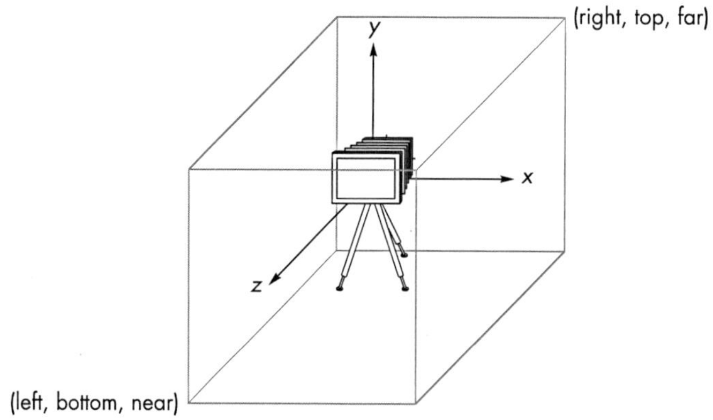

● 그림 2.32 ● 디폴트 카메라와 직교 관측 공간

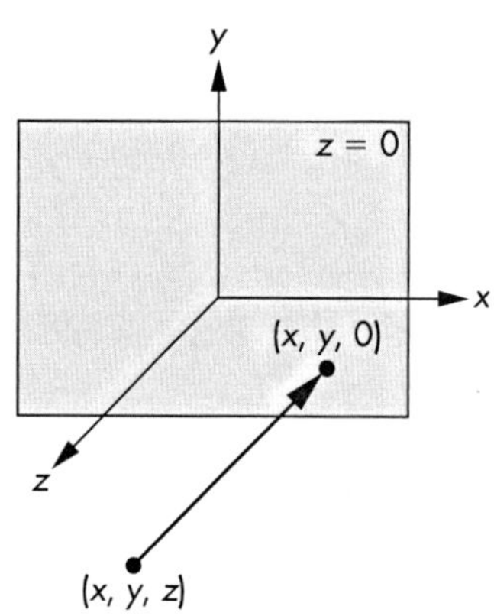

● 그림 2.33 ● 직교 관측

OpenGL에서는 오른손 좌표계에서 평행 관측 공간을 갖는 직교 관측이 디폴트이다. 관측 공간은 다음 평면으로 정의되는 육면체이다.

$$x = \pm 1$$
$$y = \pm 1$$
$$z = \pm 1$$

직교 투영은 관측 공간으로 지정되는 공간 내 객체들만을 "본다". 실제의 카메라와는 달리 직교 투영은 카메라 뒤의 객체도 포함할 수 있다. 따라서 $z = 0$인 평면은 -1과 $+1$ 사이에 위치하므로 이 2차원 평면은 관측 공간과 교차한다.

3장과 4장에서 다른 관측을 하기 위한 변환에 대하여 배울 것인데 현재는 객체의 크기와 위치를 조절하여 우리가 관측하고자 하는 객체를 디폴트 공간 안에 있도록 할 것이다.

2.6.2 2차원 관측

기억해야 할 것은 우리는 2차원 그래픽스를 3차원 그래픽스의 특별한 경우로 본다는 것이다. 그림 2.34에서 보듯이 관측 사각형은 3차원 관측 공간 안의 $z = 0$인 평면에 놓인다.

2차원 관측을 그림 2.35와 같이 직접 2차원 공간(world)으로부터 사각형 영역을 취하여 그것의 내용을 표시하는 것으로 볼 수도 있다. 상상하는 공간의 사각형 영역을 **관측 사각형**(viewing rectangle) 또는 **클리핑 사각형**(clipping rectangle)이라 한다. 사각형 내부의 객체는 영상으로 표시되고 외부의 객체는 잘려나가(clipped out) 표시되지 않는다. 표시장치에서 영상의 크기와 창이 표시장치의 어디에 놓이느냐 하는 것은 독립적으로 정해지는데 2.7절에서 다룬다.

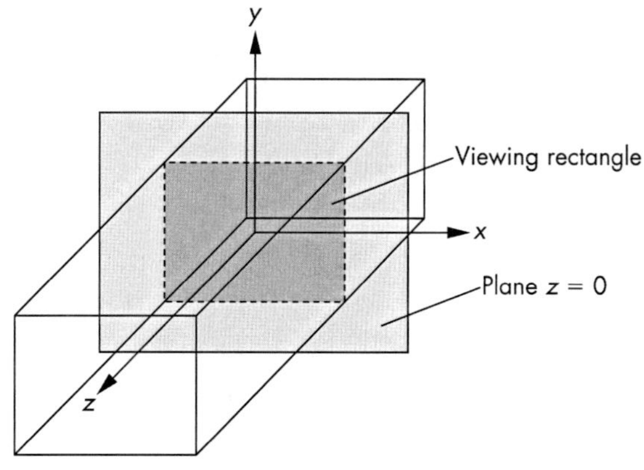

● 그림 2.34 ● 관측 공간

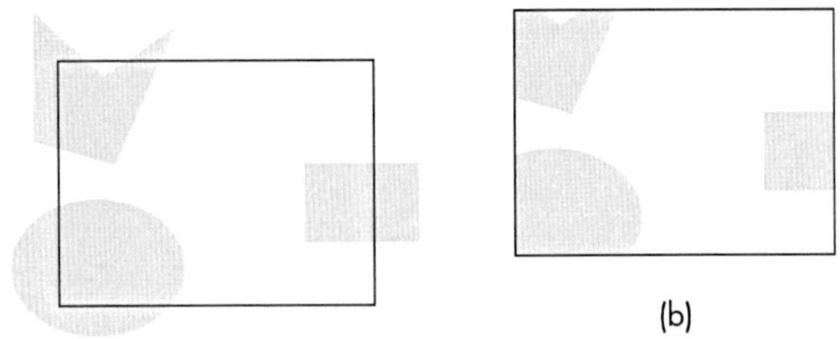

● 그림 2.35 ● 2차원 관측, (a) 클리핑 전 객체 (b) 클리핑 후 객체

2.7 제어 함수들

첫 번째 프로그램을 거의 완성했지만 아직 윈도와 운영체제와 최소한의 상호작용에 대한 설명이 필요하다. 리눅스 플랫폼의 X Window 시스템이나 PC의 Windows와 같은 특정 환경을 자세히 살펴보면, 그래픽스 시스템과 운영체제와 윈도 시스템 간의 인터페이스가 복잡하다는 것을 알게 된다. 응용프로그래머에게 주어진 기회를 이용하기 위해서 이런 시스템의 특별한 지식이 필요하다. 게다가, 환경이 다르면 그에 따른 세부사항이 다르기 때문에 이러한 차이점들을 이야기하는 것은 컴퓨터 그래픽스를 이해하는데 아무 도움이 되지 않는다.

이런 문제를 상세히 다루는 것보다는 그래픽스 응용프로그램의 입장에서 반드시 필요한 최소한의 함수들을 공부하는 것이 도움이 된다. OpenGL 유틸리티 툴킷(GLUT)는 시스템과 간단한 인터페이스를 제공하는 함수들의 라이브러리이다. 사용되는 윈도 또는 OS의 세부사항은 OpenGL API의 일부라기보다는 내부의 구현에 속한다. 운용할 때 표준 라이브러리 검색 경로에 다른 라이브러리를 추가한다. GLUT는 폭넓은 API, 운영체제, 윈도 시스템을 사용하여 현대적 대화식 그래픽스 시스템의 특징인 상호작용성을 이해하는 데 도움을 줄 것이다. GLUT를 사용하여 만들어진 본 응용프로그램은 여러 다른 윈도 시스템에서 잘 동작할 것이다.

2.7.1 윈도 시스템과 상호작용

윈도(window)라는 용어는 그래픽스와 워크스테이션 문헌에서 여러 가지 뜻으로 사용된다. 특별히 언급하지 않는 한 창, 윈도 또는 **화면 윈도**(screen window)라는 용어를 CRT 화면인 표시장치의 사각 영역을 가리키는데 사용한다.

여기에서는 래스터 표시장치만 고려한다. 창은 높이와 너비를 가지고, 또한 프레임 버퍼의 내용을 디스플레이하기 때문에, 창 내에서 위치는 단위가 픽셀인 **윈도 좌표계**(window coordinate) 또는 **화면 좌표계**(screen coordinate)[7]에서 측정된다.

현대적 환경에서는 CRT 화면에 많은 창을 디스플레이할 수 있다. 각각의 창은 파일을 편집하는 것부터 시스템을 감시하는 것까지 여러 목적을 가질 수 있다. X Window 시스템과 Microsoft Windows 같은 시스템에 의해 제공되는 다중 윈도 환경을 가리키기 위해서는 **윈도 시스템**(window system)이라는 용어를 사용한다. 그래픽스 출력이 나타나는 것은 윈도 시스템에 의해 관리되는 창들 중 하나일 것이다. 그러므로 윈도 시스템의 입장에서는 그래픽스 윈도는 그래픽스가 표현되는 하나의 특정 창 형태이다. 이 창 내에서 위치는 윈도의 한쪽 모서리를 기준으로 상대적으로 참조된다. 어떤 모서리가 원점인지에 대해서 주의해야 한다. 흔히 좌하단 모서리가 원점이고, 윈도 좌표 (0, 0)을 가진다. 그러나 거의 모든 래스터 시스템은 상업적 텔레비전 시스템과 같은 방법으로 위에서 아래로, 왼쪽에서 오른쪽으로 화면에 디스플레이한다. 이런 경우에는 좌상단 모서리가 원점이 되어야 한다. OpenGL 명령은 원점은 좌하단이라고 가정하는 반면에, 마우스 위치 같은 윈도 시스템으로부터 반환된 정보는 좌상단에 원점을 가진다. 따라서 하나의 좌표계에서 다른 좌표계로의 변경이 필요하다.

비록 화면이 예를 들어 1280 × 1024 픽셀의 해상도를 가질 수 있지만, 사용하는 창은 최대 전체 화면 크기의 한도 내에서 임의의 크기를 가질 수 있다는 것을 유념해야 한다. 그러므로 프레임 버퍼는 화면 크기와 동일한 해상도를 가져야만 한다. 개념적으로, 300 × 400 픽셀의 윈도를 사용한다면, 윈도가 실제 프레임 버퍼의 일부만 사용한다 할지라도 300 × 400 프레임 버퍼라고 간주한다. 창을 열기 전에, 윈도 시스템과 OpenGL 사이에 상호작용이 필요하다. GLUT에서, 이 상호작용은 다음 함수 호출에 의해 초기화된다.

```
glutInit(int *argc, char **argv)
```

두 인수는 표준 C의 `main` 함수처럼 사용자가 명령 행(command-line) 인수를 전달할 수 있게 하고, `main`과 같은 방법이다. 이제 GLUT 함수를 사용하여 OpenGL 윈도를 열 수 있다.

```
glutCreateWindow(char *title)
```

윈도의 상단의 제목이 문자열 `title`로 주어진다.

7) OpenGL에서 윈도 좌표계는 3차원이나 화면 좌표계는 2차원이다. 둘 다 길이를 픽셀 단위로 측정하나 윈도 좌표계만이 깊이 정보를 유지한다.

생성된 윈도는 화면상에 디폴트 크기, 위치와 RGB 색의 사용 같은 특성을 가질 것이다. 또한 이러한 매개변수를 지정하기 위해 윈도를 생성하기 전에 GLUT 함수를 사용할 수 있다. 예를 들면,

```
glutInitDisplayMode(GLUT_RGB | GLUT_DEPTH | GLUT_DOUBLE);
glutInitWindowSize(640, 480);
glutInitWindowPosition(0, 0);
```

위 코드는 디스플레이 좌상단 모서리에 윈도를 표시한다. 인덱스(GLUT_INDEX) 색이 아니라 RGB 색을, 은면 제거를 위해 깊이 버퍼를 단일(GLUT_SINGLE) 버퍼가 아니라 이중 버퍼로 지정하였다. 디폴트 값으로는 RGB 색, 은면 제거 없음, 단일 버퍼링이 지정됨으로 특별히 명시적으로 지정할 필요가 없을지 모르지만 이 사항들을 지정하면 코드가 보다 명확하게 된다. 매개변수가 glutInitDisplayMode에서 논리적 OR로 묶여 있다는 것에 주의해야 한다.

2.7.2 종횡비와 뷰포트

사각형의 **종횡비**(aspect ratio)는 사각형의 높이에 대한 너비의 비율이다. 객체, 관측, 워크스테이션 윈도를 독립적으로 지정하기 때문에 glOrtho에 의해 명시된 관측 사각형의 종횡비와 glutInitWindowSize에 의해 명시된 윈도의 종횡비가 같지 않다면 원치 않은 부작용이 일어날 수 있다. 그림 2.36에 보이는 것처럼 종횡비들이 다르다면, 객체들은 화면상에서 왜곡될 것이다. 이러한 왜곡은 전체 클리핑 사각형이 디스플레이 윈도에 매핑되는 디폴트 동작 모드의 결과이다. 클리핑 사각형의 전체 내용을 전체 디스플레이 윈도에 매핑할 수 있는 유일한 방법은 전자의 모든 부분을 후자의 내부에 넣기 위해서는 전자를 왜곡시키는 것이다. 클리핑 사각형과 디스플레이 윈도가 동일한 종횡

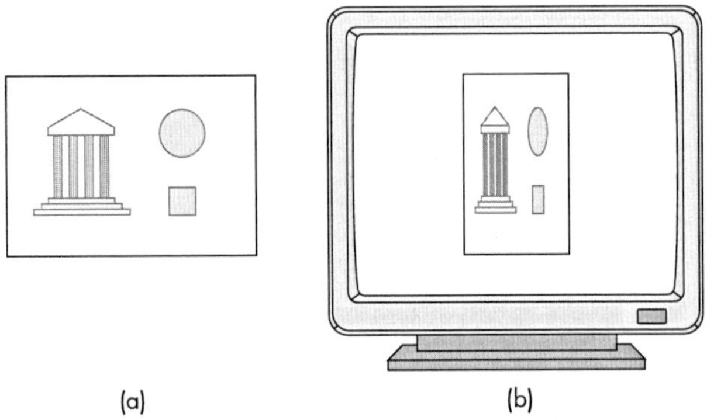

● 그림 2.36 ● 종횡비 불일치, (a) 관측 사각형 (b) 디스플레이 윈도

비를 가지고 있는 것이 확실하다면 이러한 왜곡을 피할 수 있다.

하나 더 융통성 있는 방법은 뷰포트(시역) 개념을 사용하는 것이다. **뷰포트**(viewport)는 디스플레이 윈도 내 사각형 영역이다. 디폴트로 이것은 전체 윈도이지만, 다음 함수를 통하여 픽셀 단위로 임의의 작은 창으로 설정할 수 있다.

```
void glViewport(GLint x, GLint y, GLsizei w, GLsizei h)
```

여기서 (x, y)는 뷰포트의 좌하단 구석이고(윈도의 좌하단 구석에서 상대적으로 측정된), w와 h는 각각 너비와 높이이다. 그 자료형들은 위치와 거리를 픽셀 단위로 지정하는 정수이다. 그림 2.37과 같이, 기본 요소들은 뷰포트 내에 디스플레이 된다. 주어진 윈도에 대하여 클리핑 사각형의 종횡비를 맞추기 위해서 뷰포트의 높이와 너비를 조절할 수 있어 영상에서 객체의 왜곡을 막을 수 있다.

뷰포트는 상태의 한 부분이다. 객체들을 렌더링하는 사이에 뷰포트를 변경하거나 변경된 뷰포트로 같은 객체들을 다시 디스플레이하면, 윈도의 다른 부분에 있는 다른 이미지를 갖는 여러 개의 뷰포트 효과를 얻게 된다. 3장에서 윈도 크기와 모양을 대화식으로 변경하는 방법에 대하여 알아보는데 이때 뷰포트의 사용법에 대하여 보다 구체적으로 공부할 것이다.

2.7.3 main, display, init 함수

원칙적으로, 2.1절의 코드에 간단한 초기화 코드를 첨가하여 시어핀스키 개스킷을 생성하는 완전한 OpenGL 프로그램을 만들 수 있다. 그러나 현대 시스템에서는 그렇게 간단하지 않다. 여기에는 두 가지 문제점이 있는데, 첫째는 모든 그래픽스 시스템에 일반적으로 발생하는 것이고, 둘째는 사용하는 윈도 시스템과의 상호작용 때문에 발생하는 것이다.

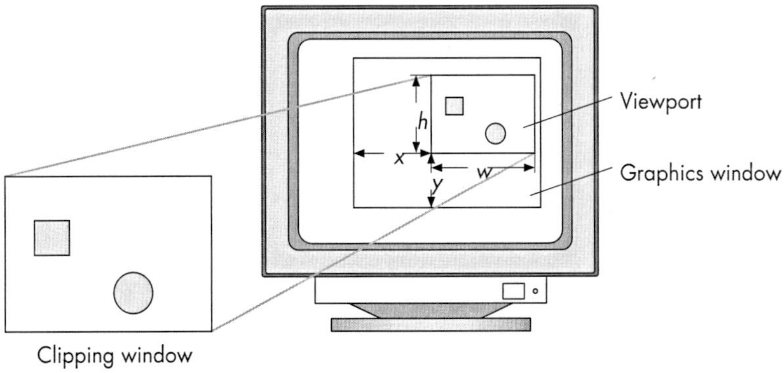

● 그림 2.37 ● 뷰포트로 매핑

디스플레이하기 위한 기본적인 방침은 기본 요소를 명세하고 결과를 표시하는데 필요한 모든 기하학적 기본 요소와 속성을 저장할 자료구조를 만드는 것이다. 일단 응용 프로그램이 이 데이터를 셰이더에 보내면 이 프로그램은 자유롭게 다른 일을 처리할 수 있다. 상호작용 프로그램에서는 계속하여 더 많은 기본 요소를 만들어야 한다.

그러나 본 샘플 프로그램과 같은 응용에서는 기본 요소 몇 개를 그리고 끝난다. 응용 프로그램이 끝나면 표시장치에서 출력을 관찰하기도 전에 창이 사라진다. 이에 대한 간단한 해결 책은 대기시간(sleep)과 같은 표준 함수를 이용하여 대기시간을 프로그램 안에 넣는 것이다. 그러나 단순한 응용을 제외하고는 보다 복잡한 방법이 필요하다.

대부분의 그래픽스와 윈도즈 시스템에서는 **이벤트 처리**(event processing)를 이용한다. **이벤트**는 OS가 감지하는데 사용자의 키 누름, 마우스 이동, 마우스 버튼 클릭, 디스플레이에서 창의 아이콘화 등 행위에 의해 이루어지는 변화를 말한다. 이벤트는 매우 다양한데 이들의 일부가 그래픽스의 응용에서 유용하다. 예를 들어 키를 누르면 키 코드값이 저장되듯이 이벤트는 이벤트가 발생하면 저장되는 데이터를 생성한다. 이벤트가 발생하여 큐, 즉 **이벤트 큐**(event queue)에 저장되면 OS 또는 응용프로그램이 이를 검사할 수 있다. 주어진 이벤트는 무시될 수도 있고 행위를 유발할 수도 있다. 예를 들면 키보드를 사용하지 않는 응용프로그램은 키 누름과 놓음을 무시하나 키보드를 사용하는 프로그램은 응용프로그램의 흐름을 제어하는데 이를 사용할 수 있다.

GLUT에서는 다음 함수를 실행하여 이벤트 처리 루프를 시작한다.

```
glutMainLoop();
```

처리할 이벤트가 없으면 Control-C 키를 누르는 것 같은 어떤 외적 요인으로 프로그램이 종료될 때까지 화면에 그래픽스를 유지하면서 대기상태에 들어간다. 프로그램은 Control-C와 같이 특수키와 일반키의 조합으로 종료된다.

만일 어떤 이벤트가 큐에 들어 있다면 프로그램은 콜백이라는 함수를 통하여 해당 이벤트에 반응한다. 전형적인 대화식 응용프로그램은 마우스 콜백 또는 키보드 콜백 함수를 사용한다. 아주 단순한 본 예제에서는 디스플레이 콜백이라는 단순한 콜백 함수를 사용한다. 디스플레이 콜백 함수는 OS 또는 응용프로그램이 그래픽을 창에 다시 그릴 필요가 있을 때 실행된다. 초기화가 이러한 경우의 하나인데 이때 응용프로그램이 디스플레이를 위한 창을 생성한다. 따라서 모든 응용프로그램은 위의 이벤트가 발생할 때마다 실행되는 디스플레이 콜백 함수가 필요하다.

GLUT의 디스플레이 콜백 함수는 다음과 같이 윈도 시스템과 함께 등록된다.

```
void glutDisplayFunc(void (*func)(void))
```

여기서, func는 윈도 시스템이 OpenGL 창이 다시 디스플레이해야 한다고 판단할 때마다 호출되는 함수의 이름이다. 창이 처음 오픈될 때가 이러한 경우이다. 따라서 이 함수에 모든 그래픽스를 둔다면(비대화식 예제인 경우), func는 한 번 실행되고 개스킷이 그려질 것이다. 우리가 display 함수를 사용하는 것이 단순히 프로그램 구성의 편이성만을 위한 것처럼 보일 수도 있겠지만, GLUT는 display 함수를 요구한다. display 콜백 함수를 볼 수 있는 또 다른 예는 창이 화면 내 한 위치에서 다른 위치로 움직일 때와 OpenGL 윈도 앞에 있는 창이 소멸되어서 OpenGL 창이 모두 보이게 될 때이다.

다음은 대부분의 비대화식 프로그램에 대하여 동작되는 main 프로그램이다.

```
#include <glew.h>
#include <GL/glut.h>

void main(int argc, char **argv)
{
    glutInit(&argc, argv);
    glutInitDisplayMode(GLUT_SINGLE | GLUT_RGB);
    glutInitWindowSize(500, 500);
    glutInitWindowPosision(0, 0);
    glutCreateWindow("simple OpenGL example");
    glewInit();
    glutDisplayFunc(display);
    init();
    glutMainLoop();
}
```

OpenGL 상태변수를 이용하여 관측과 속성을 결정하는데 display 함수와는 별도로 필요한 매개변수를 초기화 함수 init()에 한 번 설정으로 끝낸다. GLUT를 위한 표준 인클르드 파일(.h)는 함수를 정의하기 전에 로드해야 한다. 대부분의 응용에서 다음 컴파일러 지시어는

```
#include <GL/glut.h>
```

GLUT 라이브러리와 OpenGL 라이브러리(gl.h) 안에 첨부된다. GL_LINES와 GL_RGB와 같은 값의 매크로 정의도 이러한 파일 안에서 이루어진다. 만일 GLEW 라이브러리를 사용한다면 인클루드 파일을 첨부하고 glewInit를 실행해야 한다.

2.7.4 프로그램 구조

작성하는 모든 프로그램은 개스킷 프로그램과 같은 구조를 가지는데 항상 GLUT 툴킷을 사용할 것이다. main 함수는 윈도를 설정하기 위한 GLUT 함수들에 대한 호출과

요구되는 표시장치 특성을 지원하는 로컬환경에 대한 함수를 포함한다. 또한 main은 요구되는 콜백과 콜백 함수의 이름을 정한다. 모든 프로그램이 display 콜백을 가져야 하고 대부분은 상호작용을 설정하기 위한 다른 콜백들을 포함할 것이다. myinit 함수는 사용자 옵션을 설정할 것인데, 통상적으로 GL과 GLUT 라이브러리의 OpneGL 함수들을 통해서이다. 이 옵션들이 main에서 설정될 수도 있지만 GLUT 함수들을 OpenGL 함수들에서 격리하는 것이 보다 알기 쉽다. 프로그램에서 대부분의 그래픽스 출력은 display 콜백에서 생성될 것이다.

비록 아무리 작은 응용프로그램이라도 정점 셰이더와 단편 셰이더를 갖추어야 한다. 셰이더의 설정은 파일로부터 셰이더 코드의 입력, 코드 컴파일, 셰이더의 응용프로그램에 연결 등 여러 단계가 필요하다. 이러한 단계는 모든 응용프로그램에 있어서 동일하다. 이 때문에 여기에서는 이 코드를 분리시켜 함수 initShaders로 만들었다. 이러한 연산은 그래픽스와 관련이 없는 약간의 OpenGL 함수를 요구한다. 이러한 함수가 부록 A에 있으니 참고하기 바란다.

2.8 개스킷 프로그램

이제 개스킷 프로그램을 완성할 수 있을 정도의 예비지식을 갖추었다. 이미 점을 생성하여 배열에 넣고 GPU에 보내 렌더링할 수 있게 되었다. 정점 배열과 관련된 데이터를 결합하기 위해 **정점 배열객체**(vertex-array object)를 만들어 시작한다. 다중배열 정점객체의 사용은 다른 정점 객체 간에 전환을 쉽게 한다. 그 버퍼를 위해 glGenVertexArray를 이용하여 사용하지 않은 이름을 찾는다. 주어진 이름을 매개변수로 하여 함수 glBindVertexArray가 실행되고 객체가 만들어진다. 이어지는 이 함수 호출은 그 이름을 갖는 객체를 활성화시킨다. 이 예에서는 단지 한 개의 배열 버퍼를 이용하여 다음과 같이 설정한다.

```
GLuint abuffer;

glGenVertexArrays(1, &abuffer);
glBindVertexArray(abuffer);
```

다음에 GPU에 **버퍼 객체**(buffer object)를 만들고 데이터를 그 객체에 넣는다. 정점을 생성한 후에 3개의 함수를 호출한다.

```
GLuint buffer;

glGenBuffers(1, &buffer);
glBindBuffer(GL_ARRAY_BUFFER, buffer);
glBufferData(GL_ARRAY_BUFFER, sizeof(points),
             points, GL_STATIC_DRAW);
```

glGenBuffers는 변수 buffer에 넣을 버퍼 객체에 아직 사용되고 있지 않는 이름을 제공한다. glBindBuffer는 glGenBuffers가 제공하는 이름으로 버퍼를 만든다. 자료형 GL_ARRAY_BUFFER는 버퍼에 있는 데이터가 뒤에서 다루게 될 저장형 자료형이 아니라 정점 속성 데이터라는 것을 명시한다. 마지막으로 glBufferData가 데이터에 필요한 충분한 메모리를 할당하고 그 데이터를 가지고 있는 배열의 포인터를 제공한다. 이 예에서와 같이 일단 데이터가 GPU 안에 있으면 단순히 한 번만 표시하면 된다. 그러나 실제 응용에서는 데이터를 변경할 수 있고 여러 번 표시할 수 있어야 하며 한 걸음 더 나아가 GPU의 데이터를 CPU로 되돌릴 수 있어야 한다. 현대의 GPU는 효율을 위해서 응용에 따라 데이터를 저장하는 방법도 변경할 수 있어야 한다. glBufferData의 마지막 매개변수는 응용프로그램이 데이터를 사용하는 방법을 알린다. 여기서는 이것을 한 번 보내고 디스플레이하기 때문에 GL_STATIC_DRAW로 설정하는 것이 타당하다. 정점을 계산하고 버퍼 객체를 만드는 것은 초기화 과정에서 이루어진다.

2.8.1 점의 렌더링

다음 함수를 사용하여 점을 디스플레이 한다.

```
glDrawArrays(GL_POINTS, 0, N);
```

이 함수는 첫 번째 점에서 시작하여 N개의 데이터가 렌더링되게 지정한다. 첫 번째 매개변수는 GL_POINTS가 선분이나 다각형 같은 기본 요소를 정의하는 것이 아니라 점을 디스플레이한다고 명시한다. 따라서 디스플레이 콜백은 다음과 같이 단순하다.

```
void mydisplay(void)
{
    glClear(GL_COLOR_BUFFER_BIT);
    glDrawArrays(GL_POINTS, 0, N);
    glFlush();
}
```

프레임 버퍼를 지운 다음 GPU 안에 있는 점을 렌더링한다. glFlush는 모든 데이터가 바로 렌더링되도록 한다. glFlush를 생략해도 프로그램이 올바로 동작하겠지만 부하가 많거나 네트워크 환경에서는 지연이 느껴질 수 있다.

이것은 시작에 불과하다. 픽셀을 프레임 버퍼에 디스플레이하기 위해서는 정점 셰이더, 래스터기, 단편 셰이더 파이프라인 처리가 필요하다. 여기에서는 점을 디스플레하기 때문에 매우 단순한 셰이더를 개발하고 이들을 모두 합하여 응용프로그램을 만든다. 비록 이 셰이더가 아주 단순하지만 완전한 응용이 되기 위해서는 점 셰이더와 단편 셰이더가 함께 제공되어야 한다. 결코 디폴트 셰이더는 존재하지 않는다.

2.8.2 정점 셰이더

각 점의 위치가 버퍼 객체에 저장할 수 있는 유일한 정보이다. glDrawArrays를 실행하면 각 NumPoints 정점이 여기서 제공하는 정점 셰이더를 실행시킨다. 만일 색의 결정을 단편 셰이더에 맡기면 정점 셰이더는 정점의 위치를 래스터기에 그대로 넘긴다. 정점 셰이더 안에서 많은 일이 이루어지지만 정점의 위치를 래스터기에 넘기는 일은 반드시 해야 한다.

여기서는 OpenGL 셰이딩(GSGL)을 이용하는데 이것은 C와 유사한 언어로 정점 및 단편 셰이더를 작성할 수 있다. GLSL의 상세한 사항에 대해서는 보다 복잡한 셰이더를 작성할 때 알아보고 여기에서는 **단순한 통과**(pass-through) 정점 셰이더의 코드를 살펴보자.

```
in vec4 vPosition;

void main()
{
    gl_Position = vPosition;
}
```

각 셰이더는 입력점으로 main 함수를 구비한 완전한 프로그램이다. GLSL은 C 자료형을 확장하여 행렬형과 벡터형을 포함시켰다. vec4는 float형 4개를 원소로 하는 C++ 클래스와 같다. vec.h의 응용에서 같은 자료형을 제공하였으며 3장에서 자세히 소개할 것이다. 입력 정점 위치는 4차원 벡터 vPosition으로 주어지고 이것의 명세는 셰이더가 초기화될 때 이 값이 셰이더의 입력이라는 것을 지시하기 위해 키워드 in을 포함하고 있다. 이 셰이더에는 gl_Position 이라는 특별한 상태변수가 있는데 이것은 래스터기에 전달될 위치이고 모든 정점 셰이더의 출력이 되어야 한다. gl_Position은 OpenGL이 알고 있기 때문에 셰이더에서 선언할 필요는 없다.

일반적으로 정점 셰이더는 명세된 어떤 좌표계의 정점의 위치 표현을 래스터기를 위한 클립 좌표계의 좌표로 변환한다. 클립 좌표계에서 응용값을 명세하기 때문에 셰이더의 입력 값에 어떤 변화를 만들지 않고 이들을 gl_Position을 통하여 전달한다.

아직 응용에서 배열 points와 셰이더 안의 배열 vPosition을 연결하는 일이 남았는데 이것은 이 셰이더를 컴파일하고 링크한 후에 다룰 것이다. 우선 단편 셰이더에 대해서 알아보자.

2.8.3 단편 셰이더

정점 셰이더의 호출은 정점을 출력하며 래스터기로 들어가기 전에 기본 요소 조립, 클리핑 처리 단계를 거친다. 래스터기는 클리핑 공간 안에 있는 각 기본 요소에 대하여 단편을 출력한다. 각 단편은 단편 셰이더를 실행시킨다. 최소한 단편 셰이더의 실행은 단편이 버려지지 않는 한 그 단편의 색을 출력한다. 아래 최소한의 GLSL 단편 셰이더를 보인다.

```
void main()
{
    gl_FragColor = vec4(1.0, 0.0, 0.0, 1.0);
}
```

내장변수 gl_FragColor를 통하여 각 단편에 4차원 RGBA 색을 할당하는 것이 이 셰이더가 하는 일의 전부이다. 색의 A요소는 불투명도를 표시하는데 위에서 A = 1.0으로 하여 모든 점을 불투명하게 하였으며 R = 1.0 그리고 G, B를 각각 0.0으로 할당하여 적색으로 지정하였다.

2.8.4 부분 프로그램 결합

위에서 준비한 부분 프로그램을 결합시켜 응용프로그램을 완성한다. 특히 셰이더를 컴파일하여 응용프로그램의 변수를 그에 대응하는 셰이더의 변수로 연결하고 모든 것을 함께 링크해야 한다. 최소한의 기능으로 시작하며 셰이더가 컴파일 되고 링크되어야 한다. 대부분의 경우 이러한 연산은 프로그램 초기화에 해당함으로 initShader라는 이름의 함수로 작성하여 여러 응용프로그램에서 사용할 수 있게 한다.

2.8.5 initShader 함수

전형적인 응용은 세 부분, 즉 main과 init와 같은 함수로 구성된 응용프로그램, 정점 셰이더, 단편 셰이더로 구성된다. 셰이더는 C나 C++의 함수로 작성되지만 셰이더는 GLSL로 작성된다. 실행 모듈을 얻기 위해서는 파일로부터 소스 코드를 읽는 프로세스, 각 부분의 컴파일 등의 링크를 연결하는 과정이 필요하다. 3장에서 자세히 알아

볼 OpenGL 함수 집합으로 이러한 응용을 관리할 수 있으나 여기에서는 간단히 살펴보자.

첫 번째 단계는 이 셰이더와 두 셰이더 객체를 갖는 **프로그램 객체**(program object)라는 컨테이너를 만드는 일이다. 프로그램 객체는 응용에서 그것을 참조하기 위해 정수로 된 이름을 가진다. 이러한 객체를 만든 후에 셰이더를 그 프로그램 객체에 붙일 수 있다. 일반적으로 셰이더의 소스 코드는 표준 텍스트 파일이다. 이것들을 프로그램에 첨부할 수 있는 문자열로 읽고 컴파일할 수 있다. 만일 컴파일이 성공하면 응용과 셰이더는 함께 링크할 수 있다. 여기서는 정점 셰이더가 vshader.glsl, 단편 셰이더가 fshader.glsl이라는 파일 이름으로 작성되었다고 가정하자. 응용의 main 함수에 다음과 같이 함수를 호출하여 위의 처리를 할 수 있다.

```
GLuint program;

program = InitShader("vsource.glsl", "fsource.glsl");
```

프로그램 객체와 셰이더를 링크하면 셰이더 변수 이름이 링킹 과정에서 만들어진 테이블에 있는 지수와 결합된다. 함수 glGetAttribLocation는 정점 셰이더에 있는 정점 위치 속성 vPosition과 같은 속성변수의 인덱스를 되돌린다. 응용프로그램, 즉 클라이언트 입장에서는 두 가지 일을 해야 한다. glEnableVertexAttribArray 함수로 셰이더 안에 있는 정점 속성을 활성화시키고 glVertexAttribPointer 함수로 정점 배열의 자료형을 아래와 같이 기술해야 한다.

```
GLuint loc;

loc = glGetAttribLocation(program, "vPosition");
glEnableVertexAttribArray(loc);
glVertexAttribPointer(loc, 2, GL_FLOAT, GL_FALSE, 0,
                      BUFFER_OFFSET(0));
```

glVertexAttribPointer에서 두 번째 세 번째 매개변수는 배열 포인트가 부동소수점 형의 2차원 배열을 의미하고 네 번째 매개변수는 데이터가 0.0~1.0 범위에 정규화하지 않음을, 5번째 매개변수는 배열안의 값들이 연속적임을 의미한다. 비연속적인 값에 대한 예는 뒤에 나온다. 마지막 매개변수는 데이터가 시작하는 주소이다. 이 예에서는 점을 단 한 개의 데이터 배열로 저장했기 때문에 0으로 충분하다. 보다 강건한 방법은 버퍼 오프셋(buffer offset)으로 지정하는 것인데 다음에 보인다.

```
#define BUFFER_OFFSET(bytes) ((GLvoid*) (bytes))
```

```
glVertexAttribPointer(loc, 2, GL_FLOAT, GL_FALSE, 0,
                      BUFFER_OFFSET(0));
```

응용에서 점 데이터는 단지 x, y 성분으로 이루어지나 정점 셰이더의 배열 vPosition은 4차원 배열이다. 함수의 매개변수로 데이터를 바르게 기술하기 때문에 이러한 차이는 문제가 되지 않는 데 차이의 근본적인 이유는 그래픽스 시스템의 작동법에 있다. 응용프로그램은 가능한 한 문제와 유사하게 작성하는 게 바람직한데 대부분이 3차원이고 2차원 또는 4차원인 경우도 종종 있다.

이 프로그램의 완성본과 initShader 함수와 셰이더 코드를 읽기 위한 함수와 앞으로의 장들에서 우리가 작성하는 예제 프로그램들이 부록 A에 수록되어 있다.

2.9 다각형과 재귀

그림 2.2는 개스킷 프로그램 결과를 출력한 것이다. 프로그램이 수없이 반복되어 실행된다면 영상의 랜덤성은 사라진다. 이 구조를 조사해 보면, 생성한 점의 개수에 관계없이 가운데 삼각형 안에는 점이 없는 것을 알 수 있다. 만일, 삼각형 변의 중점을 연결하는 선분을 그리면 원래 삼각형은 네 개의 삼각형으로 나누어지고, 가운데 삼각형은 어떤 점도 포함하지 않는다(그림 2.38).

다른 삼각형들을 보더라도 각 삼각형에 같은 형태가 나타남을 알 수 있다. 즉 각 삼각형들은 변의 중점을 연결하여 네 개의 삼각형으로 만들 수 있고, 가운데 있는 삼각형은 어떤 점도 포함하지 않는다.

이 구조는 난수 생성기가 필요 없고 점 대신 다각형을 사용하여 시어핀스키 개스킷을 생성하는 다른 방법을 고안하게 한다. 다각형은 표시장치 위에서 영역을 채울 수 있다는 장점이 있다. 단순 삼각형으로 시작하여 변을 반으로 나누어 네 개의 사각형으로 만든 후 가운데 삼각형을 제거하는 간단한 방법으로 접근하며 제거되는 삼각형의 크기

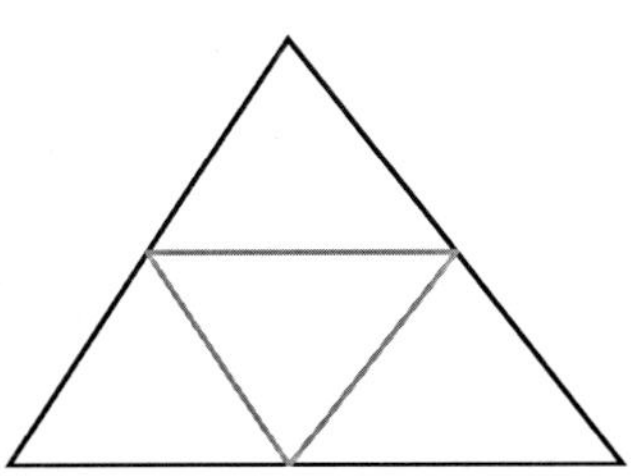

● 그림 2.38 ● 변의 이등분으로 만든 삼각형 세분화

가 충분히 작아질 때(픽셀 크기)까지 이 과정을 반복한다. 지정된 반복 횟수가 끝 난 후에 남겨진 삼각형을 그린다.

위에 설명한 과정을 재귀 프로그램으로 구현할 수 있다. 다음과 같이 주어진 세 점을 이용하여 삼각형을 그리는 단순한 함수로 프로그램을 시작한다.

```
#include "vec.h"
typedef vec2 point2;

void triangle(point2 a, point2 b, point2 c)

/* 삼각형 한 개 명세 */

{
    static int i = 0;

    points[i] = a;
    i++;
    points[i] = b;
    i++;
    points[i] = c;
    i++;
}
```

위의 triangle 함수가 불리어질 때마다 3개의 2차원 정점을 데이터 배열에 추가한다.

시작하는 삼각형의 정점이 다음 배열로 주어진다고 하자.

```
point2 v[3];
```

그리고 변의 중점이 배열 mid[3]으로 주어지는데 다음 코드로 구할 수 있다.

```
point2 mid[3];

mid[0] = (v[0] + v[1])/2.0;
mid[1] = (v[0] + v[2])/2.0;
mid[2] = (v[1] + v[2])/2.0;
```

6개의 점을 가지고 (v[0], m[0], m[1]); (v[2], m[1], m[2]); (v[1], m[2], m[0])로 만들어지는 세 개의 삼각형을 그릴 수 있다. 단순히 이 삼각형만을 그리는 것이 아니라 분할할 수 있어야 한다. 이런 이유로 이 과정을 재귀라고 하는데 다음 재귀함수를 정의한다.

● 그림 2.39 ● 다섯 번의 세분화 후 삼각형들

```
divide_triangle(point2 a, point2 b, point2 c, int k);
```

위의 함수에서 매개변수 k가 0이 되면 비로소 삼각형을 그린다. 이 함수는 a, b, c로 정의된 삼각형을 다시 분할하고 k를 하나 감소시킨다. 구체적인 코드는 다음과 같다.

```
void divide_triangle(point2 a, point2 b, point2 c, int k)
{
    if(k > 0)
    {
      // 변의 중점 계산
      point2 ab = (a + b)/2.0;
      point2 ac = (a + c)/2.0;
      point2 bc = (b + c)/2.0;

      // 내부 삼각형을 제외하고 세분화
      divide_triangle(a, ab, ac, k-1);
      divide_triangle(c, ac, bc, k-1);
      divide_triangle(b, bc, ab, k-1);
    }
    else triangle(a, b, c); /* 재귀 종료 후 삼각형 표시 */
}
```

디스플레이 함수는 아주 단순하여 main() 함수에서 주어지는 전역변수[8] k의 값을 이용하여 세분할 수를 정하고 divide_triangle을 한 번 호출하는 것이 전부이다.

---

8) 전역변수를 사용하지 않고 GLUT 콜백에 값을 전달하는 방법이 없는 것에 주목하라. 비록 이런 방법이 바람직하지 않지만, 함수의 형태가 고정되어 있기 때문에 선택의 여지가 없다.

```
divide_triangle(v[0], v[1], v[2], Ndivisions);
```

여기에서 Ndivisions는 원래 분할하려는 삼각형의 세분할 수, 만일 두 개의 정점이 공유하는 것을 고려하지 않고 각 삼각형을 독립적으로 처리한다면, 세분할 될 때마다 정점의 개수는 3의 배수로 증가한다.

$$Nvertices = 3^{Ndivisions+1}$$

앞에서 설명한 것과 같이 버퍼 객체를 설정한다면 다음과 같이 모든 삼각형을 렌더링할 수 있다.

```
void display( void )
{
    glClear(GL_COLOR_BUFFER_BIT);
    glDrawArrays(GL_TRIANGLES, 0, Nvertices);
    glFlush();
}
```

프로그램의 나머지 부분은 앞에서 설명한 개스킷 프로그램과 유사하다. 5번 분할한 결과를 그림 2.29에 보인다. 완전한 프로그램은 부록 A에 있다.

2.10 3차원 개스킷

3차원 그래픽스의 특수한 경우인 2차원 그래픽스를 살펴봤지만, 아직 정식으로 3차원 프로그램을 다루지 않았다. 다음에는 이 2차원 시어핀스키 개스킷 프로그램을 3차원으로 변환할 것이다. 2차원 개스킷에 대해서 사용했던 두 가지 접근 방법 중 하나를 이용할 수도 있다. 두 가지 확장 방법 모두가 초기 삼각형을 사면체로 바꾸는 유사한 방식으로 시작한다(그림 2.40).

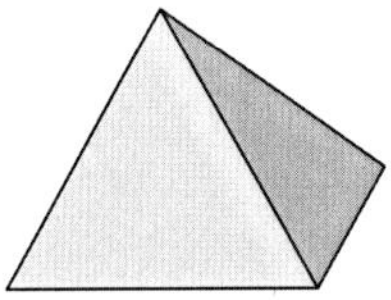

● 그림 2.40 ● 사면체

2.10.1 3차원 점의 이용

모든 사면체는 볼록하기 때문에 정점과 사면체 내 임의의 점을 연결하는 선분의 중점은 사면체 내부에 있다. 따라서 앞의 방법을 적용할 수 있으나, 삼각형을 정의하는 데 필요한 3정점 대신에, 사면체를 정의하기 위해 처음 4개의 정점이 필요하다. 3개의 정점이 동일 직선 위에 있지 않는 한, 사면체를 구성하는 4정점을 무작위로 선택해도 결과 특성에 영향을 미치지 않음에 주의하라.

필요한 변경은 주로 display 함수 안에서 이루어진다. 다음과 같이 배열을 정의하고 초기화하여 정점을 저장한다.

```
// 초기 사면체를 구성하는 정점
point3 vertices[4] = { point3(-1.0, -1.0, -1.0),
                       point3( 1.0, -1.0, -1.0),
                       point3( 0.0, 1.0, -1.0),
                       point3( 0.0, 0.0, 1.0) };

// 사면체 내부의 임의의 초기 위치

point3 p = point3(0.0, 0.0, 0.0);

point3 points[NumPoints];
```

이제 정점 데이터를 저장하기 위해 배열을 사용할 수 있다. 앞의 방법으로 새 위치를 계산하나 z 성분의 중점 계산을 추가한다.

```
// 새로운 위치 계산 및 표시

  point3 p;
  int rand();
  int j = rand() % 4; // 임의로 정점 선정

// 정점과 이전 위치의 중점 계산

  p = (p + vertices[j])/2.0;
```

2차원 버전과 같은 정점 배열과 버퍼 객체를 만들고 2차원 버전의 디스플레이 함수를 사용할 수 있다. 3차원 공간에서는 점들이 하나의 평면 위에 있지 않기 때문에 2차원 개스킷에는 존재하지 않는 문제가 발생한다. 특히 모든 점들을 같은 색으로 렌더링할 경우 심각하다.

이 문제는 각 점의 위치를 고려하여 점의 색을 설정하는 복잡한 색 설정 프로세스를 셰이더에 추가함으로써 해결할 수 있다. 디폴트 관측 볼륨의 x, y, z 좌표값은 -1~1 범

위에 있고 색 큐브에서 각 색 성분은 0~1 범위에 있다는 것을 고려하여 다음과 같이 매핑을 한다.

$$r = \frac{1+x}{2}$$

$$g = \frac{1+y}{2}$$

$$b = \frac{1+z}{2}$$

관측 공간에 있는 모든 점은 다른 색으로 매핑된다. 정점 셰이더에서 vPosition의 성분을 사용하여 색을 설정할 수 있다. 셰이더는 다음과 같다.

```
in vec4 vPosition;
out vec4 color;

void main()
{
    color = vec4((1.0 + vPosition.xyz)/2.0, 1.0);
    gl_Position = vPosition;
}
```

이 색이 래스터기의 출력이 되며 단편 셰이더가 단편의 색을 설정하기 위해 입력으로 사용할 수 있다. 단편 셰이더는 다음과 같다.

```
in vec4 color;
void main()
{
    gl_FragColor = color;
}
```

그림 2.41에서와 같이 많은 점들이 생성되면 결과는 점점 더 작은 사면체들이 제거된 초기 사면체처럼 보인다.

2.10.2 3차원에서 다각형의 사용

다각형을 사용하고 사면체를 보다 작은 사면체로 분할하면 재미있는 결과를 얻을 수 있다. 사면체로부터 시작하여 여섯 변의 중점을 계산하고 그 중점을 그림 2.42와 같이 연결할 수 있다고 가정한다. 그러면 좀 더 작은 4개의 사면체가 생긴다. 원래의 정점에 대하여 사면체가 하나씩 생기고 가운데 있는 부분은 버린다.

삼각형에 두 번째 접근방식을 적용하고, 남아 있는 4개의 사면체를 분할하기 위해 재

● 그림 2.41 ● 3차원 시어핀스키 개스킷

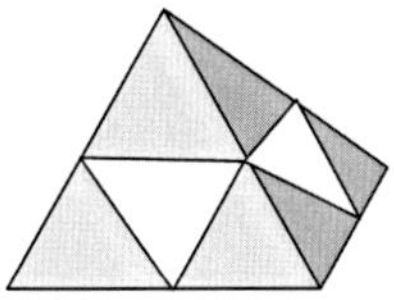

● 그림 2.42 ● 세분화된 사면체

귀적인 분할을 사용한다. 사면체의 면들은 그 정점으로 구성되는 4개의 삼각형으로 이루어지기 때문에 분할의 마지막 단계에서 4개의 삼각형을 그리게 되면 최종 사면체를 렌더링할 수 있다.

코드의 대부분은 2차원의 경우와 같다. 삼각형을 그리는 루틴은 2차원 공간보다 3차원 공간에 있는 점을 사용한다.

```
#include "vec.h"
typedef vec3 point3;

void triangle(point3 a, point3 b, point3 c)

/* 삼각형 명세 */

{
        static int i = 0;

        points[i] = a;
        i++;
```

```
        points[i] = b;
        i++;
        points[i] = c;
        i++;
}
```

다음 함수를 이용하여 면을 각각 다른 색으로 하고 사면체를 렌더링한다.

```
void tetra(point3 a, point3 b, point3 c, point3 d)
{
        triangle(a, b, c);
        triangle(a, c, d);
        triangle(a, d, b);
        triangle(b, d, c);
}
```

삼각형을 분할하는 것과 유사한 방법으로 사면체를 분할할 수 있다. divide_triangle 코드와 동일하다.

```
void divide_tetra(point3 a, point3 b, point3 c, point3 d, int m)
{
    if( m > 0 )
    {
       point3 mid[6];

       // 여섯 개의 정점 계산

       mid[0] = (a + b) / 2.0;
       mid[1] = (a + c) / 2.0;
       mid[2] = (a + d) / 2.0;
       mid[3] = (b + c) / 2.0;
       mid[4] = (c + d) / 2.0;
       mid[5] = (b + d) / 2.0;

       // 분할을 이용하여 사면체 4개 생성

       divide_tetra(a, mid[0], mid[1], mid[2], m-1);
       divide_tetra(mid[0], b, mid[3], mid[5], m-1);
       divide_tetra(mid[1], mid[3], c, mid[4], m-1);
       divide_tetra(mid[2], mid[5], mid[5], d, m-1);
    }
    else(tetra(a, b, c, d); /* 재귀 종료 후 사면체 그리기 */
}
```

다음과 같이 정점 4개를 초깃값으로 하여 n번 분할할 수 있다.

```
divide_tetra(v[0], v[1], v[2], v[3], n);
```

유용한 3차원 프로그램을 완성하기 전에 언급해야 할 두 가지 문제가 있다. 첫째는 색을 지정하는 방법이다. 첫 번째 예와 같이 단일 색으로 칠하면 3차원 구조를 볼 수 없다. 이와 달리 위의 예와 같이 단편의 색을 3차원 공간에서 점 위치에 따라 정할 수도 있으나 이보다 색을 한정하여 이들 중 하나를 선택하여 삼각형 면을 그리는 것이 바람직하다. 여기에서는 이러한 방법을 적용하여 다음과 같이 응용에서 기본색 몇 개를 선택한다.

```
typedef vec3 color3;
color3 base_colors[4] = {color3(1.0, 0.0, 0.0), color3(0.0, 1.0, 0.0),
                         color3(0.0, 0.0, 1.0), color3(0.0, 0.0, 0.0)};
```

다음에 점이 생성되었을 때 각 점에 기본색을 할당한다. 삼각형을 생성할 때 색 지표를 설정한다.

```
int colorindex;
void tetra(point3 a, point3 b, point3 c, point3 d)
{
    colorindex = 0;
    triangle(a,b,c);
    colorindex = 1;
    triangle(a,c,d);
    colorindex = 2;
    triangle(a,d,b);
    colorindex = 3;
    triangle(b,d,c);
}
```

이어서 각 점이 대응하는 색을 갖는 색 배열을 만든다.

```
color3 colors[NumVertices];
int i = 0; // 정점 수

void triangle(point3 a, point3 b, point3 c)

/* 삼각형 1개 지정 */

{
        colors[i] = base_colors[colorindex];
        points[i] = a;
        i++;
        colors[i] = base_colors[colorindex];
        points[i] = b;
```

```
        i++;
        colors[i] = base_colors[colorindex];
        points[i] = c;
        i++;
}
```

버퍼 객체 안의 관련된 정점과 함께 이러한 색을 GPU에 보낸다. 버퍼 메모리 앞에 정점 데이터를, 그 다음에 색 데이터를 배치한다. 이 일을 하기 위해서는 모든 데이터를 넣을 수 있는 충분한 버퍼를 배정해야 한다. 그리고 OpenGL 함수 glBufferSubData를 두 번 사용하여 데이터를 버퍼에 로드해야 한다. 함수 glBufferSubData는 기존의 버퍼 객체 일부분을 새로운 데이터로 갱신할 수 있게 한다. 첫 번째 매개변수는 갱신하려는 버퍼 배열을 지정하고 두 번째 매개변수는 버퍼의 몇 번째 바이트에서 쓰기를 시작할지 지정한다. 세 번째 매개변수는 메모리에서 읽을 총 바이트 수를 지정하고 네 번째 매개변수는 데이터를 전달하는 포인터를 지정한다.

```
GLuint buffer;

glGenBuffers(1, &buffer);
glBindBuffer(GL_ARRAY_BUFFER, buffer);

// 초기화되지 않은 버퍼를 정확한 크기로 할당
glBufferData(GL_ARRAY_BUFFER, sizeof(points) + sizeof(colors),
             NULL, GL_STATIC_DRAW);

// 분리된 데이터 배열 로드

glBufferSubData(GL_ARRAY_BUFFER, 0, sizeof(points), points);
glBufferSubData(GL_ARRAY_BUFFER, sizeof(points),
                sizeof(colors), colors);
```

위의 예에서 첫 번째 호출은 [0, sizeof(points)-1] 범위에 있는 바이트를 갱신하였다. 이 버퍼 안에 색을 바로 다음에 넣어야 하기 때문에, 바이트 단위로 지정하는 점 배열의 크기[sizeof(points)]만큼 뛴 다음에 색 배열을 로드한다. 즉 두 번째 glBufferSubData 함수의 두 번째 매개변수가 시작 오프셋을 지정한다.

만일 셰이더에서 색이 vColor로 이름 붙여졌다면 두 번째 정점 배열을 셰이더의 초기화 프로그램에 설정할 수 있다.

```
loc2 = glGetAttribLocation(program, "vColor");
glEnableVertexAttribArray(loc2);
glVertexAttribPointer(loc2, 3, GL_FLOAT, GL_FALSE, 0,
                      BUFFER_OFFSET(sizeof(points)));
```

정점 셰이더 안에서 단편 셰이더로 보내는 식을 설정하기 위해 vColor을 사용한다.

2.10.3 은면 제거

앞 절의 코드를 실행하면 그 결과에 당황할 것이다. 프로그램은 지정된 순서에 따라서 삼각형을 그릴 것이다. 이 순서는 프로그램의 순환, 즉 문장의 처리 순서에 기인한 것으로 삼각형들 사이의 기하학적 관계에 의한 것이 아니다. 각 삼각형은 색으로 채워지고 표시장치에 이미 렌더링된 삼각형들 위로 그려질 것이다.

이 순서로 작은 사면체로부터 3차원 시어핀스키 개스킷을 구성한다고 했을 때 우리가 보게 되는 순서와 비교해 보자. 관측자에게 보이는 다른 모든 면들의 앞에 있는 사면체 면들만을 볼 수 있을 것이다. 그림 2.43은 이러한 은면 문제의 단순한 버전을 보인다. 관측자의 위치에서 그는 A를 분명히 볼 것이다. 그러나 삼각형 B는 관측으로부터 가려지고 C는 부분적으로 보일 것이다. 특정 알고리즘의 상세한 부분까지 들어가지 않아도, 관측자와 삼각형들의 위치를 알면 올바른 이미지가 얻어지도록 삼각형들을 그릴 수 있다는 것을 확신해야 한다. 객체들이 올바로 그려지도록 순서를 정하는 알고리즘을 그 문제를 보는 관점에 따라서 **가시면 결정 알고리즘** 또는 **은면 제거 알고리즘**(Hidden-Surface Algorithm)이라고 한다. 이러한 알고리즘을 3장과 6장에서 상세히 다룰 것이다.

지금은 단순하게 OpenGL에서 제공하는 특정 은면 제거 알고리즘인 z-버퍼 알고리즘을 사용한다. 이 알고리즘은 쉽게 ON(enabled), OFF(disabled)될 수 있다. 우리의 main 프로그램에서 디스플레이 모드를 다음과 같이 수정하여 보조기억 장치인 z-버퍼 또는 깊이 버퍼를 사용해야 한다.

```
glutInitDisplayMode(GLUT_SINGLE | GLUT_RGB | GLUT_DEPTH);
```

z-버퍼는 프레임 버퍼를 구성하는 버퍼 중 하나라는 것에 주목하자. main.c 또는 myinit.c와 같은 초기화 프로그램에서 다음 함수 호출로 이 알고리즘을 활성화시켜

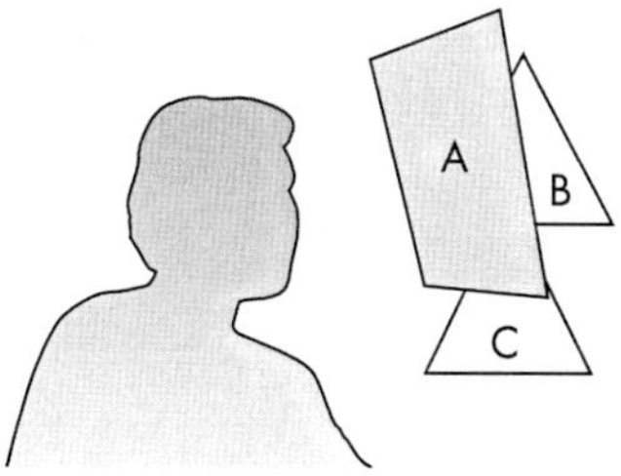

● 그림 2.43 ● 은면 문제

야 한다.

```
glEnable(GL_DEPTH_TEST)
```

이 알고리즘은 객체의 깊이 정보를 z-버퍼에 저장하기 때문에, 다시 디스플레이 할 때에는 반드시 이 버퍼를 지워야 한다. 따라서 디스플레이 함수 안에서 버퍼를 지우는 과정을 다음과 같이 수정한다.

```
glClear(GL_COLOR_BUFFER_BIT | GL_DEPTH_ BUFFER_BIT);
```

display 콜백함수는 다음과 같다.

```
void display()
{
    glClear(GL_COLOR_BUFFER_BIT | GL_DEPTH_BUFFER_BIT);
    glDrawArrays(GL_TRIANGLES, 0, NumVertices);
    glFlush();
}
```

네 번 순환한 결과를 그림 2.44와 컬러 그림판 2에 표시하였다. 완전한 프로그램은 부록 A에 있다.

● 그림 2.44 ● 네 번의 재귀 후 만들어진 3차원 개스킷

2.11 상호작용 기능 추가

이 절에서는 2.7절에서 소개한 콜백 메커니즘을 이용하여 몇 가지 간단한 예를 통해 이벤트 구동(event-driven) 입력 프로그램을 개발한다. 윈도 시스템에 의해 인식되는 다양한 이벤트를 살펴보고 응용과 밀접한 관련이 있는 것에 대하여 이벤트에 응답하는 콜백 함수를 작성하는 법을 알아본다.

2.11.1 지시 장치의 사용

개스킷 프로그램은 main 함수를 변경하는 것으로부터 시작한다. 원래 버전에서는 화면에 윈도를 만들기 위해 GLUT 라이브러리에 있는 함수를 사용하였고, 함수 glutMainLoop를 실행함으로써 이벤트 루프에 들어갔었다. 우리는 루프로 들어갔지만 아무것도 하지 않았다. Control-C를 누르는 것과 같이 외부 시스템에 종속적인 메커니즘을 통하지 않고는 프로그램을 종료조차 할 수 없었다. 첫 번째 예는 프로그램 종료를 위해 지시장치를 사용함으로써 이러한 부족한 부분을 고칠 것이다. 우리는 특정 마우스 버튼을 눌렀을 때 프로그램이 exit라고 하는 종료 함수를 실행하도록 하여 이 일을 해낸다.

여기에서는 GLUT에 의해 인식되는 이벤트들에 대해서만 논의한다. X Window 시스템 또는 MS Windows 같은 표준 윈도 시스템은 더 많은 이벤트를 인식하지만 GLUT 라이브러리는 대부분의 윈도 시스템에서 공통적인 이벤트의 집합만을 인식하여 여러 윈도 시스템에서 사용될 수 있는 기본적인 대화식 그래픽스 프로그램을 개발할 수 있다. GLUT는 주요한 윈도 시스템에서 사용할 수 있도록 구현되었기 때문에 우리는 이 응용프로그램을 시스템에 맞추어 다시 컴파일하여 여러 개의 시스템상에서 사용할 수 있다.

통상적으로 마우스로 가정하는 지시장치에는 두 가지 형태의 이벤트가 관련된다. **이동 이벤트**(move event)는 마우스 버튼 중 하나가 눌린 채로 움직일 때 발생한다. 만일 마우스가 버튼이 눌리지 않은 채로 움직인다면, 이 이벤트는 **비활성 이동 이벤트**(passive move event)로 분류된다. 이동 이벤트 후에 마우스의 위치(그것의 측정치)가 응용프로그램에서 사용 가능하게 된다. **마우스 이벤트**(mouse event)는 마우스 버튼 중 하나가 눌러지거나 떼어졌을 때 발생한다. 눌러진 버튼은 버튼이 떼어질 때까지 이벤트를 생성하지 않는다. 반환된 정보(측정치)는 이벤트를 생성한 버튼, 이벤트(눌리거나 떼인) 후 버튼의 상태와 화면 좌표계에서 마우스의 커서의 위치를 가진다. mouse 콜백 함수는 흔히 main 함수 내에서 다음 GLUT 함수를 통해서 지정한다.

```
glutMouseFunc(myMouse);
```

mouse 콜백 함수의 형태는 다음과 같다.

```
void myMouse(int button, int state, int x, int y);
```

지정된 이벤트가 발생하면 실행하려는 동작을 콜백 함수 안에 정의한다. mouse 콜백 함수 안에는 가능한 버튼과 상태의 조합에 대응하는 많은 동작들이 정의될 수 있다. 간단한 예로, 왼쪽 버튼을 눌렀을 때 프로그램을 종료하려면 요구되는 콜백은 다음 한 줄의 함수로 충분하다.

```
void myMouse(int button, int state, int x, int y)
{
    if(button == GLUT_LEFT_BUTTON && state == GLUT_DOWN)
            exit(0);
}
```

만일 어떤 다른 이벤트(다른 버튼 중 하나가 눌리는 것과 같은 경우)가 발생하면 이들 이벤트에 대응하는 콜백이 정의되지 않거나 윈도 시스템에 등록(registered)되지 않았기 때문에 아무일도 일어나지 않을 것이다. 여기에서는 대화식 기능을 추가한 CAD에서 응용될 수 있는 예제 프로그램을 개발하고 이와 함께 부가적인 콜백을 소개한다. 지시장치를 사용하여 상호작용적으로 정점을 입력하여 삼각형을 디스플레이 하는 단순한 프로그램으로부터 개발한다. 앞에서와 동일한 셰이더를 사용하기 때문에 대부분의 코드는 같다.

3차원 배열 정점을 저장할 수 있는 전역 배열을 다음과 같이 잡는다.

```
point2 points[3];
```

왼쪽 마우스 버튼을 누를 때마다 데이터를 캡처하는 마우스 콜백을 작성할 수 있다. 다음 코드를 살펴보자.

```
int w, h;
int count = 0;

void mouse(int button, int state, int x, int y)
{
    if(button == GLUT_RIGHT_BUTTON && state == GLUT_DOWN)
    {
        exit(0);
```

```
    }

    if(button == GLUT_LEFT_BUTTON && state == GLUT_DOWN)
    {
        points[count].x = (float) x / (w/2) - 1.0;
        points[count].y = (float) (h-y) / (h/2) - 1.0;
        count++;
    }

    if(count == 3)
    {
        glutPostRedisplay();
        count = 0;
    }
}
```

오른쪽 버튼은 프로그램을 종료할 때 사용하고 왼쪽 버튼을 삼각형의 정점 데이터를 얻는데 사용한다. OpenGL의 창의 높이와 너비를 지정하기 위해 전역변수 h와 w를 사용하였다. 따라서 main 함수에 다음과 같이 코드를 작성한다.

```
w = 512;
h = 512;
glutInitWindowSize(w, h);
```

이것은 이미 앞에서 사용한 512 × 512 크기의 창과 같은 크기이다. 왼쪽 마우스 버튼이 눌려질 때마다 크기변환된 마우스의 위치를 Points에 넣고 다음 정점으로 옮겨가는 것이 기본적인 생각이다. 크기변환이 필요한 이유는 마우스 콜백이 화면 좌표계에서 좌상단으로부터 측정된 위치값을 반환하기 때문이다. 이 때문에 w × h 창에서는 좌상단의 좌표는 (0, 0)이고 우하단의 (w -1, h-1)이다. 상단에서 하단으로 갈수록 *y*값이 증가하는 것은 텔레비전에서 시작되었으며 윈도 시스템에서는 일반적이다. 응용프로그램에서 사용하는 창은 중심이 원점이며 좌하단의 좌표가 (−1.0, −1.0) 우상단이 (1.0, 1.0)이고 이 영역 밖의 어떤 도형도 잘라 버린다. 마우스 콜백이 되돌리는 값을 이 영역에 놓기 위해 *y*값을 뒤집고 크기변환해야 한다. 다음 프로그램이 이 변환 작업을 한다.

```
points[count].x = (float) x / (w/2) -1.0;
points[count].y = (float) (h-y) / (h/2) - 1.0;
```

일단 셰이더의 데이터가 얻어지면 삼각형을 그릴 수 있다. 디스플레이 콜백을 이용하여 삼각형을 그린다. 그러나 display 콜백함수로 직접 display 콜백을 호출하지 않고 아래 함수를 사용한다.

```
glutPostRedisplay();
```

이 함수는 디스플레이가 다시 되어야 한다는 것을 표시하는 내부의 플래그를 설정하는 일을 한다. 시스템이 이벤트 루프를 실행할 때마다 디스플레이의 갱신을 요구하는 콜백이 중복하여 발생할 수 있다. 이러한 콜백 함수가 각각 디스플레이 함수를 실행하게 하는 것보다 디스플레이 플래그를 설정하는 glutPostRedisply 함수를 호출하여 이벤트 루프 끝에서 디스플레이 콜백이 호출되도록 하는 것이 바람직하다. 디스플레이 콜백이 호출된 후에는 플래그가 해제된다. 이렇게 함으로써 이벤트 루프[9]를 한번 지나는 동안에 여러 번 디스플레이되는 것을 방지한다. 앞의 예에서 왼쪽 마우스 버튼을 연속해서 세 번 누르면 디스플레이에 삼각형이 다시 그려지는 것을 볼 수 있다.

비록 여기서 대화식 프로그램에 대해서 잠깐 살펴보았지만 페인팅 또는 CAD 프로그램으로 확장할 수 있게 콜백 함수에 대하여 좀 더 알아보자.

2.11.2 윈도 이벤트

대부분의 윈도 시스템에서는 사용자가 마우스로 윈도의 경계를 집어 끌어 새로운 위치로 움직여서 윈도의 크기를 변화시킬 수 있다. 이 이벤트는 재구성 이벤트로써 **윈도 이벤트**의 한 예이다. 재구성 이벤트는 새로운 윈도의 너비와 높이를 그것의 측정값으로 되돌린다. 도형을 지정하는 데 사용하는 데이터를 크기변환하기 위해 이 값을 사용할 수 있다. 재구성 콜백 함수는 다음과 같다. 만일 그런 이벤트가 발생하면 사용자 프로그램이 무엇을 할지 결정할 수 있다. 만일 윈도의 크기가 바꾸려면 다음 세 가지를 고려해야 한다.

1. 크기가 변하기 전에 윈도 안에 있는 모든 객체를 다시 그려야 하는가?
2. 만일 새로운 윈도의 종횡비가 이전 윈도와 다르다면 어떻게 해야 하는가?
3. 만일 새로운 윈도의 크기가 이전의 윈도와 다르다면, 새로운 기본 요소의 크기나 속성을 변화시켜야 하는가?

위의 질문의 답은 하나만 있는 것은 아니다. 만일 윈도가 실세계 장면의 이미지를 표시하고 있다면 재구성 함수는 아마도 모양의 변형이 일어나지 않도록 해야 할 것이다. 그러나 이렇게 하면 크기가 변경된 윈도의 일부만을 장면을 표시하는데 사용하거나, 장면의 일부가 윈도에 표시되지 않을 수도 있다. 만일 변경 전 윈도 안에 있던 객체를 다시 그리기 원한다면 그것을 저장하고 되부르는 메커니즘이 필요하다. 종종 앞의 예에서 사용한 디스플레이 콜백과 같은 하나의 함수 안에 모든 그리기를 캡슐화함으로써 이러한 되부르기를 할 수 있다. 그러나 이번 예에서는 대화식 그리기를 선택했으므로 이것은

9) 어떤 대화식 응용은 디스플레이 콜백을 직접 실행해야 한다.

최선의 선택이 아닐 것이다.

```
GLint windowHeight, windowWidth;

void reshape(GLsizei w, GLsizei h)
{
    windowWidth = w;
    windowHeight = h;
    glViewport(0, 0, windowWidth, windowHeight);
}
```

이 함수는 크기가 바뀐 윈도 전체를 커버하는 새로운 뷰포트를 만들고 이 윈도의 너비와 높이를 각각 전역변수 windowWidth, windowHeight 값으로 되돌려서 마우스 콜백 함수가 사용할 수 있게 한다. 재구성 콜백 함수는 디스플레이 콜백을 생성하기 때문에 glutPostRedisplay() 함수를 호출할 필요가 없다는 것에 주의하라.

2.11.3 키보드 이벤트

키보드도 입력장치로 사용할 수 있다. 키보드 이벤트는 마우스가 윈도 안에 있고 키 중 하나가 눌렸을 때 발생한다. 키의 누름과 뗌[10]은 두 가지의 독립된 사건이다. GLUT 함수인 glutKeyboardFunc는 키를 누를 때 발생하는 이벤트이고 glutKey boardUpFunc는 키가 떨어질 때 발생하는 이벤트이다.

키 이벤트가 발생하면 이벤트를 발생시킨 키의 ASCII 값과 마우스의 위치가 되돌려진다. 모든 키보드 콜백들은 다음과 같은 하나의 콜백 함수에 등록되어 있다.

```
glutKeyboardFunc(mykey);
```

예를 들어 프로그램을 종료하기 위해 키보드를 사용한다면, 다음과 같이 콜백 함수를 사용할 수 있다.

```
void myKey(unsigned char key, int x, int y)
{
    if(key == 'q' || key == 'Q') exit(0);
}
```

GLUT는 사용자가 Control키와 Alt키와 같은 메타키를 정의할 수 있도록 glutGet Modifiers 함수가 할당되어 있다. 이 특별한 키는 이 장에서 가정한 것과 같이 버튼

10) 먼저 윈도우 안에 마우스를 클릭하여 마우스 포커스를 설정해야 이벤트가 인식되는 OS도 있다.

하나 혹은 둘을 갖는 마우스를 사용하여 왼쪽, 가운데, 오른쪽 버튼이 있는 마우스의 기능을 흉내낼 때 필요하다. 이 함수들에 관한 더 많은 정보는 이 장의 뒷부분에 있는 참고문헌을 참고하라.

2.11.4 idle 콜백

idle **콜백**은 다른 이벤트가 없을 때 호출되는데 디폴트는 널(null) 함수 포인터이다. idle 콜백의 전형적인 사용은 아무것도 발생하지 않을 때 디스플레이 함수를 통하여 연이어 그래픽 기본 요소를 생성하는 일이고 다른 용도로는 애니메이션 표시가 있다.

삼각형 프로그램을 확장하여 창의 중심을 기준으로 삼각형을 회전시켜 보자. 그림 2.45의 2차원 회전을 생각해 보자. 원점을 중심으로 ϕ도만큼 회전시키면 (x, y)점은 (x', y')로 이동한다. 극좌표로 점을 표시하여 회전방정식을 구할 수 있다. 만일 회전하기 전 점이 아래 식의 위치에 있다면

$$x = r\cos(\theta)$$

$$y = r\sin(\theta)$$

회전 후 점의 위치는 다음과 같다.

$$x' = r\cos(\theta + \phi) = r(\cos(\theta)\cos(\phi) - \sin(\theta)\sin(\phi))$$

$$y' = r\sin(\theta + \phi) = r(\cos(\theta)\sin(\phi) + \sin(\theta)\cos(\phi))$$

$$x' = x\cos(\phi) - y\sin(\phi)$$

$$y' = x\sin(\phi) + y\cos(\phi)$$

입력된 정점의 위치를 사용하여 삼각형을 디스플레이하는 대신, 우선 매번 위치를 정해진 각도만큼 회전시킨다. idle 콜백은 단지 redisplay를 설정하는 일, 즉 `glutRedisplay` 함수를 호출하는 역할만 한다. `main`에 다음과 같이 idle 콜백을 기술한다.

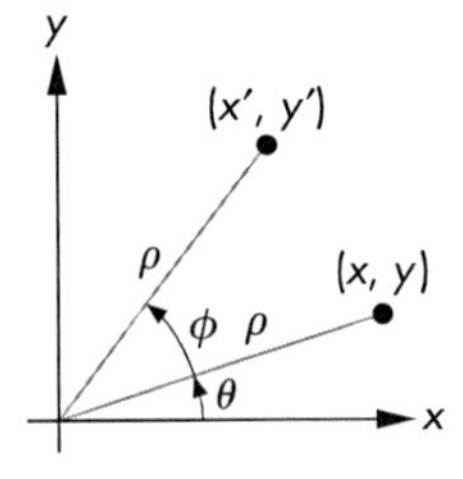

● 그림 2.45 ● 2차원 회전

```
glutIdelFunc(idle);
```

디스플레이 콜백은 정점의 위치를 변화시키고 새로운 정점 데이터를 GPU에 보내는데 이 코드에서 변화하는 각도는 1/1000°이다.

```
const float DegreesToRadians = M_PI / 180.0;

float angle = 0.001*DegreesToRadians; // 라디안 단위의 작은 각

void display()
{
    for( int i = 0; i < 3; i++ )
    {
       float x = cos(angle)*points[i].x - sin(angle)*points[i].y;
       float y = sin(angle)*points[i].x + cos(angle)*points[i].y;
       points[i].x = x;
       points[i].y = y;
    }
    glBufferData(GL_ARRARY_BUFFER, sizeof(points), points,
                 GL_STATIC_DRAW);
    glClear(GL_COLOR_BUFFER_BIT); // 윈도 지우기
    glDrawArrays(GL_TRIANGLES, 0, 3);
    glFlush();
}
```

idle 함수는 다음과 같다.

```
void idle()
{
    glutPostRedisplay();
}
```

또는 idle 콜백에서 작은 양 만큼 각을 증가시키고 회전을 디스플레이 콜백에 있는 원래의 점에 적용할 수 있다.

단순히 새로운 콜백 함수를 지정해서 프로그램 실행 중 대부분의 콜백 함수를 변화시킬 수 있고 이 함수를 널로 설정해서 콜백의 동작을 멈출 수 있다. 이 예에서는 데이터를 모으는 동안에는 회전을 멈추고 새로운 삼각형이 완전히 지정되면 다시 시작한다. 디스플레이 콜백을 수정하여 이러한 변화를 반영한다.

```
void mouse(int button, int state, int x, int y)
{
    if(button == GLUT_RIGHT_BUTTON && state == GLUT_DOWN)
    {
       exit(0);
```

```
        }

        if(button == GLUT_LEFT_BUTTON && state == GLUT_DOWN)
        {
            glutIdelFunc(NULL);
            points[count].x = (float) x / (w/2) - 1.0;
            points[count].y = (float) (h-y) / (h/2) - 1.0;
            count++;
        }

        if(count == 3)
        {
            glutIdelFunc(idle);
            glutPostRedisplay();
            count = 0;
        }
    }
```

2.11.5 이중 버퍼링

비록 프로그램이 완성되었지만 컴퓨터의 속도와 idle 콜백에서 각의 증가량에 따라 회전하는 삼각형이 아니라 일그러진 삼각형이 디스플레이되는 경우가 발생한다. 이러한 문제는 운동 중에 있는 많은 객체를 디스플레이하려면 더욱 심각해진다.

이 문제는 플레임 버퍼 값을 바꾸는 응용프로그램 코드와 프레임 버퍼 내용의 자동 디스플레이의 분리 때문에 발생한다. 전형적으로 프레임 버퍼는 **재생률**(refresh rate)이라 하는 60Hz ~ 100Hz 주파수의 규칙적인 비율로 표시장치를 다시 그린다. 비록 응용프로그램이 비동기적으로 작동하지만 언제라도 프레임 버퍼를 바꿀 수 있다. 이 때문에 프레임 버퍼는 응용이 이미지를 변경하는 도중에 디스플레이가 발생할 수 있기 때문에 관측자는 부분적으로 그려진 이미지를 볼 수 있다. 이 문제를 해결하는 몇 가지 방법이 있다. 어떤 OS에서는 사용자가 드로잉을 프레임 버퍼에 동기화시키는 매개변수를 제공한다.

이중 버퍼를 사용하는 보다 일반적인 해결방법이 있는데 하드웨어가 단일 프레임 버퍼 대신에 프레임 버퍼를 두 개를 사용한다. **전면 버퍼**(front buffer)는 디스플레이용으로 **후면 버퍼**(back buffer)는 디스플레이하려는 도형을 작성하는데 사용한다. 일단 그리는 것이 완료되면 전면 버퍼와 후면 버퍼를 교환한다. 이후 새로운 후면 버퍼를 지우고 다시 그릴 수 있다. 즉 display 콜백함수 뒷부분에 `glFlush`를 대신에 아래의 함수를 호출한다.

```
glutSwapBuffers()
```

이중 버퍼를 사용하기 위해 초기화 프로그램에 이중 버퍼를 요구하는 매개변수를 추가한다.

```
glutInitDisplayMode(GLUT_RGBA | GLUT_DOUBLE | GLUT_DEPTH);
```

GLUT에서 디폴트 값은 GLUT_DOUBLE이 아니라 GLUT_SINGLE이다. 더구나 현대의 그래픽스 하드웨어는 단일 버퍼는 물론 이중 버퍼를 사용할 수 있는 충분한 메모리를 가지고 있다. 또한 대부분의 그래픽스 카드는 응용프로그램과 표시장치의 재생률을 동기화할 수 있다.

2.11.6 윈도 관리

GLUT는 또한 다중 윈도와 주어진 윈도의 서브윈도를 모두 지원한다. 두 번째 수준의 윈도('second window' 라는 라벨로)를 다음과 같이 열 수 있다.

```
uint id = glutCreateWindow("second window");
```

반환되는 정수값은 이 윈도를 객체가 그려질 수 있는 현재 윈도로 다음과 같이 설정하는데 사용한다.

```
glutSetWindow(id);
```

이제 glutCreateWindow를 호출하기 전에 glutInitDisplayMode를 호출함으로써, 이 윈도가 다른 윈도와 다른 속성을 갖도록 할 수 있다. 게다가 콜백 함수의 지정은 현재의 윈도에 대한 것이므로, 각 윈도는 자신만의 콜백 함수들의 집합을 가질 수 있다.

2.12 메뉴

OpenGL의 그래픽스 기본 요소와 mouse 콜백들을 사용하여 다양한 그래픽스 입력장치를 구성할 수 있다. 장치에 사용될 채운 사각형이나 레이블을 위한 문자열, 위치를 알 수 있는 마우스를 통해 그림 2.46과 같은 슬라이드 바를 구성할 수 있다. 그러나 이러한 코드의 대부분은 개발하기가 지루하고, 특히 시각적으로 우아하고 효과적인 그래픽스 장치(위제트)를 만들려면 더욱 힘들다. 대부분의 윈도 시스템은 위제트를 포함한 툴킷을 제공하지만, 여기에서는 특정 윈도 시스템에 제한하지 않으므로 위제트의 세부사항

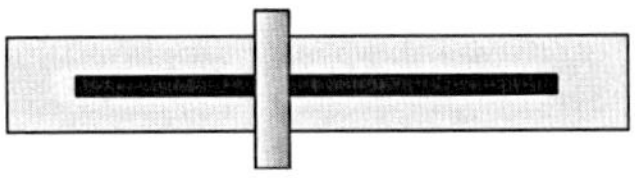

● 그림 2.46 ● 슬라이드 바

을 다루지 않는다. 다행히 GLUT는 마우스와 같이 사용하여 세련된 대화식 프로그램을 만들 수 있는 **팝업 메뉴**(pop-up menu)라는 추가적인 기능이 있다.

메뉴를 사용하려면 간단한 몇 가지 과정이 필요하다. 먼저 메뉴 안에 행위와 관련된 항목들을 정의한 후 그 메뉴를 특정 마우스 버튼과 연결해야 한다. 그리고 각 메뉴의 항목에 해당하는 콜백 함수를 등록해야 한다. 3 항목을 가지고 있는 간단한 팝업 메뉴를 예로 보인다. 첫 번째 선택은 프로그램을 종료시키고 두 번째와 세 번째는 회전을 시작하고 정지시킨다. 메뉴를 설정하고 그것을 오른쪽 버튼에 연결하는 함수 호출들은 main 함수에 넣는다. 이것은 다음과 같다.

```
glutCreateMenu(demo_menu);
glutAddMenuEntry("quit", 1);
glutAddMenuEntry("start rotation" 2);
glutAddMenuEntry("stop rotation", 3);
glutAttachMenu(GLUT_RIGHT_BUTTON);
```

함수 glutCreateMenu는 콜백 함수를 demo_menu로 등록한다.

각 항목의 정의에서 두 번째 인수는 그 항목이 선택되었을 때 콜백 함수에게 보내지는 식별자이다. 이것을 고려하면 콜백 함수는 다음과 같다.

```
void demo_menu(int id)
{
    switch(id)
    {
       case 1:
          exit(0);
          break;

       case 2:
          glutIdleFunc(idle);
          break;

       case 3:
          glutIdleFunc(NULL);
          break;
    }
    glutPostRedisplay();
}
```

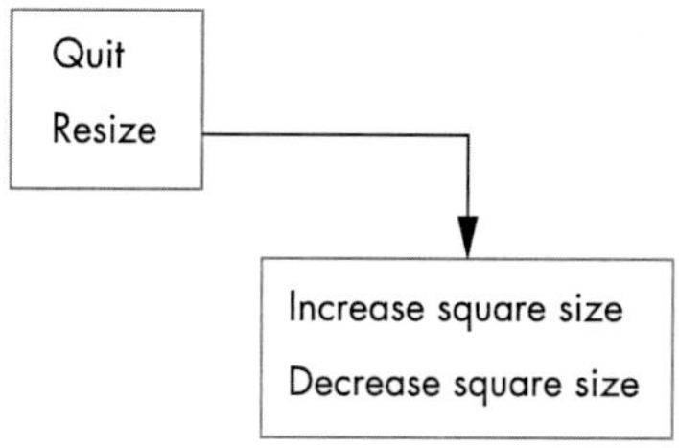

● 그림 2.47 ● 계층적 메뉴 구조

glutPostRedisplay의 호출은 glutDisplayFunc 콜백을 통하여 다시 그릴 것을 요구하므로, 메뉴 없는 화면이 다시 그려진다.

GLUT는 또한 그림 2.47과 같은 계층 구조의 메뉴를 지원한다. 예를 들어 우리가 생성하는 주메뉴가 두 개의 항목만을 가진다고 가정하자. 첫 번째는 프로그램을 종료시키지만, 두 번째는 서브 메뉴를 나타나게 한다. 서브 메뉴는 사각형을 변화시키기 위한 두 개의 항목을 가진다. 다음 코드(main 안에 기술)는 메뉴를 위한 것이다.

```
sub_menu = glutCreateMenu(rotation_menu);
glutAddMenuEntry("start rotation", 2);
glutAddMenuEntry("stop rotation", 3);
glutCreateMenu(top_menu);
glutAddMenuEntry("Quit", 1);
glutAddSubMenu("start/stop rotation", sub_menu);
glutAttachMenu(GLUT_RIGHT_BUTTON);
```

콜백 함수 rotation_menu와 top_menu를 작성하는 것은 간단하지만 유익한 메뉴 작성 연습이 될 것이다.

요약

이 장에서는 OpenGL API를 소개하고 1장에서 배운 기본 개념에 이를 적용하였다. 비록 처음으로 개발한 응용이 2차원이지만, 이것을 3차원 컴퓨터 그래픽스의 특별한 경우로 취급하는 방식을 취하였다. 그 다음에 약간의 노력으로 2차원이 3차원으로 확장할 수 있음을 보았다.

시어핀스키 개스킷은 시작 프로그램으로는 결코 쉽지 않다. 약간의 확장과 수학적인 쟁점이 이 장 끝의 연습문제로 주어진다. 참고문헌은 단순한 프로그램으로 제작할 수 있는 재미있는 곡선과 곡면의 예를 많이 제공한다.

그래픽스 API와 그래픽 모델들의 역사적인 발전과정은 그래픽스를 3차원으로부터 시작하는 중요성을 일깨웠다. 1장의 펜 플로터 모델이 여러 해 동안 사용되어 왔으며, PostScript 같은 많은 중요한 API의 기초가 되었다. 그래픽스 API의 국제적인 표준을 정하기 위한 작업은 1970년에 시작되었으며, 1984년에 국제표준화기구(ISO)에 의해서 GKS를 채택하게 되었다. 그러나 GKS는 펜 플로터 모델에 기반하였고 2차원 API이기 때문에, CAD 분야에서만 사용되었다. 비록 그것이 GKS-3D에 의해 3차원으로 확장되었지만, 원래 기반이 되었던 모델의 한계 때문에 표준으로는 여러 면에서 부족했다. CAD 분야에서 시작한 PHIGS와 PHIGS+ API는 본래부터 3차원 모델이 합성 카메라 모델에 기반하였다.

OpenGL은 3차원 파이프라인 구조를 갖는 합성 카메라 모델로 구현한 IrisGL API로부터 나왔다. IrisGL은 Silicon Graphics사 SGI 워크스테이션을 위해 개발되었다. 이 워크스테이션은 원래 파이프라인 구조의 아키텍처를 전용 VLSI 칩으로 구현하였다. 비록 PHIGS와 GL이 많은 공통점을 가졌지만, GL은 특별히 고속 실시간 렌더링을 목표로 설계되었다. OpenGL은 응용프로그래머들이 GL 프로그래밍의 이점을 인식하고 다른 플랫폼에서 원했기 때문에 만들어졌다. GL의 입력화 윈도 함수를 제거하고 렌더링에 중점을 두었기 때문에 OpenGL이 GL의 강력한 API 특징을 유지하면서 이식성이 높은 새로운 API가 되었다.

OpenGL을 사용하는 대다수의 응용프로그래머가 C로 프로그램하는 것을 좋아하지만 고수준 인터페이스에도 많은 관심이 있다. 코드를 약간 바꾸어 C를 C++로 변환할 수 있지만 OpenGL은 진정한 객체지향 인터페이스를 제공하지 않는다. 많은 객체지향 프로그래머는 OpenGL과 고수준 API에 대하여 많은 관심을 가지고 있다. 공식적으로 Java를 OpenGL에 바인드한 것은 없지만, 하나로 만들려는 노력이 많이 이루어졌다. 응용 프로그램 사용자들은 Java의 객체지향, 여러 가지 Java 툴킷을 비객체지향적인 OpenGL 명세와 함께 사용하려 하기 때문에 단순하지 않다. 인터넷에 이용할 수 있는 몇 개의 묶음이 있는데, Sun Microsystem사가 최근에 자바 바인딩을 배포했다. 많은 자바 프로그래머가 JOGL 바인딩을 사용한다.

8장에서 고수준 객체지향 인터페이스를 그래픽스 하드웨어에 제공하는 장면 그래프를 소개한다. 대부분의 장면 그래프 API는 OpenGL 위에 만들어진다.

게임 분야에서 Windows의 독주는 게임 개발자들이 단지 그 플랫폼만을 위한 코드를 작성하는 것을 가능하게 했다. DirectX 코드가 OpenGL 코드처럼 보이지만, 코드 작성자는 상업용 그래픽스 카드에서 이용할 수 있는 장치 종속적인 특징을 이용할 수 있다. 결론적으로 DirectX로 쓰인 응용프로그램은 OpenGL의 이식성과 안정성이 없다. 이 때문에 DirectX가 게임 분야는 지배하겠지만, 과학과 공학의 응용에서는 일반적으로 OpenGL이 지배하리라 생각된다. 어떤 하드웨어의 특별한 특징을 사용하고 싶어 하는 OpenGL 프로그래머를 위해 OpenGL의 이식성을 줄여서 그 특징을 이용할 수 있게 하는 확장 기능이 있다. OpenGL 음영 언어와 Cg(9장)를 이용하여 파이프라인을 프로그래밍하면 고성능을 요구하는 응용에서 OpenGL과 DirectX 간에 성능차이는 크게 나타나지 않는다.

이 장에서 예와 프로그램으로 기학적인 객체를 단순한 방법으로 어떻게 기술하고 표시할 수 있는가를 보았다. 1장에서 소개한 모델링-렌더링 패러다임에서 모델링에 초점을 맞추었다. 비록 이 모델이 아주 비구조적이지만, 객체를 정점과 속성의 리스트로 표현한다. 8장에서 객체간의 관계를 표현할 수 있는 계층적인 모델의 구성법을 배우게 되겠지만, 현재의 수준에서 우리는 흥미로운 프로그램을 쓸 수 있게 되었다. 이 장 끝에 있는 연습문제를 풀고 2차원 문제 몇 가지를 3차원으로 확장해 보아라.

참고문헌

시어핀스키 개스킷은 프랙탈 기하학의 신비에 대한 좋은 소개가 된다. 몇몇 교재에서 잘 다루고 있다[Bar93, Hil90, Man82, Pru90].

펜 플로터 API는 Postscript[Ado85]와 LOGO[Pap81]에 의해 사용되었다. LOGO는 배우기 쉽고, 11장에서 사용될 다양한 2차원 수학적 곡선 묘사가 가능한 API인 터틀 그래픽스를 제공한다. 연습문제 2.4를 보라.

GKS[ANSI85], GKS-3D[ISO88], PHIGS[ANSI88], PHIGS+[PHI89]는 미국을 비롯한 국제적 표준이다. 공식 문서는 미국표준위원회(ANSI와 ISO)에서 구할 수 있다. 많은 교재들이 API를 사용한다[Ang90, End84, Fol94, Hea94, Hop83, Hop91].

X Window 시스템[Sch88]은 UNIX 워크스테이션에서 표준이 되었고, 다른 플랫폼에서 윈도 시스템 개발에 영향을 끼쳤다. X Window 시스템의 요즘 버전은 X를 위한 PHIGS 확장(PEX)을 포함한다.

Renderman 인터페이스는 [Ups89]에 설명되어 있다.

OpenGL을 위한 두 개의 표준 참고서로 OpenGL Programmer's Guide[Shr10]와 OpenGL Reference Manual [Ope04]가 있다. 또한 OpenGL의 정식 사양 [Seg92]이 있다. OpenGL 셰이딩 언어는 [Ros09]에 설명되어 있다. 많은 다른 참고문헌과 같은 표준문서와 코딩 관련 참고문헌은 OpenGL 웹사이트 www.opengl.org에서 찾을 수 있다. Programmer's Guide의 2판에서부터 현재판에 이르기까지 Mark Kilgard [Kil94b]에 의해 개발된 GLUT 라이브러리를 사용하였다. Programmer's Guide는 OpenGL을 이용한 많은 예제 코드를 제공한다. GLUT는 X Window System[Kil96]에서의 사용을 위해서 개발되었지만, 또 Windows와 Macintosh 버전이 있다. 많은 정보와 예제 프로그램을 인터넷상에서 구할 수 있다. 대표적인 사이트가 부록 A의 앞부분에 열거되어 있다.

OpenGL A Primer[Ang08]는 이 교재의 보조 입문서이다. 이 책에 사용된 OpenGL 함수를 자세히 설명하고 많은 예를 싣고 있다. Windows 사용자는 보다 많은 예를 [Wri11]과 [Fos97]에서 발견할 수 있다. Mac OS X 사용자를 위한 상세한 정보는 [Koe08]에서 찾을 수 있다. DirectX API 그래픽스 부분은 원래 Direct3D로 알려져 있다[Gra03]. 현재의 버전은 Version 11.0이다.

연습문제

2.1 삼각형을 이용하여 시어핀스키 개스킷을 생성하는 방법을 조금 바꾸면 컴퓨터가 만든 애니메이션에서 사용할 수 있는 프랙탈 산을 만들 수 있다. 삼각형 각 변의 중점을 찾은 후 분할하기 전에 이 점을 교란시킨다. 삼각형을 만들 때 내부를 채우지 마라. 나중에 3차원에서 이 문제를 수행하고 음영을 추가한다. 몇 번의 분할 과정을 거치면 삼각형이

산처럼 보일 정도로 세밀하게 될 것이다.

2.2 연습문제 2.1에서 생성한 시어핀스키 개스킷은 프랙탈 기하학에서 연구된 많은 기하학적인 복잡성을 보여준다[Man82]. 너비가 없이 길이만 있는 수학적 선분의 개스킷을 만든다고 가정하자. 극한까지 세분화하고 세분화할 때마다 가운데 있는 삼각형이 제거된다고 하면 원래 삼각형 면적의 몇 퍼센트가 남게 될까? 매번 가운데 삼각형이 제거된 후에 남은 삼각형의 주변 길이를 생각해 보자. 극한에서 남아있는 모든 삼각형의 주변 길이는 어떻게 변할까?

2.3 저수준 처리로 프레임 버퍼에 있는 비트를 조작할 수 있다. OpenGL은 픽셀 지향 명령을 가지고 있어 사용자가 직접 프레임 버퍼에 접근할 수 있다. 가상 프레임 버퍼 라이브러리의 기본이 되는 OpenGL 함수 `glPoint`를 사용하여 선분이나 원 그리기 같은 단순한 래스터 알고리즘으로 실험할 수 있다. 메모리에 만든 프레임 버퍼 안에서 작업할 수 있는 라이브러리를 작성하라. 핵심 함수는 `WritePixel`과 `ReadPixel`이다. 작성한 라이브러리는 프레임 버퍼를 설정하고 표시하며, 픽셀을 읽고 쓰는 사용자 프로그램을 실행할 수 있어야 한다.

2.4 터틀 그래픽스(turtle graphics)는 거북이가 배에 펜을 붙이고 스크린에 움직이는 개념에 기반을 둔 또 다른 위치 지정 시스템이다. 거북이의 위치는 거북이의 중심 위치와 방향을 표시하는 세 요소 (x, y, θ)로 지정된다. 그러한 시스템이 포함하는 전형적인 API는 다음과 같다.

```
init(x, y, theta); /* 거북이의 위치와 방향을 초기화 */

forward(distance);
right(angle);
left(angle);
pen(up_down);
```

OpenGL을 사용하여 터틀 그래픽스 라이브러리를 구현하라.

2.5 삼각형 세분화는 정점으로 정의된 다각형을 삼각형의 집합으로 분할하는 과정이다. 들러니 삼각형 세분화 알고리즘에 대하여 알아보라.

2.6 공간-채우기 곡선은 수세기 동안 수학자들의 흥미를 끌었다. 극한에서 이 곡선의 길이는 무한하지만 유한 사각형으로 한정되며 결코 서로 교차하지 않는다. 많은 이런 곡선들은 반복적으로 생성된다. 한 개의 선분을 네 개의 보다 짧은 선분으로 대체하는 그림

● 그림 2.48 ● 코흐 눈송이 생성

2.48에 도식화된 규칙을 생각해 보자. 삼각형에서 시작하여 모든 선분에 반복적으로 대체 규칙을 적용하는 프로그램을 작성하라. 이렇게 생성된 객체를 코흐 눈송이라고 한다. 다른 공간 채움 곡선에 관한 다른 예는 [Hil90, Bar93]을 참조하라.

2.7 셀의 사각형 배열에서 시작하여 간단한 미로를 만들 수 있다. 각 셀은 네 개의 변을 가진다. 모든 셀이 연결될 때까지 셀의 경계를 제외하고 변을 제거한다. 다음에 경계로부터 두 변을 제외하고 입구과 출구를 만든다. 간단한 예가 그림 2.49에 보여진다. 입력으로 두 정수 N, M을 받고 $N \times M$ 미로를 그리는 프로그램을 OpenGL을 사용하여 작성하라.

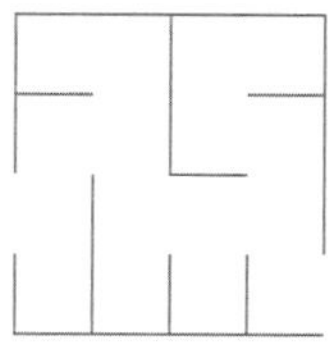

● 그림 2.49 ● 미로

2.8 감산 색상 모델을 가지고 작업하기 위해 OpenGL의 RGB 색상 모델을 어떻게 바꿀 수 있는지 설명하라.

2.9 그래픽스 시스템의 기본적인 동작은 클리핑 사각형 안에 놓인 점 (x, y)를 스크린에 놓인 윈도의 뷰포트(viewport)에 놓인 점 (x_s, y_s)로 매핑시키는 것이라는 것을 알았다. 두 개의 사각형이 다음 OpenGL 뷰포트 함수 호출로 정의되고

```
glViewport(u, v, w, h);
```

관측 사각형이 아래와 같이 정의된다고 하자.

$$x_{\min} \le x \le x_{\max}$$

$$y_{\min} \le y \le y_{\max}$$

(x, y)를 (x_s, y_s)로 매핑시키는 수식을 구하라.

2.10 많은 그래픽스 API들은 상대적 위치를 사용한다. 그런 시스템에서 API가 선분과 다각형을 그리기 위해 다음 함수를 포함한다.

```
move_rel(x, y);
line_rel(x, y);
```

`move_rel` 함수는 내부 위치나 커서를 새로운 위치로 움직인다. `line_rel` 함수는 커서를 움직이고, 예전 커서 위치와 새 위치 사이에 선분을 정의한다. OpenGL에서 사용되

는 절대적 위치 지정과 비교하여 상대적 위치 지정의 장점과 단점은 무엇인가? OpenGL에 어떻게 상대적 위치 지정을 추가할 수 있는지 설명하라.

2.11 실제로, 각 점이 다각형 내부에 있는지 외부에 있는지 결정하는 검사는 극히 비능률적이다. 모든 점을 일일이 검사하지 않고 수행하는 일반적 전략을 설명하라.

2.12 strips와 fans 함수를 OpenGL polygon 함수로 기술하라.

2.13 그림 2.50은 메시(mesh)라 하는 다각형의 집합을 보인다. 이 다각형들은 일부 변과 정점을 공유한다. 메시를 나타내는 하나 또는 그 이상의 간단한 데이터 구조를 찾아라. 좋은 자료 구조는 공유된 정점과 모서리들의 정보를 포함한다. OpenGL을 사용하여 자료구조로 표현된 메시를 디스플레이하기 위한 효율적인 방법을 찾아라.(힌트: 정점의 위치를 포함하는 연결 리스트(linked list) 또는 배열로부터 시작하라.)

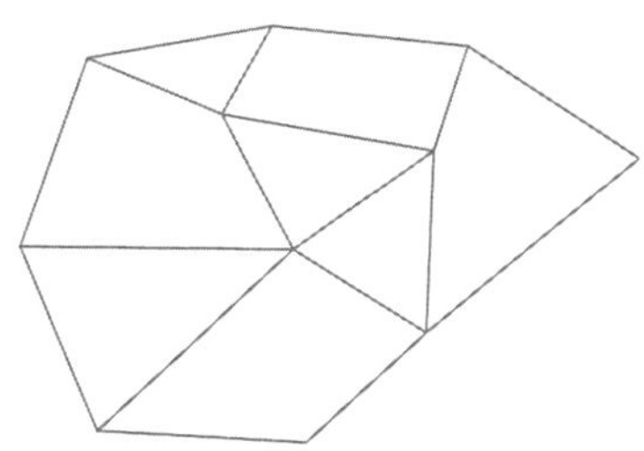

● 그림 2.50 ● 다각형 메시

2.14 종행비란 무엇이고 뷰포트와 어떤 관련이 있는가? 종횡비가 OpenGL에서는 어떻게 명세되었는지 알아보라.

2.15 OpenGL에서 각 정점에 색을 지정할 수 있다. 선분의 끝점들에 할당된 색들이 다르다면, OpenGL은 선분을 그릴 때 색들을 보간할 것이다. 다각형에 대해서도 마찬가지이다. 정점이 적색, 녹색, 청색인 정삼각형인 MaxWell 삼각형을 디스플레이하기 위해 이 특성을 사용하라. Maxwell 삼각형과 색 입체 사이의 관계는 무엇인가?

2.16 모델에 간단한 물리적 특성을 혼합하면 컴퓨터 그래픽스를 사용하여 다양하면서도 사실적인 효과를 흉내낼 수 있다. 표면에 중력과 탄성 충돌을 혼합하여, 2차원에서 튀는 공을 시뮬레이션해 보자. 부드럽게 보일만큼 충분한 수의 변을 가진 닫힌 다각형을 가지고 공을 모델링할 수 있다.

2.17 연습문제 2.16의 확장은 꽤 어렵지만 흥미로워서 당구 게임을 시뮬레이션할 수 있게 한다. 탁자의 모서리와 다른 공과 상호작용할 수 있는 여러 개의 공이 필요할 것이다(힌트 : 두 개의 공으로 시작하고, 어떻게 충돌을 감지할 수 있는지 생각해 보자).

2.18 CRT 디스플레이를 가진 어떤 그래픽스 시스템은 256색 중 임의의 4색을 디스플레이할 수 있다고 광고된다. 이 문장이 프레임 버퍼에 대해 말하고자 하는 것은 무엇이고, CRT

의 특성에 대해 말하고자 하는 것은 무엇인가?

2.19 2차원 다각형의 볼록함을 검사할 수 있는 방법을 고안하라.

2.20 3차원 개스킷을 그리는 한 방법은 단지 초기 사면체의 면만을 세분할하는 것이다. 이러한 접근 방법으로 프로그램을 작성하라. 그 결과는 2.10절에서 개발한 프로그램과 어떻게 다른가?

2.21 사면체를 세분할하고 원래의 정점에 해당하는 작은 네 개의 사면체를 취하면, 이때마다 원래의 체적이 비율 f만큼 감소된다. 비율 f를 구하라. 원래 사면체 면적에 대한 새로운 네 개의 사면체 면적의 비율은 얼마인가?

2.22 대화식 그래픽스에 익숙해지는 좋은 방법은 간단한 게임 프로그램을 만들어 보는 것이다. 체커 게임을 만들어 보아라. 사각형을 사용자가 잡을 수 있는 객체로 간주한다. 사용자가 양측에서 플레이할 수 있게 프로그램 작성하라.

2.23 연습문제 2.7에서 만든 미로를 통과하는 그래픽 쥐를 안내하는 대화식 프로그램을 작성하라. 쥐를 회전시키는 데는 왼쪽과 오른쪽 버튼을 사용하고 앞으로 이동시키는 데는 가운데 버튼을 사용하라.

2.24 응용프로그램이 기본 요소를 그리는 도중에 프레임 버퍼의 디스플레이가 발생하면 관측자는 일부만 그려진 이미지를 보게 된다. 이러한 문제의 해결책을 고안하라.

2.25 CRT 디스플레이의 재생률을 55~85Hz로 한 것은 여기되었을 때 아주 짧은 순간만 빛을 방출하는 짧은 지속 시간을 갖는 인의 사용과 관련이 있다. 만일 재생률이 감소하거나 증가한다면 비월주사 또는 비비월주사 어느 것을 사용하는 것이 더 좋은가?

2.26 OpenGL은 어떤 은면 제거 알고리즘을 지원하는가? OpenGL로 그 알고리즘을 작성하라.

Chapter 03

기하학적 객체와 변환

Interactive Computer Graphics

이제 3차원 그래픽스에 대해서 살펴보자. 이 장에서 우리는 기본적인 기하학적 객체들의 표현 방법을 다루고 표현들 사이에서 변환 방법을 다룰 것이다. 또한 표현에 의존하지 않는 객체의 기술 방식을 살펴볼 것이다.

우리는 먼저 컴퓨터 그래픽스의 수학적 기초를 다룬다. 이렇게 함으로써 기하학적 객체 자체와 특정 참조 시스템에서 표현과 수학적 추상화를 구별하지 않음으로 인해서 일어나는 혼동을 피하게 될 것이다.

수학적 기초로는 어파인 공간과 유클리드 벡터 공간의 개념을 사용한다. 우리의 목표 가운데 하나는 좌표계에 독립적으로 기하학적 문제를 다루는 방식을 확립하는 것이다. 우리가 다루게 될 기하학적 객체를 어떻게 표현할지 고민하게 될 때 이 방식의 장점이 드러나게 될 것이다. 좌표에 의존하지 않는 방식이 특정 좌표계나 프레임에서의 표현에 기초한 방식보다 훨씬 강력하다는 것을 알게 될 것이다. 또한 이 접근법은 동차 좌표의 사용으로 연결된다. 동차 좌표를 사용함으로써 이러한 접근법을 이해할 뿐 아니라 효율적 구현도 가능하게 된다.

객체와 객체의 표현을 보다 뚜렷이 구별하기 위해 추상자료형(abstract data type)의 용어를 사용할 것이다. 기본적인 기하학적 객체들을 다루기 위해서 수학이 자연스럽게 도입된다. 그것은 벡터 공간, 기하학, 선형대수의 응용들이다. 부록 B와 C에서는 벡터 공간과 행렬 대수 공식들을 다룬다.

2장에서처럼 기본 원리를 설명하고 그 개념이 API 내에서 어떻게 실현되었는지 보기 위해 간단한 응용프로그램을 개발할 것이다. 이 장에서 다루는 예제의 주안점은 입방체의 표현과 변환이다. 또한 대화적 방식으로 변환을 지정하고 그것을 부드럽게 적용하는 것에 대해서도 다루게 된다. 변환은 모델링과 구현 모두에서 중요한 역할을 하므로 애플리케이션 코드와 셰이더 모두에서 수행되는 변환 기능을 개발할 것이다.

3.1 스칼라, 점, 벡터

컴퓨터 그래픽스에서는 선분, 다각형, 다면체 같은 기하학적 객체들을 다룬다. 이러한 객체들은 3차원 공간상에 존재하고 길이나 각도 같은 개념을 이용해서 표현되는 성질을 가진다. 2차원 작업에서 보았듯이 몇 개의 단순한 개체들을 사용하여 대부분의 기하학적 객체를 정의할 수 있다. 단순한 기하학적 객체와 그들 사이의 관계는 세 가지 기본형인 스칼라, 점, 벡터에 의해서 기술될 수 있다.

각 기본형들을 기하학적 관점에서 다루겠지만 부록 B에서 보는 바와 같이 공리를 이용하여 형식적으로 정의할 수도 있다. 궁극적으로는 각 유형의 기하학적 실체를 사용하겠지만 각 개체의 추상적 정의와 특정 사례, 즉 그것의 구현을 세심히 구별하고자 한다. 이 시점에서 주의를 기울이면 나중에 미묘한 함정을 피할 수 있다. 우리는 3차원 공간에서 작업하겠지만 거의 모든 결과가 n차원 공간에서 그대로 적용될 수 있다.

3.1.1 기하학적 객체

가장 기본적인 기하학적 객체는 점이다. 3차원 기하 시스템에서 점은 공간 내 위치이다. 점이 가진 유일한 성질은 점의 위치이다. 수학적 점은 크기나 형상도 가지지 않는다.

점은 기하학적 객체를 지정하는데 유용하지만 점 자체만으로는 충분하지 않다. 두 점 사이의 거리와 같은 크기를 나타내기 위해서 실수가 필요하다. 허수도 가끔 사용되지만 실수는 **스칼라**의 대표적인 예이다. 스칼라는 산술 연산을 추상화한 규칙들을 따르는 객체이다. 덧셈과 곱셈이 정의되며 교환법칙이나 결합법칙과 같은 친숙한 규칙을 따른다. 모든 스칼라는 곱셈과 덧셈에 대한 역원을 가지며 그것들에 의해서 뺄셈과 나눗셈이 함축적으로 정의된다.

방향을 다루기 위해서는 벡터라고 하는 또 다른 유형의 객체가 필요하다.[1)] 물리나 수학에서는 방향과 크기를 갖는 양에 대해서 벡터라는 용어를 사용한다. 속도나 힘과 같은 물리량은 벡터이다. 그러나 **벡터**는 공간 내에서 고정된 위치를 갖지 않는다.

컴퓨터 그래픽스에서는 흔히 두 점을 방향성 선분으로 연결한다(그림 3.1). 선분은 크기와 방향을 가지므로 벡터이다. 벡터들은 고정된 위치를 갖지 않는다. 따라서 그림 3.2에 보이는 방향성 선분들은 같은 방향과 크기를 갖기 때문에 동일한 벡터이다. 우리는 때로 벡터(vector)와 방향성 선분(directed line segment)을 같은 의미로 사용한다.

실수를 사용해서 벡터의 길이를 바꿀 수 있다. 그림 3.3(a)에서 선분 A는 선분 B와

---

1) GLSL이 사용하고 우리의 클래스에서 사용한 vec3와 같은 타입은 기하학적 타입이 아니라 기억장소 타입이다. 따라서 점, 벡터 또는 색에 관한 정보를 저장하기 위해서 vec3를 사용할 수 있다. 아쉽게도 GLSL에서 선택한 이름들이 혼란을 일으킬 수 있다.

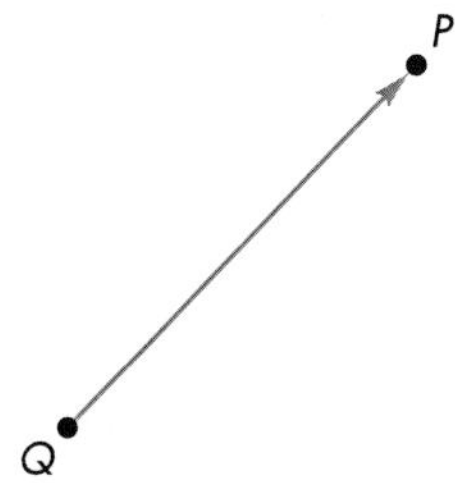

● 그림 3.1 ● 두 점을 연결하는 방향성 선분

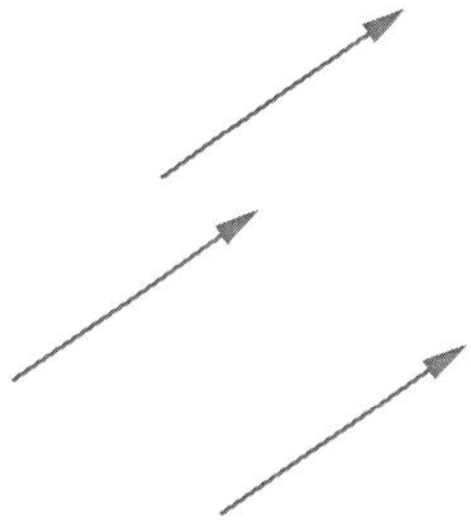

● 그림 3.2 ● 동일한 벡터들

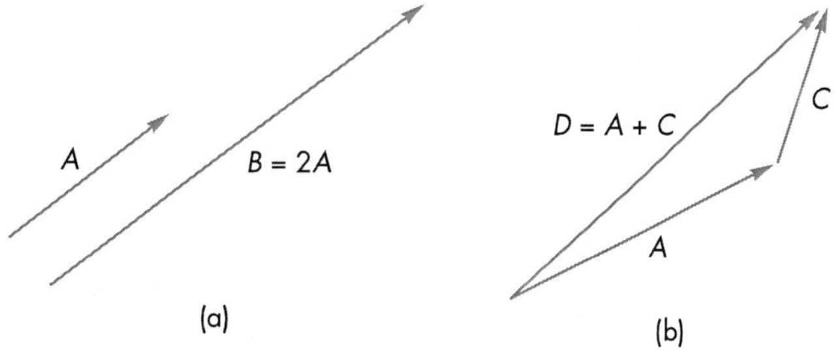

● 그림 3.3 ● (a) 평행인 선분들 (b) 선분의 합

같은 방향이지만 B의 길이가 A의 2배이므로 $B = 2A$라고 쓸 수 있다. 또한 그림 3.3(b)에 보이는 것처럼 **수미연결규칙**(head-to-tail rule)에 의해서 방향성 선분들을 연결할 수 있다. 여기서 벡터 A의 머리를 벡터 C의 꼬리에 연결하여 A의 꼬리에서 C의 머리를 향하는 방향성 선분으로 새로운 벡터 D를 형성한다. 이 새로운 벡터 D를 A와 C의 합, 즉 $D = A + C$라고 부른다. 벡터들이 고정된 위치를 갖지 않으므로 두 벡터들의 합을 그림으로 구할 때 그것들을 필요한 만큼 이동할 수 있다. 지금까지 두 벡터의 덧셈과 벡터에 스칼라를 곱하는 두 개의 기본적인 연산을 설명했다.

그림 3.4에 보이는 A, E처럼 같은 크기를 갖고 반대 방향인 두 개의 방향성 선분을 생각해 보면 수미연결규칙에 의해 정의된 합은 길이가 0이 된다. 크기가 0인 이 벡터를 **영벡터**라고 하며 **0**으로 나타낸다. 이 벡터는 길이가 없기 때문에 방향이 정의되지 않는다. E를 A의 **역원**이라고 하며 $E = -A$로 기술한다. 비슷한 논의에 의해서 $A + 2B - 3C$와 같은 스칼라-벡터 연산식이 의미가 있다.

벡터에 스칼라를 곱함으로써 그 길이를 바꿀 수 있지만 두 개의 점 사이에 작용해서 새로운 점을 구하는 의미 있는 연산은 없다. 뿐만 아니라 점과 스칼라 사이에 작용해서 점을 구하는 연산도 존재하지 않는다. 그러나 그림 3.5에 보이는 것처럼 점과 방향성 선분(벡터) 사이에 작용하는 연산은 존재한다. 하나의 점에서 다른 점으로 이동하기 위해

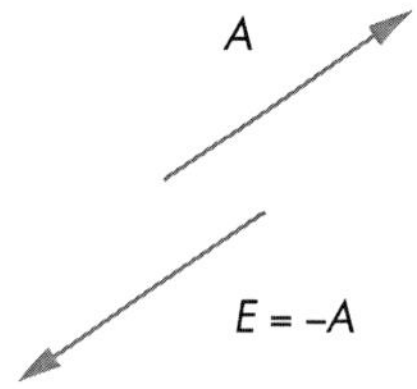

● 그림 3.4 ● 역 벡터들

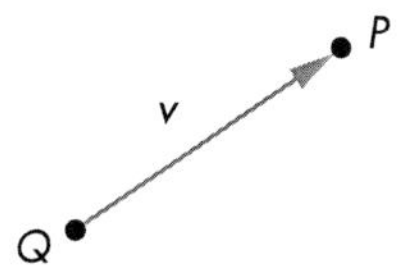

● 그림 3.5 ● 점-벡터 덧셈

서 방향성 선분을 사용할 수 있다. 이 연산을 **점-벡터 덧셈**이라고 하며 이 연산은 새로운 점을 만든다. 이 연산을 $P = Q + v$라고 쓸 수 있다. 벡터 v가 점 Q를 새로운 위치 P로 이동시킴을 볼 수 있다.

조금 다른 관점에서 보면 임의의 두 점은 선분, 즉 두 점 사이의 벡터를 정의한다. 이 연산을 **점-점 뺄셈**이라고 하며 $v = P - Q$라고 쓴다. 벡터에 스칼라가 곱해질 수 있으므로 스칼라, 벡터, 점이 포함된 $P + 3v$, $2P - Q + 3v$와 같은 표현은 의미가 있고 $P + 3Q - v$와 같은 표현은 의미가 없다.

3.1.2 좌표계에 의존하지 않는 기하

점은 좌표계와 상관없이 공간상에 존재한다. 점을 정의하기 위해서 좌표계가 필요한 것은 아니다. 이 사실은 우리의 경험과 맞지 않아 보이지만 기하를 이해하고 그래픽스 시스템을 구축하는데 중요한 점이다. 그림 3.6에 보이는 2차원의 예를 보자. 두 개의 축으로 정의된 좌표계와 단순한 기하적 객체인 정사각형이 있다. 정사각형의 좌하단의 점을 (1, 1)이라는 좌표로 참조할 수 있다. 정사각형의 변들은 직교하며 (3, 1)의 점은 (1, 1)의 점에서 두 단위 떨어진 것을 알 수 있다. 이제 그림 3.7에 보이는 것처럼 좌표축들을 제거해 보자. 이제는 더 이상 점들이 어디에 있는지를 지정할 수 없다. 그러나 이 점들의 위치는 임의의 위치와 방향을 갖는 원래의 좌표축에 상대적으로 지정되었던 것이다. 더 중요한 것은 근본적인 기하학적 관계는 유지된다는 점이다. 정사각형은 여전히 정사각형이다. 직교하는 선들은 여전히 직교하고 점들 간의 거리도 변함이 없다.

물론 "건너편의 저 점" 또는 "빨간 점 오른쪽에 파란 점"이라는 식으로 점을 참조할

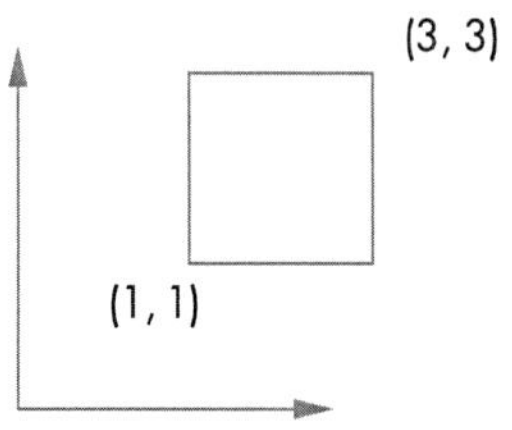

● 그림 3.6 ● 객체와 좌표계

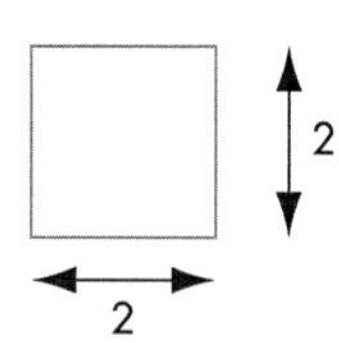

● 그림 3.7 ● 좌표계가 없는 객체

수는 없다. 좌표계와 프레임(3.3절)이 참조문제를 해결하겠지만 지금은 할 수 있는데 까지 참조 시스템을 도입하지 않고 논의를 진행하려고 한다.

3.1.3 수학적 관점: 벡터와 어파인 공간

스칼라, 점, 벡터들을 수학적인 집합의 원소들로 보고 이들을 표현하고 조작하기 위한 다양한 추상적 공간들을 생각할 수 있다. 수학자들은 미분방정식의 풀이에서 수학적 함수의 근사에 이르는 응용문제들을 다루기 위해서 이러한 공간들을 다양하게 연구해 왔다. 우리가 흥미를 갖는 벡터 공간, 어파인 공간, 유클리드 공간 등에 대한 형식적 정의는 부록 B에 있다. 우리는 원소들이 기하학적 형들인 예에만 관심을 가진다.

스칼라 집합부터 살펴보자. 한 쌍의 스칼라는 덧셈과 곱셈이라는 두 개의 연산자를 통해서 결합되어 또 다른 스칼라를 생성한다. 만일 이 연산들이 부록 B에 보인 것처럼 닫힘성, 결합법칙, 교환법칙, 역원 성질 등을 따르면 이 원소들은 **스칼라 체**(scalar field)를 구성한다. 우리에게 낯익은 스칼라는 실수, 복소수, 유리수 등이다.

가장 중요한 수학적 공간은 **(선형)벡터 공간**((linear) vector space)일 것이다. 벡터 공간은 벡터와 스칼라라는 구별되는 두 종류의 개체들을 포함한다. 스칼라들을 결합하는 규칙들에 덧붙여 벡터 공간에서 **스칼라-벡터 곱**과 **벡터-벡터 합**의 규칙을 통해서 새로운 벡터를 구성할 수 있다. 수학적인 벡터 공간들의 예는 실수의 n-튜플(n-tuple)과 우리가 다루는 방향성 선분들에 대한 기하학적 연산 등이다.

선형 벡터 공간에서 스칼라량을 측정하는 방법이 필수적인 것은 아니다. **유클리드 공간**(Euclidean space)은 크기나 거리가 추가되고 선분의 길이와 같은 것을 정의할 수 있도록 확장된 벡터 공간이다.

어파인 공간(affine space)은 또 다른 객체인 점(point)을 포함하는 확장된 벡터 공간이다. 두 점들 사이에서나 점과 스칼라 사이에 작용하는 연산은 없지만 새로운 점을 만드는 **벡터-점 덧셈**이 있다. 두 점으로부터 하나의 벡터를 만드는 **점-점 뺄셈**이라고 하는 연산이 있다고도 할 수 있다. 어파인 공간의 예에는 3.1.1절에서 소개된 점과 방향성 선분에 대한 기하학적 연산들이 포함된다.

이러한 추상적 공간들에서 객체들은 특정 표현에 독립적으로 정의될 수 있다. 그들은 단순히 다양한 집합들의 원소일 뿐이다. 벡터 공간의 주요 개념 중 하나는 하나의 벡터를 기저 벡터들의 집합으로 표현하는 것이다. 표현(3.3절)은 추상적인 객체들과 그 구현을 이어주는 고리 역할을 하고 표현들 사이에서의 전환은 기하학적 변환으로 이어진다.

3.1.4 컴퓨터과학의 관점

수학자들은 스칼라, 점, 벡터들을 공리에 따라 결합되는 집합의 원소로 보기를 좋아하겠지만 컴퓨터과학자들은 그것들을 **추상자료형**(Abstract Data Type, ADT)으로 보는 것을 선호한다. ADT는 데이터에 대한 연산들의 집합이다. 그 연산들은 데이터가 내부적으로 어떻게 표현되고 연산들이 어떻게 구현되는지에 독립적으로 정의된다. 자료 추상화의 개념은 현대 컴퓨터과학의 근본이다. 예를 들면 리스트에 하나의 원소를 추가하는 연산이나 두 개의 다항식을 곱하는 연산은 리스트가 어떻게 저장되며 실수가 특정 컴퓨터에서 어떻게 표현되는지에 독립적으로 정의될 수 있다. 이 개념에 익숙한 사람들은 객체(그리고 객체에 대한 연산)와 특정 시스템에서 객체의 표현(또는 구현)을 구별하는 데 어려움이 없다. 계산적 관점에서는 특정 시스템에서 객체들의 내부적인 표현이나 구현에 무관하게 기하학적 객체들을 다음과 같은 코드로 선언할 수 있을 것이다.

```
vector u, v;
point p, q;
scalar a, b;
```

C++같은 객체지향 언어에서 클래스와 연산자 중복 같은 언어 기능을 사용할 수 있으므로 기하학적 자료형을 사용하여 다음과 같은 코드를 작성할 수 있다.

```
q = p+a*v;
```

물론 먼저 필요한 연산을 수행하는 함수를 정의해야 한다. 이 함수를 작성하기 위해서는 구현하고자 하는 수학 함수를 살펴보아야 한다. 먼저 객체들을 정의한 다음에 그들 사이의 연산에 대한 도움을 받기 위해서 추상적 수학적 공간들을 살펴볼 것이다.

3.1.5 기하학적 ADT들

스칼라, 점, 벡터에 대한 앞의 세 가지 관점은 기하학적 개체들을 다루기 위한 수학적이고 계산적인 틀을 제공한다. 컴퓨터 그래픽스에서 스칼라는 통상적인 덧셈과 곱셈을 사용하는 실수이다. 점은 공간 내의 위치이고 벡터는 방향성 선분이다. 이 객체들은 어파인 공간의 규칙들을 따른다. 우리는 또한 그에 해당하는 ADT를 프로그램에 구현할 수 있다.

다음으로는 이 세 가지를 사용해서 기하학적 객체를 형성하고 그들 사이의 연산을 실행하는 것을 다룬다. 우리는 다음과 같은 표기를 사용한다.

- 그리스 문자 α, β, γ: 스칼라
- 대문자 P, Q, R: 점
- 소문자 u, v, w: 벡터

아직 좌표계와 같은 참조 시스템을 아무것도 소개하지 않았다. 따라서 벡터와 점에 대한 이 표기는 특정 참조 시스템에 대한 표현이 아니라 추상적인 객체들을 가리킨다. 3.3절에서 특정 참조 시스템에 대한 표현을 위해서 볼드체 문자를 사용한다. 벡터 v의 **크기**(magnitude)는 $|v|$로 표기되는 실수이다. 벡터-스칼라 곱 연산은 다음 특성을 가진다(부록 B를 보자).

$$|\alpha v| = |\alpha||v|$$

αv의 방향은 α가 양수이면 v의 방향과 같고 음수이면 반대방향이다.

점과 벡터를 관련짓는 등가적인 두 개의 연산이 있다. 첫 번째는 다음 식에 의해서 벡터 v를 만들어내는 연산인 두 점 P와 Q의 뺄셈이다.

$$v = P - Q$$

점 Q와 벡터 v가 주어지면 앞의 관계식을 만족하는 유일한 점 P가 존재한다. 달리 말하면 Q와 v가 주어지면 다음을 만족하는 P가 존재한다.

$$P = Q + v$$

따라서 P는 점-벡터 합 연산에 의해서 구성된다. 그림 3.8은 이 연산의 시각적 해석을 보여준다. 수미연결규칙(head-to-tail rule)은 벡터-벡터 합을 시각화하는 편리한 방법을 제공한다. 그림 3.9(a)에서 보듯이 u의 꼬리에서 v의 머리를 연결하여 합 벡터를 그림으로써 합 벡터 $u + v$를 얻을 수 있다. 또한 그림 3.9(b)에서 설명되듯이 이 시각화를 사용해서 임의의 세 점 P, Q, R에 대해 다음이 만족됨을 보일 수도 있다.

$$(P - Q) + (Q - R) = P - R$$

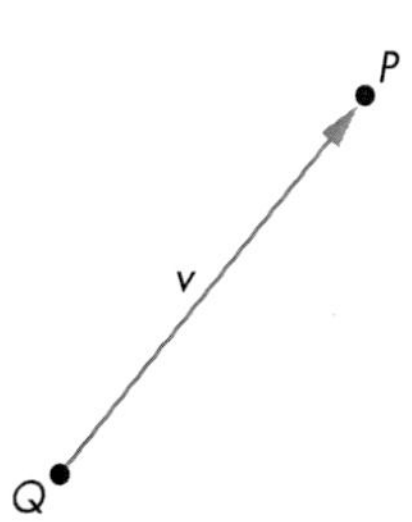

● 그림 3.8 ● 점-점 뺄셈

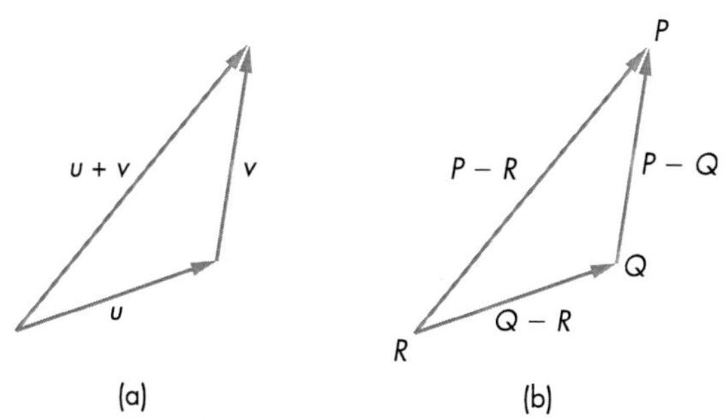

● 그림 3.9 ● 수미연결규칙의 사용, (a) 벡터들에 대한 사용 (b) 점들에 대한 사용

3.1.6 직선

점과 벡터의 합(또는 두 점의 뺄셈)을 이용해서 어파인 공간에서 직선을 나타낼 수 있다. 다음 식을 만족하는 모든 점들을 생각해 보자.

$$P(\alpha) = P_0 + \alpha d$$

여기서 P_0는 임의의 점, d는 임의의 벡터, α는 스칼라이다. 어파인 공간에서 점, 벡터, 스칼라를 결합하기 위한 규칙이 주어질 때 임의의 α값에 대해서 $P(\alpha)$를 계산하면 점이 산출된다. 기하학적 벡터(방향성 선분)에 대해서는 그림 3.10에서 보듯이 이 점들이 직선상에 위치한다. 매개변수 α를 변경함으로써 직선 위의 점들이 생성되기 때문에 이런 형식을 직선의 **매개변수 형식**(parametric form)이라고 한다. $\alpha = 0$일 때 직선은 점 P_0를 지나고 α가 증가함에 따라 생성되는 모든 점이 벡터 d의 방향으로 위치한다. 만약 α를 음수가 아닌 값으로 제한한다면 P_0에서 방사되어 d의 방향으로 가는 **방사선**(ray)을 얻는다. 따라서 직선은 양방향으로 무한히 길고 선분은 두 점 사이의 선 조각이며 방사선은 한 방향으로 무한히 길다.

3.1.7 어파인 합

어파인 공간에서 두 벡터의 합, 벡터와 스칼라의 곱, 벡터와 점의 합이 정의되는 반면 임의의 두 점의 합과 점과 스칼라의 곱은 정의되지 않는다. 그러나 이러한 연산의 요소를 갖는 **어파인 합**이라고 하는 연산이 있다. 임의의 점 Q, 벡터 v, 양의 스칼라 α에 대하여

$$P = Q + \alpha v$$

는 그림 3.11에서 보듯이 Q에서 v 방향의 직선 위에 모든 점들을 나타낸다. 그러나 다음을 만족하는 점 R을 항상 찾을 수 있다.

$$v = R - Q$$

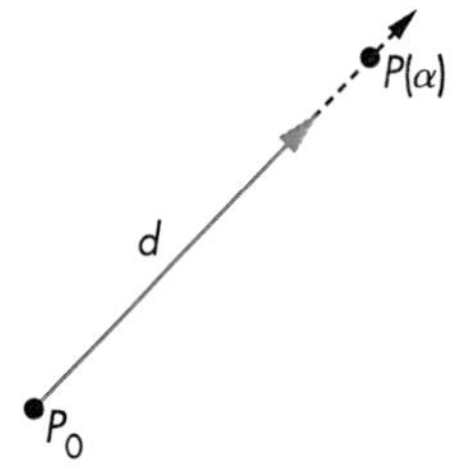

● 그림 3.10 ● 어파인 공간 내 직선

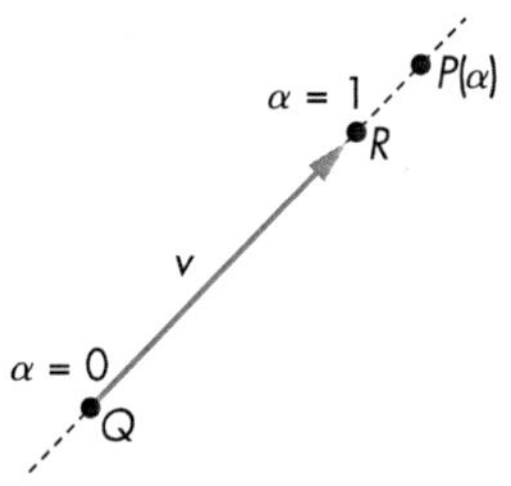

● 그림 3.11 ● 어파인 합

그러므로

$$P = Q + \alpha(R - Q) = \alpha R + (1 - \alpha)Q$$

이다. 이 연산은 두 점의 합처럼 보이고 다음과 같은 동등한 식으로 유도된다.

$$P = \alpha_1 R + \alpha_2 Q$$

단, $\alpha_1 + \alpha_2 = 1$이다.

3.1.8 볼록함(convexity)

볼록한(convex) 객체는 객체 내에 임의의 두 점을 연결하는 선분 상의 모든 점이 객체 내에 있는 객체이다. 2장에서 다각형에 대한 볼록함의 중요성을 보았다. $0 \leq \alpha \leq 1$에 대하여 어파인 합은 그림 3.12에 보듯이 R과 Q를 연결하는 선분을 정의한다. 그러므로 이 선분은 볼록한 객체이다. n개의 점 $P_1, P_2, \cdots, P_n$에 의해 정의되는 객체를 포함하도록 어파인 합을 확장할 수 있다. 다음 식을 보자.

$$P = \alpha_1 P_1 + \alpha_2 P_2 + \cdots + \alpha_n P_n$$

이 합은 다음의 필요충분조건이 만족할 때 정의됨을 귀납법으로 보일 수 있다(연습문제 3.29).

$$\alpha_1 + \alpha_2 + \cdots + \alpha_n = 1$$

추가적인 제한 $\alpha_i \geq 0$, $i = 1, 2, \cdots, n$에서 n개 점의 어파인 합에 의하여 만들어진 점들의 집합은 점 집합의 **컨벡스 헐**(convex hull)이라고 한다(그림 3.13). 컨벡스 헐이 $\{P_1, P_2, \cdots, P_n\}$에서 점들의 쌍을 연결하는 모든 선분을 포함하는 것은 쉽게 확인할 수 있다. 기하학적으로 컨벡스 헐은 꼭 맞는 면을 주어진 점들의 집합 위로 잡아 늘림으로 생성되는 점들의 집합이다. 즉, 주어진 점들을 축소 포장(shrink wrapping)함으로써 얻어진다. 그것은 점들의 집합을 포함하는 가장 작은 볼록 객체이다. 볼록함의 개념은 곡

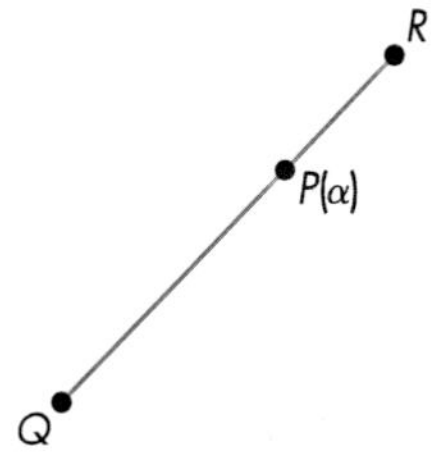

● 그림 3.12 ● 두 점을 연결하는 선분

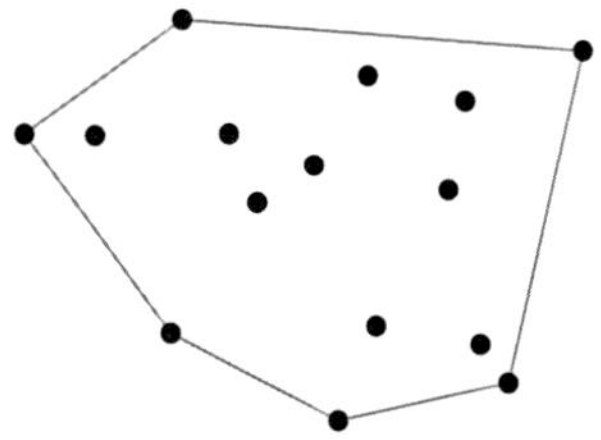

● 그림 3.13 ● 컨벡스 헐

선과 곡면의 설계에서 매우 중요하다. 10장에서 이 주제를 다시 다룬다.

3.1.9 내적(dot product)과 외적(cross product)

두 벡터의 방향과 관련된 많은 기하학적 개념은 **내적**과 **외적**을 이용해서 기술된다. u와 v의 내적은 $u \cdot v$로 표기한다(부록 B 참조). $u \cdot v = 0$이면 u와 v는 **직교**한다고 말한다. 유클리드 공간에서 벡터 크기의 제곱은 다음과 같은 내적으로 주어진다.

$$|u|^2 = u \cdot u$$

두 벡터 사이의 각은 다음과 같이 주어진다.

$$\cos\theta = \frac{u \cdot v}{|u||v|}$$

또한 $|v| \cos\theta = u \cdot v/|u|$는 그림 3.14에 보이는 바와 같이 v의 u상의 직교 투영이다. 따라서 내적과 관련된 기하학적 결과의 하나는 한 점(벡터 u의 끝)으로부터 선분 v까지의 최단거리는 u의 끝점에서 v에 수직인 벡터를 그림으로써 얻어진다는 것이다. 또한 벡터 u는 v상의 직교 투영과 v에 직교하는 벡터의 합으로 구성됨을 알 수 있다.

선형조합(linear combination)은 스칼라-벡터 곱으로 된 항들의 합이다. 벡터 공간에서 하나의 벡터를 다른 벡터들의 선형조합으로 표현할 수 없을 때 이 벡터들을 **선형 독립적**(linearly independent)이라고 한다. 벡터 공간은 **차원**(dimension)을 갖는데 이것은 선형 독립적인 벡터 개수의 최댓값이다.

3차원 공간에서 선형 독립인 세 벡터가 주어지면 내적을 사용하여 각각이 다른 두 벡터에 직교하는 세 개의 벡터를 구성할 수 있다(부록 B 참조). 두 개의 평행하지 않은 벡터 u와 v를 사용하여 이 두 벡터에 직교하는 세 번째 벡터 n을 구할 수 있다(그림 3.15). 이 벡터는 다음과 같이 **외적**에 의해 주어진다.

$$n = u \times v$$

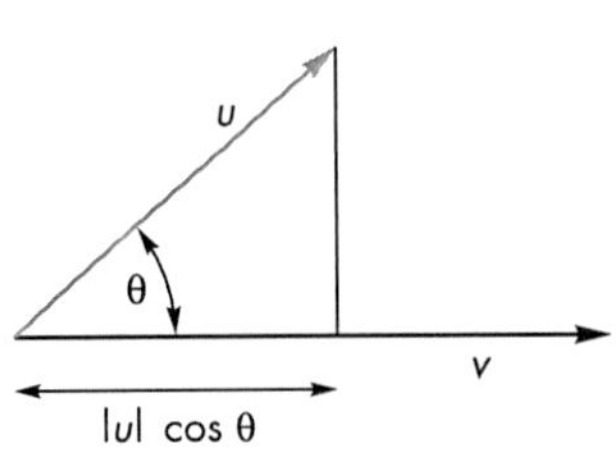

● 그림 3.14 ● 내적과 투영

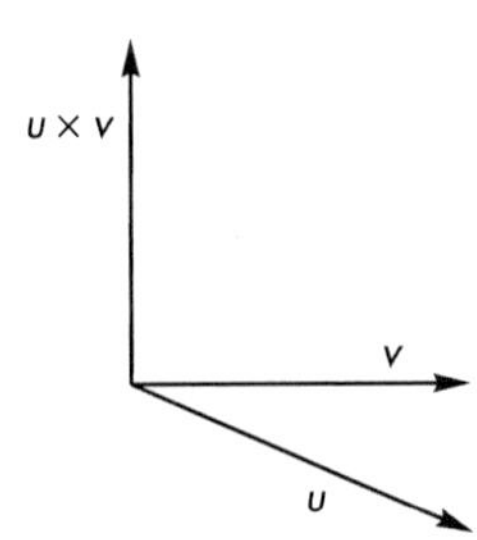

● 그림 3.15 ● 외적

3차원 공간상의 평행하지 않은 임의의 두 벡터로부터 외적을 사용하여 서로 직교하는 세 개의 벡터들을 유도할 수 있다. 먼저 위에서처럼 u와 v로부터 n을 구한 후 다음과 같이 w를 구한다.

$$w = u \times n$$

u, n, w는 서로 직교한다.

부록 C에는 벡터의 표현을 이용해서 외적을 직접 계산하는 방법을 설명하고 있다. 외적의 크기는 u와 v 사이의 각도 θ의 사인(sine)으로 구한다.

$$|\sin\theta| = \frac{|u \times v|}{|u||v|}$$

벡터 u, n, w은 **오른손 좌표계**(right-handed coordinate system)를 형성한다는 것을 주의하라. 즉, u가 오른손의 엄지방향을 가리키고 v가 검지방향을 가리키면 n은 중지방향을 가리킨다.

3.1.10 평면

어파인 공간에서 평면(plane)은 매개변수형 직선을 직접 확장함으로써 정의할 수 있다. 동일 직선상에 있지 않은 세 점은 하나의 평면을 결정한다. 어파인 공간에 세 점 P, Q, R이 있다고 가정하자. P와 Q를 잇는 선분은 다음 식을 만족하는 점들의 집합이다.

$$S(\alpha) = \alpha P + (1 - \alpha)Q, \qquad 0 \le \alpha \le 1$$

이 선분 위의 임의의 점을 선택하고 그림 3.16에서 보듯이 이 점에서 R까지 선분을 형성해 보자. 두 번째 매개변수 β를 사용하여 다음과 같이 선분을 따라 점을 그릴 수 있다.

$$T(\beta) = \beta S + (1 - \beta)R, \qquad 0 \le \beta \le 1$$

이런 점들은 α와 β에 의해 결정되고 P, Q, R에 의해 결정되는 평면을 형성한다. 앞의 두 식을 결합하면 평면의 식을 얻는다.

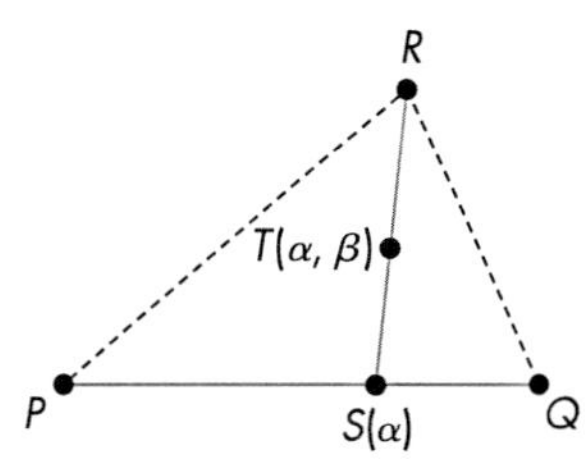

● 그림 3.16 ● 평면의 형성

$$T(\alpha, \beta) = \beta[\alpha P + (1-\alpha)Q] + (1-\beta)R$$

다음 형식으로 이 식을 재정렬할 수 있다.

$$T(\alpha, \beta) = P + \beta(1-\alpha)(Q-P) + (1-\beta)(R-P)$$

$Q - P$와 $R - P$는 임의의 벡터이고 평면이 한 점과 평행하지 않은 두 벡터로부터 결정되는 것을 보였으므로 다음과 같이 P_0, u, v에 의해 결정되는 평면의 식을 쓸 수 있다.

$$T(\alpha, \beta) = P_0 + \alpha u + \beta v$$

T를 다음과 같이 쓰면

$$T(\alpha, \beta) = \beta\alpha P + \beta(1-\alpha)Q + (1-\beta)R$$

$\alpha' + \beta' + \gamma' = 1$이 만족되는 조건 하에서 다음과 같다.

$$T(\alpha, \beta', \gamma) = \alpha' P + \beta' Q + \gamma' R$$

$(\alpha', \beta', \gamma')$를 이용한 점의 표현을 **중심좌표**(barycentric coordinate) 표현이라고 한다.

$0 \le \alpha, \beta \le 1$인 $T(\alpha, \beta)$의 모든 점은 P, Q, R에 의해 형성되는 삼각형 안에 있다. 점 P가 평면에 있다면 다음과 같다.

$$P - P_0 = \alpha u + \beta v$$

그림 3.17에 보이는 바와 같이 u와 v에 직교하는 벡터 w를 찾을 수 있다. 외적 $n = u \times v$을 이용하면 평면의 방정식은 다음과 같다.

$$n \cdot (P - P_0) = 0$$

벡터 n은 평면에 수직, 즉 직교하고 이를 평면의 **법선**(normal)이라고 한다. 매개변수 α, β의 각 값에 대해 공간에서 점의 값을 나타내기 때문에 직선에 대한 $P(\alpha)$와 평면에 대한 $T(\alpha, \beta)$ 형태를 **매개변수형**(parametric form)이라고 한다.

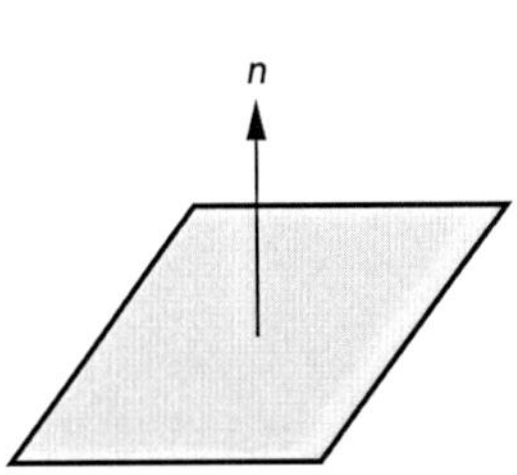

● 그림 3.17 ● 평면의 법선

3.2 3차원 기본 요소

3차원 세계에서는 2차원에서 보다 훨씬 다양한 기하학적 객체를 가질 수 있다. 2장에서 2차원 평면에서 작업할 때 선분 같은 단순 곡선 객체와 다각형 같은 내부를 가진 객체를 살펴보았다. 3차원에서도 이와 같은 객체들이 사용되지만 동일 평면상에 있어야 하는 제한은 없다. 그러므로 곡선은 공간 내 곡선이 되고(그림 3.18) 내부를 가진 객체는 공간에서 곡면이 될 수 있다(그림 3.19). 나아가서 평행 육면체와 타원체 같이 부피가 있는 객체를 가질 수 있다(그림 3.20).

그래픽스 시스템이 이런 모든 가능성을 통합하여 확장될 때 두 가지 문제에 직면한다. 첫째는 이런 객체들의 수학적 정의가 복잡하게 될 수 있다는 점이다. 둘째는 그래픽스 시스템에서 효율적인 구현이 가능한 객체만 관심을 둔다는 점이다. 근사 방법을 제외하고는 현존하는 그래픽스 시스템상에서 모든 3차원 객체를 지원할 수 없다.

기존 그래픽스 하드웨어 및 소프트웨어와 잘 맞는 3차원 객체들의 특징 세 가지는 다음과 같다.

1. 객체는 표면에 의해 기술되고 속이 비었다고 간주한다.
2. 객체는 3차원 공간 내 정점들의 집합으로 명시될 수 있다.
3. 객체는 평면 볼록 다각형으로 구성되거나 근사될 수 있다.

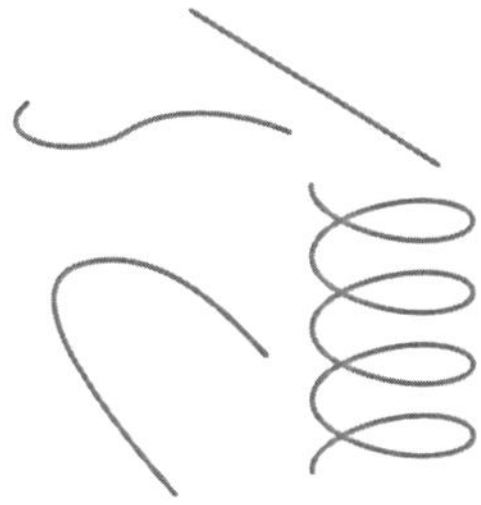

● 그림 3.18 ● 3차원 상의 곡선

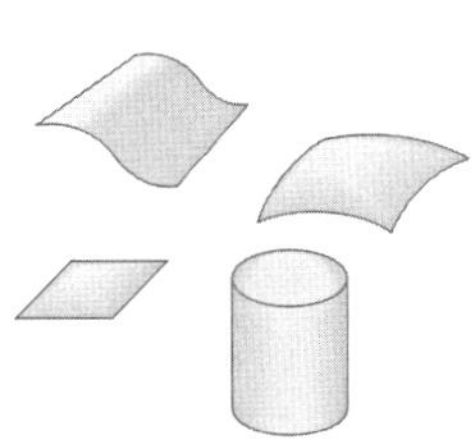

● 그림 3.19 ● 3차원 상의 곡면

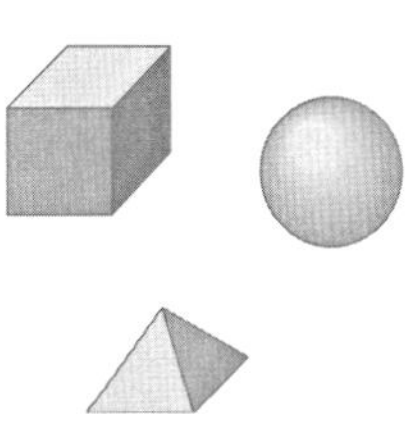

● 그림 3.20 ● 입체 객체

대부분 현대 그래픽스 시스템이 가장 잘 하는 일이 삼각형이나 삼각형 메시를 렌더링하는 일임을 생각해 보면 이 조건들을 이해할 수 있다. 보통의 그래픽스 카드는 초당 1억 개 이상의 작은 삼각형을 렌더링할 수 있다. 그래픽스 시스템들에서 성능은 흔히 삼각형 띠에 의해서 생성되는 3차원 삼각형의 개수로 표현된다. 또한 이 삼각형들에 음영이 가해지고 텍스처 매핑이 이루어지는데 이것들은 오늘날 그래픽스 카드에 하드웨어로 구현된 기능들이다.

첫 번째 조건은 3차원 객체를 모델링하는데 2차원 기본 요소만 필요하다는 것을 의미한다. 표면은 3차원이 아닌 2차원 객체이기 때문이다. 두 번째 조건은 1, 2장 지식의 확장이다. 객체가 정점들에 의해 정의된다면 고속으로 정점들을 처리하기 위해 파이프라인 구조를 사용할 수 있고 래스터화 단계에 이르러서 객체의 이미지를 생성하는 하드웨어를 사용할 수 있다. 마지막 조건은 2차원 다각형에 대한 논의로부터의 확장이다. 대부분의 그래픽스 시스템은 점과 선분과 다각형을 처리하기 위해 최적화된다. 3차원상의 삼각형은 순서가 고려된 세 개의 정점들에 의해 정의된다.

그러나 3개 이상의 정점에 의해 정의되는 일반적인 다각형에서는 정점들이 동일 평면에 존재하지 않을 수 있고 이 경우 객체의 내부를 정의하는 간단한 방법이 없다. 따라서 대부분의 그래픽스 시스템은 사용자가 단순 평면 다각형을 명시할 것을 요구하고 만일 그렇지 않으면 다각형을 화면에 그린 결과는 프로그래머가 바라는 것이 아닐 수 있다. 삼각형은 항상 평면이기 때문에 모델링 시스템은 항상 삼각형을 만들도록 설계되거나 그래픽스 시스템은 임의의 다각형을 삼각형으로 분할(tessellate)하는 방법을 제공한다. 이와 같은 논거를 구와 같은 곡면체에 적용하면 작은 평면 다각형들로 구성된 구의 근사체를 사용해야 함을 알게 된다. 그러므로 모델링 시스템이 곡면체를 제공할지라도 구현에 있어서는 다각형 근사가 사용된다고 가정한다.

이런 접근의 주된 예외는 **구성형 입체기하**(constructive solid geometry, CSG)이다. 이런 시스템에서는 적은 수의 입체 객체로부터 합집합과 교집합 같은 집합 연산으로 객체를 구축한다. 8장에서 CSG 모델을 다룰 것이다. 이런 접근이 모델링에 대해서는 우수하지만 CSG 모델의 렌더링은 표면 기반 다각형 모델의 렌더링보다 더욱 어렵다. 이런 상황이 앞으로는 달라질 수도 있겠지만 표면 렌더링만을 상세하게 논의할 것이다.

다루게 될 모든 기본 요소는 정점의 집합으로 명시할 수 있다. 추상 객체에서 실제 객체로 갈 때 그래픽스 시스템에서 사용할 수 있는 방법으로 공간에서 어떻게 점을 표현할 수 있는지를 고려해야 한다.

3.3 좌표계와 프레임

지금까지는 벡터와 점을 특정 좌표계에 대해서 표현하지 않고 추상적인 객체들로 간주했다. 3차원 벡터 공간에서는 임의의 세 개의 선형 독립적인 벡터 v_1, v_2, v_3를 이용해서 임의의 벡터 w를 유일하게 표현할 수 있다(부록 B 참조).

$$w = \alpha_1 v_1 + \alpha_2 v_2 + \alpha_3 v_3$$

스칼라 α_1, α_2, α_3는 **기저** v_1, v_2, v_3에 대한 w의 **성분**(component)이다. 이 관계들은 그림 3.21에 나타난다. 이 기저에 대한 w의 **표현**(representation)을 다음과 같은 열 행렬로 기술할 수 있다.

$$\mathbf{a} = \begin{bmatrix} \alpha_1 \\ \alpha_2 \\ \alpha_3 \end{bmatrix}$$

여기서 볼드체 문자는 특정 기저에서의 표현을 나타내는데 원래의 추상적인 벡터 w와 비교된다. 이 관계는 다음과 같다.

$$w = \mathbf{a}^T \begin{bmatrix} v_1 \\ v_2 \\ v_3 \end{bmatrix} = \mathbf{a}^T \mathbf{v}$$

여기서

$$\mathbf{v} = \begin{bmatrix} v_1 \\ v_2 \\ v_3 \end{bmatrix}$$

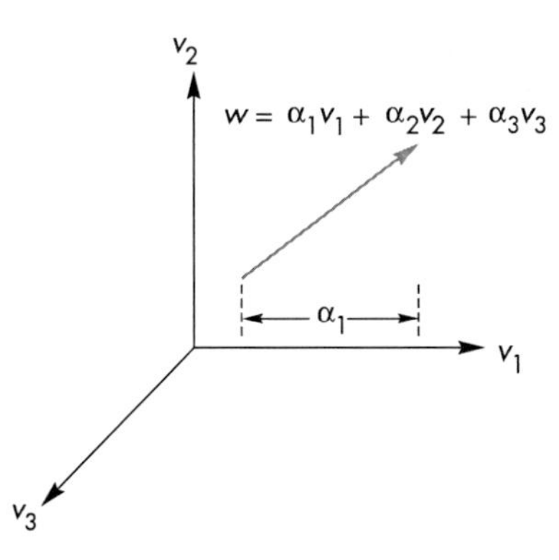

● 그림 3.21 ● 3개의 기저 벡터들에 의해 유도된 벡터

이다. 우리는 통상적으로 기저 벡터 v_1, v_2, v_3를 **좌표계**를 정의하는 것으로 생각할 수 있다. 그러나 점과 벡터와 스칼라를 사용하는 문제를 다루기 위해 좀 더 일반적인 방법이 필요하다. 그림 3.22는 문제점을 보여준다. 그림 3.22(a)에 보이는 것처럼 한 점에서 나오는 세 개의 벡터로 흔히 그리듯이 세 개의 벡터가 좌표계를 생성한다. 이 세 개의 기저 벡터들을 3차원 내 임의의 벡터를 표현하기 위한 기저로 사용할 수 있다. 그러나 벡터는 방향과 크기를 갖지만 위치 속성이 없으므로 그림 3.22(b)는 (a)와 동등하다. 기저 벡터는 이동했지만 크기와 방향은 바뀌지 않았기 때문이다. 수학적으로 두 번째 그림이 첫 번째 그림과 같은 정보를 표현하고 있지만 대부분의 사람들은 두 번째 그림을 혼란스럽게 생각한다. 고정된 위치를 갖는 개체인 점을 어떻게 표현할 것인가의 문제는 남아 있다.

어파인 공간은 점을 포함한다. 그러므로 이러한 공간에서는 한 번 참조점(원점)을 고정하면 모든 점을 모호하지 않게 표현할 수 있다. 그림 3.22(a)처럼 원점으로부터 나오면서 좌표축을 그리는 일반적인 관례는 점과 벡터 모두가 표현을 갖는 어파인 공간에서 이치에 맞는다. 그러나 이 표현은 기저 벡터와 참조점을 모두 요구하는데 그것을 **프레임**(frame)이라고 한다. 간단히 말하면 이런 확장은 벡터좌표계의 원점을 어떤 점 P_0에 고정한다. 주어진 프레임 내에서 모든 벡터는 벡터 공간에서와 마찬가지로 다음과 같이 유일하게 표기될 수 있다.

$$w = \alpha_1 v_1 + \alpha_2 v_2 + \alpha_3 v_3 = \mathbf{a}^T \mathbf{v}$$

뿐만 아니라 모든 점은 다음과 같다.

$$P = P_0 + \beta_1 v_1 + \beta_2 v_2 + \beta_3 v_3 = P_0 + \mathbf{b}^T \mathbf{v}$$

따라서 프레임 안에서 특정 벡터를 표현하기 위해서는 세 개의 스칼라가 필요하다. 점을 표현하기 위해서는 세 개의 스칼라와 원점이 어딘지에 대한 지식이 필요하다.

3.3.4절에서 보게 되듯이 더 친숙한 좌표계와 그 좌표계에서 기저의 개념을 포기하고 덜 친숙한 프레임의 개념을 받아들이면 크기와 방향은 갖지만 위치가 고정되지 않은 벡

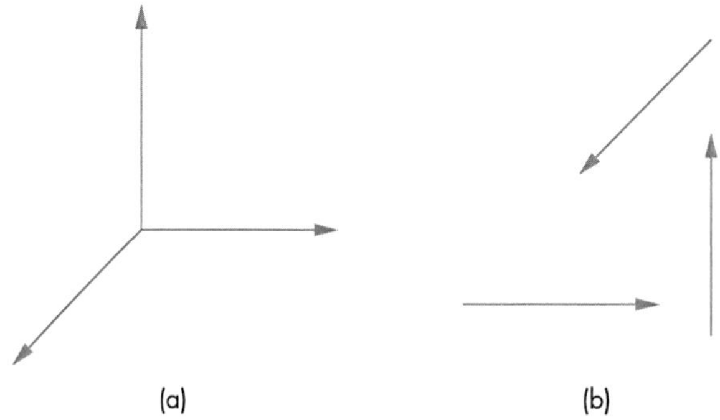

● 그림 3.22 ● (a) 공통된 점으로부터 나온 벡터에 의한 좌표계 (b) 옮겨진 벡터에 의한 좌표계

터에 의해서 일어나는 어려움을 피할 수 있다. 뿐만 아니라 행렬 표현으로 점과 벡터를 나타내면서도 두 다른 기하학적 유형 사이의 차이를 유지할 수 있다.

점과 벡터는 서로 다른 기하적 유형이므로 점을 원점에서 그 점까지의 방향성 선분으로 표현하는 시각적 표현은 의심스러운 것이다(그림 3.23). 따라서 그림 3.23의 올바른 해석은 주어진 벡터가 정해진 참조점(원점)으로부터 공간상의 특정점으로 향하는 것으로 정의될 수 있다는 것이다. 벡터도 점과 마찬가지로 참조 시스템과 무관하게 존재하지만 궁극적으로는 특정 참조 시스템에서의 표현으로 다루어야 됨을 기억한다.

3.3.1 표현과 N-튜플

벡터 e_1, e_2, e_3가 기저를 구성한다고 하자. 임의의 벡터 v의 표현은 다음 식에서의 성분들인 $(\alpha_1, \alpha_2, \alpha_3)$로 주어진다.

$$v = \alpha_1 e_1 + \alpha_2 e_2 + \alpha_3 e_3$$

기저벡터[2] 자신들도 다음과 같이 $\mathbf{e}_1, \mathbf{e}_2, \mathbf{e}_3$로 기술되는 표현을 가진다.

$$\mathbf{e}_1 = (1, 0, 0)^T$$

$$\mathbf{e}_2 = (0, 1, 0)^T$$

$$\mathbf{e}_3 = (0, 0, 1)^T$$

달리 말하면 3-튜플 (1, 1, 0)은 첫 번째 기저 벡터의 표현이다. 따라서 추상적 벡터의 관점에서 생각하기 보다는 임의의 벡터 v에 대한 표현을 열 행렬 $\mathbf{a}$나 3-튜플 $(\alpha_1, \alpha_2, \alpha_3)$로 나타낼 수 있다. 여기서,

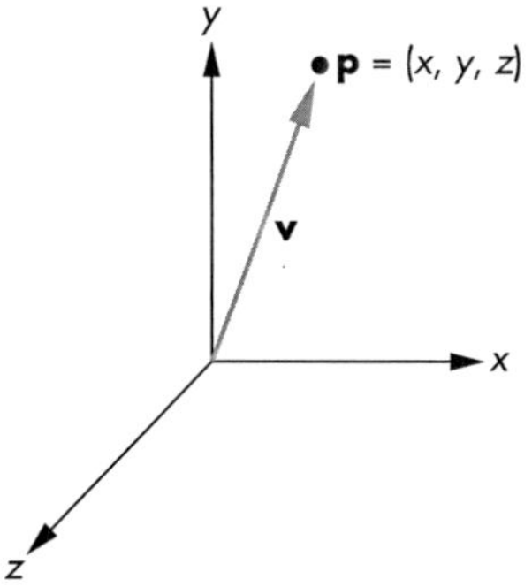

● 그림 3.23 ● 벡터의 위험한 표현

2) 벡터에 관한 많은 교재들에서 이 벡터들을 단위 벡터 **i**, **j**, **k**라고 하며 다른 벡터들을 $v = \alpha_1\mathbf{i} + \alpha_2\mathbf{j} + \alpha_3\mathbf{k}$의 형태로 기술한다.

$$\mathbf{a} = \alpha_1\mathbf{e}_1 + \alpha_2\mathbf{e}_2 + \alpha_3\mathbf{e}_3$$

이다. 기저 3-튜플인 $\mathbf{e}_1$, $\mathbf{e}_2$, $\mathbf{e}_3$는 우리에게 친숙한 유클리드 공간 $\mathbf{R}^3$의 벡터들이다. 벡터 공간 $\mathbf{R}^3$는 우리가 처음부터 다루었던 기하학적 벡터들의 벡터 공간과 등가적(동형, homomorphic)이다. 실제적으로는 대부분의 경우 다른 표현보다 3-튜플(일반적으로는 n-튜플)로 작업하는 것이 편리하다.

3.3.2 좌표계의 변경

기저 벡터를 변경할 때 벡터의 표현이 어떻게 바뀔지를 알아야 할 경우가 빈번하다. 예를 들어 OpenGL에서는 **객체 프레임** 또는 **모델 프레임**이라고 하는 모델에게 자연스러운 좌표계 또는 프레임을 이용해서 기하를 정의한다. 그런 다음 **세계 좌표계**로 옮겨진다. 우리는 어떤 위치에서 이 객체들이 카메라에 어떻게 보일지 알고 싶어진다. 이 위치에서 세계 프레임으로부터 카메라 프레임 또는 눈 프레임으로 전환하는 것이 자연스럽다. 객체 프레임에서 눈 프레임으로의 전환은 모델-관측행렬을 통해서 행해진다.

먼저 벡터에 대한 표현의 변경을 생각해 보자. $\{v_1, v_2, v_3\}$와 $\{u_1, u_2, u_3\}$가 두 기저라고 가정하자. 두 번째 집합의 각 기저 벡터는 첫 번째 기저를 이용해서 표현될 수 있다(역도 또한 같음). 따라서 다음을 만족하는 스칼라 성분 $\{\gamma_{ij}\}$가 존재한다.

$$u_1 = \gamma_{11}v_1 + \gamma_{12}v_2 + \gamma_{13}v_3$$
$$u_2 = \gamma_{21}v_1 + \gamma_{22}v_2 + \gamma_{23}v_3$$
$$u_3 = \gamma_{31}v_1 + \gamma_{32}v_2 + \gamma_{33}v_3$$

3 × 3 행렬

$$\mathbf{M} = \begin{bmatrix} \gamma_{11} & \gamma_{12} & \gamma_{13} \\ \gamma_{21} & \gamma_{22} & \gamma_{23} \\ \gamma_{31} & \gamma_{32} & \gamma_{33} \end{bmatrix}$$

은 이 스칼라들에 의해서 정의되고 다음과 같다.

$$\begin{bmatrix} u_1 \\ u_2 \\ u_3 \end{bmatrix} = \mathbf{M} \begin{bmatrix} v_1 \\ v_2 \\ v_3 \end{bmatrix}$$

즉,

$$\mathbf{u} = \mathbf{Mv}$$

이다. $\mathbf{M}$은 하나의 기저에서 벡터의 표현으로부터 다른 기저에서의 표현으로 갈 수 있는 정보를 포함한다. $\mathbf{M}$의 역은 $\{u_1, u_2, u_3\}$에서 $\{v_1, v_2, v_3\}$로 변경의 행렬 표현을 나타낸다. $\{u_1, u_2, u_3\}$에 대해서 $\{\alpha_1, \alpha_2, \alpha_3\}$의 표현을 갖는 벡터 w를 생각해 보자. 즉,

$$w = \alpha_1 v_1 + \alpha_2 v_2 + \alpha_3 v_3$$

등가적으로,

$$w = \mathbf{a}^T \mathbf{v}$$

여기서,

$$\mathbf{a} = \begin{bmatrix} \alpha_1 \\ \alpha_2 \\ \alpha_3 \end{bmatrix}$$

$$\mathbf{v} = \begin{bmatrix} v_1 \\ v_2 \\ v_3 \end{bmatrix}$$

이다. $\mathbf{b}$가 $\{u_1, u_2, u_3\}$에 대한 w의 표현이라고 가정하자. 즉,

$$w = \beta_1 u_1 + \beta_2 u_2 + \beta_3 u_3$$

또는,

$$w = \mathbf{b}^T \begin{bmatrix} u_1 \\ u_2 \\ u_3 \end{bmatrix} = \mathbf{b}^T \mathbf{u}$$

이다. 여기서,

$$\mathbf{b} = \begin{bmatrix} \beta_1 \\ \beta_2 \\ \beta_3 \end{bmatrix}$$

이다. 그러면 첫 번째 기저에 대한 두 번째 기저의 표현을 사용해서 다음을 얻는다.

$$w = \mathbf{b}^T \begin{bmatrix} u_1 \\ u_2 \\ u_3 \end{bmatrix} = \mathbf{b}^T \mathbf{M} \begin{bmatrix} v_1 \\ v_2 \\ v_3 \end{bmatrix} = \mathbf{a}^T \begin{bmatrix} v_1 \\ v_2 \\ v_3 \end{bmatrix}$$

따라서,

$$\mathbf{a} = \mathbf{M}^T \mathbf{b}$$

이다. 다음 행렬은 $\mathbf{a}$에서 $\mathbf{b}$로 사상을 한다.

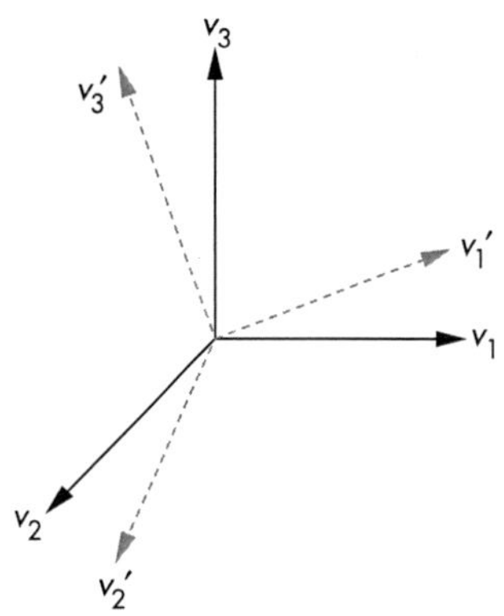

● 그림 3.24 ● 기저들의 회전과 크기 변환

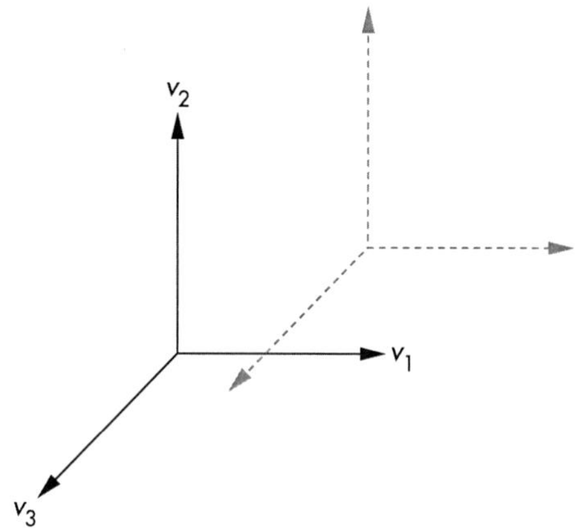

● 그림 3.25 ● 기저들의 이동

$$\mathbf{T} = (\mathbf{M}^T)^{-1}$$

$$\mathbf{b} = \mathbf{Ta}$$

따라서 보통 방향성 선분인 원래의 벡터들에 대해서 작업하는 대신 3-튜플, 즉 $\mathbf{R}^3$의 원소인 벡터의 표현에 대해서 작업할 수 있다. 이 결과는 중요한데 추상적인 벡터를 다루는 것이 아닌 벡터의 표현인 스칼라들의 열 행렬에 대한 작업이 가능하도록 해주기 때문이다. 중요한 것은 실수들의 열 행렬을 "벡터"로서 작업할 때 반드시 이에 해당하는 기저가 있음을 기억해야 하는데 그렇지 않으면 잘못된 좌표계에서의 작업으로 끝나게 된다.

이러한 기저의 변경은 원점을 바꾸지 않는다. 이 사실을 이용해서 그림 3.24에 보이는 것처럼 기저 벡터들의 집합의 회전과 크기변환을 표현함으로써 다른 기저 벡터들의 집합을 유도할 수 있다. 그러나 그림 3.25에 보이는 것과 같은 간단한 원점의 이동, 즉 프레임의 변경은 이런 방식으로 표현되지 않는다. 간단한 예제를 살펴본 다음 프레임을 변경하면서도 행렬로 그 변경을 표현할 수 있도록 하는 동차 좌표계를 소개한다.

3.3.3 표현 변경의 예제

어떤 기저에서 표현된 다음과 같은 벡터가 있다고 가정하자.

$$\mathbf{a} = \begin{bmatrix} 1 \\ 2 \\ 3 \end{bmatrix}$$

세 기저 벡터를 v_1, v_2, v_3로 표시할 수 있다. 따라서

$$w = v_1 + 2v_2 + 3v_3$$

이제 세 개의 벡터 v_1, v_2, v_3로부터 새로운 기저를 만들고자 한다고 가정하자.

$$u_1 = v_1$$
$$u_2 = v_1 + v_2$$
$$u_3 = v_1 + v_2 + v_3$$

행렬 $\mathbf{M}$은 다음과 같다.

$$\mathbf{M} = \begin{bmatrix} 1 & 0 & 0 \\ 1 & 1 & 0 \\ 1 & 1 & 1 \end{bmatrix}$$

v_1, v_2, v_3에서의 표현을 기저 벡터가 u_1, u_2, u_3인 표현으로 변경하는 행렬은 다음과 같다.

$$\begin{aligned} \mathbf{T} &= (\mathbf{M}^T)^{-1} \\ &= \begin{bmatrix} 1 & 1 & 1 \\ 0 & 1 & 1 \\ 0 & 0 & 1 \end{bmatrix}^{-1} \\ &= \begin{bmatrix} 1 & -1 & 0 \\ 0 & 1 & -1 \\ 0 & 0 & 1 \end{bmatrix} \end{aligned}$$

새로운 시스템에서 w의 표현은 다음과 같다.

$$\mathbf{b} = \mathbf{Ta} = \begin{bmatrix} -1 \\ -1 \\ 3 \end{bmatrix}$$

즉,

$$w = -u_1 - u_2 + 3u_3$$

만일 추상적 맥락이 아닌 3-튜플의 공간($\mathbf{R}^3$)에서 작업한다면 v_1, v_2, v_3을 ($\mathbf{R}^3$)에서의 단위 벡터들과 연관시킬 수 있다.

$$\mathbf{e}_1 = \begin{bmatrix} 1 \\ 0 \\ 0 \end{bmatrix}, \quad \mathbf{e}_2 = \begin{bmatrix} 0 \\ 1 \\ 0 \end{bmatrix}, \quad \mathbf{e}_3 = \begin{bmatrix} 0 \\ 0 \\ 1 \end{bmatrix}$$

다음과 같은 논의에 의해서 이 예제를 보다 분명히 할 수 있다. 직교하는 디폴트 (x, y, z) 좌표계에 대해서 작업한다고 해보자. 표현이 각각 (1, 0, 0), (1, 1, 0), (1, 1, 1)인 세 개의 방향 벡터들이 주어졌다. 따라서 첫 번째 벡터는 x축을 향하고, 두 번째 벡터는 z

= 0인 평면과 평행인 방향을 향하고, 세 번째 벡터는 세 개의 기저방향에 대해서 대칭인 방향을 향한다. 이 세 개의 벡터들은 직교하지 않지만 선형 독립적이고, 따라서 x', y', z' 시스템이라고 부를 수 있는 새로운 좌표계를 정의하게 된다. 원래 방향들은 x', y', z'에서 행렬 **T**의 열들에 의해 주어지는 표현들을 가진다.

3.3.4 동차 좌표

그림 3.23에 예시된 벡터와 점 사이의 혼동 가능성은 아직 존재한다. 점 P_0와 벡터 u_1, u_2, u_3에 의해서 정의되는 프레임을 생각해 보자. 처음에는 (x, y, z)에 위치한 점 P를 다음과 같은 열 행렬로 표현하려고 할 것이다.

$$\mathbf{p} = \begin{bmatrix} x \\ y \\ z \end{bmatrix}$$

여기서 x, y, z는 이 점에 대한 기저 벡터들의 성분이고 따라서 다음과 같다.

$$P = P_0 + xv_1 + yv_2 + zv_3$$

만일 점을 이러한 방식으로 표현한다면 이 표현은 다음 벡터의 경우와 같을 것이다.

$$w = xv_1 + yv_2 + zv_3$$

동차 좌표계(homogeneous coordinates)는 3차원상의 점과 벡터 모두에게 4차원 표현을 사용함으로써 이러한 어려움을 해소한다. (v_1, v_2, v_3, P_0)로 지정되는 프레임에서 임의의 점 P는 다음과 같다.

$$P = \alpha_1 v_1 + \alpha_2 v_2 + \alpha_3 v_3 + P_0$$

점과 스칼라 0, 1과의 "곱"을 다음과 같이 정의하는데 동의한다면,

$$0 \cdot P = \mathbf{0}$$
$$1 \cdot P = P$$

위의 관계를 행렬 곱을 사용해서 다음과 같이 형식적으로 나타낸다.

$$P = [\alpha_1 \quad \alpha_2 \quad \alpha_3 \quad 1] \begin{bmatrix} v_1 \\ v_2 \\ v_3 \\ P_0 \end{bmatrix}$$

엄밀히 말하면 행렬의 원소가 유사하지 않기 때문에 이 표현은 내적은 아니다. 그럼에도

불구하고 그 표현은 내적인 것처럼 계산된다. 우변의 4차원 행 행렬은 v_1, v_2, v_3와 P_0에 의해서 결정되는 프레임에서 점 P의 **동차 좌표 표현**(homogeneous-coordinate representation)이다. P가 다음의 열 행렬로 표현된다고도 말할 수 있다.

$$\mathbf{p} = \begin{bmatrix} \alpha_1 \\ \alpha_2 \\ \alpha_3 \\ 1 \end{bmatrix}$$

같은 프레임에서 임의의 벡터 w는 다음과 같다.

$$\begin{aligned} w &= \delta_1 v_1 + \delta_2 v_2 + \delta_3 v_3 \\ &= [\, \delta_1 \quad \delta_2 \quad \delta_3 \quad 0 \,]^T \begin{bmatrix} v_1 \\ v_2 \\ v_3 \\ P_0 \end{bmatrix} \end{aligned}$$

따라서 w는 다음의 열 행렬로 표현된다.

$$\mathbf{w} = \begin{bmatrix} \delta_1 \\ \delta_2 \\ \delta_3 \\ 0 \end{bmatrix}$$

이 공식을 기하학적으로 해석하기 위한 다양한 방법이 있다. 그러나 동차 좌표 표현과 통상적인 행렬 대수를 사용하여 점과 벡터에 대한 연산을 수행할 수도 있다. 일례로 3차원 표현을 사용할 때 곤란함을 일으키는 문제인 프레임의 변경을 생각해 보자. 두 프레임 (v_1, v_2, v_3, P_0)과 (u_1, u_2, u_3, Q_0)이 있다면 다음과 같이 첫 번째 프레임을 이용해서 두 번째 프레임의 기저 벡터와 참조점을 표현할 수 있다.

$$\begin{aligned} u_1 &= \gamma_{11} v_1 + \gamma_{12} v_2 + \gamma_{13} v_3 \\ u_2 &= \gamma_{21} v_1 + \gamma_{22} v_2 + \gamma_{23} v_3 \\ u_3 &= \gamma_{31} v_1 + \gamma_{32} v_2 + \gamma_{33} v_3 \\ Q_0 &= \gamma_{41} v_1 + \gamma_{42} v_2 + \gamma_{43} v_3 + P_0 \end{aligned}$$

이 식은 다음과 같다.

$$\begin{bmatrix} u_1 \\ u_2 \\ u_3 \\ Q_0 \end{bmatrix} = \mathbf{M} \begin{bmatrix} v_1 \\ v_2 \\ v_3 \\ P_0 \end{bmatrix}$$

여기서 **M**은 이제 4 × 4 행렬이다.

$$\mathbf{M}=\begin{bmatrix}\gamma_{11} & \gamma_{12} & \gamma_{13} & 0\\ \gamma_{21} & \gamma_{22} & \gamma_{23} & 0\\ \gamma_{31} & \gamma_{32} & \gamma_{33} & 0\\ \gamma_{41} & \gamma_{42} & \gamma_{43} & 1\end{bmatrix}$$

M은 프레임 변경의 **행렬 표현**(matrix representation)이라고 한다.

표현 변경을 직접 계산하기 위해 **M**을 사용할 수도 있다. **a**와 **b**는 두 프레임에서 점 또는 벡터의 동차 좌표 표현이다. 그러면,

$$\mathbf{b}^T\begin{bmatrix}u_1\\ u_2\\ u_3\\ Q_0\end{bmatrix}=\mathbf{b}^T\mathbf{M}\begin{bmatrix}v_1\\ v_2\\ v_3\\ P_0\end{bmatrix}=\mathbf{a}^T\begin{bmatrix}v_1\\ v_2\\ v_3\\ P_0\end{bmatrix}$$

따라서

$$\mathbf{a}=\mathbf{M}^T\mathbf{b}$$

이다. 표현들에 대해서 작업할 때 통상적으로 그렇듯이 12개의 계수를 갖는 다음과 같은 형태의 $\mathbf{M}^T$에 관심을 둘 것이다.

$$\mathbf{M}^T=\begin{bmatrix}\alpha_{11} & \alpha_{12} & \alpha_{13} & \alpha_{14}\\ \alpha_{21} & \alpha_{22} & \alpha_{23} & \alpha_{24}\\ \alpha_{31} & \alpha_{32} & \alpha_{33} & \alpha_{34}\\ 0 & 0 & 0 & 1\end{bmatrix}$$

동차 좌표의 사용은 다음에 살펴보게 될 또 다른 장점이 있다. 아마도 가장 중요한 것은 모든 어파인(직선-보존; line-preserving) 변환은 동차 좌표에서 행렬 곱셈으로 표현할 수 있다는 것이다. 동차 좌표 표현을 사용할 때 3차원 문제를 해결하기 위해 4차원에서 작업해야 하지만 보다 적은 계산 작업이 수반된다. 모든 어파인 변환의 일관된 표현은 3차원에서 보다 더 쉽게 연속적인 변환(합성 변환) 수행을 가능하게 한다. 더구나 현대 하드웨어는 고속 계산을 이루기 위해 병렬처리를 사용하여 직접 동차 좌표 연산을 수행한다.

3.3.5 프레임 변경의 예제

3.3.3절의 예제를 다시 생각해 보자. 기저 벡터 v_1, v_2, v_3에서 시작하여 이전 예제에서와

같은 기저 u_1, u_2, u_3로 변경한다면 다음과 같이 나타낸다.

$$u_1 = v_1$$

$$u_2 = v_1 + v_2$$

$$u_3 = v_1 + v_2 + v_3$$

참조점은 바뀌지 않는다. 그래서 다음 식을 추가한다.

$$Q_0 = P_0$$

따라서 우리가 흥미를 갖는 행렬은 다음 행렬과 그것의 전치행렬과 역행렬이다.

$$\mathbf{M} = \begin{bmatrix} 1 & 0 & 0 & 0 \\ 1 & 1 & 0 & 0 \\ 1 & 1 & 1 & 0 \\ 0 & 0 & 0 & 1 \end{bmatrix}$$

기저 벡터를 변경하는 것 외에 참조점을 원래 시스템에서 {1, 2, 3, 1}로 표현되는 점으로 옮긴다고 가정하자. 변위 벡터 $v = v_1 + 2v_2 + 2v_3$는 P_0를 Q_0로 옮긴다. 네 번째 요소는 이것이 점임을 나타낸다. 그러므로 앞 예제의 세 식에 다음 식을 추가한다.

$$Q_0 = P_0 + v_1 + 2v_2 + 3v_3$$

그리고 행렬 $\mathbf{M}^T$는 다음과 같다.

$$\mathbf{M}^T = \begin{bmatrix} 1 & 1 & 1 & 1 \\ 0 & 1 & 1 & 2 \\ 0 & 0 & 1 & 3 \\ 0 & 0 & 0 & 1 \end{bmatrix}$$

그 역행렬은 다음과 같다.

$$\mathbf{T} = (\mathbf{M}^T)^{-1} = \begin{bmatrix} 1 & -1 & 0 & 1 \\ 0 & 1 & -1 & 1 \\ 0 & 0 & 1 & -3 \\ 0 & 0 & 0 & 1 \end{bmatrix}$$

이 한 쌍의 행렬들은 두 프레임에서 표현들을 서로 바꿀 수 있게 한다. **A**는 원래 프레임에서 다음과 같은 표현을 갖는 점 (1, 2, 3)을 받아들여서

$$\mathbf{p} = \begin{bmatrix} 1 \\ 2 \\ 3 \\ 1 \end{bmatrix}$$

새로운 좌표계에서의 원점인 다음 점으로 변하는 것을 주목하자.

$$\mathbf{p}' = \begin{bmatrix} 0 \\ 0 \\ 0 \\ 1 \end{bmatrix}$$

그러나 원래의 좌표계에서 다음과 같은 표현을 갖는 벡터 (1, 2, 3)은

$$\mathbf{a} = \begin{bmatrix} 1 \\ 2 \\ 3 \\ 0 \end{bmatrix}$$

이며, 다음으로 변환된다.

$$\mathbf{b} = \begin{bmatrix} -1 \\ -1 \\ 3 \\ 0 \end{bmatrix}$$

이 변환은 좌표계 변경에서 예제 결과와 일치하고, 또한 점과 벡터의 구별의 중요성을 예시한다.

3.3.6 표현에 대한 작업

응용프로그램에서는 거의 대부분 추상적인 점보다는 그 표현에 대해서 작업한다. 예를 들어 좌표값을 배열에 넣어 하나의 점을 지정할 때 특정 프레임에 대해서 이러한 일을 하는 것이다. 이전의 예에서는 OpenGL이 렌더링하기 위해 사용하는 정규화된 시스템인 절단 좌표계에서 데이터를 지정함으로써 프레임의 변경을 피하였다. 그러나 응용프로그램에서는 문제와 관련된 프레임 상에서 작업하기를 원하므로 문제 영역에서 의미가 있도록 원점과 좌표축의 방향과 축 상에서 단위의 크기를 정해야 한다. OpenGL은 결국 절단 좌표계에서의 데이터를 요구하므로 최소 한 번의 표현 변경이 필요하다. 앞으로 보게 되겠지만 모델링과 렌더링을 하는데 요긴하게 사용되는 또 다른 프레임들이 있

다. 따라서 우리는 여러 차례에 걸친 표현 변경을 수행하게 될 것이다.

따라서 표현의 변환은 다음과 같은 행렬 형식으로 나타낸다.

$$\mathbf{a} = \mathbf{C}\mathbf{b}$$

여기서 **a**와 **b**는 한 점 또는 벡터의 동차 좌표계에서의 표현들이다. 3.3.4절에서 본 바와 같이 이 행렬은 동차 형식이어야 하므로 **C**는 **M**의 전치행렬이고 다음과 같다.

$$\mathbf{C} = \mathbf{M}^T = \begin{bmatrix} \alpha_{11} & \alpha_{12} & \alpha_{13} & \alpha_{14} \\ \alpha_{21} & \alpha_{22} & \alpha_{23} & \alpha_{24} \\ \alpha_{31} & \alpha_{32} & \alpha_{33} & \alpha_{34} \\ 0 & 0 & 0 & 1 \end{bmatrix}$$

문제는 표현에 대해 작업할 때 어떻게 **C**를 찾는가이다. 그것은 쉬운 일이다. 어떤 프레임에서 작업하면서 또 다른 프레임을 이 프레임 내에서 표현에 의해 지정한다고 가정하자. 원래 시스템에서 세 개의 벡터 u, v, n의 표현에 의해 프레임을 지정하고 그 프레임의 원점을 점 p로 지정하면 이 네 가지 항목들은 동차 좌표계에서 4-튜플, 즉 $\mathbf{R}^4$의 원소이다.

역의 문제를 생각해 보자.

$$\mathbf{T} = \mathbf{C}^{-1}$$

위의 행렬은 (u, v, n, P) 프레임에서의 표현을 원래 프레임에서의 표현으로 변환한다. 따라서 다음을 얻는다.

$$\mathbf{T}\begin{bmatrix} 1 \\ 0 \\ 0 \\ 0 \end{bmatrix} = \mathbf{u} = \begin{bmatrix} u_1 \\ u_2 \\ u_3 \\ 0 \end{bmatrix}$$

마찬가지로,

$$\mathbf{T}\begin{bmatrix} 0 \\ 1 \\ 0 \\ 0 \end{bmatrix} = \mathbf{v} = \begin{bmatrix} v_1 \\ v_2 \\ v_3 \\ 0 \end{bmatrix}$$

$$\mathbf{T}\begin{bmatrix} 0 \\ 0 \\ 1 \\ 0 \end{bmatrix} = \mathbf{n} = \begin{bmatrix} n_1 \\ n_2 \\ n_3 \\ 0 \end{bmatrix}$$

$$\mathbf{T}\begin{bmatrix}0\\0\\0\\1\end{bmatrix}=\mathbf{p}=\begin{bmatrix}p_1\\p_2\\p_3\\1\end{bmatrix}$$

이 결과를 하나로 쓰면 다음과 같다.

$$\mathbf{TI}=\mathbf{T}=[\,u \quad v \quad n \quad p\,]=\begin{bmatrix}u_1 & v_1 & n_1 & p_1\\u_2 & v_2 & n_2 & p_2\\u_3 & v_3 & n_3 & p_3\\0 & 0 & 0 & 1\end{bmatrix}$$

즉

$$\mathbf{C}=[\,u \quad v \quad n \quad p\,]^{-1}=\begin{bmatrix}u_1 & v_1 & n_1 & p_1\\u_2 & v_2 & n_2 & p_2\\u_3 & v_3 & n_3 & p_3\\0 & 0 & 0 & 1\end{bmatrix}^{-1}$$

이다. 따라서 하나의 프레임을 또 다른 프레임을 이용해서 표현하면 첫 번째 프레임에서의 표현을 두 번째 프레임에서의 표현으로 변환하는 데 필요한 행렬의 역행렬을 얻게 된다. 물론 이 역행렬을 구해야 하지만 4×4 행렬의 역행렬을 계산하는 것은 별 문제가 아니다.

3.4 OpenGL에서의 프레임

앞에서 본 바와 같이 OpenGL은 파이프라인 모델을 기반으로 하고 있으며 앞부분은 정점에 대한 부분이고 그 중 많은 부분은 일련의 기하학적 연산들이다. 이러한 연산들을 응용프로그램에서 정의된 객체들에 대한 변환들로 보든지 아니면 프레임의 변경으로 볼 수 있다.

고정된 기능의 파이프라인과 즉시 모드 렌더링 방식의 OpenGL 버전들에서는 파이프라인에 여섯 개의 프레임이 지정되어 있다. 프로그래머블 셰이더에서는 추가적인 프레임들을 더하거나 전통적인 프레임들을 뺄 수 있는 유연성이 있다. 첫 번째 예제에서 보인 것처럼 파이프라인에 대한 지식을 사용해서 모든 프레임들의 사용을 피할 수 있겠지만 그것이 응용프로그램을 구축하는 최선의 방법은 아닐 것이다. 오히려 우리가 논의하게 될 여섯 개 프레임은 응용프로그램의 개발에 있어서나 파이프라인의 구현에 유익하다는 것을 알게 될 것이다. 일부는 응용프로그램의 코드에 적용되고 일부는 셰이더에 적용될 것이다. 각각의 프레임들에서 하나의 정점이 다른 좌표들을 가진다. 파이프라인에서 나타나는 순서대로 프레임들은 다음과 같다.

1. 객체(모델) 좌표계
2. 세계 좌표계
3. 눈(카메라) 좌표계
4. 절단 좌표계
5. 정규화 장치 좌표계
6. 윈도(화면) 좌표계

사용자가 프로그램에서 하나의 정점을 지정할 때 무슨 일이 생기는지 생각해 보자. 이 정점은 응용프로그램에서 직접 정의될 수도 있고 어떤 기본적 객체의 실체화를 통해서 간접적으로 정의될 수도 있다. 대부분의 응용에서 우리는 **모델(객체) 프레임**이라고 하는 프레임 안에서 편리한 크기와 방향을 위치를 갖도록 객체를 정의하고 사용하기 원한다. 예를 들어 입방체는 전형적으로 면들이 좌표축에 평행하고 중심이 원점에 있으며 변의 길이가 1 또는 2인 경우들이다. 해당되는 함수 호출에서의 좌표는 모델(객체)좌표일 것이다.

하나의 장면은 수백에서 수천 개의 개별 객체들로 이루어질 수 있다. 응용프로그램은 보통 각 객체에 대해 크기를 변환하고, 방향을 조정하며 특정 응용에 적합한 프레임 안으로 위치를 결정하기 위해 일련의 변환들을 적용한다. 예를 들면 건축 응용에서 창문을 위한 정방형의 사례를 다룬다면 적절할 비례와 단위를 갖도록 크기조절을 할 것인데 피트나 미터가 될 것이다. 응용 좌표계의 원점은 건물 1층의 중앙이 될 수 있을 것이다. 이러한 응용 프레임을 **세계 프레임**이라고 하며 값들은 세계 좌표계에서의 값들을 가진다. 만일 이미 정의된 객체를 이용해서 모델링하지 않는다거나 기하학적 구조를 지정하기 전에 어떤 변환도 적용하지 않는다면 객체 좌표계와 세계 좌표계가 동일할 것이다.

객체 좌표계와 세계 좌표계가 응용프로그램에게 자연스럽지만 생성될 영상은 카메라 또는 관측자가 보는 것에 의해 결정된다. 거의 모든 그래픽스 시스템들의 원점이 카메라 렌즈의 중심이고 축이 카메라의 옆면과 평행인 프레임을 사용한다.[3] 이 프레임을 **카메라 프레임** 또는 **눈 프레임**이라고 한다. 각각의 프레임 변경에 해당하는 어파인 변환이

3) 투시 투영의 경우 렌즈의 중심은 투영의 중심이고 직교 투영의 경우 투영의 방향이 카메라의 옆면과 평행하게 된다.

있으므로 모델 좌표계에서 세계 좌표계로, 세계 좌표계에서 눈 좌표계로의 변환을 나타내는 4 × 4 행렬이 존재한다. 이 변환들은 보통 서로 연결되어 **모델-관측변환**이 되고 모델-관측행렬에 의해서 지정된다. 일반적으로 개개의 행렬 대신 모델-관측행렬을 사용하는 것이 응용프로그래머에게 아무런 문제가 되지 않는다. 5장에서 조명과 음영을 논의할 때 이 변환들을 분리해야 하는 경우를 설명할 것이다.

마지막 세 개의 표현들은 주로 파이프라인의 구현을 위해 사용되지만 완결성을 위해 여기에서 소개하겠다. 객체들이 눈 좌표계에 있게 되면 OpenGL은 그것들이 관측 공간 또는 절단 공간 내에 있는지 검사해야 한다. 만일 밖에 있다면 객체들이 래스터화 되기 전에 장면으로부터 절단된다. OpenGL이 보일 수 있는 모든 객체들을 **절단 좌표계**의 원점이 중심인 입방체 안으로 투영 변환을 먼저 한 후에 절단을 하면 가장 효율적으로 절단할 수 있다. 이 변환에 대해서는 4장에서 배우게 된다. 이 변환 후에도 정점들은 아직 동차 좌표계에서 표현된다. 성분으로 나누는 것을 **투시제산**이라고 하며 그 결과는 정규화 장치 좌표계 내 3차원 표현이다. 마지막 변환은 **정규화 장치 좌표** 내의 위치를 시역을 고려하여 윈도 **좌표계** 내 3차원 표현으로 만들어준다. 윈도 좌표계는 디스플레이의 화소 단위로 측정되지만 깊이 정보를 유지한다. 깊이 좌표를 제거하면 2차원 **화면 좌표**가 된다.

응용프로그래머는 보통 두 개의 프레임, 즉 눈 프레임과 객체 프레임에서 작업한다. 이것들을 함께 연결하여 모델-관측행렬을 구성함으로써 눈 프레임에 상대적으로 객체 프레임을 위치시키는 변환을 얻게 된다. 따라서 모델-관측행렬은 점들과 정점들의 동차 좌표 표현을 눈 프레임에서의 표현으로 변환한다.

응용프로그램에서 모델-관측행렬을 반드시 사용해야 하는 것은 아니지만 대부분의 응용프로그램에서 모델-관측행렬이 중요하기 때문에 우리가 사용하는 예제에서는 거의 대부분 그것을 포함시킬 것이다. 보다 상세하게 논의하게 될 하나의 논점은 어디에서 변환을 지정해야 하고 어디에서 그것들이 적용되는지에 관한 것이다. 예를 들면 응용프로그램에서 변환을 지정하고 거기서 데이터에 그것을 적용할 수 있다. 또한 응용프로그램에서 변환의 매개변수를 정의하고 그것들을 셰이더에게 전송하고 GPU로 하여금 변환을 수행하도록 할 수 있다. 이러한 접근방법을 다음 절에서 살펴볼 것이다.

응용프로그램에서 모델-관측행렬을 할당하고 단위행렬로 초기화 하는 것으로 가정하자. 이제 객체 프레임과 눈 프레임은 동일하다. 따라서 모델-관측행렬을 바꾸지 않으면 눈 좌표계에서 작업하게 된다. 2장에서 보았던 것처럼 카메라는 그림 3.26(a)에 보이는 바와 같이 자신의 프레임의 원점에 있다. 눈 공간에서 세 개의 기저 벡터들은 (1) 카메라의 상향인 y 방향 (2) 카메라가 지향하는 방향인 음의 z 방향 (3) 제 삼의 직교 방향인 x로써 x, y, z 방향이 오른손 좌표계를 구성하도록 선택된다. 새로운 프레임들을 카메라 프레임에 대해 상대적으로 정의하는 동차 좌표 변환을 실행함으로써 객체를 위치시킬 다른 프레임들을 얻는다. 3.5절에서 이러한 변환들을 어떻게 정의하는지를 배우고 3.3

절에서는 카메라를 객체에 상대적으로 위치시키기 위해서 그것들을 사용한다. 프레임의 변경들은 모델-관측행렬에 의해서 표현되고 이 행렬들을 저장할 수 있기 때문에 프레임을 저장하고 현재 모델-관측행렬을 변경함으로써 프레임들 사이에서 옮겨 다닐 수 있다. 7장에서 복잡한 모델들에 대해 작업할 때 변환들을 저장하기 위해서 스택과 같은 자료구조를 생성하는 것이 도움이 된다는 것을 보게 될 것이다.

여러 프레임들에 대해서 처음으로 작업할 때 어떤 프레임이 고정된 것이고 어떤 프레임이 변하는 것인지 혼란스러울 수 있다. 모델-관측행렬은 카메라를 객체들에 대해서 상대적으로 위치시키기 때문에 어떤 프레임이 고정된 것으로 간주할 것인지는 보통 편의성의 문제이다. 대부분의 경우 카메라가 고정되고 다른 프레임들은 카메라에 대해서 상대적으로 움직이는 것으로 간주하겠지만 다른 관점을 택할 수 있다.

OpenGL에 어떤 변환들이 있고 어떻게 사용되는지를 상세하게 살펴보기 전에 마지막으로 간단한 예제를 보자. 디폴트 설정(그림 3.26(a))에서 카메라 프레임과 세계 프레임은 일치하고 카메라는 음의 z 방향을 가리킨다. 많은 응용에서 중심이 원점인 사각형이나 무게중심이 원점인 객체들의 그룹과 같이 원점 근처에 객체들을 정의하는 것이 자

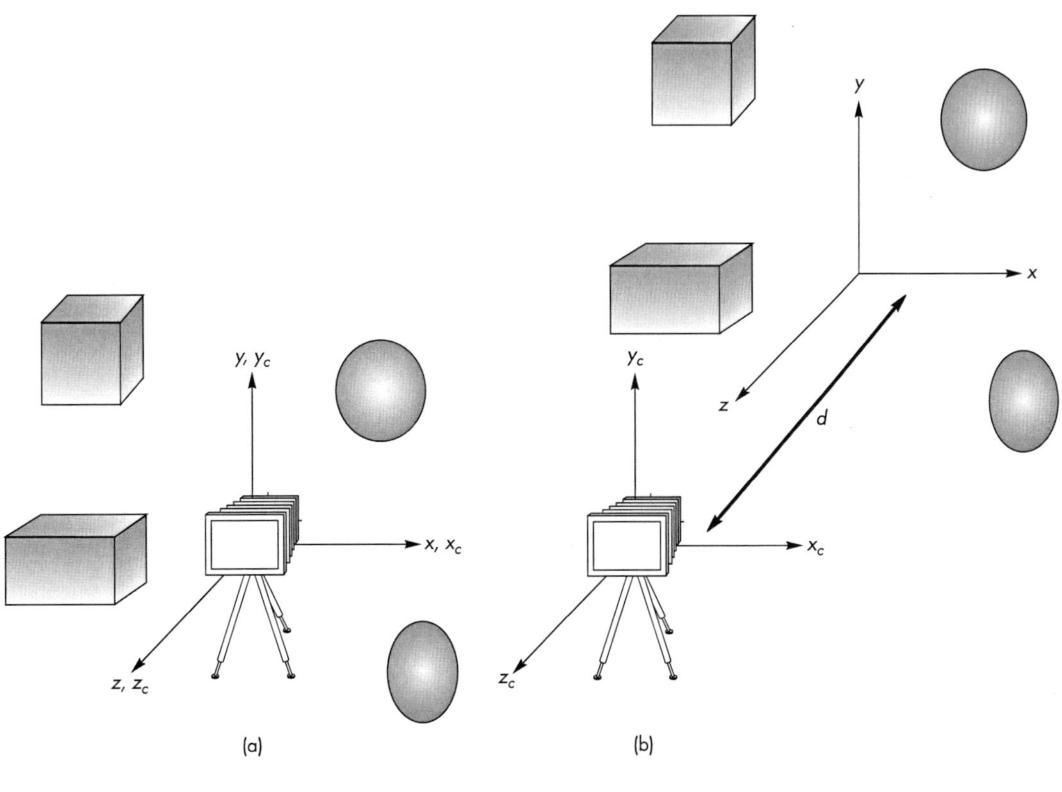

● 그림 3.26 ● 카메라 프레임과 세계 프레임, (a) 디폴트 위치에서 (b) 모델-관측행렬을 적용한 후

연스럽다. 카메라가 그 앞에 있는 객체만 보도록 관측 조건들을 설정하는 것 또한 자연스럽다. 따라서 이미지가 모든 객체들을 포함하기 위해서 카메라를 객체로부터 멀리 움직이거나 객체들을 카메라로부터 멀리 움직여야 한다. 달리 말하면 카메라 프레임을 세계 프레임에 대해서 이동한다. 카메라 프레임이 고정되고 모델-관측행렬이 세계 프레임을 카메라 프레임에 상대적으로 위치시킨다고 간주한다면 다음 모델-관측행렬은 세계 프레임에서 점 (x, y, z)를 카메라 프레임에서 점 $(x, y, z, -d)$로 이동한다.

$$\mathbf{A} = \begin{bmatrix} 1 & 0 & 0 & 0 \\ 0 & 1 & 0 & 0 \\ 0 & 0 & 1 & -d \\ 0 & 0 & 0 & 1 \end{bmatrix}$$

따라서 d를 적절히 큰 양수로 만들어서 세계 프레임을 카메라 프레임에 상대적으로 이동함으로써 객체들을 카메라 앞으로 "옮길" 수 있다(그림 3.26(b)). 모델-관측행렬은 프레임들 사이의 상대적인 위치를 관리한다. 대부분의 경우 이러한 전략을 사용하는 것이 카메라 앞에 객체들이 오도록 정점들의 위치를 바꾸는 것에 비해 낫다.

표현에 대해 직접 작업하는 또 다른 예를 살펴보자. 객체들을 정점을 통해서 정의할 때 응용 프레임(세계 프레임)에서 작업하는 것이다. 지정된 정점의 위치는 그 프레임에서 점에 대한 표현이다. 따라서 세계 프레임을 직접 사용하지 않고 그 안에 있는 점(또한 벡터)들을 표현함으로써 암시적으로 사용하는 것이다. 그림 3.27의 상황을 생각해 보자.

객체 프레임에 위치한 카메라가 있다. 동차 좌표를 이용하여 세계 좌표계에서의 점 $p = (1, 0, 1, 1)^T$에 중심이 위치하며 세계 프레임의 원점을 가리키고 있다. 따라서 세계 프레임에서의 표현이 $\mathbf{n} = (-1, 0, -1, 0)^T$인 벡터는 카메라의 후면과 직교하며 원점을 가리킨다. 카메라는 위방향이 세계 좌표계에서의 위방향과 같으며 $\mathbf{v} = (0, 1, -1, 0)^T$의 표현을 가진다. 두 벡터의 외적을 사용하여 카메라 좌표계에서 제삼의 직교 방향인 $\mathbf{u} = (1, 0, -1, 0)^T$을 결정함으로써 직교 카메라 좌표계를 구성할 수 있다.이제 3.3.4절에서처럼 진행할 수 있으며 세계 프레임에서 점과 벡터의 표현들을 카메라 프레임에서의 표현으로 변환하는 행렬 $\mathbf{M}$을 유도할 수 있다. 이 행렬은 동차 좌표계에서 다음과 같다.

$$(\mathbf{M}^T)^{-1} = \begin{bmatrix} u^T & & & \\ v^T & & & \\ n^T & & & \\ 0 & 0 & 0 & 1 \end{bmatrix} = \begin{bmatrix} 1 & 0 & -1 & 1 \\ 0 & 1 & 0 & 0 \\ -1 & 0 & -1 & 1 \\ 0 & 0 & 0 & 1 \end{bmatrix}^{-1} = \begin{bmatrix} \frac{1}{2} & 0 & -\frac{1}{2} & 0 \\ 0 & 1 & 0 & 0 \\ -\frac{1}{2} & 0 & -\frac{1}{2} & 1 \\ 0 & 0 & 0 & 1 \end{bmatrix}$$

원래 프레임의 원점은 이제 카메라 프레임에서 n 방향으로 한 단위 떨어진 곳이며 달

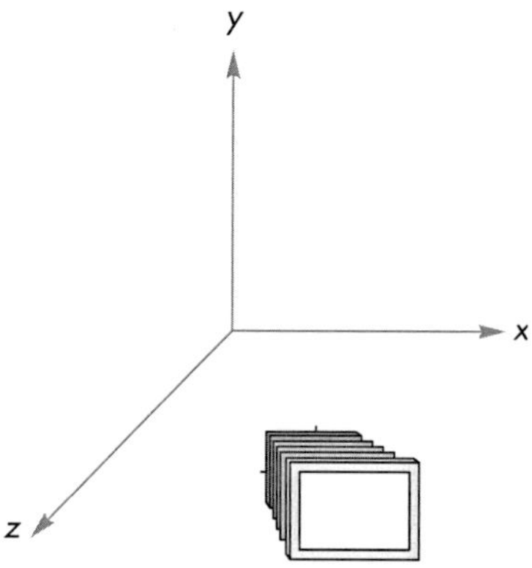

● 그림 3.27 ● (1, 0, 1) 위치에서 원점을 가리키는 카메라

리 말하면 카메라 프레임에서의 표현이 (0, 0, 1, 1)인 점이다.

OpenGL에서는 정점 셰이더에 16 원소의 배열을 보냄으로써 모델-관측행렬을 설정할 수 있다. 앞의 예처럼 기저 벡터들과 원점을 지정함으로써 하나의 프레임이 다른 프레임에 대한 표현이 주어진 경우 필요한 계수들을 구하는 것은 간단한 문제이지만 보통의 경우는 다르다. 대부분의 기하학적 문제에서는 회전, 이동, 크기 변환 등 일련의 기하학적 변환들을 통해서 하나의 프레임에서 다른 프레임으로 간다. 다음 절에서는 이 방식을 택할 것이다. 그러나 먼저 몇 가지 유용한 C++ 클래스들을 소개하겠다.

3.5 행렬과 벡터 클래스

2장에서 새로운 데이터 타입을 사용함으로써 응용프로그램 코드가 간결해지고 그것이 GLSL을 위해서는 반드시 필요한 것임을 살펴보았다. 응용프로그램에서 사용하게 될 C++ 클래스들을 소개함으로써 이점에 대해서 좀 더 자세히 살펴보자. 이 코드는 `mat.h`와 `vec.h`라고 하는 두 개의 파일에 포함되어 있는데 다음과 같은 문장으로 응용프로그램에 포함된다.

```
#include "mat.h"
```

기본형은 `mat2`, `mat3`, `mat4`, `vec2`, `vec3`, `vec4`이다. 행렬 클래스는 2 × 2, 3 × 3, 4 × 4 행렬에 대한 것이고 벡터 타입은 2, 3, 4 원소 배열에 대한 것이다. 산술 연산자

들은 중복되고 따라서 다음과 같은 코드를 작성할 수 있다.

```
#include "mat.h"

vec4 x, y = vec4(1.0, 2.0, 3.0, 1.0); // 생성자의 사용
x = 2.0*y;
x[2] = 5.0;
mat4 a, b = mat4(vec4(y), vec4(x), vec4(y), vec4(x)); //행렬 생성자
float a = 2.5;
a[2][1] = 3.5;
b = s*a;
vec4 z = b*x;
y = x*b;
```

따라서 각 타입 내 원소들을 참조할 수 있고 부록 B에 보인 것처럼 표준적인 행렬 연산을 수행할 수 있다. b*x와 x*b는 일반적으로 다른 결과를 산출함을 기억하자. 전자는 1×4의 행행렬과 4×4의 정방행렬의 곱이고 후자는 4×4의 정방행렬과 4×1의 열행렬의 곱을 나타낸다. 두 경우 모두 4개의 원소를 산출하고 vec4 타입에 저장될 수 있다.

이전에 언급된 점과 벡터의 정의에 비추어 볼 때 vec2, vec3, vec4라는 이름은 혼선을 일으킬 수 있다. GSLS에서는 이것을 동차 좌표계에서의 벡터(방향)와 점, 색(RGB 또는 RGBA), 또는 앞으로 살펴보게 될 텍스처 좌표 등 세 개 또는 네 개의 원소로 구성되는 개체를 저장하는 데 사용한다. 장점은 모든 타입들에 대해 동일한 연산을 사용할 수 있다는 점이다. vec.h와 mat.h에 정의된 클래스에 동일한 GLSL 타입들을 사용함으로써 점과 벡터들과 변환들을 다루는 코드들이 GLSL 코드와 비슷한 모양을 띠게 된다. 알고리즘들을 응용프로그램 또는 셰이더 내에 구현할 수 있음을 알게 될 것이다. 동일한 타입들을 사용하게 함으로써 알고리즘을 응용프로그램에서 셰이더로 쉽게 옮길 수 있다.

응용 코드를 좀 더 간명하게 만드는 방법은 typedef로 타입들에 이름을 할당하여 코드의 가독성을 높이는 것이다. 사용하게 될 유용한 예들은 다음과 같다.

```
typedef vec3 color3;
typedef vec4 color4;
typedef vec3 point3;
typedef vec4 point4;
```

물론 우리가 새로운 클래스를 생성한 것은 아니다. 그러나 다음과 같은 코드를

```
color3 red = color3(1.0, 0.0, 0.0);
```

다음과 같은 코드보다 선호한다.

```
vec3 red = vec3(1.0, 0.0, 0.0);
```

3.6 색 입방체의 모델링

이제 3차원 그래픽스 응용프로그램을 작성하기 위해 필요한 기본 개념과 실제적 지식의 대부분을 갖추게 되었다. 이것을 이용해서 회전하는 입방체를 그리는 프로그램을 작성할 것이다. 애니메이션의 한 프레임이 그림 3.28에 나타나 있다. 그러나 입방체를 회전하기 전에 어떻게 그것을 효율적으로 할 수 있는지를 생각해 볼 것이다. 3차원 객체들도 2차원 객체와 마찬가지로 정점들의 집합으로 표현될 수 있겠지만 기하학적 객체의 정점, 변, 면 사이의 관계를 통합하는데 도움을 줄 데이터 구조가 유용함을 알게 될 것이다. OpenGL에서 이러한 데이터 구조들은 이 절의 마지막에서 소개되는 **정점 배열**이라는 기능을 통해서 지원된다.

입방체를 한 번 모델링해 놓으면 어파인 변환을 이용하여 그것을 애니메이션할 수 있다. 3.7절에서 이런 변환을 소개할 것이다. 5장에서 관측 처리의 일부분으로 다시 이 변환을 사용할 것이다. 우리는 파이프라인 모형에 매우 만족하게 될 것이다. 정점들은 파이프라인에서 모두 동차 좌표 표현을 사용한 여러 변환들을 거쳐 흐를 것이다. 파이프라인의 끝에서 래스터기(rasterizer)가 있다. 이전 단계가 바르게 처리되었다면 이 시점에서 래스터기가 자동적으로 작업을 처리할 것이다.

3.6.1 면들의 모델링

입방체는 모델링하고 디스플레이하기에 간단한 3차원 객체이다. 그렇지만 이것을 모델링하는 다양한 방법이 있다. CSG 시스템은 이것을 단일 기본 요소로 간주할 것이다. 반대편의 극단에서 하드웨어는 입방체를 8개 정점으로 구성된 객체로서 처리한다. 표면 기반의 모델을 사용함으로써 입방체를 6개 평면의 교차로 간주하거나 입방체의 면을 정

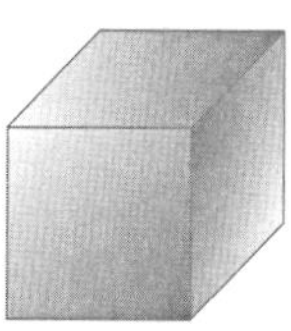

● 그림 3.28 ● 입방체 애니메이션의 한 프레임

의하는 면 조각(facet)이라고 하는 6개 다각형으로 간주한다. 주의깊게 설계된 데이터 구조는 응용프로그램 수준에서 보는 입방체뿐 아니라 구현을 위한 하위 수준에서 보는 입방체를 지원한다.

입방체의 정점들이 배열에 저장된다고 하자. 동차 좌표계에서 작업하므로 다음과 같이 시작한다.

```
point4 vertices[8] = {
point4(-1.0, -1.0, -1.0, 1.0), point4(1.0, -1.0, -1.0, 1.0)
point4(1.0, 1.0, -1.0, 1.0), point4(-1.0, 1.0, -1.0, 1.0)
point4(-1.0, -1.0, 1.0, 1.0), point4(1.0, -1.0, 1.0, 1.0)
point4(1.0, 1.0, 1.0, 1.0), point4(-1.0, 1.0, 1.0, 1.0)};
```

입방체의 각 면들을 지정하기 위해서 이 점들의 리스트를 사용할 수 있다. 예를 들면 하나의 면은 일련의 정점들인 (0, 3, 2, 1)에 의해서 주어진다. 나머지 다섯 개의 면들도 비슷하게 지정될 수 있다.

3.6.2 내향면과 외향면

3차원 다각형을 정의할 때 정점을 지정하는 순서에 주의해야 한다. 첫 번째 면에 대해서 0, 3, 2, 1의 순서를 사용했다. 다각형 정의에서 마지막 정점은 첫 번째 정점 뒤에 연결되기 때문에 순서 1, 0, 3, 2도 동일하다. 그러나 순서 0, 1, 2, 3은 다르다. 그것은 같은 경계를 기술하지만 그림 3.29에 보이는 것처럼 0, 3, 2, 1 순서와 반대로 다각형의 변들이 순회된다. 다각형은 두 면을 가지기 때문에 그 순서가 중요하다. 그래픽스 시스템은 양쪽 면을 모두 디스플레이할 수 있다. 카메라의 관점에서 다각형의 양면을 구별할 수 있는 일관된 방법이 필요하다. 정점들을 지정하는 순서가 이 정보를 제공하게 된다.

면을 외부에서 관찰할 때 정점들의 순서가 반시계 방향이면 그 면을 **외향면**(outward facing)이라고 한다. 또한 이 방법은 **오른손 법칙**(right-hand rule)으로도 알려졌다. 정

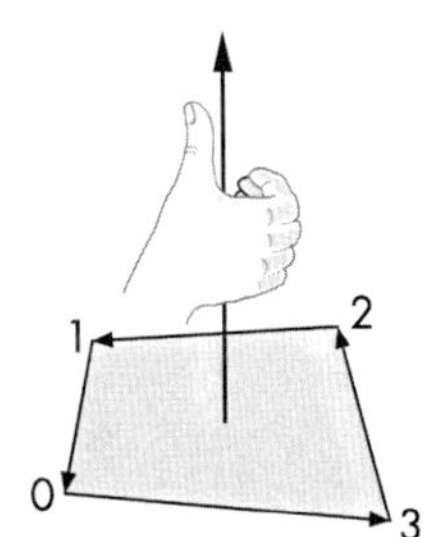

● 그림 3.29 ● 다각형 변들의 순회

점들이 순회되는 방향으로 오른손 손가락을 향하게 하면 엄지손가락이 바깥쪽을 가리키기 때문이다.

예제에서 0, 3, 2, 1의 순서는 다각형의 외향면을 정의하는 반면 0, 1, 2, 3은 내향면을 정의한다. 입방체와 같이 폐쇄된 객체의 경우 객체 외부에서 관측되는 한 어디에서 보든지 앞면 아니면 뒷면이다. 앞면과 뒷면을 주의깊게 정의함으로써 보이지 않는 면을 제거하거나 앞면과 뒷면을 디스플레이하는데 다른 속성들을 사용할 수 있게 된다. 이러한 제거는 6장에서 더 자세히 다룬다.

3.6.3 객체 표현을 위한 데이터 구조

이제 정점들을 명시하여 입방체를 기술할 수 있게 되었다. 예를 들면 다음과 같이 위치들의 2차원 배열을 사용하든지

```
point3 faces[6][4];
```

24개의 정점들의 단일 배열을 사용할 수 있다.

```
point3 cube_vertices[24];
```

여기서 `cube_vertices[i]`는 리스트 내 i번째 정점의 x, y, z 좌표를 담고 있다. 두 방법은 잘 동작하겠지만 입방체의 **기하**(geometry)가 아닌 **위상**(topology)의 본질을 드러내지 못한다. 다면체의 한 예로 입방체를 생각한다면 그것은 여섯 개의 면으로 구성된 객체이다. 각각 사변형인 면들은 정점에서 만나고 각 정점은 세 개의 면에 의해 공유된다. 또한 한 쌍의 정점은 사변형의 변을 정의하고 각 변은 두 개의 면에 의해서 공유된다. 이러한 설명은 육면체의 위상을 묘사한다. 정점의 위치와 무관하게 모두 참이다. 즉, 객체의 기하학적 구조와는 무관하다.[4)]

이 책의 남은 부분에서 기하학적 구조와 위상이 분리된 객체를 위한 자료 구조를 구축하는 것이 많은 장점이 있음을 알게 될 것이다. 이 예제에서는 간단하고 유용하며 나중에 확장할 수 있는 구조인 정점 리스트를 사용할 것이다.

정점들의 위치가 명시된 데이터는 기하학적 구조를 나타내고 단순한 리스트, 즉 `vertices[8]`과 같은 배열에 **정점 리스트**로서 저장될 수 있다. 최상위 객체는 입방체이고 여섯 개의 면으로 구성된 것으로 간주할 것이다. 각 면은 네 개의 순서 있는 정점들로

4) 3개 또는 그 이상의 정점이 동일 선상을 따라 놓인 때나 정점이 면이 겹치는 곳으로 이동했을 때와 같은 특별한 경우(특이성)는 무시한다.

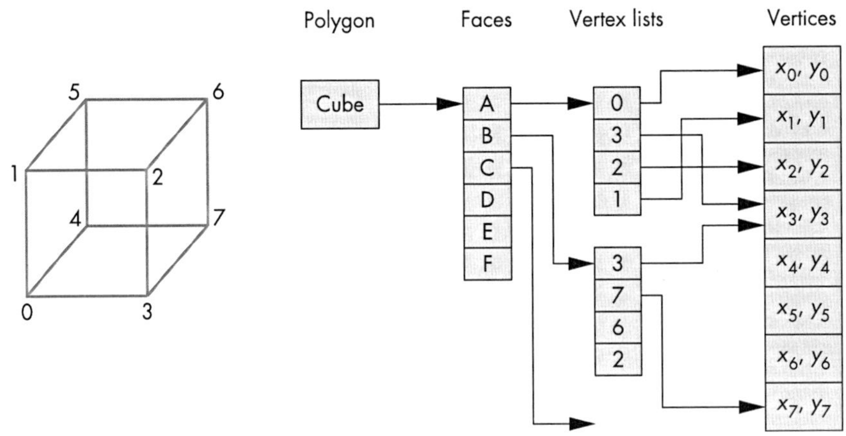

● 그림 3.30 ● 입방체의 정점 리스트 표현

구성된다. 각 정점은 인덱스를 이용해서 간접적으로 지정될 수 있다. 이 자료 구조가 그림 3.30에 나타나 있다. 이 구조의 장점은 기하학적 위치가 면 조각에 사용될 때 매번 반복되지 않고 단지 한 번만 나타나는 것이다. 대화식 응용프로그램에서 정점의 위치가 변경되면 프로그램은 같은 정점들을 여러 번 찾지 않고 단지 한 번만 변경하면 된다.

3.6.4 색 입방체

색 입방체를 정의하기 위해서 정점 리스트를 사용할 수 있다. 외부를 가리키는 순서로 지정된 네 개의 정점들을 받아들여서 2장에서 본 바와 같이 각 면에 대한 정점들의 위치와 해당하는 색을 배열에 저장하는 함수인 quad를 사용한다.

```
vec4 quad_colors[36], vertices[36];
int i = 0; /* 정점과 색 인덱스 */
```

우리는 삼각형만을 디스플레이할 수 있기 때문에 quad 함수는 각 면에 대해서 두 개의 삼각형을 생성해야 한다. 만일 각 정점이 자신의 색을 갖게 하려면 24개의 정점과 색이 필요하다. 이 quad 함수를 사용해서 다음 함수로 입방체를 지정할 수 있다.

```
void colorcube()
{
    quad(0, 3, 2, 1);
    quad(2, 3, 7, 6);
    quad(3, 0, 4, 7);
```

```
    quad(1, 2, 6, 5);
    quad(4, 5, 6, 7);
    quad(5, 4, 0, 1);
}
```

2장의 색 입방체의 꼭짓점의 색(검은색, 흰색, 빨간색, 초록색, 파란색, 청록색, 자홍색, 노란색)을 사용해서 정점에 색을 할당할 것이다. 각 정점의 인덱스를 사용해서 각 정점에 색을 할당한다. 면 전체의 색을 정하기 위해서 quad 함수에 지정된 첫 번째 정점의 인덱스를 사용할 수도 있을 것이다. 여기서는 RGBA 색을 사용한다.

```
color4 colors[8] = { color4(0.0, 0.0, 0.0, 1.0),
                     color4(1.0, 0.0, 0.0, 1.0),
                     color4(1.0, 1.0, 0.0, 1.0),
                     color4(0.0, 1.0, 0.0, 1.0),
                     color4(0.0, 0.0, 1.0, 1.0),
                     color4(1.0, 0.0, 1.0, 1.0),
                     color4(0.0, 1.0, 1.0, 1.0),
                     color4(1.0, 1.0, 1.0, 1.0)};
```

입방체의 정점들은 절단 좌표계의 절단영역에 해당하며 다음과 같다.

```
point4 vertices[8] = {
      point4(-1.0, -1.0, 1.0, 1.0), point4(-1.0, 1.0, 1.0, 1.0),
      point4(1.0, 1.0, 1.0, 1.0), point4(1.0, -1.0, 1.0, 1.0),
      point4(-1.0, -1.0, -1.0, 1.0), point4(-1.0, 1.0, -1.0, 1.0),
      point4(1.0, 1.0, -1.0, 1.0), point4(1.0, -1.0, -1.0, 1.0)};
```

다음은 처음 세 개의 정점들이 하나의 삼각형을 지정하고 1, 3, 4번째 정점들이 다른 삼각형을 지정하는 quad 함수이다.

```
int i = 0;

void quad(int a, int b, int c, int d)
{
    quad_color[i] = colors[a];
    points[i] = vertices[a];
    i++;
    quad_color[i] = colors[b];
    points[i] = vertices[b];
    i++;
    quad_color[i] = colors[c];
    points[i] = vertices[c];
    i++;
    quad_color[i] = colors[a];
    points[i] = vertices[a];
```

```
        i++;
        quad_color[i] = colors[c];
        points[i] = vertices[c];
        i++;
         quad_color[i] = colors[d];
        points[i] = vertices[d];
        i++;
    }
```

i를 quad 함수 밖에서 초기화한 점을 주목하자. 만일 이후의 예제들에서처럼 quad 함수를 여러 번 호출하는 경우, 같은 정점의 색이나 위치를 바꾸거나 여러 개의 입방체가 있을 수 있기 때문에 points 배열의 어디에서부터 데이터를 저장할지에 대해서 조심해야 한다. 우리의 프로그램은 거의 완성되었지만 색이나 다른 정점 속성들이 래스터라이저에 의해서 어떻게 단편들에 할당될 수 있는지를 살펴보자.

3.6.5 보간

입방체의 정점에 색을 지정했지만 그래픽스 시스템은 다각형의 내부 점에 색을 정하기 위해 이 정보를 어떻게 사용할지 결정해야 한다. 다각형을 가로질러 색을 채우기 위해, 즉 보간(interpolate)하기 위해 정점의 색을 이용하는 많은 방법이 있다. 아마도 컴퓨터 그래픽스에서 가장 일반적으로 사용되는 방법은 3.1절에서 소개한 삼각형의 중심 좌표계 표현에 근거한 방법일 것이다. 주된 이유는 삼각형이 렌더링에서 사용되는 가장 주된 개체이기 때문이다.

그림 3.31의 다각형을 보자. 색 C_1, C_2, C_3는 응용프로그램에서 정점에 할당된 색이다. RGB색을 사용하고 각 색 성분에 대해서 보간이 적용된다고 가정하자. 우선 정점 0과 1 사이의 변을 따라 색을 보간하기 위해 다음 식을 이용하여 일차 보간한다.

$$C_{01}(\alpha) = (1 - \alpha)C_0 + \alpha C_1.$$

α가 0에서 1까지 변하면서 선분을 따라 색 $C_{01}(\alpha)$를 생성한다. 주어진 α 값에 대하여 색 C_3를 얻는다. 그리고 C_3와 C_2를 다음과 같이 보간할 수 있다.

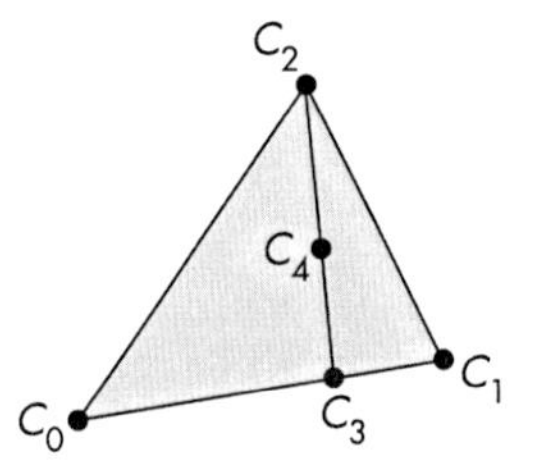

● 그림 3.31 ● 중심 좌표를 이용한 보간

$$C_{32}(\beta) = (1-\beta)C_3 + \beta C_2,$$

β값이 정해지면 삼각형 내부의 색 C_4가 정해진다. 중심 좌표 α와 β가 0에서 1 사이의 값을 가질 때 삼각형 내부의 보간된 색을 얻게 되고 따라서 래스터라이저에 의해 생성되는 각각의 단편에 대한 색을 얻게 된다. 임의의 정점속성에 대해서도 동일한 보간법이 사용될 수 있다.[5)]

2.9절에서의 3차원 시어핀스키 개스킷처럼 기본적인 직교 투영을 이용해서 디스플레이할 수 있는 객체를 갖게 되었다. 3.7절에서 입방체를 애니메이션하고 더 복잡한 객체를 구성하기 위해 변환을 도입한다. 그러나 우선 입방체를 생성하는 부담을 줄여주고 입방체나 다른 다면체 객체들에 대해서 작업할 수 있는 상위 수준의 방법을 제공하는 OpenGL의 기능을 소개하겠다.

3.6.6 입방체의 디스플레이

완전한 프로그램은 부록 A에 수록되어 있다. 입방체를 디스플레이하는 응용프로그램과 셰이더는 2장에서 3차원 개스킷을 디스플레이하는데 사용되었던 코드와 비슷하다. 차이점이라면 정점 위치와 정점 색을 위한 배열에 어떻게 데이터를 넣느냐의 차이 뿐이다. 셰이더를 포함한 OpenGL 부분은 동일하다.

그러나 디스플레이된 입방체는 보기에 적절하지 않다. 입방체의 면들이 절단 공간과 나란하기 때문에 앞면만 보일 뿐이다. 또한 디스플레이가 윈도 전체를 차지한다. 회전된 입방체에 대응하도록 데이터를 바꿈으로써 보다 흥미로운 디스플레이를 얻을 수 있다. 보다 작은 입방체를 얻도록 데이터를 바꿀 수 있다. 예를 들면, 다음과 같이 정점 데이터를 바꿈으로써 입방체의 크기를 바꿀 수 있다.

```
point4 vertices[8] = {point4(-0.5, -0.5, 0.5, 1.0),
                      point4(-0.5, 0.5, 0.5, 1.0),
                      point4(0.5, 0.5, 0.5, 1.0),
                      point4(0.5, -0.5, 0.5, 1.0),
                      point4(-0.5, -0.5, -0.5, 1.0),
                      point4(-0.5, 0.5, -0.5, 1.0),
                      point4(0.5, 0.5, -0.5, 1.0),
                      point4(0.5, -0.5, -0.5, 1.0)};
```

그러나 이것은 유연한 해법이 아니다. `quad` 함수에 크기 변환 계수를 넣을 수 있다. 정점 셰이더를 다음과 같이 바꾸는 것이 더 나은 해법이다.

5) 오늘날의 그래픽 카드는 투시 관측에서도 올바른 보간법을 지원한다.

```
in vec4 vPosition;
in vec4 vColor;
out vec4 color;

void main()
{
gl_Position = 0.5*vPosition;
color = vColor;
}
```

4차원 동차 좌표의 입력 데이터를 사용하도록 정점 셰이더를 변경한 점도 주목하자. 단편 셰이더도 다음과 같다.

```
in vec4 color;
out vec4 fragColor;

void main()
{
fragColor = color;
}
```

위와 같은 임시변통적인 접근보다는 응용프로그램 또는 셰이더 안에서 데이터를 회전, 크기 변환, 이동할 수 있도록 하는 변환 기능을 개발할 것이다. 또한 응용프로그램과 셰이더 사이에서 어떻게 데이터를 전달하는지 그것을 통해서 GPU에서 변환을 수행할 수 있도록 하고 변환을 동적으로 바꿀 수 있게 하는지에 대해 자세히 살펴 볼 것이다.

3.7 변환

변환(transformation)은 점(또는 벡터)을 택해서 다른 점(또는 벡터)으로 사상시키는 함수이다. 점에 대한 함수를 그림 3.32와 같은 그림이나 다음과 같은 함수형태로 나타낼 수 있다.

$$Q = T(P)$$

벡터에 대한 함수는 다음과 같다.

$$v = R(u)$$

동차 좌표를 사용한다면 벡터와 점을 4차원 열행렬로 나타낼 수 있고 주어진 프레임에서 점과 벡터의 표현을 변환하는 단일 함수로 변환을 정의할 수 있다.

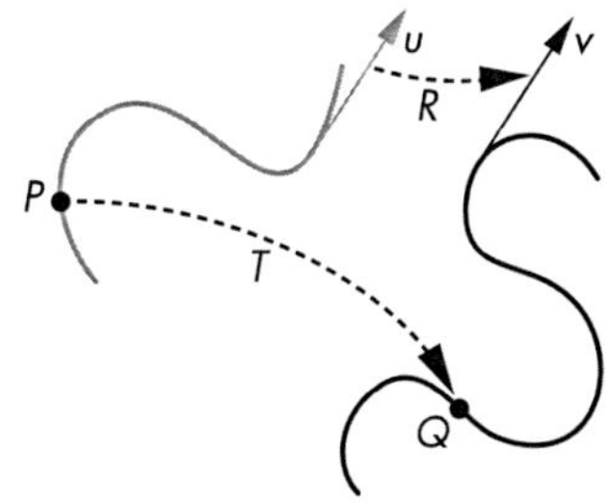

● 그림 3.23 ● 변환

$$\mathbf{q} = f(\mathbf{p})$$

$$\mathbf{v} = f(\mathbf{u})$$

이 식은 점과 벡터의 모든 단일 값 사상을 포함하기 때문에 너무 일반적이어서 유용하지 않다. 실제로 함수 f가 쉽게 표기된다 해도 곡선상의 모든 점에 대해 변환을 수행해야 한다. 예를 들어 선분을 변환한다면 일반적인 변환에서는 두 끝점 사이의 모든 점에 대해 변환을 수행해야 한다.

그 대신에 제한된 종류의 변환을 생각해 보자. 4차원 동차 좌표계에서 작업한다고 가정하자. 이 공간에서 점과 벡터는 모두 4-튜플로 표현된다.[6] f에 제한을 가하면 유용한 종류의 변환들을 얻을 수 있다. 가장 중요한 제한은 선형성이다. 함수 f는 임의의 스칼라 α와 β 임의의 정점 p와 q에 대하여 다음과 같은 필요충분조건을 만족하면 **선형 함수**이다.

$$f(\alpha p + \beta q) = \alpha f(p) + \beta f(q)$$

이런 함수의 중요성은 정점의 변환을 안다면 정점의 선형조합의 변환을 그 정점의 변환의 선형조합으로 얻을 수 있다는 것이다. 따라서 모든 선형조합에 대해 변환을 다시 계산하지 않아도 된다.

동차 좌표를 이용해서 점과 벡터의 표현에 대해 작업한다. 그러면 선형 변환은 점(또는 벡터)의 표현을 점(또는 벡터)의 표현으로 변환하고 다음과 같이 항상 두 표현 $\mathbf{u}$와 $\mathbf{v}$를 이용한 행렬 곱셈으로 쓸 수 있다. 여기서 $\mathbf{C}$는 정방행렬이다.

$$\mathbf{v} = \mathbf{C}\mathbf{u}$$

이 식과 프레임의 변환을 위해 3.3절에서 얻었던 결과와 비교해 보면 $\mathbf{C}$가 비특이(non-

6) 정점을 다른 정점으로 사상시키고 이 장과 부록 B에서 전개한 점과 벡터를 조작하는 규칙을 준수하는 그런 함수만 고려할 것이다.

singular) 행렬이면 각 선형 변환은 프레임의 변환에 대응한다는 것을 알 수 있다. 그러므로 선형 변환을 동치인 두 관점에서 볼 수 있다. (1) 새로운 정점들을 산출하는 표현의 변경, 즉 프레임의 변경으로 보든지, (2) 같은 프레임 안에서의 정점들의 변환으로 볼 수 있다.

동차 좌표를 가지고 작업할 때 **C**는 표현의 네 번째(w) 성분을 그대로 두는 다음 형태의 행렬이다.

$$\mathbf{C} = \begin{bmatrix} \alpha_{11} & \alpha_{12} & \alpha_{13} & \alpha_{14} \\ \alpha_{21} & \alpha_{22} & \alpha_{23} & \alpha_{24} \\ \alpha_{31} & \alpha_{32} & \alpha_{33} & \alpha_{34} \\ 0 & 0 & 0 & 1 \end{bmatrix}$$

12개의 값은 임의로 설정할 수 있고 이런 변환은 **자유도**(degree of freedom) 12를 가진다고 말한다. 그러나 점과 벡터는 어파인 공간에서 약간 다른 표현을 가진다. 임의의 벡터는 다음과 같다.

$$\mathbf{u} = \begin{bmatrix} \alpha_1 \\ \alpha_2 \\ \alpha_3 \\ 0 \end{bmatrix}$$

임의의 벡터는 다음과 같이 쓸 수 있다.

$$\mathbf{p} = \begin{bmatrix} \beta_1 \\ \beta_2 \\ \beta_3 \\ 1 \end{bmatrix}$$

임의의 **C**를 벡터에 적용하면,

$$\mathbf{v} = \mathbf{Cu}$$

이다. **C**의 9개 성분만 **u**에 영향을 미치는 것을 알 수 있고, 벡터의 변환에서 단지 자유도 9만 있다. 점의 어파인 변환은 자유도 12를 가진다.

또한 어파인 변환이 직선을 보존하는 것을 볼 수 있다. 직선을 다음 형식으로 쓴다고 가정하자.

$$P(\alpha) = P_0 + \alpha d$$

P_0는 점이고 d는 벡터이다. 임의의 프레임에서 직선은 다음과 같다.

$$\mathbf{p}(\alpha) = \mathbf{p}_0 + \alpha\mathbf{d}$$

$\mathbf{p}_0$와 $\mathbf{d}$는 그 프레임에서 P_0와 d의 표현이다. 임의의 어파인 변환행렬 $\mathbf{C}$에 대해 다음과 같다.

$$\mathbf{C}\mathbf{p}(\alpha) = \mathbf{C}\mathbf{p}_0 + \alpha\mathbf{C}\mathbf{d}$$

그러므로 먼저 $\mathbf{p}_0$와 $\mathbf{d}$를 변환하고, 임의의 직선생성 알고리즘을 이용함으로써 변환된 직선을 구성할 수 있다. 직선에 대해 다음처럼 두점 형식을 사용한다면 비슷한 결과가 얻어진다.

$$\mathbf{p}(\alpha) = \alpha\mathbf{p}_0 + (1-\alpha)\mathbf{p}_1$$

$\mathbf{p}_0$와 $\mathbf{p}_1$의 표현을 변환하고 변환된 직선을 구성한다. $\mathbf{C}$에서 임의로 선택할 수 있는 성분은 단지 12개이기 때문에 직선 또는 선분의 어파인 변환에서 자유도가 12이다.

이러한 결과들을 추상적인 수학적 공간을 이용해서 표현해 왔다. 그러나 컴퓨터 그래픽스에서는 그것들이 실질적인 중요성을 가진다. 완전히 변환된 직선을 얻기 위해 선분 양 끝점의 동차 좌표 표현의 변환만 필요하다. 그러므로 우리의 그래픽스 시스템을 어파인 변환 유닛으로 끝점들을 통과시키는 파이프라인으로 구현할 수 있고 내부 점들은 래스터화 단계에서 생성할 수 있다.

다행히도 컴퓨터 그래픽스에서 필요로 하는 변환의 대부분은 어파인 변환이다. 이런 변환은 회전, 이동, 크기 변환을 포함한다. 약간 수정하면 표준 평행 투영과 투시 투영을 설명하는데 이런 결과를 이용할 수 있다.

3.8 회전, 이동, 크기 변환

기하학적 객체를 추상적인 대상으로 다루기도 하였고 주어진 특정 프레임에서 객체의 표현을 이용해서 다루기도 하였다. 응용프로그램으로 작업할 때는 표현에 대해서 작업해야 한다. 이 절에서는 먼저 가장 중요한 어파인 변환을 표현에 독립적으로 어떻게 묘사할 수 있는지 보일 것이다. 그 다음에 점과 벡터의 표현에 적용되는 변환으로서 행렬을 찾을 것이다. 이러한 변환이 OpenGL에서 어떻게 구현되었는지 살펴볼 것이다.

하나 이상의 기하학적 객체를 묘사하는 점의 그룹을 새로운 위치로 옮기는 방법으로서의 변환을 살펴볼 것이다. 한 점을 새로운 위치로 변환하는 많은 방법이 있지만 객체의 정점들 사이의 관계를 유지하면서 하나의 변환으로 점들을 새로운 위치로 옮기는 방법은 거의 항상 유일하다. 따라서 색 입방체의 한 모서리인 P_0를 점 Q_0로 옮겨주는 많은 행렬들을 찾을 수 있지만 그 중에서 입방체의 모든 정점들에 적용했을 때 같은 크기의 입방체가 되도록 하는 것은 행렬은 하나뿐이다.

3.8.1 이동

이동(translation)은 그림 3.33에서 보듯이 주어진 방향으로 일정한 거리만큼 점을 옮기는 연산이다. 이동을 명시하기 위해서 객체 상의 모든 점 P에 대하여 변환된 점이 다음처럼 주어지기 때문에 변위 벡터 d를 명시하기만 하면 된다.

$$P' = P + d$$

이러한 이동의 정의는 프레임이나 표현을 참조하기 않고 기술된다는 점을 주의하라. 변위 벡터의 3요소를 임의로 지정할 수 있기 때문에 이동은 자유도 3을 가진다.

3.8.2 회전

회전(rotation)은 많은 매개변수를 포함하기 때문에 이동보다 명시하기가 더 어렵다. 2차원 평면에서 원점을 중심으로 점을 회전시키는 그림 3.34의 간단한 예제로부터 시작해 보자. 특정 점(원점)을 명시한 것은 특정 프레임에 있다는 의미이다. 이 프레임에서 (x, y) 위치에 있는 2차원 점이 원점을 중심으로 각도 θ만큼 회전되어서 (x', y')로 온다. (x, y)와 (x', y')를 극좌표 형식으로 표현함으로써 이 회전을 기술하는 표준 방정식을 얻을 수 있다.

$$x = \rho \cos \phi$$

$$y = \rho \sin \phi$$

$$x' = \rho \cos(\theta + \phi)$$

$$y' = \rho \sin(\theta + \phi)$$

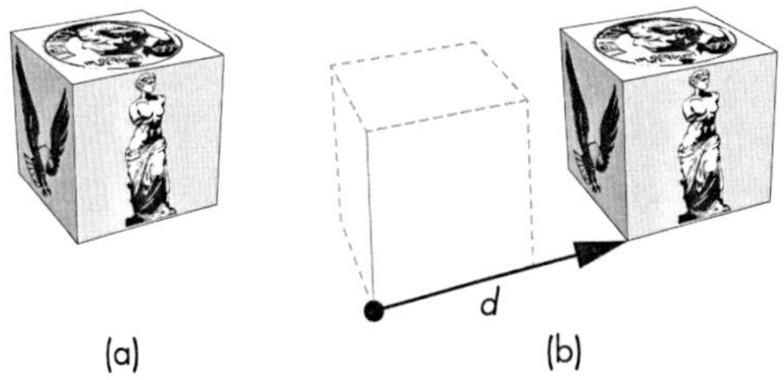

● 그림 3.33 ● 이동, (a) 원래 위치에서 객체 (b) 이동된 객체

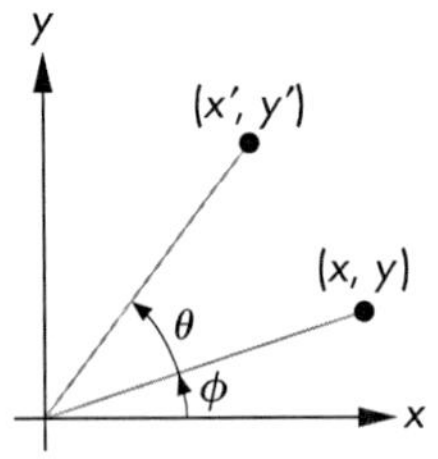

● 그림 3.34 ● 2차원 회전

두 각의 합에 대한 사인과 코사인 공식을 이용하여 이 항들을 확장하면 다음을 얻는다.

$$x' = \rho \cos\phi \cos\theta - \rho \sin\phi \sin\theta = x\cos\theta - y\sin\theta$$

$$y' = \rho \cos\phi \sin\theta + \rho \sin\phi \cos\theta = x\sin\theta + y\cos\theta$$

이 방정식은 다음과 같이 행렬 형식으로 쓸 수 있다.

$$\begin{bmatrix} x' \\ y' \end{bmatrix} = \begin{bmatrix} \cos\theta & -\sin\theta \\ \sin\theta & \cos\theta \end{bmatrix} \begin{bmatrix} x \\ y \end{bmatrix}$$

3.9절에서는 이 형식을 3차원으로 확장할 것이다.

회전 변환에는 세 가지 특징이 있다.

1. 회전에 의해 변경되지 않는 한 점이 있다. 위의 경우는 원점이다. 이 점을 변환의 **고정점**(fixed point)이라 한다. 그림 3.35는 다른 고정점에 대한 2차원 회전을 나타낸다.
2. 2차원 평면이 3차원 공간의 부분이라는 사실로부터 2차원 회전을 3차원 공간에서의 회전으로 재해석할 수 있다. 오른손 좌표계에서 표준적인 방법으로 x와 y축을 그리면 z축의 양 방향은 페이지의 앞으로 나온다. 회전에서 양 방향의 정의는 원점을 향하여 양의 z축을 내려다 볼 때 반시계 방향이다. 이 정의를 다른 축에 대한 양의 회전을 정의하는데 사용한다.
3. 2차원 평면인 $z = 0$인 평면상에서의 회전은 z축을 중심으로 하는 3차원 회전과 같다. z값이 상수인 평면의 점들은 비슷한 방법으로 회전하며 이때 z값들은 변경되지 않는다.

프레임에 독립적인 일반적인 3차원 회전을 정의하는데 이런 결과를 이용한다. 그림

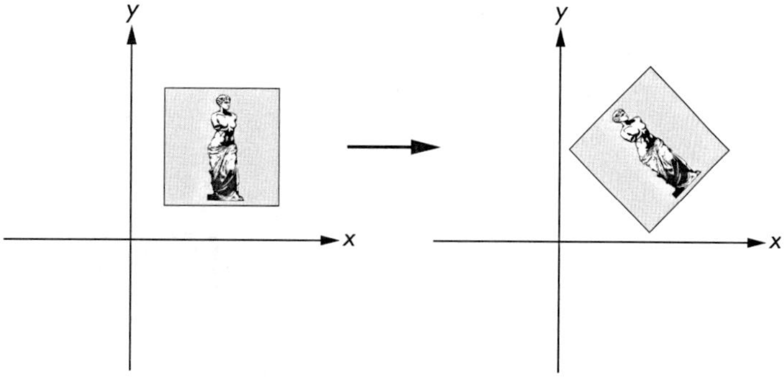

● 그림 3.35 ● 고정점에 대한 회전

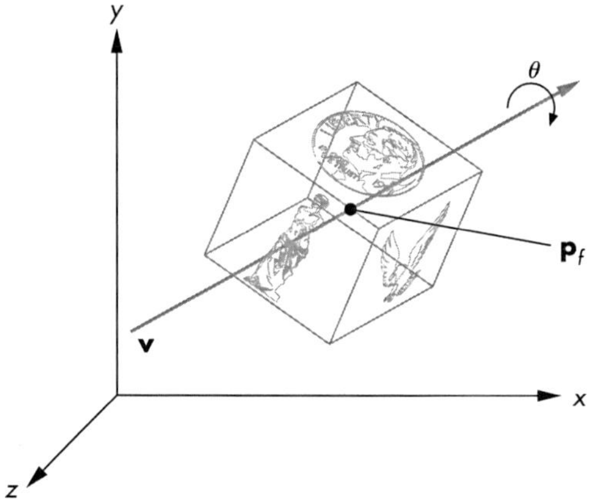

● 그림 3.36 ● 3차원 회전

3.36에 보이듯이 세 가지를 명시해야 한다. 그것은 고정점($\mathbf{p}_f$), 회전각도(θ), 회전 중심이 되는 직선 또는 벡터이다. 주어진 고정점에 대하여 자유도가 3이다. 그것은 벡터의 방향을 명시하기 위해 필요한 두 각도와 벡터를 중심으로 하는 회전량을 명시하는 각도이다.

회전과 이동은 **강체 변환**(rigid-body transformation)이라고 한다. 회전과 이동의 조합으로는 객체의 모양을 바꿀 수 없다. 강체 변환으로는 객체의 위치와 방향만 바꿀 수 있다. 따라서 회전과 이동만으로는 모든 가능한 어파인 변환을 제공하지 못한다. 그림 3.37의 변환은 어파인 변환이지만 강체 변환은 아니다.

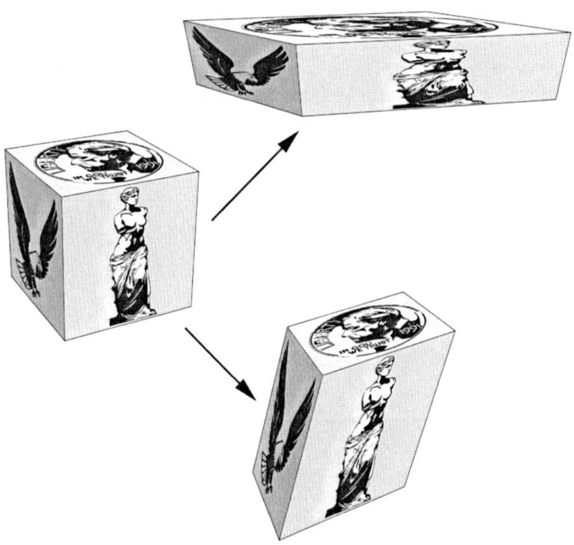

● 그림 3.37 ● 비강체 변환

3.8.3 크기 변환

크기 변환(scaling)은 객체를 확대 축소할 수 있는 어파인 비강체(non-rigid-body) 변환이다. 그림 3.38은 모든 방향으로의 동일한 크기 변환과 한 방향으로의 크기 변환을 예시하고 있다. 모델링과 관측에서 사용할 모든 종류의 어파인 변환을 구축하기 위해 비균일 크기 변환이 필요할 것이다.

크기 변환은 그림 3.39에서 볼 수 있는 것처럼 고정점을 가지므로 크기 변환을 명시하기 위해서 고정점, 크기 변환을 원하는 방향, 크기 변환 인자(α)를 명시할 수 있다. $\alpha > 1$이면 객체는 지정한 방향으로 길어진다. $0 \leq \alpha \leq 1$이면 객체는 그 방향으로 작아진다. α가 음수이면 크기 변환 방향으로 고정점에 대하여 **반사**(reflection)된다(그림 3.40).

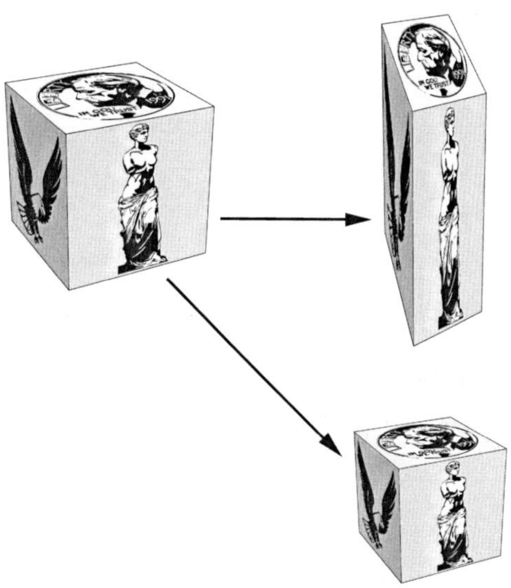

● 그림 3.38 ● 균일 크기 변환과 비균일 크기 변환

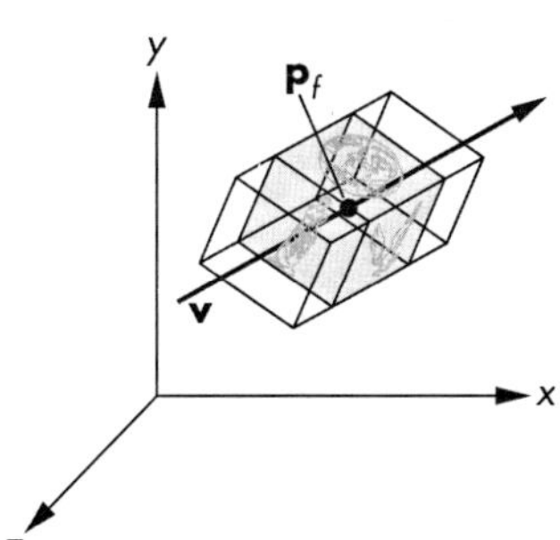

● 그림 3.39 ● 크기 변환 계수의 효과

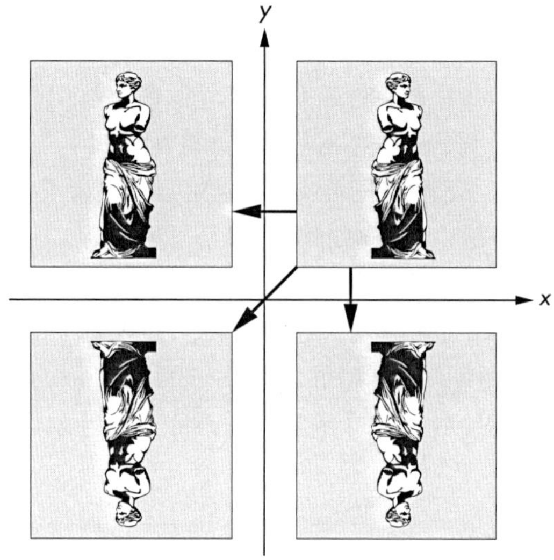

● 그림 3.40 ● 반사

3.9 동차 좌표에서의 변환

모든 그래픽스 API에서는 특정 참조 시스템 내에서 작업해야 한다. 따라서 다음과 같은 고수준 표현으로는 작업할 수 없다.

$$Q = P + \alpha v$$

대신 동차 좌표에서의 표현으로 작업할 수 있고 다음과 같은 식으로 작업할 수 있다.

$$\mathbf{q} = \mathbf{p} + \alpha \mathbf{v}$$

프레임 내에서 각 어파인 변환은 다음 형식의 4 × 4 행렬에 의해 표현된다.

$$\mathbf{A} = \begin{bmatrix} \alpha_{11} & \alpha_{12} & \alpha_{13} & \alpha_{14} \\ \alpha_{21} & \alpha_{22} & \alpha_{23} & \alpha_{24} \\ \alpha_{31} & \alpha_{32} & \alpha_{33} & \alpha_{34} \\ 0 & 0 & 0 & 1 \end{bmatrix}$$

3.9.1 이동

이동은 점을 변위 벡터에 의해 정의된 새로운 점으로 옮긴다. 점 **p**를 **d**의 변위에 의해

$\mathbf{p}'$으로 옮긴다면 다음과 같다.

$$\mathbf{p}' = \mathbf{p} + \mathbf{d}$$

그것의 동차 좌표형태를 살펴보면,

$$\mathbf{p} = \begin{bmatrix} x \\ y \\ z \\ 1 \end{bmatrix}, \qquad \mathbf{p}' = \begin{bmatrix} x' \\ y' \\ z' \\ 1 \end{bmatrix}, \qquad \mathbf{d} = \begin{bmatrix} \alpha_x \\ \alpha_y \\ \alpha_z \\ 0 \end{bmatrix}$$

이 방정식은 다음과 같이 구성요소별로 쓸 수 있다.

$$x' = x + \alpha_x$$

$$y' = y + \alpha_y$$

$$z' = z + \alpha_z$$

열행렬의 덧셈을 사용하여 변환을 표현하는 방법은 다른 어파인 변환의 표현과 잘 결합되지 않을 것이다. 그러나 행렬 곱셈을 사용해서도 이 결과를 얻을 수 있다.

$$\mathbf{p}' = \mathbf{T}\mathbf{p}$$

여기서

$$\mathbf{T} = \begin{bmatrix} 1 & 0 & 0 & \alpha_x \\ 0 & 1 & 0 & \alpha_y \\ 0 & 0 & 1 & \alpha_z \\ 0 & 0 & 0 & 1 \end{bmatrix}$$

이다. $\mathbf{T}$는 **이동 행렬**(translation matrix)이라고 한다. 3개의 독립적인 매개변수를 강조하기 위해 종종 $\mathbf{T}(\alpha_x, \alpha_y, \alpha_z)$처럼 표기할 것이다.

열행렬에서 네 번째 요소는 필요한 것 같지 않아 보인다. 그러나 다음과 같은 3차원 형식을 사용한다면

$$\mathbf{q} = \begin{bmatrix} x \\ y \\ z \end{bmatrix}, \qquad \mathbf{q}' = \begin{bmatrix} x' \\ y' \\ z' \end{bmatrix}$$

$\mathbf{q}' = \mathbf{D}\mathbf{q}$인 3×3의 행렬 $\mathbf{D}$를 얻는 것은 불가능하다. 이런 까닭에 동차 좌표의 사용은 3차원에서 열행렬의 덧셈을 4차원에서 행렬 간의 곱셈으로 전환하는 교묘한 속임수

처럼 보인다.

이동행렬에 역행렬 알고리즘을 적용하여 이동행렬의 역을 구할 수 있다. 다른 방법으로는 점이 벡터 d에 의해 이동한다면 $-d$ 이동에 의해 원래 위치로 돌아올 수 있다는 사실로부터 이동행렬의 역을 얻을 수 있다. 어떤 방법을 사용하든지 다음 결과를 얻는다.

$$\mathbf{T}^{-1}(\alpha_x, \alpha_y, \alpha_z) = \mathbf{T}(-\alpha_x, -\alpha_y, -\alpha_z) = \begin{bmatrix} 1 & 0 & 0 & -\alpha_x \\ 0 & 1 & 0 & -\alpha_y \\ 0 & 0 & 1 & -\alpha_z \\ 0 & 0 & 0 & 1 \end{bmatrix}$$

3.9.2 크기 변환

크기 변환과 회전 변환에는 변환에 의해 변경되지 않는 고정점이 있다. 고정점이 원점인 경우를 다룬 다음 임의의 고정점에 대한 변환을 얻기 위해 변환들을 어떻게 연결시킬 수 있는지를 살펴보겠다.

원점을 고정점으로 하는 크기 변환행렬은 좌표축을 따라 독립적인 크기 변환을 가능하게 한다. 다음에 세 개의 식이 있다.

$$x' = \beta_x x$$

$$y' = \beta_y y$$

$$z' = \beta_z z$$

세 식은 동차형태로 다음과 같이 결합할 수 있다.

$$\mathbf{p}' = \mathbf{S}\mathbf{p}$$

여기서,

$$\mathbf{S} = \mathbf{S}(\beta_x, \beta_y, \beta_z) = \begin{bmatrix} \beta_x & 0 & 0 & 0 \\ 0 & \beta_y & 0 & 0 \\ 0 & 0 & \beta_z & 0 \\ 0 & 0 & 0 & 1 \end{bmatrix}$$

이다. 이동 행렬을 포함한 모든 동차 좌표 변환에서 행렬의 마지막 행은 동일하고 단지 변환된 점의 네 번째 구성요소가 1로 유지되도록 한다는 것에 주의한다.

크기 변환 인자의 역수를 적용함으로써 크기 변환행렬의 역행렬을 얻는다.

$$\mathbf{S}^{-1}(\beta_x, \beta_y, \beta_z) = \mathbf{S}\left(\frac{1}{\beta_x}, \frac{1}{\beta_y}, \frac{1}{\beta_z}\right)$$

3.9.3 회전

먼저 원점을 고정점으로 하는 회전을 살펴보자. 세 개의 좌표축에 대해 독립적인 회전을 할 수 있는 만큼 자유도 3을 가진다. 하지만 행렬 곱셈은 교환 법칙(부록 C)이 성립되지 않는 점을 주의해야만 한다. x축에 대해 각도 θ만큼 회전한 다음 y축에 대해 각도 ϕ만큼 회전한 것은 회전 순서를 반대로 한 것과 다른 결과가 된다.

개별적인 축에 대한 회전행렬을 3.7.2절에서 전개한 2차원 회전의 결과로부터 바로 얻을 수 있다. 2차원 회전은 z축에 대한 3차원 회전이었고 점들은 z값이 상수인 평면에 그대로 있게 된다는 것을 보았다. 그러므로 3차원에서 z축에 대한 각도 θ만큼의 회전식은 다음과 같다.

$$x' = x\cos\theta - y\sin\theta$$

$$y' = x\sin\theta + y\cos\theta$$

$$z' = z$$

또는 행렬 형식은 다음과 같다.

$$\mathbf{p}' = \mathbf{R}_z\mathbf{p}$$

여기서,

$$\mathbf{R}_z = \mathbf{R}_z(\theta) = \begin{bmatrix} \cos\theta & -\sin\theta & 0 & 0 \\ \sin\theta & \cos\theta & 0 & 0 \\ 0 & 0 & 1 & 0 \\ 0 & 0 & 0 & 1 \end{bmatrix}$$

이다. 동일한 논거를 통해 x와 y축에 대한 회전행렬을 유도할 수 있다. x축에 대해 회전한다면, x값은 변경되지 않고, x값이 상수인 평면에서 점들이 회전하는 2차원 회전이 된다. y축에 대한 회전에서는 y값이 변경되지 않는다. 그 행렬들은 다음과 같다.

$$\mathbf{R}_x = \mathbf{R}_x(\theta) = \begin{bmatrix} 1 & 0 & 0 & 0 \\ 0 & \cos\theta & -\sin\theta & 0 \\ 0 & \sin\theta & \cos\theta & 0 \\ 0 & 0 & 0 & 1 \end{bmatrix}$$

$$\mathbf{R}_y = \mathbf{R}_y(\theta) = \begin{bmatrix} \cos\theta & 0 & \sin\theta & 0 \\ 0 & 1 & 0 & 0 \\ -\sin\theta & 0 & \cos\theta & 0 \\ 0 & 0 & 0 & 1 \end{bmatrix}$$

사인 항의 부호는 오른손 계에서 양의 회전의 정의와 일치한다.

세 회전행렬 중 하나의 행렬을 $\mathbf{R}$로 표기하자. θ만큼 회전은 다음의 $-\theta$만큼 회전에 의해 항상 원래대로 돌아온다. 따라서,

$$\mathbf{R}^{-1}(\theta) = \mathbf{R}(-\theta)$$

이다. 게다가 모든 코사인 항은 대각원소이고 사인 항은 비대각원소인 점에 유의하면 삼각함수의 등식 $\cos(-\theta) = \cos\theta$와 $\sin(-\theta) = -\sin\theta$를 이용하여 다음을 얻는다.

$$\mathbf{R}^{-1}(\theta) = \mathbf{R}^T(\theta)$$

3.9.1절에서 원점을 고정점으로 하는 임의의 원하는 회전행렬을 세 개의 축에 대한 개별적 회전의 곱셈으로 어떻게 구성하는지 볼 것이다.

$$\mathbf{R} = \mathbf{R}_z\mathbf{R}_y\mathbf{R}_x$$

곱의 전치행렬은 전치행렬 역순의 곱이라는 사실을 이용하면 임의의 회전행렬에 대해 다음과 같다.

$$\mathbf{R}^{-1} = \mathbf{R}^T$$

역행렬이 전치행렬과 같은 행렬을 **직교행렬**(orthogonal matrix)이라 하며 모든 직교행렬은 원점에 대한 회전에 대응된다.

3.9.4 밀림

일련의 회전, 이동, 크기 변환으로 임의의 어파인 변환을 구성할 수 있지만 하나의 어파인 변환이 더 있다. 그것은 **밀림**(shear) 변환인데 다른 변환들로부터 유도하기보다는 기본형으로 간주할만한 중요성이 있다. 그림 3.41에 나타나듯이 원점을 중심으로 하고 양의 축에서 관측되는 z축에 정렬된 입방체를 생각해 보자. 이것을 위에서는 오른쪽으로 당기고 밑에서는 왼쪽으로 당긴다면 x 방향으로 밀림 변환이 일어난다. y와 z값은 밀림에 의해 변하지 않는 점을 주의한다. 다른 가능한 방향과의 구별을 위해 x 밀림이라고 한다. 그림 3.42의 간단한 삼각법을 이용하면 각 밀림은 단일 각 θ에 의해 기술될 수 있다는 것을 알 수 있다. 이런 밀림에 대한 방정식은 다음과 같다.

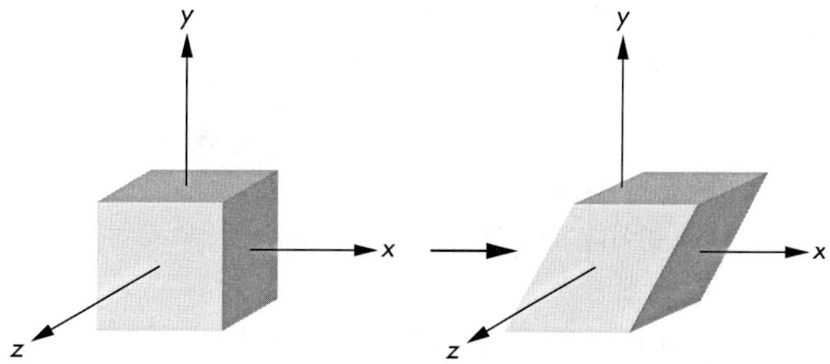

● 그림 3.41 ● 밀림

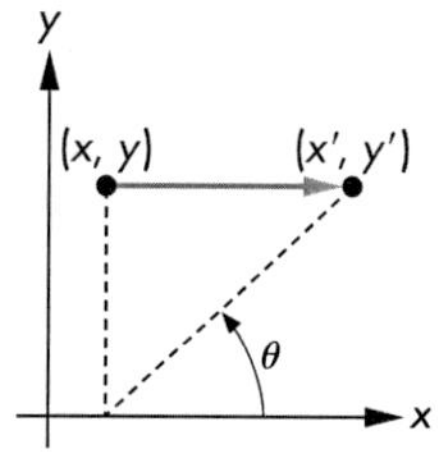

● 그림 3.42 ● 밀림행렬의 계산

$$x' = x + y\cot\theta$$
$$y' = y$$
$$z' = z$$

밀림행렬을 유도하면 다음과 같다.

$$\mathbf{H}_x(\theta) = \begin{bmatrix} 1 & \cot\theta & 0 & 0 \\ 0 & 1 & 0 & 0 \\ 0 & 0 & 1 & 0 \\ 0 & 0 & 0 & 1 \end{bmatrix}$$

단지 반대방향으로 미는 것만 필요하다는 것에 유념하면 역행렬을 얻을 수 있다. 따라서,

$$\mathbf{H}_x^{-1}(\theta) = \mathbf{H}_x(-\theta)$$

이다. 방향으로의 밀림을 한 후에 z방향으로 밀림을 하면 y값은 변화가 없고 $x - z$ 평면에서의 밀림으로 간주될 수 있다.

3.10 변환의 연결

이 절에서는 지금까지 소개했던 기본 변환들을 곱하여 **연결**(concatenating)함으로써 어파인 변환을 생성하는 예제를 나타낸다. 이러한 방식은 임의의 변환을 직접 정의하는 것보다 효과적이다. 이런 접근은 그래픽스 시스템을 구현하는 파이프라인 구조와 잘 들어맞는다.

점 **p**에 대하여 세 개의 연속된 변환을 실행하여 새로운 점 **q**를 생성한다고 하자. 행렬의 곱은 결합법칙을 만족하므로, 일련의 곱셈을 다음과 같이 괄호 없이 쓸 수 있다.

$$\mathbf{q} = \mathbf{CBAp}$$

A, **B**, **C**와 **M**은 대부분의 경우 어파인행렬이겠지만 임의의 4 × 4 행렬일 수 있다. 변환을 수행하는 순서는 계산 효율에 영향을 미친다. 그 중 하나는 **A**, 다음에 **B**, 그 다음에 **C**를 수행하는데 그것은 다음 그루핑과 같은 순서이다(그림 3.43).

$$\mathbf{q} = (\mathbf{C}(\mathbf{B}(\mathbf{Ap})))$$

한 점만을 변환한다면 각 행렬 곱셈은 열행렬과 정방행렬의 곱셈을 수반하기 때문에 이 순서는 매우 효율적이다. 많은 점을 변환하려고 한다면 두 단계로 진행할 수 있다. 먼저 다음을 계산한다.

$$\mathbf{M} = \mathbf{CBA}$$

다음에 이 행렬을 각 점에 사용한다.

$$\mathbf{q} = \mathbf{Mp}$$

이 순서는 그림 3.44에서 **M**을 먼저 계산하여 파이프라인 변환장치에 적재하는 파이프라인에 대응한다. 연산의 수를 간단히 세어보면 초기에 **M**을 계산하는데 조금 더 작업

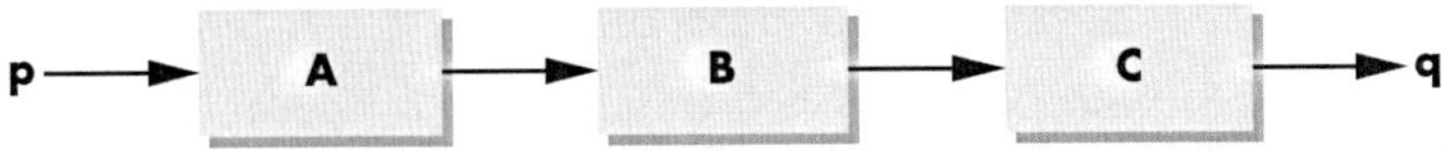

● 그림 3.43 ● 한 번에 한 개의 변환의 적용

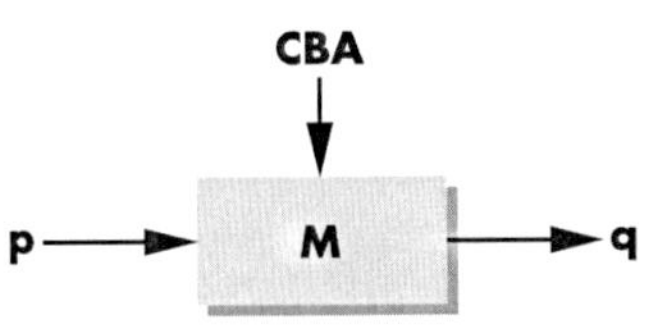

● 그림 3.44 ● 파이프라인 변환

을 한다 해도 이 수만 개의 점에 적용될 수 있기 때문에 **M**이 추가적인 작업은 각 점에 대하여 하나의 행렬 곱셈만을 사용함으로써 얻어지는 절감과 비교하면 사소하다는 것을 알 수 있다.

3.10.1 고정점을 중심으로 한 회전

첫 번째 예제는 원점을 고정점으로 하는 변환(회전, 크기 변환, 밀림)이 아닌 임의의 점을 고정점으로 하는 변환을 다룬다. z축을 중심축으로 하는 회전에 대해서 설명할 것인데 다른 예제에서도 마찬가지이다.

중심이 $\mathbf{p}_f$이고 면이 좌표축에 정렬된 입방체를 생각해 보자. z축을 중심축으로 입방체를 회전하되 그림 3.45에 보이는 것처럼 이번에는 $\mathbf{p}_f$를 고정점으로 하여 회전시키고자 한다. $\mathbf{p}_f$가 원점이라면 문제를 어떻게 풀어야 할지 우리는 알고 있다. 단순히 $\mathbf{R}_z(\theta)$을 사용할 것이다. 이러한 사실은 입방체를 원점으로 먼저 옮기는 전략에 착안하게 한다. 그런 다음에 $\mathbf{R}_z(\theta)$를 적용할 수 있고, 마지막으로 중심이 다시 $\mathbf{p}_f$에 오도록 객체를 옮겨 놓는다. 이 순서가 그림 3.46에 나와 있다. 기본 어파인 변환으로 말하면 처음 것

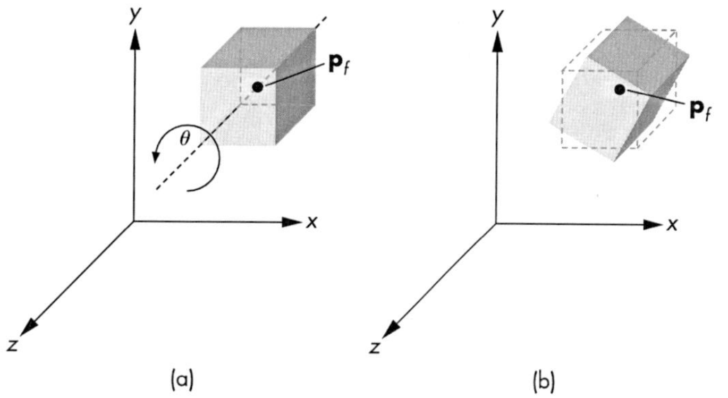

● 그림 3.45 ● 입방체의 중심에 대한 회전

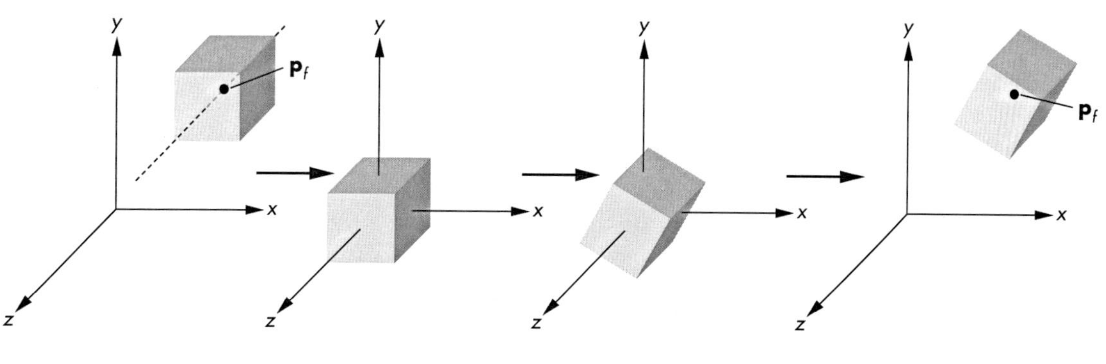

● 그림 3.46 ● 일련의 변환들

은 $\mathbf{T}(-\mathbf{p}_f)$이고 두 번째 것은 $\mathbf{R}_z(\theta)$이고 마지막 것은 $\mathbf{T}(\mathbf{p}_f)$이다. 이것들을 모두 합성하면 하나의 행렬을 얻는다.

$$\mathbf{M} = \mathbf{T}(\mathbf{p}_f)\mathbf{R}_z(\theta)\mathbf{T}(-\mathbf{p}_f)$$

행렬을 모두 곱하면 다음을 구할 수 있다.

$$\mathbf{M} = \begin{bmatrix} \cos\theta & -\sin\theta & 0 & x_f - x_f\cos\theta + y_f\sin\theta \\ \sin\theta & \cos\theta & 0 & y_f - x_f\sin\theta - y_f\cos\theta \\ 0 & 0 & 1 & 0 \\ 0 & 0 & 0 & 1 \end{bmatrix}$$

3.10.2 일반적인 회전

원점을 중심으로 하는 임의의 회전은 세 축에 대한 세 번의 연속된 회전으로 구성될 수 있음을 보게 될 것이다. 결과적인 회전행렬은 유일하지만 순서는 유일하지 않다(연습문제 3.10). 먼저 z축을 중심으로 회전하고 y축을 중심으로 회전하고 마지막으로 축을 중심으로 회전하여 원하는 행렬을 만들게 될 것이다.

그림 3.47(a)에 보이는 것처럼 중심이 원점에 있고 면이 축에 정렬된 입방체를 생각해 보자. 그림 3.47(b)에 보이는 것처럼 z축을 중심축으로 α만큼 회전할 수 있다. 그런 다음에 그림 3.48의 평면도처럼 z축을 중심축으로 β만큼 입방체를 회전한다. 마지막으로 그림 3.49의 측면도처럼 x축을 중심축으로 γ만큼 입방체를 회전한다. 최종적인 회전행렬은 다음과 같다.

$$\mathbf{R} = \mathbf{R}_x\mathbf{R}_y\mathbf{R}_z$$

3.10.4절의 예제에서 보게 되듯이 적절한 α, β, γ를 찾는 것이 복잡할 수는 있지만 이

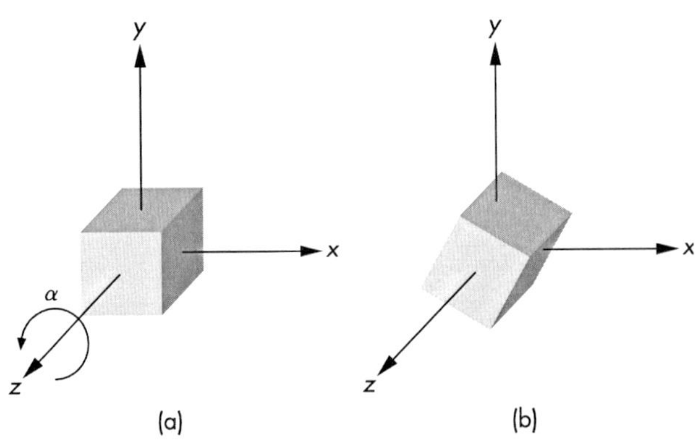

● 그림 3.47 ● z축을 중심축으로 입방체를 회전, (a) 회전 전 (b) 회전 후

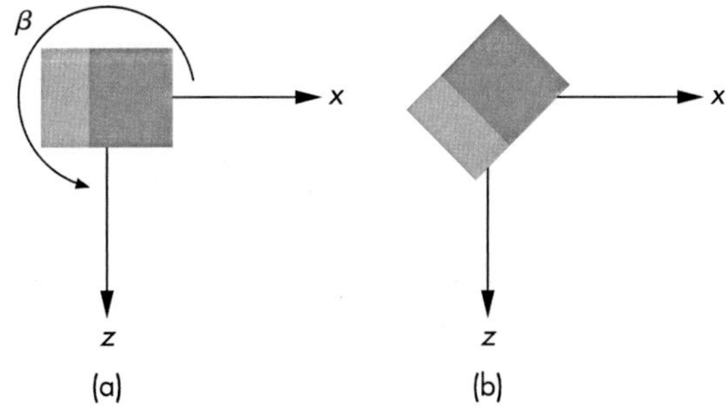

● 그림 3.48 ● y축을 중심축으로 입방체를 회전

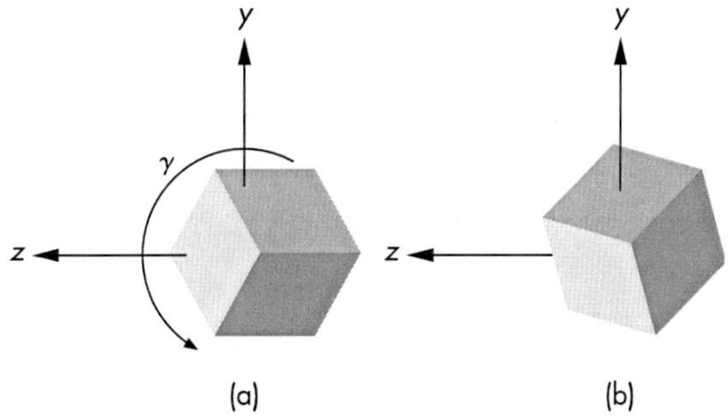

● 그림 3.49 ● x축을 중심축으로 입방체를 회전

값들을 적절히 선택함으로써 임의의 원하는 방향으로 향하게 할 수 있다는 것을 간단한 실험으로 알 수 있다.

3.10.3 사례 변환

원하는 임의의 방향으로 입방체를 회전시키는 앞의 예제는 하나의 일반화된 모델링 방법을 제시한다. 그림 3.50에 보이는 것처럼 여러 개의 간단한 객체로 구성된 장면을 생

● 그림 3.50 ● 단순한 객체들로 구성된 장면

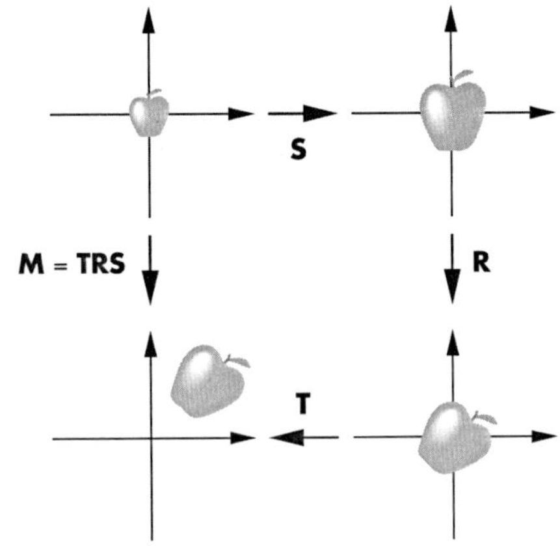

● 그림 3.51 ● 사례 변환

각해 보자. 하나의 방법은 각 객체의 정점을 이용해서 원하는 방향과 크기로 원하는 위치에 정의하는 것이다. 또 다른 방법은 각 객체의 모양을 편리한 크기, 장소, 방향으로 한 번만 정의하는 것이다. 장면에 나타난 객체는 객체 원형의 **사례**(instance)이고 원형에 어파인 변환-**사례 변환**(instance transformation)-을 적용하여 원하는 크기, 방향, 위치를 얻을 수 있다. 객체 식별자(예: 입방체는 1, 구는 2)의 리스트와 각 객체에 적용될 사례 변환의 리스트로부터 장면을 묘사하는 간단한 데이터베이스를 구축할 수 있다.

사례 변환은 그림 3.51에 보이는 순서로 적용된다. 객체는 보통 무게중심이 원점에 있고 축에 정렬된 면을 가지며 자신의 고유한 프레임에 정의된다. 먼저 원하는 크기로 객체를 크기 변환한다. 그 다음에 회전행렬로 방향을 맞춘다. 마지막으로 원하는 위치로 이동한다. 따라서 사례 변환은 다음 형태를 가진다.

$$\mathbf{M} = \mathbf{TRS}$$

사례 변환에 의한 모델링은 파이프라인 구조뿐만 아니라 8장에서 소개될 장면 그래프와 같이 객체들을 유지하는 다른 기법들에서도 잘 동작한다. 자주 사용되는 복잡한 객체는 디스플레이 리스트의 형태로 서버에 한 번만 적재된다. 각 사례들을 디스플레이하기 위해서 서버에 적절한 사례 변환을 보내기만 하면 된다.

3.10.4 임의의 축을 중심으로 하는 회전

마지막으로 살펴본 회전 예제에서는 공간상 임의의 점과 회전축을 중심으로 회전하는 방법뿐만 아니라 방향을 지정하기 위해서 방향각을 사용하는 방법을 설명한다. 그림 3.52에 보이는 입방체의 회전을 생각해 보자. 회전을 지정하기 위해서는 세 개의 항목이 필요하다. 그것은 입방체의 중심으로 가정하는 고정점 $\mathbf{p}_0$, 회전축 벡터, 회전각이다.

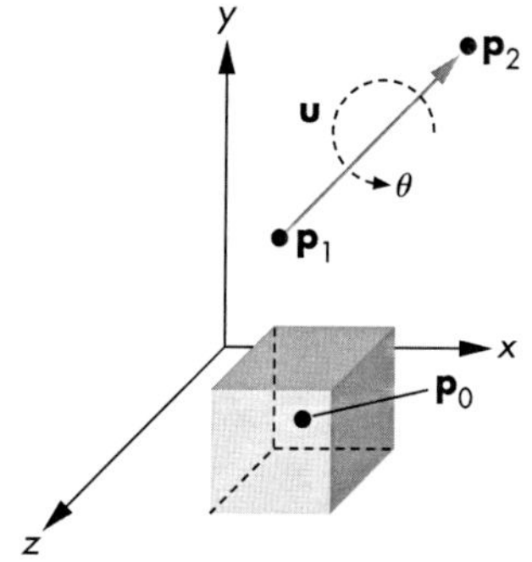

● 그림 3.52 ● 임의의 축에 대한 입방체의 회전

이 항목들은 프레임에 의존적이지 않다는 점과 좌표와 무관한 방법으로 회전을 명시하였다는 것을 유념하라. 그럼에도 불구하고 이 변환을 나타내는 어파인행렬을 찾기 위해서 임의의 프레임에 있다고 가정할 것이다.

입방체의 회전축 벡터는 다양한 방법으로 지정할 수 있다. 하나의 방법은 두 점 $\mathbf{p}_1$과 $\mathbf{p}_2$를 사용하여 다음과 같이 회전축 벡터를 정의하는 것이다.

$$\mathbf{u} = \mathbf{p}_2 - \mathbf{p}_1$$

점의 순서는 θ에 대한 회전 양의 방향을 결정하고 $\mathbf{u}$가 $\mathbf{p}_0$를 지나더라도 단지 $\mathbf{u}$의 방향만 중요하다는 사실을 유념한다. $\mathbf{u}$를 같은 방향의 단위길이 벡터로 바꾸면 이후 과정이 간단해진다. 이 과정을 벡터 $\mathbf{u}$의 **정규화**라고 한다.

$$\mathbf{v} = \frac{\mathbf{u}}{|\mathbf{u}|} = \begin{bmatrix} \alpha_x \\ \alpha_y \\ \alpha_z \end{bmatrix}$$

고정점을 원점으로 옮기는 것이 유익한 기술임을 이미 보았다. 따라서 첫 번째 변환은 이동 $\mathbf{T}(-\mathbf{p}_0)$이고 마지막 변환은 $\mathbf{T}(\mathbf{p}_0)$이다. 앞의 이동 다음에 필요한 회전 문제는 그림 3.53에 보인다. 앞의 예제(3.10.2절)에서는 각각의 축을 중심으로 하는 세 번의 회전으로 임의의 회전을 얻을 수 있다는 것을 보였다. 각각의 회전각이 얼마인지 모르기 때문에 이 문제는 더욱 어렵다. 우리의 전략은 회전축 $\mathbf{v}$를 z축에 정렬시키기 위해 두 번 회전을 수행하는 것이다. 그 다음에 z축에 대하여 θ만큼 회전시키고 정렬을 위한 두 번의 회전을 되돌린다. 회전행렬은 다음 형태를 보일 것이다.

$$\mathbf{R} = \mathbf{R}_x(-\theta_x)\mathbf{R}_y(-\theta_y)\mathbf{R}_z(\theta)\mathbf{R}_y(\theta_y)\mathbf{R}_x(\theta_x)$$

회전의 순서는 그림 3.54에 보인다. 그 과정에서 어려운 부분은 θx와 θy를 결정하는 것이다.

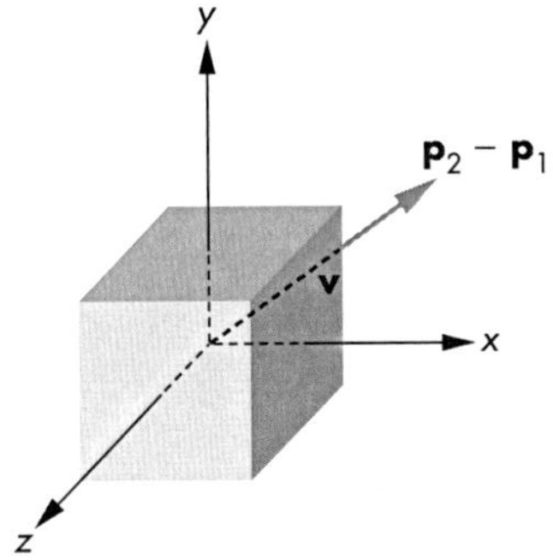

● 그림 3.53 ● 원점으로 고정점을 이동

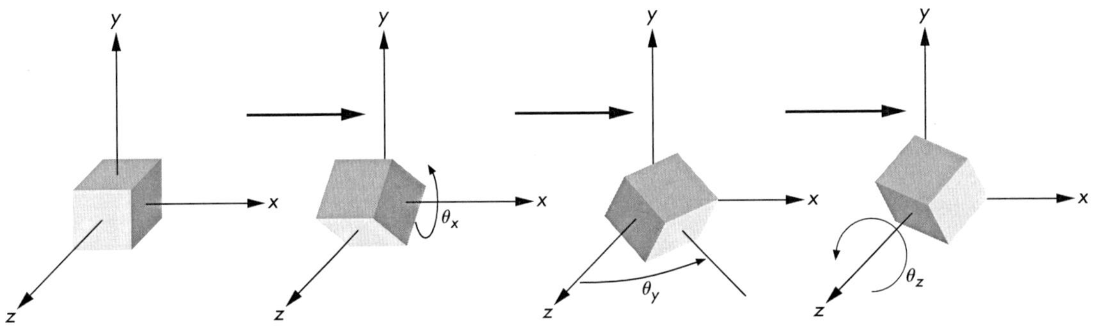

● 그림 3.54 ● 회전의 순서

v의 성분을 살펴보자. **v**는 단위 길이 벡터이기 때문에 다음과 같다.

$$\alpha_x^2 + \alpha_y^2 + \alpha_z^2 = 1$$

원점으로부터 점 $(\alpha_x, \alpha_y, \alpha_z)$까지 선분을 그린다. 이 선분은 단위 길이이고 **v**의 방향이다. 다음으로 그림 3.55처럼 점 $(\alpha_x, \alpha_y, \alpha_z)$에서 좌표축들까지 수직선들을 그린다. 세

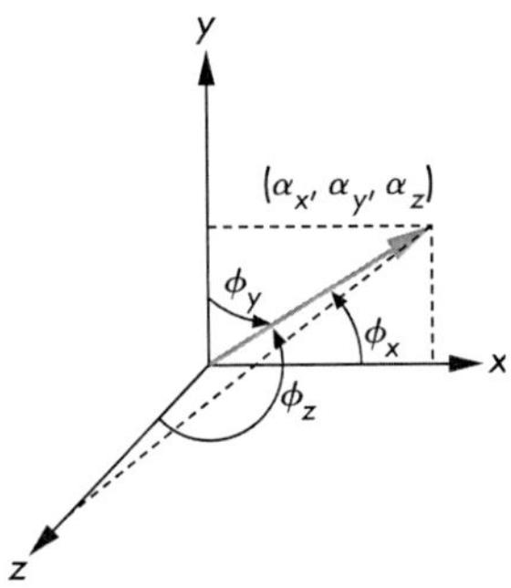

● 그림 3.55 ● 방향각

방향각(direction angle) $-\phi_x$, ϕ_y, ϕ_z-은 선분(또는 $\mathbf{v}$)과 축 사이의 각도이다. **방향 코사인**(direction cosine)은 다음과 같다.

$$\cos\phi_x = \alpha_x$$
$$\cos\phi_y = \alpha_y$$
$$\cos\phi_z = \alpha_z$$

다음과 같은 이유로 세 개 중 두 방향각만이 독립적이다.

$$\cos^2\phi_x + \cos^2\phi_y + \cos^2\phi_z = 1$$

이제 방향각들을 이용하여 θ_x와 θ_y를 계산할 수 있다. 그림 3.56을 살펴보자. 점 $(\alpha_x, \alpha_y, \alpha_z)$을 필요한 만큼 회전한 결과는 $y = 0$인 평면상으로 선분을 회전한 것이라는 사실을 보인다. 선분을 회전하기 전에 $x = 0$인 평면상으로의 투영을 보면 이 평면에서 길이 d의 선분이다. 이 그림을 상상하는 다른 방법은 $x = 0$을 벽으로 생각하고 양의 x축 방향으로 멀리 떨어진 곳에 위치한 원거리 광원을 생각하는 것이다. 벽 위에 보이는 선은 원점에서 $(\alpha_x, \alpha_y, \alpha_z)$까지 선분의 그림자이다. 그림자의 길이는 선분의 길이보다 짧다. 선분은 $d = \sqrt{\alpha_y^2 + \alpha_z^2}$)로 **축소**(foreshorten)되었다고 말할 수 있다. 원하는 회전 각도는 그림자가 z축과 이루는 각에 의해 결정된다. 그러나 회전행렬은 θ_x의 사인과 코사인에 의해 결정된다. 따라서 θ_x를 계산할 필요는 없고, 다음만을 계산하면 된다.

$$\mathbf{R}_x(\theta_x) = \begin{bmatrix} 1 & 0 & 0 & 0 \\ 0 & \alpha_z/d & -\alpha_y/d & 0 \\ 0 & \alpha_y/d & \alpha_z/d & 0 \\ 0 & 0 & 0 & 1 \end{bmatrix}$$

비슷한 방법으로 $\mathbf{R}_y$를 계산한다. 그림 3.57은 회전을 보인다. 이 각은 y축에 대해 시계 방향이고 행렬에서 사인 항의 부호에 주의해야 한다. 행렬은 다음과 같다.

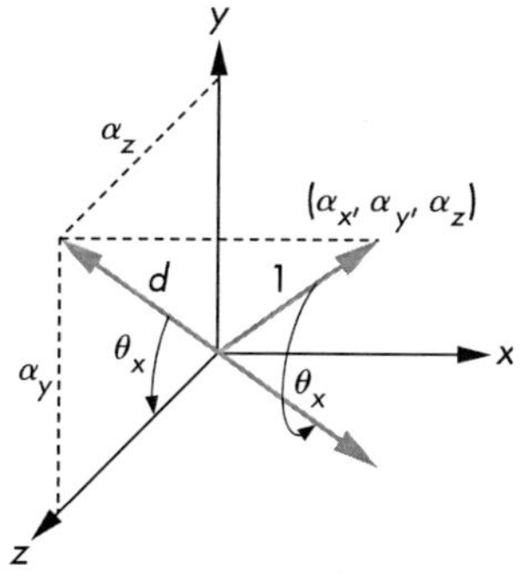

● 그림 3.56 ● x회전의 계산

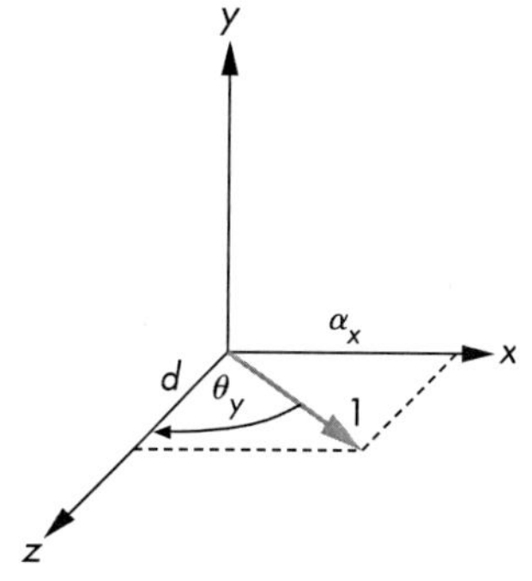

● 그림 3.57 ● y 회전의 계산

$$\mathbf{R}_y(\theta_y) = \begin{bmatrix} d & 0 & -\alpha_x & 0 \\ 0 & 1 & 0 & 0 \\ \alpha_x & 0 & d & 0 \\ 0 & 0 & 0 & 1 \end{bmatrix}$$

마지막으로 모든 행렬을 함께 연결하여 다음을 얻는다.

$$\mathbf{M} = \mathbf{T}(\mathbf{p}_0)\mathbf{R}_x(-\theta_x)\mathbf{R}_y(-\theta_y)\mathbf{R}_z(\theta)\mathbf{R}_y(\theta_y)\mathbf{R}_x(\theta_x)\mathbf{T}(-\mathbf{p}_0)$$

구체적인 예를 살펴보자. 원점과 점 (1, 2, 3)을 지나는 직선을 중심으로 45° 만큼 객체를 회전한다고 해보자. 원점을 고정점으로 하자. 첫 번째 단계는 원점으로부터 직선을 따라 단위길이만큼 떨어진 점을 찾는 것이다. (1, 2, 3)을 정규화함으로써 $(1/\sqrt{14}, 2/\sqrt{14}, 3/\sqrt{14})$ 또는 동차 좌표에서 $(1/\sqrt{14}, 2/\sqrt{14}, 3/\sqrt{14}, 1)$을 얻는다. 회전의 첫 번째 부분은 이 점을 (0, 0, 1, 1)로 가져오는 것이다. 먼저 각도 $\cos^{-1}(3/\sqrt{14})$ 만큼 x축을 중심으로 회전한다. 이 행렬은 $(1/\sqrt{14}, 2/\sqrt{14}, 3/\sqrt{14}, 1)$을 평면 $y = 0$에 있는 $(1/\sqrt{14}, 0, 3/\sqrt{14}, 1)$로 변경한다. y 회전은 각도 $\cos^{-1}(3/\sqrt{13/14})$만큼 해야 한다. 이 회전은 객체를 z에 대해 정렬하고, 이제 z축에 대해 45° 만큼 회전할 수 있다. 마지막으로 처음 두 회전을 되돌린다. 5개의 변환을 하나의 회전행렬 **R**로 연결하면, 다음과 같다.

$$\mathbf{R} = \mathbf{R}_x\left(-\cos^{-1}\frac{3}{\sqrt{13}}\right)\mathbf{R}_y\left(\cos^{-1}\sqrt{\frac{13}{14}}\right)\mathbf{R}_z(45)\mathbf{R}_y\left(-\cos^{-1}\sqrt{\frac{13}{14}}\right)$$
$$\mathbf{R}_x\left(\cos^{-1}\frac{3}{\sqrt{13}}\right)$$
$$= \begin{bmatrix} \frac{2+13\sqrt{2}}{28} & \frac{2-\sqrt{2}-3\sqrt{7}}{14} & \frac{6-3\sqrt{2}+4\sqrt{7}}{28} & 0 \\ \frac{2-\sqrt{2}+3\sqrt{7}}{14} & \frac{4+5\sqrt{2}}{14} & \frac{6-3\sqrt{2}-\sqrt{7}}{14} & 0 \\ \frac{6-3\sqrt{2}-4\sqrt{7}}{28} & \frac{6-3\sqrt{2}+\sqrt{7}}{14} & \frac{18+5\sqrt{2}}{28} & 0 \\ 0 & 0 & 0 & 1 \end{bmatrix}$$

이 행렬은 원점과 점(1, 2, 3)을 지나는 직선 위의 임의의 점을 변경하지 않는다. 원점이 아닌 고정점을 원한다면, 다음처럼 행렬을 구성한다.

$$\mathbf{M} = \mathbf{T}(\mathbf{p_f})\mathbf{R}\mathbf{T}(-\mathbf{p_f})$$

이 예제는 간단하지 않다. 이것은 많은 간단한 변환을 적용하여 복잡한 변환을 얻는 강력한 기법을 설명한다. 임의의 점 또는 축에 대한 회전문제는 많은 응용에서 발생한다. 주된 변형은 회전축을 지정하는 방법에 달려 있다. 그러나 방향각과 방향 코사인을 결정하기 위해 여기서 사용한 것과 유사한 기법을 주로 사용한다.

3.11 OpenGL의 변환행렬들

이제 동차 좌표 변환 패키지와 그 패키지의 사용자 인터페이스의 구현을 자세히 살펴볼 수 있게 되었다. 응용프로그램의 개발을 위해 중요한 세계 프레임과 카메라 프레임을 비롯한 프레임들을 소개하였다. 셰이더 기반의 OpenGL 구현에서는 이러한 프레임들의 존재 여부가 응용프로그래머의 결정에 달렸다.[7] 최신 OpenGL 구현에서는 응용프로그래머는 어떠한 프레임들을 사용할지를 결정할 뿐만 아니라 프레임들 사이의 변환을 어디에서 수행할 지를 결정할 수 있다. 때로는 응용프로그램에서 수행하는 것이 좋고 또 다른 경우에는 셰이더에서 실행하는 것이 좋다.

변환을 지정하고 실행하는 방법을 개발해 가면서 상태(state)의 중요성을 강조할 것이다. OpenGL에서 약간의 상태들만 사전에 정의되어 있지만 일단 다양한 속성이나 행렬을 지정하면 시스템의 상태를 효과적으로 정의한다. 따라서 정점이 어떻게 처리될 것인지는 이 상태들의 값에 의해서 결정된다.

가장 자주 사용하는 두 개의 변환은 모델-관측 변환과 투영 변환이다. 모델-관측 변환은 기하학적 객체의 표현을 응용 프레임 또는 모델 프레임에서 카메라 프레임으로 바꾸어 준다. 투영행렬은 원하는 투영을 실행하고 절단 좌표계에서 표현으로 바꾸어준다. 이 장에서는 모델-관측행렬만을 사용한다. 모델-관측행렬은 보통 어파인 변환행렬이고 3.7절에서 살펴본 것처럼 12 자유도를 가진다. 4장에서 살펴볼 투영행렬도 행렬이지만 어파인 변환행렬은 아니다.

3.11.1 현재 변환행렬

대부분의 그래픽스 시스템에서 공통된 개념은 **현재 변환행렬**(Current Transformation Matrix; CTM)이다. CTM은 파이프라인의 한 부분이다(그림 3.58). 따라서 만일 **p**가 응용프로그램에서 지정된 정점이면 파이프라인은 **Cp**를 생성한다. 그림 3.58에서는 파이프라인 내의 어디에서 현재 변환행렬이 적용되는지를 나타내지 않는다. 만일 CTM을 사용한다면 시스템 상태의 한 부분으로 간주할 수 있다.

● 그림 3.58 ● 현재 변환행렬(CTM)

7) 고정 함수 파이프라인에 의존한 초기 버전의 OpenGL에서 이 프레임 사양의 한 부분이고 그 상태는 환경의 한 부분이었다.

우선 4 × 4 어파인 변환행렬을 생성하거나 조작하는데 사용되는 몇 개의 간단한 함수를 소개한다. C를 CTM(또는 임의의 어파인행렬)이라고 하자. 초기에 4 × 4 단위행렬로 설정한다. 필요할 때 그것을 다시 초기화할 수 있다. 만일 교체를 위해서 ← 기호를 사용하면 초기화 연산을 다음처럼 표기한다.

$$\mathbf{C} \leftarrow \mathbf{I}$$

C를 변경하는 함수는 두 가지 형태가 있다. 어떤 행렬로 재설정하거나, 행렬을 앞 또는 뒤에 곱함으로써 수정하는 것이다 대부분 시스템에서 지원하는 세 가지 변환은 이동, 원점을 고정점으로 하는 크기 변환, 원점을 고정점으로 하는 회전이다. 기호 표현으로는 이런 연산을 다음과 같이 뒤에서 곱하는 형식으로 쓴다.

$$\mathbf{C} \leftarrow \mathbf{CT}$$

$$\mathbf{C} \leftarrow \mathbf{CS}$$

$$\mathbf{C} \leftarrow \mathbf{CR}$$

그리고 설정하는 형식은 다음과 같다.

$$\mathbf{C} \leftarrow \mathbf{T}$$

$$\mathbf{C} \leftarrow \mathbf{S}$$

$$\mathbf{C} \leftarrow \mathbf{R}$$

대부분의 시스템은 임의의 행렬로 CTM을 직접 설정, 즉 적재하는 것을 허용하거나 임의의 행렬 **M**으로 뒤에서 곱하는 것을 허용한다.

$$\mathbf{C} \leftarrow \mathbf{M}$$

$$\mathbf{C} \leftarrow \mathbf{CM}$$

가끔 행렬을 설정하는 함수를 사용하기도 하지만 대부분의 경우 이미 존재하는 행렬을 바꾸는 함수를 사용한다. 다음과 같은 연산이

$$\mathbf{C} \leftarrow \mathbf{CR}$$

다음과 같은 연산보다 보편적으로 사용된다.

$$\mathbf{C} \leftarrow \mathbf{R}$$

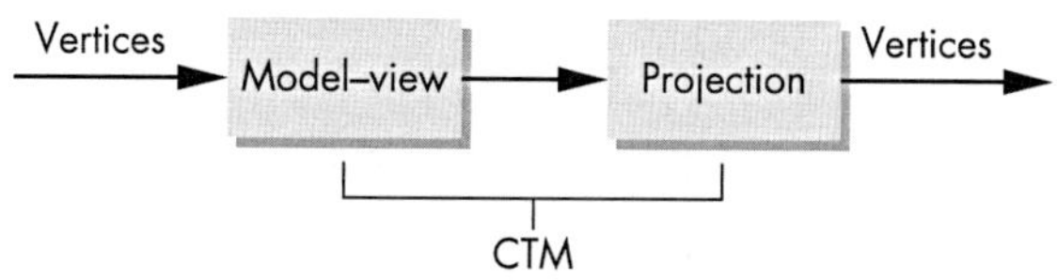

● 그림 3.59 ● 모델-관측행렬과 투영행렬

3.11.2 회전, 이동, 크기 변환

응용프로그램과 셰이더에서 모든 정점들에 가장 자주 적용되는 행렬은 모델-관측행렬과 투영행렬의 곱이다. CTM을 이 두 행렬의 곱으로 간주할 수 있고(그림 3.59), 각 행렬을 따로 조작할 수 있다.

행렬과 벡터 클래스들을 사용해서 다음 다섯 개의 함수를 작성함으로써 회전과 이동과 크기 변환을 위한 어파인행렬을 구성할 수 있다.

```
RotateX(float xangle);
RotateY(float yangle);
RotateZ(float zangle);
Translate(float dx, float dy, float dz);
Scale(float sx, float sy, float sz);
```

예를 들면, `RotateZ`에 대한 코드는 다음과 같다.

```
mat4 Rotatez(const float theta)
{
    float s = M_PI/180.0*theta; // 디그리를 라디안으로 변환
    mat4 c;                     // 단위행렬
    c[2][2] = c[3][3] = 1.0;
    c[0][0] = c[1][1] = cos(s);
    c[1][0] = sin(s);
    c[0][1] = -c[1][0];
    return c;
}
```

회전에서 각도는 디그리로 지정되고 회전은 원점을 고정점으로 하여 이루어진다. 이동 함수에서 변수들은 변위 벡터의 성분들이다. 크기 변환에서 변수들은 좌표축 방향으로의 크기 변환 계수를 정해주고 고정점은 원점이다.

3.11.3 고정점에 대한 회전

3.10절에서 먼저 고정점을 원점으로 옮기고 나서 원점에 대해 회전하고 마지막으로 고정점을 다시 원래 위치로 옮김으로써 원점 이외의 고정점에 대해서 회전을 수행할 수 있다는 것을 보았다. 3.11절의 예제를 사용해서 다음 일련의 함수들은 행렬 모드를 설정하고 고정점을 (4, 5, 6)으로 하고 원점과 점 (1, 2, 3)을 지나는 직선에 대해 45° 회전하는데 필요한 행렬을 형성한다.

```
mat4 R, ctm;
float thetax, thetay;
const float Radians_To_Degrees = 180.0/M_PI;

thetax = Radians_To_Degrees*acos(3.0/sqrt(14.0));
thetay = Radians_To_Degrees*acos(sqrt(13.0/14.0));

R = RotateX(-thetax)*RotateY(-thetay)*RotateZ(-45.0)
    *RotateY(thetay)*RotateX(thetax);
ctm = Translate(4.0, 5.0, 6.0)*R*Translate(-4.0, -5.0, -6.0);
```

임의의 회전을 할 기회가 많으므로 벡터 $d = (dx, dy, dz)$ 방향의 직선을 중심으로 theta도 회전을 위한 회전행렬을 형성하는 함수 Rotate(float theta, vec3 d)와 Rotate(float theta, float dx, float dy, float dz)를 작성하는 것은 좋은 연습이 된다(연습문제 3.31)[8)]

3.11.4 변환 순서

함수 호출의 순서를 거꾸로 하는 것은 성가신 일이다. OpenGL에서 규칙은 **가장 최근에 지정된 변환이 가장 먼저 적용되는 변환**이라는 것이다. 조금 생각해 보면 이 순서가 왜 옳은지 알게 되고 그 순서가 CTM의 오른쪽에 지정한 어파인 변환을 곱한 결과임을 보여준다. 연산의 순서는 다음과 같다.

$\mathbf{C} \leftarrow \mathbf{I}$

$\mathbf{C} \leftarrow \mathbf{CT}(4.0, 5.0, 6.0)$

$\mathbf{C} \leftarrow \mathbf{CR}(45.0, 1.0, 2.0, 3.0)$

$\mathbf{C} \leftarrow \mathbf{CT}(-4.0, -5.0, -6.0)$

각 단계에서, CTM의 뒤에 곱하여 다음 행렬을 구성한다.

8) 다양한 행렬 함수들을 스스로 작성하는 것은 좋은 연습이 되겠지만 별도의 인클루드 파일 angle.h를 제공한다. 이 책의 웹사이트에서 다운로드할 수 있다.

$$\mathbf{C} = \mathbf{T}(4.0, 5.0, 6.0)\mathbf{R}(45.0, 1.0, 2.0, 3.0)\mathbf{T}(-4.0, -5.0, -6.0)$$

이것은 3.8절에서 기대한 행렬이다. 모델-관측행렬이 설정된 후 지정되는 각 정점 **p**는 **C**에 곱해져서 다음과 같이 새로운 정점을 구성할 것이다.

$$\mathbf{q} = \mathbf{Cp}$$

연산의 순서에 대해 달리 생각하는 방법이 있다. 한 가지 방법은 스택을 이용한 것이다. 변경된 CTM은 행렬을 스택에 푸시(push)하는 것과 유사하다. 마지막 변환을 적용할 때, 행렬은 그것들이 거기에 위치한 순서의 역으로 스택에서 팝(pop)된다. OpenGL에서 변환 함수를 호출할 때 행렬은 즉시 변경되기 때문에 이러한 유추는 정확하다기보다는 개념적인 것이다.

3.12 입방체 돌리기

이제 색 입방체를 대화식으로 조작하는 방법을 살펴보겠다. 3.6절에서 정의한 입방체를 사용하고 마우스 세 개의 버튼을 이용해서 회전시킨다. 이 프로그램은 다음 세 개의 콜백 함수를 사용할 것이다.

```
glutDisplayFunc(display);
glutIdleFunc(spincube);
glutMouseFunc(mouse);
```

디스플레이를 갱신하는 근본적으로 다른 두 가지 방식을 살펴보겠다. 첫 번째 방식에서는 디스플레이 콜백에서 새로운 모델-관측행렬을 구성하고 정점 데이터에 적용하여 새로운 정점의 위치를 얻는다. 그리고 얻어진 새로운 데이터를 GPU에 보낸다. 두 번째 방식에서는 모델-관측행렬을 정점 셰이더에 보내어 거기에서 적용한다. 마우스 콜백과 아이들 콜백은 두 경우에 동일하므로 첫 번째 경우를 먼저 살펴보자.

마우스 콜백은 x축, y축, z축을 나타내는 0, 1, 2 값을 이용해서 회전축을 선택한다.

```
int axis = 0;

void mouse(int btn, int state, int x, int y)
{
    if(btn==GLUT_LEFT_BUTTON && state == GLUT_DOWN) axis = 0;
    if(btn==GLUT_MIDDLE_BUTTON && state == GLUT_DOWN) axis = 1;
    if(btn==GLUT_RIGHT_BUTTON && state == GLUT_DOWN) axis = 2;
}
```

아이들 콜백은 선택된 축을 중심으로 회전각을 매번 0.1°씩 증가시킨다.

```
void spinCube()
{
        theta[axis] += 0.1;
        if (theta[axis] > 360.0) theta[axis -= 360.0;
        glutPostRedisplay();
}
```

3.12.1 디스플레이 콜백의 갱신

display 함수에서는 프레임 버퍼와 깊이 버퍼를 삭제한 다음에 마우스 콜백에 의해 결정되는 세 개의 각도 값을 사용해서 모델-관측행렬을 구성한다.

```
glClear(GL_COLOR_BUFFER_BIT | GL_DEPTH_BUFFER_BIT);
mat4 ctm = RotateX(theta[0])*RotateY(theta[1])*RotateZ(theta[2]);
```

문제는 어떻게 이 행렬을 적용하는가이다. 이전 예제에서처럼 초기화의 한 부분으로 colorcube 함수를 실행함으로써 데이터 배열을 설정한다고 해보자. 36개의 정점에 대한 컬러와 위치 데이터는 quad_color 배열과 points 배열에 있게 된다. 다음과 같은 배열을 사용하여

```
points new_points[36];
```

변환된 점들을 저장하고 디스플레이 콜백에서 회전을 적용한다.

```
for(i=0; i<36; i++)
{
   new_points[i] = ctm*points[i];
}
```

그러나 변환된 점들은 CPU에 있을뿐 GPU에 있는 것이 아니다. 그것들을 파이프라인에 넣기 위해서 정점 배열을 points 배열이 아닌 new_points 배열에 초기화할 수 있다.

```
loc = glGetAttribLocation(program, "vPosition");
glEnableVertexAttribArray(loc);
glVertexAttribPointer(loc, 4, GL_FLOAT, GL_FALSE, 0,
                        BUFFER_OFFSET(0));
```

그런 다음에 디스플레이 콜백에서 이 점들을 GPU로 보낸다.

```
glBindVertexArray(abuffer);
glBindBuffer(GL_ARRAY_BUFFER, buffers[0]);
glBufferData(GL_ARRAY_BUFFER, sizeof(new_points), new_points,
             GL_STATIC_DRAW);
glDrawArray(GL_TRIANGLES, 0, N);
glutSwapBuffers();
```

그러나 이 방식에는 중요한 단점이 있다. 디스플레이를 갱신하려고 할 때 마다 응용프로그램에서 현재 변환을 적용하고 정점의 위치들을 GPU로 보낸다. 따라서 GPU의 성능을 다 사용하지 못하고 CPU에서 GPU로 얼마나 빨리 데이터를 보낼 수 있는지에 따라 성능이 결정되도록 하는 것이다. 복잡한 객체를 포함하는 응용프로그램에서는 이러한 접근법이 성능 저하를 가져오게 된다.

두 번째 접근법은 정점 데이터를 GPU에 한 번만 보내는 것이다. 변환행렬을 갱신할 때마다 새로운 변환행렬을 GPU로 보내고 정점의 위치를 GPU에서 갱신한다. 먼저 이러한 데이터를 CPU에서 GPU로 어떻게 보내는지를 살펴보아야 한다.

3.12.2 Uniform 변수

주어진 응용프로그램에서 하나의 변수는 다양한 방식으로 바뀔 수 있다. 정점들의 속성을 셰이더로 보낼 때 기본 요소 내 각 정점마다 속성이 다를 수 있다. 그런데 기본 요소 내 모든 정점들에 대해서나 `glDrawArray`와 같은 함수를 실행할 때 디스플레이되는 모든 정점들에 대해서 같은 매개변수들이 사용되기를 원할 수 있다. 이러한 변수들을 uniform **조건변수**라고 부른다. 예를 들어 지금 예제에서는 `points` 배열 내 모든 정점들에 대해서 동일한 회전행렬을 적용하기 원한다.

정점 속성에 대해 같은 방식으로 uniform 변수를 설정할 수 있다. 응용프로그램으로부터 셰이더까지의 경과시간을 보내려고 한다고 생각해 보자. 응용프로그램에서 GLUT를 사용해서 밀리세컨드 단위의 경과시간을 얻을 수 있다.

```
float etime;

etime = 0.01*glutGet(GLUT_ELAPSED_TIME);
```

정점 셰이더는 해당 변수 `time`을 가질 수 있다. 예를 들면 다음 셰이더는 정점 위치의 사인 값의 x값을 바꾸어준다.

```
uniform float time;
```

```
attribute vec4 vPosition;

void main()
{
      vPosition.x *= (1+sin(time));
      glPosition = vPosition;
}
```

응용프로그램과 셰이더의 대응하는 시간 변수 간의 관계를 여전히 설정해야 하고 그 값들을 응용프로그램에서 셰이더로 가져가야 한다.

셰이더가 컴파일되고 링크된 후에 응용프로그램에서의 대응관계를 정점 속성들과 비슷한 방식으로 얻을 수 있다.

```
GLint timeParam;

timeParam = glGetUniformLocation(program, "time");
```

이제 경과된 시간을 셰이더로 보내고자 할 때마다 다음을 실행한다.

```
glUniform1f(timeParam, etime);
```

float, int 및 2, 3, 4차원 벡터와 행렬 등 GLSL이 지원하는 모든 자료형에 대응하는 glUniform의 형들이 있다. 4 × 4의 회전행렬에 대해서 다음 형식을 사용한다.

```
glUniformMatrix4fv(matrix_loc, 1, GL_TRUE, ctm);
```

여기서 matrix_loc는 다음에 의해서 결정된다.

```
GLint matrix_loc;

matrix_loc = getUniformLocation(program, "rotation");
```

정점 셰이더는 다음과 같다.

```
in vec4 vPosition;
in vec4 vColor;
out vec4 color;
uniform mat4 rotation;

void main()
{
```

```
    gl_position = rotation*vPosition;
    color = vColor;
}
```

두 번째 매개변수인 glUniformMatrix는 보내지는 ctm의 원소의 수이다. 세 번째 매개변수는 행-우선순위로 보내지는 데이터를 선언한다. 디스플레이 콜백은 다음과 같다.

```
mat4 ctm;

void display()
{
    glClear(GL_COLOR_BUFFER_BIT | GL_DEPTH_BUFFER_BIT);
    ctm = RotateX(theta[0])*RotateY(theta[1])*RotateZ(theta[2]);
    glUniformMatrix4fv(matrix_loc, 1, GL_TRUE, ctm);
    glDrawArrays(GL_TRIANGLES, 0, N);
    glutSwapBuffers();
}
```

다른 방식으로는 정점 셰이더에 회전각을 보내고 회전행렬을 정점 셰이더에서 계산할 수도 있다. 이 방식의 프로그램이 부록 A에 수록되어 있다.

3.13 3차원 응용들에 대한 인터페이스

3.12절에서 입방체의 회전방향을 제어하기 위해서 마우스 세 개의 버튼을 사용했다. 이러한 인터페이스에는 제약이 따른다. 마우스 세 개의 버튼을 모두 회전을 제어하는데 사용하지 않고 프로그램의 종료처럼 키보드로 구현했던 기능을 마우스로 사용하기 원할 수 있다.

3.10절에서 주어진 방향을 얻는 방법이 여러 가지 있음을 지적했다. x, y, z축을 중심으로 순서대로 회전을 하는 대신 x 방향으로 회전하고, 다음에 y 방향으로 회전한 다음 또 다른 방향으로 회전을 할 수 있다. 이런 방식으로 회전한다면 두 개의 마우스 버튼만을 사용해서 원하는 x 방향을 얻을 수 있다. 그러나 아직도 문제는 있다. 회전은 한쪽 방향으로만 이루어진다. 하나의 축을 중심으로 앞이나 뒤로 회전할 수 있고 원하는 방향에 도달하면 중지하도록 한다면 객체 방향을 정하기가 보다 쉬워질 것이다.

GLUT는 키보드를 마우스와 결합해서 사용할 수 있게 한다. 예를 들면 왼쪽 마우스 버튼을 사용해서 x축에 대해 순방향으로 회전시키고 Ctrl 키와 왼쪽 마우스 버튼을 함께 사용해서 x축에 대해 역방향으로 회전시킬 수 있다.

그러나 둘 중 어떤 것도 보다 직관적이고 좋은 사용자 인터페이스를 제공하지 못한다. 보다 흥미롭고 부드러운 상호작용을 제공하는 몇 가지 방식들을 살펴보도록 하자.

3.13.1 화면의 영역을 사용

객체의 방향을 정하는데 하나의 마우스 버튼을 사용하고 다른 하나는 객체로 가까이 하거나 멀어지는데 사용하고 나머지 하나로는 객체를 좌우로 이동하는데 사용하도록 해보자. 이 기능들을 실행하기 위해 모션 콜백(motion callback)을 사용할 수 있다. 이 콜백은 활성화된 버튼과 마우스의 위치를 반환한다. 회전, 이동, 다가가기/멀어지기를 실행할 때 마우스 위치로 속도와 방향을 제어할 수 있다.

임의의 방향을 얻기 위해서 두 방향으로의 회전 기능만을 필요로 한다. 그렇다면 방향을 제어하기 위해서 왼쪽 마우스 버튼과 마우스 위치를 사용할 수 있다. 화면중심으로부터의 거리를 x와 y 회전을 제어하기 위해서 사용할 수 있다. 따라서 왼쪽 마우스 버튼이 눌려졌어도 마우스가 화면중심에 있으면 회전하지 않는다. 마우스를 위로 움직이면 객체는 y축을 중심으로 시계 방향으로 회전한다. 만일 마우스를 아래로 움직이면 객체는 y축을 중심으로 반시계 방향으로 회전한다. 비슷한 방식으로 좌우 이동은 x축을 중심으로 회전한다. 중심으로부터의 거리로 회전속도를 제어할 수 있다. 모서리 방향으로 움직이면 x, y축 방향으로 동시의 회전이 일어난다.

비슷한 방식으로 오른쪽 마우스 버튼을 사용해서 객체를 상하 좌우로 이동할 수 있다. 가운데 버튼을 사용해서 객체를 관측자로부터 멀거나 가깝게 이동할 수 있다. 이때 마우스 위치로 z 방향으로의 이동을 제어한다. 이러한 인터페이스를 위한 코드는 GLUT에서 간단하다. 그것은 연습문제로 남겨둔다(연습문제 3.20).

3.13.2 가상 트랙볼

마우스의 위치로 두 축을 중심으로 하는 회전을 제어함으로써 대부분의 트랙볼 기능이 제공된다. 좀 더 나아가면 마우스와 화면을 사용해서 그래픽으로 가상의 트랙볼을 생성할 수 있다. 이런 장치의 장점은 한 번의 회전으로 중단시키기까지 계속 회전하는 마찰이 없는 트랙볼을 생성할 수 있다는 점이다. 따라서 이 장치는 회전 속도와 방향을 변경할 수 있으면서도 객체의 연속적인 회전을 지원한다. 이동에 대해서도 마찬가지로 할 수 있고 마우스로 제어할 수 있는 다른 매개변수들에 대해서도 그렇다.

트랙볼의 위치를 마우스의 위치로 사상하는 것으로부터 시작하자. 그림 3.60의 트랙볼을 생각해 보자. 볼의 반지름이 1 단위라고 가정한다. 그림 3.61에서 보는 것처럼 볼 표면의 한 점을 직교 투영함으로써 $y = 0$ 평면에 사상할 수 있다. 볼 표면상의 위치 (x, y, z)은 평면상의 $(x, 0, z)$으로 사상된다. 평면에 투영된 3차원 점은 다음과 같은 구의 방정식을 만족하므로 이 투영은 가역적이다.

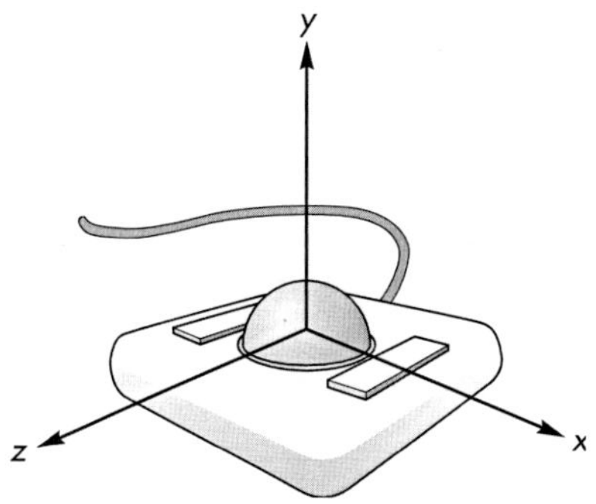

● 그림 3.60 ● 트랙볼 프레임

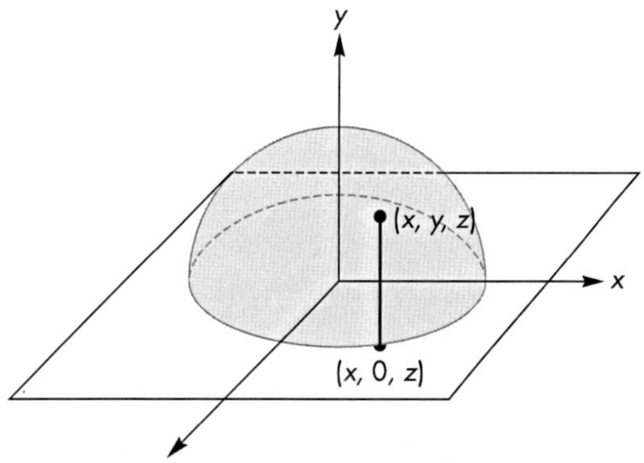

● 그림 3.61 ● 트랙볼 위치의 평면으로의 투영

$$x^2 + y^2 + z^2 = 1$$

따라서 평면상의 점 $(x, 0, z)$가 주어지면 해당되는 반구상의 점은 (x, y, z)이고 y는 다음과 같다.

$$y = \sqrt{1 - x^2 - z^2}$$

3차원 정보를 계산할 수 있으므로 마우스가 움직일 때 이 값을 추적할 수 있다. 반구 상의 두 점 $\mathbf{p}_1$과 $\mathbf{p}_2$를 생각해 보자. 원점에서 이 점들로 가는 벡터들은 그림 3.62에 보이는 것처럼 법선이 다음과 같은 외적으로 정의되는 한 면의 방향을 결정한다.

$$\mathbf{n} = \mathbf{p}_1 \times \mathbf{p}_2$$

$\mathbf{p}_1$에서 $\mathbf{p}_2$로 움직이는 움직임은 $\mathbf{h}$을 중심으로 하는 회전에 의해서 이루어진다. 회전각

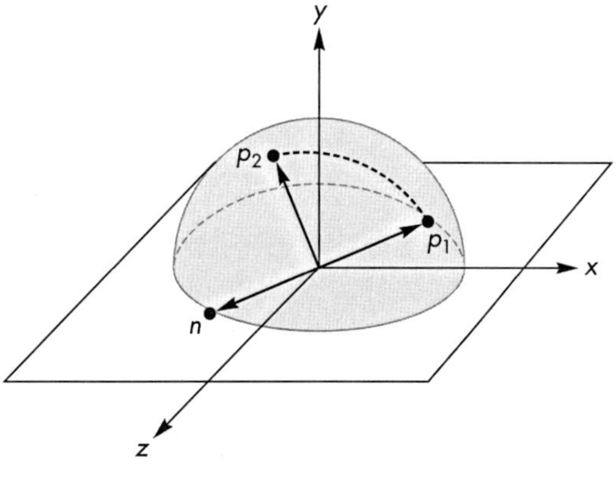

● 그림 3.62 ● 회전 면의 계산

은 $\mathbf{p}_1$과 $\mathbf{p}_2$ 사이의 각도이고 외적의 크기를 사용해서 계산될 수 있다. $\mathbf{p}_1$과 $\mathbf{p}_2$는 단위 길이를 가지므로

$$|\sin\theta| = |\mathbf{n}|$$

이다. 마우스를 빠른 속도로 추적한다면, 감지된 위치의 변화량은 적을 것이다. θ를 찾기 위해서 역삼각함수를 사용하기보다는 다음과 같은 근사를 사용한다.

$$\sin\theta \approx \theta$$

GLUT의 아이들 콜백, 모션 콜백, 마우스 콜백을 사용해서 가상 트랙볼을 구현할 수 있다. 이 과정을 마우스의 추적과 다시 그리기를 제어하는 세 개의 플래그를 사용해서 생각할 수 있다. 이 값들은 초기에 다음과 같다.[9)]

```
bool trackingMouse = false;
bool trackballMove = false;
bool redrawContinue = false;
```

`redrawContinue`가 true이면 아이들 함수(idle function)가 다시 그리기(redisplay)를 보낸다. `trackingMouse`가 true이면 트랙볼 위치를 모션 콜백의 한 부분으로 갱신한다. `trackballMove`가 true이면 디스플레이 함수에서 사용한 회전행렬을 갱신한다.

이 변수들의 변경은 마우스 콜백을 통해서 제어된다. 특정 버튼 또는 임의의 버튼을 누를 때 트랙볼의 위치를 초기화함으로 갱신하고 모션 콜백이 그것을 갱신하고 마우스 위치 변경에 반응해서 다시 그리기를 보내도록 한다. 마우스 버튼이 놓일 때 마우스의 추적을 중지한다. 속도 벡터를 정의하기 위해서 최근 두 마우스 위치를 사용할 수 있으므로 연속적으로 회전행렬을 갱신할 수 있다. 따라서 마우스 버튼이 놓이면 객체는 같은 속도로 계속 회전한다. 이 효과는 이상적인 마찰이 없는 트랙볼을 통해서 얻을 수 있지만 실제 마우스나 트랙볼로는 얻을 수 없다.

3.13.3 부드러운 회전

트랙볼 예제는 회전 계산방법의 문제점을 나타낸다. 객체의 회전에 대한 접근 방식은 세 개의 좌표축에 대해 측정된 각(Euler 각)에 근거를 둔다. x, y, z축을 중심으로 하는 간단한 회전을 접속함으로써 임의의 축을 중심으로 하는 회전행렬을 형성하였다.

---

9) 컴파일러가 부울형을 지원하지 않으면 `typedef bool int`를 정의하고 `true`와 `false`를 각각 1과 0으로 정의한다.

OpenGL이 임의의 축을 중심으로 하는 회전을 허용하지만 흔히 행렬의 접속을 통해서 회전축과 회전각을 결정한다.[10)]

애니메이션의 한 부분으로서 두 개의 방향 사이에서 움직이고자 할 때 어떤 일이 일어나는지 살펴보자. 원칙적으로 세 개의 축을 중심으로 하는 회전의 곱으로 적절한 회전행렬을 결정할 수 있다.

$$\mathbf{R}(\theta) = \mathbf{R}_x(\theta_x)\mathbf{R}_y(\theta_y)\mathbf{R}_z(\theta_z)$$

두 방향 사이에서 움직이는 일련의 이미지를 생성하려면 각각의 각도들을 개별적으로 혹은 동시에 조금씩 움직여야 한다. 이러한 움직임은 부드럽지 않고 세 개의 축을 중심으로 한 각각의 회전이 보일 것이다.

트랙볼과 같은 장치를 사용해서 임의의 축을 중심으로 입방체를 부드럽게 회전시킬 수 있음을 보았다. 입방체의 두 방향과 단위 원상 두 점의 등가성을 이용함으로써 그렇게 할 수 있었다. 두 방향 사이에서 부드러운 회전은 구의 표면상 큰 원에 해당한다. 이 원은 구 위의 두 점과 구의 중심에 의해서 결정되는 평면의 법선을 중심축으로 한 번 회전하는 것에 해당한다. 만일 이 각을 부드럽게 증가시키면 관측자는 부드러운 회전을 볼 것이다.

우리가 실패했던 점은 좌표축에 의존한 수학적 전개에 있다고 할 것이다. 그러나 행렬 표현에는 더 강하고 좌표축에 덜 의존적인 방법이 함축되어 있다. 임의의 회전행렬 **R**로부터 시작해 보자. **d** 방향의 직선상 모든 점들은 회전에 의해서 영향을 받지 않는다. 따라서 이러한 임의의 **p**에 대해서 다음을 만족한다.

$$\mathbf{Rp} = \mathbf{p}$$

행렬 **R**에 대해서 열행렬 **p**는 **고윳값**(eigenvalue) 1에 해당하는 **고유 벡터**(eigenvector)이다(부록 C 참조). 또한 방향 **d**에 대해서 회전에 의해 영향을 받지 않도록 다음을 만족한다.

$$\mathbf{Rd} = \mathbf{d}$$

따라서 **d** 또한 또 다른 고윳값 1에 해당하는 **R**의 고유 벡터이다. 점 **p**는 회전의 고정점이 되어야 하고 벡터 **d**는 회전 방향에 수직인 평면에 법선 방향이어야 한다. 트랙볼에 대해서 회전축을 계산하는 것은 요구되는 회전행렬의 특정 고유 벡터를 구하는 것과 마찬가지이다. 다른 방식으로도 할 수 있다. 임의의 회전행렬이 주어질 때 그 고윳값과 고유 벡터들을 구함으로써 회전축과 고정점을 구할 수 있다.

10) 이 절과 다음 절은 처음 읽을 때 건너뛸 수 있다.

3.13.4 증분적 회전

예를 들어 카메라와 같은 물체의 두 개의 방향이 주어지고 한쪽에서 다른 쪽 방향으로 부드럽게 움직이려 한다고 생각해 보자. 하나의 방법은 가상 트랙볼에서 했던 것처럼 큰 원형의 경로를 찾아내고 그 경로를 따라서 회전하는 각도에 증분적 변화를 주는 것이다. 따라서 회전축, 시작 각도와 최종 각도, 우리가 택하는 스텝 수에 의해서 결정되는 각도의 증분에서부터 시작한다. 코드 내 메인 루프는 다음과 같다.

```
mat4 ctm;
for(i=0; i<imax; i++)
{
    thetax += dx;
    thetay += dy;
    thetaz += dz;
    ctm = RotateXm(thetax)*RotateYm(thetay)*RotateXm(thetaz);
    draw_object();
}
```

이 방식의 문제점은 회전행렬을 구하기 위해서 세 개의 각도에 대한 사인 값과 코사인 값을 계산해야 한다는 점이다. 한 번 계산한 회전행렬을 재사용한다면 좀 더 나아질 수 있을 것이다. 각도가 작을 때 다음 근사식을 사용할 수 있을 것이다.

$$\sin\theta \approx \theta$$

$$\cos\theta \approx 1$$

오일러 각을 이용해서 다음과 같이 임의의 회전행렬을 구성하면

$$\mathbf{R} = \mathbf{R}_z(\psi)\mathbf{R}_y(\phi)\mathbf{R}_x(\theta)$$

R을 다음과 같이 근사할 수 있다.

$$\mathbf{R} = \begin{bmatrix} \cos\psi & -\sin\psi & 0 & 0 \\ \sin\psi & \cos\psi & 0 & 0 \\ 0 & 0 & 1 & 0 \\ 0 & 0 & 0 & 1 \end{bmatrix} \begin{bmatrix} \cos\phi & 0 & \sin\phi & 0 \\ 0 & 1 & 0 & 0 \\ -\sin\phi & 0 & \cos\phi & 0 \\ 0 & 0 & 0 & 1 \end{bmatrix} \begin{bmatrix} 1 & 0 & 0 & 0 \\ 0 & \cos\theta & -\sin\theta & 0 \\ 0 & \sin\theta & \cos\theta & 0 \\ 0 & 0 & 0 & 1 \end{bmatrix}$$

$$\approx \begin{bmatrix} 1 & -\psi & \phi & 0 \\ \psi & 1 & -\theta & 0 \\ -\phi & \theta & 1 & 0 \\ 0 & 0 & 0 & 1 \end{bmatrix}$$

3.14 사원수

사원수는 복소수의 확장된 형태로서 회전을 표현하고 다루는 또 다른 방식을 제공한다. 기존 방법보다 직관적이지 못하지만 회전을 애니메이션하고 하드웨어로 구현하는데 장점을 가진다.

3.14.1 복소수와 사원수

2차원상에서 회전과 같은 연산을 표현하기 위해서 복소수를 사용하는 것은 이공계 학생들에게 익숙한 일이다. 예를 들어 $\mathbf{i}$를 $\mathbf{i}^2 = -1$을 만족하는 허수라고 하자. 다음과 같은 오일러의 공식을 사용하면

$$e^{\mathbf{i}\theta} = \cos\theta + \mathbf{i}\sin\theta$$

복소수 $\mathbf{c}$를 다음과 같이 나타낼 수 있다.

$$\mathbf{c} = a + \mathbf{i}b = re^{\mathbf{i}\theta}$$

여기서 $r = \sqrt{a^2 + b^2}$ 이고 $\theta = \tan^{-1}b/a$이다.

만일 $\mathbf{c}$를 원점을 중심으로 ϕ 만큼 회전하여 $\mathbf{c}'$이 된다면 회전행렬을 이용해서 구하거나 극형식을 사용하여 다음과 같이 나타낼 수 있다.

$$\mathbf{c}' = re^{\mathbf{i}(\theta+\phi)} = re^{\mathbf{i}\theta}e^{\mathbf{i}\phi}$$

따라서 $e^{\mathbf{i}\phi}$는 복소평면에서 회전 연산자이며, 변환을 사용하는 것보다 실제로 효율적인 대안이 된다.

그러나 우리는 3차원 공간상에서의 회전에 관심이 있다. 3차원에서는 원점을 중심으로 하는 회전을 지정하기 위해서는 벡터 값인 회전축 방향과 스칼라 값인 회전각을 지정해야 하기 때문에 더욱 복잡하다. 하나의 해결책은 벡터와 스칼라 모두로 구성된 표현을 사용하는 것이다. 보통 이 표현은 **사원수**로 기술된다.

$$a = (q_0, q_1, q_2, q_3) = (q_0, \mathbf{q})$$

여기서 $\mathbf{q} = (q_1, q_2, q_3)$이다. 사원수들 사이의 연산은 다음과 같은 성질을 갖는 세 개의 복소수 $\mathbf{i}, \mathbf{j}, \mathbf{k}$의 사용에 기반한다.

$$\mathbf{i}^2 = \mathbf{j}^2 = \mathbf{k}^2 = \mathbf{ijk} = -1$$

이 수들은 3차원상의 단위 벡터들과 유사하며 $\mathbf{q}$를 다음과 같이 나타낼 수 있다.

$$\mathbf{q} = q_1\mathbf{i} + q_2\mathbf{j} + q_3\mathbf{k}$$

이제 $\mathbf{i}, \mathbf{j}, \mathbf{k}$ 사이의 관계를 이용해서 사원수 덧셈과 곱셈을 유도한다. 만일 사원수 b가 다음과 같이 주어지면

$$b = (p_0, \mathbf{p})$$

벡터의 내적과 외적을 이용하여

$$a + b = (p_0 + q_0, \mathbf{p} + \mathbf{q})$$

$$ab = (p_0q_0 - \mathbf{q} \cdot \mathbf{p}, q_0\mathbf{p} + p_0\mathbf{q} + \mathbf{q} \times \mathbf{p})$$

이다. 사원수의 크기를 다음과 같은 통상의 방법과 같이 정의할 수 있다.

$$|a|^2 = q_0^2 + q_1^2 + q_2^2 + q_3^2 = q_0^2 + \mathbf{q} \cdot \mathbf{q}$$

사원수는 곱셈에 대한 항등원 $(1, \mathbf{0})$을 가지며 사원수의 역원은 다음과 같이 주어지는 것을 쉽게 증명할 수 있다.

$$a^{-1} = \frac{1}{|a|^2}(q_0, -\mathbf{q})$$

3.14.2 사원수와 회전

지금까지는 새로운 수학적 대상을 정의했을 뿐이다. 그것이 유용하기 위해서는 그것을 기하학적 대상과 연관시키고 회전과 같은 연산을 하는데 어떻게 사용되는지 보여야 한다. 사원수의 벡터 부분이 공간 내의 점을 표현한다고 가정해 보자.

$$p = (0, \mathbf{p})$$

따라서 $\mathbf{p} = (x, y, z)$의 성분들은 그 점의 위치를 나타낸다. 다음과 같은 사원수를 생각해 보자.

$$r = \left(\cos\frac{\theta}{2}, \sin\frac{\theta}{2}\mathbf{v}\right)$$

여기서 $\mathbf{v}$는 단위길이를 가진다. 그러면 우리는 사원수 r이 단위 사원수($|r| = 1$)이고 따라서

$$r^{-1} = \left(\cos\frac{\theta}{2}, -\sin\frac{\theta}{2}\mathbf{v}\right)$$

이다. 만일 하나의 점을 나타내는 사원수 p를 r과 곱하는 사원수 곱을 생각하면 다음과 같은 사원수를 얻는다.

$$p' = rpr^{-1}$$

이 사원수는 $(0, \mathbf{p}')$의 형태를 가진다. 여기서

$$\mathbf{p}' = \cos^2\frac{\theta}{2}\mathbf{p} + \sin^2\frac{\theta}{2}(\mathbf{p}\cdot\mathbf{v})\mathbf{v} + 2\sin\frac{\theta}{2}\cos\frac{\theta}{2}(\mathbf{v}\times\mathbf{p}) - \sin\frac{\theta}{2}(\mathbf{v}\times\mathbf{p})\times\mathbf{v}$$

이다. 따라서 p'은 점의 표현이다. 보다 덜 분명한 것은 p'이 점 $\mathbf{p}$를 벡터 $\mathbf{v}$를 중심으로 $\theta°$만큼 회전시킨 결과인가 하는 점이다. 그러나 p'의 항들과 일반적인 회전에서의 항들을 비교함으로써 이것이 사실이라는 것을 증명할 수 있다. 그것을 하기 전에 그 결과가 의미하는 바를 생각해 보자. 결과가 동일하기 때문에 r과 p의 사원수 곱을 하는 것이 원점을 고정점으로 하고 임의의 축을 회전축으로 한 회전의 표현으로서의 변환행렬의 대안이 될 수 있다. 연산의 수를 세어보면 사원수가 더 빠르고 하드웨어와 소프트웨어 모두로 구현되었다.

몇 가지 예를 생각해 보자. 고정점을 원점으로 하고 회전축을 z축으로 하여 θ만큼 회전시키려고 한다고 하자. 요구되는 단위 벡터 v는 $(0, 0, 1)$이고 다음과 같은 식이 유도된다.

$$r = \cos\frac{\theta}{2} + \sin\frac{\theta}{2}(0, 0, 1)$$

임의의 점 $\mathbf{p} = (x, y, z)$를 회전하면 다음 사원수가 된다.

$$p' = rpr^{-1} = r(0, \mathbf{p})r^{-1} = (0, \mathbf{p}')$$

여기서

$$\mathbf{p}' = (x\cos\theta - y\sin\theta, x\sin\theta + y\cos\theta, z)$$

이다. 따라서 적은 수의 연산으로 원하는 결과를 얻는다. 만일 우리가 좌표축을 중심으로 한 일련의 회전을 생각한다면 행렬 형식으로는 $\mathbf{R}(\theta) = R_x(\theta_x)R_y(\theta_y)R_z(\theta_z)$가 되는데, 그 대신에 $r_x r_y r_z$ 형식의 대응하는 사원수의 곱을 사용할 수 있다.

3.10.4절에서 임의의 축에 대한 회전에 대해서 다음과 같은 형태의 행렬을 유도하였다.

$$\mathbf{M} = \mathbf{T}(\mathbf{p}_0)\mathbf{R}_x(-\theta_x)\mathbf{R}_y(-\theta_y)\mathbf{R}_z(\theta_z)\mathbf{R}_y(\theta_y)\mathbf{R}_x(\theta_x)\mathbf{T}(-\mathbf{p}_0)$$

처음과 마지막의 이동 때문에 전체 연산에 대해서 사원수를 사용할 수 없다. 그러나 $p' = rpr^{-1}$의 원소들이 $\mathbf{M}$에 들어가 있는 동차 좌표계 회전행렬의 원소들을 발견하는데 사용될 수 있음을 알 수 있다. 따라서 $r = \left(\cos\frac{\theta}{2}, \sin\frac{b}{2}\mathbf{v}\right)$이면 다음과 같다.

$$\mathbf{R} = \begin{bmatrix} 1 - 2\sin^2\frac{\theta}{2}(v_y^2 + v_z^2) & 2\sin^2\frac{\theta}{2}v_x v_y - 2\cos\frac{\theta}{2}\sin\frac{\theta}{2}v_z & 2\sin^2\frac{\theta}{2}v_x v_z + 2\cos\frac{\theta}{2}\sin\frac{\theta}{2}v_y & 0 \\ 2\sin^2\frac{\theta}{2}v_x v_y + 2\cos\frac{\theta}{2}\sin\frac{\theta}{2}v_z & 1 - 2\sin^2\frac{\theta}{2}(v_x^2 + v_z^2) & 2\sin^2\frac{\theta}{2}v_y v_z - 2\cos\frac{\theta}{2}\sin\frac{\theta}{2}v_x & 0 \\ 2\sin^2\frac{\theta}{2}v_x v_z - 2\cos\frac{\theta}{2}\sin\frac{\theta}{2}v_y & 2\sin^2\frac{\theta}{2}v_y v_z + 2\cos\frac{\theta}{2}\sin\frac{\theta}{2}v_x & 1 - 2\sin^2\frac{\theta}{2}(v_x^2 + v_y^2) & 0 \\ 0 & 0 & 0 & 1 \end{bmatrix}$$

이 행렬은 다음과 같은 삼각함수 관계식을 이용하면 보다 친숙하게 보이게 할 수 있다.

$$\cos\theta = \cos^2\frac{\theta}{2} - \sin^2\frac{\theta}{2} = 1 - 2\sin^2\frac{\theta}{2}$$

$$\sin\theta = 2\cos\frac{\theta}{2}\sin\frac{\theta}{2}$$

$\mathbf{v}$가 단위 벡터이므로 다음을 만족한다.

$$v_x^2 + v_y^2 + v_z^2 = 1$$

따라서 사원수 곱을 이용해서 r을 만든 다음 $\mathbf{R}$과 r의 항들을 비교함으로써 $\mathbf{M}$에서의 회전 부분을 만든다. 그런 다음에 두 개의 이동 연산의 효과를 더하기 위해서 통상적인 변환을 사용한다.

우리는 또한 응용프로그램(연습문제 3.26) 또는 셰이더에서(연습문제 3.30) 사원수를 생성하기 위해서 vec4형을 사용할 수도 있다.

회전행렬 대신에 사원수를 사용하는 것의 효율성에 더해서 애니메이션을 위한 부드러운 회전을 얻기 위해서 사원수들이 보간될 수 있다.

요약

이 장에서는 컴퓨터 그래픽스 수학에 관련하여 서로 다르지만 궁극적으로 서로 보완적인 두 가지 관점을 제시했다. 하나는 프로그램에서 실행되는 연산을 이해하려면 컴퓨터 그래픽스에서 다루는 객체의 수학적 추상화가 필요하다는 점이며, 또 다른 하나는 변환과 그것을 실행하는 동차 좌표 같은 기법이 그래픽스 시스템의 기반이 된다는 것이다.

수학적 도구는 벡터 해석과 선형대수에서 온 것이다. 그러나 컴퓨터 그래픽스에서 사용하기 위해 제시한 순서는 대부분의 학생들이 배우는 순서와 반대이다. 일반적으로 선형대수를 먼저 공부한 다음 벡터 공간 개념이 $\mathbf{R}^n$에서의 n-튜플에 연계된다. 반면 수학적 공간에서의 표현을 공부한 다음 추상적 자료형을 구현하기 위한 도구로 선형대수를 사용하였다.

두 가지 이유에서 좌표계에 독립적인 접근 방법을 추구하였다. 첫째는 기하학적 객체와 변환의 모든 기본 개념이 그것을 표현하는 방법에 독립적이라는 것을 보이려 했다. 둘째는 객체지향 언어가 일반화됨에 따라 응용프로그래머는 객체의 표현보다는 객체 자체에 대해 작업하게 될 것이기 때문이다. 3.12절에 참고문헌은 이런 접근방법의 가능성을 보여주는 기하학적 프로그래밍 시스템의 예제를 포함한다.

동차 좌표는 수학적 추상화의 강력함을 보여주는 훌륭한 실례를 제공했다. 어파인 공간이라고 하는 추상적인 수학 공간을 이용해서 효율적인 소프트웨어 및 하드웨어적 방법으로 이어지는 도구를 발견하게 되었다.

마지막으로 OpenGL에서 지원하는 어파인 변환들과 그것들을 연결함으로써 모든 어파인 변환들을 제공하는 방법을 논의하였다. 간단한 행렬을 결합하여 원하는 변환을 구성하는 것은 강력한 전략이다. 이 장 말미의 연습문제에서 이 방법을 사용할 것이다. 4장에서는 3차원 그래픽스에서의 관측방법을 개발하기 위해서 이 방법을 사용할 것이다. 8장에서는 계층적 모델을 구성하기 위해서 변환들을 사용할 것이다.

참고문헌

벡터 해석과 선형대수에 관한 많은 교재들이 있지만 대부분은 이 둘을 분리하여 다룬다. 기하학적 설계 분야에서는 곡선과 곡면의 좌표 독립적 표현을 위한 벡터 공간 접근법이 보편적으로 사용되어 왔다. 이것에 대해서는 Faux와 Pratt[Fau80]의 책을 참조하기 바란다. 기하학적 프로그래밍에 대해서는 DeRose[DeR89, DeR90]를 참조하기 바란다. 동차 좌표는 기하학[Max51]에서 시작되었고, 나중에 그래픽스 분야에서 발견되었다[Rie81]. 하드웨어에서 동차 좌표의 사용은 Silicon Graphics Geometry Engine으로 시작되었다[Cla82]. 현대적 하드웨어 구조들은 동차 좌표계 변환들을 포함하는 Application Specific Integrated Circuit(ASIC)을 사용한다.

사원수는 애니메이션에서의 사용을 위해 Shoemaker[Sho85]에 의해서 컴퓨터 그래픽스에 도입되었다. 회전행렬과 사원수에 대한 많은 예제들은 Kuipers[Kui99]의 책을 참조하기 바란다.

Mathematica[Wol91]과 Matlab[Mat95]같은 소프트웨어 도구는 변환행렬을 조작을 연습하는데 훌륭한 보조 도구이다.

연습문제

3.1 다음 순서들은 교환적임을 보여라.
a. 회전과 균일 크기 변환
b. 같은 축에 대한 두 회전
c. 두 이동

3.2 트위스트(Twist)는 원점을 중심으로 하는 회전과 비슷하지만 원점으로부터 멀어질수록 회전각이 계수 f만큼 증가하는 연산이다. 삼각형에 기반한 시어핀스키 개스킷을 사용자가 제공하는 값 f를 이용해서 트위스트시키는 프로그램을 작성하라. 분할의 수가 변함에 따라서 개스킷의 모양이 변하는지를 관찰하라.

3.3 기하학적 프로그래밍을 할 수 있는 함수 라이브러리를 작성하라. 라이브러리는 기본 기하 형(점, 선, 벡터)과 이런 형에 대한 내적과 외적을 비롯한 연산을 위한 함수를 포함해야 한다. 프레임 변환이 가능해야 한다. 또한 OpenGL과 인터페이스하는 함수를 작성하여 기하학적 계산 결과를 표시할 수도 있다.

3.4 단지 2차원 그래픽스에만 관심이 있다면 점은 $\mathbf{p} = [x\ y\ 1]^T$로 벡터는 $\mathbf{v} = [a\ b\ 0]^T$로 표현하여 3차원 동차 좌표를 이용할 수 있다. 3×3 회전, 이동, 크기 변환, 밀림행렬을 찾아라. 2차원 점을 변환하기 위한 어파인 변환은 자유도가 얼마인가?

3.5 적은 수의 점들에 대해서 변환 전과 변환 후의 위치를 살펴봄으로써 어파인 변환을 지정할 수 있다. 3차원에서 변환을 유일하게 지정하기 위한 점의 개수는 얼마인가? 2차원에서 작업할 때, 요구되는 점의 개수는 얼마인가?

3.6 방향성 선분이 벡터와 유의어로 사용될 수 있는 이유는 무엇인가?

3.7 어떤 비강체 어파인 변환이 객체를 크거나 작게 만들 수 있는가? 회전, 이동 및 크기 변환 외에 하나의 어파인 변환을 말하라.

3.8 회전, 이동, 크기 변환으로부터 밀림 변환을 유도하시오.

3.9 2차원에서 직선을 $y = mx + h$로 쓸 수 있다. 이 직선에 대해 2차원 점을 반사시키는 어파인 변환을 찾아라. 결과를 3차원에서 평면에 대한 반사로 확장하라.

3.10 3.10절에서 임의의 회전행렬은 세 축에 대한 연속된 회전으로 구성할 수 있음을 보았다. 세 개의 단순 회전만 할 수 있다면 주어진 회전을 구성하는데 얼마나 많은 방법이 있는

가? 단순 회전행렬 세 개가 모두 필요한가?

3.11 좌표계와 독립적으로 기하학적 문제를 다루는데 사용되는 접근법의 장점은 무엇인가?

3.12 3차원 기하 시스템에서 점을 정의하라. 이 점의 유일한 속성은 무엇인가?

3.13 기본적인 기하학적 객체들 사이의 관계를 표현하는 세 개의 기본적 기본 타입은 무엇인가?

3.14 선형 상미분방정식이나 차분방정식(순환식)의 해를 고려해 보자. 동차방정식의 해가 벡터 공간을 형성하는 것을 보여라. 특정한 비동차방정식의 해와 어파인 공간과의 관계를 밝혀라.

3.15 다음 같은 시어핀스키 개스킷을 생성하는 프로그램을 작성하라. 흰색 삼각형으로 시작하시오. 각 단계에서 원래 삼각형 위에 그려지는 세 닮은 삼각형을 생성하기 위해 변환을 사용하라. 삼각형의 중심은 흰색으로 남겨두고 세 구석은 검게 하라.

3.16 중심이 원점이고 좌표축에 정렬된 입방체로 시작하자. 그림 3.63처럼 입방체를 대칭적으로 방위를 맞추는 회전행렬을 찾아라.

● 그림 3.63 ● 입방체의 대칭 방위

3.17 3차원 다각형 같은 객체를 정의하기 위해 3차원에서 정점들을 사용하였다. 정점 집합이 주어지면 그것들이 결정한 다각형이 평면인지 아닌지 결정하기 위한 검사방법을 찾아라.

3.18 2차원 평면상에서 원점을 중심으로 하는 회전을 수학적으로 설명하라.

3.19 이동, 회전, 크기 변환의 곱으로 사례 변환을 정의하였다. 다른 순서로 변환의 세 형을 적용하여 같은 효과를 낼 수 있는가?

3.20 하나의 마우스 버튼으로 입방체의 방향을 정하고 다른 버튼으로 이동을 하고 또 다른 버튼으로 줌을 하도록 하는 프로그램을 작성하라.

3.21 벡터 u는 점 Q를 새로운 위치 P로 이동시킨다. 점-벡터 덧셈과 점-점 뺄셈 연산을 나타내는 표현을 기술하라.

3.22 z축을 중심으로 하는 증분적인 회전은 다음 행렬에 의해서 결정된다.

$$\begin{bmatrix} 1 & -\theta & 0 & 0 \\ \theta & 1 & 0 & 0 \\ 0 & 0 & 1 & 0 \\ 0 & 0 & 0 & 1 \end{bmatrix}$$

많은 스텝에서 이 행렬을 사용할 때 부정적인 면은 무엇인가? 이 문제의 해결방안을 제시할 수 있는가? (힌트: 원점으로부터 거리 1에 있는 점들을 생각해보아라.)

3.23 벡터 공간에서 스칼라-벡터 곱셈과 벡터-벡터 덧셈은 무엇인가? 벡터 공간이 유클리드 공간이 되기 위해서 필요한 추가적 요소는 무엇인가?

3.24 어파인 공간 내 임의의 점 Q, 벡터 u, 양의 스칼라 α에 대해서 Q로부터 v 방향으로 직선상의 모든 점들을 기술하는 표현을 작성하라.

3.25 파이프라인 내에서 흔히 나타나는 프레임들의 순서를 말하라.

3.26 vec4 클래스를 사용해서 응용프로그램에서 실행될 수 있는 사원수 연산의 집합을 작성하시오. 예를 들면 다음과 같은 프로토타입으로 시작할 수 있다.

```
typedef vec4 quaternion;
quaternion multq(const quaternion &, const quaternion &);
quaternion addq(const quaternion &, const quaternion &);
quaternion iversq(const quaternion &);
point4 rotateq(float theta, const point4 &);
```

3.27 어떤 경우에 두 개의 벡터 u와 v가 직교한다고 말하는가? 벡터 공간에서 어떤 경우에 벡터들의 집합이 선형 독립적이라고 말하는가?

3.28 크기 변환을 지정하기 위해서 하나의 고정점과 크기 변환을 하고자 하는 방향과 크기 변환계수(α)를 지정할 수 있다. 어떠한 α값에 대해서

a. 지정된 방향으로 객체가 길어지는가?

b. 지정된 방향으로 객체가 줄어드는가?

3.29 $P = \alpha_1 P_1 + \alpha_2 P_2 + \cdots \alpha_n P_n$의 필요충분조건은 $\alpha_1 + \alpha_2 + \cdots + \alpha_n = 1$임을 보이시오. (힌트 : 처음 두 개의 항으로부터 시작해서 다음과 같이 전개한다.)

$$\begin{aligned} P &= \alpha_1 P_1 + \alpha_2 P_2 + \cdots = \alpha_1 P_1 + (\alpha_2 + \alpha_1 - \alpha_1) P_2 + \cdots \\ &= \alpha_1 (P_1 - P_2) + (\alpha_1 + \alpha_2) P_2 + \cdots \end{aligned}$$

다음 과정은 귀납적으로 전개한다.

3.30 입력된 정점을 입력된 사원수를 사용해서 사원수 회전시키는 정점 셰이더를 작성하라.

3.31 원점을 고정점으로 하고 축 d를 중심으로 `theta` 만큼 회전시키는 함수 `Rotate(float, theata, vec3d)`를 작성하라.

Chapter 04

관측

Interactive Computer Graphics

지금까지 합성 카메라 모델의 전반부, 즉 3차원 공간상에서 객체를 명시하는 논의를 다루었다. 지금부터는 가상 카메라를 묘사할 수 있는 다양한 방법들을 살펴본다. 또한, 고전적인 관측 기법들과 컴퓨터 관측 사이의 관계 그리고 투영 변환을 이용하여 투영이 어떻게 구현되는지 관련된 주제를 검토한다.

관측 방법으로는 세 부분으로 접근하려고 한다. 먼저 우리가 생성할 수 있는 관측의 종류를 살펴보고, 다양한 종류의 관측이 필요한 이유를 알아본다. 그리고 나서, 임의의 응용프로그램이 OpenGL 안에서 특정 관측을 규정할 수 있는 방법을 검토한다. 관측과정은 두 부분으로 나누어질 수 있다. 첫 번째 부분에서는 카메라가 원점에 위치하고 있는 상태에서 인간의 시각 프레임에서 표현되는 객체를 정의하기 위해 객체 프레임으로부터 정점 표현으로 전환하는 모델-관측행렬을 이용한다. 이러한 기하학적 표현은 정규 관측 절차를 이용할 수 있게 해준다. 관측과정의 두번째 부분은 선호하는 투영의 종류(평행 투영 또는 투시 투영)와 영상화하고 싶은 부분(클리핑 또는 관측 공간)을 다룬다. 이러한 규정들은 모델-관측행렬과 연결되는 투영행렬을 형성할 수 있도록 해준다. 마지막으로, 가장 중요한 평행 관측과 투시 관측을 설명하는 투영행렬을 유도하고 OpenGL에서 이러한 투영이 어떻게 실행하는지 조사한다.

4.1 고전적 관측과 컴퓨터 관측

3차원 관측을 하기 위해 컴퓨터 그래픽스 시스템과 응용프로그램의 인터페이스를 살펴보기 전에 고전적 관측을 잠시 살펴보자. 고전적 관측을 검토하는 데는 두 가지 이유가 있다. 첫 번째, 영화에서의 애니메이션, 건축물의 표현, 제도, 기계장치 설계와 같이 지금까지 수작업으로 행해졌던 많은 작업들이 지금은 일상적으로 컴퓨터 그래픽스로 이루어지기 때문이다. 이러한 영역에 종사하는 사람들은 등축도법(isometrics)이나 양각 입면도(elevations)를 비롯한 다양한 투시법과 같은 고전적 관측을 만들어 낼 수 있어야 하기 때문에 컴퓨터 시스템을 이용하여 렌더링을 실행할 수 있어야 한다. 두 번째 고전적 관측과 컴퓨터 관측 사이의 관계를 통해, 대부분의 API에 의해 사용되는 접근법이 약간의 단점이 있지만 장점이 더 많기 때문이다.

1장에서 가상 카메라 모델을 소개했을 때 고전적 관측과 컴퓨터 관측 사이에는 유사성이 많다고 지적하였다. 두 경우 모두 그 기본 요소들은 동일하다. 그림 4.1은 객체, 관측자, 투영선과 투영면을 보여주고 있다. 투영선들은 **투영중심**(center of projection, COP)에서 만난다. COP는 카메라 혹은 눈의 렌즈중심에 해당하고 컴퓨터 그래픽스 시스템에서는 투시 관측에서 **카메라 프레임**(camera frame)의 원점에 해당한다. 모든 표준 그래픽스 시스템은 1장에서 설명한 기하학적 광학기반 모델을 활용한다. 투영면은 평면이고 투영선은 직선이다. 이러한 전제는 흔히 접할 수 있는 파이프라인 모델을 이용하여 구현하기 쉽다.

고전적 관측과 컴퓨터 그래픽스 모두 관측자가 객체로부터 무한대에 있다고 가정한다. 주목할 것은 COP가 무한대의 위치로 이동함에 따라 그림 4.2에서와 같이 투영선들은 평행하게 되고 따라서 COP는 **투영 방향**(Direction of Projection, DOP)으로 바뀌게 된다. 또한, COP가 무한대로 움직일 때, COP가 객체로부터 무한히 멀리 떨어져 있더

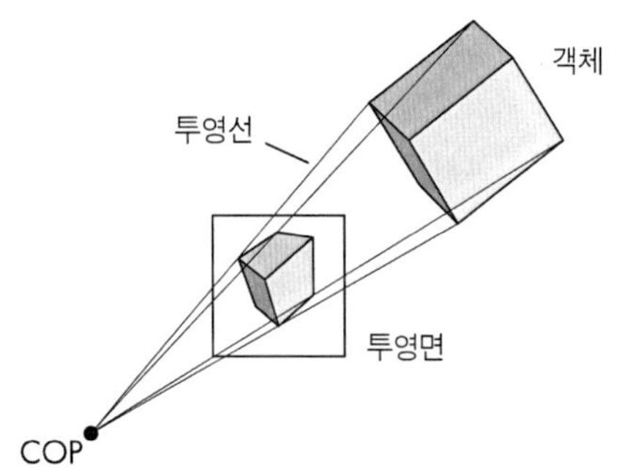

● 그림 4.1 ● 관측

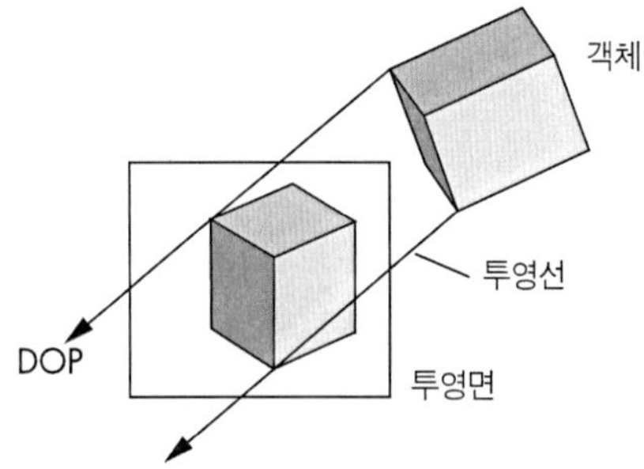

● 그림 4.2 ● 투영중심(COP)를 무한대로 이동

라도 투영면은 고정되고 영상의 크기는 항상 같게 유지된다. COP가 유한한 경우를 **투시 관측**(perspective views), 그리고 무한한 경우를 **평행 관측**(parallel views)이라고 한다. 평행관측의 경우, 카메라 프레임의 원점은 보통 투영면에 놓이게 된다.

컬러 그림판 9와 10은 각각 평행 렌더링과 투시 렌더링을 보여준다. 이 그림들은 건축 분야와 같은 응용에서 두 종류의 관측 모두를 구비하는 것이 얼마나 중요한지를 보여준다. 두가지 관측을 모두 제공하는 API에서 사용자가 손쉽게 다양한 관측 모드 사이를 전환할 수 있다는 사실도 알 수 있다. 대부분의 최신 API들은 평행 관측과 투시 관측 모두를 제공한다. 이러한 시스템에 의해 생성되는 투영류(class of projections)는 투영면이 평면이고 투영선은 직선이기 때문에 **평면 기하투영**(planar geometric projection)으로 알려져 있다. 투시투영과 평행투영 모두 직선은 보존되지만 각도는 일반적으로 보존되지 않는다. 평행 관측을 투시 관측의 제한된 경우로 볼 수 있지만 고전적 관측과 컴퓨터 관측에서는 일반적으로 그들을 분리해서 다룬다. 제도 과목을 수강한 사람은 누구나 알 수 있듯이 전동적 관측에서 수작업으로 위의 두 관측을 생성하는 기법은 서로 다르다. 컴퓨터 투시 관측에서는 두 종류의 관측을 지정하는 방법에서 차이가 있다. 따라서, 평행 관측을 투시 관측의 제한된 경우로 보는 것보다는 오히려 제한된 방정식을 유도하고 이들을 바로 대응되는 투영행렬을 완성하는 데 사용하는 것이 좋다. 최신 파이프라인 건축 구조에서는 관측의 형태에 따른 투영행렬을 그 파이프라인으로 볼 수 있다.

컴퓨터 그래픽스 시스템은 두 가지 기본적인 관측(평행 관측과 투시 관측)이 있지만 고전적인 그래픽스에는 다중 관측 직교투영으로부터 1점, 2점 3점 투시에 이르기까지 다양한 관측을 허용한다. 고전적 그래픽스에서 나타나는 이러한 외견상 차이점들은 현대에는 객체, 관측자 및 투영면들이 컴퓨터 그래픽스에서 이들간의 특정관계를 보여주고자 하는 시도에서 비롯된 것이다.

4.1.1 고전적 관측

건축가가 건물의 이미지를 그릴 때, 보여주고 싶은 면을 알고 있고 이를 위해 건물과의 관계에서 관측자의 위치 정보도 알고 있다. 각각의 고전적 관측은 객체와 관측자 사이의 특정한 관계에 의해 결정된다.

고전적인 관측에는 **주면**(principal face)이라는 기본 개념이 존재한다. 건축 분야와 같은 실제적 응용에서 관측되는 객체들은 몇 개의 평면으로 구성되는데 각 면이 주면으로 간주될 수 있다. 건물과 같은 사각형 객체인 경우, 전, 후, 상, 하, 좌, 우면을 자연스럽게 알 수 있다. 또한, 실 세계 많은 객체들의 각 면은 모서리에서 직각으로 만나므로 이러한 객체들은 객체와 연관된 세 개의 직교하는 방향을 가진다.

그림 4.3은 주요 관측들의 일부분을 보여주고 있다. 먼저 평행 관측과 투시 관측 형태에 대해 가장 제한적인 관측을 살펴보고 덜 제한적인 조건으로 설명해 나가겠다.

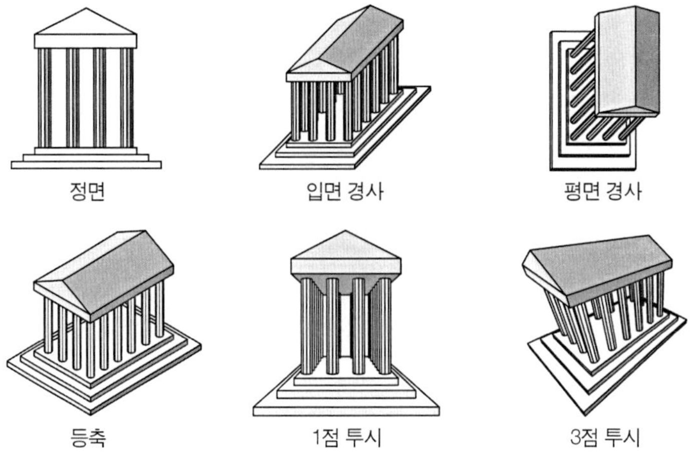

● 그림 4.3 ● 고전적 관측들

4.1.2 직교투영

처음 설명하는 고전적 관측은 그림 4.4에서 보여준 **직교투영**(orthogonal projection)이다. 모든 직교투영 관측에서 투영선은 투영면에 수직이다. **다시점 직교투영**(multiview orthographic projection)에는 여러 개의 투영이 있고 각각의 투영은 객체의 주면 중 하나와 평행한 투영면이 존재한다. 일반적으로 객체를 표시하기 위해 3시점(전면, 상면, 우면)을 이용한다. 여러 개의 관측을 사용하는 이유는 그림 4.5로부터 명확히 설명된다. 상자형태의 객체에 대해서 투영면에 평행한 면만이 영상으로 나타난다. 다중 관측 직교투영으로부터 관측자가 객체의 형상을 시각화하기 위해서는 일반적으로 세 개 이상의 관측이 필요하다. 이러한 이미지를 통한 시각화는 관측자의 숙련이 필요하다. 이와 같은 관측의 중요성은 거리와 각이 모두 보존된다는 점이고 거리와 모양의 왜곡이 없기 때문에 다시점 직교투영은 제도 작업에 적합하다.

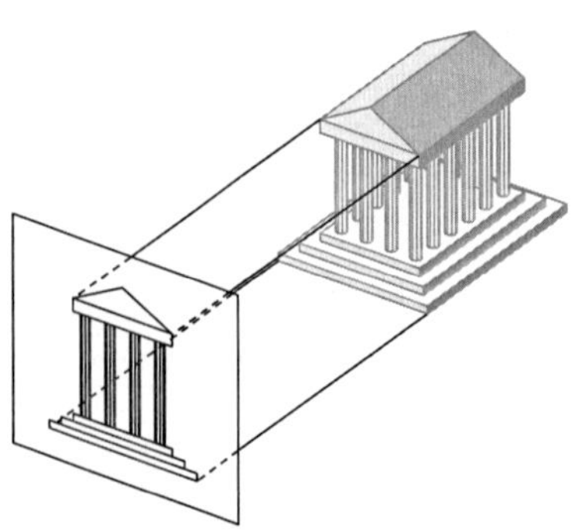

● 그림 4.4 ● 직교투영

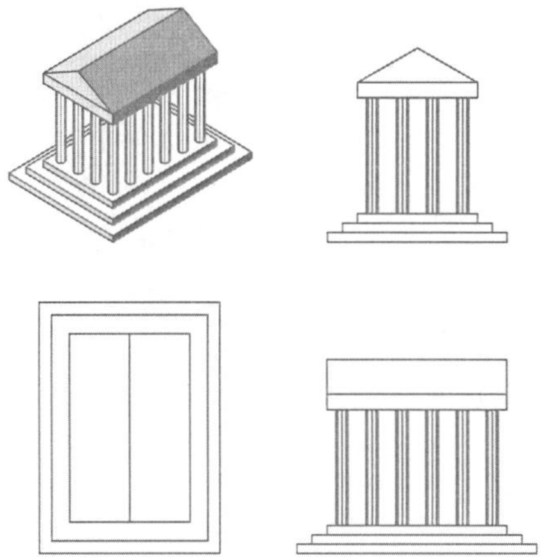

● 그림 4.5 ● 신전과 세 개의 다시점 직교투영

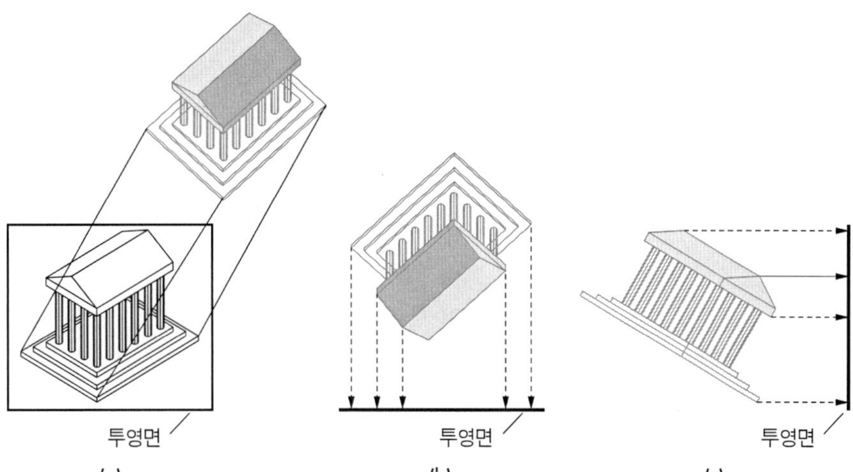

● 그림 4.6 ● 축측투영, (a) 삼축 관측투영의 구축 (b) 평면도 (c) 측면도

4.1.3 축측투영

단일 관측에서 상자 모양 객체의 주면을 더 많이 보고 싶다면, 한 가지 제한을 없애야 한다. 축측 관측에서 투영선들은 그림 4.6에서와 같이 여전히 투영면에 수직이지만 투영면은 그 객체에 대해 어떠한 방향에도 존재할 수 있다. 만일 투영면이 사각형 객체의 모서리에서 만나는 세 개의 주면에 대해서 대칭으로 놓여지면 **등축 관측**(isometric view)이 된다. 또한, 투영면이 두 개의 주면이 대칭이 되도록 놓여지면 **이축 관측**(diametric view)이 된다. 그러나, 일반적인 경우는 **삼축 관측**(trimetric view)이다. 이러한

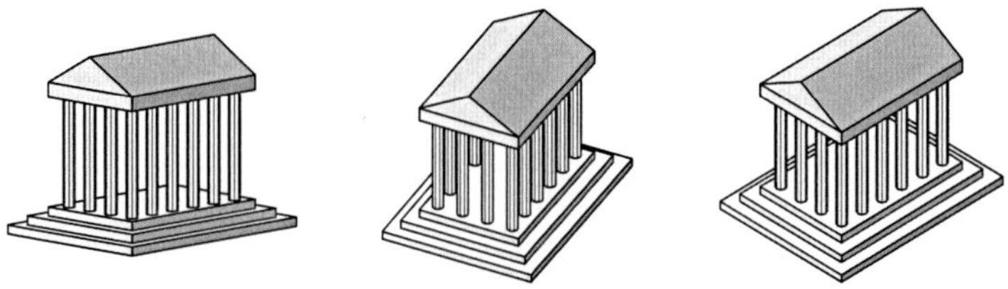

● 그림 4.7 ● 축측 관측들

관측들은 그림 4.7에서 볼 수 있다.

등축 관측에서 주목할 점은 영상 공간에서 선분의 길이는 객체 공간에서 측정한 길이보다 짧다는 것이다. 이러한 **거리의 단축**(foreshortening)은 세 개의 주 방향에서 똑같이 발생함으로 여전히 거리비교는 가능하다. 그러나 이축 관측에서는 두 개의 다른 단축비가 존재하고 삼축 관측에서는 세 개의 서로 다른 단축비가 존재한다. 또한, 평행한 선들은 이미지 안에서 보존되지만 각은 그렇지 않다. 원은 타원형으로 투영된다. 이러한 왜곡은 컴퓨터나 수작업으로 손쉽게 만드는 하나의 관측에서 여러 개의 주 면을 볼 수 있게 해준다. 축측 관측은 건축 설계와 기계 설계 분야에서 광범위하게 사용되고 있다.

4.1.4 경사투영

경사 관측(oblique view)은 가장 일반적인 평행 관측이다. 그림 4.8과 같이 경사 관측은 투영선이 투영면과 임의의 각을 만들 수 있도록 해준다. 결론적으로, 투영면에 평행한 면 내의 각들은 보존된다. 투영면에 평행한 면안에 있는 원은 원으로 투영되지만 객체

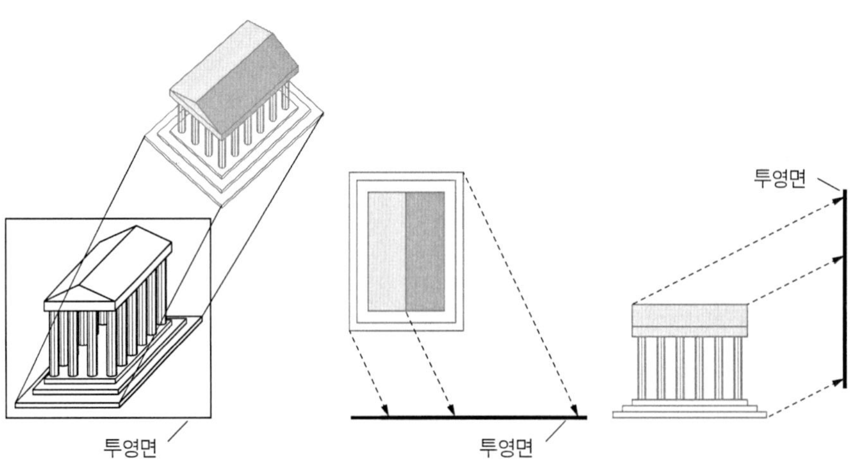

● 그림 4.8 ● 경사 관측 (a) 구성 (b) 평면도 (c) 측면도

의 두 개 이상의 주면도 동시에 볼 수 있다. 경사 관측은 수작업으로 구성하기는 매우 어렵고 부자연스럽기까지 하다. 인간의 시각 시스템을 포함한 대부분의 관측 장치에서는 영상 면과 고정된 관계를 갖는 렌즈를 가지고 있는데 일반적으로 그 렌즈는 영상면과 평행하다. 비록 이러한 장치가 투시 관측을 만들어내지만 관측자가 객체로부터 멀리 떨어져 있다면 관측들은 거의 평행하고 투영면이 렌즈와 평행하므로 관측 방향은 투영면과 직교한다. 1.6절에서 가상 카메라 모델을 개발하기 위해 사용되었던 주름상자 카메라는 근사적 평행경사관측을 만들 수 있는 유연성을 가지고 있다. 이와 같은 카메라를 활용하는 것은 건물의 영상을 만들어낼 때 그 영상에 있는 건물의 측면들은 카메라가 그 위치에서 수직 관측을 이용해 생성된 하나의 영상으로 수렴하기 보다 오히려 평행하게 만든다.

응용 프로그래머의 관점에서는 여러 가지 서로 다른 관측들 간에 큰 차이점은 없다. 응용 프로그래머는 관측의 종류(평행 관측 또는 투시 관측)와 카메라를 묘사할 매개변수들을 지정한다. 응용 프로그래머에게 문제는 어떻게 하면 최상의 관측을 얻거나 특정한 고전적 관측을 얻기 위해 관측 절차상의 매개변수를 규정하는 것이다.

4.1.5 투시 관측

모든 투시 관측(perspective view)은 그 크기가 **축소**(diminution)되는 특징을 가진다. 객체가 관측자로부터 멀리 떨어질수록 그 영상은 작아진다. 이러한 크기 변화는 자연스러운 모습의 관측을 얻게 하지만 선분의 길이가 얼마나 짧아지는가는 그 선분이 관측자로부터 얼마나 떨어져 있는가에 의존하기 때문에 투시 관측에서는 길이 측정을 할 수 없다. 따라서, 투시 관측은 건축 분야와 애니메이션처럼 실감나는 영상을 만드는데 주로 사용된다.

고전적 투시 관측에서 관측자는 그림 4.9에서처럼 투영면에 대해 대칭적으로 위치한

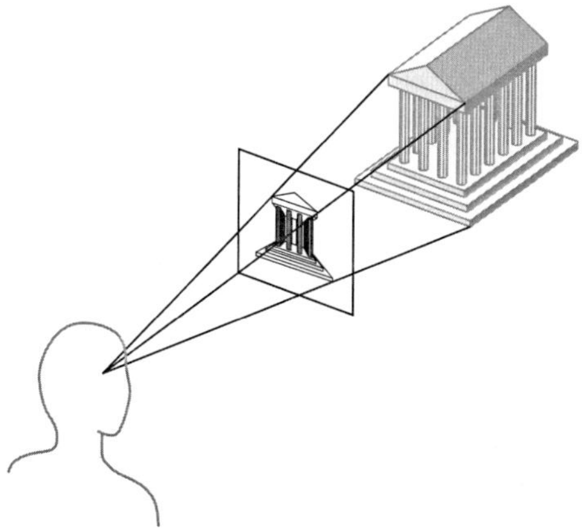

● 그림 4.9 ● 투시 관측

(a) (b) (c)

● 그림 4.10 ● 고전적인 투시 관측, (a) 3점 (b) 2점 (c) 1점

다. 그러므로, 투영면과 투영중심에서 윈도에 의해 결정되는 피라미드는 대칭 또는 직각 피라미드이다. 이러한 대칭성은 눈의 후면과 수정체의 고정된 관계 혹은 카메라의 후면과 렌즈 사이의 고정된 관계 그리고 대부분의 물리적 상황에서 유사한 고정된 관계에 의해 발생한다. 주름상자 카메라와 같은 카메라는 필름을 뒤로 움직여 일반적인 투시 관측을 할 수 있다. 컴퓨터 그래픽스에서 사용되는 모델은 이러한 일반적인 경우도 포함하고 있다.

고전적인 투시 관측은 일반적으로 **1점, 2점, 3점 투시**(one, two, three point perspective)로 알려졌다. 이 세 가지 경우의 차이점은 객체에서 세 개의 주 방향이 얼마나 투영면에 평행한가에 있다. 그림 4.10에 보여준 건물의 세 가지 투시투영을 살펴보자. 건물의 각 모서리는 세 개의 주방향을 포함하고 있다. 대부분 일반적인 경우에서 (3점 투시 관측) 세 개의 주 방향에 평행한 모든 직선들은 유한개의 **소실점**(vanishing points)으로 수렴한다(그림 4.10(a)). 만일, 하나의 주 방향만이 투영면에 평행하다면 이것은 2점투영이 되고(그림 4.10(b)), 두 개만의 주 방향에 놓여있는 직선들은 수렴하게 된다. 마지막으로, 1점 투시(그림 4.10(c))에서는 두 개의 주 방향이 투영면에 평행하고 하나의 소실점만이 존재한다. 평행 관측에서와 마찬가지로 프로그래머의 입장에서 보면 이러한 세 가지 상황은 4.4절에서 구현할 일반적인 투시 관측의 특수한 경우이다.

4.2 컴퓨터를 이용한 관측

이제 컴퓨터 투시 관측으로부터 3차원 그래픽스로 되돌아가자. 컴퓨터그래픽스에서 관측은 가상 카메라 모델을 바탕으로 하기 때문에 임의의 고전적 관측을 구성할 수 있어야 한다. 그러나, 근본적인 차이점은 있다. 모든 고전적 관측은 객체, 관측자 그리고 투영 사이에 특별한 관계를 바탕으로 하고 있다. 컴퓨터 그래픽스에서는 객체의 규정과 카메라 매개변수와의 독립성을 강조하고 있다. 그래서, 고전적 관측을 하기 위해서 그 응용프로그램은 생성할 객체와 적절한 카메라 위치정보를 사용해야 한다.

OpenGL을 이용하여 관측을 어떻게, 그리고 어디서 실행해야 하는지 다양한 선택을 할 수 있을 것이다. 실행하는 모든 접근방법에는 GPU의 강력한 변환 성능을 이용할 것이다. 모든 변환은 프레임 간의 변화와 같기 때문에 3장에서 소개했던 프레임과 좌표 시스템의 방법으로 관측을 개발할 수 있다. 특히, 객체 좌표, 카메라 좌표, 그리고 클리핑 좌표를 이용할 것이다.

출발점은 정점 셰이더(vertex shader)를 만들어내는 것이다. 2, 3장에서 우리는 정점 셰이더에 의해 생성된 정점 출력이 클리핑 공간에 놓이는 한 그 정점들은 계속해서 래스터(rasterizer)하게 된다. 그래서, 2장에서 디폴트 관측 정육면체(default viewing cube) 내에서 정점의 위치를 규정할 수 있었다. 3장에서는 정육면체 안에서 정점이 매핑되기 위해 어파인 변환(affine transformation)을 통해 위치를 조절하는 방법에 대해 알아보았다. 또한, 래스터화되는 객체는 간단한 직교투영으로 투영된다는 사실에 근거를 두고 있다.

그러나, 은면 제거는 프래그먼트 셰이더를 실행한 후에 발생한다. 결론적으로, 카메라 상에 은면 제거가 가능할지라도 하나의 객체가 다른 객체로 인해 가려질 수 있지만, 래스터화 과정에서는 여전히 클리핑 공간 내에 가려진 객체의 일부분을 생성할 것이다. 그러나 우리는 객체를 규정하는 방법과 객체를 인지하는 방법 모두 조금 더 유연해 질 필요가 있는데, 4가지 추가사항을 고려해야 한다.

1. 응용프로그램에서 동일한 단위계를 활용하여 작업을 해야 한다.
2. 객체별로 독립적으로 카메라의 위치를 설정해야 한다.
3. 응용프로그램의 단위계에서 클리핑 공간을 규정할 수 있어야 한다.
4. 평행 또는 투시투영을 실행할 수 있어야 한다.

여기서, 변환을 이용하여 위에서 설명한 네 가지 추가사항을 실행할 수 있다. 처음 세 가지 항목은 어파인 변환을 통해서, 그리고 마지막 항목은 투시 정규화과정을 통해 실행할 수 있다. 이러한 모든 변환들은 응용프로그램 코드나 정점 셰이더를 통해 실행되어야 한다.

이러한 모든 작업은 3장에서 습득한 변환을 통해 이루어진다. OpenGL에서 사용된 프레임 중 관측과정에는 3가지 중요한 프레임(객체 프레임, 카메라 프레임, 그리고 클리핑프레임)이 있다. 2, 3장에서 세 개의 모든 프레임이 동일하다고 가정함으로써 객체프레임과 카메라 프레임 규정을 명백히 피할 수 있었다. 우리는 클리핑 좌표에서 정점 위치를 직접 규정하거나 클리핑 좌표에서 클리핑 공간 안에 놓이게 함으로써 시각화될 수 있도록 객체의 크기를 조절하는 어파인 변환을 사용했다. 카메라는 원점에 고정되고 클리핑 좌표에서 음의 z-방향을 가리키고 있다.[1)]

1) 디폴트 카메라는 객체가 클리핑 공간에 있다면 카메라 뒤쪽에 있는 객체를 볼 수 있다.

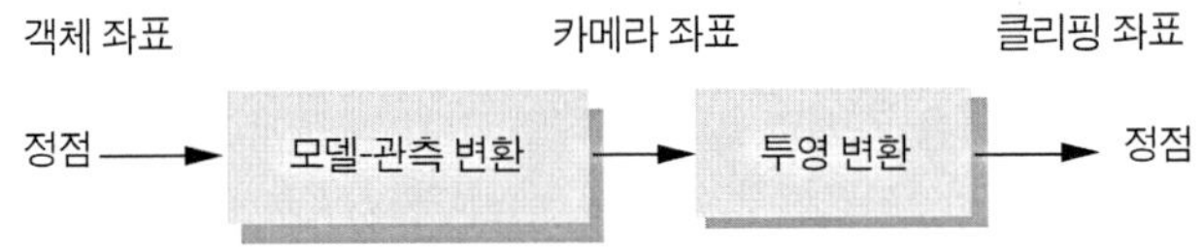

● 그림 4.11 ● 관측 변환

관측할 때 보다 나은 방법을 얻기 위해서 두 개의 기본적인 연산과정으로 분리할 수 있을 것이다. 첫 번째, 카메라의 위치와 방향을 잡아주는 것이다. 이 연산은 모델-관측 변환에서 하는 일이다. 정점들이 이 변환과정을 통과한 뒤에 그 정점들은 눈 또는 카메라 좌표로 표현된다. 두 번째 단계에서는 투영 변환을 적용하는 것이다. 이 단계는 특정 투영(직교 또는 투시)을 정점에 적용하여 특정 클리핑 공간 안에 있는 객체를 클리핑 좌표계에 있는 동일한 클리핑 정육면체로 넣는 일이다. 각 투영의 여러 기능 중 디폴트 관측 공간 안으로 적합하게 만들기 위해 객체의 크기를 조절하는 것보다 카메라 좌표계에서 관측 공간을 규정할 수 있게 해준다. 이러한 변환과정을 그림 4.11에서 볼 수 있다.

최근 변환행렬이라는 것은 두 행렬의 곱의(모델-관측행렬과 투영행렬) 형태로 나타나게 된다. 모델-관측행렬은 객체 좌표에서 정점들을 카메라 좌표로 전환하고 카메라의 위치와 방향을 설정해야 한다. 투영행렬은 원하는 투영(직교 또는 투시)을 실행하고 클리핑 좌표에서 관측 정육면체 안으로 적합하도록 카메라 좌표에서 규정된 관측 공간을 전환할 것이다.

4.3 카메라의 위치 지정

이 절에서는 카메라의 위치지정 및 방향에 대해 설명하고 4.4절에서는 적용하고자 하는 투영을 규정하는 방법에 대해 논의한다. OpenGL을 이용하여 실행하는 API에 초점을 맞추고자 하지만 다른 API들이 어떻게 카메라를 규정하는지 검토할 것이다.

4.3.1 카메라 프레임의 위치 지정

3장에서 본 바와 같이 임의의 단위로 정점들을 규정할 수 있고 이러한 정점들을 재배치하는 일련의 어파인 변환을 통해 모델-관측행렬을 정의할 수 있다. 모델-관측 변환은 객체 좌표에서 객체 인스턴스를 취하는 모델링 변환의 연속이고 그 객체 인스턴스를 실세계 프레임으로 가져온다. 두 번째 부분은 실세계 좌표계를 눈 좌표계로 변환하는 것이다. 일반적으로 실세계 좌표계에 접근할 필요가 없기 때문에 모델링행렬과 관측행렬을 분리하기 보다 오히려 모델-관측행렬을 이용할 수 있다.

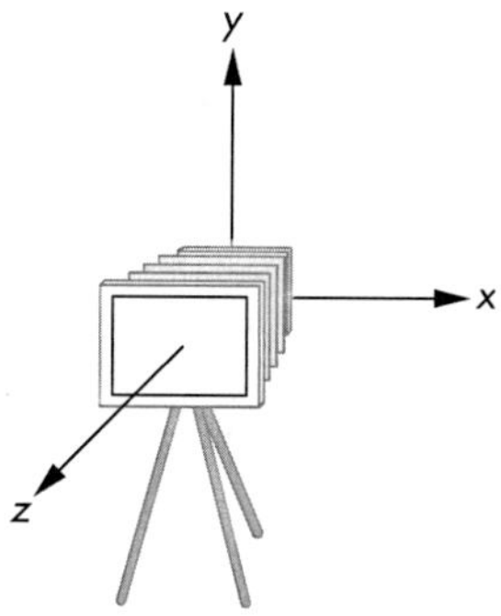

● 그림 4.12 ● 초기 카메라 위치

초기에, 모델-관측행렬은 단위행렬로 설정함으로써 카메라 프레임과 객체 프레임은 동일하다. 따라서, 카메라는 그림 4.12에서 보는 것처럼 $-z$ 방향을 가리키고 있다. 대부분의 응용에서 객체가 원점 주변에 위치하고 있다고 모델링하기 때문에 디폴트 위치인 원점에 디폴트 방향으로 존재하는 카메라는 장면 내의 모든 객체를 볼 수 없다. 따라서, 카메라를 이미지에 보이고자 하는 객체들로부터 멀리하거나 객체를 카메라의 앞쪽으로 이동시켜야만 한다. 이 두 가지 조작은 모두 객체들의 프레임에 대한 카메라 프레임의 배치로 간주될 수 있으므로 같은 조작이다.

모든 정점들을 규정하고 정점들의 위치를 하나의 배열에 저장함으로써 초기에 규정된 몇몇 객체들을 활용한 하나의 장면을 생각하는데 도움이 될 수 있다. 모델-관측행렬을 단위행렬로 정의하자. 모델-관측행렬의 변경은 카메라와 연관된 객체 프레임을 이동시키고 각 정점들이 재배치된 객체 프레임 안에서 지정되므로 이후에 정의되는 모든 객체들의 카메라 관측에 영향을 주게 된다. 응용프로그램의 관점에서 달리 설명하면, 투영행렬과 모델-관측행렬은 상태의 일부분이다. 그러한 행렬을 응용프로그램에서 정점 위치에 적용하거나 정점 데이터가 셰이더로 보내질 때마다 해당 행렬을 자동적으로 적용될 정점 셰이더로 보낼 것이다.

어느 경우든 그 과정을 그림 4.13에 나타내었다. 그림 4.13(a)는 초기 구성도를 나타낸다. **p**에 놓인 정점은 두 프레임에서 모두 같은 표현을 가진다. 그림 4.13(b)에서 일련의 변환을 통해서 모델-관측행렬을 **C**로 바꾸었다. 비록 행렬 **C**가 카메라 프레임으로부터 객체 프레임으로 옮기기 위한 정보, 또는 카메라를 객체 프레임의 원점인 초기 위치에서 멀리 이동시키는 정보를 가지고 있기는 하지만, 프레임이 더 이상 같지 않다. 모델-관측행렬로 변경된 이후 **q**에 정의된 정점은 객체프레임에서 **q**이다. 그러나 카메라 프레임에서 그 위치는 **Cq**이고 내부적으로 응용프로그램 내에 저장될 수 있고 GPU로 보내진 후 그 위치는 카메라 좌표로 전환될 것이다. 관측 변환은 정점 데이터가 카메라 좌표 내에 있는 것으로 가정할 것이다.

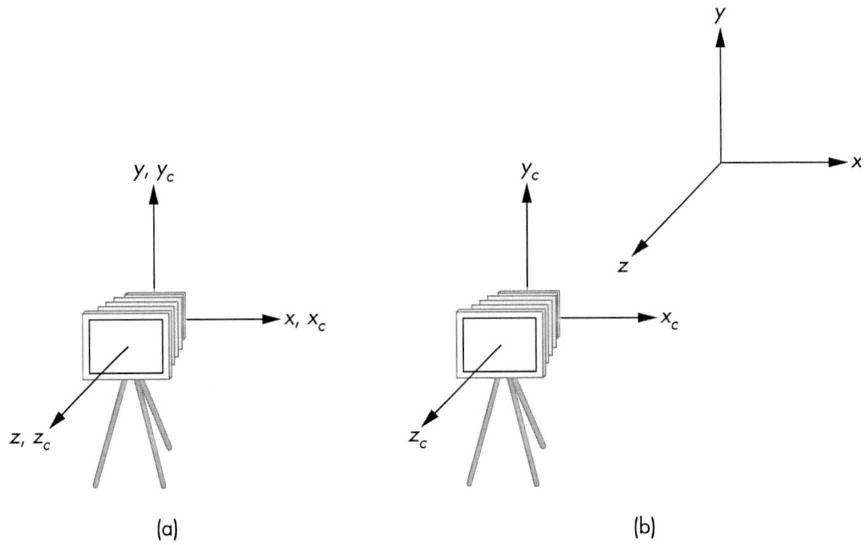

● 그림 4.13 ● 카메라와 객체 프레임의 이동, (a) 초기 구성 (b) 모델-관측행렬에서 변경 뒤 구성도

다르게 생각하면, 카메라는 여전히 자신의 프레임의 원점에 위치하고 모델-관측행렬은 이 시스템에서 규정된 기본 요소들에 적용된다. 실제로 어떻게 생각해도 무방하다. 그러나 프로그램의 어떤 부분에서 기본 요소들이 모델-관측행렬의 변화에 상대적으로 지정되었는지 많은 주의를 기울여야 한다. 주어진 어느 시점에 모델-관측행렬은 카메라 프레임과 객체 프레임 간에 관계를 캡슐화한다. 비록 모델링과 관측 변환을 하나의 행렬로 결합하는 것이 처음에는 혼란스럽지만 자세히 살펴보면 이것은 훌륭한 접근방법이다. 만약 우리가 카메라를 기학학적 특성을 가진 하나의 객체로 본다면 객체의 위치와 방향을 바꾸는 변환은 이러한 객체에 상대적으로 카메라의 위치와 방향에도 영향을 줄 것이다.

다음 문제점은 카메라의 위치를 어떻게 지정하고 어떻게 카메라의 위치 지정을 OpenGL에서 구현하는 점이다. 세 가지 접근 방법을 개략적으로 설명할 것이다. 하나는 이번 절에서 나머지 두 가지는 4.3.2절에서 설명할 것이다. 또 다른 두 가지 방법은 연습문제로 주어질 것이다(연습문제 4.2와 4.3). 첫 번째 접근 방법은 모델-관측행렬에 일련의 회전과 평행 이동을 적용하여 간접적으로 위치를 지정하는 것이다. 이러한 접근 방법은 3장에서 언급한 인스턴스 변환의 직접적인 응용방법이지만 두 가지 이유로 조심스럽게 다루어야 한다. 첫 번째 장면안에 객체들을 배치하기 전에 카메라의 위치와 방향을 정의하고자 한다. 두 번째 카메라에 대한 변환 순서는 예상한 것과는 반대로 나타난다.[2)]

2) 애니메이션에서 카메라의 위치를 프로그램 안에서 정하는 것은 카메라를 특별한 객체에 부착하는지, 아니면 장면 안에서 고정된 위치에 카메라를 장치하는지에 달렸다(연습문제 4.3을 보라).

원점을 중심으로 놓여있는 객체를 고려해 보자. 카메라 초기 위치는 원점에 놓여있고 $-z$축을 향하고 있다. $+z$ 방향을 향한 객체 면의 이미지를 디스플레이한다고 가정해 보자. 우선 우리는 카메라를 원점으로 멀리 이동시켜야 한다. 만약, 카메라를 $-z$ 방향을 가리키는 상태로 유지한다면 카메라를 z축 방향인 뒤쪽으로 카메라를 이동시켜야 하고 적절한 변환은 다음과 같다.

$$\mathbf{T} = \begin{bmatrix} 1 & 0 & 0 & 0 \\ 0 & 1 & 0 & 0 \\ 0 & 0 & 1 & -d \\ 0 & 0 & 0 & 1 \end{bmatrix}$$

여기서 d는 양의 값이다.

많은 사람들은 이러한 연산이 카메라 프레임을 실세계 프레임에 대해서 움직이는 것으로 해석하는 것이 유익하다고 생각한다. 이러한 관점은 고전적 관측에 기반을 두고 있다. 컴퓨터 그래픽스에서는 객체를 고정된 프레임에 있는 것으로 보고, 관측자가 원하는 관측을 얻기 위한 적절한 위치로 움직여야 한다. 고전적 관측에서는 관측자가 중심이 된다. 개념상으로는 객체를 선택해서 방향과 위치를 정하여 관측한다. 고전적 접근 방법의 한 가지 결론은 거리 측정이 대부분의 물리기반 시스템에서처럼 객체에서 관측자 방향으로 이루어지는 것이 아니라, 관측자로부터 객체 방향으로 이루어진다는 것이다. 고전적 관측은 결과적으로 종종 왼손 카메라 프레임이 된다. 초기 그래픽스 시스템들은 오른손 좌표계에서 모델링을 적용하고 왼손 좌표계에서 적용하는 고전적인 관측 방법을 이용하였다. 이것은 기술적으로 맞지만 사용자들은 혼란을 가져왔다. 우리가 카메라 좌표계에서 작업할 때 고전적 관측과 일치하는 카메라로부터 거리를 측정할 것이다. OpenGL에서 내부 프레임은 오른손 좌표계를 사용한다. 다행히, 응용프로그램은 객체 좌표계에서 우선 동작하기 때문에 응용프로그래머는 내부 표현을 전혀 볼 수 없어 관측에서 이러한 대체 투시 방법을 걱정하지 않아도 된다.

동일한 객체를 $+x$축 방향에서 바라 보려고 한다. 이제 우리는 그림 4.14처럼 객체에서 멀리 떨어질뿐만 아니라 카메라를 y축 중심으로 회전시켜야 한다. y축 중심으로 90° 회전한 후에 평행이동을 수행한다. 3.11절에서 설명한 것처럼 프로그램상에서는 역순으로 호출을 해야 한다. 따라서, 다음과 같은 코드를 생각할 수 있다.

```
mat4 model_view;
model_view = Translate(0.0, 0.0, -d)*RotateX(-90.0);
```

두 프레임의 관점에서 보면, 먼저 객체 프레임을 카메라 프레임에 대하여 회전시키고 다음 과정에서 두 프레임을 분리시킨다.

2장과 3장에서 디폴트 투영행렬로서 단위행렬을 사용하여 간단한 3차원 예를 보일

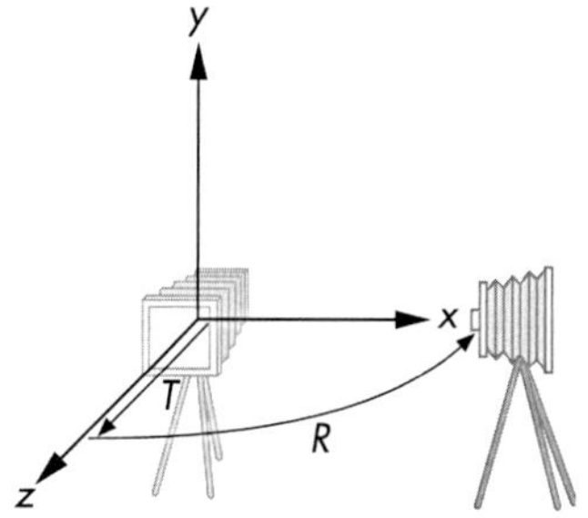

● 그림 4.14 ● 카메라의 위치 설정

수 있었다. 이러한 디폴트 설정은 카메라가 원점에서 $-z$방향을 가리키는 직교투영을 생성하는 효과를 보인다. 3장의 정육면체 예제에서 원하는 면들을 보기 위해 정육면체를 회전시켰다. 방금 살펴본 것처럼 정육면체를 회전하는 것은 정육면체 프레임을 카메라 프레임에 대해 회전하는 것과 동일하다. 카메라를 평행이동하고 회전하는 이러한 방법은 또 다른 직교 관측을 생성할 수 있게 해 준다. 투시 관측을 위해서는 디폴트 투영을 수정할 필요가 있다.

정육면체의 등축 관측 생성을 고려해 보자. 중심이 원점에 있고 좌표축에 정렬된 정육면체에서 다시 시작해 보자. 디폴트 카메라가 정육면체의 가운데 있기 때문에 평행이동을 통해서 카메라를 정육면체로부터 멀어지게 하고자 한다. 카메라가 정육면체의 인접하는 세 면들에 대해서도 대칭적으로 놓여있을 때 등축 관측을 얻을 수 있다. 예를들면, 원점으로부터 점 (1,1,1)을 지나는 직선을 따라 놓여 있는 경우이다. 이 경우 카메라로부터 정육면체를 멀리 이동시킬 수 있고 원하는 관측을 하도록 정육면체를 회전시킬 수 있다. 또는 동일한 의미로 정육면체로부터 카메라를 멀리 이동시키고 정육면체를 가리키도록 카메라를 회전시킬 수 있다.

디폴트 카메라를 이용하여 $+z$축 상의 어떤 위치에서 정육면체를 본다고 가정하자. 먼저 그림 4.15(a)에 보이는 것처럼 두 면이 대칭으로 될 때까지 x축을 중심으로 정육면체를 회전함으로써 각 정점들에 대한 8개의 등축 관측 가운데 하나를 얻을 수 있다. 정육면체를 45° 회전함으로써 이러한 관측이 간단히 얻어진다. 두 번째 회전은 y축을 중심으로 한다. 이때, 원하는 등축을 얻을 때까지 정육면체를 회전한다. 요구되는 회전각은 $-35.26°$이다. 이 두 번째 회전각은 정확하지 않을 수 있다.

처음 회전 후 정육면체에 무슨 일이 생겼는지 생각해 보자. $+z$축 상의 한 위치에서 정육면체는 그림 4.15(a)에 나타내었다. $(-1, 1, 1)$ 위치에서 원래의 모서리 정점은 $(-1, 0, \sqrt{2})$로 변환되었다. 만일, x축에서 정육면체를 본다면 그림 4.15(b)처럼 y축으로 오른쪽 정점을 회전해야 한다. 이 각도를 결정하는 직각 삼각형의 변의 길이는 1과 $\sqrt{2}$이고 각은 35.26°이다. 그러나 시계방향 회전을 적용하기 때문에 각도는 음수가 되어야

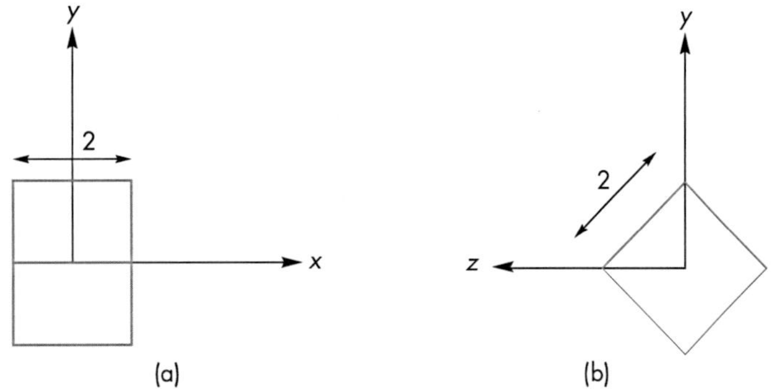

● 그림 4.15 ● x축을 중심으로 회전한 후의 정육면체, (a) +z축 방향에서 본 관측 (b) +y축 방향에서 본 관측

한다. 마지막으로 카메라를 멀리 이동시키자. 접근방법은 카메라 프레임을 객체 프레임에 상대적으로 회전시키고 그 다음에 두 프레임을 분리시킨다. 그러면, 모델-관측행렬은 다음과 같은 형태를 가진다.

$$\mathbf{M} = \mathbf{T}\mathbf{R}_x\mathbf{R}_y$$

동차 좌표계에서 행렬 연산을 통하여 등축에 대한 하나의 모델-관측행렬을 얻을 수 있다. 연속적인 회전행렬은 다음과 같다.

$$\mathbf{R} = \mathbf{R}_x\mathbf{R}_y = \begin{bmatrix} 1 & 0 & 0 & 0 \\ 0 & \sqrt{6}/3 & -\sqrt{3}/3 & 0 \\ 0 & \sqrt{3}/3 & \sqrt{6}/3 & 0 \\ 0 & 0 & 0 & 1 \end{bmatrix} \begin{bmatrix} \sqrt{2}/2 & 0 & \sqrt{2}/2 & 0 \\ 0 & 1 & 0 & 0 \\ -\sqrt{2}/2 & 0 & \sqrt{2}/2 & 0 \\ 0 & 0 & 0 & 1 \end{bmatrix}$$

$$= \begin{bmatrix} \sqrt{2}/2 & 0 & \sqrt{2}/2 & 0 \\ \sqrt{6}/6 & \sqrt{6}/3 & -\sqrt{6}/6 & 0 \\ -\sqrt{3}/3 & \sqrt{3}/3 & \sqrt{3}/3 & 0 \\ 0 & 0 & 0 & 1 \end{bmatrix}$$

원래의 정점 $(-1, 1, 1)$이 회전 행렬 R에 의해 $(0, 0, \sqrt{3})$로 정확하게 변환되는 것을 간단히 입증할 수 있다. 만일, 연속적으로 $(0, 0, -d)$만큼 평행 이동하면 변환행렬은 다음과 같다.

$$\mathbf{TR} = \begin{bmatrix} \sqrt{2}/2 & 0 & \sqrt{2}/2 & 0 \\ \sqrt{6}/6 & \sqrt{6}/3 & -\sqrt{6}/6 & 0 \\ -\sqrt{3}/3 & \sqrt{3}/3 & \sqrt{3}/3 & -d \\ 0 & 0 & 0 & 1 \end{bmatrix}$$

OpenGL에서 이 모델-관측행렬을 설정하는 코드는 다음과 같다.

```
mat4 model_view;
model_view = Translate(0.0, 0.0, -d)*RotateX(35.26)*RotateY(45.0);
```

지금까지 객체 좌표계에 있는 객체들의 표현을 카메라 좌표계에 있는 표현으로 보여왔다. 회전과 평행 이동은 객체의 크기뿐만 아니라 직교투영의 크기에도 영향을 주지 못한다. 그러나, 이러한 변환은 객체의 클리핑 여부에 영향을 준다. 클리핑 공간은 상대적으로 카메라에 따라 결정되기 때문에 객체를 카메라로부터 멀리 이동시켜 더 이상 클리핑 공간에 놓이지 않게 한다. 따라서, 객체의 투영이 변하지 않고 카메라가 여전히 객체를 가리키고 있을지라도 객체는 이미지 안에 놓이지 않는다.

4.3.2 두 개의 관측 API

등축 관측을 하기 위한 모델-관측행렬 구성은 그리 만족스럽지 않다. 그러한 접근방법이 직관적이기는 하지만, 변환들을 규정하기 전에 개별적인 각도를 계산해야 하는 인터페이스는 응용프로그램에서는 만족스럽지 않다. 대신 카메라의 위치를 지정하는 또 다른 접근방법으로 3차원 그래픽스에서 원래 표준 API 중 하나인 PHIGS에서 사용하는 방법과 유사하다. 객체 프레임을 가지고 논의를 시작해 보자. 우리는 객체 프레임에서 카메라의 위치와 방향을 기술할 것이다. 우리가 얻고자 하는 영상의 정확한 타입(투시 혹은 평행)은 별도로 투영행렬을 정의함으로써 결정된다. 관측 처리과정에서 두 번째 부분을 종종 **정규화 변환**(normalization transformation)이라 한다. 이 문제를 프레임 간의 변경으로 해결할 것이다. 우선, 카메라는 초기 원점에 위치하고 $-z$ 방향을 가리키고 있다고 하자. 원하는 카메라의 위치는 객체 프레임에서 주어진 **관측 참조점**(view reference point, VRP, 그림 4.16)의 중심에 놓이게 된다. 사용자는 이 위치를 지정하기 위해 다음과 같은 함수를 실행한다.

```
set_view_reference_point(x, y, z);
```

다음으로 카메라의 방향을 지정해야 한다. 이것은 두 부분으로 나눌 수 있는데 **관측면 법선**(view-plane normal, VPN) 지정과 **관측 상향 벡터**(view-up vector, VUP) 지정이다. VPN(그림 4.16에서 **n**)은 투영면 또는 카메라의 후면의 방향을 결정한다. 관측면의 방향은 그 면의 법선에 의해 결정되고 API의 일부분인 다음 함수를 이용한다.

```
set_view_plane_normal(nx, ny, nz);
```

관측면의 방향은 카메라의 투시 관측에서 위쪽 방향이 무엇인지 지정되지 않는다. VPN만 주어졌을 때 이 면의 뒤쪽에서 카메라를 회전시킬 수 있다. VUP는 카메라를

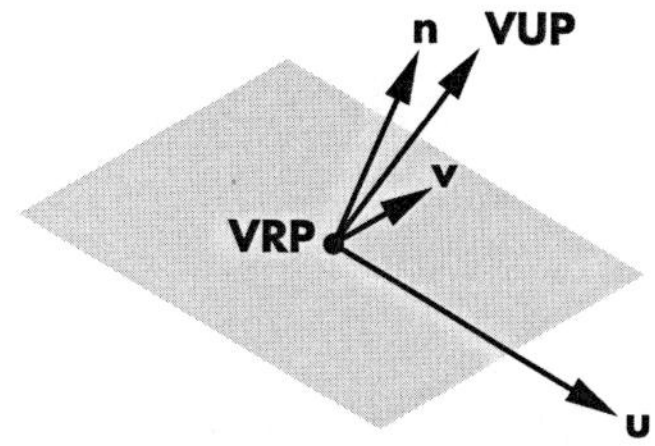

● 그림 4.16 ● 카메라 프레임

고정시키는 역할을 하고 다음과 같은 함수를 이용한다.

```
set_view_up(vup_x, vup_y, vup_z);
```

VUP 벡터를 관측면에 투영하여 상향 벡터 **v**(그림 4.17)를 구한다. 투영을 사용함으로써 사용자는 투영면에 놓여있는 하나의 벡터를 계산할 필요 없이 **v**에 평행하지 않은 임의의 벡터를 정의할 수 있다. 벡터 **v**는 벡터 **n**과 수직이다. 이 두 벡터의 외적을 이용하여 제3의 수직방향인 벡터 **u**를 구할 수 있다. 이처럼 새로운 직교 좌표 시스템은 일반적으로 **관측 좌표 시스템**(viewing-coordinate system) 또는 u-v-n **시스템**(u-v-n system)이라 한다. VRP의 추가로 우리는 원하는 카메라 프레임을 설정하였다. 프레임간 변환하는 행렬을 관측-방향행렬이라 하고 모델-관측행렬(view-orientation matrix)의 관측 성분과 동일하다.

이제 동차 좌표계에서 회전과 평행 이동을 통해 이러한 행렬을 유도할 수 있다. 유도과정으로 우선 관측 참조점(**p**), 관측면 법선(**n**) 그리고 관측 상향 벡터($\mathbf{v}_{up}$)를 다음과 같이 정의하자.

● 그림 4.17 ● VUP(view-up vector)의 결정

$$\mathbf{p} = \begin{bmatrix} x \\ y \\ z \\ 1 \end{bmatrix}$$

이고

$$\mathbf{n} = \begin{bmatrix} n_x \\ n_y \\ n_z \\ 0 \end{bmatrix}$$

이고

$$\mathbf{v_{up}} = \begin{bmatrix} v_{up_x} \\ v_{up_y} \\ v_{up_z} \\ 0 \end{bmatrix}$$

이다. 우리는 관측점을 원점으로 하고 관측면 법선을 하나의 좌표축 방향으로 하며 **u**, **v**라고 하는 두 개의 서로 다른 수직방향으로 구성된 새로운 프레임을 생성하고자 한다. 원래의 x, y, z축은 각각 u, v, n이 된다. 관측 참조점은 관측 프레임으로부터 원래의 원점에 이르는 간단한 평행 이동 $\mathbf{T}(-x, -y, -z)$를 통행 다뤄질 수 있다. 모델-관측행렬의 나머지는 모델-관측행렬 **V**가 다음과 같은 형태로 회전함으로써 결정된다.

$$\mathbf{V} = \mathbf{TR}$$

벡터 **v**의 방향은 벡터 **n**에 직교해야 하므로,

$$\mathbf{n} \cdot \mathbf{v} = 0$$

그림 4.17은 벡터 **v**가 **n**과 $\mathbf{v_{up}}$에 의해 형성된 평면으로 투영하는 $\mathbf{v_{up}}$이어서 두 벡터의 선형결합이 되어야 한다.

$$\mathbf{v} = \alpha\mathbf{n} + \beta\mathbf{v_{up}}$$

만일 우리가 벡터의 길이를 임시적으로 무시한다면 $\beta=1$로 설정하여 α와 **v**를 다음과 같이 구한다.

$$\alpha = -\frac{\mathbf{v_{up}} \cdot \mathbf{n}}{\mathbf{n} \cdot \mathbf{n}}$$

이고

$$\mathbf{v} = \mathbf{v_{up}} - \frac{\mathbf{v_{up}} \cdot \mathbf{n}}{\mathbf{n} \cdot \mathbf{n}} \mathbf{n}$$

이다. 세 번째, 직교 벡터는 다음의 외적으로 구한다.

$$\mathbf{u} = \mathbf{v} \times \mathbf{n}$$

이러한 벡터들은 일반적으로 단위길이를 갖지 않는다. 따라서 이러한 벡터들을 정규화하여 단위길이 벡터 $\mathbf{u}'$, $\mathbf{v}'$, $\mathbf{n}'$을 구할 수 있다. 행렬 **A**는 다음과 같다.

$$\mathbf{A} = \begin{bmatrix} u'_x & v'_x & n'_x & 0 \\ u'_y & v'_y & n'_y & 0 \\ u'_z & v'_z & n'_z & 0 \\ 0 & 0 & 0 & 1 \end{bmatrix}$$

행렬 **A**는 $\mathbf{u}'$, $\mathbf{v}'$, $\mathbf{n}'$ 시스템에서 임의의 벡터를 원래의 좌표 시스템으로 변환하는 회전 행렬이다. 그러나 우리가 원하는 것은 반대로, 원래 좌표 시스템에서의 벡터를 $\mathbf{u}'$, $\mathbf{v}'$, $\mathbf{n}'$ 시스템으로 변환하는 것이다. 따라서, 우리는 $\mathbf{A}^{-1}$를 구해야 하고 **A**는 회전행렬이기 때문에 구하고자 하는 행렬 **R**은 다음과 같다.

$$\mathbf{R} = \mathbf{A}^{-1} = \mathbf{A}^T$$

마지막으로 이동 행렬 **T**를 곱함으로써 행렬 **V**를 다음과 같이 구한다.

$$\mathbf{V} = \mathbf{RT} = \begin{bmatrix} u'_x & u'_y & u'_z & -xu'_x - yu'_y - zu'_z \\ v'_x & v'_y & v'_z & -xv'_x - yv'_y - zv'_z \\ n'_x & n'_y & n'_z & -xn'_x - yn'_y - zn'_z \\ 0 & 0 & 0 & 1 \end{bmatrix}$$

평행 이동행렬은 처음 유도과정에서 왼쪽에 위치하지만 이 경우에는 오른쪽에 위치한다는 점을 명심하자. 이러한 차이점을 설명하는 한 가지 방법은 처음 유도과정에서 우선 프레임 중 하나를 회전시키고 카메라 프레임에서 표현된 방향에서 그 프레임을 멀리 떼어 놓는다. 두 번째 유도과정에서 카메라 위치는 객체 프레임에서 정의되었다. 이러한 차이점을 이해하는 또 다른 방법은 행렬 **RT**와 **TR**의 형태가 유사한 점이다. 벡터 **V**의 회전 부분들(좌상단 3 × 3 부분 행렬)과 마지막 행은 동일하다.

오른쪽 열에서 회전 프레임은 **RT**에서 평행 이동 계수에 영향을 주고 **TR**에서는 영향을 주지 않기 때문 상위 세 개의 원소들은 서로 다르다. 등축 예제에서 볼 때 **n**과 $\mathbf{v_{up}}$

는 다음과 같다.

$$\mathbf{n} = \begin{bmatrix} -1 \\ 1 \\ 1 \\ 0 \end{bmatrix}$$

$$\mathbf{v}_{\mathbf{up}} = \begin{bmatrix} 0 \\ 1 \\ 0 \\ 0 \end{bmatrix}$$

카메라는 원래 프레임에서 대각선을 따라 위치해야 한다. 만일, **p**가 다음과 같다면,

$$\mathbf{p} = \frac{\sqrt{3}}{3} \begin{bmatrix} -d \\ d \\ d \\ 1 \end{bmatrix}$$

4.3.1절에서 유도했던 동일한 모델-관측행렬을 구할 수 있다.

4.3.3 Look-At 함수

VRP, VPN, VUP를 사용하는 것이 카메라의 위치를 지정하는 유일한 API 방법은 아니다. 여러 상황을 고려해 볼 때, 좀 더 직접적인 방법이 적절하기도 하다. 그림 4.18에서 설명된 상황을 고려해 보자. 여기서 카메라는 객체 프레임에서 규정된 **시점**(eye point)이라 부르는 점 **e**에 위치하고 **지향점**(at point)이라 부르는 두 번째 점 **a**를 가리키고 있다. 이러한 점들은 VPN과 VRP를 결정한다. VPN은 지향점에서 시점을 뺀 벡터로 구

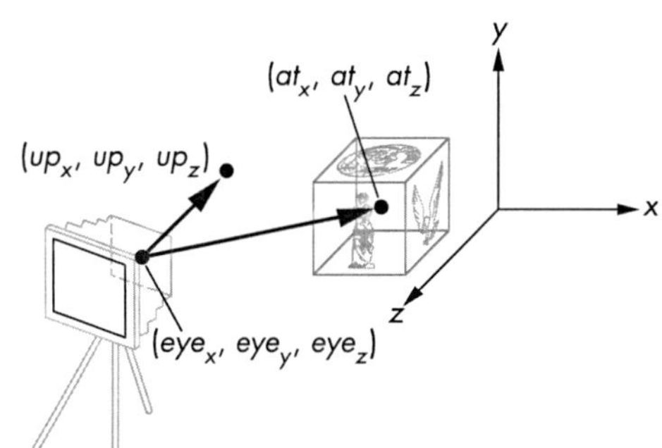

● 그림 4.18 ● Look-at 위치 설정

해진다. 즉,

$$\mathbf{vpn} = \mathbf{a} - \mathbf{e}$$

이고 그 정규화 값은 다음과 같다.

$$\mathbf{n} = \frac{\mathbf{vpn}}{|\mathbf{vpn}|}$$

관측 참조점은 시점을 나타낸다. 따라서 원하는 카메라의 상향 벡터만 추가해주면 되고 원하는 행렬 LookAt 함수는 다음과 같은 형태를 나타낸다.[3)]

```
mat4 LookAt(point4 eye, point4 at, vec4 up)
```

또는, 동일한 다른 형태는 다음과 같다.

```
mat4 LookAt(GLfloat eyex, GLfloat eyey, GLfloat eyez,
            GLfloat atx, GLfloat aty, GLfloat atz,
            GLfloat upx, GLfloat upy, GLfloat upz);
```

일단, 벡터 **vpn**이 계산되면, 이전 절에서 설명한 변환을 구성할 수 있다. 좀 더 간단한 계산방법으로는 외적과 정규화 과정을 통해 벡터 **n**과 $\mathbf{v}_{up}$에 수직인 벡터를 형성하는 것이다. 즉 벡터 **u**는 다음과 같다.

$$\mathbf{u} = \frac{\mathbf{v}_{up} \times \mathbf{n}}{|\mathbf{v}_{up} \times \mathbf{n}|}$$

마지막으로 두 번째 외적을 통해 상향 벡터의 정규화 투영 벡터 **v**는 카메라 평면에서 구해지고 그 형태는 다음과 같다.

$$\mathbf{v} = \frac{\mathbf{n} \times \mathbf{u}}{|\mathbf{n} \times \mathbf{u}|}$$

유의할 점은 객체를 정의할 때 표준 회전, 평행 이동, 크기 조절을 사용할 수 있다는 것이다. 비록 이러한 변환들이 모델-관측행렬을 변경시키기는 하지만 개념적으로 객체의 위치를 알려주는 LookAt 함수의 이용과 카메라의 위치를 지정할 때 모델-관측행렬에 영향을 주는 부수적인 연산을 고려하는데 도움이 된다.

카메라의 위치를 지정하는 LookAt 함수 같은 경우는 모델-관측행렬을 변경시키고 객체 좌표를 지정하는 반면에 투영행렬을 구성하기 위해 소개된 함수들은 눈 좌표를 지

3) 우리는 동차 좌표계에서 작업하기 때문에 4번째 요소가 0이라면 vup는 vec4 형태가 될 수 있다.

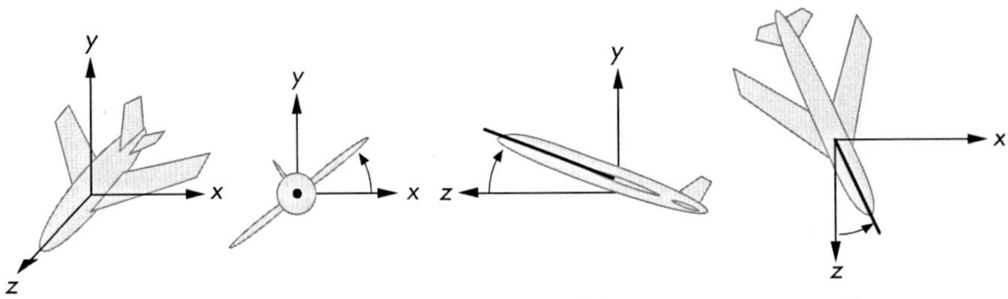

● 그림 4.19 ● 롤(Roll), 피치(pitch), 요(yaw)

정한다는 점도 유의해야 한다.

4.3.4 기타 관측 API들

많은 응용 부분에서 지금까지 설명했던 관측 인터페이스가 적절하지 않은 경우도 있다. 비행 시뮬레이션 응용을 고려해 보자. 일반적으로 시뮬레이터를 이용하는 조종사는 방향을 결정하는 롤(roll), 피치(pitch), 요(yaw)의 세 가지 각도를 이용한다. 이러한 각도는 그림 4.19에서 설명된 것처럼 시뮬레이터의 무게 중심과 시뮬레이터 축에 따라 정렬된 좌표계를 지정한다. 따라서, 조종사는 세 개의 각도와 사물에서 시뮬레이터의 중심에 이르는 거리를 이용하여 사물을 본다. 관측 변환은 평행 이동과 세 개의 간단한 회전으로 이러한 규정을 만들 수 있다(연습문제 4.2).

많은 응용 부분에서 관측은 직각 좌표계보다 극 좌표계에서 가장 자연스럽게 결정된다. 다른 객체에 대해 회전하는 객체들이 포함된 응용 분야가 이러한 범주에 속한다. 예를 들면, 하늘에 있는 별의 위치 지정을 생각해 보자. 관측자로부터 별의 방향은 앙각과 방위각으로 주어진다(그림 4.20). 앙각(elevation)은 관측자가 있는 평면과 별 사이의 각도이다. 관측자가 위치한 곳에서 법선을 정의하고 이 법선을 이용하여 평면을 정의함으로써 관측자가 실제 평면위에 있는지 관계없이 앙각을 정의한다. 이 평면에서 두 개의 서로 다른 축을 형성하여 관측-좌표 시스템을 만들 수 있다. 방위각(azimuth)은 평

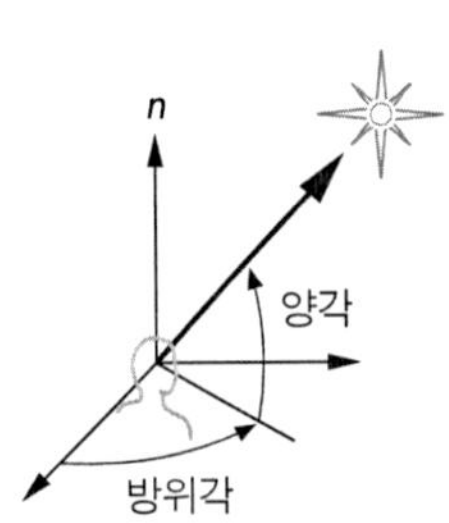

● 그림 4.20 ● 앙각과 방위각

면상의 한 축과 관측자와 별 사이의 선을 평면에 투영한 선과의 각을 측정한 것이다. 이 경우에도 카메라가 가리키는 방향에서 **꼬임각**(twist angle)만큼 카메라를 회전할 수 있다.

4.4 평행투영

평행투영은 투영의 중심점이 관측되는 사물로부터 무한히 멀리 떨어져 있는 투시투영에 제약이 있어 투영선이 투영 중심에서 수렴하는 것보다 오히려 평행한 결과를 가져온다. 동등하게, 평행투영은 무한 초점 길이를 이용한 망원렌즈를 활용한 것이다. 우선 투시투영의 방정식 유도와 투시투영의 제한점을 계산하는 것보다 미리 알고 있는 투영선이 투영 방향에 평행하다는 사실을 이용하여 평행투영의 방정식을 직접 유도할 것이다.

4.4.1 직교투영

직교투영은 투영선이 관측 면에 수직인 평행투영의 특별한 경우이다. 카메라의 예를 들어볼 때, 직교투영은 무한 초점 길이를 갖는 렌즈의 후면에 평행한 카메라에 해당된다. 그림 4.21은 투영면 $z = 0$에 직교하는 투영을 보여주고 있다. 점들이 이 평면에 투영될 때, 그 점들은 x와 y값들을 유지하고 투영방정식은 다음과 같다.

$$
\begin{aligned}
x_p &= x \\
y_p &= y \\
z_p &= 0
\end{aligned}
$$

동차 좌표계를 이용하여 다음과 같이 나타낼 수 있다.

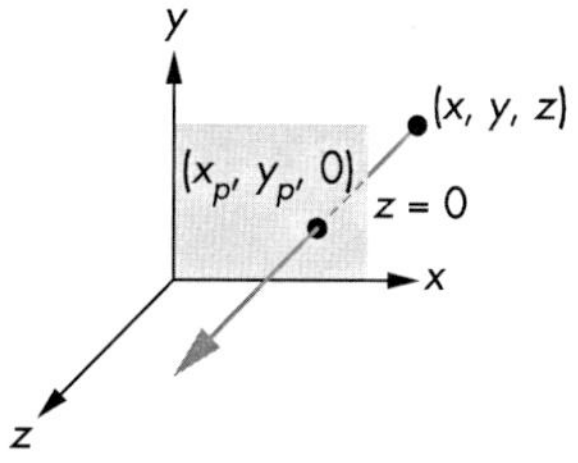

● 그림 4.21 ● 직교투영

$$\begin{bmatrix} x_p \\ y_p \\ z_p \\ 1 \end{bmatrix} = \begin{bmatrix} 1 & 0 & 0 & 0 \\ 0 & 1 & 0 & 0 \\ 0 & 0 & 0 & 0 \\ 0 & 0 & 0 & 1 \end{bmatrix} \begin{bmatrix} x \\ y \\ z \\ 1 \end{bmatrix}$$

좀 더 일반적인 직교투영을 만들기 위해 다음과 같은 표현식 **q**를 쓸 수 있다.

$$\mathbf{q} = \mathbf{MIp}$$

여기서 **p**는

$$\mathbf{p} = \begin{bmatrix} x \\ y \\ z \\ 1 \end{bmatrix}$$

이고, **I**는 4 × 4 단위행렬이고, **M**은

$$\mathbf{M} = \begin{bmatrix} 1 & 0 & 0 & 0 \\ 0 & 1 & 0 & 0 \\ 0 & 0 & 0 & 0 \\ 0 & 0 & 0 & 1 \end{bmatrix}$$

이다. 여기서, **M**으로 표현된 투영행렬은 정점 셰이더를 수행한 후 하드웨어 장비에서 실행된다. 그래서, 원점 중심에 변 길이가 2인 정육면체 내부에 있는 객체만이 투영되고 가시화될 것이다. 만일, 객체들을 볼 수 있게 변경하고 싶다면 단위행렬을 변환행렬 **N**으로 바꿀 수 있다. 변환행렬 **N**은 클리핑 공간에서 조절할 수 있는 응용프로그램이나 정점 셰이더 내에서 실행할 수 있다. 예를 들면, 크기 조절행렬을 단위행렬 **I**로 바꾼다면 보다 많이 또는 보다 적은 객체를 볼 수 있다.

4.4.2 OpenGL을 이용한 평행 관측

그림 4.22처럼 이제 관측 공간이 평행수직인 유일한 직교 관측함수에 초점을 맞출 것이다. 클리핑 공간의 측면이 다음과 같이 4개의 면으로 구성되어 있다.

$x = right$

$x = left$

$y = top$

$y = bottom$

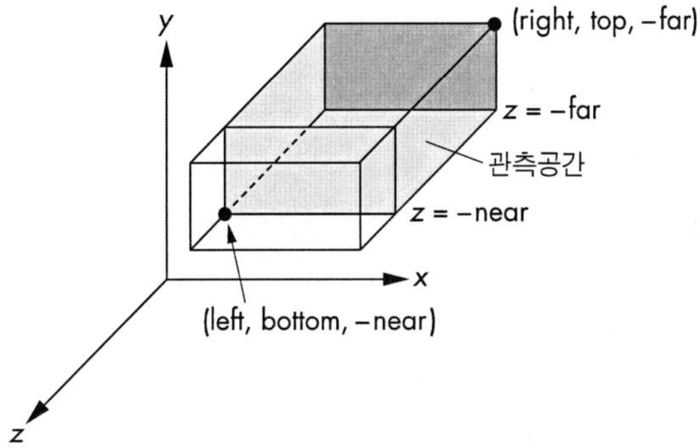

● 그림 4.22 ● 직교 관측

near(앞) 클리핑면이 원점에서 가까운 거리에 위치하고 far(후) 클리핑면은 원점에서 먼 거리에 위치한다. 이러한 값들은 카메라 좌표계에 있다. 여기서 투영행렬 **N**[4)]을 형성하는 함수 mat4 Ortho를 유도할 것이다.

```
mat4 Ortho(GLfloat left, GLfloat right, GLfloat bottom, GLfloat top,
           GLfloat near, GLfloat far)
```

비록 수학적으로 투영선이 평행하기 때문에 카메라를 무한대로 옮김으로써 평행 관측을 구할 수 있지만 투영을 변경하지 않고 투영 방향에서 카메라를 이동시킬 수도 있다. 결론적으로, 카메라 좌표계에서 원점에 위치한 직교 카메라를 다음과 같은 기준 값을 가진 관측 공간으로 이용할 수 있다.

$$x = \pm 1$$

$$y = \pm 1$$

$$z = \pm 1$$

궁극적으로, **N**의 값을 단위 투영행렬로 적용할 것이다. 기준 관측 공간 내에 적합한 카메라 좌표계에서 정점들을 변환시키는 평행 이동과 크기 조절을 이용하여 비단위행렬(nonidentity matrix) **N**을 유도할 것이다. 이러한 과정을 **투영 정규화**(projection normalization)라고 한다. 투영 정규화행렬은 Ortho 함수를 이용하여 만들 수 있다. 주목할 점은 GPU에 의해 실행되는 최종투영이 고정되어 있기 때문에 이러한 접근방법을 이용해야 한다. 그럼에도 불구하고 정규화 과정은 효과적인 방법이어서 동일한 파이프라인을 이용하여 평행투영과 투시투영을 실행시킨다.

4) 마이크로소프트 윈도는 far 매개변수가 비주얼 C++에서 예약어이기 때문에 식별자 near와 far는 변경될 수 있다.

4.4.3 투영정규화

1장에서 투영을 소개할 때 그리고 4장 초반부에 고전적 투영법을 살펴보았을 때, 3차원 공간 내 점들을 지정하고 그 점들을 2차원 투영면에 매핑시켰다. 투영선에 있는 모든 점들은 투영면에서 동일한 점으로 매핑되기 때문에 그러한 변환은 가역적이지 않다.

컴퓨터 그래픽스 시스템에서는 약간 다른 접근방법을 적용한다. 첫째, 동차 좌표계를 이용하여 4차원 공간에서 실행한다. 둘째, 나중에 파이프라인에서 은면을 제거하거할 수 있도록 투영선 위에 있는 깊이 정보를 취한다. 셋째, 왜곡된 객체의 직교투영이 원래 객체의 원하는 투영이 되도록 먼저 객체들을 왜곡시킴으로써 모든 투영을 직교투영으로 전환하는 투영 정규화를 이용한다. 이러한 기술은 그림 4.23에서 설명된다. 연속적인 정규화행렬은 그림 4.24에서 보여준 것처럼 4.4.2절에서 설명한 왜곡과 간단한 직교 투영행렬을 실행하고 원하는 투영을 이용하여 동차 좌표행렬을 만들어 낸다. 이 방법의 장점은 관측 공간이 **정규 관측 공간**(canonical view volume)으로 왜곡되도록 정규화 행렬을 설계할 수 있다는 점이다. 정규 관측 공간은 다음 식으로 정의된 평면으로 구성된다.

$x \pm 1$

$y \pm 1$

$z \pm 1$

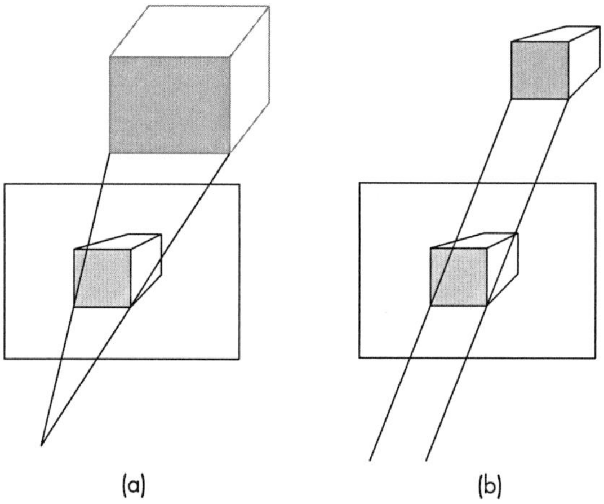

● 그림 4.23 ● 객체의 사전 왜곡, (a) 투시 관측 (b) 사전 왜곡된 객체의 직교투영

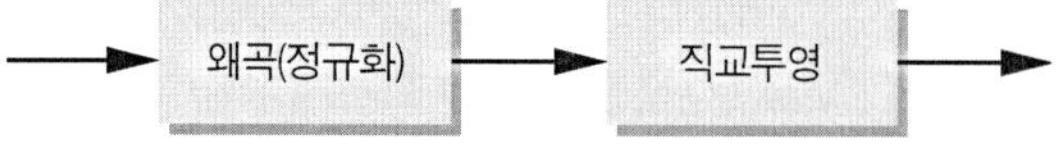

● 그림 4.24 ● 정규화 변환과정

더욱이 투시 관측과 평행 관측 모두를 갖는 장점은 적절한 정규화 행렬에서 로딩시킴으로써 동일한 파이프라인에 의해 지원되고 정규 관측 공간은 측면들이 좌표축에 정렬되기 때문에 클리핑 과정을 간단하게 한다.

정규화 과정은 대부분의 시스템이 언급하는 **투영행렬**(projection matrix)을 정의한다. 투영행렬은 객체를 4차원 클리핑 좌표계로 불러들인 후 투시 영역은 3차원 정규화 장치 좌표계로 정점들을 전환시킨다. 정규화 장치 좌표계에 있는 값들은 나중에 뷰포트 변환(viewport transformation)에 의해 윈도 좌표계(window coordinates)에 매핑된다. 여기서는 첫 번째 단계, 즉 투영행렬을 유도하는 점에 관심을 가져왔다.

4.4.4 직교-투영행렬

평행 관측이 투시 관측의 특수한 경우이기는 하지만 우리는 직교 평행 관측을 시작으로 정규화 기법을 투시 관측으로 확장할 것이다.

OpenGL에서 기준 투영행렬은 단위행렬 또는 다음 함수로 구한다.

```
mat4 N = Ortho(-1.0, 1.0, -1.0, 1.0, -1.0, 1.0);
```

이러한 관측 공간을 정규 관측 공간(canonical view volume)이라 한다. $x \pm 1$, $y \pm 1$, $z \pm 1$의 측면으로 구성된 정육면체 내에 있는 점들은 동일한 정육면체에 매핑된다. 또한, 이 정육면체 외부에 있는 점들은 정육면체 외부에 남게 된다. 이러한 관찰이 자명하게 보일지 모르지만 `Ortho` 함수에 의해 정의되는 수직 평행한 공간이 동일한 공간으로 매핑하는 행렬을 찾음으로써 일반적인 직교 관측에 대해 우리가 원하는 투영 행렬을 구할 수 있다는 점을 시사한다.

투영행렬을 구하기 전에 `Ortho` 함수의 마지막 두 개의 매개변수들은 원점에서 $-z$ 방향으로 가리키는 카메라로부터 측정된 near와 far의 거리이다. 따라서 near면은 카메라 뒤쪽에 있는 $z = 1.0$에 있고 far면은 카메라 앞쪽에 있는 $z = -1.0$에 있다. 비록 투영선이 평행하고 직교투영이 객체로부터 멀리 떨어진 망원렌즈를 갖는 것과 비슷하지만 `Ortho` 함수에서 near와 far 거리의 중요성은 객체가 클리핑되는 부분을 결정한다는 점이다.

이제 `Ortho` 함수의 매개변수를 다음 함수를 이용하여 설정하자.

```
mat4 N = Ortho(left, right, bottom, top, near, far);
```

이제 카메라 오른쪽은 $x = left$면이고 왼쪽은 $x = right$면이고, 위쪽은 $y = top$면이고 아래쪽은 $y = bottom$면인 직각 육면체 관측 공간을 정의한다. 카메라 앞쪽은 $z = -near$인 near 클리핑면이고 뒤쪽은 $z = -far$인 far 클리핑면이다. OpenGL이 설정하는 투영행렬은 이러한 공간을 그림 4.25에서 보이는 바와 같이 원점을 중심으로 하고 길이가 2인 정육면체로 변환하는 행렬이다. 이러한 행렬은 객체를 정의하는 정점들을 크기 변환과 이동 변환을 통해 정규 관측 공간 내에 있는 정점으로 변환한다.

결과적으로 지정된 관측 공간 내부에 있는 정점은 정규 관측 공간 내의 정점으로, 지정된 관측 공간 외부에 있는 정점은 정규 관측 공간 외부의 정점으로 변환된다. 이 모든 것을 합치면 투영행렬은 관측의 종류와 `Ortho` 함수로 정의된 관측 공간에 의해서 결정되며, 이러한 값들은 카메라와 연관있다는 것을 알 수 있다. 카메라의 위치 선정과 방향은 모델-관측행렬로 결정된다. 이 두 개의 행렬은 연속적으로 연결되어 객체들의 정점들은 이 행렬의 곱셈을 통해 변환된다.

투영행렬을 찾기 위해 어파인 변환을 이용할 수 있다. 여기서 두 가지 작업이 필요하다. 첫째, 이동 변환을 통해 적용되는 관측 공간의 중심을 정규 관측 공간의 중심(원점)으로 이동시켜야 한다. 둘째, 적용되는 관측 공간의 측면을 길이가 2로 크기 변환을 해야 한다(그림 4.25). 따라서, 두 변환 **T**와 **S**는 다음과 같다.

$$\mathbf{T} = \mathbf{T}(-(right + left)/2, -(top + bottom)/2, +(far + near)/2)$$

이고

$$\mathbf{S} = \mathbf{S}(2/(right - left), 2/(top - bottom), 2/(near - far))$$

이다. 또한, 행렬의 곱 **ST**(그림 4.26)는 다음과 같은 투영행렬 **N**이 된다.

$$\mathbf{N} = \mathbf{ST} = \begin{bmatrix} \frac{2}{right-left} & 0 & 0 & -\frac{left+right}{right-left} \\ 0 & \frac{2}{top-bottom} & 0 & -\frac{top+bottom}{top-bottom} \\ 0 & 0 & -\frac{2}{far-near} & -\frac{far+near}{far-near} \\ 0 & 0 & 0 & 1 \end{bmatrix}$$

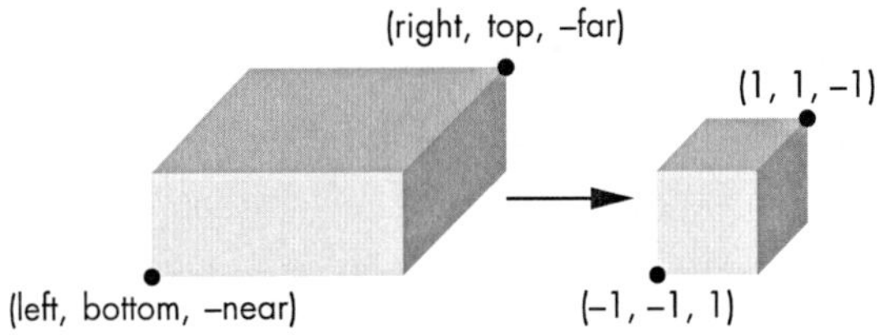

● 그림 4.25 ● 관측 공간을 정규 관측 공간으로 매핑

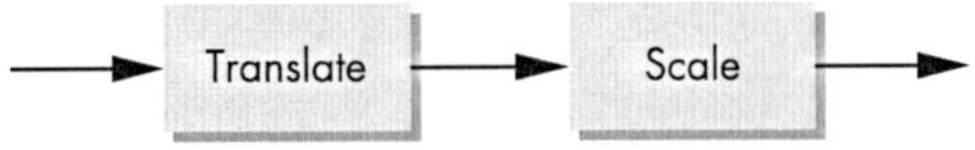

● 그림 4.26 ● 정규화 과정의 어파인 변환

이 행렬은 $z = -near$인 $near$ 클리핑면을 $z = -1$면으로, $z = -far$인 far 클리핑면을 $z = 1$ 면으로 매핑시킨다. 왜냐하면 카메라가 $-z$ 방향을 가리키고 있기 때문에 투영선은 무한대로부터 −z축을 따라 원점으로 향한다.

4.4.5 경사투영

`Ortho` 함수를 통해 제한된 종류의 평행투영, 즉 투영선이 투영면과 직교하는 투영만을 보여왔다. 이 장의 초반부에 살펴본 것처럼, 경사 평행투영은 많은 영역에서 유용하게 사용된다. 우리는 경사투영을 직접 유도할 수 있지만 일반적인 직교투영에서 사용했던 프로세스를 그대로 따르겠다. 즉, 원하는 투영을 왜곡된 객체들의 정규 직교투영으로 변환한다.[5)]

경사투영은 그림 4.27과 같이 투영선과 투영면 사이에 각이 생성된다는 특징을 고려할 수 있다. 일반적인 관측을 지원하는 API에서, 경사투영의 관측 공간은 그림 4.28과 같이 관측 면에 평행한 near와 far 클리핑면과 투영 방향에 평행한 좌, 우, 상, 하 평면으로 이루어졌다. 우리는 투영선과 투영면 $z = 0$을 보여주고 있는 그림 4.29의 평면도와 측면도로부터 경사투영의 방정식을 유도할 수 있다. 각도 θ와 ϕ는 경사도를 나타낸다. 제도에서 cavalier 투영과 cabinet 투영은 이러한 각도의 특정값으로 결정된다. 그러나, 이러한 값들은 유일한 인터페이스가 아니다(연습문제 4.9와 4.10을 보라).

만일, 평면도를 고려해 볼 때, x_p는 다음 식을 이용하여 구한다.

$$\tan\theta = \frac{z}{x_p - x}$$

이고

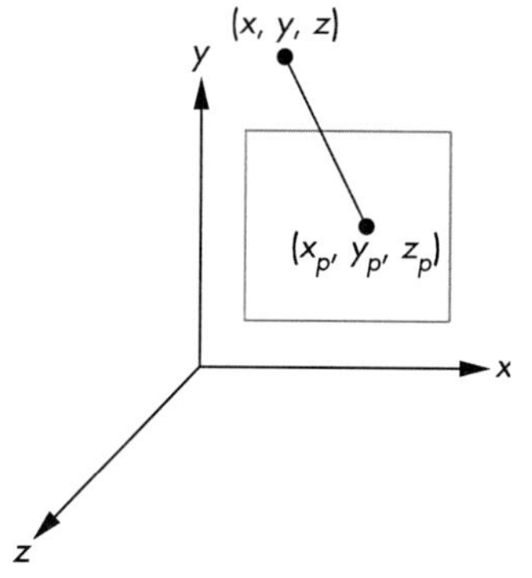

● 그림 4.27 ● 경사투영

5) 경사투영없이 우리는 이 책에서 구현했던 방법으로 좌표계를 그릴 수 없다(연습문제 4.15).

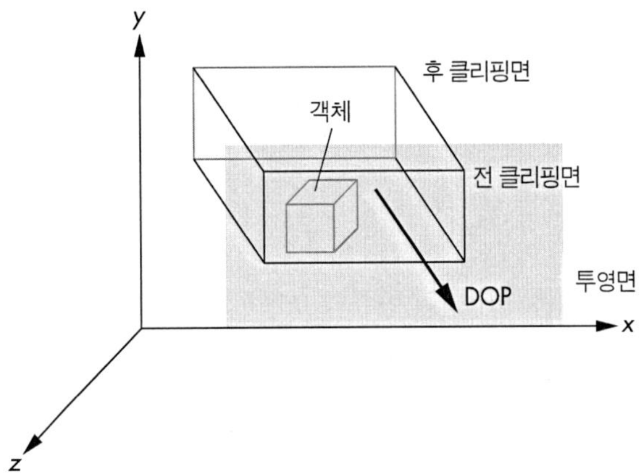

● 그림 4.28 ● 경사 클리핑 공간

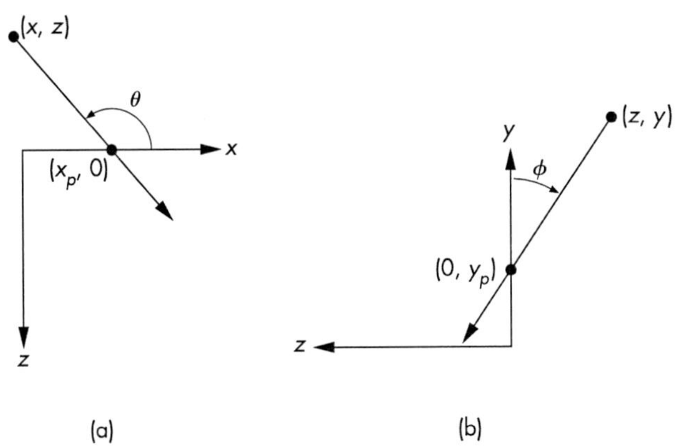

● 그림 4.29 ● 경사 투영 (a) 평면도 (b) 측면도

$$x_p = x + z \cot \theta$$

이다. 비슷한 방법으로

$$y_p = y + z \cot \phi$$

가 된다. 투영면의 방정식 $z_p = 0$을 이용하여 동차 좌표행렬의 형태로 다음과 같이 나타낼 수 있다.

$$\mathbf{P} = \begin{bmatrix} 1 & 0 & \cot\theta & 0 \\ 0 & 1 & \cot\phi & 0 \\ 0 & 0 & 0 & 0 \\ 0 & 0 & 0 & 1 \end{bmatrix}$$

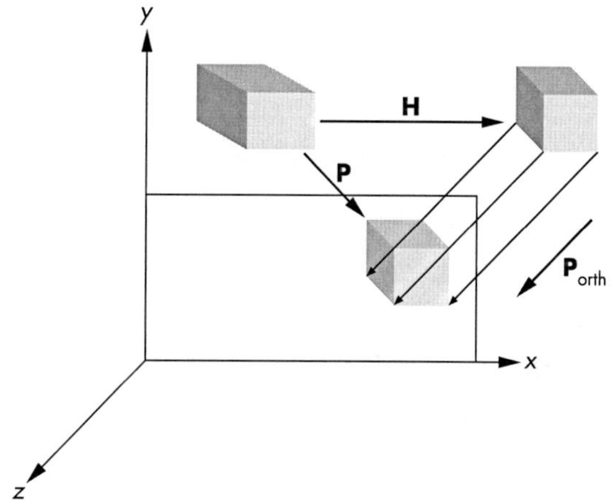

● 그림 4.30 ● 밀림 변환의 효과

이전 예제의 방법을 활용하여 행렬 **P**를 다음과 같이 행렬의 곱셈으로 표현한다.

$$\mathbf{P} = \mathbf{M}_{\text{orth}}\mathbf{H}(\theta, \phi) = \begin{bmatrix} 1 & 0 & 0 & 0 \\ 0 & 1 & 0 & 0 \\ 0 & 0 & 0 & 0 \\ 0 & 0 & 0 & 1 \end{bmatrix} \begin{bmatrix} 1 & 0 & \cot\theta & 0 \\ 0 & 1 & \cot\phi & 0 \\ 0 & 0 & 1 & 0 \\ 0 & 0 & 0 & 1 \end{bmatrix}$$

여기서, $\mathbf{H}(\theta, \phi)$는 밀림 변환행렬(shearing matrix)이다. 따라서, 경사투영은 우선 $\mathbf{H}(\theta, \phi)$를 이용하여 객체의 밀림을 실행하고 그리고 나서 직교투영을 수행함으로써 완성된다. 그림 4.30은 경사 관측 공간 내에 있는 임의의 정육면체에 대한 $\mathbf{H}(\theta, \phi)$의 효과를 보여주고 있다. 클리핑 공간의 측면들은 관측면에 직교하게 되지만 정육면체의 측면들은 동일한 밀림 변환의 영향을 받아 기울어지게 된다. 그러나, 왜곡된 정육면체의 직교투영은 왜곡되지 않은 정육면체의 경사투영과 동일하다.

밀림 변환으로 인해 생성된 관측 공간이 정규관측 공간이 아니기 때문에 최종행렬이 완성된 것은 아니다. 따라서, 4.4.4절에서 사용했던 동일한 크기 변환과 이동 행렬을 적용해야 한다. 즉, 다음 변환행렬 **ST**는 밀림변환 다음 그리고 최종 직교투영 전에 삽입되어야 한다.

$$\mathbf{ST} = \begin{bmatrix} \frac{2}{right-left} & 0 & 0 & -\frac{right+left}{right-left} \\ 0 & \frac{2}{top-bottom} & 0 & -\frac{top+bottom}{top-bottom} \\ 0 & 0 & -\frac{2}{far-near} & -\frac{far+near}{near-far} \\ 0 & 0 & 0 & 1 \end{bmatrix}$$

최종 통합된 변환행렬은 다음과 같다.

$$\mathbf{N} = \mathbf{M}_{orth}\mathbf{STH}$$

left, *right*, *bottom*, 그리고 *top*의 값들은 밀림 변환으로 생성된 직육면체의 정점들이다. 이 값들은 초기 관측 공간의 각 측면들이 응용프로그램을 통해 어떻게 전달되는가에 달려 있다. 또한, 그 값들은 초기 관측 공간의 모서리에 밀림 변화의 결과로부터 결정될 수도 있다. 이 방법 중 하나가 그림 4.29에서 설명된다.

경사투영의 환경값은 투영선이 투영면을 이용하여 생성하는 각도 θ와 ψ로 결정된다. 매개변수 *near*와 *far*는 밀림 변환에 의해 변하지는 않는다. 그러나, 관측 공간의 측면이 *near* 평면에 교차하는 지점의 x와 y값은 밀림 변환에 따라 변하고 그 변환 값들은 *left*, *right*, *top*, 그리고 *bottom*이 된다. 교차점들은 각각 $(x_{min}, near)$, $(x_{max}, near)$, $(y_{min}, near)$, 그리고 $(y_{max}, near)$이라면 3장에서 밀림 변환은 다음과 같은 관계식을 유도한다.

$$\begin{aligned} left &= x_{min} - near * \cot\theta \\ right &= x_{max} - near * \cot\theta \\ top &= y_{max} - near * \cot\phi \\ bottom &= y_{min} - near * \cot\phi \end{aligned}$$

4.4.6 대화형 관측

이 절에서 우리는 매개변수 값을 대화형으로 설정할 수 있는 모델-관측행렬과 직교 투영행렬을 모두 포함하는 정육면체 회전 프로그램으로 확장해 본다. 정육면체 예제에서 본 것처럼, 여러 변환들을 적용할 때 선택권이 많이 존재한다. 이번 예제에서, 모델-관측과 투영행렬을 정점 셰이더로 보낼 것이다. 모델-관측행렬은 객체를 변환하고 카메라의 위치를 지정하는데 사용될 수 있기 때문에 이번 예제는 마우스 기능을 사용하지 않고 대신에 카메라 위치와 직교투영에 초점을 맞출 것이다. 정육면체의 회전을 재시작하도록 마우스 기능을 되살리고 나중에 대기 중인 함수를 재호출하는 것은 간단하다.

컬러 정육면체가 카메라가 놓여있는 객체 좌표계에서 원점을 중심으로 위치한다면 지향점은 원점이 된다. 시점이 다음과 같은 좌표값들을 갖도록 극좌표에서 카메라 위치를 설정하자.

$$\mathbf{eye} = \begin{bmatrix} r\cos\theta \\ r\sin\theta\cos\phi \\ r\sin\theta\sin\phi \end{bmatrix}$$

여기서, 반경 r은 원점에서 떨어진 거리이다. up 방향을 객체 좌표에서 y 방향이 되도록 한다. 이러한 값들은 LookAt 함수를 이용하여 모델-관측행렬을 규정한다. 이 예제에서 모델-관측행렬과 투영행렬 모두를 다음 display 호출 함수를 이용하여 정점행렬로 보낼 것이다.

```
void display( )
{
     glClear(GL_COLOR_BUFFER_BIT | GL_DEPTH_BUFFER_BIT);
     eye[0] = radius*cos(theta);
     eye[1] = radius*sin(theta)*cos(phi);
     eye[2] = radius*sin(theta)*sin(phi);
     model_view = LookAt(eye, at, up);
     projection = Ortho(left, right, bottom, top, near, far);
     glUniformMatrix4fv(matrix_loc, 1, GL_TRUE, model_view);
     glUniformMatrix4fv(projection_loc, 1, GL_TRUE, projection);
     glDrawArrays(GL_TRIANGLES, 0, N);
     glutSwapBuffers();
}
```

대응하는 정점 셰이더는 아래와 같다.

```
in vec4 vPosition;
in vec4 vColor;
out vec4 color;
uniform mat4 model_view;
uniform mat4 projection;
void main()
{
  gl_Position = projection*model_view*vPosition;
  color = vColor;
}
```

투영행렬과 카메라 위치를 변경시키도록 키보드 호출을 이용할 수 있다. 카메라 위치는 r, o, p키로 조절할 수 있고 관측 직육면체의 측면값들은 x, y, z키로 조절할 수 있다.

```
void mykey(unsigned char key, int mousex, int mousey)
{
   float dr = M_PI/180.0*5.0; // 5 degrees in radians
   if(key=='q'||key=='Q') exit(0);
   if(key == 'x') {left *= 1.1; right *= 1.1;}
   if(key == 'X') {left *= 0.9; right *= 0.9;}
   if(key == 'y') {bottom *= 1.1; top *= 1.1;}
   if(key == 'Y') {bottom *= 0.9; top *= 0.9;}
   if(key == 'z') {near  *= 1.1; far *= 1.1;}
   if(key == 'Z') {near *= 0.9; far *= 0.9;}
   if(key == 'r') radius *= 2.0;
   if(key == 'R') radius *= 0.5;
   if(key == 'o') theta += dr;
   if(key == 'O') theta -= dr;
   if(key == 'p') phi += dr;
   if(key == 'P') phi -= dr;
   glutPostRedisplay();
}
```

주의할 점은 카메라를 움직일 때, 직교투영을 이용하였기 때문에 정육면체 이미지의 크기는 변하지 않는다. 그러나 반경 값에 따라 정육면체의 일부 또는 전체가 클리핑 될 수 있다. 이러한 과정은 카메라에 대해 측정되는 `Ortho` 함수에서 매개변수 값때문이다. 그래서 반지름을 증가시킴으로써 카메라를 뒤로 이동시킬 수 있지만 near와 far 거리는 변하지 않은 채로 남아 있게 된다면, 우선 정육면체의 뒷부분은 클리핑될 것이다. 결론적으로 반경이 커질 때 정육면체 전부는 클리핑된다.

`Ortho` 함수에서 매개변수를 변경할 때 무슨 일이 일어나는지 생각해 보자. `right`과 `left` 값을 증가시킬 때 정육면체는 x방향으로 길게 늘어진다. `Bottom`과 `top`의 값을 증가시킬 때 y방향에서 비슷한 현상이 나타난다. 정육면체 영상 왜곡이 거슬리게 보일지 모르지만 정사각형이 아닌 `Orhto` 함수에서 x-y rectangle을 이용한 결과이다. 이 rectangle은 변하지 않는 뷰포트 전체에 매핑된다. `left`, `right`, `bottom`, 그리고 `top`의 값 모두를 증가 또는 감소시키는 프로그램을 변경시킬 수 있거나 `Ortho` 함수에서 일부를 바꿈으로써 뷰포트를 변경시킬 수 있다(연습문제 4.28).

4.5 투시투영

우리는 이제 카메라 렌즈가 무한 초점 길이를 이용하거나 합성 카메라 모델로 설명할 때 투영 중심이 유한한 투시투영을 살펴보겠다.

평행투영처럼, 투시 관측을 카메라 위치지정과 투영이라는 두 부분으로 분리할 것이다. 위치지정은 평행투영과 동일한 방법이어서 `LookAt` 함수를 이용할 수 있다. 투영 부분은 카메라 렌즈를 선택하는 것과 동일하다. 1장에서 본 바와 같이 렌즈와 필름(혹은 카메라의 후면)의 크기라는 두 개의 매개변수 조합에 의해 카메라 앞에 놓여있는 실세계에 비쳐지는 부분이 얼마나 많이 카메라 이미지에 나타나는지 결정된다. 컴퓨터그래픽스에서 투영의 종류와 관측 매개변수를 선택할 때 똑같은 방법을 택할 수 있다.

실제 카메라에서 광각렌즈를 사용했을 때 카메라에 가까이 있는 객체가 렌즈로부터 멀리 떨어져 있는 물체에 비해 크게 보임으로써 매우 극적인 원근감을 준다. 망원렌즈는 평행 관측과 유사한 평평한 이미지를 만든다. 우선, 간단한 투영의 수학적 표현을 고려해 본다. 그리고 나서, 투영과정에 대한 4 × 4 행렬의 특정 투영의 특성을 가진 동차 좌표계의 활용을 확장할 것이다.

4.5.1 간단한 투시투영

카메라가 원점에 위치하고 $-z$ 방향을 가리키는 카메라 프레임을 생각해 보자. 그림

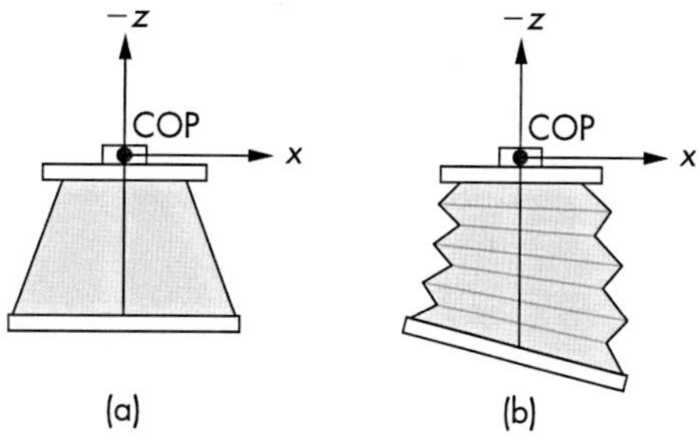

● 그림 4.31 ● 두 가지 카메라 형태, (a) 정면과 평행한 뒷면 (b) 정면과 평행하지 않은 뒷면

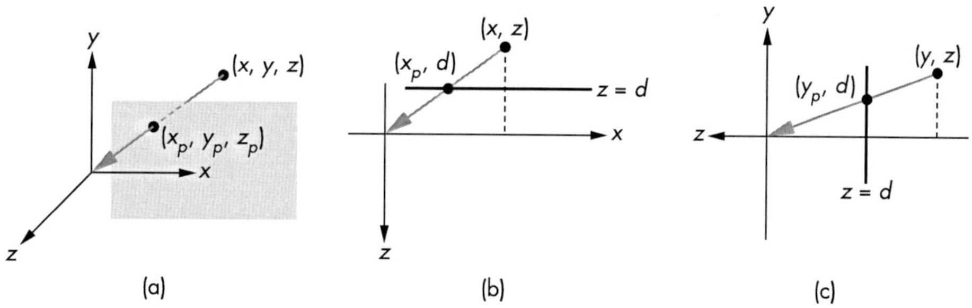

● 그림 4.32 ● 투시 투영의 세 가지 관측들, (a) 3차원 관측 (b) 평면도 (c) 측면도

4.31은 두 가지 가능성을 보여주고 있다. 그림 4.31(a)에서는 카메라의 뒷면이 z-방향에 수직이고 렌즈에 평행한 경우이다. 이러한 구성은 인간의 시각 시스템과 단순 카메라를 비롯한 대부분의 실제 상황과 일치한다. 그림 4.31(b)에서 보여주고 있는 상황은 좀 더 일반적인 경우이다. 카메라의 뒷면이 정면에 대하여 임의의 방향도 가질 수 있다. 두 경우에서 보다 간단한 첫 번째 경우를 자세히 살펴보겠다. 그러나, 일반적인 결과 유도는 동일한 과정을 거치기 때문에 직접 유도해 보자(연습문제 4.6).

1장에서 설명한 바와 같이 투영 중심 앞에 투영면을 둘 수 있다. 그림 4.32(a)의 구성을 이용한다면 그림 4.33에서 보여준 관측을 얻을 수 있다. 공간상의 한점 (x, y, z)는 투영선을 따라 점 (x_p, y_p, z_p)에 투영된다. 이때, 모든 투영선은 원점을 지나고 투영면은 z-축에 수직이기 때문에

$$z_p = d.$$

이다. 카메라가 $-z$ 방향을 가리키고 있기 때문에 투영면은 $z < 0$인 음의 공간에 있고 d의 값은 음수이다.

그림 4.32(b)의 평면도로부터 탄젠트 값이 동일한 두 개의 유사한 삼각형을 볼 수 있다. 그러므로,

● 그림 4.33 ● 투영 파이프라인

$$\frac{x}{z} = \frac{x_p}{d}$$

이고

$$x_p = \frac{x}{z/d}$$

이다. 그림 4.32(c)에서 보여준 측면도를 이용하여 y_p에 대해서도 다음과 같은 유사한 결과를 얻을 수 있다.

$$y_p = \frac{y}{z/d}$$

이러한 식들은 비선형적이다. 분모의 z의 값은 **비균일 축소**(nonuniform foreshortening)를 나타낸다. 투영 중심으로부터 멀리 떨어진 객체의 이미지는 COP에 조금 더 가까운 객체의 이미지에 비해 크기가 작다. 투영과정은 한 점 (x, y, z)에서 다른 점 (x_p, y_p, z_p)로의 변환이라고 생각할 수 있다.비록 이러한 **투시 변환**(perspective transformation)은 직선들을 보존시키지만 어파인 변환은 아니다. 또한 비가역적이다. 투영선을 따라 존재하는 모든 점들은 동일한 점으로 투영되기 때문에 투영으로부터 임의의 점을 복구시킬 수 없다. 4.7절과 4.8절에서 은면 제거에 필요한 거리를 보존하는 역변환이 가능한 투영 변환을 유도할 것이다.

동차 좌표를 활용하여 투영 변환을 다룰 수 있다. 동차 좌표를 소개할 때 3차원 공간의 한 점 (x, y, z)을 4차원 공간의 한 점 $(x, y, z, 1)$로 표현했다. 대신에 점 (x, y, z)를 다음의 4차원 점 p로 교체한다고 가정하자.

$$\mathbf{p} = \begin{bmatrix} wx \\ wy \\ wz \\ w \end{bmatrix}$$

$w \neq 0$이라면 4차원 표현법의 처음 세 개의 요소를 w로 나누어 3차원 표현으로 바꿀 수 있다. 이러한 새로운 동차 좌표 형태에서 3차원의 점들은 4차원에서 원점을 통과하는 한 직선으로 표현된다. 변환은 다시 4×4 행렬로 표현되지만 행렬의 마지막 행은

바뀔 수 있고 따라서 이러한 변환에서 w는 변경될 수 있다.

분명히, 3차원으로 변환될 때 나눗셈 수행을 피하기 위해 $w = 1$을 사용할 것이다. 그러나 w값을 변할 수 있게 함으로써 투시투영을 포함한 광범위한 변환을 나타낼 수 있다. 다음 행렬을 고려해 보자.

$$\mathbf{M} = \begin{bmatrix} 1 & 0 & 0 & 0 \\ 0 & 1 & 0 & 0 \\ 0 & 0 & 1 & 0 \\ 0 & 0 & 1/d & 0 \end{bmatrix}$$

행렬 $\mathbf{M}$은 한 점 p,

$$\mathbf{p} = \begin{bmatrix} x \\ y \\ z \\ 1 \end{bmatrix}$$

를 점 q

$$\mathbf{q} = \begin{bmatrix} x \\ y \\ z \\ z/d \end{bmatrix}$$

로 변환한다. 얼핏 보면, $\mathbf{q}$는 말이 안되게 보일 수 있다. 하지만, 초기 3차원 공간으로 돌아가기 위해 네 번째 요소로 나머지 세 개를 나누어야 한다는 사실을 생각하면, 다음과 같이 간단한 투시투영 식들을 얻을 수 있다.

$$x_p = \frac{x}{z/d}$$

$$y_p = \frac{y}{z/d}$$

$$z_p = \frac{z}{z/d} = d$$

동차 좌표에서 $\mathbf{q}$의 w 성분으로 그 자신을 나누어 등가적인 점 $\mathbf{q}'$으로 바꿀 수 있다.

$$\mathbf{q}' = \begin{bmatrix} \frac{x}{z/d} \\ \frac{y}{z/d} \\ d \\ 1 \end{bmatrix} = \begin{bmatrix} x_p \\ y_p \\ z_p \\ 1 \end{bmatrix}$$

모델-관측행렬 과정 이후에 적용하는 4 × 4 투영행렬을 정의하여 간단한 투시투영을 수행할 수 있다는 사실을 보여왔다. 그러나, 최종 단계에서 **투시 나누기**(perspective division) 과정을 수행해야 한다. 이 과정은 그림 4.33처럼 파이프라인의 일부분이 될 수 있다.

4.6 OpenGL을 이용한 투시투영

4.4절에서 유도한 투영은 카메라 렌즈의 초점 거리나 필름면의 크기와 같은 특성을 고려하지 않았다. 그림 4.34는 1장에서 논의했던 간단한 바늘 구멍 카메라의 시야(angle of view)를 보여준다. 카메라의 시야에 들어온 객체만이 이미지에 나타난다. 만일, 카메라의 뒷면이 사각형이라면, COP를 꼭짓점으로 하는 반 무한대의 피라미드 모양인 관측 공간(view volume)안에 있는 객체들이 이미지에 나타난다. 관측 공간 내에 있지 않은 객체들은 장면 밖으로 클리핑(clipped)된다고 한다. 그러므로, 기술한 간단한 투영은 클리핑 영향을 고려하지 않았기 때문에 완벽한 설명이 아니다.

대부분의 그래픽스 API를 이용한 응용프로그램은 투영의 환경값을 통해 클리핑 매개변수 값을 정의한다. 그림 4.34에서 무한 피라미드는 그림 4.35와 같이 클리핑 전, 후면과 시야를 추가함으로써 유한 클리핑 공간이 된다. 결과적으로 관측 공간은 잘려진 피라미드인 **절두체**(frustrum)가 된다. 우리는 COP가 카메라 프레임에서 원점에 위치하게 정의함으로써 하나의 매개변수만 고정시켰다. 특히, 거의 모든 방향을 가진 절두체 6개의 각 면을 정의할 수 있어야 한다. 그러나, 이렇게 하는 것은 응용프로그램에서 관측을 어렵게 하고 구현이 복잡해질 수 있다. 실제로 이러한 유연성은 거의 필요 없어 일반적으로 두 개의 투시 관측 함수만으로 구현할 수 있다. 다른 API들도 함수 호출에서는

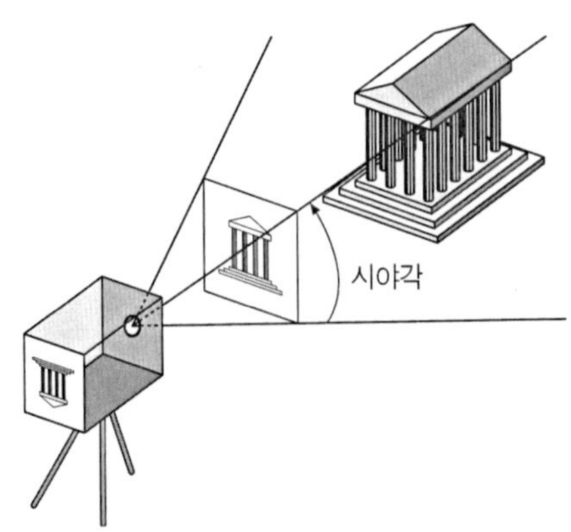

● 그림 4.34 ● 관측 공간의 정의

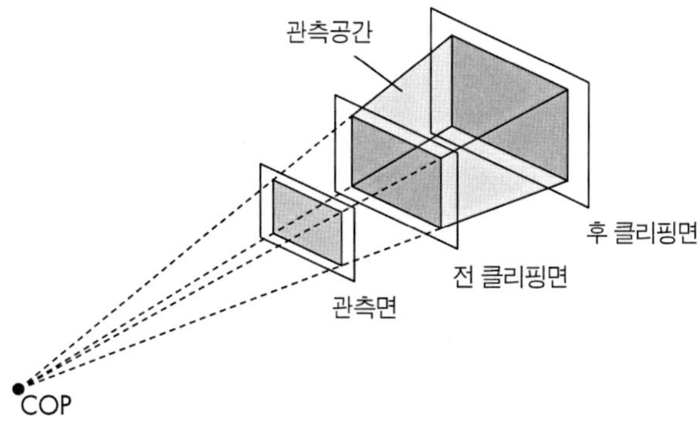

● 그림 4.35 ● 전후 클리핑면들

다르지만 유사한 제약을 가진다.

4.6.1 투시함수

투시 관측과 평행 관측을 정의하는 두 개의 함수를 개발할 것이다. 다른 방법으로 투영 행렬은 초기 단위행렬에 회전, 이동, 크기 변환을 적용하거나 직접행렬에 대입함으로써 형성할 수 있다. 카메라 관측은 다음 함수를 이용하여 정의할 수 있다.

```
mat4 Frustum(GLfloat left, GLfloat right, GLfloat bottom, GLfloat top,
             GLfloat near, GLfloat far);
```

매개변수들은 `Ortho` 함수의 경우와 유사하다.

이러한 매개변수들은 그림 4.36의 카메라 프레임에서 볼 수 있다. near와 far 거리는 COP(눈 좌표계에서 원점)에서 $z = 0$인 평면에 모두 평행인 클리핑 전, 후면까지의 거리로 측정된다. 카메라는 음의 z 방향을 가리키고 있기 때문에 앞쪽(near) 클리핑면은 z

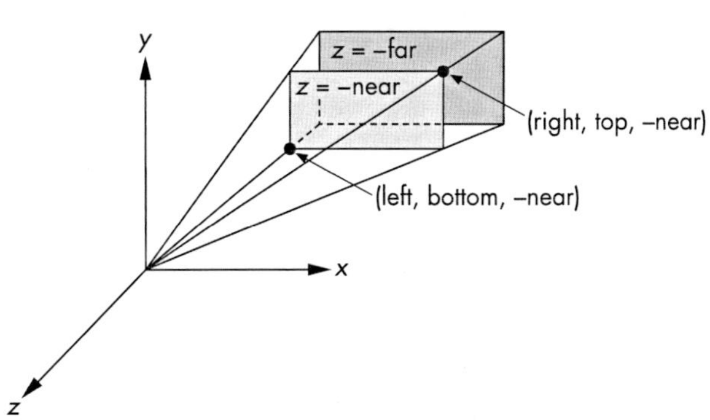

● 그림 4.36 ● 절두체의 정의

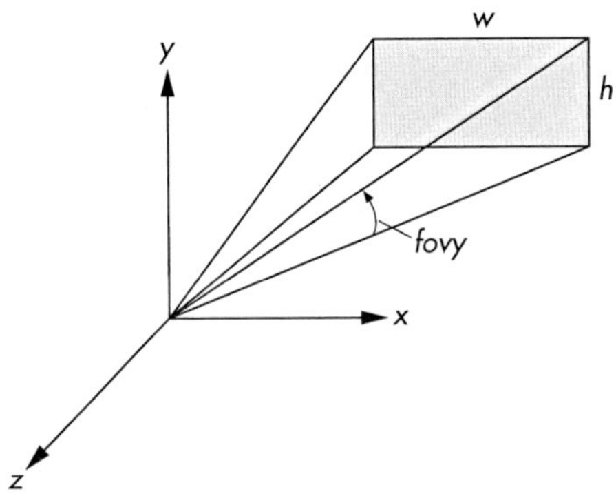

● 그림 4.37 ● 시야를 이용한 설정

$= -near$면이고 뒤쪽(*far*) 클리핑면은 $z = -far$면이다. *left*, *right*, *top*, 그리고 *bottom* 값은 *near*(앞쪽 클리핑)면에서 측정된다. 평면 $x = left$는 COP에서 카메라가 향하는 방향으로 볼 때 카메라의 왼쪽을 바라보고 있다. *right*, *bottom*, *top*에 대해서도 마찬가지이다. 비록, 가상적으로 모든 응용프로그램에서 $near \neq far$이므로 $far > near > 0$이지만 결과적으로 투영행렬은 유효하고 COP(원점) 뒤쪽에 있는 객체가 *near*와 far 평면 사이에 놓여 있다면 이미지에 나타날 것이다.

주목할 점은 이러한 지정값들이 z축에 대칭일 필요는 없다는 것이고 결과적으로 생성되는 절두체도 반드시 대칭적(오른쪽 절두체)이지 않다. 4.7절에서 이러한 투영 행렬이 간단한 투시-투영행렬로부터 유도되는지 살펴 볼 것이다.

많은 응용 분야에서 관측의 각도, 즉 시야를 정하는 것은 당연하다. 그러나, 투영면이 정사각형이 아닌 직사각형이라면 위쪽과 측면 관측에서 시야는 다르다(그림 4.37). 각도 *fovy*는 클리핑 공간의 top과 bottom 평면 사잇각이다. 유틸리티함수

```
mat4 Perspective(GLfloat fovy, GLfloat aspect, GLfloat near, GLfloat far);
```

는 세로(y)방향에서 투영면의 종횡비(너비를 높이로 나눈)와 시야를 정의한다. near와 far 평면은 절두체에서 정의된다.

4.7 투시-투영행렬

투시투영에 대해 우리는 평행투영에서 사용했던 방법과 유사한 방법을 따를 것이다. 즉, 객체의 정점들을 왜곡함으로써 간단한 정규투영으로 원하는 이미지를 얻도록 하는 변환을 찾는 것이다. 첫 번째 단계로 정규 관측 공간을 결정하는 것이다. 그 다음에 투시투

영을 직교 투영으로 전환하는 **투시-정규화 변환**(perspective-normalization transformation)을 소개한다. 마지막으로, OpenGL에서 사용할 투시-투영행렬을 유도한다.

4.7.1 투시 정규화

4.5절에서 우리는 간단한 투시-투영행렬을 소개했다. $z = -1$인 투영면과 원점에서 투영중심을 갖는 투영행렬 **M**은 다음과 같다.

$$\mathbf{M} = \begin{bmatrix} 1 & 0 & 0 & 0 \\ 0 & 1 & 0 & 0 \\ 0 & 0 & 1 & 0 \\ 0 & 0 & -1 & 0 \end{bmatrix}$$

이미지를 형성하기 위해 클리핑 공간을 정의할 필요가 있다. 관측 공간의 측면들이 투영면을 45° 교차하도록 함으로써 시야를 90°로 고정한다고 가정하자. 다시 말하면, 관측 공간은 그림 4.38에 보이는 다음과 같은 평면들에 의해서 형성되는 반 무한대 관측 피라미드 형태이다.

$$x = \pm z$$

$$y = \pm z$$

우리는 *near*면을 $z = -near$면으로, *far*면을 $z = -far$면으로 정의함으로써 유한 공간을 만들 수 있다. 여기서 *near*와 *far* 값은 투영중심에서부터 *near*와 *far*면까지의 거리이고 다음 조건을 만족한다.

$$0 < near < far$$

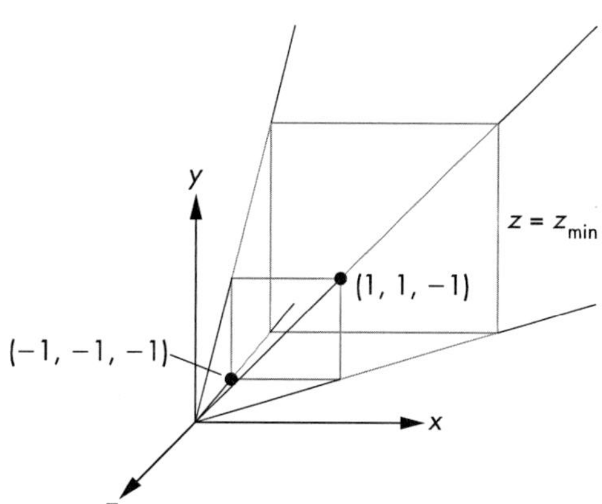

● 그림 4.38 ● 간단한 투시투영

M과 유사하지만 비특이 행렬인 다음 행렬을 고려해 보자.

$$\mathbf{N} = \begin{bmatrix} 1 & 0 & 0 & 0 \\ 0 & 1 & 0 & 0 \\ 0 & 0 & \alpha & \beta \\ 0 & 0 & -1 & 0 \end{bmatrix}$$

우선은 α와 β를 정의하지 않은 채로 둔다(그러나, 0은 아니다). 만일, 행렬 **N**을 동차좌표계의 한 점 $\mathbf{p} = [x\ y\ z\ 1\ ]^T$에 적용하면 다음과 같은 새로운 점 $\mathbf{q} = [x'\ y'\ z'\ w']^T$을 얻는다. 여기서,

$$x' = x$$
$$y' = y$$
$$z' = \alpha z + \beta$$
$$w' = -z$$

w' 으로 나누면 다음의 3차원 공간상의 점을 얻는다.

$$x'' = -\frac{x}{z}$$
$$y'' = -\frac{y}{z}$$
$$z'' = -\left(\alpha + \frac{\beta}{z}\right)$$

만일, z축을 따라 **N**에 직교투영을 적용하면, 다음과 같은 행렬을 얻는다.

$$\mathbf{M}_{\text{orth}}\mathbf{N} = \begin{bmatrix} 1 & 0 & 0 & 0 \\ 0 & 1 & 0 & 0 \\ 0 & 0 & 0 & 0 \\ 0 & 0 & -1 & 0 \end{bmatrix}$$

이 행렬은 간단한 투시-투영행렬이고 임의의 점 **p**의 투영은 다음과 같다.

$$\mathbf{p}' = \mathbf{M}_{\text{orth}}\mathbf{N}\mathbf{p} = \begin{bmatrix} x \\ y \\ 0 \\ -z \end{bmatrix}$$

투시 나누기과정을 실행한 후 x_p와 y_p의 새로운 값을 얻게 된다.

$$x_p = -\frac{x}{z}$$

$$y_p = -\frac{y}{z}$$

변환행렬 **N**을 여러 점들에 적용할 수 있고 직교투영을 실행한 후, 투시투영으로 구한 결과와 동일한 값들을 얻게 된다. 이러한 과정은 먼저 객체를 밀림 변환시킴으로써 경사투영을 직교투영으로 전환하는 방법과 유사하다.

행렬 **N**은 비특이 행렬이고 원래의 관측 공간을 새로운 공간으로 변환시킨다. 여기서 새로운 공간이 정규 관측 공간이 되는 α와 β값을 정한다. $x = \pm z$인 측면을 고려해 보자. 이 면은 $x'' = -x/z$에 의해 평면

$$x'' = \pm 1$$

로 변환된다. 마찬가지로, $y = \pm z$인 측면은 평면

$$y'' = \pm 1$$

로 변환된다. $z = -near$인 앞쪽 클리핑면은 다음 평면으로 변환된다.

$$z'' = -\left(\alpha - \frac{\beta}{near}\right)$$

마지막으로, $z = -far$인 far 평면은 다음 평면으로 변환된다.

$$z'' = -\left(\alpha - \frac{\beta}{far}\right)$$

만일 α와 β 값을 다음과 같이 정의하면,

$$\alpha = -\frac{near + far}{near - far}$$

$$\beta = -\frac{2 * near * far}{near - far}$$

$z = -\text{near}$ 평면은 $z'' = -1$ 평면으로 매핑되고 $z = -far$ 평면은 $z'' = 1$ 평면으로 매핑되어 정규 클리핑 공간을 형성하게 된다. 그림 4.39는 이러한 변환과 공간 내에 있는 정육면체의 왜곡을 보여주고 있다.

따라서, **N**은 관측 절두체를 직육면체로 변환시키고 변환된 공간에서 직교투영은 투시투영을 수행한 것과 동일한 이미지를 생성하게 된다. 행렬 **N**을 **투시 정규화행렬**(per-

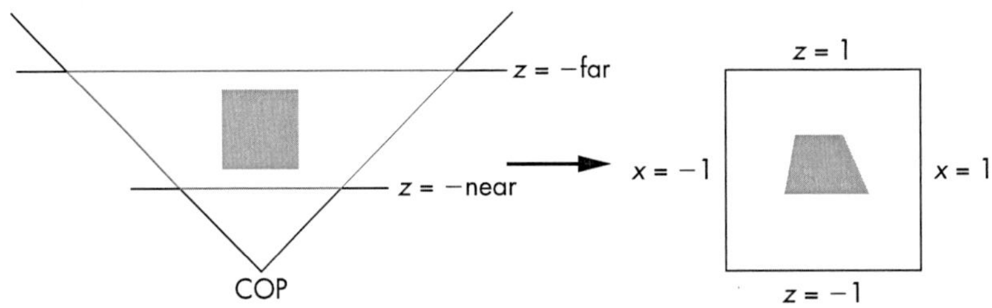

● 그림 4.39 ● 관측 공간의 투시 정규화

spective-normalization matrix)이라 한다. 다음 매핑 관계식은 비선형이지만 깊이의 순서를 유지한다.

$$z'' = -\left(\alpha + \frac{\beta}{z}\right)$$

따라서, z_1과 z_2는 원래의 관측 공간에 있는 두 점의 깊이를 나타내고

$$z_1 > z_2$$

이라면, 두 점의 변환값도 다음 관계식을 만족한다.

$$z_1'' > z_2''$$

결과적으로 비록 깊이 버퍼가 제한된 깊이 해상도로 인해 변환의 비선형이 수치적 문제를 일으킬 수 있지만 은면 제거는 정규화 공간 내에서 실행한다. 주의할 점은 $z = -1$에 위치하고 있는 원래의 투영면이 **N**에 의해서 $z'' = \beta - \alpha$ 평면으로 변환되었지만 행렬 **N** 다음에 직교투영을 적용하기 때문에 결과에는 영향이 거의 없다.

투시 변환과 평행 변환이 직교 변환으로 바뀜을 보였지만 구현과정에서 이 변환의 효과는 엄청나다. 정점들이 정의되기 전에 파이프라인에 선택한 투영행렬을 넣을 수만 있다면 모든 관측에 대해 하나의 관측 파이프라인만 있으면 된다. 6장에서 좀 더 상세히 구현과정을 논의할 예이고 모든 관측 공간을 정규화 과정을 통해 직육면체로 변환하는 것이 어떻게 클리핑과 은면 제거를 단순화는지 살펴볼 것이다.

4.7.2 OpenGL 투시 변환

함수 Frustum은 관측 공간을 대칭(또는 오른쪽) 절두체로 제한하지 않는다. 매개변수들은 그림 4.40에 있는 것과 같다. 우선 절두체를 45°의 면으로 된 대칭 절두체로 변환함으로써 투시행렬을 만들 수 있다(그림 4.39). 그 과정은 경사 평행 관측을 직교 관측으

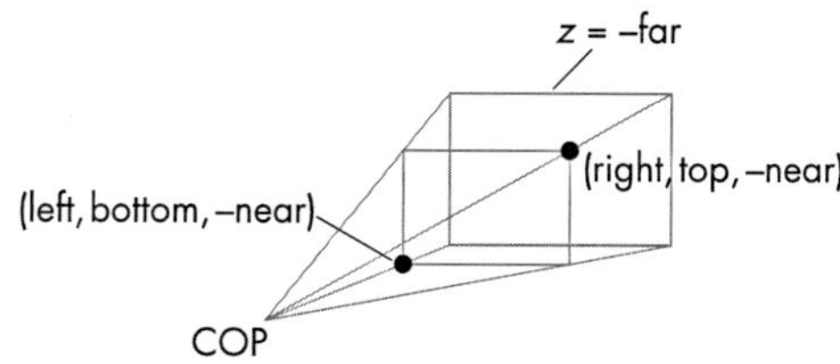

● 그림 4.40 ● OpenGL 투시 구성도

로 전환하는 것과 유사하다. 우선, 비대칭 절두체를 대칭 절두체로 변환하도록 밀림 변환을 실행한다. 그림 4.40은 이 변환을 보여주고 있다. 밀림 각은 점 $((left + right)/2, (top + bottom)/2, -near)$을 $(0, 0, -near)$로 비트는(밀림) 정도에 의해 결정된다. 이때 밀림행렬은 다음과 같다.

$$\mathbf{H}(\theta, \phi) = \mathbf{H}\left(\cot^{-1}\left(\frac{left + right}{-2near}\right), \cot^{-1}\left(\frac{top + bottom}{-2near}\right)\right)$$

위의 과정에서 생성되는 절두체는 다음과 같이 정의된다.

$$x = \pm\frac{right - left}{-2 * near}$$

$$y = \pm\frac{top - bottom}{-2 * near}$$

$$z = -near$$

$$z = -far$$

다음 단계는 near면이나 far면은 그대로 둔 채, 절두체 측면을 다음과 같은 크기로 변환시킨다.

$$x = \pm z$$

$$y = \pm z$$

이때, 크기 변환행렬은 $\mathbf{S}(-2 * near/(right - left), -2 * near/(top - bottom), 1)$이다. 주의할 점은 이 변환은 $z = -far$인 far면의 위치를 참조하지 않고 유일하게 결정되는데 이것은 3차원에서 어파인 변환이 네 점의 변환 결과에 의해 결정되기 때문이다. 이 경우, 네 점은 절두체의 측면들이 near 평면과 교차하는 점들이다.

투영 정규화를 적용한 후에 far면이 $z = -1$면이 되고 near면이 $z = 1$인 면이 되도록 하기 위해 4.7.1절에서 α와 β값을 가진 투영 정규화행렬 $\mathbf{N}$을 이용한다.

$$\mathbf{N} = \begin{bmatrix} 1 & 0 & 0 & 0 \\ 0 & 1 & 0 & 0 \\ 0 & 0 & \alpha & \beta \\ 0 & 0 & -1 & 0 \end{bmatrix}$$

그 결과로 생성되는 투영행렬은 near와 far 거리의 관점에서 다음과 같이 나타낼 수 있다.

$$\mathbf{P} = \mathbf{NSH} = \begin{bmatrix} \frac{2*near}{right-left} & 0 & \frac{right+left}{right-left} & 0 \\ 0 & \frac{2*near}{top-bottom} & \frac{top+bottom}{top-bottom} & 0 \\ 0 & 0 & -\frac{far+near}{far-near} & \frac{-2far*near}{far-near} \\ 0 & 0 & -1 & 0 \end{bmatrix}$$

`Perspective` 함수에 대응하는 투영행렬을 행렬 **P**에서 대칭성을 이용하여 $left = -right$, $bottom = -top$이 되도록 하고 삼각법과 $top = near - \tan(fovy)$, $right = top - aspect$를 이용하여 구할 수 있다. 간략화한 행렬 **P**는 다음과 같다.

$$\mathbf{P} = \mathbf{NSH} = \begin{bmatrix} \frac{near}{right} & 0 & 0 & 0 \\ 0 & \frac{near}{top} & 0 & 0 \\ 0 & 0 & \frac{-far+near}{far-near} & \frac{-2far*near}{far-near} \\ 0 & 0 & -1 & 0 \end{bmatrix}.$$

4.7.3 투시투영 예제

직교투영에서 투시투영으로 전환하는 이전의 예제를 변경없이 만들 수 있다. `Ortho` 함수를 `Frustum` 함수로 바꾸고 매개변수는 동일하다. 그러나, 투시 관측에서 $far > near > 0$이어야 한다.

주목할 점은 투시 관측과 연관된 단축법을 보고 싶다면 정육면체를 z축 밖으로 이동시키거나 좌, 우에 정육면체를 추가한다. 그리고 정점 셰이더에 투시 나누기를 추가하면 다음과 같은 코드가 된다.

```
out vec4 color;
uniform mat4 model_view;
uniform mat4 projection;
void main()
{
   gl_Position = projection*model_view*vPosition/vPosition.w;
   color = vColor;
}
```

4.8 은면 제거

몇 개의 추가 예제와 관측의 연장을 소개하기 전에 은면 제거과정을 좀 더 깊게 이해할 필요가 있다. 지금까지 사용해왔던 정육면체를 가지고 시작해 보자. 불투명한 면을 가진 정육면체를 살펴볼 때, 방향에 따라 한 개, 두 개 또는 세 개의 앞쪽 면만 볼 수 있다.

기본적인 관측 모델 관점에서 보면 투영선이 다른 표면들에 도달하는 것을 막기 때문에 이러한 면들만 볼 수 있다. 그러나 컴퓨터 그래픽스 관점에서 볼 때, 정육면체의 모든 면들이 정의되고 그래픽스 파이프라인을 하나씩 지나가기 때문에 그래픽스 시스템은 디스플레이되는 면에 주의를 기울여야 한다. 개념적으로 관측자에게 보이지 않는 면을 제거하는 **은면 제거 알고리즘**(hidden-surface-removal algorithms)을 찾거나 보이는 면만 구하는 **가시면 알고리즘**(visible-surface algorithms)을 이용한다. 이러한 문제의 접근 방법은 여러가지가 있고 일부는 6장에서 살펴볼 것이다. OpenGL에서는 이와 관련된 특별한 알고리즘으로 ***z*-버퍼 알고리즘**(z-buffer algorithm)이 있고 세 개의 함수 호출을 통해 인터페이스할 수 있다. 여기서는 이 알고리즘을 소개만 하고 6장에서 다시 이 주제를 보도록 하겠다.

은면 제거 알고리즘은 크게 두 가지로 분류할 수 있다. **객체 공간 알고리즘**(object-space algorithms)은 올바른 그림이 나오도록 장면 안에 있는 객체 표면의 순서를 잘 정하는 방법이다. 예를 들면, 정육면체의 예제에서 후면을 먼저 그리고 정면을 그리면 후면 위에 덮여 그려지게 되어 올바른 그림이 얻어진다. 이런 종류의 알고리즘들은 임의의 순서로 객체들이 파이프라인을 따라 그려지는 파이프라인 구조에서는 잘 맞지 않는다. 객체를 렌더링할 적당한 순서를 정하기 위해서는 그래픽스 시스템이 반드시 미리 모든 객체들을 가지고 원하는 순서대로 정렬시킬 수 있어야 한다.

영상 공간 알고리즘(image-space algorithms)은 투영과정의 일부분으로 동작하여 각 투영선 위의 객체 점들 간 관계를 결정하는 방법이다. z-버퍼 알고리즘이 바로 여기에 속하는데, 각 객체들이 렌더링될때 부분적인 정보만 저장할 수 있어 대부분의 그래픽스 시스템에서 렌더링 파이프라인에 적합하다.

z-버퍼 알고리즘의 기본 개념이 그림 4.41에 잘 나타나 있다. COP에서 출발하는 투영선은 두 면을 통과한다. 원이 삼각형보다 관측자에 더 가깝게 있기 때문에 투영선이 투영면을 통과하는 지점에서 컬러 버퍼에 놓여있는 색상을 결정하는 원의 색상이다. 문제는 삼각형과 원이 그래픽스 파이프라인을 지나가는 순서에 상관없이 어떻게 이 개념을 구현할 수 있는가에 달렸다.

모든 객체들은 다각형이라고 가정하자. 다각형들이 래스터화될 때 각 투영선 상에서 COP와 가장 가까운 점들을 계속해서 추적할 수 있다면 연속적으로 다각형이 투영되고

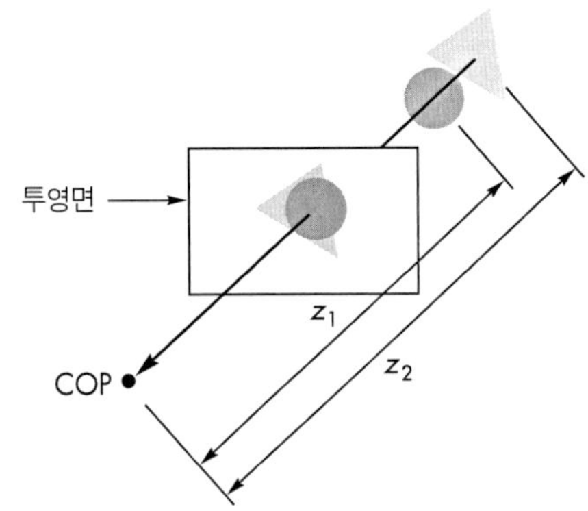

● 그림 4.41 ● z-버퍼 알고리즘

채워질 때 이 정보를 갱신할 수 있다. 궁극적으로 각 투영선 위에서 가장 가까운 점만이 보이게 된다. 이 알고리즘은 다각형들이 래스터화할 때 필요한 깊이 정보를 저장할 깊이 버퍼(depth buffer) 또는 *z*-버퍼(*z*-buffer)를 필요로 한다. 컬러 버퍼에서 각 픽셀의 깊이 정보를 유지해야 하기 때문에 *z*-버퍼는 컬러 해상도와 동일한 공간 해상도를 가진다. 깊이 해상도는 보통 부동 소수점 숫자로 이 정보를 저장하는 최근 그래픽스 카드에서 이용하는 32비트이다. *z*-버퍼는 프레임 버퍼를 구성하는 버퍼 중 하나이고 일반적으로 그래픽스 카드에서 메모리에 해당하는 부분이다.

깊이 버퍼는 관측자로부터 가장 멀리 떨어진 거리에 해당하는 값으로 초기화된다. 클리핑 공간 안에 있는 각각의 다각형이 래스터화될 때, 각 단편의 깊이(다각형의 대응점이 관측자로부터 떨어진 거리)가 계산된다. 깊이 값이 단편의 위치에 있는 값보다 크면 단편에 대응되는 투영선을 따라 이미 래스터화된 다각형이 관측자에게 더 가깝다는 걸 의미한다. 따라서, 이 단편에 대해서 현재 다각형의 컬러를 무시하고 다음 단편으로 진행하여 같은 테스트를 수행한다. 그러나, 만일 이 깊이 값이 이미 *z*-버퍼에 있는 값보다 작다면 이 투영선을 따라 지금 그려지는 다각형이 지금까지 그려진 다각형보다 더 가깝다는 의미이다. 따라서, 이 다각형의 컬러를 이용하여 현재 컬러 버퍼에 있는 픽셀의 컬러를 치환하고 *z*-버퍼의 깊이 값을 갱신한다.[6)]

그림 4.41의 예제에서 삼각형이 파이프라인을 먼저 통과한다면 그 컬러와 깊이는 컬러와 *z*-버퍼에 쓰여진다. 원이 파이프라인을 통과할 때, 그 컬러와 깊이는 삼각형과 겹쳐지는 곳에서 삼각형의 컬러와 깊이를 치환하게 된다. 원이 먼저 렌더링된다면 그 컬러와 깊이가 버퍼들에 쓰여진다. 다음에 삼각형이 렌더링될 때 겹쳐지는 영역에서 삼각

6) 다각형의 컬러는 이러한 특성이 활성화된다면 그림자(5장)와 텍스처 매핑(7장)의 특성으로 결정된다.

형의 깊이 값들이 원의 깊이 값들보다 크므로, 컬러와 깊이 버퍼에서 해당하는 픽셀의 값에는 아무런 변화가 없게 된다.

이 알고리즘의 주요 장점은 알고리즘의 복잡도가 래스터화될 때 생성되는 단편들의 개수에 비례적이고 투영할 객체에 약간의 추가 계산으로 구현될 수 있으며 은면을 제거하지 않고 다각형을 디스플레이할 수 있다.

응용프로그래머의 관점에서 깊이 버퍼를 초기화해야 하고 다음 함수를 이용하여 은면 제거 기능을 활성화해야 한다.

```
glutInitDisplayMode(GLUT_DOUBLE | GLUT_RGB | GLUT_DEPTH);
glEnable(GL_DEPTH_TEST);
```

여기서 초기화를 위해 GLUT 라이브러리를 이용하고 RGB 컬러와 이중 버퍼링을 추가하여 깊이 버퍼를 정의한다. 프로그래머는 다음 함수를 이용하여 새로운 렌더링이 필요할 때 컬러와 깊이 버퍼를 지울 수 있다.

```
glClear(GL_COLOR_BUFFER_BIT | GL_DEPTH_BUFFER_BIT);
```

4.8.1 선별

정육면체와 같은 볼록 객체의 경우, 관측자로부터 멀어지는 방향을 가리키는 면들은 볼 수 없어 래스터화 이전에 제거되거나 선별될 수 있다. OpenGL에서 선별 기능을 활성화하기 위해서 다음 함수를 사용한다.

```
glEnable(GL_CULL_FACE);
```

그러나, 선별과정은 볼록 객체인 경우에만 정확한 이미지를 얻을 수 있다. 종종 선별은 (어떤 다각형 모임에도 적용할 수 있는) z-버퍼 알고리즘에 추가하여 사용할 수 있다. 예를 들면, n개의 정육면체로 구성된 장면이 있다고 하자. 만일, z-버퍼 알고리즘만 사용한다면 파이프라인을 통해 $6n$개의 다각형을 처리한다. 그러나, 만일 선별 기능을 활성화한다면, 절반 정도의 다각형이 파이프라인에서 초기에 제거되어 $3n$개의 다각형들만이 파이프라인의 모든 단계를 통과하게 된다. 6장에서 좀 더 선별과정을 고려할 것이다.

4.9 메시 디스플레이

카메라 매개변수를 사용자의 입력에 따라 바꾸어서 대화식으로 장면을 구성해 나가는

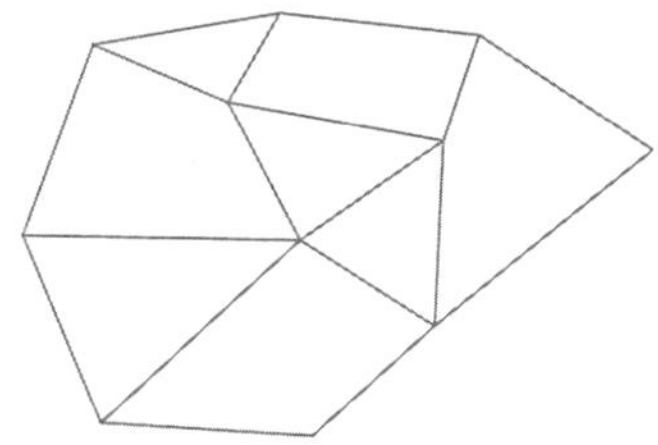

● 그림 4.42 ● 메시

도구를 볼 것이다. 간단한 인터페이스를 소개하기 전에 메시 그리기라는 데이터 디스플레이의 또 다른 예를 살펴보자. **메시**(mesh)는 정점과 에지를 공유하는 다각형들의 집합이다. 그림 4.42에서 볼 수 있듯이 일반적인 메시는 정점들로 구성된 다각형을 포함할 수 있고 효과적으로 저장하고 디스플레이하기 위한 적절하고 정교한 자료구조가 필요하다. 구를 모델링하기 위해 2장에서 소개한 사각형과 삼각형 메시는 광범위한 응용 분야에서 작업을 보다 간략화시킬 수 있어 매우 유용하게 이용된다. 여기서는 고도 데이터를 디스플레이하기 위해 사각형 메시를 소개한다. 고도 데이터는 해발 고도와 같은 기준값으로부터 고도값을 주는 함수나 표면 위의 다양한 점들로 구성된 샘플을 통해 지형과 같은 표면을 결정한다.

고도값이 다음의 함수를 통해 y값으로 주어진다고 가정하자.

$$y = f(x, z)$$

여기서, x와 z는 사각형과 같은 2차원 표면상의 점들이다. 따라서, 각각의 x와 z에 대해 그림 4.43에서와 같이 정확하게 하나의 y값을 얻게 된다. 이러한 곡면들을 **2-1/2-차원 곡면**(2-1/2-dimensional surfaces) 또는 **고도 필드**(height fields)라고 한다. 비록 모든 곡면들이 이러한 방식으로 표현될 수 있는 것은 아니지만, 이러한 곡면들은 다양한 응

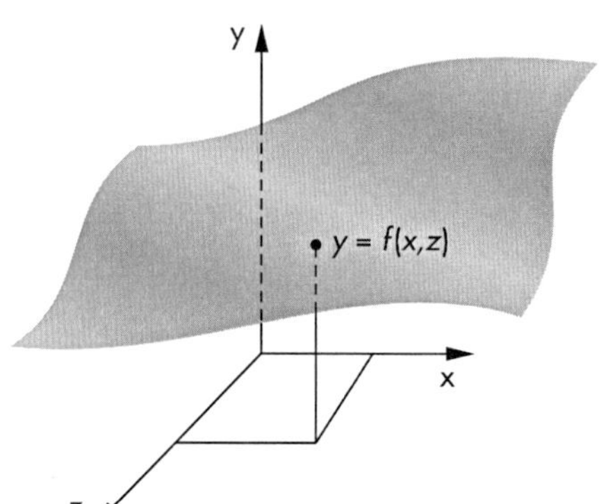

● 그림 4.43 ● 고도 필드

용분야에서 사용되고 있다. 예를 들면, 지표면 상의 위치들을 알려 주기 위해 x, y좌표계를 이용한다면 각 위치에서 높이 또는 고도를 표현하는 함수를 사용할 수 있다. 여러 상황에서 함수 f는 이산 값이고 다음과 같은 형태의 실험 데이터 샘플 또는 측정치 집합으로 나타낸다.

$$y_{ij} = f(x_i, z_j)$$

여기서 데이터 점들은 다음과 같이 등간격으로 구성되어 있다.

$$x_i = x_0 + i\Delta x, \quad i = 0, \ldots, N$$
$$z_j = z_0 + j\Delta z, \quad j = 0, \ldots, M$$

Δx와 Δz는 각각 x와 z방향에서 샘플 간의 간격을 나타낸다. 만일 f가 해석적으로 구해진다면, 처리해야 할 이산 데이터를 구하기 위해 샘플링할 수 있다.

데이터를 디스플레이하기 위한 가장 간단한 방법은 x와 z값에 해당하는 선 스트립(line strip)을 그리는 것이다. 그래서 $N + M$개의 선 스트립을 생성하게 된다. 고도 데이터가 배열 데이터 형태로 구성되어 있다고 가정하자. 다음 코드를 이용하여 각 행에 나열되어 있는 정점들을 전환시킨 데이터로 구성된 하나의 배열을 정의할 수 있다.

```
float data[N][M];
point4 vertices[2*N*M]

int k =0;
for(int i = 0; i<N; i++) for(int j=0; j<M; j++)
{
    vertices[k] = vec4(i, data[i][j], j, 1.0);
    k++;
}
```

i와 j를 다음의 코드와 같이 바꿈으로써 정점들을 열의 형태로 된 행렬로 만들 수 있다.

```
point4 vertices[N*M];

int k =0;
for(int i = 0; i<M; i++) for(int j=0; j<N; j++)
{
    vertices[k] = point4(j, data[j][i],i,1.0);
    k++;
}
```

보통 데이터를 사용하기 편리한 범위 (0, 1)에서 크기 변환을 할 것이고 모델-관측행렬의 한 부분으로 또는 관측 공간의 크기를 조절함으로써 좀 더 쉽게 디스플레이할 수 있도록 x와 z의 값을 조절한다.

이러한 정점들은 정점 셰이더에 두 개의 행렬을 전송함으로써 디스플레이할 수 있다. 초기화 과정에서 어떤 데이터도 전송하지 않고 정확한 크기를 가진 정점 버퍼 객체을 설정할 수 있다. 관련 코드는 다음과 같다.

```
GLuint buffer;

glBindVertexArray(buffer);

loc = glGetAttribLocation(program, "vPosition");
glEnableVertexAttribArray(loc);
glVertexAttribPointer(loc, 4, GL_FLOAT, GL_FALSE, 0,
                      BUFFER_OFFSET(0));

glGenBuffers(1, &buffer);
glBindBuffer(GL_ARRAY_BUFFER, buffer);
glBufferData(GL_ARRAY_BUFFER, sizeof(vertices), NULL,
             GL_DYNAMIC_DRAW)
```

디스플레이 호출과정에서 다음 코드를 이용하여 두 개의 정점행렬을 연속적으로 호출하여 디스플레이한다.

```
/* form array of vertices by row here */

 glBufferData(GL_ARRAY_BUFFER, sizeof(vertices), vertices,
              GL_DYNAMIC_DRAW);
 glDrawArrays(GL_LINE_STRIP, 0, N*M);

 /* form array of vertices by column here */

 glBufferData(GL_ARRAY_BUFFER, sizeof(vertices), vertices,
              GL_DYNAMIC_DRAW);
 glDrawArrays(GL_LINE_STRIP, 0, N*M);
```

이제 데이터를 디스플레이하는 프로그램을 완성시키자. 그림 4.44는 하와이의 호놀룰루 일부분에 대한 고도 데이터를 이용한 사각형 메시를 보여주고 있다. 이 데이터는 책의 웹사이트에서 이용 가능하다. 이 간단한 접근 방법에는 몇 가지 문제점이 있다. 첫째, 메시를 디스플레이할 때마다 데이터를 GPU로 두 번 불러들여야 하기 때문에 CPU에서 GPU로 데이터를 이동하는 시간을 많이 낭비하게 된다. 두 번째 문제는 은면 제거를 실행하지 않아서 관측자에게 보여지지 않아야 할 원래의 곡면 일부분의 선들을 보게 된다. 세번째는 행(열)의 마지막에서부터 다음 행(열)까지 나타나는 보기 싫은 "추가" 선들이 있다. 이러한 선들은 모든 행(그리고 열)을 하나의 선 스트립으로 만드는 결과를 가져온다.

마지막 문제점은 정점 컬러를 조심스럽게 할당하여 해결할 수 있다. 처음 두 문제점은 다각형을 이용하여 곡면처럼 데이터를 디스플레이하여 해결할 수 있다. 다각형을 이

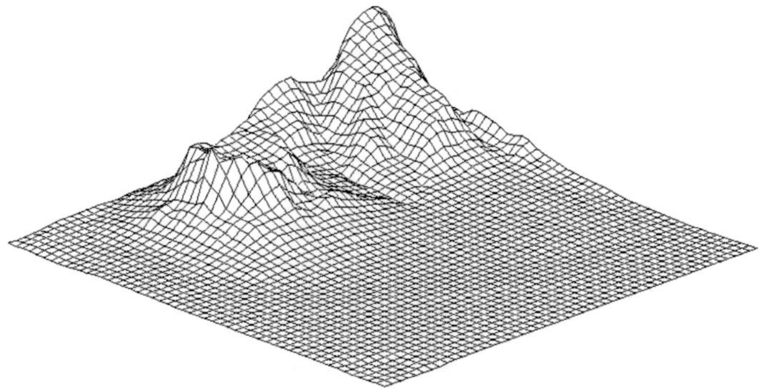

● 그림 4.44 ● 선 스트립을 이용한 호놀룰루의 메시 그림

용하는 추가 장점은 5장에서 빛과 재료의 특징을 이용하여 메시를 디스플레이하도록 프로그램 코드를 확장할 수 있다.

4.9.1 곡면처럼 메시를 디스플레이하기

곡면을 생성하는 가장 간단한 방법은 삼각형 메시를 이용하는 것이다. 두 개의 삼각형을 생성하기 위해 네 개의 점들 y_{ij}, $y_{i+1,j}$, $y_{i+1,j+1}$, 그리고 $y_{i,j+1}$을 사용한다. 따라서, 고도 데이터는 $2NM$개의 삼각형 메시를 정의하게 된다.

해당되는 OpenGL 프로그램은 간단하다. `main` 함수에서 삼각형 데이터행렬을 만들거나 다음 코드처럼 데이터를 범위 (0, 1)에 존재하고, x값은 $(-1, 1)$ 사이에 그리고 z값은 $(-1, 0)$ 사이에 존재하도록 정규화 작업으로 초기화시킬 수 있다.

```
    float data[N][M]; // all values assumed non negative
    float fmax;        // maximum of data
    point4 triangles[6*N*M] // vertex positions
    float fn = float(N);
    float fm = float(M);

    int k =0;
    for(i=0; i<N-1; i++) for(j=0; j<M-1;j++)
       //NM quads, 2 triangles/quad
{
    triangles[k] = vec4(2.0*(i/fn-0.5), data[i][j]/fmax,  -j/fm,
                       1.0); k++;
    triangles[k] = vec4(2.0*((i+1)/fn-0.5), data[i+1][j]/fmax,
                       -j/fm, 1.0); k++;
    triangles[k] = vec4(2.0*((i+1)/fn-0.5), data[i+1][j+1]/fmax,
                       -(j+1)/fm,1.0); k++;
    triangles[k] = vec4(2.0*((i+1)/fn-0.5),data[i+1][j]/fmax,
                       -j/fm, 1.0); k++;
```

```
        triangles[k] = vec4(2.0*((i+1)/fn-0.5), data[i+1][j+1]/fmax,
                            -(j+1)/fm,1.0); k++;
        triangles[k] = vec4(2.0*(i/fn-0.5), data[i][j+1]/fmax,
                            -(j+1)/fm, 1.0); k++;
    }
```

정점행렬은 예전처럼 다음 코드를 이용하여 초기화한다.

```
glBindVertexArray(abuffer);

loc = glGetAttribLocation(program, "vPosition");
glEnableVertexAttribArray(loc);
glVertexAttribPointer(loc, 4, GL_FLOAT, GL_FALSE, 0,
                      BUFFER_OFFSET(0));

glGenBuffers(1, buffers);
glBindBuffer(GL_ARRAY_BUFFER, buffers[0]);
glBufferData(GL_ARRAY_BUFFER, sizeof(triangles), triangles,
             GL_STATIC_DRAW);
```

그리고 다음 코드처럼 디스플레이한다.

```
glPolygonMode(GL_FRONT_AND_BACK, GL_LINE);
glDrawArrays(GL_TRIANGLES, 0, 6*N*M);
```

선 스트립을 이용한 이전 예제에 이 코드를 통합하면 출력은 거의 똑같아 보일 것이다. GL_LINE의 다각형 모드를 이용하여 에지만 보일 수 있도록 선택함으로써 비록 곡면을 디자인했지만 다각형 내부에 해당하는 단편들을 생성하지 않았다. 만일 GL_FILL 모드였다면 다각형의 에지들은 보이지 않을 것이다. 이 문제점은 데이터를 두 번(첫번째 흰색 표면을 채우고 두 번째 검은색 선을 그리는) 렌더링하여 수정할 수 있다. 데이터는 이미 GPU에 존재하기 때문에 두 번 렌더링할때 정점 데이터를 GPU로 보내지 않아도 된다. 초기화 과정에서 다음 코드처럼 단편 셰이더에 전송할 두 가지 색을 정의할 수 있다.

```
color4 white = vec4(1.0, 1.0, 1.0, 1.0);
color4 black = vec4(0.0, 0.0, 0.0, 1.0);

color_loc = glGetUniformLocation(program, "fcolor");
```

그리고 다음과 같이 디스플레이 호출 코드를 수정할 수 있다.

```
glPolygonMode(GL_FRONT_AND_BACK, GL_FILL);
glUniform4fv(color_loc, 1, white);
glDrawArrays(GL_TRIANGLES, 0, 6*N*M);
glPolygonMode(GL_FRONT_AND_BACK, GL_LINE);
glUniform4fv(color_loc, 1, black);
glDrawArrays(GL_TRIANGLES, 0, 6*N*M);
```

수정된 단편 셰이더는 다음과 같다.

```
uniform vec4 fcolor;
void main()
{
  gl_FragColor = fcolor;
}
```

4.9.2 다각형 오프셋

OpenGL 프로그램에는 재미있는 부분이 많아 다양하게 수정할 수 있다. 우선, 모든 데이터를 사용한다면, 결과로 나온 그림은 조그만 다각형을 많이 포함할 수 있다. 이때 디스플레이되는 선들의 밀도는 보기 힘들 정도가 되어 무아레 패턴을 포함할 수도 있다. 따라서, *k*번째 점들만을 사용하거나 데이터 점들의 그룹 단위로 평균하여 *N*과 *M*보다 더 작은 새로운 샘플 집합을 만드는 부차 표본 방법을 선호하기도 한다.

그림 4.44의 디스플레이에서 사용된 추가방법이 있다. 만일, 이전 절에서 사용한 코드를 가지고 다각형과 선 루프 모두를 그린다면 각각의 삼각형은 같은 면에서 흰색으로 채워지고 검은색으로 에지를 그리는 두 번의 렌더링을 하게 된다. 비록 에지만의 두 번째 렌더링이 흰색으로 채우는 렌더링과 함께 처리되더라도 렌더러에게 있어 수치적 부정확성은 종종 첫 번째 렌더링에서 대응 부분 뒤쪽에 놓이도록 두 번째 렌더링을 야기한다. 이러한 문제점은 **다각형 오프셋 모드**(polygon offset mode)를 활성화시키고 `glPolygonOffset` 함수를 이용하여 오프셋 매개변수를 설정함으로써 해결할 수 있다. Polygon fill offset은 관측자로부터 약간 멀리 단편들을 이동시키기 때문에 디스플레이 시키고 싶은 모든 직선은 보이게 된다. 초기화 과정에서 다각형 오프셋을 다음과 같이 설정할 수 있다.

```
glEnable(GL_POLYGON_OFFSET_FILL);
glPolygonOffset(1.0, 1.0);
```

`PolygonOffset` 함수에서 두 개의 매개변수는 다각형의 기울기와 결합되고 구현 종속 상수이다. 결론적으로 최적의 값을 찾기 위해서는 약간의 연습이 필요하다. 아마도 우리가 작성한 코드의 최대 약점은 GPU에 방대한 양의 데이터를 전송하기 때문에 최대한 효과적인 렌더링 방법을 활용하지 못하는 것이다. *N*개의 사변형을 한 개의 행으로 구성하는 메시를 고려해 보자. 다음 코드를 이용하여 2*N*개의 삼각형으로 렌더링한다면

```
point4 vertices[6*N];

glDrawArrays(GL_TRIANGLES, 0, 6*N);
```

$6N$개의 정점을 GPU로 전송하게 된다. 대신, 이 정점들을 삼각형 스트립으로 설정한다면 다음과 같은 두 줄의 코드로 표현할 수 있다.

```
point4 vertices[2*N-2];

glDrawArrays(GL_TRIANGLE_STRIP, 0, 2*N-2);
```

적은 양의 데이터를 전송하고 GPU 메모리가 적게 필요할 뿐 아니라 GPU는 개별삼각형과는 달리 하나의 삼각형 스트립으로 훨씬 빠르게 삼각형 메시들을 렌더링할 것이다. $1 \times M$ 메시에 대해 하나의 삼각형 스트립으로 쉽게 배열을 구성할 수 있다. $N \times M$ 메시에 대해서는 과정이 좀 더 복잡하다. 간단하게 $1 \times M$ 메시를 N개의 삼각형 스트립을 설정하면서 N번 수행하는 과정을 반복할지라도 이 접근 방법은 GUP로 데이터를 반복적으로 전송해야 한다. 우리가 필요로 하는 것은 전체 메시를 위해 하나의 삼각형 스트립이다. 연습문제 4.22와 4.23은 두 가지 접근 방법을 개략적으로 보여주고 있다.

4.9.3 장면안에서의 움직임

다음 단계는 카메라를 지정하고 상호작용성을 추가하는 것이다. 이번 버전에서는 투시관측을 이용하고 관측자가 키보드의 x, X, y, Y, z, Z 키를 눌러 카메라를 이동시키도록 한다. 그러나 카메라는 항상 정육면체의 중심을 향하도록 한다. 함수 `LookAt`는 카메라의 위치와 방향을 바꾸는 간단한 방법을 제공한다.

4.4절에서 살펴본 프로그램에서 약간만 바꾸어주면 된다. 카메라 위치를 유지하기 위해 배열 `viewer[3]`을 정의한다. 배열값은 다음 과정에서 보는 것처럼 간단한 키보드 호출 함수키 값들을 바꾸면 된다.

```
void keys(unsigned char key, int x, int y)
{
   if(key == 'x') viewer[0]-= 1.0;
   if(key == 'X') viewer[0]+= 1.0;
   if(key == 'y') viewer[1]-= 1.0;
   if(key == 'Y') viewer[1]+= 1.0;
   if(key == 'z') viewer[2]-= 1.0;
   if(key == 'Z') viewer[2]+= 1.0;
   glutPostRedisplay();
}
```

디스플레이 함수는 카메라 위치에 `viewer`를 이용하고 at 위치에 원점을 사용하는 `LookAt` 함수를 호출한다. 마우스 입력에 따라 정육면체는 이전과 마찬가지로 회전된다. 주의할 점은 모델-관측행렬을 변경하는 다음 코드처럼 `display` 함수에서 함수 호출 순서에 유의해야 한다.

```
mat4 model_view;
void display()
{
   glClear(GL_COLOR_BUFFER_BIT | GL_DEPTH_BUFFER_BIT);

   model_view = LookAt(viewer[0],viewer[1],viewer[2],
                0.0, 0.0, 0.0, 0.0, 1.0, 0.0)
                *RotateX(theta[0])*RotateY(theta[1])*RotateZ(theta[2]);

/* draw mesh or other objects here */

   glutSwapBuffers();
}
```

다음 코드를 이용하여 카메라 렌즈를 정의하는 reshape 호출로부터 `Frustum` 함수를 끌어낼 수 있다.

```
mat4 projection;

void myReshape(int w, int h)
{
   glViewport(0, 0, w, h);

GLfloat left = -2.0, right = 2.0, bottom = -2.0, top = 2.0;
GLfloat aspect = (GLfloat) w / h;

if ( aspect <= 1.0 ) {
   bottom /= aspect;
   top /= aspect;
} else {
   left *= aspect;
   right *= aspect;
}

projection = Frustum(left, right, bottom, top, 2.0, 20.0);
   glUniformMatrix4fv(projection_loc, 1, GL_TRUE, projection);
}
```

주의할 점은 윈도의 종횡비를 기준으로 `Frustum`의 매개변수 값들은 선택한 점이다. `main` 함수에 있는 키보드 호출함수를 추가로 정의하는 것을 제외하고는 프로그램의 나머지 부분은 4.4절의 프로그램과 동일하다. 이 프로그램을 실행하면 카메라 움직임 효과, 렌즈 그리고 관측 공간의 측면에 주의해야 한다. 메시 방향 방향 움직였을 때 무슨 일이 발생하는지 주목하자. 또한 카메라를 움직였을 때 관측자가 항상 메시의 중앙을 보도록 하는 효과도 고려해야 한다.

마우스 버튼을 이용하여 관측자를 움직일 수도 있다. 마우스 버튼을 사용하여 사용자를 앞으로 이동시킬 수 있고 좌, 우로 돌릴 수 있다(연습문제 4.14를 보라). 그러나, 관측자를 움직이는데 키보드를 이용함으로써, 3장에서 회전하는 정육면체와 같이 객체를 이동시키기 위해 마우스를 이용할 수 있다. 이 예제에서 `LookAt` 함수를 사용하여 카메라의 위치를 직접 지정한다.

또 다른 방법들도 있다. 모델-관측행렬을 조금씩 바꾸기 위해 회전과 이동행렬을 이용하는 것이다. 만일 사용자가 고정된 위치를 바라보지 않고 장면을 통해 관측자를 이동시키고자 한다면 이 선택이 더 좋은 방법이 될 수도 있다.

프로그램에서 위치 변수를 계속 유지할 수 있어 관측자가 움직일 때 변수값을 바꿀 수 있다. 이 경우 모델-관측행렬은 조금씩 변하기보다는 처음부터 계산된다. 어떤 방식을 택할 것인가는 특정 응용에 따라 다르고 모델-관측행렬을 조금씩 여러 번 변경한다면 수치적 오류가 누적될 수 있는 가능성과 같은 다른 요소에 달렸다.

기본적인 메시 렌더링은 여러 방법으로 확장될 수 있다. 5장에서 좀 더 사실적인 이미지를 만들기 위해 빛과 표면 특성을 추가할 것이다. 7장에서는 표면에 텍스처(texture) 기능을 추가할 것이다. 텍스처 맵(texture map)은 사진 또는 이산 맵으로 얻어질 수 있는 데이터로부터 하나의 지형 이미지가 될 수 있다. 만일 이러한 기술을 결합한다면 광원의 위치를 바꿈으로써 그날의 시간에 따라 달라지는 이미지를 디스플레이할 수 있다. 10장에서 소개할 표면 형태 중 하나를 이용하여 부드러운 표면을 정의하는 데이터를 사용함으로써 좀 더 부드러운 표면을 얻는 것이 가능하다.

4.10 투영과 그림자

간단한 그림자의 생성은 투영 행렬의 흥미로운 응용부분이다. 비록 그림자가 기하학적 객체는 아니지만 사실적 이미지의 중요한 요소이고 장면 내에서 객체들 사이의 공간적 관계에 관한 많은 시각적 단서를 제공한다. 물리적 관점에서 보면 그림자는 광원이 필요하다. 한 점이 광원에 의해 조명되지 않는다면 또는 관측자가 그 점에서 광원을 볼 수 없다면 그 점은 그림자 속에 있게 된다. 그러나, 유일한 광원이 투영 중심에 있다면 어떤 그림자도 볼 수 있는 객체 뒤에 존재하기 때문에 그림자를 볼 수 없다. 이러한 조명 방법을 눈 위치 조명(flashlight in the eye) 모델이라 하는데 지금까지 사용한 간단한 조명 방법이다.

물리적으로 정확한 그림자를 추가하려면 5장에서 살펴 볼 빛과 재질간의 상호작용을 이해해야 한다. 여기서 전체적인 계산과정이 어렵다는 것을 보일 것이다. 보통 그 계산은 실시간으로 실행될 수 없다. 그럼에도 불구하고 비행 시뮬레이터와 같은 응용에서 그림자의 중요성으로 인해 여러 상황에서 사용할 수 있는 다수의 특별한 방법들이 등장하였다. 그림 4.45에서 보이는 점 광원에 의해 생성되는 그림자를 고려해 보자. 단순화

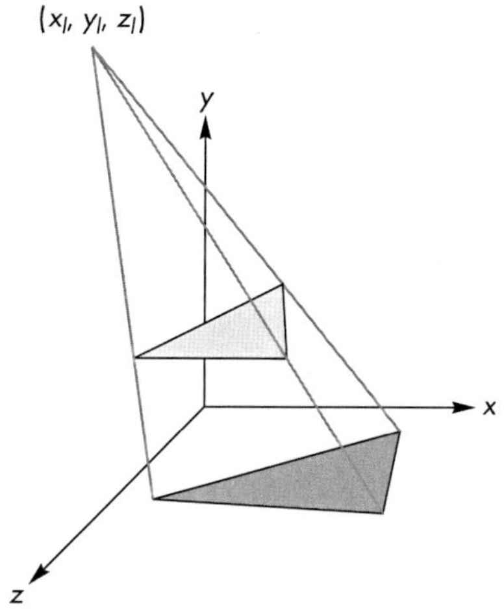

● 그림 4.45 ● 단일 다각형의 그림자

를 위해 그림자는 지면 또는 표면, 즉

$$y = 0$$

면에 있다고 가정하자.

그림자는 **평면 다각형**(shadow polygon)이라 하며, 원래의 다각형을 표면으로 투영하기도 한다. 특히, 그림자 다각형은 투영중심이 광원에 있는 다각형의 평면 상의 투영이다. 따라서, 과원이 원점에 있는 프레임에서 표면 위의 평면으로 투영을 하면, 그림자 다각형의 정점들을 얻게 된다. 이 정점들은 다시 객체 프레임에서의 표현으로 변환되어야 한다. 응용프로그램의 일부분으로 실행하기보다는 적절한 투영행렬을 찾아 그림자 다각형의 정점들을 계산하도록 그 행렬을 이용할 수 있다.

그림 4.46(a)와 같이 점 (x_l, y_l, z_l)에 하나의 광원이 있다고 하자. 만일 그림 4.46(b)와 같이 광원이 원점에 있도록 이동행렬 $\mathbf{T}(-x_l, -y_l, -z_l)$로 그림을 재배치한다면, 원점을 통과하는 간단한 투시투영을 얻게 된다. 투영행렬은 다음과 같다.

$$\mathbf{M} = \begin{bmatrix} 1 & 0 & 0 & 0 \\ 0 & 1 & 0 & 0 \\ 0 & 0 & 1 & 0 \\ 0 & \frac{1}{-y_l} & 0 & 0 \end{bmatrix}$$

마지막으로 이동행렬 $\mathbf{T}(x_l, y_l, z_l)$를 이용하여 객체를 원위치로 이동시킨다. 이 행렬과 연속적인 두 개의 이동행렬은 정점 (x, y, z)을 다음과 같은 좌표값으로 투영한다.

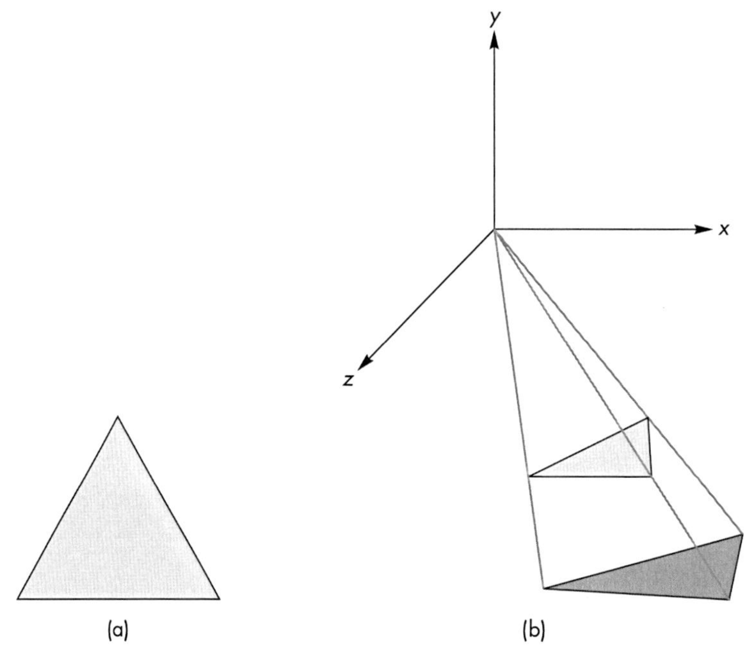

● 그림 4.46 ● 그림자 다각형의 투영, (a) 단일 광원으로부터 (b) 원점으로 이동된 광원으로부터

$$x_p = x_l - \frac{x - x_l}{(y - y_l)/y_l}$$

$$y_p = 0$$

$$z_p = z_l - \frac{z - z_l}{(y - y_l)/y_l}$$

그러나, OpenGL 프로그램에서는 원하는 다각형을 만들기 위해 모델-관측행렬을 변경시킬 수 있다. 만일 고정된 광원을 이용한다면, 한 번의 초기화 과정으로 그림자 투영행렬을 계산할 수 있다. 그렇지 않으면 광원이 움직일 때 아마 idle 호출함수에서 그림자 투영행렬을 다시 계산해야 한다. 이러한 행렬을 설정하는 코드가 다음과 같다.

```
float light[3];   // location of light
mat4 m;    // shadow projection matrix initially an identity matrix

m[3][1] = -1.0/light[1];
```

하나의 정사각형을 평면 $y = 0$에 평행하게 투영해 보자. 정사각형은 다음과 같은 정점을 이용하여 정의할 수 있다.

```
point4 square[4] = {vec4(-0.5, 0.5, -0.5, 1.0), vec4(-0.5, 0.5, 0.5, 1.0),
    vec4(0.5, 0.5, -0.5, 1.0), vec4(0.5, 0.5, 0.5, 1.0)};
```

주의할 점은 삼각형 스트립을 이용하여 정점들을 렌더링할 수 있도록 정렬시키는 것이다. 단편 셰이더에 전송할 수 있도록 정사각형은 빨간색으로, 그림자는 검은색으로 초기화한다. 이전 예제에서 실행한 것처럼 정점행렬, 버퍼 객체를 다음과 같이 초기화한다.

```
GLuint abuffer, buffer;
glGenVertexArrays(1, &abuffer);
glBindVertexArray(abuffer);

int loc = glGetAttribLocation(program, "vPosition");
glEnableVertexAttribArray(loc);
glVertexAttribPointer(loc, 4, GL_FLOAT, GL_FALSE, 0,
                      BUFFER_OFFSET(0));
color_loc = glGetUniformLocation(program, "fcolor");

glGenBuffers(1, &buffer);
glBindBuffer(GL_ARRAY_BUFFER, buffer);
glBufferData(GL_ARRAY_BUFFER, sizeof(square), square,
             GL_STATIC_DRAW);
```

만일 데이터가 변하지 않는다면, 초기화 과정의 일부분으로 투영행렬과 모델-관측행렬을 설정할 수 있고 정점 셰이더에 그 값들을 다음과 같이 전송한다.

```
model_view = LookAt(eye, at, up);
projection = Ortho(left, right, bottom, top, near, far);
glUniformMatrix4fv(matrix_loc, 1, GL_TRUE, model_view);
glUniformMatrix4fv(projection_loc, 1, GL_TRUE, projection);
```

디스플레이 호출함수의 핵심은 다음과 같다.

```
void display()
{
     mat4 mm;
     // clear the window
     glClear(GL_COLOR_BUFFER_BIT | GL_DEPTH_BUFFER_BIT);

     // render red square

     glUniform4fv(color_loc, 1, red);
     glDrawArrays(GL_TRIANGLE_STRIP, 0, 4);

     //  matrix to compute vertices of shadow polygon

     mm = model_view*Translate(light[0], light[1],
     light[2])*m*Translate(-light[0], -light[1], -light[2]);
     glUniformMatrix4fv(matrix_loc, 1, GL_TRUE, mm);
```

```
        // render shadow polygon

        glUniform4fv(color_loc, 1, black);
        glDrawArrays(GL_TRIANGLE_STRIP, 0, 4);
        glutSwapBuffers();
    }
```

광원에 대해 투영을 했지만 사용하는 행렬은 모델-관측행렬임을 유의하자. 여기서 동일한 다각형을 두 번 렌더링한다. 처음에는 통상적으로 하고 두 번째는 정점들을 변환시키는 모델-관측행렬을 이용한다. 또한 동일한 관측조건이 다각형과 그림자 다각형에 적용된다. 컬러 정육면체의 그림자 계산 결과는 컬러 그림판 29에서 볼 수 있다.

하나의 그림자를 만들며 지형 위를 날아가는 비행기와 같은 단순한 환경에 대해서는 이 기법이 잘 작동한다. 점 광원을 원거리(평행) 광원으로 전환하는 것은 쉽다(연습문제 4.17을 보라). 그러나 객체들이 서로에게 그림자를 만들면, 이 기법이 실용적이지 못하다. 11장에서 렌더링과정의 일부분으로 자동적으로 그림자를 생성하는 느리지만 좀 더 일반적인 렌더링 방법을 소개한다.

요약

우리는 먼 길을 왔다. 이제 완벽하고 중요한 3차원 응용프로그램을 작성할 수 있다. 아마 여러분이 할 수 있는 가장 유익한 일은 3차원 응용프로그램을 작성해 보는 것이다. 모델-관측과 투영함수를 능숙하게 다루기 위해서는 연습이 필요하다.

표준 투영의 수학적 표현을 살펴보았다. 비록 대부분의 API들이 사용자의 투영함수 작성 수고를 덜어 주었지만 수학적 이해는 4 × 4 행렬들의 연결에 기반한 파이프라인 구현에 대한 이해를 돕는다. 최근까지, 응용프로그램들은 사용한 응용프로그램 안에서 투영을 구현해야 했고 대부분의 하드웨어 시스템은 투시투영을 지원하지 못했다.

이 책의 나머지 부분에서 세 가지 중요한 주제를 다룬다. 우선, 기본 요소들을 확장함으로써 모델링을 좀 더 연구할 것이다. 8장에서 계층적 모델을 통해 단순한 객체들 사이에 조금 더 복잡한 관계를 도입할 것이다. 9장에서는 기하학적 객체들이 아닌 절차를 통하여 객체들을 묘사할 수 있는 모델링 방법을 연구할 것이다. 이러한 방법은 원하는 만큼 좀 더 자세히 객체들을 모델링하거나, 물리적 법칙을 모델에 도입하거나 다각형으로 묘사할 수 없는 자연 현상을 모델링할 수 있게 해준다. 10장에서 평평한 객체의 세계를 떠나 곡선과 곡면을 추가한다. 이러한 객체들은 정점을 이용하여 정의되고 그 객체를 조그만 2차원 기본 요소로 분할하여 구현할 수 있어 동일한 관측 파이프라인을 이용할 수 있다.

두 번째 중요한 주제는 사실적 묘사이다. 보다 복잡한 객체들을 이용하여 좀 더 사실적 모델을 구축할 수 있지만 좀 더 복잡한 렌더링 방법도 탐구할 것이다. 5장에서 객체들의 특징을 주는 재질과 빛의 상호작용을 다룬다. 셰이딩 모델에서 은면 제거 방법을 좀 더 깊이 있게 다룰 것이고 7장에서 고급 렌더링 기법을 사용하여 단순한 객체에서 복잡한 이미지를 생성하는 텍스처 매핑(texture mapping)과 같은 기법을 살펴본다.

세 번째, 6장에서 좀 더 깊이 있는 구현 방법을 살펴볼 것이다. 지금까지 그래픽스 파이프라인의 주요 기능을 소개해 왔다. 이제 각 단계에서 사용된 알고리즘을 자세히 살펴 볼 것이다. 또한, 프레임 버퍼를 직접 조작하여 이미지를 생성하는 또 다른 가능성을 살펴 볼 것이다.

참고문헌

Carlbom과 Paciorek[Car78]은 고전적 관측과 컴퓨터 관측 사이의 관계를 설명한다. Rogers와 Adams[Rog90]는 제도에서 사용하는 표준적인 관측에 대응되는 많은 투영행렬의 예를 보여주었다. Foley et al.[Fol90], Watt[Wat00], Hearn과 Baker[Hea04]는 정규 투영변환을 유도하였다. 비록 Foley가 가장 일반적인 경우를 유도하였지만 모두 PHIGS 기준을 따르기 때문에 API는 여기서 사용한 것과는 조금 다르다. 제시한 참고문헌들은 열 또는 행 행렬을 사용했는지, COP가 어디에 위치하는지, 투영이 양의 z 방향인지 음의 z 방향인지 등에서 차이가 난다. OpenGL에서 모델-관측과 투영행렬에 대한 상세한 논의는 *OpenGL Programming Guide* [Shr10]를 참조하기 바란다.

연습문제

4.1 모든 투영은 기하학적 평면투영이 아니다. 투영면이 평면이 아닌 투영의 예와 투영선이 직선이 아닌 경우를 보여라.

4.2 롤(roll), 피치(pitch), 요(yaw)로 정의된 위치와 한 객체로부터 떨어진 거리로 정의되는 위치에 있는 비행기를 생각해 보자. 이 매개변수를 이용한 모델-관측행렬을 유도하라.

4.3 지구 주위를 돌고 있는 인공위성을 생각해 보자. 지구 상공의 위성 위치가 극좌표로 정의되어 있다. 관측자가 지구를 바라보도록 하는 모델-관측행렬을 찾아라. 그러한 행렬은 지구의 자전을 보여주는데 사용될 수 있다.

4.4 외적(cross product)만 이용하여 VPN, VRP, VUP로부터 u와 v의 방향을 계산하는 방법을 보여라.

4.5 적절히 선택된 축을 중심으로 한 번 회전함으로써 정육면체의 등축투영을 얻을 수 있는가? 이유를 설명하라.

4.6 COP가 임의의 점에 위치하고 투영면이 임의의 방향을 향할 때 투시-투영행렬을 유도하라.

4.7 투시투영이 직선을 유지하는지를 보여라.

4.8 COP와 같은 평면에 위치하는 한 점을 투영하는 것은 0으로 나누는 결과를 가져온다. 양쪽 끝이 투영면의 서로 다른 쪽에 있는 선분의 투영은 어떠한가?

4.9 경사투영을 설명하는 하나 이상의 API를 정의하라. 함수들을 작성할 필요는 없고 단지 사용한 매개변수가 무엇인지 결정하라.

4.10 앞, 뒤쪽 클리핑면과 앞쪽 클리핑면과 클리핑 공간의 측면과 교차하는 우상단과 좌하단 교점의 설정값으로부터 경사투영행렬을 유도하라.

4.11 모든 투영을 정규화하는 방법은 모든 객체들은 미리 왜곡시킬 수 있고 직교 투영만 지원하는 것처럼 보인다. 만일 그래픽스 시스템을 구축하는데 이러한 접근방법을 이용한다면 어떤 문제가 생길지 이유를 설명하라.

4.12 COP가 원점에 있지 않을 때 OpenGL 투영행렬이 어떻게 바뀌는가? COP는 $(0, 0, d)$의 위치에 있고 투영면은 $z = 0$이라고 가정하자.

4.13 2차원 객체를 3차원 공간으로 확장함으로써 3차원 객체를 생성할 수 있다. 예를 들면, 원은 원통이 되고 직선은 사변형이 되고 평면에서 사변형은 평행육면체가 된다. 이 방법을 이용하여 연습문제 2.7의 2차원 미로를 3차원 미로로 바꾸어라.

4.14 연습문제 4.13의 미로 프로그램을 사용자가 미로를 걸어 갈 수 있도록 확장하라. 마우스의 가운데 버튼을 누르면 사용자가 앞으로 걸어가고 오른쪽이나 왼쪽 버튼을 누르면 그 방향으로 $90°$ 회전을 한다.

4.15 만일 좌표축을 그리기위해 직교투영을 이용한다면 x와 y축은 종이 위의 평면에 위치하지만 z축은 그 종이의 범위를 벗어난다. 대신, 우리는 x와 y축을 직각으로, z축은 x축에 $-135°$ 정도로 그린다. 이 관측에 해당하는 원래의 직각 좌표계를 투영하는 행렬을 구하라.

4.16 세 개의 광원을 갖는 상자 안에서 회전하는 정육면체를 디스플레이하는 프로그램을 작성하라. 각각의 광원은 상자의 보이는 세 면 중 하나에 정육면체를 투영해야 한다.

4.17 (d_x, d_y, d_z)방향의 무한대에 위치한 한 광원으로부터 평면 $ax + by + cz + d = 0$에 투영되는 한 점의 투영을 찾아라.

4.18 3장에서 언급한 3차원 인터페이스 중 하나를 이용하여 간단한 객체로 구성된 장면 안에서 카메라를 움직이는 프로그램을 작성하라.

4.19 사변체를 분할하여 만들어진 시어핀스키(sierpinski) 개스킷을 날아서 통과하는 프로그램을 작성하라. 사용자가 벽을 통과하지 못하도록 할 수 있는가?

4.20 애니메이션에서 항상 카메라에 평행한 평평한 다각형 위로 매핑된 2차원 패턴을 이용하여 작업하는 노력을 많이 줄일 수 있다. 이 기법을 빌보드(billboarding)라 한다. 카메라가 움직일 때 다각형이 항상 카메라를 향하는 프로그램을 작성하라.

4.21 스테레오 이미지는 약간 떨어진 두 지점에 있는 관측자로부터 두 이미지를 생성함으로써 만들어진다. 관측자가 원점에 있지만 눈이 Δx만큼 떨어져 있다고 가정하자. 두 이미지를 생성하기 위한 적절한 관측 설정값은 무엇인가?

4.22 4.9절에서 두 개의 선 스트립을 그려 메시를 디스플레이했다. 하나의 행(또는 열)의 끝에서 다음 행(또는 열)의 시작에 이르기까지 추가의 선을 그리지 않도록 이 방법을 어떻게 변경해야 하는가?

4.23 하나의 삼각형 스트립을 이용하여 메시를 디스플레이하는 방법을 유도하라.

4.24 투시 투영을 실행하는 동안 다각형 오프셋을 구현하는 프래그먼트 셰이더를 구축하라.

4.25 셰이더에서 메시의 높이를 수정하는 셰이더를 작성하라.

4.26 각 행의 끝 단에서 겹친 삼각형을 생성함으로써 하나의 삼각형 스트립으로 정사각형 메시를 렌더링하라.

4.27 하나의 메시 위를 비행하는 프로그램을 작성하라. 사용자는 항상 한 지점만 살피지 않고 언덕과 계곡 주위를 볼 수 있어야 한다.

4.28 윈도우가 변경될 때 객체의 모양이 왜곡되지 않도록 재구성 호출함수를 작성하라.

Chapter 05

조명과 음영

Interactive Computer Graphics

3차원 그래픽 모델을 구축하고 디스플레이하는 방법을 배웠다. 그러나 모델 중 하나를 렌더링해보면 평면처럼 보여서 모델의 3차원 특성이 나타나지 않는 이미지에 실망하게 될 것이다. 이러한 모습은 각 면이 같은 색으로 보이도록 조명되는 부자연스러운 가정 때문이다. 이러한 가정 아래에서 구의 직교 투영은 균일한 색의 원으로 보이고, 육면체는 평면 육각형으로 보인다. 조명된 구의 사진을 보면, 균일한 색의 원이 아닌 많은 계조, 즉 색의 **음영**(shades)을 갖는 원모양의 형상을 보게 된다. 바로 이러한 음영이 2차원 이미지로 하여금 3차원의 모습을 띠게 하는 것이다.

우리의 모델에서 생략했던 것은 빛과 면 사이의 상호관계이다. 이 장은 그 상호관계를 다룬다. 광원의 모형들과 가장 보편적인 광-재질 상호작용의 모형들을 별도로 개발한다. 우리의 목적은 고속 파이프라인 그래픽 구조에 음영을 추가하는 것이기 때문에, 국지적 조명 모형만을 개발한다. 전역적 조명 모형과는 대조적으로, 이러한 모형은 장면 내 다른 표면들에 독립적으로 표면 한 점의 음영을 계산하여 할당할 수 있게 한다. 이 계산은 표면의 재질 특성과 기하학적 특성, 그리고 광원의 위치와 특성에만 의존한다. 이 장에서는 OpenGL 응용프로그램에서 제일 자주 사용되는 조명 모형(lighting model)에 대해서 소개한다.

앞에서 개발한 것에 이어, 다각형 모델에 음영을 어떻게 적용할 것인가를 살펴본다. 그리고 음영 알고리즘을 테스트하기 위해 구에 대한 순환적 근사를 개발한다. 다음에 조명과 재질 특성이 OpenGL에서 어떻게 지정되며, 구-근사 프로그램에 어떻게 추가될 수 있는가를 논의한다.

마지막으로 전역적 조명 효과를 만들 수 있는 가장 중요한 방법으로 광선 추적과 방사성 기법에 대한 간단한 논의로 이 장을 마무리한다.

5.1 조명과 재질

1장과 2장에서는 인간의 색 시각의 기초만을 소개했고, 빛과 표면 사이의 상호작용에 대한 논의는 지금까지 미뤄왔다. 렌더링에 대한 가장 일반적인 접근방법은 물리학에 기반을 둔 것이다. 에너지보존법칙과 같은 원리를 사용하여 표면에서 빛이 어떻게 반사되는가를 기술하는 방정식을 유도한다.

물리학의 관점에서, 표면은 전구처럼 자체 방사(self-emission)에 의해 빛을 방사하거나 또는 그것을 비추고 있는 다른 표면으로부터 빛을 반사(reflect)한다. 어떤 표면은 빛을 반사하면서 동시에 내부의 물리적 과정에 의해 빛을 방사할 수도 있다. 객체 위의 한 점을 볼 때, 우리가 보는 색은 광원과 반사면 사이의 다중 상호작용에 의해 결정된다. 이러한 상호작용은 순환적인 과정으로 볼 수 있다. 예를 들어, 그림 5.1의 간단한 장면을 생각해 보자. 광원으로부터 나오는 빛은 일부가 표면 A에 도달하여 반사된다. 이 반사된 빛의 일부는 표면 B에 도달하고, 그것의 일부는 다시 A로 반사되고, 그것의 일부는 다시 B로 반사되고. 이런 식으로 계속 진행된다. 인접한 면 사이에서 색의 번짐과 같은 미묘한 음영 효과는 이러한 순환적인 빛의 반사를 통해 설명할 수 있다.

수학적으로 이러한 순환적인 과정은 렌더링 방정식이라고 하는 적분 방정식으로 귀결되는데. 이론적으로 장면 내 모든 표면의 음영을 구하는데 사용될 수 있다. 불행히도, 일반적으로 이 방정식은 해석적 방법으로는 풀 수 없고, 수치적인 방법을 사용해야 하는데 실시간 렌더링을 할 수 있을 만큼 빠르게 계산할 수는 없다. 방사성 기법과 광선 추적 같은 다양한 근사적 접근방법들이 있는데, 그것들은 각기 특정 종류의 표면에 대한 렌더링 방정식(rendering equation)에는 훌륭한 근사이다. 그러나 광선 추적이나 방사성 기법 어느 것도 모델링-투영 파이프라인을 통해 다각형을 전달하는 속도로 장면을 렌더링하는 데는 아직 사용될 수 없다. 따라서 보다 간단한 렌더링 모형으로 물리적 정확성과 효율적인 계산 사이의 절충을 제공하는 Phong 반사 모형에 초점을 맞춘다. 5.10

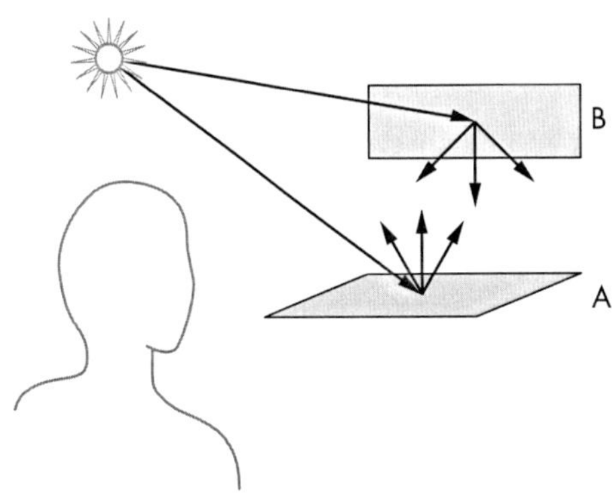

● 그림 5.1 ● 반사 표면

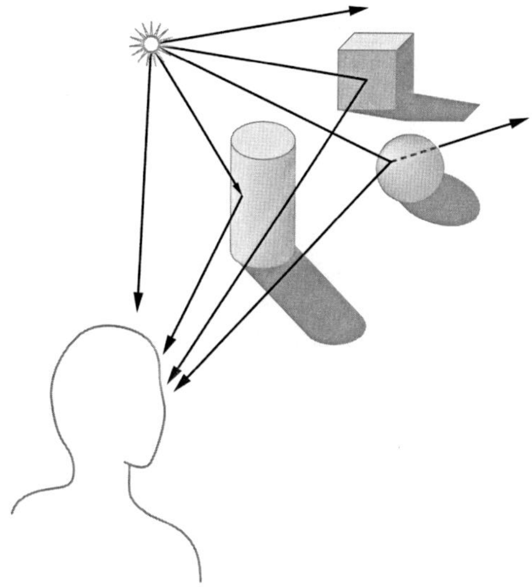

● 그림 5.2 ● 빛과 표면

절에서 전역 함수(global methods)에 대해서 소개했고, 11장에서는 렌더링 방정식, 방사, 광선 추적에 대해서 상세하게 살펴볼 것이다.

전역적인 에너지 균형을 살펴보는 것보다 **광원**(light sources)이라 하는 발광면(또는 자체 방사면)으로부터 나오는 광선을 따라간다. 그 다음에 장면 내 반사면과 광선들이 상호작용할 때 생기는 일을 모델링한다. 이러한 접근은 광선 추적과 비슷하지만, 여기에서는 광원과 표면 사이의 단일 상호작용만을 고려한다. 이 문제에는 두 개의 독립적인 부분이 있는데, 첫 번째는 그 장면에 있는 광원을 모델링해야 하고, 다음으로 재질과 빛 사이의 상호작용을 다루는 반사 모형을 구축해야 한다.

그 과정을 살펴보기 위해 그림 5.2에 보이는 것처럼 점 광원으로부터 시작하여 광선을 따라갈 수 있다. 1장에서 언급한 바와 같이 관측자는 단지 광원을 떠나 관측자의 눈에 도달하는−아마도 복잡한 경로와 그 장면에 있는 객체들과의 다중 상호작용을 통해−빛만을 본다. 만일, 광선이 광원에서 직접 관측자의 눈에 들어온다면, 관측자는 광원의 색을 보게 된다. 그리고 광선이 관측자에게 보이는 표면에 부딪친다면, 관측자가 보는 색은 광원과 표면 재질 사이의 상호작용에 의해 정해진다. 즉, 관측자는 표면에 반사되어 관측자의 눈으로 향하는 빛의 색을 보는 것이다.

컴퓨터 그래픽스에서는 그림 5.3에 보이는 것처럼 관측자를 투영면으로 대체한다. 개념적으로 이 평면상에 있는 클리핑 윈도가 화면에 사상된다. 따라서 이 투영면을 픽셀에 대응되는 작은 사각형으로 나누어진 면으로 생각할 수 있다. 광원과 표면의 색은 프레임 버퍼에서 하나 또는 더 많은 점들의 색을 결정한다.

우리는 광원을 떠나서 직접 도달하거나, 객체들 사이의 상호작용을 거쳐서 관측자의

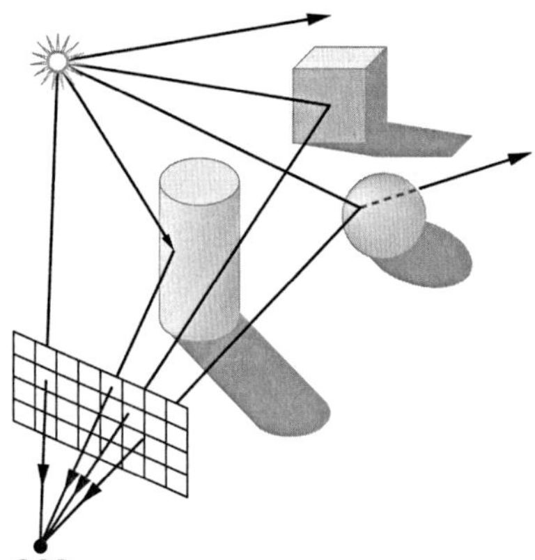

● 그림 5.3 ● 빛, 표면, 컴퓨터 이미지

눈에 도달하는 광선들만을 고려한다. 컴퓨터의 관점에서, 이들은 클리핑 사각형을 통과하여 COP에 도달하는 광선들이 된다. 그런데 광원을 떠난 대부분의 광선들은 이미지에 기여하지 않으므로, 고려할 필요가 없다. 이러한 사실은 5.10절에서 이용될 것이다.

그림 5.2는 광선과 객체 사이의 단일 또는 다중의 상호작용을 보여준다. 이들 상호작용의 성격이 객체가 적색으로 보일지 갈색으로 보일지, 밝게 보일지 어둡게 보일지, 뿌옇게 보일지 반짝이게 보일지를 결정한다. 빛이 표면에 닿을 때 일부는 흡수되고 일부는 반사된다. 만일, 표면이 불투명하다면 표면에 들어오는 빛은 반사되거나 흡수된다. 그리고, 표면이 반투명하다면 그 빛의 일부는 그 물질을 통하여 투과되어 다른 객체와 다시 상호작용하게 된다.

빛의 상호작용은 파장에 의존적이다. 백색 광선이 비추어지는 객체가 적색으로 보이는 것은 입사광의 대부분이 흡수되고 적색 주파수 영역의 빛이 반사되기 때문이다. 반짝이는 객체는 그 표면이 부드럽기 때문이며 반대로, 뿌옇게 보이는 객체는 거친 표면을 가지고 있다. 또한 객체의 음영은 표면의 방향에 의존적인데, 그것은 앞으로 보게 될 것처럼 각 점에서의 법선 벡터에 의해 규정된다. 이러한 빛과 재질 사이의 상호작용은 그림 5.4에 보이는 세 개의 그룹으로 분류될 수 있다.

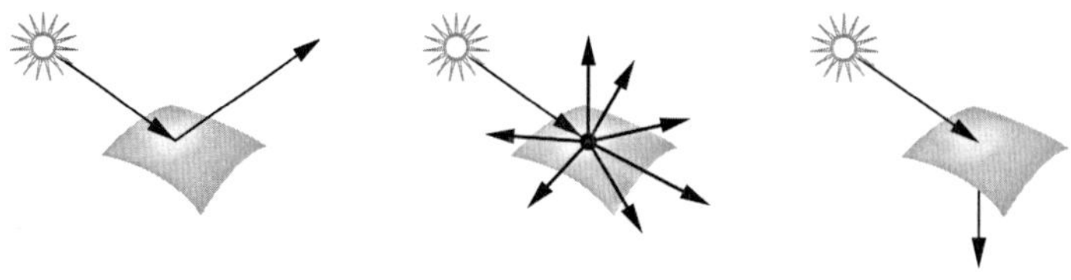

● 그림 5.4 ● 광-재질 상호작용, (a) 정반사면 (b) 난반사면 (c) 반투명면

1. **정반사면**(specular surfaces)은 반사광의 대부분이 반사각에 가까운 좁은 범위로 **산란**(scattered)되기 때문에 반짝인다. 거울은 **완전 정반사면**(perfectly specular surfaces)이다. 입사광은 부분적으로 흡수될 수는 있지만, 모든 반사광은 입사각이 반사각과 같다는 규칙에 따라 단일 각도로 나간다.
2. **난반사면**(diffuse surfaces)은 반사광이 모든 방향으로 산란되는 특징을 가진다. 무광택 페인트로 칠해진 벽은 비행기나 인공위성에서 보여지는 지형 같은, 많은 천연 재질과 마찬가지로 난반사체이다. **완전 난반사면**(perfectly diffuse surfaces)은 빛을 모든 방향으로 동일하게 산란시키고, 따라서 모든 관측자에게 동일하게 보인다.
3. **반투명면**(translucent surfaces)에서는 일부의 빛이 표면을 관통하여 객체의 다른 위치로 나온다. **굴절**(refraction) 과정은 유리나 물과 같은 특성을 가진다. 또한 입사광의 일부는 표면에서 반사될 수도 있다.

이러한 표면들의 모델링은 5.3절에서 보도록 하고, 먼저 광원을 살펴보자.

5.2 광원

빛은 자체 방사와 표면 반사의 두 가지 기본 과정에 의해 표면을 떠날 수 있다. 우리는 흔히 광원(Light Sources)을 내부 에너지원에 의해서만 빛을 방출하는 객체로 생각한다. 그러나 전구 같은 광원은 주변 환경에서 그것으로 입사되는 빛의 일부를 반사한다. 단순한 모형에서는 이러한 부분을 무시할 것이다. 5.7절에서 조명에 관해 논의할 때 자기 방사항을 흉내 낼 수 있다는 것을 알 수 있을 것이다.

만일 그림 5.5에 있는 것과 같은 광원을 고려한다면, 그것을 표면이 있는 하나의 객

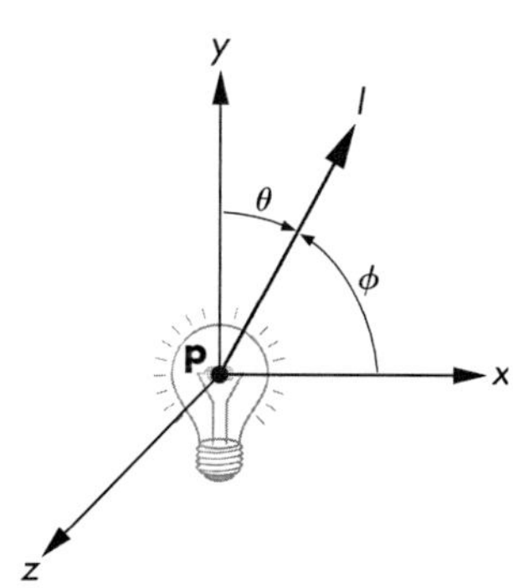

● 그림 5.5 ● 광원

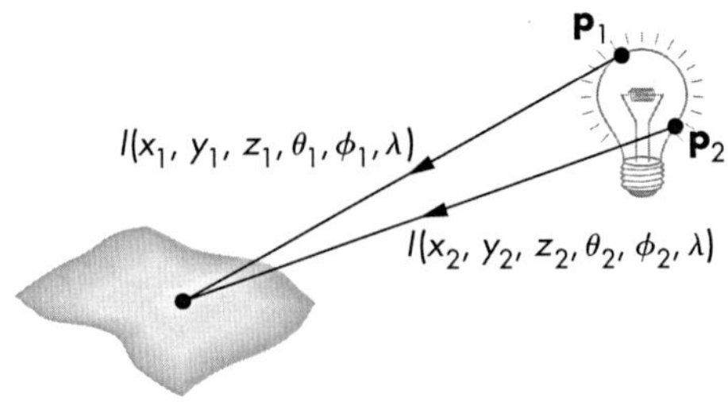

● 그림 5.6 ● 광원의 기여도를 더함

체로 볼 수 있다. 표면상의 각점 (x, y, z)은 방사되는 빛이 방사 방향 (θ, ϕ)와 각 파장에서 방사되는 에너지의 세기에 의해 규정될 수 있다. 따라서, 일반적인 광원은 6개의 변수를 가진 **조도 함수**(illumination function)에 의해 규정된다. 방향을 지정하기 위해 두 개의 각도가 필요하고, 각 주파수는 독립적으로 고려될 수 있다고 가정하는 점을 유의하라. 이 광원에 의해 조명을 받는 표면쪽에서 보면 광원의 표면에 대해서 적분함으로써 광원의 총체적 기여를 얻을 수 있는데(그림 5.6), 대상 표면에 도달하는 빛의 입사각과 광원과 표면 간의 거리를 고려해야 한다. 전구와 같은 분산 광원에 대해서는 해석적이나 수치적 방법 중 어느 것을 사용하더라도 이러한 적분을 계산하기 어렵다. 종종, 분산 광원을 각각 단순 광원인 다각형으로 모델링하거나, 근사적인 점 광원 집합으로 모델링하는 것이 더 쉽다.

네 가지 기본적인 광원들인 주변 조명(ambient lighting), 점 광원, 집중 광선(spotlight), 원거리 광원(distant light)들을 살펴본다. 이 네 종류의 조명은 대부분의 간단한 장면을 렌더링하는데 충분하다.

5.2.1 색 광원

광원은 서로 다른 주파수에서 서로 다른 양의 빛을 방출할 뿐만 아니라 그들의 방향에 따른 특성이 주파수에 따라 변화한다. 그러므로 정확한 모형은 복잡할 수 있다.

그러나 인간 시각체계에 대한 모델은 전체 색 분포보다는 삼원색을 인식한다고 하는 삼색 이론에 근거를 두고 있다. 따라서, 대부분의 응용에서 광원의 세 가지 성분–적색, 녹색, 청색–을 가진 것으로 모델링하고, 세 가지 색 광원을 각각 사용해서 사람이 보는 색의 성분들을 얻는다.

광원은 세기(intensity), 휘도(luminance), 그리고 다음 함수를 통하여 표현하는데,

$$\mathbf{I} = \begin{bmatrix} I_r \\ I_g \\ I_b \end{bmatrix}$$

여기서 각 성분은 서로 독립적인 적색, 녹색, 청색 요소의 세기이다. 따라서, 광원의 적색 성분은 이미지의 적색 성분을 계산하기 위해 사용한다. 광-재질의 계산은 세 가지와 비슷하지만 서로 독립적인 계산을 사용하기 때문에, 단일 세 가지 색 성분에 각각 적용되는 스칼라 방정식으로 표현한다.

5.2.2 주변광

교실이나 부엌 같은 방에서는 빛이 방 전체에 균일하게 조명되도록 설계, 배치된다. 이러한 조명은 흔히 빛을 전 방향으로 산란시키는 난반사기(diffuser)를 가진 커다란 광원을 통해 만들어진다. 이론적으로는 모든 분산 광원들을 모델링하고, 반사면의 각 점에서 이러한 광원으로부터의 조명을 적분함으로써, 그러한 조명을 정확하게 시뮬레이션할 수 있다. 하지만 이러한 모델을 만들고 그것으로 장면을 렌더링하는 것은 그래픽스 시스템으로서는 벅찬 일이고, 특히 실시간 성능이 요구되는 경우에 더욱 그러하다. 대신에 필요한 효과, 즉 실내에 균일 광도를 주는 것을 고려할 수 있다. 이러한 균일한 조명을 **주변광**(ambient light)이라 한다. 만일 이 두 번째 접근을 따른다면, 환경 내 각 점에서 주변광도를 가지는 것으로 가정할 수 있다.

따라서 주변광 조명은 그 장면의 모든 점에서 동일한 빛의 세기 $\mathbf{I}_a$에 의하여 규정된다. 주변광은 세 개의 색 성분을 가지고 있다.

$$\mathbf{I}_\mathrm{a} = \begin{bmatrix} I_\mathrm{ar} \\ I_\mathrm{ag} \\ I_\mathrm{ab} \end{bmatrix}$$

$\mathbf{I}_a$의 적색, 녹색, 청색 성분 중 하나를 가리키기 위해 스칼라 I_a로 나타낸다. 장면 내 모든 점이 $\mathbf{I}_a$로부터 동일한 조명을 받는다고 해도 각 표면은 이 빛을 서로 다르게 반사할 수 있다.

5.2.3 점 광원

이상적인 **점 광원**(point source)은 모든 방향으로 동일하게 빛을 방사한다. 점 $\mathbf{p}_0$에 있는 점 광원을 세 성분의 색행렬로 규정할 수 있다.

$$\mathbf{I}(\mathbf{p}_0) = \begin{bmatrix} I_\mathrm{r}(\mathbf{p}_0) \\ I_\mathrm{g}(\mathbf{p}_0) \\ I_\mathrm{b}(\mathbf{p}_0) \end{bmatrix}$$

점 광원으로부터의 조도는 광원과 표면 사이 거리의 제곱에 반비례한다. 그러므로 점 광원에서 점 $\mathbf{p}$(그림 5.7)에 도달되는 빛의 세기는 다음 행렬과 같다.

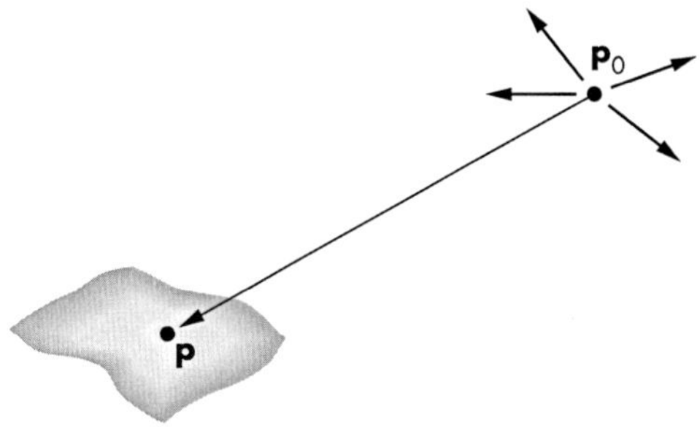

● 그림 5.7 ● 표면을 조명하고 있는 점 광원

$$\mathbf{i}(\mathbf{p}, \mathbf{p}_0) = \frac{1}{|\mathbf{p} - \mathbf{p}_0|^2}\mathbf{I}(\mathbf{p}_0)$$

주변광에 대해서 했던 것처럼, $I(\mathbf{p}_0)$의 어떤 성분을 가리키기 위하여 $\mathbf{I}(\mathbf{p}_0)$를 사용한다.

대부분의 응용에서 점 광원을 사용하는 이유는 그들이 물리적 실제와 닮아서라기보다 사용의 용이성 때문이다. 점 광원으로만 렌더링된 장면은 높은 명암 대비를 갖는 경향이 있어서 객체가 매우 밝거나 또는 매우 어둡게 보인다. 실세계에서 부드러운 장면들은 대부분 광원의 커다란 크기에 의해 만들어지는데, 이러한 장면들은 그림 5.8에서와 같이 유한한 크기를 갖는 광원에 의해 만들어지는 그림자를 만들어낸다. 어떤 영역은 전체가 그림자 안, 즉 **암영부**(umbra)에 있고, 다른 영역은 부분적인 그림자 안, 즉 **반영부**(penumbra)에 있다. 점 광원으로부터 발생하는 높은 대비 효과는 장면에 주변광을 추가함으로써 완화시킬 수 있다.

거리 항은 점 광원과 함께 거친 렌더링을 만드는 원인이 되기도 한다. 점 광원에 대해서 역제곱 거리항이 맞음에도 불구하고, 실제로는 d가 $\mathbf{p}$와 $\mathbf{p}_0$ 간의 거리라고 할 때 보통$(a + bd + cd^2)^{-1}$ 형태의 항으로 치환된다. 조명을 부드럽게 해주기 위해 적절하

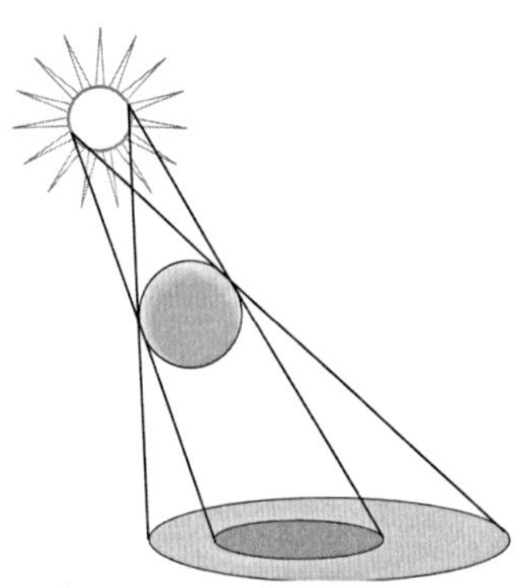

● 그림 5.8 ● 한정된 크기의 광원에 생성되는 그림자

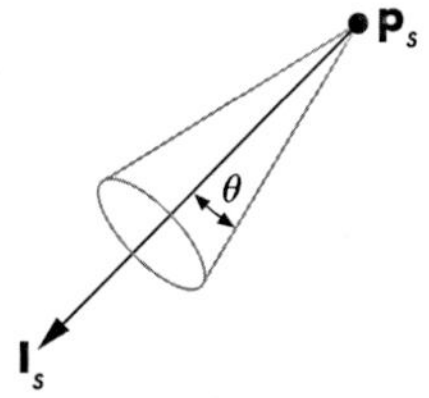

● 그림 5.9 ● 집중광

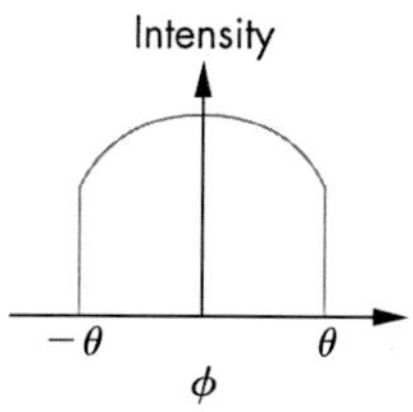

● 그림 5.10 ● 집중광의 감쇄

게 상수 a, b, c가 선택된다. 만일, 광원이 장면 내 표면들로부터 상당히 멀리 떨어져 있다면, 광원의 세기가 거리 항을 상수로 볼 수 있을 정도로 충분히 일정하게 유지된다.

5.2.4 집중광

집중광(spotlight)은 작은 각도로 빛이 방출되는 특징을 가진다. 점 광원로부터 나오는 빛이 보여질 수 있는 각도를 제한함으로써 간단한 집중광을 구성할 수 있다. 그림 5.9에 보이는 것처럼 꼭짓점이 $\mathbf{p}_s$이고 $\mathbf{I}_s$ 방향을 가리키며, 폭이 각도 θ에 의해 정해지는 원추를 사용할 수 있다. 만약 $\theta = 180°$이면 집중광은 점 광원이 된다.

좀 더 현실감 있는 집중광은 원추 안의 빛의 분포에 의한 특징을 가지는데, 대부분의 빛은 보통 원추의 중심에 집중된다. 따라서 빛의 세기는 광원의 방향과 표면상에 있는 점으로 향하는 벡터 $\mathbf{s}$의 방향 사이의 각도 ϕ(θ보다 작은 각, 즉 그림 5.10)의 함수가 된다. 이 함수가 많은 방법으로 정의될 수 있기는 하지만 일반적으로 $\cos^e \phi$로 정의된다. 여기서 지수 e(그림 5.11)는 얼마나 빨리 빛의 세기가 감소하느냐를 결정한다.

이 장을 통해 보게 되겠지만 코사인은 조명 계산에 편리한 함수이다. 만일 $\mathbf{u}$와 $\mathbf{v}$ 모두 단위 길이 벡터라면, 필요한 내적(dot product)으로 코사인을 계산할 수 있다.

$$\cos\theta = \mathbf{u} \cdot \mathbf{v}$$

여기에는 세 개의 곱셈과 두 개의 덧셈만이 필요하다.

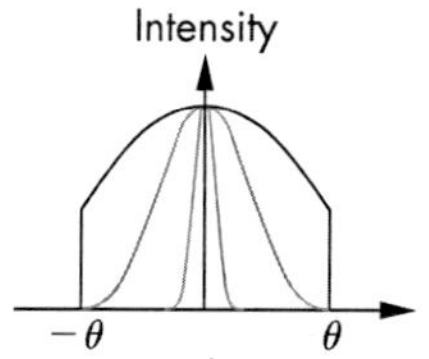

● 그림 5.11 ● 집중광 지수

5.2.5 원거리 광원

대부분의 음영 계산에는 표면상의 점에서 광원을 향하는 방향이 필요하다. 표면 위를 움직이면서 각 점에서 빛의 세기 계산을 할 때, 이 벡터를 반복적으로 다시 계산해야 한다. 이 계산은 음영 계산의 상당한 부분을 차지한다. 그러나 만일 광원이 표면에서 멀리 있다면, 마치 태양으로부터 오는 빛이 근접한 객체들을 같은 각도로 비추는 것처럼 점들 사이에서 그 벡터의 변화가 크지 않다. 그림 5.12는 점 광원을 평행 광원으로 효과적으로 대체하는 것을 보여준다. 실제로 원거리에 대한 광원 계산은 평행투영을 위한 계산과 비슷한데, 광원의 위치를 광원의 방향으로 바꾼 것이다. 따라서 동차 좌표에서, p_0에 있는 점 광원은 내부적으로 다음과 같은 4차원 열 벡터로 표현된다.

$$\mathbf{p}_0 = \begin{bmatrix} x \\ y \\ z \\ 1 \end{bmatrix}$$

반면에, 원거리 광원은 다음 행렬과 같은 동차 좌표를 갖는 방향 벡터로 기술된다.

$$\mathbf{p}_0 = \begin{bmatrix} x \\ y \\ z \\ 0 \end{bmatrix}$$

그래픽스 시스템은 원거리 광원에 대한 렌더링을 근거리 광원에 대한 렌더링보다 효율적으로 수행한다. 물론, 원거리 광원으로 렌더링된 장면은 근거리 광원으로 렌더링된 장면과는 다르게 보인다. 다행히도, OpenGL은 두 가지 광원 모두를 허용한다.

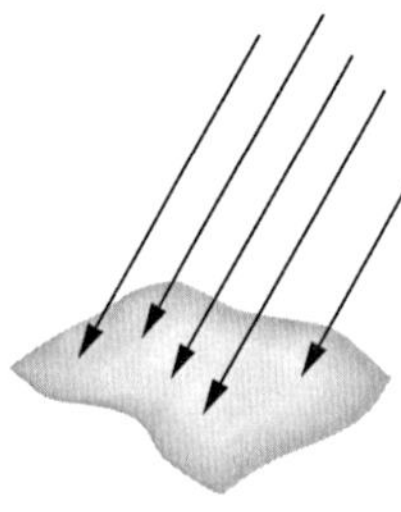

● 그림 5.12 ● 평행 광원

5.3 Phong 반사 모형

물리적 모형을 통해서 광-재질 상호작용에 접근할 수 있다. 그러나 파이프라인 렌더링 모형에 사용할 때 더욱 효율적인 계산을 위한 모형을 택한다. 우리가 제시할 반사 모형은 Phong에 의해 처음 소개되었고, 나중에 Blinn에 의해 수정되었다. Phong 모형은 다양한 조명조건과 재질 특성에서 좋은 렌더링을 위한 물리적 사실성에 충분히 접근한 효율적인 모형임이 입증되었다.

Phong 모형은 표면에 있는 임의의 점 **p**의 색을 계산하기 위해 그림 5.13과 같은 네 개의 벡터를 사용한다. 즉, 표면이 곡면이면 점에서 점으로 움직일 때마다 네 개의 벡터 모두가 바뀔 수 있다. 벡터 **n**은 **p**에서의 법선이다(이의 계산은 5.4절에서 논의한다). 벡터 **v**는 **p**로부터 관측자, 즉 COP의 방향을 가리킨다. 벡터 **l**은 **p**로부터 분산 광원 상의 임의의 한 점을 가리키거나, 또는 지금 가정하는 것처럼 점 광원을 가리킨다. 마지막으로 벡터 **r**은 **l**로부터 완전 반사된 광원의 방향을 가리킨다. 여기서 **r**은 **n**과 **l**에 의해 결정되는데, 그 계산은 5.4절에서 보겠다.

Phong 모형은 5.1절에서 소개한 세 가지의 광-재질 상호작용인 주변광 반사, 난반사, 정반사를 지원한다. 점 광원들의 집합이 있다고 가정해 보자. 각 광원이 삼원색의 각각에 대하여 주변광 성분, 난반사광 성분, 정반시광 성분을 분리해서 가진다고 가정한다. 이러한 가정이 부자연스럽게 보일지도 모르지만, 우리의 목표는 가능한 한 실시간에 사실적인 음영 효과를 생성하는 것임을 명심하자. 현실에서의 전역적인 효과를 시뮬레이션하기 위해 우리는 국지적 모형을 사용한다. 따라서 광원 모형은 주변광, 난반사광, 정반사광 항들을 갖게 되는데, 표면 위의 점 **p**에서 이러한 항들을 특징짓기 위해서는 9개의 계수가 필요하다. 이 계수들은 i번째 광원에 대해 3 × 3의 조도행렬(illumination matrix)로 나타낼 수 있다.

$$\mathbf{L}_i = \begin{bmatrix} L_{ira} & L_{iga} & L_{iba} \\ L_{ird} & L_{igd} & L_{ibd} \\ L_{irs} & L_{igs} & L_{ibs} \end{bmatrix}$$

첫 번째 행은 광원 i의 적, 녹, 청색 항에 대한 주변광의 강도를 담고 있다. 두 번째 열은

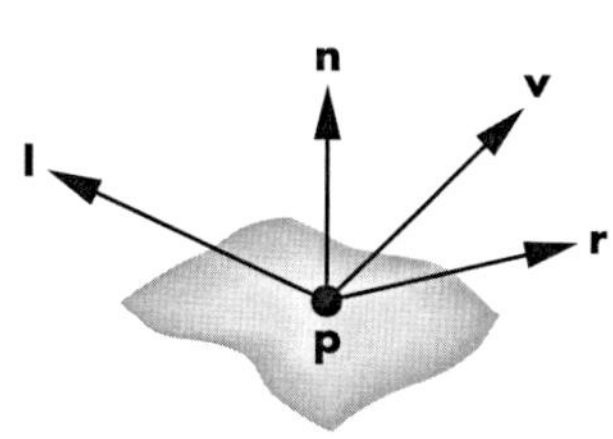

● 그림 5.13 ● Phong 모형에서 사용되는 벡터

난반사광 항이고 세 번째는 정반사광 항이다. 거리에 따른 어떠한 감쇄 항(specular term)도 아직 적용되지 않았다고 가정한다. 실제로 소스 코드에는 다음과 같이 선언할 것이다.

```
vec3 light_i_ambient, light_i_diffuse, light_i_specular;
```

또는

```
vec4 light_i_ambient, light_i_diffuse, light_i_specular;
```

4차 형식은 불투명하지 않은 물질의 조명을 고려할 때 유용하다.

어떤 점에서 입사광이 얼마나 반사되는지를 계산할 수 있다는 가정 아래에서 모형을 구축한다. 예를 들어, 광원 i의 적색 난반사광 항 L_{ird}에 대해 반사항 R_{ird}를 계산할 수 있으며, p에서 빛의 세기 중 반사항의 기여도는 $R_{ird}L_{ird}$이 된다. R_{ird}의 값은 재질 특성, 표면의 방향, 광원 방향, 광원과 관측자 사이의 거리에 의존적이다. 따라서 각 점에 대하여 9개의 반사항으로 반사항 행렬은 다음과 같이 만들 수 있다.

$$\mathbf{R}_i = \begin{bmatrix} R_{ira} & R_{iga} & R_{iba} \\ R_{ird} & R_{igd} & R_{ibd} \\ R_{irs} & R_{igs} & R_{ibs} \end{bmatrix}$$

이제, 각 색 광원의 기여도를 주변광, 난반사광, 정반사광 요소를 더하면 계산할 수 있다. 예를 들어, 광원 i에 의한 P에서의 적색 세기는

$$\begin{aligned} I_{ir} &= R_{ira}L_{ira} + R_{ird}L_{ird} + R_{irs}L_{irs} \\ &= I_{ira} + I_{ird} + I_{irs} \end{aligned}$$

이다.

모든 광원의 기여도와 함께 전역적인 주변광 항까지 추가하여 전체 세기를 얻는다. 따라서 I_{ar}이 전역적인 주변광의 적색 성분이라면, 적색 항은

$$I_r = \sum_i (I_{ira} + I_{ird} + I_{irs}) + I_{ar}$$

이 된다.

필요한 계산들이 각 광원에 대하여 동일하고, 또 각 원색에 대하여 동일하다는 사실로부터 표기를 단순화할 수 있다. 계산은 주변광, 산란광, 정반사광 요소에 따라 달라진다. 따라서 아래첨자 i, r, g, b를 생략하고,

$$I = I_a + I_d + I_s = L_aR_a + L_dR_d + L_sR_s$$

로 쓸 수 있다. 이 계산은 각 광원들과 각 원색들에 대하여 수행되고, 전역적인 주변광 항이 끝에 추가될 수 있다. 조명과 관련해서 다음과 같이 코드로 선언할 수 있다.

```
vec4 reflect_i_ambient, reflect_i_diffuse, reflect_i_specular;
```

위 선언은 모두 단면에 대한 것이며, 일반적으로 각 객체에 대한 서로 다른 반사속성을 가짐에 유념하자.

5.3.1 주변반사

주변광의 세기 I_a는 표면에 있는 모든 점에서 똑같다. 이 빛의 일부는 흡수되고, 일부는 반사된다. 반사되는 양은 주변 반사(ambient reflection) 계수, $R_a = k_a$에 의해 주어진다. 빛의 일부분만이 반사되기 때문에

$$0 \le k_a \le 1$$

이어야 하고, 따라서 반사되는 주변광은

$$I_a = k_aL_a$$

이 된다. 여기에서 L_a는 어떠한 개별적인 광원에 대한 주변광이거나, 또는 전역적인 주변광으로 주어진다.

물론 표면은 세 개의 주변광 계수 k_{ar}, k_{ag}, k_{ab}를 가지고 있고, 그들은 모두 다를 수 있다. 따라서 예를 들어, 구의 청색 주변 계수가 작고 적색과 녹색 계수가 크다면, 백색 주변광 아래에서 구는 황색으로 나타난다.

5.3.2 난반사

완전한 난반사체는 그것이 반사하는 빛을 모든 방향으로 동일하게 산란시킨다. 따라서 그러한 표면은 모든 방향의 관측자에게 동일하게 보인다. 그러나 반사되는 광량은 입사광의 일부가 흡수되기 때문에 재질에 의존적이고, 또한 표면에 대한 광원의 상대적 위치에 의존적이다. 난반사체는 거친 표면을 가진다. 난반사면의 단면을 확대하면 그림 5.14와 같은 이미지를 볼 수 있다. 약간만 다른 각도로 표면에 부딪치는 광선도 현저하게 다른 각도로 반사된다. 완전 난반사면은 매우 거칠어서 모든 방향으로 동일하게 반사한다. Lambert **표면**(Larbertian surfaces)이라 하는 이 표면은 Lambert의 법칙에 따라 수학적으로 모델링할 수 있다.

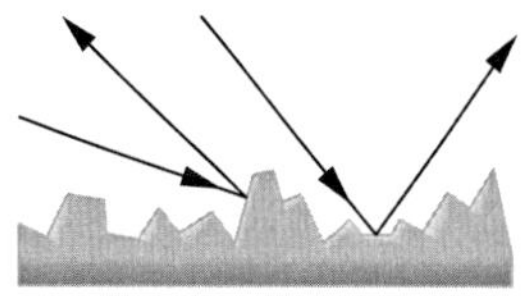

● 그림 5.14 ● 거친 표면

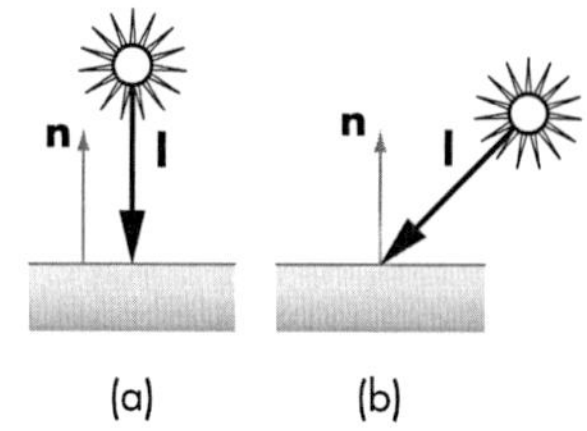

● 그림 5.15 ● 난반사면의 조명, (a) 정오 (b) 오후

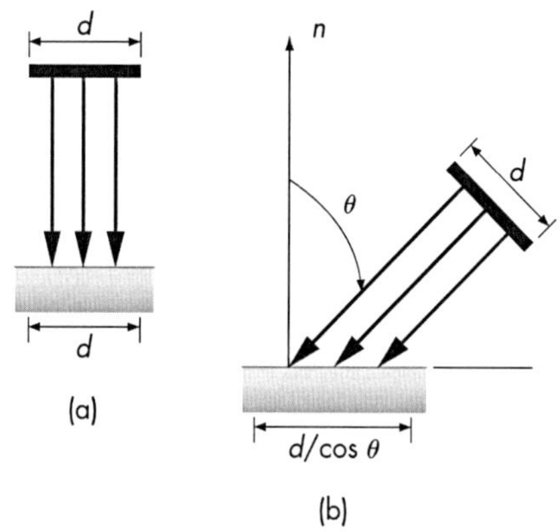

● 그림 5.16 ● Lambert 의 법칙, (a) 정오 (b) 오후

그림 5.15와 같이 태양이 비치는 난반사 평면을 고려해 보자. 표면은 정오에 가장 밝고 해 뜰 때와 질 때 가장 어두운데, 그것은 Lambert의 법칙에 따라 우리가 오직 입사광의 수직 성분만을 볼 수 있기 때문이다. 이 법칙을 이해할 수 있는 한 가지 방법(그림 5.16에서 보여주는 것과 같이)은 표면을 비추는 작은 평행 광원을 고려하는 것이다. 광원이 가상의 하늘에서 낮아질 때 같은 양의 빛이 더 넓은 영역에 퍼지게 되고, 따라서 표면은 더 어둡게 보인다. 그림 5.15의 점 광원으로 돌아가서 난반사를 수학적으로 규정할 수 있다. Lambert의 법칙은

$$R_d \propto \cos\theta$$

인데, 여기서 θ는 난반사광에 대한 법선 **n**과 광원의 방향 **l** 사이의 각도이다. **l**과 **n**이 단위 길이 벡터[1)]라면

1) n과 l 같은 방향 벡터는 내적을 통한 음영 계산에서 반복적으로 사용된다. 실제로, 프로그래머와 그래픽 소프트웨어는 될 수 있는 한 빨리 이러한 모든 벡터에 정규화를 시도해야 한다.

$$\cos\theta = \mathbf{l}\cdot\mathbf{n}$$

이다. 여기에, 난반사광에 대한 반사되는 비율을 표현하기 위해 반사 계수 k_d를 추가한다면, 다음과 같은 난반사항을 얻게 된다.

$$I_{\mathrm{d}} = k_{\mathrm{d}}(\mathbf{l}\cdot\mathbf{n})L_{\mathrm{d}}$$

만일, 광에서 표면으로의 거리 d에 의한 빛의 감쇄를 고려하여 거리 항을 포함시키면, 이차감쇄 항을 추가적으로 사용할 수 있다.

$$I_{\mathrm{d}} = \frac{k_{\mathrm{d}}}{a + bd + cd^2}(\mathbf{l}\cdot\mathbf{n})L_d$$

이 식에는 잠재적인 문제가 있는데, 만일 광원이 수평선 밑으로 내려가면 $(\mathbf{I}\cdot\mathbf{n})L_d$이 음수가 된다는 것이다. 따라서 실제로는 $\max((\mathbf{I}\cdot\mathbf{n})L_d, 0))$을 사용한다.

5.3.3 정반사

주변 반사와 난반사만을 채택해도 이미지는 음영을 가질 것이고 3차원으로 보이겠지만 모든 표면이 분필처럼 뿌옇게 보일 것이다. 이것은 반짝이는 객체에서 반사되어 보이는 하이라이트 부분을 빠뜨렸기 때문이다. 이러한 하이라이트는 일반적으로, 주변 반사나 난반사에서 보이는 색과는 다른 색을 보인다. 예를 들어, 백색광 아래에서 본 적색의 공은 광원으로부터 나온 빛의 일부가 관측자의 방향으로 반사되어 이루어진 백색의 하이라이트를 가진다(그림 5.17).

난반사면이 거친 것과 반대로 정반사(specular reflection) 면은 매끄럽다. 표면이 더욱 매끄러울수록 거울과 비슷해진다. 그림 5.18을 보면 표면이 더 매끄러워질수록 반사광은 완전 반사체(거울 또는 완전 정반사면)의 반사각을 중심으로 좁은 각도 범위 내에 집중된다. 산란 패턴이 대칭적이지 않기 때문에 정반사면을 사실적으로 모델링하는 것은 복잡하다. 산란 패턴은 입사광의 파장에 의존적이고 반사각에 따라 변화한다.

● 그림 5.17 ● 정반사 하이라이트

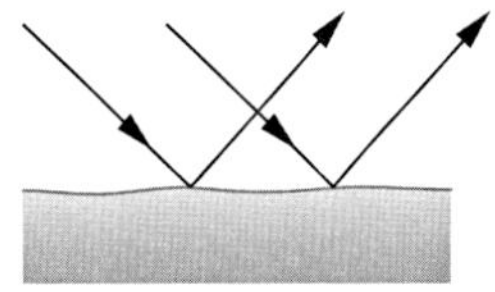

● 그림 5.18 ● 정반사면

Phong은 난반사면에 비해 약간의 계산량 증가만으로 구할 수 있는 근사 모형을 제안하였다. 이 모형은 정반사에 대한 항을 단순히 추가로 더해 준다. 따라서, 난반사 항에 대해서는 표면을 거친 것으로 간주하고 정반사 항에 대해서 매끄러운 표면으로 간주하여 계산하게 된다. 관측자가 보는 빛의 양은 정반사광의 방향 **r**과 관측자의 방향 **v**사이의 각도 ϕ에 따라 결정된다. Phong의 모형은 다음 식을 사용하여 이 양을 계산한다.

$$I_s = k_s L_s \cos^{\alpha} \phi$$

계수 $k_s(0 \le k_s \le 1)$는 입사 정반사광에 대한 반사광의 비율이다. 지수 α는 **광택**(shininess) 계수이다. 그림 5.19는 α가 증가될 때 어떻게 반사광이 완전 반사체의 반사각을 중심으로 좁은 범위 내에 집중되는지를 보여준다. 극한에서 α가 무한대로 갈 때는 거울이 된다. 100에서 500 사이의 영역에 있는 값은 대부분의 금속성 표면에 해당하고, 더 작은 값(< 100)은 넓은 하이라이트를 갖는 재질에 해당한다.

Phong 모형의 계산상의 장점은 만일 단위 길이로 정규화된 **r**과 **n**을 가지고 있다면, 다시 내적을 사용할 수 있으므로 정반사 항은

$$I_s = k_s L_s \max((\mathbf{r} \cdot \mathbf{v})^{\alpha}, 0)$$

가 된다. 여기에 난반사에서 했던 것처럼 거리 항을 추가할 수 있다. Phong **모형**(Phong model)이라고 하는 것은 거리 항을 포함한 다음 식이다.

$$I = \frac{1}{a + bd + cd^2}(k_d L_d \max(\mathbf{l} \cdot \mathbf{n}, 0) + k_s L_s \max((\mathbf{r} \cdot \mathbf{v})^{\alpha}, 0)) + k_a L_a$$

이 식은 각 광원과 각 원색에 대하여 계산된다.

각 광원에 대해 주변광을 다르게 정해준다든지, 정반사광 성분과 난반사광 성분을 다르게 하는 것은 이치에 맞지 않는 것으로 보일 수 있다. 하지만 렌더링 방정식을 완전하게 풀 수 없기 때문에 사실적인 렌더링을 얻기 위해서는 다양한 트릭을 사용해야 한다.

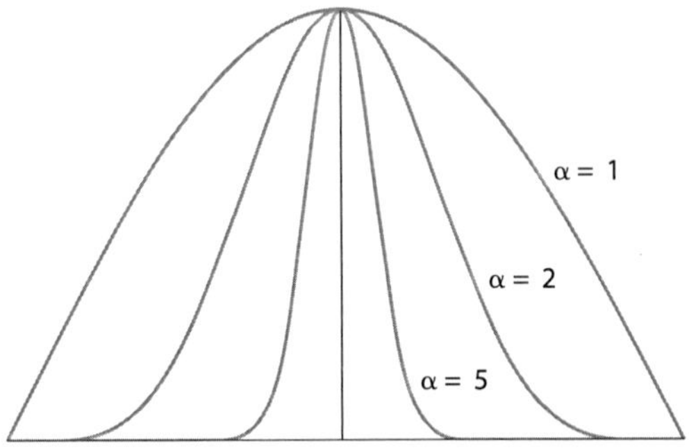

● 그림 5.19 ● 광택 계수의 효과

예를 들어, 많은 객체를 가진 환경을 고려해 보자. 조명을 켜면 그 빛의 일부가 표면에 직접 부딪친다. 이미지에 대한 이러한 기여는 광원의 정반사광 성분과 난반사광 성분으로 모델링될 수 있다. 그러나 광원에서 나온 빛의 나머지 대부분은 다른 객체들 사이에서 여러 번 반사되면서 산란된다. 그래서 고려되는 표면에 입사되는 빛의 일부가 된다. 이 항을 광원과 연관된 주변광 성분으로 근사하여 나타낼 수 있다. 이러한 항에 할당할 음영은 광원의 색과 방에 있는 객체의 색 둘 모두에 의존적인데, 이것은 근사 모형을 사용하는 것의 좋지 않은 결과이다. 이러한 분석은 난반사광에 대해서도 어느 정도 적용된다. 난반사광은 표면 사이를 반사하고, 특정 면에서 보는 색은 환경 내 다른 표면들에 의존적이다. 이번에도 신중하게 선택한 광원의 난반사광 성분과 정반사광 성분을 이용해서 전역적 효과를 국지적 계산으로 근사할 수 있다.

여기에서는 객체 공간에서 Phong 모형을 개발하였다. 그러나 실질적 음영처리는 객체가 모델 관측 변환과 투영 변환을 통과하여 지날 때까지는 수행되지 않는다. 이러한 변환은 모형의 코사인 항에 영향을 줄 수 있다(연습문제 6.20). 따라서 정확한 음영 계산을 하기 위해서는 객체 공간으로부터 파이프라인을 통하여 추가적인 정보를 보내는 것과 같은 방법에 의해 파이프라인을 통과하는 정점과 벡터의 정확한 공간적 상관관계를 유지시켜 주거나, 음영이 결정될 필요가 있을 때 필요한 정보를 얻기 위하여 파이프라인을 거꾸로 거슬러 올라가야만 한다.

5.3.4 수정된 Phong 모형

Phong 모형을 사용하여 렌더링할 때 정반사를 포함한다면, 표면 위의 모든 점마다 내적 $\mathbf{r} \cdot \mathbf{v}$를 계산해야 한다. 관측자 벡터와 광원 벡터의 중간 단위 벡터 $\mathbf{h}$를 사용하여 이에 대한 흥미로운 근사값을 얻을 수 있다.

$$\mathbf{h} = \frac{\mathbf{l} + \mathbf{v}}{|\mathbf{l} + \mathbf{v}|}$$

그림 5.20은 5가지 벡터를 모두 보여주고 있다. 여기서 ψ는 $\mathbf{n}$과 $\mathbf{h}$ 사이의 각도로 정의하고 **중간각**(halfway vector)이라고 한다. $\mathbf{v}$가 $\mathbf{l}$, $\mathbf{n}$, 그리고 $\mathbf{r}$과 같은 평면 위에 놓여 있을 때,

$$2\psi = \phi$$

라는 것을 알 수 있다(연습문제 5.7). 만일 $\mathbf{r} \cdot \mathbf{v}$를 $\mathbf{n} \cdot \mathbf{h}$로 치환한다면, $\mathbf{r}$의 계산을 피할 수가 있다. 하지만, 중간각 ψ는 ϕ보다 작고, $(r \cdot v)^e$에서 사용한 것과 같은 지수 e를 $(n \cdot h)^e$에 사용한다면 정반사 하이라이트의 크기도 작아지게 된다. 이 문제는 지수 e 대신 $(n \cdot h)_e$이 $(\mathbf{r} \cdot \mathbf{v})^e$와 비슷해지는 e' 을 사용하는 것으로 어느 정도 해결할 수 있다.

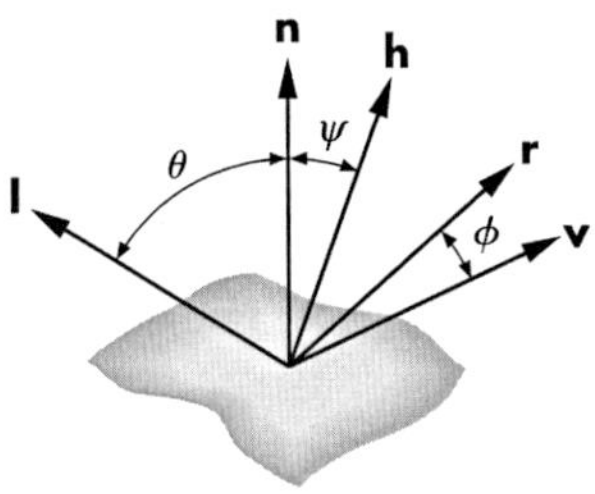

● 그림 5.20 ● 중간 벡터 측정

*r*의 재계산을 피하는 것은 분명히 바람직하다. 하지만, 절약되는 곳이 어디인지 완전히 이해하기 위해서는 평면과 곡면, 근거리와 원거리 광원, 근거리와 원거리 관측자의 모든 경우들을 고려해야 한다(연습문제 5.8).

정반사항 계산에서 중간 벡터를 사용할 때 Blinn-Phong 또는 **수정된 Phong 음영 모형**(modified Phong shading model)이라 한다. 이 모형은 OpenGL에서 기본적으로 사용되는 것으로 각 정점이 파이프라인을 따라 내려갈 때 정점마다 계산된다.

컬러 그림판 17은 수정된 Phong 모형을 사용하여 OpenGL로 렌더링한 유타 찻잔(10.10절) 그룹을 보여준다. 찻잔이 서로 다르게 보이도록 만드는 재질 특성을 제어할 수 있음에 주목하라. 이것은 수정된 Phong 모형이 어떻게 탁한 표면에서 금속처럼 밝게 반사되는 다양한 표면 효과를 만들 수 있는지 보여준다.

5.4 벡터 계산

우리가 유도한 조명과 반사 모형은 곡면이나 평면, 평행 관측이나 투시 관측, 원거리나 근거리 평면 모두에 적용될 수 있다. 장면의 렌더링을 위한 대부분의 계산은 요구되는 벡터와 내적의 결정을 포함한다. 특수한 경우에는 각각 단순화가 가능한데, 예를 들어 만일 표면이 평면 다각형이면 법선은 표면상에 있는 모든 점들에서 똑같고, 만일 광원이 표면에서 멀리 떨어져 있다면 빛의 방향은 모든 점에서 똑같다.

이 절에서는 일반적인 경우에 벡터가 어떻게 계산되는지 살펴보고, 5.5절에서는 객체가 평면 다각형으로 구성되었을 때 적용될 수 있는 추가적인 기법들을 보이겠다. 이 경우는 OpenGL을 포함한 대부분의 렌더러가 곡면을 많은 작은 평면 다각형들로 근사하여 표현하기 때문에 특별히 중요하다.

5.4.1 법선 벡터

부드러운 표면에서, 표면의 법선 벡터는 모든 점에서 존재하고, 표면의 국지적인 방향을 나타낸다. 그 계산은 표면의 수학적 표현에 따라 달라진다. 먼저 평면과 구, 두 개의 단순한 경우를 통해 법선을 어떻게 계산하고, 무엇이 어려운 부분인지를 살펴본다.

평면은 다음과 같은 식에 의해 표현될 수 있다.

$$ax + by + cz + d = 0$$

3장에서 본 것처럼, 이 식은 평면의 법선 n과 평면상의 한 점 $\mathbf{p}_0$를 이용해서 다음과 같이 쓸 수 있다.

$$\mathbf{n} \cdot (\mathbf{p} - \mathbf{p}_0) = 0$$

여기서 $\mathbf{p}$는 평면상의 임의의 점 (x, y, z)이다. 두 식을 비교하면 벡터 $\mathbf{n}$은 다음과 같고

$$\mathbf{n} = \begin{bmatrix} a \\ b \\ c \end{bmatrix}$$

동차 좌표로는 다음과 같다.

$$\mathbf{n} = \begin{bmatrix} a \\ b \\ c \\ 0 \end{bmatrix}$$

하지만 동일 선상에 있지 않은 세 개의 점 $\mathbf{p}_0$, $\mathbf{p}_1$, $\mathbf{p}_2$이 대신 주어졌다고 가정하자. 세 점은 평면상에 있고 따라서 평면을 유일하게 결정할 수 있다. 벡터 $\mathbf{p}_2 - \mathbf{p}_0$와 $\mathbf{p}_1 - \mathbf{p}_0$는 평면에 대하여 평행하고, 법선 벡터를 찾기 위하여 그들의 외적을 사용할 수 있다.

$$\mathbf{n} = (\mathbf{p}_2 - \mathbf{p}_0) \times (\mathbf{p}_1 - \mathbf{p}_0)$$

외적에서 벡터의 순서를 매우 주의해야 한다. 순서를 바꾸는 것은 표면을 외향면에서 내향면이 되게 바꾸는 것이고, 조명 계산에 영향을 미칠 수 있다. 어떤 그래픽스 시스템은 다각형 정보에서 처음 세 개의 정점을 시용하여 법선을 자동적으로 결정한다. OpenGL은 그렇게 하지 않고, 5.5절에서 볼 수 있는 것처럼 사용자가 법선을 계산하도록 하여 조명 모형을 적용하는데 유연성을 제공한다.

곡면에서 법선을 계산하는 방법은 표면을 어떻게 표현하느냐에 따른다. 곡선과 곡면의 표현은 10장에서 세 가지 방법에 대하여 논의하겠다. 중심이 원점에 있는 단위 구를

어떻게 표현하는가를 생각해봄으로써 몇 가지 가능한 방법들을 볼 수 있다. 구를 표현하는 통상적인 식은 다음과 같은 **음함수식**(implicit equation)

$$f(x, y, z) = x^2 + y^2 + z^2 - 1 = 0$$

또는 다음과 같은 벡터 형식의 음함수식이다.

$$f(\mathbf{p}) = \mathbf{p} \cdot \mathbf{p} - 1 = 0$$

법선은 열 행렬

$$\mathbf{n} = \begin{bmatrix} \frac{\partial f}{\partial x} \\ \frac{\partial f}{\partial y} \\ \frac{\partial f}{\partial z} \end{bmatrix} = \begin{bmatrix} 2x \\ 2y \\ 2z \end{bmatrix} = 2\mathbf{p}$$

에 의해 표현되는 **그래디언트 벡터**(gradient vector)에 의해 주어진다.

또한, 구는 **매개변수 형식**(parametric form)으로 표현될 수도 있다. 이러한 형식에서 구 위에 있는 한 점의 x, y, z값은 두 개의 매개변수 u와 v를 이용해서 독립적으로 표현된다.

$$x = x(u, v)$$
$$y = y(u, v)$$
$$z = z(u, v)$$

10장에서 보게 될 것처럼 이 형식은 컴퓨터 그래픽스에서 선호되는데, 특히 특정 표면에 대해서 여러 개의 다른 매개변수 표현이 있을 수 있음에도 불구하고 곡선과 곡면을 표현하는데 선호된다. 구에 대한 하나의 매개변수 형식 표현은

$$x(u, v) = \cos u \sin v$$
$$y(u, v) = \cos u \cos v$$
$$z(u, v) = \sin u$$

이다. u와 v가 , $-\pi/2 < u < \pi/2$, $-\pi < v < \pi$의 범위 사이에서 변할 때, 구 위의 모든 점을 얻을 수 있다. 매개변수 형식을 사용할 때 그림 5.21에 보이는 것처럼 표면상의 한 점 $\mathbf{p}(u, v) = [x(u, v)(u, v)z(u, v)v]^T$에서의 **접면**(tangent plane)으로부터 법선을 얻을 수 있다. 접면은 곡면 위의 한 점에서 국지적인 방향을 정해준다. $\mathbf{p}$에서 표면의 태일러 급수 전개의 1차 항을 취하여 유도할 수 있다. 그 결과는 $\mathbf{p}$에서 다음 두 벡터 방향으로의 직선들은 접면상에 있다는 것이다.

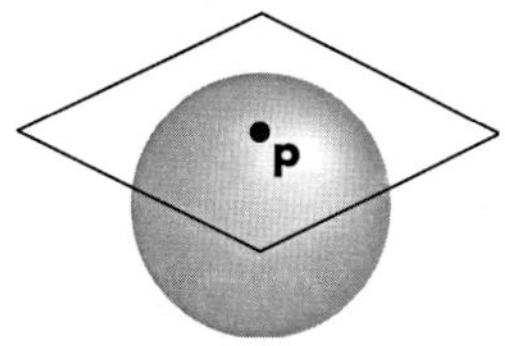

● 그림 5.21 ● 구의 접면

$$\frac{\partial \mathbf{p}}{\partial u} = \begin{bmatrix} \frac{\partial x}{\partial u} \\ \frac{\partial y}{\partial u} \\ \frac{\partial z}{\partial u} \end{bmatrix} \qquad \frac{\partial \mathbf{p}}{\partial v} = \begin{bmatrix} \frac{\partial x}{\partial v} \\ \frac{\partial y}{\partial v} \\ \frac{\partial z}{\partial v} \end{bmatrix}$$

법선을 얻기 위하여 그들의 외적을 이용할 수 있다.

$$\mathbf{n} = \frac{\partial \mathbf{p}}{\partial u} \times \frac{\partial \mathbf{p}}{\partial v}$$

구에서는 다음과 같다.

$$\mathbf{n} = \cos u \begin{bmatrix} \cos u \sin v \\ \cos u \cos v \\ \sin u \end{bmatrix} = (\cos u)\mathbf{p}$$

여기에서는 단지 $\mathbf{n}$의 방향에만 관심이 있으므로 $\cos u$로 나누어 구에 대한 단위 법선을 얻는다.

$$\mathbf{n} = \mathbf{p}$$

5.9절에서 이 결과를 다각형으로 근사된 구를 음영처리하는데 시용할 것이다.

그래픽스 시스템 내에서는 일반적으로 정점의 집합에 대해 작업하므로, 법선 벡터는 법선이 필요한 점에 가까운 점들의 집합으로부터 근사되어야 한다. 실시간 그래픽스 시스템의 파이프라인 구조에서는 이 계산이 어렵다. 그 이유는 한 번에 하나의 벡터를 처리하기 때문에 주어진 점에서의 법선 근사 계산을 위해 이용할 수 있는 정보를 그래픽스 시스템이 가지고 있지 않을 수 있기 때문이다. 따라서 그래픽스 시스템은 보통 법선의 계산을 사용자 프로그램에서 하도록 한다.

OpenGL에서는 다음과 같이 정점 속성에 대응되는 법선을 정의하고 정점 셰이더에서 사용되는 법선 데이터를 설정한다.

```
typedef normal vec4;
normal n = vec4(nx, ny, nz, 0.0);
```

5.4.2 반사각

한 점에서 법선이 계산되었을 때, 완전 반사의 방향을 계산하기 위해 이 법선과 광원의 방향을 사용할 수 있다. 이상적인 거울은 다음과 같은 특징을 가진다. 첫째로, 입사각은 반사각과 동일하다. 이들 각도는 그림 5.22에 그려져 있다. **입사각**(angle of incidence)은 법선과 광원(점 광원이라는 가정 하에)사이의 각도이며, **반사각**(angle of reflection)은 법선과 빛이 반사되는 방향 사이의 각도이다. 2차원에서는 각도 조건을 만족하는 각도가 단 하나만 있다. 그러나 3차원에서는 각도조건을 만족하는 각도가 무한히 많기 때문에 이 문장만으로는 요구된 각도를 계산하는데 불충분하다. 따라서, 다음과 같은 문장을 추가해야 한다. 표면 위에 있는 한 점 **p**에서, 그 점으로 들어오는 광선, 그 점에서 반사되는 광선, 그 점의 법선은 모두 같은 평면상에 있어야 한다. 이 두 가지 조건은 **n**과 **l**로부터 **r**을 결정할 수 있도록 한다. 우리의 주된 관심사는 **r**의 크기 보다는 방향이다. 그러나 만일 단위 길이의 벡터만을 다룬다면 많은 렌더링 계산이 보다 쉬워질 것이다. 따라서 **l**과 **n** 둘 다

$$|\mathbf{l}| = |\mathbf{n}| = 1$$

또한

$$|\mathbf{r}| = 1$$

과 같이 정규화되었다고 가정하겠다. 만일, $\theta_i = \theta_r$이면 $\cos\theta_i = \cos\theta_r$이다. 내적을 사용하면 각도 조건은 $\cos\theta_i = \mathbf{I}\cdot\mathbf{n} = \cos\theta_r = \mathbf{n}\cdot\mathbf{r}$이다. 동일평면 조건은 **r**을 **I**과 **n**의 선형 조합으로 쓸 수 있다는 의미를 내포하므로 $\mathbf{r} = \alpha\mathbf{l} + \beta\mathbf{n}$이 된다. **n**과 내적을 하면 $\mathbf{n}\cdot\mathbf{r} = \alpha\mathbf{l}\cdot\mathbf{n} + \beta = \mathbf{I}\cdot\mathbf{n}$이다. **r** 또한 단위길이라는 요구로부터 α와 β 사이의 두 번째 조건을 얻을 수 있다. 따라서 $1 = \mathbf{r}\cdot\mathbf{r} = a^2 + 2\alpha\beta\mathbf{I}\cdot n + \beta^2$이다. 이 두 개의 식을 풀면 $\mathbf{r} = 2(\mathbf{I}\cdot\mathbf{n})\mathbf{n} - 1$을 얻을 수 있다.

일부 셰이더 프로그램에서 반사 벡터를 계산하기 위해 이 공식을 사용하지만, 단지 셰이더 내부에서만 반사 벡터가 필요한 경우는 GLSL `reflect()` 함수를 사용해서 계

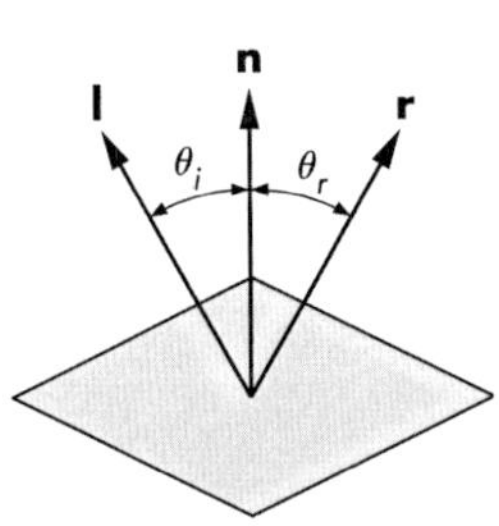

● 그림 5.22 ● 거울

산할 수 있다. 환경 맵과 같은 방법들도 반사 관측 벡터를 사용할 것이다(연습문제 5.26). 반사 관측 벡터는 관측자가 광택이 나는 구와 같이 반사가 잘 되는 표면을 볼 때 관측자가 보게 될 것을 정하기 위해 사용된다.

5.5 다각형 음영

법선 벡터를 계산할 수 있고 광원과 관측자의 집합이 주어지면, 우리가 개발한 조명과 조도 모형 모두가 표면상의 모든 점에 대하여 적용될 수 있다고 가정하자. 불행히도, 구의 예제(5.4절)에서처럼 법선 벡터를 계산하는 간단한 식을 가지고 있다 하더라도 필요한 계산량이 대단히 많을 수 있다. 객체에 대하여 다각형 모델을 사용하는 것은 많은 장점이 있으며, 평면 다각형에 대한 추가적인 장점은 음영처리에 요구되는 작업을 많이 줄일 수 있다는 점이다. OpenGL을 포함한 대부분의 그래픽스 시스템은 곡면을 많은 작은 평면 다각형으로 분해하여 평면 다각형을 렌더링함으로써 효율을 높인다.

그림 5.23에 보이는 것 같은 다각형 메시를 생각해 보자. 각 다각형은 평면이고, 따라서 법선 벡터가 명확하게 정의될 수 있다. 다각형에 대한 음영처리를 하기 위한 세 가지 방법으로 평면 음영법, 보간 음영 또는 Gouraud 음영법, Phong 음영법을 고려한다.

5.5.1 평면 음영법

세 개의 벡터 **l**, **n**, 그리고 **v**는 곡면 위의 점에서 점으로 움직일 때 변하게 된다. 그러나 평면 다각형에서 **n**은 변하지 않는다. 만일 원거리 관측자를 가정하면, **v**는 다각형 전체에서 변하지 않는다. 마지막으로 광원이 원거리 광원이라면, **l**이 고정된다. 여기에서 원거리(distant)라는 것은 엄밀히 말하면 광원이 무한의 거리에 있다는 것이다. 광원의 위치(location)를 광원의 방향(direction)으로 바꾸는 것 같은 필요한 수정이 음영 방정식과 그 구현에 가해질 수 있다. 원거리라는 말은 그림 5.24에 보이는 것처

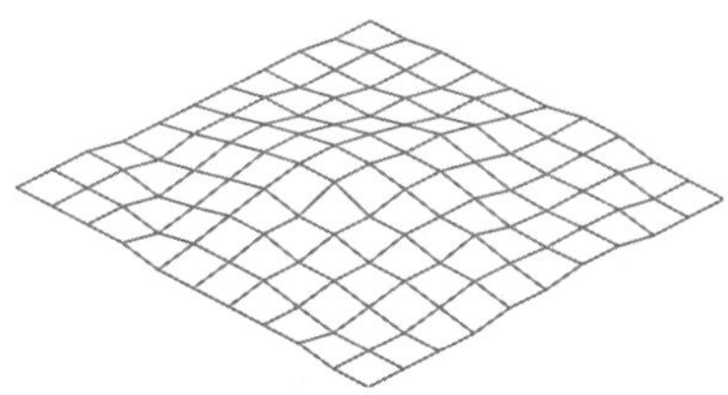

● 그림 5.23 ● 다각형 메시

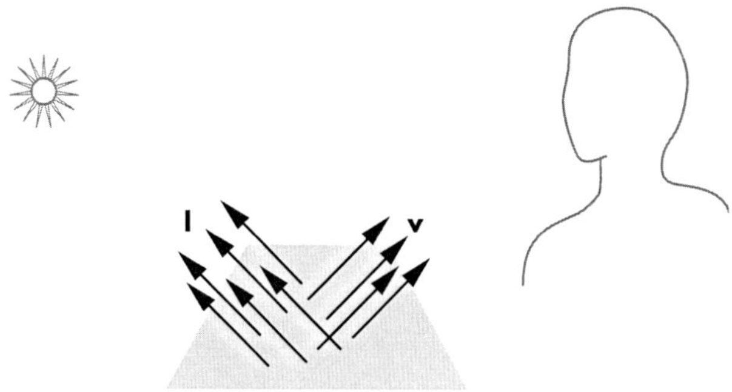

● 그림 5.24 ● 원거리 광원과 원거리 관측자

럼 광원이나 관측자로부터 얼마나 떨어져 있는가에 대한 다각형의 상대적 크기로도 해석될 수 있다. 그래픽스 시스템 또는 사용자 프로그램은 종종 이와 같은 정의를 이용한다.

만일 세 개의 벡터가 상수라면 음영 계산은 각 다각형에 대하여 단지 한 번만 수행하면 되고 다각형 위의 각점에는 같은 음영이 할당될 것이다. 이러한 기법을 **평면 음영법**(flat shading) 또는 **균일 음영법**(constant shading)이라고 한다.

평면 음영에서 메시 내의 다각형들에 대한 음영은 서로 다르게 보일 것이다. 만일 광원과 관측자가 다각형에 가까이 있다면, 벡터 **l**과 **v**는 각 다각형에 대하여 다르게 된다. 그러나 만일 다각형 메시가 부드러운 표면을 모델링하기 위해 설계되었다면, 그림 5.25에 보이는 것처럼 인접 다각형 사이의 음영에서조차 약간의 차이가 보이기 때문에 평면 음영은 거의 언제나 만족스러운 결과를 주지 못한다. 인간의 시각 시스템은 **측면 금제**(lateral inhibition)라 알려진 특성 때문에 빛의 세기의 작은 차이에 매우 예민하다. 만일 그림 5.26에 보이는 것처럼 차례로 증가하는 명암 열을 본다면, 그림 5.27에서 보여주는 것처럼 명암 계단에서 한쪽은 더 올라가고 한쪽은 더 내려가서 계단 부근의 밝기

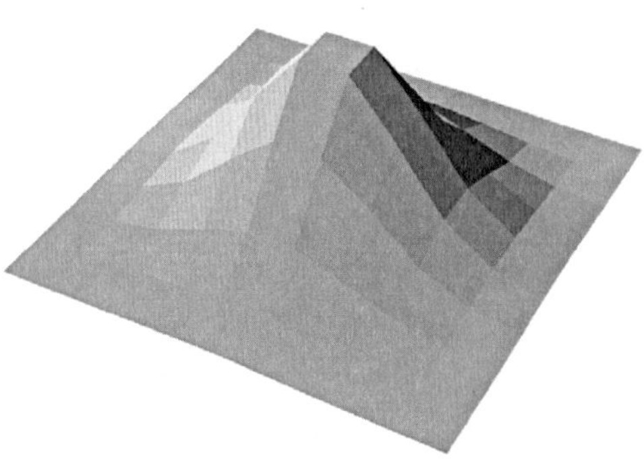

● 그림 5.25 ● 다각형 메시의 평면 음영

● 그림 5.26 ● 음영 단계 표

가 증가한 것처럼 감지하게 된다. 이는 경계를 따라 Mach 띠(Mach band)라고 알려진 띠로 보게 된다. 이 현상은 눈에 있는 추상체가 시신경과 연결되어진 방법에 따른 결과이고, 다각형의 경계에서 음영이 큰 차이가 나지 않는 좀 더 부드러운 음영처리 기술을 찾는 것 외에는 피할 수 있는 방법은 거의 없다 .

5.5.2 보간 음영과 Gouround 음영법

3.12절에 있는 회전 육면체 예제에서 OpenGL이 다각형 정점들의 색들에 대해 보간함을 보았다. 각 정점에서 재질 특성을 이용해 조명에 대한 계산이 실행되고, 벡터 **n**, **v** 그리고 **l**이 계산된다고 가정해 보자. 그러면 각 단편에 대한 음영 보간을 사용할 수 있는 색상을 각 정점이 가지게 된다. 만일 광원이 멀리 있고, 관측자 역시 멀리 있거나 또는 정반사가 없다면 보간 음영법은 같은 색으로 다각형을 음영처리하게 된다는 점에 유의하자.

메시를 보면, 수학적 정확성을 걱정하는 사람들에게 우려를 불러일으킬 수 있다. 왜냐하면 각각 자신의 법선을 가지고 있는 여러 개의 다각형이 메시의 내부 정점에서 만나므로, 그 정점에서의 법선은 불연속적이기 때문이다. 이러한 상황이 수학적으로는 복잡하지만, Gouraud는 보간을 통해서 보다 부드러운 음영을 얻도록 정점에서의 법선이 정의될 수 있다는 것을 깨달았다. 그림 5.28에 보이는 것처럼 네 개의 다각형이 만나는 내부 정점을 고려하자. 각 다각형은 자신의 법선을 가진다. **Gouraud 음영법**(Gouraud shading)에서는 한 정점에서의 법선을 그 정점을 공유하고 있는 다각형들 법선의 평균을 정규화한 것으로 정의한다. 위의 예에서, 정점 법선(vertexnormal)은

$$\mathbf{n} = \frac{\mathbf{n}_1 + \mathbf{n}_2 + \mathbf{n}_3 + \mathbf{n}_4}{|\mathbf{n}_1 + \mathbf{n}_2 + \mathbf{n}_3 + \mathbf{n}_4|}$$

로 주어진다. OpenGL의 관점에서 Gouraud 음영법은 믿을 수 없이 간단하다. 올바른 정점 법선을 설정하기만 하면 된다. 문헌들은 흔히 보간 음영과 Gouraud 음영법을 구분하지 않는다. 그러나 구분하지 않을 경우 하나의 문제가 발생한다. 함께 평균을 낼 법

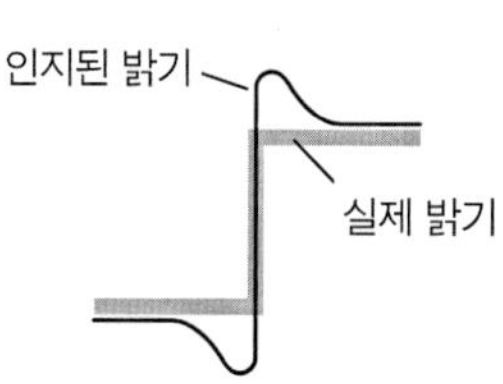

● 그림 5.27 ● 경계에서의 인지된 밝기와 실제의 밝기

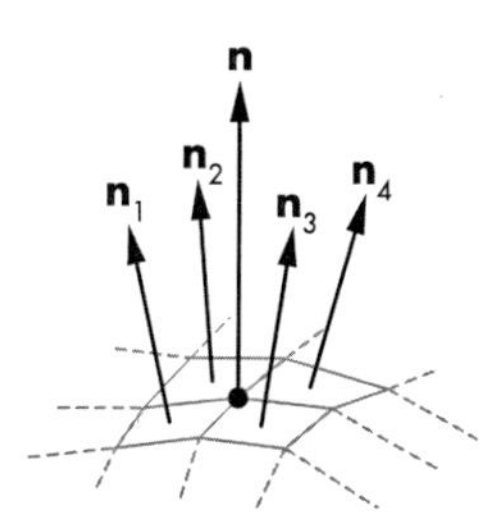

● 그림 5.28 ● 내부 정점에 가까운 법선들

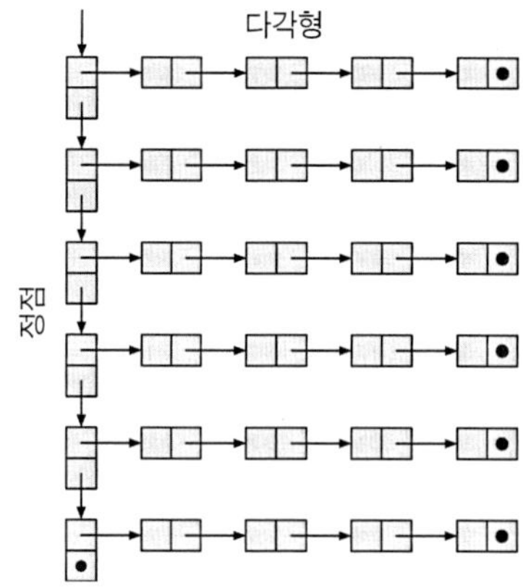

● 그림 5.29 ● 메시 자료구조

선들을 어떻게 찾는가? 만일 우리의 프로그램에 선형의 정점(그리고 다른 속성들의) 리스트를 가지고 있다면 어떤 다각형들이 정점을 공유하는지에 관한 정보를 갖지 못한다. 필요한 것은 물론 메시를 표현하기 위한 자료 구조이다. 이러한 자료 구조를 순회함으로써 평균된 법선을 가진 정점들을 생성시킬 수 있다. 이러한 자료 구조는 적어도 다각형, 정점, 법선, 재질 특성들을 포함해야 한다. 한 가지 가능한 구조를 그림 5.29에서 보여준다. 자료 구조에서 표현되어야 하는 핵심은 어떤 다각형들이 각 정점에서 만나는가이다.

컬러 그림판 4와 5는 OpenGL에서 기능한 음영 효과의 과정을 보여준다. 컬러 그림판 4에서 단일 광원이지만, 각 다각형은 Phong 모형을 사용하여 계산된 단일 음영(상수 음영)으로 렌더링되었다. 컬러 그림판 5에서는 법선들이 모든 정점들에 대하여 할당되었다. 그리하여 OpenGL은 정점들에 대하여 음영을 계산하고 다각형 면들에 대해 이 음영들을 보간한다.

컬러 그림판 21은 OpenGL에 의해 제공되는 부드러운 음영처리의 또 다른 예를 보인다. 이러한 색 육면체를 2장과 3장의 예제와 부록 A의 프로그램에서 사용하였다. 8개의 정점들은 검정, 흰색, 적색, 녹색, 청색, 청록색, 자홍색, 황색으로 색이 할당되었다. 부드러운 음영처리가 인에이블되면 OpenGL은 이 색들을 다각형의 면들에서 자동적으로 보간한다.

5.5.3 Phong 음영법

Gouraud 음영법에서 소개된 부드러움도 Mach 띠가 나타나는 것을 막지는 못한다. Phong은 Gouraud 음영법에서의 정점 광도 보간 대신에 각 다각형을 가로질러 법선을 보간하는 방법을 제안했다. 그림 5.30에 보이는 것처럼 에지와 정점을 다른 다각형과

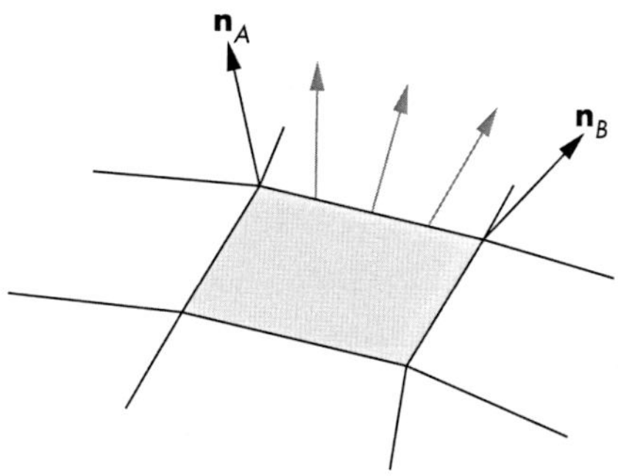

● 그림 5.30 ● 변에서의 법선

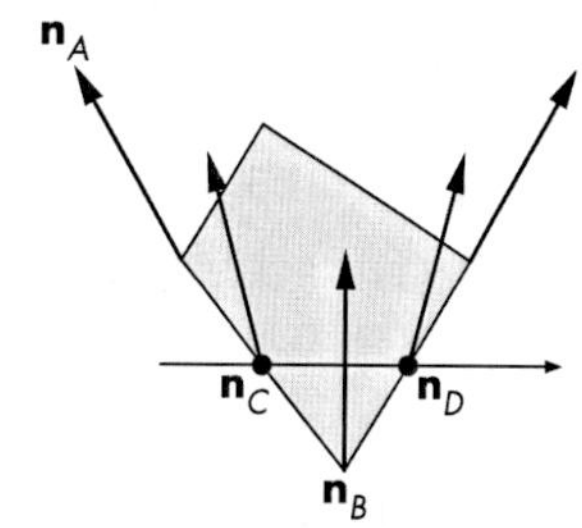

● 그림 5.31 ● Phong 음영법에서 법선의 보간

공유하는 하나의 다각형을 고려하자. 정점을 공유하는 다각형의 법선들을 보간함으로써 정점 법선을 계산할 수 있다. 다음으로, 4장에서 했던 것처럼 다각형의 법선들을 보간하기 위해 쌍일차 보간(bilinear interpolation)을 사용할 수 있다. 그림 5.31을 보자. 점 A와 B에서의 보간된 법선을 사용해서 그들 사이의 에지 위의 법선을 보간할 수 있다.

모든 변들에 대하여 비슷한 보간을 할 수 있다. 내부 점에서의 법선은 변 위의 점들로부터 다음과 같이 구해진다.

$$\mathbf{n}_C(\alpha) = (1-\alpha)\mathbf{n}_A + \alpha\mathbf{n}_B$$

각 점에서 법선을 얻고 나면, 음영 계산을 독립적으로 할 수 있다. 보통 이 과정은 다각형의 주사 변환(scan conversion)과 결합될 수 있다 최근까지, Phong 음영법은 다각형을 가로지르는 법선 보간을 요구하기 때문에 오프라인으로만 수행될 수 있었다. 그래픽스 파이프라인에서 봤을 때, Phong 음영법은 조명 모델이 각 단편마다 적용되기 때문에 **단편별 음영법**(per fragment shading)이라 한다. Phong 단편화는 단편화 음영법을 다루면서 구현해 보도록 할 것이다.

$$\mathbf{n}(\alpha, \beta) = (1-\beta)\mathbf{n}_C + \beta\mathbf{n}_D$$

5.6 순환적 분할에 의한 구의 구사

음영처리 계산을 설명하기 위해 곡면의 예인 구(sphere)를 사용했다. 그러나 구는 OpenGL이 지원하는 객체는 아니다. GL 유틸리티 라이브러리(GLU)와 GL 유틸리티 툴킷(GLUT)이 구를 포함하고 있는데, 전자는 10장에서 논의할 주제인 2차 곡면을 이용해

지원하고 있고, 후자는 다각형 근사를 통해서 지원한다.

여기서 우리는 구에 대한 자신의 다각형 근사를 개발한다. 이것은 음영 매개변수와 곡면의 다각형 근사의 상호작용을 예시하는 간단한 프로그램의 작성을 위한 기초를 제공한다. 여기서 소개할 것은 곡선과 곡면을 원하는 만큼의 정밀도로 근사할 수 있는 강력한 기법인 **순환적 분할**(recursive subdivision) 기법이다.

초기에 삼각형으로 구성된 면을 가진 임의의 정다각형[2)]으로 시작할 수 있겠지만, 시작은 사면체로 한다. 정사면체는 네 개의 정점에 의해 이루어지는 네 개의 정삼각형으로 구성된다. 네 개의 정점

$$(0, 1, 1), (1, 2\sqrt{2}/3, -1/3), (-\sqrt{6}/3, -\sqrt{2}/3, -1/3), (\sqrt{6}/3, -\sqrt{2}/3, -1/3)$$

에서 시작한다. 네 개 모두는 원점을 중심으로 하는 단위 구 상에 있다(연습문제 5.6에서 이 점을 찾는 한 방법을 제시한다).

사면체의 선구조(wireframe) 그리기에 의해 첫 번째 근사를 얻는다. 네 개의 정점을 다음과 같이 정의한다.

```
point4 v[4] = {vec4(0.0, 0.0, 1.0, 1.0),
               vec4(0.0, 0.942809, -0.333333, 1.0),
               vec4(-0.816497, -0.471405, -0.333333, 1.0),
               vec4(0.816497, -0.471405, -0.333333, 1.0)};
```

그리고 정점들을 배열에 넣는다.

```
point4 data[12];
```

이제 라인 반복(line loop)을 통해서 삼각형을 그릴 수 있다. 각 삼각형의 3개의 점은 다음 함수를 통해서 배열에 저장된다.

```
static int k = 0;

void triangle(point4 a, point4 b, point4 c)
{
    data[k] = a;
    k++;
    data[k] = b;
    k++;
    data[k] = c;
```

2) 정20면체는 12개의 똑같은 삼각형들을 포함하고 있다. 그것은 구를 만들기 위한 좋은 시작점이다. [Ope97a]를 참조하라.

```
        k++;
    }
```

사면체에 대한 모든 데이터는 다음과 같이 data 변수에 저장된다.

```
void tetrahedron()
{
    triangle(v[0], v[1], v[2]);
    triangle(v[3], v[2], v[1]);
    triangle(v[0], v[3], v[1]);
    triangle(v[0], v[2], v[3]);
}
```

정점들의 순서는 오른손 법칙을 따르므로, 음영처리된 다각형을 그리기 위해 어렵지 않게 코드를 변경할 수 있다. 만일 초기화를 위한 통상적인 코드를 추가하면, 프로그램은 그림 5.32에 있는 것 같은 이미지를 생성할 것이다. 이것은 간단한 정사면체일뿐 구에 대한 근사로는 불충분하다 .

사면체의 각 면을 더 작은 삼각형으로 분할함으로써 구에 보다 가까운 근사를 얻을 수 있다. 삼각형으로의 분할은 새로 만들어진 면들도 모두 평면이 되게 한다. 그림 5.33에 보이는 것 같이 적어도 세 가지 분할 방법이 있다. 삼각형 내각을 이등분하여 중앙에서 만나는 세 개의 이등분선을 그림으로써 새로운 세 개의 삼각형을 만든다.

또한 간단히 평균을 구함으로써 무게 중심을 계산하고, 이 점에서 세 개의 정점으로 직선을 그어 세 개의 삼각형을 생성할 수도 있다. 그러나 이 기법들은 정사면체를 구성하는 정삼각형을 유지하지 못한다. 대신 2장의 시어핀스키 개스킷(sierpinski gasket)의 가능한 구조를 상기하면 그림 5.33(c)에서 보이는 것처럼 삼각형 변의 중점을 연결하여

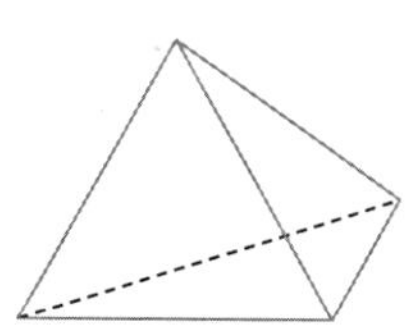

● 그림 5.32 ● 사면체

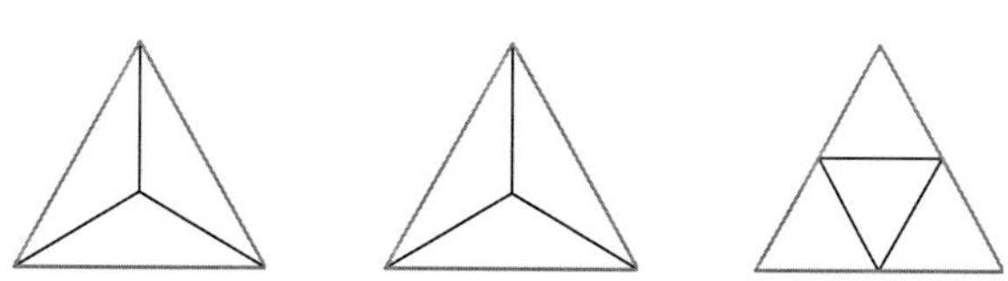

(a) (b) (c)

● 그림 5.33 ● (a) 각 이분법, (b) 무게중심 계산, (c) 변 이분법에 의한 삼각형 분할

네 개의 정삼각형을 구성할 수 있다. 이 방법을 예제에 이용할 것이다.

앞서 설명한대로 한 변을 분할하면, 새로운 네 개의 삼각형은 원래의 삼각형과 동일 평면상에 위치한다. 이분법에 의해 생성된 새로운 정점들을 `vec.h` 파일에 정의된 `normalize()` 함수로 단위 구로 옮길 수 있다. 이제 다음 코드로 a, b, c 정점들로 이루어진 삼각형을 분할할 수 있다.

```
point4 v1, v2, v3;
v1 = normalize(a + b);
v2 = normalize(a + c);
v3 = normalize(b + c);
triangle(a, v2, v1);
triangle(c, v3, v2);
triangle(b, v1, v3);
triangle(v1, v2, v3);
```

네 개가 아닌 열여섯 개의 삼각형을 생성하기 위해 사면체 루틴에서 이 코드를 사용할 수 있지만, 차라리 보다 더 구에 가까운 근사를 계속적으로 생성하기 위해 분할과정을 *n* 번 반복할 수 있다. 분할 루틴을 순환적으로 호출하는 것에 의해 분할 횟수를 제어할 수 있다.

첫째로 매개변수 n을 추가하여 순환의 깊이에 의존하는 사면체 루틴을 만들 수 있다.

```
void tetrahedron(int n)
{
    divide_triangle(v[0] , v[1] , v[2], n);
    divide_triangle(v[3] , v[2] , v[1] , n);
    divide_triangle(v[0] , v [3], v[1] , n);
    divide_triangle(v[0] , v[2], v[3] , n);
}
```

`divide_triangle` 함수는 만일 n이 0보다 크다면 분할을 하기 위해 그 자신을 호출하고, 만일 n이 0으로 감소되면 삼각형을 생성한다. 아래에 그 코드가 있다.

```
void divide_triangle(point4 a, point4 b, point4 c, int n)
{
    point4 v1, v2, v3;
    if (n>0)
    {
        v1 = normalize(v[a] + v[b]);
        v2 = normalize(v[a] + v[c]);
        v3 = normalize(v[b] + v[c]);
        divide_triangle(a ,v2, v1, n-1);
        divide_triangle(c ,v3, v2, n-1);
        divide_triangle(b ,v1, v3, n-1);
```

```
        divide_triangle(v1 ,v2, v3, n-1);
    }
    else triangle(a, b, c);
}
```

그림 5.34는 이 코드에 의해 그려진 구의 근사체를 보여준다. 이제는 구의 근사체에 조명과 음영을 추가하는 쪽으로 방향을 돌리자.

5.7 조명 매개변수 지정

오랫동안 Blinn-Phong 조명 모델은 컴퓨터 그래픽스의 표준이었고, OpenGL에서 고정 함수(fixed-functionality) 파이프라인으로 지정되었다. 음영의 중요성이 강조되고 있는 상황에서 무손실 조명 모델을 자유롭게 사용할 수 있게 된 것이다. 또한 조명 모델은 어디에 적용할지 설정할 때는 조명과 물체의 특성을 지정하고 이를 응용프로그램에서 사용하거나 셰이더로 전달해야 한다.

5.7.1 광원

5.2절에서 광원의 4가지 속성인 주변광(ambient), 점 광원, 집중광선(spotlight), 원거리 광원(distant)에 대해서 소개했었다. 하지만 집중광선과 원거리 광원은 어느 한 지점에서 시작될 수 있기 때문에 점 광원과 주변 조명에 초점을 맞춰보려고 한다. 이상적인 점 광원(point source)은 모든 방향으로 균일하게 빛을 방출하는 것이다. 점 광원에서 집중광선을 얻어 내려면 점 광원의 방향을 제한하고, 원하는 윤곽(profile)을 따라서 빛을 방출하게 만들어야 한다. 마찬가지로 점 광원에서 원거리 광원을 얻어내기 위해서는 광원의 위치를 무한히 움직이게 해서 광원이 처음 시작된 지점으로부터 이동된 위치까지를 연결하면 광원의 방향이 되도록 만들어야 하는 것이다. 이런 논리는 평행 관측(parallel viewing)이 원거리 관측(perspective viewing)에서 투사체의 중심을 무한히 이동시켜

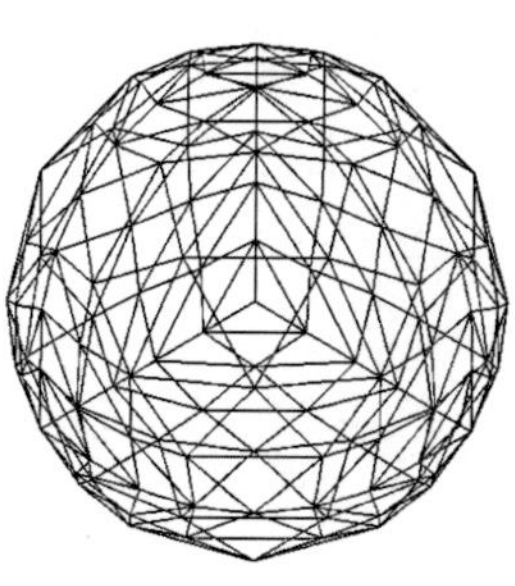

● 그림 5.34 ● 분할을 이용한 구의 근사

놓은 것처럼 제한하는 것과 비슷한 논리이다. 평행투영(parallel projection) 방정식을 도출할 때도 말했지만, 평행 관측처럼 특정 제한요소를 정하는 방식보다는 원거리 광원에서 직접 조명 방정식을 도출하는 방식이 훨씬 간단하게 원하는 결과를 얻게 될 것이다.

주변광은 어떤 장면에서 모든 위치에 영향을 주기 마련이지만, 실제 환경에서 광원과 주변광은 독립적이다. 예를 들면, 밀폐된 방에 한 개의 하얀색 점 광원이 있다고 생각해 보자. 조명이 꺼지면, 방에는 전혀 빛이 없는 상태가 되지만, 불이 켜지면 방의 모든 위치에서 광원이 수많은 면에 부딪히면서 난반사 및 반사되는 상황을 떠올릴 수 있다. 이때 하얀색 조명은 방의 모든 면에서 튕겨져 나가게 되는데, 이런 현상은 특정 위치가 아닌 방 안의 모든 위치에서 동시 다발적으로 발생된다. 이를 주변광이라고 한다. 주변광의 색상은 광원의 색상과 방 안에 있는 각 면의 반사 특성 모두와 관련이 있다. 방의 벽이 빨간색이면 주변광 성분이 빨간색 성분으로 채워질 것이라고 예상할 수 있다. 하지만 표면에서 볼 수 있는 음영에 나타나는 주변광의 성분은 결국엔 광원과 밀접한 관련이 있어서 광원의 일부라고 볼 수 있는 것이다.

모든 광원에 대해서 색상과 위치 그리고 방향을 지정해야 되는데, 5.2절에서 언급한 것처럼 모든 광원의 색상은 난반사, 정반사, 주변반사 성질을 가지고 있기 때문에 단일 광원에 대해서 다음과 같이 선언할 수 있다.

```
color4 light_diffuse, light_specular, light_ambient;
```

광원의 위치는 다음과 같이 선언한다.

```
point4 light_position;
```

점 광원을 동차 좌표로 나타내면

```
point4 light_position = vec4(1.0, 2.0, 3.0, 1.0);
```

이 되고 네 번째 값을 0으로 바꿔주면

```
point4 light_position = vec4(1.0, 2.0, 3.0, 0.0);
```

이 된다. 이 광원은 (1.0, 2.0, 3.0)에 해당되는 방향을 가진다.

방향을 갖는 광원에 시작 지점으로부터 떨어진 거리에 따른 감쇄현상을 고려해야 한다면, 물론 가장 이상적인 광원의 감쇄는 거리 값 d의 제곱에 반비례하는 경우이지만,

다음과 같은 상수, 1차, 2차 항을 가진 거리-감쇄 공식을 이용해서 어느 정도 부드러운 결과를 얻을 수 있다.

$$f(d) = \frac{1}{a + bd + cd^2}$$

이 값에 대한 세 개의 float 변수를 다음과 같이 선언하고 응용프로그램이나 셰이더에 uniform 변수형태로 전달할 수 있다.

```
float attenuation_constant, attenuation_linear, attenuation_quadratic;
```

그리고 위치 광원은 집중 광선의 방향, 지수, 각도를 설정해서 집중 광원으로 변경할 수 있고, 이 세 가지 변수는 모두 float형으로 선언할 수 있다.

5.7.2 재질

OpenGL의 재질 특성은 제공되는 광원과 Phong 반사 모형에 직접적으로 대응된다. 또한 표면의 전면과 후면에 대하여 서로 다른 특성들을 지정할 수 있다. 모든 반사 매개변수는 다음 함수를 통하여 지정된다.

예를 들어, 다음 세 개의 배열을 통해서 RGB 또는 RGBA를 사용하는 각 원색에 대해 주변 반사, 난반사, 정반사 계수 (k_a, k_d, k_s)를 정의할 수 있다.

```
color4 ambient = color4(0.2, 0.2, 0.2, 1.0);
color4 diffuse = color4(1.0, 0.8, 0.0, 1.0);
color4 specular = color4(1.0, 1.0, 1.0, 1.0);
```

여기에서 작은 양의 백색 주변 반사, 황색 난반사 특성, 백색 정반사를 정의하였다. 난반사 계수와 정반사 계수가 같은 경우가 종종 발생한다는 점에 유의하자. 정반사의 경우 다음과 같이 빛의 강도를 선언할 수 있다.

```
float shininess;
```

만약에 전면과 후면 속성이 서로 다를 경우에는 다음과 같이 세 개의 추가 변수를 선언할 수 있다.

```
color4 back_ambient, back_diffuse, back_specular;
```

또한 관측 범위 내에 있는 단 한 개의 광원만을 볼 수 있도록 하고 싶은 경우가 있다. 예를 들면, 어두운 장면에서 달을 볼 수 있는 것처럼 말이다. 물론 달을 원형에 가까운 다각형으로 간단하게 형상화할 수 있다. 하지만 달을 렌더링할 때, 달의 색상이 상수 값이고 다른 광원에 전혀 영향을 받지 않아야만 한다. 우리는 스스로 빛을 내는 광원 특성인 방사성 효과를 줄 수 있는데, 이러한 효과는 다른 광원으로부터 전혀 영향을 받지 않고, 반대로 다른 표면에 어떤 영향도 주지 않는 것을 의미한다. 이는 표면에 고정 색상을 추가하고 물체의 속성과 유사한 값으로 설정해 주는 방식이다. 예를 들면,

```
color emission = color4(0.0, 0.3, 0.3, 1.0);
```

는 아주 적은 양의 청록색 방사를 선언한 것이다. 응용프로그램 개발자의 관점에서 보면 단일 함수를 이용해서 물체의 속성을 정의하고 싶을 것이다. 이를 위해서 구조체 및 클래스를 이용해서 물질 객체를 정의한다. 다음과 같은 구조체를 이용해서

```
typedef struct materialStruct {
    color4 ambient;
    color4 diffuse;
    color4 specular;
    color4 emission;
    float shininess;
} materialStruct;
```

다음과 같이 물질을 정의하는 코드를 작성할 수 있고

```
materialStruct brassMaterials =
{
    {0.33, 0.22, 0.03, 1.0},
    {0.78, 0.57, 0.11, 1.0},
    {0.99, 0.91, 0.81, 1.0},
    {0.0, 0.0, 0.0, 1.0},
    27.8
};
```

이 코드는 포인터를 통해서 접근할 수 있다.

```
currentMaterial = &brassMaterials;
```

5.8 조명 모델 구현하기

지금까지는 조명 모델에서 사용될 만한 매개변수들을 살펴보았다. 이제 조명 모델을 어디에 적용할지를 고민하기에 앞서 특정 모델을 먼저 만들어야 한다. 간단하게 단일 점 광원에서 사용되는 Blinn-Phone 모델에 초점을 맞춰볼 것이다. 어차피 다중 광원의 조명은 단일 광원에서 파생되는 것이기 때문에 각각의 광원에 대한 계산을 반복하고 적용하면 그만이다. 여기서 이러한 계산을 응용프로그램, 정점 셰이더(vertex shader), 단편 셰이더(fragment shader) 중 어디서 할지를 선택할 수 있다. 근본적인 부분은 모두 같지만, 가장 큰 차이점이라고 한다면 효율성과 그 결과가 계산을 어디서 수행하는지에 따라서 달라진다는 점이다.

5.8.1 응용프로그램에서 조명 모델 적용하기

삼각형에 색상을 채우는 두 가지 방법이 있다. 먼저, 각 다각형마다 한 가지 색으로 정하고 이를 단편 셰이더에서 사용하는 방법이다. 다른 방법은 각 정점에 색상을 정하고, 이 정점 색상을 다각형에 보간하는 방법이다. 이 두 가지 접근방법 모두 조명을 적용할 수 있다. 상수 음영이나 평면 음영에서는 다각형에 조명 모델이 한 번 적용되면, 처음 구해진 색상이 전체 다각형에서 사용된다. 보간 음영에서는 각 정점에 조명 모델을 따로 적용할 수 있고, 정점 셰이더는 이렇게 적용된 색상을 각 단편에 따라서 각각 계산하여 보간한다.

주변광, 난반사광, 정반사광에 대한 간단한 예제를 진행해 보자. 이제부터 정의하는 매개변수는 모두 단일 점 광원으로 선언된 것으로 가정한다.

```
color4 light_ambient, light_diffuse, light_specular;
point4 light_position;
```

그리고 이 물체에 대한 매개변수는

```
color4 reflect_ambient, reflect_diffuse, reflect_specular;
```

와 같으며, 계산에 사용되는 주변광, 난반사광, 반사광의 합은 다음과 같다.

```
color4 color_out, ambient, diffuse, specular;
color_out = ambient + diffuse + specular;
```

ambient는 주변광원과 물체의 반사 세기로부터 구해지는데 다음 함수를 사용한다.

```
vec4 product(vec4 a, vec4 b)
{
    return vec4(a[0]*b[0], a[1]*b[1], a[2]*b[2], a[3]*b[3]);
}
```

따라서 다음과 같이 ambient를 구할 수 있다.

```
ambient = product(light_ambient, reflect_ambient);
```

난반사항을 계산하기 위해서 정규화가 필요하다. 현재 삼각형에 대해서 예제를 진행하고 있기 때문에 3개의 정점이 있는데, 이 정점은 단일 평면과 법선을 결정짓는다. 3개의 정점이 v0, v1, v2라고 가정해 보면, 벡터곱(cross product) v1-v0, v2-v1은 세 점으로 구성된 평면의 수직선이 된다. 그러므로 다음과 같이 단위 법선을 구해낼 수 있다.

```
vec4 v0, v1, v2;
vec4 n = normalize(cross(v1-v0, v2-v1));
```

법선의 방향은 정점의 순서에 따라 정해지고 외곽면을 결정하는데 오른손 법칙을 사용한다는 가정을 했다는 점에 유의하자. 다음으로 광원의 방향에 대한 단위 법선 벡터의 내적을 구해야 하는데 다음과 같은 4가지 경우를 고려해야 한다.

1. 원거리 광원에 대한 상수 음영법
2. 원거리 광원에 대한 보간 음영법
3. 유한 광원(finite source)에 대한 상수 음영법
4. 유한 광원에 대한 보간 음영법

상수 음영에 대해서 각 삼각형에 대한 난반사 색상을 계산해야 하며, 원거리 광원은 삼각형의 모든 지점에 대해서 동일한 광원의 방향을 가진다. 따라서 정규화된 광원에 대한 단위 법선의 내적을 쉽게 구할 수 있다. 난반사는

```
color4 diffuse = product(light_diffuse, reflect_ambient)*dot(n, normal-
ize(light_position));
```

와 같다. 여기에 더해서 추가로 diffuse 값은 내적이 양수일 경우에만 유효함으로 다음과 같이 계산식을 수정해야 한다.

```
color4 diffuse;
```

```
float d = dot(n, normalize(light_position));
if (d>0) diffuse = product(light_diffuse, reflect_ambient)*d;
else diffuse = vec4(0.0, 0.0, 0.0, 1.0);
```

원거리 광원에 대한 난반사는 각 정점에 동일해서 하나의 다각형에 단 한 번만 난반사를 계산해 넣으면 된다. 따라서 보간 난반사 음영과 상수 난반사 음영은 동일하다.

유한 광원이나 근접 광원의 경우, 두 가지 방법이 있는데, 전체 다각형에 대해서 한 개의 난반사를 계산하고 상수 음영법을 사용하거나 각 정점에 대해서 난반사를 계산하고 보간 음영법을 사용하는 방법이 있다. 삼각형을 예로 들어 보이고 있기 때문에, 법선이 각 정점에 대해서 동일하지만 근접 광원에서는 다각형의 광원에 대한 벡터는 다를 수 있다. 단색을 사용할 경우에 삼각형의 중심점을 방향 계산에 사용할 수 있다.

```
point4 v = (1.0/3.0)* (v0 + v1 + v2);
vector4 light_vector = light_position - v;
float d = dot(n, normalize(light_vector));
if (d>0) diffuse = product(light_diffuse, reflect_ambient)*d;
    else diffuse = vec4(0.0, 0.0, 0.0, 1.0);
```

반사광의 계산은 난반사광의 계산과 유사해 보이지만, 한 가지 조심할 점이 있다. 원거리 광원에서 중간 벡터(halfway vector)를 계산할 때 빛이 비추는 지점을 방향으로 간주할 수 있기 때문에

```
vec4 half = normalize(light_position + view_direction);
```

와 같이 된다. 관측 방향은 표면의 한 지점에서 관측자의 눈을 연결하는 벡터값이 된다. 기본적으로 카메라가 관측 공간의 시작 지점에 있고 어느 정점을 v라고 하면, 이때 벡터 값은

```
vec4 origin = vec4(0.0, 0.0, 0.0, 1.0);
vec4 view_direction = v - origin;
```

이 된다. 이처럼 비록 삼각형이 하나의 법선을 가진다 해도, 각 정점에 해당되는 각기 다른 중간 벡터가 있기 때문에 반사광은 빛이 반사되는 표면에 따라서 매우 다양할 수 있다. 정점 v에 대한 반사광은 다음과 같이 계산할 수 있다.

```
color4 specular;

float s = dot(half, n);
if (s>0.0) specular =
```

```
pow(s, material_shininess)*product(light_specular, material_specular);
else specular = vec4(0.0, 0.0, 0.0, 1.0);
```

`exp(material_shininess*log(s))`는 s값을 `material_shininess`의 거듭제곱값으로 치환한다.

5.8.2 효율성

정적인 장면에서 조명 계산은 한 번만 수행되기 때문에 정점의 위치와 정점의 색상을 GPU로 한 번만 전달하면 된다. 회전 정육면체에 조명을 추가하려고 할 경우에 어떤 일이 발생할지 생각해 보자. 매시간 정육면체는 중심축 좌표에 대해서 회전하고, 각 면의 4개 법선은 6개의 정점 위치가 각각 변화하는 것과 마찬가지로 지속적으로 변경될 것이다. 게다가 각 정점에 대한 반사광 및 난반사광을 다시 계산해야 된다. 만약에 이런 모든 계산을 CPU에서 한다면, 정점 좌표와 색상이 GPU에 전달되어야 하는데, 대용량의 데이터에 대해서 이런 방식의 처리는 너무도 비효율적인 작업이 될 것이다. 엄청난 양의 연산을 CPU에서 해야 함은 물론이고 GPU로 데이터를 보내는 과정에서 병목현상을 유발할 수도 있는 것이다. 따라서 우리는 조명 연산을 대부분의 경우 셰이더에서 수행하도록 할 것이다.

조명을 위해 셰이더를 사용해 보기 전에, 응용프로그램이나 셰이더를 사용할 경우에 대한 효율성 측정방법이 있다. 관측자와 광원이 모두 혹은 둘 중 하나가 렌더링할 다각형에서 멀리 떨어져 있다고 가정할 경우에 큰 폭으로 효율성을 향상시킬 수 있다. 그러므로 비록 광원이 일정한 거리만큼 떨어져 있다고 해도, 정점에서 광원까지 아주 멀리 떨어진 경우와 다를게 없다. 이런 경우, 각 정점의 난반사광은 동일하고 각 다각형에 대한 단 한 번의 계산이 수행되면 충분하다. 여기서 일정한 거리와 아주 멀리 떨어진 거리의 명확한 정의는 광원과 다각형의 크기에 의존적인 사항이다. 크기가 작은 다각형은 광원이 다각형과 꽤 가까이 위치해 있다고 해도 난반사광의 변화가 크게 눈에 띄지 않을 것이다. 정반사광 또한 정점과 관측자 사이의 거리에 대해서 동일한 논리가 적용될 수 있다. 이렇게 간소화된 계산방식을 사용하기 원한다면 응용프로그램에 관련 매개변수를 추가할 수 있다.

3장에서 표면에는 전면과 후면이 있음을 보았다. 다각형에서 전면과 후면은 지정된 정점들의 순서에 따라 오른손 법칙에 의해 결정된다. 대부분 객체들의 경우, 단지 전면만을 보기 때문에 OpenGL이 후면을 어떻게 음영처리하는지에 관심을 두지 않는다.

예를 들어, 구 또는 육면체에 대해 그림 5.35와 같은 볼록 다각형에 대하여 관측자는 어떤 위치에서건 결코 후면을 볼 수 없다. 그러나 그림 5.36에 보이는 것처럼 육면체의 한 면을 없애거나 구를 잘라내면 적절한 위치에 있는 관측자는 후면을 볼 수 있을 것이다. 따라서 전면과 후면을 모두 올바르게 음영처리해야 한다. 다음 함수를 호출함으로써

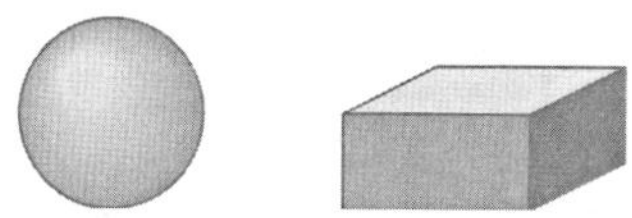

● 그림 5.35 ● 볼록 객체의 음영처리 그림

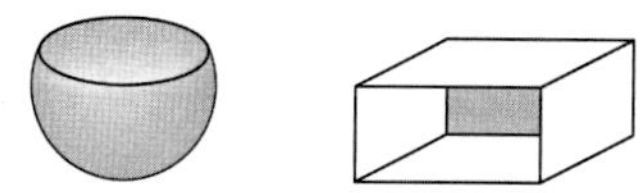

● 그림 5.36 ● 드러난 후면

OpenGL이 양면 모두를 올바르게 다루도록 할 수 있다. 대부분의 경우 후면은 응용프로그램으로 보이지 않도록 처리하거나 관측자에게 향하지 않는 법선으로 이루어진 면을 렌더링하지 않도록 해서 무시해 버릴 수 있다. 만일 후면을 렌더링하게 하려면 전면과는 다른 물질 특성을 가지고 있을 것임으로 전면과 후면 각각 해당되는 정보를 설정해 주어야만 한다.

광원은 다각형이나 점과 마찬가지로 객체이다. 따라서 광원은 OpenGL의 모델-관측 변환에 의해 영향을 받는다. 광원들을 원하는 위치에 있도록 정의하거나 또는 편리한 위치에 정의하고 모델-관측 변환에 의해 원하는 위치로 그들을 이동시킨다. 객체의 배치에 관한 기본 원칙은 정점이 정의되는 순간의 모델-관측 변환에 의해 관측 좌표로 변환된다는 것이다. 따라서 광원을 다른 기하학적 객체에 상대적으로 주의 깊게 배치함으로써, 객체가 움직이는 동안 정지해 있는 광원, 객체가 정지해 있는 동안 움직이는 광원, 객체와 함께 움직이는 광원 등을 생성할 수 있다.

또한 조명 계산을 위해 사용할 좌표계를 선택할 수 있는데, 지금은 객체 좌표(object coordinate)를 사용하기로 한다. 광원이나 물체가 움직이는지 아닌지에 따라서 관측 좌표(eye coordinate)를 사용하는 편이 효율적일 수도 있다. 이후에 텍스처 매핑을 추가할 때 로컬 좌표계(local coordinate system)를 사용하는 조명 방식에 대해서 소개하겠다.

5.8.3 정점 셰이더에서 조명 처리

변환(transformation)을 설명할 때 모델-관측 변환 같은 변환 기법이 응용프로그램이나 정점 셰이더에서 수행될 수 있다는 점을 살펴보았다. 그러나 대부분의 응용프로그램의 경우 셰이더에서 변환 기법을 구현하는 편이 훨씬 효율적이었다. 조명 처리에서도 마찬가지이다. 정점 셰이더에서 조명 처리를 구현하기 위해서 다음 세 가지 단계를 거쳐야 한다.

먼저, 조명 처리 모델을 선택해야 한다. Blinn-Phong을 사용하지 않으면 다른 모델을 사용할 것인가? 거리 감쇄를 적용할 것인가? 양면 조명처리(two-sided lighting)를 사용할 것인가? 이러한 질문에 대한 결정이 끝나면 그 모델에 대한 정점 셰이더를 작성할 수 있다. 마지막으로 필요한 데이터를 셰이더로 전달해야 된다. 어떤 데이터는 uniform 변수를 사용해서 전달할 수 있고 어떤 데이터는 정점 속성값으로 전달할 수 있다.

이제 지금까지 사용해 온 단일 점 광원에 거리 감쇄를 사용하지 않은 Blinn-Phong 모델을 구현하는 단계로 넘어가 보자. 주변광, 난반사광, 정반사광 데이터에 각 위치 정보를 uniform 변수로 전달할 수 있다. 물질 특성 또한 동일하게 처리할 수 있다. 셰이더에 정보를 전달하는 방법은 이미 알고 있으니, 응용프로그램 소스 코드를 작성하기 전에 먼저 정점 셰이더 코드를 작성해 보자.

정점 셰이더는 클리핑 좌표(clip coordinate)의 정점 위치와 색상을 래스터기(rasterizer)로 출력해야 한다. 모델-관측행렬과 투사체의 행렬을 셰이더로 전달하면 그 후에 진행되는 정점 위치의 계산 수행은 3장과 4장에서 다룬 예제와 동일하다. 따라서 다음과 같은 코드가 될 것이다.

```
in vec4 vPosition;
uniform mat4 ModelView;
uniform mat4 Projection;
void main()
{
    gl_Position = Projection*ModelView*vPosition;
}
```

주변광, 난반사광, 정반사광을 합한 출력 색상은

```
out vec4 color
vec4 ambient, diffuse, specular;

color = ambient + diffuse + specular;
```

와 같이 정의할 수 있음으로 이 세 가지 항(ambient, diffuse, specular)을 구해야 한다.

반사 세기와 조명 색상을 따로따로 셰이더에 전달하기보다 각 항목에 대한 계산 결과만을 전달하자. 그러면 주변광 계산에서 빨간색, 녹색, 파란색 조명과 빨간색, 녹색 파란색 주변광 반사 세기의 결과를 사용할 수 있게 된다. 이런 결과는 셰이더에 uniform 벡터로 전달된다.

```
in vec4 AmbientProduct;
```

난반사광 정반사광의 결과도 동일하다.

```
uniform vec4 DiffuseProduct, SpecularProduct;
```

주변광은 간단하게

```
ambient = AmbientProduct;
```

로 나타낸다. 난반사광의 계산을 위해서는 각 정점의 법선이 필요하다. 삼각형은 평면이기 때문에 각 정점에 대한 법선이 동일함으로 uniform 변수형태로 셰이더에 법선을 전달할 수 있다.[3] normalize() 함수를 이용해서 응용프로그램에서 사용한 vec4 타입의 단위-길이 법선을 구할 수 있다.

```
uniform vec4 Normal;

vec3 N = normalize(Normal.xyz);
```

광원의 방향에서 단위 벡터는

```
vec3 L = normalize(LightPosition - vPosition).xyz;
```

로 구할 수 있고, 난반사광은

```
diffuse = max(dot(L, N), 0.0)*DiffuseProduct;
```

와 같이 된다. 정반사광도 비슷한 방식으로 계산된다. 관측자가 객체좌표의 시작 지점에 있기 때문에 관측자 방향의 정규화 벡터는

```
vec3 E = -normalize(vPosition.xyz);
```

이고 중간 벡터는

```
vec3 H = normalize(L+E);
```

이다. 정반사광은

```
specular = pow(max(dot(N, H), 0.0), Shininess)*SpecularProduct;
```

그러나 광원이 표면 뒤편에 있을 경우에 정반사광은 성립될 수 없음으로 다음과 같이 간단하게 확인을 위한 루틴을 추가한다.

---

3) 5.9절에서 다각형의 각 정점에 다른 법선을 할당하는 방법들을 다룰 것이다.

```
specular = max(pow(max(dot(N, H), 0.0), Shininess)
              *SpecularProduct, 0.0);
```

아래는 전체 셰이더 코드이다.

```
in vec4 vPosition;
in vec4 Normal;
out vec4 color;
uniform vec4 AmbientProduct, DiffuseProduct, SpecularProduct;
uniform mat4 ModelView;
uniform mat4 Projection;
uniform vec4 LightPosition;
uniform float Shininess;

void main()
{
    vec4 ambient, diffuse, specular;
    gl_Position = Projection*ModelView*vPosition;
    vec3 N = normalize(Normal.xyz);
    vec3 L = normalize(LightPosition.xyz - (ModelView*vPosition).xyz);
    vec3 E = -normalize((ModelView*vPosition).xyz);
    vec3 H = normalize(L+E);
    float Kd = max(dot(L, N), 0.0);
    float Ks = pow(max(dot(N, H), 0.0), Shininess);
    ambient = AmbientProduct;
    diffuse = Kd*DiffuseProduct;
    specular = max(pow(max(dot(N, H), 0.0), Shininess)
    *SpecularProduct, 0.0);
    color = vec4((ambient + diffuse + specular).xyz, 1.0);
}
```

정점 셰이더에 색상이 설정되었기 때문에, 이전에 사용했던 간단한 단편 셰이더,

```
in vec4 color;
void main()
{
    gl_FragColor = color;
}
```

로 래스터기(rasterizer)에서 보간된 색상을 받고 단편(fragments)에 할당할 것이다.

이제 다시 정육면체-음영 예제로 돌아가자. 수정해야 할 주요한 차이점은 조명과 물질 속성에 대한 uniform 변수를 설정하는 것이다. 그러므로 주변광에서 주변광원과 주변광 반사 세기를 다음과 같이 정의하도록 한다.

```
color4 light_ambient = color4(0.2, 0.2, 0.2, 1.0);
```

```
color4 material_ambient = color4(1.0, 0.0, 1.0, 1.0);
```

주변광을 계산해 보면

```
color4 ambient_product = product(light_ambient, material_ambient);
```

와 같고 이를 셰이더에 다음과 같이 설정한다.

```
GLuint ambient_product_loc;
ambient_product_loc = glGetUniformLocation(program, "AmbientProduct");
glUniform4fv(ambient_product_loc, 4, ambient_product);
```

정점 셰이더에서 나머지 uniform 변수도 동일하게 처리할 수 있다. 법선 벡터는 한 개 이상의 정점에 종속돼서 셰이더에서는 처리할 수 없다는 점을 유의하자. 셰이더는 오직 실행 시점에 초기화된 정점에 대한 정보만을 가지고 있기 때문이다.

또 다른 문제는 정육면체가 회전을 한다는 사실이다. 정육면체가 회전하면서, 모든 정점들과 표면의 모든 법선 위치가 변한다. 처음에 프로그램을 개발하면서 응용프로그램에서 회전 전환기법을 적용했고, 회전행렬이 갱신될 때마다 해당 정점을 GPU로 전달했었다. 그 다음에는 회전행렬을 셰이더로 전달하고 GPU에서 전환기법을 처리하는 것이 훨씬 효율적이라고 설명했다. 이번 예제에도 동일한 논리가 적용된다. 투영행렬과 모델-관측행렬을 uniform 변수들로 전달할 수 있다. 이번 예제에는 오직 한 개의 정육면체만 있고 회전 행렬이나 모델-관측행렬도 동일하다. 만약 GPU에서 법선 벡터 회전을 적용하고 싶다면 셰이더를 다음과 같이 수정하면 된다.

```
vec4 NN = ModelView*Normal;
vec3 N = normalize(NN.xyz);
```

전체 프로그램 코드는 부록 A를 참고하자.

하지만, 장면에 다수의 객체가 존재하고 관측 매개변수가 변한다면 좀 더 조심스럽게 접근해야 한다. 회전하지 않는 또 다른 정육면체가 있고 관측 매개변수도 기본값을 사용하지 않는다고 생각해 보자. 이제 우리는 각 정육면체에 상응하는 두 개의 독립적인 모델-관측행렬을 가지게 되는 것이다. 하나는 상수이고 다른 하나는 정육면체가 회전하면서 변할 것이다. 실제로 변하는 것은 모델-관측행렬을 구성하는 부분이지 카메라를 배치하는 관측 부분이 아니다. 이런 복잡한 상황을 처리하는 방법은 많다. 응용프로그램에서 두 개의 모델-관측행렬을 계산해서 정점 셰이더로 회전할 때마다 보내주는 방법이 있고, 모델링과 관측 변환을 분리해서 사용하고 모델링행렬(회전행렬)만 셰이더로 전달하는 방법이 있다. 그 다음에 셰이더에서 모델-관측행렬을 생성하는 것이다. 아니면 회전 각도만 셰이더로 전달하고 모든 처리를 셰이더에서 하는 것이다. 만일 광원 또한 위치에 따라 변한다면, 또 다른 방안들이 존재한다.

5.9 구 모델의 음영처리

회전하는 정육면체는 조명을 설명하기에 간단한 예제가 될 수 있지만, 겨우 6개의 표면이 있고, 각 면이 직각으로만 만날 뿐이라서, 부드러운(smoothness) 조명 모델을 시험하기에는 좋은 예제라고 할 수 없다. 5.6절에서 개발했던 구 모델을 생각해 보자. 구 모델은 정육면체와는 다르게 매우 많은 작은 삼각형으로 구성되고, 날카로운 가장자리를 볼 필요도 없다. 다각형을 음영처리하면 삼각형이 만다는 모서리를 볼 수 없게 되고 음영도 보다 부드럽게 되면서 적은 수의 다각형만으로 구체를 모델링할 수 있다.

구체에 음영을 주기 위해서 회전 정육면체에서 사용했던 동일한 셰이더를 사용해서 시작해 볼 수 있다. 응용프로그램에서만 차이점이 있다. 5.6절에서 사면체 세분으로 정육면체를 생성하는 부분을 교체하고, 정점 셰이더에 전달할 법선을 규정된 변수로 계산하는 부분을 추가한다.

구의 평면 음영처리 결과를 그림 5.37에서 보여 준다. 구의 안쪽이 부드럽게 보여질 만큼 분할의 수를 증가시키더라도, 구 이미지의 외부를 둘러싸고 있는 다각형의 변을 여전히 볼 수 있다. 이러한 형태의 바깥선을 **실루엣 에지**(silhouette edge)라고 한다.

이 예제에서 상수 음영법과 부드러운 음영법 사이의 차이점은 미미하다. 각 삼각형은 편평하고 법선은 각 정점에 대해서 동일하기 때문이다. 만약 물체로부터 광원이 멀리 떨어져 있다면 난반사광은 각 삼각형에 대해서 상수 처리될 것이다. 또한 카메라가 관측자로부터 멀리 떨어져 있다면 정반사광이 각 삼각형에 대해서 상수 처리될 것이다. 그러나 두 개의 인접한 삼각형은 서로 다른 법선을 갖고 다른 색상으로 음영처리되기

● 그림 5.37 ● 평면 음영처리된 구

● 그림 5.38 ● 실제 법선들에 의한 구의 음영처리

때문에 많은 수의 삼각형을 생성한다 해도 여전히 부드럽게 보이지는 않을 것이다.

상대적으로 적은 수의 삼각형으로 부드럽게 표현하는 방법 중에 하나는 근접한 각 정점을 구체의 실제 법선(actual normal)으로 사용하는 것이다. 5.4절에서 중앙에 위치한 구체에서 점 **p**에 대한 법선은 단순히 **p**라는 사실을 알았다. 게다가 `triangle()` 함수에서 정점의 위치는 법선을 제공하고 있다.

```
void triangle(point4 a, point4 b, point4 c)
{
    normals[k] = a;
    data[k]= a;
    k++;
    normals[k] = b;
    data[k] = b;
    k++;
    normals[k] = c;
    data[k] = c;
    k++;
}
```

이러한 법선의 정의에 의한 결과는 그림 5.38과 컬러 그림판 29에서 보여 준다.

실제 법선들을 사용하여 평면 음영법보다 더 사실적인 렌더링을 얻었지만, 해석적인 방법으로 알려진 법선을 사용했기 때문에 이 예제는 일반적이지 않다. 또한 진정한 Gouraud 음영처리된 이미지가 얻어지지도 않았다. 근사 구의 Gouraud 음영처리된 이미지를 원한다고 가정하면, 각 정점에서 그 정점에 인접해 있는 모든 다각형들의 법선을 알 필요가 있다. 우리의 코드는 필요한 정보를 저장할 자료 구조를 가지고 있지 않다. 연습문제 6.9와 6.10을 통해 그러한 자료 구조를 구성해 보라. 사면체의 원래 정점에서 세 개의 다각형이 만나는 반면 분할에 의해 생성된 하나의 정점에서는 6개의 다각형들이 만난다는 점을 유의하라.

5.10 평면 조명법

부드러운 음영을 적용하기 위해 사용할 수 있는 다른 방안이 있다. 각 정점을 기준으로 하던 조명 계산을 각 평면을 기준으로 수행하는 것이다. 정점 셰이더에서 조명 계산을 했을 때 시각적으로는 응용프로그램에서 동일한 계산을 하고 래스터기에 전달하기 위한 정점 셰이더로 계산된 정점 색상을 전달할 때와 비교해서 장점이 없었다. 이처럼 조명 처리를 정점 셰이더에서 하던, 응용프로그램에서 하던 래스터기는 평면 색상을 얻기 위해서 동일한 정점 색상을 보간했던 것이다.

평면 셰이더를 사용하면, 각 평면에 대해서 독립적으로 조명 처리 계산을 할 수 있다. 평면 셰이더는 법선 벡터, 광원 위치의 보간된 값과 래스터기의 시야 위치를 필요로 한다. 더해서 정점 셰이더는 클리핑 좌표 내 정점 위치를 출력해야 한다. 다음은 정점 셰이더이다.

```
in vec4 vPosition;
in vec4 Normal;
uniform mat4 ModelView;
uniform vec4 LightPosition;
uniform mat4 Projection;
out vec3 N;
out vec3 L;
out vec3 E;
void main()
{
    gl_Position = Projection*ModelView*vPosition;
    N = Normal.xyz;
    L = LightPosition.xyz - vPosition.xyz;
    if (LightPosition.w == 0.0) L = LightPosition.xyz;
    E = vPosition.xyz;
}
```

이제 평면 셰이더는 응용프로그램에서 uniform 변수형태로 얻은 물질과 조명의 속성과 래스터기에서 얻은 보간된 벡터를 이용해서 Blinn-Phong 조명 모델을 각 평면에 적용할 수 있다. 다음 셰이더는 이전 예제에서 사용했던 정점 셰이더와 동일하다.

```
uniform vec4 AmbientProduct, DiffuseProduct, SpecularProduct;
uniform mat4 ModelView;
uniform vec4 LightPosition;
uniform float Shininess;
in vec3 N;
in vec3 L;
in vec3 E;
void main()
{
    vec3 NN = normalize(N);
    vec3 EE = normalize(E);
    vec3 LL = normalize(L);
    vec4 ambient, diffuse, specular;
    vec3 H = normalize(LL+EE);
    float Kd = max(dot(LL, NN), 0.0);
    Kd = dot(LL, NN);
    float Ks = pow(max(dot(NN, H), 0.0), Shininess);
    ambient = AmbientProduct;
    diffuse = Kd*DiffuseProduct;
    if (dot(LL, NN) < 0.0) specular = vec4(0.0, 0.0, 0.0, 1.0);
    else specular = Ks*SpecularProduct;
```

```
    gl_FragColor = vec4((ambient + diffuse + specular).xyz, 1.0);
}
```

여기서는 정점 셰이더가 아닌 평면 셰이더에서 벡터들을 정규화했다는 점에 주목하자. 만약 정점 셰이더에서 법선과 같은 변수를 정규화했다면 래스터기에서 생성된 보간 법선들이 조명 처리 계산에 필요한 단위로 처리됐을 거라는 보장이 없다.

5.10.1 추상적(Nonphotorealistic) 음영법

셰이더 프로그램은 조명 모델을 실시간으로 사실적으로 처리하는 것뿐 아니라 추상적인 효과를 생성해낼 수도 있다. 그런 예로는 아주 적은 색상만을 사용하거나 물체의 가장자리를 강조하는 것이다. 두 효과 모두 이미지에서 만화 같은 효과를 얻기 위해서 사용할 수 있는 기술이다. 정점 셰이더에 두 개의 색상만 있다고 다음과 같이 생각해 보자.

```
vec4 color1 = vec4(1.0, 1.0, 0.0, 1.0); // yellow
vec4 color2 = vec4(1.0, 0.0, 0.0, 1.0); // red
```

예제에서 난반사광 색상을 따르는 색상을 바꿔치기 해보자. 조명과 법선 벡터를 이용하면 다음과 같이 색상을 할당할 수 있다.

```
if (dot(lightv, norm) > 0.5) gl_FrontColor = color1;
else gl_FrontColor = color2;
```

비록 간단하게 기준점을 결정하기 위한 난반사 색상을 이용해서 두 가지 색상만을 적용해 봤지만, 객체의 색상이 그 형상과 광원의 지점을 변화시켰다.

또한 객체의 실루엣 에지 그리기를 시도해 볼 수 있다. 모서리를 구별하기 위한 한 가지 방법은 `dot(lightv, norm)`에서 부호가 바뀌는지를 살펴보는 것이다. 이 값은 관측자를 향하는 모든 정점에서 양수이어야 하고, 관측자로부터 뾰족하게 들어간 정점은 음수이어야 한다. 그러므로 이 값을 작은 값으로 하고 정점에 검은색 같은 색상을 할당해서 시험해 볼 수 있다.

```
vec4 color3 = vec4(0.0, 0.0, 0.0, 1.0); // 검은색
if (abs(dot(viewv, norm) < 0.01)) glFrontColor = color3;
```

5.11 전역적 렌더링

지금까지 사용했던 국지적 조명 모형에 의한 제약이 있다. 예를 들어, 그림 5.39(a)에 보이는 것처럼 원거리 광원에 의해 조명되는 구의 배열을 고려해 보자. 광원에 더 가까운 구는 광원으로부터 오는 빛의 일부가 다른 구에 도달하는 것을 막는다. 그러나 만일 국지적 모형을 사용한다면, 각 구는 독립적으로 음영처리 되어 관측자에게 모두 동일하게 보인다(그림 6.39(b)). 만일 실제적인 장면에서 이 구들이 정반사를 한다면 임의 빛은 구들의 사이를 산란한다. 조명 모형은 이러한 상황을 다룰 수 없다. 또한 4장에서 봤던 특별한 경우들에 대한 트릭을 제외하고는 그림자를 생성할 수도 없다.

이러한 모든 현상(그림자, 반사, 빛의 차단)들은 전역적 효과들이고 전역 조명 모형을 요구한다. 그러한 모형들이 존재하고 매우 훌륭하긴 하지만, 현실적으로 파이프라인 모델과 호환되지 않는다. 파이프라인 모델에서는 반드시 각각의 다각형들이 다른 다각형들과는 독립적으로 렌더링되어야 하고, 응용프로그램에서 생성하는 다각형들의 순서에 관계없이 같은 이미지가 얻어지기를 원한다. 이러한 제한이 시뮬레이션되는 조명효과를 한정하기는 하지만, 장면들을 매우 빠르게 렌더링할 수 있다.

전역 효과를 처리할 수 있는 렌더링 방법은 광선 추적법(ray tracing)과 방사성(radiosity) 두 가지가 있다. 각각은 다른 조명 조건에서 최적의 결과를 만든다. 광선 추적법은 가상 카메라 모델에서 시작하여, 다각형을 만나는 투영선에 대해 하나 이상의 광원에 의해 조명받는지를 결정하고 지역 음영 계산을 수행한다. 따라서, 그림 5.40에서는 세 개의 다각형들과 하나의 광원을 볼 수 있다. 주어진 투영선은 다각형들 중 하나와 교차한다. 지역 렌더기는 교차점에서 음영을 계산하기 위해 Phong 모형을 사용할 수 있다. 광선 추적기는 광원이 교차점을 바로 비출 수 없다는 사실과 광원으로부터의 빛이 세 번째 다각형에서 반사되어 이 반사광이 교차점을 비추는 사실을 발견할 수 있다. 11장에서는 이 정보를 어떻게 찾고 요구되는 계산을 어떻게 하는지를 보일 것이다.

방사성 렌더기는 에너지에 대한 고려를 기반으로 하고 있다. 물리적 관점에서 장면 안에 있는 모든 빛에너지는 보존된다. 결론적으로 광원으로부터 방사되는, 그리고 여러 표면에서 반사되는 모든 빛을 설명하는 것이 에너지 균형이다 방사성 계산은 따라서 표

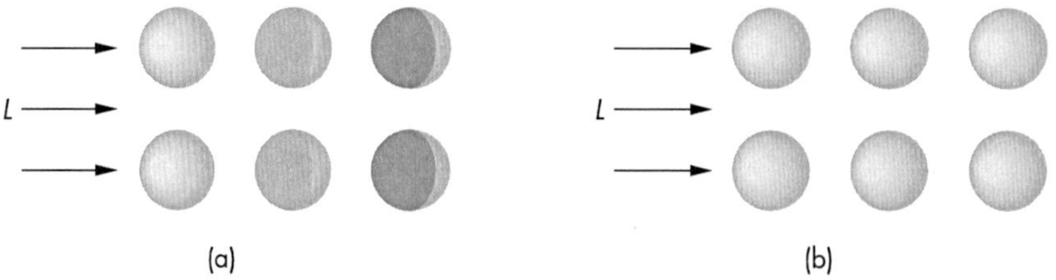

● 그림 5.39 ● 음영처리된 구들의 배열, (a) 전역적 조영 모델 (b) 국지적 조명 모델

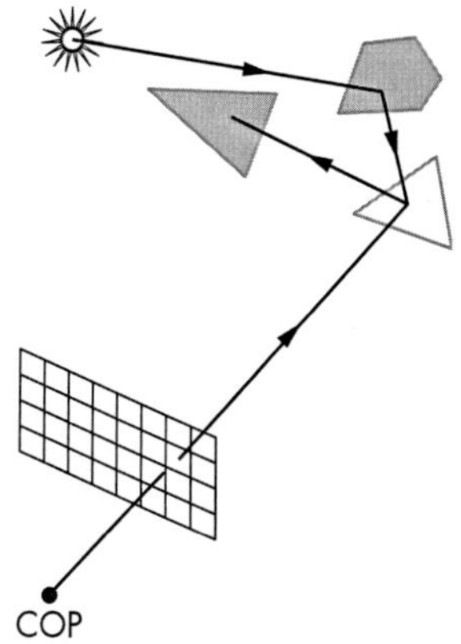

● 그림 5.40 ● 광원으로부터 차단된 다각형

면과 관련된 큰 방정식 집합의 해를 요구한다. 앞으로 12장에서 보듯이, 광선 추적기는 매우 반사가 잘되는 표면들로 구성된 장면에 가장 적합한 반면, 방사성 추적기는 모든 표면이 완전 난반사하는 장면에 가장 적합하다.

파이프라인 렌더기가 많은 전역적 현상들을 정확하게 처리할 수는 없지만, 이것이 OpenGL 또는 파이프라인 구조에 기반한 다른 API를 이용해 사실적인 영상을 만들 수 없다는 것을 반드시 의미하지는 않는다. 우리가 할 수 있는 것은 OpenGL과 전역 조명이 만들어내는 효과들에 대한 지식을 잘 이용하여 전역 렌더기가 하는 것을 근사적으로 만들어 내는 것이다. 예를 들면, 5장에서 사용한 투영적 그림자는 간단한 그림자를 만들 수 있음을 보인다. 최근 수년간 컴퓨터 그래픽스에서 일어난 놀라운 발전은 전역적 효과를 위한 파이프라인 렌더기를 사용하는데 있다. 앞으로 다음 장들에서 매핑 방법들과 다중패스 렌더링, 그리고 투명도를 이용하는 이러한 기법들에 관해 공부할 것이다.

요약

그래픽스를 위한 파이프라인 접근법에 잘 맞는 조명 모형을 개발하였다. 그것으로 다양한 조명 효과를 만들고, 서로 다른 형태의 광원을 사용할 수 있다. 광선 추적기와 같은 전역적 효과를 만들 수는 없지만, 전형적인 그래픽스 워크스테이션은 음영처리 없이 장면을 렌더링하는데 걸리는 시간과 같은 시간에, 변형 Phong 반사 모델과 보간 음영처리를 사용하여 다각형들의 장면을 렌더링할 수 있다. 사용자 프로그램의 관점에서 음영처리를 위해 단지 광원과 재질을 나타내는 매개변수를 설정하기만 하면 된다. 우리가 소개한 국지적 조명 모형의 한계에도 불구하고, 간단한 렌더기는 매우 잘 수행된다. 이 모형은 OpenGL을 포함하는 대부분의 API에 의해 지원되는 반사 모형의 기본이 된다.

프로그래머블 셰이더들은 그림에 상당한 변화를 주어 왔다. 각 정점들을 음영처리하는 새로운 방법을 개발할 수 있을 뿐만 아니라 단편 셰이더들을 사용하여 각 단편들의 조명 계산을 수행할 수 있으므로, 단순히 다각형을 가로질러 색을 보간할 필요가 없어졌다. Phong 음영법과 같이 표준 파이프라인에서 가능하지 않았던 방법들이 지금은 사용자에 의해 프로그램될 수 있게 되었고, 변형 Phong 셰이더와 같은 시간 안에 처리될 수 있게 될 것이다. 또한 무수히 많은 새로운 음영 효과들을 만들어내는 것이 가능하다.

근사 구를 생성하기 위해 사용한 순환적 분할 기법은 10장에서 다양한 모습으로 다시 나타날 강력한 방법이다. 여기서는 곡선과 표면을 렌더링하기 위해 이 기법의 변형을 사용할 것이다. 그것은 많은 자연 객체들의 자기 유사성에 의존하는 모델링 기법을 소개할 때 다시 나타날 것이다.

이 장에서 다각형에 기초한 그래픽스의 개발을 마무리한다. 여러분은 이제 조명과 음영이 있는 장면을 생성할 수 있어야 한다. 텍스처 사상(texture mapping)과 합성(compositing)과 같은 좀 더 정교한 이미지들을 생성하는 기술은 7장에서 고찰할 주제인 그래픽스 시스템의 픽셀-레벨 기능을 사용하여 수행한다.

이제는 응용프로그램을 작성할 좋은 시기이다. 다양한 조명과 음영 매개변수를 실험해 보라. 독립적으로 움직이거나 장면 내 객체가 있을 때 움직이는 광원의 생성을 시도해 보라. 아마도 빛이 들어올 수 있는 다각형들 사이의 작은 틈 같은 조그마한 결점도 가지지 않는 음영처리된 이미지를 생성하는 것이 어렵다는 것을 알게 될 것이다. 이 문제들 중 대부분은 렌더링 계산에서 작은 수치적 오류의 산물이다. 이러한 오류의 효과를 줄이는 많은 방법이 있다. 어떤 것들은 여러분 스스로 발견할 수 있을 것이고, 어떤 것들은 참고문헌에 주어진다.

6장에서 래스터화에 관한 문제를 다룬다. 렌더링 파이프라인에 있는 서로 다른 모듈들이 어떻게 동작하는지를 조금 보았지만 상세한 것은 아직 보지 않았다. 다음 장에서 상세한 부분들이 개발될 때 파이프라인의 각 단계에서 어떻게 약간의 추가적인 작업만을 더함으로써 부분들이 결합되는지를 보게 될 것이다.

참고문헌

컴퓨터 그래픽에서 조명과 반사의 사용은 물리학적 부분과 계산적 부분이라는 두 가지가 병행되어 왔다. 물리학적 관점에서 Kajiya의 렌더링 방정식[Kaj86]은 환경 내에서 전체적인 에너지 평형을 설명하고, 각 표면에 대한 반사 함수의 지식을 요구한다. Toerrance-Sparrow 모형[Tor67]과 Cook-Torrance Model[Coo82] 같은 반사 모형은 작은 평면으로 이루어진 표면 모델링에 기초하고 있다. 그러한 모형에 대한 논의는 [Hal89]와 [Fol90]을 보라.

Phong[Pho75]은 주변광, 난반사광, 정반시광 항이 포함된 계산 모형으로 통합한 것으로 인정을 받는다. 중간 벡터의 사용은 Blinn[Bli77]에 의해 처음으로 제안되었다. 투과 광선의 기본적인 모델은 Whitted[Whi80]에 의해 처음 사용되었고, 나중에 그것은 후에 Heckbert와 Hanrahan[Hec84]에 의해 수정되었다. Gouraud[Gou71]은 보간 음영처리를 소개하였다.

OpenGL Programmer's Guide[Shr10]는 OpenGL의 렌더링 기능의 효과적인 사용에 대한 많은 좋은 힌트를 가지고 있다.

연습문제

5.1 대부분의 그래픽스 시스템과 API는 다각형 렌더링을 위해 소개한 간단한 조명과 반사 모형을 사용한다. 각각의 모형들이 가진 부정확한 점을 설명하라. 각 단점에 대하여 그 문제를 인지하게 하는 장면의 예제를 제시하라.

5.2 흔히, OpenGL에 의해 거대한 다각형이 음영처리되었을 때, 그것은 한 영역에서는 밝고 다른 부분에서는 흐릿하게 렌더링된다. 왜 이미지가 고르지 않은지를 설명하라. 이러한 문제를 어떻게 피할 수 있는지 설명하라.

5.3 Phong 반사 모형의 개발에서, 왜 우리의 반사 모형에서 한 표면이 다른 표면에 의해 가려지는 광원을 고려하지 않는가?

5.4 관측자와 표면 사이의 거리가 렌더링 계산에 어떻게 입력되는가?

5.5 표면의 재질 특성에 대해 RGB 모형을 전제하였다. 대신에 감산적 색 모형을 사용하는 것에 대해 논의하라.

5.6 단위 구 상에서 각기 동일 거리에 있는 네 점을 찾아라. 이 점들은 사면체를 결정한다. (힌트: (0, 1, 0)에 임의로 한 점을 설정할 수 있고, 다른 세 점은 어떤 양수 d의 평면 $y = -d$ 위에 있다)

5.7 만일 **v**가 **l**, **n**, **r**과 동일한 평면에 있다면 중간 각이

$$2\psi = \phi$$

를 만족한다는 것을 보여라. 만일 **v**가 다른 벡터들과 동일 평면상에 있지 않다면 그 각들 사이에는 무슨 관계가 있는가?

5.8 근거리와 원거리 관측자 근거리와 원거리 광원, 평면과 곡면, 난반사와 정반사들의 모든 조합을 고려하라. 어떤 경우에 음영처리 계산이 단순해지는가? 어떤 경우에 중간 각 벡터의 사용이 도움이 되는가? 여러분의 답을 설명하라.

5.9 분할된 사면체를 표현하기 위한 자료 구조를 구성하라. 사면체 분할에 근거한 구의 근사에 Gouraud 음영처리를 할 수 있도록 자료 구조를 순회하라.

5.10 사면체 대신에 이십면체에서 출발하여 연습문제 5.9를 반복하라.

5.11 사변형의 메시를 표현하기 위한 자료 구조를 구성하라. 자료 구조에 의해 표현되는 메시를 음영처리하는 프로그램을 작성하라.

5.12 사변형과 사변형 메시를 순환적으로 분할하는 프로그램을 작성하라.

5.13 평면의 경계를 따라 만나는 두 개의 물질을 고려하자. 두 물질에서 빛의 속도는 v_1과 v_2라고 가정하자. Snell의 법칙이 빛이 한 물질의 한 점에서 두 번째 물질의 한 점으로 최소시간에 움직인다라는 것을 보여라.

5.14 일반적인 광원의 4가지 기본 유형이 무엇인가? 이들 광원 중 모든 방향으로 균등하게 방출하는 것은 어느 것인가?

5.15 아직 프레임 버퍼 연산에 대하여 논의하지 않았지만, 프레임 버퍼에 있는 (x, y) 의 위치에 color(RGB색 또는 빛의 세기) 값을 넣는 write_pixel(x, y, color) 형태의 단일 루틴을 사용하여 광선 추적자의 구성을 시작할 수 있다. 투사 광선을 순환적으로 추적하는 의사 코드(pseudocode) 루틴 ray를 작성하라. 광선과 객체를 교차시킬 수 있는 함수가 있다고 가정할 수 있다. 원래 광선이 얼마나 멀리 추적될 것인가를, 어떻게 제한할지를 생각해 보라.

5.16 만일 여러분이 여러분의 시스템에서 사용 가능한 픽셀 쓰기 루틴을 가지고 있다면, 단지 구만으로 구성된 장면을 광선 추적할 광선 추적기를 작성하라. 구에 대해서는 다각형 근사보다 수학적 수식을 사용하라.

5.17 연습문제 2.23에 있는 미로 프로그램에 광원과 음영처리를 추가하라.

5.18 부록 A에 있는 구 생성 프로그램을 사용하여 하나 또는 그이상의 광원을 배치할 수 있고, 재질 특성을 바꿀 수 있는 대화식 프로그램을 구성하라. 여러분의 프로그램을 사용해서 다양한 금속, 플라스틱, 탄소 같은 흔한 재질의 표면 이미지를 생성해 보라.

5.19 기하학적 데이터가 관측 파이프라인을 통과할 때 일련의 회전, 이동, 크기 변환, 투영 변환들이 Phong 반사 모형에 있는 코사인 항을 결정하는 벡터들에 적용된다. 만일 존재한다면 이러한 연산의 어떤 것이 벡터들 사이의 각도를 보존하는가? 음영처리의 구현에서 여러분의 대답이 의미하는 것은 무엇인가?

5.20 Gouraud 음영법과 비교하여 Phong 음영법에 추가적으로 요구되는 계산의 양을 추정하라. 연습문제 5.19의 결과를 고려하라.

5.21 조명 위치가 어파인 변환(affine transformation)과 같은 변환법에 의해서 수정될 경우에 어떻게 법선 벡터가 변환되어야 법선과 조명의 벡터 간의 각도가 변경되지 않는 상태로 유지될 수 있는가?

5.22 Blinn-Phone 음영 모델을 관측 좌표에서 계산이 수행되도록 다시 수행하라.

5.23 임의의 방향을 갖는 평면을 다루기 위해서 음영생성 알고리즘(4.10절)을 일반화하라.

5.24 원거리 광원에 대해서 음영생성 알고리즘(4.10절)을 변환하라.

(힌트: 원근투영은 평행투영이 되어야 한다)

5.25 4.10절의 음영생성 알고리즘과 전역적 렌더링 방법에 의한 음영이 생성되는 방법을 비교하라. 하나의 방법에서는 생성되고 다른 방법에서는 생성되지 않는 음영의 종류에는 어떤 것들이 있는가?

5.26 단위 반지름을 가지고 중심이 원점에 있는 매우 반사가 잘 되는 구를 생각해 보자. 만일 관측자가 점 **p**에 위치해 있다면 표면 위의 한 점에서 반사되는 점들을 기술하라.

Chapter 06

정점에서 단편들까지

Interactive Computer Graphics

이제 파이프라인의 다음 단계들, 즉 클리핑(clipping), 래스터화(rasterization), 그리고 은면 제거(hidden-surface removal)로 주제를 돌려보자. 응용 프로그래머가 이용할 수 있는 이산 기본 요소들, 텍스처 매핑, 그리고 곡선 및 곡면들과 같은 OpenGL의 몇 가지 중요한 부분들을 고려해봐야 하지만, 이러한 주제들을 여기서 먼저 고려하는 데는 몇 가지 이유가 있다. 첫째는, 사용하고 있는 시스템은 프로그램을 어떻게 처리하는지 궁금할 것이다. 예를 들면, 직선이 화면에 어떻게 그려지는지, 다각형은 어떻게 채워지는지, 프로그램에서 정의된 관측 공간 바깥에 놓인 기본 요소들은 어떻게 될지가 궁금할 것이다. 둘째는, 그래픽스 시스템을 효율적으로 사용하려면 어느 단계가 쉬운지, 어떤 것이 하드웨어와 소프트웨어에 부담을 주는지와 같은 구현과정에 대한 이해가 필요하다는 것이 우리의 생각이다. 셋째로, 구현에 관한 논의는 최신 하드웨어에 의해 제공되는 새로운 기능들에 대한 언급으로 시작할 것이다. 구현을 배우려면 알고리즘 공부가 필요하다.

알고리즘을 포함하여 구현을 학습한다. 다른 알고리즘을 공부할 때처럼 이론적 성능과 실제 성능, 하드웨어 구현과 소프트웨어 구현, 응용의 구체적인 특성과 같은 사항들을 주의 깊게 고려해야 한다. 화면에 적당한 픽셀을 만드는 관점에서 OpenGL 구현이 바르게 동작하는지 아닌지 시험할 수 있겠지만, 사용되는 알고리즘에 대해서는 다양한 선택이 있을 수 있다. 표준 API를 구현하기 위해 필요하고 렌더링이 파이프라인 구조에 의해 이루어지거나, 광선 추적(ray tracing)과 같은 다른 방법을 통해 이루어지거나에 상관없이 필요한 기본 연산에 초점을 맞출 것이다. 따라서 구현상의 주요 작업에 대한 다양한 기본 알고리즘을 소개하겠다.

이 장에서는 OpenGL에 의해 채택된 렌더링 파이프라인을 구현하기 위해 사용되는 기본 알고리즘에 관심이 있다. 우리는 세 가지 이슈들, 클리핑, 래스터화, 그리고 은면 제거에 초점을 맞출 것이다. 클리핑은 관측 공간 밖에 있어서 보이지 않는 객체들을 제거하는 작업을 포함한다. 래스터화는 남은 객체들로부터 단편들을 생성한다. 이러한 단편들은 최종 이미지로 그려지게 된다. 은면 제거는 어떤 단편들 중에 보이는 객체에 해당하는 단편들, 즉 관측 공간에 있고 카메라에 보다 가까운 다른 객체들에 의해 가려지지 않는 단편들을 결정한다.

6.1 기본 구현 전략

구현과정의 상위 관점에서 시작하자. 컴퓨터 그래픽스에서는 응용프로그램에서 시작하여 이미지로 끝나게 된다. 이 과정들을 블랙박스(그림 6.1)로 알아볼 것이다. 여기서 블랙박스란, 정점, 기하학적 객체, 속성, 카메라 설정 값들을 입력 데이터로 갖고, 출력은 프레임 버퍼에서의 색 픽셀의 배열이다.

이 블랙박스 안에서 변환, 클리핑, 음영, 은면 제거, 그리고 화면에 보이는 기본 요소들의 래스터화 등의 많은 작업을 해야 한다. 이러한 작업들은 다양한 방법으로 구성될 수 있지만, 우리가 채택하는 전략에 관계없이 항상 두 가지를 수행해야 한다. 모든 기하학적 객체들이 시스템을 통과하도록 해야 하고 화면에 출력되는 색 버퍼의 모든 픽셀들에 색을 지정해야 한다.

전체 과정을 실행하는 프로그램의 측면에서 블랙박스로 무엇이 들어가게 되는지 살펴보자. 이 프로그램은 기하학적 객체들을 명시하는 정점들을 입력으로 받아들이고 프레임 버퍼에 픽셀들을 생성한다. 이러한 프로그램이 반드시 모든 픽셀에 값을 할당하고 모든 기하학적 기본 요소(그리고 모든 광원)들을 처리해야 하기 때문에 이 프로그램은 최소한 이러한 기본 변수들을 가지고 반복하는 적어도 두 개의 루프를 포함하는 것으로 기대할 수 있다.

우리가 이러한 프로그램을 작성한다면, 즉시 다음 질문이 나올 것이다. 외부 루프는 어떤 변수가 제어하는가? 우리가 선택한 답에 따라 전체 구현과정의 흐름이 결정된다. 여기에는 두 가지 기본 전략이 있는데 보통 **영상지향적**(image-oriented), 그리고 **객체지향적**(object-oriented)이라고 하는 접근 방법이다.

객체지향적 접근 방법에서는 외부 루프는 객체들에 대한 것이 된다. 따라서 프로그램은 다음 형태의 루프에 의해 제어되는 것으로 생각할 수 있다.

```
for(each_object) render(object);
```

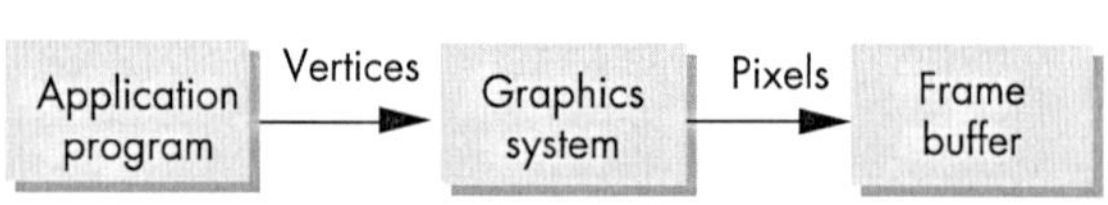

● 그림 6.1 ● 그래픽스 프로세스의 상위 관점

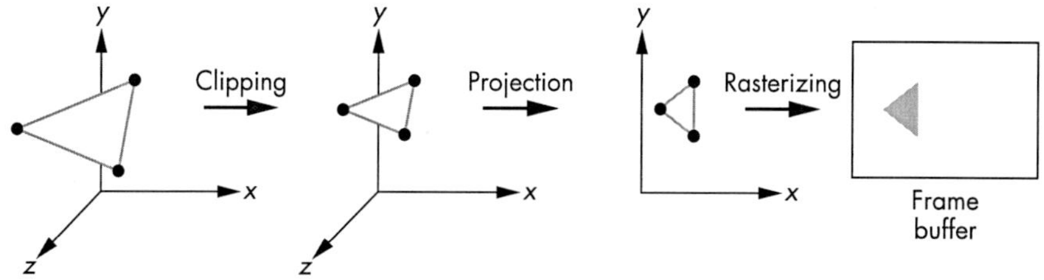

● 그림 6.2 ● 객체지향적 접근

파이프라인 렌더기는 이러한 설명에 잘 맞는다. 정점들은 프로그램에 의해 정의되며 정점을 변환하고 색을 입히고 보일지를 결정하는 일련의 모듈 순서를 따르게 된다. 다각형은 그림 6.2에 예시된 과정들을 따른다. 주목할 점은 다각형이 기하학적 처리를 통과하고 나면 다각형의 래스터화는 잠재적으로 프레임 버퍼의 모든 픽셀에 영향을 미칠 수 있다는 것이다. 이러한 방법을 따르는 대부분의 구현들은 각 작업들에 대한 하드웨어 또는 소프트웨어 모듈을 포함하는 렌더링 파이프라인의 구성에 기반을 두고 있다. 데이터(정점들)는 이 시스템을 순방향으로 따른다.

과거 객체지향적 접근방법의 주요 한계는 많은 메모리 요구와 각 객체를 독립적으로 처리하는 데 드는 높은 비용이었다. 기하학적 처리에서 발생하는 어떤 기하학적 기본 요소든지, 잠재적으로 프레임 버퍼에 존재하는 모든 픽셀에 영향을 미칠 수 있다. 따라서 전체 색 버퍼−그리고 은면 제거에 사용되는 값이 깊이 버퍼 같은 다양한 다른 버퍼−는 디스플레이의 크기와 항상 사용 가능해야 한다. 메모리가 저렴하고 집적도가 높아지기 전에는 이러한 요구가 심각한 문제점으로 인식되었다. 지금은 초당 수천만 개의 다각형들을 처리할 수 있는 다양한 파이프라인화된 기하학적 처리기가 이용 가능하다. 사실상, 모든 기본 요소에 대해 같은 연산을 반복하기 때문에 객체지향적 시스템을 구축하는 하드웨어는 빠르고 상대적으로 저렴하다. 이 하드웨어는 많은 기능들이 특별화된 칩들로 구현되어 있다.

오늘날 객체지향적 구현의 가장 큰 한계는 대부분의 전역적 연산을 다룰 수 없다는 점이다. 각 기하학적 기본 요소는 독립적으로 그리고 임의의 순서로 처리된다. 그래서 다중의 기하학적 객체들을 반사 같은 복잡한 음영 효과들을 근사적 방법 외에는 처리할 수가 없다. 가장 예외적인 것으로서 z-버퍼를 사용하여 전역정보를 저장하는 은면 제거가 있다.

영상지향적 접근 방법들은 프레임 버퍼를 구성하는 픽셀들에 대해, 또는 **주사선**(scanline)이라 하는 픽셀 행에 대해 루프를 돈다. 유사 코드로 쓰면 이러한 프로그램의 외부 루프는 다음과 같은 형태가 된다.

```
for(each_pixel) assign_a_color(pixel) ;
```

각 픽셀에 대해 어떤 기하학적 기본 요소가 픽셀 색에 영향을 미치는지를 결정하기 위해서 역방향으로 작업한다. 이러한 접근 방법의 장점은 언제든지 제한된 디스플레이 메모리만 필요하고 픽셀을 일정한 비율로, 화면 새로고침하는데 필요한 순서로 생성할 수 있다. 대부분의 계산 결과는 픽셀마다(또는 주사선마다) 많이 달라지지 않기 때문에 구현의 많은 단계들에서 이러한 일관성을 이용할 수 있도록 점진적 형태로 알고리즘을 개발할 수 있다. 이러한 접근방법의 중요한 단점은 기하학적 데이터로부터 데이터 구조를 미리 만들어 놓지 않으면 어떤 기본 요소가 어떤 픽셀에 영향을 주는지 알 수가 없다는 것이다. 이러한 데이터 구조는 복잡해질 수 있고, 렌더링과정 중에 모든 기하학적 데이터가 항상 이용 기능해야 되는데 그러지 못할 수도 있다. 매우 큰 데이터베이스에 대해서는 훌륭한 데이터 표현 방법을 가지고도 메모리 문제에 맞닥뜨릴 수도 있다. 하지만, 영상지향 접근방법들은 각 픽셀마다 모든 객체에 접근할 수 있기 때문에, 그림자와 반사 같은 전역적 효과를 다루는 데 매우 적합하다. 광선 추적법(11장)은 영상기반 접근 방법의 한 예이다.

두 접근 방법에 모두 적합한 예제들을 보겠지만, 객체기반 접근 방법에 더 중점을 두겠다.

6.2 네 가지 주요 작업

파이프라인의 블록들을 다시 살펴보는 것으로 시작하는데, 아직 구체적으로 설명하지 않은 블록에 초점을 맞추겠다. 3차원 다각형과 같은 기하학적 개체가 사용자 프로그램의 정의로부터 출력장치에 적절히 디스플레이될 때까지, 그것을 렌더링하기 위해 어떤 그래픽스 시스템에서든지 수행해야 하는 다음과 같은 네 가지 주요 작업이 있다.

1. 모델링(modeling)
2. 기하학적 처리(geometric processing)
3. 래스터화(rasterization)
4. 단편 처리(fragment processing)

그림 6.3은 이런 작업들이 파이프라인 구현에서 어떻게 조직되는지 보여준다. 접근 방법에 관계없이 네 가지 작업은 모두 수행되어야 한다.

● 그림 6.3 ● 구현 작업

6.2.1 모델링

모델링 처리의 일반적인 결과는 시스템의 나머지 부분에 의해 지원되는 기하학적 객체의 집합을 명시하는 정점들의 집합이다. 5장에서는 구의 근사(approximation of sphere)와 같은 사용자에 의한 모델링이 요구되는 몇몇 예를 보았다. 8장과 9장에서는 다른 모델링 기법 몇 가지를 탐구할 것이다.

기하학적 객체를 생성하는 블랙박스로 볼 수 있는 모델러(modeler)는 보통 사용자 프로그램이다. 그러나 모델러가 수행해야 하는 다른 작업들이 있다. 예를 들면, 관측 공간의 바깥에 놓여서 화면에 나타나지 않는 객체의 일부를 제거하는 과정, 즉 클리핑을 생각해 보자. 사용자는 프로그램에서 기하학적 객체를 생성할 수 있고, 시스템의 나머지 부분이 객체들을 생성되는 속도로 처리할 수 있기를 바란다. 또는 모델러를 전달하는 객체의 수를 최소화함으로써 시스템의 나머지 부분에 지워지는 부담을 줄이는 시도를 할 수도 있다. 후자의 접근방법은 비록 알고리즘은 다를지 모르지만, 시스템 나머지 부분에서 행하는 작업과 같은 작업을 모델러가 일부 할 수도 있음을 의미한다. 클리핑의 경우 모델러는 응용프로그램의 세부사항에 대해 더 많이 알고 있기 때문에 대부분은 아니더라도 많은 기본 요소를 제거한 후에 표준 관측 처리로 보낼 수 있다.

6.2.2 기하학적 처리

기하학적 처리는 정점에 대한 작업이다. 기하학적 처리기의 목적은 어떤 기하학적 객체가 화면에 나타날 것인가를 결정하는 것과 이런 객체들에 음영 또는 색을 할당하는 것이다. 네 가지 처리가 요구되는데, 이들은 투영, 기본 요소 조립, 클리핑, 음영법이다.

일반적으로 기하학적 처리의 첫 번째 단계는, 모델-관측 변환을 사용하여 객체 좌표계에서 카메라 또는 눈 좌표계로 표현을 변경하는 것이다. 3장에서 보았듯이 카메라 좌표계로의 전환은 관측 처리의 첫 번째 부분일 뿐이다. 두 번째 단계는, 투영 변환을 사용하여 정점들을 정규화된 관측 공간으로 변환하는 것이다. 정규화된 관측 공간에서 화면에 보이는 객체들은 원점을 중심으로 하는 입방체 안에 들어가게 된다. 정점들은 이제 클리핑 좌표계로 표현된다. 정규화는 평행 또는 직교투영을 단순한 공간 안에서 직교투영으로 전환할 뿐만 아니라 거기에 더해서 6.7절에서 보게 되듯이 클리핑 처리를 단순화시켜 준다.

기하학적 객체들은 모양을 바꾸고 이동하거나(모델링), 표현을 바꾸는(관측) 변환의 순서들에 의해 변환된다. 결국, 지정된 공간, 즉 **관측 공간**(view volume) 내에 들어온 기본 요소만 래스터화한 후에 화면에 나타난다. 그러나 하드웨어가 관측 공간 바깥에 전체 또는 일부가 놓인 객체를 처리하기 기대하면서 모든 객체를 단순히 래스터화 할 수는 없다. 구현은 이런 작업을 래스터화 전에 수행해야만 한다. 한 가지 이유는 관측 공간 밖에 놓인 객체들은 화면에 보이지 않기 때문에 객체를 래스터화하는 것이 효율적이지 않다는 점이다. 다른 이유는 정점들이 래스터기에 도달했을 때 더 이상 개별적으로 처리될 수 없고 모아져서 기본 요소가 되어야 한다는 것이다. 부분적으로만 관측 공간에 들어가는 기본 요소들은 음영 계산이 수행될 새로운 정점들을 가지고 새로운 기본 요소를 생성할 수 있다. 클리핑이 시작되기 전에 정점들은 객체로 그룹 지어져야 한다. 이것을 기본 **요소 조립**(primitive assembly)이라고 한다.

비록 객체가 관측 공간 내부에 놓여 있더라도, 다른 객체에 의해 가려져 있다면 디스플레이 되지 않을 것이다. **은면 제거**(hidden-surface removal), 또는 **가시면 결정**(visible-surface determination)을 위한 알고리즘들은 객체들 사이의 3차원 공간 관계에 기반을 두고 있다. 이 단계는 보통은 단편 처리의 일부분으로 수행된다.

5장에서 살펴본 것처럼, 색은 각 정점 단위 혹은 평면 단위로 결정될 수 있다. 만약 정점 단위로 할당되면, 정점 속성처럼 응용에서 전달되거나 정점 셰이더에서 처리된다. 조명이 켜져 있으면 정점 색은 응용이나 정점 셰이더에서 구현한 조명 모델을 사용해 계산된다.

클리핑이 수행된 후, 남은 정점들은 여전히 4차원 동차 좌표계로 되어 있다. 투시 제산(perspective division)은 이들을 정규화된 장치 좌표계(device coordinates)로 되어 있는 3차원 표현을 전환시켜 준다.

이런 연산들은 총괄적으로 **전단 처리**(front-end processing)를 구성한다. 모든 3차원 계산을 포함하고, 부동 소수점 계산을 요구한다. 모두가 유사한 하드웨어와 소프트웨어를 필요로 한다. 모든 연산들은 기본적으로 정점 단위로 처리된다. 6.3절에서는 아직 유일하게 설명하지 않은 기하학적 처리 단계인 클리핑에 관해 논하겠다.

6.2.3 래스터화

기하학적 처리가 수행된 후에도 은면 제거를 위해 깊이 정보(depth information)를 보관하고 있을 필요가 있다. 그러나 프레임 버퍼의 어떤 픽셀들이 기본 요소에 의해 영향을 받을 수 있는지를 결정하기 위해서는 정점들의 x, y값들만 있으면 된다. 예를 들어, 투시 제산을 한 후에는, 두 정점들에 의해 원래 3차원에서 정의된 선분은 정규화된 장치 좌표계의 3차원 정점 쌍에 의해 정의된 선분이 된다. 이러한 정점들에 해당하는 프레임 버퍼에서의 픽셀 위치를 주는 단편 집합을 생성하기 위해서는 그들의 x, y 성분들 또는 이러한 정점들의 수직 투영 결과만 있으면 된다. 이러한 단편들은 **래스터화**(rasterization) 또는 **주사 변환**(scan conversion)으로 불리는 처리를 통해 결정된다. 선분의 경우, 래스터화는 어떤 단편들이 투영된 정점 간의 선분을 근사화하는데 사용될지 결정한다. 다각형의 경우 어떤 픽셀들이 투영된 정점들에 의해 만들어지는 2차원 다각형 안에 놓이는지가 래스터화에 의해 결정된다.

이러한 단편들에 지정된 색은 색 속성에 의해 결정되거나 5장에서와 같이 정점에서 계산된 음영을 보간하여 얻을 수 있다. 선분과 다각형들보다 더 복잡한 객체들은 보통 다중 선분과 다각형으로 근사되므로, 대부분의 그래픽스 시스템들은 이들을 위한 특별한 래스터화 알고리즘을 가지고 있다. 10장에서는 이런 식으로 할 수 없는 예외적인 특별한 곡선과 곡면에 대해 볼 것이다.

래스터화는 정규화된 장치 좌표계에 있는 정점들을 가지고 시작하지만, 출력으로는 위치가 디스플레이 단위로 된 단편들을 내보낸다. 이 디스플레이 단위를 **윈도 좌표계**(window coordinates)라고 한다. 2장과 4장에서 보았듯이, 클리핑 공간의 투영은 반드시 지정된 뷰포트(viewport) 안에서 보여야 한다. OpenGL에서는 이 최종 변환이 투영 후에 2차원적으로 이루어진다. 선행하는 변환들은 이미 관측 공간을 각 변의 길이가 2이고, 뷰포트(그림 6.4)의 변들과 일치하도록 정규화하였다. 따라서 이 변환은 간단히

$$x_v = x_{vmin} + \frac{x + 1.0}{2.0}(x_{vmax} - x_{vmin})$$

$$y_v = y_{vmin} + \frac{y + 1.0}{2.0}(y_{vmax} - y_{vmin})$$

$$z_v = z_{vmin} + \frac{z + 1.0}{2.0}(z_{vmax} - z_{vmin})$$

이다. 투시 관측에 대해 이러한 z값들은 투시 정규화에 의해 비선형적으로 크기 변환이 되었다는 점을 고려해야 한다. 하지만, 이들은 원래의 깊이 순서는 유지하고 있고, 따라서 은면 제거에 이용될 수 있다. 2차원 시스템, 즉 깊이 좌표를 제외한 윈도 좌표계를 **스크린 좌표계**(screen coordinates)라고 한다.

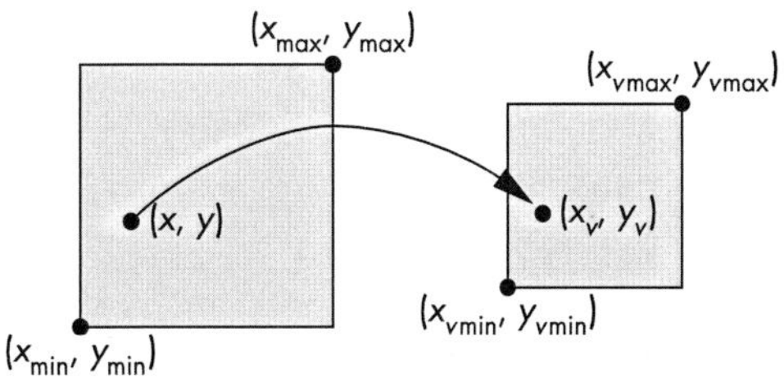

● 그림 6.4 ● 뷰포트(viewport) 변환

6.2.4 단편 처리

가장 간단한 경우, 단편은 래스터기에 의해 색을 지정받고 이 색은 단편 위치에 해당하는 프레임 버퍼 위치에 쓰이게 된다. 그러나 이외에도 다른 많은 가능성들이 있다.

OpenGL과 같은 구조에 의해 지원되는 별도의 픽셀 파이프라인(7장)은 래스터화 단계에서 기하학적 파이프라인의 결과와 연결된다. 음영과 텍스처 매핑된 다각형이 처리될 때 무슨 일이 일어나는지 생각해 보자. 정점 조명은 기하학적 처리의 일부분으로서 계산된다. 텍스처 값은 렌더기가 다각형 내부 위치에 해당하는 단편들을 생성하는 래스터화 이후까지는 필요하지 않다. 여기서 정점 단위의 색과 텍스처 좌표의 보간이 일어나고, 텍스처 매개변수가 색 버퍼의 최종 색을 결정하기 위해 텍스처 색과 단편 색을 어떤 식으로 조합할지를 정한다.

이미 지적했듯이, 관측 공간에 있는 객체들은 관측자에게 더 가까운 불투명 객체에 의해 가려지면 화면에 보이지 않을 것이다 필요한 은면 제거 과정은 일반적으로 단편 단위를 기본(fragment-by-fragment basis)으로 수행된다.

지금까지 모든 객체들이 불투명하므로 다른 객체의 뒤에 위치한 객체는 보이지 않는다고 가정했다. 또한 객체가 **투명**(translucent)해서 일부 빛이 투과할 수 있다고 가정할 수도 있다. 이 경우 단편 색은 색 버퍼에 이미 있는 픽셀 색과 혼합되어야 할 때도 있다. 이러한 가능성은 7장에서 살펴보겠다.

대부분의 디스플레이에서 프레임 버퍼로부터 영상을 가져오는 과정과 모니터에 디스플레이하는 과정은 자동이므로 응용프로그램은 상관할 필요가 없다. 그러나 래스터 디스플레이의 영상에 나타나는 들쭉날쭉함처럼 디스플레이 화질과 관련된 많은 문제들이 있다. 7장에서는 들쭉날쭉함 또는 **에일리어싱**(aliasing)을 줄이기 위한 알고리즘들을 소개하고 디스플레이상에서 색 재생과 관련된 문제들을 알아보겠다.

6.3 클리핑

이제 응용프로그램에 의해 정의되는 클리핑 또는 관측 공간 안에 들어가는 기본 요소나 그 일부분을 결정하는 과정인 클리핑을 다룬다. 클리핑은 클리핑된 정점의 w 성분이 1이 아닌 경우 필요한 투시 제산 전에 수행된다. 은면 제거를 적용하지 않은 상태에서 화면에 디스플레이될 수 있는 모든 기본 요소들의 일부분은 입방체 안에 놓이게 된다.

$$w \geq x \geq -w$$
$$w \geq y \geq -w$$
$$w \geq z \geq -w$$

이 좌표계는 원래 응용프로그램에서의 단위나 특정 디스플레이 장치 단위에 의존적이지 않기 때문에 **정규화된 장치 좌표계**(normalized device coordinates)라 한다. 그럼에도 정확한 영상을 생성하기 위한 정보는 이 좌표계 안에 모두 보존된다. 또 투영은 오직 일부분만 수행되었다는 것을 주의하자. 아직 투시 제산과 최종 직교투영이 남아 있다.

선분과 다각형은 파이프라인을 통과하는 가장 공통된 기본 요소이기 때문에 이들의 클리핑에 집중하겠다. OpenGL 파이프라인에서는 3차원 객체에 대해 클리핑을 수행하지만, x, y 평면에 투영을 먼저 하는 시스템도 있다. 다행히, 많은 효율적인 알고리즘들이 2차원과 3차원에서 거의 동일하므로, 이러한 알고리즘들에 초점을 맞추겠다.

6.4 선분 클리핑

절단기(clipper)는 어떤 기본 요소 또는 그 일부가 화면에 나타나야 되고 레스터화기(rasterizer)로 보내져야 하는지를 결정한다. 지정한 관측 공간에 들어온 기본 요소는 절단기를 그냥 통과, 즉 **수용**(accepted)된다. 화면에 나타날 수 없는 기본 요소는 제거, 즉 **거부**(rejected) 또는 **선별**(culled)된다. 관측 공간 내에 일부분만 있는 기본 요소는 공간 바깥에 놓인 부분이 제거되도록 클리핑되어야 한다.

클리핑은 관측 파이프라인에서 한 곳이나 그 이상의 위치에서 일어날 수 있다. 모델러(modeler)는 하드웨어가 처리해야 할 기본 요소들을 줄이기 위해 클리핑할 수 있다. 기본 요소는 3차원 객체에서 2차원 객체로 투영된 후에 클리핑될 수 있다. OpenGL에서 기본 요소는 래스터화 전에 3차원 관측 공간에 대하여 클리핑된다. 앞으로 일련의 절단기들을 개발할 것이다. 학습 편의와 역사적인 이유로, 두 가지 2차원 선분 절단기에서 출발할 것인데, 이 두 가지는 모두 3차원과 다각형 클리핑으로 직접 확장된다.

6.4.1 코헨-서덜랜드(Cohen-Sutherland) 클리핑

선분에 대한 2차원 클리핑 문제는 그림 6.5에 나타내었다. 지금은 이 문제가 3차원 선분이 투영 평면으로 투영된 후에 발생하고, 윈도는 화면상의 뷰포트로 사상되는 투영 평면의 일부라고 가정할 수 있다. 모든 값은 실수로 지정된다. 선분 AB는 전부 화면에 나타나는 반면, CD는 전혀 나타나지 않음을 볼 수 있다. EF와 GH는 디스플레이되기 전에 짧아져야 한다. 선분은 끝점에 의해 완전히 결정되기는 하지만, 두 끝점이 클리핑 윈도의 외부에 놓여 있더라도, 일부는 화변에 나타날 수 있음을 GH를 통해 볼 수 있다.

선분이 포함된 직선과 윈도 변의 교점을 계산하여 클리핑에 필요한 정보를 결정할 수 있다. 그러나 각 교점은 부동 소수점 나눗셈을 요구하기 때문에 가능하다면 교점 계

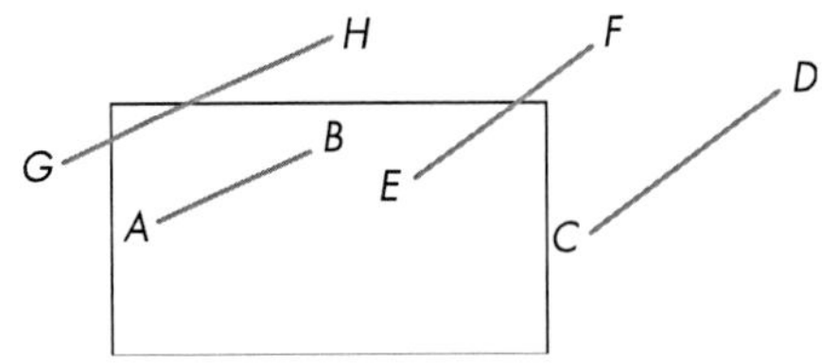

● 그림 6.5 ● 2차원 클리핑

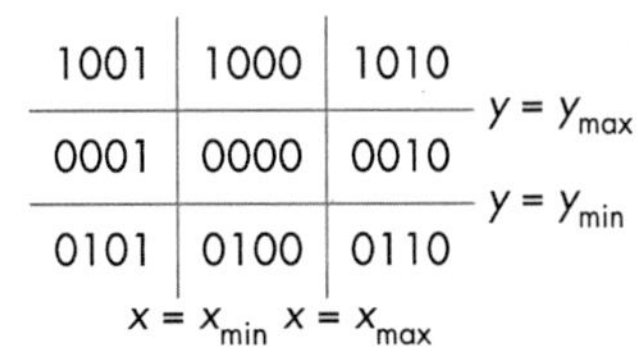

● 그림 6.6 ● 공간의 분할과 외곽 부호

산을 피하기를 원한다. 코헨-서덜랜드 알고리즘은 대부분 고비용의 부동 소수점 곱셈과 나눗셈을 부동 소수점 감산과 비트 연산의 조합으로 대체하기 위해 모색한 첫 번째 알고리즘이었다.

알고리즘은 윈도의 변을 무한대로 확장하고, 따라서 그림 6.6에 보이듯 공간을 9개의 영역으로 분할함으로써 시작된다. 각 영역에 고유의 4비트 이진 숫자, 또는 **외곽 부호**(outcode), $b_0b_1b_2b_3$을 다음과 같이 할당할 수 있다. (x, y)가 이 영역에 있는 점이라고 가정하면, 다음과 같다.

$$b_0 = \begin{cases} 1 & \text{if } y > y_{\max} \\ 0 & \text{otherwise} \end{cases}$$

마찬가지로, $y > y_{\min}$이면 b_1은 1이고, b_2와 b_3은 x와 윈도의 왼쪽 및 오른쪽 변 사이의 관계에 의해 결정된다. 결정된 부호는 그림 6.7에 나타난다. 선분의 각 끝점에 대하여 먼저 그 끝점의 외곽 부호를 계산하는데, 이 과정에서는 선분 하나당 8개의 부동 소수점 감산이 요구된다.

외곽 부호가 $o_1 = outcode(x_1, y_1)$과 $o_2 = outcode(x_2, y_2)$으로 주어진 선분을 고려해 보자. 이제 이 외곽 부호에 기초하여 판단할 수 있는데 네 가지 경우가 있다.

1. $(o_1 = o_2 = 0)$. 그림 6.7의 선분 AB에서처럼 양끝 점이 클리핑 윈도 내부에 있다. 선분 전부가 내부에 있고, 선분은 래스터화되기 위해 보내질 수 있다.

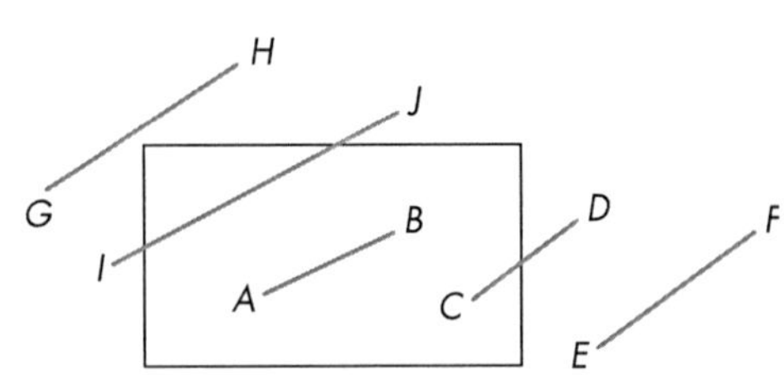

● 그림 6.7 ● 코헨-서덜랜드 알고리즘에서 외곽 부호의 경우들

2. ($o_1 \neq 0, o_2 = 0$, 또는 그 반대). 한 끝점은 클리핑 윈도 내부에 있고, 다른 하나는 외부에 있다(그림 6.7에서 선분 *CD*를 보자). 선분은 짧아져야 한다. 영이 아닌 외곽 부호는 윈도의 어떤 변이 선분과 교차하는지를 가리킨다. 하나 또는 두 개의 교차점이 계산되어야 한다. 하나의 교차점이 계산된 후에, 다른 교차점 계산이 필요한지 아닌지 결정하기 위해 교차점의 외곽 부호를 계산할 수 있다.
3. (o_1 & $o_2 \neq 0$). 외곽 부호에 비트 AND 연산을 취함으로써, 두 끝점이 윈도의 같은 변의 외부에 놓여 있는지 아닌지 결정한다. 만약 그렇다면, 선분은 제거될 수 있다(그림 6.7의 선분 *EF*를 보자).
4. (o_1 & $o_2 = 0$). 두 끝점 모두 외부에 있지만, 윈도의 다른 변의 외부에 있다. 그림 6.7의 선분 *GH*와 *IJ*에서 볼 수 있는 것처럼, 단지 외곽 부호만으로는 선분을 버려야 하는지 줄여야 하는지를 말할 수 없다. 최선책은 윈도의 한 변과 교차해 보고, 결과 점의 외곽 부호를 점검해 보는 것이다.

모든 외곽 부호를 점검하는 데 부울 논리 연산만 하면 충분하다. 교점의 계산이 꼭 필요한 두 번째 경우나 외곽 부호가 충분한 정보를 포함하지 않는 네 번째 경우에만 교차점 계산을 한다.

코헨-서덜랜드 알고리즘은 많은 수의 선분이 있지만 실제로 몇 개만 디스플레이되는 경우에 가장 잘 동작한다. 이 경우 대부분의 선분은 클리핑 사각형의 하나 또는 두 개의 확장된 변 외부에 완전히 놓이므로 외곽 부호에 기초하여 제거할 수 있다. 다른 장점은 이 알고리즘이 3차원으로 확장될 수 있다는 것이다. 이 알고리즘의 주요 단점은 반드시 재귀적으로 사용되어야 한다는 것이다. 그림 6.7의 선분 *GH*를 생각해 보자.

반드시 클리핑 윈도의 왼쪽 변과 윗변에 대해 클리핑되어야 한다. 일반적으로, 이렇게 하는 가장 간단한 방법은 초기 외곽 부호를 사용하여 클리핑 윈도의 첫 번째 클리핑 변을 결정하는 것이다. 원래 선분의 첫 줄임 이후에 새로운 외곽 부호가 줄임으로 만들어진 새로운 끝점에 대해 계산되고, 알고리즘은 다시 반복된다.

아직 임의의 필요한 교차점을 어떻게 계산하는지 논의하지 않았다. 어떤 경우에든 하나의 나눗셈만을 필요로 하겠지만, 이 계산이 어떤 형태를 가질지는 선분을 어떻게 표현하는가에 달려 있다. 다음처럼 표준적인 직선의 양함수 형식(explicit form)을 사용한다면,

$$y = mx + h$$

끝점들로부터 m과 h를 계산할 수 있다. 여기서, m은 직선의 기울기이고, h는 직선의 y절편이다. 그러나 수직선은 이런 형식으로 표현될 수 없는데, 이것이 양함수 형식의 결정적인 약점이다. 단지 코헨-서덜랜드 알고리즘에만 관심이 있다면, 클리핑 사각형의 변은 축에 평행하기 때문에 모든 경우를 프로그램하는 것은 아주 간단하다. 그러나 클리

핑 외에도 더 많은 것에 관심이 있기 때문에 직선과 선분의 다른 표현도 중요하다. 특히, 컴퓨터 그래픽스에서 매개변수 표현은 거의 항상 사용된다. 우리는 4장에서 직선의 매개변수 형식을 이미 보았다. 다른 종류의 곡선들에 대한 매개변수 표현은 10장에서 공부할 것이다.

6.4.2 Liang-Barsky 클리핑

직선에 매개변수 형식을 사용한다면, 궁극적으로 더 효율적인 다른 방법으로 선분의 클리핑을 접근할 수 있다. 두 끝점 $\mathbf{p}_1 = [x_1, y_1]^T$와 $\mathbf{p}_2 = [x_2, y_2]^T$로 정의된 선분이 있다고 가정하자. 매개변수로 표현할 수 있는 고유의 직선을 정의하기 위해 이 끝점을 사용할 수 있다. 행렬 형식으로는

$$\mathbf{p}(\alpha) = (1 - \alpha)\mathbf{p}_1 + \alpha\mathbf{p}_2$$

이고, 두 개의 스칼라 방정식으로는

$$x(\alpha) = (1 - \alpha)x_1 + \alpha x_2$$

$$y(\alpha) = (1 - \alpha)y_1 + \alpha y_2$$

이다. 이런 형식은 안정적이어서 수평선 또는 수직선에 대해 어떤 변경도 필요 없다. 매개변수 α가 0에서 1까지 바뀜에 따라 $\mathbf{p}_1$에서 $\mathbf{p}_2$까지 선분을 따라 이동한다. α가 음수이면 $\mathbf{p}_2$로부터 $\mathbf{p}_1$의 다른 편의 직선상에 수렴한다. 비슷하게, $\alpha > 1$인 값이면 $\mathbf{p}_2$를 지나 무한대로 가는 직선 위의 점을 수렴한다.

그림 6.8(a)에 보이는 것처럼 선분과 그것을 포함하는 직선을 고려해 보자. 직선이 윈도의 변과 평행하지 않으면(평행하다면, 그런 상태는 쉽게 처리할 수 있다), 직선이 윈도의 확장된 변과 교차하는 네 점이 있다. 이 점들은 네 개의 매개변수 값 α_1, α_2, α_3, α_4에 대응된다. 이 값 중 하나는 직선이 윈도로 들어가는 것에 대응되고 다른 하나는 직선이 윈도를 떠나는 것에 대응된다. 잠시 이 교차점들을 어떻게 계산하는지를 미루어두

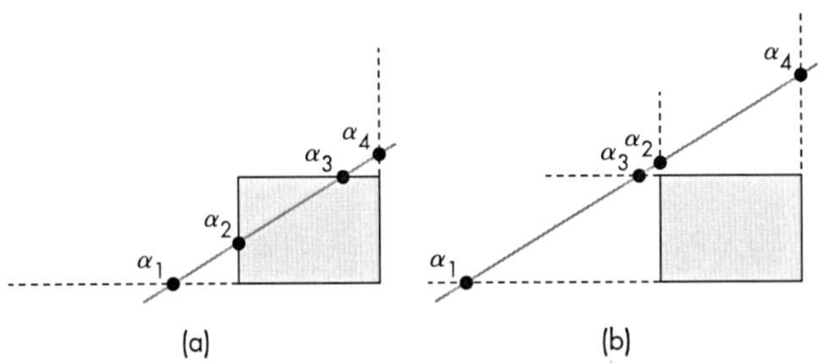

● 그림 6.8 ● 매개변수형 직선과 클리핑 윈도의 두 가지 경우

고, 그것들을 정렬하여 어느 것이 클리핑하기 위해 필요한 교차점에 대응되는지 결정할 수 있다. 주어진 예에서는 다음이 된다.

$$1 > \alpha_4 > \alpha_3 > \alpha_2 > \alpha_1 > 0$$

따라서 네 개의 모든 교점들은 원래의 선분 안에 있고, 내부의 두 개(α_2와 α_3)가 클리핑된 선분을 결정한다. 이 경우를 그림 6.8(b)의 경우와 구별할 수 있다. 그림 6.8(b)의 경우는 선분의 끝점 사이에 네 교차점을 가지고 있는데, 다음 순서로부터 알 수 있다.

$$1 > \alpha_4 > \alpha_2 > \alpha_3 > \alpha_1 > 0$$

직선은 윈도의 왼쪽 또는 오른쪽과 교차하기 전에 윈도의 위쪽과 아래쪽 모두와 교차한다, 그러므로 선분 전부가 거부되어야 한다. 교차점의 순서가 다른 경우에도 유사한 방법으로 논의될 수 있다.

이 전략의 효율적인 구현은 필요할 때까지 교차점의 계산을 피하는 것이다. 많은 선분들이 네 교차점 모두를 알기 전에는 계산이 거부될 수 있다. 또한 가능하면 부동 소수점 나눗셈을 피하길 원한다. 만일 윈도의 윗변과의 교차점을 결정하기 위해 매개변수 형식을 사용한다면, 다음과 같은 값에서 교차점을 찾을 수 있다.

$$\alpha = \frac{y_{\max} - y_1}{y_2 - y_1}$$

윈도의 다른 세 변에 대하여 비슷한 방정식이 성립한다. 각각에 대한 나눗셈을 함으로써 교차점을 계산하는 대신, 방정식은 다음과 같이 쓸 수 있다.

$$\alpha(y_2 - y_1) = \alpha \Delta y = y_{\max} - y_1 = \Delta y_{\max}$$

알고리즘에 의해 요구되는 모든 테스트는 $\Delta y_{\max}$, Δy 및 윈도의 다른 변에 대해 계산된 유사한 항을 이용해서 수행될 수 있다. 그러므로 클리핑에 관한 모든 결정은 부동 소수점 나눗셈 없이 이루어질 수 있다. 선분이 짧아져야 하기 때문에 교차점이 필요할 때만 나눗셈이 수행된다. 코헨-서덜랜드 알고리즘의 효율성과 비교하여 이 접근방법의 효율성은 선분 줄임을 여러 번 반복하는 것과 그와 관련된 클리핑 알고리즘의 재실행을 피할 수 있다는 것이다. 효율적인 다른 2차원 직선 클리핑 알고리즘들은 코헨-서덜랜드 알고리즘, Liang-Barsky 알고리즘과 달리 3차원으로 확장되지 않기 때문에 논의를 미루겠다.

6.5 다각형 클리핑

다각형 클리핑은 다양한 방식으로 일어난다. 확실히 디스플레이를 위한 사각형 윈도에 대하여 다각형을 클리핑할 수 있기를 바란다. 때로는 직사각형이 아닌 윈도를 원할 수도 있다. 그림자 생성과 은면 제거와 같은 다른 구현에서는 다른 다각형에 대한 다각형의 클리핑을 필요로 할 수 있다. 예를 들면, 그림 6.9는 광원에 더 가까운 다각형을 광원에서 멀리 떨어진 다각형들로 클리핑하여 생성된 다각형의 그림자를 보여준다. 많은 안티에일리어싱과 합성 기법(compositing)은 다른 다각형들에 대하여 다각형을 클리핑하는 능력에 의존한다.

다각형의 변들을 연속적으로 클리핑함으로써 직선 클리핑 알고리즘으로부터 바로 다각형 클리핑 알고리즘을 만들 수 있다. 그러나 다각형은 내부를 가진 2차원 객체이고 그 모양에 따라 클리핑으로 여러 개의 다각형 객체를 생성할 수 있음을 기억해야 한다.

그림 6.10(a)의 볼록하지 않은(또는 **오목한**(concave)) 다각형을 생각해 보자. 이것을 사각형 윈도에 대해서 클리핑한다면, 그림 6.10(b)에 보이는 결과를 얻게 된다. 이 그림을 보는 대부분의 관측자는 클리핑에 의해 세 개의 다각형을 생성했다고 결론을 내릴 것이다. 불행히도, 객체의 수를 증가시킬 수 있는 절단기를 구현하는 것은 문제가 될 수 있다. 그림 6.11에 보이는 것처럼 절단기의 결과를 윈도의 변을 따라 겹친 변을 가진 하나의 다각형으로 취급할 수 있지만, 이런 선택은 구현할 때 다른 부분에서 어려움을 야

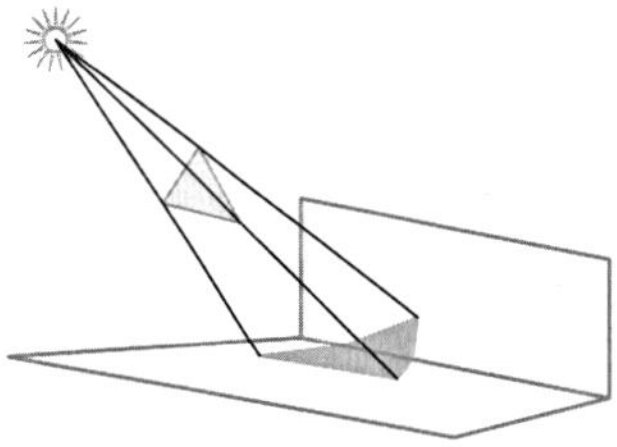

● 그림 6.9 ● 다각형 클리핑에 의한 그림자 생성

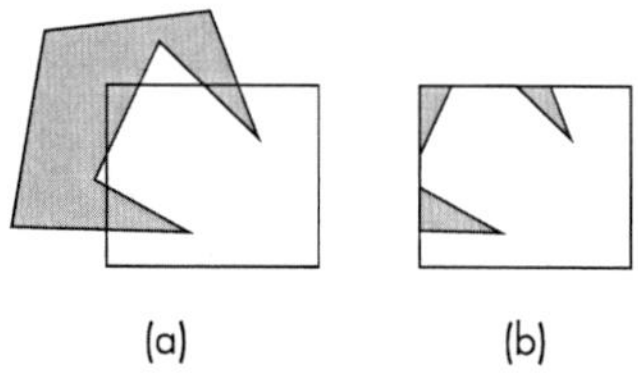

● 그림 6.10 ● 오목한 다각형의 클리핑 (a) 클리핑 전 (b) 클리핑 후

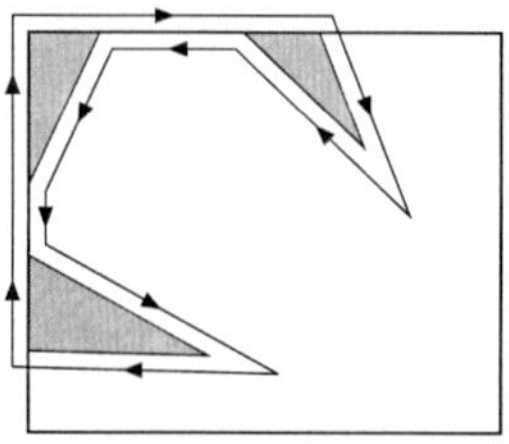

● 그림 6.11 ● 하나의 다각형 생성

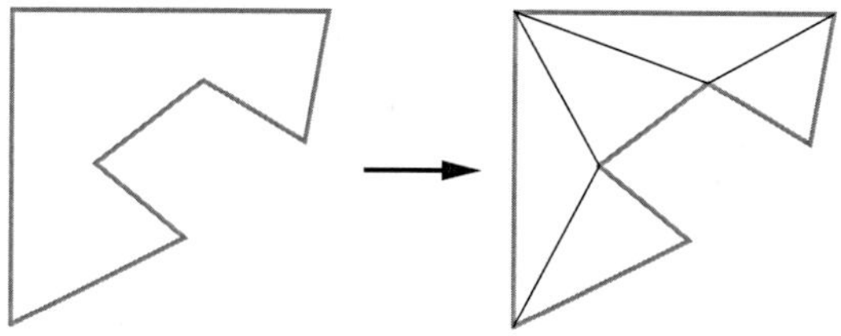

● 그림 6.12 ● 오목한 다각형의 분할

기할 수 있다.

볼록한 다각형은 이런 문제가 없다. 사각형 윈도에 대하여 볼록한 다각형을 클리핑하면, 많아야 하나의 볼록한 다각형만 남는다(연습문제 6.3을 보자). 그래픽스 시스템은 오목한 다각형의 사용을 금하거나, 그림 6.12에 보이는 것처럼 주어진 다각형을 볼록한 다각형의 집합으로 면 분할(tessellate)할 수 있다(OpenGL 4.1은 면 분할기능을 포함한다).

사각형 클리핑 영역에 대해서 코헨-서덜랜드 알고리즘과 Liang-Barsky 알고리즘은 한 변씩 처리하는 방법에 기초하여(edge-by edge basis) 다각형에 적용될 수 있다. 또, Sutherland와 Hodgeman에 의해 개발된 다른 접근방법이 있는데, 논의했던 파이프라인 구조에 매우 적합한 방법이다.

선분 절단기는 블랙박스로 생각될 수 있다(그림 6.13). 이 블랙박스의 입력은 검사되어 클리핑될 선분의 정점들의 쌍이고, 출력은 클리핑된 선분에 대응하는 정점들의 쌍이거나 입력 선분이 윈도의 외부에 놓여 있는 경우 비어있는 값이 된다.

클리핑 윈도를 네 개의 선분으로 생각하기보다는 윈도의 상변, 하변, 좌변, 우변을 결정하는 네 개의 무한 직선의 교차점에 의해 생성된 객체로 생각할 수 있다. 절단기를 각각 윈도의 한 변에 대해서 클리핑하는 더 간단한 절단기의 파이프라인으로 세분할 수 있다. 개별적인 절단기 각각을 블랙박스로 보고 사용할 수 있다.

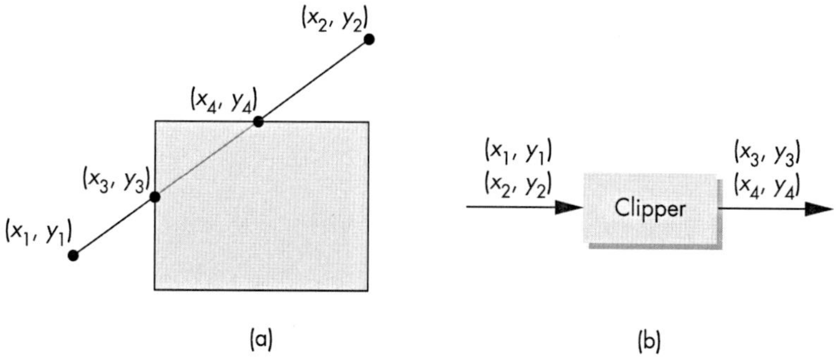

● 그림 6.13 ● 클리핑의 두 가지 관점, (a) 사각형에 대한 클리핑 (b) 블랙박스로 본 절단기

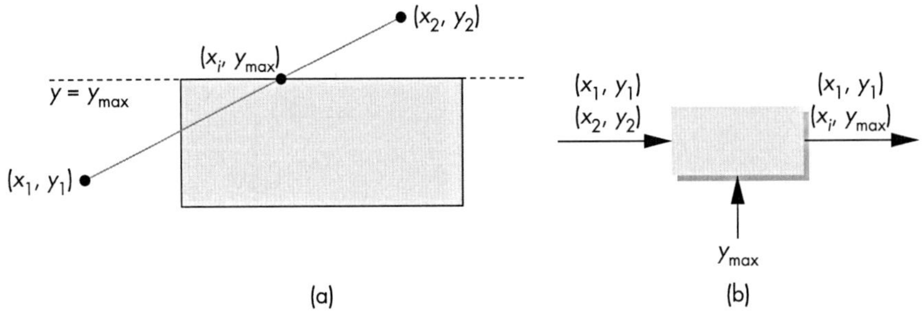

● 그림 6.14 ● 상변에 대한 클리핑, (a) 그래픽적 예시 (b) 블랙박스 뷰

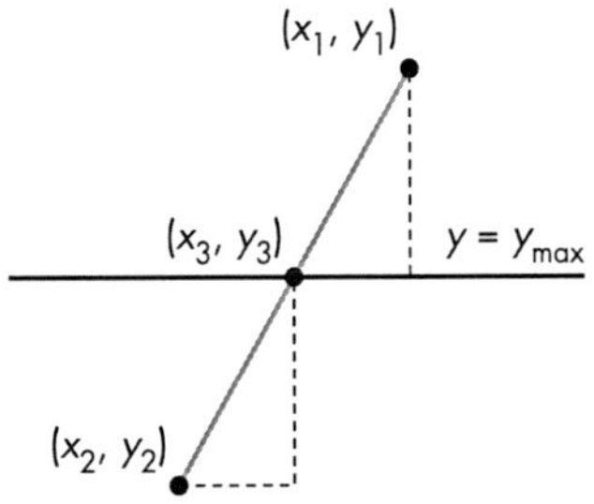

● 그림 6.15 ● 윈도 상변과의 교차점

윈도 상변에 대한 클리핑만을 고려한다고 가정하자. 이 연산을 입력과 출력이 정점들의 쌍이고, 값을 절단기에 알려진 매개변수로 가진 블랙박스(그림 6.14)로 생각할 수 있다. 그림 6.15의 닮은꼴 삼각형들을 이용하면, 만일 교차점이 있는 경우 그것은

$$x_3 = x_1 + (y_{max} - y_1)\frac{x_2 - x_1}{y_2 - y_1}$$

$$y_3 = y_{max}$$

에 놓이게 된다. 따라서 절단기는 $\{(x_1, y_1), (x_2, y_2)\}$; $\{(x_1, y_1), (x_i, y_{max})\}$, 또는 $\{(x_i, y_{max}), (x_2, y_2)\}$ 중 한 쌍을 반환한다. 같은 방정식에서 필요하다면 x와 y의 역할을 바꾸고, 윈도의 변들에 대한 값을 삽입하여 독립적으로 윈도 하변, 우변, 좌변에 대하여 클리핑할 수 있다. 이제 네 개의 절단기는 그림 6.16의 파이프라인으로 정렬될 수 있다. 하드웨어에 이 구성을 구축한다면, 네 정점에 대해 병렬적으로 작동하는 절단기를 가질 수 있다. 그림 6.17은 다각형에 대해 연속적인 절단기의 효과를 보여주는 간단한 예이다.

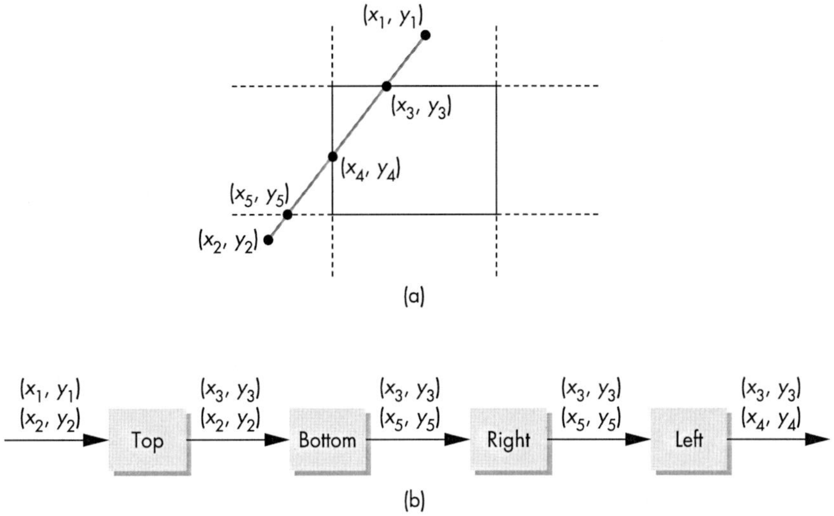

● 그림 6.16 ● 파이프라인 클리핑, (a) 클리핑 문제 (b) 파이프라인 절단기

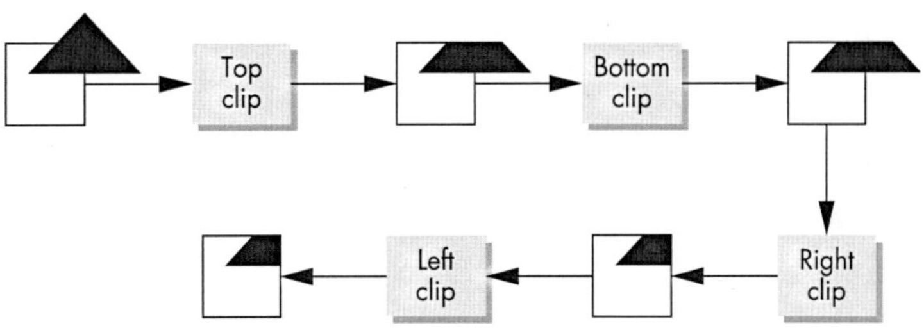

● 그림 6.17 ● 파이프라인 클리핑의 예

6.6 다른 기본 요소의 클리핑

1장부터 5장에서 강조한 것은 객체가 선분과 평면 다각형으로 구성되는 프로그램을 작성하는 것이었다. 10장에서 논의하게 될 곡면 객체를 렌더링할 때 종종 작고, 거의 편평한 다각형으로 세분화하여 렌더링한다.

파이프라인 구조에 소개한 절단기의 변형을 쉽게 발견할 수 있다. 그럼에도 불구하고, 객체가 하드웨어에 도달하기 전에 클리핑하거나, 다른 기본 요소들에 대하여 최적화된 알고리즘을 채용하기 원하는 경우가 있다.

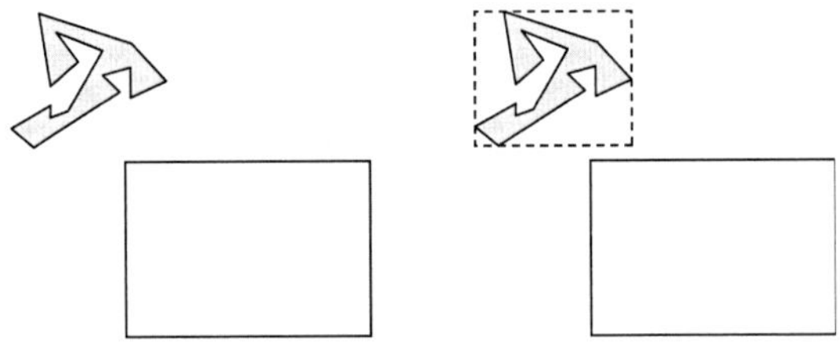

(a) (b)

● 그림 6.18 ● 경계 상자의 사용,
(a) 다각형과 클리핑 윈도 (b) 다각형, 경계 상자와 클리핑 윈도

6.6.1 경계 상자

그림 6.18(a)에 보이는 것처럼, 많은 변을 가진 다각형을 가지고 있다고 가정하자. 클리핑 알고리즘 중 하나를 적용하여 모든 변을 개별적으로 클리핑할 수 있다. 그러나 여기서 다각형 전체가 클리핑 윈도의 외부에 놓여 있는 것을 볼 수 있다. 다각형의 축 정렬(axis-aligned) 경계 상자(bounding box) 또는 범위(extent)를 가지고(그림 6.18(b)), 이런 관찰 결과를 활용할 수 있다. 경계 상자는 다각형을 포함하고, 윈도에 정렬된 가장 작은 사각형이다. 경계 상자의 계산은 다각형 정점들의 x와 y값의 최소값과 최대값만을 찾으면 된다.

일단 경계 상자를 찾으면, 상세한 클리핑을 자주 피할 수 있다. 그림 6.19의 세 가지 경우를 생각해 보자. 윈도 위에 있는 다각형은 경계 상자의 최소 y값이 윈도의 위쪽에 있기 때문에 클리핑이 필요 없다. 윈도 내부에 있는 다각형은 경계 상자와 윈도를 비교함으로써 그것이 내부에 있는지 결정할 수 있다. 경계 상자가 윈도에 걸쳐 있을 때만 다각형의 모든 변을 사용하여 상세한 클리핑을 수행한다. 범위의 사용은 2차원과 3차원에서 매우 강력한 기법이기 때문에 모델링 시스템들은 종종 경계 상자를 객체마다 자동적으로 계산하여 함께 저장하기도 한다.

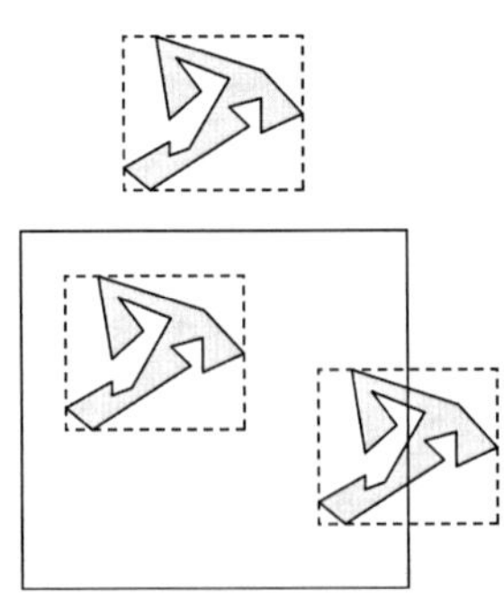

● 그림 6.19 ● 경계 상자를 사용한 클리핑

축정렬 경계 상자는 2차원과 3차원에서 모두 동작한다. 3차원 응용에서는 파이프라인의 부하를 줄이기 위한 클리핑 작업에서 사용할 수 있다. 구와 같은 다른 입체도 잘 동작한다. 경계 입체의 다른 응용 분야 중 하나는 충돌 검사이다(9장). 역동적인 컴퓨터 게임에서 기본적인 연산 중 하나는 두 개의 움직이는 요소들이 충돌했는지를 결정하는 것이다. 예를 들어, 두 움직이는 캐릭터들이 일련의 영상에서 움직이는 것을 생각해 보자. 언제 그들이 충돌해서 움직이는 경로를 변경해 주어야 하는지 알아야 한다. 이 문제는 한 입체가 다른 입체와 언제 교차하는지를 결정해야 한다는 점에서 클리핑과 많은 유사성을 가지고 있다. 객체의 복잡성과 이러한 계산을 빠르게 해야 하는 필요성은 문제를 어렵게 만든다. 공통적으로 사용되는 접근방법은 각 객체를 축정렬 경계 상자 또는 구와 같은 경계 입체(bounding volume)에 배치하고, 입체가 교차하는지를 결정하는 것이다. 만일 교차한다면 세부적인 계산을 수행한다.

6.6.2 곡선, 곡면, 문자열

수학적으로 정의할 수 있는 곡선과 곡면의 다양성은 이러한 객체를 처리하기 위한 일반적인 알고리즘 찾는 것을 어렵게 만든다. 발생할 수 있는 어려움들은 그림 6.20의 2차 곡선에서 볼 수 있다. 2차 곡선과 같은 단순한 곡선의 경우, 직선보다 더 많은 비용이 들긴 하지만, 교차점을 계산할 수 있다. 나선 같은 더 복잡한 곡선의 경우, 교차점 계산을 위해 수치적 기법을 동원해야 할 뿐만 아니라 계산해야 되는 교차점이 얼마나 많은지 결정하는 것조차도 어려울 수 있다. 곡선을 선분으로, 곡면을 평면 다각형으로 근사함으로써 이런 문제를 피할 수 있다. 경계 상자의 이용은 특히 2차 곡선 같은 경우 등에서 교차점을 정확히 계산할 수는 있지만, 계산하기 전에 계산이 필요한 지를 확인하고 싶을 때에 많은 도움이 된다.

문자열을 조작하는 것은 API에 따라 다르다. 많은 API는 사용자가 문자열에 요구되는 렌더링이 얼마나 세밀해야 하는가를 지정할 수 있게 한다. 여기에는 양극단이 있다. 한쪽 끝은, 문자열이 비트 패턴으로 저장되고 어떠한 기하학적 처리 없이 하드웨어에 의해 직접 렌더링된다. 요구되는 클리핑은 프레임 버퍼에서 처리된다. 다른 쪽 끝은 문자열이 다른 기하학적 객체처럼 정의되고, 표준 관측 파이프라인을 거쳐 처리된다.

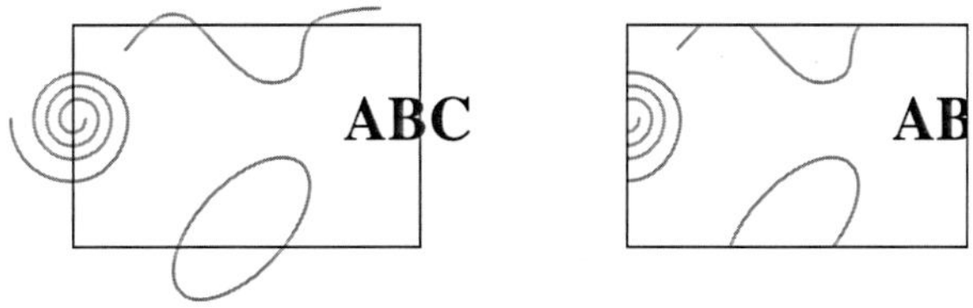

(a) (b)

● 그림 6.20 ● 곡선 클리핑

OpenGL은 별도의 문자열 기본 요소를 갖지 않고 두 가지 경우 모두를 허용한다. 사용자는 픽셀 연산을 사용하는 비트맵 문자나 표준 기본 요소를 사용하는 획 문자(stroke characters)를 정의하여 원하는 모드를 선택할 수 있다.

6.6.3 프레임 버퍼에서의 클리핑

객체가 투영되고 화면 좌표계로 전환된 후까지 클리핑을 미루는 것을 생각해 볼 수 있다. 클리핑은 **자르기**(scissoring) 기법을 통하여 프레임 버퍼에서 수행될 수 있다. 그러나 정점이 프레임 버퍼에 도달하기 전에 기하학적 개체를 클리핑하는 것이 더 좋다. 그러면, 프레임 버퍼 내에서 클리핑은 일반적으로 픽셀의 블록 같은 래스터 객체에 대해서만 필요하다.

6.7 3차원에서의 클리핑

3차원에서는 평면에서의 경계 영역이 아닌 경계 입체(bounded volume)에 대하여 클리핑한다. 2차원 클리핑을 3차원 클리핑으로 확장시키는 가장 간단한 예는 다음과 같이 직육면체 클리핑 영역에 대한 것이다(그림 6.21).

$$x_{\min} \le x \le x_{\max}$$
$$y_{\min} \le y \le y_{\max}$$
$$z_{\min} \le z \le z_{\max}$$

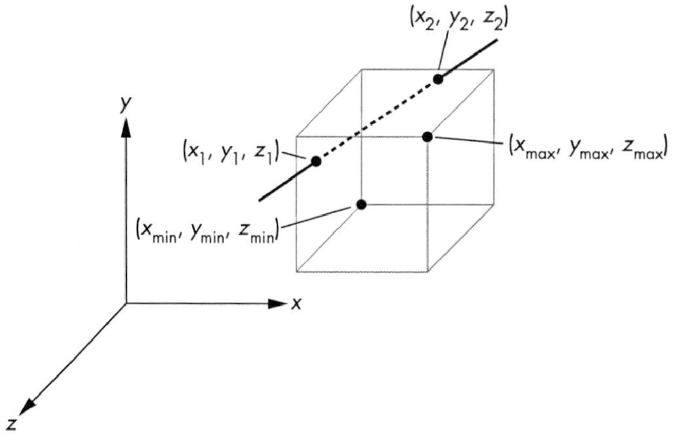

● 그림 6.21 ● 직육면체에 의한 3차원 클리핑

또는, 클리핑 공간에서

$$-w \le x \le w$$
$$-w \le y \le w$$
$$-w \le z \le w$$

3차원 클리핑 알고리즘(Cohen-Sutherland, Liang-Barsky, Sutherland-Hodgeman)과 범위의 사용은 3차원으로 확장될 수 있다. 코헨-서덜랜드 알고리즘에서는 4비트 외곽부호를 6비트 외곽 부호로 대체한다. 추가된 2비트는 점이 클리핑 공간의 앞 또는 뒤에 놓여 있으면 설정된다(그림 6.22). 검사 전략은 2차원과 3차원 경우에 대해서 실질적으로 동일하다.

Liang-Barsky 알고리즘에서는 선분의 3차원 매개변수 표현을 얻기 위해 다음 방정식을 추가한다.

$$z(\alpha) = (1-\alpha)z_1 + \alpha z_2$$

클리핑 공간을 형성하는 면들과의 6개 교차점을 고려해야 하지만, 2차원 경우에서 했던 것과 같은 논리를 사용하여 할 수 있다. 파이프라인 절단기는 클리핑 공간의 앞과 뒤에 대한 클리핑을 위하여 두 개의 모듈을 추가한다.

2차원과 3차원 절단기 간의 주요 차이점은 2차원에서처럼 직선에 대해 직선을 클리핑하는 대신 변에 대해 선을, 변에 대해 다각형을 클리핑한다는 것이다. 따라서 교차점 계산방법을 수정해야 한다. 전형적인 교차점 계산은 3차원에서 평면과 교차하는 매개변수 직선의 형태로 볼 수 있다(그림 6.23). 만일, 직선과 평면의 방정식을 행렬 형식으로 쓰면(여기서 **n**은 평면의 법선이고 $\mathbf{p}_0$은 평면상의 한 점이다), 다음 방정식을 풀어야 한다.

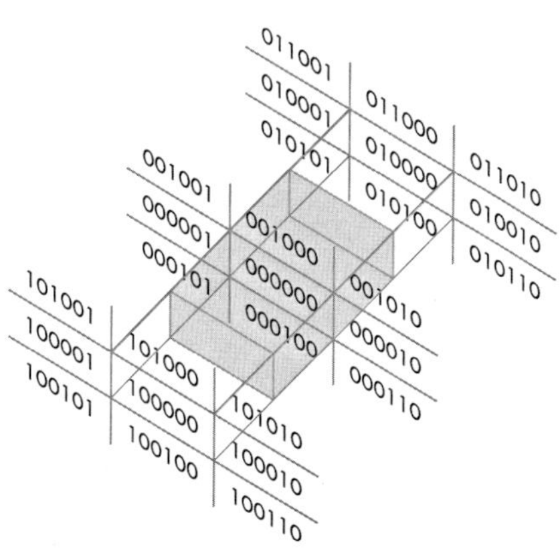

● 그림 6.22 ● 3차원에서 코헨-서덜랜드 영역들

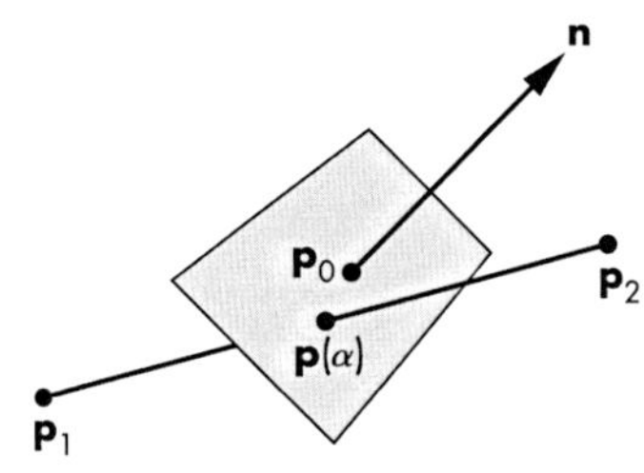

● 그림 6.23 ● 평면 직선 교차

$$\mathbf{p}(\alpha) = (1-\alpha)\mathbf{p}_1 + \alpha\mathbf{p}_2$$
$$\mathbf{n} \cdot (\mathbf{p}(\alpha) - \mathbf{p}_0) = 0$$

여기서 α는 교점에 해당한다. 그 값은

$$\alpha = \frac{\mathbf{n} \cdot (\mathbf{p}_0 - \mathbf{p}_1)}{\mathbf{n} \cdot (\mathbf{p}_2 - \mathbf{p}_1)}$$

이 되고 이 계산은 6번의 곱셈과 한 번의 나눗셈이 필요하다. 그러나 표준 관측 공간을 살펴보면, 단순화가 기능하다는 것을 알 수 있다. 직교 관측(그림 6.24)에서 관측 공간은 직육면체이고, 각 교차점 계산은 2차원 클리핑한 것처럼 한 번의 나눗셈으로 줄일 수 있다.

경사 관측(그림 6.25)을 고려할 때, 클리핑 공간이 더 이상 직육면체가 아님을 알 수 있다. 클리핑 공간의 각 변에 대해 클리핑하기 위해 내적을 계산해야 한다고 생각할지 모르지만, 4장에서 소개했던 정규화 처리의 가치가 여기서 드러난다. 경사 투영이 데이터를 밀림(shearing) 변형하고 이어서 직교 투영한 것과 등가적인 것임을 보았다. 비록 밀림 변환이 객체를 왜곡하지만, 이들이 직교 투영에 의해 올바로 투영되도록 왜곡한다. 또한 밀림 역시 클리핑 공간을 일반적인 평행육면체에서 직육면체로 변형한다. 그림

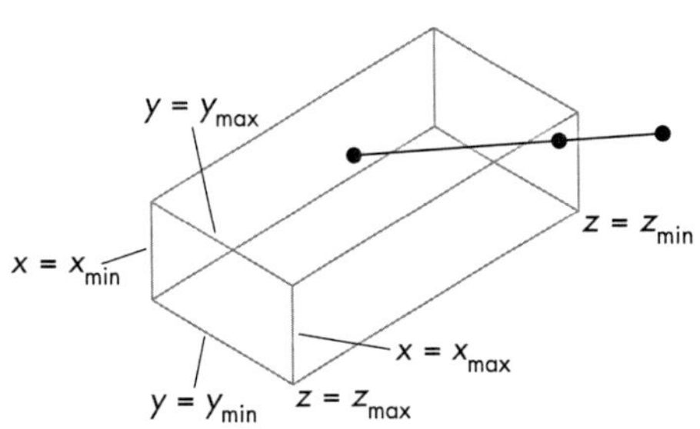

● 그림 6.24 ● 직교 관측에 대한 클리핑

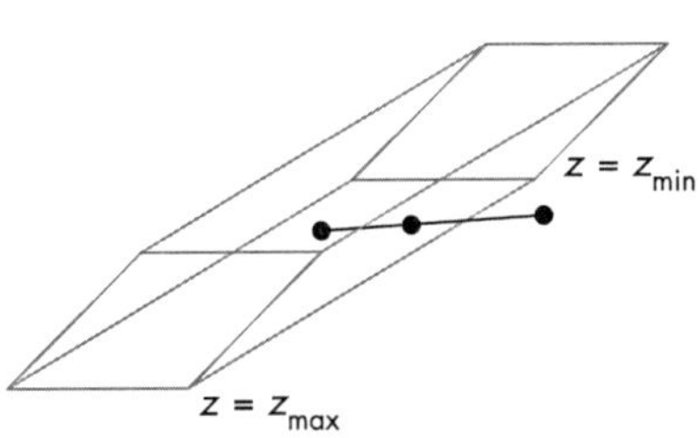

● 그림 6.25 ● 경사 관측에 대한 클리핑

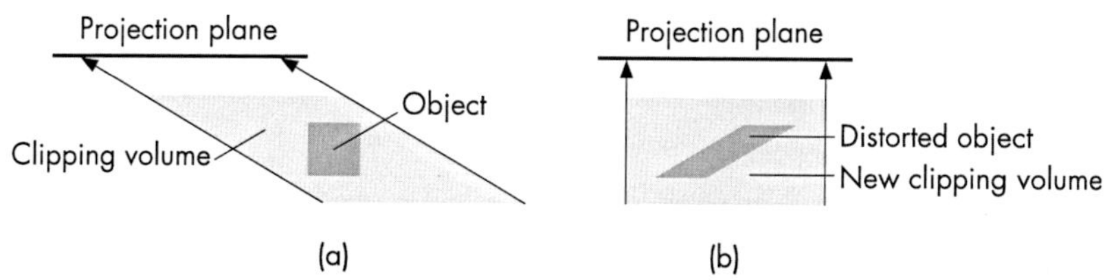

● 그림 6.26 ● 밀림에 의한 관측 공간의 왜곡, (a) 밀림 전 평면도 (b) 밀림 후 평면도

6.26(a)는 내부에 입방체를 가진 경사 공간의 평면도를 보여준다. 그림 6.26(b)는 밀림 변환에 의해 왜곡된 공간과 객체를 보인다. 투영에 관한 한, 바로 경사 변환을 수행하는 것이나 경사 변환을 밀림 변환과 직교 투영으로 대체하는 것이나 같은 양의 계산을 요구한다. 클리핑을 추가했을 때 직육면체에 대해 클리핑할 수 있기 때문에 분명히 두 번째 접근이 결정적으로 유리하다. 이 예는 구현 단계들의 증가하는 성질을 고려하는 것이 얼마나 중요한지를 보여준다. 투영이나 클리핑을 분리해서 행하면 정규화 처리의 중요성을 보여줄 수 없다.

투시 투영에서도 정규화는 마찬가지로 매우 중요하다 직교 투영이 아닌 4장의 투시 정규화(perspective normalization) 변환을 수행함으로써, 직육면체의 클리핑 공간을 생성하여 이후 모든 교차점 계산을 단순화할 수 있다.

6.8 래스터화

응용프로그램에서 기하학적 개체의 지정으로부터 프레임 버퍼에서 단편의 형성에 이르는 과정의 마지막 단계인 기본 요소의 래스터화에 이르렀다. 이 장에서 정점에 의해 정의된 선분과 다각형만 고려할 것이다. 각 기본 요소는 화면에 나타날 수 있도록 클리핑된 것으로 가정할 수 있다.

단편들은 잠재적인 픽셀들이다. 각 단편은 색 속성과 색 버퍼 위치에 해당하는 스크린 좌표계에서 위치를 가지고 있다. 단편들은 또한 은면 제거에 사용될 수 있는 깊이 정보를 지니고 있다. 논의를 명확히 하기 위해 6.11절까지 은면 제거의 효과를 무시할 것이고, 따라서 스크린 좌표계에서 직접 작업할 수 있다. 여기서 은면 제거, 투명 단편, 또는 안티에일리어싱을 고려하지 않기 때문에 색을 칠하게 될 픽셀에 대해서 래스터 알고리즘을 개발해도 된다.

색 버퍼는 (0, 0)이 좌측 하단에 대응하는 $\eta \times m$ 픽셀 배열이라고 가정할 것이다. 픽셀은 다음 형태를 가진 그래픽스 구현의 내부 단일 함수에 의해 지정된 색으로 설정될 수 있다.

```
wrinte-pixel(int ix, int iy, int value);
```

인수 value는 색-인덱스 모드에서 인덱스이거나, RGBA색에 대한 포인터가 된다. 한편 프레임 버퍼는 본질적으로 이산적이다. 따라서 정수값 *ix*와 *iy* 이외의 장소에 위치한 픽셀에 대해 말하는 것은 의미가 없다. 반면에, 화면 좌표는 *ix*, *iy*와 같은 범위를 갖는 실수이다. 예를 들면, 스크린 좌표계에서 (63.4, 157.9)와 같은 값을 계산할 수 있지만, 가장 근접한 픽셀은 픽셀이 정수값 또는 정수값과 정수값 사이에서 어디에 중심을 두느냐에 따라 (63, 158) 또는 (63.5, 157.5)에 위치하게 되는 것을 알아야 한다.

픽셀은 색 버퍼 내에서 색에 해당하는 속성을 가지고 있다. 디스플레이의 특성에 따라 픽셀은 다양한 모양과 크기로 그려질 수 있다. 6.13절에서 이 점을 다루겠다. 지금은 픽셀의 중심이 픽셀과 연관된 위치에 있고, 변이 두 픽셀 사이의 거리와 같은 정사각형으로 디스플레이된다고 가정할 수 있다. OpenGL에서는 픽셀의 중심이 정수값 사이 중간에 위치한다. 이러한 선택에는 몇 가지 장점이 있다(연습문제 6.19 참고). 또한 병행 처리(concurrent process)가 색 버퍼의 내용을 읽어서 요구되는 속도로 디스플레이한다고 가정할 것이다. 이중 포트 메모리(dual-ported memory)를 가진 많은 시스템에서 성립되는 이 가정은 프레임 버퍼의 내용이 디스플레이되는 것과 독립적으로 래스터화 과정을 취급할 수 있게 한다.

선분에 대한 가장 간단한 주사 변환 알고리즘은 미분방정식의 디지털 시뮬레이션을 위한 초기의 전기 기계적 장치인 디지털 미분 분석기(digital differential analyzer)를 따서 **DDA 알고리즘**으로 알려져 왔다. 직선은 미분 방정식 $dy/dx = m$(m은 기울기)을 만족하기 때문에 선분을 생성하는 것은 간단한 미분 방정식을 수치적으로 푸는 것과 마찬가지이다.

끝점 (x_1, y_1)과 (x_2, y_2)에 의해 정의된 선분을 가지고 있다고 가정하자. 우리는 색 버퍼에서 작업하기 때문에 이 값들은 정수값이 되도록 반올림되었고, 따라서 선분은 알려진 픽셀에서 시작해서 끝난다고 가정한다.[1] 기울기는 다음 식에 의해 주어진다.

$$m = \frac{y_2 - y_1}{x_2 - x_1} = \frac{\Delta y}{\Delta x}$$

다음과 같이 가정한다.

1) 이 가정은 알고리즘을 유도하는 데는 필요 없다. 끝점에 대해 고정 소수점 표현을 사용하고 고정 소수점 연산을 사용하여 계산한다면, 알고리즘의 계산적 장점을 유지할 수 있으면서 더욱 정확한 래스터화를 할 수 있다.

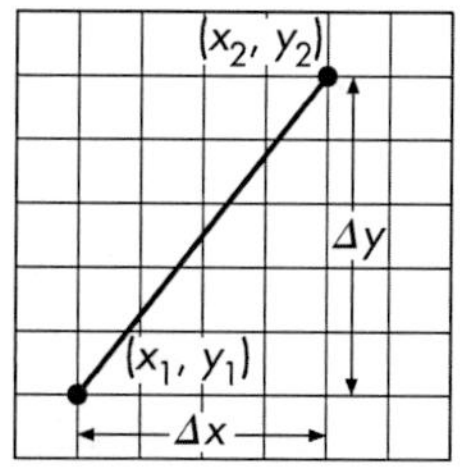

● 그림 6.27 ● 윈도 좌표계에서의 선분

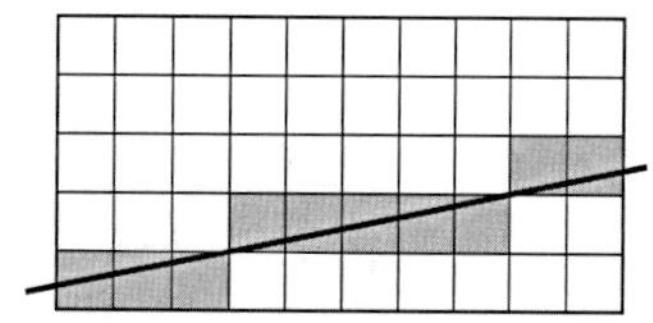

● 그림 6.28 ● DDA 알고리즘에 의해 생성된 픽셀들

$$0 \le m \le 1$$

대칭성을 이용하여 다른 m값들을 다룰 수 있다. 알고리즘은 기본적으로 x가 x_1에서 x_2로 변해감에 따라 write_pixel에서 ix의 값마다 픽셀을 기록하는 것이다. 그림 6.27에서 보이는 것처럼 선분상에서 x 방향으로 임의의 변화량 Δx에 대한 y 방향으로의 변화를 Δy는

$$\Delta y = m\Delta x$$

가 된다. x_1에서 x_2로 이동할 때 반복적으로 x를 1씩 증가한다. 따라서 y는

$$\Delta y = m$$

와 같이 증가해야만 한다. 비록 x는 정수지만 m이 부동 소수점 숫자이기 때문에 y는 정수가 아니고, 따라서 적당한 픽셀을 찾기 위해 그림 6.28처럼 반올림해야만 한다. 의사코드로 알고리즘을 쓰면

```
for( ix = xl; ix <= x2; ix++)
{
    y +=m;
    write_pixel(x, round(y), line_color);
}
```

와 같다. 여기서 round는 실수를 정수로 반올림하는 함수이다. 최대 기울기를 1로 제한한 이유는 그림 6.29에서 알 수 있다. 알고리즘은 다음과 같은 형태이다. 각 x에 대해 최적의 y를 찾는다. 기울기가 큰 경우 색칠된 픽셀들 사이의 간격은 커지고, 선분에 대한 근사치로는 만족스럽지 못한 결과를 낳는다. 그러나 기울기가 1보다 큰 경우 x와 y의 역할을 바꾸면 알고리즘은 다음과 같다. 각 y에 대해 최적의 x를 찾는다. 같은 선분에 대해 그림 6.30의 근사치를 얻는다. 대칭의 이용은 수직 선분이나 수평 선분에 대한 잠재적인 문제를 제거한다는 것에 유념한다. 음의 기울기에 대한 알고리즘 부분을 유도

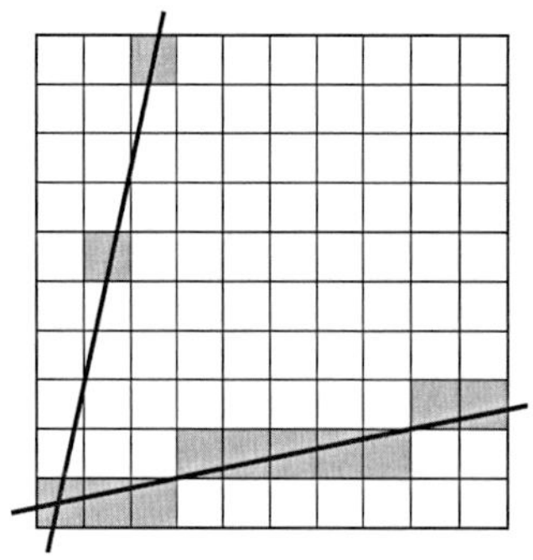

● 그림 6.29 ● 큰 기울기와 작은 기울기를 갖는 직선들에 의해 생성된 픽셀들

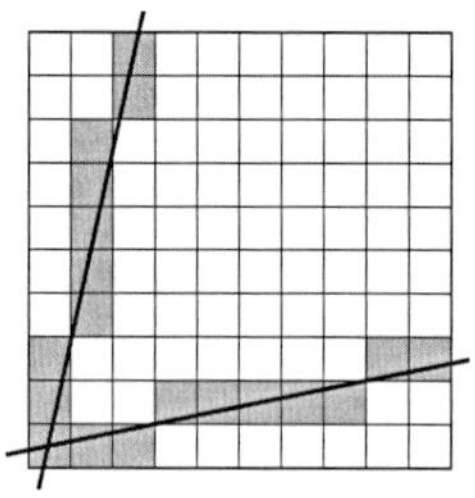

● 그림 6.30 ● 수정된 DDA 알고리즘에 의해 생성된 픽셀들

하기 원할 수도 있다.

선분은 정점들에 의해 결정되기 때문에 보간을 사용하여 생성된 각 픽셀에 다른 색을 할당할 수 있다. 픽셀을 생성하면서 사용하는 색을 변경함으로써 다양한 대시(dash) 패턴과 도트(dot) 패턴을 생성할 수도 있다. 이런 효과들은 기본적인 래스터화 알고리즘과는 별 관계가 없는데, 이유는 사용될 색을 결정하는 것이 아니고 어느 픽셀을 칠해야 하는지를 결정하는 것이기 때문이다.

6.9 Bresenham 알고리즘

DDA 알고리즘은 보기에 효율적이다. 확실히 이것은 쉽게 코드화될 수 있지만, 생성된 각 픽셀에 대하여 한 번의 부동 소수점 덧셈이 필요하다. Bresenham은 모든 부동 소수점 계산을 피하고 하드웨어와 소프트웨어 래스터기의 표준 알고리즘이 된 직선 래스터화 알고리즘을 유도하였다. DDA 알고리즘에서 했던 것처럼 선분은 (x_1, y_1)와 (x_2, y_2) 사이를 움직이고, 기울기는

$$0 \le m \le 1$$

을 만족한다고 가정한다. 이 기울기 조건은 그림 6.31을 통해 알 수 있듯이 알고리즘에서 매우 중요하다. 선분의 주사 변환과정에 있고, 방금 $(i + \frac{1}{2}, j + \frac{1}{2})$의 위치에 픽셀을 기록했다고 가정하자. 선분을 포함하는 직선은

$$y = mx + h$$

로 표시된다는 것을 알고 있다. $x = i + \frac{1}{2}$ 에서 이 직선은 $(i + \frac{3}{2}, j + \frac{1}{2})$에 있는 픽셀

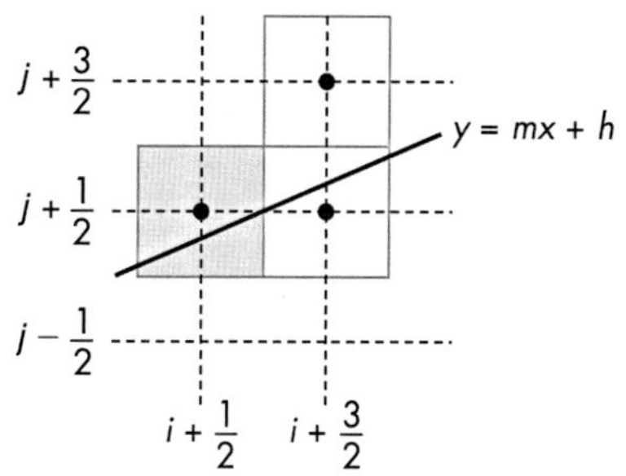

● 그림 6.31 ● Bresenham 알고리즘에 대한 조건

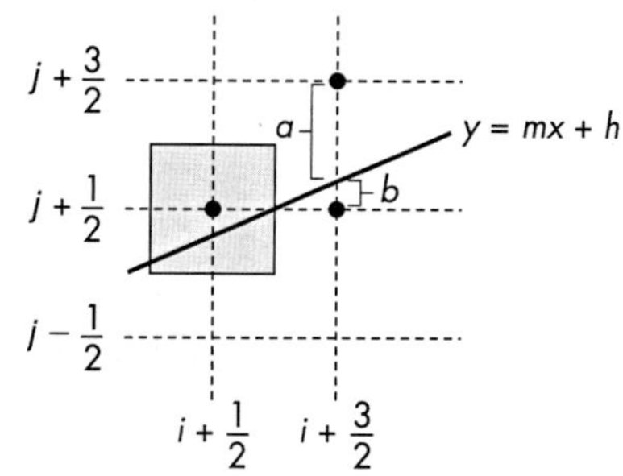

● 그림 6.32 ● Bresenham 알고리즘의 결정변수

길이의 절반 안으로 지나가야 한다.[2)] 그렇지 않으면 반올림 연산이 이 픽셀을 생성하지 않았을 것이다. 앞쪽의 $x = i + \frac{3}{2}$로 이동하면, 기울기 조건은 두 개의 가능한 픽셀들, 즉 $(i + \frac{3}{2}, j + \frac{1}{2})$에 있는 픽셀 또는 $(i + \frac{3}{2}, j + \frac{3}{2})$에 있는 픽셀 중 하나의 색을 설정해야 한다는 것을 나타낸다. 두 개의 픽셀로 선택의 폭을 줄이면, **결정변수**(decision variable) $d = a - b$를 이용해서 문제를 다시 제기할 수 있다. a와 b는 그림 6.32에 보이는 것처럼 각각 직선으로부터 $x = i + \frac{3}{2}$에서 위쪽 후보 픽셀과 아래쪽 후보 픽셀까지의 거리이다. d가 양수이면, 직선은 아래쪽 픽셀에 더 가깝게 지나가고, 따라서 $(i + \frac{3}{2}, j + \frac{1}{2})$에 있는 픽셀을 선택한다. 그렇지 않으면, $(i + \frac{3}{2}, j + \frac{3}{2})$에 픽셀을 선택한다. 비록 $y = mx + b$를 계산하여 d를 계산할 수 있지만, m이 부동 소수점 숫자이기 때문에 그렇게 하는 것을 주저하게 한다.

다음의 두 단계를 통하여 Bresenham 알고리즘의 계산적 이점을 얻을 수 있다. 첫 번째, 부동 소수점 연산을 고정 소수점 연산으로 대치한다. 두 번째, 알고리즘을 증분적(incremental)으로 적용한다. d를 다음과 같은 새로운 결정변수로 대치함으로써 시작한다.

$$d = (x_2 - x_1)(a - b) = \Delta x(a - b)$$

중요한 것은 결정변수의 부호이기 때문에 변경된 부분은 어떤 픽셀이 그려지는지에 영향을 미치지 않는다. 직선의 방정식과 다음을 이용하여 a와 b를 치환하면,

$$m = \frac{y_2 - y_1}{x_2 - x_1} = \frac{\Delta y}{\Delta x}$$

$$h = y_2 - mx_2$$

d가 정수임을 알 수 있다. 부동 소수점 계산을 제거하기는 했지만, d의 직접적인 계산은

2) 픽셀의 중심이 정수 사이의 중간에 위치한다고 가정한다.

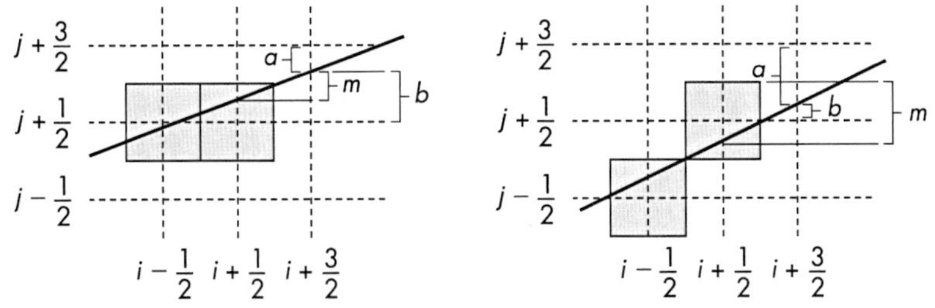

● 그림 6.33 ● a와 b의 증분

상당한 양의 고정 소수점 계산을 필요로 한다.

약간 다른 접근을 할 것이다. d_k에서 d의 값을 $x = k + \frac{b}{2}$라고 가정하자. d_k로부터 증분적으로 d_{k+1}을 계산하려고 한다. 전 단계에서 픽셀의 y 위치가 증가했느냐에 따라 두 가지 경우가 있다. 이런 경우는 그림 6.33에 보인다. a가 위쪽 후보의 위치와 직선사이의 거리라는 사실로부터 x가 이전의 결정보다 증가된 경우에만 a가 m만큼 증가할 것이라는 것을 알 수 있다. 그렇지 않으면, 그것은 $x - 1$만큼 감소할 것이다. 마찬가지로, x가 증가했을 때 b는 $-m$만큼 감소하거나 $1 - m$만큼 증가한다. Δx를 곱하면, 가능한 d의 변화는 $-2\Delta y$ 또는 $2(\Delta x - \Delta y)$임을 알 수 있다. 이 결과를 다음 형식으로 기술할 수 있다.

$$d_{k+1} = d_k - \begin{cases} 2\Delta y & \text{if } d_k > 0; \\ 2(\Delta y - \Delta x) & \text{otherwise.} \end{cases}$$

색 버퍼에서의 연속되는 각 픽셀의 계산은 한 번의 덧셈과 부호 검사만을 요구한다. 이 알고리즘은 그래픽스 칩에서 단일 명령으로 통합될 수 있을 정도로 효율적이다. 초기 d_0값의 계산을 위해서는 연습문제 6.14를 보자.

6.10 다각형의 래스터화

최초의 래스터 시스템이 사용자에게 가져왔던 주요 장점 중 하나는 채워진 다각형을 디스플레이하는 능력이었다. 그때는 다각형 내부의 각 점에 다른 음영으로 색칠하는 것은 실시간으로 불가능하였고, 다각형의 래스터화(rasterizing polygons)와 다각형의 주사 변환(polygon scan conversion)이라는 말은 단일 색으로 다각형을 채우는 것을 의미하였다. 하나의 알고리즘이 지배적인 직선의 주사 변환과는 다르게, 다각형을 래스터화하기 위한 많은 실용적인 방법들이 있다. 무엇을 선택할 것인가는 구현 구조에 매우 의존적이다. 이제, 파이프라인 접근 방법에 적합하고 음영을 지원할 수 있는 방법에 집중하자. 6.10.4절에서 6.10.6절까지는 다른 접근 방법의 몇 가지를 살펴볼 것이다.

6.10.1 내부-외부 검사

단순한 평면 다각형들은 잘 정의된 내부를 가진다. 또한 볼록 다각형이라면, OpenGL 또는 다른 그래픽스 시스템에서 올바르게 렌더링될 수 있다. 그러나 실제로는 보다 일반적인 다각형이 등장하는데, 다양한 방법으로 그것들을 렌더링할 수 있다. 비평면 다각형[3]에 대해서는 그것의 투영을 가지고 작업하거나(6.10.2절), 또는 처음 세 개의 정점들을 사용해서 내부를 위한 평면을 결정할 수 있다. 비단순 다각형에 대해서는 주어진 한 점이 다각형의 내부 또는 외부에 있는지를 판단할 수 있는 방법을 결정해야 한다. 개념적으로 다각형의 내부를 색이나 패턴으로 채우는 과정은 다각형을 포함하는 평면 위의 어느 점들이 내부 점들인지를 결정하는 것과 동일하다.

교차 검사(crossing test) 또는 **홀수-짝수 검사**(odd-even test)는 내부-외부 결정을 위해서 가장 널리 사용되는 방법이다. **p**가 다각형의 내부 한 점이라고 가정해 보자. **p**로부터 나와서 무한히 먼 곳을 향하는 임의의 광선은 홀수 개의 변들과 교차해야 한다. 다각형의 외부 한 점으로부터 나와서 다각형으로 들어가는 광선은 무한히 먼 곳에 도달할 때까지 짝수 개의 변들과 교차한다. 따라서 한 점을 지나는 직선을, 그리고 다각형의 외부에서 직선을 따라 그 점에 도달하기까지 홀수 개의 변과 교차가 일어난다면 그 점은 내부의 점이 된다 그림 6.34의 별 모양 다각형에 대해서는 그림에 보이는 바와 같은 내부 색을 얻을 수 있다. 홀수-짝수 검사는 구현하기 쉽고 표준적인 렌더링 알고리즘과 잘 통합된다. 흔히 점을 통과하는 직선을 주사선으로 대치하고, 내부와 외부의 결정을 위해서 다각형의 변들과의 교차 수를 구한다.

그러나 채우기 알고리즘이 별 모양의 다각형을 그림 6.34보다는 그림 6.35에 보이는

● 그림 6.34 ● 홀수-짝수 검사에 의한 채우기

3) 엄밀히 말하면, 편평하지 않으면 내부가 정의되지 않기 때문에 비평면 다각형이라는 것은 존재하지 않는다. 하지만 프로그래밍 관점에서 보면, 정점들이 같은 평면에 놓이는지에 관계없이 그들의 리스트에 의해 다각형을 정의할 수 있다.

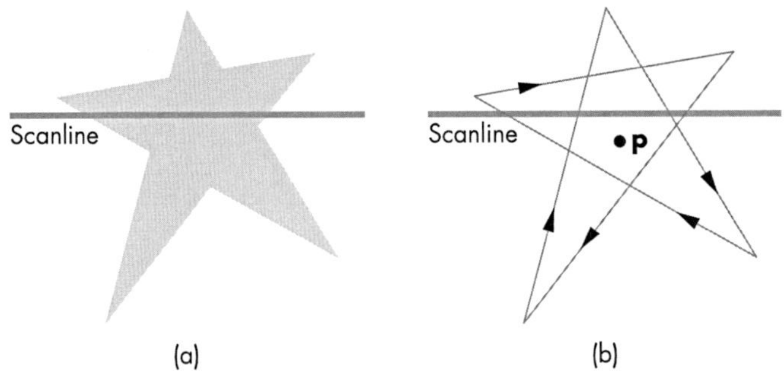

● 그림 6.35 ● 감음 수 검사를 사용한 채우기

것처럼 채우는 것을 원할 수 있다. **감음 검사**(winding test)는 이러한 것을 가능하게 해 준다. 이 검사에서는 다각형을 점이나 직선 주위에 감겨지는 매듭으로 생각한다. 이 검사를 구현하기 위해 임의의 한 정점에서 시작하여 일정한 방향으로(어떤 방향인지는 상관없다) 변들을 돌아 시작점으로 다시 돌아오는 순회를 생각하자. 그림 6.35(b)에 보이는 바와 같이 변들에 화살표를 붙임으로써 경로를 나타낸다. 다음 임의의 점을 보자. 이 점에 대한 **감음 수**(winding number)는 다각형의 변들에 의해서 감겨진 수이다. 우리는 시계 방향으로 감는 수를 양수로, 반시계 방향으로 감는 수를 음수로 센다(또는 그 반대). 따라서 그림 6.35의 별 외부의 점들은 감겨지지 않고, 감음 수는 0이 된다. 그림 6.34에서 채워진 점들은 모두 감음 수가 1인 점들이다. 홀수-짝수 검사에 의해서 채워지지 않은 가운데 부분의 점들은 감음 수가 2인 점들이다. 감음 수가 0이 아니면 그 점이 다각형 내부의 점인 것으로 채우기 규칙을 바꾼다면, 그림 6.35(a)에서 보이는 바와 같이 다각형 내부를 채울 수 있다.

6.10.2 OpenGL과 오목한 다각형

OpenGL에서는 볼록 다각형의 렌더링만이 올바르게 되도록 보장되기 때문에, 보다 일반적인 다각형에 대해서는 어떻게 해야 할지에 대한 문제가 여전히 남아 있다. 한 방법은 응용프로그램에서 모든 다각형들이 이 제한을 따르도록 하는 것이다. 또 다른 방법은 주어진 다각형을 평면 볼록 다각형(보통 삼각형)들로 분할하는 소프트웨어를 제공하는 것이다. 주어진 다각형을 삼각형으로 분할하는 방법들은 많이 있다. 좋은 분할법은 길고 얇은 삼각형을 만들지 않는다. 가능하면, 삼각형 띠나 삼각형 부채꼴과 같이 지원되는 기능을 사용할 수 있는 삼각형의 집합을 만들어야 한다.

n개의 정점으로 구성된 임의의 간단한 다각형을 분할하거나 삼각형으로 만드는 접근법에 대해서 생각해 보자. 설계 시점부터 정확하게 $n-2$개의 삼각형을 이용하는 삼각법은 언제나 사용 가능할 것이 분명하다. 정렬된 정점 목록, $v_0, v_1, \cdots, v_{n-1}$에 의해서 정

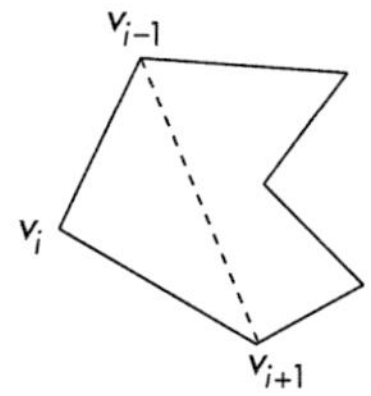

● 그림 6.36 ● 다각형에서 삼각형 분리

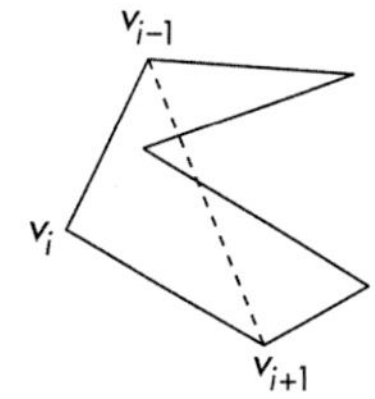

● 그림 6.37 ● 삼각형 내부의 정점

의되는 다각형이 있다고 가정하자. 그러면 모서리가 $v_0 - v_1$에서 $v_1 - v_2$로 이어지고 결국에는 $v_{n-1} - v_0$로 생성된다. 첫 단계는 정점의 x 성분을 간단하게 대조하는 방식으로 가장 좌측의 정점 v_i를 찾는다. v_{i-1}과 v_{i+1}이 v_i에 이웃한다고 하면(n 모듈로 계산되는 인덱스), 이 세 개의 정점은 삼각형 v_{i-1}, v_i, v_{i+1}를 이룬다. 그 상황이 그림 6.36과 같다면, 처음 정점 목록에서 v_i를 제거하고 삼각형과 $n - 1$개 정점으로 구성된 다각형을 얻는 과정을 반복적으로 진행할 수 있다.

하지만 다각형이 볼록하지 않기 때문에 v_{i-1}에서 v_{i+1}을 잇는 선분이 그림 6.37처럼 다른 모서리를 가로지를 수가 있다. 이런 경우 다른 정점들 중 일부가 선분의 좌측과 v_{i-1}, v_i, v_{i+1}로 생성된 삼각형의 내부에 놓이게 되는지 확인함으로써 조사할 수 있다. v_i를 가장 좌측의 정점과 연결하면 본래 삼각형을 그림 6.38과 같이 두 개의 다각형으로 나눌 수 있고, 이 다각형은 각각 본래 삼각형보다 작은 인덱스의 정점을 최소 2개를 가지게 된다. 가장 좌측의 정점이 두 개의 다각형의 단일성을 증명한다. 따라서 이 두 개의 삼각형으로 모든 삼각형을 만들어 내는 마지막까지 반복해서 처리할 수 있다.

이 방법은 v_{i-1}, v_i, v_{i+1}로 생성된 삼각형 내부에 정점이 없을 경우에 최악의 성능을 낼 수 있음에 유의하자. O(n) 검사로 이러한 경우를 확인하고 만약 앞서 설명한 상황에 해당된다면 본래 다각형에서 딱 한 개의 정점만 제거해야 한다. 결론적으로 최악의 성능을 내는 경우는 O(n^2)이다. 하지만 만약 다각형이 볼록하다면 이런 검증이 필요하지 않은 O(n)이 된다. 일반적으로 최적의 성능은 동일하게 나누는 과정의 결과가 동일한 숫자의 정점으로 구성된 다각형을 만드는 경우이다. 이런 경우가 매 단계마다 발생한다면 O(n log n)에 해당된다. O(n log n)을 보장하는 방법을 설명한 이 장 마지막 부분을

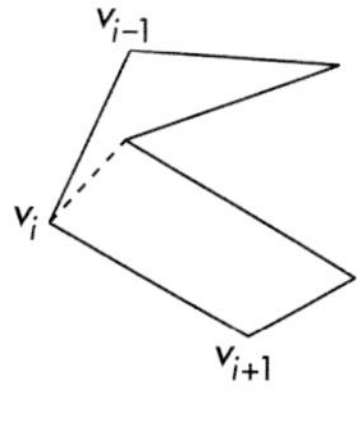

● 그림 6.38 ● 두 개의 다각형으로 쪼개기

읽어보길 바란다. 하지만 여기서 설명한 방법보다 복잡할 것이다. 실제로는 그렇게 복잡한 방법을 사용할 만큼 많은 정점으로 구성된 다각형을 다룰 일은 그리 많지 않다.

6.10.3 채우기와 정렬

다각형의 래스터화에 대한 다른 하나의 접근은 다각형 프로세서의 아이디어로 시작한다. 이것은 입력이 2차원 다각형 집합에 대한 정점들이고, 출력은 올바르게 설정된 픽셀들을 가진 프레임 버퍼인 블랙박스이다. 일정한 색으로 각 다각형을 채우는 것을 고려한다고 하자. 일정한 색을 사용하는 것은 단지 논의를 명확하게 하기 위한 것이다. 먼저, 하나의 다각형을 고려하자, 다각형을 채우기 위한 기본 규칙은 "*점이 다각형의 내부에 있다면, 그것을 내부(채우는) 색으로 색칠한다.*" 이 개념적인 알고리즘은 다각형 채우기가 정렬 문제임을 암시한다. 즉, 프레임 버퍼의 모든 픽셀들을 다각형 내부에 있는 것과 그렇지 않은 것으로 정렬하는 문제이다. 이런 관점에서 점을 정렬하기 위한 방법을 달리하면 다른 다각형 채우기 알고리즘을 얻게 된다. 다음과 같은 세 가지 가능성을 소개한다.

1. 범람 채우기(flood fill)
2. 주사선 채우기(scan-line fill)
3. 홀수-짝수 채우기(odd-Even fill)

6.10.4 범람 채우기

Bresenham 알고리즘을 사용하여 다각형의 에지들을 프레임 버퍼로 래스터화함으로써 채워지지 않은 다각형을 디스플레이할 수 있다. 배경색(흰색)과 전경 또는 그리기 색(검은색)의 두 가지 색만 가지고 있다고 가정하자. 전경색을 사용해서 변들을 래스터화하면, 그림 6.39에 보이는 단순 다각형처럼 색칠된 프레임 버퍼를 얻는다. 다각형 내부에서 초기점 (x, y) −**시작점**(seed point)을 찾을 수 있다면, 순환적으로 초기점의 이웃을 살펴본다. 이들이 변의 점이 아니라면 전경색으로 색칠한다. **범람 채우기 알고리즘**(flood-fill algorithm)은 픽셀의 색을 반환하는 함수 read-pixel이 있다고 가정하면, 다음과 같이 의사 코드로 표현될 수 있다.

```
Flood_fill(int x, int y)
{
if (read_pixel(x, y) ==WHITE)
{
    write_pixel(x, y, BLACK);
    flood_fill(x-1, y);
    flood_fill(x+1, y);
```

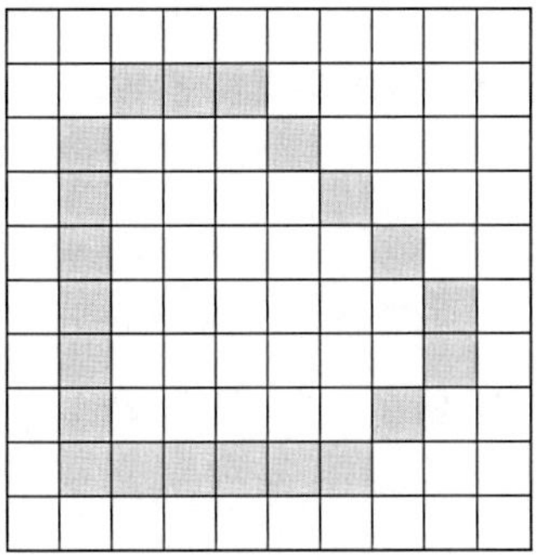

● 그림 6.39 ● 변들에 의해 그려진 다각형

```
        flood_fill(x, y-1);
        flood_fill(x, y+1);
    }
}
```

순환 호출을 제거함으로써 범람 채우기의 여러 가지 변형을 얻을 수 있다. 그렇게 하는 한 가지 방법은 한 번에 한 주사선을 작업하는 것이다.

6.10.5 특이성

주의하기만 한다면 대부분의 다각형 채우기 알고리즘을 다른 형상에 대해서도 확장할 수 있다(연습문제 6.17을 보자). 다각형은 변들의 위치가 정확하게 알려졌다는 특별한 장점을 가진다. 그러나 다각형조차도 정점이 주사선 상에 놓여있을 때 문제가 될 수 있다. 그림 6.40의 두 가지 경우를 생각해 보자. 홀수-짝수 채우기 정의를 사용한다면, 두 가지 경우를 다르게 취급해야 한다. 그림 6.40(a)의 경우 주사선과 정점의 교차점을 0 또는 2변 교차로 셀 수 있다. 그림 6.40(b)의 경우 정점 주사선교차점은 1변 교차로 세어져야 한다.

알고리즘을 두 방법 중 하나로 결정할 수 있다. 처한 상황이 두 경우 중 어느 것인지 알기 위해 조사할 수 있고, 그런 다음 적절하게 변 교차를 셀 수 있다. 또는 변들 위에 정점이 놓이는 특별한 경우 특이성(singularity)이 생길 수 없도록 할 수 있다. 정수 y값

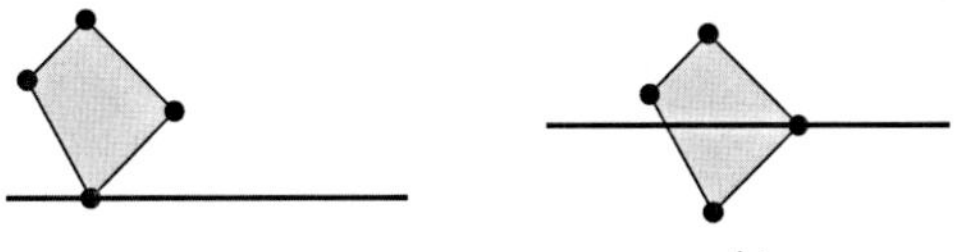

● 그림 6.40 ● 특이성, (a) 0 또는 2변 교차 (b) 1변 교차

을 가진 정점이 없도록 함으로써 특이성을 배제한다. 만일 그러한 정점이 있으면 그 위치를 약간 이동시킨다. 프레임 버퍼에서 작업한다면 특히 유용한, 다른 방법은 실제 프레임 버퍼 해상도 두 배의 가상 프레임 버퍼를 생각하는 것이다. 가상 프레임 버퍼에서 픽셀은 짝수 y값에만 위치하고, 모든 정점은 홀수 y값에만 위치한다. OpenGL이 하는 것처럼 픽셀 중심을 정수 사이의 중간에 놓는 것은 이 접근 방법과 동일하다.

6.11 은면 제거

비록 래스터화에 의해 생성되는 단편은 각각 색 버퍼에서의 한 위치에 대응하지만, 단편이 다른 불투명 객체 뒤에 있는 객체로부터 온 것이라면 디스플레이하고 싶지 않다. 은면 제거(또는 가시면 결정)는 관측 공간 내에서 관측자에게 보이거나, 또는 다른 객체들에 의해 관측자로부터 가려지는 각 객체의 부분들을 찾기 위해 수행된다. 평면 다각형만으로 구성된 장면에 대하여 여러 가지 기법을 설명할 것이다. 여기서 대부분의 렌더기는 곡면을 다각형으로 분할하기 때문에 이러한 선택은 적절하다. 선분은 약간의 수정으로 처리될 수 있다(연습문제 6.7을 보자).

6.11.1 객체-공간과 영상-공간 접근

은면 제거 알고리즘 연구는 이용할 수 있는 다양한 알고리즘들, 객체에 대하여 작업하는 것과 영상에 대하여 작업하는 것의 차이점, 구현과정에서 연속되는 알고리즘의 증분적 효과를 평가하는 중요성들을 명료하게 보여준다.

각각 개별적인 객체로 취급되는 k개의 불투명하고 편평한 3차원 다각형으로 구성된 장면을 생각해 보자. 투영 중심에서 볼 때 객체들을 한 쌍씩 고려함으로써 일반적인 **객체-공간 접근방법**(object-space approach)을 유도할 수 있다. 두 다각형 A와 B를 고려해 보자. 다음 네 가지 가능성이 있다(그림 6.41).

1. A가 B를 카메라로부터 완전히 가린다–A만 나타난다.
2. B가 A를 가린다–B만 나타난다.
3. A와 B 모두 완전히 보인다–A와 B 모두 나타난다.
4. A와 B가 서로 부분적으로 가린다–각 다각형에 대해 보이는 부분을 계산해야만 한다.

복잡도를 고려해서 어떤 경우인지를 결정하는 것과 다각형의 보이는 부분에 필요한 계

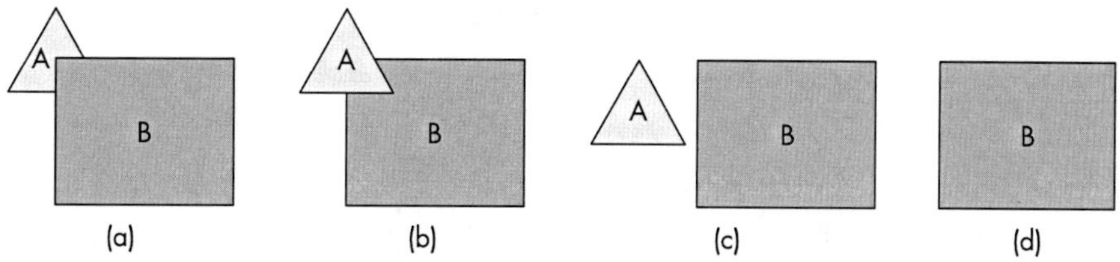

● 그림 6.41 ● 두 다각형, (a) B가 A를 부분적으로 가린다. (b) A가 B를 부분적으로 가린다. (c) A와 B 모두 보인다. (d) B가 A를 완전히 가린다.

산을 모두 하나의 연산으로 간주할 수 있다. 그러면 반복적으로 진행한다. k개 다각형 중 하나를 고르고, 그것을 남은 $k - 1$개의 다각형과 쌍으로 비교한다. 이 과정 후 다각형의 어느 부분이 보이는지를 알 수 있고(만약 있다면), 보이는 부분을 렌더링할 수 있다. 이제 이 다각형은 끝났고, 다른 $k - 1$개의 다각형에 대해 이 과정을 반복한다. 오직 두 개의 다각형이 남을 때까지 각 단계마다 하나의 다각형과 남아있는 다른 다각형을 비교하고, 두 개만 남게 되면 그것들을 서로 비교한다. 계산의 복잡도는 $O(k^2)$라는 것을 쉽게 알 수 있다. 그러므로 어떤 특별한 객체-공간 알고리즘의 상세한 유도 없이도, 객체-공간 접근은 상대적으로 적은 다각형을 가진 장면에 대하여 가장 잘 동작한다는 것을 짐작할 수 있다.

그림 6.42에 보이는 것처럼 **영상-공간 접근 방법**(image-space approach)은 관측과 광선 투사(ray casting) 모델을 따른다. 투영중심을 떠나서 픽셀을 지나는 광선을 생각해 보자. 이 광선을 k개 다각형에 의해 결정되는 각각의 평면과 교차시키고, 어떤 평면들에서 광선이 다각형을 지나는지 결정하여 마지막으로, 그런 광선들에 대하여 투영중심에서 가장 가까운 교차점을 찾을 수 있다. 이 교차점에서 다각형의 음영으로 이 픽셀을 색칠한다. 기본적인 연산은 광선과 다각형의 교차이다. $n \times m$ 화면에 대해서 이 연

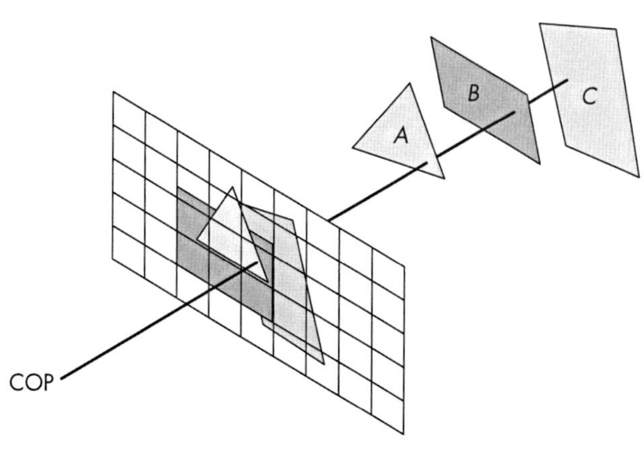

● 그림 6.42 ● 영상-공간 은면 제거

산을 *nmk*번 실행해야 하므로, $O(k)$ 복잡도가 주어진다.[4] 또한 연산의 세부사항을 살펴보지 않고도, 상한선을 얻을 수 있었다. 일반적으로, $O(k)$ 한계는 영상-공간 방법의 우세함을 설명한다. $O(k)$ 한계는 최악의 경우에 대한 한계이다. 실제로 영상-공간 알고리즘은 훨씬 더 빠르게 수행된다(연습문제 6.9를 보자). 그러나 영상-공간 접근 방법은 픽셀 수준에서 동작하기 때문에 정밀도는 프레임 버퍼의 해상도에 의해 제한된다.

6.11.2 정렬과 은면 제거

객체지향 은면 제거의 $O(k^2)$ 상한은 버블 정렬과 같은 성능이 떨어지는 정렬 알고리즘을 떠올리게 한다. 객체들을 쌍으로 무차별(brute-force) 비교하는 것은 어떤 방법이든지 $O(k^2)$의 복잡도를 가진다. 그러나 6.8.5절의 객체지향 정렬 알고리즘에서 이용한 더 직접적인 연결관계가 있다. 객체들을 카메라로부터의 거리에 의해 조작할 수 있다면, 그들을 렌더링하는 직접적인 방법에 도달할 수 있어야 한다. 그러나 좋은 정렬 알고리즘의 복잡도는 $O(k \log k)$인 것을 알고 있다. 만일 이러한 유사성을 따른다면, 객체지향 은면 제거에 대해서도 마찬가지일 것이라고 기대할 수 있고, 사실상 그렇다. 정렬과 마찬가지로 이러한 한계점을 만족하는 알고리즘들은 여러 가지가 존재한다. 추가로 충돌 검사와 같은 객체 비교가 포함되는 연관된 문제들도 여러 가지가 있는데, 이들도 언뜻 보면 $O(k^2)$인 것 같지만, 실제로는 $O(k \log k)$로 낮춰질 수 있다.

6.11.3 주사선 알고리즘

주사선 알고리즘(scanline algorithm)의 매력은 픽셀이 디스플레이될 때 픽셀을 생성하는 능력을 가지고 있다는 것이다. 하나의 주사선이 보이는 그림 6.43의 다각형을 고려해 보자. 만일 다각형의 내부를 정의하기 위해 홀수-짝수 검사를 사용한다면, 이 주사선 상에서 다각형 내부에 있는 세 개의 **픽셀 그룹**(즉, **구간**(span))을 볼 수 있다. 각 구간은 조명 또는 깊이 계산에 대하여 독립적으로 처리될 수 있는데, 이러한 방식은 병렬 구간 처리기를 가진 하드웨어에서 적용되어 왔다. 균일한 채우기의 간단한 예에서, 구간을 확인한 후 채우기 색으로 각 구간의 내부 픽셀에 색칠할 수 있다.

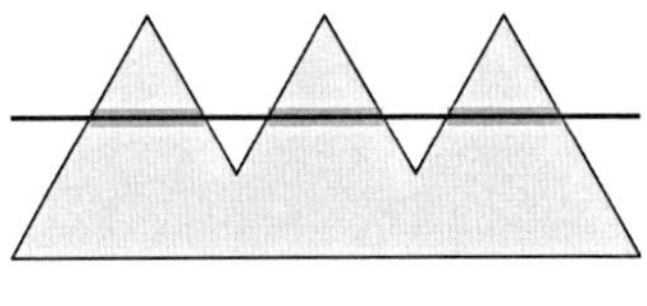

● 그림 6.43 ● 구간이 표시된 다각형

4) 렌더링의 정확도를 높이기 위해 각 픽셀에 대해서 하나 이상의 광선을 사용할 수 있다.

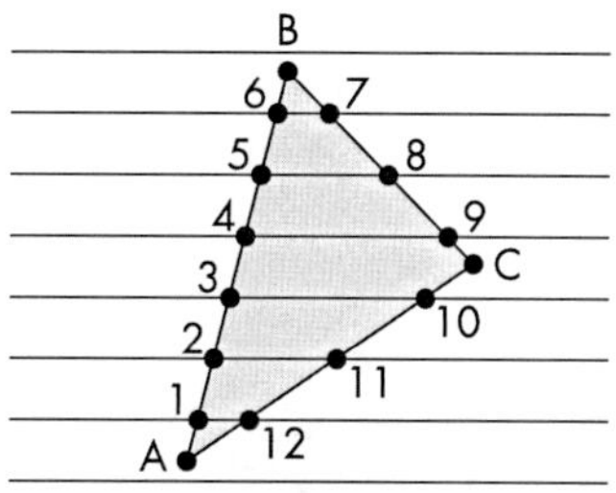

● 그림 6.44 ● 정점 리스트에 의해서 생성된 다각형

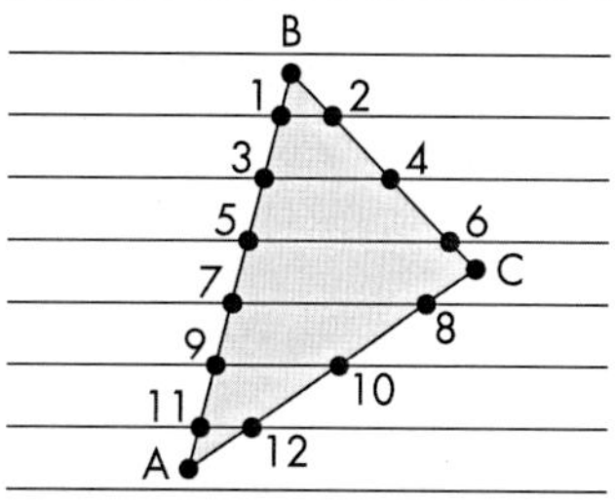

● 그림 6.45 ● 정점들의 바람직한 순서

구간들은 다각형과 주사선의 교차점 집합으로 결정된다. 정점은 이 교차점들을 결정하기 위해 필요한 모든 정보를 포함하지만, 다각형을 표현하기 위해 사용한 방법은 교차점이 생성되는 순서를 결정한다. 예를 들면, 그림 6.44에서 정점들의 순서 리스트로 표현된 다각형을 고려해 보자. 주사선-에지 교차점을 생성하는 가장 분명한 방법은 연속하는 정점으로 정의된 에지를 처리하는 것이다. 그림 6.44는 이 방법으로 생성된 순서로 인덱스된 교차점을 보여준다. 이 계산은 증분적으로 수행될 수 있다는 것에 유의하라(연습문제 6.18을 보자). 그러나 채우기에 관한 한, 이 순서는 우리가 원하는 순서와는 거리가 멀다. 한 번에 하나의 주사선을 채우려고 한다면, 그림 6.45에 보이는 것처럼 먼저 주사선에 의해서, 그 다음은 각 주사선 상의 x 순서에 의해 정렬된 교차점을 원할 것이다. 단순히 무작정한다면 모든 교차점을 원하는 순서로 정렬할 수 있을 것이다. 그러나 큰 다각형이나 톱니모양의 다각형은 너무 많은 에지와 교차해서 n개의 교차점들을 $O(n \log n)$ 복잡도로 정렬하는 데 실시간으로 구현하기가 너무 느릴 수 있다. 예를 들어, 주사선의 절반의 구간을 갖는 다각형을 생각해 보자.

많은 방법들은 일반적인 탐색을 꺼린다. 원래 *y-x* 알고리즘(*y-x* algorithm)으로 알려진 한 방법은 각 주사선에 대하여 버킷을 생성한다. 에지들이 처리될 때 주사선과의 교차점들은 적당한 버킷에 들어간다. 각 버킷(bucket) 내에서 삽입 정렬은 각 주사선을 따라 x값으로 정렬한다. 자료 구조는 그림 6.46에 보인다. 다시 한 번 말하면, 적절히 선택

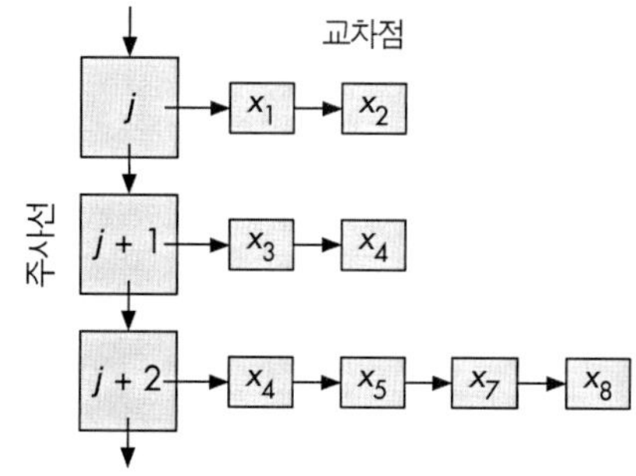

● 그림 6.46 ● *y-x* 알고리즘에 대한 자료 구조

된 자료 구조는 알고리즘을 더욱 빠르게 할 수 있다는 것을 볼 수 있다. 다각형을 어떻게 표현하는가를 다시 한 번 생각해 봄으로써 더욱 향상시킬 수 있다. 그렇게 하다 보면, 우리는 6.8절에서 소개되었던 주사선 방법에 도달하게 된다.

6.11.4 후면 제거

5장에서 OpenGL에서는 전면을 향한 다각형만 렌더링하도록 선택할 수 있음을 보았다. 볼록한 다면체로 만들어진 장면처럼 후면을 볼 수 없었던 상황에서 어떤 다른 은면 제거 알고리즘을 적용하기 전에, 모든 후면을 향하는 다각형을 제거함으로써 은면 제거를 위해 필요한 작업을 줄일 수 있다. 후면을 향하는 다각형을 **선별**(culling)하기 위한 검사는 그림 6.47로부터 유도할 수 있다. 전면으로 나오는 법선이 관측자쪽으로 향한다면 다각형의 전면을 볼 수 있다. θ가 법선과 관측자 사이의 각이라면, 다각형이 전방을 향하는 필요충분조건은

$$-90 \leq \theta \leq 90$$

이 되고, 또는 다른 식으로

$$\cos\theta \geq 0$$

이 된다. 두 번째 조건은 테스트하기가 더 쉬운데, 코사인을 계산하는 대신 내적을 사용하여

$$\mathbf{n} \cdot \mathbf{v} \geq 0$$

으로 계산된다. 만일 이 테스트가 정규 장치 좌표계로 변환된 후에 적용된다는 사실을 깨닫는다면, 테스트를 더욱 단순화시킬 수 있다 이 시스템에서 모든 관측은 투영의 방향이 z축인 직교 관측이다. 그러므로 동차 좌표계에서

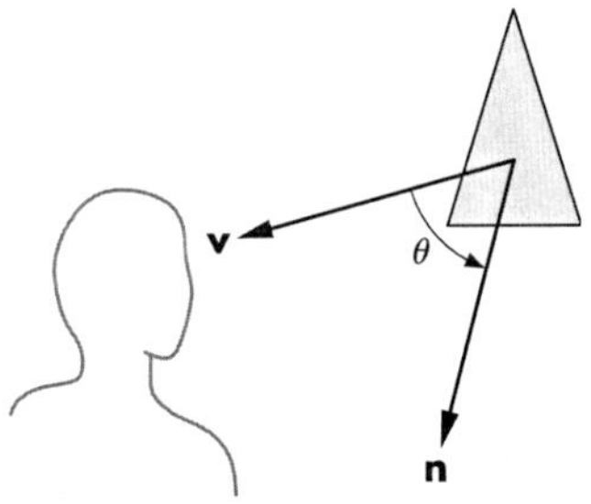

● 그림 6.47 ● 후면 테스트

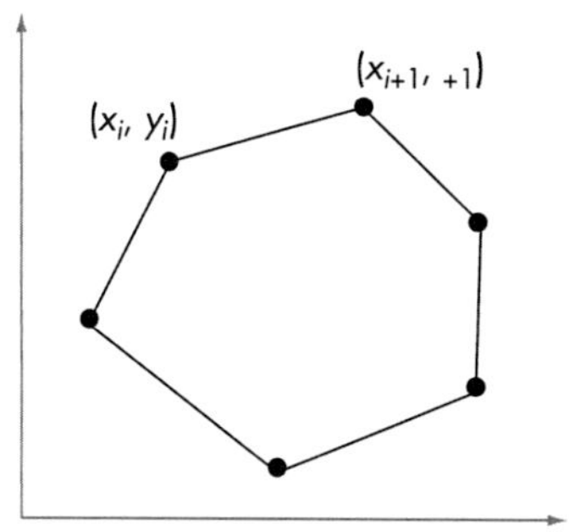

● 그림 6.48 ● 다각형 영역 계산

$$\mathbf{v} = \begin{bmatrix} 0 \\ 0 \\ 1 \\ 0 \end{bmatrix}$$

이 된다. 따라서 다각형이 정규화장치 좌표계에서 다음 평면

$$ax + by + cz + d = 0$$

위에 있다면, 전향 다각형인지 후향 다각형인지 결정하기 위해 c의 부호 검사만 하면 된다. 이 검사는 하드웨어나 소프트웨어로 쉽게 구현될 수 있다. 후향 다각형을 제거하는 것이 응용에서 올바르다는 것을 확인하는 데 주의해야 한다.

후면 결정을 하는데 약간 다른 접근방법을 채택한다. 그 알고리즘은 스크린 좌표계에 있는 다각형의 면적을 계산하는 것에 기반하고 있다. n개의 정점을 갖는 그림 6.48의 다각형을 고려해 본다. 이의 면적 a는

$$a = \frac{1}{2}\sum_i (y_{i+1} + y_i)(x_{i+1} - x_i)$$

로 된다. 이 경우에 인덱스들은 모듈로 n(modulo n)으로 계산된다(연습문제 6.28을 보자). 즉 음수인 면적이 나오면 후면 다각형을 의미한다.

6.11.5 z-버퍼 알고리즘

z-버퍼 알고리즘(z-buffer algorithm)은 가장 광범위하게 사용되는 은면 제거 알고리즘이다. 하드웨어나 소프트웨어로 구현하기 쉽고, 파이프라인 구조와 호환되는 장점을 가지고 있는데, 여기서 단편들이 파이프라인을 지나는 것과 같은 속도로 실행될 수 있다.

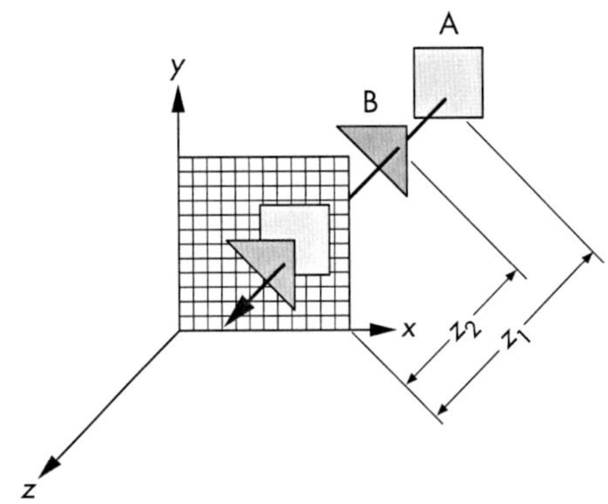

● 그림 6.47 ● z-버퍼 알고리즘

비록 알고리즘이 영상 공간에서 동작하지만, 픽셀이 아닌 다각형에 대해 루프를 돌고, 6.10절에서 논의된 주사 변환 처리의 일부로 간주될 수 있다.

그림 6.49에서 보이는 두 다각형 중 하나를 래스터화하는 과정에 있다고 가정하자. 투영중심으로부터 광선과 픽셀 간 각 교차점에 대해 5장에서와 같이 계산된 정점 음영을 보간한 값으로 색을 계산할 수 있다. 더해서, 이 점이 보이는지 아닌지를 검사해야만 한다. 만일 광선을 따라 가장 가까운 교차점이라면 이 점은 보이는 점일 것이다. 그러므로 B를 래스터화한다면, 그것의 음영은 거리 z_2가 다각형 A의 거리 z_1보다 짧기 때문에 화면에 나타날 것이다. 반대, A를 래스터화한다면, 교차점에 대응되는 픽셀은 화면에 나타나지 않을 것이다. 하지만 다각형을 하나씩 처리하기 때문에 주어진 다각형을 래스터화할 때 모든 다른 다각형들의 정보를 가지고 있지는 않다. 그러나 만일 각 단편과 함께 깊이정보를 보존한다면, 단편이 처리될 때 프레임 버퍼의 각 위치에 대한 깊이정보를 저장하고 갱신할 수 있다.

프레임 버퍼와 같은 해상도를 갖고 거리에 대해 사용하는 해상도와 같은 깊이 해상도를 가진 z-버퍼가 있다고 가정하자. 예를 들어, 1024 × 1280 디스플레이를 가지고 있고 깊이 계산을 위해 표준 정수를 사용한다고 하면, 32비트 요소를 가진 1024 × 1280 z-버퍼를 사용할 수 있다. 처음에는 깊이 버퍼의 각 요소는 투영중심으로부터 최대거리로 초기화된다.[5] 색 버퍼는 배경색으로 초기화된다. 래스터화와 단편 처리과정 동안 언제라도, z-버퍼의 각 위치는 그 광선을 따라 지금까지 찾아진 가장 가까운 다각형과의 교차점 거리를 가지고 있다.

5) 이미 투시 정규화를 완료했다면 모든 광선이 평행하기 때문에 투영 중심을 투영 방향으로 대체해야 한다. 그러나, COP가 아닌 $z = 0$인 평면과 같은 임의의 평면으로부터 거리를 측정할 수 있기 때문에 이 변화는 z-버퍼 알고리즘에 영향을 미치지 않을 것이다.

계산은 다음과 같이 진행된다. 6.10절의 방법 중 하나를 사용하여 다각형을 하나씩 래스터화한다. 픽셀을 통과하는 광선과 다각형의 교차점에 대응하는 다각형 위의 각 단편에 대해 투영중심으로부터 거리를 계산할 수 있다. 이 거리를 이 단편에 대응하는 z-버퍼의 값과 비교한다. 이 거리가 z-버퍼의 거리보다 크면, 관측자에게 더 가까운 다각형이 이미 처리되었고, 이 단편은 보이지 않게 된다. 만일 z-버퍼의 거리보다 작다면[6] 관측자에게 더 가까운 단편을 찾은 것이다. z-버퍼의 거리를 갱신하고 색 버퍼에서 대응하는 위치에 이 단편에 대하여 계산된 음영을 기록한다. 주의할 점은 투시 관측에서 z-버퍼 알고리즘에서 사용하는 깊이는 4장에서 논의한 정규 변환에 의해 변환되었다는 것이다. 비록 이 변환이 비선형적이기는 하지만 상대적인 거리는 보존한다. 그러나 이 비선형성은, 특히 가까운 클리핑면까지의 거리가 작을 경우 수치적 부정확성을 낳는다.

사용자에게 특정 구현 알고리즘이 알려지지 않은 렌더링의 다른 측면들과는 다르게, OpenGL은 z-버퍼 알고리즘을 사용한다. 이러한 예외는 새로운 영상이 생성될 때마다 응용프로그램에서 반드시 명시적으로 z-버퍼를 초기화해야 하기 때문에 발생한다.

추가되는 작업의 양이 적기 때문에 z-버퍼 알고리즘은 영상지향 구현방식과 잘 어울린다. 6.9절에서 살펴본 선택 사항인 주사선별로 래스터화하는 방식에 의해 다각형을 래스터화한다고 가정하자. 다각형은 다음과 같이 표현되는 평면의 일부가 된다(그림 6.50).

$$ax + by + cz + d = 0$$

(x_1, y_1, z_1)과 (x_2, y_2, z_2)가 다각형(그리고 평면) 위의 두 점이라고 가정하자. 다음처럼

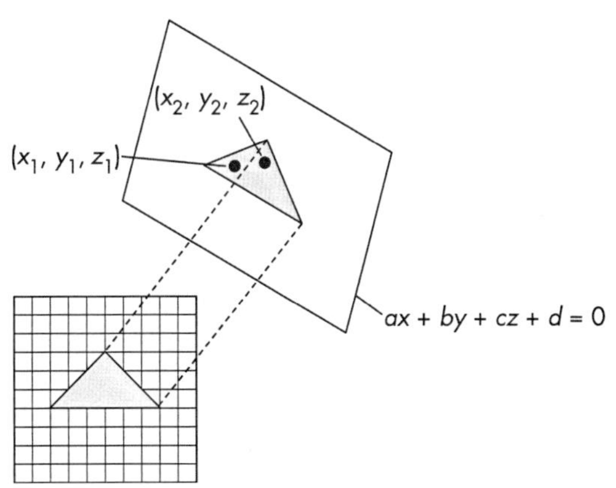

● 그림 6.50 ● 증분적 z-버퍼 알고리즘

6) OpenGL에서는 거리가 같을 때 어떻게 해야 하는가를 결정하기 위해 `glDepthFunc` 함수를 사용할 수 있다.

정의하면

$$\Delta x = x_2 - x_1$$

$$\Delta y = y_2 - y_1$$

$$\Delta z = z_2 - z_1$$

평면 방정식을 다음과 같이 차분 형식(differential form)으로 쓸 수 있을 것이다.

$$a\Delta x + b\Delta y + c\Delta z = 0$$

이 방정식은 윈도 좌표계에 대한 것이므로, 각 주사선은 상수 y의 직선에 대응하고, 주사선을 따라 움직일 때 $\Delta y = 0$이 된다. 주사선 상에서 프레임 버퍼의 한 픽셀을 이동하는 것에 해당하는 단위 크기로 x를 증가시키며, Δx는 상수로 둔다. 그러므로 주사선을 가로질러 점에서 점으로 움직이면,

$$\Delta z = -\frac{a}{c}\Delta x$$

가 된다. 이 값은 각 다각형에 대해 단지 한 번 계산되는 상수이다. 비록 영상-공간 알고리즘의 최저 성능은 기본 요소의 수에 비례하지만, z-버퍼 알고리즘의 성능은 래스터화에 의해 생성되는 단편의 수에 비례하고, 이것은 래스터화 되는 다각형들의 면적에 의존한다.

6.11.6 z-버퍼를 이용한 주사 변환

다각형 래스터화의 핵심사항은 대부분 이미 소개하였다. 6.10.1절에서 점이 다각형의 내부에 있는지 아닌지 결정하기 위해 홀수-짝수 검사와 감기 검사를 논의하였다. 5장에서는 보간에 의해 다각형에 음영을 나타내는 것을 배웠다. 이제, 이들 각각을 함께 묶고 효율성을 고려하기만 하면 된다.

하나의 다각형에 무슨 일이 일어나는지 집중하면서, 다시 한 번 파이프라인을 따라간다고 가정하자, 정점과 법선은 한 번에 하나씩 기하학적 변환을 지나간다. 정점들은 클리핑 단계 전에 다각형으로 조립되어야만 한다. 다각형이 클리핑되어 없어지지 않는다면, 그것의 정점과 법선은 음영법과 은면 제거를 위해 다음 단계로 전달될 수 있다. 이 시점에서 비록 투영 정규화가 일어났지만 아직 깊이정보(depth information)를 가지고 있다. 만일 보간 음영법을 사용하기 원한다면, 각 정점에서 조명을 계산할 수 있다.

이제 세 가지 작업이 남아 있다. 마지막 직교 투영, 은면 제거, 음영법이다. z-버퍼 알고리즘을 신중하게 사용하면 세 가지 작업을 동시에 마칠 수 있다. 그림 6.51에 예시된

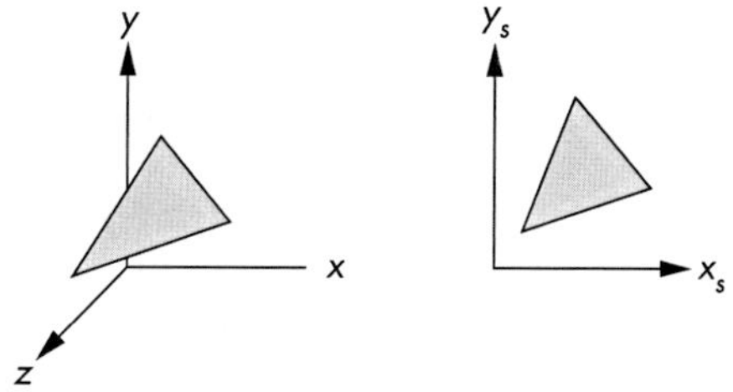

● 그림 6.51 ● 다각형의 두 가지 표현, (a) 정규화 장치 좌표계 (b) 화면 좌표계

다각형의 두 가지 표현을 보자. 그림 6.51(a)에서는 다각형이 3차원 정규화 장치 좌표계로 표현되어 있다. 그림 6.51(b)에서는 그것이 투영 후에 화면 좌표계로 된 것이 보인다.

전략은 각 다각형을 한 번에 한 주사선씩 처리하는 것이다. 이러한 이중적 표현을 사용해서 작업한다면, 화면 좌표계에서 역으로 투영된 주사선은 정규화 장치 좌표계에서 상수 y의 직선에 대응한다는 것을 알 수 있다(그림 6.52). 이 주사선과 그것의 역 투영(back projection)을 따라 동시에 진행된다고 가정하자. 화면 좌표계에서 주사선은 매 단계마다 한 픽셀 너비로 움직인다. 우리는 정규화 좌표계의 직선을 사용해서 깊이를 증분적으로 결정하고, 화면 좌표계의 픽셀이 다각형의 보이는 점인지 여부를 알 수 있다. 원래 다각형의 정점에 대한 음영을 계산한 다음, 보간을 사용하여 보이는 픽셀의 올바른 색을 얻는다. 이 과정은 이미 논의한 개별적인 단계보다 약간의 추가적 노력이 필요하다. 이 과정은 파이프라인으로 다각형을 보낼 수 있는 속도로 제어 및 제한된다. 다각형에 점각 패턴(stipple pattern)이라 하는 비트 패턴 또는 텍스처(texture) 적용 같은 수정은 약간의 변화만을 요구한다.

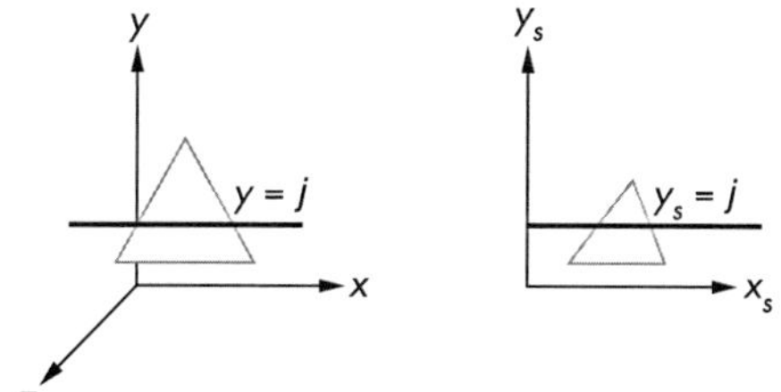

● 그림 6.52 ● 주사선의 두 가지 표현, (a) 정규화된 장치 좌표계에서의 표현
(b) 화면 좌표계에서의 표현

6.11.7 깊이 정렬과 화가 알고리즘

영상 공간 방법들이 효율성과 z-버퍼 알고리즘 구현의 용이성으로 인해 지배적으로 사용되지만, 객체-공간 방법들도 다각형 수가 적은 응용에서 종종 사용된다. **깊이 정렬**(depth sort)은 은면 제거를 위한 객체-공간 접근방법을 직접적으로 구현한 것이다. 평면 다각형으로 구성된 장면에 대한 알고리즘을 소개하겠다. 다른 종류의 객체들로 확장하는 것도 가능하다. 깊이 정렬은 **화가 알고리즘**(painter's algorithm)으로 알려진 더욱 간단한 알고리즘의 한 변형이다.

관측자로부터 얼마나 떨어져 있는가에 따라 정렬된 다각형 집합을 가지고 있다고 가정하자. 그림 6.53(a)의 예에서 두 다각형을 가지고 있다. 관측자에게는 앞의 다각형이 부분적으로 다른 것을 가리면서 그림 6.53(b)에서 보이는 것처럼 보일 것이다. 올바르게 장면을 렌더링하기 위해 뒤쪽 다각형의 보이는 부분을 찾아서, 프레임 버퍼에 그 부분을 렌더링할 수 있다. 이것은 하나의 다각형을 다른 다각형에 대해 클리핑하는 계산이다. 아니면, 유화 화가가 장면을 그리는 방법과 유사한 다른 접근방법을 이용할 수 있다. 화가는 아마도 멀리 있는 다각형 전체를 그리고, 앞쪽의 다각형을 관측자에게 보이지 않는 뒤쪽 다각형의 부분 위에 덧칠하는 방법으로 그릴 것이다. 두 다각형은 전향 렌더링(back-to-front rendering)의 결과로 은면 제거가 이루어진 채로 완전하게 표현될 것이다.[7] 이 알고리즘에 대한 두 가지 의문점은 다각형들을 어떻게 정렬하고, 그것들이 겹쳐있다면 어떻게 할 것인가이다. 많은 응용에서 더 효율적인 방법이 있을 수는 있지만, 깊이 정렬은 두 가지 모두를 해결한다(예를 들어, 연습문제 6.10을 보자).

각 다각형의 범위를 이미 계산했다고 가정하자. 깊이 정렬의 다음 단계는 그들의 최대 z값이 관측자로부터 얼마나 먼가에 따라 모든 다각형에 순서를 매기는 것이다. 이 단계로 인해 알고리즘에 깊이 정렬(depth sort)이라는 이름이 붙었다. 순서가 그림 6.54에 보이는 것과 같다고 가정하자. 여기서는 정렬된 후 다각형의 z 범위를 보여준다. 각 다각형의 최소 깊이(z값)가 앞의 다각형의 최대 깊이보다 크다면, 그 다각형들을 뒤에서

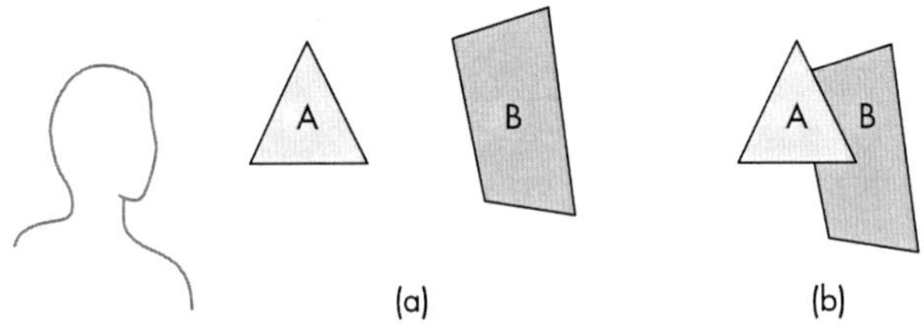

● 그림 6.53 ● 화가 알고리즘, (a) 두 다각형과 관측자 (b) A가 관측될 때 B를 부분적으로 가림

7) 어떤 응용 문제는 다각형의 후향 렌더링(front-to-back rendering)으로 더 효율적으로 해결될 수 있다.

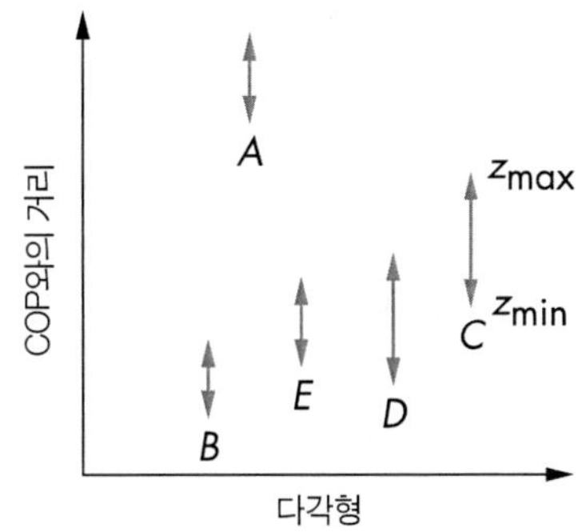

● 그림 6.54 ● 저장된 다각형의 z 범위

앞으로 칠하는 것으로 완료된다. 예를 들어, 그림 6.54의 다각형 A는 다른 모든 다각형 뒤쪽에 있고 제일 먼저 칠해질 수 있다. 그러나 다른 것들은 단지 z 범위에만 근거해서 칠해질 수 없다.

두 다각형의 z 범위가 겹쳐 있다면, 개별적으로 다각형을 칠하는(렌더링하는) 순서를 찾는 것은 여전히 가능하고, 올바른 영상을 만들 수 있다. 깊이 정렬 알고리즘은 그런 순서를 찾기 위해 점점 더 어려운 검사 방법들을 거친다. z 범위가 겹치는 다각형 한 쌍을 고려해 보자. 가장 간단한 검사방법은 그것들의 x와 y 범위를 확인해 보는 것이다(그림 6.55). x 또는 y 범위가 겹치지 않는다면[8] 어느 다각형도 다른 것을 가리지 않고, 따라서 어떤 순서로도 그릴 수 있다. 이 검사가 실패하더라도, 개별적으로 다각형을 칠할 수 있는 순서를 찾는 것은 여전히 가능할 수 있다. 그림 6.56은 그런 경우를 보여준다. 한 다각형의 모든 정점은 다른 다각형에 의해 결정되는 평면의 같은 편에 놓인다. 이런 경우가 존재하는지 아닌지 결정하도록 두 다각형의 정점들을 처리할 수 있다(연습문제 6.12를 보자).

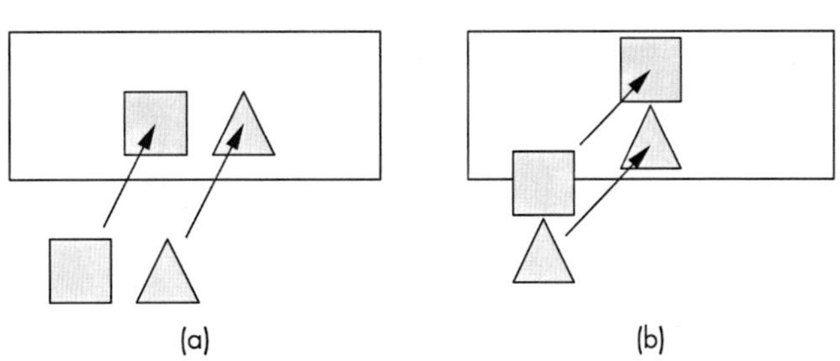

● 그림 6.55 ● x와 y 범위에서 겹침에 대한 검사, (a) 겹치지 않는 x 범위 (b) 겹치지 않는 y 범위

8) x 범위와 y 범위 테스트는 평행 관측에 대해서만 적용할 수 있다. 이러한 점은 투시 정규화 후 정규화 장치 좌표계에서 작업하는 방식의 장점의 한 사례이다.

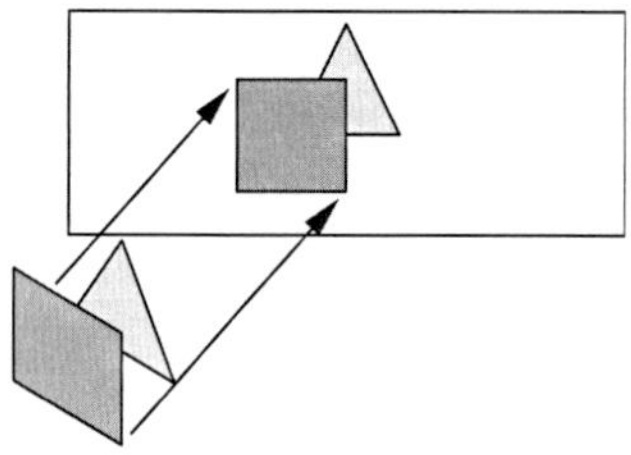

● 그림 6.56 ● 겹치는 범위를 가진 다각형

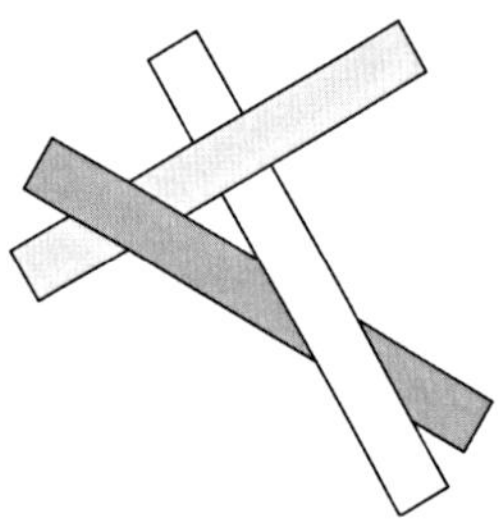

● 그림 6.57 ● 순환적 겹침

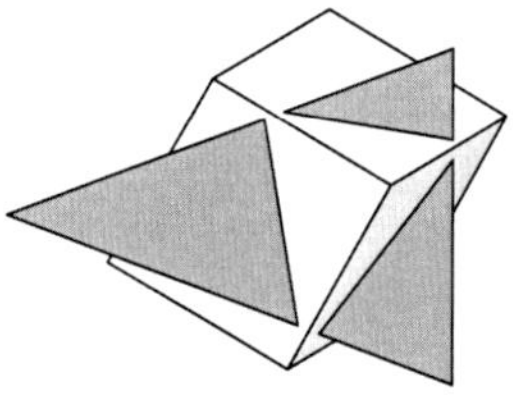

● 그림 6.58 ● 관통하는 다각형

두 가지 까다로운 경우가 남아있다. 그림 6.57에 보이는 것처럼 세 개 또는 그 이상의 다각형이 순환적으로 겹쳐 있다면, 칠하기 위한 올바른 순서를 찾을 수 없다. 할 수 있는 최선의 방법은 다각형 중 적어도 하나를 두 부분으로 분할하고, 새로운 다각형 집합에 대해 칠하기 순서 찾기를 시도하는 것이다. 두 번째로 문제되는 경우는 그림 6.58에서와 같이 한 다각형이 다른 다각형을 관통하는 경우 발생한다. 깊이 정렬로 계속하기를 원한다면, 교차의 세부적인 부분을 유도해야 한다. 이 계산은 하나의 다각형을 다른 다각형에 대해 클리핑하는 것과 같다. 교차하는 다각형들이 많은 정점을 가지고 있다면, 더 적은 계산을 요구하는 다른 알고리즘을 원할 것이다. 깊이 정렬의 성능 분석은 어려운데, 그 이유는 어려운 경우가 얼마나 자주 발생하는가는 응용에 따라 결정되기 때문이다. 예를 들어, 입체 객체의 표면을 기술하는 다각형을 가지고 작업한다면, 어떤 두 다각형도 겹치지 않는다. 그럼에도 불구하고, 초기 정렬로 인해 복잡도는 적어도 $O(k \log k)$가 된다. 여기서 k는 객체들의 개수이다.

6.12 안티에일리어싱

래스터화된 선분과 다각형의 에지는 톱니 모양처럼 보인다. 1024 × 1280의 고해상도를 가진 디스플레이 장치에서조차도, 화면에서 이런 결함을 찾을 수 있다. 이런 종류의 오류는 무한의 해상도를 가진 객체의 연속적인 표현을, 제한된 해상도의 샘플된 근사치로 옮기려고 할 때마다 발생한다. 디지털신호 처리에서 에일리어싱과 동일하기 때문에, 이런 효과를 **에일리어싱**(aliasing)이라고 이름 지었다.

에일리어싱 오류는 프레임 버퍼의 이산적 성질과 관계된 세 가지 문제에 의해 일어난다. 첫째로, $n \times m$인 프레임 버퍼를 가지고 있다면, 픽셀의 수는 고정되고, 따라서 선분을 근사하기 위한 특정 패턴만 생성할 수 있다. 다른 많은 연속 선분이 동일한 픽셀 패턴으로 근사될 것이다. 이러한 모든 선분들이 동일한 픽셀 열로 **에일리어스**(aliased) 되었다고 말할 수 있다. 픽셀 열이 주어지면, 어떤 선분이 이것을 생성했는지 말할 수 없다. 둘째로, 픽셀 위치는 균일 격자 상에 고정된다. 따라서 픽셀을 어디에 위치시키고 싶은지에 관계없이, 등 간격으로 분포된 위치(evenly spaced location) 외에 다른 곳에는 픽셀을 놓을 수 없다. 셋째로, 픽셀은 고정된 크기와 모양을 가진다.

얼핏 보면, 이런 문제에 대해 우리가 할 수 있는 일이 거의 없어 보인다. Bresenham 알고리즘 같은 알고리즘은 직선과 다각형을 근사하기 위한 가장 가까운 픽셀의 집합을 선택하는 점에서 최적이다. 그러나 둘 이상의 색을 지원하는 디스플레이를 가지고 있다면, 다른 가능성들도 있다. 수학적인 직선은 너비는 없고 길이만 있는 1차원 개체이지만, 래스터화된 직선은 화면에 보이기 위해 너비를 가져야 한다. 각 픽셀이 한 단위길이의 폭을 갖는 정사각형이고, 화면에서 단위 높이와 폭을 가지는 박스를 점유할 수 있다고 가정하자, 기본 프레임 버퍼는 한 픽셀의 배수로만 작업할 수 있다.[9] 그림 6.59에서처럼 이상적인 선분은 프레임 버퍼에서 한 픽셀 너비로 생각할 수 있다. 물론, 이것은 정사각형 픽셀로 구성될 수 없기 때문에 이 직선을 실제로 그릴 수는 없다.

Bresenham 알고리즘을 실제 픽셀로 이상적인 한 픽셀 너비의 직선을 근사하기 위한 방법으로 볼 수 있다. 이상적인 한 픽셀 너비 직선을 살펴보면, 이것이 여러 개의 픽셀

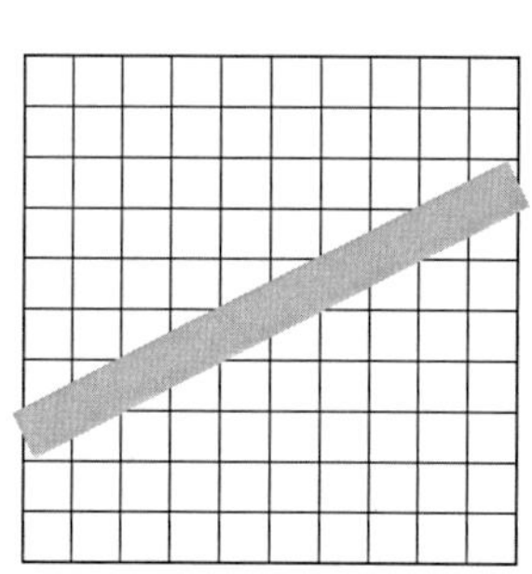

● 그림 6.59 ● 이상적인 래스터 직선

9) 어떤 프레임 버퍼는 다중 샘플링(multisampling) 방법을 통하여 한 픽셀보다 작은 단위의 연산을 허용한다.

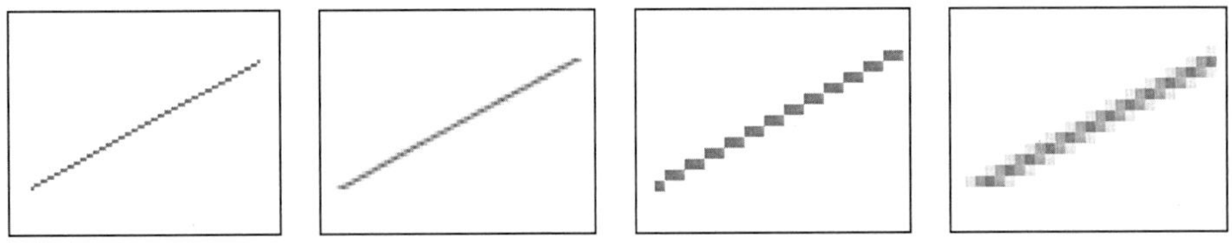

● 그림 6.60 ● 에일리어싱된 선분과 안티에일리어싱된 선분, (a) 에일리어싱된 선분 (b) 안티에일리어싱된 선분 (c) 확대한 에일리어싱된 선분 (d) 확대한 안티에일리어싱된 선분

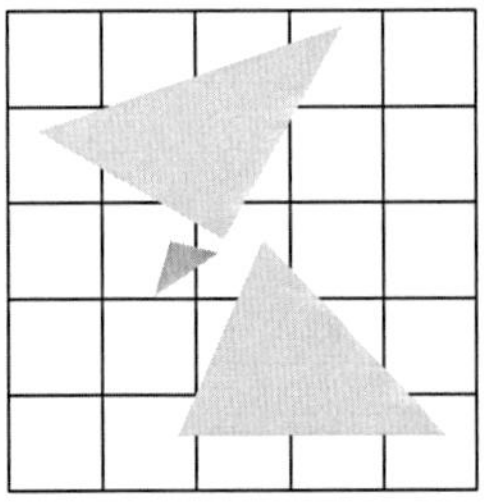

● 그림 6.61 ● 픽셀을 공유하는 다각형들

크기의 박스들을 부분적으로 덮고 있는 것을 알 수 있다. 1보다 작은 기울기의 직선에서, 각 x값에 대하여 정확하게 한 픽셀값을 선택하게 하는 것이 주사 변환 알고리즘이다. 대신, 박스를 지나가는 이상적인 직선의 백분율로 각 박스를 음영처리하면, 그림 6.60(b)에 보이는 좀 더 부드럽게 보이는 영상을 얻게 된다. 이 기법은 **면적 평균에 의한 안티에일리어싱**(antialiasing by area averaging)으로 알려져 있다. 계산은 다각형 클리핑과 유사하다. 안티에일리어싱의 다른 접근방법과 다각형 같은 다른 기본 요소에 적용할 수 있는 안티에일리어싱 알고리즘들도 있다. 컬러 그림판 8은 컬러 그림판 1의 장면에서 객체의 작은 영역의 에일리어스와 안티에일리어스 버전을 보여준다.

z-버퍼 알고리즘을 단순히 사용하기 때문에 연관된 문제가 발생한다. 그 알고리즘을 명시했을 때, 주어진 픽셀의 색은 하나의 기본 요소의 음영에 의해 결정된다. 그림 6.61에 보이는 세 다각형에 의해 음영처리된 픽셀을 생각해 보자. 각 다각형이 다른 색을 가지고 있다면, 픽셀에 할당된 색은 관측자에게 가장 가까운 다각형과 연관된 색일 것이다. 세 삼각형 색의 면적 가중 평균에 기반을 둔 색을 할당할 수 있다면 좀 더 정확한 영상을 얻을 수 있다. 이러한 알고리즘은 고정점 프레임 버퍼로 하드웨어에 단편 셰이더로 구현할 수 있다.

우리는 **공간-영역 에일리어싱**(spatial-domain aliasing) 한 가지만 논의하였다. 애니메이션은 영상 열을 생성할 때는 **시간-영역 에일리어싱**(time-domain aliasing)도 고려해야 한다. 그림 6.62에 보이는 것처럼, 픽셀 크기로 줄이 쳐진 투영 평면 앞을 움직이

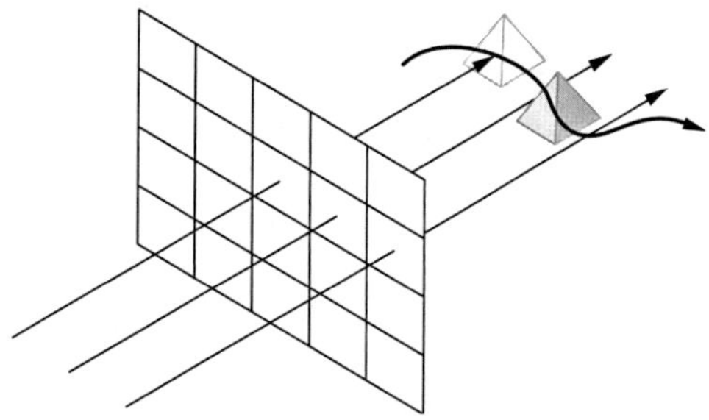

● 그림 6.62 ● 시간 영역 에일리어싱

는 작은 객체를 고려해 보자. 렌더링 처리과정에서 각 픽셀의 중심으로 광선을 보내고 그것이 부딪치는 것을 결정한다면, 어떤 때는 객체와 교차할 것이고, 어떤 때는 투영된 객체가 작다면 그 객체를 놓칠 것이다. 관측자는 애니메이션이 진행될 때 화면에서 번쩍거리는 객체를 보는 불쾌한 경험을 갖게 될 것이다. 이 문제를 다루는 방법들이 있다.

예를 들어, 광선 추적에서 공통적으로 사용되는 기법으로 픽셀당 하나 이상의 광선을 사용할 수 있다. 모든 안티에일리어싱 기법에서 공통적인 것은 안티에일리어싱 없이 렌더링하는 것보다 상당히 많은 계산을 요구한다는 것이다. 실제로 고해상도 영상의 경우, 안티에일리어싱은 오프라인으로 수행되고, 최종 영상이 필요할 때만 수행된다.

6.13 디스플레이 고려사항

대부분의 대화식 응용들에서, 응용 프로그래머는 프레임 버퍼의 내용이 어떻게 디스플레이되는지 걱정할 필요가 없다. 응용 프로그래머의 관점에서 보면, 이중 버퍼링을 사용하는 한 프레임 버퍼에 쓰는 과정은 디스플레이를 위해 프레임 버퍼의 내용을 읽는 과정과 별개의 것이다. 하드웨어는 깜박거림을 피하기에 충분한 속도(보통 60에서 85Hz)로 프레임 버퍼의 현재 내용을 다시 디스플레이하고, 응용 프로그래머는 프로그램이 실행되어 충분히 빠르게 프레임 버퍼를 채울 수 있는지만을 생각하면 된다. 2장에서 보았던 것처럼 이중 버퍼링의 사용은 원하는 만큼 빠르게 시스템에 기본 요소를 넣을 수 없더라도 화면이 부드럽게 바뀌도록 한다.

수많은 다른 문제가 디스플레이의 질에 영향을 미치고, 종종 사용자가 프로그램의 출력에 대해 불만족스럽게 만든다. 예를 들면, 두 모니터의 디스플레이가 명목상 같은 해상도를 갖더라도 다른 크기의 픽셀을 디스플레이할 수 있다(연습문제 6.22와 6.23을 보자).

디스플레이 문제의 가장 큰 원인은 디스플레이의 기본적 물리적 성질에서 나온다.

즉, 디스플레이할 수 있는 색의 범위와 소프트웨어로 정의된 색을 디스플레이의 삼원색으로 매핑하는 방법이다. 다른 디스플레이들의 색 범위는 상당히 다를 수 있다. 더우기 시스템이 달라지면 삼원색도 다르기 때문에 두 개의 다른 모니터가 같은 색을 보여 주더라도 그래픽스 시스템에서 디스플레이로 보내지는 삼원색의 값은 다르게 된다. 더해서 프로그램에 의해 정의되는 밝기 값과 디스플레이 되는 밝기 사이의 관계는 비선형적이다.

OpenGL은 어떤 디스플레이 속성과도 무관한 RGB 값으로 색을 지정하기 때문에 이러한 이슈들이 직접적으로 드러나지 않는다. 더우기 RGB 삼원색은 0.0에서 1.0의 범위로 제한되기 때문에 인간의 시각 시스템에 의해 인식되는 색과 밝기의 전 범위를 표현하는 것은 어려운 일이다. 그러나 2장의 색과 인간 시각 시스템에 관한 논의의 연장선상에서 확장하면, OpenGL의 색에 대한 약간의 추가적인 제어를 얻을 수도 있다.

6.13.1 색 체계

인간 시각의 삼원색 이론에 의해 지지되는 기본 가정은 각 픽셀에 대하여 결정한 삼색값이 2장에서 소개했던 3자극 값(tristimulus values)에 대응한다는 것이다. 따라서 주어진 색은 그림 6.63에서와 같이 색 입방체의 한 점이 되고 식으로 나타내면 다음과 같다.

$$C = T_1\mathbf{R} + T_2\mathbf{G} + T_3\mathbf{B}$$

그러나 RGB 체계들 간에는 중요한 차이가 있다. 예를 들어, OpenGL이 RGB 3요소 (0.8, 0.6, 0.0)로 표현한 노란색이 있다고 가정하자. 이 값을 CRT와 필름 영상 기록기를 구동하기 위해 사용한다면, 두 경우 모두 적색은 최대의 80%, 녹색은 최대의 60%이고, 청색은 없지만, 실제로는 다른 색을 보게 될 것이다. 그 이유는 필름 염료와 CRT 형광 물질이 서로 다른 색 분포를 가지기 때문이다. 결과적으로 디스플레이 가능한 색(색

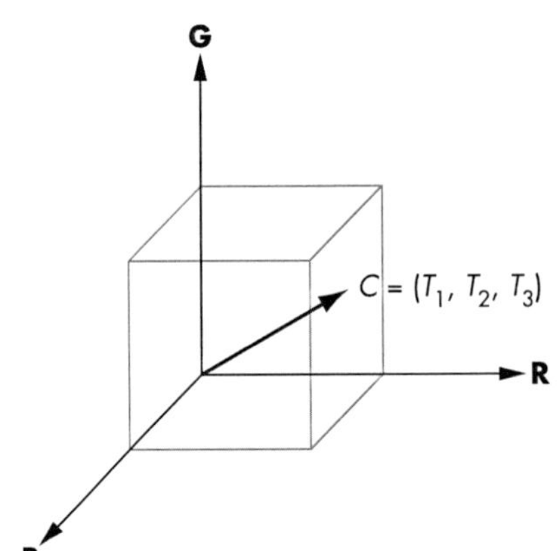

● 그림 6.63 ● 색 입방체

범위(color gamut))은 각각 다르게 된다.

그래픽스 분야에서 강조된 것은 장치-독립 그래픽스였기 때문에, 디스플레이 특성 사이의 실제 차이는 대부분의 API에 의해 다루어지지 못한다. 다행히도 색 측정학(colorimetry) 문헌은 우리가 필요한 정보를 포함하고 있다. 일반적인 다양한 색 체계에 대한 표준은 존재한다. 예를 들면, CRT는 미국 텔레비전 방식 위원회(National Television Systems Committee, NTSC) RGB 체계에 기반을 둔다. 우리는 색 체계들의 차이를 3자극 값을 표현하기 위한 다른 좌표계의 차이와 같은 것으로 볼 수 있다.

$C_1 = [R_1, G_1, B_1]^T$와 $C_2 = [R_2, G_2, B_2]^T$가 다른 두 시스템에서 같은 색을 표현한 것이라면, 다음과 같은 3 × 3색 변환 행렬 **M**이 존재한다.

$$\mathbf{C}_2 = \mathbf{M}\mathbf{C}_1$$

이 행렬을 문헌으로부터 결정하든지, 실험에 의해 결정하든지, 이것은 다른 출력장치에서도 유사한 디스플레이 결과를 생성되게 한다.

이 접근방법도 많은 문제가 잠재되어 있다. 첫째는, 두 시스템의 색 범위가 같지 않을 수 있다. 따라서 3자극(tristimulus) 값의 변환 후에도, 어떤 시스템에서는 그 색을 만들 수 없을 수도 있다. 둘째로, 인쇄와 그래픽 예술 분야에서는 네 번째 원색으로 검정(K)이 추가된 4색 감산 체계(CMYK)를 사용한다. RGB와 CMYK 사이의 변환은 종종 인간의 전문 기술을 많이 요구한다. 셋째는, 우리의 선형 색 이론에는 한계가 있다는 것이다. 색 입체에서, 색 사이의 거리가 곧 색들이 인지적으로 얼마나 먼가에 대한 척도는 아니다.

예를 들면, 사람은 청색으로 변이된 색(color shifts)에 특히 예민하다. YUV와 CIE 같은 색 체계는 이런 문제를 다루기 위해 만들어졌다.

대부분의 RGB 색 체계는 CRT 형광 물질이나, 원색에 기반을 둔 필름의 염료와 같은 실제 시스템이 있다. 하지만, 어떤 체계도 우리가 볼 수 있는 모든 색을 만들 수 없다. 대부분의 색 표준은 **XYZ 색 시스템**(XYZ color system)이라고 하는 이론적인 삼원색 시스템에 기반을 두고 있다. 여기에서 Y 원색은 색의 휘도이다. XYZ 체계에서 모든 색들은 양수 값인 3자극 값으로 지정될 수 있다. 우리는 XYZ 색 표현을 표준 시스템에서의 표현으로 변환하기 위해서 3 × 3 행렬을 사용한다. 색 연구자들은 3자극 값보다 **색도 좌표**(chromaticity coordinates)를 선호하기도 한다. 어떠한 색의 색도(chromaticity)는 삼원색의 색 비율로 구성되어 있다. 따라서 어떤 RGB 색에 대한 3자극 값 T_1, T_2, T_3이 주어질 때 그것의 색도 좌표는 다음과 같다.

$$t_1 = \frac{T_1}{T_1 + T_2 + T_3}$$

$$t_2 = \frac{T_2}{T_1 + T_2 + T_3}$$

$$t_3 = \frac{T_3}{T_1 + T_2 + T_3}$$

세 개의 식을 더하면 다음과 같다.

$$t_1 + t_2 + t_3 = 1$$

따라서 2차원 t_1, t_2 공간에서 작업을 하고 t_3은 필요할 경우에만 구할 수 있다. 원래의 3자극 값에는 포함되었지만, 색도 좌표값에서 잃어버린 정보는 색의 세기와 관련된 $T_1 + T_2 + T_3$의 값이다. 색 시스템을 가지고 작업할 때, 이러한 세기의 값은 색을 생성하거나 다른 시스템 간에 색을 일치시키는 것과 관련된 이슈들에서 일반적으로 중요하지 않다.

각 색 성분은 음수가 될 수 없기 때문에 색도 값은 다음과 같이 제한된다.

$$1 \geq t_i \geq 0$$

만들 수 있는 모든 색들은 그림 6.64의 삼각형 안에 있어야 한다. 그림 6.65는 XYZ 시스템에서 이 삼각형과 가시 스펙트럼 선을 나타내는 곡선을 보여준다. XYZ 시스템에서는 이 곡선이 삼각형 안에 들어와야 한다. 그림 6.63은 또한 전형적인 색 프린터나 CRT에서 만들 수 있는 (x, y 색도 좌표계에서) 색 범위(gamut)를 보여준다. 두 그림을 비교하면, 순수 스펙트럼선의 곡선 내에 있지만 물리적 디스플레이의 색 범위 밖에 있는 색들은 물리적인 장치에서 디스플레이될 수 없음을 알 수 있다.

색 전개에서 하나의 결점은 RGB색이 색을 어떻게 인식하느냐보다는 색을 어떻게 만들고 측정하느냐에 기반을 두고 있다는 것이다. 주어진 색을 볼 때 그것을 삼원색으로 묘사하지 않고, 색에 주어진 이름과 보이는 음영이 얼마나 밝은가와 같은 다른 특성을 이용해서 묘사한다. 색상-명도-채도(HLS) 시스템은 예술가와 일부 디스플레이 제작자에 의해

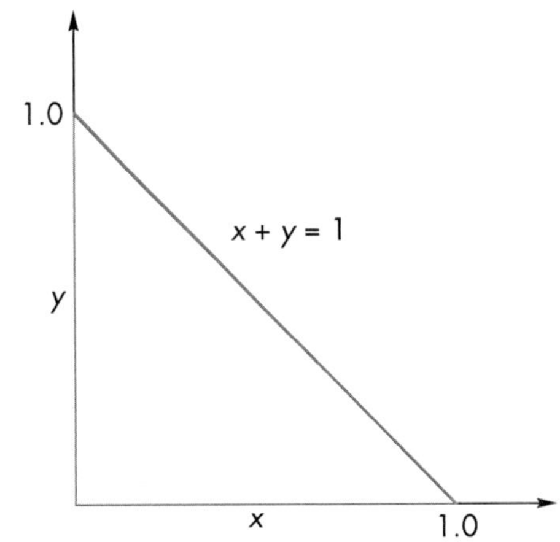

● 그림 6.64 ● 색도 좌표계에서 만들 수 있는 색들의 삼각형

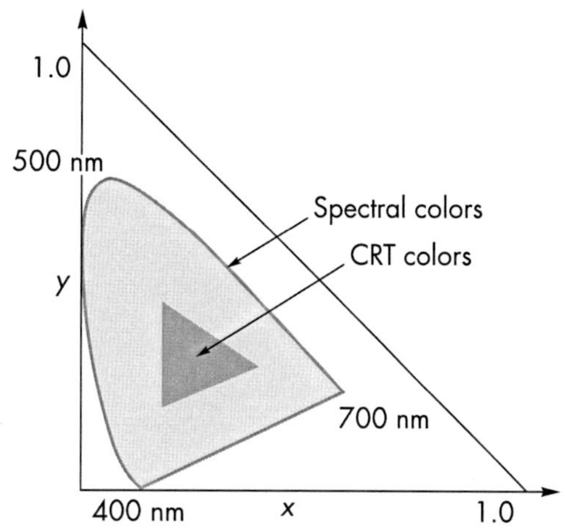

● 그림 6.65 ● 볼 수 있는 색들과 디스플레이의 색 범위

사용된다. **색상**(hue)은 적색, 황색, 금색 같이 색에 주어진 이름이다. **명도**(lightness)는 색이 얼마나 밝게 보이는가를 의미한다. **채도**(saturation)는 순수한 색과 흰색을 섞어서 만든 파스텔 색 등을 구별하는 색 속성이다. 그림 6.66(a)에서 보이는 것처럼 이런 속성들을 전형적인 RGB 색과 연관 지을 수 있다. 색 입방체에서 색이 주어지면, 명도는 그 점이 원점(검정)으로부터 얼마나 멀리 떨어져 있는가에 대한 정도이다. 입방체의 주 대각선 위에 있는 모든 색(검정부터 흰색까지)이 회색의 음영이고 채도가 0이라는 점을 유의하면, 채도는 주어진 색이 대각선으로부터 얼마나 멀리 떨어져 있는가에 대한 정도이다. 마지막으로, 색상은 색 벡터가 어디를 가리키는가에 대한 척도이다. HLS 색은 그림 6.66(b)에 보이는 것처럼 보통 색 원추(color cone)에 의하여 설명된다. 또는 상단으로 수렴하는 쌍 원추로 설명한다. 이는 HLS 시스템을 RGB 색의 극 좌표 표현으로 볼 수 있다.

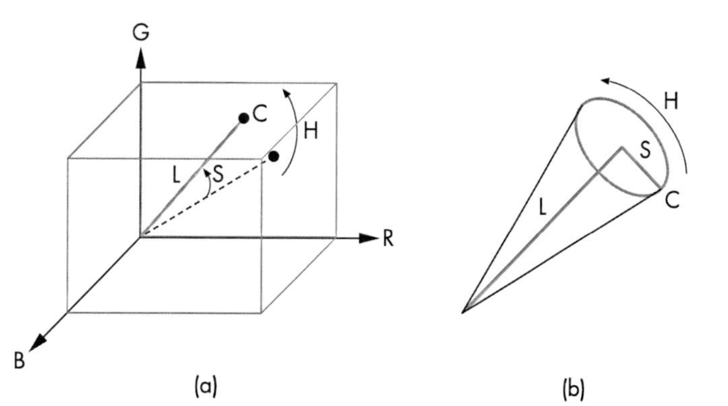

● 그림 6.66 ● 색상-명도-채도 색, (a) RGB 색 입방체를 사용 (b) 단일 원추를 사용

6.13.2 색 행렬

RGB와 RGBA 색은 다른 벡터 형식으로 조작할 수 있다. **색 행렬**(color matrix)이라 하는 행렬의 곱에 의해 구성요소를 변경할 수 있다. 예를 들어, RGBA 색 표현을 사용하는 경우, 행렬의 곱으로 *rgba* 색을 새로운 $r'g'b'a'$ 색으로 변환할 수 있다.

$$\begin{bmatrix} r' \\ g' \\ b' \\ a' \end{bmatrix} = \mathbf{C} \begin{bmatrix} r \\ g \\ b \\ a \end{bmatrix}$$

따라서, 만일 $A = 1$인 불투명 곡면을 다룬다면, 행렬 C는 색의 가산 표현을 감산 표현으로 변환한다.

$$\mathbf{C} = \begin{bmatrix} -1 & 0 & 0 & 1 \\ 0 & -1 & 0 & 1 \\ 0 & 0 & -1 & 1 \\ 0 & 0 & 0 & 1 \end{bmatrix}$$

6.13.3 감마 수정

2장에서 우리는 휘도(brightness)를 지각하는 조도(intensity)로 정의하였고, 그림 6.67에서 보이는 것처럼 인간 시각 체계가 조도를 로그 방식으로 지각한다는 것을 관측하였다. 이런 특성의 결과로서, 만일 같은 간격으로 보이는 휘도 단계를 원한다면, 픽셀에 할당되는 조도는 기하급수적으로 증가해야 한다는 것이다. 이 단계들은 디스플레이 장치가 생성할 수 있는 측정된 최소 및 최대 조도로부터 계산될 수 있다.

또한, CRT의 조도 I는 다음 식으로 가해지는 전압 V와 식,

$$I \propto V^{\gamma}$$

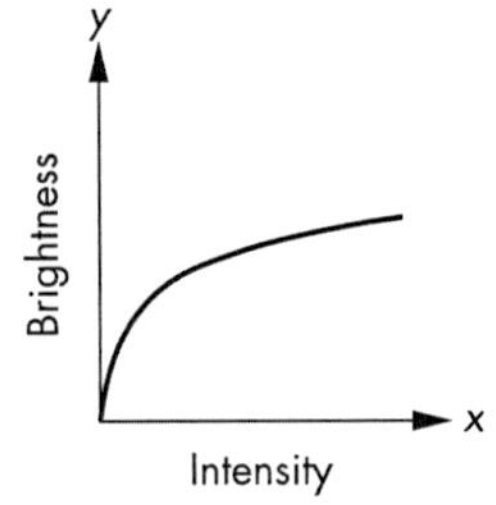

● 그림 6.67 ● 로그에 비례하는 휘도

또는

$$\log I = c_0 + \gamma \log V$$

와 같이 연관되어 있다. 여기서 상수 γ와 c_0는 특정 CRT의 특성이다. 두 결과가 한 가지 암시하는 것은 두 개의 모니터가 프레임 버퍼의 같은 값에 대하여 다른 휘도를 생성할 수 있다는 것이다. 이 문제를 바로잡는 한 가지 방법은 특정한 모니터 특성에 따라 조절할 수 있는 참조표를 디스플레이 장치에 갖는 것이다. 이것을 **감마 수정**(gamma correction)이라 한다.

또, CRT와 관련된 다른 문제가 있다. 아무런 신호가 없을 때 완전한 검은색을 보여주는 CRT를 만드는 것은 불가능하다. 디스플레이되는 최소 조도는 **암 시야**(dark field)라고 하며, 특히 CRT 기술을 사용하여 영상을 투영할 때 문제가 될 수 있다. 디스플레이의 대비율은 최소 휘도에 대한 최대 휘도의 비율이다. 새로운 디스플레이 기술은 수천에 해당하는 대비율을 가지고 있다.

6.13.4 흩뿌리기와 하프토닝 기법

우리는 색 버퍼를 공간 해상도(픽셀의 수)와 정밀도(디스플레이할 수 있는 색의 수)에 의해 지정했다. 이러한 별도의 두 수를 고정된 것으로 본다면, 고해상도 흑백 레이저 프린터는 단지 1비트 픽셀만 디스플레이할 수 있다고 말할 수 있다. 이런 주장은 또한 책과 같은 흑백 매체는 다중 음영을 가진 영상을 디스플레이할 수 없다는 것을 뜻하는 것처럼 보인다. 우리는 경험으로부터 그것이 사실이 아니라는 것을 알고 있다. 그 기법은 공간 해상도를 계조 범위(grayscale)나 색 해상도와 맞바꾸는 것이다. 인쇄 산업에서 사용하는 **하프토닝 기법**(halftoning)은 사진적 기법을 사용하여 다양한 크기의 검은 점무늬를 생성함으로써 계조 값을 흉내내는 것이다. 인간 시각 체계는 작은 점들을 하나로 병합하고, 점들이 아닌 작은 면적에서 검은색에 대한 흰색의 비율에 따라 비례하는 밝기를 보는 경향이 있다.

디지털 하프톤(digital halftone)은 디스플레이된 픽셀의 크기와 위치가 고정되어 있기 때문에 다른 것이다. 그림 6.68에서 보여지는 1비트 픽셀의 4 × 4 그룹을 생각해 보자. 만일 멀리서 이 무늬를 살펴본다면, 개개의 픽셀이 아닌 검은 픽셀의 개수에 기초한 계조 값을 보게 된다. 우리의 4 × 4 예에서, 2^{16}개의 서로 다른 흑백 픽셀의 패턴이 있지만, 단지 배열 내의 0에서 16개의 검은 픽셀에 대응하는 17개의 음영만 가능하다. 하프톤 패턴, 또는 **흩뿌리기**(dither) 패턴을 만들기 위한 알고리즘은 많이 존재한다. 가장 간단한 방법은 이 예제의 경우 두 개의 음영값을 사용하는 대신에 17개 무늬를 선택하여 공간 해상도를 4배 감소시킴으로써 17단계의 계조 값으로 디스플레이를 만드는 것이다.

음영을 흉내내기 위해 항상 같은 배열을 시용하는 단순한 알고리즘은 규칙적인 것을 디스플레이할 때 맥놀이(beat) 또는 무아레 패턴(moire pattern)을 생성할 수 있다. 이런 무늬는 주기의 합과 차를 볼 수 있기 때문에 두 규칙적인 현상을 영상화할 때마다 발생한다. 그런 효과는 7장에서 다루게 될 에일리어싱 문제와 매우 밀접하게 연관되어 있다.

많은 흩뿌리기 기법들은 간단히, 밝기의 또는 각 색 성분의 가장 오른쪽 비트 값을 무작위로 뽑는 방법에 기반을 두고 있다. 더욱 정교한 흩뿌리기 알고리즘은 난수를 이용하여 무아레(moire) 효과를 일으킬 수 있는 반복을 피하면서 적절한 평균 특성을 가지는 무늬를 생성한다(연습문제 6.26).

하프토닝(또는 흩뿌리기)은 색 인쇄, 특히 색을 완전히 켜거나 끄는 방식으로 동작하는 잉크젯 프린터와 같은 하드카피에서 사용된다. 각 원색은 보다 많은 색을 만들기 위해 흩뿌려질 수 있다. OpenGL은 그런 디스플레이를 지원하고 사용자가 흩뿌리기 (`glEnable(GL_DITHER)`)를 활성화할 수 있게 한다. 색 흩뿌리기는 색 모니터에서 부드러운 색 디스플레이를 생성하도록 해주므로 보통 활성화되어 사용된다. 흩뿌리기가 매우 효과적이기 때문에 색당 적은 비트 수만 가지고도 좋은 화면을 디스플레이할 수 있고, 따라서 제한된 메모리만 가지는 프레임 버퍼도 가능하다. 많은 응용프로그램에서 각 색당 사용되는 비트의 수를 찾기 위해 OpenGL문의 함수인 `glGetIntegerv`를 사용할 필요가 있다. 이 정보는 7장에서 프레임 버퍼로부터 픽셀을 읽는 몇 가지 기법들을 사용할 때 매우 중요하다. 만일 흩뿌리기가 활성화되어 있는 상태에서 프레임 버퍼로부터 픽셀들을 읽는다면, 같은 RGB 값으로 쓰여진 픽셀들이 읽혀질 때 다른 값을 되돌려 줄 수 있다. 만일 이러한 작은 차이가 매우 중요하다면, 흩뿌리기는 프레임 버퍼에서 값을 읽기 전에 비활성화 되어야 한다.

요약

가장 중요한 알고리즘들을 포함한 구현과정의 개요를 소개했다. 특정한 구현에 관계없이 작업이 하드웨어에서 주로 수행되든지 소프트웨어로 주로 수행되어야 한다. 혹은, 전용 그래픽스 워크스테이션으로 작업하거나 간단한 그래픽스 단말기로 작업하거나, API가 무엇이든지 간에, 같은 작업이 수행될 수 있어야 한다. 이런 작업에는 기하학적 변환, 클리핑, 래스터화의 구현 등이 들어간다. 하드웨어, 소프트웨어, API 간의 관계는 흥미로운 것이다.

많은 실리콘 그래픽스(silicon graphics) 워크스테이션의 기반이었던 Geometry Engine은 하드웨어 파이프라인을 통해 기하학적 변환과 클리핑을 수행하던 VLSI 칩이다. OpenGL의 조상 격인 GL은 이런 워크스테이션의 사용자를 위한 API로서 개발되었다. 또한 OpenGL 문헌의 많은 부분이 파이프라인 접근 방법을 따른다. 그러나 OpenGL은 하나의 API라는 것을 명심해야 한다. 이것은 밑에 깔린 구현에 관해서는 아무 것도 전제하지 않는다. 이론적으로, OpenGL 프로그램에 의해 정의되는 영상은 광선 추적기(ray tracer)로부터도 얻어질 수 있다. 우리는 파이프라인 구조에 대한 강조로부터 두 가지 교훈을 얻을 수 있어야 한다. 첫째, 이 구조는 응용 프로그래머가 영상이 생성되는 과정을 이해하는데 도움을 준다. 둘째, 현재의 파이프라인 관점은 효율적인 하드웨어와 소프트웨어 구현을 가능케 한다.

z-버퍼 알고리즘의 예는 하드웨어와 소프트웨어 간의 관계를 예시적으로 보여준다. 15년 전에는 많은 은면 제거 알고리즘들이 사용되었는데, z-버퍼 알고리즘도 그 중 하나였다. 그 동안 빠르고 집적도가 높으면서 값이 싼 메모리가 이용 가능해지면서 z-버퍼 알고리즘은 은면 제거를 위한 지배적인 방법으로 자리 잡게 되었다.

관련된 예로 워크스테이션 구조를 들 수 있는데, 여기서는 특별히 설계된 그래픽스 칩들이 지난 몇 년간 눈에 띄는 발전을 이루었다. Moore의 법칙을 넘어서는 속도로 그래픽스 성능이 향상되었을 뿐만 아니라 많은 새로운 기능들이 그래픽스 프로세서에서 이용 가능해졌다. 9장에서 보게 될 새로운 프로그램 가능한 구조는 많은 새로운 가능성을 열어 놓았다.

그러면 앞으로는 어떻게 될까? 확실히, 그래픽스 시스템은 더 빨라지고 저렴해질 것이다. 어떤 다른 요소보다도 하드웨어의 발전은 미래 그래픽스 시스템의 모습을 좌우할 것이다. 현재에는 하드웨어 개발이 게임 산업에 의해 유도되고 있다. 몇 년 전에만 해도 10만 달러 이상이었던 그래픽스 워크스테이션의 성능을 능가하는 그래픽스 카드를 200달러 이하로 구할 수 있다. 이러한 카드의 기능과 성능은 컴퓨터 게임 산업의 요구에 최적화되어 있다. 따라서 그동안 보여준 다양한 그래픽스 기능들에서 동일한 성능 향상을 보지는 못한다. 더불어, 새로운 하드웨어 기능들은 표준 API에 통합될 수 있는 것보다도 훨씬 빠르게 등장하고 있다. 그러나 이러한 프로세서들이 동작하는 빠른 속도 때문에 그래픽스와 과학계에서는 지금까지 항상 전통적 구조를 사용해서 풀어 온 문제들을 보다 새로운 방식으로 푸는 알고리즘 개발에 도전하고 있다.

소프트웨어 측면에서 최신 하드웨어의 낮은 비용과 빠른 속도는 소프트웨어 개발자들에게 사용자들이 직접 렌더링 시간과 렌더링 품질 간에 균형을 맞출 수 있도록 해주는 렌더링 소프트웨어를 생산하게 하는 원동력이 된다. 따라서 사용자는 광선 추적되는 객체를 장면에 추가할 수 있고, 이 숫자는 사용자들이 렌더링을 위해 기다릴 수 있는 시간에 따라 달라진다. 표준 API의 미래는 훨씬 불명확하다. 한편으로 과학계의 사용자들은 응용프로그램 코드가 긴 수명을 가지도록 OpenGL과 같은 안정된 API를 선호하지만, 사용자들은 아직 모든 시스템에서는 지원되지 않는 새로운 하드웨어 기능을 기대하기도 한다.

연구 중인 다수의 진보된 구조는 대규모 병렬 처리를 사용한다. 컴퓨터 그래픽스를 위해 어떻게 가장 효율적으로 병렬성이 이용될 수 있는가는 여전히 미해결 문제이다. 렌더링에 대한 객체지향과 영상지향 두 가지 접근방법은 병렬 렌더기의 개발을 전혀 다른 방향으로 나아가게 한다. 더 자세한 것은 12장에서 보게 될 것이다.

지금까지는 구현의 겉만 조금 살펴보았다. 문헌들에는 구현과정의 모든 관점에 대한 풍부한 알고리즘이 있다. 참고문헌은 이런 주제를 더욱 깊이 탐구하는 데 도움을 줄 것이다.

참고문헌

Rogers[Rog98]와 Foley[Fo190]의 책은 우리가 여기서 소개한 것보다 더 많은 알고리즘을 싣고 있다. 또한 Graphic Gems 시리즈[Gra90, Gra91, Gra92, Gra94, Gra95]를 보자. Mller와 Haines[Mo102] 그리고 Eberly[Ebe01]는 하드웨어에서의 최근 발전의 영향을 다루고 있다.

Bresenham 알고리즘[Bre63, Bre87]과 마찬가지로, Cohen-Sutherland[Sut63] 클리핑 알고리즘은 컴퓨터 그래픽스의 초창기로 거슬러 올라가는데, 이것은 원래 펜 플로터(pen plotter)를 위해 제안되었다. Liang-Barsky와 Sutherland-Hodgeman 절단기(clipper)에 대해서는 [Lia841과 [Sut74a]를 보자.

z-버퍼 알고리즘은 Catmull[Cat75]에 의해 개발되었다. 은면 제거에 대한 다양한 접근 방법의 논의는 Sutherland[Sut74b]를 보자.

하드웨어의 세부적인 내용을 피한 것은 하드웨어가 단순하거나 흥미롭지 않아서가 아니다. 현대적인 그래픽스 프로세서는 그래픽 요소들을 세련되고 빠르게 디스플레이할 수 있는 하드웨어 설계를 요구한다[Cla82, AKe88, AKe93]. [Fo190]에서 Molnar와 Fuchs의 논의는 다양한 접근 방법을 보여주고 있다.

Pratt[Pra 78]은 다양한 색 시스템들 간에의 변환을 위한 행렬을 제공한다. 하프톤과 흩뿌리기는 Jarvis[Jar76]과 Knuth[Knu87]에서 논의된다.

연습문제

6.1 경계 박스와 상세 클리핑에 관련하여 다음 현상을 설명하라.

a. 윈도 위의 다각형

b. 윈도 안의 다각형

c. 윈도에 걸쳐 있는 경계 박스

6.2 기하학 처리에서 필요한 서로 다른 처리 상태. 이 단계에 관계있는 것은 무엇인가?

6.3 볼록 객체에 대한 또 다른 볼록 객체의 클리핑 결과가 최대 한 개의 볼록 객체임을 증명하라.

6.4 왜 클리핑 처리과정에서 사용되는 좌표계가 정규화된 장치 좌표(normalized device coordinate)라고 불리는가? 선분 클리핑에서 클리퍼의 역할은 무엇인가?

6.5 2D 클리퍼와 3D 클리퍼의 주된 차이점은 무엇인가? 선분에 대한 주사-변환(scan-conversion) 알고리즘을 제시하라.

6.6 뷰포트(viewport) 변환을 유도하라. 그것을 2차원에서 어파인(affine) 변환을 나타내기 위해 사용되는 3차원 크기 변환과 평행 이동행렬을 사용해서 표현하라.

6.7 래스터 그래픽스 이전의 시스템은 단지 직선만 디스플레이가 가능하였다. 3차원 영상은 은선 제거 기법을 사용하여 만들어졌다. 현재의 많은 API들은 선으로만 구성된 선 구조 영상을 만들 수 있게 하는데, 여기서 비가시 표면을 정의하는 은선(hidden-line)들은 제거된다. 이 문제가 이미 고찰했던 다각형 은면 제거와 어떻게 다른가? 평면 다각형의 변들로 구성된 객체에 대한 은면 제거 알고리즘을 유도하라.

6.8 종종, x와 z에서 규칙적인 간격으로 구해진 $\{f(x, y)\}$ 값의 집합에 의해 생성되는 직사각형 메시를 표시함으로써 $y = f(x, y)$ 형태의 함수를 표시한다. 곡면의 일부는 다른 부분에 의해 시야로부터 가려질 수 있기 때문에 은면 제거가 적용되어야 한다. 이런 메시(mesh)를 표현하기 위해 은면 제거를 사용하는 알고리즘과 은선 제거를 사용하는 두 가지 알고리즘을 유도하라.

6.9 은면 제거에 대한 영상-공간 접근의 복잡도가 다각형의 수에 비례한다고 논의하였지만, 성능 연구에 의하면 거의 일정한 성능을 보인다. 이 결과를 어떻게 설명할 수 있는가?

6.10 3차원 입체 다면체만으로 구성된 장면을 생각해 보자. 이런 경우에 대하여 객체-공간 은면 제거 알고리즘을 고안할 수 있는가? 모든 다면체가 볼록하다는 것을 안다면 얼마나 도움이 되겠는가?

6.11 정렬 알고리즘과 유사한 은면 제거에 대한 객체-공간 접근을 살펴볼 수 있다. 그러나 객체-공간 접근의 복잡도가 $O(k^2)$라는 것을 논의하였다. 최악의 정렬 알고리즘만이 그런 열등한 성능을 보여주고 있고, 대부분은 $O(k \log k)$이다. 객체-공간 은면 제거 알고리즘은 유사한 복잡도를 가지는가? 대답을 설명해 보자.

6.12 하나의 평면 다각형이 다른 평면 다각형의 한쪽 편에 완전히 놓여 있는지 아닌지 결정하는 방법을 고안하라.

6.13 은면 제거에 대한 영상-공간 접근과 광선 추적에 대한 영상-공간 접근 사이의 차이는 무엇인가? 은면 제거에 대한 대안으로 광선 추적을 사용할 수 있는가? 이러한 접근의 장단점은 무엇인가?

6.14 Bresenham 알고리즘을 사용하여 래스터화된 선분상 픽셀의 위치를 생성하는 프로그램을 작성하라. 모든 기울기와 끝점의 모든 가능한 위치에 대해 프로그램이 동작하는지 점검하라. 결정변수의 초깃값은 무엇인가?

6.15 Bresenham 알고리즘은 원으로 확장될 수 있다. 중심이 원점에 놓인 원에 대해 확인해 보자. 원의 어느 부분이 알고리즘에 의해 생성되어야 하고, 어느 부분이 대칭에 의해 구해질 수 있는가? 주사 변환 알고리즘에 의해 생성된 하나의 점을 안다면, 다음 픽셀에 대한 후보 수를 줄일 수 있는 원의 일부분을 찾을 수 있는가?

6.16 교차 검사(crossing test) 또는 홀수-짝수 검사는 무엇인가? 다각형 내부의 점 p와 관련하여 설명하라.

6.17 곡선을 주사 변환하고 다각형에 사용한 것과 동일한 채우기 알고리즘을 적용함으로써,

임의의 폐곡선으로 범람 채우기를 확장하려 한다고 가정하자. 이런 접근을 이용한다면 어떤 문제가 발생할 수 있는가?

6.18 정점 (x_1, y_1)과 (x_2, y_2) 사이의 다각형 변을 고려해 보자. 이 변과 모든 주사선의 교차점을 계산하기 위한 효율적인 알고리즘을 유도하라. 윈도 좌표계에서 작업한다고 가정하라.

6.19 수직과 수평 변은 다각형 채우기 알고리즘에 대하여 잠재적인 문제가 있다. 이런 경우는 소개했던 알고리즘에서 어떻게 다룰 수 있는가?

6.20 2차원 그래픽스에서 두 다각형이 겹쳐 있다면, 각 다각형에 우선순위 속성을 부여함으로써, 모든 구현에서 같은 순서로 렌더링될 수 있도록 할 수 있다. 다각형은 역 우선권의 역순으로 렌더링된다. 즉, 가장 높은 우선순위의 다각형은 마지막에 나타난다. 우선순위를 고려하여 다각형 채우기 알고리즘을 어떻게 수정할 수 있는가?

6.21 범람-채우기 알고리즘에 대한 의사 코드를 작성하라. 픽셀의 색상을 반환하는 `read_pixel()` 함수가 있다고 가정한다.

6.22 이상적인 픽셀은 한 변이 1단위인 정사각형이지만, 대부분의 CRT 시스템은 같은 밝기의 원으로 근사될 수 있는 둥근 픽셀을 생성한다. 완전히 꽉 찬 단위 정사각형이 세기 1.0을 갖고, 빈 정사각형이 세기 0.0을 가진다면, 디스플레이 픽셀의 세기는 원의 반지름에 따라서 어떻게 변하는가?

6.23 둥근 픽셀에 대한 2단 디스플레이를 생각해 보자. 픽셀의 전면 색상으로 작은 원 또는 큰 원을 사용하는 것이 옳다고 생각하는가?

6.24 기하학 처리의 목적은 무엇인가?

6.25 스크린에 선을 그리는 방법, 다각형을 채우는 방법, 프로그램에서 정의된 관측 범위 밖에 놓여 있는 기본 요소들에는 어떤 현상이 발생할까? 등의 다양한 문제들이 있다. OpenGL에서는 이러한 문제에 어떻게 접근하는가?

6.26 다음과 같은 생각에 기초한 하프토닝 알고리즘을 만들어라. 계조 값은 0.0부터 1.0까지 변화하고, 이 간격에서 일정하게 분포하는 난수를 생성하는 난수 발생기를 가지고 있다고 가정하자. 계조 값 g를 선택하면, 생성된 난수의 $g/100$ 퍼센트는 g보다 작을 것이다.

6.27 3 자극 값에서 색도 좌표를 설명하라.

6.28 정점이 $\{x_i, y_i\}$로 선언된 2D 다각형의 영역이 $\frac{b}{2}\Sigma_i(y_{i+1} + y_i)(x_{i+1} - x_i)$임을 보여라. 음수 영역의 중요한 의미는 무엇인가? (힌트: 연속적인 두 개의 정점과 x축에 대응되는 값으로 만들어진 사다리꼴의 영역을 생각해 보자.)

6.29 코헨-서덜랜드(Cohen-Sutherland) 알고리즘의 장단점은 무엇인가?

6.30 중심선 정렬 경계 상자는 2D 혹은 3D에서 모두 유효하다. 3D의 경우 응용프로그램에서 중심선 정렬 경계 상자가 클리핑을 위해 사용되는 이유가 무엇인가?

Chapter 07

이산적 기법들

Interactive Computer Graphics

지금까지 선이나 다각형 및 다면체와 같은 기하학적인 객체들을 직접적으로 다루어 왔다. 가시적인 이들 개체들이 결국은 프레임 버퍼 내에 픽셀들로 래스터화(주사변환)될 것이지만, 우리 자신이 직접 픽셀 작업을 하는 것을 염려할 필요는 없었다. 지난 25년 동안 하드웨어와 소프트웨어의 큰 발전에 힘입어 응용프로그램으로 하여금 프레임 버퍼에 직간접적으로 접근할 수 있게 되었다. 과거 이십년 이상 진화해 온 아주 흥미있는 방법들의 상당수는 응용프로그램과 다양한 버퍼들 간의 상호작용에 의존하고 있다. 텍스처 매핑(texture mapping), 에일리어싱 제거(antialiasing), 합성(compositing), 알파 배합(alpha blending)들은 API에 의해 이산적 버퍼에 대해 작업할 수 있게 됨으로써 가능하게 된 여러 기법들 중 일부에 불과하다. 또한 GPU의 발전으로 이산적 기법들을 지원하기 위한 대용량의 메모리 지원이 가능하게 되었다. 이 장에서는 이러한 기법들을 소개하되, OpenGL 및 유사한 API들에 의해 지원되는 것들을 위주로 설명한다.

먼저 프레임 버퍼에 대해 좀 더 자세히 살펴보고, 픽셀 배열 작업을 위한 기초에 대해 알아보기로 한다. 그러고 나서 매핑 방법에 대해 언급한다. 이들 기법들은 렌더링 처리 시 적용되며, 하나의 다각형으로 된 표면일지라도 아주 복잡한 표면처럼 보이게 하는 효과를 연출할 수 있다. 이 모든 기법들은 5장에서 배운 바 있는 음영처리가 이러한 환상 효과를 만들어내기 위해 어떻게 확장되는지를 정의하기 위해 픽셀 배열을 사용하고 있다. 그리고 OpenGL API에 의해 지원되는 몇몇 다른 버퍼들을 살펴보고, 이들 버퍼들이 새로운 응용에 어떻게 사용될 수 있는지를 알아본다. 특히, 이미지를 합치거나 합성하기 위한 기법들을 조사해 본다. 여기서 우리는 RGBA 모드의 제4의 "색"을 사용하며, 이미지를 배합하고 투명도와 같은 효과를 내기 위해 이 채널이 사용될 수 있음을 볼 것이다. 마지막으로, 이산적인 요소들로 작업할 때 발생되는 에일리어싱(aliasing) 문제에 대한 논의로 이 장을 마무리한다.

7.1 버퍼

앞서 색 버퍼(color buffers)와 깊이 버퍼(depth buffers)라는 두 가지 형태의 표준 버퍼를 사용해 왔다. 특수 목적을 위한 하드웨어와 소프트웨어에 의해 지원되는 다른 버퍼들도 있다. 모든 버퍼들의 공통점은 이들이 본질적으로 이산적인 속성을 가진다는 점이다. 즉, 이들 버퍼는 공간과 깊이 모두에서 제한된 해상도를 가진다. (2차원)[1] **버퍼**를 공간 해상도가 $n \times m$인 k비트 요소들로 이루어진 메모리 블록으로 정의할 수 있다(그림 7.1).

우리는 그래픽 시스템이 렌더링 시에 사용하는 전면(front) 및 후면(back) 색 버퍼, 깊이 버퍼, 그리고 기타 하드웨어가 지원하는 버퍼 등을 포함한 다양한 버퍼들로 구성된 프레임 버퍼라는 용어를 사용해 왔다. 이들 버퍼들은 통상 그래픽 카드상에 존재한다. 이 장 후반에서 시스템이 오프 스크린 렌더링 작업을 제공할 수 있는 다른 버퍼가 포함될 수 있도록 프레임 버퍼의 개념을 확장한다. 지금 우선은 표준 프레임을 대상으로 한 작업만 다루기로 한다.

프레임 버퍼 내 특정 공간 위치에서 k비트는 32비트 RGBA 색, 깊이를 나타내는 정수 또는 마스크용으로 사용되는 비트들을 포함할 수 있다. 비트 그룹으로 1바이트의 색상 구성요소 표현, 깊이를 위한 정수들 그리고 색 또는 깊이를 위한 부동 소수점 수를 저장할 수 있다. 그림 7.2는 OpenGL 프레임 버퍼와 프레임 버퍼를 구성하는 각 버퍼 구성요소들을 나타낸다. 전체 프레임 버퍼를 고려한다면, 프레임 버퍼의 해상도 n과 m은 화면의 공간 해상도와 일치한다. 프레임 버퍼의 깊이 값 k는 수백 비트를 넘을 수 있다. 지금까지 보아 온 간단한 경우조차도 전면 및 후면 색 버퍼가 64비트, 깊이 버퍼가 32비트이다. 특정 버퍼의 **정밀도**(precision)는 깊이 해상도에 의해 결정된다. 따라서 프레임 버퍼가 전면 및 후면 색 버퍼 각각을 위해 32비트를 가진다면, 각 RGBA 색 성분은 8비트의 정밀도로 저장된다.

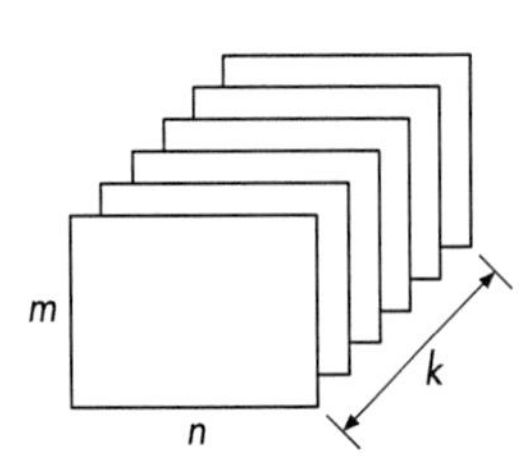

● 그림 7.1 ● 버퍼

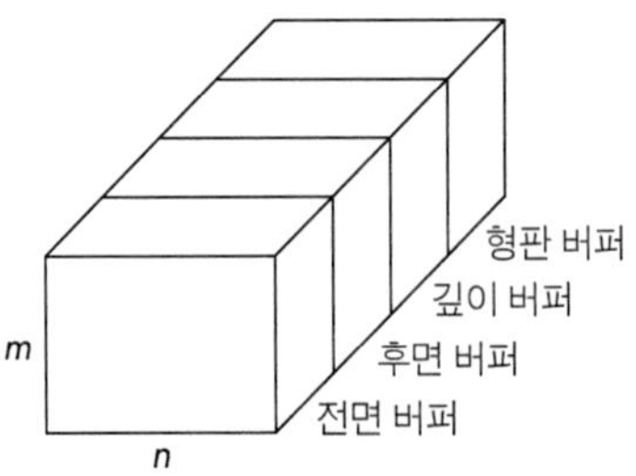

● 그림 7.2 ● OpenGL 프레임 버퍼

1) 1차원 버퍼, 3차원 버퍼, 그리고 4차원 버퍼도 정의할 수 있다.

프레임 버퍼 작업은 통상 프레임 버퍼를 구성하는 각각의 버퍼별로 이루어진다. 따라서 여기서 버퍼라는 용어는 프레임 버퍼 내 특정 버퍼를 지칭하는 의미로 사용하기로 한다. 각 버퍼는 $n \times m$ 크기의 해상도와 k비트의 깊이 값을 가진다. 그러나 각 버퍼마다 깊이 값 k는 다른 값을 가질 수 있다. 색 버퍼의 경우, k는 시스템이 얼마나 많은 색을 나타낼 수 있는지에 따라 결정되며, 통상 RGB 디스플레이를 위해서는 24비트, RGBA 디스플레이를 위해서는 32비트가 사용된다. 깊이 버퍼의 경우, k는 시스템이 지원할 수 있는 깊이의 정밀도에 의해 결정되며, 실수 또는 정수의 크기와 일치시키기 위해 32비트가 사용되기도 한다. 버퍼에서 k개의 $n \times m$ 평면 각각을 지칭하는 의미로 비트 평면(bitplane)이라는 용어를 사용한다. 또한 공간상의 특정 위치에 있는 k개의 모든 비트를 지칭하는 의미로 픽셀(pixel)이라는 용어를 사용하기로 한다. 이러한 정의에 따라, 어떠한 버퍼가 사용되고 버퍼 내에서 데이터가 어떻게 저장되는가에 따라 픽셀은 바이트, 정수 또는 심지어 실수가 될 수 있다.

일반적으로 프로그램 구현 시에 프레임 버퍼는 하나의 블랙박스로 간주되므로, 응용 프로그래머는 프레임 버퍼 내에서 정보가 어떻게 저장되는지 알 수 없다. 따라서 응용 프로그램에서는 OpenGL에서 제공하는 함수를 사용하여 프레임 버퍼에 정보를 쓰거나 읽는다. 응용프로그램에서 픽셀을 읽거나 쓸 때, 데이터는 프로세서 메모리와 그래픽 카드 상 그래픽 메모리 사이에 전달될 뿐 아니라 프레임 버퍼와 호환될 수 있도록 재포맷되어야 한다. 따라서 JPEG, GIF, 또는 TIFF 타입의 이미지와 같이 통상 디지털 이미지로 취급되는 것들은 처리상 응용의 측면으로만 존재한다. 응용 프로그래머는 특정 포맷을 해독하여 이것이 OpenGL 함수를 통해 프레임 버퍼로 전달될 수 있도록 해야 하며, 또한 프로세서 메모리와 프레임 버퍼 간에 디지털 데이터 이동에 소요되는 시간을 인지하고 있어야 한다. 만약 임의의 버퍼 내에서 데이터가 저장되는 내부 포맷을 알고 있으면 실행 효율이 좋은 응용프로그램을 작성할 수 있을 것이다.

7.2 디지털 이미지

그래픽 시스템이 픽셀과 비트 연산을 통해 디지털 이미지를 어떻게 처리하는지 보기 전에 먼저 디지털 이미지[2]가 의미하는 바를 살펴보기로 한다. 일반적으로 프로그램 내에서 이미지를 픽셀들의 배열로 취급한다. 이들 이미지는 대상 이미지의 형태에 따라 다

2) 대개의 문헌에서는 디지털 이미지(digital image) 대신에 이미지(image)라는 용어를 사용하고 있다. 이 용어는 투영처리에 의해 기하학적 객체와 카메라를 결합한 결과로 얻어지는 상(像)이라는 의미의 용어와 혼동될 수 있다. 이 장에서는 문맥상 명확하므로 혼동해서는 안 된다.

양한 크기와 데이터 타입을 가질 수 있다. 가령, RGB 이미지의 경우 각각의 색 성분(R/G/B)을 1바이트(0~255)로 표현한다. 따라서 512 × 512 이미지의 경우 응용프로그램에서 다음과 같이 정의할 수 있다.

```
GLubyte myimage[512][512][3];
```

또는 부동 소수점수 표현을 사용하면 다음과 같다.

```
typedef vec3 color3;

color3 myimage[512][512];
```

단색 또는 휘도 이미지일 경우, 각 픽셀은 검정(0)에서 흰색(255)까지의 그레이 레벨을 나타내므로 다음과 같이 쓸 수 있을 것이다.

```
GLubyte myimage[512][512];
```

디지털 이미지는 응용프로그램에서 코딩을 통해서 만들 수 있다. 예를 들어 red와 black 사각형이 서로 교차하는 8 × 8의 체커 판으로 구성된 512 × 512 크기의 이미지를 생성하기 위해서 다음과 같이 코딩할 수 있을 것이다.

```
color3 check[512][512];
color3 red = color3(1.0, 0.0, 0.0);
color3 black = color3(0.0, 0.0, 0.0);
for ( int i = 0; i < 512; i++)
for( int j = 0; j < 512; j++)
{
check[i][j] = ((8*i+j)/64) % 64 ? red : black;
}
```

통상, 코딩 작업으로 이미지를 생성할 경우, 위와 같이 규칙적인 패턴으로 구성되는 이미지로 국한되는 등 한계가 있다. 따라서 오히려 종종 데이터로부터 직접 이미지를 얻기도 한다. 예를 들어, 실험이나 시뮬레이션으로부터 획득한 실수 배열이 있을 경우, 이를 0에서 255까지의 범위로 크기 변환한 후 다시 비부호 바이트(unsigned bytes)로 변환하여 휘도 이미지를 얻거나 0.0~1.0의 부동 소수점 이미지를 얻는다.

인터넷의 사용이 보편화되면서 최근 널리 사용되고 있는 제3의 이미지 획득 방법도 있다. 사진과 같은 아날로그 이미지를 스캔하거나 또는 디지털 카메라를 이용하여 직접 이미지를 얻을 수 있으며, 이들 이미지는 여러 형태의 표준화된 포맷으로 각각 저장된다. GIF, TIFF, PNG, PDF, 그리고 JPEG 등이 대표적인 포맷이다. 이들 포맷들은 무손실 부호화(lossless coding) 및 손실 부호화(lossy coding) 압축 등 직접 부호화 방식을 포함한다. 각 포맷은 응용분야의 특정 필요에 의해 만들어졌다. 예를 들어, PostScript (PS) 이미지는 프린터를 제어하는데 사용되는 PostScript 언어에 의해 정의된다. 이들 이미지는 RGB 또는 휘도 등의 이미지 데이터를 7비트 ASCII 문자 집합으로 부호화한 것이다. 따라서 PostScript 이미지는 넓은 범주의 프린터나 기타 장치로 이해될 수 있다. Encapsulated PostScript(EPS) 이미지는 PostScript 이미지와 유사하나, 이미지의 미리보기에 유용한 추가적인 정보를 포함하고 있다. GIF 이미지는 색 인덱스 이미지로서 색 테이블과 이미지를 가리키는 인덱스 배열을 저장하고 있다.

TIFF 이미지에는 두 가지 형태가 있다. 하나는 모든 이미지 데이터가 직접적으로 코딩되는 형태로서, 헤더에 데이터가 어떻게 정렬되어 있는지 기술된다. 또 다른 하나는 데이터가 압축되는 형태이다. 대개의 이미지는 불필요한 데이터를 상당수 포함하고 있으므로 압축이 가능하다. 대부분의 이미지 내 많은 영역이 색이나 강도에 있어서 거의 변화가 없는 부분들이다. 이러한 잉여(redundancy) 데이터는 원이미지를 압축시키는 알고리즘에 의해 제거할 수 있다. 압축 TIFF 이미지는 Lempel-Zip 알고리즘에 의해 만들어지며, 이 알고리즘은 원본 이미지를 압축하고 정확히 다시 복원할 수 있는 최적의 무손실 압축 알고리즘이다. JPEG 이미지는 압축과 복원 시에 작은 오차를 허용하는 알고리즘에 의해 압축된다. 따라서 JPEG 이미지는 아주 높은 **압축률**(compression ratio)을 가지면서도 시각적으로 거의 또는 전혀 왜곡 현상을 느끼지 못한다. 압축률은 원본 파일과 압축된 파일에 있는 비트 수의 비율로 정의된다. 그림 7.3은 1200 × 1200의 휘도 이미지를 각각 다른 버전, 즉 압축되지 않은 TIFF 이미지(a)와 각각 다른 압축률을 가지는 2개의 JPEG 이미지(b와 c)를 나타낸다. 각 이미지의 파일 크기는 각각 1,440,198; 80,109; 38,962바이트이다. 따라서 TIFF 이미지는 각 픽셀당 1바이트와 198바이트의 헤더(header) 및 꼬리(trailer) 정보를 가지고 있다.

JPEG 이미지의 경우 압축비가 약 18과 37 정도이지만, 비록 압축비를 더 높인다 하더라도 이미지 내 시각적인 왜곡 현상은 거의 없다. 원본 이미지를 PostScript(PS) 이미지로 저장할 경우, 각 바이트가 2개의 7비트 ASCII 문자로 변환되므로 TIFF 이미지에 비해 파일 크기가 약 2배가 된다. 만약 압축된 TIFF 파일로 저장할 경우 반 정도의 용량이면 된다. 임의의 파일 압축용으로 보편적으로 사용하고 있는 zip 파일을 사용해도 거의 같은 결과를 얻을 수 있다. 이러한 압축의 정도는 이미지에 따라 다르다. 이 압축 방법이 무손실 압축이기는 하지만, 시각적으로 원본 이미지와 거의 구분할 수 없을 정도인 손실 압축 JPEG 이미지 압축률보다 훨씬 떨어진다. 인터넷상에서 이미지를 보낼 때 JPEG 포맷이 널리 사용되고 있는 것은 바로 이러한 이유 때문이다. 대부분의 디지털 카메라는 JPEG과 RAW 포맷으로 이미지를 저장한다. RAW 포맷은 날짜, 해상도 그리고 색 분포 등의 정보를 포함하는 방대한 양의 헤더 정보와 처리 전의 RGB 데이터

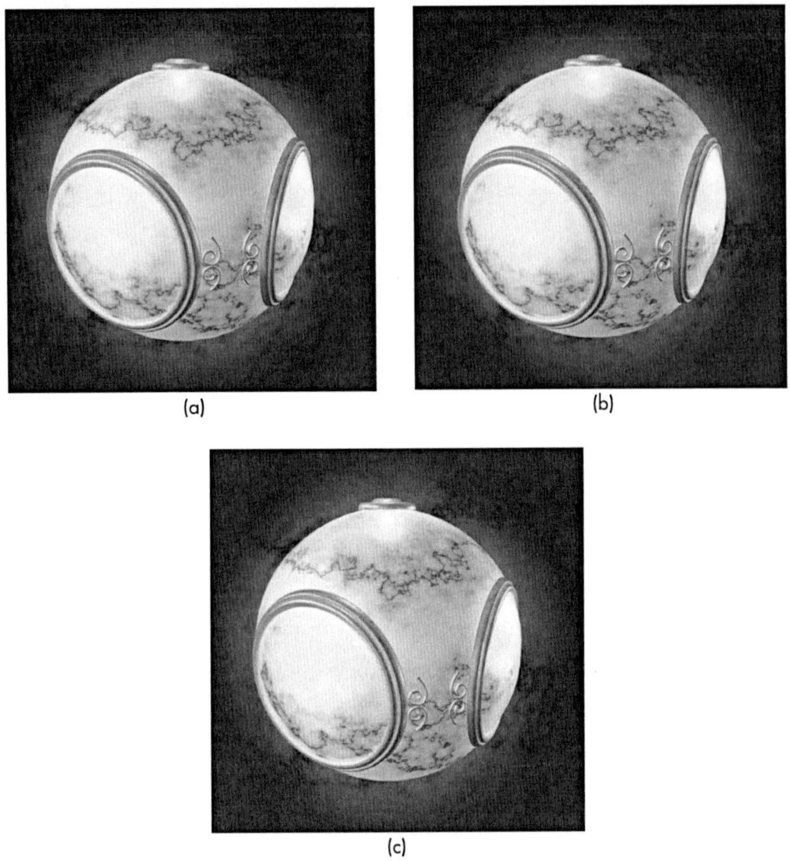

● 그림 7.3 ● (a) 원본 TIFF 휘도 이미지 (b) 압축률 18의 JPEG 이미지 (c) 압축률 37의 JPEG 이미지

로 구성된다.

상당수 이미지 포맷들은 그래픽 API에 문제점을 가지고 있다. 이미지 포맷 중에는 간단한 것도 있고 아주 복잡한 것도 있다. OpenGL API는 파일용으로 포맷된 이미지와 달리 픽셀 블록만 지원함으로써 이러한 문제를 피하고 있다. 대부분의 OpenGL 포맷은 색 구성요소당 비트 수와 메모리 내 구성요소들의 순서가 다른 내부 포맷과 대응한다. JPEG과 같은 표준 포맷을 제외하고는 압축 텍스처 이미지의 지원은 제한적이다. OpenGL이 메모리 내 표준 데이터 타입의 배열로 된 이미지를 대상으로 하지만, 포맷된 이미지를 프로세서 메모리로 읽어 들이고 특정 포맷으로 출력하는 일은 응용 프로그래머의 몫이다. 하지만 이러한 논의를 위해서는 특정 이미지 포맷에 대한 상세 논의가 필요하므로, 여기서는 이 주제를 다루지 않기로 한다. 필요한 정보는 참고문헌에서 찾을 수 있을 것이다.

그래픽 시스템을 통해서도 디지털 이미지를 얻을 수 있는데, 기하 파이프라인을 사용하여 3차원 장면의 이미지를 생성하거나 읽어 들인다. 여기에 관한 내용은 이 장의 후반부에서 다룬다.

7.3 버퍼 쓰기

요즘의 그래픽 시스템은 사용자 프로그램에서 버퍼 읽기와 쓰기 모두 가능하다. 두 가지 점에서 버퍼 읽기와 쓰기 연산이 통상의 메모리 읽기 및 쓰기 연산과 차이가 있다. 첫째, 단일 픽셀 또는 비트 단위, 경우에 따라서는 **비트 블록**(bit block)으로 일컬어지는 사각형의 픽셀 블록 단위로 읽기 및 쓰기를 원할 때가 가끔 있다는 점이다. 예를 들어, 다각형 내부 채우기를 할 때 한 번에 주사선 전체를 래스터화 하기, 문자를 래스터화 하여 디스플레이할 때 작은 영역의 픽셀 블록을 출력하기, 지우기 연산 시 버퍼 내 모든 픽셀 값 변경하기 등이다. 따라서 **비트 블록 전이**(bit-block transfer: bitblt) 연산으로 알려진, 픽셀 블록 단위의 연산이 효율적으로 이루어질 수 있도록 하드웨어 및 소프트웨어적 지원이 중요하다. 이들 연산을 **래스터 연산**(raster operations: raster-ops)이라고 하기도 한다.

그림 7.4에 보인 바와 같이, $n \times$ m 크기의 픽셀 블록을 원천 버퍼(source buffer)로부터 가져와서 동일 버퍼(원천 버퍼) 또는 목적 버퍼(destination buffer)로 복사하는 경우를 가정해 보자. 비트 블록 전이 연산의 전형적인 형태는 다음과 같다.

```
write_block(source, n, m, x, y, destination, u, v);
```

여기서 `source`와 `destination`은 버퍼이다. 이 연산은 좌하단 좌표가 `(x, y)`이고 크기가 `n × m`인 버퍼 블록을, 시작 위치가 `(u, v)`인 목적지 버퍼로 출력한다. 만약 원천 블록이 목적 블록의 경계를 넘어설 경우에 어떤 일이 발생될 것인지 등과 같이 상세히 검토되어야 할 사항이 많지만, bitblt 함수의 핵심은 단 한 번의 함수 호출로 목적

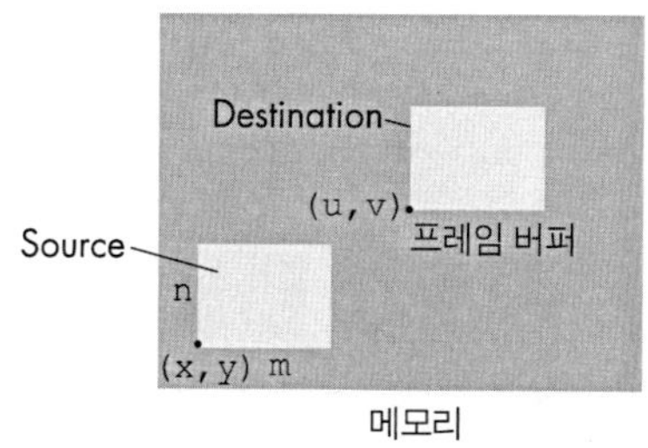

● 그림 7.4 ● 블록 쓰기

블록 전체를 변경할 수 있다는 점이다. 하드웨어 관점에서 봤을 때, 상기 연산의 처리 형태가 기하학적인 객체들의 처리 형태와 전혀 다른 점에 유의할 필요가 있다. 즉, bitblt 연산을 최적화시키는 하드웨어와 기하학적 연산에서 사용되는 파이프라인 하드웨어는 완전히 다른 구조를 가진다. 따라서 OpenGL 구조는 기하 파이프라인과 픽셀 파이프라인 모두를 포함하고 있으며, 통상 이들은 각각 별도로 구현된다.

7.3.1 쓰기 모드

보통의 메모리 쓰기와 bitblt 연산과의 두 번째 다른 점은 버퍼에 쓰는 방법의 다양성이다. OpenGL은 픽셀 데이터를 버퍼에 저장하기 위해 16개의 서로 다른 쓰기 모드를 지원하고 있다. 모든 가능성에 대한 이해를 위해 버퍼 쓰기 방법에 대해 고려해 보기로 한다.

```
y=x;
```

메모리 쓰기의 통상적인 개념은 교체이다. 다음과 같은 C 프로그램 문장의 결과는 y가 저장되는 위치의 값이 x 위치의 값으로 교체되는 것이다.

다른 가능성들도 있다. 버퍼에서 한 번에 1비트에 대해 작업할 수 있다고 가정하자. 그림 7.5의 쓰기 모델을 생각해 보자. 메모리에 넣고자 하는 비트를 **원천 비트**(source bit) s라 하고 이 비트를 넣고자 하는 메모리 내 위치를 **목적 비트**(destination bit) d라고 한다. 3장에서처럼, 만일 그림 7.5에 묘사된 것과 같이 쓰기 전에 읽는 것이 허용된다면, 쓰기는 다음과 같이 교체 함수 f에 의해 나타낼 수 있다.

$$d \leftarrow f(d, s).$$

1비트의 원천 비트와 목적 비트에 대해 함수 f를 정의하는 데는 16가지 방법, 즉 원천 비트와 목적 비트 간 16개의 논리 연산들만이 있다. 이들 연산을 그림 7.6에 나타낸다. 표의 오른쪽 16개의 열 각각은 하나의 가능한 f와 대응된다. 각 열에 이진수를 부여하여 쓰기 모드(writing mode)를 구분한다. 즉, 각 열에 의해 정의되는 논리 연산에 의해

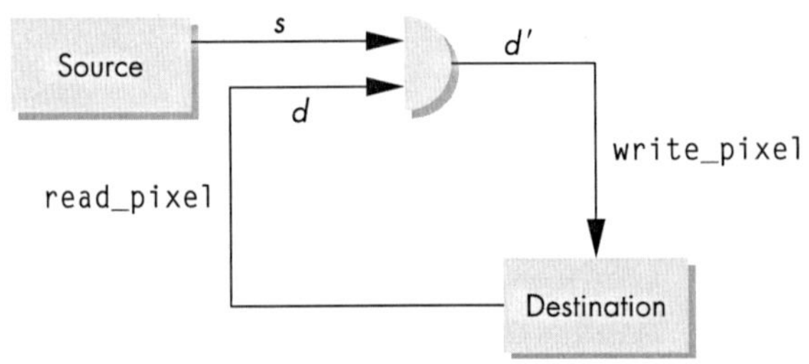

● 그림 7.5 ● 쓰기 모델

s	d	0	1	2	3	4	5	6	7	8	9	10	11	12	13	14	15
0	0	0	0	0	0	0	0	0	0	1	1	1	1	1	1	1	1
0	1	0	0	0	0	1	1	1	1	0	0	0	0	1	1	1	1
1	0	0	0	1	1	0	0	1	1	0	0	1	1	0	0	1	1
1	1	0	1	0	1	0	1	0	1	0	1	0	1	0	1	0	1

● 그림 7.6 ● 쓰기 모드

쓰기 모드를 나타낼 수 있다. 논리값 "1"이 배경색(흰색)에 대응되고, 논리값 "0"이 전경색(검은색)에 대응한다고 가정하자. 우리는 여기서 f의 다양한 선택에 의한 여러 효과를 시험할 수 있다. 쓰기 모드 0과 15는 결과값을 전경색 또는 배경색으로 바꾸는 지우기 연산에 해당된다. 목적 비트의 새로운 값은 원천값과 목적값 모두에 대해 독립적이다. 모드 3과 7은 통상의 쓰기 모드에 해당된다. 모드 3은 다음과 같은 함수로서 단순히 목적 비트값을 원천 비트로 교체한다.

$$d \leftarrow s$$

모드 7은 다음과 같은 논리 OR 연산이다.

$$d \leftarrow s + d$$

그림 7.7은 이들 두 가지의 쓰기 모드가 프레임 버퍼 내용에서 서로 다른 효과를 갖는다는 것을 보여준다. 이 예에서 기존에 검정(전경색)이던 프레임 버퍼에 점선을 그려 넣고 있다. 두 모드 모두 배경색 위에 전경색을 쓰고 있지만, 만약 전경색 위에 배경색을 쓸 경우에는 다를 것이다. 어떠한 모드를 사용해야 하는가는 응용 프로그래머가 어떤 효과를 내고자 하는가에 달려 있다.

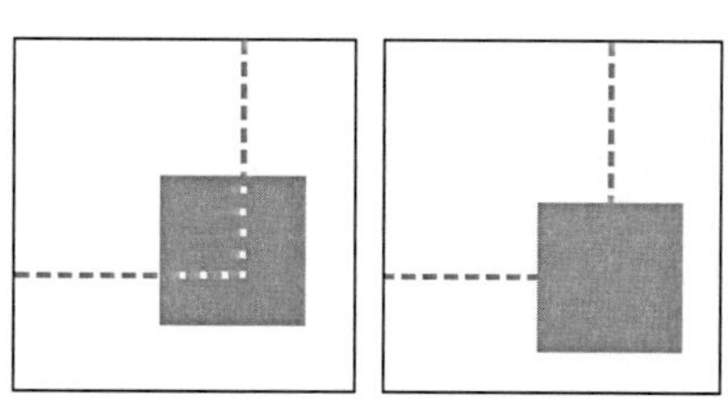

모드 3　　모드 7

● 그림 7.7 ● 모드 3과 모드 7의 쓰기 효과

7.3.2 XOR 쓰기

모드 6은 ⊕로 표기되는 배타적 논리 연산 XOR이다. 이 모드는 쓰기 모드 중에서 가장 흥미로운 연산이다. 모드 3과 7과는 달리, 모드 6은 목적 비트를 읽어 와야만 시행될 수 있다. XOR 쓰기 모드의 강점은 다음 사실에 기인한다. 즉, 만일 s와 d가 이진변수이면,

$$d = (d \oplus s) \oplus s$$

따라서 만일 XOR 연산을 한 비트에 두 번 적용하면, 그 비트는 원래의 상태로 돌아온다.

이 모드의 가장 중요한 응용은 상호작용과 관련된 것이다. 페인팅 프로그램과 같은 대화식의 응용프로그램에서 메뉴를 사용할 때 어떤 일이 생기는지를 생각해 보자. 마우스를 클릭하면 메뉴가 나타나서 화면의 일부분을 가린다. 사용자가 메뉴에서 동작을 지정하면, 메뉴는 사라지고 메뉴가 가렸던 부분이 원래 상태로 돌아온다. 이 과정엔 **배후 저장**(backing store)이라고 하는 비가시 화면(off screen) 메모리의 사용이 발생한 것이다. 메뉴가 비트 배열 M으로 비가시 화면에 저장되어 있고, 메뉴가 나타날 화면 영역이 비트 배열 S라고 가정하자. 다음 일련의 연산들을 생각해 보자.

$$S \leftarrow S \oplus M$$

$$M \leftarrow S \oplus M$$

$$S \leftarrow S \oplus M$$

여기서 XOR 연산은 S와 M의 대응되는 비트들에 적용된다고 가정한다. 첫 번째 식의 결과를 두 번째 식에 대입하고, 두 번째 식의 결과를 세 번째 식에 대입하면, 세 개의 연산이 실행된 후에 화면상에 메뉴가 나타남을 알 수 있다. 메뉴가 자리 잡을 위치에 있는 화면상의 원래 내용은 비가시 화면이 된다. 3개의 bitblt 연산을 사용해서 메뉴와 화면 영역을 교환한 것이다. 이러한 교환(swapping)방법은 통상적인 교환방법과 다른데, 통상적 방법에서는 교체 모드 쓰기를 사용하지만 임시 저장 장소를 필요로 한다.

이 외에도 변형된 기법이 많이 있다. 가령, 커서 밑의 영역에 아무 영향을 주지 않고 화면에서 커서를 움직이기, 그리고 스캔 변환으로 다각형 내부를 색으로 채우기 등이 그 예이다. 상당수의 API들이 래스터 디스플레이가 보편화되기 이전에 기원을 둔 것이기 때문에 XOR 쓰기 모드가 항상 사용 가능한 것은 아니라는 점을 유의할 필요가 있다. OpenGL에서 프레임 버퍼 쓰기의 표준 모드는 모드 3이다. 단편 조각들은 프레임 버퍼로 복사된다. 논리 연산을 사용하여 모드를 변경할 수 있다.

```
glLogicOp(mode);
glEnable(GL_COLOR_LOGIC_OP);
```

여기서 mode는 16개 모드 중 하나이다. 일반적으로 GL_COPY 함수(디폴트)와 GL_XOR 함수가 있다.

7.4 매핑 방법

이산적인 데이터를 사용함으로써 얻을 수 있는 가장 큰 장점 중에 하나가 표면 렌더링이다. 객체를 기하학적 요소들로 모델링하여 이들 요소들을 렌더링하는 처리에는 한계가 있다. 예를 들어, 컴퓨터로 가상의 오렌지를 생성하는 과정을 생각해 보자. 첫 단계는 구(sphere)를 생성하는 것으로부터 시작할 것이다. 5장에서 언급된 바와 같이 먼저 삼각형들의 조합으로 근사적인 구를 만든 다음, 이 삼각형들을 실물 오렌지의 표면재질과 일치하는 재질 특성으로 렌더링할 수 있다. 하지만, 이렇게 처리한 렌더링은 너무 규칙적이어서 실제 오렌지처럼 보이지 않는다. 그래서 이러한 방법 대신에 10장에서 소개되는 방법을 사용할 수 있다. 즉, 곡면으로 오렌지를 모델링한 후 표면을 렌더링한다. 이 방식은 다양한 제어를 통해서 가상의 오렌지 모양을 생성할 수 있지만, 아직도 생성된 이미지가 자연스럽게 보이지 않는다. 모양이나 색과 같은 전체적인 속성은 적절한 것 같지만, 실제 오렌지 표면의 상세 묘사로는 부족하다. 여기에 더 많은 다각형을 추가하여 상세한 모델링을 시도한다면, 더욱이 초당 1000만 개 정도의 다각형을 처리할 수 있는 하드웨어까지 갖춰지면, 파이프라인 시스템도 압도할 수 있을 것이다.

하나의 대안은, 복잡한 모델을 구축하려 하지 말고 단순한 모델을 만든 후 상세한 부분은 렌더링 처리의 한 부분으로 추가해가는 방법이다. 6장에서 본 바와 같이 표면이 다각형이든 곡면이든, 단편들 각각이 프레임 버퍼 내 픽셀로 대응하도록 단편들을 생성하는 것이다. 단편들은 색, 깊이정보, 그리고 단편들에 대응하는 픽셀에 어떻게 이바지하는지를 결정하는 데 사용되는 기타 정보 등을 전달한다. 래스터 처리의 한 부분으로서 각 단편에 음영이나 색을 할당해야 한다. 5장에서 수정된 Phong 모델을 사용하여 표면을 따라 삽입될 정점의 색을 결정하였다. 그러나 이들 색은 래스터 처리 후에 단편 처리 과정에서 수정될 수 있다. 매핑 알고리즘이란 2차원 배열의 맵에 기반하여 음영 알고리즘을 수정하는 것, 또는 재질의 특성과 법선 같은 표면 매개변수를 바꾸기 위해 맵을 사용하여 음영을 수정하는 것으로 생각할 수 있다. 다음과 같이 세 가지 주요 기법이 있다.

- 텍스처 매핑(texture mapping)
- 범프 매핑(bump mapping)
- 환경 매핑(environmental mapping)

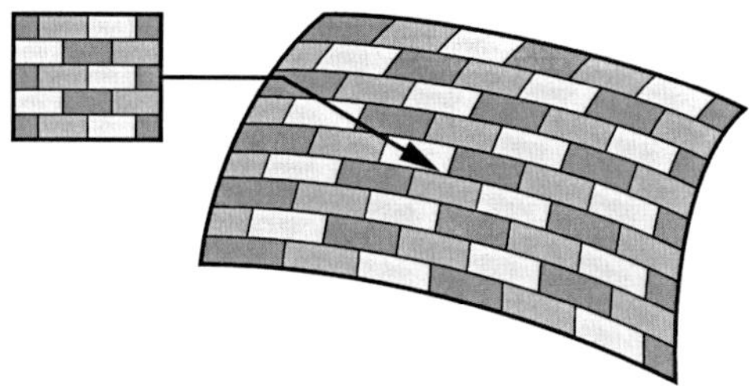

● 그림 7.8 ● 표면에 텍스처 패턴 매핑하기

텍스처 매핑(texture mapping)은 단편의 색을 결정하기 위해 이미지(또는 텍스처)를 사용한다. 텍스처는 다각형 채우기에서 흔히 사용되는 주기적인 패턴들과 같은 고정된 패턴으로 주어지거나, 절차적 텍스처 생성방법 또는 디지털화된 이미지에 의해 주어진다. 어떤 경우이든 그림 7.8에 보이는 것처럼 표면 렌더링 처리의 한 부분으로서 텍스처를 표면에 매핑시켜 한 이미지의 특징을 결정짓는다.

텍스처 맵은 매끄러운 표면에 패턴들을 그려 넣음으로 해서 상세한 부분을 표현하는 반면, **범프 맵**(bump map)은 음영 작업 시 법선 벡터를 왜곡시켜 실제 오렌지 표면의 융기와 같은 모양을 생성한다. **반사 맵**(reflection map) 또는 **환경 맵**(environmental map)은 반사광을 추적하지 않고 광선 추적법에 의한 이미지처럼 보이게 한다. 이 경우, 객체 주변의 환경 이미지가 렌더링될 표면 위에 그려진다.

이들 세 가지 매핑방법은 많은 공통점을 가진다. 세 방법 모두 개별 단편들 단위로 음영을 바꾸며, 음영처리의 한 부분으로 구현된다. 세 방법 모두 1차원, 2차원, 또는 3차원 디지털 이미지로 저장될 맵에 의존적이다. 또한 세 방법 모두 에일리어싱 오차(aliasing error)가 나타날 수 있다.

컬러 그림판에 2차원 매핑에 관련된 다양한 예들이 있다. 컬러 그림판 7은 OpenGL의 환경 맵을 사용하여 생성된 것으로서, 전역적인 계산없이 단일 텍스처 맵을 사용하여 반사율이 높은 표면을 생성할 수 있음을 보여주고 있다. 컬러 그림판 15는 탁자 표면에 텍스처 맵을 사용한 것이며, 컬러 그림판 10은 벽돌 무늬를 생성하기 위해서 텍스처 매핑을 사용한 것이다. 컬러 그림판 15에서 자세한 부분들의 대부분은 텍스처 맵에 의해 생성된 것이다. 이러한 가상현실과 가시화 시뮬레이션, 그리고 대화형 게임에서는 실시간 처리가 요구된다. 하드웨어 텍스처 매핑 기능을 가진 시스템이라면 심각한 렌더링 시간의 손실 없이 상세 묘사 부분을 추가할 수 있다.

그러나 표준 파이프라인 시스템의 관점에서 보면, 세 가지 기법 사이에는 중요한 차이가 있다. 표준 텍스처 매핑은 기본 OpenGL 파이프라인으로 지원되며, 기하학적 파이프라인과 픽셀 파이프라인 모두를 사용하고 있다. 환경 맵은 표준 텍스처 매핑의 특수한 경우이지만, 단편 처리과정의 수정을 통해 환경 맵을 수정함으로써 다양한 새로운 효과를 만들어낼 수 있다. 범프 매핑에서는 각 단편들을 독립적으로 처리해야 하며, 단편 셰이더에 의해 구현 가능하다.

7.5 텍스처 매핑

텍스처는 하나의 패턴이다. 줄무늬와 체크무늬와 같은 규칙적인 패턴부터 천연 재질의 특징인 복잡한 패턴까지 다양하다. 실세계에서 물체의 크기와 모양이 비슷한 경우, 텍스처로 구별하기도 한다. 그러므로 가령 가상의 물체를 아주 자세하게 묘사하고자 할 경우, 만들고자 하는 물체에 텍스처를 매핑시켜 구현하기도 한다.

텍스처는 1차원, 2차원, 3차원 또는 4차원일 수 있다. 예를 들어 1차원 텍스처는 곡선에 색을 입히기 위한 패턴을 생성하는 데 사용될 수 있다. 3차원 텍스처는 조각한 물체의 표면 묘사에 사용될 수 있다. 컴퓨터 그래픽에서 표면 처리는 매우 중요하며, 2차원 텍스처의 표면 매핑은 텍스처 매핑의 가장 일반적인 형태이다. 그러나 이러한 처리는 텍스처의 차원과 관계없이 거의 동일하며, 따라서 여기서는 2차원 텍스처 매핑에 국한해서 다루기로 한다.

7.5.1 2차원 텍스처 매핑

텍스처 매핑에는 여러 접근법이 있지만 이들은 모두 3~4개의 서로 다른 좌표계 간 매핑 처리를 포함한 일련의 과정들이 필요하다. 또한 각 처리 단계에서 다양한 좌표계를 사용하게 된다. 즉, 최종 이미지가 생성되는 윈도(화면) 좌표, 텍스처가 입혀질 물체를 기술하는 객체 좌표, 텍스처 내에 위치 지정을 위해 사용하는 텍스처 좌표, 곡면을 정의하는 데 편리한 매개변수형 좌표 등이다. 이들 방법은 대상 표면의 타입과 렌더링 구조 형태에 따라 다르다. 여기서는 다양한 매핑 소개를 비롯한 텍스처의 아주 일반적인 논의로 시작해서, OpenGL에 적용된 실시간 파이프라인 아키텍처에 의해 텍스처 매핑이 어떻게 다루어지고 있는지를 설명한다.

대부분의 응용에서 텍스처는 7.2절에서 소개한 2차원 이미지로서 시작한다. 따라서 텍스처는 응용프로그램에 의해 생성되거나 사진으로부터 스캔하여 생성할 수 있다. 그러나 텍스처의 생성 근원이 무엇이든 관계없이 텍스처는 프로세서 메모리에 배열로서 저장된다. 이들 배열의 요소들을 텍셀(texels) 또는 텍스처 요소(texture elements)라고 한다. 하지만 이 시점에서는 이 배열을 연속이고 사각형인 2차원의 텍스처 패턴 $T(s, t)$로 생각하기로 한다. 독립 변수 s와 t는 **텍스처 좌표**(texture coordinates)[3]이다. 텍스처

3) 4차원의 경우 좌표는 (s, t, r, q) 공간상에 존재한다.

좌표는 구간 (0, 1)상에서 조절될 수 있다.

텍스처 맵(texture map)은 텍셀을 기하학적 객체의 각 점에 연관시키는데, 객체 상 각 점 또한 디스플레이를 위해서 화면 좌표로 매핑된다. 만일 객체가 동차 좌표(homogeneous coordinate) 또는 (x, y, z, w)로 표현될 경우, 다음과 같이 쓸 수 있다.

$$x = x(s, t)$$
$$y = y(s, t)$$
$$z = z(s, t)$$
$$w = w(s, t)$$

여기에서 우리가 직면하는 어려운 점의 하나가, 이들 함수가 개념적으로는 존재하지만 실제 이러한 함수를 찾는 것이 가능하지 않을 수도 있다는 것이다. 또한 역문제(inverse problem)도 걱정하지 않을 수 없다. 즉, 물체 위의 점 (x, y, z) 또는 (x, y, z, w)가 주어졌을 때, 대응하는 텍스처 좌표를 어떻게 찾을 것인가 하는 점이다. 이는 등가적으로 텍셀 $T(s, t)$를 찾기 위해 역함수

$$s = s(x, y, z, w)$$
$$t = t(x, y, z, w)$$

를 어떻게 사용할 것인가와 동일한 의미이다.

만일 5.6절의 구에 대해서 했던 것처럼 매개변수형 (u, v) 곡면을 사용하여 기하학적 객체를 정의할 경우, u와 v의 관점에서의 객체 좌표값 (x, y, z) 또는 (x, y, z, w)를 제공하는 매핑 함수가 추가로 존재한다. 이러한 매핑이 구나 삼각형과 같은 단순한 표면, 그리고 10장에서 논의될 표면 등에 잘 적용되고 있지만, 매개변수형 좌표 (u, v)를 텍스처 좌표로 매핑해 주어야 하고 경우에 따라서는 역의 매핑, 즉 텍스처 좌표에서 매개변수형 좌표로의 매핑이 필요할 수도 있다.

또한 눈 좌표계, 클리핑 좌표계, 그리고 윈도 좌표계를 거쳐 객체 좌표를 화면 좌표로 변환하는 투영 처리도 고려되어야 한다. 텍스처 좌표 쌍 (s, t)에 의해 색 버퍼 내에서 $T(s, t)$의 해당 값이 최종 이미지의 어디에 기여하는지를 알 수 있는 함수를 통해 이 처리를 실현할 수 있다. 따라서 다음과 같은 형식의 매핑이 있다. 즉,

$$x_s = x_s(s, t),$$
$$y_s = y_s(s, t)$$

여기서 (x_s, y_s)는 색 버퍼 내의 위치를 나타낸다.

알고리즘과 렌더링 구조에 따라 색 버퍼 내 픽셀을 그 픽셀의 색에 기여를 하는 텍셀로 변환하는 함수를 필요로 할 수도 있다.

텍스처 매핑에 있어서 두 개의 동시 매핑을 생각할 수 있다(그림 7.9). 즉, 첫 번째로

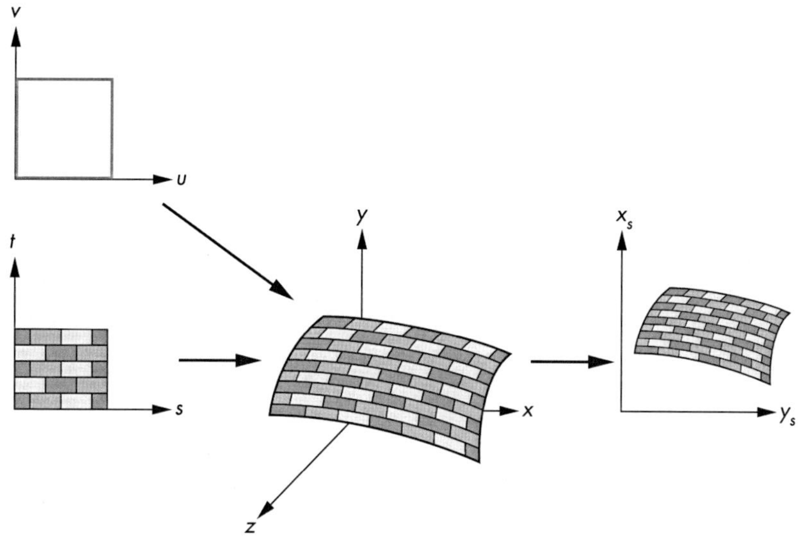

● 그림 7.9 ● 매개변수형 곡면을 위한 텍스처 맵

텍스처 좌표에서 객체 좌표로의 매핑, 그리고 두 번째로 매개변수형 좌표에서 객체 좌표로의 매핑이다. 세 번째가 객체 좌표로부터 화면 좌표로의 매핑이다.

개념적으로는 텍스처 매핑 처리는 간단하다. 텍스처 패턴의 작은 영역이 최종 이미지의 한 픽셀에 대응되는 기하학적 표면의 영역으로 매핑된다. 만일 T의 값이 RGB의 색 값이면, 이 값을 사용해서 표면색을 수정하든지, 텍스처 값에만 근거해서 표면에 색을 할당할 수 있다. 이러한 색 할당은 단편의 색 할당의 한 부분으로 수행된다.

좀 더 자세히 들여다보면 많은 어려움에 직면하게 됨을 알 수 있다. 첫째, 텍스처 좌표에서 객체 좌표로의 맵을 결정해야 한다. 2차원 텍스처는 통상 텍스처 공간에서 사각형 영역 상에 정의된다. 이러한 사각형으로부터 3차원 공간의 임의의 영역으로의 매핑은 함수가 복잡하거나, 바람직하지 않은 성질을 가질 수 있다. 예를 들어, 사각형을 구에 매핑시킬 경우, 모양과 길이를 왜곡시키지 않고는 매핑시킬 수 없다. 둘째, 픽셀 단위로 처리하는 렌더링의 특성으로 인해 화면 좌표로부터 텍스처 좌표로의 역 매핑에 더욱 주의를 기울여야 한다. 한 픽셀의 음영을 결정할 때 텍스처 이미지의 어떤 점을 사용할지를 결정해야 하는데, 이 계산은 화면 좌표로부터 텍스처 좌표로의 매핑을 필요로 한다. 셋째, 각 픽셀은 디스플레이 화면상의 작은 사각형에 대응하므로 점에서 점으로의 매핑이 아닌 영역에서 영역으로의 매핑에 더욱 관심을 가져야 한다. 또한 정현파 모양이나 무아레(moire) 패턴, 즉 빗살무늬 모양 같은 것이 발생되는 에일리어싱 문제가 있을 수 있다.

그림 7.10은 몇 가지 어려운 점을 보여주고 있다. 화면 좌표 (x_s, y_s)에 중심을 둔 정사각형의 픽셀 색을 계산한다고 가정하자. 중심 (x_s, y_s)는 객체 공간 내 점 (x, y, z)에

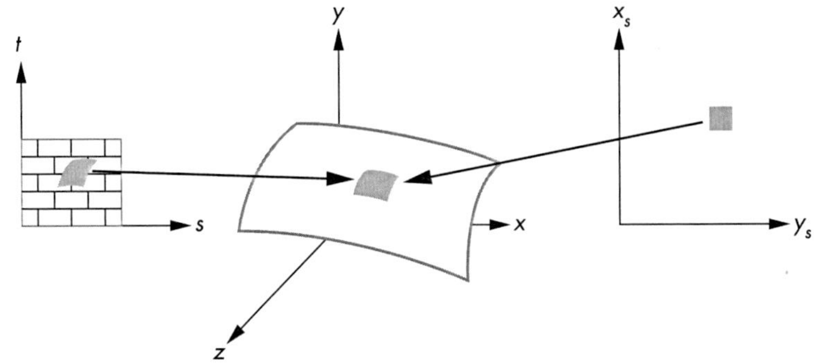

● 그림 7.10 ● 픽셀의 전이미지(preimages)

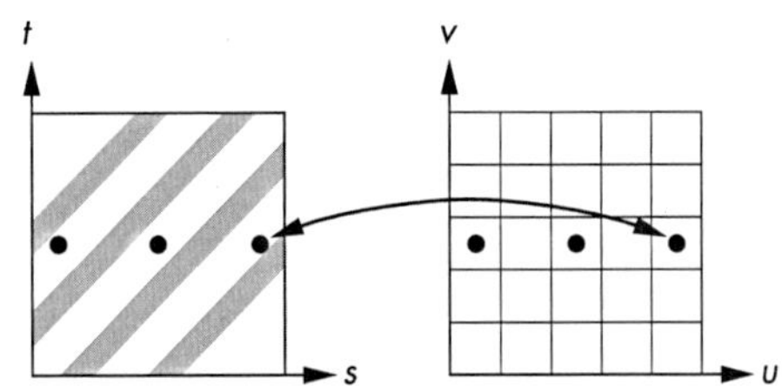

● 그림 7.11 ● 텍스처 생성 시의 에일리어싱

대응되지만, 만일 객체가 곡면일 경우, 픽셀의 코너들을 객체 공간으로 역투영하면 곡면 모양의 픽셀 **전이미지**(preimage)가 만들어진다. 텍스처 이미지 $T(s, t)$의 관점에서 보면, 픽셀을 역투영하여 텍스처 공간상, 즉 픽셀의 음영에 기여하는 텍스처 영역에 전이미지를 만들게 된다.

어떻게 역매핑을 구할 것인가의 문제는 잠시 미루어 두고, 색의 결정에 대해 살펴보기로 한다. 한 가지 방법은 픽셀의 중심을 역투영하여 얻어지는 점을 사용하여 텍스처 값을 구하는 것이다. 이러한 기법은 간단하지만, 심각한 에일리어싱 문제를 유발할 수 있으며, 텍스처가 주기적인 패턴일 경우 특히 두드러져 보인다. 그림 7.11은 이러한 에일리어싱 문제를 보여주고 있다. 지금 반복되는 패턴의 텍스처와 평면이 있다고 하자. 각 픽셀의 중심을 역투영하면 어두운 선들 사이로 모이게 되며, 텍스처 값은 언제나 밝은 색이 된다. 보다 일반적으로 말하면, 픽셀의 유한한 크기를 고려하지 않으면 이미지 상에 무아레 패턴을 만들 수 있다는 것이다. 구현하기는 어렵지만, 보다 나은 전략은 전이미지 상의 텍스처 맵의 평균에 근거해서 텍스처 값을 할당하는 것이다. 이 방법 또한 완벽하지 않음에 유의할 필요가 있다. 그림 7.11의 예를 보면, 평균 음영을 할당하더라도, 여전히 줄무늬 패턴의 텍스처 얻을 수 없다. 결국은 프레임 버퍼와 텍스처 맵의 제한된 해상도 때문에 여전히 에일리어싱 결함을 가지게 된다. 이러한 문제는 규칙적인 고주파 성분의 텍스처 패턴에서 더욱 눈에 띈다.

이제 매핑 문제를 살펴보자. 컴퓨터 그래픽스에서 대부분의 곡면은 매개변수 형식으로 표현된다. 표면상의 점 **p**는 두 매개변수 u와 v의 함수이다. 한 쌍의 값에 대해서 다음의 점을 생성한다.

$$\mathbf{p}(u, v) = \begin{bmatrix} x(u, v) \\ y(u, v) \\ z(u, v) \end{bmatrix}$$

10장에서 이러한 곡면의 유도에 대해 상세히 공부할 것이다. 매개변수형 곡면이 주어질 때, 텍스처 맵 $T(s, t)$ 상의 한 점을 흔히 다음과 같은 형식의 선형 매핑에 의해 표면상의 한 점 $\mathbf{p}(u, v)$로 매핑할 수 있다.

$$u = as + bt + c$$
$$v = ds + et + f$$

$ae \neq bd$이면 이 매핑은 가역적이다. 텍스처를 매개변수형 표면 조각들의 그룹으로 매핑할 때 선형 매핑을 사용하면 유리하다. 가령, 그림 7.12와 같이 대각 정점 좌표가 (s_{min}, t_{min}), (s_{max}, t_{max})인 표면 조각이 (u_{min}, v_{min}), (u_{max}, v_{max})인 표면 조각에 대응한다면 매핑은 다음과 같다.

$$u = u_{min} + \frac{s - s_{min}}{s_{max} - s_{min}}(u_{max} - u_{min})$$
$$v = v_{min} + \frac{t - t_{min}}{t_{max} - t_{min}}(v_{max} - v_{min})$$

이 매핑은 적용하기는 쉽지만, 표면의 곡률은 고려하지 않고 있다. 같은 크기의 텍스처 조각들이 표면 조각 위에 입혀져서 맞추어진다.

매핑 문제의 다른 접근방법은 두 단계 매핑을 하는 것이다. 첫 번째 단계는 구, 원기둥, 입방체와 같은 간단한 3차원 중간 단계 표면으로 텍스처를 매핑한다. 두 번째 단계

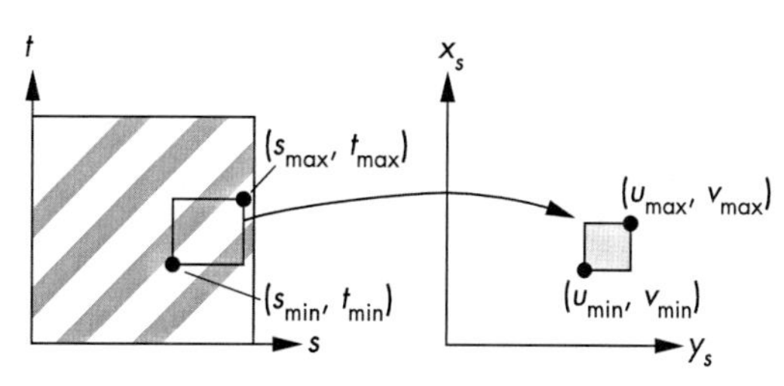

● 그림 7.12 ● 선형 텍스처 매핑

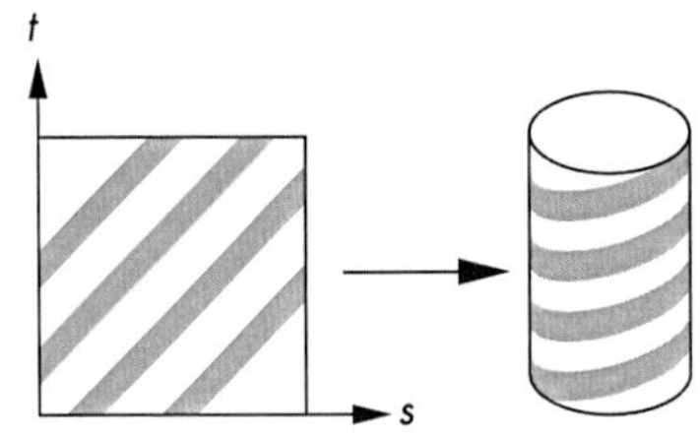

● 그림 7.13 ● 원기둥에 대한 텍스처 매핑

는 매핑된 텍스처를 포함하는 중간 단계 표면을 렌더링될 표면으로 매핑한다. 이러한 두 단계 매핑 처리는 기하학적 좌표나 매개변수 좌표에서 정의된 표면에 적용될 수 있다. 다음의 예는 두 좌표 시스템에서 기본적으로 같다.

텍스처 좌표가 단위 정사각형 상에서 변하는 것으로 가정한다. 또한 그림 7.13과 같이 중간 객체로서 높이가 h, 반지름 r인 원기둥의 표면을 사용한다고 가정한다. 원기둥 상의 점들은 다음과 같은 매개변수형 수식에 의해서 주어진다.

$$x = r\cos(2\pi u)$$
$$y = r\sin(2\pi u)$$
$$z = v/h$$

여기서 u와 v는 구간 (0, 1)에서 변하는 값이다. 따라서 다음과 같은 매핑을 사용할 수 있다.

$$s = u$$
$$t = v$$

원기둥의 윗면과 아랫면을 제외하고 곡면 부분만을 사용하여 텍스처의 형상을 왜곡시키지 않고도 텍스처를 매핑시킬 수 있었다. 그러나 구와 같이 닫힌 객체에 매핑할 경우 형상의 의도적 왜곡을 도입해야 한다. 이러한 문제는 지도를 만들기 위한 지구의 2차원 이미지를 생성하는 문제와 유사하다. 지도책에 있는 다양한 지도를 보면, 모양과 거리 모두 왜곡되어 있음을 볼 수 있다. 따라서 텍스처 매핑 기법과 지도 설계 기법 모두 어느 부분에 왜곡을 적용할 것인지에 따라 다양한 표현 방식 중에서 선택해야 한다. 예를 들어, 잘 알려진 메르카토르(Mercator) 투영의 경우, 양 극(pole)에 가장 큰 왜곡을 만든다. 가령 반지름 r인 구를 중간 표면으로 사용할 경우, 가능한 매핑 식은 다음과 같다.

$$x = r\cos(2\pi u)$$
$$y = r\sin(2\pi u)\cos(2\pi v)$$
$$z = r\sin(2\pi u)\sin(2\pi v)$$

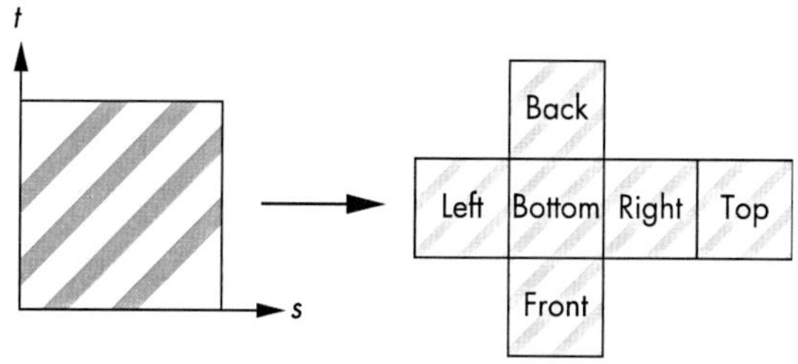

● 그림 7.14 ● 상자에 대한 텍스처 매핑

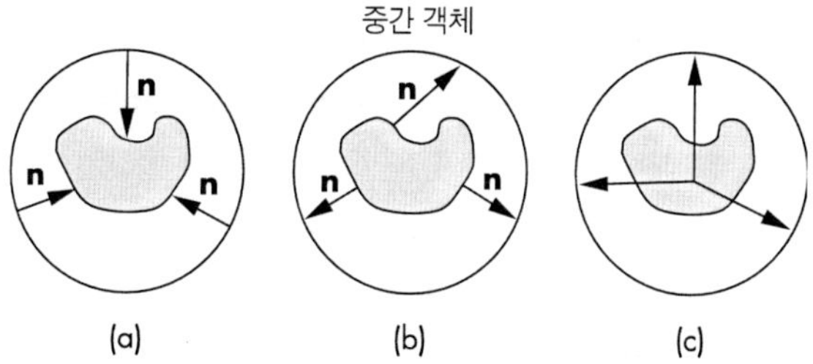

● 그림 7.15 ● 두 번째 매핑, (a) 중간 표면으로부터의 법선 사용
(b) 객체 표면으로부터의 법선 사용 (c) 객체 중심의 사용

또한 그림 7.14와 같은 사각형 상자도 사용할 수 있다. 마분지 포장 상자처럼 펼쳐질 수 있는 상자에 텍스처를 매핑한다. 이 매핑은 환경 맵과 더불어 흔히 사용된다(7.8절).

두 번째 단계는 중간 객체 상의 텍스처 값을 원하는 표면에 매핑하는 것이다. 그림 7.15는 세 가지 가능한 매핑 전략을 보여주고 있다. 그림 7.15(a)에서는 중간 객체 상의 한 점에 대한 텍스처 값을 택하여 이 점에서 법선 방향으로 객체와 만날 때까지 간 다음, 교차점에 텍스처 값을 할당한다. 역의 방법도 가능한데, 객체 표면상의 한 점에서 시작해서 그 점에서 법선 방향으로 중간 객체를 만날 때까지 가는데, 그림 7.15(b)처럼 거기서 텍스처 값을 얻을 수 있다. 세 번째 선택은 만일 객체의 중심을 안다면 중심에서 객체상의 한 점을 지나는 직선을 그려서 그림 7.15(c)와 같이 이 직선과 중간 표면과의 교차점을 계산하는 것이다. 중간 객체와 교차하는 점의 텍스처를 원하는 객체 상의 대응되는 점에 할당한다.

7.6 OpenGL에서의 텍스처 매핑

OpenGL은 다양한 텍스처 매핑 옵션을 지원한다. OpenGL의 첫 번째 버전에서는 1차

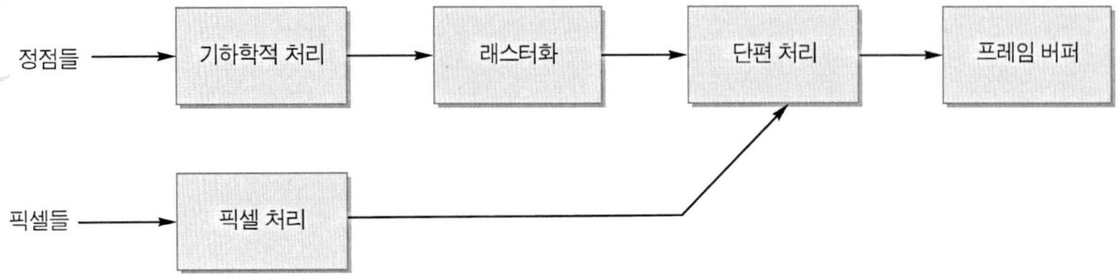

● 그림 7.16 ● 픽셀과 기하 파이프라인

원 및 2차원 텍스처를 1차원에서 4차원까지의 그래픽 객체로 매핑하는 기능이 포함되어 있다. 3차원 텍스처의 매핑은 이제 OpenGL의 한 부분이며, 대부분의 하드웨어에서 지원된다. 여기서는 2차원 텍스처를 표면에 매핑하는 것에 초점을 맞추어서 소개한다.

OpenGL의 텍스처 맵은 파이프라인 구조에 의존한다. 실제 2개의 병렬 파이프라인이 있다. 즉 기하 파이프라인과 픽셀 파이프라인이다. 텍스처 매핑을 위해 픽셀 파이프라인은 그림 7.16에서와 같이 래스터화 후에 단편처리와 병합한다. 이 아키텍처는 지원되는 텍스처 매핑의 형태를 결정한다. 특히 텍스처 매핑은 단편 처리의 한 부분으로서 수행된다. 생성된 각 단편은 z-버퍼를 통해서 가시성 검사가 이루어진다. 텍스처 매핑은 음영처리의 한 부분으로 생각할 수 있으며, 단편기반으로 이루어진다. 텍스처 좌표는 법선이나 색과 흡사하게 취급된다. 이들은 OpenGL 상태를 통해 정점들과 연관이 있으며, 원하는 텍스처 값은 다각형 면을 따라 정점에서 텍스처 좌표를 보간함으로써 계산된다.

7.6.1 2차원 텍스처 매핑

텍스처 매핑은 응용프로그램, 정점 셰이더, 단편 셰이더 간 상호작용을 필요로 한다. 3개의 기본적인 단계가 있다. 첫째, 텍스처 이미지를 형성하여 이를 GPU 상의 텍스처 메모리에 넣어 둔다. 둘째, 각 단편에 텍스처 좌표를 부여한다. 셋째, 텍스처를 각 단편에 적용한다. 이들 각 단계는 여러 가지 방법으로 수행될 수 있으며, 프로세스를 제어하기 위해 사용할 수 있는 많은 파라미터가 있다. 텍스처 매핑이 점점 더 중요해지고 GPU가 더 많은 텍스처 매핑 옵션을 지원하기 위해 진화하면서 API는 더욱 더 많은 텍스처 매핑 함수를 추가하기에 이르렀다.

7.6.2 텍스처 객체

이전의 OpenGL 버전에서는 상시 존재하는 현재의 텍스처(current texture) 단 하나만 있었다. 가령, 동일한 장면 내 다른 표면에 다른 텍스처를 필요로 할 때마다 새로운 텍스처 맵을 설정했어야 했다. 이는 매우 비효율적인 처리였다. 다른 텍스처 이미지가 필요할 때마다 텍스처 메모리로 로드한 후 기존에 거기에 있던 텍셀들을 대체해야만 했다.

복수 개의 프로그램 객체들을 가지는 경우와 유사하게, 텍스처 객체는 응용프로그램으로 하여금 텍스처 배열과 다양한 표면 제어용의 텍스처 파라미터들로 구성되는 객체들을 정의할 수 있게 한다. 이들을 유지하기 위한 메모리만 충분하면 이들 객체들은 텍스처 메모리에 상주할 수 있다.

glGenTextures 함수 호출에 의해 먼저 미사용 식별자를 정의하여 2차원의 텍스처 객체를 생성한다. 단일 텍스처의 경우, 다음과 같은 코드를 사용할 수 있다.

```
GLuint mytex[1];

glGenTextures(1, mytex);
```

다음의 코드와 같이 glBindTexture 함수를 사용하여 새로운 텍스처 객체 형성을 시작한다.

```
glBindTexture(GL_TEXTURE_2D, mytex[0]);
```

이어지는 텍스처 함수에서 텍스처 객체의 한 부분이 되는 텍스처 이미지와 이들 파라미터를 지정한다. 새로운 이름의 또 다른 glBindTexture를 호출하여 새로운 텍스처 객체를 형성한다. 기존 이름으로 glBindTexture 함수를 실행하면 그 텍스처 객체가 현재의 텍스처 객체가 된다. 사용하지 않은 텍스처 객체는 glDeleteTextures를 사용하여 지울 수 있다.

7.6.3 텍스처 배열

2차원 텍스처 매핑은 2차원의 픽셀 사각형인 텍셀들의 배열로 시작한다. 프로그램에서 생성된 또는 파일로부터 배열로 읽어 들인 것일 수도 있는 512 × 512의 이미지를 가정한다.

```
GLubyte my_texels[512][512][3];
```

다음과 같이 함수 glBindTexture를 호출한 후 이 배열이 2차원 텍스처로 사용됨을 지정한다.

```
glTexImage2D(GL_TEXTURE_2D, 0, GL_RGB, 512, 512, 0,
      GL_RGB, GL_UNSIGNED_BYTE, my_texels);
```

좀 더 일반적으로는 다음 함수들을 통해 2차원 텍스처를 지정한다.

```
glTexImage2D(GLenum target, GLint level, GLint iformat,
    GLsizei width, GLsizei height, GLint border, GLenum format,
    GLenum type, GLvoid *tarray)
```

매개변수 `target`에 의해 예제에서와 같이 단일 이미지 영상을 선택하고 입방체 맵(7.9절)을 설정하거나 텍스처 이미지를 위한 텍스처 메모리가 충분한지를 테스트한다. 매개변수 `level`은 밉매핑(7.6.5절)을 위해 사용되며, 값 0은 최고 수준(또는 해상도) 또는 밉매핑을 사용하고 있지 않음을 나타낸다. 세 번째 매개변수는 텍스처 메모리에 저장된 텍스처의 원하는 형태를 지정한다. 네 번째 매개변수와 다섯 번째 매개변수(폭과 높이)는 메모리 내 이미지 영상의 사이즈를 지정한다. 매개변수 `border`는 사용되지 않으며 0으로 설정되어야 한다. `format`과 `type` 매개변수는 프로세스 메모리 내 이미지 픽셀이 저장되는 방식을 기술하며, OpenGL이 텍스처 메모리에 이들 픽셀을 읽고 저장할 수 있게 한다.

7.6.4 텍스처 좌표와 샘플러

단편 셰이더에서 텍스처를 적용하는데 있어서의 핵심요소는 단편의 위치와 그 단편의 텍스처 색상을 얻을 텍스처 이미지 내의 상응하는 위치 간 매핑이다. 각 단편은 프레임버퍼 내에서 위치 속성을 갖고 있기 때문에 단편 셰이더에서 이 위치를 참조할 필요는 없다. 잠재적인 어려움은 텍스처 이미지 내에서 원하는 위치를 식별하는 것이다. 많은 응용프로그램에서는 이 위치를 객체의 수학적 모델로부터 계산할 수 있었다. 즉, 몇몇 수학적 근사 이론을 이용하였을 것이다. OpenGL에서는 특별한 우선적인 방법은 없고 단지 단편 셰이더에 그 위치를 제공하거나 또는 셰이더 내에서 그 위치를 계산하도록 하고 있다.

텍스처 이미지의 차원에 의존적인 정수형의 텍셀 위치를 사용하기보다는 텍스처 이미지 구간 (0.0, 1.0) 상에서 변하는 두 개의 실수형의 텍스처 좌표 s와 t를 사용한다. 그림 7.17에 나타난 바와 같이 512 × 512의 2차원 텍스처 이미지 예에서와 같이 값 (0.0, 0.0)은 텍셀 `my_texels[0][0]`에 대응하고, (1.0, 1.0)은 `my_texels[511][511]`에 대응한다.

이것은 단편에 대한 적합한 텍스처 좌표를 결정하기 위해 응용프로그램이나 음영처리기에도 적용된다. 가장 보편적인 방법은 텍스처 좌표를 정점의 속성으로 취급하는 것이다. 따라서 응용프로그램에서 정점의 색상을 부여한 것처럼 텍스처 좌표를 제공할 수 있었다. 그리곤 이들 텍스처 좌표를 정점 셰이더로 넘겨줘서 래스터기(주사 변환기)로 하여금 정점의 텍스처 좌표를 단편의 텍스처 좌표로 보간할 수 있게 해준다.

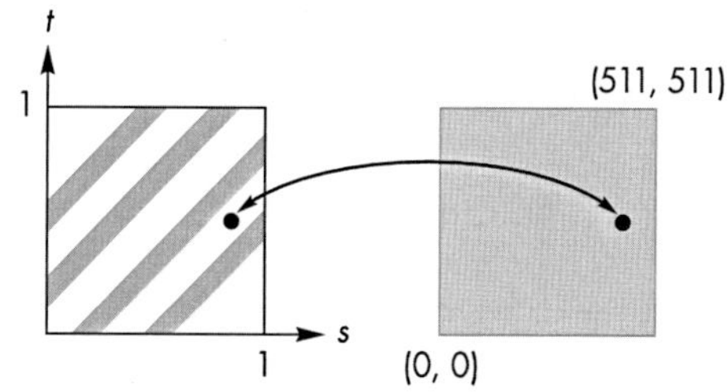

● 그림 7.17 ● 텍스처 좌표로의 매핑

입방체의 예제에서 각 옆면에 대해 체커 보드 텍스처 이미지를 사용하는 간단한 예를 생각해 보자. 이 예제는 입방체의 각 면과 각 정점에 대한 텍스처 좌표 간의 매핑이 분명하기 때문에 아주 간단한 예라 할 수 있다. 즉, 각 면의 네 모서리에 텍스처 좌표 (0.0, 0.0), (0.0, 1.0), (1.0, 1.0), (1.0, 0.0)을 부여한다.

여섯 개의 면에 대해 36개의 삼각형을 형성하는 것을 상기해 보자. 텍스처 좌표를 보전하기 위해 다음과 같이 배열을 추가한다.

```
#define N 36

GLfloat tex_coord[N][2];
```

다음은 quad 함수의 코드를 나타낸다.

```
typedef vec2 point2;

void quad(int a, int b, int c, int d)
{
    static int i =0; /* vertex and color index */
    quad_color[i] = colors[a];
    points[i] = vertices[a];
    tex_coord[i] = point2(0.0, 0.0);
    i++;
    quad_color[i] = colors[a];
    points[i] = vertices[b];
    tex_coord[i] = point2(0.0, 1.0);
    i++;
    quad_color[i] = colors[a];
    points[i] = vertices[c];
    tex_coord[i] = point2(1.0, 1.0);
    i++;
    quad_color[i] = colors[a];
    points[i] = vertices[a];
    tex_coord[i] = point2(0.0, 0.0);
    i++;
```

```
        quad_color[i] = colors[a];
        points[i] = vertices[c];
        tex_coord[i] = point2(1.0, 1.0);
        i++;
        quad_color[i] = colors[a];
        points[i] = vertices[d];
        tex_coord[i] = point2(1.0, 0.0);
        i++;
    }
```

또한 정점 셰이더에서 식별자 `texcoord`와 함께 정점의 속성으로서 텍스처 좌표를 전달할 수 있도록 초기화도 필요하다.

```
GLuint loc3;

loc3 = glGetAttribLocation(program, "texcoord");
glEnableVertexAttribArray(loc3);
glVertexAttribPointer(loc3, 2, GL_FLOAT, GL_FALSE, 0, tex_coord);
```

다음, 모든 데이터를 저장하기 위해 버퍼들을 초기화할 필요가 있다. 현재 3개의 데이터 배열이 있으므로 `glBufferSubData`를 사용하여 3개의 조작으로 이들을 임의 크기의 버퍼로 로드할 필요가 있다.

```
GLintptr offset;
GLsizeiptr size =
          sizeof(points) + sizeof(quad_color) + sizeof(tex_coord);
glGenBuffers(1, buffer);
glBindBuffer(GL_ARRAY_BUFFER, buffers[0]);
glBufferData(GL_ARRAY_BUFFER, size, NULL, GL_STATIC_DRAW);
offset = 0;
glBufferData(GL_ARRAY_BUFFER, offset, sizeof(points), points);
offset += sizeof(points);
glBufferData(GL_ARRAY_BUFFER, offset, sizeof(quad_color), quad_color);
offset += sizeof(quad_color);
glBufferData(GL_ARRAY_BUFFER, offset, sizeof(tex_coord), tex_coord);
```

다시 정점 셰이더로 돌아와서, 텍스처 좌표 속성을 추가하고 텍스처 좌표를 출력한다.

```
in vec2 texcoord;
in vec4 vPosition;
in vec4 vColor;

out vec4 color;
out vec2 st;
```

```
uniform vec3 theta;

void main()
{
    mat4 rx, ry, rz;
    vec3 c = cos(theta);
    vec3 s = sin(theta);
    rz = mat4(c.z, -s.z, 0.0, 0.0,
              s.z, c.z, 0.0, 0.0,
              0.0, 0.0, 1.0, 0.0,
              0.0, 0.0, 0.0, 1.0);
    ry = mat4(c.y, 0.0, s.y, 0.0,
              0.0, 1.0, 0.0, 0.0,
              -s.y, 0.0, c.y, 0.0,
              0.0, 0.0, 0.0, 1.0);
    rx = mat4(1.0, 0.0, 0.0, 0.0,
              0.0, c.x, -s.x, 0.0,
              0.0, s.x, c.x, 0.0,
              0.0, 0.0, 0.0, 1.0);
    gl_Position = rz*ry*rx*vPosition;
    color = vColor;
    st = texcoord;
}
```

출력 텍스처 좌표 st는 래스터기에 의해 보간되며 단편 셰이더의 입력이 될 수 있다.

정점 셰이더는 텍스처 좌표하고만 관계가 있고 이전에 생성하였던 텍스처 객체와는 무관함에 유의해야 한다. 단편 셰이더에서 단편에 색상을 할당하기 위한 준비가 될 때까지 텍스처 자체는 필요없기 때문이다. 또한 어떻게 텍스처를 적용할 것인가에 있어서의 복잡성의 많은 부분, 그리고 여전히 논의의 여지가 있는 많은 부분은 텍스처 객체 내부의 문제이기 때문에 여기서는 아주 간단한 단편 셰이더를 사용하고 있음을 유념하기 바란다.

이 모든 것을 통합하는 열쇠가 단편 셰이더에서만 자주 등장하는 **샘플러**(sampler)라고 하는 새로운 타입의 변수이다. 샘플러 변수는 모든 매개변수를 포함한 텍스처 객체의 접근을 제공한다. OpenGL에서 지원되는 텍스처 타입을 위한 샘플러 변수로는 1차원(sampler1D), 2차원(sampler2D), 3차원(sampler3D) 텍스처 그리고 입방체 맵(samplerCube)과 같은 특수한 타입이 있다.

응용프로그램에서 셰이더로 생성한 텍스처 객체 mytex는 uniform 변수를 사용하여 링크시킨다.

```
GLuint tex_loc;

tex_loc = glGetUniformLocation(program, "texMap");

glUniform1i(tex_loc, 0);
```

여기서 texMap은 단편 셰이더 내 샘플러의 이름이며, 두 번째 매개변수 glUniform1i는 디폴트 텍스처 유닛을 참조한다. 다중 텍스처 유닛은 7.6.7절에서 논의한다.

단편 셰이더는 중요하지 않다. 삽입된 정점 색상과 텍스처 좌표는 입력변수이다. 투명과 불투명이 교대로 나타나는 유리를 흉내내기 위해 체커보드 텍스처를 사용했던 것처럼 텍스처 값과 색상을 서로 곱하기를 원한다면, 아래의 단편 셰이더에서처럼 응용프로그램으로부터 얻은 색상과 텍스처 이미지 내 값을 서로 곱한다.

```
in vec2 st;
in vec4 color;
uniform sampler2D texMap;

void main()
{
    gl_FragColor = color * texture2D(texMap, st);
}
```

그림 7.18(a)의 예에서, 장방형의 사각형에 전체의 텍스처를 사용하고 있다. 만약 s와 t의 일부분만을, 가령 (0.0, 0.5)을 사용하면 텍스처 맵 my_texels의 일부분만을 사용할 것이고, 결과적으로 그림 7.18(b)와 같은 이미지를 얻을 수 있을 것이다. OpenGL은 사변형을 따라 s와 t를 보간하여 이들 값을 다시 my_texels 내의 적당한 텍셀로 매핑한다. 이와 같은 사변형 형태의 예는 텍스처 좌표의 정점 매핑이 분명하기 때문에 간단한 편에 속한다. 반면에 일반적인 다각형의 경우, 응용 프로그래머는 어떻게 텍스처 좌표를 할당할 것인지를 결정해야만 한다.

그림 7.19는 텍스처 매핑의 몇 가지 가능성을 보여주고 있다. 그림 7.19(a)와 (b)는 동일한 삼각형에 각각 다른 텍스처 좌표를 사용한 것이다. 보간의 결과로 생긴 원하지 않은 인위적인 픽셀이 그려져 있음을 볼 수 있다. 그림 7.19(c)는 사변형이 두 개의 삼각형으로 처리되고 있음을 보여준다.

● 그림 7.18 ● 사변형에 체커보드 텍스처 매핑하기
(a) 전체 텍셀 배열을 사용 (b) 텍셀 배열의 일부분을 사용

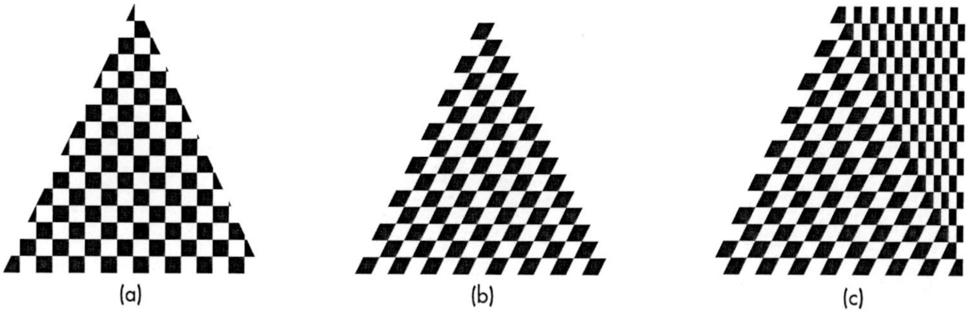

● 그림 7.19 ● 다각형에 텍스처 매핑하기,
(a와 b) 삼각형에 체커보드 텍스처 매핑하기 (c) 사다리꼴에 체커보드 텍스처 매핑하기

OpenGL 텍스처 매핑의 기본은 간단하다. 텍스처 값들에 대한 색상 배열을 지정하고 텍스처 좌표를 할당한다. 하지만 텍스처를 효과적으로 사용하기 위해서는 몇 가지 번거로운 세부사항에 대한 논의가 필요하다. 이미지의 화질과 효율성 간의 균형을 잡는 문제를 해결해야 한다.

범위 (0.0, 1.0)을 벗어나는 *s* 또는 *t*를 어떻게 해석할 것인가가 한 가지 문제점이다. 일반적으로 이 범위를 벗어나는 값들에 대해서는 텍스처를 반복시키든지 아니면 값을 0.0 또는 1.0으로 강제 고정(clamping)시키든지, 즉 (0.0, 1.0) 범위 아래는 0.0으로, 범위 이상은 1.0으로 하는 것 등 둘 중 하나이다. 반복되는 텍스처의 경우 다음과 같이 매개변수를 설정한다.

```
glTexParameteri(GL_TEXTURE_2D, GL_TEXTURE_WRAP_S, GL_REPEAT);
```

*t*의 경우에는 GL_TEXTURE_WRAP_T를 사용하고, 클램핑일 경우 GL_CLAMP_TO_EDGE를 사용한다. glBindTexture 다음에 이들 함수를 실행시키면 이들 파라미터들은 텍스처 객체의 부분이 된다.

7.6.5 텍스처 샘플링

텍스처의 에일리어싱은 중요한 문제이다. 텍스처 좌표를 텍셀 배열로 매핑할 때 텍셀의 중앙에 해당하는 점을 얻기란 좀처럼 쉽지 않다. 한 가지 방법은 래스터기에 의해 출력된 텍스처 좌표에 가장 가까운 텍셀 값을 사용하는 것이다. 이 방법을 **포인트 샘플링**(point sampling)이라고 하며, 그러나 이는 시각적인 에일리어싱 오차가 가장 발생되기 쉬운 방법 중 하나이다. 시간은 좀 걸리지만 보다 나은 전략은 포인트 샘플링에 의해 결정된 텍셀의 이웃을 포함한 텍셀 그룹의 가중 평균을 사용하는 것이다. 이 방법이 **선형**

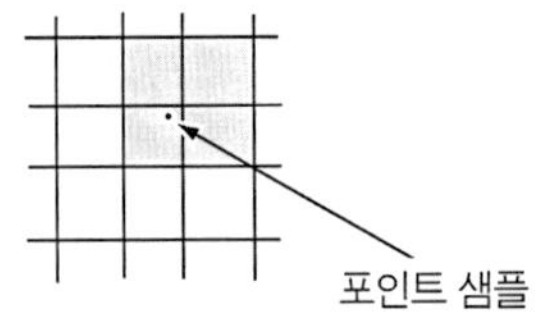

● 그림 7.20 ● 선형 필터링에 사용되는 텍셀

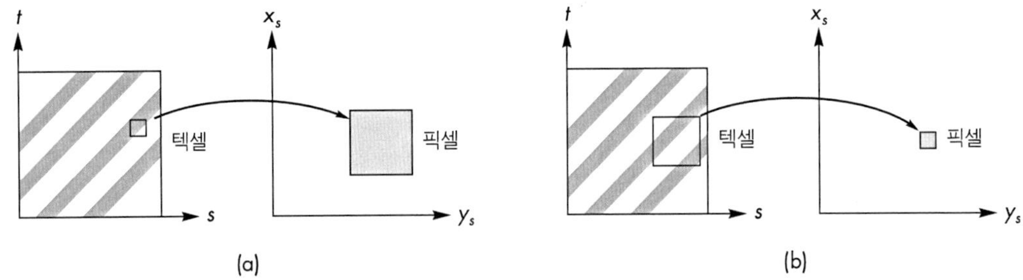

● 그림 7.21 ● 픽셀에 텍셀 매핑하기, (a) 확대 (b) 축소

필터링(linear filtering)이다. 그림 7.20에서 정점에서 텍스처 좌표로부터 선형 보간에 의해 주어진 텍셀 내의 위치와 완만한 값을 얻기 위해 사용될 4개의 텍셀을 볼 수 있다. 선형 필터링을 사용할 경우 배열 바깥 영역에 추가적인 텍셀 값을 필요로 하므로 텍셀 배열의 경계 부분에서 문제가 발생된다.

그러나 텍스처 값을 얻기 위해 텍셀 값을 사용하는 방법을 결정할 때보다 더 복잡한 문제가 있다. 그림 7.21에 보이는 바와 같이 화면에 색을 입히고자 하는 픽셀의 크기가 텍셀의 크기보다 크거나 작을 수 있다.

첫 번째 경우에는 텍셀이 한 픽셀보다 크고(magnification: **확대**), 두 번째 경우에는 텍셀이 한 픽셀보다 작다(minification: **축소**). 두 경우 모두에서 가장 빠른 전략은 가장 가까운 포인트 샘플링 값을 사용하는 것이다. 텍스처의 확대나 축소를 위해서 다음과 같이 이 옵션을 지정할 수 있다.

```
glTexParameteri(GL_TEXTURE_2D, GL_TEXTURE_MAG_FILTER, GL_NEAREST);
glTexParameteri(GL_TEXTURE_2D, GL_TEXTURE_MIN_FILTER, GL_NEAREST);
```

대안으로서 `GL_NEAREST` 대신에 `GL_LINEAR`를 사용하면, 더 부드럽고 에일리어싱이 적은 이미지를 얻기 위한 필터링을 사용할 수 있다.

OpenGL에는 축소 문제에 대처하는 또 다른 방법, 즉 **밉매핑**(mipmapping)이라는 방법이 있다. 텍셀 배열의 크기에 비해서 작은 스크린 공간 영역에 투영되는 객체들에 대해서는 원래의 텍셀 배열의 분석이 필요 없다. OpenGL은 축소된 크기로 일련의 텍스처 배열을 생성하는 것이 가능하다. 그러면 자동으로 적절한 크기를 사용한다. 원래의 64 × 64 배열에 대해서 다음의 함수 호출을 통해서 32 × 32, 16 × 16, 8 × 8, 4 × 4, 2 × 2, 1 × 1 배열을 설정할 수 있다.

```
glGenerateMipmap(GL_TEXTURE_2D);
```

함수 glTexImage2D의 매개변수 level을 사용하여 직접 맵을 설정할 수도 있다. 이 매개변수가 특정 텍스처 배열에 대한 밉맵 계층의 레벨이다. 따라서 레벨 0은 원 이미지, 레벨 1은 1/2 해상도의 이미지 등을 지칭한다. 그러나 glTexImage2D 호출에서 임의의 이미지에 대한 포인터를 줄 수 있고, 따라서 밉맵 계층의 다른 레벨에서 사용될 전혀 다른 이미지를 가질 수 있다. 이들 밉맵은 다음 함수에 의해 자동으로 설정된다.

```
glTexParameteri(GL_TEXTURE_2D,
    GL_TEXTURE_MIN_FILTER,GL_NEAREST_MIPMAP_NEAREST);
```

이 옵션은 OpenGL이 최적의 밉맵을 가진 포인트 샘플링을 사용하도록 요구한다. 또한 최적의 밉맵(GL_NEAREST_MIPMAP_LINEAR) 내에서 필터링할 수 있거나, 밉맵 간에 선형 필터링을 사용하여 포인트 샘플링을 할 수 있고(GL_LINEAR_MIPMAP_NEAREST), 두 필터 모두를 사용할 수도 있다(GL_LINEAR_MIPMAP_LINEAR). 그림 7.22는 최근접 텍셀을 사용한 선형 필터링과 밉매핑, 그리고 최근접 텍셀과 선형 필터링 모두를 사용한 텍스처 매핑의 차이를 보여주고 있다. 매핑 대상인 객체는 사변형으로서 원근법으로 보면 거의 삼각형으로 보인다. 텍스처는 흑과 백의 선이 반복되는 형태이며, 사변형의 한쪽 끝에서 선이 수렴하고 있다. 이 텍스처 맵은 규칙적인 패턴의 반복이기 때문에 매우 큰 에일리어싱 효과를 보이고 있다. 최근접 텍셀을 사용함으로써 무아레 패턴과 선분에 톱날 같은 모양이 나타나고 있다. 선형 필터링을 사용함으로써 선이 상당히 부드러워지긴 했으나 여전히 무아레 패턴이 선명하게 남아있다. 흑과 백의 줄무늬 사이의 텍셀은 필터링 처리로 인해 그레이색으로 보인다. 밉매핑으로 인해 흑과 백의 2색 패턴의 상당수가 두 색 값의 평균인 그레이색으로 대체되어 있다. 관측자로부터 아주 먼쪽의 물체 부분에서는 텍셀이 그레이색과 그리고 배경색과 혼합되어 있다. 밉맵과 함께 선형 필터링을 사용하여 부드럽게 처리된 선이라도, 적당한 밉맵 내 최근접 텍셀을 사용하여 밉맵된 텍스처에는 여전히 톱날 같은 모양이 보인다. 그래픽 프로세서(GPU)의 속도 향상과 GPU 내 대용량 텍스처 메모리 내장으로 성능 저하 없이 응용프로그램에서 필터링이나 밉매핑 처리를 할 수 있게 되었다.

OpenGL에서 텍스처를 사용하는 데 있어서 마지막 문제는 텍스처와 음영과의 상호

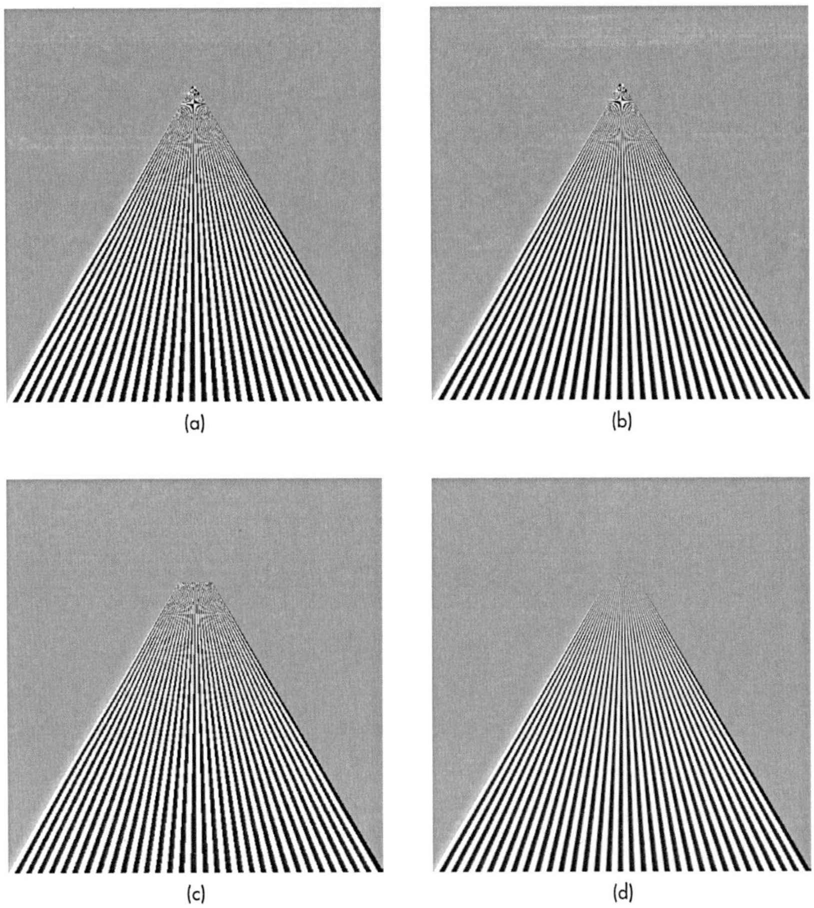

● 그림 7.22 ● 사변형에 텍스처 매핑하기, (a) 포인트 샘플링 (b) 선형 필터링 (c) 밉매핑 포인트 샘플링 (d) 밉매핑 선형 필터링

작용이다. RGB 컬러에 대해서는 여러 옵션이 있다. 텍스처는 텍스처의 색 성분과 음영에서 주어지는 색 성분을 곱함으로써 텍스처 매핑없이 할당될 음영을 변조할 수 있다. 텍스처의 색으로 단편의 색을 완전히 결정할 수 있으며, 이 기법을 **전사**(decaling)라고 한다. 이들 및 기타 옵션들은 단편 셰이더에서 간단히 구현된다.

7.6.6 텍스처 좌표로 작업하기

지금까지 예제에서는 암묵적으로 텍스처 좌표를 어떻게 할당하는지를 알고 있다고 가정한 경우이다. 만약 같은 크기의 사각형을 가지고 작업할 경우, 좌표 할당이 아주 쉽다. 또한 정점의 경우와 같이 텍스처 좌표가 1차원, 2차원, 3차원, 또는 4차원 배열로 저장이 가능하다는 사실을 이용할 수도 있다. 따라서 텍스처 좌표는 변환 행렬에 의해 변환 가능하며, 모델 관측 및 투영 행렬로 위치를 변환했던 것과 같은 방식으로 조작이 가능하다. 텍스처 행렬을 사용하여 텍스처를 확대 또는 축소하거나 회전시킬 수 있으며, 그리고 객체나 카메라, 조명에 따라 텍스처를 이동하는 효과를 만들어낼 수 있다.

그러나 이들 다각형들이 물체의 곡면을 근사시킨 것일 경우, 텍스처 좌표 할당은 아주 어려워진다. 그림 7.23과 같은 Utah 찻주전자[4]를 다각형 근사를 통해 모델링하는 경우를 고려해 보자. 사변형의 다각형만을 사용해서 모델링하고 있으나, 물체의 곡률이 높은 부분은 작은 사변형으로, 그리고 평탄하고 기복이 없는 부분은 큰 사변형으로 되어 있는 등 이들 사변형의 크기가 각각 다르다. 그림 7.24는 다른 사이즈의 다각형에 대해 어떤 조정도 없이 찻주전자에 체커보드 텍스처를 매핑한 것이다. 각 다각형에 동일한 형태의 텍스처 좌표를 할당함으로써 필요에 따라 텍스처 매핑 처리가 텍스처 맵을 확대 또는 축소하는 등 각 다각형의 개별 사이즈에 맞게 크기를 조정하고 있음을 알 수 있다. 따라서 손잡이 부분과 같이 곡면을 잘 묘사하기 위해 작은 다각형이 많이 필요한 영역은 몸체 부분에 비해 흑과 백의 박스 크기가 작다. 일부 응용에서는 이러한 패턴이 적절할 수 있다. 그러나 찻주전자의 표면 전체가 동일한 재질로 되어 있을 경우, 표면 전체가 동일한 패턴으로 보여야 타당할 경우가 있을 것이다. 이론적으로는 원하는 디스플레이를 얻기 위해 텍스처 좌표를 확대 또는 축소하는 텍스처 행렬을 사용할 수 있을 것이다. 그러나 실제로는 원하는 행렬을 얻기 위해 모델로부터 필요한 정보를 결정하는 것이 거의 불가능하다.

이 문제에 대한 한 가지 해법은 눈 좌표계 또는 객체 좌표계 상의 평면으로부터의 거리 관점에서 각 정점에 대한 텍스처 좌표를 생성하는 것이다. 수학적으로 각 텍스처 좌표는 동차 좌표값의 선형 결합으로 주어진다. 즉 s와 t에 대해,

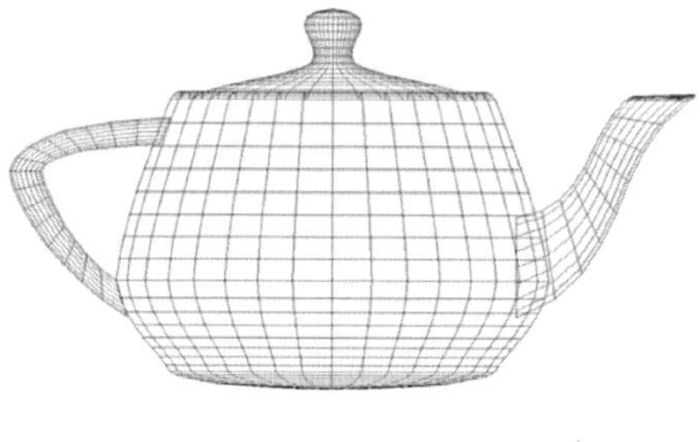

● 그림 7.23 ● Utah 찻주전자의 다각형 모델

● 그림 7.24 ● 텍스처 매핑된 Utah 찻주전자

4) Utah 찻주전자에 대해서는 10장에서 자세히 다룬다.

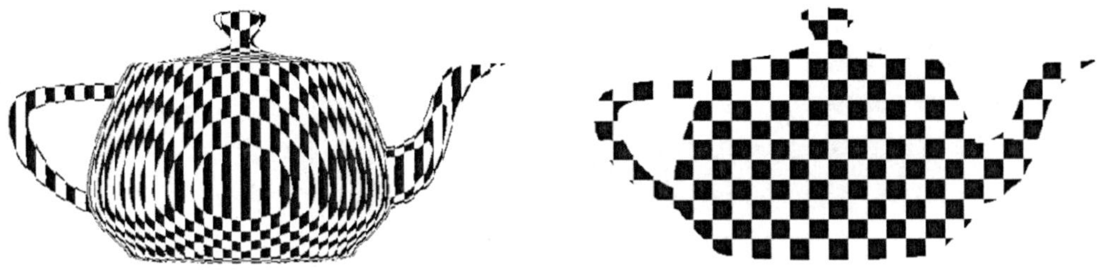

(a) (b)

● 그림 7.25 ● 텍스처 좌표 생성을 사용한 찻주전자, (a)객체 좌표계에 의한 결과 (b) 눈 좌표계에 의한 결과

$$s = a_s x + b_s y + c_s z + d_s w$$

$$t = a_t x + b_t y + c_t z + d_t w$$

그림 7.25(a)는 객체 공간에서 텍스처 좌표 생성에 의한 찻주전자를 보여주고 있다. 그림 7.25(b)는 같은 식을 사용하되 눈 좌표계에서 계산된 결과를 보여준다. 객체 공간에서 계산을 수행함으로써 텍스처는 물체에 고정되어 따라서 물체와 함께 회전된다. 눈 좌표계를 사용하면 만약 물체에 변환 조작을 적용하면 텍스처 패턴도 변하며, 텍스처 필드를 따라 움직이는 물체의 환상이 나타난다. 이 기법의 중요한 응용 중 하나가 지형 생성과 매핑이다. 3차원 메시 상에 표면 특징을 텍스처로 직접 매핑을 할 수 있다.

7.6.7 다중 텍스처 작업

지금까지는 객체에 단일 텍스처를 매핑하는 것을 살펴보았다. 그러나 최상의 렌더링 효과를 위해서는 하나 이상의 텍스처를 적용해야 할 경우가 많다. 가령, 표면의 음영이 텍스처 맵에 의해 자체적으로 정해지는 물체에 그림자를 적용한다고 가정해 보자. 이 경우 그림자를 위해 텍스처 맵을 사용할 수 있지만, 만약 단일 텍스처만 적용한다면 이 방법은 동작하지 않을 것이다.

그 대신에 그림 7.26과 같이 만약 다중 텍스처 유닛을 가지고 있다면, 원하는 작업을 할 수 있을 것이다. 각 유닛을 전 단계의 결과를 가지고 독립적인 텍스처 작업 단계로서 동작한다. 최신 버전의 OpenGL에서는 이러한 기능을 지원한다.

가령 2개의 텍스처 유닛을 사용하고자 한다고 가정하자. 초기화 부분에서 2개의 텍

● 그림 7.26 ● 텍스처 유닛의 순서

스처 객체를 정의할 수 있다. 그런 다음 각각을 차례로 활성화시키고 각 텍스처를 어떻게 적용할지를 결정한다. 이를 위한 코드는 다음과 같다.

```
glActiveTexture(GL_TEXTURE0); /* unit 0 */
glBindTexture(GL_TEXTURE_2D, object0);
          /* how to apply texture 0 */
glActiveTexture(GL_TEXTURE1); /* unit 1 */
glBindTexture(GL_TEXTURE_2D, object1);
          /* how to apply texture 1 */
```

각 텍스처 유닛마다 다른 텍스처 좌표를 사용할 수 있으며, 응용프로그램에서 각 유닛에 대한 텍스처 좌표를 제공해 주어야 한다.

7.7 텍스처 생성

텍스처 매핑의 가장 강력한 사용 예 중 하나가 많은 기하학적 객체들을 생성하지 않고도 상세한 표현을 할 수 있다는 점이다. 고급 그래픽 시스템은 실시간으로 2차원 텍스처 매핑을 처리할 수 있다. 매 프레임마다, 텍스처 매핑없이 객체들이 처리되는 것과 거의 같은 속도로 렌더링 처리의 한 부분으로서 텍스처가 객체에 매핑된다. 개인용 컴퓨터의 그래픽 보드도 상당한 크기의 텍스처 메모리를 가지고 있어서 게임 개발자가 텍스처 매핑을 이용해서 복잡한 애니메이션 환경을 생성할 수 있도록 한다.

가령, 초원을 포함하는 장면을 시뮬레이션하려고 할 경우, 초원처럼 보이는 2차원 또는 3차원 객체를 생성하는 것보다, 예컨대 사진 스캐닝과 같은 방법으로 얻을 수 있는 잔디 이미지를 이용한 텍스처 매핑이 더 빠르다. 실제 지도 제작 응용에서도 지형을 위한 실감나는 상세한 표면을 생성하는 것보다, 실제 맵을 디지털화 해서 이를 텍스처 매핑에 의해 표면 모델 위에 입히기도 한다.

텍스처 패턴들을 결정하기 위한 절차적 방법 또한 찾아볼 수 있다. 특히 흥미로운 것 중에 모래나 잔디, 광물질의 질감처럼 자연에서 볼 수 있는 패턴들이 있다. 이러한 텍스처들은 규칙적인 패턴의 구조적인 특징과 함께 상당한 정도의 불규칙적인 특성도 함께 가지고 있다. 그림 7.27에서 보는 바와 같이 이러한 텍스처를 생성하기 위해 대부분의

● 그림 7.27 ● 텍스처 생성

접근법에서는 난수 발생기를 알고리즘적으로 처리하여 텍스처를 생성한다. 절차적 잡음에 대해서는 9장에서 자세히 공부한다.

3차원 텍스처 필드(texture field) $T(s, t, r)$의 생성은 2차원 텍스처 생성 기법의 확장이다. 3차원 텍스처를 사용하는 데에는 몇 가지 실질적 장점이 있다. 가장 중요한 점은 각 (s, t, r)값을 (x, y, z)점과 직접 연관시킴으로써, 매핑 문제를 완전히 피할 수 있다는 것이다. 사용자는 원하는 특성을 갖는 $T(s, t, r)$ 함수를 정의하기만 하면 된다. 이러한 과정은 지정된 텍스처의 색을 갖는 고체 덩어리로부터 3차원 객체를 조각하는 것과 개념적으로 비슷하다. 이 기법은 바위를 조각해서 만든 것처럼 보이는 객체들을 생성하는 데 사용되어 왔다. 대리석이나 화강암과 같은 질감의 조밀성을 디스플레이하는 함수 $T(s, t, r)$는 텍스처 생성 처리에서 정의한다.

3차원 텍스처를 사용하면 추가적인 장점이 있다. 돌과 같은 자연물을 모델링하거나 또는 사진을 찍어서 얻은 2차원 텍스처가 있다고 가정하자. 그리고 지금 이 돌로부터 만들어진 것처럼 보이는 입방체를 생성하고자 한다고 가정한다. 만약 2차원 텍스처 매핑을 사용한다면 입방체의 6면에 같은 텍스처를 매핑해야 한다. 그러나 이 입방체를 실제와 같이 보이도록 하려면 두 텍스처 맵이 만나는 입방체의 경계 부분의 텍스처가 연속적으로 보이도록 해야 한다. 자연물의 패턴을 가지고는 이러한 작업이 불가능하다. 또한 이러한 문제는 3개의 텍스처 맵이 만나는 정점에서는 더욱 심각하다(연습문제 7.26 참조). 필터링이나 텍스처 경계를 사용하여 어느 정도 시각적으로 수용 가능한 결과를 만들어내기도 한다. 그러나 3차원 텍스처를 사용하면 이러한 문제는 발생하지 않는다.

7.8 환경 맵

고반사율을 갖는 표면은 물체의 주변을 표면에 비추는 거울반사 또는 전반사(specular reflection)의 특징을 가진다. 예를 들어, 방 가운데 있는 반짝이는 금속 공을 생각해 보자. 공의 표면에 방 안의 모습이 왜곡, 집약된 형태로 나타남을 볼 수 있을 것이다. 장면 내의 나머지 영역에 대한 정보가 없으면 공의 표면에 적절한 음영을 줄 수 없기 때문에 이러한 효과를 위해서는 장면 내의 전체적인 정보가 필요하다. 광선 추적기와 같은 렌더링 기법으로 이러한 이미지를 만들 수 있지만, 실제로 광선 추적 계산에 너무 많은 시간이 소요되어 비현실적이다. 그러나 **환경 맵**(environmental map) 또는 **반사 맵**(reflection map)을 사용하여 시각적으로 큰 차이를 느끼지 못하는 근사적인 결과를 얻을 수 있는 다양한 텍스처 매핑 방법을 사용할 수 있다.

기본 개념은 간단하다. 그림 7.28과 같은 거울을 생각해 보자. 이 거울을 통해서 높은 전반사 재질의 표면으로 된 다각형을 볼 수 있다. 렌더기(renderer)의 관점에서 봤을

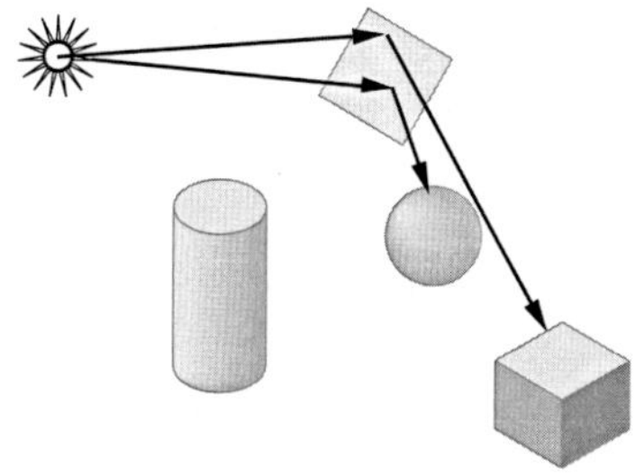

● 그림 7.28 ● 반사경(거울)이 있는 장면

때 관측자의 위치와 다각형에 대한 법선은 알려져 있으므로 반사각은 5장에서와 같이 결정된다. 주위 환경과 교차할 때까지 이 각을 따라가면 거울에서 반사되는 음영을 얻을 수 있다. 물론 이 음영은 장면 내에 광원과 재질을 포함해서 고려한 음영처리의 결과로서 생긴 것이다. 이 음영의 근사적인 값은 두 단계 렌더링 과정의 한 부분으로서 구할 수 있는데, 이는 7.5절에서 간략히 소개한 두 단계 텍스처 매핑 과정과 유사하다. 첫 번째 단계에서 거울 다각형 없이 거울의 법선 방향으로 향하는 거울의 중심에 카메라를 두고 장면을 렌더링한다. 즉, 거울에 의해 "보이는" 대로 환경 내에서 객체의 이미지를 얻는다. 이 이미지는 아주 정확하지 않지만(연습문제 7.3), 보통 충분히 좋은 수준이다. 그런 다음 이 이미지를 사용해서 음영(텍스처 값)을 얻어 장면 내에 거울을 원위치시킨 2차 렌더링을 위해 거울 다각형 상에 배치한다.

이러한 접근법에는 두 가지 어려운 점이 있다. 하나는 1단계에서 얻은 이미지가 그리 정확하지 않다는 점이다. 이는 환경 내에서 객체의 하나인 거울 없이 이미지가 만들어졌기 때문이다. 또 다른 하나는 매핑 문제에 직면할 수밖에 없다는 점이다. 즉, 1단계에서 어느 표면 위에 장면을 투사해야 하고, 또 카메라는 어디에 두어야 하는가? 거울을 이동하거나 해서 다른 주위 환경을 연속적으로 볼 수 있어야 하고, 따라서 단순한 투영으로는 충분하지 않으므로 모든 정보가 장면 내에 존재하기를 원한다.

이러한 투영 문제에 대해 다양한 접근이 이루어져 왔다. 전형적인 방법은 투영 중심에 중심을 둔 구의 표면에 환경을 투영시키는 방법이다. 그림 7.29에서 구의 주변에 있

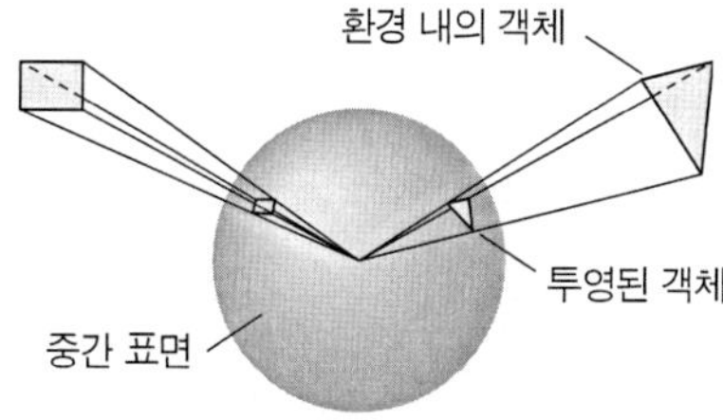

● 그림 7.29 ● 환경 매핑

는 다각형들과 이들 다각형이 구의 표면에 투영되어 있는 것을 볼 수 있다. 구의 중심에 위치한 관측자는 원래의 위치에 있는 다각형들을 보고 있는지, 아니면 구의 표면에 투영된 다각형을 보고 있는지 구분할 수 없다. 이러한 착각은 우리가 천체관에서 보는 것과 유사하다. 무한히 먼 거리에 있는 것처럼 보이는 "별"도 사실은 객석을 둘러싼 반구상에 빛을 투영한 것이다.

원래 버전의 환경 매핑에서는 매핑을 위해 구의 표면이 경도선과 위도선을 사용해 사각형으로 변환된다. 개념적으로는 단순하지만, 모양의 왜곡이 무한대가 되는 양 극지역에서는 문제가 있다. 계산론적으로 이 매핑은 넓이가 보존되지 않으며, 상당한 수의 삼각함수 계산이 필요하다.

OpenGL은 **구형 매핑**(sphere mapping)이라고 하는 변형된 방법을 지원하고 있다. 응용프로그램에서는 환경이 매핑된 구의 직교 투영인 원형 이미지(circular image)를 제공한다. 이 방법의 장점은 반사 벡터를 원 상에 2차원 텍스처 좌표로 매핑하는 것이 간단하고, 또한 하드웨어 또는 소프트웨어 어느 것으로도 구현이 가능하다는 점이다. 그러나 원형 이미지를 구하는 것이 어렵다. 아주 넓은 광각 렌즈에 의한 원근 투영을 구하거나, 또는 나중에 소개될 입방체 투영과 같은 다른 형태의 투영을 다시 매핑함으로써 근사시킬 수도 있다. 함수 `glTexImage2D`를 사용하여 텍스처 메모리 내에 텍스처를 적재(load)한다.

텍스처 좌표 생성을 위한 방정식은 그림 7.30을 보면 이해할 수 있다. 관측자로부터 이미지 방향으로 역으로 작업하면 아마 가장 쉬울 것이다. 텍스처 맵이 평면 $z = -d$ 상에 있다고 가정한다. 여기서 d는 양의 수이고 원점에 중심을 둔 단위 구를 향해 후향

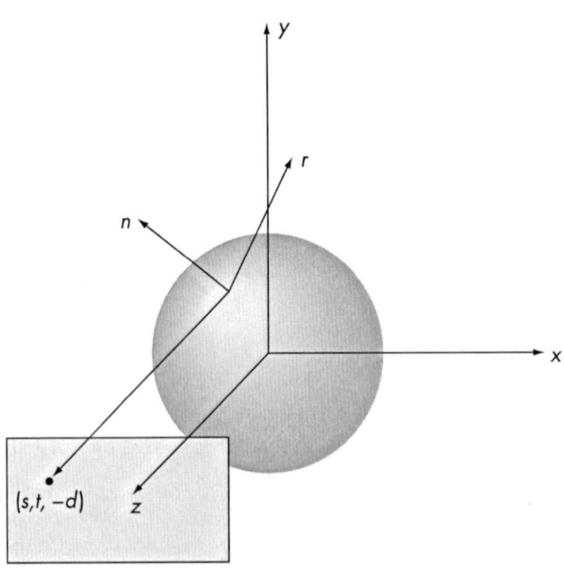

● 그림 7.30 ● 반사 맵

직교 투영을 한다고 가정한다. 따라서 평면상의 텍스처 좌표가 (s, t)이면, 투영선은 수 $(s, t, \sqrt{(1.0 - s^2 - t^2)})$에서 구와 교차한다. 원점에 중심을 둔 단위 구의 경우, 구 위의 임의의 점의 좌표 역시 그 점에서의 단위 법선의 성분이다. 그러면 반사 방향은 5장에서와 같이 다음과 같이 계산된다.

$$\mathbf{r} = 2(\mathbf{n} \cdot \mathbf{v})\mathbf{n} - \mathbf{v}$$

여기서

$$\mathbf{v} = \begin{bmatrix} s \\ t \\ 0 \end{bmatrix}$$

$$\mathbf{n} = \begin{bmatrix} s \\ t \\ \sqrt{1.0 - s^2 - t^2} \end{bmatrix}$$

이다. 벡터 **r**은 환경을 가리킨다. 따라서 **r**과 교차하는 임의의 객체는 텍스처 좌표 (s, t)를 가진다. **r**이 주어지면, s와 t에 대해 풀 수 있으며 다음 결과를 얻을 수 있다. 즉,

$$\mathbf{r} = \begin{bmatrix} r_x \\ r_y \\ r_z \end{bmatrix}$$

이면

$$s = \frac{r_x}{f} + \frac{1}{2}$$

$$t = \frac{r_y}{f} + \frac{1}{2}$$

이다. 여기서

$$f = 2\sqrt{r_x^2 + r_y^2 + (r_z + 1)^2}$$

만약 눈 좌표계로 모두 변환하면, 원점에서 정점을 향하는 단위 벡터 **v**, 그리고 정점의 법선 벡터 **n**을 사용해서 **r**을 계산한다.

이러한 처리는 이 방법이 단지 근사적이라는 데에 문제가 있다. 반사 맵은 원점에서의 정점에 대해서만 정확하다. 이론적으로 각 정점은 자신의 반사 맵을 가지고 있다. 그러나 실제로는 객체 상 각 점마다 각자의 맵을 가지며 보간에 의해 계산된 근삿값이 아

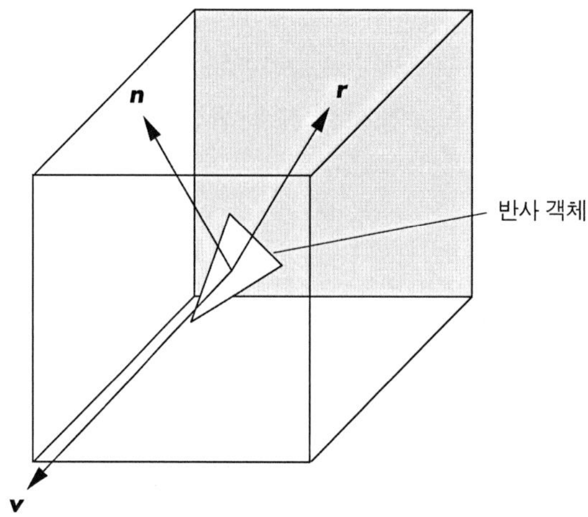

● 그림 7.31 ● 반사되는 입방체 맵

니다. 원점으로부터 객체가 멀어질수록 오차는 커진다. 그럼에도 불구하고 반사 매핑은 대개의 경우, 특히 영화나 게임에서와 같이 애니메이션이 있을 경우에 시각적으로 수용 가능한 결과를 보여준다.

그래픽스 시스템으로 환경 맵을 계산하고자 할 경우, 그래픽스 시스템에서 지원하고 있는 표준 투영 방법을 사용하는 것이 좋다. 방과 같은 실내 환경의 경우, 자연스러운 중간 객체는 박스의 형태가 될 것이다. 이 경우 벽과 마루, 천정에 해당하는 6개의 투영을 계산하게 되는데, 박스의 중심에 위치한 각각 다른 방향을 향하고 있는 6개의 가상 카메라를 사용한다. 이 시점에서 6개의 이미지를 각각 단일 환경 맵으로 취급할 수 있으며, 그림 7.31과 같이 이로부터 텍스처를 만들어낸다. 컬러 그림판 23은 Pixar Animation Studio의 *"Geri's Game"* 중 한 프레임을 보여주고 있다. 반사 맵이 박스 위에 계산되어져 있으며(컬러 그림판 24), Geri의 안경에 매핑되어 있다.

또한 프로그램에서도 이들 6개의 이미지를 계산할 수 있으며, 이를 사용해서 OpenGL의 구면 맵(spherical map)에 필요한 원형 이미지를 계산한다. 하지만 이 모든 방법들은 기하학적 왜곡과 에일리어싱 문제로 인해 어려움이 있음에 유의해야 한다. 더구나 응용 프로그램에서 환경 맵을 다시 계산해주지 않으면, 만약 관측자가 움직이게 되면 부정확해진다.

이미지가 어떻게 계산되고 있는지와 관계없이 일단 계산이 되면, 원점에 중심을 둔 입방체의 각 면당 하나씩, 즉 OpenGL의 6개 함수 호출을 사용해서 입방체 맵을 지정할 수 있다. 가령 양(positive)의 x-면에 대해 512 × 512 크기의 RGBA 이미지 `imagexp`가 있다면, 다음과 같이 사용할 수 있다.

```
glTexImage2D(GL_TEXTURE_CUBE_MAP_POSITIVE_X, 0, GL_RGBA, 512, 512, 0,
```

```
GL_RGBA, GL_UNSIGNED_BYTE, imagexp);
```

반사 맵의 경우, 텍스처 좌표 계산이 자동으로 이루어질 수 있다. 그러나 입방체 맵은 별도의 좌표 계산에 의한 표준 2차원 텍스처 맵과 흡사한 구형 맵과 근본적으로 다르다. 따라서 셰이더에서 계산되기도 하는 3차원의 텍스처 좌표를 사용해야 한다.

이들 기법은 **다중 렌더링**(multirendering)의 예로서, 하나의 이미지를 계산하기 위해 복수 개의 이미지를 계산하며, 각각 독립된 렌더링 파이프라인을 사용하고 있다. 재생 속도보다 적은 시간으로 각각 다른 투영으로부터 하나의 장면을 여러 번 렌더링할 수 있을 만큼 그래픽 카드의 기능이 향상되면서 다중 기법의 중요성도 커지고 있다. 이들 기법의 대부분은 단편 셰이더에서도 똑같이 수행될 수 있다.

7.9 반사 맵 예제

회전하는 입방체의 예제를 기반으로 간단한 반사 맵의 예제를 살펴보기로 하자. 이 예제에서 6개의 텍스처 맵 각각 단일 텍셀인 입방체 맵을 사용할 것이다. 이 회전 입방체는 완전 반사가 이루어지고 상자 안에 놓여지며, 각 면은 6가지 색상, 즉 빨간색, 녹색, 파란색, 청록색, 자홍색, 노란색 중 한 색상으로 이루어진다. 다음은 텍스처 유닛 1을 사용하여 초기화 한 부분으로 입방체 맵을 어떻게 설정하는지를 보여준다.

```
GLuint tex[1];

GLubyte red[3] = {255, 0, 0};
GLubyte green[3] = {0, 255, 0};
GLubyte blue[3] = {0, 0, 255};
GLubyte cyan[3] = {0, 255, 255};
GLubyte magenta[3] = {255, 0, 255};
GLubyte yellow[3] = {255, 255, 0};

glActiveTexture(GL_TEXTURE1);
glGenTextures(1, tex);
glBindTexture(GL_TEXTURE_CUBE_MAP, tex);

glTexImage2D(GL_TEXTURE_CUBE_MAP_POSITIVE_X ,0,GL_RGB,1,1,0,GL_RGB,
             GL_UNSIGNED_BYTE, red);
glTexImage2D(GL_TEXTURE_CUBE_MAP_NEGATIVE_X ,0,GL_RGB,1,1,0,GL_RGB,
             GL_UNSIGNED_BYTE, green);
glTexImage2D(GL_TEXTURE_CUBE_MAP_POSITIVE_Y ,0,GL_RGB,1,1,0,GL_RGB,
             GL_UNSIGNED_BYTE, blue);
glTexImage2D(GL_TEXTURE_CUBE_MAP_NEGATIVE_Y ,0,GL_RGB,1,1,0,GL_RGB,
             GL_UNSIGNED_BYTE, cyan);
```

```
glTexImage2D(GL_TEXTURE_CUBE_MAP_POSITIVE_Z ,0,GL_RGB,1,1,0,GL_RGB,
             GL_UNSIGNED_BYTE, magenta);
glTexImage2D(GL_TEXTURE_CUBE_MAP_NEGATIVE_Z ,0,GL_RGB,1,1,0,GL_RGB,
             GL_UNSIGNED_BYTE, yellow);
glTexParameteri(GL_TEXTURE_CUBE_MAP,GL_TEXTURE_MIN_FILTER,GL_NEAREST);
```

텍스처 맵은 단편 셰이더에서 샘플러를 사용하여 적용될 것이다. 다른 예에서와 같이 필요한 uniform 변수를 설정한다.

```
GLuint texMapLocation;

texMapLocation = glGetUniformLocation(program, "texMap");
glUniform1i(texMapLocation, 1); // corresponding to unit 1
```

입방체 맵 설정이 완료되면 텍스처 좌표를 결정한다. 반사 또는 환경 맵을 위해 필요한 계산은 그림 7.32에 보인 바와 같다. 환경은 이미 입방체에 매핑된 것으로 가정한다. 반사 맵과 간단한 입방체 텍스처 맵 간의 차이는 반사 맵에 대한 텍스처에 접근하기 위해 관측 벡터 대신에 반사 벡터를 사용한다는 점이다. 반사 벡터는 정점 프로그램에서 각 정점에 대해 계산되고, 단편 프로그램은 이들 값들을 기본 요소들 상에서 보간한다.

그러나, 반사 벡터를 계산하기 위해서는 회전 입방체의 각 면에 대한 법선을 필요로 한다. 법선은 응용프로그램에서 계산하여 quad 함수를 통해 정점의 한 속성으로서 정점 셰이더로 보내지고,

```
point4 normals[N];
vec4 normal;

void quad(int a, int b, int c, int d)
{
     static int i =0;
```

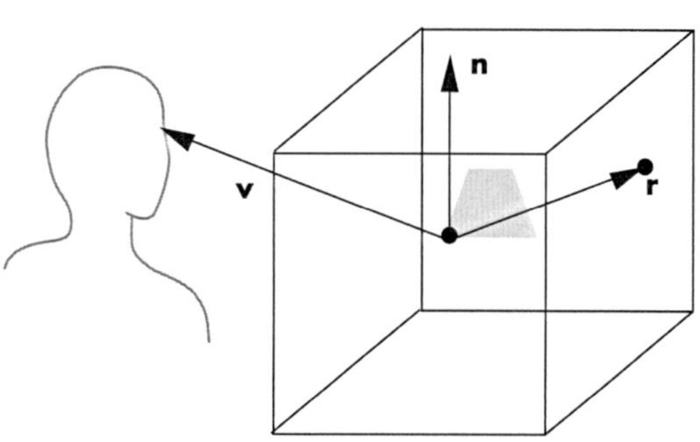

● 그림 7.32 ● 반사 입방체 맵

```
        normal = normalize(cross(vertices[b]-vertices[a],
                           vertices[c]-vertices[b]));

        normals[i] = normal;
        points[i] = vertices[a];
        i++;
        normals[i] = normal;
        points[i] = vertices[b];
        i++;
        normals[i] = normal;
        points[i] = vertices[c];
        i++;
        normals[i] = normal;
        points[i] = vertices[a];
        i++;
        normals[i] = normal;
        points[i] = vertices[c];
        i++;
        normals[i] = normal;
        points[i] = vertices[d];
        i++;
    }
```

그리고 법선 데이터를 정점 배열에 결합한 후

```
glBindBuffer(GL_ARRAY_BUFFER, buffer);
glBufferData(GL_ARRAY_BUFFER, sizeof(points) + sizeof(normals),
             NULL, GL_STATIC_DRAW);
glBufferSubData(GL_ARRAY_BUFFER, 0, sizeof(points), points);
glBufferSubData(GL_ARRAY_BUFFER, sizeof(points),
                sizeof(normals), normals)
```

셰이더로 정렬된다.

```
loc2 = glGetAttribLocation(program, "Normal");
glEnableVertexAttribArray(loc2);
```

입방체의 회전은 응용프로그램에서 이루어지고, 그 효과는 모델-관측 행렬에서 통합되는 것으로 가정한다. 또한 카메라 위치는 고정되어 있는 것으로 가정한다. 반사 방향을 계산하기 위해 reflect 함수를 사용하기 전에 정점 셰이더에서 법선이 회전되어 있어야 한다. 정점 셰이더의 코드는 다음과 같다.

```
in vec4 vPosition;
in vec4 Normal;
out vec3 R;
```

```
uniform mat4 ModelView;
uniform mat4 Projection;

void main()
{
    gl_Position = Projection*ModelView*vPosition;
    vec3 eyePos = vPosition.xyz;
    vec4 NN = ModelView*Normal;
    vec3 N = normalize(NN.xyz);
    R = reflect(eyePos, N);
}
```

반사 벡터는 눈 좌표계에서 변수로서 계산된다. 만약 색상이 텍스처에 의해 전체적으로 결정되기를 원하면 단편 셰이더는 간단히 다음과 같다.

```
in vec3 R;
uniform samplerCube texMap;

void main()
{
     vec4 texColor = textureCube(texMap, R);
     gl_FragColor = texColor;
}
```

수정된 Phong 광원 모델에서 했던 것처럼 색상이 거울, 확산, 주변 광원에 의해 부분적으로 결정되도록 하면 보다 더 복잡한 광원을 생성할 수 있다.

그러나 셰이더에서 어느 프레임을 사용하기를 원하는지에 대해서는 신경을 써야 한다. 이 예제와 앞서 예제와의 차이는 통상 환경 맵이 세계 좌표계에서 계산된다는 점이다. 객체의 위치와 법선은 객체 좌표계로 지정된 후 응용프로그램에서 모델링 변환을 함으로써 세계 프레임으로 보내진다. 많은 응용에서 모델과 객체 좌표계를 같도록 하여 모델링 변환없이 직접 객체를 정의한다. 그러나 반사 매핑을 할 때 모델링 변환이 가능하도록 프로그래밍을 작성하기를 원한다. 이를 위한 한 가지 방법은 응용프로그램에서 모델링 행렬을 계산한 후 이를 단편 프로그램에 uniform 변수로 전달하는 것이다. 또한 법선을 변환하기 위한 역전치(inverse transpose) 모델링 행렬도 필요하다. 그러나 역행렬을 또 다른 uniform 변수로서 전달하면 법선을 후인자로 곱하여 원하는 결과를 얻을 수 있다. 컬러 그림판 12는 찻주전자 상의 색상을 결정하기 위해 반사 맵을 사용한 예를 보여주고 있다. 찻주전자는 각 면이 6가지 색상, 즉 빨간색, 녹색, 파란색, 청록색, 자홍색, 노란색 중 한 색상으로 이루어지는 입방체 내에 놓여진다.

7.10 범프 매핑

범프 매핑은 기하학적 복잡도를 증가시키지 않고도 이미지의 모양을 아주 복잡하고 상세하게 묘사할 수 있는 텍스처 매핑 기법이다. 단순 텍스처 매핑과는 달리 범프 매핑은 광원이 움직이거나 객체가 움직일 때 객체가 다양한 표면의 부드러움을 보일 수 있도록 음영처리에 변화를 보여준다.

앞서 오렌지 이미지를 생성하는 예제로 돌아가 보자. 실제의 오렌지 사진을 찍어 이 이미지를 텍스처 맵으로서 표면에 입힐 수 있다. 그러나 광원을 이동시키거나 또는 객체를 회전시키게 되면 이것이 실물 오렌지 이미지 느낌보다는 오렌지의 모델 이미지라는 것을 금방 알아차릴 수 있을 것이다. 문제는 실제의 오렌지가 색상의 다양성 또는 변화보다는 표면상 작은 변화들에 의해 일차적으로 특징지워진다는 점이다. **범프 매핑**의 기법은 표면을 묘사할 때 법선 벡터를 다양하게 교란시킴으로써 표면의 외관 모양을 연출하며, 음영처리에 의해 생성된 색상이 표면 속성에 있어서의 변화를 나타낸다. 프로그래머블 셰이더 없이 구현될 수 있는 환경 매핑과 같은 기법과는 달리 범프 매핑은 실시간 처리가 불가능하다.

7.10.1 범프 맵 구하기

표면 위 임의의 점에서의 법선은 그 점에서의 표면 방향을 결정한다는 사실에 주목하자. 표면 위의 각 점에서 법선들을 조금씩 교란시키면, 모양이 조금씩 변화된 표면을 생성할 수 있다. 이러한 법선 교란을 음영처리 단계에서만 적용할 수 있다면, 부드러운 표면 모델을 사용하면서도 복잡한 표면 모양을 갖도록 렌더링할 수 있다. 법선 벡터에 대해서만 교란시키기 때문에 교란된 법선에 의해 정의된 더 복잡한 표면이 생성될 필요가 없을지라도 이러한 렌더링 계산은 변경된 표면에 대해서 정확하다.

법선 벡터의 교란은 여러 가지 방법으로 가능하다. 다음과 같은 매개변수 표면에 대한 처리가 효율적인 방법 중 하나이다. $\mathbf{p}(u, v)$를 매개변수 표면 위의 한 점이라고 하자. 이 점에서의 편미분

$$\mathbf{p}_u = \begin{bmatrix} \frac{\partial x}{\partial u} \\ \frac{\partial y}{\partial u} \\ \frac{\partial z}{\partial u} \end{bmatrix}, \qquad \mathbf{p}_v = \begin{bmatrix} \frac{\partial x}{\partial v} \\ \frac{\partial y}{\partial v} \\ \frac{\partial z}{\partial v} \end{bmatrix}$$

는 이 점에서 표면과 접하는 평면상에 놓인다. 이들의 벡터 외적은 그 점에서의 단위 법선을 얻기 위해 정규화될 수 있다.

$$\mathbf{n} = \frac{\mathbf{p}_u \times \mathbf{p}_v}{|\mathbf{p}_u \times \mathbf{p}_v|}$$

표면을 법선 방향으로 **범프**(bump) 또는 **변위**(displacement) 함수 $d(u, v)$에 의해 변위시킨다고 가정한다. $d(u, v)$는 알고 있는 것이며 작다고 가정할 수 있다($|d(u, v)| \ll 1$). 변위된 표면은 다음과 같이 주어진다.

$$\mathbf{p}' = \mathbf{p} + d(u, v)\mathbf{n}$$

표면을 변위시키지 않고, 단지 변위된 것처럼 보이게 하는 것이 좋다. 왜냐하면 변위된 표면은 변위되지 않은 표면보다 기하학적으로 더 복잡하고 따라서 렌더링 처리의 속도를 떨어뜨리기 때문이다. $\mathbf{p}$ 대신에 법선 $\mathbf{n}$을 변경하고, 교란된 법선을 음영계산에 사용함으로써 원하는 모양을 얻을 수 있다.

교란된 점 $\mathbf{p}'$에서의 법선은 다음과 같이 외적으로 주어진다.

$$\mathbf{n}' = \mathbf{p}'_u \times \mathbf{p}'_v$$

$\mathbf{p}'$에 대한 방정식을 미분함으로써 두 개의 편미분을 계산할 수 있다. 즉,

$$\mathbf{p}'_u = \mathbf{p}_u + \frac{\partial d}{\partial u}\mathbf{n} + d(u, v)\mathbf{n}_u$$

$$\mathbf{p}'_v = \mathbf{p}_v + \frac{\partial d}{\partial v}\mathbf{n} + d(u, v)\mathbf{n}_v$$

이다. 만일 d가 작으면, 두 수식의 우변의 마지막 항을 무시할 수 있으며, 외적을 취하고 $\mathbf{n} \times \mathbf{n} = 0$을 적용해서 다음과 같은 근사적인 교란된 법선을 얻을 수 있다.

$$\mathbf{n}' \approx \mathbf{n} + \frac{\partial d}{\partial u}\mathbf{n} \times \mathbf{p}_v + \frac{\partial d}{\partial v}\mathbf{n} \times \mathbf{p}_u$$

오른쪽 두 항은 변위로서, 원래의 법선과 교란된 법선과의 차이이다. 두 벡터의 외적은 이들 모두와 직교한다. 결과적으로 두 외적은 $\mathbf{p}$에서 접평면(tangent plane)상의 벡터를 만들어 내며, 이들 합 역시 접평면 상에 있어야 한다.

$\mathbf{p}'_u$와 $\mathbf{p}'_v$가 법선 $\mathbf{n}'$와 직각인 접평면에 놓여 있지만 반드시 서로 직교하지는 않는다. 외적을 사용해서 직교 기저와 대응되는 회전행렬을 구할 수 있다. 첫째, $\mathbf{n}'$와 $\mathbf{p}'_u$를 정규화하여 다음의 벡터를 얻는다.

$$\mathbf{m} = \frac{\mathbf{n}'}{|\mathbf{n}'|}$$

$$\mathbf{t} = \frac{\mathbf{p}'_u}{|\mathbf{p}'_u|}$$

세 번째 직교 벡터 $\mathbf{b}$는 다음과 같이 구한다.

$$\mathbf{b} = \mathbf{m} \times \mathbf{t}$$

벡터 $\mathbf{t}$를 **접선 벡터**(tangent vector), $\mathbf{b}$를 **종법선 벡터**(binormal vector)라고 한다. 다음 행렬

$$\mathbf{M} = [\,\mathbf{t} \quad \mathbf{b} \quad \mathbf{m}\,]^T$$

은 회전 행렬로서 원래 공간에서의 표현을 세 벡터의 표현으로 변환한다. 새로운 공간을 **접 공간**(tangent space)이라 한다. 접선 벡터와 종법선 벡터는 표면 위의 각 점에 대해 변할 수 있기 때문에 접 공간은 로컬 좌표계이다.

표면 위의 로컬 점에 대해 다른 프레임을 도입한 의미를 좀 더 이해하기 위해 평면 $z = 0$로부터의 범프를 생각해 보자. 표면 방정식을 음함수 형태로 표현하면 다음과 같다.

$$f(x, y) = ax + by + c = 0$$

$u = x$, $v = y$로 두면, $a \neq 0$인 경우에 한해 다음을 얻는다.

$$\mathbf{p}(u, v) = \begin{bmatrix} u \\ -\frac{b}{a}v - \frac{c}{a} \\ 0 \end{bmatrix}$$

벡터 $\partial\mathbf{p}/\partial u$와 $\partial\mathbf{p}/\partial v$는 다음의 직교 벡터를 얻기 위해 정규화가 가능하다.

$$\frac{\mathbf{p}'_u}{|\mathbf{p}'_u|} = [\,1 \quad 0 \quad 0\,]^T$$

$$\frac{\mathbf{p}'_v}{|\mathbf{p}'_v|} = [\,0 \quad 1 \quad 0\,]^T$$

이들 벡터는 직교하므로 접 종법선(tangent binormal) 벡터 역할을 한다. 단위 법선 벡터는 다음과 같다.

$$\mathbf{n} = [\,0 \quad 0 \quad 1\,]^T$$

이 경우, 변위 함수는 $d(x, y)$이다. 범프 맵을 명시하기 위해서는 $\partial d/\partial x$와 $\partial d/\partial y$의 값을 주는 두 개의 함수가 필요하다. 만약 이들 함수를 해석적으로 알고 있다면, 이들을 응용 프로그램 또는 셰이더에서 구할 수 있다. 그러나 픽셀 행렬 $\mathbf{D} = [d_{ij}]$의 샘플된 버전 $d(x, y)$를 알고 있는 경우가 종종 있다. 요구되는 편미분은 다음과 같이 배열 내 인접 요소 간의 차이에 의해 근사될 수 있다.

$$\frac{\partial d}{\partial x} \propto d_{ij} - d_{i-1,j}$$

$$\frac{\partial d}{\partial y} \propto d_{ij} - d_{i,j-1}$$

이들 행렬은 응용프로그램에서 사전에 계산될 수 있고 **법선 맵**(normal map)이라는 텍스처로서 저장된다. 단편 셰이더는 샘플러를 사용하여 그 값들을 구할 수 있다.

필요한 셰이더를 개발하기 전에, 표면이 평면 $z = 0$으로 나타내지지 않을 때 일반적인 경우에 대해 무엇이 다른지를 고려해 보자. 간단한 예제에서, 접 공간 축은 객체 또는 사용자 중심(세계)의 축과 정렬되어 있다. 일반적으로 표면 법선은 z 방향을 가리키지도 않고 특정 축을 따라 향하지도 않는다. 게다가 접선 벡터와 종법선 벡터는 서로 그리고 법선과 직교하지만 사용자 축 또는 객체 축에 대해 특정 방향을 가지지 않는다. 변위 함수는 법선을 따라 측정되므로 이의 편미분은 임의의 평면에 있게 된다. 그러나 접 공간에서의 이 변위는 z 좌표축을 따라 있게 된다. 따라서 법선과 접선, 종법선 벡터로 구성된 행렬 **M**의 중요성은 범프 맵 계산이 우리가 했던 것과 일치하는 로컬 좌표계로 옮겨갈 수 있도록 한다는 점이다. 통상적인 범프 매핑의 구현은 이 행렬을 구해서 객체 공간 벡터를 접 공간의 로컬 좌표계 상의 벡터로 변환하는 작업이다. 접 공간은 지역적이기 때문에 각 단편에 대해 표현에 있어서 변화가 다를 수 있다. 다각형 메시에서는 각 다각형에 대해 동일한 법선을 사용한다면 계산은 더 간단해질 수 있으며, 응용프로그램은 각 다각형에 대해 한차례 접선과 종법선을 정점 셰이더로 보낼 수 있다.

이제 범프 매핑을 위한 정점 및 단편 셰이더를 코딩할 준비가 되었다. 표면 법선, 조명 벡터, 중간각 벡터, 정점 위치 등 조명을 위해 필요한 항목들은 보통 그 점에서 눈 또는 객체 좌표들이다. 법선 맵을 사용하든 법선의 변동 상태를 단편 셰이더에서 절차적으로 계산하든 변위는 텍스처-공간 좌표이다. 정확한 음영을 위해 법선 맵을 객체-공간 좌표로 변환하거나 객체-공간 좌표를 텍스처-공간 좌표로 변환해 주어야 한다. 일반적으로 후자의 경우가 단편 단위보다 정점 단위로 정점 셰이더에서 수행될 수 있으므로 작업량이 적다. 지금까지 보아온 바와 같이 객체 공간을 텍스처 공간으로 변환하는데 필요한 행렬은 정확히 법선, 접선 그리고 종법선으로 구성된 행렬이다.

법선이 각 정점에서 변하는 경우, 이를 정점 속성으로서 정점 셰이더로 보낼 수 있다. 또는 한 번에 하나의 평면 다각형을 처리하는 경우, uniform 변수를 사용할 수 있다. 또한 응용프로그램에서 이와 유사한 방법으로 접선 벡터를 제공해 줄 수도 있다. 그러면 종법선은 외적 함수를 사용하여 셰이더에서 계산될 수 있다. 이들 계산은 단편 셰이더에서 사용하기 위해 접선 좌표계의 광원 벡터와 관측 벡터를 생성하는 정점 셰이더에서 수행된다. 접선 좌표계의 법선 벡터는 항상 양의 z 방향을 가리키기 때문에 접 공간에서의 조명을 구현하기에 관측 벡터와 광원 벡터이면 충분하다.

7.10.2 범프 맵 예제

평면 $y = 10.0$ 상에서 회전하고 있는 평면 위에 광원을 가진 평면 $y = 0$ 상의 단일 정사각형이 예제이다. 간편한 코드를 위해 확산 조명만을 포함하기로 한다. 원래 정사각형의 중앙에 위치하는 작은 정사각형이 변위가 된다. 코딩 작업에 들어가기 전 출력을 그림 7.33에 보인다. 좌측 이미지는 원 위치의 광원에 의한 이미지이다. 오른쪽 이미지는 표면 위 같은 높이의 x-z 평면에서 45° 회전된 광원에 의한 이미지이다.

먼저 응용프로그램을 살펴보자. 여기서 정사각형의 다각형을 위해 두 개의 삼각형을 사용할 것이며, 각각 6개의 정점 텍스처를 가진다. 그래서 이 부분의 코드도 이전 예제에서처럼 길다.

```
point4 points[6];
point2 tex_coord[6];

void mesh()
{
    point4 vertices[4] = {
        point4(0.0, 0.0, 0.0, 1.0),
        point4(1.0, 0.0, 0.0, 1.0),
        point4(1.0, 0.0, 1.0, 1.0),
        point4(0.0, 0.0, 1.0, 1.0)
    };

    points[0] = vertices[0];
    tex_coord[0] = point2(0.0, 0.0);
    points[1] = vertices[1];
    tex_coord[1] = point2(1.0, 0.0);
    points[2] = vertices[2];
    tex_coord[2] = point2(1.0, 1.0);
    points[3] = vertices[2];
    tex_coord[3] = point2(1.0, 1.0);
```

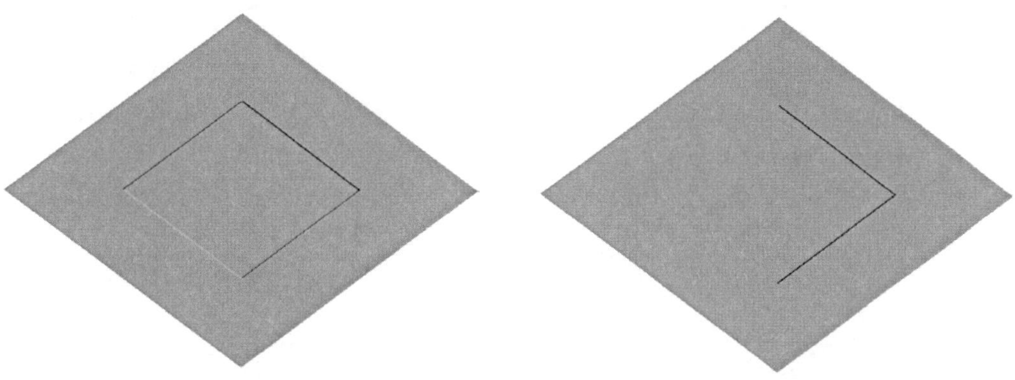

● 그림 7.33 ● 정사각형 변위의 범프 매핑

```
    points[4] = vertices[3];
    tex_coord[4] = point2(0.0, 1.0);
    points[5] = vertices[0];
    tex_coord[5] = point2(0.0, 0.0);
}
```

이들 데이터는 정점의 속성으로서 GPU에 보내진다.

변위 맵은 응용프로그램에서 배열로서 생성된다. 변위 데이터는 배열 data 내에 존재한다. 법선 맵은 편미분을 근사하기 위해 구성요소 중 2개에 대해 그 차이를 취함으로써 계산되며, 배열 normals를 형성하기 위해 세 번째 구성요소에 대해서는 1.0을 사용한다. 이들 값들은 텍스처 이미지 내 색상으로 저장되므로 구성요소들은 구간 (0.0, 1.0)의 비율에 따라 재결정된다.

```
const int N = 256;

float data[N+1][N+1];
vec3 normals[N][N];

for(int i = 0; i < N+1; i++)
   for(int j = 0; j < N+1; j++)
      data[i][j]=0.0;

for(int i = N/4; i < 3*N/4; i++)
   for(int j = N/4; j < 3*N/4; j++)
      data[i][j] = 1.0;

for(int i = 0;i < N; i++)
   for(int j = 0;j < N; j++)
   {
      vec4 n = vec3(data[i][j] - data[i+1][j], 0.0, data[i][j] -
                     data[i][j+1]);
      normals[i][j] = 0.5*normalize(n) + 0.5;
   }
```

배열 normals는 텍스처 객체를 구축하여 GPU로 보내진다. 그리고 투영 행렬, 모델-관측 행렬, 조명 위치, 확산 조명 파라미터 등을 uniform 변수로서 셰이더로 보낸다. 표면이 편평하기 때문에 법선은 일정하고, uniform 변수로서 셰이더로 보내진다. 마찬가지로, 접선 벡터도 일정하며 동일 평면 내 임의의 벡터가 될 수 있으며, 역시 uniform 변수로서 정점 셰이더로 보내질 수 있다.

이제 정점 셰이더로 돌아가 보자. 간단한 이 예제에서, 텍스처 공간에서 계산을 수행하고자 한다. 따라서 조명 벡터와 눈 벡터 모두를 이 공간으로 변환해야 한다. 이를 위해 필요한 변환 행렬은 법선, 접선 그리고 종법선 벡터로 구성된다.

법선과 접선은 객체 좌표로 지정되며, 먼저 눈 좌표로 변환되어야 한다. 필요한 변환행렬은 **법선 행렬**(normal matrix)로서, 이는 모델-관측 행렬(연습문제 7.30 참조)의 왼쪽 상단 3 × 3의 부분 행렬의 역전치(inverse transpose)에 해당한다. 이 행렬은 응용 프로그램에서 계산되는 것으로 가정하며, 또 다른 uniform 변수로서 셰이더로 전송되면, 변환된 법선과 접선을 사용하여 눈 좌표계에서의 종법선을 구할 수 있다. 마지막으로 이들 세 개의 벡터를 사용하여 관측 벡터와 조명 벡터를 텍스처 공간으로 변환할 수 있다. 다음은 정점 셰이더이다.

```
/* 범프맵 정점 셰이더 */

out vec3 L; /* 텍스처 공간 좌표 내 광선 벡터 */
out vec3 V; /* 텍스처 공간 좌표 내 관측자 벡터 */
out vec2 st; /* 텍스처 좌표 */

in vec2 texcoord;
in vec4 vPosition;
uniform vec3 Normal;
uniform vec4 LightPosition;
uniform mat4 ModelView;
uniform mat4 Projection;
uniform mat4 NormalMatrix;
uniform vec3 objTangent;

void main()
{
    gl_Position = Projection*ModelView*vPosition;

    st = texcoord;

    vec3 eyePosition = vec3(ModelView*vPosition);
    vec3 eyeLightPos = LightPosition.xyz;

    /* 눈 좌표계에서의 법선, 접선, 종법선 벡터 */

    vec3 N = normalize(NormalMatrix*Normal);
    vec3 T = normalize(NormalMatrix*objTangent);
    vec3 B = cross(N, T);

    /* 텍스처 공간에서의 광원 벡터 */

    L.x = dot(T, eyeLightPos-eyePosition);
    L.y = dot(B, eyeLightPos-eyePosition);
    L.z = dot(N, eyeLightPos-eyePosition);

    L = normalize(L);

    /* 텍스처 공간에서의 관측자 벡터 */

    V.x = dot(T, -eyePosition);
    V.y = dot(B, -eyePosition);
```

```
    V.z = dot(N, -eyePosition);

    V = normalize(V);
}
```

단편 셰이더를 위한 전략은 응용프로그램의 법선 맵으로부터 텍스처 맵에서 정규화되고 교란된 법선을 제공하는 것이다. 단편 셰이더는 다음과 같은 코드로 주어진다.

```
in vec3 L;
in vec3 V;
in vec2 st;
uniform vec4 DiffuseProduct;
uniform sampler2D texMap;
void main()
{

    vec4 N = texture2D(texMap, st);
    vec3 NN = normalize(2.0*N.xyz-1.0);
    vec3 LL = normalize(L);
    float Kd = max(dot(NN.xyz, LL), 0.0);
    gl_FragColor = Kd*DiffuseProduct;
}
```

텍스처 맵의 값들은 다시 구간 $(-1.0, 1.0)$의 비율에 따라 재결정된다. DiffuseProduct는 응용프로그램에서 계산되는 벡터로서, 각 구성요소는 확산 조명요소와 확산 재질 요소의 곱이다.

이 예제는 정점 셰이더에서 계산된 텍스처 공간의 관측 벡터를 사용하고 있지 않음에 유의할 필요가 있다. 이들 벡터는 만약 전반사(거울반사) 항목을 추가했을 경우에 필요할 것이다. 여기서는 표면의 범프 매핑만을 다루었다. 범프 매핑의 강력한 응용 예는 8장에서 보는 절차적 텍스처 생성과 결합된 경우이다.

7.11 합성 기법

지금까지는 하나의 이미지를 형성하고자 하는 경우로서, 이 이미지를 구성하는 객체의 표면이 불투명한 경우를 가정하였다. OpenGL은 **알파**(α) **배합**(alpha blending) 메커니즘을 이용하여 투명한 객체들로 된 이미지를 생성할 수 있다. **알파 채널**(alpha channel)은 RGBA(또는 RGBα) 색상 모드에서 네 번째 색이다. 다른 색상들과 마찬가지로, 응용프로그램은 각각의 픽셀에 대한 A(또는 α)값을 제어할 수 있다. 그러나 RGBA 모드에서, 만일 배합이 동작하게 되면, α값은 RGB 값들이 프레임 버퍼에 어떻게 쓰일지를 제어한다. 여러 개의 객체들로부터 단편들이 동일한 픽셀의 색에 기여할 수 있다는 의미에서 이러한 객체들이 **혼합**(blended) 또는 **합성**(composited)되었다고 한다. 이러한 이미지를 합성하기 위해 유사한 메커니즘을 사용할 수 있다.

7.11.1 불투명도와 혼합

면의 **불투명도**(opacity)는 얼마나 많은 빛이 면을 관통하는가의 척도이다. 불투명도 1($\alpha = 1$)은 완전히 불투명한 표면에 대응되는 것으로 모든 빛을 통과시키지 않는다. 불투명도 0을 갖는 표면은 투명하며, 모든 빛은 표면을 통과한다. 불투명도 α를 갖는 표면의 **투명도**(transparency) 또는 **반투명도**(translucency)는 $1 - \alpha$로 주어진다.

그림 7.34와 같이 균일 조명 하의 다각형들을 생각해 보자. 중간의 다각형은 불투명하고, 관측자로부터 가장 가까운 앞의 다각형은 투명하다고 가정하자. 만일 앞의 다각형이 완전히 투명하다면, 관측자는 가운데의 다각형만을 볼 수 있을 것이다. 그러나 만일 앞에 있는 다각형이 색유리 같이 부분적으로 불투명(부분적으로 투명)하다면, 관측자가 보게 될 색은 앞 다각형과 중간 다각형의 혼합 색일 것이다. 중간에 놓인 다각형이 불투명하기 때문에 관측자는 제일 뒤에 있는 다각형은 볼 수 없다. 만일 앞의 다각형이 적색이고 중간이 청색이면, 색의 혼합에 의해서 자홍색을 보게 될 것이다. 만일 중간의 다각형이 부분적으로 불투명하다면, 세 개의 모든 다각형의 색들이 혼합된 색을 보게 될 것이다.

컴퓨터 그래픽스에서는 일반적으로 한 번에 하나의 다각형을 프레임 버퍼에 렌더링한다. 따라서 만일 혼합(또는 합성)을 사용하려면, 단편 처리 단계의 부분으로서 불투명도를 적용하는 방법이 필요하다. 7.3절에서 원천 비트와 목적 비트를 사용했던 것처럼 원천 픽셀과 목적 픽셀들의 개념을 사용할 수 있다. 다각형이 처리될 때 픽셀 크기의 단편들이 계산되며, 그리고 그것이 가시적인 것이라면 사용되는 음영 모델에 기초하여 색이 할당된다. 지금까지는 음영 모델과 임의의 매핑 기법에 의해 계산된 단편의 색을 이

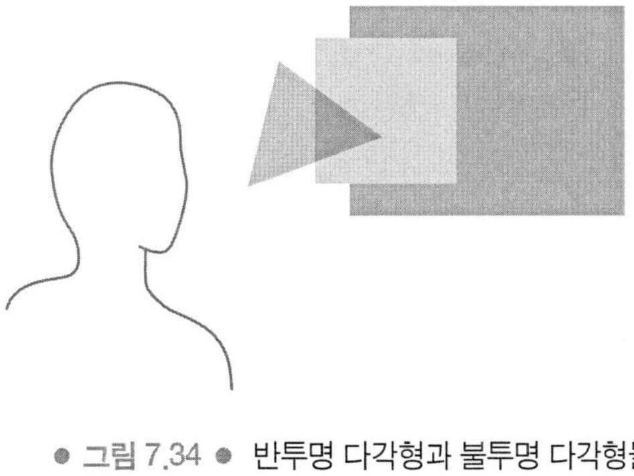

● 그림 7.34 ● 반투명 다각형과 불투명 다각형들

용하여 화면 좌표계상의 단편의 위치에서 프레임 버퍼 내의 픽셀의 색을 결정하였다. 만일 단편을 원천 픽셀로서 간주하고 프레임 버퍼 픽셀을 목적 픽셀로서 간주한다면, 다양한 방법으로 이들 값을 배합할 수 있다. α값을 사용하여 단편 단위로 배합을 제어할 수 있다. 다각형들의 색을 배합한다는 것은 두 개의 색유리를 겹쳤을 때, 둘 중에서 불투명도가 더 높은 색상을 갖는 색유리 한 개로 묶는 것과 유사하다.

만일 원천 픽셀과 목적 픽셀을 다음과 같은 4요소(RGBα) 배열로 표현하면

$$\mathbf{s} = [\, s_r \quad s_g \quad s_b \quad s_a \,]$$
$$\mathbf{d} = [\, d_r \quad d_g \quad d_b \quad d_a \,]$$

이다. 따라서 합성 연산은 **d**를 다음으로 교체한다.

$$\mathbf{d}' = [\, b_r s_r + c_r d_r \quad b_g s_g + c_g d_g \quad b_b s_b + c_b d_b \quad b_a s_a + c_a d_a \,]$$

상수 배열 $\mathbf{b} = [b_r \; b_g \; b_b \; b_a]$와 $\mathbf{c} = [c_r \; c_g \; c_b \; c_a]$는 각기 **원천 배합 계수**와 **목적 배합 계수**이다. 1.0보다 큰 α값은 최곳값 1.0으로, 그리고 음수값은 0.0으로 조정된다. α값 및 원천값과 목적값을 혼합하는 방법을 선택함으로써 다양한 효과를 얻을 수 있다.

7.11.2 이미지 합성

α 배합의 가장 직접적인 사용은 픽셀 맵 또는 독립적으로 렌더링된 데이터로 존재하는 여러 개의 이미지들을 배합하여 디스플레이하는 경우이다. 이 경우, 각 이미지는 최종 이미지에 동등하게 기여하는 발광 객체로 간주할 수 있다. 보통 1보다 큰 RGB 값을 강제 조정하는 일 없이, 최종 이미지에서 0에서 1 사이의 값을 갖도록 원한다. 따라서 각 이미지 값을 조절하거나 원천 및 목적 배합 계수를 사용할 수 있다.

최종 디스플레이에 동등하게 기여하는 n개의 이미지가 있다고 가정하자. 주어진 픽셀에서 이미지 i는 $\mathbf{C}_i\alpha_i$ 성분을 가진다. 여기서, 세 개 한 조로 된 색상값(R_i, G_i, B_i)을 나타내기 위해 $\mathbf{C}_i$를 사용하고 있다. 만일 $\mathbf{C}_i$를 $\frac{1}{n}\mathbf{C}_i$로 교체하고 α_i를 $\frac{1}{n}$로 대체하면, 간단히 각각의 이미지를 프레임 버퍼에 추가할 수 있다(프레임 버퍼는 $\alpha = 0$의 검은 색으로 초기화되어 있다고 가정). 또는 각각의 이미지의 각 픽셀에 대한 α값을 $\frac{1}{n}$로 설정함으로써 원천 배합 계수 $\frac{1}{n}$을 사용할 수 있으며, 목적 배합 계수를 1로, 원천 배합계수를 α로 할 수 있다. 결국 두 방법 모두 같은 이미지를 만들어내지만, 만일 합성을 하드웨어로 지원한다면 두 번째 합성 방법이 더 효과적일 수 있다. 만약 n의 값이 커지면, $\frac{1}{n}$의 형태를 갖는 배합계수는 색 해상도에 심각한 손실을 가져올 수 있다. 최근의 프레임 버퍼는 부동 소수점 연산을 지원하여 이러한 문제를 피할 수 있다.

7.11.3 OpenGL에서의 배합과 합성

OpenGL에서는 간단히 다음의 함수 호출로 배합을 사용할 수 있다.

```
glEnable(GL_BLEND);
```

그런 다음에 원하는 원천 계수와 목적 계수를 다음과 같은 호출로 설정할 수 있다.

```
glBlendFunc(source_factor, destination factor);
```

OpenGL에는 여러 개의 배합 계수가 정의되어 있다. 여기에는 1(GL_ONE)과 0(GL_ZERO), 원천 α와 $1 - \alpha$(GL_SRC_ALPHA와 GL_ONE_MINUS_SRC_ALPHA), 목적 α와 $1 - \alpha$(GL_DST_ALPHA와 GL_ONE_MINUS_DST_ALPHA) 등이 포함된다. 응용프로그램에서는 원하는 옵션을 지정한 다음에 RGBA 색을 사용한다.

합성의 주된 어려움은 대부분의 배합 계수 선택에 대해서 다각형들을 렌더링하는 순서가 최종 이미지에 영향을 미친다는 것이다. 예를 들면, 많은 응용에서 원천 α를 원천 배합 계수로 사용하고, $1 - \alpha$를 목적 계수로 사용한다. 그 결과 얻어지는 색과 불투명도는 다음과 같다.

$$(R_{d'}, G_{d'}, B_{d'}, \alpha_{d'}) = (\alpha_s R_s + (1 - \alpha_s)R_d, \alpha_s G + (1 - \alpha_s)G_d, \alpha_s B_s \\ + (1 - \alpha_s)B_d, \alpha_s \alpha_d + (1 - \alpha_s)\alpha_d)$$

이 공식은 색상과 불투명도 모두 일정 범위의 값을 벗어나지 않음을 보장한다. 그러나 결과 색상과 α값은 다각형이 렌더링되는 순서에 따라 다를 수 있다. 따라서 다각형이 래스터화 되는 순서에 대해서 사용자가 신경쓸 필요가 없는 대부분의 OpenGL 프로그램과 달리, 원하는 효과를 얻기 위해서 응용프로그램 안에서 이 순서를 제어해야 한다.

미묘하지만 시각적으로 확연한 문제는 한 화면에서 불투명 객체와 반투명 객체를 조합하는 경우에 일어난다. 보통의 경우 배합할 때, 은면 제거를 활성화시키지 않는데, 이는 이미 렌더링된 다각형의 뒤편에 있는 다각형은 래스터화 되지 않으며, 따라서 최종적인 이미지에 기여하지 않기 때문이다. 불투명 다각형과 반투명 다각형을 모두 포함하는 장면에서는 불투명 다각형 뒤에 있는 다각형은 렌더링되지 않아야 하지만, 불투명 다각형 앞에 있는 반투명 다각형은 합성되어야 한다. 이 문제에 대해서는 응용프로그램이 다각형의 순서를 정할 필요가 없는 간단한 해법이 있다. 은면 제거를 보통 때와 같이 활성화시키고, 반투명 다각형에 대해서는 z-버퍼를 읽기 전용으로 하는 것이다. 다음의 호출로 그렇게 할 수 있다.

```
glDepthMask(GL_FALSE);
```

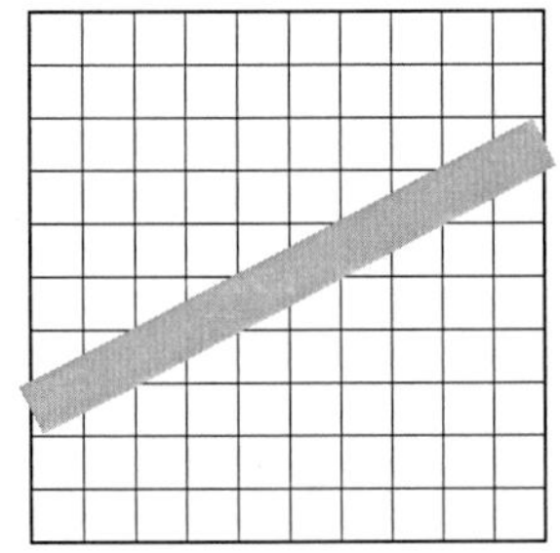

● 그림 7.35 ● 래스터 선분

이 버퍼가 읽기전용일 때, 이미 렌더링된 불투명 다각형의 뒤에 있는 반투명 다각형은 무시된다. 이미 렌더링된 임의의 다각형 앞에 놓인 반투명 다각형은 뒤에 있는 다각형의 색과 배합된다. 그러나 z-버퍼가 이 다각형에 대해서 읽기 전용이기 때문에 버퍼 내의 깊이 값은 변경되지 않는다. 불투명 다각형은 깊이 마스크를 참(true)으로 설정하고 정상적으로 렌더링된다. 합성의 결과는 개별요소들을 합성시키는 순서에 의존하므로 반투명 다각형을 임의 순서로 렌더링하는 이미지에 결함을 발견할 수도 있다. 반투명 다각형의 순서를 정렬하고자 할 경우, 모든 불투명 다각형을 먼저 렌더링한 후, 읽기 전용 모드에서 z-버퍼의 뒤에서 앞의 순서로 반투명 다각형을 렌더링한다.

7.11.4 에일리어싱 제거

α 채널의 주된 사용 중 하나는 에일리어싱 제거(antialiasing)를 위한 것이다. 선분은 유한 폭을 가져야 하므로 렌더링될 선분의 기본 폭은 한 픽셀 폭이 되어야 한다. 즉 이보다 더 가는 선은 만들 수 없다. 수평 또는 수직선분이 아닌 경우, 그림 7.35와 같이 그 선분은 부분적으로 프레임 버퍼 내에 여러 개의 픽셀을 커버하게 된다. 렌더링 처리의 기하학적 처리 단계의 한 부분으로서, 단편을 처리할 때 해당 픽셀의 α 값을 단편에 의해 커버되는 부분의 값인 0에서 1 사이의 값으로 설정한다고 가정하자. 그런 다음 단편을 프레임 버퍼에 렌더링할 때 이 α 값을 사용하여 색을 변조할 수 있다. 또한 목적 배합 계수 $1 - \alpha$와 원시 배합 계수 α를 사용할 수 있다. 그러나 픽셀 내에 단편의 중첩이 있으면, 그림 7.36에서 볼 수 있는 바와 같이 많은 가능성들이 있을 수 있다. 그림 7.36(a)에서는 단편들이 중첩되어 있지 않으며, 그림 7.36(b)에서는 단편들이 중첩되어 있다. 한 번에 하나의 다각형에 대해 작업하는 렌더기의 관점에서 이 문제를 생각해 보자. 문제의 단순화를 위해 배경은 불투명하고, 프레임 버퍼는 배경색 $\mathbf{C}_0$로 시작한다고 가정하자. 픽셀의 어떤 부분도 다각형들의 단편에 의해 덮여지지 않았기 때문에 $\alpha_0 = 0$으로 설정할 수 있다. 첫 번째 다각형이 렌더링된다. 목적 픽셀의 색은 다음과 같이 설정되며

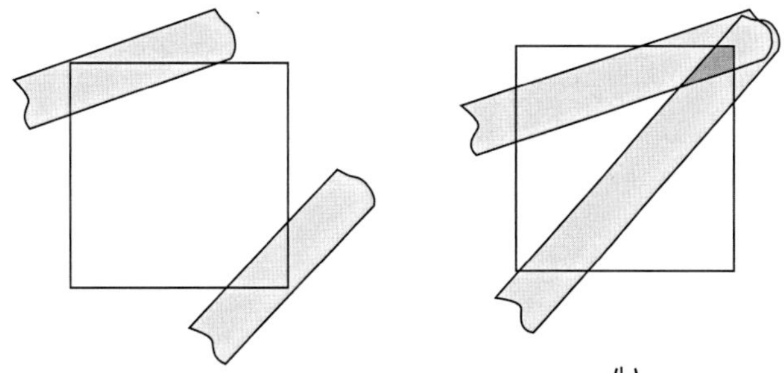

● 그림 7.36 ● 단편들 (a) 비중첩 (b) 중첩

$$\mathbf{C}_d = (1-\alpha_1)\mathbf{C}_0 + \alpha_1\mathbf{C}_1$$

그리고 그 값은

$$\alpha_d = \alpha_1$$

이다. 따라서 전체 픽셀 ($\alpha_1 = 1$)을 커버하는 단편은 자신의 색을 목적 픽셀에 할당하며, 목적 픽셀은 불투명이 된다. 만일 배경이 검은색이면 목적색은 $\alpha_1\mathbf{C}_1$이 된다. 이제 같은 픽셀에 경계를 갖는 두 번째 다각형의 단편을 생각해 보자. 그 색과 α 값을 어떻게 추가하는가는 중첩을 어떻게 해석하는가에 의존한다. 만약에 중첩이 없다면, 목적색과 단편의 색을 배합한 새로운 색을 할당할 수 있으며, 색과 α의 결과는 다음과 같다.

$$\mathbf{C}_d = (1-\alpha_2)((1-\alpha_1)\mathbf{C}_0 + \alpha_1\mathbf{C}_1) + \alpha_2\mathbf{C}_2$$
$$\alpha_d = \alpha_1 + \alpha_2$$

이 색은 두 색상이 배합된 것이며, 강제 조정될 필요는 없다. α의 결과값은 픽셀이 커버되는 새로운 부분을 나타낸다. 그러나 결과색은 다각형이 렌더링되는 순서에 의해 영향을 받는다. 보다 어려운 문제는, 만일 단편들이 중첩되어 있으면 어떻게 할 것이며, 그리고 중첩이 있는지를 어떻게 알 수 있는가 하는 점이다. 하나의 전략으로서 확률적 관점을 취하는 것이다. 만약 단편 1이 픽셀의 α_1의 비율을, 그리고 단편 2가 같은 픽셀 α_2의 비율을 점유하고, 픽셀 내에 단편들의 위치에 관한 어떤 정보도 갖고 있지 않다면, 평균 중첩 영역은 $\alpha_1\alpha_2$가 된다. 평균 중첩의 경우는 그림 7.37과 같이 나타낼 수 있다. 따라서 새로운 목적 α는 다음과 같다.

$$\alpha_d = \alpha_1 + \alpha_2 - \alpha_1\alpha_2$$

두 번째 단편이 첫 번째 앞에 있는지, 또는 첫 번째 것이 두 번째 앞에 있는지, 심지어

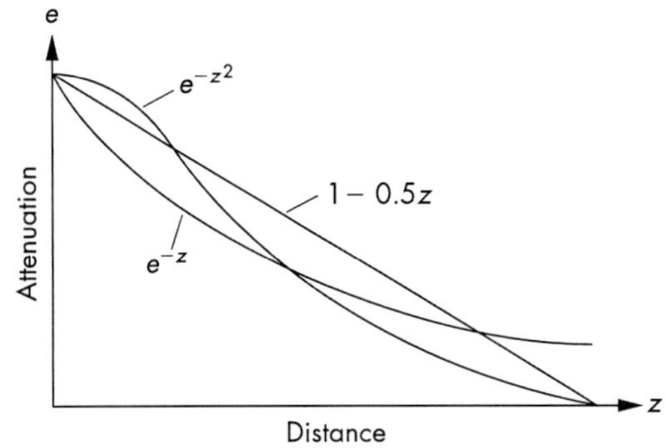

● 그림 7.37 ● 평균 중첩

두 개가 배합되어야 하는지를 결정해야 하기 때문에 색을 할당하는 것이 간단한 문제가 아니다. 어떤 가정을 하든지 적절한 배합을 정의할 수 있다. 파이프라인 렌더기에서는 다각형들은 관측자로부터의 거리와 상관없는 순서로 생성될 수 있다. 그러나 α 배합과 은면 제거를 결합하면 깊이 정보를 이용해서 전과 후를 결정할 수 있다.

OpenGL에서 배합 처리를 활성화하고 점, 선 또는 다각형의 평활화(smoothing) 처리를 활성화하면, 사용자 프로그램에서 α 값을 명시적으로 결합시키지 않고도 에일리어싱 제거 기능을 기동시킬 수 있다. 예를 들면 다음과 같이 사용할 수 있다.

```
glEnable(GL_LINE_SMOOTH);
glEnable(GL_POLYGON_SMOOTH);
glEnable(GL_BLEND);
glBlendFunc(GL_SRC_ALPHA, GL_ONE_MINUS_SRC_ALPHA);
```

에일리어싱 제거에는 상당한 성능 손실이 따를 수 있다. 컬러 그림판 8은 OpenGL을 이용하여 다각형에서 에일리어싱을 제거한 것을 보여주고 있다.

7.11.5 전향 렌더링과 후향 렌더링

α 채널을 사용하여 반투명한 모양을 생성할 수 있지만, 객체가 어떻게 조명되며, 반투명 객체를 통과하는 광선들과 투영선들이 어떻게 되는지를 고려하지 않으면 투명도를 물리적으로 올바르게 다루기 어렵다. 그림 7.38에서 몇 가지 어려움을 볼 수 있다. 반투명 표면을 통과하는 빛의 굴절은 무시한다. 이 효과는 파이프라인 다각형 렌더기가 다룰 수 없는 효과이기 때문이다. 뒤에 있는 다각형이 불투명하지만 반사체이며, 관측자에 근접된 두 다각형은 반투명이라 가정하자. 광원으로부터의 다양한 광선들을 따라감으로써 여러 가지 가능성을 볼 수 있다. 어떤 광선들은 뒤쪽 다각형을 비추고, 해당 픽셀에는 투영선과 다각형의 교차점의 음영 색상 값이 주어질 수 있다. 이러한 광선들에 대해

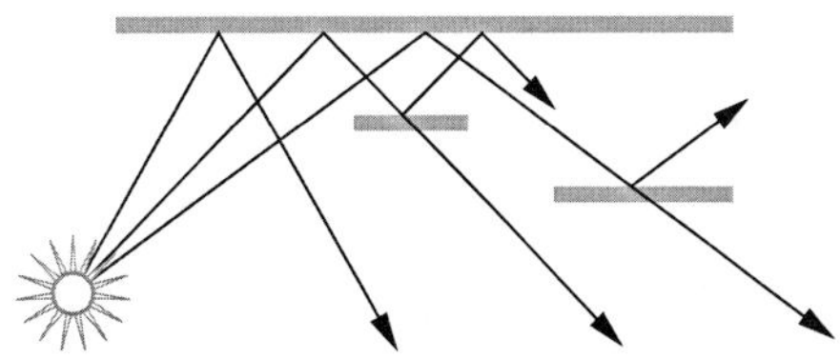

● 그림 7.38 ● 반투명 객체를 포함하는 장면

서 광원에서 직접 조명을 받는 점들과 입사광이 하나 또는 두 반투명 다각형들을 통과하는 점들을 구별해야 한다. 하나의 반투명 표면만을 통과하는 광선들에 대해서는 다각형의 색과 불투명도를 기반으로 색을 조정해야 한다. 관측자를 향해 반사되는 앞의 다각형을 비추고 있는 빛에 대한 항도 추가해야 한다. 두 개의 반투명 다각형 모두를 통과한 빛에 대해서는 그들의 결합된 효과를 고려해야 한다.

파이프라인 렌더기의 경우, 한 픽셀에 대한 모든 다각형의 기여를 동시에 고려하기보다는 각 다각형이 파이프라인을 통과하는 동안 그 기여를 계산해야 하기 때문에 작업이 불가능하지는 않지만 매우 어렵다. 반투명 처리를 일관성 있고 사실적으로 취급해야 하는 응용에서는 다각형을 응용프로그램 내에서 전면에서 후면까지의 순서로 정렬해야 한다. 응용에 따라 OpenGL의 배합 기능을 사용하여 전향(Back-to-Front) 또는 후향 렌더링(Front-to-Back Rendering)을 할 수 있다(연습문제 7.27 참조).

7.11.6 장면의 에일리어싱 제거와 다중 샘플링

7.11.4절에서 언급한 바와 같이 선분이나 다각형에 대해 개별적으로 에일리어싱을 제거하기 보다는 **다중 샘플링**(multisampling) 기법을 사용하여 전체 장면을 대상으로 에일리어싱을 제거할 수 있다. 이 모드에서는 프레임 버퍼 내의 각 픽셀은 여러 개의 샘플들을 포함한다. 각 샘플은 색상, 깊이, 그리고 기타 값들을 저장할 수 있다. 이 경우 장면은 향상된 해상도로 렌더링되는 효과를 얻을 수 있다. 그러나 이미지가 프레임 버퍼 내에 표시될 때 각 픽셀에 대한 모든 샘플들이 서로 조합되어 최종 픽셀 색상을 만들어내게 된다.

OpenGL에서 픽셀당 샘플의 수는 응용프로그램이 초기화될 때 프레임 버퍼가 어떻게 생성되는가의 함수로 표현된다. 우리의 프로그램에서는 GLUT를 사용하고 있으므로 `glutInitDisplayMode`에 추가 옵션 `GLUT_MULTISAMPLE`을 추가할 수 있을 것이다. 이는 프레임 버퍼 내 픽셀들이 다수의 샘플들을 가져야 함을 요구한다.

선분이나 다각형의 에일리어싱 제거가 프레임의 렌더링 중에 가능 또는 불가능하게 되는 것처럼 다중 샘플링 역시 마찬가지이다. 다중 샘플링을 기동하고 프레임 내에서 렌더링되는 모든 기본요소들에 대한 에일리어싱 제거를 시작하기 위해서 간단히 함수

glEnable(GL_MULTISAMPLE)을 호출한다. 마찬가지로 함수 glDisable(GL_MULTISAMPLE) 호출로 다중 샘플링 렌더링을 중단시킨다. 일반적으로 응용에서는 거의 상시 다중 샘플을 하거나 또는 전혀 하지 않거나 둘 중 하나이다.

7.11.7 이미지 처리

다양한 이미지 처리(image processing) 연산을 수행하기 위해 픽셀 매핑을 사용할 수 있다. 디지털 이미지를 대상으로 하는 것을 가정한다. 이 이미지는 렌더링에 의해 생성되었거나 또는 스캐너를 사용하여 연속 이미지를 디지털화하여 얻어진 것일 수 있다. 이미지를 다음과 같이 $N \times M$ 행렬로 나타낼 수 있다.

$$\mathbf{A} = [\, a_{ij} \,]$$

컬러 이미지의 각 색상 성분을 각각 따로 처리할 경우, 행렬 **A**의 요소들은 개별 색상 성분 또는 그레이 레벨로 간주할 수 있다. **선형 필터**(linear filter)는 행렬 요소들이 다음과 같이 표현되는 필터링된 행렬 **B**를 생성한다.

$$b_{ij} = \sum_{k=-m}^{m} \sum_{l=-n}^{n} h_{kl}\, a_{i+k,j+l}$$

여기서 **B**는 **A**를 필터행렬 **H**로 **컨볼루션**(convolution)한 결과라고 한다. 일반적으로 m과 n은 작은 값이며, **H**를 $(2m + 1 \times 2m + 1)$의 **컨볼루션 행렬**(convolution matrix)로 표현할 수 있다.

$m = n = 1$인 경우의 필터링 연산을 그림 7.39에 나타낸다. **A**의 각 픽셀에 대해서, 컨볼루션 행렬을 a_{ij} 위에 위치시키고 주변 점들의 가중치 평균을 택한다. 행렬 내 값은 가중치들이다. 예를 들어 $n = m = 1$에 대해서 다음과 같은 3×3 크기의 컨볼루션 행렬을 사용하여 네 개의 주변 이웃들 각 픽셀을 평균할 수 있다.

$$\mathbf{H} = \frac{1}{5}\begin{bmatrix} 0 & 1 & 0 \\ 1 & 1 & 1 \\ 0 & 1 & 0 \end{bmatrix}$$

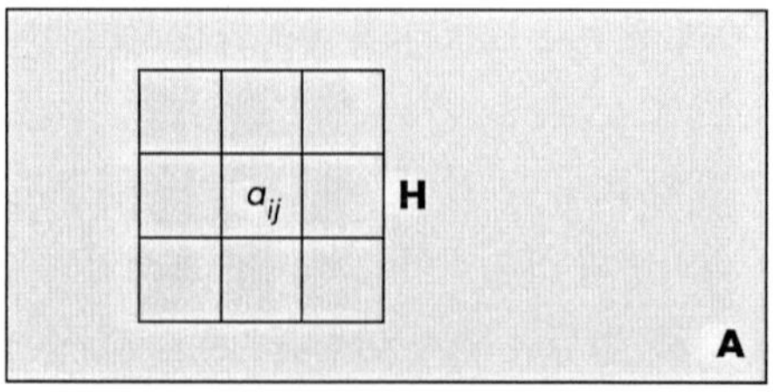

● 그림 7.39 ● 필터링과 컨볼루션

이러한 필터는 에일리어싱 제거에 사용될 수 있다. 또한 다음과 같은 컨볼루션 행렬을 사용하면 더 많은 점들을 사용하여 중앙에 더 큰 가중치를 줄 수 있다.

$$\mathbf{H} = \frac{1}{16}\begin{bmatrix} 1 & 2 & 1 \\ 2 & 4 & 2 \\ 1 & 2 & 1 \end{bmatrix}$$

B가 같은 차원을 갖도록 하려면 **A** 주변의 경계를 결정해야 함을 유의하라. 작은 행렬을 사용하는 다른 연산들도 가능하다. 예를 들면, 다음과 같은 행렬은

$$\mathbf{H} = \begin{bmatrix} 0 & -1 & 0 \\ -1 & 4 & -1 \\ 0 & -1 & 0 \end{bmatrix}$$

이미지 내에서 값이 변하는 부분이나 에지(경계선)를 검출하기 위해 사용된다. 만일 행렬 **H**가 $k \times k$이면, 매번 **A**를 시프트시키면서 더해 가는 형태로 프레임 버퍼 내에 k^2개의 이미지를 누적함으로써 필터를 구현할 수 있다.

7.11.8 기타 다중 패스 방법들

시간과 깊이에 대한 필터링을 위해서도 누적 버퍼를 사용할 수 있다. 예를 들면, 만일 다른 객체의 위치는 그대로 둔 채로 하나의 객체를 조금씩 움직이게 하면서 이를 여러 번 렌더링하면 최종 이미지에서는 조금씩 움직인 객체의 흐릿한 궤적 잔상을 볼 수 있다. 만일 객체가 무작위로 움직이는 것이 아니라 일정 경로를 따라서 이동한다면, 객체가 움직인 흔적을 볼 수 있다. 이러한 **모션 블러**(motion-blur: 움직임 흐림) 효과는 긴 노출 시간을 사용하여 움직이는 객체의 사진을 찍은 결과와 비슷하다. 객체의 α 값을 조절함으로써 객체의 최종 위치를 보다 큰 불투명도로 렌더링하거나 속도 차이의 느낌을 만들 수 있다.

깊이에 대한 필터링을 사용해서 초점 효과를 만들 수 있다. 실제 카메라는 모든 객체에 초점을 맞춘 이미지를 만들 수 없다. 카메라로부터의 특정거리 내의 객체들, 즉 카메라의 **피사계 심도**(depth of field) 내의 객체들은 초점이 맞고 피사계 심도 밖에 있는 객체들은 초점이 맞지 않으며 흐리게 나타난다. 컴퓨터 그래픽에서는 실제 렌즈의 한계에 대해서 걱정할 필요가 없기 때문에 무한대의 피사계 심도를 갖는 이미지를 만들어낼 수 있다. 그러나 때로는 실제 카메라가 만든 것처럼 보이는 이미지를 만들거나 원하는 피사계 심도 내의 객체들을 강조하기 위해서 장면 일부분의 초점을 흐리게 하기를 원할 때도 있다. 이번에는 그림 7.40에서 보이듯이, 특정 평면은 고정시킨 채로 두고 관측자를 움직이는 기법을 사용한다. $z = z_f$에 평면의 초점을 유지하면서 전면 클리핑 거리($z = z_{\min}$)와 후면 클리핑 거리($z = z_{\max}$)는 변하지 않은 채 그대로 두기를 원

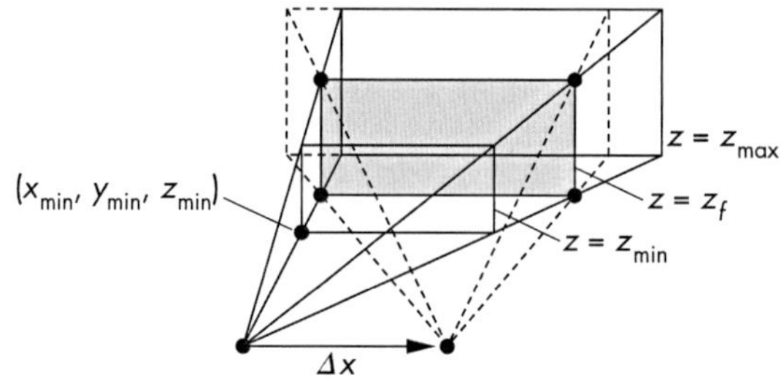

● 그림 7.40 ● 피사계 심도 지터(depth-of-field jitter)

한다고 가정한다. Frustum을 사용하여 전면 클리핑 사각형(x_{min}, x_{max}, y_{min}, y_{max})을 지정한다. 만일 관측자를 원점에서 x 방향으로 Δx만큼 움직이면 x_{min}을 다음과 같이 바꾸어야 한다.

$$x'_{min} = x_{min} + \frac{\Delta x}{z_f}(z_f - z_{near})$$

x_{max}, y_{min}, y_{max}에 대해서도 위와 유사한 식을 적용할 수 있다. Δx와 Δy를 증가시키면 좁은 피사계 심도를 만들 수 있다.

7.12 샘플링과 에일리어싱

우리는 지금까지 한 개체의 연속적인 표현으로부터 이산적인 근사치로 변환할 때 시각적 오차를 일으키는 많은 응용들을 보았다. 이러한 오차를 일컬어 에일리어싱(aliasing)이란 용어를 사용했다. 버퍼를 사용하여 작업할 경우 항상 디지털 이미지를 대상으로 작업하며, 만일 주의하지 않으면 이러한 오차들은 대단히 커질 수 있다. 이 절에서는 디지털 이미지의 성질을 살펴보고 에일리어싱 오차가 왜 생기며, 이 오차의 효과를 어떻게 완화시킬 수 있는지에 대해 살펴본다.

2차원의 연속 이미지 $f(x, y)$를 가지고 설명하기로 한다. f의 값은 단색 이미지의 경우에 그레이 레벨값 또는 컬러 이미지의 경우는 하나의 원색 값으로 간주할 수 있다. 컴퓨터에서는 n행 m열 픽셀로 정렬된 nm개의 픽셀 배열인 디지털 이미지로 처리한다. 각 픽셀은 k 비트를 가진다. 연속적인 이미지에서 이산적인 이미지로 변환되기 위해서는 두 단계를 거친다. 첫째, 연속적인 이미지를 nm개의 격자점에서 샘플링(sampling)한 값들의 집합 $\{f_{ij}\}$을 얻는다. 연속적인 이미지로부터 얻은 이러한 각 샘플들은 연속적인 이미지 상의 작은 영역에서 측정된 f 값이다. 그런 다음 이들 각 샘플을 **양자화**(quantiza-

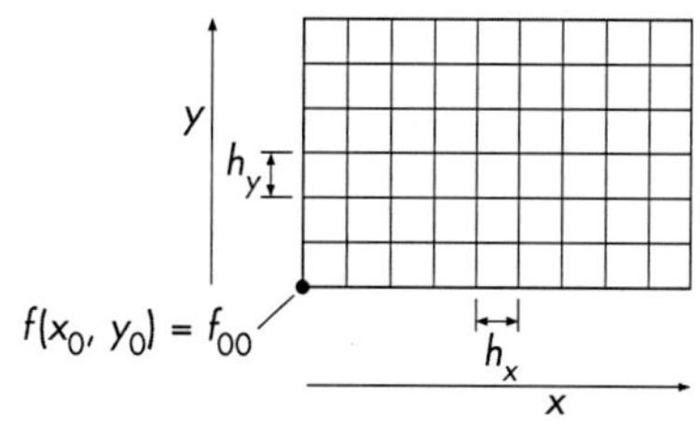

● 그림 7.41 ● 샘플링 격자

tion) 처리에 의해 k 비트의 픽셀로 변환한다.

7.12.1 샘플링 이론

그림 7.41에서와 같이, 샘플 f를 얻기 위한 사각형 격자를 가정하자. 만일 격자가 등간격이면, 이상적인 샘플러(sampler)는 다음과 같은 값을 생성한다.

$$f_{ij} = f(x_0 + ih_x, y_0 + jh_y)$$

여기서 h_x와 h_y는 각각 x와 y 방향으로 격자점들 사이의 거리이다. 실제의 샘플러는 이렇게 자세한 측정을 할 수 없다. 그러나 여기에는 두 가지 주요 사항이 있다. 첫째는 이러한 이상적인 샘플링 처리에서 우리가 범할 수 있는 오차는 무엇인가? 즉, 원 이미지가 가지고 있는 정보의 어느 정도가 샘플링된 이미지에 포함되어 있는가? 둘째는, 오차 없이 디지털 이미지를 연속 이미지로 되돌릴 수 있는가? 후자의 과정을 **재구성**(reconstruction)이라고 하며, 프레임 버퍼의 내용을 모니터 화면에 표시할 때 요구되는 디스플레이 처리들을 기술한다.

이러한 사항들에 대한 수학적 분석을 위해 푸리에(Fourier) 해석을 사용한다. 푸리에 변환은 응용 수학의 한 분야로서 디지털 신호 처리의 문제를 설명하는데 특별히 적합한 도구이다. 푸리에 이론의 핵심은 공간 또는 시간 도메인의 함수를 무한히 많은 주파수들로 된 정현파들의 집합으로 분해하는 것이다. 이러한 개념은 사운드에 잘 적용되며, 특정 사운드를 **스펙트럼**(spectrum)이라고 하는 주파수의 성분들로 구성된 것으로 생각한다. 2차원 이미지는 두 공간 주파수에서의 정현파 패턴이 결합된 것으로 생각할 수 있다. 그림 7.42(a)는 1차원 함수를, 그리고 (b)는 (a)를 형성하는 두 개의 정현파들을 보이고 있다. 그림 7.43은 2차원 주기 함수들을 보인다. 따라서 모든 2차원의 공간 함수 $f(x, y)$는 두 개의 등가적 표현을 가진다. 하나는 공간형태의 함수 $f(x, y)$이고, 다른 하나는 스펙트럼, 즉 주파수 영역 표현인 $g(\xi, \eta)$이다. g의 값은 2차원 공간 주파수 (ξ, η)에서의 f에 대한 기여 값이다. 이와 같이 두 가지 방식으로 함수를 표현함으로써 샘플링을 포함한 많은 현상들이 주파수 영역에서 더욱 쉽게 설명될 수 있다.

● 그림 7.42 ● 1차원 분해, (a) 함수 (b) 성분들

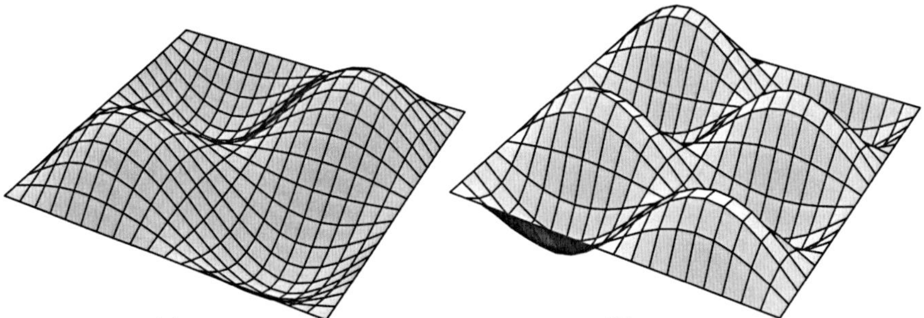

● 그림 7.43 ● 2차원 주기 함수들

Nyquist 샘플링 이론(Nyquist sampling theorem)으로 알려진 기본 정리를 증명 없이 이용하면, 복잡한 수학에 구애됨이 없이 샘플링의 중요한 결과들을 설명할 수 있다. 이 정리는 두 파트로 나누어진다. 첫 번째는 샘플링 오차에 관한 논의이고, 두 번째는 재구성에 관한 것이다. 정리의 part 2는 7.12.2절에서 살펴본다.

Nyquist 샘플링 정리(part 1): 연속 함수를 샘플링할 때 함수의 이상적 샘플들이 원래 함수가 가지고 있는 모든 정보를 포함하기 위한 필요충분조건은 그 함수의 최대 주파수의 두 배 이상인 주파수로 샘플링하는 것이다.

따라서 정보를 잃지 않으려면, 주파수 영역에서 원점을 중심으로 적어도 샘플링 주파수와 같은 폭의 윈도 밖에서는 0의 값을 갖는 함수들로 제한해야 한다. 에일리어싱을 피하기 위한 최저 주파수, 즉 샘플링 주파수의 절반을 Nyquist **주파수**(Nyquist frequency)라고 한다. 윈도 밖에서 스펙트럼 값이 0인 함수들을 **대역 제한**(band-limited) 함수라고 한다. 2차원 이미지의 경우, 샘플링 주파수는 2차원 격자의 x와 y축에서 간격 $1/h_x$와 $1/h_y$에 의해서 각각 결정된다. 이 정리는 무한개의 샘플들이 해당 격자점에서 정확한 값을 가진다는 이상적인 샘플링 처리를 가정한 것이다. 실제로는 버퍼의 해상도와 같은 유한개의 샘플들만 취할 수 있다. 따라서 완벽한 대역 제한 함수를 만들 수는 없다. 이

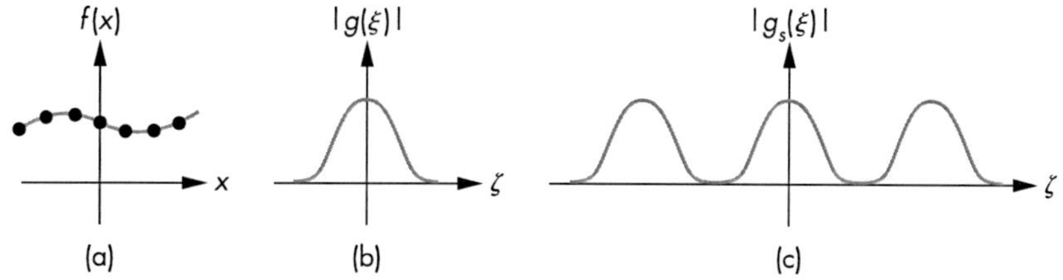

● 그림 7.44 ● 대역 제한 함수, (a) 공간 영역에서의 함수와 샘플들
(b) 함수의 스펙트럼 (c) 샘플들의 스펙트럼

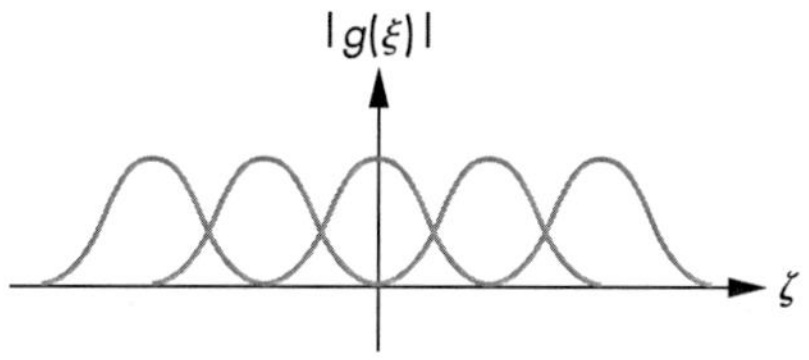

● 그림 7.45 ● 중첩된 복제본들

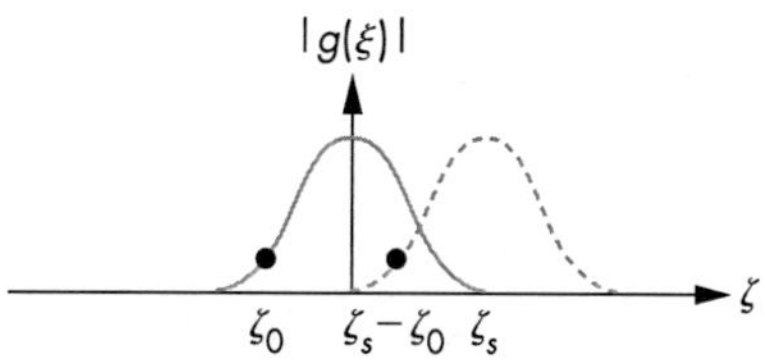

● 그림 7.46 ● 에일리어싱

는 푸리에 이론의 수학적 귀결로서, 샘플을 얻은 영역 밖의 함수는 알 수 없기 때문에 샘플된 점들이 유한개라는 사실에 기인한 모호성은 항상 존재함을 알 수 있다.[5)]

Nyquist 기준을 어기면 에일리어싱 오차가 발생한다. 이상적 샘플링 과정을 생각해 보면 에일리어싱이라는 이름이 어디서 유래되었는지 알 수 있다. 원래 함수와 이의 샘플들은 모두 주파수 영역의 표현을 가지고 있다. 샘플된 함수의 스펙트럼 성분은 원래 함수의 스펙트럼들이 샘플링 주파수만큼 중심이 이동되어 계속 반복된 것이다. 그림 7.44(a)와 같이 샘플들이 표시되어 있는 1차원 함수를 생각해 보자. 그림 7.44(b)는 함수의 스펙트럼이고, 그림 7.44(c)는 샘플된 함수의 스펙트럼을 보이는데, 그림 7.44(b)의 스펙트럼이 반복 복제된 것을 보이고 있다.[6)] Nyquist 주파수보다 높은 속도로 샘플링했기 때문에 복제들 사이가 분리되어 있다.

이제 그림 7.45의 경우를 생각해 보자. Nyquist 기준을 위반한 경우로서 복제본들이 중첩되어 있다. 그림 7.46에 확대하여 나타낸 바와 같이, 원점에 중심을 둔 중앙 복제본과 ξ_s에 중심을 둔 오른쪽 복제본을 생각해 보자. 주파수 ξ_0는 Nyquist 주파수 $\xi_s/2$보다 위에 있다. 그러나 샘플링 과정에 의해 생성된 ξ_0의 복제본이 Nyquist 주파수보다 낮은

5) 이 문장은 함수 f의 샘플들 외에는 f에 대한 어떤 지식도 없음을 가정한 것이다. 만일 함수가 주기적이라는 정보를 추가적으로 가지고 있다면, 유한 구간에서의 함수에 대한 지식이 전체 함수를 결정하는데 충분할 수 있다.

6) 푸리에 변환을 하면 주파수 도메인의 성분에 대해 복소수를 생성하기 때문에, 스펙트럼의 크기를 볼 수 있다.

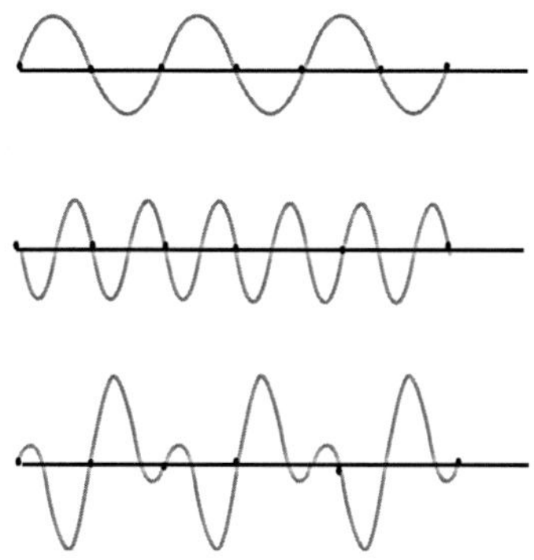

● 그림 7.47 ● 정현파의 에일리어싱

주파수인 $\xi_s - \xi_0$에 생성되어 있다. 만약 디지털 사운드라면 이 주파수의 에너지가 들릴 것이고, 2차원의 이미지라면 역시 이 주파수의 에너지가 보일 것이다. 이때 주파수 ξ_0는 $\xi_s - \xi_0$에서 에일리어스(alias)를 갖는다고 말한다. 일단 에일리어싱이 발생하면, 원래 데이터에서 이 주파수에 있었던 정보와 샘플링 처리에 의해서 이 주파수로 들어온 정보를 구별할 수 없다.

그림 7.47에 나타낸 바와 같이 하나의 정현파만을 살펴봄으로써, 푸리에 해석을 사용하지 않고도 에일리어싱과 모호성을 증명해 보일 수 있다. 만약 이 정현파를 그 두 배의 주파수로 샘플링하면, 두 샘플들로부터 정현파를 복구할 수 있다. 그러나 이러한 두 개의 같은 샘플들은 이 주파수의 두 배인 정현파의 샘플들이며, 기본 주파수의 정수 배의 주파수를 갖는 정현파의 샘플들도 될 수 있다. 이 모든 주파수들이 원래 주파수의 에일리어스들이다. 그러나 만일 데이터가 대역이 제한되어 있다는 것을 안다면, 이 샘플들은 원래의 정현파만을 기술할 수 있다.

실세계 이미지의 주파수 내용을 분석해 보면, 대부분의 이미지들이 주파수 성분이 저주파 영역에 집중되어 있음을 알 수 있다. 따라서 주파수 대역이 제한된 유한 크기의 이미지를 구성하는 것은 불가능하지만, Nyquist 주파수보다 위의 주파수에는 내용이 거의 없고, Nyquist 주파수보다 아래의 주파수로 에일리어싱되는 내용이 거의 없기 때문에 통상 에일리어싱 오차들은 미미한 정도이다. 다만 연속적인 이미지에 규칙적인(주기적인) 정보가 있을 경우엔 예외이다. 주파수 표현에서 규칙성을 갖는 대부분의 정보는 몇몇 주파수에만 존재한다. 만일 이러한 주파수가 Nyquist 한계 위에 있으면, 에일리어싱 효과는 맥놀이(beat)나 무아레 패턴으로 두드러지게 나타나게 된다. 흔히 볼 수 있는 예로서, 줄무늬 셔츠나 격자무늬 타이를 입은 사람이 비디오 화면에 나타나는 패턴이나 컴퓨터 화면을 (하프톤으로) 인쇄한 그림이나 쟁기질된 논밭의 디지털 이미지에서 나타나는 물결무늬 등이 있다.

이미지를 스캔하기 전에 사전 필터링(prefiltering)하거나 또는 스캐너가 샘플을 얻는

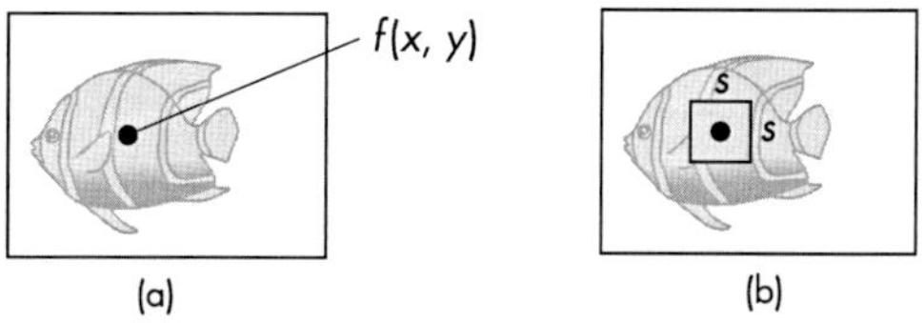

● 그림 7.48 ● 이미지 스캐닝, (a) 점 샘플링 (b) 영역 평균

데이터의 영역 크기를 조절함으로써 에일리어싱을 최소화할 수 있다. 그림 7.48은 이미지를 스캔하는 두 가지 방법을 보이고 있다. 그림 7.48(a)는 이상적인 샘플링의 예를 보여주고 있다. 한 점에서 아날로그 이미지의 값을 측정하며, 그 샘플은 다음과 같이 주어진다.

$$f_{ij} = f(x_i, y_i)$$

그림 7.48(b)는 작은 영역에서 가중 평균을 취하여 샘플을 얻는 보다 현실적인 샘플링으로서 다음과 같이 주어진다.

$$f_{ij} = \int_{x_i-s/2}^{x_i+s/2} \int_{y_i-s/2}^{y_i+s/2} f(x, y)w(x, y)dydx$$

윈도 크기 s와 가중치 함수 w를 조절함으로써 이미지 내 고주파 성분들을 감쇄시킬 수 있으며, 그 결과 에일리어싱을 줄일 수 있다. 다행히 실제 스캐너들은 **샘플링 구경**(sampling aperture)이라는 유한 영역에서 측정하며, 따라서 사용자는 에일리어싱 문제를 전혀 몰라도 어느 정도의 에일리어싱 제거는 저절로 이루어지게 된다.

7.12.2 재구성

최소한 Nyquist 주파수 이상으로 샘플링된 샘플들의 (무한) 집합을 가정하자. 샘플들로부터 연속적 함수의 재구성(reconstruction)은 Nyquist 샘플링 정리의 part 2를 기반으로 한다.

Nyquist 샘플링 정리(part 2): 다음 공식에 의해서 샘플 $\{f_i\}$로부터 연속 함수 $f(x)$를 재구성할 수 있다.

$$f(x) = \sum_{i=-\infty}^{\infty} f_i \,\mathrm{sinc}(x - x_i)$$

함수 sinc(x) (그림 7.49 참조)는 다음과 같이 정의된다.

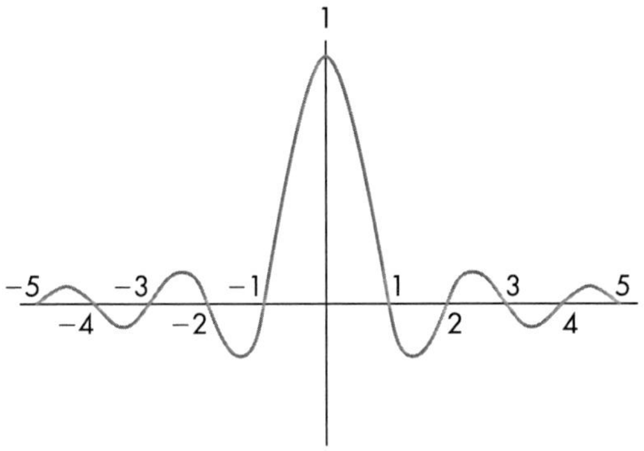

● 그림 7.49 ● Sinc 함수

$$\mathrm{sinc}(x) = \frac{\sin \pi x}{\pi x}$$

이상적인 샘플들 $\{f_{ij}\}$를 갖는 함수 $f(x, y)$에 대한 2차원 재구성 공식은 다음과 같다.

$$f(x, y) = \sum_{i=-\infty}^{\infty} \sum_{j=-\infty}^{\infty} f_{ij}\mathrm{sinc}(x - x_i)\ \mathrm{sinc}(y - y_j)$$

이들 공식은 그림 7.44의 샘플링 처리에 의해 생성되는 무한개의 복제본으로부터 하나의 복제본을 구하기 위해 구간 $(-\xi_s/2, \xi_s/2)$ 이외에서는 0인 필터, 즉 저역 통과 필터(low pass filter)를 사용해서 에일리어싱되지 않은 함수를 복구해낼 수 있다는 사실을 따른다. 1차원 함수의 재구성은 그림 7.50에 보이는 바와 같다. 2차원의 경우 그림 7.51에서 보이는 것처럼 2차원 sinc를 사용하여 재구성한다. 불행히도 sinc 함수는 음수 값을 갖기 때문에 물리적인 표시 장치에 생성될 수 없다. CRT 장치에 대한 디스플레이 문제를 생각해 보자. 샘플들의 집합인 디지털 이미지를 가정한다. 각 샘플에 대해 그림

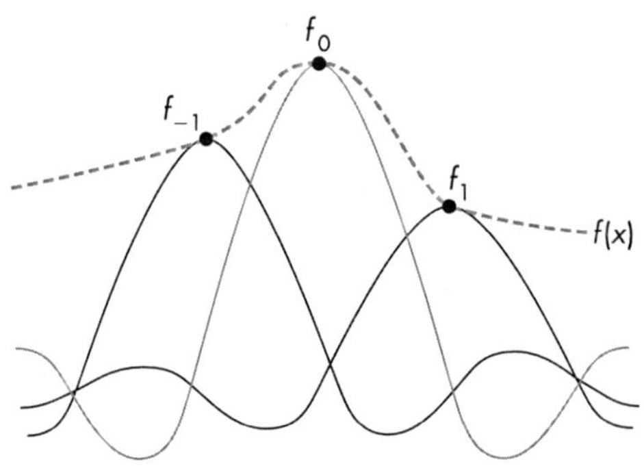

● 그림 7.50 ● 1차원 재구성

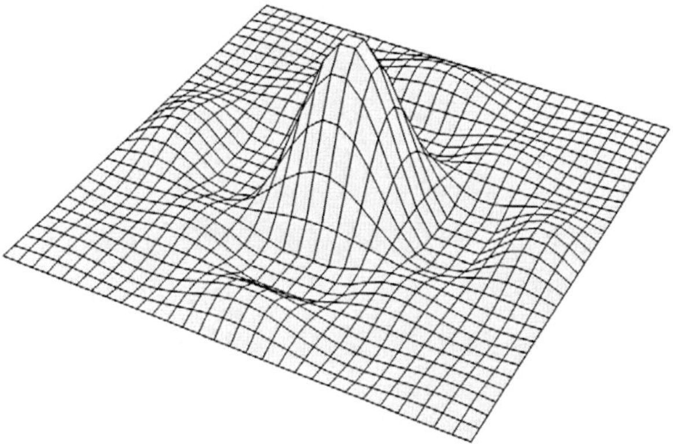

● 그림 7.51 ● 2차원 sinc 함수

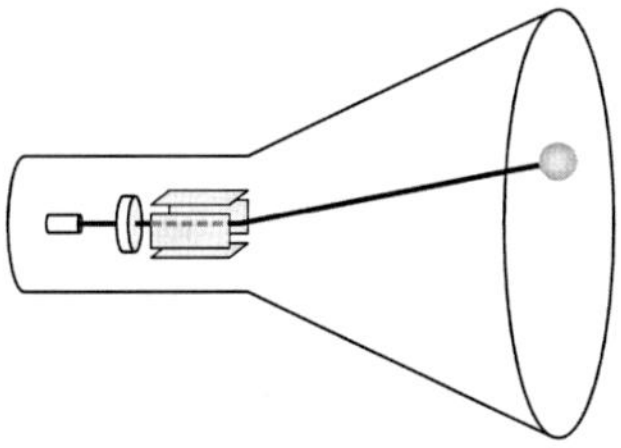

● 그림 7.52 ● CRT 상 점의 디스플레이

7.52에 나타낸 바와 같이 디스플레이 표면상 격자점의 중심에 광점을 위치시킬 수 있다. 샘플값은 광점의 밝기를 조절한다. 즉, 광선을 변조한다. 광선의 초점을 조절하는 것과 같은 기법을 사용하여 광점의 모양을 조절할 수 있다. 재구성 공식으로부터 광선이 2차원 sinc의 모양을 갖는다는 것을 알 수 있지만, 광선은 에너지를 방출하기 때문에 광점은 모든 점들에서 음이 아니어야 한다. 따라서 디스플레이 처리과정에서 반드시 오차를 생성하게 되어 있다. 광점이 원하는 sinc를 얼마나 잘 근사하는지를 고려함으로써 실제 디스플레이를 평가할 수 있다. 그림 7.53에 sinc와 몇 개의 1차원 근사를 나타낸다. 상당수 CRT의 광점은 가우시안 모양인 반면, 정사각형 픽셀로 된 LCD 디스플레이의 광점은 사각형이다. 넓게 또는 좁게도 근사할 수 있다. 주파수 영역에서 광점 프로파일을 분석해 보면, 넓은 광점들은 낮은 주파수에서 더 정확하고 높은 주파수에서 덜 정확함

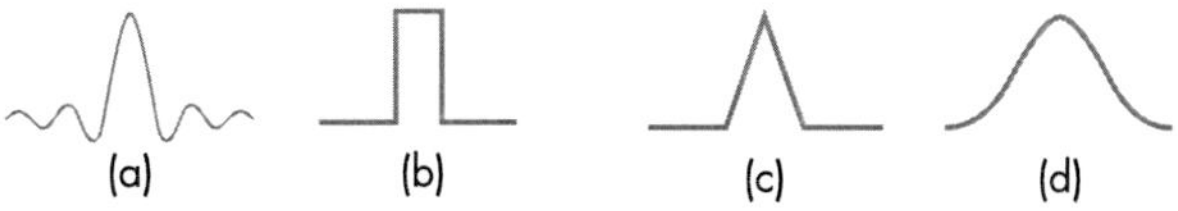

● 그림 7.53 ● 디스플레이 광점, (a) 이상적인 광점 (b) 사각형 근사
(c) 구간별 선형 근사 (d) 가우시안 근사

을 알 수 있다. 실제 광점의 크기는 절충하여 선택할 수 있다. 모니터에서 보이는 가시적인 차이는 종종 다른 광점 프로파일로 복사될 수 있다.

7.12.3 양자화

샘플링의 수학적 해석으로 여러 가지 중요한 효과들을 설명할 수 있다. 그러나 각 샘플이 k개의 이산적인 값들로 양자화(quantization)되는 것에 대한 효과는 설명하지 않았다. 다음과 같은 범위의 값을 갖는 스칼라 함수 g가 주어지면

$$g_{\min} \le g \le g_{\max}$$

양자화기(quantizer)는 $g_i \le g \le g_{i+1}$이면 다음을 만족하는 함수 q이다. 즉,

$$q(g) = q_i$$

따라서 그림 7.54와 같이 g의 각각의 값에 대해 k개의 값 중 하나를 할당한다. 일반적으로 양자화기의 설계에는 양자화 레벨 $\{q_i\}$와 임계값 $\{g_i\}$를 선택하는 작업이 필요하다. 만약 g에 대한 확률 분포 $p(g)$를 안다면, 평균 제곱 오차를 최소로 하는 값에 대해 해를 구할 수 있다.

$$e = \int (g - q(g))^2 p(g) dg$$

그러나 1장에서 다루었던 것과 같은 지각적인 이슈들을 바탕으로 양자화기를 설계하기도 한다. 간단한 경험 법칙으로서 한 단계의 변화는 감지하지 못하고, 두 단계의 변화는 모두 감지한다는 것이다. 휘도의 변화를 감지하기 위한 시각 시스템의 임계값이 주어질 때, 보통 최소한 7 또는 8비트가 필요하다(128에서 256 레벨). 또한 생체의 지각 특성의 하나인 빛의 '세기-밝기' 응답에 관한 대수적(logarithmic) 성질도 고려해야 한다.

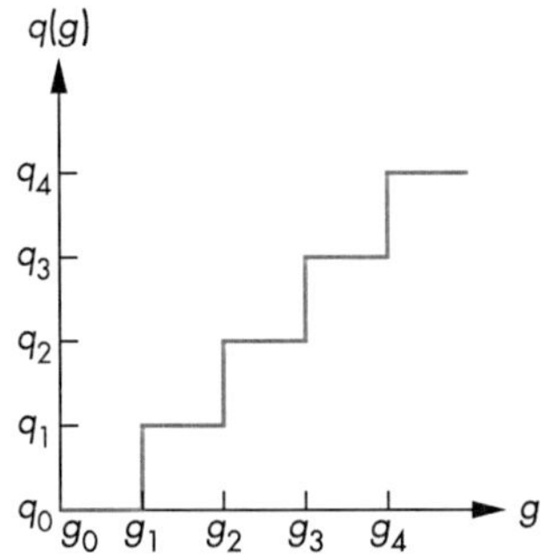

● 그림 7.54 ● 양자화기

그러기 위해 흔히 레벨을 지수적으로 분배하여 한 레벨에서 다음 레벨로 나갈 때 근사적으로 균등한 인지적 오차를 낼 수 있도록 한다.

요약

초창기의 컴퓨터 그래픽에서 그래픽 종사자들은 2차원과 3차원의 기하학적 객체들만을 대상으로 작업하였으며, 반면에 2차원 이미지들만 다루던 사람들은 영상처리 분야에 종사하는 것으로 간주되었다. 하드웨어의 발전으로 그래픽스와 영상처리 시스템의 구분이 없어지게 되었다. 컴퓨터 그래픽스의 주된 분야인 이미지 합성에 관련된 일을 하는 사람들에게는, 이러한 분야 간의 융합은 많은 새로운 기법을 고안하게 되는 계기가 되었다. 균일 음영(constant shading) 기법으로 표면을 렌더링하는 것보다 더 빨리 2차원 이미지나 텍스처를 3차원 표면에 매핑하는 것이 가능할 수 있다는 생각은 몇 년 전까지만 해도 상상할 수 없는 일이었다. 이제는 이러한 기법도 일상적인 일이 되었다.

텍스처 매핑과 같은 기법은 실시간 그래픽스에 엄청난 영향을 주었다. 애니메이션, 가상현실, 과학적 시각화 등의 분야에서 기하 파이프라인에 부담을 주지 않고 이미지의 상세 묘사를 위해 하드웨어 텍스처 매핑을 이용하고 있다. 알파 채널을 통한 합성 기법의 사용으로 응용 프로그래머는 에일리어싱 제거와 같은 작업을 수행할 수 있게 되고, 그래픽스가 탄생된 이래 최근까지 다른 형태의 아키텍처에서 실행되었던 연무와 피사계 심도와 같은 효과를 낼 수 있는 작업이 가능하게 되었다.

매핑 방법은 그래픽 하드웨어 및 소프트웨어 그리고 응용프로그램 사이의 상호작용에 관한 가장 좋은 예 중 일부이다. 텍스처 매핑을 생각해 보자. 처음에는 텍스처 매핑이 순수하게 소프트웨어 알고리즘으로 기술되고 구현되었지만, 아주 복잡한 장면도 만들어낼 수 있는 능력을 보고는 하드웨어 개발자들이 그래픽 시스템에 대용량의 텍스처 메모리를 탑재하기 시작했다. 텍스처 매핑이 하드웨어로 구현되고 난 후 실시간 처리가 가능해졌으며, 특히 컴퓨터 게임과 같은 많은 응용프로그램의 재설계가 이루어지는 발전을 가져왔다.

GPU에서의 최근 발전은 많은 새로운 가능성을 제공한다. 프로그래머블 파이프라인이 그 하나이다. 단편 프로세서의 프로그래밍이 가능해짐에 따라 쌍방향 속도가 유지되는 많은 새로운 텍스처 조작 기법이 가능하게 된다. 둘째, GPU 상에 대용량의 메모리를 탑재함으로써 이산적 기법에서의 주된 장애요소인 프로세서 메모리와 GPU 간 이미지 전송문제가 해결된다. 셋째, 단편 처리를 위한 고도 병렬성의 도입으로 GPU 구조가 이산 데이터의 빠른 처리를 위한 구조로 설계된다. 마지막으로 부동 소수점 프레임 버퍼의 사용이 유효해짐에 따라 이미지 데이터 조작 기술에 걸림돌이 되는 많은 문제들이 제거된다.

이 장에서는 최근에 사용 가능하게 된 하드웨어와 API에 의해 지원되는 기법들을 중심으로 다루었다. 여기에 소개된 기법들 중 상당수는 새로운 것이다. 그외 많은 기법들이 속속 문헌에 소개되고 있다.

참고문헌

환경 매핑은 Blinn과 Newell[Bli76]에 의해 처음 제안되었다. 텍스처 매핑은 Catmul에 의해 처음 사용되었으며, 자세한 내용은 Heckbert[Hec86]의 리뷰 논문을 참고하기 바란다. 텍스처 매핑을 위한 하드웨어 지원은 SGI Reality Engine으로 시작되었다(Akeley[Ake93] 참고). Perlin과 Hoffert[Per89]는 2차원과 3차원 텍스처 매핑을 위한 잡음 함수를 설계하였다. 참고문헌 Ebert[Ebe02]에 많은 텍스처 합성 기법이 소개되어 있다.

래스터 그래픽이 발달하면서 컴퓨터 그래픽에서의 에일리어싱 문제가 중요해졌다(문헌 Crow [Cro81]를 참고). 처음에는 직선의 래스터화에 관심이 있었으나, 그 후에 다른 형태의 에일리어싱이 애니메이션[Mag85]과 광선 추적[Gla89]에서 발생하였다. 영상처리 관련 서적[Pra78, Gon08, Gas96]에 2차원에서의 신호 처리와 에일리어싱에 대한 소개가 되어 있다. Glassner [Gla95]와 Watt & Policarpo[Wat98]의 책은 컴퓨터 그래픽스 전문가를 대상으로 한 책이다.

알파 채널의 사용을 포함한 많은 합성 기법들이 Porter & Duff[Por84]에 의해 제안되었다. "The OpenGL Programmer' s Guide[Ope05]"에는 버퍼 사용에 관한 다양한 예제들이 소개되어 있다. 최근의 문헌에는 버퍼 사용에 관한 새로운 예제들이 많이 소개되어 있다. 최신 토픽은 "Journals of Computer Graphics and *IEEE Computer Graphics and Applications*"을 참조하기 바란다.

대부분의 표준 이미지 포맷에 관한 기술적인 자세한 내용은 [Mia99, Mur94]에 소개되어 있다.

연습문제

7.1 홀수-짝수 채우기 알고리즘(odd-even fill algorithm)을 구현하기 위해 XOR 쓰기 모드를 어떻게 사용할 수 있는지를 보여라.

7.2 화면에서 커서를 움직이는 데 XOR을 사용하면 어떤 시각적 효과가 있는가?

7.3 같은 장면에 대해 광선 추적에 의한 이미지와 환경 맵에 의해 생성된 이미지가 어떻게 다른가?

7.4 영화나 텔레비전에서 자동차나 마차의 바퀴가 가끔 거꾸로 도는 것처럼 보인다. 왜 이러한 효과가 일어나는가? 이러한 문제를 해결하기 위한 방안은 무엇인가?

7.5 샘플링된 데이터를 단순히 점들로 플로팅하면, 인간의 시각 시스템은 이러한 점들을 병합하여 형상으로 보이게 한다. 만약 데이터가 Nyquist 한계에 근접해 있다면 이 기법이 왜 위험한가?

7.6 배우가 텔레비전 화면에서 움직일 때 줄무늬 셔츠나 타이의 패턴이 왜 변하는가?

7.7 데이터를 후처리(postprocessing)하지 않고 전처리(preprocessing)로써 에일리어싱을

제거해야 하는 이유는 무엇인가?

7.8 불투명도가 각각 α_1과 α_2인 두 개의 반투명 면이 있다고 가정하자. 이 두 면을 겹침으로 생기는 반투명체의 불투명도는 얼마인가? 겹쳐진 재질의 투명도에 대해 설명하라.

7.9 반투명 면을 통과하는 광선 필터로 반투명 면을 본다고 하자. 보색 CMY에 기반을 둔 배합 모델을 개발하라.

7.10 7.11절에서 목적과 원천 배합 계수로 각각 $1 - \alpha$와 α를 사용하였다. 목적 계수로 1을 사용하고 원천 계수로 α를 사용했을 경우, 시각적인 차이는 무엇인가?

7.11 이미지에 색을 점진적으로 추가하는 대화형 그림붓(paintbrush)을 생성하라. 또한 화면에서 이미지를 점진적으로 제거하는 지우개를 추가하라.

7.12 3차원 픽셀(voxel) 배열을 디스플레이하기 위해 텍스처 매핑을 사용하는 방법을 고안해 보라.

7.13 수정된 이미지가 균일 히스토그램을 갖도록 참조표를 구하기 위해 이미지의 휘도 히스토그램을 어떻게 사용하는지를 보여라.

7.14 지터(jitter)를 사용해서 장면을 초샘플링(supersampling)할 때 왜 무작위 지터 패턴을 사용해야 하는가?

7.15 객체들이 줄무늬와 체크무늬와 같은 규칙적인 패턴으로 텍스처 매핑되었다고 가정하자. 평행 관측에서 원근 관측으로 전환할 때 보게 되는 에일리어싱 패턴의 차이는 무엇인가?

7.16 평행육면체와 같은 단순한 객체들이 다른 크기로 구성되어 있는 장면을 생각해 보자. 하나의 텍스처 맵이 있고, 이 텍스처를 모든 객체에 매핑한다고 하자. 각 객체의 각 면에서 패턴이 같은 크기가 되도록 하려면 어떻게 텍스처를 매핑할 것인가?

7.17 각 밉맵이 다른 이미지로부터 형성되는 밉맵을 사용하여 프로그램을 작성하라. 그러한 프로그램을 위한 실제적인 응용이 있는가?

7.18 직접 작성한 컨볼루션(convolution)용 이미지 처리 프로그램 또는 OpenGL의 이미지 처리 확장 기능을 사용하여 휘도 이미지용 3×3 필터링 프로그램을 구현하라.

7.19 디지털 카메라 또는 기타 장치에 의해 얻은 이미지에 3×3의 평활화 필터와 첨예화 필터를 각각 적용해 보라. 필터링 처리된 결과 이미지의 에지에 어떤 현상이 일어났는지를 주의 깊게 관찰해 보라.

7.20 이미지에 약간의 랜덤 노이즈(random noise)를 추가한 후 연습문제 7.19를 반복해 보라. 두 문제의 결과에서 차이점을 기술해 보라.

7.21 여러분의 시스템이 이미지 처리 확장 기능을 지원한다면, 확장 기능을 사용한 필터링 성능과 프로세서 메모리를 사용해서 직접 작성한 프로그램에 의한 필터링의 성능을 비교하라.

7.22 이미지의 콘트라스트(contrast)를 수정하는 가장 효과적인 방법 중 하나는 사용자에게 대화식의 참조가 가능하도록 해주는 것이다. 3개의 선분 세그먼트를 연결하여 곡선을 근사시키는 그래프를 생각해 보자. 사용자가 대화식으로 선분 세그먼트를 지정해 줄 수 있고, 또 이 곡선에 의해 수정된 후의 이미지를 보여줄 수 있는 이미지 디스플레이 프로그램을 작성하라.

7.23 7.22와 유사한 형태로, 사용자가 가색(pseudocolor) 맵을 디자인할 수 있는 대화식 프로그램을 작성하라.

7.24 입방체 맵(cube map)으로부터 얻은 값을 구형 맵(spherical map)을 위한 값으로 변환하는 방법을 고안해 보라.

7.25 디스플레이상에 픽셀들의 색을 반환하는 대화형 프로그램을 작성하라.

7.26 표면에 흑과 백의 체커보드(checkerboard) 패턴의 텍스처가 매핑된 입방체를 생성하고자 한다. 입방체의 한 면에서 다른 면으로 통과할 때 색깔이 교대로 나타나도록 입방체에 텍스처를 매핑할 수 있는가?

7.27 어떤 형태의 응용에서 후향 렌더링 대신에 전향 렌더링을 선택하는 것이 유리한가?

7.28 색도 좌표의 색 영역은 원색으로 정의된 RGB 색상 공간에서의 삼각형에 상응한다. 이 삼각형과 삼각형이 위치하는 입방체의 에지를 디스플레이하는 프로그램을 작성하라. 삼각형 상의 각 점은 RGB 공간에서의 좌표에 의해 결정된 색을 가져야 한다. 이 삼각형을 **맥스웰 삼각형**(Maxwell Triangle)이라 한다.

7.29 NTSC RGB를 변환하는 행렬을 구하고 이를 사용하여 색도 좌표에서 색 영역을 다시 디스플레이하라.

7.30 정규 행렬(normal matrix)이 모델-관측행렬의 좌상단 3 × 3 부분 행렬의 역전치(inverse transpose)임을 보여라.

Chapter 08

모델링과 계층 구조

Interactive Computer Graphics

모델(model)은 어떤 세계를 추상화(abstraction)한 것이다. 대상이 되는 세계는 우리가 살고 있는 실세계일 수도 있고 컴퓨터로 만들어낸 가상 세계일 수도 있다. 우리 모두는 과학이나 공학 분야에서 사용하는 수학적 모델들에 익숙하다. 이런 모델들에서는 연구하려는 물리적 현상을 모델링하기 위해서 방정식을 세운다. 컴퓨터 과학에서는 객체의 구조를 모델링하기 위해서 추상자료형(abstract data type)을 사용하고, 컴퓨터 그래픽스 분야에서는 기하적 객체(geometric object)들을 사용해서 어떤 세계를 모델링한다. 어떤 수학적 모델을 만들 때는 모델링하려는 현상에 적합한 수학적 방법을 신중하게 선택해야 한다. 스프링과 질량 덩어리(mass)로 구성된 시스템의 동적인 움직임은 상미분방정식으로 모델링하는 것이 적합하지만, 소용돌이치는 유체의 흐름에는 편미분방정식을 사용하는 것이 낫다. 컴퓨터 그래픽스에서도 어떤 모델에 대해서 어떤 기본요소들을 사용하며 그들간의 관계를 어떻게 보여줄지를 선택하는 비슷한 과정을 거치게 된다. 수학적 모델의 선택에서와 마찬가지로, 대부분의 경우는 다양한 접근 방법들이 있기 때문에 그래픽스 시스템의 성능을 충분히 활용할 수 있는 모델을 찾으려 한다.

이 장에서는 기하적 객체의 모델을 개발하고 다루는 다양한 방법들을 알아본다. 우선 간단한 기하적 객체들을 기본 요소로 사용하는 모델을 설명할 것이다. 여기서 객체는 그래픽스 시스템에서 제공하는 기본요소이거나 이 요소를 사용하여 사용자가 정의한 객체들의 집합이다. 3장에서 설명한 변환은 객체들 간의 계층적 관계를 포함하도록 확장될 것이다. 여기서 설명하려는 기법은 로보틱스(robotics)나 애니메이션과 같이 객체의 동적인 움직임이 모델의 각 부분 간의 관계로 규정되는 응용들에 적합하다.

계층(hierarchy)이라는 개념은 매우 강력하면서도 객체지향 기법에 있어 필수적인 요소이다. 객체에 대한 계층적 모델은 카메라, 조명, 재질 특성 등을 포함하는 전체 장면의 계층적 모델로 확장될 것이다. 이러한 모델은 그래픽스 API를 보다 객체지향적인 시스템으로 확장할 수 있게 하고, World Wide Web과 같은 네트워크 또는 분산 환경에서의 그래픽스 사용방법에 대해서도 이해하게 해줄 것이다.

8.1 기호와 인스턴스

우리의 첫 번째 관심은 "많은 복잡한 객체를 포함하고 있을 수 있는 모델을 어떻게 저장할 것인가"이다. 여기에 직접 관련되는 두 가지 주제는 지금까지 다루었던 것보다 더욱 복잡한 객체들을 정의하는 방법과 이러한 객체들의 집합을 표현하는 방법이다. 대부분의 API들은 기본요소에 대하여 최소주의적 입장을 취한다. API들은 적은 수의 기본요소들만 제공하고, 사용자는 이 기본요소들을 사용하여 좀 더 복잡한 객체를 만들어 내어야 한다. 추가적인 라이브러리들은 때때로 기본요소들보다는 좀 더 상위의 객체들을 제공하기도 한다. 여기서는 이런 선택적인 라이브러리들이 제공하는 기본적인 3차원 객체들을 사용할 수 있다고 가정하겠다.

비계층적 접근 방법을 택해서 이런 객체들을 **기호**(symbol)로 간주하고, 우리가 표현하려는 세계를 기호들의 집합으로 모델링할 수 있다. 기호에는 기하적 객체, 폰트, 특정 응용을 위한 그래픽 객체 집합 등이 포함될 수 있다. 기호는 보통 적당한 크기와 방향(orientation)을 가지도록 표현된다. 예를 들어, 그림 8.1에서와 같이 원기둥(cylinder)은 대부분의 경우 좌표축 중 하나와 평행한 방향으로 단위 높이, 단위 반지름을 가지고, 바닥의 중심이 원점에 위치하도록 표현될 것이다.

OpenGL을 포함한 대부분의 API들은 보통 기호가 정의되는 프레임인 **모델 프레임**(model frame)과 **객체 프레임**(object frame) 및 **세계 프레임**(world frame)을 구별한다. 이런 구별은 CAD 응용에서 전기회로용으로 사용하는 기호들과 같이 물리량과는 무관하고 오직 형태만 필요한 기호들을 사용할 때 유용하다. OpenGL에서는 기호들이 정의된 프레임으로부터 객체 프레임으로의 변환을 응용프로그램이 설정해야 한다. 따라서 주어진 기호에 대한 모델-관측행렬(model-view matrix)은 기호를 객체 좌표계로 가져가는 인스턴스 변환(instance transformation)과 다시 그것을 관측 프레임(view frame)으로 가져가는 행렬의 합성이 된다.

4장에서 소개한 인스턴스 변환(instance transformation)을 사용하면 모델 내 각 기호의 인스턴스들을 원하는 크기, 방향, 위치에 배치할 수 있다. 즉, 다음 인스턴스 변환

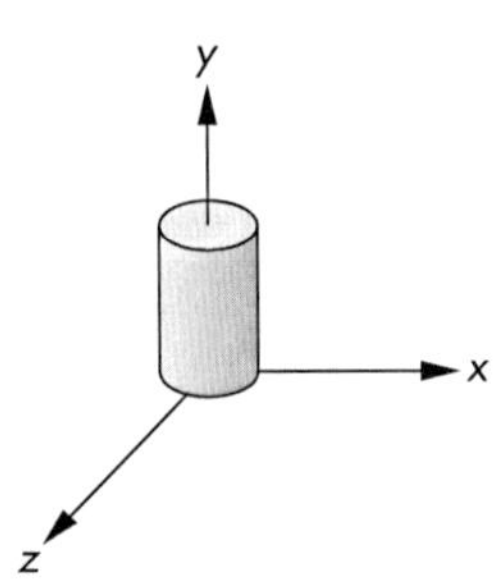

● 그림 8.1 ● 원기둥 기호

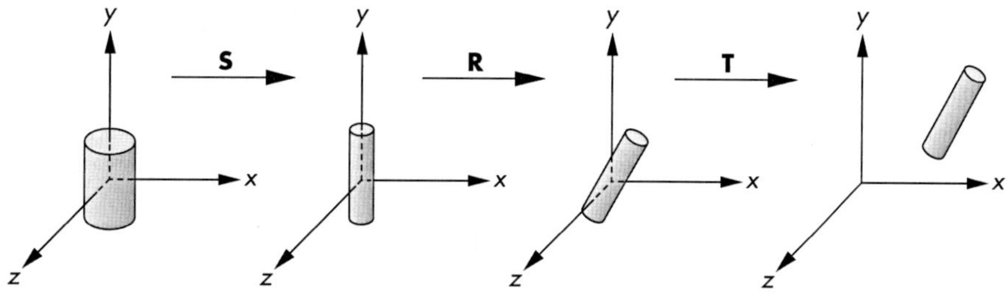

● 그림 8.2 ● 인스턴스 변환

M = **TRS**

는 그림 8.2에 나온 것과 같이 평행 이동, 회전, 크기 변환(밀림변환도 가능)의 연결이다. 따라서, OpenGL 프로그램에는 흔히 다음과 같은 형태의 코드가 반복해서 사용된다.

```
mat4 instance;
mat4 model_view;

instance = Translate(dx, dy, dz)*RotateZ(rz)*
           RotateY(ry)*RotateX(rx)*Scale(sx, sy, sz);

model_view = model_view*instance;
cylinder(); /* 또는 다른 기호 */
```

이 예에서는 인스턴스 행렬을 계산한 후에, 모델-관측행렬을 수정한다. 수정된 모델-관측행렬은 glUniform을 사용해서 정점 셰이더에 보내질 것이다. cylinder 함수 내의 코드들에서 꼭짓점들을 만들어서 glDrawArrays를 사용해서 정점 셰이더로 보낸다. 아니면, 꼭짓점을 만들어 낼 때 응용프로그램에서 모델-관측행렬을 바로 적용할 수도 있다.

이러한 모델을 그림 8.3과 같은 표 형태로 생각해 볼 수도 있다. 이 표에서 각 기호는 유일한 수치 식별자를 가진다고 가정하겠다. 표에는 이런 식별자들과 대응되는 인스턴스 행렬을 만드는데 필요한 매개변수들이 저장된다. 이 표는 이러한 모델링 기법이 객체들 사이의 관계에 대한 정보를 포함하지 않음을 보여준다. 그러나 이 표는 객체를 그리기 위해서 필요한 모든 정보를 포함하고 있고, 따라서 기하적 객체들의 그룹을 위한 간단한 자료 구조 또는 모델이다. 이 표에서 어떤 객체를 검색할 수도 있고, 어떤 객체에 대한 인스턴스 변환을 변경할 수도 있고, 객체를 추가 또는 삭제할 수도 있다. 반면에 표현 방법이 단순하다는 것은 제약이 된다.

기호	크기 변환	회전	평행 이동
1	s_x, s_y, s_z	$\theta_x, \theta_y, \theta_z$	d_x, d_y, d_z
2			
3			
1			
1			
.			
.			

● 그림 8.3 ● 기호-인스턴스 변환표

8.2 계층적 모델

애니메이션에서 사용할 수 있는 자동차 모델을 만들려고 한다고 생각해 보자. 전체 모델은 각각 표준 그래픽스 기본요소들로 묘사할 수 있는 다섯 부분, 즉 차체와 네 개의 바퀴(그림 8.4)로 구성할 수 있다. 그림 8.5는 이 모델을 사용한 간단한 애니메이션의 두 프레임을 보여준다. 각 바퀴의 반지름이 r이면 360° 회전하였을 때 자동차는 앞으로(혹은 뒤로) $2\pi r$만큼의 거리를 이동해야 한다는 점에 유의해서 이 애니메이션을 생성하는 프로그램을 작성할 수 있다. 이 프로그램에서는 각각의 바퀴를 생성하기 위한 함수 1개와 차체를 생성하는 다른 함수 1개를 가질 것이다. 이들 함수들은 원하는 자동차 방향과 속도 등의 입력을 공통적으로 사용할 것이다. 이 프로그램을 의사 코드로 표현하면 다음과 같다.

● 그림 8.4 ● 자동차 모델

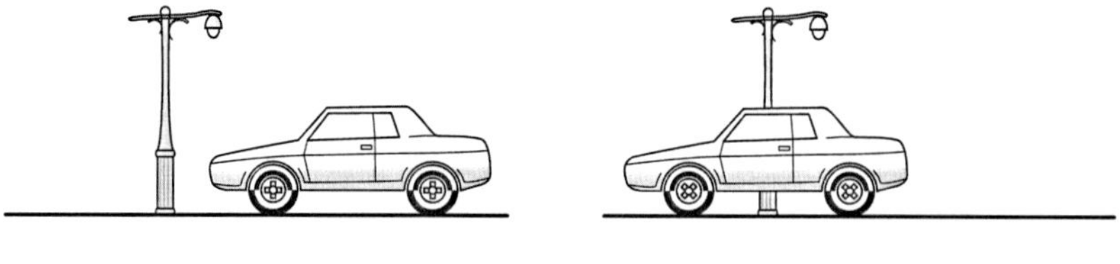

● 그림 8.5 ● 애니메이션의 두 프레임

```
{
    float s; /* 속도(speed) */
    float d[3]; /* 방향(direction) */
    float t; /* 시간(time) */

    /* 속도와 방향을 결정한다 */

    draw_right_front_wheel(s,d);
    draw_left_front_wheel(s,d);
    draw_right_rear_wheel(s,d);
    draw_left_rear_wheel(s,d);
    draw_chassis(s,d);
}
```

이 프로그램은 우리가 피해야 할 문제점들을 가지고 있다. 순차적으로 실행되어야 하고, 자동차의 각 구성요소들 간 어떠한 관계도 보여주지 않는다. 우리가 이용하고자 하는 관계는 두 가지이다. 첫째, 바퀴의 움직임을 자동차의 움직임과 분리할 수 없다. 자동차가 앞으로 이동한다면, 바퀴도 회전해야 한다.[1] 둘째, 자동차의 모든 바퀴가 똑같다는 사실을 이용하려고 한다. 각 바퀴는 단지 서로 다른 위치에 서로 다른 방향으로 놓여 있을 뿐이다.

모델 각 부분들 간의 관계는 그래프를 사용해서 추상적으로나 시각적으로 표현할 수 있다. 수학적으로 **그래프**(graph)는 **노드**(node 또는 **정점** vertex)의 집합과 **에지**(edge)의 집합으로 구성된다. 에지는 한 쌍의 노드를 연결하거나 하나의 노드를 자기자신에게 연결할 수 있다. 에지에는 방향을 설정할 수 있고, 여기서 사용할 그래프는 모두 하나의 노드에서 출발해서 다른 노드로 들어가는 에지들로 구성되는 **방향성 그래프**(directed graph)이다.

가장 중요한 유형의 그래프는 트리이다. (연결된) **트리**(tree)는 닫혀진 경로, 즉 루프가 없는 방향성 그래프이다. 또한 **루트 노드**(root node)를 제외한 각 노드는 자신에게 들어오는 에지를 하나만 가진다. 따라서, 루트를 제외한 모든 노드는 에지가 출발한 **부모 노드**(parent node)를 가지고, 에지로 연결된 하나 이상의 **자식 노드**(child node)를 가질 수 있다. 자식을 가지고 있지 않는 노드를 **단말 노드**(terminal node) 또는 **리프**(leaf)라고 한다. 그림 8.6은 자동차 모델에서의 관계들을 표현한 트리를 보여준다. 차체가 루트 노드이고 네 개의 바퀴가 자식 노드이다. 수학적으로는 그래프가 집합들로 구성되어야 있지만, 실제에 있어서는 에지와 노드 양쪽 모두 추가 정보를 가질 수 있다. 위의 자동차 예제에서는 바퀴들의 위치와 방향에 대한 정보가 각각의 노드나 그들을 부모와 연결하는 에지에 저장될 수 있다.

---

1) 바퀴가 움직여서 차체가 움직인다고 할지, 차체가 움직여서 바퀴가 움직인다고 할지는 불분명하다. 그래픽스 관점에서는 뒤쪽의 생각이 더 유용할 것이다.

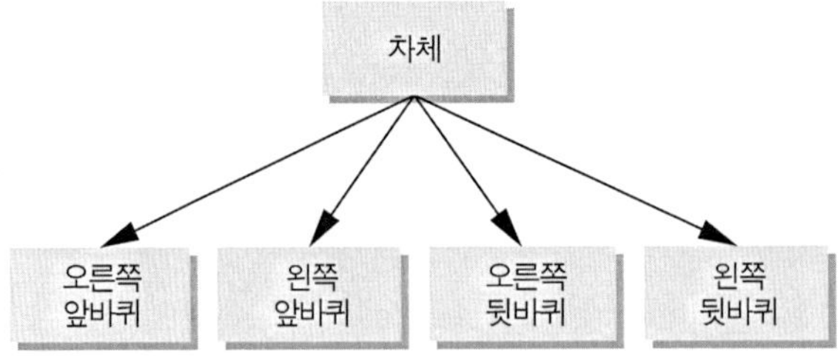

● 그림 8.6 ● 자동차에 대한 트리 구조

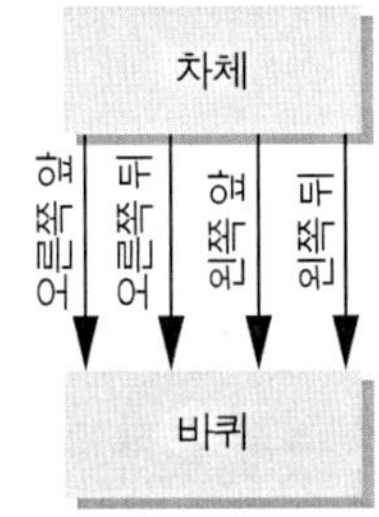

● 그림 8.7 ● 자동차의 방향성 비순환 그래프(DAG) 모델

대부분의 자동차에서 바퀴 네 개는 동일하기 때문에, 각각의 바퀴를 어떻게 그리는지에 대한 똑같은 정보를 노드 네 개에 따로 저장하는 것은 비효율적이다.

이 모델에서 하나의 바퀴 원형(prototype wheel)을 사용하기 위해서 인스턴스 변환의 아이디어를 이용할 수 있다. 즉, 그런 방식으로 바꾸면, 위의 트리 구조를 그림 8.7에서와 같이 **방향성 비순환 그래프**(Directed Acyclic Graph, DAG)로 바꿀 수 있다. DAG에는 루프가 존재할 수 있지만, 방향성 에지를 사용하기 때문에 루프를 돌 수는 없다. 즉, 한 노드에서 방향성 에지들 중 어떤 경로를 따라 가더라도 그 경로는 다른 노드에서 종료한다. 실제로, DAG를 다루는 것은 트리를 다루는 것보다 어렵다. 위의 자동차 모델에서는 바퀴 원형의 각 인스턴스에 대한 위치 정보를 차체 노드, 바퀴 노드 또는 에지에 저장할 수 있다.

트리를 쓰던, DAG를 쓰던, 양쪽 모두 실제로 존재하는 모델에서의 관계를 표현하는 계층적 방법이다. 어떤 형태를 쓰던, 모델 내 다양한 구성요소들이 그들의 부모나 자식들과 같은 다른 부분들과 연관될 수 있다. 그래픽스 프로그램에서 이러한 계층 관계를 어떻게 표현할지를 알아 보겠다.

8.3 로봇 팔

로보틱스에서는 계층적 모델을 개발해야 될 상황이 많이 생긴다. 그림 8.8(a)의 간단한 로봇 팔을 생각해 보자. 이 로봇 팔은 세 개의 단순한 객체, 즉 기호로 모델링할 수 있는데, 2개의 평행육면체와 하나의 원기둥으로 만들 수 있다. 각각의 기호들은 기본요소들로부터 만들어질 수 있다.

로봇 팔은 그림 8.8(b)에 나온 세 부분으로 구성된다. 이 장치는 3자유도(degree of freedom)를 가지는데, 이 중 2개는 구성요소들 사이의 **관절각**(joint angle)으로 설정되고, 세 번째 것은 기저부(base)가 바닥에서 회전한 각도로 설정된다. 이 모델에서 관절각은 부품을 그것이 부착된 부품에 대해서 어떻게 위치시킬 것인지를 결정하며, 기저부의 경우는 그것을 지표면에 대해서 어떻게 위치시킬 것인지를 결정한다. 각 관절각은 각 부품에 대한 프레임에서 측정된다. 기저부는 자신의 수직 축을 중심으로 각 θ만큼 회전할 수 있다. 이 각도는 x축에서 기저부 바닥의 어떤 고정점까지의 각도로 측정된다. 로봇의 아래쪽 팔은 그 팔의 프레임에서 $z = 0$인 평면을 기준으로 그 팔을 회전시키는 관절로 기저부에 연결된다. 이 회전은 x축에서 팔까지의 각도 ϕ로 설정된다. 위쪽 팔도 비슷한 방법으로 아래쪽 팔과 연결되는데, 회전각 ψ는 아래쪽 팔과 같은 방식으로 위쪽 팔의 프레임을 기준으로 설정된다. 각도가 변하면, 위쪽과 아래쪽 팔의 프레임들은 기저부의 프레임에 상대적으로 움직인다고 볼 수 있다. 이 3개의 각도를 조절해서 위쪽 팔의 끝점을 3차원 공간에서 움직일 수 있다.

이런 단순한 로봇 모델을 렌더링하는 프로그램을 작성해 보자. 로봇의 각 부품과 그 움직임을 따로따로 설정하는 대신에, 증분적 방법(incremental approach)을 취하겠다. 로봇의 기저부는 그 자신의 프레임에서 y축을 중심으로 각도 θ만큼 회전한다. 따라서, 기저부에 속하는 임의의 점 $\mathbf{p}$의 움직임은 회전행렬 $\mathbf{R}_y(\theta)$를 적용하여 표현할 수 있다.

아래쪽 팔은 그 자신의 프레임에서 z축을 중심으로 회전하지만, 이 프레임은 평행 이

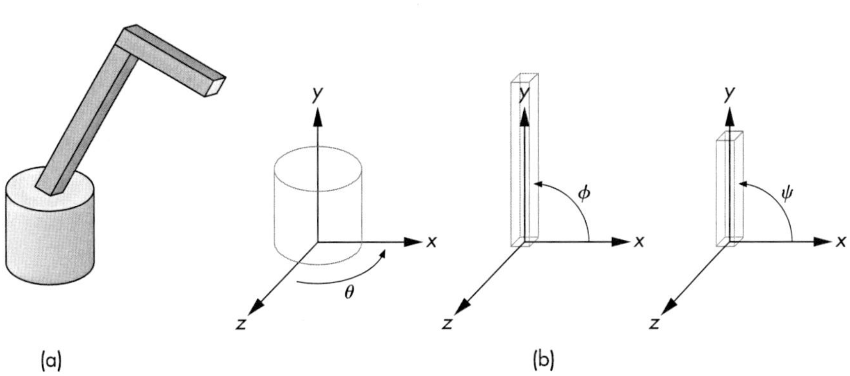

● 그림 8.8 ● 로봇 팔, (a) 전체 모델 (b) 구성요소들

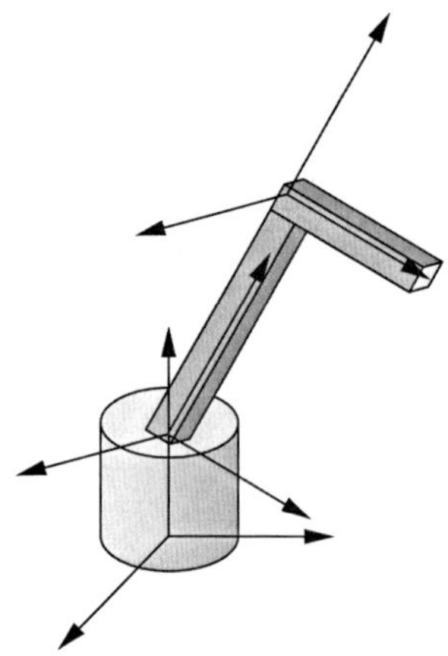

● 그림 8.9 ● 로봇 구성요소들과 프레임들의 이동

동 행렬 $\mathbf{T}(0, h_1, 0)$에 의해서 기저부의 꼭대기로 이동되어 있어야 한다. 여기서 h_1은 기저부의 바닥에서 둘을 연결하는 관절까지의 높이이다. 하지만, 기저부가 회전한다면 아래쪽 팔도 $\mathbf{R}_y(\theta)$를 사용하여 회전해야 한다. 아래쪽 팔을 정의하는 정점들에 $\mathbf{R}_y(\theta)\mathbf{T}(0, h_1, 0)\mathbf{R}_z(\phi)$을 적용하여 팔의 실제 위치를 얻을 수 있다. 우리는 행렬 $\mathbf{R}_y(\theta)\mathbf{T}(0, h_1, 0)$을 아래쪽 팔을 객체 프레임이나 세계 프레임에 대해서 **상대적으로** 위치시키는 행렬로 해석할 수 있고, $\mathbf{R}_z(\phi)$는 아래쪽 팔을 기저부에 대해서 **상대적으로** 위치시키는 행렬로 해석할 수 있다. 즉, 이 행렬들은 그림 8.9에서와 같이 아래쪽 팔과 기저부의 프레임을 세계 프레임에 대해서 상대적으로 위치시키는 행렬로 해석할 수 있다.

위쪽 팔에 대해서도 비슷한 방법을 적용하면, 이 팔이 아래쪽 팔에 대해 상대적으로 행렬 $\mathbf{T}(0, h_1, 0)$만큼 평행 이동한 후에 행렬 $\mathbf{R}_z(\psi)$에 의해 회전되어야 함을 알 수 있다. 그러므로, 위쪽 팔을 제어하는 행렬은 $\mathbf{R}_y(\theta)\mathbf{T}(0, h_1, 0)\mathbf{R}_z(\phi)\mathbf{T}(0, h_2, 0)\mathbf{R}_z(\psi)$가 된다. 다음은 로봇을 출력하는 OpenGL 프로그램의 함수를 (θ, ϕ, ψ 순서로 `theta[3]` 배열에 저장된) 관절각에 대한 함수 형태로 정의하여 모델의 여러 부분들을 효과적으로 출력하기 위해서 모델-관측행렬을 어떻게 증분적으로(incrementally) 바꿀 수 있는지를 보여준다.

```
void display()
{
    glClear(GL_COLOR_BUFFER_BIT);
    model_view = RotateY(theta[0]);
    base();
    model_view = model_view*Translate(0.0, BASE_HEIGHT, 0.0)
                          *RotateZ(theta[1]);
    lower_arm();
    model_view = model_view*Translate(0.0, LOWER_ARM_HEIGHT, 0.0)
```

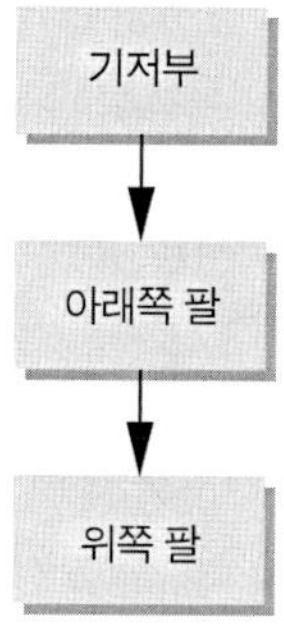

● 그림 8.10 ● 그림 8.8의 로봇 팔에 대한 트리 구조

```
                              *RotateZ(theta[2]);
    upper_arm();
    glutSwapBuffers();
}
```

각 부분의 상세한 사항들과는 독립적으로 팔의 위치를 표현했음에 주목하라. 각 관절의 위치가 바뀌지 않는 한, 세 부분을 그리는 함수들만 바꾸어서 로봇의 형태를 바꿀 수 있다. 이러한 분리는 구성요소를 기술하는 함수와 애니메이션을 실행하는 함수를 분리하여 작성할 수 있게 한다. 그림 8.10은 로봇의 각 부분들 사이의 관계를 트리로 보여준다. 전체 프로그램은 이 구조를 구현하고, 메뉴를 통해서 마우스를 사용하여 로봇을 움직일 수 있도록 한다. 이 프로그램에서는 기저부와 팔들에 평행육면체들을 사용한다. 3장의 정육면체 코드에 각 부품별로 인스턴스 변환을 적용하여 다음 코드와 같이 로봇을 렌더링한다.

```
mat4 instance;
mat4 model_view;

void base()
{
    instance = Translate(0.0, 0.5*BASE_HEIGHT, 0.0)
               *Scale(BASE_WIDTH, BASE_HEIGHT, BASE_WIDTH);
    glUniformMatrix4fv(model_view_loc, 16, GL_TRUE, model_view*instance);
    glDrawArrays(GL_TRIANGLES, 0, N);
}

void upper_arm()
{
    instance = Translate(0.0, 0.5*UPPER_ARM_HEIGHT, 0.0)
               *Scale(UPPER_ARM_WIDTH, UPPER_ARM_HEIGHT, UPPER_ARM_WIDTH);
    glUniformMatrix4fv(model_view_loc, 16, GL_TRUE, model_view*instance);
    glDrawArrays(GL_TRIANGLES, 0, N);
```

```
}

void lower_arm()
{
    instance = Translate(0.0, 0.5*LOWER_ARM_HEIGHT, 0.0)
             *Scale(LOWER_ARM_WIDTH, LOWER_ARM_HEIGHT, LOWER_ARM_WIDTH);
    glUniformMatrix4fv(model_view_loc, 16, GL_TRUE, model_view*instance);
    glDrawArrays(GL_TRIANGLES, 0, N);
}
```

각각의 경우, 정육면체를 원하는 크기로 스케일링해야 하고, 정육면체의 꼭짓점들이 원점을 기준으로 설정되어 있으므로, $y = 0$ 평면으로 끌어올려야 한다. 로봇의 각 부품별로, 모델-관측과 인스턴스 변환의 곱이 정점 셰이더로 보내진 후에, 꼭짓점들을 보낸다. 로봇의 각 부품마다 모델-관측행렬이 달라지기 때문에 각 부품은 GPU로 데이터가 보내지면 바로 렌더링된다. 모든 부품들에서 정육면체를 사용했으므로, 이 예제에서는 사실 GPU로 데이터를 한 번만 보내면 된다. 하지만, 각 부품들에 서로 다른 기호를 사용했다면, 각각의 출력 함수에서 `glDrawArrays` 함수를 사용해야 한다.

그림 8.10의 트리로 돌아가서 이 그림은 그래프로 간주하면 노드와 에지로 구성된 트리 구조로 볼 수 있다. 에지 대신에 모든 필요한 정보를 노드에 저장한다면 각각의 노드(그림 8.11)에는 최소한 다음 3개 항목을 저장해야 한다.

1. 노드가 표현하고 있는 객체를 그리기(draw) 위한 함수의 포인터
2. 노드(와 그 자식 노드들)를 부모 노드에 대해 상대적으로 위치, 크기, 방향을 설정하는 동차 좌표행렬
3. 노드의 자식들을 가리키는 포인터

또, 그 노드에 적용될 속성들(색상, 텍스처, 재질 특성)과 같은 다른 정보들을 포함시킬 수도 있다. 이런 방식의 트리에 의해 표현된 객체를 그리기 위해서는 트리 **순회**(traversal)가 필요하다. 즉, 모든 노드를 순회해야 하고, 각 노드에서는 노드가 가리키고 있는 기본요소들에 적용될 행렬을 계산하고, 그 기본요소들을 디스플레이해야 한다. 예제로 쓰인 OpenGL 프로그램은 이러한 순회에 대해서 점증적인 접근법을 보여준다.

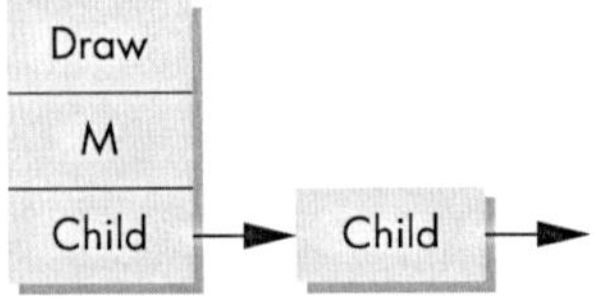

● 그림 8.11 ● 노드 표현

이번 예제에서는 트리의 각 부모 노드에 단지 한 개의 자식 노드만이 있어서 간단한 편이었다. 다음 예제에서는 좀 더 복잡한 모델을 어떻게 다룰 지를 보여주겠다.

8.4 트리와 순회

그림 8.12는 인간형 로봇이나 가상현실 응용에서 사용할 수 있는 인간 형태의 박스 표현이다. 몸통(torso)을 루트 구성요소로 택하면 이 인물상(figure)을 그림 8.13과 같은 트리로 표현할 수 있다. 몸통의 위치를 정하면, 모델의 다른 부분들에 대한 위치와 방향은 관절각들로부터 결정될 것이다. 관절의 움직임을 정의함으로써 이 인물상을 애니메이션할 수 있다. 기본 모델에서 무릎과 팔꿈치 관절은 로봇 팔과 같이 1 자유도를 가지지만 목은 2 또는 3 자유도를 가질 수 있다.

각각의 부분(기호)들을 그 자신의 프레임에서 그려주는 함수들을 `head`나 `left_upper_arm`과 같은 이름으로 가지고 있다고 가정하자. 로봇 팔에서와 똑같이 각 부분에서 자신의 부모에 대한 상대 위치를 정하는 행렬을 설정하여 트리를 구성하는 노드들

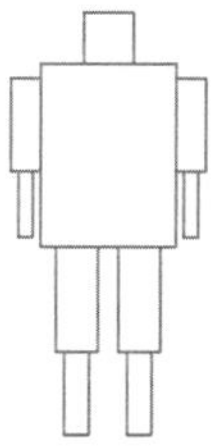

● 그림 8.12 ● 인간 형태의 표현

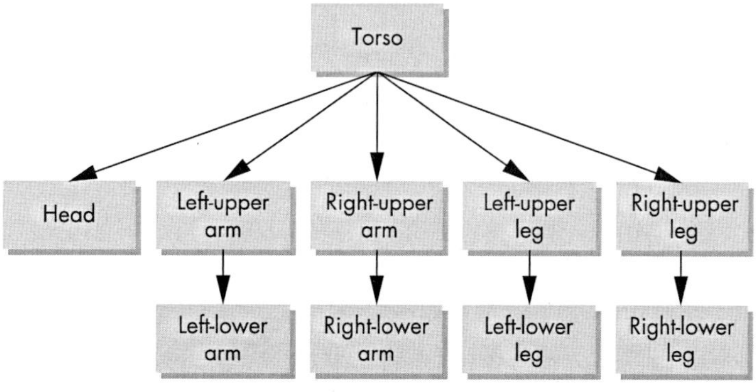

● 그림 8.13 ● 그림 8.12에 대한 트리 표현

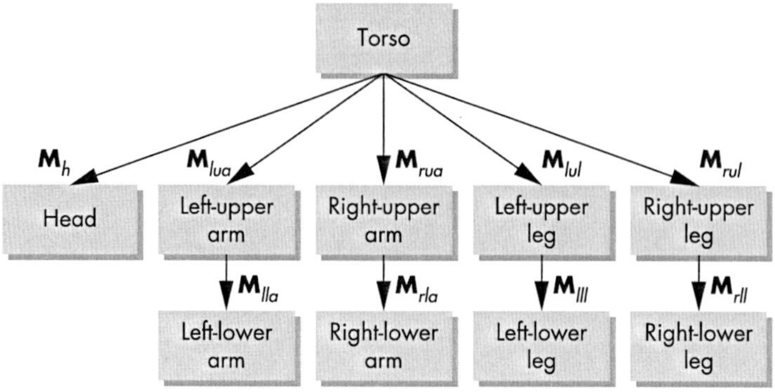

● 그림 8.14 ● 행렬을 표시한 트리

을 완성시킬 수 있다. 몸을 구성하는 각 부분들이 이미 원하는 크기로 정의되어 있다고 가정하면, 각 행렬들은 회전행렬과 평행 이동행렬을 연결한 형태가 될 것이다. 그림 8.14와 같이 이 행렬들을 트리를 구성하는 에지들의 레이블(label)로 표시할 수 있다. 각 행렬은 부모에서 자식으로 진행할 때 점증적 변화를 표현한다는 것을 기억하라.

이 예제에서 흥미로운 부분은 인물상을 그리기 위해서 트리를 순회하는 방법이다. 원칙적으로는 깊이 우선 탐색이나 너비 우선 탐색 등의 어떠한 트리 순회 알고리즘도 사용할 수 있다. 많은 응용에서는 어떤 순회 알고리즘을 사용하는지는 중요하지 않지만, 그래프 순회에서 항상 같은 알고리즘을 사용하는 데는 충분한 이유가 있다. 항상 왼쪽에서 오른쪽으로 깊이 우선 탐색을 적용하여 트리를 순회하겠다. 즉, 트리의 왼쪽 가지에서 시작하여 계속 왼쪽을 택해서 깊이 우선으로 들어간 후에, 되돌아 와서는 가장 먼저 나오는 오른쪽 가지로 다시 내려가는 과정을 순환적으로(recursively) 진행한다. 이런 순회 방법을 **전위 순회**(pre-order traversal)라고 한다.

트리 순회 함수는 2가지 방법으로 작성할 수 있다. 첫째는 응용프로그램의 코드 상 명시적으로(explicitly) 순회를 하게 해서 트리를 훑어 나가면서 필요한 행렬이나 속성들을 스택에 저장하게 할 수 있다. 둘째로는 순회를 순환적으로 행할 수도 있다. 이 경우에는 행렬이나 속성들을 암시적으로(implicitly) 저장하기 때문에 코드가 더 간단해진다. 두 가지 방법 모두 유용하고, 그 개발과정에서 그래픽스 시스템을 구축하는 방법에 대해 더 깊은 통찰력을 얻을 수 있기 때문에 두 방법 모두를 개발하겠다.

8.4.1 스택기반 순회

`figure`라는 함수를 사용해서 인물상을 그린다고 생각해 보자. 마우스로 관절각들을 제어하도록 만들어진 애니메이션에서라면 이 함수는 디스플레이 콜백(display callback)이나 마우스 콜백(mouse callback)의 처리 과정에서 호출될 것이다. 이 함수가 호출되

었을 때 모델-관측행렬 **M**은 장면 내 다른 것들과 카메라에 대한 그 도형의 상대 위치를 결정한다. 최초로 마주치는 노드는 몸통이고, 몸통의 모든 기본요소들에는 행렬 **M**이 적용되어 그려진다. 그 다음에는 트리의 가장 왼쪽 가지를 추적하여 머리(head)를 위한 노드로 간다. 이제 $\mathbf{MM}_h$로 갱신된 모델-관측행렬을 가지고 함수 head를 호출한다. 이제 몸통 노드로 되돌아간 후, 왼쪽 팔을 정의한 하위 트리로 내려간다. 이 부분은 로봇 팔을 위한 코드와 매우 흡사하다. 행렬 $\mathbf{MM}_{lua}$를 적용해서 왼쪽 위 팔 부분을 그린 후에, 행렬 $\mathbf{MM}_{lua}\mathbf{M}_{lla}$을 적용해서 왼쪽 아래 팔 부분을 그린다. 다음으로는 오른쪽 팔, 왼쪽 다리, 오른쪽 다리로 이동해 나간다. 팔다리로 이동할 때에는 매번 루트로 돌아와서 행렬 **M**으로 되돌아가야 한다.

3장에서 설명한 현재 변환행렬의 관점에서 생각해 보는 것이 쉬울 것이다. 즉, 노드에서 정의한 기본 요소들에 적용되는 모델-관측행렬 **C**를 현재 변환행렬로 볼 수 있다.[2)] 행렬 **C**는 **M**의 값으로 출발해서 머리 부분에 대해서는 $\mathbf{MM}_h$로 갱신된 후, 나중에는 $\mathbf{MM}_{lua}\mathbf{M}_{lla}$ 등으로 갱신될 것이다. 프로그램에서는 인물상의 각 부분을 정의하는 함수를 호출하기 전에 매번 **C**를 손봐야 할 것이다. 나중에 전체 트리를 오른쪽 팔부터 다시 순회하려면, **M** 행렬이 다시 필요함에 주의하라. 이 행렬을 (또는 더 복잡한 모델에서 재사용해야 하는 어떠한 행렬이든) 새로 만들어내는 대신, 그것을 스택에 푸시(push)했다가 다시 팝(pop)해서 사용할 수 있다. 다음은 행렬 50개를 저장할 수 있는 간단한 스택 클래스이다.

```
class matrix_stack
{
    public:
        static const int MAX = 50;
        matrix_stack() {index = 0;}
        void push(const mat4& matrix);
        mat4 pop();
    private:
        mat4 matrices[MAX];
        int index;
};

void matrix_stack::push(const mat4& matrix)
{
    matrices[index] = matrix;
    index++;
}

mat4 matrix_stack::pop()
{
```

2) 지금은 투영행렬(projection matrix)에 대해서는 무시하겠다.

```
        index--;
        return matrices[index];
    }
```

순회 코드는 모델-관측행렬의 푸시, 팝에 평행 이동과 회전 변환이 뒤섞여 있다. 다음과 같은 함수 figure의 (매개변수 값들은 생략한) 시작 부분 코드를 생각해 보자.

```
mat4 model_view;
matrix_stack mvstack;
figure()
{
    mvstack.push(model_view);
    torso();
    model_view = model_view*Translate()*Rotate();
    head();

    model_view = mvstack.pop();
    mvstack.push(model_view);
    model_view = model_view*Translate()*Rotate();
    left_upper_arm();

    model_view = mvstack.pop();
    mvstack.push(model_view);
    model_view = Translate()*Rotate();
    left_lower_arm();

    model_view = mvstack.pop();
    mvstack.push(model_view);
    model_view = Translate()*Rotate();
    right_upper_arm();

    model_view = mvstack.pop();
    mvstack.push(model_view);
    ...
}
```

최초의 push는 현재의 모델-관측행렬을 복사한 후, 그 복사본을 모델-관측행렬 스택의 꼭대기에 넣는다. 이렇게 푸시한 후에는 모델-관측행렬의 복사본을 스택에 보존했으므로, 즉시 모델-관측행렬을 바꾸는 다른 변환 작업들을 수행해도 된다. 그 뒤에 따라오는 함수 Translate와 Rotate에 대한 호출은 $\mathbf{M}_h$를 계산해서 원래의 모델-관측행렬에 연결하면 머리 부분을 위한 기본요소들을 출력할 수 있다. 그 뒤 pop은 원래의 모델-관측행렬을 복구한다. 다시 push를 호출해서 원래의 모델-관측행렬을 보관해 두어야 나중에 왼쪽 팔을 다 그리고 돌아왔을 때에도 원래의 모델-관측행렬을 복구할 수 있다는 점에 주목하라.

각 부품별 함수는 위의 예와 비슷하다. 다음은 torso 함수이다.

```
void torso()
{
    mvstack.push(model_view);
    instance = Translate(0.0, 0.5*TORSO_HEIGHT,0.0)
                       *Scale(TORSO_WIDTH, TORSO_HEIGHT, TORSO_WIDTH);
    glUniformMatrix4fv(model_view_loc, 16, GL_TRUE, model_view*instance);
    colorcube();
    glDrawArrays(GL_TRIANGLES, 0, N);
    model_view = mvstack.pop();
}
```

처음에 push를 사용하고, 함수의 끝에서 pop을 사용함에 유의하라. 이렇게 해서, 코드를 분리시키고, 이 함수에서의 상태 변화로부터 전체 프로그램의 다른 부분들을 보호할 수 있다. 비슷한 방식으로 이 함수를 완성할 수 있다.

부록 A에는 이 figure 함수를 완성하고, 다양한 관절각들을 바꿀 수 있도록 하는 메뉴를 포함시킨 완전한 프로그램이 들어있다. 모델의 각 부분들은 타원이나 원기둥을 사용해서 구현되었고, 모델 전체는 5장에서 설명한 방식으로 음영처리되었다.

계층적 모델을 순회하면서 색, 재질 특성과 같은 속성들은 어떻게 다룰지 고려하지 않았다. 속성은 상태변수(state variable)이므로, 한 번 설정되면 변경될 때까지 그 값을 유지한다. 그러므로, 트리를 순회할 때 주의를 기울어야 한다. 예를 들어, torso 부분의 코드에서 적색(red)을 설정하고, head 부분의 코드에서 청색(blue)을 설정한다고 가정해 보자. 더 이상의 색 변경이 없다면 트리의 나머지 부분을 순회하는 내내 색은 청색을 유지하고, figure를 위한 코드를 모두 수행한 후에도 청색으로 남아 있는다. 속성의 변화에 영향을 받는 것은 노드의 방문 순서에 의존적이기 때문에, 특정 순회 알고리즘이 다른 결과를 가져올 수 있는 예가 될 것이다.

이 상황이 혼란스러울 수도 있지만, 해결책이 있다. 모델-관측행렬을 사용할 때와 유사한 방법으로 속성을 다룰 수 있도록 다른 스택을 만들면 된다. 만약 figure 함수의 시작 부분에서 속성들을 속성 스택에 푸시하고, 그 함수를 종료하면서 스택에서 팝한다면, 원래의 속성들을 복구할 수 있다. 더 나아가서, 속성을 더욱더 세밀하게 다루기 위해서 figure 내에서 추가적인 푸시와 팝을 사용할 수 있다.

보다 복잡한 모델에서는 이러한 아이디어를 순환적으로 적용할 수 있다. 예를 들어, 눈, 귀, 코, 입 등을 포함한 보다 정교한 머리 모델을 원한다면, 이러한 부분들을 별도로 모델링할 수 있다. 이제 머리 자체가 계층적으로 모델링되고, 그 코드 내에 행렬과 속성들의 푸시와 팝이 포함될 것이다.

트리에 대해서만 설명했지만, 두 개 이상의 노드가 같은 함수를 호출한다면, 실제로는 DAG가 되지만, 까다로워지는 것은 아니다.

컬러 그림판 22, 27에서는 시뮬레이션에서 사용되는 로봇과 인물상들의 계층적 모델을 보여준다. 이 객체들은 고급 대화형 소프트웨어들로 제작되었는데, 이들 소프트웨어들에서 모델을 렌더링하기 위해서는 계층적 구조의 순회 능력에 의지할 수밖에 없다.

계층적 객체를 표현하기 위해 사용한 방법은 작동하기는 하지만, 한계가 있다. 즉, 코드들이 명시적이고, 필요한 행렬과 속성들의 푸시와 팝을 응용 프로그래머에게 의존한다. 실제로는 스택 기반으로 트리를 구현한 셈이다. 코드들이 미리 정해진 예제를 위해서만 고정되어 버렸으므로, 확장시키거나 동적으로 사용하기는 곤란하다. 또한 이 코드는 모델을 만드는 부분과 렌더링 사이에 분명한 구분이 없다. 많은 응용 프로그래머들이 이런 식으로 코드를 작성하기는 하지만, 여기서는 트리 형태의 계층 구조를 구현하는 OpenGL 프로그램의 흐름을 설명하는 데에만 쓰려고 한다. 이제는 트리 구조의 계층구조를 다루는 보다 일반적이고 강력한 접근방법을 보겠다.

8.5 트리 자료 구조의 사용

두 번째 접근방법은 표준적인 트리 자료 구조를 사용해서 계층 구조를 표현하고, 실제 모델과는 독립적인 순회 알고리즘을 사용해서 렌더링하는 것이다. 여기서는 **왼쪽-자식 오른쪽-형제 구조**(left-child, right-sibling structure)를 사용한다.

그림 8.15에 나온 다른 형태의 트리 표현을 보라. 여기서는 같은 레벨(level)에 있는 모든 구성요소들이 왼쪽에서 오른쪽으로 연결되도록 배열하였다. 주어진 노드의 자식 노드들은 가장 왼쪽 자식 노드부터 가장 오른쪽 자식 노드까지 차례로 배열된 두 번째 리스트로 표현된다. 이 두 번째 리스트는 그림 8.15와 같이 아래 방향으로 연결된다. 이 방식으로 계층적 인물상도 표현할 수 있지만, 아직은 그래픽스 정보가 없는 상황이다.

각 노드에는 그 객체를 정의하는 함수, 해당 객체를 그것의 부모에 대해서 상대적으로 위치시키는 동차 좌표행렬 등 그것을 그리는데 필요한 정보가 저장되어야 한다. 다음과 같은 노드 구조를 생각해 보자.

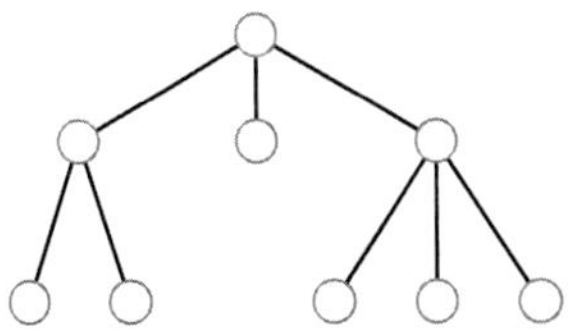

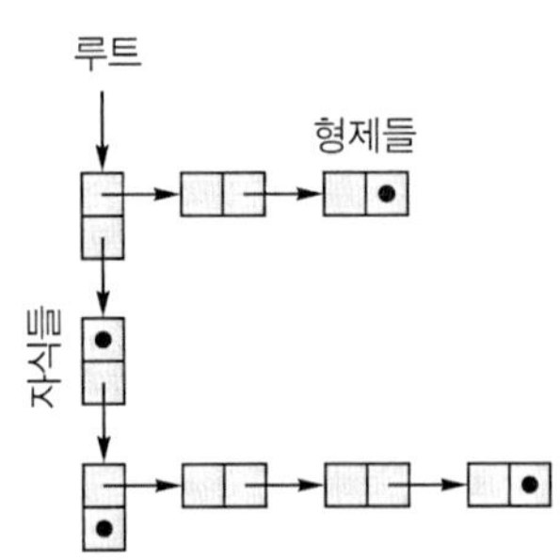

● 그림 8.15 ● (a) 트리 (b) 왼쪽-자식 오른쪽-형제 구조

```
typedef struct treenode
{
    mat m;
    void (*f)();
    struct treenode *sibling;
    struct treenode *child;
} treenode;
```

배열 m에는 4 × 4 동차 좌표행렬을 저장한다. 노드를 렌더링할 때는 제일 먼저 이 행렬이 현재 모델-관측행렬에 곱해져야 한다. 그 후 그래픽스 기본요소를 포함하고 있는 함수 f가 실행된다. 또, 오른쪽에 있는 형제 노드에 대한 포인터와 가장 왼쪽 자식에 대한 포인터를 저장한다. 어느 한쪽이든 존재하지 않는다면, 널 포인터(NULL)를 저장한다. 인물상의 경우는 모델의 10개 부분에 대응되는 10개의 노드가 설정된다.

```
treenode torso_node, head_node, lua_node, rua_node, lll_node,
      rll_node, lla_node, rla_node, rul_node, lul_node;
```

이 노드들은 main 함수나 myinit 함수에서 설정할 수 있다. 예를 들어, 인물상 트리에서 루트가 되는 몸통(torso) 노드를 생각해 보자. 이것은 y축에 대한 회전을 통해서 방향이 정해질 것이다. 필요한 회전행렬은 우리가 만든 행렬 함수들을 사용해서 생성할 수 있고, 행렬을 만든 후에는 torso 함수를 부른다. 몸통 노드에는 형제 노드가 없고, 가장 왼쪽 노드는 헤드 노드가 되므로, 다음과 같이 설정된다.

```
torso_node.m = RotateY(theta[0]);
torso_node.f = torso;
torso_node.sibling = NULL;
torso_node.child = &head_node;
```

정육면체를 사용해서 몸통을 만든다면, 출력 함수는 다음과 같다.

```
void torso()
{
    mvstack.push(model_view);
    instance = Translate(0.0, 0.5*TORSO_HEIGHT, 0.0)
                    *Scale(TORSO_WIDTH, TORSO_HEIGHT, TORSO_WIDTH);
    glUniformMatrix4fv(model_view_loc, 16, GL_TRUE, model_view*instance);
    colorcube();
    glDrawArrays(GL_TRIANGLES, 0, N);
    model_view = mvstack.pop();
}
```

인스턴스 변환은 정육면체를 적합한 크기로 스케일한 후, 바닥면이 $y = 0$ 평면에 오도록 평행 이동한다.

몸통은 인물상의 루트 노드이므로, 다른 노드들과는 조금 다른 코드를 가진다. 왼쪽 윗팔에 대한 다음 설정을 보라.

```
lua_node.m = Translate(-(TORSO_WIDTH+UPPER_ARM_WIDTH),
                        0.9*TORSO_HEIGHT, 0.0)*RotateX(theta[3]);
lua_node.f = left_upper_arm;
lua_node.sibling = &rua_node;
lua_node.child = &lla_node;
```

실제 left_upper_arm은 다음과 같다.

```
void left_upper_arm()
{
    mvstack.push(model_view);
    instance = Translate(0.0, 0.5*UPPER_ARM_HEIGHT, 0.0)
                      *Scale(UPPER_ARM_WIDTH, UPPER_ARM_HEIGHT,
                       UPPER_ARM_WIDTH);
    glUniformMatrix4fv(model_view_loc, 16, GL_TRUE, model_view*instance);
    colorcube();
    glDrawArrays(GL_TRIANGLES, 0, N);
    model_view = mvstack.pop();
}
```

이 노드에 대한 행렬은 팔의 위치를 몸통에 대해 상대적으로 이동시키고 관절각만큼 회전시키도록 설정된다. 윗팔에 대한 노드는 형제 노드(오른쪽 윗팔)와 자식 노드(왼쪽 아랫팔)를 가진다. 왼쪽 윗팔을 렌더링하기 위해서는 적당한 크기로 만들고, $y = 0$ 면에 바닥이 오도록 이동하는 인스턴스 변환을 먼저 계산해야 한다. 이 인스턴스행렬은 객체 좌표계에 왼쪽 윗팔을 위치시키는 현재의 모델-관측행렬에 합성된다. 다른 노드들도 비슷한 방식으로 설정된다.

트리를 8.4절에서와 같은 순서(전위 순회)로 순회하는 것은 다음과 같은 순환적인 코드로 수행할 수 있다.

```
void traverse(treenode* root)
{
    if (root == NULL) return;
    mvstack.push(model_view);
    model_view = model_view*root->m;
    root->f();
    if (root->child != NULL) traverse(root->child);
    model_view = mvstack.pop();
    if (root->sibling != NULL) traverse(root->sibling);
}
```

널이 아닌 노드를 렌더링하기 위해서는 먼저 mvstack.push(model_view)로 그래픽스 상태를 저장한다. 그 다음에 그 노드에 있는 행렬을 사용해서 모델-관측행렬을 수정한다. 이제 f가 가리키는 함수를 사용해서 해당 노드의 물체를 그린다. 마지막으로, 모든 자식들을 순환적으로 순회한다.

모델-관측행렬에 지역적 행렬을 곱했기 때문에 이 변경된 행렬을 자식들에게 전달한다는 것에 주의한다. 그러나 형제들은 각기 자기 자신의 지역적 행렬을 가지고 있기 때문에 형제들에게는 이 행렬을 사용하기를 원치 않는다. 따라서, 자식들을 순회하기 전에 원래 상태로 돌아와야 한다(mvstack.pop()). 노드 내에서 속성들을 바꾸어야 한다면, 렌더링 함수 안에서 속성들을 푸시하고 팝할 수도 있고, 모델-관측행렬을 푸시할 때 속성들을 푸시할 수도 있다.

이 순회 방식의 장점 가운데 하나는 특정 트리에 완전히 독립적이라는 점이다. 따라서 다음과 같이 포괄적인 디스플레이 콜백을 사용할 수 있다.

```
void display(void)
{
    glClear(GL_COLOR_BUFFER_BIT|GL_DEPTH_BUFFER_BIT);
    traverse(&torso_node);
    glutSwapBuffers();
}
```

각각의 관절각을 조절해서 인물상을 애니메이션하는데, 관절각은 메뉴에서 선택되고 마우스 버튼으로 증가 또는 감소된다. 따라서 관절각을 바꾸고, 적합한 노드 행렬을 다시 계산하고, 다시 그리도록 하는 등의 일을 하는 프로그램의 원동력은 마우스 콜백 함수에 있다.

```
mymouse(int button, int state, int x, int y)
{
    if (button == GLUT_LEFT_BUTTON && state == GLUT_DOWN)
    {
       theta[angle] += 5.0;
       if (theta[angle] > 360.0 ) theta[angle] -= 360.0;
    }
    if (button == GLUT_RIGHT_BUTTON && state == GLUT_DOWN)
    {
       theta[angle] -= 5.0;
       if (theta[angle] < 360.0 ) theta[angle] += 360.0;
    }

    mvstack.push(model_view);
    switch (angle)
    {
    case 0 :
```

```
            torso_node.m = RotateY(theta[0]);
            break;
        case 1 : case 2 :
            head_node.m = Translate(0.0, TORSO_HEIGHT+0.5*HEAD_HEIGHT, 0.0)
                *RotateX(theta[1])*RotateY(theta[2])
                *Translate(0.0, -0.5*HEAD_HEIGHT, 0.0);
            break;
        // rest of cases
        }
}
```

이러한 접근방법의 유연성을 보여주기 위해서 덧붙일 것이 또 하나 있다. 정적인 노드만 사용하는 것이 아니라 이 프로그램이 실행되는 동안에 동적인 노드를 더하거나 제거할 수 있다. 동적인 노드는 다음 코드로 생성할 수 있다.

```
typedef treenode* tree_ptr;
tree_ptr torso_ptr = new treenode;
```

노드들은 이전에서와 같이 정의된다. 예를 들어,

```
lua_node->m = Translate(-(TORSO_WIDTH+UPPER_ARM_WIDTH),
                        0.9*TORSO_HEIGHT, 0.0)*RotateX(theta[3]);
lua_node->f = left_upper_arm;
lua_node->sibling = &rua_node;
lua_node->child = &lla_node;
```

라고 정의하고, 이에 대한 순회는 다음과 같이 이루어진다.

```
traverse(torso_ptr);
```

인물상 예제에서는 동적인 접근방법이 특별히 이로울 것이 없지만, 좀 더 일반적인 경우에는 대화식으로 변하는 구조들을 생성하기 위해서 동적인 접근방법을 사용할 수 있다. 예를 들어, 인물상들을 편집하거나 원하는 대로 부분들을 더하거나 제거하는 응용을 작성하기 위해서 이러한 형식을 사용할 수 있다. 이런 형태의 구현은 8.8절에서 설명하게 될 장면 트리(scene tree)를 위한 기반이 된다. 컬러 그림판 27은 많은 부분을 실린더를 사용해서 만들고, 라이팅 설정을 추가한 인물상 애니메이션의 한 프레임을 보여준다.

예제들을 코딩하면서 그래프에 대해서 정해진 순회 순서를 썼다는 것에 주목하라. 다른 순회 알고리즘을 적용했다면 변환행렬이나 속성들을 바꾸는 것과 같이 그래프 내에서 상태 변화를 일으킨 경우에는 다른 이미지가 나올 수도 있었을 것이다. 이런 잠재적인 문제점 중 일부는 (그렇게 하면 성능 저하가 너무 자주 발생하지만) 각각의 노드에서 속성들과 행렬을 푸시하고 팝하도록 코드 각 부분을 분리시킴으로써 피할 수 있다.

8.6 애니메이션

예제에서 사용하기 위해 개발한 로봇과 인물상의 두 가지 예제는 **관절이 있는**(articulated) 경우였다. 즉, 모델들은 강체(solid)로 형성된 부분들을 관절로 연결하여 구성된다. 이런 모델에서는 몇 개 매개변수의 값들을 변경하여 각 부분의 위치를 시간에 따라 바꿀 수 있다. 즉, 애니메이션이 가능하다. 계층적 모델은 모델 각 부분들 사이의 물리적인 관계를 아울러서, 복잡한 동작을 모델링할 수 있게 한다. 아직까지 설명하지 않은 것은 원하는 동작을 얻기 위해서 시간에 따라 매개변수를 바꾸는 방법이다.

애니메이션을 하기 위한 여러 가지 방법 중에서 몇몇 기본적인 기법들은 관절이 있는 인물상을 다룰 때에 특히 중요하다. 이런 기법들은 전통적인 수작업 애니메이션(hand animation)과 로보틱스에서 유래한다.

로봇 모델의 경우 위쪽 팔의 끝을 어떤 위치에서 다른 위치로 이동시키는 문제를 생각해 보자. 이 모델은 3개의 각도를 지정할 수 있으므로, 3 자유도를 가진다. 한 세트(set)의 각도들마다 유일한 끝부분 위치를 가지지만, 그 역은 성립하지 않는다. 팔의 끝부분이 가기를 원하는 위치가 주어지면, 원하는 위치에 끝부분을 위치시키는 각도들이 없을 수도 있고, 딱 한 세트의 각도들만 그 위치를 줄 수도 있고, 여러 세트의 각도들이 원하는 곳에 위치시킬 수도 있다.

운동학(kinematics) 분야에는 모델의 각 부분에 대한 위치를 관절각만으로 표현하는 방법이 있다. 우리가 사용한 계층적 모델링 기법에서도 각각의 위치를 수치적으로 구하거나 모델 내 점들의 위치를 관절각만으로 계산하는 명시적 방정식을 구할 수 있다. 따라서, θ를 관절각들의 배열이라 하고, $\mathbf{p}$를 모델 내 정점들의 배열이라 하면, 운동학 모델은 다음과 같은 형태가 된다.

$$\mathbf{p} = f(\theta)$$

마찬가지로, 관절각의 속도 변화, 즉 관절속도를 지정하면 모델 내에 있는 점들의 속도를 얻을 수 있다.

운동학 모델에서는 관성(inertia)이나 마찰(friction)에 의한 영향은 무시한다. 가해지는 힘에 대한 모델의 동적인 움직임을 좀 더 복잡한 미분방정식들로 표현할 수도 있는데, 이것은 로보틱스 분야에서 연구되는 과제 중 하나이다.

운동학과 역학(dynamics) 분야는 모두 모델의 전향(forward) 행동을 계산하는 방법인데 반하여, 애니메이션 분야에서는 그 반대 역할을 하는 **역운동학**(inverse kinematics)과 **역역학**(inverse dynamics)에 더 영향을 받게 된다. 이들은 어떤 모델에 대해서 원하는 자세를 지정하면, 그 자세를 취하게 하기 위해 관절각들을 어떻게 조절할 것인가를 다룬다. 여기에는 두 가지 중요한 점이 있다. 첫째, 로봇과 다른 객체들을 비롯한 주변환경이 주어졌을 때, 원하는 상태를 만들어내는 관절각들이 존재하는가를 결정해야 한다. 이때, 다음과 같은 형태의 1가 함수(single-valued function)가 아예 존재하지 않을 수도 있다.

$$\theta = f^{-1}(\mathbf{p})$$

주어진 $\mathbf{p}$에 대해서 일반적으로는 어떤 θ가 이 위치에 대응되는지, 또는 θ의 어떤 값들이 이 식을 만족시키는지를 결정할 수는 없다. 관절각들을 모두 찾을 수 있더라도, 장애물에 부딪치지도, 어떠한 물리적 제약조건(constraint)들을 위반하지 않는지를 확인해야 한다. 우리가 사용했던 로봇과 같은 단순한 모델에서는 주어진 위치에 대한 관절각을 계산하는 방정식을 구할 수 있을지 몰라도, 일반적으로는 그렇게 하기가 불가능하다. 앞에 나온 전향 방정식들의 역(inverse)이 유일하지 않기 때문이다. 총 11 자유도를 가지는 인물상 모델을 생각해 보면, 왜 이 문제가 풀기 어려운지를 금방 알게 될 것이다.

이런 문제들을 극복하는 기본적인 방법 중 하나는 수작업 애니메이션 기법에서 유래한다. **키프레임 애니메이션**(key-frame animation)에서는 애니메이터가 키프레임이라고 하는 주요 순간에 대해서 객체들의 위치를 정한다. 수작업 애니메이션의 다음 단계에서는 **인비트위닝**(in-betweening)이라는 처리과정에서 그 사이 장면들을 채워 나간다.

컴퓨터 그래픽스에서는 관절각들을 보간(interpolate)하거나 키프레임 사이의 운동 방정식을 근삿값으로 표현해서 이 인비트위닝 과정을 자동화시킬 수 있다. GPU를 사용해서 인비트위닝 과정에서 필요한 작업의 많은 부분들이 파이프라인의 일부로 자동화될 수 있다. 이때 최신 GPU들에서 제공하는 프로그래밍 기법들을 자주 사용하기도 한다. 키프레임 사이를 부드럽게 연결시키기 위해서는 10장에서 설명할 스플라인(spline) 곡선들을 사용할 수도 있다. 이 보간과정을 위한 더 좋은 코드들을 개발할 수도 있지만, 사실 키프레임의 선택과 각 프레임에서의 객체 위치 선정에는 숙련된 애니메이터와 잘 개발된 대화형 방법들이 더 결정적인 요소이다.

8.7 그래픽 객체들

지금까지 여러가지 그래픽스 패러다임들을 소개해 왔지만, 주로 합성 카메라 모델(synthetic-camera model)의 파이프라인 구현에 치중해 왔다. 이것은 현재 사용 가능한 하드웨어와 소프트웨어를 사용하는 3차원 응용을 지원하기 위한 선택이었다. 따라서, 기하학 데이터를 GPU에 넣어두고, 그 이후에는 즉시 렌더링하는 방식을 강조해 왔다. 데이터가 일단 GPU에 올라가면, 응용프로그램에서 다시 생성하지 않아도 재사용이 가능한다는 점을 완벽히 사용하지는 않았다.

또한, 구현의 기초를 보여주려고 했기 때문에 상세한 구현방법들 위주로 그래픽스를 설명해 왔다. 이런 방식이 가져다 주는 이점에도 불구하고, 이제까지는 그래픽스 응용을 개발하는 많은 고급 기법들을 살펴볼 수가 없었다.

이제는 좀 더 고급 추상화 기법들로 옮겨가서 두 가지 주요 개념을 소개하겠다. 첫째, 객체의 개념을 다각형, 벡터와 같은 기하적 객체로부터 관측자, 조명, 재질특성 등과 같은 그래픽스 프로그램에서 사용하는 요소들을 대부분 포함하도록 확장하겠다. 둘째, 이미지가 그려진 후, 또는 심지어 전혀 디스플레이하지 않더라도 계속 존재하는 객체들에 초점을 맞추겠다. C++의 클래스나 C의 구조체를 사용하는 것과 유사한 접근방법을 보이겠다. OpenGL API가 이런 접근방법을 직접 지원하지는 않지만, 그렇다고 포기할 필요는 없다. 렌더링을 위해서는 여전히 OpenGL을 사용하고, 새로 개발하는 것들은 OpenGL 위에 올라가는 소프트웨어 계층(software layer)으로 간주하겠다.

8.7.1 메소드, 속성, 메시지

프로그램에서는 데이터를 다룬다. 데이터는 숫자에서 문자열이나 응용이 만들어내는 기하적 개체에 이르기까지 다양한 형식을 가진다. 전통적인 명령형 프로그래밍(imperative programming)에서는 프로그래머가 주로 함수를 통해서 데이터를 다루는 식으로 코드를 작성한다. 이때, 데이터는 매개변수를 통해서 함수에 전달되고, 비슷한 방식으로 되돌아온다. 전달된 데이터를 다루기 위해서 함수는 해당 데이터가 어떻게 구성되어 있는지를 알아야 한다. 예를 들어, 이전의 많은 예에서 사용했던 입방체(cube)를 생각해 보자. 이것을 정점 포인터(vertex pointer), 에지 리스트(edge list), 다각형의 정점 리스트 등의 다양한 방법으로 모델링할 수 있음을 보였다. 응용 프로그래머는 어떤 모델이 사용되었는지는 거의 신경쓰지 않으면서 입방체를 단일 개체(atomic entity), 즉 **객체**(object)로 다루기를 원할 수 있다. 또한, 어떤 음영 모델을 사용할지, 어떤 다각형 채우기 알고리즘을 사용할지 등의 입방체를 화면에 렌더링하는 상세방법에 대해서도 거의 신경 쓰지 않을 수도 있다. 즉, 입방체가 "자신을 어떻게 렌더링하는지를 알고" 있으며, 개념적으로는 렌더링 알고리즘이 이미 객체 자신에 연결되어 있다고 생각할 수 있다. OpenGL은 렌더링을 제어하는 그래픽스 시스템의 상태(state)를 사용하여 어느 정도는 이 관점을 지원한다. 예를 들어, 입방체의 색, 방향, 면들에 적용될 조명 등은 모두 그래픽스 시스템의 상태가 될 수 있고 입방체가 모델링된 방법과는 무관할 수 있다.

반면 실제로 눈에 보이는 입방체를 다룬다면 이 관점은 조금 이상해 보이는 것을 알

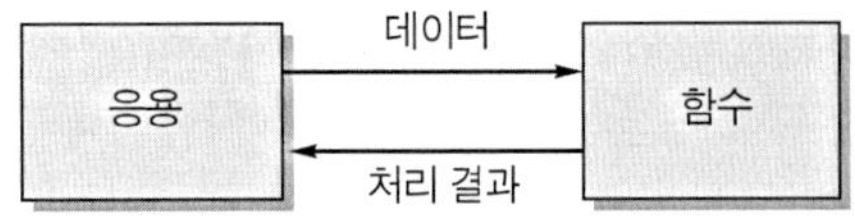

● 그림 8.16 ● 명령형 프로그래밍 패러다임

수 있다. 입방체의 위치는 색, 크기, 방향과 마찬가지로 그 객체에 연결되어 있다. OpenGL을 사용해서 다양한 속성들과 행렬들을 푸시, 팝 해서 어떤 속성들을 가상의 입방체에 연결시킬 수 있겠지만, 하부 프로그래밍 모델에서는 이 개념을 잘 지원하지 못한다. 예를 들어, 입방체를 변환하는 함수는 그림 8.16에 나타난 것처럼, 입방체가 어떻게 표현되고 어떻게 다루어질지를 명확하게 알아야만 한다.

응용 프로그래머는 입방체의 데이터에 대한 포인터와 변환에 대한 매개변수를 입력으로 받아들이는 함수를 작성할 것이다. 그 함수는 입방체에 대한 데이터를 조작한 후에, (아마도 어떤 값들을 리턴하면서 동시에) 응용프로그램에 제어를 돌려줄 것이다.

객체지향 설계와 객체지향 프로그래밍은 객체의 조작을 근본적으로 다른 방식으로 본다. 객체지향 프로그래밍이 막 시작되던 시절에도, Smalltalk와 같은 언어들은 컴퓨터 그래픽스가 객체지향 접근방법의 강력함을 선전하는 매우 좋은 예가 될 수 있다는 것을 깨달았다. 소프트웨어 업계의 최근 동향은 파이프라인의 지향과 객체지향을 결합하면 보다 강력하고 효율적인 그래픽스 시스템을 구축할 수 있다는 것이다.

객체지향 프로그래밍 언어들은 프로그램을 만들어 나가는 모듈로서 객체(object)를 정의한다. 이 모듈에는 입방체의 경우 정점들과 같은 모듈 자체를 정의하는 데이터, 그 모듈의 성질(즉, 속성), 모듈 자체와 그 속성들을 다루는 함수(즉, 메소드) 등이 포함된다. 이런 메소드들은 객체에 메시지를 보내서 불려진다. 그림 8.17은 이 모델을 나타낸다.

응용프로그램을 작성하는 사람에게는 이제 입방체가 어떻게 표현되어 있는지를 알 필요가 없다는 장점이 있다. 단지 입방체 객체가 어떤 기능들을 지원하는지, 즉 어떤 메시지들을 객체에 보낼 수 있는지를 알면 된다.

C의 구조체 `struct`가 객체의 성질을 어느 정도는 가지고 있지만, C 언어는 객체지향 접근방법을 완벽하게 지원하지 못한다. C++에서는 `struct`가 클래스 `class`로 대체되었다. C++의 클래스는 객체지향 접근방법을 가능하게 하는 두 가지 중요한 성질을 가지는데, 객체지향 접근방법을 맛보기 위해서 이제부터 그것들을 알아볼 것이다. C 프

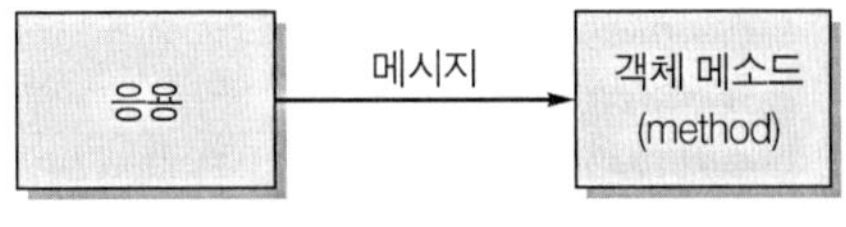

● 그림 8.17 ● 객체지향 패러다임

로그래머들은 이 개념을 이해하는데 별 어려움이 없을 것이다.

8.7.2 입방체 객체

객체 자체에 색상(color) 속성과 동차 좌표 변환이 결합되어 있는 입방체 객체를 C 언어로 만들려고 한다고 생각해 보자. C에서는 다음과 같은 구조체를 사용할 것이다.

```
struct cube
{
    float color[3];
    float matrix[4][4];

/* 이 부분에 구현이 들어간다 */
}
```

구조체의 구현 부분은 입방체가 실제로 어떻게 표현되는지에 대한 정보를 담고 있다. 통상적으로 응용프로그램에서는 이 정보를 필요로 하지 않고, 다만 입방체와 결합된 색과 행렬을 바꿀 수 있으면 된다.

일단 구조체가 정의되면 입방체 객체의 **인스턴스**(instance)는 다른 기본 자료형들과 마찬가지로 다음과 같이 생성될 수 있다.

```
cube a, b;
```

이런 클래스 정의의 일부인 속성들은 입방체의 각 인스턴스마다 다를 수 있다. 즉, 다음 코드로 입방체 a의 색상을 적색(red)으로 바꿀 수 있다.

```
a.color[0]=1.0;
a.color[1]=a.color[2]=0.0;
```

OpenGL을 사용하는 시스템에서는 이러한 구조체가 어떻게 구현될 것인지는 명확하다.

쓸만한 입방체 객체를 생성하기는 했지만 아직 이것을 다루거나 렌더링하는 데에는 한계가 있다. 이제 다음과 같은 코드로 입방체를 렌더링하는 함수를 작성할 수 있을 것이다.

```
render_cube(a);
```

또는 다음과 같은 식으로 입방체를 회전시킬 수도 있을 것이다.

```
rotate_cube(a, theta, d);
```

여기서 d는 회전축을 나타내는 벡터이다.

이러한 접근방법이 작동은 하겠지만, 한계가 있다. 우선 객체의 종류별로 별도의 렌더링 함수와 회전 함수가 필요하다. 두 번째로, 코드의 구현 부분을 응용프로그램에서 직접 접근할 수도 있다. C++ 클래스는 이 두 가지 문제를 모두 해결했다. 하나의 C++ 클래스는 public, private, protected로 선언된 멤버들을 가진다. **퍼블릭 멤버**(public member)는 C `struct`의 멤버와 비슷하고 다른 모든 함수들에 의해서 변경될 수도 있다. **프라이빗 멤버**(private member)는 이 클래스를 사용하는 함수일지라도 볼 수도 없고 변경할 수도 없다. **프로텍티드 멤버**(protected member)는 상속관계를 가지는 클래스에서만 볼 수 있다. 경우에 따라서는 특정 클래스에 접근할 수 있도록 다른 클래스들을 friend로 선언하기도 한다. 따라서, C++에서는 다음과 같이 입방체를 정의해서 구현의 상세한 사항들을 보호하거나 숨길 수 있다.

```
class cube
{
public:
    vec4 color;
    mat4 model;
private:

/* 이 부분에 구현이 들어간다 */

}
```

뿐만 아니라 C++에서는 함수 또는 메소드를 멤버로 가질 수도 있다. 그런 식의 함수를 추가해 보면 객체지향 개념이 더욱 분명해진다. 다음과 같은 멤버 함수들을 클래스의 공개(public) 부분에 추가한다고 가정해 보자.

```
void render();
void translate(float x, float y, float z);
void rotate(float theta, float axis_x, float axis_y, float axis_z);
```

이제 응용프로그램은 다음과 같은 코드를 통해서 입방체를 생성하고, 이동하고, 회전하고, 렌더링할 수 있다.

```
cube a;
a.rotate(45.0, 1.0, 0.0, 0.0);
a.translate(1.0, 2.0, 3.0);
a.render();
```

개념적으로, 이 코드는 입방체의 인스턴스가 자기자신을 어떻게 회전시켜야 하는지를 "안다"고 가정하며, `a.rotate`의 코드를 실행하면, 그런 회전이 일어나기를 원한다고 입방체 객체에게 메시지를 보내는 것이다. cube 객체의 행렬 멤버를 변화시키는 함수들을 사용해서 회전과 평행 이동 메소드를 쉽게 작성할 수 있을 것이다.

`a.render` 함수 호출이 실제로 무엇을 하는지는 조금 불분명하다. 응용프로그램에서 객체의 각 인스턴스를 만들어서 추가된 코드로 그것들을 다룰 수 있다. 가장 중요한 점은 응용프로그램에게 알려지지 않은 형태로 시스템 내의 어딘가에 계속 존재하는 객체를 생성했다는 것이다. 그 객체의 속성들 또한 시스템 내 존재하고, `rotate`와 비슷한 함수에 의해서 변경될 수 있다. `render` 함수는 이제 시스템의 현재 상태가 아니라, 객체 자신의 현재 상태를 이용해서 그 객체를 다시 그리게 된다. 따라서, 렌더링 단계에서는 객체의 응용 부분에서 가져온 정점 속성과 데이터를 GPU로 보내고, 그 객체를 표현하기 위해서 `glDrawArrays`와 같은 함수를 사용한다.

8.7.3 입방체 객체의 구현

객체의 비공개 부분을 선택적으로 개발하는 예제로 cube를 생각해 보자. 기초적인 구현은 정육면체의 회전 예제와 비슷할 것이다. 6개의 면으로 구성되고, 각 면이 2개의 삼각형으로 되어 있는 정육면체를 고려해 보자. 따라서, cube의 private 부분은 다음과 같이 될 것이다.

```
private:
        vec4 points[36];
        vec4 colors[36];
```

각 꼭짓점마다 다른 색깔을 부여할 수 있음에 유의하라. cube의 디폴트 생성자(constructor)는 단위 정육면체가 되도록 꼭짓점 좌표들을 설정한다.

구현 부분에 더 많은 정보를 넣으면, 더욱 좋은 효과를 볼 수 있다. 여기서 특별히 관심이 있는 부분은 렌더링을 도와줄 수 있는 정보들이다. 즉, 비록 OpenGL이 z-버퍼를 사용해서 은면제거(hidden-surface removal)를 해 주지만, 8.10절에서 설명할 별도의 가시성 검사(visibility test)를 통해 객체들을 미리 제거해 줌으로써 더 좋은 효과를 거둘 수 있다. 이 기능을 제공하려면 객체의 경계 입체(bounding volume)를 결정할 수 있는 정보들을 포함시키고 싶을 것이다. 예를 들어, 코드의 비공개 부분에 객체의 축-정렬 경계 입체(axis-aligned bounding volume)를 포함시킬 수도 있다. 다각형 객체라면, (객체에 저장된 변환행렬들에 의한 변환과정을 거친 후에) 각 정점의 x, y, z 좌표의 최소, 최대값을 저장하기만 하면 된다.

8.7.4 객체와 계층 구조

객체지향 설계의 중요한 장점 중 하나는 코드를 재사용할 수 있고, 간단한 객체들로부터 보다 복잡한 객체를 만들어낼 수 있다는 점이다. 8.4절에서 했던 것처럼 정육면체로부터 인물상 객체를 만들 수도 있고, 이 새로운 객체에 대한 여러 개의 인스턴스를 만들 수도 있는데, 각각은 별도의 색, 크기, 위치, 방향 등을 가질 수 있다. 인물상을 위한 클래스는 팔과 다리에 대한 클래스를 참조할 수 있고, 자동차를 위한 클래스는 바퀴와 차체에 대한 클래스를 참조할 수 있다. 따라서, 다시 한 번 8.5절에서 개발했던 것과 비슷한 트리 형태의 표현이 나올 수 있다.

객체지향 설계에서는 흔히, 트리의 특징인 부모-자식(parent-child) 관계보다 좀 더 복잡한 관계를 표시할 수 있는 표현 방식을 필요로 한다. 트리를 사용할 때는 전체 구조가 루트(root)에서 가장 복잡해지고, 부모, 자식 간의 관계는 "has-a" 관계이다. 따라서, 작대기 인물상은 두 개의 팔과 두 개의 다리를 가지고, 자동차는 네 개의 바퀴와 하나의 몸체를 가진다.

다른 방식의 계층 구조도 볼 수 있는데, 이때는 계층 구조의 꼭대기에 가장 간단한 객체가 배치되고, 부모, 자식 사이는 "is-a" 관계가 된다. 분류법(taxonomy)는 이러한 계층 구조의 전형적인 예이다. 포유동물은 동물이고, 사람은 포유동물이다. 이미 투영을 설명할 때 이 관계를 사용했었다. 평행투영(parallel projection)은 평면 기하 투영(planar geometric projection)이고, 경사투영(oblique projection)은 평행투영이다. "is-a" 관계에서는 간단한 객체로부터 보다 복잡한 객체들을 정의할 수 있고, 보다 복잡한 객체가 간단한 객체의 성질들을 상속받을 수 있도록 한다. 따라서, 평행투영에 대한 코드를 작성했다면, 경사투영 코드는 이 코드를 사용할 수 있고, 일반적인 평행투영을 경사투영으로 변환하기 위해 필요한 부분만 보강할 수 있다. 기하적 객체에 대해서는 색, 재질 특성과 같은 속성의 디폴트값을 가지는 기본 객체를 정의할 수 있다. 응용 프로그래머는 기본 객체에서 파생한 객체들에서 이 속성들을 사용하거나 변경할 수 있다. 이러한 개념들은 부-클래스(subclass)와 상속(inheritance)을 허용하는 C++와 같은 언어에서 지원되고 있다.

8.7.5 기하적 객체

객체지향 그래픽스 시스템을 구축한다고 생각해 보자. 어떤 객체들을 포함시켜야 할 것인가? (아마도 부-클래스를 사용해서) 점, 벡터, 다각형, 직사각형, 삼각형 등과 같은 객체들을 원하리라는 것은 분명하지만, 속성들, 광원들, 관측자들은 어떻게 다루어야 할지는 분명하지 않다. 예를 들어, 재질 특성(material property)은 입방체와 같은 객체에 결합되어야 하는가, 아니면 그것 자체가 별도의 객체인가? 대답은 어느 한쪽을 택할 수도 있고, 심지어 둘 다를 택할 수도 있다. 즉, 5장의 Phong 모델에서 설명한 주변반사

(ambient), 난반사(diffuse), 정반사(specular) 재질 특성 각각에 대한 멤버를 가지도록 입방체 클래스를 생성할 수 있다. 다음과 같은 코드로 재질 클래스를 정의할 수도 있다.

```
class material
{
  public:
    vec4 specular;
    float shininess;
    vec4 diffuse;
    vec4 ambient;
}
```

이제는 이 입방체 클래스의 멤버 함수를 통해서 다음과 같이 어떤 기하학적 객체에 이 재질을 설정할 수 있다.

```
cube a;
material b;
a.setMaterial(b);
```

광원(light source)은 위치와 방향을 가지는 일종의 기하적 객체이므로, 다음과 같이 광원 객체를 추가할 수 있다.

```
class light
{
  public:
    boolean type;
    boolean near;
    vec4 position;
    vec4 orientation;
    vec4 specular;
    vec4 diffuse;
    vec4 ambient;
}
```

일단의 기하적 객체들을 만든 후에는 어떤 장면(scene)을 표현하기 위해서 이들을 사용할 수 있다. 위에서 소개한 계층적 관계의 장점을 이용하기 위해서, **장면 그래프**(scene graph)라는 새로운 트리 구조를 개발하겠다.

8.8 장면 그래프

하나의 장면을 그릴 때 무엇이 들어가야 되는지 생각해 보자. 그래픽 기본요소나 이들 기본요소들로부터 얻어진 객체들 외에 조명과 카메라 같은 다른 객체들도 필요하다. 이들 객체들도 정점과 벡터들로 정의될 수 있고, 기하학적 기본요소들에 결합된 속성들과 비슷한 식으로, 색과 같은 여러 가지 속성을 가질 수 있다. 한 장면을 표현하는 데에는 이 모든 객체들이 필요하고, 이 객체들 간에 계층적 관계가 존재할 수도 있다. 예를 들어, 프로그램에서 하나의 기본요소를 정의하면, 그 시점에 설정되어 있는 카메라 매개변수들이 최종 이미지를 생성하는데 사용된다. 두 기하적 객체들의 정의 사이에서 카메라 렌즈를 바꾼다면, 각 객체들이 서로 다르게 보이는 이미지가 생성될 것이다. 현실 세계의 카메라로는 그러한 이미지를 만들 수 없지만, 그래픽스 시스템의 능력은 이런 경우까지도 가능하다. 트리 자료 구조를 좀 더 확장하면 기하적 객체, 카메라, 조명, 속성들 사이의 관계를 표현할 수 있다.

그래픽 응용프로그램 내에서 그래프를 순회하는 코드를 작성할 수 있다는 것은 이미 알고 있으므로, 그래프에 저장될 내용들에 대한 생각을 확장해서 장면 전체를 표현하도록 할 수 있다. 우선 가능한 방법은 트리 자료 구조를 사용해서 각 노드에 이미 있는 인스턴스 행렬과 그리기(drawing) 함수에 대한 포인터에 추가하여 다양한 속성을 포함시키는 것이다. 다른 가능성은 새로운 형태의 노드들, 즉 속성 정의 노드, 행렬 변환 노드 등을 허용하는 것이다. 그림 8.18의 트리를 살펴보자. 여기서는 색상과 모델-관측행렬을 위한 별도의 노드를 설정했다. 윗부분에서 분기가 일어나는 곳은 특별한 형태의 노드인 group 노드로 취급되는데, 이 노드의 기능은 각각을 서로 분리시키는 데 있다. group 노드는 그 노드에 들어가는 순간의 상태를 보존할 수 있게 해주므로, group 노드 이하의 서브 트리가 사용하는 상태 값들을 트리의 나머지 부분과 분리시킨다. 앞에 나왔던 전위 순회(preorder traversal) 알고리즘을 사용하면, 대응되는 응용프로그램 코드는 다음과 같은 형태가 될 것이다.

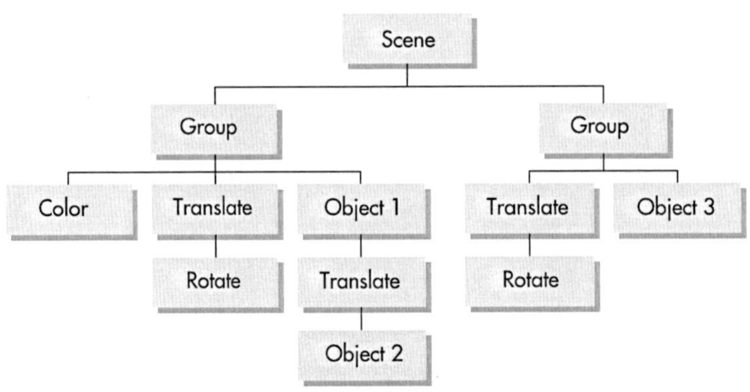

● 그림 8.18 ● 장면 트리(scene tree)

```
pushAttrib
pushMatrix
    color
    translate
    rotate
    object1
    translate
    object2
popMatrix
pushMatrix
    translate
    rotate
    object3
popMatrix
popAttrib
```

group 노드는 OpenGL의 푸시, 팝 함수에 대응된다. 즉, 위의 코드는 속성과 모델-관측행렬을 보존해 두었다가, 빠져나가기 직전에 복구시킨다. 그 아래 부분은 트리의 그 이후 부분에 적용될 색을 설정한 후, 인물상 예제에서와 비슷한 방법으로 트리를 순회한다.

더 나아가면, 속성과 행렬 스택들을 사용하여 관측 조건(viewing condition)들을 저장할 수 있으므로, 트리 내에 카메라 노드(camera node)를 생성할 수도 있다. 각각의 객체들을 서로 다른 카메라로 관측(view)하려고 하지는 않겠지만, 같은 객체들을 여러 대의 카메라로 관측하려고 할 수는 있다. 예를 들어, 건축가나 엔지니어들은 다중 직교투영(multi-view orthographic projection)이나 등축 관측(isometric view)을 원할 수 있다. 이런 이미지들은 여러 개의 카메라를 가지는 장면 그래프로 만들 수 있다.

방금 설명한 장면 그래프는 트리를 사용해서 완전히 기계적으로 프로그램을 생성할 수 있다는 점에서 OpenGL 프로그램과 동등하다. 이러한 접근 방법은 OpenGL의 상위에 구축된 객체지향 API인 Open Inventor와 Open Scene Graph(OSG)에서 사용되었다. Open Inventor와 OSG 프로그램은 장면 그래프를 만들고, 수정하고, 렌더링한다. 프로그램을 실행시키면 장면 그래프를 순회하면서 OpenGL로 작성된 그래픽스 함수들을 차례로 수행하게 된다.

장면 그래프의 개념은 8.7절에서 소개한 객체지향 패러다임과 무척 잘 들어맞는다. 기본요소들, 속성들, 변환들을 모두 소프트웨어 객체로 간주해서 이들을 다루는 클래스들을 정의할 수 있다. 이런 관점에서, 데이터 캡슐화(data encapsulation)와 같은 개념들을 적용해서 미리 정의된 소프트웨어 객체들을 사용하는 간단한 프로그램들로 대단히 복잡한 장면을 구축할 수 있다. 장면 그래프 내에서는 노드처럼 보이지만, 매개변수들을 변경시킨 후에 장면을 다시 디스플레이하도록 하는 소프트웨어 객체들을 사용해서 애니메이션까지도 지원할 수 있다. Open Inventor에서 소프트웨어 객체들은 보통 OpenGL을 사용해서 렌더링하지만, 장면 그래프 그 자체는 사실 장면 내 모든 요소들을 포함하

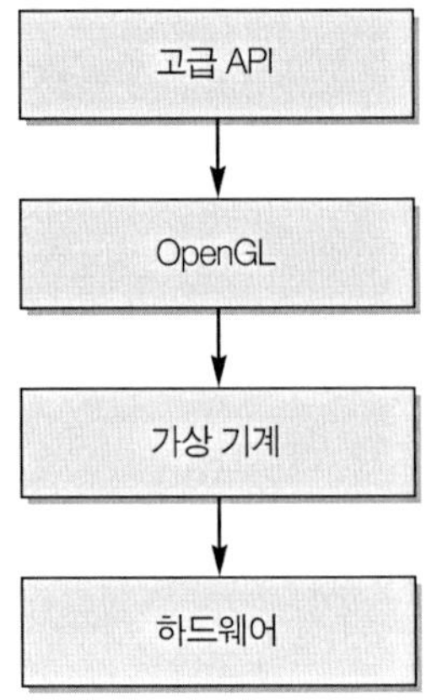

● 그림 8.19 ● 현대적인 그래픽스 구조(architecture)

는 일종의 데이터베이스이다. OpenGL은 그 데이터베이스를 이미지로 바꿔주는 렌더링 엔진인 셈이고, 장면 자체를 정의하는 데에는 사용되지 않는다. 게임 엔진들에서는 비슷한 전략을 써서 게임 플레이를 통해서 장면 그래프가 수정되고, 대화형 출력이 가능한 속도로 순회와 렌더링이 일어나게 한다.

그래픽스 소프트웨어 시스템들은 그림 8.19와 같은 형태로 진화하고 있다. OpenGL은 렌더링 엔진이고, 보통 하드웨어 추상화 계층(Hardware Abstraction Layer, HAL)이라고 알려진, 물리적 하드웨어들과의 통신을 담당하는 가상 기계 위에 올라간다. OpenGL 보다 상위에는 장면 그래프와 저장 메커니즘(storage mechanism)을 지원하는 객체지향 레이어가 있을 수 있다. 사용자가 작성한 프로그램은 응용에서 어떤 기능들을 사용하느냐에 따라, 어떤 레이어를 사용하도록 해도 좋다.

8.9 Open Scene Graph

Open Scene Graph(OSG)는 완전한 장면 그래프 API 중에서 가장 널리 쓰이는 것으로, 우리가 사용한 예제에서는 부족했던 기능들을 다양하게 제공한다. 다양한 노드들을 지원하는 것 외에, OSG의 핵심이 되는 개념이 두 가지 있다.

우선, OpenGL 보다 상위 레벨의 소프트웨어가 가지는 장점으로, CPU와 그래픽 프로세서 간 부하에 대해서 균형을 맞출 수 있다. OpenGL에서 기하 데이터를 어떻게 처리했는지 생각해 보자. 응용프로그램에서는 정점들의 집합을 설정해서 기본 요소를 생성한다. 우리가 봐왔던 것처럼, OpenGL에서는 렌더링을 중시한다. 모든 그래픽스 기본 요소는 그 일부분이라도 파이프라인으로 내려가게 된다. 관측 볼륨을 벗어난 기본 요소가 완전히 제거되는 것도 정점에 대한 처리가 다 끝나는 단계에서 이루어진다. 어떤 기본 요소가 다른 불투명한 기하학 물체에 가려져서 관측자에게 보이지 않고, 최종 이미지에 나오지 않는다면, 그 기본 요소는 파이프라인의 대부분을 거친 후에야 은면 제거 단계에서 겨우 제거될 것이다. 현재의 GPU들이 초당 수백만 개의 정점을 처리할 수 있지만, 많은 응용프로그램에서는 이런 GPU들이 충분히 빠른 속도로 그릴 수 없을 정도로 복잡한 기하학 도형을 가지기도 한다. OSG에서는 렌더링 부하를 줄이기 위해서, **오클루전 컬링**(occlusion culling)과 **레벨 오브 디테일**(level of detail)의 두 가지 전략을 사용한다.

오클루전 컬링은 어떤 물체를 렌더링 파이프라인에 넣기 전에, 다른 물체에 가려져서 보이지 않아서 제거할 수 있는지를 찾아본다. 그림 8.20에서는 사각형이 관측-볼륨 안에 있으면서 삼각형을 가리고 있다. z-버퍼 알고리즘에서도 올바른 결과를 얻지만, OpenGL에서는 각 물체를 독립적으로 처리하므로, 오클루전을 알아낼 수는 없다. 반면에, OSG 장면 그래프에는 뷰어에 대한 정보와 함께 모든 기하학 정보가 들어간다. 따라서, OSG에서는 장면 그래프를 돌아다니면서 물체를 추려내는 방식의 다양한 알고리즘들을 사용할 수 있다. 8.11절에서는 이진 공간 분할로 오클루전 컬링을 수행하는 방법을 알아 보겠다.

두 번째 전략은 밉맵(mipmap)이나 텍스처 매핑(texture mapping)에서 사용했던 것과 비슷한 논리에 기초한다. 어떤 기하학 물체가 전체 화면의 작은 영역에만 그려진다면, 그 기하학 물체의 자세한 부분들까지 렌더링할 필요는 없다. 필요한 정보들이 역시 장면 그래프에 저장될 수 있다. OSG에서는 레벨 오브 디테일 노드를 가지고 있는데, 그 자식 노드들에는 같은 물체를 서로 다른 기하학적 복잡도로 만든 모델들이 들어 있다. 응용프로그램에서 이런 노드를 설정해야 한다. 장면 그래프를 순회할 때는 OSG에서 어느 정도로 자세한 레벨을 써야 할 지 결정하게 된다.

레벨 오브 디테일 렌더링은 OSG에서만 중요한 것이 아니고, 상용 게임 엔진을 사용하는 대화형 게임과 같이 실시간 응용프로그램들에서도 중시된다. 게임 엔진은 수백만

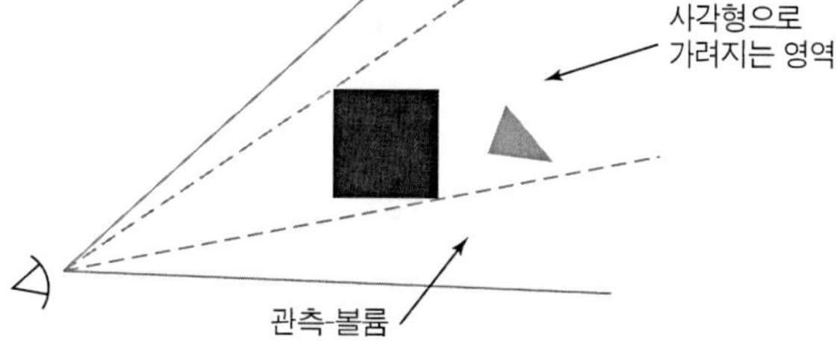

● 그림 8.20 ● 오클루전(occlusoin)

라인의 코드로 구성된 매우 크고 복잡한 소프트웨어이다. 게임 엔진들은 그래픽 출력을 위해서 OpenGL이나 DirectX를 사용하고, 프로그래머블 셰이더를 광범위하게 사용하고 있지만, 게임 엔진이 게임 플레이를 처리해야 하고, 많은 수의 플레이어들이 관계된 복잡한 상호작용을 관리해야 한다. 게임 엔진에서는 기하 정보나 텍스처 매핑 등 필요한 모든 정보를 관리하기 위해서 장면 그래프를 사용하고, 장면 그래프의 처리에서는 레벨 오브 디테일 기법을 광범위하게 사용한다. 다음 절에서는 인터넷상에서의 그래픽 처리에 관련된 내용들도 다룰 것이다.

두 번째로 중요한 개념은 매 프레임마다 장면 그래프를 어떻게 다루냐는 것이다. 간단한 장면 그래프에서는 한 번의 순회로 충분했지만, OSG에서는 3번의 순회를 수행한다. 순회 처리의 목적은 렌더링해야 하는 기하 물체의 목록을 만드는데 있다. 이 목록에는 최적의 레벨 오브 디테일 물체들을 담게 되고, 오클루전 컬링에서 살아남은 물체들만 남긴다. 또한, 반투명 물체들이 제대로 렌더링되도록 순서를 정한다.

최초의 순회에서는 상호작용을 다루는 콜백(callback) 함수에서 만들어낸 부분이나, 응용프로그램들에서 변화시킨 부분들을 장면 그래프에 업데이트시킨다. 2번째 순회에서는 렌더링되어야 하는 기하학 물체들의 목록을 만든다. 이 순회에서는 오클루전 컬링, 반투명성, 레벨 오브 디테일, 경계 입체 등의 개념을 사용한다. 마지막 순회에서는 기하학 목록을 훑으면서 각 기하학 물체를 그리는 OpenGL 함수들을 호출한다.

8.10 그래픽스와 인터넷

장면 그래프에 대한 설명을 끝내기 전에, 그래픽스가 인터넷에서 어떻게 사용되는지에 대한 문제들을 생각해 보자. 수천 명이 동시 접속하고, 각자가 다른 참가자의 장면 그래프에 잠재적인 영향을 끼칠 수 있는 다중 접속 게임과 여러 사이트에 분산된 거대 모델을 다루는 응용들에 특별한 관심을 기울일 것이다.

인터넷은 사실상 모든 통신 수단과 컴퓨터 응용들에 지대한 영향을 끼쳐 왔다. 이는 다양한 형태로 정보를 교환할 수 있도록 해주고, 상호작용의 새로운 방법을 가능하게 했다. 인터넷의 잠재력을 최대로 사용하려면, 그래픽스 정보를 효율적으로 이동시키고, 다양한 장소들에서 그 정보들을 볼 수 있는 응용을 만들어내고, 여러 사이트들에 분산되어 있는 자원들을 가져와야 한다. OpenGL과 이의 확장들은 네트워크에 기반한 3차원 응용들과 표준들의 개발에 주요한 영향을 끼쳐 오고 있다. 여기서는 그래픽스 중심의 접근방법을 취할 것이고, 인터넷 응용들에서 어떤 확장들이 필요한지를 볼 것이다. 어떤 개념들은 친숙할 것이다. 효율적인 렌더링을 위해서 클라이언트-서버 모델을 사용하겠다. API의 영향을 받지 않는 그래픽스 응용을 개발하는 방법도 살펴볼 것이다.

8.10.1 하이퍼미디어와 HTML

인터넷의 진화에 따라 메일이나 파일 또는 다양한 종류의 정보를 전송하기 위한 일련의 표준적인 고급 프로토콜들이 광범위하게 채택되었다. X 윈도우 시스템과 같은 시스템에서는 사용자가 원격 시스템에 윈도를 열고 기본적인 그래픽 정보를 전송하는 것이 가능해졌다. 그러나, 인터넷이 성장하고 점점 더 많은 정보들이 공개되면서 사용자들은 갖가지 포맷으로 분산 저장되어 있는 정보들을 공유하기 위한 좀 더 세련된 방법이 필요하다. 이런 정보들을 공유하기 위해서는 다음 세 가지 핵심요소가 필요하다. (1) 사용자들이 네트워크상의 자원들을 식별하기 위한 주소 지정 방식, (2) 단순한 문자 정보뿐만 아니라 그림이나 다른 자원에 대한 참조(또는 **링크**) 등의 정보를 인코딩하는 방식, (3) 자원들을 대화식으로 찾아내는 방법.

처음의 두 가지 요구는 근본적으로는 네트워크에 연결된 하이퍼텍스트 시스템인 World Wide Web을 만들어낸 유럽 입자 물리학센터(European Particle Physics Center, CERN)의 연구원들이 제기하였다. 자원들, 즉 파일들은 독특한 Uniform Resource Locator(URL)을 사용해서 식별할 수 있는데, 이 URL은 문서를 전송하기 위한 프로토콜, 문서가 위치한 서버, 그 문서를 찾을 수 있는 서버 내에서의 위치 등 세 부분으로 구성된다. 예를 들어, 이 교재를 지원하기 위한 URL은 http://www.cs.unm. edu/~angel/BOOK이다. 첫 부분(http)은 이 정보가 하이퍼텍스트 전송 프로토콜(hypertext transfer protocol)인 http를 사용해서 전송될 것임을 표시한다. 두 번째 부분(www.cs.unm.edu)은 뉴멕시코 대학(University of New Mexico) 컴퓨터과학과(computer science department)의 World Wide Web 서버를 나타낸다. 마지막 부분은 그 정보가 사용자 angel의 계정에서 public_html/BOOK 디렉터리에 저장되어 있음을 나타낸다. 문서를 지정하지는 않았으므로, 디폴트 문서인 홈 페이지가 표시될 것이다.

CERN의 두 번째 공헌은 Hypertext Markup Language(HTML)인데, 이것은 문자정보, 다른 문서에 대한 참조(링크), 이미지 등으로 구성된 문서를 기술하기 위한 간편한 방법을 제공한다. HTML 문서들은 ASCII 코드나 표준 확장 문자 집합(standard extended character set)들 중 하나로 표현된 텍스트 문서이다.

URL 주소 지정과 HTML 문서의 결합은 자원들을 사용할 수 있는 방법을 제공하게 되었다. 그러나 National Center for Super Computer Applications(NCSA)가 그들의 브라우저인 Mosaic을 내어놓기 전까지는 일반 사용자가 자원을 찾아서 웹을 돌아다니는 것이 쉬운 일은 아니었다. **브라우저**(browser)는 사용자가 웹에서 어떤 문서를 찾고, 내려 받을 수 있게 해주는 대화식 프로그램이다. Mosaic과 그 뒤에 나온 Netscape Navigator는 웹 **서핑**(surfing)을 가능하게 했다.

8.10.2 Java와 애플릿

인터넷상에서의 대화형 컴퓨터 그래픽스에 관련된 한 가지 문제점은 매우 다양한 하드웨어와 운영체제들이 있다는 것이다. 응용 프로그래머는 OpenGL과 같은 산업계 표준 API를 사용하더라도, 웹에 연결된 모든 기종에서 실행되는 응용프로그램을 만들 수는 없다.

Java는 어떠한 컴퓨터에서도 소프트웨어 형태로 구현할 수 있는 기계를 창조해 냄으로써 이런 문제점의 많은 부분을 해결했다. Java 프로그램은 하위의 실제 하드웨어가 어떤 기종인지에 관계없이 Java 기계이기만 하면 실행할 수 있는 **바이트 코드**(byte code) 형태로 컴파일된다. 따라서, 클라이언트와 서버는 웹 상에서 바이트 코드를 교환한다. **애플릿**(applet)이라고 하는 바이트 코드 형태의 작은 프로그램들은 표준적인 웹 브라우저들이 이해할 수 있으므로, 웹에 엄청난 양의 역동적인 동작들을 더해 주게 되었다.

8.10.3 대화형 그래픽스와 웹

HTML이 웹페이지의 레이아웃을 잡기에는 유용하지만, HTML5가 나오기 전까지는 렌더링 기능이 없었다. 흔히, 대화형 렌더링은 Java 애플릿을 이용해서 브라우저에 구현되었다. 하지만, 특히 3차원 컴퓨터 그래픽스를 다룰 때는, 애플릿을 다운로드해야 하고, Java 가상기계(virtual machine)를 지원해야 한다는 요구조건들이 응용프로그램의 이식성을 퇴색시켰다.

웹 브라우저에서 다양한 포맷들을 다룰 수 있게 되면서, 다른 기술들이 도입되었다. 어도비(Adobe) 사의 플래시(flash)는 웹 브라우저에 상호작용을 제공하는 플러그-인을 제공하지만, (이 글을 쓰는 시점에는) 비디오나 간단한 사용자 인터페이스에 초점을 맞추어서 3차원 그래픽스에 대한 종합적인 답을 주지는 못했다.

개선된 또다른 기술로는 JavaScript가 있다. JavaScript는 가상 기계 플러그인을 사용하는 대신, 웹 브라우저에서 바로 해석하고 실행되는 Java에서 파생된 언어이다. 이 언어는 일반적인 웹 페이지의 표시와 상호작용되는 사용자-제어 방식 렌더링을 단단하게 통합시킬 수 있다. 하지만, JavaScript의 렌더링 능력은 역시 2차원 연산들에 초점을 맞추었고, 3차원 렌더링은 JavaScript 내부에 구현된 소프트웨어 렌더러가 수행한다. 최근까지는 대화형 3차원 그래픽스를 위해 널리 사용되는 표준은 없었다.

8.10.4 WebGL

WebGL은 OpenGL(좀 더 정확하게는 OpenGL의 임베디드 시스템 버전인 OpenGL ES 2.0)의 파생형이다. 이것은 OpenGL의 JavaScript 바인딩을 제공해서 WebGL을 사용한 HTML 페이지는 웹 브라우저가 실행되는 시스템의 GPU 자원들을 렌더링에 사용할 수 있도록 해 준다.

WebGL은 이 글을 쓰고 있는 시점에는 (OpenGL을 관리하는 산업계 컨소시움인) 크로노스 그룹에서 개발하고 있다. 여기에는 HTML5의 Canvas 요소가 제공하는 렌더링 기능이 통합되어 있다. 최신의 OpenGL 응용프로그램에서와 같이 전체 렌더링과정은 정점 셰이더와 프래그먼트 셰이더가 제어한다.

8.11 다른 트리 구조들

트리와 DAG 구조는 장면(scene)을 표현하는 강력한 도구로 쓰인다. 컴퓨터 그래픽스에서는 트리를 매우 다양한 방식으로 사용하고 있는데, 여기서는 그 중에서 세 가지를 살펴 보겠다. 첫째는 입체 객체(solid object)들에 대한 객체 계층 구조를 나타내는 표현식 트리(expression tree)이다. 다른 두 가지는 공간적 계층 구조를 표현하는데, 많은 렌더링 알고리즘들에서 효율성을 높이기 위해서 사용하고 있다.

8.11.1 CSG 트리

이제까지 사용해왔던 객체의 다각형 표현은 많은 장점이 있지만, 몇몇 단점도 있다. 가장 심각한 단점은, 다각형들은 다면체(polyhedron)와 같은 3차원 객체의 내부를 둘러싸는 표면만을 표현한다는 것이다. CAD 응용에서는 무게나 관성 모멘트(moment of inertia)와 같은 그래픽 객체의 체적에 관계된 성질들이 필요할 때 문제가 된다. 또한, 객체를 디스플레이할 때 변(edge)이나 면(surface)만을 그릴 것이기 때문에, 애매한 상황이 벌어지기도 한다. 예를 들어, 그림 8.21의 선 구조는 원기둥 모양을 파내서 구멍이 뚫린 입방체로 볼 수도 있고, 2개의 서로 다른 재질로 구성된 입방체로 해석할 수도 있다.

구성적 입체 기하(Constructive Solid Geometry, CSG)는 이러한 문제점들을 해결해 준다. 평행육면체, 원기둥, 구 등의 단일 기하 객체들에서 출발해 보자. 이러한 객체들의 속성에는 색, 반사율 등의 표면 특성들은 물론이고, 크기, 밀도 등 체적에 관계된 성질들도 있다. 이런 객체들로 구성된 장면을 표현하려면 각 객체들을 구성하는 공간상 점들을 생각해야 한다. 다르게 표현하면, 각각의 객체는 그 객체를 구성하는 점들의 집합이고, 이들 입체 기본요소들에 집합 연산을 사용해서 새로운 객체를 만들 수 있다.

CSG 모델링에서는 합집합, 교집합, 차집합 등의 3가지 집합 연산을 사용한다. 두 집합 A와 B의 **합집합**(union)은 $A \cup B$로 쓰고 A 또는 B에 속하는 모든 점들로 구성된다.

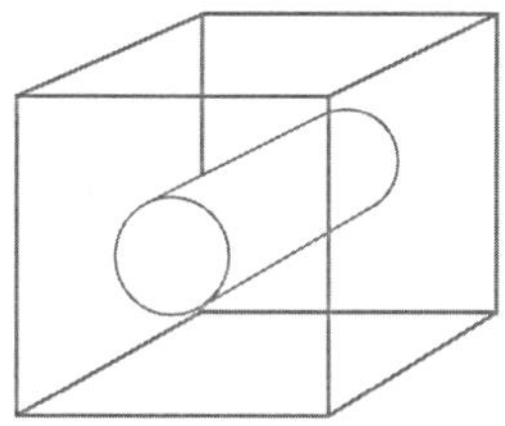

● 그림 8.21 ● 두 개의 해석이 가능한 선 구조(wire frame)

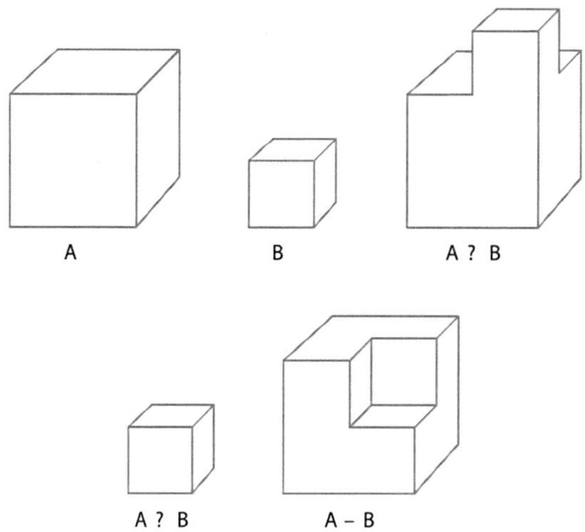

● 그림 8.22 ● 집합 연산들

A와 B의 **교집합**(intersection)은 $A \cap B$로 쓰고 A와 B 양쪽 모두에 속하는 점들로 이루어진다. A와 B의 **차집합**(difference)은 $A - B$로 쓰고 A에는 속하지만 B에는 속하지 않는 점들로 구성된다. 그림 8.22는 두 개의 객체와 이들에 3가지 집합연산들을 각각 적용해서 만들어지는 객체들을 보여주고 있다.

대수식(algebraic expression) 형태로 객체들을 표현할 수도 있다. 즉, 수식 $(A - B) \cap (A \cup B)$는 그림 8.23에 나오는 객체를 표현한 것이다.

대수식은 일반적으로 표현식 트리(expression tree)에 저장하거나 이를 이용해서 해석할 수 있다. 이때, 표현식 트리의 내부 노드들은 어떤 연산을 의미하고, 단말 노드들은 피연산자를 나타낸다. 예를 들어, 그림 8.24의 트리는 그림 8.23의 객체 $(A - B) \cap (C \cup D)$를 표현한 CSG 트리이다. CSG 트리는 **후위**(postorder) 순회를 사용해서 계산을 수행하거나 렌더링할 수 있다. 즉, 특정 노드의 왼쪽에 있는 트리를 순환적으로(recursively) 계산하고, 그 노드의 오른쪽에 있는 트리도 순환적으로 계산한 후에, 마지막으로 그 결과들로부터 노드 자체를 계산한다. CSG에서의 객체들은 흔히 변형된 광선

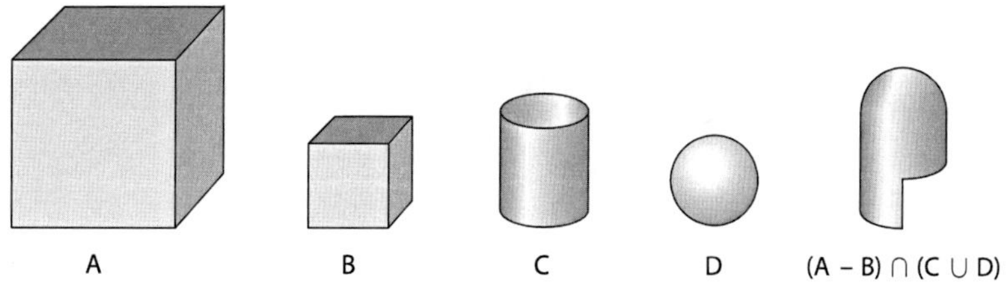

● 그림 8.23 ● CSG 객체들

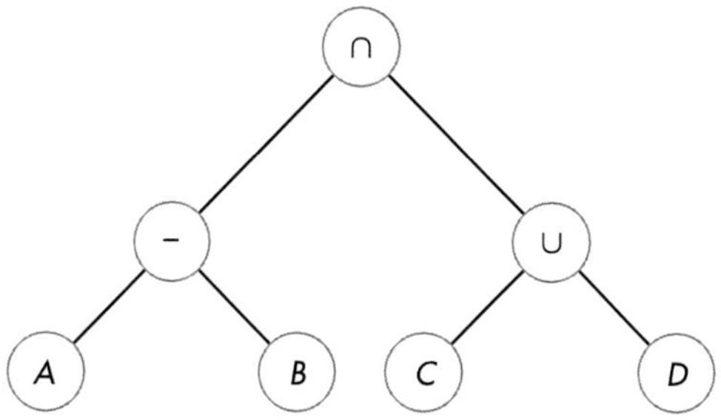

● 그림 8.24 ● CSG 트리

추적(ray tracing) 방법들로 렌더링된다(연습문제 8.10과 11장 참고).

8.11.2 BSP 트리

장면 그래프와 CSG 트리는 하나의 객체를 구성하는 각 부분들의 계층관계를 표현한다. 트리를 사용해서 세계 객체 공간(world object space)을 표현하고, 객체들로 이루어진 그룹들 간 공간적 관계를 요약해서 보여줄 수도 있다. 이러한 공간적 관계는 **가시성 검사**(visibility testing)를 빠르게 하는 방법에 이르게 하는데, 가시성 검사는 카메라에서 어떤 객체들이 보이는지를 미리 판단함으로써 z-버퍼 알고리즘과 같은 검사를 모든 객체에서 수행하지 않아도 되게 해준다. 이러한 기법들은 특히 컴퓨터 게임에서의 실시간 애니메이션에서 매우 중요하다.

공간적 계층관계에 대한 하나의 접근방법은 3차원 공간이 하나의 평면에 의해 두 부분(반공간, half space)으로 나누어진다는 사실에서 출발한다. 계속해서 평면들을 적용하면 공간은 점점 더 작은 부분들로 나누어진다. 2차원에서는 직선을 사용해서 전체 공간을 분할할 수 있을 것이다.

그림 8.25에 나오는 다각형들과 그림에 나오는 대로 위치를 잡고 있는 관측자를 생각해 보자. 7장에서 논의한 바와 같이 원하는 이미지가 나오도록 이들 다각형들을 그려

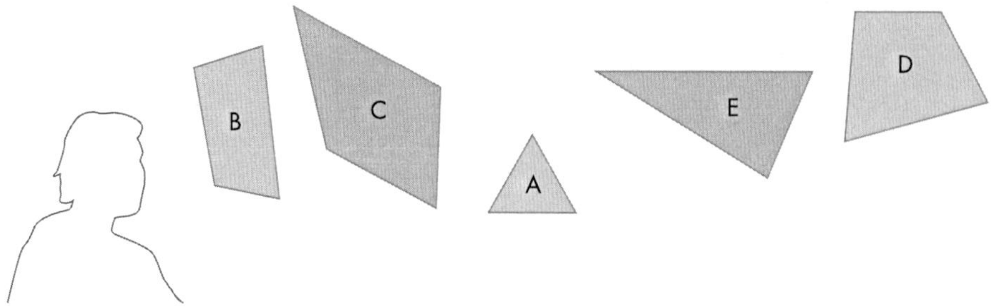

● 그림 8.25 ● 다각형들과 관측자

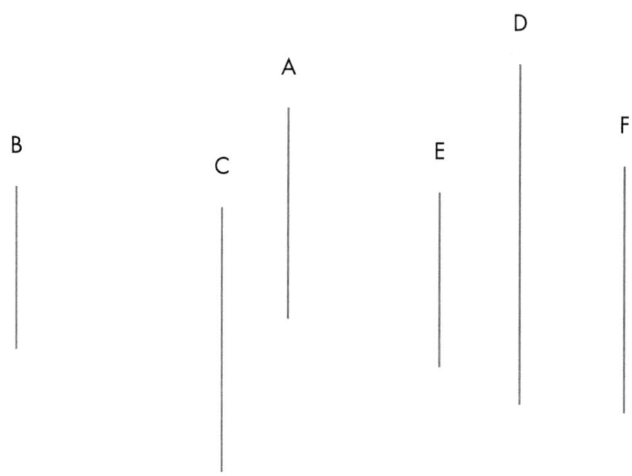

● 그림 8.26 ● 다각형들의 평면도

나가는 순서가 있을 것이다. 이들을 렌더링할 때마다 깊이 정렬(depth sort)과 같은 방법을 사용하는 대신, 이들의 상대적 위치정보를 어떤 트리에 저장해 둘 수 있다. 우선 어떤 다각형의 표면을 기준으로 전체 다각형들을 그것보다 앞에 있는 것들과 뒤에 있는 것들로 분리해서 트리를 만들기 시작해 보자. 예를 들어, 모든 다각형들이 서로 평행하고, 그 법선 벡터들이 모두 z축에 평행한, 단순한 세계를 생각해 보자. 이런 가정은 알고리즘을 설명하기 쉽게 해 주지만, 각 다각형이 포함되어 있는 평면들이 다른 모든 다각형들을 2개의 그룹으로 분리시킨다는 사실에는 변함이 없다. 이 세계에서 z축 방향에서 바라본 관측 결과는 그림 8.26과 같다.

평면 A는 다각형들을 A보다 앞쪽에 있는 B, C와 A보다 뒤에 있는 D, E, F의 두 그룹으로 분리한다. 이 평면을 이용해서 **이진 공간 분할 트리**(binary spatial partition tree, BSP tree)를 만들기 시작할 것인데, 이진 공간 분할 트리에는 분할에 쓰이는 평면들과 그들이 적용되는 순서를 저장하게 된다. 즉, 그림 8.27의 BSP 트리에서 A는 루트이고

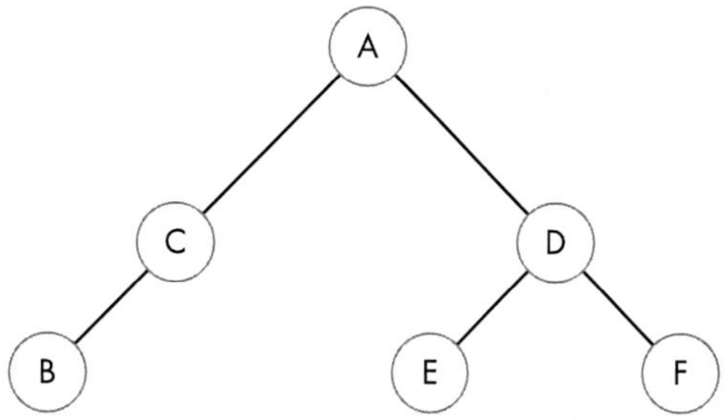

● 그림 8.27 ● 이진 공간 분할(binary spatial partition) 트리

B, C는 왼쪽 서브트리(subtree)에 있고, D, E, F는 오른쪽 서브트리에 있다. 순환적으로 적용해 나가면, C는 B의 평면보다 뒤에 있으므로, 왼쪽 서브트리가 완성된다. D의 평면은 E와 F를 분리하고, 이에 따라서 오른쪽 서브트리도 완성된다. 다각형들이 주어졌다면, 분할을 적용하는 순서에 따라 여러 개의 BSP 트리가 만들어질 수도 있다. 일반적인 경우는 6장의 깊이 정렬 알고리즘에서 서로 겹치는 다각형들을 다룰 때와 마찬가지로, 분할에 사용된 평면이 다른 다각형과 교차하게 되면 해당 다각형을 2개의 다각형, 즉 그 평면의 앞에 있는 부분과 뒤에 있는 부분으로 나눈다.

이 트리에 **후향 중위 순회**(backward in-order traversal)를 적용해서 대상이 되는 다각형들을 그리게 된다. 즉, 트리를 순환적으로 순회하면서, 오른쪽 서브트리를 먼저 그린 후, 루트를 그리고, 마지막으로 왼쪽 서브트리를 그린다. BSP 트리가 가지는 장점들 중 하나는 관측자가 이동했더라도 같은 트리를 그대로 사용하고 순회 알고리즘만 교체하면 된다는 것이다. 만일 관측자가 그림 8.28에서와 같이 완전히 뒤쪽으로 이동하면 표준적인 중위 순회(왼쪽 서브트리, 루트, 오른쪽 서브트리의 순서)를 사용해서 다각형들을 그릴 수 있다. 또한 하나의 평면이 다각형이나 객체들을 **클러스터**(cluster)라고 하는 그룹들로 나누기만 한다면 이 알고리즘을 순환적으로 적용시킬 수 있다. 따라서, 우선 다각형들을 다면체 객체들로, 다시 다면체 객체들을 클러스터로 묶어 놓은 후에 각

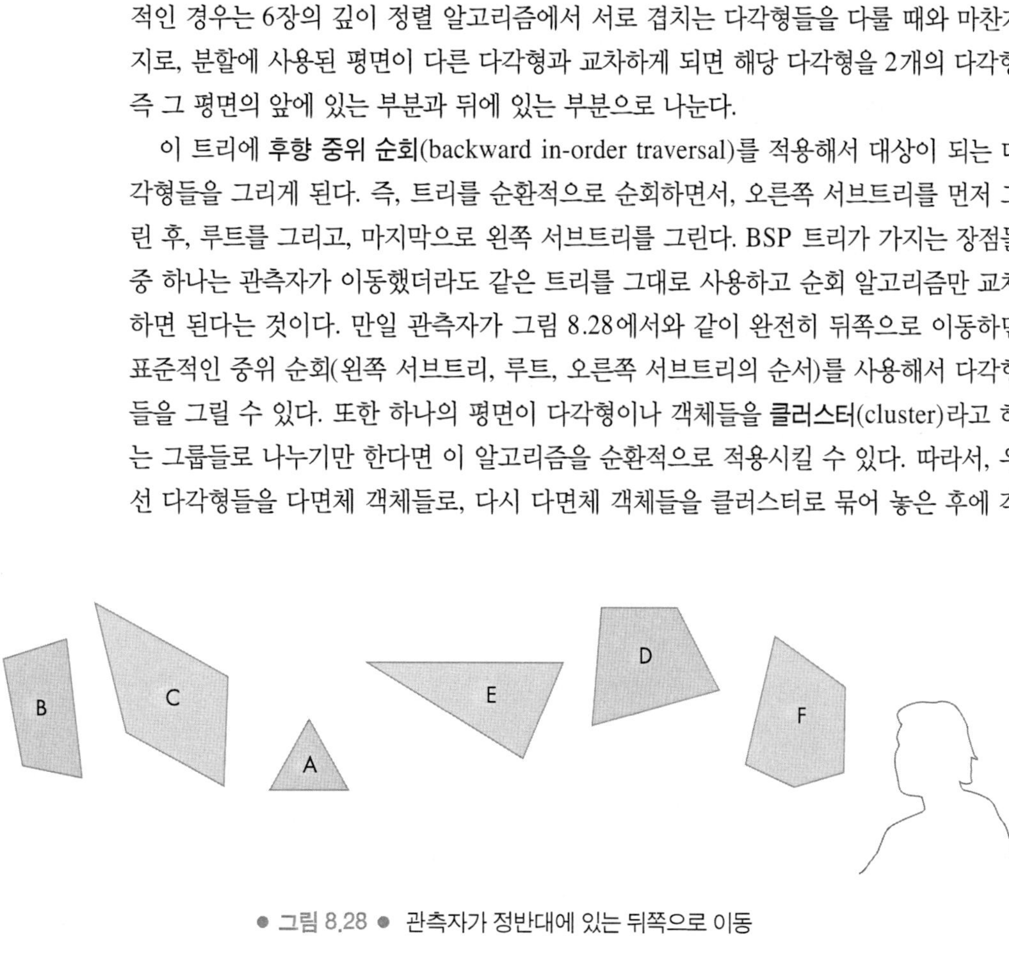

● 그림 8.28 ● 관측자가 정반대에 있는 뒤쪽으로 이동

클러스터에 대해서 이 알고리즘을 적용할 수 있다. 비행 시뮬레이터(flight simulator)와 같이, 세계 자체는 변하지 않지만 관측자의 위치가 변하는 응용들에서는 BSP 트리가 렌더링 과정에서 가시면 결정(visible surface determination)에 특히 효율적으로 사용될 수 있다. 즉, 다각형들을 출력하기 위한 모든 정보가 트리에 들어 있으므로, 관측자의 위치에 따라 다른 순회 알고리즘을 적용하기만 하면 된다.

BSP 트리는 공간을 분할하는 계층 구조 중 하나일 뿐이다. 구와 같은 경계 입체(bounding volume)를 사용하는 다른 것들도 있다. 바운딩에 사용되는 구들로 구성된 트리의 루트는 장면에 나오는 모든 물체들을 포함하는 구가 될 것이다. 이 구에 들어 있는 물체들을 묶어서 서브트리가 될 것이고, 말단 노드는 각 물체를 둘러싼 구가 될 것이다. 같은 아이디어를 6장에서 설명했던 경계 상자(bounding box)와 같은 다른 경계 입체에 대해서도 사용할 수 있다. 구의 경우는 어떤 물체가 화면에 보여야 하는지, 또는 두 물체가 충돌할 수 있는지 등을 빨리 판단할 수 있기 때문에 대화형 게임에 특히 적합하다.

8.11.3 4진 트리와 8진 트리

BSP 트리의 한 가지 문제점은 다각형들을 분할하는 평면들이 임의의 방향을 갖기 때문에 다각형들의 순서를 정하거나 다각형을 분리하는 등 트리를 만들어내는 비용이 상당히 들어간다는 것이다. 8진 트리와 4진 트리는 분할 시 좌표축에 평행한 평면이나 직선을 사용해서 이 문제점을 피해 간다.

그림 8.29에 제시된 2차원 그림을 살펴보자. 이 그림이, 3차원 장면을 렌더링한 결과라든지 해서 흑백의 픽셀로만 구성되어 있다고 가정하자. 즉, 이 장면을 저장하려면 이진 데이터로 구성된 배열로 저장할 수 있다. 반면 이 그림에 포함되어 있는 상당한 양의 응집성(coherence)에 주목해야 한다. 그림 8.30에서와 같이 두 개의 직선을 그려서 전체 영역을 4분면들로 나눌 수 있다. 그 중 한 사분면이 모두 흰색이므로, 그 사분면에는 단일 색상을 배정할 수 있다. 다른 3개 사분면에 대해서는 각각 다시 분할하고, 단일 색

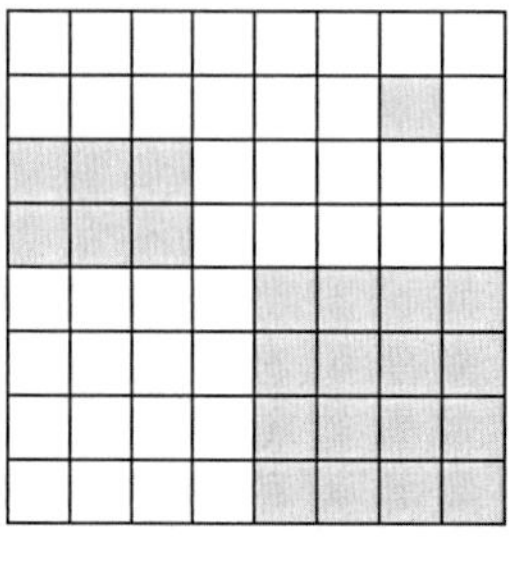

● 그림 8.29 ● 픽셀들로 구성된 2차원 공간

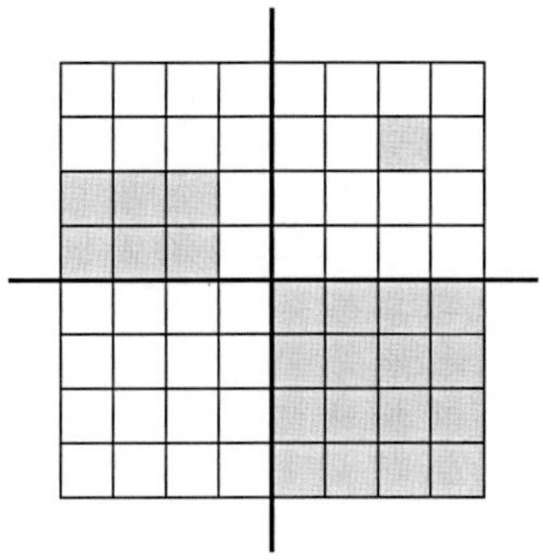

● 그림 8.30 ● 공간의 첫 번째 분할

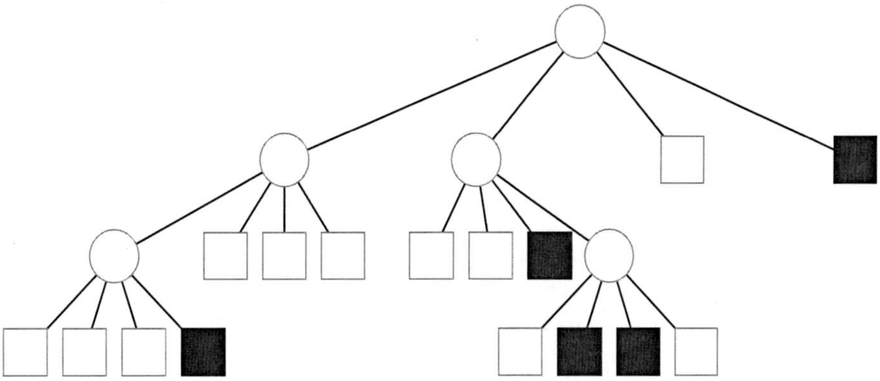

● 그림 8.31 ● 4진 트리

상이 아닌 사분면은 계속해서 분할해 나갈 수 있다. 이런 정보들은 **4진 트리**(quadtree)라고 하는 트리 구조에 저장될 수 있는데, 이 트리에서는 각 레벨이 한 번의 분할에 대응되고, 각 노드는 4개의 자식들을 가진다. 따라서 위의 단순한 그림에 대한 4진 트리는 그림 8.31과 같다.

4진 트리는 좌표축에 평행한 직선들로 공간을 분할해서 만들어졌기 때문에, BSP 트리에 비해서는 트리의 구성과 순회 과정이 더 단순해진다. 4진 트리의 가장 중요한 장점들 중 하나는 이미지를 저장하는 데에 필요한 메모리의 양을 줄일 수 있다는 것이다.

4진 트리는 2차원 공간을 분할한다. 이들은 BSP 트리와 비슷한 방법으로 객체 공간을 분할하는 데에 사용할 수도 있고, 따라서 각 영역의 객체들을 제대로 렌더링할 수 있도록 관측자의 위치에 따라 결정되는 순서대로 순회할 수도 있다. 3차원에서는 4진 트리가 **8진 트리**(octree)로 확장된다. 이제 좌표축에 평행한 평면들로 분할이 이루어지고, 분할의 각 단계는 그림 8.32와 같이 주어진 공간을 8개의 팔분체로 나눈다.

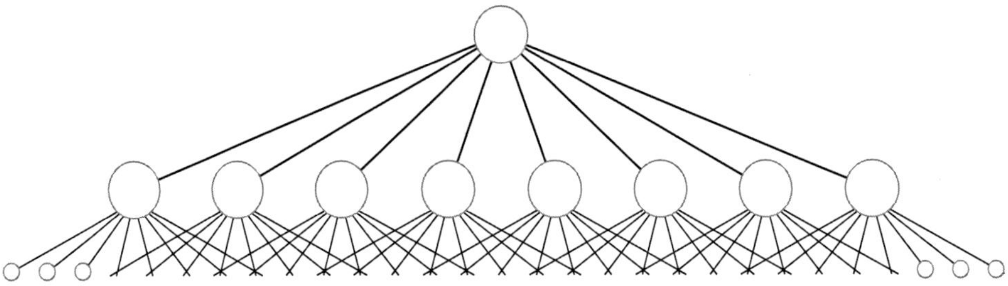

● 그림 8.32 ● 8진 트리

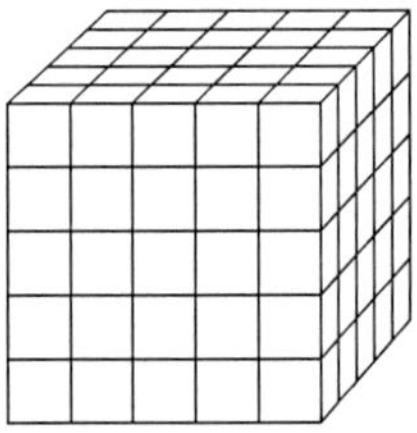

● 그림 8.33 ● 입체 데이터 세트

8진 트리는 그림 8.33과 같이, **복셀**(voxel)이라고 하는 입체 원소(volume element)들로 구성된 입체 데이터 세트(volume data set)를 표현하는데 사용할 수 있다. 4진 트리나 8진 트리에 대한 이러한 논의들은 픽셀이나 복셀뿐만 아니라 객체들을 공간상에서 분할하는 데에도 적용할 수 있다. 예를 들어, 절단 작업을 수행하기 위해서 2차원 또는 3차원 공간을 순환적으로 분할할 수 있을 것이다. 각각의 분할 뒤에는 각 객체의 경계 상자를 분할된 직사각형 또는 정육면체와 비교해서 각 물체가 그 분할 공간에 속하는지를 판단하게 된다.

요약

요즘의 하드웨어가 기하적 객체들을 처리하는 속도는 다양한 모델링 시스템들이 가능하도록 했다. 컴퓨터 그래픽스의 사용자로서, 그래픽스 시스템을 완벽하게 사용하려면 방대한 기법들을 필요로 한다. 여기서는 우선 계층적 모델링을 설명했는데, 이 장과 다음 장에서 살펴볼 더 많은 형태의 모델링들이 있을 뿐만 아니라, 이러한 기법들을 조합해서 새로운 모델링 기법을 만들어 낼 수 있다. 참고문헌들은 이런 모델링들을 찾아보는데 도움이 될 것이다.

이 장에서는 대부분의 모델링에 적용할 수 있는 기초적인 주제들을 제시하였다. 그 중 하나는 장면 내 객체들 사이에 관계를 부여하기 위해서 계층을 사용하는 것이다. 트리, DAG와 같은 기본적인 자료 구조들을 사용해서 이러한 관계들을 표현할 수 있다는 것을 보였고, 렌더링과정의 일부에서는 이런 자료 구조들을 순회하게 된다. Open Scene Graph, VRML, Java-3D 등의 장면 트리에 미리 정의되었거나 응용 프로그래머가 직접 정의한 소프트웨어 모듈들을 결합시켜서 복잡한 애니메이션 장면을 만들 수도 있다. 광원들의 상호작용, 재질 특성, 대기 효과, 여러 가지 국지적 반사 모델들을 위시해서, 복잡한 셰이더를 표현하기 위해서 이러한 트리 형태의 모델들을 사용할 수도 있다. 이것들은 RenderMan, Cg, GLSL 등으로 구현할 수 있다.

객체지향 접근방법은 복잡하거나, 네트워크 상에서 분산된 응용프로그램들을 위한 표준이 되었다. 불행하게도 아직까지는 객체지향 API을 단일화하기 위한 합의는 이루어지지 못하고 있다. 그러나 대부분의 고급 시스템들에서는 OpenGL API가 하드웨어에 밀착되어 해당 하드웨어를 효율적으로 사용할 수 있도록 해주기 때문에 실제로는 OpenGL 수준에서 렌더링이 이루어지고 있다. 따라서 응용프로그래머나 시스템 개발자들은 다양한 수준의 API들에 익숙해질 필요가 있다.

9장에서는 절차적 방법에 기초하여 완전히 다르면서도 보완적인 모델링 방법을 보이겠다.

참고문헌

행렬 스택을 사용한 계층적인 변환과정은 40년 전의 그래픽스 문헌에 이미 나와 있다[New73]. PHIGS API[ANSI88]에서는 처음으로 그런 기능들을 표준 그래픽스 패키지에 통합시켰다. 애니메이션에서 관절이 있는 인물상을 사용하는 것에 대한 소개는 Watt의 책[Wat92]을 참고하라. Lassiter의 논문[Las87]은 영화쪽에서 다듬어진 전통적인 애니메이션 기법들과 컴퓨터 그래픽스 분야의 애니메이션 사이의 관계를 보여주고 있다.

BSP 트리는 Fuchs, Kedem, Naylor 등[Fuc80]이 가시성 검사를 위해서 처음 제안한 이후, CSG 등의 수많은 응용 분야들에서 쓰이고 있다. 다른 응용들을 보려면 [Mol02]를 참고하라.

장면 그래프는 Open Inventor[Wer94]의 핵심이다. Open Inventor 데이터베이스 포맷은 VRML의 기반이 되었다[Har96]. Java-3D [Swo00], DirectX [Kov97] 등 최근의 API들은 객체지향적이다. Java와 애플릿에 대한 논의는 [Cha98]이나 [Arn96]를 참고하라. 트리는 RenderMan Shading Language[Ups89]의 필수요소가 되어 음영 생성기를 구성하는 데에 사용되고 있다. Maya와 같은 모델링 시스템들에서는 서로 다른 객체들에 서로 다른 셰이더나 렌더링 알고리즘을 적용할 수도 있다. Open Scene Graph에 대한 소개는 [Ma07]을 보라.

가시성 검사의 다양한 응용들은 [Mol02]에서 찾을 수 있다.

장면 그래프를 게임 엔진의 설계에 사용한 예는 [Ebe01]에 나와 있다. 이런 엔진이 게임 프로그래머에게 어떻게 제공되는지는 [Mau06]에 나온 Torque 엔진에 서술되어 있다.

연습문제

8.1 우리가 사용한 단순한 로봇 팔 모델에서 위쪽 팔 끝이 미칠 수 있는 점들의 집합을 표현하라.

8.2 로봇 팔 모델에 속하는 점들에 대해서 그 위치들을 표현하는 관절각에 대한 방정식을 구하라. 위쪽 팔 끝의 위치를 알면 관절각들을 구할 수 있는가? 왜 그렇게 답했는지 설명하라.

8.3 로봇 팔이 도달할 수 있는 공간상 두 점이 주어졌을 때, 그 둘 사이를 이동하는 경로를 관절각을 사용해서 표현하라.

8.4 기호-인스턴스 변환표를 사용하여 간단한 회로도 작성 프로그램을 구현하라. 사용할 수 있는 기호에 전자회로를 위해서는 저항, 콘덴서, 인덕턴스 코일 등을, 논리 회로를 위해서는 다양한 게이트들(AND, OR, NOT)을 표현하는 모양들이 포함되어야 한다.

8.5 이진 트리는 탐색에서 사용한 것과 같이 자식 노드들에 대한 포인터를 가지고 있는 노드들의 리스트로 표현할 수 있다. 이렇게 표현된 트리를 읽어 들여서 트리를 그림으로 출력하는 OpenGL 프로그램을 작성하라.

8.6 로보틱스 예제는 장면을 구성하는 것들이 합성된 움직임을 보이는 어떤 객체의 움직임이 다른 객체들의 움직임에 좌우되는 예 중 하나일 뿐이다. 다른 예들로는 (바퀴가 달린)자전거, (프로펠러가 붙은)비행기, (말들이 있는)회전목마 등이 있다. 이거 말고, 다른 합성된 움직임을 보이는 예를 보여라. 방금 든 예를 시뮬레이션하는 그래픽스 프로그램을 작성하라.

8.7 정점의 개수가 같은 2개의 다각형이 주어지면, 하나의 다각형을 다른 다각형으로 변환시켜 나가는 일련의 이미지들을 생성하는 프로그램을 작성하라.

8.8 8.5절의 트리 노드들에서 시작해서 노드에 속성을 추가하고, 순회 알고리즘에 필요한 변경을 가하라.

8.9 다각형, 재질 특성, 관측자, 광원 등을 포함하는 간단한 장면 그래프 시스템을 구현하라.

8.10 CSG 트리로 표현된 장면을 렌더링하기 위해서 광선 추적(ray tracing)이나 광선 투사(ray casting)를 사용하는 것이 좋은 이유는 무엇인가?

8.11 어떤 이미지를 다른 해상도로 표현하고자 할 때, 4진 트리를 어떻게 사용할 수 있을지 설명하라.

8.12 몇 개의 기본 형상들을 제공해서 사용자가 관절을 가지는 인물상을 간단하게 만들어 볼 수 있는 프로그램을 작성하라. 이 프로그램은 사용자가 관절 위치를 정할 수 있도록 해야 하고, 만들어진 인물상을 애니메이션할 수 있어야 한다.

8.13 순회 알고리즘에 독립적인 장면 그래프 구조를 설계할 수 있겠는가?

8.14 이 장에서 설명한 장면 그래프를 이용해서 장면 그래프를 텍스트 파일형태로 저장하는 기능과 그런 파일들에서 다시 읽어오는 기능을 추가하라.

8.15 이 장의 장면 그래프에 객체들을 애니메이션하는 기능을 추가하라.

8.16 8.3절의 로봇 팔에서 출발해서 팔 끝에 손, 즉 "집게"를 추가하라.

8.17 8.3절의 로봇 팔에 바퀴를 추가해서 평평한 바닥 위를 굴러다닐 수 있게 하라.

8.18 BSP 트리는 클러스터로 묶인 객체들에 대해서 계층적으로 사용하면 더욱 효과적이다. 이렇게 하면, 각 클러스터의 경계 입체를 사용해서 가시성 검사를 할 수 있다. 이런 알고리즘을 구현하고, 장면 그래프의 렌더링 시에 적용해 보라.

Chapter 09

절차적 방법들

Interactive Computer Graphics

이제까지 우리는 생성하려고 하는 기하적 객체들이 그들의 표면으로 표현될 수 있으며, 이들 표면들은 평면 볼록 다각형들로 모델링(또는 근사)될 수 있다고 가정해 왔다. 이런 다각형 객체들은 표현하기도 쉽고 기존 시스템들에서 렌더링하기도 쉽기 때문에 사용되고 있다. 컴퓨터 그래픽스의 성공은 바로 이런 모델의 중요성을 증명해 주고 있다.

이러한 모델들이 대규모 CAD 응용이나 비행 시뮬레이션, 컴퓨터 애니메이션, 대화형 비디오 게임들, 영화 특수효과 등에서 사용되고 있음에도 불구하고, 사용자나 개발자 모두 이들 기법들의 한계를 깨닫게 되었다.

구름, 연기, 물 등의 물리 객체들은 이러한 모델링에 적합하지 않았다. 물리적인 제약을 가하거나 이들 객체들의 복잡한 동작을 모델링하는 것은 다각형 모델링에서 할 수 있는 것이 아니었다. 이런 문제점들에 대한 대응책으로, 기본이 되는 물리현상들을 표현하기 위한 알고리즘에 기초한 절차적인 방법들이 개발되었다. 이들은 렌더링 과정에서 필요할 때에만 다각형을 생성한다.

9.1 알고리즘에 기초한 모델들

컴퓨터 그래픽스의 역사를 돌이켜 보면, 더욱 사실적인 그래픽스를 만들고자 하는 욕구는 항상 하드웨어의 발전을 앞질러 왔다. 현재의 하드웨어들에서는 초당 5천만 개 이상의 다각형을 그릴 수 있지만, 비행 시뮬레이터, 가상 현실, 컴퓨터 게임 등의 응용들에서는 초당 5억 개 이상의 다각형을 요구하는 경우도 있다. 게다가, 렌더링 속도가 증가함에 따라 데이터베이스 크기도 놀랍게 증가했다. 데이터 세트 하나에 10억 개 이상의 다각형이 포함되기도 한다.

반면에 응용프로그램들은 기존 소프트웨어나 모델링 패러다임(paradigm)을 사용하기 때문에, 흔히 그렇게 할 필요가 있다. 통찰력을 가진 연구자들이나 응용 프로그래머들은 투영된 영역이 항상 한 픽셀보다는 커지는 다각형들만을 만들어내도록 하는 모델을 만들고, 그 모델에 대해서 가시성 검사를 잘 적용한다면, 그렇게 많은 다각형이 필요하지는 않을 것이라고 제안하게 되었다. 이전 장들에서 이런 아이디어의 예들을 보아왔다. 예를 들어, 다각형들이 렌더링 파이프라인에 들어가기 전에 선별 작업을 고려했었다. 어쨌든, 좀 더 생산적인 접근방법은 모델링 방법 자체를 재검토하고, 이제까지 보아왔던 것과는 전혀 다른 방법으로 기하적 객체를 생성해내는 **절차적 방법**(procedural method)이라고 알려진 기법들을 찾아보는 것이다. 절차적 방법은 광범위한 기법들에 걸쳐 있지만, 그들의 공통점은 객체를 알고리즘을 사용해서 표현하고, 렌더링 과정에서 꼭 필요한 경우에만 다각형을 만들어낸다는 것들이다.

절차적인 모델은 컴퓨터에서 제곱근, 사인, 코사인 등의 무리수를 표현할 때 사용하는 방식과 여러 면에서 비슷하다. 예를 들어, $\sqrt{2}$를 표현하는 다음 3가지 방법을 생각해 보자. 일단, 다음과 같이 원하는 자릿수만큼의 숫자를 써서 수치적으로 표현할 수 있다.

$$\sqrt{2} = 1.414\ldots$$

아니면, 좀 더 추상적으로, $\sqrt{2}$는 다음을 만족하는 양수 x라고 정의할 수도 있다.

$$x^2 = 2$$

컴퓨터에서는 사실 $\sqrt{2}$가 어떤 알고리즘을 수행한 결과일 것이다. 예를 들어, 뉴턴 방법을 생각해 보자. 초기 근삿값을 $x_0 = 1$로 설정하고, 다음의 점화식(recurrence)을 계산할 것이다.

$$x_{k+1} = \frac{x_k}{2} + \frac{1}{x_k}$$

이제 x_k는 계산할 때마다 $\sqrt{2}$로 수렴해 나갈 것이다. 이런 관점에서 본다면, $\sqrt{2}$는 알고리즘에 의해서 정의되었고, 다른 말로는 프로그램에 의해서 정의되었다. 컴퓨터 그래픽스에서 다루어지는 객체들에 대해서도 비슷한 접근방법을 취할 수 있다. 예를 들어, 원점에 놓여진 구는 우선 다음 식을 만족하는 수학적 객체로 정의할 수 있다.

$$x^2 + y^2 + z^2 = r^2$$

또는 5장에서 개발했던, 사면체 분할과정의 결과일 수도 있을 것이고, 그 분할과정을 구현한 프로그램의 결과일 수도 있다. 이 두 번째 관점의 잠재적인 장점은 구를 (화면 공간에) 렌더링할 때, 작은 구에 대해서는 큰 구에서 썼던 것보다 훨씬 적은 개수의 삼각형으로 그릴 수 있다는 것이다.

다각형 모델링의 두 번째 문제점은 컴퓨터 그래픽스를 물리법칙과 결합하기가 어렵다는 것이다. 실세계의 객체들에 대해서 다각형 모델들을 만들고 애니메이션할 수는 있지만, 이러한 그래픽스 객체들이 입체로 취급되고 서로 관통되지 않도록 하는 것은 훨씬 어려운 일이다.

절차적 모델링에의 수많은 접근 방법들 중에서 4가지를 소개하겠다. 우선 뉴턴 법칙을 따르는 입자들을 다루겠다. 여기서는 연립미분방정식을 풀어서 복잡한 움직임을 표현할 수 있는 입자 시스템을 설계할 것이고, 이것은 수천 개의 입자들을 수치적으로 다루는 전형적인 작업이 된다. 입자들의 위치는 실세계 모델에서 표준 기하적 객체들이 놓여야 될 위치로 쓰일 것이다.

두 번째 접근 방법인 언어기반 모델(language-based model)에서는 다각형 모델들을 자연어나 컴퓨터 언어에 대해서 사용하는 것과 비슷한 언어기반 모델로 바꿈으로써 복잡도를 조절할 수 있도록 한다. 이 모델을 사용하면 많은 자연물들을, 필요한 그래픽스 객체들을 생성하는 몇 개의 규칙들로 근사화시킬 수 있다. 이 방법에 프랙털 기하학을 결합시키면, 디스플레이에 필요한 만큼의 다각형만으로 이미지를 생성할 수 있다.

세 번째 방법인 프랙털 기하학(fractal geometry)은 많은 자연 현상에서 볼 수 있는 자기-유사성(self-similarity)에 기초한다. 프랙털 기하학은 어떤 대상을 원하는 레벨 오브 디테일로 생성할 수 있는 방법을 제공한다. 마지막으로, 대상 물체에 원하는 정도의 불확실성을 추가하는 방법으로 절차적 잡음(procedural noise)을 소개한다. 절차적 잡음은 텍스처 맵을 만들거나, 유체 모델에 소용돌이를 넣거나, 애니메이션에 사실적 모션을 넣거나, 구름과 같은 경계가 불분명한 물체를 만드는데 사용되어 왔다.

9.2 물리기반 모델과 입자 시스템

컴퓨터 그래픽스 모델링에서의 가장 큰 장점이자 단점은 선택한 원칙이 무엇이든 그것에 근거한 모델을 만들 수 있다는 것이다. 우리가 만들어내는 그래픽스 객체가 물리학에서 사실성과는 관계가 거의 없을 수도 있다. 이제까지의 경향으로는 어떤 모델이 괜찮아 보인다면, 대부분의 목적에는 그것으로 충분했다. 아직까지 알려지지 않았거나 실시간 시뮬레이션을 하기에는 너무 복잡한 물리학 모델들에 집착하지 않는다면, 컴퓨터 게임이나 영화에서 볼 수 있는 특수 효과들을 만들어 낼 수 있다. 과학적 가시화(scientific visualization)와 같은 분야에서는 이러한 융통성은 수학자들이 일반적인 3차원 공간에는 존재하지 않는 형상을 "보거나", 정보들을 새로운 방식으로 디스플레이할 수 있도록 해준다. 연구자들이나 엔지니어들은 현존하는 재질이나 장비로 만들어낼 수 있느냐의 제약 없이 어떤 물체의 원형(prototype)을 만들 수도 있다.

반면 실세계의 물체를 시뮬레이션해서 그 결과를 화면 상에서 보고 싶다면, 문제가 생길 수 있다. 공간을 지나가는 한 그룹의 물체들을 모델링하는 것은 쉽지만, 두 물체가 서로 충돌할 때 궤적을 계산하거나 물리적으로 정확하게 컴퓨터 시스템에서 재현하는 것은 어려운 일이다. 실제로, 컴퓨터 그래픽스에서는 공이 벽을 뚫고 지나가게 하는 쪽이 정확한 탄성 반동으로 바닥에서 튀어 오르는 공을 모델링하는 것보다 훨씬 쉽다.

최근에 연구자들은 물리법칙을 따르는 그래픽스 객체들을 모델링하는 **물리기반 모델링**(physically based modeling)에 흥미를 느끼게 되었다. 이러한 모델링은 두 가지 방향으로 나아갈 수 있다. 첫 번째는 내부 처리의 물리법칙을 모델링한 후, 이 물리법칙으로 그래픽스를 수행하는 것이다. 예를 들어, 어떤 입체가 공간에서 굴러가면서 다양한 표면에서 튀어 오르기를 원한다면, 최소한 이론적으로는 동역학(dynamics)과 양자역학(quantum mechanics)의 지식들을 이용해서 필요한 식을 세울 수 있다. 이 접근 방법은 컴퓨터 그래픽스 기초과정의 범위를 벗어나는 것이므로, 더 이상 따라가 보지 않겠다. 다른 접근방법은 기초 물리학과 수학적 제약조건들을 함께 사용해서 객체들의 동적인 움직임을 제어하는 것이다. 입자들의 그룹에 대해서 이런 접근방법을 따라가 보겠다.

입자 시스템(particle system)은 입자들의 그룹으로, 각 입자들은 전형적으로 질점(point mass)이며, 입자들의 동적인 움직임은 연립미분방정식의 해로 결정할 수 있다. 입자 시스템은 다양한 분야에서 광범위한 형태의 움직임들을 만들어내기 위해서 사용되어 왔다. 유체 역학(fluid dynamics) 분야에서는 난류(turbulence)의 움직임을 모델링하기 위해서 입자 시스템을 사용한다. 즉, 편미분방정식을 풀기 보다는 다양한 힘과 제약조건이 가해진 입자들의 그룹을 추적해서 그 시스템의 움직임을 시뮬레이션할 수 있다. 입자들은 입체 객체들을 모델링하는 데에도 쓰일 수 있다. 예를 들어, 변형이 가능한 입체는 3차원 배열 형태로 배치된 입자들이 스프링으로 연결된 것으로 모델링할 수 있다. 이 객체에 외력(external force)이 작용하면, 입자들이 이동하면서 그 위치들이 입체의 형태를 근사하게 된다.

컴퓨터 그래픽스에서는 입자를 불꽃놀이, 새떼의 움직임, 파도 등의 다양한 현상들을 모델링하기 위해 사용하고 있다. 이러한 응용들에서는 입자 시스템의 동역학 해석으로 입자의 위치를 계산해서 각 위치에 점을 찍는 것이 아니라 어떤 그래픽스 객체를 놓게 된다.

이러한 모든 경우들에서 입자들의 그룹을 다루었고, 각각의 입자는 질점으로 취급할 수 있다. 물리학 법칙에 따라 수식을 만들 수 있는데, 이 수식으로 주어진 시간 간격마다 이들 입자의 상태를 수치적으로 알아낼 수 있다. 마지막 단계로, 각 입자를 그래픽스 객체로 렌더링하는데, 불꽃놀이라면 색깔 있는 점을, 만화 영화라면 만화 캐릭터를 렌더링하게 될 것이다.

9.3 뉴턴 입자

뉴턴 법칙을 따르는 입자들의 집합을 생각해 보자. 다른 물리법칙들이나 우리가 직접 만든 (가상의) 물리법칙을 사용하지 못할 이유는 없지만, 뉴턴 입자들에서 시작해 나가면 간단하면서도 이해하기 쉬운 물리법칙을 사용해서 다양한 움직임들을 얻을 수 있다는 장점이 있다. 뉴턴 입자는 입자의 질량(m)에 입자의 가속도($\mathbf{a}$)를 곱하면 그 입자에 가해지는 합력($\mathbf{f}$)과 같다는 뉴턴의 제2법칙을 따른다. 기호로 표시하면 다음과 같다.

$$m\mathbf{a} = \mathbf{f}$$

가속도와 힘은 양쪽 모두 일반적으로 3차원인 벡터임에 주의하라. 뉴턴 법칙에서 얻어지는 하나의 결론은 (모든 질량이 한 점에 몰려 있다고 정의되는) 이상적인 질점 입자들에 대해서는 그 모든 상태를 위치와 속도로 결정할 수 있다는 것이다. 따라서, 3차원 공간에서 이상적인 입자는 6자유도를 가지며, n개의 입자로 구성된 시스템은 총 개의 상태변수, 즉 모든 입자들의 위치와 속도를 가진다. 주어진 기준 프레임에서, i번째 입자의 상태는 다음과 같이 3개의 원소를 가지는 열행렬 2개로 주어진다.[1] 우선 위치행렬은 다음과 같다.

$$\mathbf{p}_i = \begin{bmatrix} x_i \\ y_i \\ z_i \end{bmatrix}$$

또, 속도행렬은 다음과 같다.

$$\mathbf{v}_i = \begin{bmatrix} \dot{x}_i \\ \dot{y}_i \\ \dot{z}_i \end{bmatrix} = \begin{bmatrix} \frac{dx}{dt} \\ \frac{dy}{dt} \\ \frac{dz}{dt} \end{bmatrix}$$

가속도는 속도의 미분이고 속도는 위치의 미분이므로, 우리는 입자에 대한 뉴턴의 제2법칙을 다음과 같이 여섯 개의 1차 연립미분방정식으로 쓸 수 있다.

$$\dot{\mathbf{p}}_i = \mathbf{v}_i$$

$$\dot{\mathbf{v}}_i = \frac{1}{m_i}\mathbf{f}_i(t)$$

1) 여기서는 동차 좌표로 표현하는 대신 3차원 배열형태를 사용하겠다. 그렇게 해야 물리학 책의 수식들과 일치하게 되고, 결과로 나올 미분방정식도 간단해지기 때문이다.

그러므로, n개의 입자로 구성된 시스템의 동역학 해석은 $6n$개의 연립 미분방정식으로 결정된다.

각 입자는 상태뿐만 아니라 질량(m_1) 등 여러 가지 속성과 입자의 움직임이 어떤지, 어떻게 디스플레이해야 될지 등의 여러 가지 성질을 가진다. 예를 들어, 어떤 속성은 입자를 어떻게 렌더링할지, 그것의 색, 형태, 표면 특성을 어떻게 설정할지를 결정한다. 비록 간단한 입자 시스템의 동역학 해석은 각 입자들을 질점으로 취급하는 것에 기초하고 있지만, 사용자는 각 입자를 어떻게 렌더링할지를 지정할 수 있다. 예를 들어, 각 입자는 군중 속의 사람 1명, 화학적 합성 응용에서의 분자 1개, 바람에 나부끼는 깃발 시뮬레이션에서의 천 1조각을 표현할 수 있다. 각각의 경우 기반이 되는 입자 시스템은 그 입자의 무게중심에 대한 위치와 속도를 결정한다. 입자의 위치를 구했다면, 그 위치에 원하는 객체를 놓을 수 있다.

입자들에 가해지는 힘의 집합 $\{\mathbf{f}_i\}$는 시스템의 동작을 결정한다. 이 힘들은 입자 시스템의 현 상태에 근거하고 시간에 따라 변할 수 있다. 이 힘은 스프링 힘과 같은 간단한 물리법칙이나, 시스템에 가하고자 하는 물리적 제약조건, 또는 중력과 같이 시스템에 가하고자 하는 외력에 근거할 수 있다. 이러한 힘들을 조심스럽게 설계함으로써 원하는 시스템 동작을 얻을 수 있다.

시스템의 동역학적 상태는 주어진 미분방정식들을 근사화해서 시간 간격마다 실행되는 수치적 방법에 의해서 얻어질 수 있다. 전형적인 1개의 시간 간격 동안에는 사용자 정의 함수로부터 n개의 입자에 가해지는 힘들을 계산하고, 이 힘들로부터 미분방정식의 수치적 해석기를 통해서 상태들을 갱신하고, 마지막으로 입자들의 새로운 위치와 속성들을 이용해서 그 위치에 원하는 그래픽 객체들을 렌더링한다. 따라서, 가상코드 형태로는 다음과 같은 루프 구조가 된다.

```
float time, delta; float state[6n], force[3n];
state=get_initial_state();
for(time=t0; time<time_final; time+=delta)
{
/* 힘의 계산 */
force=force_function(state, time);

/* 표준 미분방정식 해석기를 적용 */
state=ode(force, state, time, delta);

/* 결과를 디스플레이 */
render(state, time);
}
```

주어진 응용에서 우리가 설계해야 하는 주요 부분은 각 입자에 가해지는 힘을 계산하는 함수이다.

9.3.1 독립적 입자들

입자들이 상호작용하거나 각 입자에 가해지는 힘을 결정하는 간단한 방법들은 많이 있다. 주어진 입자에 가해지는 힘이 다른 입자들에 대해서 독립적이라면, i번째 입자에 가해지는 힘은 다음과 같은 식으로 표현할 수 있다.

$$\mathbf{f}_i = \mathbf{f}_i(\mathbf{p}_i, \mathbf{v}_i)$$

간단한 경우 중 하나는 다음과 같이 각 입자들에 중력만 가해지는 때이다.

$$\mathbf{f}_i / m_i = \mathbf{g}$$

이 힘이 아래 방향으로 작용한다면 다음과 같이 된다.

$$\mathbf{g} = \begin{bmatrix} 0 \\ -g \\ 0 \end{bmatrix}$$

여기서 g는 양수이고, 각 입자는 포물선 호를 따라갈 것이다. 속도에 비례하는 항을 추가하면, 입자들에 감쇄력(drag)과 같은 마찰력(friction)이 적용되게 할 수도 있다. 색과 같은 일부 속성을 시간에 따라 변하게 하고, 각 입자에 (랜덤한) 수명을 부여하면, 불꽃놀이와 같은 현상을 시뮬레이션할 수 있다. 좀 더 일반적인 경우에는 외력이 각 점에 독립적으로 적용된다. 만일 입자들을 랜덤하게 흘러 다니도록 하고, 각각 점이 아니라 커다란 객체로 렌더링하면, 독립적인 입자들로 구름 또는 물이나 공기의 흐름을 모델링할 수 있다.

9.3.2 스프링 힘

n개의 입자로 구성된 시스템의 모든 입자들이 독립적이면, 힘 계산은 $O(n)$에 수행된다. 가장 일반적인 경우에는 주어진 입자에 가해지는 힘에 $O(n^2)$의 계산으로 모든 다른 입자들과의 상호작용에 의한 영향을 반영해야 한다. 대형의 입자 시스템에서는 $O(n^2)$는 제대로 쓰기에는 너무 느리다. 흔히 가까이 있는 입자들하고만 상호작용하도록 함으로써 이 복잡도를 줄일 수 있다.

바람에 날리는 커튼이나 깃발처럼 시간에 따라 모양이 변하는 면을 생성하기 위해 입자들을 사용하는 예를 생각해 보자. 그림 9.1과 같이 각 입자의 위치를 직사각형 메시(mesh)의 정점으로 사용할 수 있다. 메시의 모양은 시간에 따라 변하는데, 이는 각 입자에 작용하는 중력이나 바람 같은 외력과 메시 전체를 연속된 면처럼 보이게 하는 입자들 사이의 힘이 모두 작용한 결과이다. 두 번째 유형의 힘은 한 입자와 그것에 가장 가까운 이웃들 사이의 힘들을 고려하여 근사화시킬 수 있다. 즉, $\mathbf{p}_{ij}$가 메시의 i번째 행, j번째 열

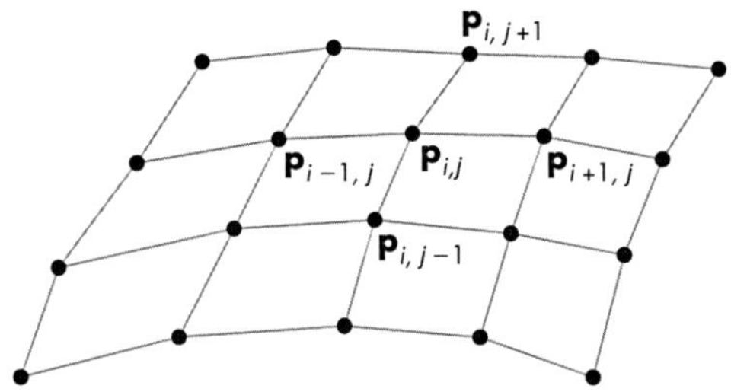

● 그림 9.1 ● 입자들의 메시(mesh)

에 있는 입자의 위치라고 하면, $\mathbf{p}_{ij}$에 작용하는 힘은 $\mathbf{p}_{ij}$와 $\mathbf{p}_{i+1,j}$, $\mathbf{p}_{i-1,j}$, $\mathbf{p}_{i,j+1}$, $\mathbf{p}_{i,j-1}$ 사이의 힘만을 고려하게 되므로, 계산이 된다.

입자들 사이에 작용하는 힘을 모델링하는 한 가지 방법은 인접 입자들이 스프링으로 연결되었다고 보는 것이다. 그림 9.2와 같이 스프링에 의해서 연결된 **p**와 **q**에 위치한 2개의 서로 인접한 입자들을 생각해 보자. **f**를 **p**상에 작용하는 **q**로부터의 힘이라고 하자. 힘 $-\mathbf{f}$는 **p**로부터 **q**상으로 작용한다. 스프링은 안정 상태에서의 길이가 s인데, 이 길이는 시스템에 외력이 전혀 작용하지 않은 안정 상태일 때 두 입자 사이의 거리이기도 하다. 스프링이 늘어나면 힘은 $\mathbf{d} = \mathbf{p} - \mathbf{q}$ 방향으로 작용한다. 즉, 두 점을 연결한 직선 방향으로 힘이 작용한다. 이 힘은 후크(Hooke)의 법칙에 따라 다음과 같이 계산된다.

$$\mathbf{f} = -k_s(|\mathbf{d}| - s)\frac{\mathbf{d}}{|\mathbf{d}|}$$

여기서 k_s는 스프링 상수이고, s는 안정 상태에서 스프링의 길이이다. 이 법칙은 입자가 더 멀리 떨어질수록 안정 위치로 끌어당기는 힘이 커진다는 것이다. 반대로, 스프링의 양끝을 동시에 누르면 그들의 위치가 안정 상태에서 길이만큼 떨어지도록 미는 힘이 작용한다. 그러나 방금 설명한 것처럼 Hooke의 법칙에는 감쇄(또는 마찰)에 대한 항이 들어가 있지 않다. 이런 식으로 정의된 질량-스프링 시스템은 교란(perturbation)이 가해졌을 때 영원히 진동하므로, Hooke의 법칙에 감쇄 또는 제동에 대한 항을 포함시킬 수 있다. 감쇄력은 스프링 힘과 같은 방향으로 작용하지만, 입자들 간 속도에 의해 결정된다. 속도가 감쇄에 기여하는 정도는 그림 9.3과 같이 두 점에 의해서 정의되는 벡터에 투영된 속도 벡터에 비례한다. 수학적으로 표현하면 감쇄 항을 포함한 후크의 법칙은 다음과 같다.

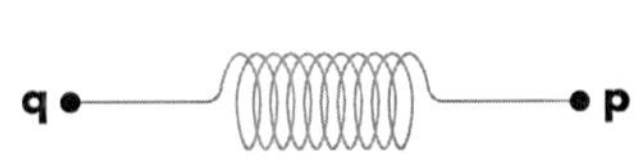

● 그림 9.2 ● 스프링으로 연결된 입자들

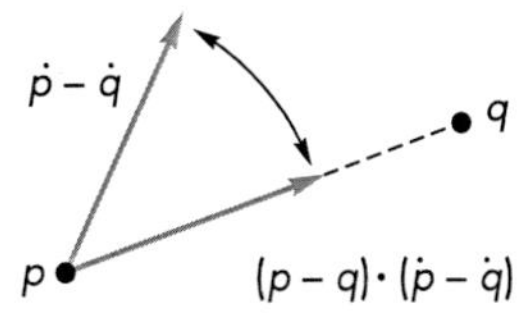

● 그림 9.3 ● 스프링 감쇄력의 계산

$$\mathbf{f} = -\left(k_s(|\mathbf{d}| - s) + k_d \frac{\dot{\mathbf{d}} \cdot \mathbf{d}}{|\mathbf{d}|}\right) \frac{\mathbf{d}}{|\mathbf{d}|}$$

여기서 k_d는 감쇄 상수이고,

$$\dot{\mathbf{d}} = \dot{\mathbf{p}} - \dot{\mathbf{q}}$$

이다. 감쇄를 포함하는 질량-스프링 시스템은 외력을 가하지 않으면 언젠가는 완전히 정지하게 된다.

컬러 그림판 31에 나온 4개의 이미지는 입자들의 위치로부터 만들어진 메시를 보여준다. 내부 입자들은 각각 스프링으로 사방의 이웃들과 연결되고, 이들 입자들에는 외력, 즉 바람이 작용한다. 시간 간격마다 입자들의 위치를 결정한 후 메시에 텍스처 매핑(7.5절)과 같은 기법을 적용해서 표면의 세세한 부분까지 렌더링할 수 있다.

9.3.3 인력과 척력

스프링 힘은 입자들을 전체적으로 유지하기 위해서 사용되는 반면 척력(repulsive force)은 입자들을 서로 밀어내고, 인력(attractive force)은 입자들을 서로 끌어당긴다. 척력을 이용해서 표면 위에 놓인 입자들을 분산시킬 수도 있고, 입자들이 객체의 위치를 나타낸 경우라면, 객체들이 서로 부딪치지 않게 할 수도 있다. 인력은 태양계를 모델링하거나, 지구 주위를 선회하는 인공위성을 모델링하는 응용을 만들 수도 있다. 인력과 척력을 위한 수식은 본질적으로 같은데, 부호만 반대일 뿐이다. 입자의 움직임에 대한 물리학 모델은 인력과 척력 모두를 포함할 수 있다(연습문제 9.14 참고).

p와 **q**에 위치한 한 쌍의 입자들에 대해서 척력은 $\mathbf{d} = \mathbf{p} - \mathbf{q}$의 방향으로 작용하고, 입자들의 거리에 반비례한다. 예를 들어, 제곱에 반비례하는 항은 다음과 같이 표현할 수 있다.

$$\mathbf{f} = -k_r \frac{\mathbf{d}}{|\mathbf{d}|^3}$$

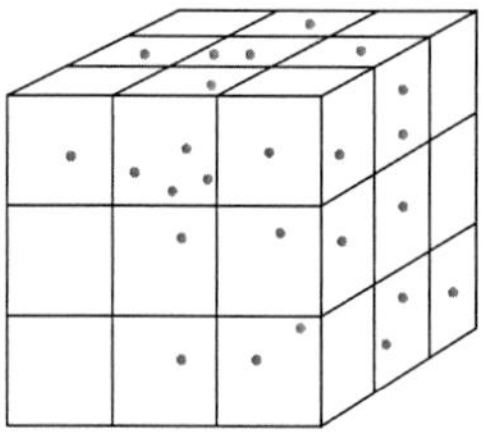

● 그림 9.4 ● 셀들로 분할된 공간

앞의 식에서 마이너스 부호를 플러스로 바꾸고, k_r을 $(m_a m_b)/g$로 바꾸면, 질량이 각각 m_a와 m_b인 두 입자들 사이의 인력이 된다. 여기서 g는 중력 상수이다.

각 입자들이 다른 모든 입자들로부터 힘을 받는 경우에는 인력과 척력의 계산에 $O(n^2)$가 필요하다. 스프링으로 연결된 입자들의 메시에서는 입자들이 같은 위상관계를 유지하려는 것과는 달리 인력과 척력이 작용하는 입자들은 보통 그들 사이에서 위치가 뒤바뀐다. 따라서 $O(n^2)$의 계산을 피하기가 훨씬 더 복잡해진다. 한 가지 접근방법은 그림 9.4와 같이 공간을 여러 개의 입자들이 포함되거나 전혀 포함되지 않는 3차원 셀들로 분할하는 것이다.

힘은 거리에 반비례하므로, 셀의 크기를 조절해서 같은 셀 또는 인접한 셀에 포함되지 않은 입자들로부터의 힘은 무시해도 좋도록 만들 수 있다. 이러한 분할이 가능하다면, $O(n^2)$ 계산이 $O(n)$으로 줄어든다. 하지만, 분할에 따른 비용이 필요하고, 입자들이 하나의 셀에서 다른 셀로 이동할 수 있어야 한다. 첫 번째 문제가 얼마나 어려우냐는 특정 응용에 따라 다른데, 최초의 입자 분포는 어렵지 않게 구할 수 있지만, 그 이후는 정렬이 필요할 수도 있기 때문이다. 두 번째 문제는 매 시간마다 입자의 위치를 살펴보고, 그들을 다시 분포시키거나 속해 있는 셀을 바꿈으로써 해결할 수 있다. 입자들과 셀들의 정보를 저장하기 위해서는 다양한 자료구조를 사용할 수 있다.

자주 사용되는 또 다른 접근방법은 입자들 사이의 상호작용을 입자와 역장(force field)사이의 상호작용으로 대치하는 것이다. 예를 들어, 지표면의 질점에 작용하는 중력을 계산할 때, 입자의 질량과 지구 중심에서의 점-질량 사이의 힘을 점-대-점으로 계산하지 않고 중력장에서 계산한 값을 사용한다. 지구 질량과 지표면 상 입자 질량만을 고려한다면, 두 접근방법 모두 비슷한 양의 계산을 요구한다. 그러나 달의 인력까지 추가한다면 상황은 더 복잡해진다. 질점을 사용한다면, 지표면의 질량에 대해서 2개의 점-대-점 힘을 계산해야 한다. 하지만, 중력장을 알고 있다면, 계산량은 이전과 동일하다. 물론 달까지 고려해서 중력장을 계산하는 것은 좀 더 복잡한 일이 될 것이다 그러나 멀리 있는 입자들은 무시할 수 있기 때문에 입자-장 방법이 더 효율적일 것이다. 흔히 격자 상에서 근사적인 장을 계산한 후에 각 입자에 작용하는 힘은 가장 가까운 격자점에서의 값을 사용할 수도 있다. 각 입자의 새로운 상태가 계산된 후에는 장을 갱신할 수 있다. 이러한 전략들은 흔히 힘에 대한 $O(n^2)$ 계산을 O(nlogn)으로 줄일 수 있다.

9.4 입자 시스템의 해 구하기

n개의 입자들로 구성된 입자 시스템을 생각해 보자. 앞에서 설명한 단순한 힘들만으로 제한한다면, 전체 입자 시스템은 다음과 같이 $6n$개의 상미분방정식으로 표현할 수 있다.

$$\dot{\mathbf{u}} = \mathbf{g}(\mathbf{u}, t)$$

여기서 **u**는 n개 입자들의 위치와 속도 성분을 나타내는 $6n$개의 원소를 가지는 배열이고, **g**는 입자들에 가해지는 모든 외력들을 나타낸다. 따라서, 감쇄가 없는 스프링으로 연결된 2개의 입자 **a**와 **b**가 있다면, 다음과 같이 표현될 것이다.

$$\begin{aligned}\mathbf{u}^T &= [\, u_0 \quad u_1 \quad u_2 \quad u_3 \quad u_4 \quad u_5 \quad u_6 \quad u_7 \quad u_8 \quad u_9 \quad u_{10} \quad u_{11} \,] \\ &= [\, a_x \quad a_y \quad a_z \quad \dot{a}_x \quad \dot{a}_y \quad \dot{a}_z \quad b_x \quad b_y \quad b_z \quad \dot{b}_x \quad \dot{b}_y \quad \dot{b}_z \,]\end{aligned}$$

시간 t에서의 외력과 입자 시스템의 상태가 주어지면, 다음을 구할 수 있다.

$$\mathbf{g}^T = \left[u_3 \;\; u_4 \;\; u_5 \;\; -kd_x \;\; -kd_y \;\; -kd_z \;\; u_9 \;\; u_{10} \;\; u_{11} \;\; kd_x \;\; kd_y \;\; kd_z\right]$$

여기서 k는 스프링 상수이고 d_x, d_y, d_z는 **a**와 **b** 사이의 정규화 벡터 **d**의 성분들이다. 따라서 다음 식을 먼저 계산해야 한다.

$$\mathbf{d} = \frac{1}{\sqrt{(u_0 - u_5)^2 + (u_1 - u_6)^2 + (u_2 - u_7)^2}} \begin{bmatrix} u_0 - u_6 \\ u_1 - u_7 \\ u_2 - u_8 \end{bmatrix}$$

상미분방정식을 수치적으로 푸는 것은 미래 시점의 **u**를 근사하기 위해서 **g**를 계산하는 것에 달려 있다. 우리는 Taylor 정리에 기반해서 몇 가지 미분방정식 해법들을 개발할 수 있다. 가장 단순한 것은 오일러(Euler) 방법인데, 다음 식을 짧은 시간 h 동안 적분한다고 해보자.

$$\dot{\mathbf{u}} = \mathbf{g}(\mathbf{u}, t)$$

이제 다음 식이 구해진다.

$$\int_t^{t+h} \dot{\mathbf{u}} d\tau = \mathbf{u}(t+h) - \mathbf{u}(t) = \int_t^{t+h} \mathbf{g}(\mathbf{u}, \tau) d\tau$$

만일 h의 값이 작다면, 구간 $[t, t+h]$에서의 $\mathbf{g}$값은 t에서의 $\mathbf{g}$값으로 근사할 수 있다. 따라서, 다음과 같이 근사할 수 있다.

$$\mathbf{u}(t+h) \approx \mathbf{u}(t) + h\mathbf{g}(\mathbf{u}(t), t)$$

이 식은 그림 9.5와 같이 $\mathbf{u}(t+h)$의 근삿값을 얻기 위해서 t에서의 도함수(derivative) 값을 이용할 수 있음을 보여준다.

이 식은 Taylor 급수의 제일 처음 두 항과 일치하며 다음과 같이 쓸 수 있다.

$$\mathbf{u}(t+h) = \mathbf{u}(t) + h\dot{\mathbf{u}}(t) + O(h^2) = \mathbf{u}(t) + h\mathbf{g}(\mathbf{u}(t), t) + O(h^2)$$

위 식은 근사과정에서 생기는 오차는 구간 크기의 제곱에 비례함을 보인다.

이 방법은 특히 구현하기가 쉽다. 시간 t에서 (외력과 입자들 사이의 힘 양쪽 모두의) 힘을 구하고, $\mathbf{g}$를 계산한 후, 거기에 h를 곱한 결과를 현재 상태에 더한다. 이 방법을 반복적으로 적용해서 $t+2h, t+3h, \cdots$에서 값들을 구해 나간다. 필요한 작업량은 매시간 간격마다 한 번씩 힘을 계산하는 것이다.

Euler 방법에는 정확성과 안정성이라는 두 가지 측면에서 잠재적인 문제점이 있을 수 있는데, 두 가지 모두 구간의 크기에 영향을 받는다. Euler 방식의 정확성은 구간 크기의 제곱에 비례한다. 따라서 정확성을 높이기 위해서는 구간 크기를 줄여야 하고, 이에 따라 시스템의 해를 구하는 시간이 증가하게 된다. 보다 심각한 문제는 안정성에 관련된 것이다. 구간을 전진해 나갈 때 구간당 에러는 2가지 원인으로부터 나온다. 즉, Taylor 급수에 의한 근사를 사용함으로써 생기는 근사 에러와 함수 계산 시에 생기는 수치 에러이다. 계속해서 상태들을 계산해 나감에 따라 이 에러들은 서로 상쇄될 수도

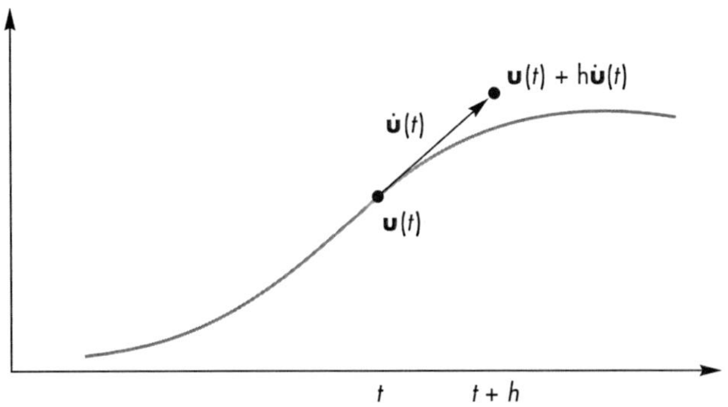

● 그림 9.5 ● 미분방정식의 해에 대한 근사

있고, 계속 누적되다가 예상치 못할 정도로 큰 에러가 되어 진짜 해를 숨겨버릴 수도 있다. 이러한 현상을 **수치적 불안정성**(numerical instability)이라 한다. 다행스럽게도 우리가 사용하는 표준적인 힘의 경우 구간 크기를 충분히 작게 잡으면 안정성을 보장할 수 있다. 불행하게도 안정성을 확보하기 위한 구간 크기는 너무 작아서 적절한 시간 내에 방정식의 해를 수치적으로 구하기는 어렵다. 이러한 불안정한 현상은 스프링-질량 시스템에서 현저하다. 스프링 상수가 시스템의 경직성(stiffness)을 결정하는데, 경우에 따라서는 stiff한 미분방정식이 되어 버릴 수도 있다.

이 문제에 대해서는 두 가지 일반적인 접근방법이 있다. 하나는 stiff한 방정식에 대한 해법(stiff equation solver)이라고 하는 새로운 형태의 상미분방정식 해법을 찾는 것인데, 이것은 이 책의 범위를 벗어난다. 다른 방법은 기본적인 면에서는 Euler 방법과 비슷하지만 더 높은 구간당 정확성을 가지는 다른 미분방정식 해법을 찾는 것이다. 이런 방법들 중 하나를 보여줄 것인데, 이런 접근방법에 대한 통찰력을 얻을 수 있을 것이다. 두 가지 접근방법 모두에 대한 참고문헌들은 이 장 마지막에 제시되어 있다.

앞에서 했던 식으로, 짧은 시간 간격에 대해서 미분방정식을 적분하여 다음 식을 얻었다고 하자.

$$\mathbf{u}(t+h) = \mathbf{u}(t) + \int_t^{t+h} \mathbf{g}(\mathbf{u}, \tau)\, d\tau$$

이번에는, 적분을 구간 $[t, t+h]$에서의 평균값으로 근사해 보자.

$$\int_t^{t+h} \mathbf{g}(\mathbf{u}, \tau)\, d\tau \approx \frac{h}{2}(\mathbf{g}(\mathbf{u}(t), t) + \mathbf{g}(\mathbf{u}(t+h), t+h))$$

이제 문제는 $\mathbf{g}(\mathbf{u}(t+h), t+h)$는 알 수가 없고 단지 $\mathbf{g}(\mathbf{u}(t), t)$만을 안다는 것이다. Euler 방법으로 $\mathbf{g}(\mathbf{u}(t+h), t+h)$를 다음과 같이 근사할 수 있다.

$$\mathbf{g}(\mathbf{u}(t+h), t+h) \approx \mathbf{g}(\mathbf{u}(t) + h\mathbf{g}(\mathbf{u}(t), t), t+h)$$

이 방법은 **개선된 Euler 방법**(improved Euler method) 또는 **2차 룬제-쿠타 방법**(Runge-Kutta method of order 2)이라고 한다. t에서 $t+h$로 넘어가기 위해서는 $\mathbf{g}$를 2번 계산해야 함에 주의하라. 그러나 Taylor 정리를 이용해서 구간당 에러를 계산해 보면 이제는 $O(h^3)$임을 알 수 있다. 따라서 구간당 더 많은 계산을 하더라도 더 큰 구간 간격을 사용할 수 있고, Euler 방법보다 더 큰 구간 간격에 대해서도 안정적이다. 일반적으로는 점진적으로 더 정밀해지는 구간당 공식을 사용해서 Runge-Kutta 공식이라고 불리는 방법을 유도할 수 있다. 가장 많이 사용되는 것은 $O(h^4)$의 구간당 에러를 가지고, 구간당 4개의 함수 계산이 필요한 4차 Runge-Kutta 방법이다. 실제에 있어서는 이 정도 횟수의 함수 계산으로 좀 더 잘 처리해서 $O(h^5)$의 에러를 달성할 수도 있다. 더 중요한 사실은 좋은 해법들은 안정성을 보장할 수 있도록 구간 간격을 자동적으로 조정한다는 것이다.

9.5 제약조건

입자들의 그룹에 대해서 미분방정식에 따라 그 상태를 변하도록 하는 것만으로는 충돌과 같은 실세계에서 일어나는 동작들을 모델링하기에 불충분한 경우가 많다. 벽에 충돌한 물체도 뉴턴 법칙을 따르기는 하지만, 어떤 물체를 입자들의 집합으로 모델링했다면, 그 결과로 나오는 시스템은 대부분의 경우에 너무 복잡해진다. 그 대신 2개의 입체 객체는 서로 뚫고 들어갈 수 없다는 등의 조건을 개별적인 입자들의 움직임을 결정하는 법칙들과는 별도의 제약조건으로 취급할 수 있다.

입자들에는 2가지 형태의 제약조건이 가해질 수 있다. **강한 제약조건**(hard constraint)은 정확하게 지켜져야 하는 것이다. 예를 들어, 공은 반드시 벽에서 튕겨 나와야지, 반대쪽으로 벽을 뚫고 나올 수는 없다. 또, 공이 벽에 가까워지기만 했다가 다른 쪽으로 가버리게 할 수도 없다. **약한 제약조건**(soft constraint)은 어느 정도만 만족시켜 주면 되는 것이다. 예를 들어, 입자 메시와 같이 두 입자들이 대충 정해진 거리만큼 떨어져 있기를 바랄 수도 있다.

9.5.1 충돌

일반적인 경우에 강한 제약조건을 가하기는 어렵지만, 이상적인 점 입자인 경우에는 직접 다룰 수 있는 상황이 몇 가지 있다. 충돌 문제를 생각해 보자. 이 문제는 탐지와 반응으로 나눌 수 있다. 입자들의 집합과 다른 기하적 객체들이 있고, 입자들은 서로를 밀어낸다고 생각해 보자. 이렇다면, 각 입자들에 대해서 다른 객체들과의 충돌만 고려하면 된다. n개의 입자와 m개의 다각형으로 정의된 객체들이 있다면, 각 시간 간격마다 어느 입자가 다각형 중 어느 것을 관통했는지를 검사하면 된다.

그림 9.6에 나온 것과 같이 입자들 중 하나가 어떤 다각형을 관통했다고 가정해 보자. 다각형의 평면방정식에 입자의 위치를 대입해서 충돌을 탐지할 수 있다. 미분방정식의 해법에서 사용한 시간 간격이 작다면, 시간 간격들 사이에서 속도가 일정하다고 가정할 수 있으므로, 선형 보간(linear interpolation)을 사용해서 입자가 다각형에 충돌한 시간을 찾을 수 있다.

충돌 후에 입자들에는 표면에서 빛이 반사할 때와 비슷한 일들이 일어난다. 비탄성

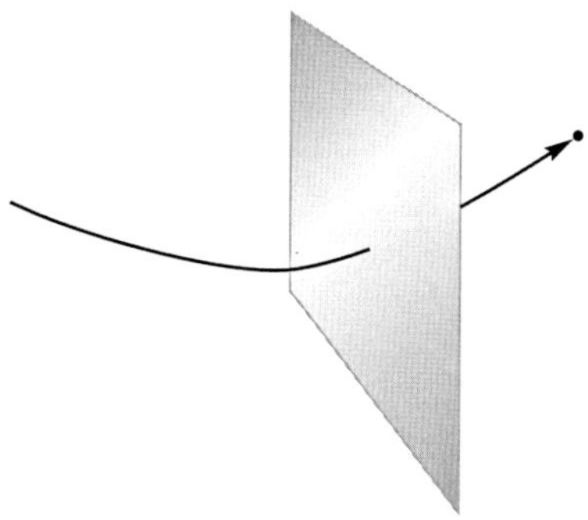

● 그림 9.6 ● 다각형을 관통하는 입자

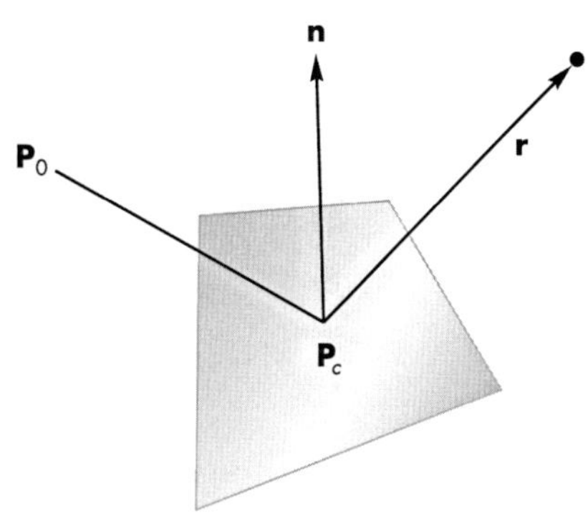

● 그림 9.7 ● 입자의 반사

충돌(inelastic collision)이라면, 입자는 에너지를 전혀 잃지 않으므로, 속력이 변하지 않는다. 다만 충돌 후 방향은 완전 반사의 방향이 된다. 따라서, 충돌점 P_c에서의 법선 벡터와 입자의 이전 위치 P_0가 주어지면, 그림 9.7과 같이 입자에서 표면으로의 벡터와 표면에서의 법선 벡터를 사용해서 5장에서 했던 것처럼 완전 반사방향을 다음과 같이 계산할 수 있다.

$$\mathbf{r} = 2(\mathbf{p}_0 - \mathbf{p}_c) \cdot \mathbf{n}\ \mathbf{n} - (\mathbf{P}_0 - \mathbf{P}_c)$$

그림 9.8과 같이 입자는 충돌 탐지가 없었다면 다각형을 관통하여 도달했을 거리만큼을 이 반사방향으로 전진해 있을 것이다.

속도 벡터는 방향이 반사방향으로 바뀌고 크기는 동일하다. 다르게 말하면, 다각형 평면 상 성분인 속도의 접선방향 성분은 변하지 않고, 법선방향 성분은 반대가 된다.

탄성 충돌(elastic collision)에서는 좀 더 복잡한 계산이 필요한데, 이 경우에는 입자가 다른 객체와 충돌하면서 에너지의 일부를 잃어 버린다. 입자의 **복원 계수**(coefficient

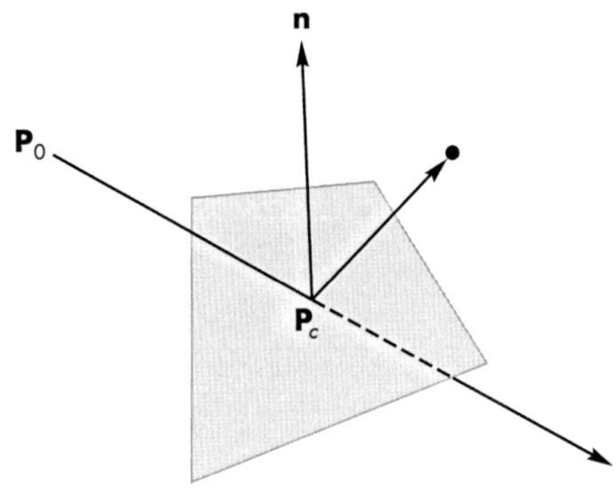

● 그림 9.8 ● 충돌 후의 위치

of restitution)는 충돌 후에 법선 방향 속도 성분이 보존되는 비율이다. 따라서, 우선 비탄성 충돌에서와 같은 식으로 반사각을 계산한 후에, 속도의 법선 방향 성분을 복원계수를 사용하여 줄여주면 된다. 9.6.4절에 한 예가 나와 있다.

충돌 처리에서 가장 큰 비용은 충돌 탐지에 쓰인다. 게임과 같은 응용에서는 흔히 근사적인 탐지만으로 충분할 수도 있다. 이런 경우에는 많은 다각형으로 구성된 복잡한 객체들을 충돌 탐지가 쉬운 경계 입체(bounding volume)와 같은 간단한 객체로 대체할 수 있다.

입자들을 사용하는 경우에는 유한한 크기를 가지는 객체들에 필요한 복잡한 계산들이 불필요함에 주의하라. 충돌 문제를 해결하는 것은 여러 가지 면에서 임의의 객체들을 서로서로 절단하는 문제와 비슷하다. 개념적으로는 단순한 계산이지만 실제에 있어서는 시간이 많이 걸리고 성가신 일이다. 또한, 유한한 크기의 객체들을 다룬다면 관성력(inertial force)을 고려해야 하고, 이에 따라 풀어야 하는 연립방정식의 차원이 증가한다. 따라서 컴퓨터 그래픽스에서는 흔히 이상적인 점 입자를 사용하는 근사해를 받아들이려고 하고, 그 입자의 위치에 객체를 배치해서 받아들일만한 렌더링을 얻을 수 있다.

흔하게 볼 수 있으면서 정확하게 다루어질 수 있는 강한 제약조건의 또 다른 예는 접촉력(contact force)이다. 그림 9.9와 같이 표면을 따라서 누르는 힘을 받는 입자를 생각해 보자. 입자는 표면을 관통할 수도 없고, 가해지는 힘 때문에 튀어 나올 수도 없다. 가해지는 힘의 접선방향 성분, 즉 평면방향으로의 성분이 입자에 가해진다고 할 수 있다. 이 방향으로 마찰력을 가할 수도 있다.

충돌이 탐지된 후 처리방법과는 반대로, 충돌 탐지는 흔히 $O(n^2)$ 계산임에 주의한다. 예를 들어, 당구공들이 테이블 위에서 돌아다니는 포켓볼과 같은 게임이나, 제한된 공간내에서 움직이는 분자들의 시뮬레이션을 생각해 보자. 어떠한 한 쌍의 입자들도 서로 충돌할 수 있기 때문에 단순한 접근방법에서는 매시간 간격마다 입자들의 모든 조합을

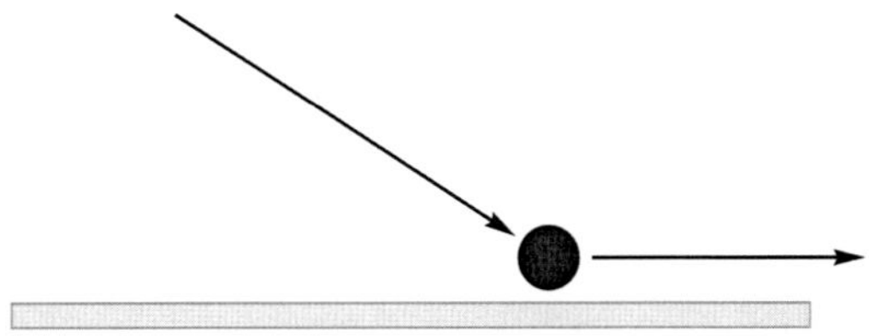

● 그림 9.9 ● 접촉력

체크해야 할 것이다. 빠른 접근방법들에서는 경계 상자를 이용하거나 충돌 탐지를 위한 하드웨어의 지원을 받을 수 있다.

9.5.2 약한 제약조건

대부분의 강한 제약조건들은 그대로 적용하기가 어렵다. 예를 들어, 어떤 입자의 속도가 최대 속도보다 작기를 원하든지, 모든 입자들의 에너지 합계가 어떤 상숫값이기를 원한다면, 이제까지 보아왔던 것들보다 훨씬 어려운 수학 문제가 되어 버리고, 이러한 제약조건들이 항상 간단한 상미분방정식으로 되는 것도 아니다.

많은 경우에는 비슷하게 충족시키기만 하면 되는 약한 제약조건들을 사용할 수 있다. 예를 들어, 그 위치를 $\mathbf{p}$로 표시한 입자가 위치 $\mathbf{p}_0$ 부근에 머물기를 원한다면, **벌점 함수**(penalty function) $|\mathbf{p} - \mathbf{p}_0|^2$을 고려해 볼 수 있다. 이 함수의 값이 작을수록 제약조건을 더 충실하게 따르고 있는 것이다. 이 함수는 시스템에 저장된 일종의 에너지 양을 나타내는 **에너지 함수**(energy function)에 대한 한 가지 예이다. 물리학에서는 이러한 함수들이 시스템 내 위치 에너지나 운동 에너지와 같은 양(quantity)을 나타낼 수 있다. 물리법칙들은 입자들에서 사용한 것과 같이 미분방정식 형태로 쓸 수도 있고, 에너지 항을 포함하는 수식을 최소화하는 형태로 표현할 수도 있다. 후자의 형태가 가지는 장점은 주어진 시스템의 제약조건이나 원하는 동작을 위치 에너지나 운동 에너지의 형태로 직접 표현할 수 있다는 것이다. 이런 수식들은 기계적인 작업을 거쳐서 힘에 대한 식들로 변환할 수 있지만, 이에 대한 수학적인 사항들은 이 책의 범위를 벗어난다.

9.6 간단한 입자 시스템

복잡한 움직임으로도 확장할 가능성을 가지고 있는 간단한 입자 시스템을 만들어보는 것으로, 이제까지의 설명을 마무리하겠다. 우리가 사용하는 입자들은 모두 뉴턴 입자(Newtonian particle)로서, 그 위치와 속도가 각각의 상태변수에 저장된다. 추가로, 각 입자는 색깔이나, 무게를 가질 수도 있다. 다음과 같은 구조체로 출발해 보자.

```
typedef point4 vec4;
typedef struct particle
{
    int color;
    point4 position;
    vec4 velocity;
    float mass;
} particle;
```

여기서 우리는 위치와 속도에 4차원 동차 좌표를 사용했다. 입자 시스템(particle system)은 입자들의 배열이 된다.

```
particle particles[MAX_NUM_PARTICLES];
```

시스템 전체는 변의 길이가 2.0인 정육면체 안에 랜덤한 위치에 랜덤한 속도로 입자들을 놓아서 초기화한다.

```
int num_particles;
for(int i=0; i<num_particles; i++)
{
    particles[i].mass = 1.0;
    particles[i].color = i%NUM_COLORS;
    for(int j=0; j<3; j++)
    {
       particles[i].position[j] = 2.0*((float) rand()/RAND_MAX)-1.0;
       particles[i].velocity[j] = speed*2.0*((float)
                         rand()/RAND_MAX)-1.0;
    }
    particles[i].position[3] = 1.0;
    particles[i].velocity[3] = 0.0;
}
```

9.6.1 입자의 표시

입자의 위치가 주어지면, 적당한 출력 기본요소를 사용해서 화면에 표시할 수 있다. 간단하게는 각 입자를 점(point)으로 표현하면 된다. 아래는 num_particles개가 들어가 있는 입자들의 배열을 돌아다니는 디스플레이 콜백 함수이다.

```
void display(void)
{
    glClear(GL_COLOR_BUFFER_BIT);
```

```
    for(i=0; i<num_particles; i++)
    {
       point_colors[i+24] = colors[particles[i].color];
       points[i+24] = particles[i].position;
    }
    glBindBuffer(GL_ARRAY_BUFFER, buffers[0]);
    glBufferData(GL_ARRAY_BUFFER, sizeof(points), +sizeof(colors)NULL,
                 GL_DYNAMIC_DRAW);
    glBufferSubData(GL_ARRAY_BUFFER, 0, sizeofpoints,points);
    glBufferSubData(GL_ARRAY_BUFFER, sizeof(points), sizeof(colors),colors);
    glDrawArrays(GL_POINTS, 24, num_particles);
    glutSwapBuffers();
}
```

색깔은 colors 배열에 다음과 같이 저장된다.

```
typedef color4 vec4;
color4 colors[8] = {color4(0.0,0.0,0.0, 1.0), color4(1.0,0.0,0.0, 1.0),
                    color4(1.0,1.0,0.0, 1.0), color4(0.0,1.0,0.0, 1.0),
                    color4(0.0,0.0,1.0, 1.0), color4(1.0,0.0,1.0, 1.0),
                    color4(0.0,1.0,1.0, 1.0), color4(1.0,1.0,1.0, 1.0)};
```

9.6.2 입자 위치의 갱신

아이들 콜백에서 소요된 시간만큼 오일러 적분(Euler integration)을 적용해서 입자의 위치들을 갱신한다.

```
float last_time, present_time;
void idle(void)
{
    int i, j;
    float dt;
    present_time = glutGet(GLUT_ELAPSED_TIME); /* in milliseconds */
    dt = 0.001*(present_time - last_time); /* in seconds */
    for(i=0; i<num_particles; i++)
    {
       for(j=0; j<3; j++)
       {
          particles[i].position[j]+=dt*particles[i].velocity[j];
          particles[i].velocity[j]+=dt*forces(i,j)/particles[i].mass;
       }
       collision(i);
    }
    last_time = present_time;
    glutPostRedisplay();
}
```

각 위치는 속도를 이용해서 갱신되고, 속도는 입자에 가해지는 힘에 따라 갱신된다. 시간 간격이 충분히 작다고 가정하면, 갱신할 때마다 각 입자에 걸리는 힘을 계산할 수 있다. 좀 더 견고한 전략은 처음에 모든 입자에 걸리는 모든 힘을 계산해서 배열에 저장해 두고, 매번 이것을 사용하는 것이다.

입자들을 정육면체 안에 가두기 위해서는 충돌 처리 함수가 필요하다. 이 함수는 입자들끼리의 충돌도 다룰 수 있다.

9.6.3 충돌

처음 설정한 축 정렬(axis-aligned) 육면체 안에 입자들을 가두기 위해서 충돌 함수를 사용한다. 우리의 전략은 각 입자의 위치를 옮긴 후에, 이 과정에서 입자가 육면체의 한쪽 면을 가로질렀는지 체크하는 것이다. 한쪽 면을 가로지른 경우라면, 되튀어 나가는 것을 반사(reflection)로 처리할 수 있다. 즉, 원래 방향에서 속도의 부호만 반대로 하면 된다. 반발 계수(coefficient of restitution)가 1.0 미만이면, 입자는 육면체의 면에 부딪칠 때마다 느려지게 된다.

```
float coef; /* coefficient of restitution */
void collision(int n)
{
    int i;
    for (i=0; i<3; i++)
    {
        if(particles[n].position[i]>=1.0)
        {
            particles[n].velocity[i] = -coef*particles[n].velocity[i];
            particles[n].position[i] = 1.0-coef*
                                       (particles[n].position[i]-1.0);
        }
        if(particles[n].position[i]<=-1.0)
        {
            particles[n].velocity[i] = -coef*particles[n].velocity[i];
            particles[n].position[i] = -1.0-coef*
                                       (particles[n].position[i]+1.0);
        }
    }
}
```

9.6.4 힘

힘이 0으로 설정되면 입자는 계속해서 직선 경로로 움직여서 박스 면에서 되튀어 오를 것이다. 반발 계수가 1.0 미만이면, 입자는 결국 멈추게 될 것이다. 중력은 가장 쉽게 추가할 수 있는 힘이다. 예를 들어, 모든 입자의 무게가 같다면 다음과 같이 y 방향으로 중력을 걸 수 있다.

```
bool gravity = TRUE;
float forces(int i, int j)
{
    if(!gravity) return(0.0);
    else if(j==1) return(-1.0);
    else return(0.0);
}
```

매번 입자들 간의 거리를 모두 계산한 후에, 제곱에 반비례하는 항을 넣어서 척력(repulsive force)과 인력(attractive force)을 추가할 수도 있다(연습문제 9.14 참고). 이 장의 끝부분에 있는 연습문제에서는 여기 나온 입자 시스템의 확장 방법들을 제안한다.

9.6.5 군집(flocking)

입자 시스템의 재미있는 응용 중 하나는 입자들 간의 복잡한 행동양식을 시뮬레이션하는 것이다. 좀 더 정확하게 말하면, 입자들이 어떻게 상호작용하는지에 대한 몇 가지 간단한 규칙들을 사용해서 복잡한 행동양식을 만들어 낼 수 있다. 고전적인 예로는 새들의 군집을 시뮬레이션하는 것이다. 어떻게 새들은 다른 모든 새들의 위치를 알지 못해도 전체 무리를 유지하고 있을까? 우리가 만든 입자 시스템을 약간 수정해서 가능성을 검토해 볼 수 있다.

한 가지 가능성은 각각의 입자들이 진행하는 방향을 시스템의 중심을 향하도록 바꾸는 것이다. 즉, 매번 시스템을 갱신할 때마다 다음과 같이 전체의 평균 위치를 계산한다.

```
float cm[3];
for (k=0; k<3; k++)
{
    cm[k]=0;
    for(i=0;i<num_particles;i++) cm[k]+=particles[i].position[k];
    cm[k]/=num_particles;
}
```

이제 그림 9.10과 같이 새로 계산한 속도 벡터 `particle[i].velocity`와 `particle[i].position`에서 이 평균 위치로 가는 벡터의 중간쯤으로 새로운 속도 벡터를 설정할 수 있다.

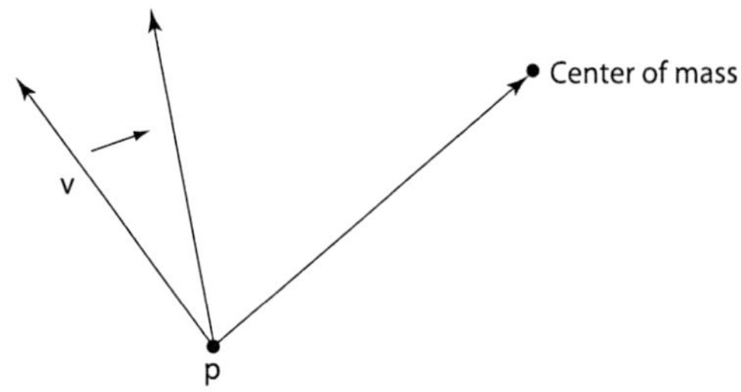

● 그림 9.10 ● 입자의 방향 바꾸기

9.7 언어 기반 모델

8장에서 소개한 트리나 DAG와 같은 그래프들은 객체들 사이의 계층적 관계를 표현하는 한 가지 방법을 제공했다. 이 절에서는 관계를 표현하기 위한 언어 기반 모델(language-based model)을 살펴보겠다. 이 방법은 관계를 보여주는 또 다른 방법을 제공할 뿐만 아니라 식물이나 지형과 같은 객체를 묘사하는 절차적 방법을 이끌어낸다.

식물과 같은 자연물을 살펴보면, 어떤 나무들도 서로 동일하지는 않으면서 서로 다른 종(species)의 나무들이 가지는 차이점을 설명하기도 어렵지 않다. 프로그램이 실행될 때마다 다른 결과를 보이지만, 전체 구조를 정의하는 규칙은 명확한 방법들이 다양하게 제안되어 왔다. 식물처럼 보이는 객체들을 생성하는 트리 자료 구조를 살펴 보겠다.

컴퓨터 과학에서 트리 자료 구조는 컴퓨터 언어와 자연언어 문장들을 분석하여 구성요소로 분할하는 문장의 파싱(parsing)에서 사용된다. 컴퓨터 프로그래밍 관점에서는 이러한 파싱 작업이 컴파일과정의 일부이다. 자연어 처리에서는 문장을 파싱해서 문법적으로 옳은지를 결정한다. 올바른 문장의 파싱 결과로 나온 트리는 그 문장의 구조나 문법을 보여준다. 트리의 개별 요소들을 해석하면 전체 문장의 뜻과 의미를 알 수 있다.

어떤 언어의 문법만을 고려한다면, 문장을 표현하는 트리의 형태와 그 언어의 규칙 사이에는 직접적인 상호연관성이 존재한다. 규칙의 집합과 트리 구조의 모형을 연결함으로써, 이러한 개념을 그래픽스의 계층적 객체로 확장할 수 있다. 이러한 시스템들을 **트리 문법**(tree grammars)이라고 한다. 어떤 문법은 기호의 집합과 기호-치환(symbol-replacement) 규칙의 집합, 즉, 기호를 어떻게 다른 하나 이상의 기호로 치환할 수 있는지를 설정한 **생성규칙**(production)으로 정의된다. 전형적인 규칙은 다음과 같은 형태가 된다.

$A \rightarrow BC$
$B \rightarrow ABA$

생성규칙이 주어지면, 무한한 수의 문자열을 만들어 낼 수 있다. 일반적으로는 주어진 기호에 대해서 적용 가능한 규칙들이 하나 이상 존재하게 되고, 어떤 규칙을 적용할지, 무작위로 고른다면, 프로그램이 실행될 때마다 매번 다른 문자열을 생성할 수 있다. 이런 문자열을 생성하는 것뿐만 아니라 문자열을 입력으로 받아 그 문자열이 주어진 생성규칙으로 생성 가능한 유효한 문자열인지를 검사하는 프로그램도 만들 수 있다. 즉, 나무나 덤불과 같은 객체들을 생성하기 위한 규칙들을 만들 수 있고, 장면 내 어떤 물체들을 그런 문법으로 만들지를 결정하는 프로그램도 가능하다.

문자열 내 기호들을 해석해서 문자열을 그래픽스 객체로 변환할 수 있다. 규칙을 만들어서 생성된 문자열을 그래픽스 객체로 해석하는 다양한 방법들이 있다. 그 중 하나는 **터틀 그래픽스**(turtle graphics)에서 출발한다(연습문제 2.4 참고). 터틀 그래픽스에서는 **터틀**(turtle)이라고 하는 그래픽스 커서를 이동시키는 3가지 방법이 있다. 터틀은 1칸 전진(forward)하거나, 우회전(right turn) 또는 좌회전(left turn)할 수 있다. 터틀이 회전하는 각도가 고정되어 있다고 가정해 보자. 이제 가능한 3가지 작업을 F, R, L로 표시할 수 있다. 이 작업들로 구성된 문자열은 이제 그래픽스 관점에서 쉽게 해석할 수 있다. 예를 들어, 회전각이 120°라면, 문자열 $FRFRFR$은 정삼각형을 생성한다. 터틀의 위치와 방향을 (괄호를 쓰는 것과 비슷하게) 스택에 푸시, 팝하는 것을 특수 기호 [와]로 표현할 수 있다. 60°의 회전각을 가정하고, 다음 생성규칙을 살펴보자.

$F \rightarrow FLFRRFLF$

이 생성규칙의 그래픽스 해석은 그림 9.11에 나와 있다. 이 규칙을 F가 나오는 부분에 다시 적용하면, 그림 9.12(a)와 같은 곡선이 나온다. 삼각형에 적용하면, 그림 9.12(b)에서와 같은 폐곡선이 나온다. 이러한 곡선들을 각각 **코흐 곡선**(Koch curve), **코흐 눈송이**(Koch snowflake)라고 한다. 알고리즘을 적용할 때마다 기존 꼭짓점들은 항상 그 자리에 있도록 크기를 조절하면, 매번 곡선의 길이는 길어지지만, 계속 동일한 사각형 안에 포함되도록 할 수 있다. 극한까지 가면, 제한된 사각형 안에 있으면서도, 무한한 길이를 가지면서, 자기-교차가 없는 곡선을 만들 수 있다. 이 곡선은 연속이지만, 모든 곳에서 불연속한 도함수를 가진다.

또다른 고전적 예로는 **힐버트 곡선**(Hilbert curve)이 있다. 힐버트 곡선은 그림 9.13

● 그림 9.11 ● 코흐 곡선 생성규칙

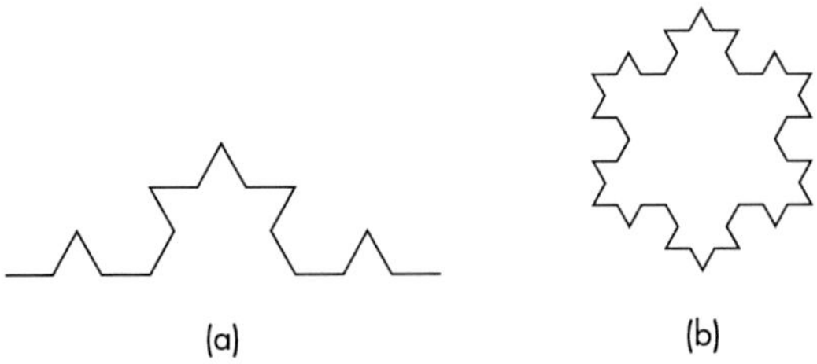

● 그림 9.12 ● 코흐 곡선, (a) 곡선 (b) 눈송이

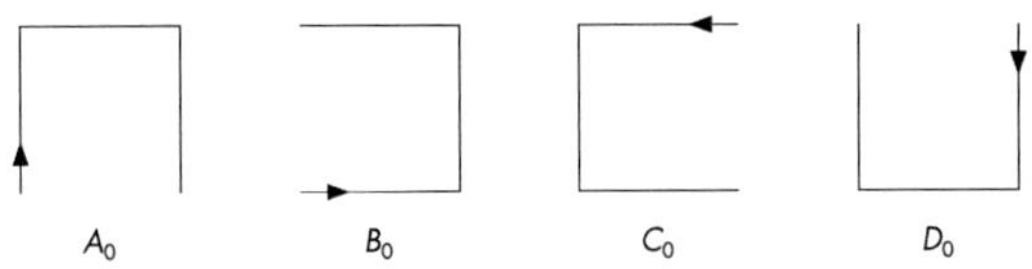

● 그림 9.13 ● 0차 힐버트 패턴들

에 나온 것처럼, A_0, B_0, C_0, D_0라고 말하는 4개의 기본요소를 사용해서 형성된다. 각각은 0차 힐버트 곡선이다. 화살표는 어느 부분에서 시작하는지를 표시하고 있다. 차수 N에 대해서, A_N, B_N, C_N, D_N으로 표시되는 총 4개의 힐버트 곡선이 있다. 이들은 $N-1$차 곡선들을 다음과 같은 규칙으로 조합해서 만들어진다.

$$A_N = B_{N-1} \uparrow A_{N-1} \rightarrow A_{N-1} \downarrow C_{N-1}$$

$$B_N = A_{N-1} \rightarrow B_{N-1} \uparrow B_{N-1} \leftarrow D_{N-1}$$

$$C_N = D_{N-1} \leftarrow C_{N-1} \downarrow C_{N-1} \rightarrow A_{N-1}$$

$$D_N = C_{N-1} \downarrow D_{N-1} \leftarrow D_{N-1} \uparrow B_{N-1}$$

이 규칙들은 4개의 $N-1$차 패턴을 주어진 방향으로 결합하여 N차 패턴이 형성된다는 의미이다. 그림 9.14에 1차 패턴 A_1을 제시하였는데, 규칙 표현식에 나와 있는 화살표에 따라 패턴들을 **링크**(link)시켰다. 각 패턴들이 서로 다른 코너에서 시작된다는 것에도 주목하라. 곡선을 그릴 때 화살표와 링크 부분을 제거시켜서 그림 9.15와 같은 곡선을 얻게 된다.

더 높은 차수의 곡선으로 올라가는 대신 길이를 줄이도록 하면 코흐 곡선에서와 마찬가지로, 힐버트 곡선도 점점 길어지면서 자기 교차는 일어나지 않으면서도 같은 사각형 안에 들어가게 할 수 있음을 증명할 수 있다. 극한으로 가면 힐버트 곡선은 사각형 내의 모든 점을 채우게 되어 **공간-충전 곡선**(space-filling curve)이라고도 한다.

스택에 대한 푸시, 팝 연산은 곁가지를 만들어 낼 수 있다. 회전각이 27°인 상황에서

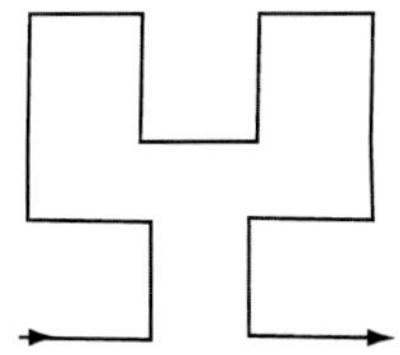

● 그림 9.14 ● A형에 대한 힐버트 규칙

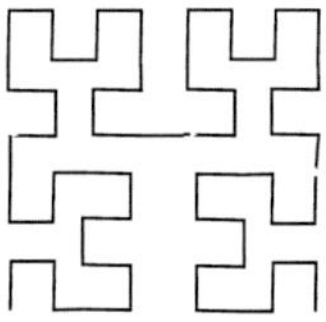

● 그림 9.15 ● 2차 힐버트 곡선

다음 규칙을 생각해 보자(그림 9.16).

$F \rightarrow F[RF]F[LF]F$

아랫쪽에서 시작하고, 회전각은 전진방향을 기준으로 오른쪽 또는 왼쪽으로 측정한다고 가정했다.

하나의 선분에서 출발해서 구한 결과는 그림 9.16과 같다. 다양한 방법으로 진행이 가능하다. 한 가지 방법은 이 규칙을 기호들의 F에 대해서 다시 적용하는 것으로, 그림 9.17에서와 같은 물체가 얻어진다. 터틀의 전진 거리를 조정함으로써, 반복 적용으로 생기는 곁가지의 길이가 점점 작아지게 할 수도 있다. 생성된 물체는 덤불과 비슷한 모양이 되고, 반복 횟수를 늘릴수록 더욱더 덤불 모양이 된다. 하지만, 단 하나의 규칙만 사용하면, 만들어지는 덤불들이 모두 같은 모양이 되어 버린다.

좀 더 재미있는 전략은 F에 대해서 무작위로 규칙을 적용하는 것이다. 이렇게 하면, 하나의 규칙으로도 그림 9.18에 나오는 두 물체를 모두 만들어 낼 수 있다. 생성규칙을 몇 개 더 추가하고, 다음에 어느 규칙을 적용할지 결정하는 확률 함수를 사용하면, 다양한 형태의 나무들을 만들어 낼 수 있다. 약간만 수정하면, 가지 끝에 나뭇잎들을 그릴 수도 있다.

이러한 전략의 매력은 약간의 규칙과 매개변수 몇 개로, 다양한 물체들을 정의할 수

● 그림 9.16 ● 규칙 $F \rightarrow F[RF]F[LF]F$의 적용

● 그림 9.17 ● 그림 9.16을 2번 적용한 결과

● 그림 9.18 ● 그림 9.16의 규칙을 무작위로 적용한 결과

있다는 것이다. 나무들을 잔뜩 만들고 싶다고 생각해 보자. 직접적인 방법은 (선, 다각형, 곡선 등의) 기하학형태들의 집합으로 각각의 물체들을 필요한 개수만큼 만들어 내는 것이다. 복잡한 장면에서는 사용하는 기하요소들에 압도되어 버릴 것이다. 카메라 설정에 따라서는 화면에서 벗어나 있거나 화면에 표시되기에는 너무 작거나 해서 이들 기본요소들의 상당수가 화면에 나올 필요가 없을 것이다. 반면, 여기서 나온 절차적 방법을 사용하면, 물체들을 간단한 알고리즘으로 묘사할 수 있고, 필요할 때 필요한 레벨 오브 디테일까지만 생성할 수 있다.

물체의 모양과 어파인 변환(affine transformation)을 직접 표현하는 **도형 문법**(shape grammar)을 만들 수도 있다. 오래된 예제인 시어핀스키 개스킷(Sierpinski gasket)을 살펴보자. 그림 9.19와 같이 각 단계를 원래의 삼각형을 절반 크기로 줄인 후 서로 다른 위치에 가져다 놓는 어파인 변환들로 표현할 수 있다. 우리는 이 규칙들을 무작위로 적용하거나, 3개 모두를 적용할 수 있다. 어느 경우든 극한으로 가면 개스킷을 구할 수 있다.

이제 자연물이나 흥미로운 수학적 물체의 모형을 생성하는 3가지 절차적 방법을 가지게 되었다. 코흐 곡선과 시어핀스키 개스킷은 재귀적으로 적용될 수 있다는 생성 절

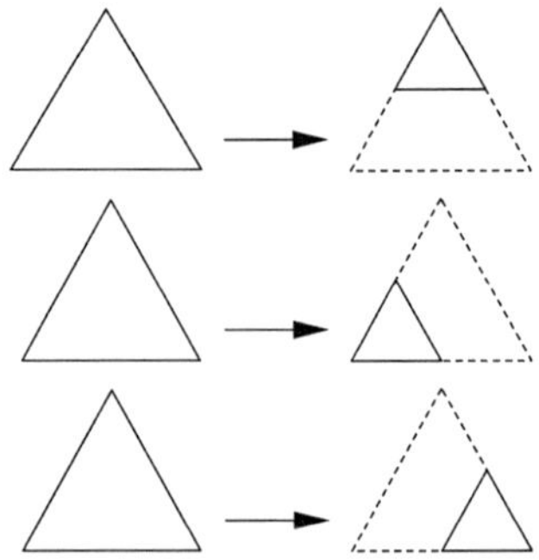

● 그림 9.19 ● 시어핀스키 개스킷의 3가지 규칙

차에 대한 새로운 측면을 보여 주었고, 실행될 때마다 원래 물체가 가지고 있던 모양과 유사한 세부구조를 생성한다. 이러한 현상은 프랙털 기하학을 통해 더 연구될 수 있다.

9.8 재귀적 방법들과 프랙털

언어 기반 절차적 모델은 단순한 프로그램을 통해서 복잡한 물체를 생성할 수 있는 방법 중 한 가지만 제공하는 것일 뿐이다. 다른 접근 방법은 **프랙털 기하학**(fractal geometry)에 기초한 것으로, 많은 실세계 물체들의 자기 유사성(self-similarity)을 이용한다. 프랙털 기하학은 맨델브로트(Mandelbrot)에 의해서 발전하였는데, 그는 일반적인 기하학적 도구로는 다룰 수 없는 흥미로운 현상들을 다룰 수 있는 수학의 한 분야를 개척하였다. 컴퓨터 그래픽스 분야의 종사자들은 프랙털 기하학의 아이디어를 사용해서 아름다우면서도 복잡한 물체들을 만들어냈을 뿐만 아니라 다른 방법으로는 쉽게 모델링할 수 없었던 실세계의 물체들을 모델링하기도 했다. 프랙털 기법으로 만들어진 그래픽스 물체들을 **그래프탈**(graftal)이라고도 한다.

9.8.1 자와 길이

프랙털 기하학의 두 기둥은 크기에 대한 기하 의존성과 자기 유사성이다. 프랙털 기하학으로 가는 질문들 중 하나를 알아봄으로써, 2가지 모두를 살펴볼 수 있다. 해안선의 길이는 얼마나 되는가? 해안선 지도가 있다고 해 보자. 해안선은 굴곡지고 불규칙적이기 때문에 줄을 하나 가져다가 해안선 위에 놓은 후에 그 줄의 길이를 재서 지도 축적에 따라 거리를 환산하면 될 것이다. 하지만, 같은 해안선을 좀 더 자세히 표현한 새로운 지도를 얻게 되면, 더 세부적인 모습들이 보일 것이다. 세부 모습이 나온 지도는 첫 번째 지도와 비슷하지만, 더 많은 들쭉날쭉한 부분들을 보일 것이다. 줄을 이용해서 두 번째 지도에서 축적을 고려해서 길이를 측정하면 길이가 좀 더 늘어날 것이다. 이러한 실험은 해안선에 접근하면서 더 높은 정밀도로 측정을 하려고 하면서 계속해 나갈 수 있다. 해안선을 따라 놓여진 조약돌 하나하나까지 측정해 나가는 수준까지 계속 새로운 세부 요소를 발견해 나갈 수 있다. 원칙적으로 이러한 절차는 분자 수준까지 진행될 수 있으며, 매번 더욱 상세하지만 비슷한 그림을 보게 될 것이고, 점점 그 길이는 늘어날 것이다.

쓸모 있을 정도로 최소한 두 사람이 모두 동의할 수 있는 측정값을 얻으려면 지도의 해상도를 제한하거나 측정에 사용하는 최소 단위를 제한해야 한다. 컴퓨터 그래픽스에서는 원근투영을 할 때 비슷한 문제를 겪게 되는데, 물체와의 거리에 따라 물체의 세부

● 그림 9.20 ● 코흐 곡선의 길이

묘사가 달라지게 된다.

9.7절에서 나왔던 코흐 눈송이의 재귀적 적용을 살펴봄으로써, 이 문제를 수학적으로 접근할 수 있다. 길이가 1인 선분은 길이가 1/3인 선분 4개로 대체된다(그림 9.20). 따라서, 어떤 선분을 대체할 때마다 원래보다 4/3배의 길이를 가지는 곡선으로 동일한 끝점들을 연결하게 된다. 극한까지 가서 무한 반복하게 되면 차원 문제가 제기된다. 이 곡선은 이제 무한한 길이를 가지고, 어느 곳에서나 1차 미분이 불연속하게 되어 보통의 1차원 곡선이 될 수가 없다. 그렇다고 2차원 물체도 아닌 것이 평면 상 2차원 영역을 채우지도 못한다. 이 문제는 프랙털 차원을 정의함으로써 해결할 수 있다.

9.8.2 프랙털 차원

그림 9.21에 나온 것처럼 길이 1의 선분, 정사각형, 정육면체를 생각해 보자. 차원에 대한 합리적인 정의에 따르면 이들 선분, 정사각형, 정육면체는 각각 1, 2, 3차원 물체이다. 측정 가능한 최소 단위가 $h = 1/n$일 때, 측정 단위가 h인 자가 있다고 하자. n은 정수로 가정한다. 그림 9.22에서와 같이 이들 물체를 h를 기준으로 더 작은 크기로 분할할 수 있다. 선분은 $k = n$개의 동일한 선분으로 나누고, 정사각형은 $k = n^2$개의 정사각형들, 정육면체는 $k = n^3$개의 작은 정육면체로 나눈다. 각각의 경우 원래의 물체를 h의 비율로 크기를 줄인 후에, k번 반복해서 새로운 물체를 만들었다고 볼 수도 있다. d

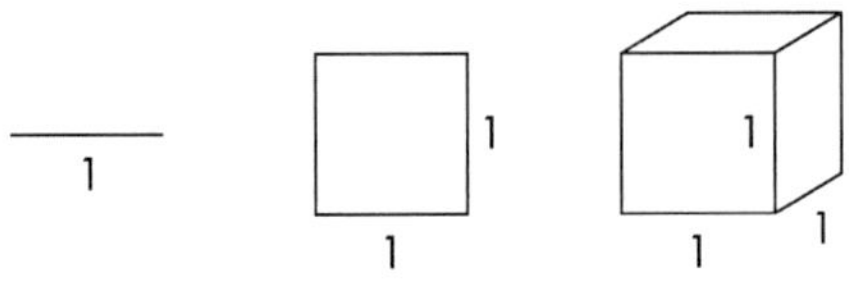

● 그림 9.21 ● 선분, 정사각형, 정육면체

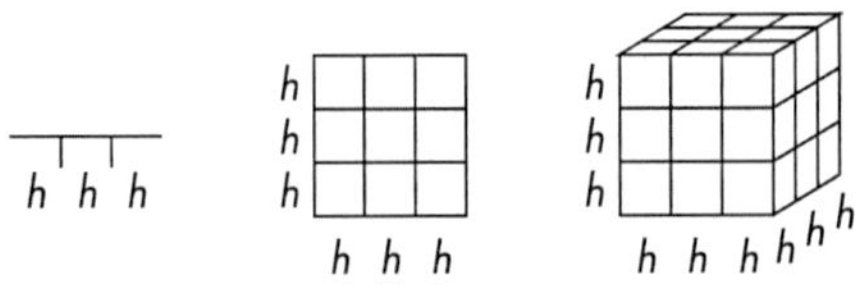

● 그림 9.21 ● $h = 1/3$로 물체를 분할

가 이러한 물체들의 차원이라고 하자. 분할과정에서 각 세부의 총합은 전체가 된다는 것은 변하지 않았다. 수학적으로는 어떤 물체에 대해서든, 다음 등식이 성립한다.

$$\frac{k}{n^d} = kn^{-d} = 1$$

d를 구하면, 다음과 같이 프랙털 차원을 정의할 수 있다.

$$d = \frac{\ln k}{\ln n}$$

다르게 말하면, 프랙털 차원은 분할 과정에서 얼마나 많은 유사한 물체들이 만들어졌는지에 따라 결정된다. 코흐 곡선을 살펴보자. 원래의 물체를 3의 비율로 분할해서 네 개의 유사한 물체를 만들었다. 이에 대응되는 프랙털 차원은 다음과 같다.

$$d = \frac{\ln 4}{\ln 3} = 1.26186$$

이제 시어핀스키 개스킷을 고려해 보자. 크기 축소 단계는 그림 9.23에 나와 있다. 매번 하나의 면을 절반으로 줄이고, 네 개의 삼각형 중에 세 개가 만들어지므로, 다음 계산이 나온다.

$$d = \frac{\ln 3}{\ln 2} = 1.58496$$

위의 두 예에서는 분할을 통해 얻어진 물체가 곡선보다는 더 많은 공간을 차지하지만, 채워진 공간보다는 더 적은 공간을 차지함을 알 수 있다. 그림 9.24와 같이 사면체에서 시작해서 각 면을 분할하여 3차원 공간에 존재하는 입체적 개스킷을 만들 수 있다. 원래 꼭짓점에 닿아 있는 네 개의 사면체를 취하고, 가운데 영역은 버린다. 생성되는 물체의 프랙털 차원은 다음과 같다.

$$d = \frac{\ln 4}{\ln 2} = 2$$

● 그림 9.23 ● 시어핀스키 개스킷의 분할

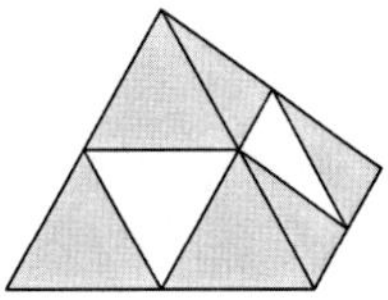

● 그림 9.24 ● 입체 개스킷

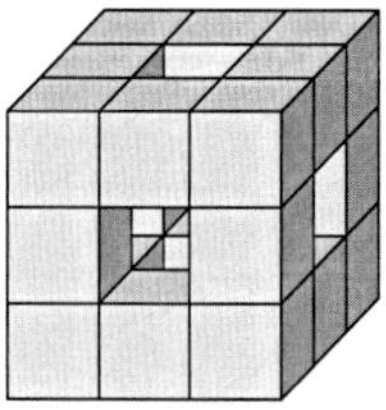

● 그림 9.25 ● 정육면체의 분할

비록 이 객체가 평면 상에 놓여 있지는 않지만 2차원이다. 또한 매 분할과정에서 부피는 감소하지만, 표면적은 증가하였음에 유의하라. 정육면체를 그림 9.25와 같이 1/3로 나누어 보자. 각 면의 가운데 부분을 제거하고, 중심부도 제거하면 원래의 27개 세부 정육면체들 중에서 20개가 남게 된다. 이 물체의 프랙털 차원은 다음과 같다.

이러한 구조가 흥미롭고, 재귀적으로 그래픽스 출력을 하기도 쉽지만, 이 자체로는 실제 물체를 모델링하기에는 적합하지 않다. 그러나 무작위성을 추가하면 막강한 모델링 기법을 얻을 수 있다.

9.8.3 중점 분할과 브라운 운동

프랙털 곡선은 $1 \leq d < 2$인 차원을 가진다. 낮은 프랙털 차원을 가진 곡선은 높은 프랙털 차원을 가진 곡선에 비해 더 부드럽게 보인다. 이 사실은 $2 \leq d < 3$의 프랙털 차원을 가진 면에 대해서도 적용된다. 컴퓨터 그래픽스에서는 무작위처럼 보이지만, 측정 가능한 거칠기를 가진 곡선과 곡면을 생성하고 싶은 상황이 자주 생긴다. 예를 들어, 산맥의 윤곽선은 사막의 지평선보다 더 거친 (즉, 더 높은 프랙털 차원을 가진) 곡선을 형성한다. 비슷하게, 산악 지형의 표면 모델은 농장의 표면보다는 더 높은 프랙털 차원을 가져야 한다. 흔히 이러한 물체들을 해상도에 따라 다르게 생성하고 싶어하기도 한다. 예를 들어, 비행 시뮬레이션과 같이 속도가 중요한 응용프로그램에서 사용하는 지형은 비행기 부근의 영역에서만 높은 해상도로 생성되면 된다.

유체 내에서 벌어지는 입자의 무작위적인 움직임은 **브라운 운동**(Brownian motion)으로 알려져 있다. 이러한 움직임을 시뮬레이션하는 것은 자연의 곡선과 곡면을 생성하는데 흥미로운 접근방법을 제공한다. 물리학자들은 브라운 운동을 폴리라인(polyline)으로 형성하고, 이 폴리라인에서는 연결된 점들이 이전 점으로부터 무작위 거리에 무작위 방향으로 떨어져 있게 한다. 실제 브라운 운동은 물리입자의 경로와 일치하는 경로를 생성하는 특정한 난수 분포(random-number distribution)에 기초한다. 컴퓨터 그래픽스에서는 빠른 계산을 필요로 하고, 거칠기를 제어할 수 있는 곡선의 생성 능력을 고려해야 한다. 이에 따라 브라운 운동을 좀 더 넓은 의미로 사용한다.

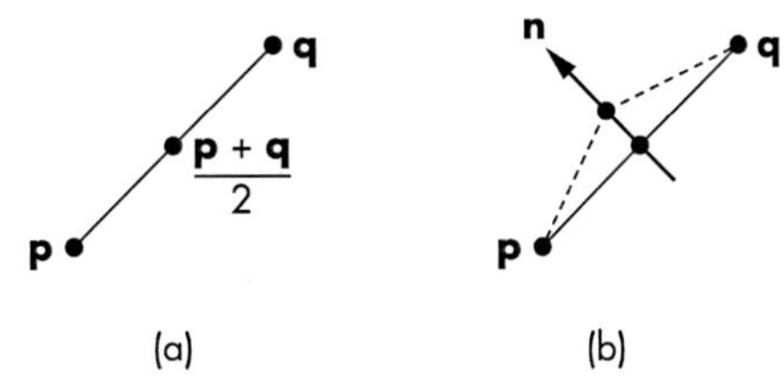

● 그림 9.26 ● 중점 이동, (a) 원래의 선분 (b) 분할 후의 선분

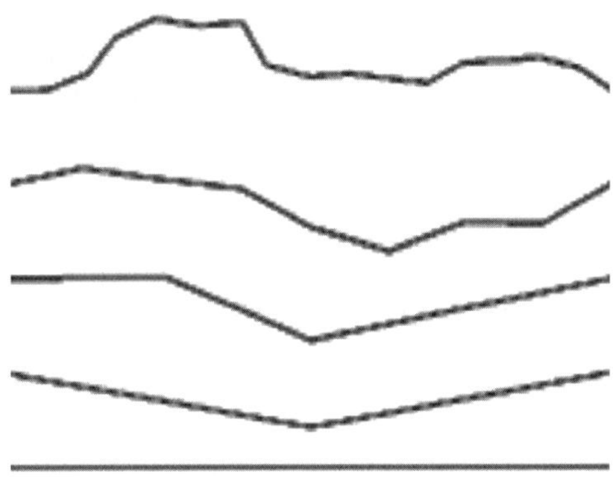

● 그림 9.27 ● 1, 2, 4, 8, 16개의 선분을 가지는 프랙털 곡선

폴리라인을 직접 만들어서 브라운 운동을 만들 수도 있지만, 좀 더 효율적인 방법은 재귀적 절차를 사용하는 것이다. 그림 9.26(a)의 선분을 생각해 보자. 그림 9.26(b)와 같이 중점을 찾아 그 법선방향으로 임의의 거리만큼 이동시킬 수 있다. 이러한 과정은 얼마든지 반복할 수 있으며, 이를 통해, 그림 9.27에서와 같은 곡선들을 생성할 수 있다. 난수 발생기의 분산, 즉 평균적인 변위는 재귀 호출 때마다 1/2씩 줄어들어야 하는데, 이는 선분의 길이가 매 단계마다 줄어들기 때문이다. 우리는 중점이 법선 방향이 아니라 무작위 방향으로 이동하게 할 수도 있다. 무작위로 생성된 수가 항상 양수라면, 스카이라인(skyline)을 만들 수 있다. 만약 평균이 0인 가우시안 난수 발생기를 사용한다면, 분산은 $l^{2(2-d)}$에 비례한다. 이때, l은 분할될 선분의 길이이며, d는 생성되는 곡선의 프랙털 차원이다. 이 차원이 $d = 1.5$일 때, 실제 브라운 운동에 대응된다.

9.8.4 프랙털 산

컴퓨터 그래픽스에서 가장 잘 알려진 프랙털의 사용 예는 산과 지형의 생성일 것이다. 사면체 분할 과정에 중점 이동을 추가하여 산을 생성할 수 있다. 그림 9.28에 나온 사면

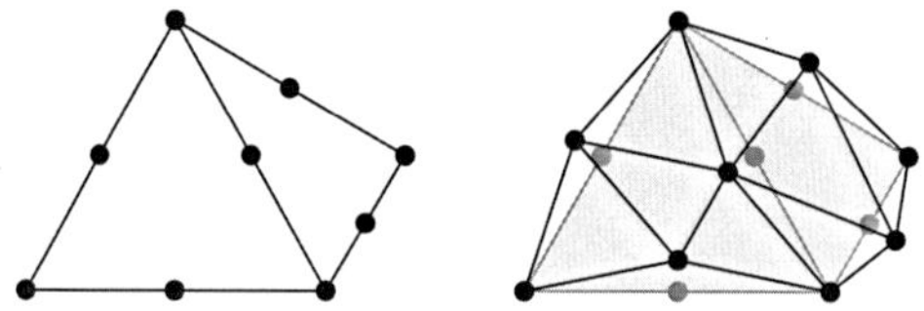

● 그림 9.28 ● 사면체의 중점 분할

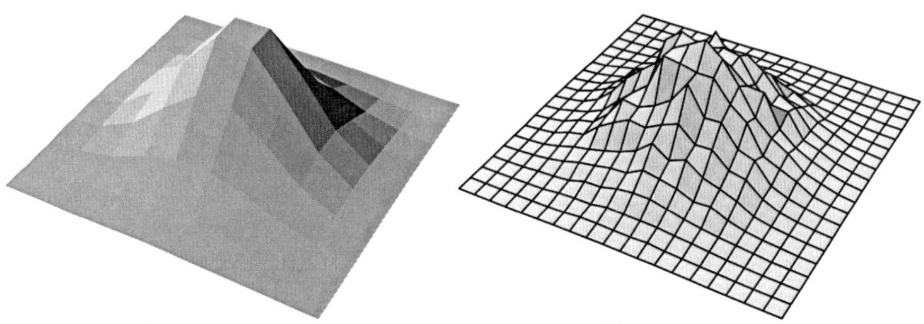

(a) (b)

● 그림 9.29 ● 프랙털 지형, (a) 메시 (b) 이동된 정점으로 분할된 메시

체의 한쪽 면을 살펴 보자. 우선, 각 변의 중점을 찾아 이 중점들을 옮겨[2] 4개의 새로운 삼각형을 만든다. 여기서도 난수 발생기의 분산을 조정하여 생성되는 물체의 거칠기를 제어할 수 있다. 위상학적으로 올바르면서도 자기 자신과 교차하지 않는 물체를 생성하기 위해서는 난수를 생성할 때 주의를 기울여야 한다. 더 많은 내용들에 대해서는 이 장의 끝 부분에 나온 참고문헌들을 참고하기 바란다.

이 알고리즘은 메시에 대해서도 동일하게 적용될 수 있다. x, z-평면 상의 직사격형들로 구성된 편평한 메시에서 출발해서 각각의 사각형들을 더 작은 4개의 사각형으로 분할하면서 그 꼭짓점들을 (y축 방향으로) 위로 옮길 수 있다. 그림 9.29는 이러한 과정의 한 예를 보여준다. 9.9절에서 지형을 생성하는 다른 방법을 보여줄 것이다.

9.8.5 맨델브로트 집합

유명한 맨델브로트 집합(Mandelbrot set)은 프랙털 기하학의 흥미로운 예제 중 하나이고, OpenGL의 픽셀 출력 기능으로 쉽게 구현할 수 있다. 맨델브로트 집합은 생성하기 쉬우면서도, 생성되는 패턴들은 무한의 복잡도를 보여준다. 또한 이미지 생성과 색 참조 테이블(color lookup table) 사용의 좋은 예를 제공하기도 한다. 이 절에서는 복소수 연산에 대한 기초적인 지식이 있다고 가정하겠다.

2) 원래의 꼭짓점들도 옮길 수 있다.

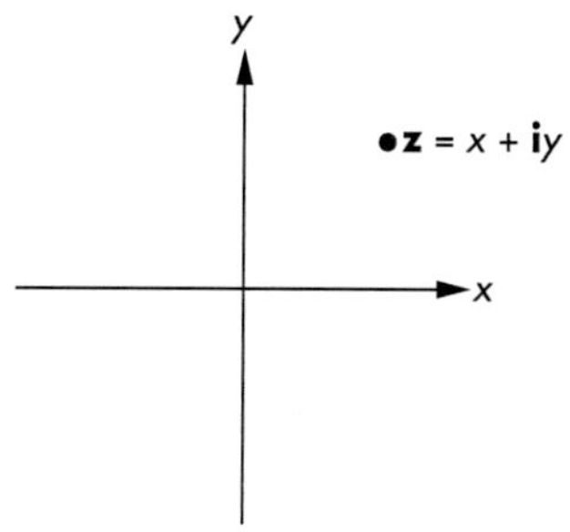

● 그림 9.30 ● 복소 평면

복소 평면 상 한 점은 다음과 같이 표현된다.

$$\mathbf{z} = x + \mathbf{i}y$$

여기서, x는 $\mathbf{z}$의 실수부이고, y는 허수부이다(그림 9.30). 만약 $\mathbf{z}_1 = x_1 + \mathbf{i}y_1$과 $\mathbf{z}_2 = x_2 + \mathbf{i}y_2$가 2개의 복수수라고 하면, 복소수 더하기와 곱하기는 다음과 같이 정의된다.

$$\mathbf{z}_1 + \mathbf{z}_2 = x_1 + x_2 + \mathbf{i}(y_1 + y_2)$$

$$\mathbf{z}_1\mathbf{z}_2 = x_1x_2 - y_1y_2 + \mathbf{i}(x_1y_2 + x_2y_1)$$

순허수(pure imaginary number) $\mathbf{i}$는 $\mathbf{i}^2 = -1$의 특성을 가진다. 복소수 $\mathbf{z}$는 그 크기가 다음과 같다.

$$\mathbf{z}|^2 = x^2 + y^2$$

복소 평면에서 다음 함수 F는 복소수 점을 다시 복소수 점으로 사상한다.

$$\mathbf{w} = F(\mathbf{z})$$

이러한 함수를 사용해서 다음 형태의 복소수 순환생성을 정의할 수 있다.

$$\mathbf{z}_{k+1} = F(\mathbf{z}_k)$$

여기서, $\mathbf{z}_0 = \mathbf{c}$는 주어진 시작점이 된다. 특정한 시작점에 대해 $\mathbf{z}_k$의 위치를 그리면 그림 9.31과 같은 형태를 보일 것이다. 특정한 함수 F에 대해 어떤 시작점들은 무한으로 가는 수열을 만들어 낼 것이다. 다른 시작점들은 주기적으로 순환하기도 하고, 어떤 시작점들은 끌개(attractor)라고 하는 점으로 수렴한다. 예를 들어, $\mathbf{z}_0 = \mathbf{c}$일 때 다음 함수를 보자.

$$\mathbf{z}_{k+1} = \mathbf{z}_k^2$$

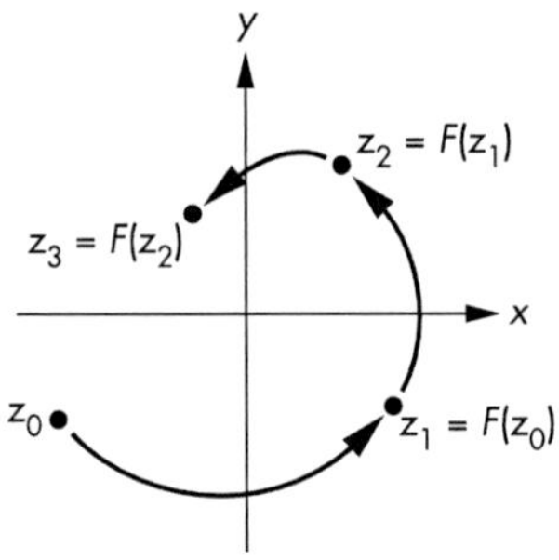

● 그림 9.31 ● 복소수 생성으로 얻어지는 경로

$\mathbf{c}$가 단위 원의 바깥에 위치하면 수열 $\{\mathbf{z}_k\}$는 발산한다. $\mathbf{c}$가 단위 원 내부에 있으면, $\{\mathbf{z}_k\}$는 원점에 있는 끌개로 수렴한다. 만약 $|\mathbf{c}| = 1$이라면, 각각 $\mathbf{z}_k$는 단위 원 위에 있게 된다. $|\mathbf{c}| = 1$인 점은 $\mathbf{c}$의 값에 따라 단위 원 상의 유한한 점들을 생성할 수도 있고, 단위 원 상의 모든 점들을 생성할 수도 있다.

더 흥미로운 예는 $\mathbf{z}_0 = 0 + \mathbf{i}0$일 때 다음 함수이다.

$$\mathbf{z}_{k+1} = \mathbf{z}_k^2 + \mathbf{c}$$

이 생성 함수로 만들어진 점들이 유한할 경우에만 점 $\mathbf{c}$가 맨델브로트 집합에 속한다고 한다. 즉, 우리는 복소 평면을 2개의 그룹으로 나눌 수 있다. 하나는 맨델브로트 집합에 속하는 점들이고, 다른 하나는 그렇지 않은 점들의 그룹이다. 그래픽스 측면에서는 평면 내 어떤 직사각형 영역에 대해서, 어떤 점이 맨델브로트 집합에 속하면 검은색을 칠하고, 그렇지 않으면, 흰색을 칠할 수 있다(그림 9.32(a)). 그런데, 이 집합의 경계에 있는 영역에서 가장 높은 복잡도가 나타날 수 있는데, 흔히 이 부분을 확대해야 할 때가 있다.

맨델브로트 집합의 계산은 많은 시간을 필요로 한다. 속도를 높이는 몇 가지 방법들이 있다. 대상이 되는 영역의 크기와 중심점을 다양하게 설정하고 싶겠지만, $\mathbf{c} = -0.5 + \mathbf{i}\ 0.0$을 중심점으로 하는 영역이 가장 흥미롭다.

보통 몇 번의 반복을 거치면, 이 점이 무한으로 갈지를 판단할 수 있다. 예를 들어, $|\mathbf{z}_k| > 4$이면, 값이 계속해서 커질 것이고, 반복을 중단할 수 있다. 경계 부근의 점들은 수렴할지를 판단하기가 더욱 어렵다. 따라서, 집합을 근사적으로 구하는 방법은 다음과 같다. 우선 최대 반복 횟수를 고정시킨다. 주어진 점 $\mathbf{c}$에 대해서 이 점이 발산한다고 판단되면 이미지에서 해당되는 부분을 흰색으로 칠한다. 최대 반복 횟수가 지난 후에 $|\mathbf{z}_k|$가 어떤 임계값보다 작다면 이 점은 집합의 일부로 결정하고, 검은색으로 칠한다. 그 외의 $|\mathbf{z}_k|$ 값에 대해서는 $\mathbf{c}$에 해당하는 픽셀들을 별도의 색상들로 칠한다. 이 색상들은 보통 마지막 반복을 마친 뒤의 $|\mathbf{z}_k|$ 값을 기초로 결정하거나, 얼마나 빠르게 수렴 또는 발산하는지를 판단해서 결정한다.

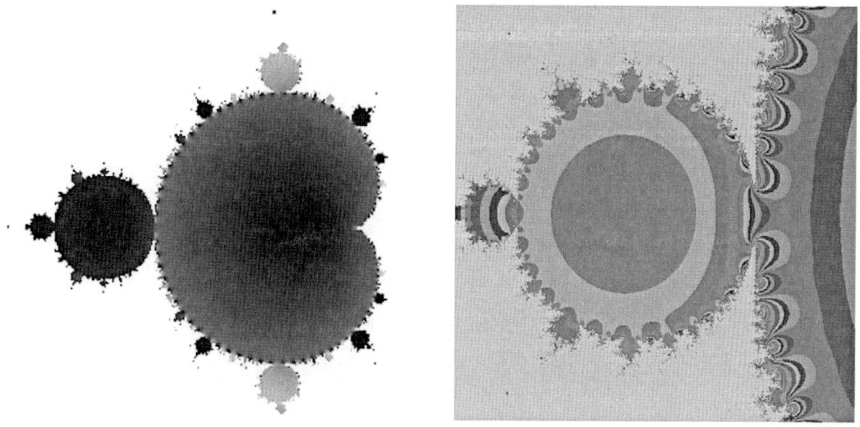

(a) (b)

● 그림 9.32 ● 맨델브로트 집합, (a) 흑백으로 칠하기 (b) 경계 부근의 상세도

이 책의 웹 사이트에 맨델브로트 집합을 근사적으로 생성하는 프로그램이 제시되어 있다. 사용자는 직사각형의 크기와 중심을 설정하고, 반복 횟수를 설정할 수 있다. 수 $\mathbf{z}_k$의 크기는 0.0에서 1.0 사이로 잘려지게 했다. 최대 반복 횟수까지 모든 픽셀들에 대한 루프를 돌려서 n × m 크기의 1차원 배열 image를 생성한다.

이미지는 2개의 삼각형으로 구성된 사각형에 텍스처를 입혀서 표시했다. 따라서, 꼭짓점과 텍스처 좌표는 단위 정육면체를 기준으로 다음과 같이 주어진다.

```
point4 points[6] = {point4(0.0, 0.0, 0.0, 1.0), point4(0.0, 1.0, 0.0, 1.0),
                    point4(1.0, 1.0, 0.0, 1.0), point4(1.0, 1.0, 0.0, 1.0),
                    point4(1.0, 0.0, 0.0, 1.0), point4(0.0, 0.0, 0.0, 1.0)};

GLfloat tex_coord[6][2] = {{0.0, 0.0}, {0.0, 1.0}, {1.0, 1.0}, {1.0, 1.0},
                           {1.0, 0.0}, {0.0, 0.0}};
```

2차원 꼭짓점을 사용한다면, 다음과 같이 표현할 수도 있다.

```
GLfloat points[6][2] = {{0.0, 0.0}, {0.0, 1.0}, {1.0, 1.0}, {1.0, 1.0},
                        {1.0, 0.0}, {0.0, 0.0}};
```

텍스처 맵은 7장의 방법으로 생성했다. 텍스처 이미지는 다양한 방법으로 생성될 수 있다. 가장 간단한 방법은 다음과 같이 정의된 밝기 이미지를 만드는 것이다.

```
GLfloat image[N][N];
```

이미지의 내부값은 집합을 생성해서 만들고, 다음과 같이 화면에 보인다.

```
void display()
{
    glClear(GL_COLOR_BUFFER_BIT);
    glDrawArrays(GL_TRIANGLES, 0, 6);
    glutSwapBuffers();
}
```

그림 9.32(a)의 이미지는 이런 식으로 만든 것이다. 하지만, 세부 표현을 향상시키기 위해서 밝기 값을 색상 값으로 변환시킬 수도 있다. 다음과 같은 RGB 텍스처 이미지를 고려해 보자.

```
GLfloat image[N][M][3];
```

밝기 값으로부터 색상 설정은 다음과 같이 수행한다.

```
if(v>1.0) v=1.0; /* clamp if > 1 */
image[i][j][0] = v;
image[i][j][1] = 2.0*sin(v)-1.0;
image[i][j][2] = 1.0 - v;
```

적색 값으로는 0.0(black)에는 전혀 적색을 설정하지 않고, 1.0(white)에는 완전한 적색을 설정한 후, 다른 밝기에 대해서는 이들을 선형 보간해서 사용했다. 청색 값은 완전한 청색 발광을 0 밝기에, 청색 발광이 없는 것은 밝기 1에 할당한다. 밝기-녹색 간의 대응은 삼각함수를 사용했다. 이런 녹색 값의 할당은 밝기가 서서히 변하는 부분의 세부 표현을 향상시킨다(그림 9.32(b)).

9.9 절차적 잡음

우리는 시어핀스키 개스킷을 생성하고 프랙털 분할을 수행하는 데에 의사난수(pseudo-random) 생성기를 사용했다. 의사난수 생성기는 컴퓨터 그래픽스 분야에서 텍스처의 생성에서 구름, 유체와 같은 자연물의 생성까지 다양하게 사용되고 있다. 하지만, 현실적인 이유와 이론적인 이유 양쪽 모두에서 지금까지 사용했던 단순한 난수 생성기는 응용프로그램들에서 좋은 선택은 아니다.

백색 잡음(white noise)의 개념에서 출발해 보자. 백색 잡음은 전기회로의 발열 활동이나 신호가 없는 채널로 텔레비전을 맞춘 상태에서 볼 수 있다. 이상적인 백색 잡음은 표본 수열을 살펴보면, 각 샘플 간 연관성을 찾을 수 없고, 이전까지의 샘플들로부터 다음 샘플을 예측하기가 불가능하다. 수학적으로, 백색 잡음은 주파수 영역에서의 평균 스펙트럼을 의미하는 파워 스펙트럼(power spectrum)이 평평하다. 즉, 모든 주파수가 동일한 강도로 존재한다.

컴퓨터 내에서 의사난수의 수열을 생성할 수 있다. 우리가 사용했던 rand 함수 등의 이런 난수 발생기는 서로 연관되지 않은 수열을 생성한다. 비록 이 난수가 대부분의 응용프로그램에서는 충분히 잘 작동하지만, 이 수열은 결국 긴 주기로 반복되기 때문에 진정한 난수는 아니다. 반면 다른 많은 응용에서는 꼭 백색 잡음이 필요한 것은 아니다. 흔히 무작위성이 필요하기는 하지만 연속적인 샘플들 사이에 전혀 아무런 관계가 없기를 바라는 것은 아니다. 예를 들어, 대화형 게임을 위한 지형을 생성하려고 해보자. 높이가 무작위로 설정된 다각형 메시를 사용할 수 있다. 진짜 백색 잡음은 잡음에 포함된 고주파 성분 때문에 매우 거친 표면을 생성할 것이다. 꽤 부드러운 지형을 모형화하는 더욱 사실적인 표현을 원한다면 인접한 꼭짓점들이 서로 가깝게 있어야 할 것이다. 즉, 잡음 발생기에서 고주파를 제거하거나 최소한 스펙트럼을 변경 또는 윤색하고 싶은 것이다.

백색 잡음에 있는 고주파는 에일리어싱(aliasing)이라는 다른 문제점도 가지고 있다. 7장에서 본 바와 같이 샘플링(sampling)은 나이퀴스트 비율(Nyquist rate)에 대한 주파수의 에일리어싱을 일으키고, 이는 이미지에 시각적으로 거슬리는 부자연스러움이 나타나게 된다.

이 문제에 대해서는 다양한 해결책들이 있다. 대역이 제한된(band-limited) 샘플들의 무작위 샘플 수열을 만들고 싶다고 하자. 우리는 이 샘플에서 특정한 주파수들이 많이 나타나기를 원한다. 무작위 진폭과 위상을 가지는 저주파의 정현파 항의 합에서 표본을 추출할 수 있다. 이러한 푸리에 합성(Fourier synthesis) 방법은 원칙적으로는 잘 작동하지만, 매 샘플링 과정마다 고비용의 삼각함수 계산을 요구한다. 다른 종류의 방법은 그림 9.33에 기초하고 있다. 이 과정을 백색 잡음의 디지털 필터링(filtering)으로 보면 우리가 원하는 진폭과 위상을 가지는 주파수를 포함할 수 있도록 필터를 설계할 수 있다. 이 잡음은 비균일 스펙트럼을 가지며, 흔히 **유색 잡음**(colored noise)이라고 한다.

얻고자 하는 것을 먼저 고려하는 방식으로, 그림 9.33과 같이 계산 비용이 훨씬 낮아진 절차적 방법을 설계할 수 있다. 필요한 계산을 최소화하는 것뿐만 아니라 반복 가능

● 그림 9.33 ● 상호연관된 난수의 생성

성과 국소성도 필요하다. 무작위 기법을 사용하여 패턴이나 텍스처를 생성할 때 물체를 정확히 재생산할 수 있도록 반복할 수 있기를 원할 것이다. 또한 국소 데이터만 이용하여 패턴이나 텍스처를 생성할 수 있기를 원할 것이다.

의사난수의 수열을 생성해서 정수로 표시된 1, 2, 3차원 격자점들에 적용해 보자. 격자 점에 적용된 값들을 이용해서 정수가 아닌 두 격자점들 사이의 부분에 대한 값들을 생성할 수 있다. 예를 들어, 2차원 텍스처를 생성한다고 가정해 보자. 난수로 사각 배열을 만드는 일부터 시작한다. 우리는 이 배열에 보간을 적용하여 어떤 (s, t) 텍스처 좌표든 해당하는 값을 생성할 수 있다. 간단한 보간 방법은 주어진 (s, t) 값에 해당하는 셀(cell)을 찾아서 각 꼭짓점의 값들을 이중선형 보간(bilinear interpolation)해서 내부값을 구하는 것이다.

이 방법은 **값 잡음**(value noise)이라고 알려진 잡음을 만들어낸다. 배열 내 얼마나 많은 부분을 사용하느냐에 따라 부드러운 정도를 제어할 수 있다. 예를 들어, 256 × 256 크기의 의사난수 배열이 생성되어 있고, 이중선형 보간을 사용해서 128 × 128 크기의 텍스처를 만든다고 가정해 보자. 배열 내 단 1개 셀을 이용해서 이 셀의 귀퉁이에 있는 4개의 값만을 이용하여 필요한 128 × 128개의 값을 보간으로 계산할 수 있다. 이 경우 매우 부드러운 텍스처 이미지를 만들어낼 수 있다. 다른 방법으로는 배열의 더 큰 부분을 사용할 수도 있다. 배열에서 4 × 4 크기의 부분을 사용한다고 하자. 16개 셀은 각각 텍스처의 64개 값을 제공하도록 보간될 것이다. 16개의 의사난수를 사용했으므로, 이 텍스처는 첫 번째 예제보다 더 큰 분산을 보일 것이다. 의사난수 배열의 128 × 128 부분을 사용할 수도 있다. 이 경우는 보간이 전혀 필요하지 않고, 상호연관성이 전혀 없는 텍스처를 얻게 된다.

이 과정의 문제점은 각 셀에 적용되는 이중선형 보간이 텍스처를 구성하는 셀과 셀 사이에서 시각적으로 거슬리는 부분을 만들 수 있다는 것이다. 이 문제에 대해서는 더 부드러운 결과를 생성하기 위해서 인접한 셀에서도 데이터를 가져오는 보간식을 사용해서 해결할 수 있다. 가장 보편적인 방법은 10장에서 공부한 형태의 3차 다항식을 쓰는 것이다. 특정한 형태에 대한 상세한 내용을 따져볼 것도 없이 3차 다항식은 4개의 계수를 가지고 있으므로, 이를 정의하기 위해서는 4개의 데이터 점이 필요하다는 것을 알 수 있다. 2차원에서는 8개의 인접한 셀, 즉 16(4 × 4)개의 데이터 점들이 셀 내부의 값을 결정하는 데 필요하다. 3차원에서는 26개의 인접한 셀들, 64개의 데이터 점들이 필요하다. 더 부드러운 결과를 얻게 되겠지만 2차원 또는 3차원에서는 필요한 계산량과 데이터 처리가 문제가 된다.

이 문제에 대한 해결책은 **그래디언트 잡음**(gradient noise)을 사용하는 것이다. 잡음을 3차원에서 연속함수 $n(x, y, z)$로 모델링했다고 보자. 정수 i, j, k로 표현되는 격자점 (i, j, k) 부근에서 $n(x, y, z)$는 테일러 급수(Taylor series)의 첫 항으로 다음과 같이 근사할 수 있다.

$$n(x, y, z) \approx n(i, j, k) + (x - i)\frac{\partial n}{\partial x} + (y - j)\frac{\partial n}{\partial y} + (z - k)\frac{\partial n}{\partial z}$$

다음 벡터는 (i, j, k)에서의 그래디언트(gradient)이다.

$$\mathbf{g} = \begin{bmatrix} g_x \\ g_y \\ g_z \end{bmatrix} = \begin{bmatrix} \frac{\partial n}{\partial x} \\ \frac{\partial n}{\partial y} \\ \frac{\partial n}{\partial z} \end{bmatrix}$$

여기서 $x - i, y - j, z - k$가 셀 내부의 소수부(fractional part)임에 유의하라. 그래디언트 잡음을 생성하기 위해서 우선 정규화된 의사난수 그래디언트 벡터를 각각의 격자점마다 계산한다. 이 벡터는 단위 구 위의 균일하게 분포된 임의의 점을 생성함으로써 이 벡터들을 구할 수 있다. 격자 지점에서의 값은 0이 되도록 설정한다($n(i, j, k) = 0$). 3차원에서는 하나의 셀 내부에서 8개의 그래디언트 벡터를 사용해서 $n(x, y, z)$를 근사한다. 표준적인 방법에서는 필터로 평활화(smoothed)된 보간법을 이들 그래디언트에 적용해서 셀 내부의 점들에 대한 잡음을 생성한다. 이러한 방식으로 생성된 잡음을 처음 고안한 사람의 이름을 따서 **펄린 잡음**(Perlin nosie) 또는 간단히 잡음(noise)라고 한다. 이 잡음 함수는 렌더맨(RenderMan)과 GLSL에 내장되어 있다. 잡음의 실제 구현은 무작위 그래디언트를 찾는 것이 아니라 해시 테이블(hash table)을 사용해서 전체 그리드에 256 또는 512개의 의사난수만 필요하다. 그림 9.34는 2차원 그래디언트 잡음을 3가지 서로 다른 주파수로 보이고 있다. 각각은 의사난수로 구성된 동일한 배열에서 출발해서 생성된 256 × 256 크기의 밝기 이미지이다.

절차적 잡음은 다양한 방법으로 사용되어 왔다. 예를 들어, 인물상 모형의 관절 위치에 잡음을 추가하면 사실감을 높일 수 있다. 잡음 생성기에 절댓값을 취하는 것과 같은 비선형성을 추가하면 유체의 난류를 모형화하거나 텍스처를 생성하는데 사용된 수열을 만들 수 있다. 절차적 잡음은 구름과 같이 경계가 모호한 물체를 정의하는 데에도 사용된다.

요약

절차적 방법들은 얼마나 많은 기본요소들을 만들어야 할지, 또 전체 과정의 어느 시점에 그런 기본요소들이 생성되어야 될지를 제어할 수 있다는 장점을 가진다. 또한, 절차적 그래픽스는 앞으로 더욱 중요하게 다뤄질, 모델생성을 위한 객체지향적인 방법을 제공한다는 점도 중요하다.

컴퓨터 그래픽스에 물리학을 결합시킴으로써, 물리적으로 정확한 애니메이션을 생성하거나, 새로운 모델링 기법들을 제공하는 것이 가능해졌다. 픽사 애니메이션 스튜디오(Pixar Animation

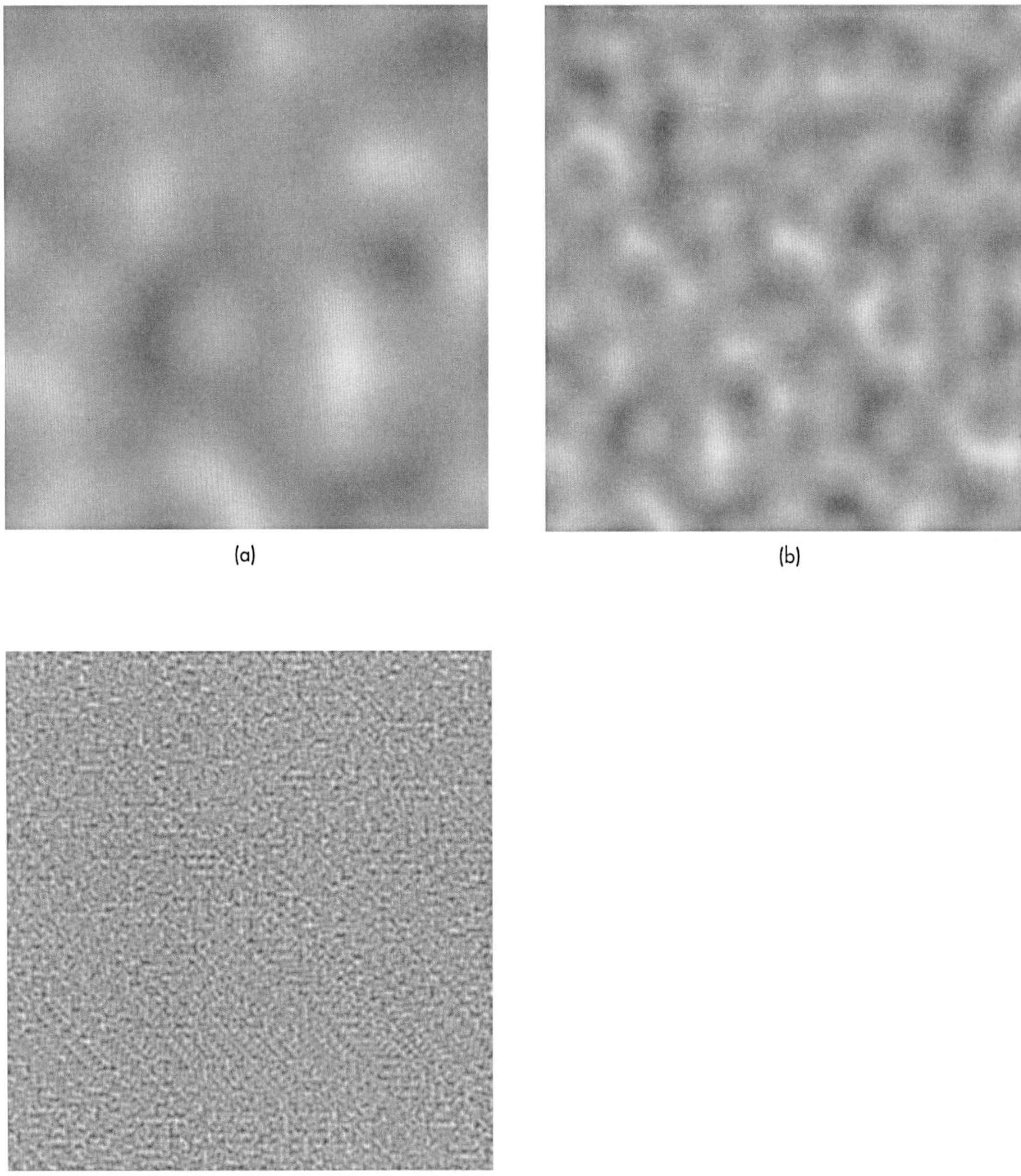

● 그림 9.34 ● 그래디언트 잡음 이미지, (a) 잡음을 사용한 경우 (b) 50배 증폭된 잡음을 사용 (c) 100배 증폭된 잡음을 사용

Studio)가 제작한 "Up"에 나오는 풍선 1,000개의 물리학 모델링과 같은 최근 예들은 복잡한 연립방정식의 해가 애니메이션의 기반을 제공함을 보여준다.

입자 시스템은 물리기반 모델링의 한 예일 뿐이지만, 폭넓은 응용분야들을 가지는 방법임을 보여주고 있다. 이 시점에서는 입자 시스템을 만들어 보는 것이 무척 흥미롭고 유익한 연습문제가 될 것이다.

입자를 사용하는 방법들은 불, 구름, 흐르는 물 등의 물리현상을 시뮬레이션하거나, 애니메이션에서 캐릭터의 위치를 결정하는 등 상업적 애니메이션들에서 빈번하게 사용되고 있다. 입자 시스템은 물리현상을 시뮬레이션하는 표준적인 방법이 되면서 종종 복잡한 편미분방정식 모델을 대체하기도 하며, 심지어 그래픽스 출력이 필요 없는 경우에도 사용된다. 대화형 게임이나 시뮬레이션에서는 각 입자에 복잡한 행동양식을 부여할 수 있다. 이러한 그래픽스와 인공지능의 결합은 **에이전트-기반 모델링**(agent-based modeling)이라고 한다.

프랙털은 매우 복잡해 보이는 이미지를 간단한 알고리즘이나 프로그램으로 생성하는 또다른 방법을 제공한다. 절차적 잡음(procedural noise)은 거의 모든 절차적 모델링 방법의 핵심이 되어 왔고, 여기서 설명한 다른 방법들과 결합되었을 때, 그 진가가 더욱 드러난다.

앞을 내다 본다면, 물리학, 수학 및 다른 과학분야의 방법들이 그래픽스 기법들과 결합될 것이다. 역사적으로, 계산 능력이 제한되면 그럴싸해 보이는 외관을 받아들였지만, 시뮬레이션이나 대화형 게임과 같은 응용에서는 정확한 물리학 현상들과는 거리가 있었다. 한 장면을 그리는데 며칠이 걸리는 응용프로그램에서도 진짜 물리학 법칙을 잘 시뮬레이션하기는 너무 복잡했다. 반면 사용가능한 계산 능력이 꾸준히 증대되고, 가격도 내려가면서 컴퓨터 그래픽스의 모든 응용 분야에서 점점 더 물리학적으로 올바른 모델링 결과를 기대한다.

참고문헌

입자 시스템은 Reeves[Ree83]에 의해서 컴퓨터 그래픽스에 도입되었다. 그 이후로 이 방법은 새떼[Rey87], 유체의 흐름, 수풀의 모델링, 표면의 디스플레이[Wit94a] 등의 다양한 현상을 표현하는 데에 사용되고 있다. 입자들은 물리학과 수학에서 널리 쓰이고 있고, 유체의 흐름이나 기계공학을 특징짓는 편미분방정식으로 구성된 연립방정식의 해를 구하는 방식에 대한 대안을 제공한다. 예로서, [Gre88]을 보라. 여기서는 Witkin[Wit94b]의 접근 방법을 따랐다. 절차적 모델링에 대한 많은 예제들은 [Ebe02]에 있다.

프랙털 및 그 연관된 방법들에 대해서는 풍부한 참고문헌들이 있다. Fourner가 쓴 논문[Fou82]는 프랙털로 생성된 산을 보여준 최초의 결과이다. 프랙털 수학을 깊이 있게 다루려면, Mandelbrot의 책[Man82] 또는 Peitgen의 책[Pei88]을 참고하라. 그래프 문법은 몇가지 방식[Pru90, Smi84, Lin68]으로 사용되었다. Hill[Hil07]과 Prusinkiewicz[Pru90]는 공간-채움 곡선과 곡면을 제시하였다. Barnsley의 반복-함수 시스템[Bar93]에서는 영상 압축과 같은 분야에서의 응용에서 자기 유사성을 사용하는 다른 방법을 보여준다.

그래디언트 잡음(gradient noise)는 Perlin이 제안했다[Per85, Per89, Per02]. 텍스처나 물체 생성 시의 다양한 응용이나, 값 잡음(value noise)에 대해서는 [Ebe02]를 참고하라.

연습문제

9.1 하나의 정삼각형에서 출발해서 시어핀스키 개스킷을 생성하는 생성규칙들을 찾아라.

9.2 해안선의 프랙털 차원은 어떻게 결정하는가? 해안선의 모형이 정말로 프랙털임을 어떻게 검증할 수 있는가?

9.3 구를 근사하기 위해 5장에서 사용되었던 사면체 분할 프로그램을 사용하라. 이를 수정해서 프랙털 산을 생성하는 프로그램을 만들어라.

9.4 탐색 등에 사용하는 이진 트리는 자식 노드를 가리키는 포인터를 가진 노드의 리스트로 묘사할 수 있다. 이러한 묘사를 입력으로 받아 트리를 그래픽 객체로 표현하는 OpenGL 프로그램을 작성하라.

9.5 질량(mass)과 스프링(spring)으로 구성된 간단한 입자 시스템을 위한 프로그램을 작성하라. 입자 시스템은 사각형 메시로 렌더링하라. 사용자가 입자의 초기 위치를 설정하는 상호작용 방식을 추가하라.

9.6 연습문제 9.5의 입자 시스템에 외부 힘을 추가해서 확장하라. 바람에 펄럭이는 깃발의 모습을 생성하라.

9.7 매시를 프랙털화 하는 프로그램을 작성하라. 매시의 초기 위치로는 실제 고도값을 사용해 보라.

9.8 동일한 수의 꼭짓점을 가지는 두 개의 다각형이 있을 때 하나의 다각형을 다른 것으로 변화시키는 프로그램을 작성하라.

9.9 맨델브로트 집합에 사용된 기본 수식에서 복소수 c의 값을 고정시키고, 시작점에서의 수렴 여부를 판정하면, c에 대한 줄리아 집합(Julia set)을 얻게 된다. 줄리아 집합을 보여주는 프로그램을 작성하라. (힌트: 맨델브로트 집합의 경계 부근에서의 c값을 사용해 보라.)

9.10 용접이나 불꽃놀이에서 만들어지는 불꽃을 시뮬레이션하는 입자 시스템을 구현하라.

9.11 연습문제 9.10을 확장하여 사면체의 폭발을 시뮬레이션하라.

9.12 7장의 알파 블렌딩, 5장의 구생성 방법, 프랙털 기법을 결합하여 구름을 생성하라.

9.13 프랙털 기법을 사용하여 가상 행성의 표면을 생성하라. 결과에 대륙과 바다가 모두 나와야 한다.

9.14 Lennard-Jones 입자 시스템에서는 두 입자 사이에 거리의 12승에 반비례하는 인력이 작용하고, 같은 거리의 24승에 반비례하는 척력이 작용한다. 어떤 상자 내부에서 이 시스템을 시뮬레이션하라. 시뮬레이션을 쉽게 하기 위해서 상자에서 빠져나가는 입자는 정반대쪽으로 다시 상자에 들어간다고 가정하라.

9.15 다루어질 공간이 똑같은 크기의 정육면체들로 분할된 입자 시스템을 구현하라. 이 시스템의 입자들은 자신이 속한 정육면체나 거기에 바로 인접한 정육면체들에 속한 입자들하고만 상호작용한다.

9.16 애니메이션 시 입자 시스템을 사용해서 글자들의 위치를 잡을 수 있다. 위치가 정해지면 그 위치에 배치된 다각형 위에 해당하는 글자의 2차원 이미지를 텍스처 매핑할 것이다. 이런 시스템을 구현하되 글자들을 원하는 방향으로 보내려는 외력과 글자들 사이의 충돌을 막으려는 척력이 작용하게 하라. 다각형들이 항상 카메라쪽을 바라보게 하려면 어떻게 해야 될 것인가?

9.17 입자 시스템에 각 입자의 수명을 추가하라. 입자 시스템을 배열보다는 연결 리스트로 새로 구현하여 입자가 더 쉽게 추가되거나 제거되도록 하라.

9.18 예제로 사용된 입자 시스템의 입자들을 음영처리된 구형태로 렌더링하라.

9.19 스프링-질량 시스템으로 머리카락이나, 풀잎을 4개의 점이 연결된 체인 형태로 시뮬레이션 해보라.

9.20 다양한 군집 알고리즘들을 실험해 보라. 예를 들어, 입자가 모든 입자들의 무게 중심을 향해 움직이도록 속도를 바꾸게 하라. 다른 방법으로는 각각의 입자들이 친구 입자를 따르게 하라.

9.21 절차적 잡음을 추가하여 인물상 모형이 가만히 있을 때에도 관절이 조금씩 움직이도록 하라.

9.22 프랙털 풍경을 절차적 잡음을 사용해서 구현하라. 관찰자가 이동하여 가까이 갈 수도 멀어질 수도 있도록 하라.

Chapter 10

곡선과 곡면

우리를 둘러싸고 있는 세상은 진기한 모양의 물체들로 가득 차 있다. 그럼에도 불구하고, 컴퓨터 그래픽스에서는 여전히 편평한 물체들로 가상 세계를 채워 나가고 있을 뿐이다. 이런 일이 계속되는 데에는 물론 충분한 이유가 있다. 그래픽스 시스템은 은면 제거, 음영 처리, 텍스처 매핑 등의 작업을 거치더라도, 편평한 3차원 다각형들을 꽤 빠른 속도로 렌더링할 수 있다. 구를 모델링할 때 사용했던 방법을 이용해서, 실제로는 평면 다각형들로 이루어진 곡면 객체(curved object)를 정의할 수도 있다. 또는, 여기서 하려는 것처럼 응용 프로그래머가 프로그램에서 곡면 객체를 다루는 방법을 제공해 주고, 이런 객체들의 궁극적인 렌더링은 하부 구현에 맡길 수도 있다.

곡선과 곡면을 모델링하는 3가지 방법을 소개하겠지만, 매개변수 다항식 형식(parametric polynomial form)에 가장 많은 노력을 기울이겠다. 현재의 그래픽스 시스템들에서 곡선이나 곡면을 렌더링하는 방법도 다룰 것인데, 이 과정에서는 보통 곡선이나 곡면을 편평한 기본요소들로 분할한다. 응용 프로그래머의 관점에서 본다면 이 과정은 하부 구현에 속하기 때문에 있는 그대로일 뿐이다. 그러나 곡선이나 곡면을 사용하면서 겪게 될 실질적인 한계를 인식하기 위해서는 관련된 작업들을 이해하는 것이 중요하다.

10.1 곡선과 곡면의 표현

매개변수 다항식 곡선과 곡면에 대해서 더 설명해 나가기 전에 객체 표현의 주요한 3가지 방법, 즉 양함수(explicit), 음함수(implicit), 매개변수(parametric) 표현 방법들을 살펴 보고, 각각의 장단점을 알아 보겠다. 직선, 원, 평면, 구 등만 사용해도 이들 특징을 보여줄 수 있다.

10.1.1 양함수 표현

2차원에서 곡선의 **양함수 형식**(explicit form)은 **독립 변수**(independent variable)에 대한 수식으로 **종속 변수**(dependent variable)의 값을 계산한다. x, y 공간에서는 다음과 같이 쓸 수 있다.

$$y = f(x)$$

운이 좋다면, 둘의 관계를 뒤집어서 다음과 같이 x를 y의 함수로 표현할 수도 있다.

$$x = g(y)$$

주어진 곡선에 대해서 위의 두 형태 중 어느 하나라도 존재한다는 보장은 없다. 직선에 대해서는 기울기 m과 y-절편 h를 사용해서 다음과 같은 식으로 나타낸다.

$$y = mx + h$$

위의 식은 수직선에 대해서는 성립하지 않는다. 이 문제는 그래픽스 시스템, 좀 더 일반적으로는 곡선과 곡면을 설계하고 다루는 모든 영역에서 문제를 일으키는 여러 가지 좌표계-의존적인 효과 중 하나이다. 직선과 원은 어떠한 표현방법과도 무관하게 존재하므로, 수직선과 같은 특정방향에 대해 실패하는 표현방법은 심각한 결함이 있다.

원은 좀 더 설명하기 쉬운 예를 보여준다. 중심이 원점에 있고 반지름이 r인 원을 생각해 보자. 원은 **곡률**(curvature), 즉 주어진 곡선상의 점에서 그 곡선이 얼마나 빠르게 휘는지를 측정한 양이 상숫값이다. 원은 2차원에서의 어떠한 폐곡선보다도 대칭적이다. 그러나 양함수 표현을 사용해서 우리가 할 수 있는 최선은 한쪽 반원에 대해 다음 식을 사용하고,

$$y = \sqrt{r^2 - x^2}$$

다른 반원에 대해서 다음 식을 쓰는 것이다.

$$y = -\sqrt{r^2 - x^2}$$

추가로, 위의 수식들이 다음 조건을 만족할 때에만 성립한다는 것도 명시해야 한다.

$$0 \le |x| \le r$$

3차원에서는 곡선의 양함수 표현에 두 개의 식이 필요하다. 예를 들어, x가 독립변수라면 다음과 같이 두 개의 종속변수를 가진다.

$$y = f(x)$$
$$z = g(x)$$

곡면은 두 개의 독립변수를 필요로 하고, 그 표현은 다음과 같은 형태가 될 것이다.

$$z = f(x, y)$$

2차원에서 그랬던 것처럼 곡선이나 곡면의 양함수 표현이 없을 수도 있다. 예를 들어, 다음 수식은 3차원 직선을 표현하지만, x가 상숫값인 평면 상에 존재하는 직선은 표현할 수 없다.

$$y = ax + b$$
$$z = cx + d$$

마찬가지로, 식 $z = f(x, y)$로 표현되는 곡면은 구를 표현할 수 없다. 주어진 x, y에 대해서 이 수식은 구면 상의 점을 0개, 1개 또는 2개 생성해야 하기 때문이다.

10.1.2 음함수 표현

우리가 다루는 대부분의 곡선이나 곡면은 음함수 표현을 가진다. 2차원에서 **음함수 곡선**(implicit curve)은 다음과 같은 식으로 표현할 수 있다.

$$f(x, y) = 0$$

이전의 두 예제, 직선과 원점을 중심으로 하는 원은 각각 다음과 같이 표현할 수 있다.

$$ax + by + c = 0$$
$$x^2 + y^2 - r^2 = 0$$

함수 f는 실제로 공간을 곡선에 속하는 점들과 그렇지 않은 점들로 나누는 검사 함수(testing function) 또는 **소속함수**(membership function)이다. 이 함수는 x, y 좌표를 주면 f의 값을 계산해서 그 점이 곡선상에 있는지를 결정한다. 반면 일반적으로 이 함수는 주어진 값에 대해서 곡선상의 y 값을 해석적으로 찾거나 그 반대의 경우에 대한 해답을 주지는 못한다. 그렇다해도, 음함수 형식은 모든 직선과 원들을 표현할 수 있다는 점에서 좌표계에 덜 의존적이다.

3차원에서 다음 음함수 형식은 곡면을 표현한다.

$$f(x, y, z) = 0$$

예를 들어, 어떠한 평면이든 상숫값 a, b, c, d에 대해서 다음과 같이 쓸 수 있다.

$$ax + by + cz + d = 0$$

원점을 중심으로 하는 반지름 r인 구는 다음과 같이 표현할 수 있다.

$$x^2 + y^2 + z^2 - r^2 = 0$$

3차원 곡선을 음함수 형식으로 표현하기는 쉽지 않다. 곡선은 다음과 같은 2개 곡면의 교집합이 존재한다면, 그 교집합으로 표현할 수 있다.

$$f(x, y, z) = 0$$
$$g(x, y, z) = 0$$

즉, 한 점 (x, y, z)를 검사했더니 두 곡면 모두에 속한다면, 이 점은 두 곡면의 교차 곡선상에 있어야 한다. 일반적으로, 실제 응용에서 나오는 대부분의 곡선이나 곡면은 음함수 표현을 가진다. 다만, 그 곡선이나 곡면상의 점을 구하기가 어려워서 사용에는 한계가 있다.

함수 $f(x, y, z)$가 세 변수 x, y, z에 대한 다항식의 합인 곡면을 **대수 곡면**(algebraic surface)이라고 한다. 특별히 중요한 것은 f의 각 항들이 최대 2차까지[1] 허용되는 2차 곡면(quadric surface)이다. 2차 곡면에는 (구, 원반, 원추 같은) 유용한 객체들이 포함되어 있기도 하지만, 이들을 직선과 교차시키면 최대 두 개의 교차점이 생성된다는 점도 중요하다. 이 특성은 10.9절에서 2차 곡면들을 렌더링하거나 11장에서 광선 추적을 할 때 사용될 것이다.

10.1.3 매개변수 형식

곡선의 **매개변수 형식**(parametric form)은 곡선상의 점들이 가지는 각 공간변수의 값을 독립 변수인, **매개변수**(parameter) u에 대한 식으로 표현하다. 3차원에서는 다음과 같이 3개의 양함수 형식을 가진다.

$$x = x(u)$$
$$y = y(u)$$
$$z = z(u)$$

매개변수 형식이 가지는 장점 중 하나는 그 형태가 2차원에서나 3차원에서나 동일하다는 것이다. 2차원의 경우에는 간단하게 z에 대한 식을 제거하기만 하면 된다. 매개변수

1) 차수는 각 변수의 승수를 더해서 구해진다. 즉, x, yz, z^2은 모두 2차 곡면의 항으로 볼 수 있지만, xy^2은 아니다.

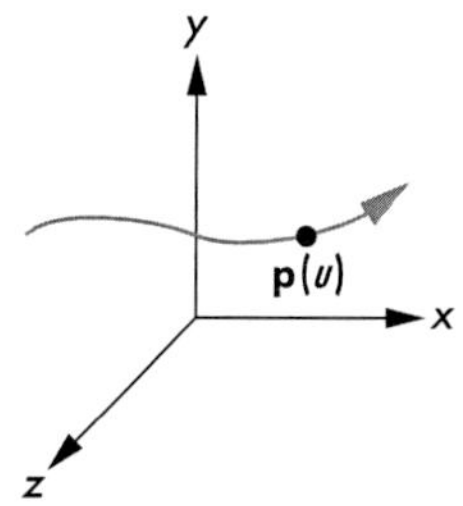

● 그림 10.1 ● 매개변수 곡선

형식은 실질적으로는 그림 10.1에서와 같이 u가 변하면서 그려지는 점 $\mathbf{p}(u) = [x(u)\ y(u)\ z(u)]^T$의 궤적을 시각화했다고 해석할 수 있다. 다음 미분은 곡선을 따라갈 때 속도로 볼 수 있고, 곡선의 접선방향을 가리킨다.

$$\frac{d\mathbf{p}(u)}{du} = \begin{bmatrix} \frac{dx(u)}{du} \\ \frac{dy(u)}{du} \\ \frac{dz(u)}{du} \end{bmatrix}$$

매개변수 곡면은 2개의 매개변수를 필요로 한다. 하나의 곡면은 다음과 같은 3개의 식으로 표현할 수 있다.

$$x = x(u, v)$$
$$y = y(u, v)$$
$$z = z(u, v)$$

또는 다음과 같이 열행렬을 사용할 수도 있다.

$$\mathbf{p}(u, v) = \begin{bmatrix} x(u, v) \\ y(u, v) \\ z(u, v) \end{bmatrix}$$

u, v를 어떤 범위 내에서 변화시키면 곡면상 모든 점 $\mathbf{P}(u, v)$를 생성할 수 있다. 6장의 구 예제에서 보았듯이, 열행렬

$$\frac{\partial \mathbf{p}}{\partial u} = \begin{bmatrix} \frac{\partial x(u,v)}{\partial u} \\ \frac{\partial y(u,v)}{\partial u} \\ \frac{\partial z(u,v)}{\partial u} \end{bmatrix}$$

와

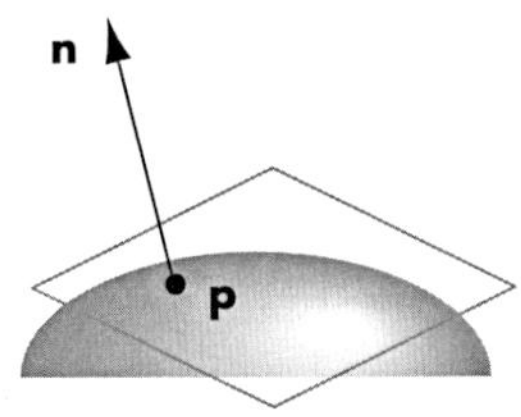

● 그림 10.2 ● 매개변수 곡면상 한 점에서의 접평면과 법선 벡터

$$\frac{\partial \mathbf{p}}{\partial v} = \begin{bmatrix} \frac{\partial x(u,v)}{\partial v} \\ \frac{\partial y(u,v)}{\partial v} \\ \frac{\partial z(u,v)}{\partial v} \end{bmatrix}$$

로 주어진 벡터들은 곡면 상 각 점에서의 접평면(tangent plane)을 결정한다. 또한, 이들 벡터들이 평행하지만 않다면, 다음과 같이 그 외적으로 그 점에서의 법선 벡터를 구할 수 있다(그림 10.2).

$$\mathbf{n} = \partial \mathbf{p}/\partial u \times \partial \mathbf{p}/\partial v$$

컴퓨터 그래픽스에서 사용하기에는 곡선과 곡면의 매개변수 형식이 가장 유연하고 안정적이다. 표현에 있어서는 여전히 x, y, z를 사용하기 때문에 특정 좌표계나 프레임에 대한 의존성을 모두 제거하지는 못했다고 볼 수는 있다. 곡선에 대해서는 $\mathbf{p}(u)$, 곡면에 대해서는 $\mathbf{p}(u, v)$만을 사용해서 어떤 시스템을 개발하는 것도 가능하다. 예를 들어, 3차원 공간상의 곡선을 표현하기 위해서는 Frenet **프레임**(Frenet frame)을 사용할 수 있는데, 이 프레임은 곡선상 각 점에서의 접선 벡터와 법선 벡터를 사용해서 정의된다. 7장에서 범프 매핑(bump mapping)을 설명할 때와 마찬가지로, 종법선 벡터(binormal vector)를 계산해서 세 번째 방향을 정할 수 있다. 그러나 이 프레임은 곡선상 각 점마다 계속 변화한다. x, y, z에 대한 매개변수 형식은 앞으로 쓰려는 용도로는 충분히 안정적이다.

10.1.4 매개변수형 다항식 곡선

매개변수 형식은 유일하지 않다. 즉, 주어진 곡선이나 곡면은 다양한 방법으로 표현할 수 있다. 하지만, 컴퓨터 그래픽스에서는 곡선은 u에 대한 다항식 형태의 함수를, 곡면은 u, v에 대한 다항식 형태의 함수를 사용하는 매개변수 형식이 가장 많이 쓰인다는 것을 알게 될 것이다. 이렇게 하는 이유는 10.2절에서 설명하겠다.

다음과 같은 형태의 곡선을 생각해 보자.[2)]

2) 이 시점에 동차 좌표를 사용할 이유는 없다. 10.8절에서 NURBS 곡선을 유도하면서 동차 좌표를 사용하게 될 것이다.

$$\mathbf{p}(u) = \begin{bmatrix} x(u) \\ y(u) \\ z(u) \end{bmatrix}$$

차수가 n인 매개변수형 다항식 곡선은 다음과 같은 형태이다.[3)]

$$\mathbf{p}(u) = \sum_{k=0}^{n} u^k \mathbf{c}_k$$

여기서 각각의 $\mathbf{c}_k$는 다음과 같이 독립적인 x, y, z 성분을 가진다.

$$\mathbf{c}_k = \begin{bmatrix} c_{xk} \\ c_{yk} \\ c_{zk} \end{bmatrix}$$

$n + 1$의 열을 가지는 열행렬 $\{\mathbf{c}_k\}$는 $\mathbf{p}$의 계수라 하고, 이 $\mathbf{p}$의 계수를 선택하는 데에는 $3(n + 1)$ 자유도가 있다. 반면 x, y, z 각 성분 사이에는 전혀 연관 관계가 없기 때문에 다음과 같은 형태를 가지는 3개의 독립적인 식을 사용할 수 있다.

$$p(u) = \sum_{k=0}^{n} u^k c_k$$

여기서 p는 x, y, z 중 하나가 될 것이고, 각각 $p(u)$는 $(n + 1)$ 자유도를 가진다. 위의 곡선은

$$u_{\min} \le u \le u_{\max}$$

에서와 같이, u에 대한 임의의 범위에 대해서 정의할 수 있지만, 보통은 일반성을 잃어버리지 않으면서도(연습문제 10.3 참고) $0 \le u \le 1$이라고 가정할 수 있다. u의 값이 주어진 범위 안에서만 변하게 하면, 그림 10.3과 같이 **곡선 단편**(curve segment)을 정의할 수 있다.

10.1.5 매개변수형 다항식 곡면

매개변수형 다항식 곡면(parametric polynomial surface)은 다음과 같이 정의할 수 있다.

3) OpenGL에서는 종종 차수에 1을 더한 값인 오더(order)라는 표현을 쓰기도 한다.

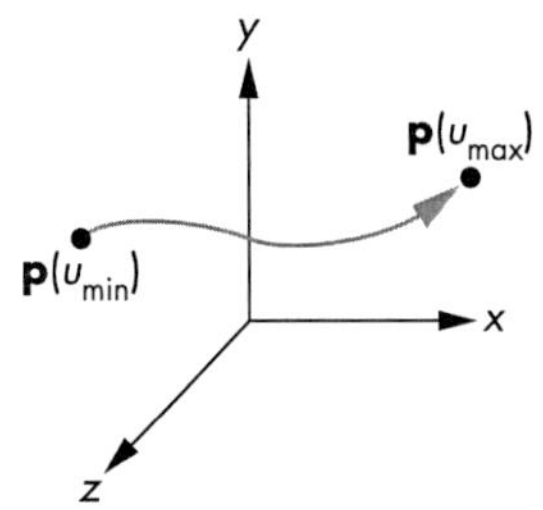

● 그림 10.3 ● 곡선 단편(curve segment)

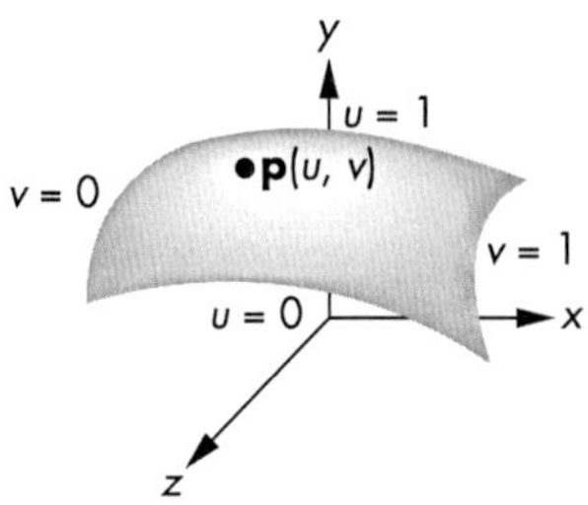

● 그림 10.4 ● 곡면 단편(surface patch)

$$\mathbf{p}(u, v) = \begin{bmatrix} x(u, v) \\ y(u, v) \\ z(u, v) \end{bmatrix} = \sum_{i=0}^{n} \sum_{j=0}^{m} \mathbf{c}_{ij} u^i v^j$$

어떤 곡면 $\mathbf{p}(u, v)$를 정의하려면 $3(n+1)(m+1)$개의 계수를 설정해야 한다. 보통은 $n = m$으로 설정하고, u, v는 사각 영역 $0 \le u, v \le 1$에서 변하도록 해서 그림 10.4와 같은 **곡면 단편**(surface patch)을 정의한다. 곡면 단편은 u나 v 중 하나를 고정시키고 다른 쪽을 변화시켜서 만들어지는 곡선들의 집합을 극한까지 보낸 것으로 볼 수 있다. 여기서는 매개변수형 다항식 곡선들을 정의한 후에 그들을 사용해서 비슷한 특성을 가지는 곡면을 생성하는 전략을 쓰겠다.

10.2 설계 기준

컴퓨터 그래픽스나 CAD(Computer-Aided Design) 분야에서 곡선과 곡면을 사용하는 방식은 흔히 다른 분야들에서 사용하는 방식과 다르며, 이전까지 보아왔던 사용방법들과도 다르다. 이들 분야에서 낮은 차수의 매개변수형 다항식들이 더 선호되는 이유를 알려면, 다음과 같은 사항을 고려해야 한다.

- 형상의 국지적 제어
- 부드러움(smoothness)과 연속성(continuity)
- 미분의 계산 가능성
- 안정성(stability)
- 렌더링의 용이성

간단한 예제를 살펴봄으로써 이들 기준을 이해할 수 있을 것이다. 길쭉하게 생긴, 휘기 쉬운 나무조각들로 모형 비행기를 만들려고 한다고 생각해 보자. 이 모형 비행기의 몸체 부분은 그림 10.5와 같이 여러 개의 횡단면(cross-section)을 만든 후에 긴 조각들로 그것들을 연결해서 만들 수 있다. 횡단면을 만들기 위해서는 실제 비행기의 사진을 사용하거나 직접 원하는 곡선을 스케치할 수 있다. 횡단면 중 하나는 그림 10.6과 같다. 이 횡단면을 한꺼번에 표현하고 싶겠지만, 이렇게 표현하면 원하는 형태가 되지 않을 가능성이 크다. 나무조각들은 어떤 모양보다 더 구부리면 부러져 버릴 것이고, 부드럽게만 구부릴 수 있다. 따라서, 그림 10.6의 곡선은 실제로 만들고 싶은 것의 근사 형태로만 취급할 수 있고, 실제 모양은 그림 10.7과 같다. 실제 여러 개의 나무조각들을 이어 붙여서 횡단면을 만들려고 할 것이고, 각각의 나무 조각은 횡단면의 곡선 단편(curve segment)이 될 것이다. 따라서, 단편들 하나하나가 부드러워야할 뿐만 아니라 단편들이 만나는 **연결점**(join point)에서도 어느 정도의 부드러움이 필요하다.

곡선 단편이 부드럽다는 것은 보장할 수 있겠지만, 연결점에서는 특별히 더 주의해야 한다는 것을 유의하라. 그림 10.8은 2개의 곡선 단편들은 부드럽지만, 연결점에서의 미분이 불연속인 경우를 나타낸다. **부드러움**(smoothness)은 보통 곡선을 따라가면서 측정한 미분 값들을 사용해서 정의된다. 우리는 불연속적인 곡선에는 별다른 흥미가 없다. 일반적으로 1차 미분이 연속인 곡선들은 1차 미분이 불연속적인 (그리고 그 이상의 미분들도 불연속적인) 곡선보다 부드럽다. 이것은 10.3절에서 더 명확하게 설명될 것이다. 지금 당장은 다음과 같은 다항식 곡선에 대해서 모든 차수의 미분이 존재하고 그것들을 해석적으로 계산할 수 있다는 것이 분명할 것이다.

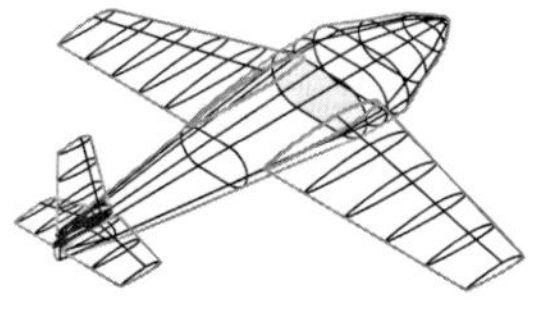

● 그림 10.5 ● 모형 비행기

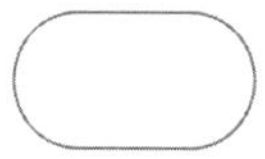

● 그림 10.6 ● 횡단면 곡선

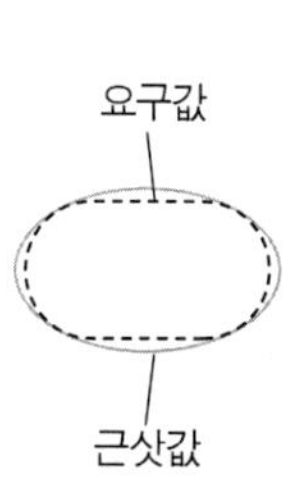

● 그림 10.7 ● 횡단면 곡선의 근사

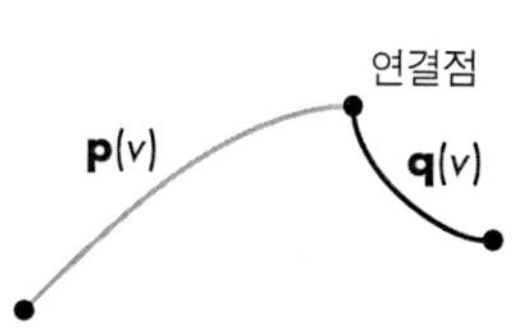

● 그림 10.8 ● 연결점에서의 미분 불연속성

$$\mathbf{p}(u) = \sum_{k=0}^{n} \mathbf{c}_k u^k$$

따라서, 연속성에 문제가 생길 수 있는 유일한 곳은 연결점 뿐이다.

모든 단편들을 한꺼번에 전체적으로 계산하는 것보다는 각 단편들을 따로따로 디자인하려고 한다. 이렇게 하려는 이유 중 하나는 조심스럽게 요구사항에 맞아 떨어지도록 대화식으로 그 형상을 다루고 싶기 때문이다. 변경을 가해야 한다면, 그 변경이 현재 작업하고 있는 부분에만 영향을 끼칠 것이다. 이런 국지적 제어(local control)는 좀 더 일반적인 안정성 원칙의 일부일 뿐이다. 즉, **입력 매개변수에 대한 조그만 변경은 출력 변수들에 조그만 변화만 가져와야 한다. 다르게 말하면, 독립 변수에 대한 조그만 변경은 종속 변수들에 조그만 변화만 가져와야 한다.**

나무 조각으로 작업할 때는 전체 곡선과의 비교를 통해서 원하는 형태를 근사할 수 있도록 그 나무 조각을 구부릴 수 있을 것이다. 좀 더 그럴싸하게는 몇 개의 **제어점**(control point 또는 data point)에서의 값들만을 사용해서 원하는 형상을 디자인하게 될 것이다. 그림 10.9는 곡선 단편 1개와 그 제어점들을 보여주고 있다. 곡선이 어떤 제어점들은 통과, 즉 **보간**(interpolate)하고, 다른 제어점들은 단지 접근하기만 한다는 것에 주의하라. 이 장 전체에 걸쳐 보게 되겠지만, 컴퓨터 그래픽스나 CAD 분야에서는 대개 곡선이 제어점들의 근처를 지나가면서 부드럽기만 하다면 충분하다.

위의 예는 매개변수형 다항식 곡선을 사용하는 많은 이유들을 보여주고 있다. 사실, 10.7절과 10.8절에서 설명할 스플라인 곡선(spline curve)은 조선 기술자들이 선체를 설계하는 데에 사용한 나무나 금속 재질의 구부러지는 장치에서 그 이름을 따온 것이다. 각각의 스플라인을 못으로 고정시키면, 재질의 휘는 성질 때문에 다항식 형태의 곡선 단편을 얻을 수 있었다.

컴퓨터 그래픽스로 되돌아가서 곡선(그리고 곡면)을 렌더링하기 위한 방법이 필요하다는 것을 기억하라. 좋은 수학적 표현 방법이라 할지라도 계산 결과로 나온 곡선과 곡면을 쉽게 표시할 수 없다면 별 쓸모가 없을 것이다. 색, 음영, 텍스처 매핑 등 평면 객체들에서 사용했던 것과 비슷한 기법들로, 어떠한 곡선, 또는 어떠한 곡면이든 표시할 수 있기를 바라는 것이다.

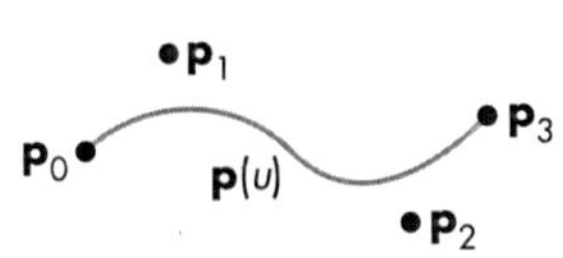

● 그림 10.9 ● 곡선 단편과 제어점들

10.3 매개변수형 3차 다항식 곡선

매개변수형 다항식 곡선을 사용하기로 결정했으니, 그 곡선의 차수(degree)를 선택해야 한다. 한편 높은 차수를 선택하면 원하는 형태를 얻기 위해서 설정할 수 있는 매개변수가 많아지는 대신 그 곡선상의 점들을 계산하는 비용이 높아질 것이다. 또한, 다항식 곡선의 차수가 높아질수록 곡선이 울퉁불퉁해질 위험성이 커진다. 다른 한편으로는 너무 낮은 차수를 선택하면 작업에 필요한 매개변수들을 충분히 가지지 못할 수도 있다. 반면 작은 구간마다 별도의 곡선 단편을 디자인하면, 낮은 차수의 곡선으로도 원하는 바를 대부분 달성할 수 있다. 남은 자유도가 별로 없겠지만, 작은 영역에 대해서는 이것만으로도 원하는 형태를 만들어내기에 충분할 것이다. 이런 이유로, 대부분의 설계자들이 최소한 초기에는 3차 다항식 곡선을 사용했었다.

3차 매개변수형 다항식(cubic parametric polynomial)은 행행렬(row matrix)과 열행렬(column matrix)을 사용하여 다음과 같이 쓸 수 있다.

$$\mathbf{p}(u) = \mathbf{c}_0 + \mathbf{c}_1 u + \mathbf{c}_2 u^2 + \mathbf{c}_3 u^3 = \sum_{k=0}^{3} \mathbf{c}_k u^k = \mathbf{u}^T \mathbf{c}$$

여기서, $\mathbf{c}$, $\mathbf{u}$, c_k는 각각 다음과 같다.

$$\mathbf{c} = \begin{bmatrix} \mathbf{c}_0 \\ \mathbf{c}_1 \\ \mathbf{c}_2 \\ \mathbf{c}_3 \end{bmatrix} \qquad \mathbf{u} = \begin{bmatrix} 1 \\ u \\ u^2 \\ u^3 \end{bmatrix} \qquad \mathbf{c}_k = \begin{bmatrix} c_{kx} \\ c_{ky} \\ c_{kz} \end{bmatrix}$$

따라서 $\mathbf{c}$는 다항식의 계수가 들어있는 열행렬이고, 제어점 데이터로부터 계산되어질 것이다. 여기서는 다양한 형태의 3차 곡선들을 유도할 것이다. 각 유형은 제어점 데이터를 사용하는 방식에서 차이를 보일 것이다. 각 유형별로, 12개의 미지수에 대한 12개의 식을 찾아야 하지만, x, y, z가 각각 독립적이기 때문에 이들 식들을 4개의 미지수에 대한 4개의 식으로 구성된 3개의 서로 독립적인 집합으로 나눌 수 있다. 10.8.4절에서 NURBS를 설명할 때는 동차 좌표를 써야 하므로, w 좌표까지 사용하게 되어 4개의 미지수에 대한 4개의 식으로 구성된 4개의 집합을 가지게 될 것이다.

3차식의 특정한 형태를 설계하는 것은 매개변수 u의 어떤 값들에서 구한 데이터에 근거할 것이다. 이 데이터는 어떤 점들에서 다항식이 그 데이터들과 일치해야 하는 보간조건(interpolating condition) 형식일 수 있다. 다항식이 어떤 매개변수 값에서 미분값을 보간해야 할 수도 있다. 2개의 곡선 단편이 공유하고 있는 연결점에 대해서는 다양한 연속성 조건을 요구하는 부드러움 조건(smoothness condition)을 가질 수도 있다.

마지막으로, 엄격하게 지켜야 되는 것이 아니라 지정된 제어점 부근을 지나도록 하는 조건을 가질 수도 있다. 각 조건의 형태는 서로 다른 유형의 곡선을 정의할 것이고, 주어진 데이터를 어떻게 사용하느냐에 따라 같은 데이터로 여러 개의 곡선을 정의할 수도 있다.

10.4 보간

3차 매개변수형 다항식의 첫 번째 예는 3차 **보간 다항식**(interpolating polynomial)이다. 컴퓨터 그래픽스에서는 보간 다항식을 거의 사용하지 않지만, 잘 알려진 다항식의 유도과정은 다른 유형의 곡선들에서 따라 해야 할 단계들을 보여줄 것이고, 보간 다항식의 해석 과정은 특정 곡선이나 곡면을 평가하는 데 사용되는 중요한 특징들을 보여줄 것이다.

3차원에서 $\mathbf{p}_0$, $\mathbf{p}_1$, $\mathbf{p}_2$, $\mathbf{p}_3$의 4개 제어점을 가지고 있다고 생각해 보자. 각각은 다음과 같은 형태를 가진다.

$$\mathbf{p}_k = \begin{bmatrix} x_k \\ y_k \\ z_k \end{bmatrix}$$

다항식 $\mathbf{p}(u) = \mathbf{u}^T\mathbf{c}$가 4개 제어점을 통과, 즉 보간하도록 하는 계수 $\mathbf{c}$를 찾으려고 한다. 이 유도과정은 단순하다. 4개의 3차원 보간점들이 있으므로, 12개의 조건과 12개의 미지수를 가지고 있다. 하지만, 우선 매개변수 u의 어떤 값들에서 보간이 일어나는지를 결정해야 한다. 다른 정보가 전혀 없다면, 등간격의 값들인 $u = 0, \frac{1}{3}, \frac{2}{3}, 1$을 택할 수 있다. u가 항상 [0, 1]구간에서 변하도록 했었다는 것을 기억하라. 이제 4개의 조건은 다음과 같다.

$$\mathbf{p}_0 = \mathbf{p}(0) = \mathbf{c}_0$$

$$\mathbf{p}_1 = \mathbf{p}\left(\frac{1}{3}\right) = \mathbf{c}_0 + \frac{1}{3}\mathbf{c}_1 + \left(\frac{1}{3}\right)^2 \mathbf{c}_2 + \left(\frac{1}{3}\right)^3 \mathbf{c}_3$$

$$\mathbf{p}_2 = \mathbf{p}\left(\frac{2}{3}\right) = \mathbf{c}_0 + \frac{2}{3}\mathbf{c}_1 + \left(\frac{2}{3}\right)^2 \mathbf{c}_2 + \left(\frac{2}{3}\right)^3 \mathbf{c}_3$$

$$\mathbf{p}_3 = \mathbf{p}(1) = \mathbf{c}_0 + \mathbf{c}_1 + \mathbf{c}_2 + \mathbf{c}_3$$

이 식들은 다음과 같이 행렬형태로 쓸 수도 있다.

$$\mathbf{p} = \mathbf{A}\mathbf{c}$$

여기서,

$$\mathbf{p} = \begin{bmatrix} \mathbf{p}_0 \\ \mathbf{p}_1 \\ \mathbf{p}_2 \\ \mathbf{p}_3 \end{bmatrix}$$

이고,

$$\mathbf{A} = \begin{bmatrix} 1 & 0 & 0 & 0 \\ 1 & \frac{1}{3} & \left(\frac{1}{3}\right)^2 & \left(\frac{1}{3}\right)^3 \\ 1 & \frac{2}{3} & \left(\frac{2}{3}\right)^2 & \left(\frac{2}{3}\right)^3 \\ 1 & 1 & 1 & 1 \end{bmatrix}$$

이다.

여기서 사용된 행렬형태는 신중하게 해석해야 한다. **p**와 **c**를 각각 12개의 원소를 가지는 열행렬로 해석한다면, 행렬 곱셈에서의 규칙을 위반하게 된다. 그 대신에, **p**와 **c**를 4개의 원소를 가지는 열행렬로 보고, 각 원소는 3개의 원소를 가지는 행행렬로 보아야 한다. 따라서, 스칼라값인 **A**의 원소에 3원소 열행렬인 **c**의 원소를 곱해 나가서 3원소 열행렬을 얻는데, 이것은 **p**의 원소와 같은 형태가 된다.[4)] **A**가 비특이행렬(nonsingular matrix)임을 보일 수 있으므로, 역행렬을 취해서 다음의 **보간 기하행렬**(interpolating geometry matrix)을 얻는다.

$$\mathbf{M}_I = \mathbf{A}^{-1} = \begin{bmatrix} 1 & 0 & 0 & 0 \\ -5.5 & 9 & -4.5 & 1 \\ 9 & -22.5 & 18 & -4.5 \\ -4.5 & 13.5 & -13.5 & 4.5 \end{bmatrix}$$

이때, 원하는 계수는 다음과 같다.

$$\mathbf{c} = \mathbf{M}_I\mathbf{p}$$

$\mathbf{p}_0$, $\mathbf{p}_1$, … $\mathbf{p}_m$인 일련의 제어점들을 가지고 있다고 생각해 보자. 모든 점을 지나는 m 차

4) **p**와 **c**의 원소로 행행렬을 쓸 수도 있다. 이 경우에는 4 × 4 행렬에 4 × 3 행렬을 곱하게 되므로, 정상적인 행렬 곱셈이 가능하다. 하지만, 곡면에 대해서는 이 방법 역시 사용할 수 없다. 근본적인 문제는 이 계산을 제대로 하려면 텐서(tensor)를 써야 한다는 것인데, 이것은 이 책의 범위를 벗어난다.

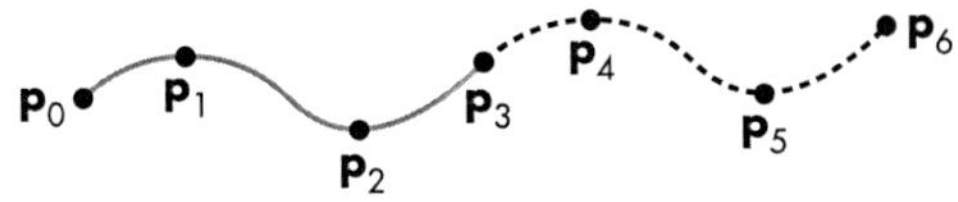

● 그림 10.10 ● 보간을 위한 배합 다항식들

의 단일 보간 곡선을 정의하기보다는(3차 다항식에서와 비슷한 유도 과정으로 계산할 수 있다) 각각 4개의 제어점 그룹으로 정의되고, u에 대해 좁은 범위에서 유효한 3차 보간 곡선들의 집합을 정의할 수 있다. 어떤 단편의 오른쪽 끝을 정의하는 제어점을 다음 단편의 첫 번째 제어점으로 사용하게 하여, 연결점에서의 연속성을 얻을 수 있다(그림 10.10). 즉, 첫 번째 단편을 정의하기 위해서 $\mathbf{p}_0$, $\mathbf{p}_1$, $\mathbf{p}_2$, $\mathbf{p}_3$를 사용하고, 두 번째를 위해서는 $\mathbf{p}_3$, $\mathbf{p}_4$, $\mathbf{p}_5$, $\mathbf{p}_6$를 사용하는 식이 된다. 각 단편이 구간에서 변하는 매개변수 u에 대해서 정의되었다면 모든 단편에 대해서 행렬 $\mathbf{M}_i$가 동일하다는 것에 주의하라. 일련의 단편들에 대해서 연속성을 얻을 수 있지만, 연결점들에서의 미분값은 연속적이지 않을 것이다.

10.4.1 배합함수(blending functions)

앞의 수식들을 조금 다른 형식으로 고쳐 써 보면, 보간 다항식 곡선의 부드러움에 대한 추가적인 통찰력을 얻을 수 있다. 다항식에 보간 계수를 대입하면 다음을 얻는다.

$$\mathbf{p}(u) = \mathbf{u}^T\mathbf{c} = \mathbf{u}^T\mathbf{M}_I\mathbf{p}$$

이것은 다음과 같이 쓸 수도 있다.

$$\mathbf{p}(u) = \mathbf{b}(u)^T\mathbf{p}$$

여기서,

$$\mathbf{b}(u) = \mathbf{M}_I^T\mathbf{u}$$

는 다음과 같이 4개의 배합 다항식(blending polynomial)을 가지는 열행렬이다.

$$\mathbf{b}(u) = \begin{bmatrix} b_0(u) \\ b_1(u) \\ b_2(u) \\ b_3(u) \end{bmatrix}$$

각각의 배합 다항식은 3차이다. 이러한 배합 다항식에 대해서 $\mathbf{p}(u)$를 표현하면 다음과 같다.

$$\mathbf{p}(u) = b_0(u)\mathbf{p}_0 + b_1(u)\mathbf{p}_1 + b_2(u)\mathbf{p}_2 + b_3(u)\mathbf{p}_3 = \sum_{i=0}^{3} b_i(u)\mathbf{p}_i$$

여기에서, 배합 다항식들은 각 제어점의 개별적인 기여도(contribution)를 통합해서 배합해 주고, 주어진 제어점이 전체 곡선에 미치는 영향을 볼 수 있게 해준다. 3차 보간 다항식에 대한 배합함수들은 그림 10.11에 제시되어 있고, 식은 다음과 같다.

$$b_0(u) = -\frac{9}{2}\left(u - \frac{1}{3}\right)\left(u - \frac{2}{3}\right)(u-1)$$

$$b_1(u) = \frac{27}{2}u\left(u - \frac{2}{3}\right)(u-1)$$

$$b_2(u) = -\frac{27}{2}u\left(u - \frac{1}{3}\right)(u-1)$$

$$b_3(u) = \frac{9}{2}u\left(u - \frac{1}{3}\right)\left(u - \frac{2}{3}\right)$$

배합함수가 0이 되는 값들이 모두 폐구간 [0, 1] 안에 있기 때문에 배합함수들은 이 구간 내에서 꽤나 급하게 변하게 되어 그렇게 부드럽지는 않다. 이렇게 부드러움이 부족해진 것은 곡선이 제어점 부근에 접근하기만 하면 되는 것이 아니라 반드시 제어점들을 지나야만 한다는 보간의 요구사항에 따른 결과이다. 이 특성은 더 높은 차수를 가지는 보간 다항식들에서 더욱 확실해진다. 이 문제점과 연결점에서 미분 연속성이 없다는 것은 컴퓨터 그래픽스에서 보간 다항식의 사용이 제한적인 이유를 설명해 준다. 그러나 여기서 유도 및 해석과정을 그대로 사용해서 좀 더 부드러운 3차 곡선을 찾을 수 있다.

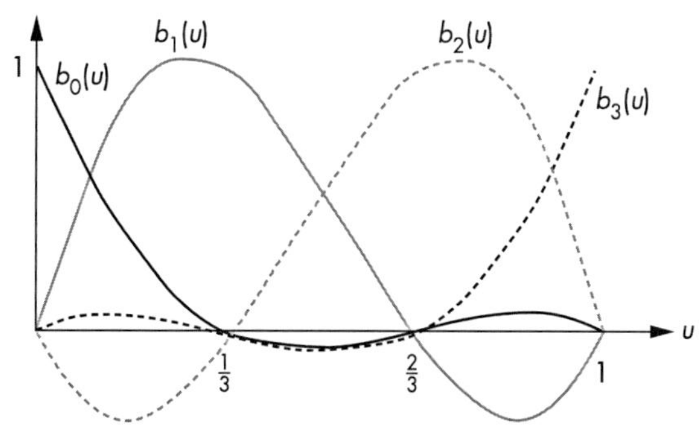

● 그림 10.11 ● 보간을 위한 배합 다항식들

10.4.2 3차 보간 곡면 단편(cubic interpolating patch)

보간 곡선은 자연스럽게 보간 곡면 단편으로 확장될 수 있다. **쌍3차 곡면 단편**(bicubic surface patch)은 다음과 같이 쓸 수 있다.

$$\mathbf{p}(u, v) = \sum_{i=0}^{3}\sum_{j=0}^{3} u^i v^j \mathbf{c}_{ij}$$

여기서, $\mathbf{c}_{ij}$는 다항식의 ij번째 항에 대한 x, y, z의 계수를 가지는 3-원소 열행렬이다. 각각의 원소가 3-원소 열행렬인 행렬을 4 × 4 다음과 같이 정의할 수 있다.

$$\mathbf{C} = [\ \mathbf{c}_{ij}\ ]$$

이렇게 되면, 곡면 단편은 다음과 같이 쓸 수 있다.

$$\mathbf{p}(u, v) = \mathbf{u}^T\mathbf{C}\mathbf{v}$$

여기서 $\boldsymbol{v}$는 다음과 같다.

$$\mathbf{v} = \begin{bmatrix} 1 \\ v \\ v^2 \\ v^3 \end{bmatrix}$$

특정한 쌍3차 다항식 곡면 단편은 48개의 원소, 즉 16개의 3원소 벡터들로 구성된 $\mathbf{C}$를 사용해서 정의할 수 있다.

16개의 3차원 제어점들 $\mathbf{p}_{ij}$, $i = 0, \cdots, 3, j = 0, \cdots, 3$을 가지고 있다고 생각해 보자. 그림 10.12와 같이 이들 제어점들을 사용해서 보간 곡면 단편 1개를 정의할 수 있다. 이 데이터들이 u와 v 모두 등간격 값들인 0, $\frac{1}{3}$, $\frac{2}{3}$, 1에서 보간에 사용된다면, 16개의 미

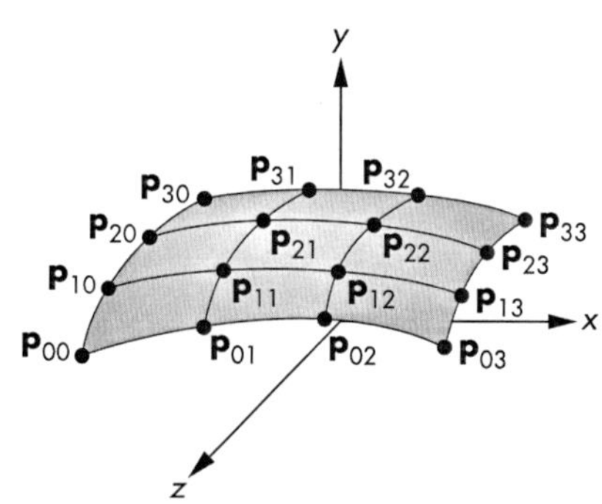

● 그림 10.12 ● 보간 곡면 단편

지수에 대한 16개의 식으로 구성된 3개의 집합이 구해진다. 예를 들어, $u = v = 0$에 대해서는 다음과 같은 3개의 독립적인 식을 얻을 수 있다.

$$\mathbf{p}_{00} = [\,1 \quad 0 \quad 0 \quad 0\,]\,\mathbf{C}\begin{bmatrix}1\\0\\0\\0\end{bmatrix} = \mathbf{c}_{00}$$

이런 모든 식들을 써 내려간 후에 그들 모두를 푸는 대신에, 좀 더 직접적인 방식으로 풀 수도 있다. $v = 0$이라고 하면, $\mathbf{p}_{00}$, $\mathbf{p}_{10}$, $\mathbf{p}_{20}$, $\mathbf{p}_{30}$을 보간하는 u에 대한 곡선을 얻게 된다. 보간 곡선에서의 결과들을 적용하면, 이 곡선은 다음과 같이 쓸 수 있다.

$$\mathbf{p}(u, 0) = \mathbf{u}^T\mathbf{M}_I\begin{bmatrix}\mathbf{p}_{00}\\\mathbf{p}_{10}\\\mathbf{p}_{20}\\\mathbf{p}_{30}\end{bmatrix} = \mathbf{u}^T\mathbf{C}\begin{bmatrix}1\\0\\0\\0\end{bmatrix}$$

마찬가지로 $v = \frac{1}{3}, \frac{2}{3}, 1$의 값들은 비슷비슷한 형태를 가지는 3개의 보간 곡선을 추가로 정의한다. 이러한 곡선들을 모두 묶으면, 총 16개의 식은 다음과 같다.

$$\mathbf{u}^T\mathbf{M}_I\mathbf{P} = \mathbf{u}^T\mathbf{C}\mathbf{A}^T$$

여기서, $\mathbf{A}$는 $\mathbf{M}_j$의 역행렬이다. 이 식은 계수 행렬 $\mathbf{C}$에 대해서 다음과 같이 풀 수 있다.

$$\mathbf{C} = \mathbf{M}_I\mathbf{P}\mathbf{M}_I^T$$

이 식을 곡면을 정의하는 식에 대입하면, 다음이 구해진다.

$$\mathbf{p}(u, v) = \mathbf{u}^T\mathbf{M}_I\mathbf{P}\mathbf{M}_I^T\mathbf{v}$$

이 결과는 몇 가지로 해석할 수 있다. 첫째, 이미 알고 있는 보간 곡선에 대한 지식들로부터 보간 곡면을 유도할 수 있다. 이 기법으로 다른 유형의 곡선을 곡면으로 확장하는 것도 가능하다. 둘째로, 배합 다항식의 사용을 곡면으로 확장할 수도 있다. $\mathbf{M}_I^T\mathbf{u}$가 보간 배합함수를 표현한다는 것에 주의하여 곡면 단편을 다음과 같이 다시 쓸 수 있다.

$$\mathbf{p}(u, v) = \sum_{i=0}^{3}\sum_{j=0}^{3} b_i(u)b_j(v)\mathbf{p}_{ij}$$

각각 $b_i(u)b_j(v)$항은 하나의 **배합 곡면 단편**(blending patch)을 나타낸다. 16개의 단순한 곡면 단편들을 배합하여 곡면을 만들 수 있는데, 각각은 제어점 데이터에 의해서 가중치가 정해진다. 배합 단편들의 기본적인 특성은 보간 곡선에서 사용한 것과 같은 배합 다항식들에 의해서 결정된다. 따라서, 곡면의 특성은 대부분 곡선의 특성과 비슷하다. 특히 $b_i(u)b_j(v)$ 함수가 0이 되는 값들이 u, v 공간의 단위 사각형(unit square) 안에 있기 때문에 배합함수들은 그렇게 부드럽지는 않다. 이 기법을 사용해서 곡선으로부터 만들어진 곡면을 **텐서-곱 곡면**(tensor-product surface)이라고 한다. 쌍3차 텐서-적 곡면은 양쪽 매개변수들이 최고 3차까지의 항을 가지는 모든 곡면 단편들의 부분 집합이다. 텐서-적 곡면은 다음과 같이 표현되는 **분해가능 곡면**(separable surface)의 한 예이다.

$$\mathbf{p}(u, v) = \mathbf{f}(\mathbf{u})\mathbf{g}(v)$$

여기서, $\mathbf{f}$와 $\mathbf{g}$는 각각 적절하게 선택된 행행렬과 열행렬이다. 이런 곡면이 가지는 장점은 u와 v에 대한 함수들을 독립적으로 다룰 수 있다는 것이다.

10.5 Hermite 곡선과 곡면

곡선이나 곡면을 보간하기 위해 개발했던 기법들은 다양한 형태의 다른 곡선과 곡면들을 생성하는 데에도 사용할 수 있다. 제어점에서 데이터를 사용하는 방법에 따라 각각의 방법들이 구별된다.

10.5.1 Hermite 형식

제어점으로 $\mathbf{p}_0$와 $\mathbf{p}_3$만 사용할 것이고,[5] 매개변수 값이 $u = 0$와 $u = 1$일 때, 이들 각각을 보간한다고 가정해 보자. 이전과 같은 식으로 적어 보면, 다음 2개의 조건이 나온다.

$$\mathbf{p}(0) = \mathbf{p}_0 = \mathbf{c}_0$$

$$\mathbf{p}(1) = \mathbf{p}_3 = \mathbf{c}_0 + \mathbf{c}_1 + \mathbf{c}_2 + \mathbf{c}_3$$

$u = 0$와 $u = 1$에서의 미분 값을 알고 있다고 가정하면, 다시 2개의 조건을 더 구할 수 있다. 대상이 되는 다항식의 미분은 다음과 같이 간단한 매개변수형 2차 다항식이 된다.

---

5) 앞에서 보간을 설명할 때나 뒤의 10.6절에서 Bézier 곡선을 설명할 때와 일관성을 유지하기 위해서, 아래첨자들을 이렇게 쓰겠다.

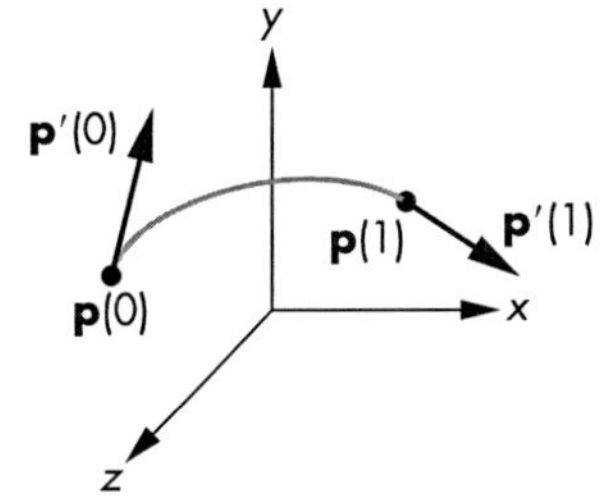

● 그림 10.13 ● Hermite 3차 곡선의 정의

$$\mathbf{p}'(u) = \begin{bmatrix} \frac{dx}{du} \\ \frac{dy}{du} \\ \frac{dz}{du} \end{bmatrix} = \mathbf{c}_1 + 2u\mathbf{c}_2 + 3u^2\mathbf{c}_3$$

주어진 미분 값들을 각각 $\mathbf{p}'_0$와 $\mathbf{p}'_3$라고 하면, 추가적인 2개의 조건들은 다음과 같다.

$$\mathbf{p}'_0 = \mathbf{p}'(0) = \mathbf{c}_1$$

$$\mathbf{p}'_3 = \mathbf{p}'(1) = \mathbf{c}_1 + 2\mathbf{c}_2 + 3\mathbf{c}_3$$

이 식들은 다음과 같이 행렬형태로 쓸 수도 있다.

$$\begin{bmatrix} \mathbf{p}_0 \\ \mathbf{p}_3 \\ \mathbf{p}'_0 \\ \mathbf{p}'_3 \end{bmatrix} = \begin{bmatrix} 1 & 0 & 0 & 0 \\ 1 & 1 & 1 & 1 \\ 0 & 1 & 0 & 0 \\ 0 & 1 & 2 & 3 \end{bmatrix} \mathbf{c}$$

$\mathbf{q}$가 다음과 같은 데이터행렬을 의미한다고 하자.

$$\mathbf{q} = \begin{bmatrix} \mathbf{p}_0 \\ \mathbf{p}_3 \\ \mathbf{p}'_0 \\ \mathbf{p}'_3 \end{bmatrix}$$

이제 위의 식을 풀면 다음과 같다.

$$\mathbf{c} = \mathbf{M}_H\mathbf{q}$$

여기서 $\mathbf{M}_H$는 다음과 같은 Hermite 기하행렬(Hermite geometry matrix)이다.

$$\mathbf{M}_H = \begin{bmatrix} 1 & 0 & 0 & 0 \\ 0 & 0 & 1 & 0 \\ -3 & 3 & -2 & -1 \\ 2 & -2 & 1 & 1 \end{bmatrix}$$

최종적인 다항식은 다음과 같다.

$$\mathbf{p}(u) = \mathbf{u}^T \mathbf{M}_H \mathbf{q}$$

이 방식은 그림 10.14와 같이 연결점 양쪽에 있는 곡선 단편들이 보간 값과 그 미분값을 공유하게 되므로, 결과로 나오는 함수와 그 1차 미분은 모든 곡선 단편들에 대해서 연속이다.

Hermite 형식의 다항식을 다음과 같이 고쳐 쓰면, Hermite 형식에서 더 부드럽게 된 이유를 좀 더 정확하게 알 수 있다.

$$\mathbf{p}(u) = \mathbf{b}(u)^T \mathbf{q}$$

여기서, 새로운 배합함수들은 다음과 같다.

$$\mathbf{b}(u) = \mathbf{M}_H^T \mathbf{u} = \begin{bmatrix} 2u^3 - 3u^2 + 1 \\ -2u^3 + 3u^2 \\ u^3 - 2u^2 + u \\ u^3 - u^2 \end{bmatrix}$$

이 4개의 다항식들은 구간 (0, 1) 내에서 그 값이 0이 되는 경우가 없으므로, 보간 다항식의 배합함수들보다 훨씬 부드러워 진다(연습문제 10.16 참고).

더 나아가, 이들 배합함수들을 사용해서 쌍3차 Hermite 곡면 단편을 다음과 같이 정의할 수 있다.

$$\mathbf{p}(u, v) = \sum_{i=0}^{3} \sum_{j=0}^{3} b_i(u) b_j(v) \mathbf{q}_{ij}$$

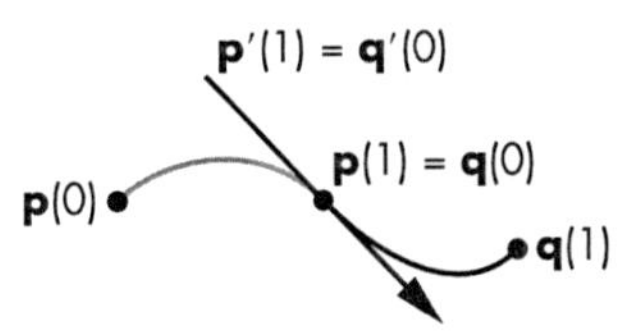

● 그림 10.14 ● 연결점에서의 Hermite형

여기서 $\mathbf{Q} = \mathbf{q}_{ij}$는 $\mathbf{q}$를 곡면 데이터로 확장한 것이다. 하지만, 이 시점에서 위 식은 단지 형식적인 표현일 뿐이다. $\mathbf{Q}$의 각 원소들과 $\mathbf{p}(u, v)$의 미분들과의 관계는 명확하지 않다. $\mathbf{Q}$의 원소 중 4개는 곡면 단편의 모서리들을 보간하기 위해서 필요하고, 나머지는 함수를 각 모서리에서 미분 값들과 일치시키도록 설정된다. 하지만, 대부분의 대화식 응용프로그램들에서는 사용자들이 미분 값보다는 점에 대한 자료를 입력하려 할 것이다. 따라서, 데이터에 대한 해석적 수식들을 가진 경우가 아니라면, 이런 미분 값들을 알 수 있는 경우는 드물다. 반면에, Hermite 곡선이나 곡면에서 사용한 접근방법들은 10.6절에서 설명할 Bézier 형식을 이끌어 내었다.

10.5.2 기하 연속성과 매개변수 연속성

Bézier 형식이나 스플라인(spline) 형식을 설명하기 전에, 연속성(continuity)과 미분에 관계된 몇 가지 사항들을 알아 보겠다. 그림 10.15의 연결점을 살펴보자. 이 연결점 왼쪽의 다항식을 $\mathbf{p}(u)$라 하고, 오른쪽의 다항식을 $\mathbf{q}(u)$라 하자. $u = 1$에 대한 $\mathbf{p}(u)$의 다항식 값들과 미분 값들을 대응하는 $u = 0$에 대한 $\mathbf{q}(u)$의 값들과 일치시킴으로써 다양한 연속성 조건들을 만족시킬 수 있다. 우선 이 함수가 연속이기를 바란다면, 다음을 만족시켜야 한다.

$$\mathbf{p}(1) = \begin{bmatrix} p_x(1) \\ p_y(1) \\ p_z(1) \end{bmatrix} = \mathbf{q}(0) = \begin{bmatrix} q_x(0) \\ q_y(0) \\ q_z(0) \end{bmatrix}$$

즉, 연결점에서 3개의 매개변수 성분들이 모두 일치해야 한다. 이러한 성질을 C^0 **매개변수 연속성**(parametric continuity)이라고 한다.

미분을 고려하면, Hermite 곡선에서와 마찬가지로 다음 식들이 만족되기를 요구할 것이다.

$$\mathbf{p}'(1) = \begin{bmatrix} p'_x(1) \\ p'_y(1) \\ p'_z(1) \end{bmatrix} = \mathbf{q}'(0) = \begin{bmatrix} q'_x(0) \\ q'_y(0) \\ q'_z(0) \end{bmatrix}$$

3개의 매개변수 방정식들과 그들의 1차 미분들이 모두 일치한다면, C^1 매개변수 연속성을 가지게 된다.

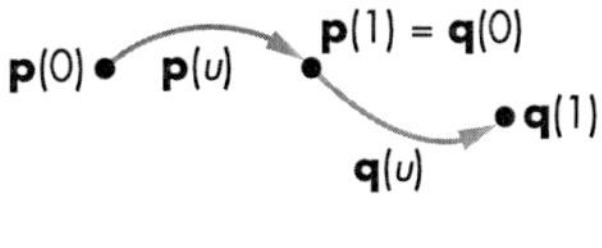

● 그림 10.15 ● 연결점에서의 연속성

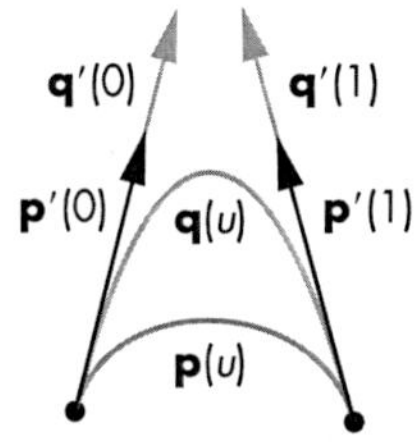

● 그림 10.16 ● G^1 연속성에서의 크기 변경

하지만, 기하학적인 면을 살펴 본다면, 연속성에 대한 다른 접근방법이 가능하다. 3차원에서 곡선상에 있는 한 점에서의 미분은 그 점에서의 접선(tangent line)을 정의한다. 연결점에서 2개의 단편들에 대한 미분 값들이 일치하기를 요구하는 대신에, 이들 미분 값들이 다음과 같이 서로 비례 관계에 있기만을 요구한다고 생각해 보자.

$$\mathbf{p}'(1) = \alpha \mathbf{q}'(0)$$

여기서 α는 임의의 양수 값이다. 두 곡선의 접선 벡터가 비례관계에 있다면, 그들은 같은 방향을 가리키지만, 서로 다른 크기를 가질 수 있다. 이런 형태의 연속성을 G^1 **기하 연속성**(geometric continuity)이라고 한다.[6] 2개의 접선 벡터가 비례관계에 있을 필요만 있다면, 3개가 아닌 2개의 조건만 만족시키면 되므로, 여분의 1 자유도가 남게 되고, 이것을 다른 기준을 만족시키기 위해서 사용할 수 있다. 이런 아이디어를 더 높은 차수의 미분으로 확장해서 C^n 또는 G^n 연속성을 이야기할 수 있다.

연결점에서 G^1 연속성만 가지는 2개의 곡선들은 연속적인 접선을 가지겠지만, 비례상수의 값, 즉 연결점 양쪽에서 접선 벡터들의 상대적 크기가 문제를 일으킨다. 그림 10.16과 같이 접선방향은 같지만, 크기는 서로 다른 곡선들은 분명히 서로 다르다. 곡선 $\mathbf{p}(u)$와 $\mathbf{q}(u)$는 같은 끝점을 공유하고, 그 끝점에서 접선이 같은 방향이지만, 이들 곡선들은 서로 다르다. 이 결과는 많은 페인팅 프로그램(painting program)들에서 이용되는데, 이들 프로그램에서는 벡터의 방향은 그대로 둔 채, 그 크기만 대화식으로 바꿀 수 있도록 한다. 그렇지만, 애니메이션과 같은 다른 응용들에서는 일련의 곡선 단편들이 어떤 객체의 경로를 표현할 수도 있으므로, G^1 연속성으로는 불충분할 수 있다(연습문제 10.11).

6) G^0 연속성은 C^0 연속성과 같다.

10.6 Bézier 곡선과 곡면

Hermite 형식을 보간 형식과 비교하는 것은 문제가 있다. 즉, 일부 비슷한 점이 있기는 하지만, 상당히 큰 차이를 보이는 형식들을 비교하는 것이다. 양쪽 모두 3차 다항식 곡선이지만, 두 형식들은 같은 데이터를 사용하지 않으므로, 같은 조건으로 비교할 수가 없다. 보간 곡선을 유도하는데 사용하였던 제어점 데이터를 그대로 사용해서 Hermite 곡선에서의 미분 값을 근사할 수는 있다. 그 결과로 나온 Bézier 곡선은 Hermite 곡선에 대한 만족할 만한 근사이기도 하고, 같은 데이터를 사용하기 때문에 보간 곡선과도 비교할 수 있다. 또한, 이 곡선은 미분에 대한 정보를 필요로 하지 않기 때문에 그래픽스나 CAD에서 사용하기에 상당히 적합하다.

10.6.1 Bézier 곡선

다시 4개의 제어점 $\mathbf{p}_0$, $\mathbf{p}_1$, $\mathbf{p}_2$, $\mathbf{p}_3$를 생각해 보자. 3차 다항식 $\mathbf{p}(u)$의 끝점들에서는 다음과 같이, 여전히 보간을 요구한다고 가정하자.

$$\mathbf{p}_0 = \mathbf{p}(0)$$

$$\mathbf{p}_3 = \mathbf{p}(1)$$

Bézier는 다른 2개의 제어점 $\mathbf{p}_1$, $\mathbf{p}_2$를 보간에 사용하는 대신, $u = 0$와 $u = 1$에서의 접선 벡터를 근사하는 데에 사용할 것을 제안하였다. 그림 10.17과 같이 매개변수 공간에서는 다음과 같은 선형 근사(linear approximation)를 사용할 수 있다.

$$\mathbf{p}'(0) \approx \frac{\mathbf{p}_1 - \mathbf{p}_0}{\frac{1}{3}} = 3(\mathbf{p}_1 - \mathbf{p}_0)$$

$$\mathbf{p}'(1) \approx \frac{\mathbf{p}_3 - \mathbf{p}_2}{\frac{1}{3}} = 3(\mathbf{p}_3 - \mathbf{p}_2)$$

이러한 근사를 매개변수 다항식 $\mathbf{p}(u) = \mathbf{u}^T\mathbf{c}$의 양 끝점에서 미분에 적용하면 다음 두

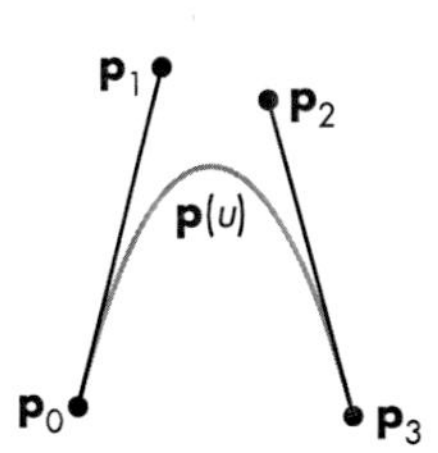

● 그림 10.17 ● 접선 벡터의 근사

조건을 구할 수 있다.

$$3\mathbf{p}_1 - 3\mathbf{p}_0 = \mathbf{c}_1$$
$$3\mathbf{p}_3 - 3\mathbf{p}_2 = \mathbf{c}_1 + 2\mathbf{c}_2 + 3\mathbf{c}_3$$

이들은 이미 구해둔 다음 보간 조건들에 추가될 것이다.

$$\mathbf{p}_0 = \mathbf{c}_0$$
$$\mathbf{p}_3 = \mathbf{c}_0 + \mathbf{c}_1 + \mathbf{c}_2 + \mathbf{c}_3$$

이제, 4개의 미지수에 대한 4개의 방정식으로 구성된 3개의 집합이 다시 나왔고, 전처럼 이들을 풀어서 다음을 구하게 된다.

$$\mathbf{c} = \mathbf{M}_B\mathbf{p}$$

여기서 $\mathbf{M}_B$는 다음과 같은 Bézier 기하행렬이다.

$$\mathbf{M}_B = \begin{bmatrix} 1 & 0 & 0 & 0 \\ -3 & 3 & 0 & 0 \\ 3 & -6 & 3 & 0 \\ -1 & 3 & -3 & 1 \end{bmatrix}$$

따라서, 3차 Bézier 다항식은 다음과 같다.

$$\mathbf{p}(u) = \mathbf{u}^T\mathbf{M}_B\mathbf{p}$$

위 식은 보간 다항식에 대해서 했던 것과 같은 방식으로 사용할 수 있다. 즉, 제어점 $\mathbf{p}_0$, $\mathbf{p}_1$, ⋯, $\mathbf{p}_n$들이 주어지면, 첫 번째 곡선에는 $\mathbf{p}_0$, $\mathbf{p}_1$, $\mathbf{p}_2$, $\mathbf{p}_3$를 사용하고, 두 번째를 위해서

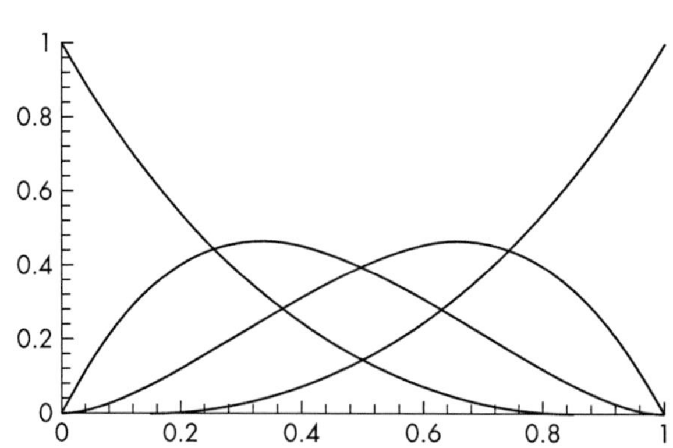

● 그림 10.18 ● Bézier 곡선의 배합 다항식들

는 $\mathbf{p}_3$, $\mathbf{p}_4$, $\mathbf{p}_5$, $\mathbf{p}_6$를 사용하는 식이 된다. 이때, C^0 연속성을 가지는 것은 분명하지만, 연결점의 좌우에서 서로 다른 근사를 사용했기 때문에 Hermite 다항식에서의 C^1연속성은 포기했었다.

그림 10.18의 배합함수들을 살펴보면, Bézier 곡선의 중요한 장점을 발견할 수 있다. Bézier 곡선은 배합함수를 사용해서 다음과 같이 쓸 수 있다.

$$\mathbf{p}(u) = \mathbf{b}(u)^T\mathbf{p}$$

여기서 배합함수는 다음과 같다.

$$\mathbf{b}(u) = \mathbf{M}_B^T\mathbf{u} = \begin{bmatrix} (1-u)^3 \\ 3u(1-u)^2 \\ 3u^2(1-u) \\ u^3 \end{bmatrix}$$

위의 네 개 다항식들은 다음과 같은 Bernstein 다항식(Bernstein polynomial)의 한 예이다.

$$b_{kd}(u) = \frac{d!}{k!(d-k)!}u^k(1-u)^{d-k}$$

이들은 주목할만한 특성을 가지는데, 우선, 이 다항식들이 0이 되는 값들은 모두 $u = 0$ 또는 $u = 1$에만 존재한다. 따라서, $0 = u = 1$에 대해서 모든 배합함수는 다음을 만족한다.

$$b_{id}(u) > 0$$

구간 내에서 값이 0이 되는 경우가 없으므로, 각 배합함수는 부드러울 수밖에 없다. 또, 이 구간에 대해서

$$1 > b_{id}(u)$$

이고,

$$\sum_{i=0}^{d} b_{id}(u) = 1$$

이라는 것도 보여줄 수 있다(연습문제 10.5 참고).

3차 Bézier 다항식을 배합 다항식에 대해서 표현하면 다음과 같은데, 위의 조건들에 의해서 이 식은 볼록 합(convex sum)이다.

$$\mathbf{p}(u) = \sum_{i=0}^{3} b_i(u)\mathbf{p}_i$$

결과적으로, $\mathbf{p}(u)$는 그림 10.19와 같이 4개 제어점의 컨벡스 헐(convex hull) 안에 있게 된다. 따라서, Bézier 다항식이 모든 제어점들을 보간하지는 않지만, 그들로부터 멀어질 수는 없다. 이러한 2가지 성질은, 제어점 데이터를 사용한다는 사실과 결합하여 Bézier 곡선을 대화식으로 다루기가 쉽도록 해준다. 사용자는 일단 4개의 제어점을 입력한 후에 곡선의 모양을 제어하기 위해서 각 점들을 조절할 수 있다.

10.6.2 Bézier 곡면 단편

배합함수들을 사용해서 Bézier 곡면 단편(Bézier surface patch)을 생성할 수 있다. $\mathbf{p}$가 다음과 같이 제어점들의 행렬이라고 하자.

$$\mathbf{P} = \left[\mathbf{p}_{ij}\right]$$

이제 대응되는 Bézier 곡면 단편은 다음과 같다.

$$\mathbf{p}(u, v) = \sum_{i=0}^{3}\sum_{j=0}^{3} b_i(u)b_j(v)\mathbf{p}_{ij} = \mathbf{u}^T\mathbf{M}_B\mathbf{P}\mathbf{M}_B^T\mathbf{v}$$

곡면 단편은 제어점들의 컨벡스 헐에 완전히 포함되고(그림 10.20 참고), $\mathbf{p}_{00}$, $\mathbf{p}_{03}$, $\mathbf{p}_{30}$, $\mathbf{p}_{33}$들을 보간한다. 다른 조건들은 곡면 단편의 모서리에서 다양한 미분 값들을 근사하는 것으로 해석할 수 있다.

$u = v = 0$인 모서리를 생각해 보자. $\mathbf{p}(u)$와 그 1차 편미분(first partial derivative)을 계산해서 다음을 구할 수 있다.

$$\mathbf{p}(0, 0) = \mathbf{p}_{00}$$

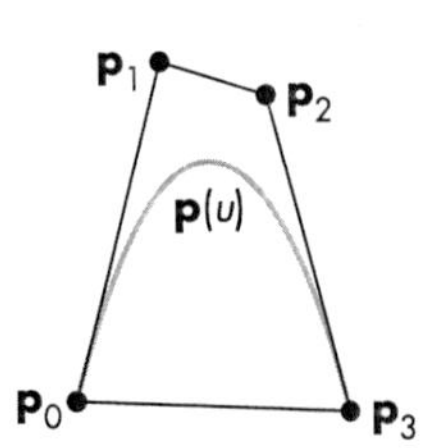

● 그림 10.19 ● 컨벡스 헐과 Bézier 다항식

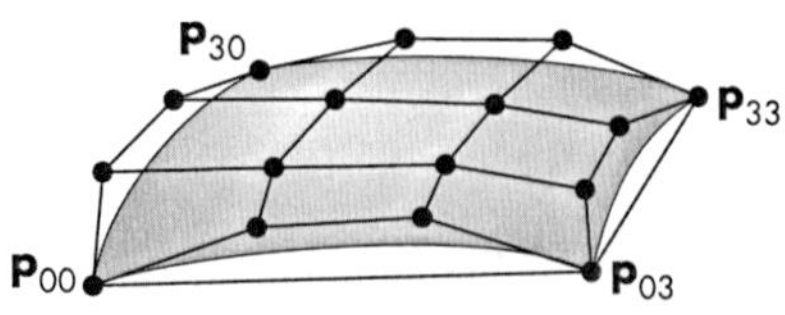

● 그림 10.20 ● Bézier 곡면 단편

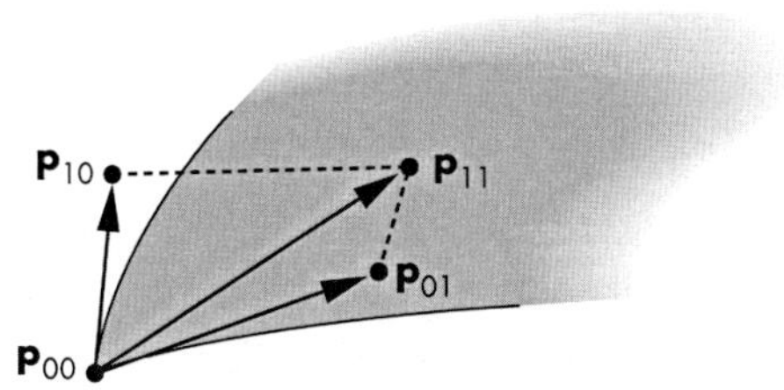

● 그림 10.21 ● Bézier 곡면 단편의 모서리에서의 꼬임(twist)

$$\frac{\partial \mathbf{p}}{\partial u}(0, 0) = 3(\mathbf{p}_{10} - \mathbf{p}_{00})$$

$$\frac{\partial \mathbf{p}}{\partial v}(0, 0) = 3(\mathbf{p}_{01} - \mathbf{p}_{00})$$

$$\frac{\partial^2 \mathbf{p}}{\partial u \partial v}(0, 0) = 9(\mathbf{p}_{00} - \mathbf{p}_{01} + \mathbf{p}_{10} - \mathbf{p}_{11})$$

처음 3개의 조건은 Bézier 곡선에 대한 결과를 확장한 것이다. 네 번째는 곡면 단편 모서리에서의 **꼬임**(twist), 즉 편평한 상태로부터 벗어난 정도를 측정한 것으로 볼 수 있다. 이 점들로 정의되는 사변형을 생각해 보면(그림 10.21), 이 점들은 꼬임 값이 0일 때만 하나의 평면 위에 놓여진다. 컬러 그림판 25에서는 고도 값들로부터 부드러운 곡면을 만들기 위해서 Bézier 곡면 단편들을 사용했다.

10.7 3차 B-스플라인

3차 Bézier 곡선과 곡면 단편들은 실제로 널리 사용되고 있다. 그들은 한 가지 근본적인 한계를 가지고 있는데, 연결점들에서는 (혹은 곡면의 경우는 단편의 변(edge)들에서는) C^0 연속성만 가진다는 것이다. 예를 들어, 이 곡선들을 사용해서 10.2절에서 보았던 모형 비행기의 횡단면을 설계해서 실제로 만들어 보면, 연결점에서 각 조각들이 연결되는 방식에 불만을 가지게 될 것이다.

이제 3차 매개변수형 다항식으로 할 수 있는 한계에 도달했으므로, 더 많은 유연성(flexibility)을 필요로 한다면 더 높은 차수의 다항식을 사용하거나, 구간을 좁혀서 더 많은 다항식 단편들을 사용해야 한다고 볼 수도 있을 것이다. 어느 쪽이든 가능한 전술이지만, 또 다른 방법이 있다. 즉, 같은 제어점 데이터를 사용하되, 다항식이 이들 제어점 중 어느 하나에 대해서도 보간을 요구하지 않는 것이다. 제어점에 근접하면서도 연결점들에서 더 우수한 부드러움을 얻을 수 있다면 그 결과에 만족할 수 있을 것이다.

10.7.1 3차 B-스플라인 곡선

이 절에서는 B-스플라인 곡선(B-spline curve)의 특정한 예를 제시하고, 3차식을 사용해서 연결점들에서의 C^2연속성을 얻는 방법을 보여 줄 것이다. 10.8절에서는 스플라인에 대한 좀 더 일반적인 접근방법을 소개할 것인데, 이 접근방법은 Bézier 곡선들이 단순히 특별한 경우 중 하나로 취급될 만큼 일반적이다. 일련의 제어점들에 대해서 그 중간의 4개 제어점 $\{\mathbf{p}_{i-2}, \mathbf{p}_{i-1}, \mathbf{p}_i, \mathbf{p}_{i+1}\}$을 생각해 보자. 이제까지의 방법들은 이 4개 제어점을 사용해서 매개변수 u가 0에서 1로 변하면서 $\mathbf{p}_{i-2}$에서 $\mathbf{p}_{i+1}$까지를 보간하여 $\mathbf{p}_{i-2}$와 $\mathbf{p}_{i+1}$사이를 메우는 3차 곡선을 정의했다. 대신에, 그림 10.22와 같이 u가 0에서 1로 변하는 동안 중간의 2개 제어점 사이만을 메운다고 생각해 보자. 비슷하게, $\mathbf{p}_{i-2}$와 $\mathbf{p}_{i-1}$ 사이에는 $\{\mathbf{p}_{i-3}, \mathbf{p}_{i-2}, \mathbf{p}_{i-1}, \mathbf{p}_i\}$를, $\mathbf{p}_i$와 $\mathbf{p}_{i+1}$ 사이에는 $\{\mathbf{p}_{i-1}, \mathbf{p}_i, \mathbf{p}_{i+1}, \mathbf{p}_{i+2}\}$를 사용할 것이다. $\mathbf{p}(u)$는 $\mathbf{p}_{i-1}$와 $\mathbf{p}_i$ 사이에서 사용할 곡선이라 하고, $\mathbf{q}(u)$는 그 왼쪽의, $\mathbf{p}_{i-2}$와 $\mathbf{p}_{i-1}$ 사이에서 사용할 곡선이라 하자. 이제 $\mathbf{p}(0)$에서의 조건들을 $\mathbf{q}(1)$에서의 조건들과 일치시킬 수 있다. 이제까지 사용해 왔던 표준적인 전개 과정을 그대로 사용하면, 원하는 3차 다항식이 다음과 같은 형태일 때 행렬 $\mathbf{M}$을 구해야 한다.

$$\mathbf{p}(u) = \mathbf{u}^T\mathbf{M}\mathbf{p}$$

여기서, $\mathbf{p}$는 다음과 같이 제어점들의 행렬이다.

$$\mathbf{p} = \begin{bmatrix} \mathbf{p}_{i-2} \\ \mathbf{p}_{i-1} \\ \mathbf{p}_i \\ \mathbf{p}_{i+1} \end{bmatrix}$$

같은 행렬을 사용해서, $\mathbf{q}(u)$는 다음과 같이 쓸 수 있다.

$$\mathbf{q}(u) = \mathbf{u}^T\mathbf{M}\mathbf{q}$$

여기서, $\mathbf{q}$는 다음과 같다.

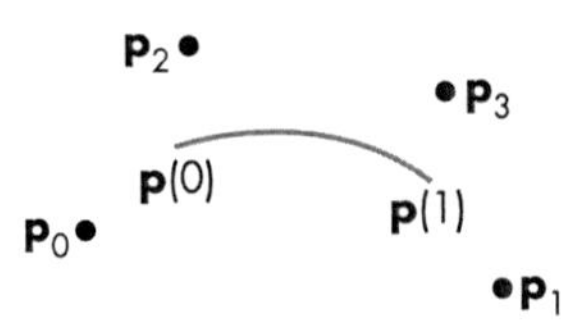

● 그림 10.22 ● 중간의 두 점 사이의 곡선을 정의하는 4개의 점

$$\mathbf{q} = \begin{bmatrix} \mathbf{p}_{i-3} \\ \mathbf{p}_{i-2} \\ \mathbf{p}_{i-1} \\ \mathbf{p}_i \end{bmatrix}$$

원칙적으로는 $\mathbf{q}(1)$에서의 조건들과 일치하는 $\mathbf{p}(0)$에서의 조건들을 쓸 수 있을 것이고, 또한 $\mathbf{p}(1)$에 대해서도 다양한 미분 값들과 일치되는, 거기서 출발하는 다른 다항식에서의 동등한 조건들을 쓸 수 있을 것이다. 예를 들어, 다음 조건은 연결점에서의 연속성은 요구하지만, 데이터에 대한 보간을 요구하지는 않는다.

$$\mathbf{p}(0) = \mathbf{q}(1)$$

이 조건을 적용시키면, $\mathbf{M}$의 계수들에 대한 수식 1개가 구해질 것이다. 우리가 사용할 수 있는 조건들은 상당히 많으며, 이들을 조합한 각각의 집합은 서로 다른 행렬을 정의하게 될 것이다.

가장 널리 쓰이는 행렬을 유도해 내는 지름길로 가보겠다. 여기서 연결점에서는 대칭적으로 근사시켜야 한다는 점에 주목한다. 따라서, 제어점 $\mathbf{p}_{i-3}$이 $\mathbf{p}(u)$의 계산식에 나올 수가 없으므로, $\mathbf{q}(1)$에서의 조건들을 계산할 때에도 제어점 $\mathbf{p}_{i-3}$는 전혀 쓸 수 없게 된다. 마찬가지로, $\mathbf{p}(0)$에서의 조건들을 계산할 때에는 $\mathbf{p}_{i+1}$를 전혀 사용할 수 없다. 이런 대칭성에 의한 제약들까지 만족시키는 조건으로는 다음 두 가지를 들 수 있다.

$$\mathbf{p}(0) = \mathbf{q}(1) = \frac{1}{6}(\mathbf{p}_{i-2} + 4\mathbf{p}_{i-1} + \mathbf{p}_i)$$

$$\mathbf{p}'(0) = \mathbf{q}'(1) = \frac{1}{2}(\mathbf{p}_i - \mathbf{p}_{i-2})$$

계수들의 배열 $\mathbf{c}$에 대해서, $\mathbf{p}(u)$를

$$\mathbf{p}(u) = \mathbf{u}^T\mathbf{c}$$

의 형태로 쓴다면, 이들 조건들은 다음과 같다.

$$\mathbf{c}_0 = \frac{1}{6}(\mathbf{p}_{i-2} + 4\mathbf{p}_{i-1} + \mathbf{p}_i)$$

$$\mathbf{c}_1 = \frac{1}{2}(\mathbf{p}_i - \mathbf{p}_{i-2})$$

$\mathbf{p}(1)$에 대해서도 대칭성 조건을 적용하면 다음과 같다.

$$\mathbf{p}(1) = \mathbf{c}_0 + \mathbf{c}_1 + \mathbf{c}_2 + \mathbf{c}_3 = \frac{1}{6}(\mathbf{p}_{i-1} + 4\mathbf{p}_i + \mathbf{p}_{i+1})$$

$$\mathbf{p}'(1) = \mathbf{c}_1 + 2\mathbf{c}_2 + 3\mathbf{c}_3 = \frac{1}{2}(\mathbf{p}_{i+1} - \mathbf{p}_{i-1})$$

이제, 계수들 **c**에 대한 4개의 식이 구해졌으므로, 이것들을 풀어서 B-스플라인 기하행렬(B-spline geometry matrix) $\mathbf{M}_S$를 다음과 같이 구할 수 있다.

$$\mathbf{M}_S = \frac{1}{6}\begin{bmatrix} 1 & 4 & 1 & 0 \\ -3 & 0 & 3 & 0 \\ 3 & -6 & 3 & 0 \\ -1 & 3 & -3 & 1 \end{bmatrix}$$

위의 행렬은 몇 가지 중요한 특성을 가지는 다항식들을 만들어낸다. 이 특성들은 전과 마찬가지로, 아래와 같은 배합 다항식들을 계산해서 알아볼 수 있다.

$$\mathbf{b}(u) = \mathbf{M}_S^T\mathbf{u} = \frac{1}{6}\begin{bmatrix} (1-u)^3 \\ 4 - 6u^2 + 3u^3 \\ 1 + 3u + 3u^2 - 3u^3 \\ u^3 \end{bmatrix}$$

위의 다항식들은 그림 10.23에 나와 있다. Bézier 다항식들에서 했던 것과 마찬가지로,

$$\sum_{i=0}^{3} b_i(u) = 1$$

이고, $0 > u > 1$인 구간에 대해서는

$$1 > b_i(u) > 0$$

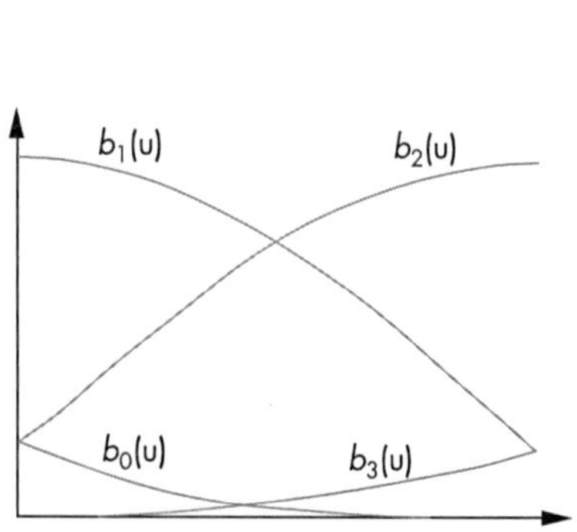

● 그림 10.23 ● 스플라인 배합함수들

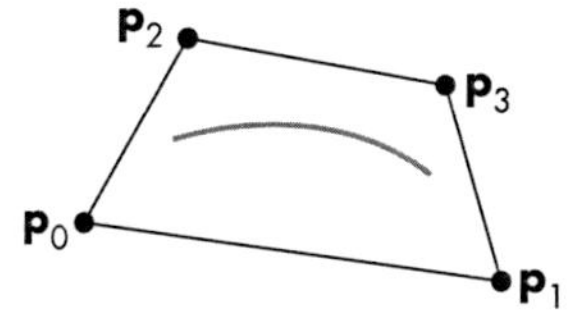

● 그림 10.24 ● 스플라인 곡선에 대한 컨벡스 헐

임을 보일 수 있다. 따라서 만들어지는 곡선은 그림 10.24와 같이 제어점들의 컨벡스 헐(convex hull) 안에 놓여 있어야 한다. 곡선이 컨벡스 헐 영역의 일부만 차지한다는 것에 주의하라.

C^1 연속성을 가지도록 곡선을 정의했지만, 실제로는 C^2 연속성을 가진다.[7)] $u = 0$와 $u = 1$에서의 $\mathbf{p}''(u)$값을 계산해서 좌우의 곡선들에서의 그 값들과 비교해 보면 이 사실을 검증할 수 있을 것이다. 이것이 바로 스플라인 곡선들이 정말 중요한 이유이다. 물리적인 관점에서 보면, 금속은 2차 미분 값이 연속이 되는 형태로 휠 것이다. 시각적인 관점에서는 C^2 연속성을 가지는 3차 단편들로 만들어진 곡선은 연결점들까지도 부드럽게 연결되어 보일 것이다.

좀 더 부드러운 3차 곡선을 유도하기 위해서 Bézier 3차 다항식에서 사용했던 것과 동일한 제어점 데이터를 사용했지만, Bézier나 보간 3차 다항식들에 비해서 3배의 작업을 한다는 것을 알고 있어야 한다. 이것은 제어점 $\mathbf{p}_{i-1}$과 $\mathbf{p}_i$ 사이의 곡선만 사용하게 되기 때문이다. 같은 데이터를 사용하는 Bézier 곡선은 제어점 $\mathbf{p}_{i-2}$에서 $\mathbf{p}_{i+1}$까지 사용하게 될 것이다. 따라서, 하나의 제어점을 추가할 때마다 새로운 스플라인 곡선이 계산되어야 한다. 반면에 Bézier 곡선에서는 3개씩의 제어점을 한꺼번에 추가하게 된다.

10.7.2 B-스플라인과 기저 함수

각 구간의 관점에서 곡선을 보는 대신에, 각 제어점의 관점에서 곡선을 보게 되면, 또 다른 것들을 이해할 수 있다. 각 제어점은 4개의 인접한 구간에서 스플라인에 기여하게 된다. 이 성질은 스플라인의 지역성(locality)을 보장해 준다. 즉, 하나의 제어점을 변경하면, 4개의 인접한 구간에서만 최종 결과로 나오게 될 곡선에 영향을 끼칠 수 있다. 제어점 $\mathbf{p}_i$를 생각해 보자. $u = 0$과 $u = 1$ 사이의 구간에서는 이 제어점에 배합 다항식 $b_2(u)$가 곱해진다. 그 왼쪽 구간에 대해서는 $\mathbf{q}(u)$를 통해서 곡선에 기여하게 될 것이다. 이 구간에서는 $b_1(u+1)$로 기여하게 될 것인데, 이 구간에서는 u의 값을 1만큼 왼쪽으로 이동시켜야만 한다.

---

7) C^2 연속성이 아니라, G^2 연속성만 문제 삼는다면, 더 많은 자유도를 가지므로, 더 융통성 있게 곡선을 설계해 나갈 수 있다. Barsky의 논문[Bar83]을 참고하라.

단일 제어점의 총 기여도는 $B_i(u)\mathbf{p}_i$로 쓸 수 있고, 여기서 B_i는 다음과 같은 함수이다.

$$B_i(u) = \begin{cases} 0 & u < i-2 \\ b_0(u+2) & i-2 \le u < i-1 \\ b_1(u+1) & i-1 \le u < i \\ b_2(u) & i \le u < i+1 \\ b_3(u-1) & i+1 \le u < i+2 \\ 0 & u \ge i+2 \end{cases}$$

이 함수는 그림 10.25에 나타나 있다. 제어점 $\mathbf{p}_0, \cdots \mathbf{p}_m$들이 주어지면, 전체 스플라인은 다음 식 하나로 쓸 수도 있다.[8)]

$$\mathbf{p}(u) = \sum_{i=1}^{m-1} B_i(u)\mathbf{p}_i$$

이 식은 함수 $B(u-i)$들의 집합에 대하여, 각각 동일한 함수를 옆으로 이동시킨 변형임을 보여준다. 이 함수들의 집합은 모든 3차 B-스플라인 곡선들의 기저(basis)가 된다. 제어점들이 주어지면, 전체 구간에 대해서 구분적 다항식 곡선(piecewise polynomial curve) $\mathbf{p}(u)$를 기저함수(basis function)들의 선형 조합(linear combination)으로 만들어 낼 수 있다. 그림 10.26은 바로 그런 함수 하나와 각각의 기저함수들이 미치는 영향을 보여주고 있다. 10.8절에서 설명할 스플라인에 대한 일반적인 이론들은 이런 관점을 더욱 확장해서, 구간 내에서 고차 다항식을 사용하거나 서로 다른 구간들에서 서로 다른 다항식을 사용할 수 있도록 해준다.

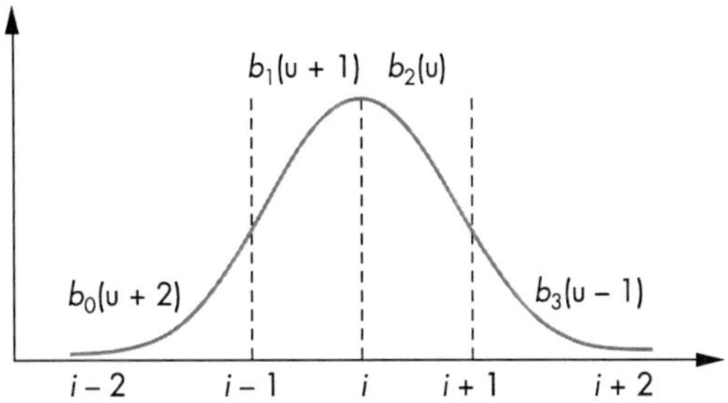

● 그림 10.25 ● 스플라인 기저함수

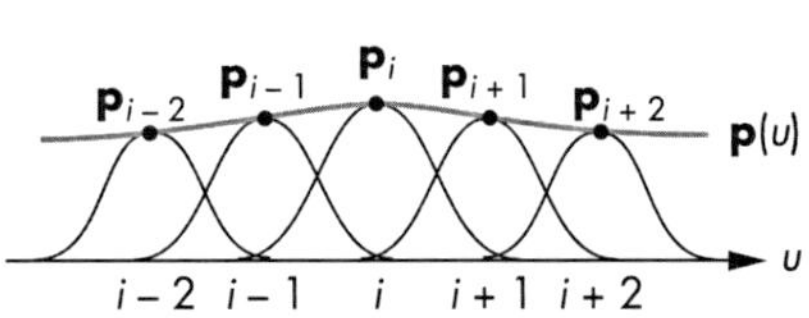

● 그림 10.26 ● 여러 구간에 걸쳐진 근사함수

8) 스플라인의 시작과 끝 부분에서의 적절한 조건들은 10.8절에서 설명하겠다.

10.7.3 스플라인 곡면

비슷한 식으로 B-스플라인 곡면을 정의할 수 있다. B-스플라인 배합함수에서 출발해 보면, 곡선 단편은 다음과 같이 주어진다.

$$\mathbf{p}(u, v) = \sum_{i=0}^{3} \sum_{j=0}^{3} b_i(u) b_j(v) \mathbf{p}_{ij}.$$

이 식은 다른 곡면 단편에서의 식과 같은 형태이지만, 그림 10.27과 같이 이 단편의 중간 부분만 사용하게 되므로, Bézier 곡면 단편에 비해서는 9배의 일을 해야 한다. 하지만, B-스플라인 곡선으로부터 컨벡스 헐 특성과 가장자리에서의 추가적인 연속성을 물려받았기 때문에, B-스플라인 곡면 단편은 같은 데이터로부터 만들어진 Bézier 곡면 단편보다 상당히 부드러워진다.

10.8 일반적인 B-스플라인

제어점 $\mathbf{p}_0, \cdots, \mathbf{p}_m$들을 가지고 있다고 가정하자. 일반적인 근사 문제(approximation problem)는 구간 $u_{\max} \geq u \geq u_{\min}$에서 정의되는 제어점들에 가까우면서도 부드러운 함수(smooth function) $p(u) = [x(u)\ y(u)\ z(u)]^T$를 찾는 것이다. 다음과 같이 **매듭점**(knot)이라고 하는 값들의 집합 $\{u_k\}$를 가지고 있다고 하자.

$$u_{\min} = u_0 \leq u_1 \leq \ldots \leq u_n = u_{\max}$$

이 수열 $u_0, u_1, \cdots, u_m$을 **매듭점 배열**(knots array)이라고 한다.[9] 스플라인에서 함수 $\mathbf{p}(u)$는 매듭점들 사이에서 다음과 같이 정의되는 d차 다항식이다.

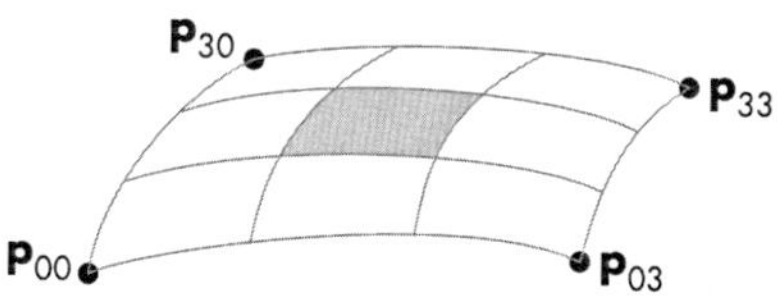

● 그림 10.27 ● 스플라인 곡면 단편

9) 많은 연구자들은 이 수열을 *매듭점 벡터*(knot vector)라고 하지만, 이것은 *벡터*를 방향성이 있는 선분(directed line segment)에 대해서만 쓰기로 했던 이 책에서의 결정과 어긋난다.

$$\mathbf{p}(u) = \sum_{j=0}^{d} \mathbf{c}_{jk} u^j, \quad u_k < u < u_{k+1}$$

따라서, d차의 스플라인을 설정하려면 $n(d + 1)$개의 3차원 계수들을 설정해야 한다. 매듭점에 다양한 연속성을 적용하고, 제어점들에는 다양한 보간 요구사항을 적용해서 필요한 조건들을 구할 수 있다.

예를 들어, $d = 3$이라면, 각 구간에서 3차 다항식이 구해지고, 주어진 n값에 대해서 $4n$개의 조건을 설정해야 한다. 이때, $n - 1$개의 내부 매듭점들이 존재한다. 매듭점들에서 C^2 연속성을 원한다면, 일단 $3n - 3$개의 조건들이 구해진다. 추가로 $n + 1$개의 제어점들을 보간하기 원한다면, 총 $4n - 2$개의 조건들이 구해졌다. 나머지 2개의 조건은 곡선의 끝점에서 기울기를 지정한다든지 하는 식으로, 다양한 방법을 써서 구할 수 있다. 하지만, 특정한 스플라인이 전역적(global)이라면, $4n$개의 미지수에 대한 $4n$개의 방정식을 풀어야 하고, 각각의 계수는 전체 제어점들에 따라 결정될 것이다. 따라서, 이런 스플라인 함수들이 제어점들을 보간하는 부드러운 곡선을 제공하더라도 컴퓨터 그래픽스와 CAD 분야에는 적합하지 않다.

10.8.1 B-스플라인의 순환적 정의

B-스플라인은 기저함수들 또는 배합함수들의 집합을 사용해서 정의하는 방식을 썼고, 이들 기저 함수들 각각은 몇 개의 매듭점 구간에서만 0이 아닌 값을 가진다. 따라서, 함수 $\mathbf{p}(u)$는 다음과 같은 전개식으로 쓸 수 있다.

$$\mathbf{p}(u) = \sum_{i=0}^{m} B_{i,d}(u) \mathbf{p}_i$$

여기서 각각의 함수 $B_{i,d}(u)$는 매듭점을 제외한 곳들에서는 d 차 다항식이고, 구간 $(u_{i_{\min}}, u_{i_{\max}})$의 밖에서는 0이 된다. *B-스플라인*이라는 이름은 *basis spline*(기저 스플라인)이라는 말에서 유래한 것이고, 함수 $\{B_{i,d}(u)\}$들은 주어진 매듭점들과 차수에 대한 기저가 된다. 기저 스플라인을 정의하는 여러 가지 방법들이 있지만, 특별히 중요한 것은 **Cox-deBoor 순환**(Cox-deBoor recursion)으로 정의되는, 다음과 같은 스플라인 함수들의 집합이다.[10)]

$$B_{k,0} = \begin{cases} 1, & u_k \le u \le u_{k+1} \\ 0, & \text{otherwise} \end{cases}$$

10) 이 수식들은 deCasteljan 순환(deCasteljan recursion)이라고도 한다.

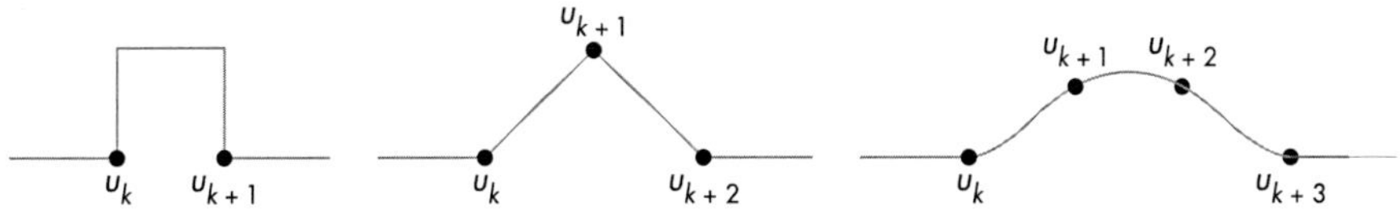

● 그림 10.28 ● 처음 3단계의 기저 함수들

$$B_{k,d} = \frac{u - u_k}{u_{k+d} - u_k} B_{k,d-1}(u) + \frac{u_{k+d} - u}{u_{k+d+1} - u_{k+1}} B_{k+1,\,d-1}(u)$$

첫 번째 집합에 속하는 각각의 함수 $B_{k,0}$는 하나의 구간에서만 상수 값을 가지고, 그 외 모든 곳에서는 0이다. 두 번째 집합에 속하는 각각의 함수 $B_{k,1}$은 2개의 구간에 걸쳐 각 구간 내에서는 1차 함수이고, 그 외의 모든 곳에서는 0이다. 세 번째 집합에 속하는 각각의 함수 $B_{k,2}$은 3개의 구간에 걸쳐 각 구간 내에서는 2차 함수이고, 그 외의 모든 곳에서는 0이다. 이후에도 이런 식으로 진행된다(그림 10.28 참고). 일반적으로, $B_{k,d}$는 u_k와 u_{k+d+1}사이의 $d + 1$개 구간에서 0이 아니고, 이들 구간 각각에 대해서는 $d + 1$차 다항식이 된다. 매듭점들에서는 C^{d-1} 연속성을 가진다. 구간 $u_{max} \geq u \geq u_{min}$에서

$$\sum_{i=0}^{m} B_{i,d}(u) = 1$$

이고,

$$1 \geq B_{i,d}(u) \geq 0$$

이기 때문에 컨벡스 헐 성질을 가진다. 하지만, 각각의 $B_{i,d}$는 $d + 1$개 구간에서만 0이 아니기 때문에 각각 제어점은 $d + 1$개의 구간에만 영향을 끼치고, 최종적으로 생성된 곡선 상의 점들은 이들 $d + 1$개의 구간으로 정의된 컨벡스 헐 내에 속하게 된다.

Cox-deBoor 수식을 자세히 살펴보면, 순환의 각 단계는 이전 단계에서 생성된 함수들의 선형 보간(linear interpolation)임을 알 수 있다. k차 다항식의 선형 보간은 $k + 1$차 다항식을 생성한다.

스플라인 기저함수들로 이루어진 집합 1개는 원하는 차수와 매듭점 배열에 의해 정의된다. u_0에서 u_{n+1}까지의 스플라인을 정의하기 위해서는 순환과정에서 u_0에서 u_{n+d}까지가 필요하기 때문에, $d - 1$개의 "여분의" 매듭점 값들이 필요하다는 점에 유의하라. 이들 추가적인 값들은 전체 스플라인의 시작점과 끝점의 조건들에 의해 결정된다.

$u_k \leq u_{k+1}$이라는 것 외에는 매듭점 값들에 대해서 아무런 언급을 하지 않았다는 것에 주의하라. 순환의 계산 과정에서 발생할 수 있는 0/0항을 1로 정의하면, 반복 매듭점(repeated knots), 또는 다중 매듭점(multiple knots)을 가질 수 있다. 매듭점들이 등간

격이라면 **균일 스플라인**(uniform spline)을 얻게 된다. 하지만, 비균일 매듭점 간격은 물론이고 반복 매듭점들($u_k = u_{k+1}$)까지 허용하면, 더 많은 유연성을 얻을 수 있다. 몇 가지 가능성들을 살펴보자.

10.8.2 균일 스플라인

균일 매듭점들의 수열 $\{0, 1, 2, \cdots, n\}$을 생각해 보자. 10.7절에서 설명한 3차 B-스플라인은 등간격 매듭점들에 대한 Cox-deBoor 수식에서 유도할 수 있다. 거기에서 사용했던 (Cox-deBoor 수식의 번호 매김에서 옆으로 이동시킨) 번호 매김을 사용하겠다. 즉, 매듭점 k와 $k+1$ 사이에서는 제어점 $\mathbf{p}_{k-1}$, $\mathbf{p}_k$, $\mathbf{p}_{k+1}$, $\mathbf{p}_{k+2}$들을 사용한다. 따라서 $u = 1$에서 $u = n - 1$까지의 구간들에 대해서만 곡선이 정의된다. 그림 10.29와 같이 주어진 매듭점들 사이를 모두 메우지는 않는 곡선이 정의된다. 그림 10.30에 제시된 것과 같은 특정한 상황에서는 제어점 데이터의 주기성(periodic nature)을 사용해서 전체 매듭점 수열에 대한 스플라인을 정의할 수 있다. 이들 **균일 주기적 B-스플라인**(uniform periodic B-spline) 곡선들은 각 스플라인 기저 함수들이 단일 함수를 이동시킨 것이라는 특성을 가진다.

10.8.3 비균일 B-스플라인

반복 매듭점들은 스플라인을 그 매듭점에 연관된 제어점 가까이로 당겨주는 효과를 가진다. 제일 끝 매듭점을 $d + 1$번 중복하면, d차 B-스플라인은 그 제어점을 보간한다. 따라서, 어떤 스플라인에서 원하는 구간 전체를 메우기에 충분한 데이터가 없는 경우에 대한 해결책은 끝점에서 매듭점을 반복해서 그 끝점을 강제로 보간하도록 하고, 나머지 부분에 대해서는 균일 매듭점을 사용하는 것이다. 이런 스플라인들을 **개방 스플라인**(open spline)이라고 한다.

3차 B-스플라인에 대해서는 흔히 매듭점 수열 $\{0, 0, 0, 0, 1, 2, \cdots, n-1, n, n, n, n\}$을 사용한다. 수열 $\{0, 0, 0, 0, 1, 1, 1, 1\}$의 경우는 3차 B-스플라인을 3차 Bézier

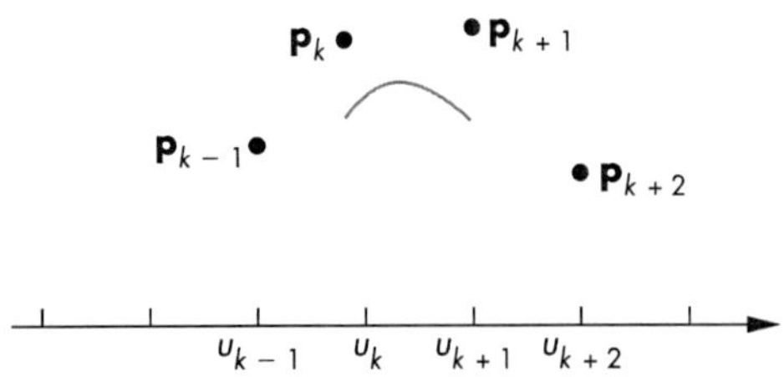

● 그림 10.29 ● 균일 B-스플라인

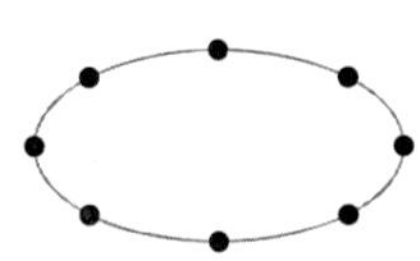

● 그림 10.30 ● 주기적 균일 B-스플라인

곡선으로 만들기 때문에 특히 중요하다. 좀 더 일반적으로는, 내부의 매듭점들을 반복시킬 수도 있고, 매듭점들 사이의 간격을 원하는 대로 조절할 수도 있다.

10.8.4 NURBS

B-스플라인을 전개하는 과정에서 $\mathbf{p}(u)$는 배열 $[x(u)\ y(u)\ z(u)^T]$이라고 가정했다. 2차원에서는 이것을 좀 더 간단하게 $[x(u)\ y(u)^T]$로 대체할 수 있고, 이렇게 해도 식에 아무런 변화가 없다. 실제로, 이 식들은 4차원 B-스플라인으로 가더라도 역시 아무런 변화가 없다. 다음과 같이 3차원에서의 제어점을 생각해 보자.

$$\mathbf{p}_i = [x_i \quad y_i \quad z_i]$$

이 점의 가중 동차 좌표 표현(weighted homogeneous-coordinate representation)은 다음과 같다.

$$\mathbf{q}_i = w_i \begin{bmatrix} x_i \\ y_i \\ z_i \\ 1 \end{bmatrix}$$

이것은 가중치 w_i를 특정 제어점의 중요도를 증가시키거나 감소시키는 데에 사용하자는 것이다. 이런 가중 제어점들을 사용해서 4차원 B-스플라인을 만들 수 있다. 결과로 만들어지는 스플라인의 첫 3개 성분은 다음과 같이 가중점(weighted point)의 단순한 B-스플라인 표현이다.

$$\mathbf{q}(u) = \begin{bmatrix} x(u) \\ y(u) \\ z(u) \end{bmatrix} = \sum_{i=0}^{n} B_{i,d}(u) w_i \mathbf{p}_i$$

마지막 w 성분은 다음과 같이 가중치들로부터 계산된 스칼라 B-스플라인 다항식이다.

$$w(u) = \sum_{i=0}^{n} B_{i,d}(u) w_i$$

위 식은 동차 좌표에서 1이 아닌 w 성분을 가질 수도 있다는 것을 보여준다. 따라서, 3차원 좌표를 구하기 위해서는 다음과 같은 투시 제산(perspective division)을 수행해야 한다.

$$\mathbf{p}(u) = \frac{1}{w(u)}\mathbf{q}(u) = \frac{\sum_{i=0}^{n} B_{i,d}(u) w_i \mathbf{p}_i}{\sum_{i=0}^{n} B_{i,d}(u) w_i}$$

$\mathbf{p}(u)$의 각 성분은 이제 u에 대한 유리함수(rational function)가 된다. 매듭점에 대해서는 아무런 제약을 가하지 않았기 때문에 **비균일 유리 B-스플라인**(nonuniform rational B-spline, NURBS) 곡선을 유도한 것이다.

NURBS 곡선은 컨벡스 헐 성질이나 연속성 성질과 같은 3차원 B-스플라인의 모든 성질을 그대로 유지한다. 이것은 컴퓨터 그래픽스와 CAD에서 특히 중요한 2가지 특성을 추가로 가지고 있다.

B-스플라인 곡선이나 곡면에 어파인 변환(affine transformation)을 적용하면, 같은 변환을 적용한 후 제어점들에서 만들어지는 B-스플라인과 동일한 함수를 얻게 된다. 투시 변환(perspective transformation)은 어파인 변환이 아니기 때문에 투시 관측(perspective view)의 경우 대부분의 스플라인을 제대로 처리할 수 없다. 하지만, NURBS 곡선은 그 생성 과정에 투시 제산이 포함되어 있기 때문에 NURBS 곡선은 투시 관측 시에도 제대로 처리된다는 것을 보장한다.

2차 곡면들은 보통 대수적인 음함수 형식(algebraic implicit form)으로 설정된다. 비유리 스플라인을 사용하는 경우에는 이 곡면을 근사하는 것만 가능하다. 하지만, 2차 곡선은 2차 NURBS 곡선의 특별한 경우라는 것을 보일 수 있다. 따라서, 널리 쓰이는 대부분의 곡선이나 곡면들에 대해서는 NURBS라는 딱 하나의 모델링 방법만 사용할 수 있다(연습문제 10.14와 10.15). 컬러 그림판 5는 컬러 그림판 1에 나온 물체의 표면을 표현하기 위한 NURBS 모델링으로 생성된 메시를 보여준다. OpenGL에서는 최종적으로는 이 메시를 다각형들로 렌더링한다.

10.8.5 Catmull-Rom 스플라인

곡선과 곡면이 제어점들의 컨벡스 헐 내부에 있어야 한다는 제약을 풀어 버리면, 제어점을 이용해서 다른 형태의 스플라인을 만들 수 있다. 많이 쓰이는 것으로는 Catmull-Rom 스플라인이 있다.

베지어 곡선을 생성할 때 사용했던 제어점 $\mathbf{p}_0$, $\mathbf{p}_1$, $\mathbf{p}_2$, $\mathbf{p}_3$을 다시 생각해 보자. 이제 $\mathbf{p}_0$, $\mathbf{p}_3$를 보간하는 3차 다항식을 만드는 것이 아니라 중간점 $\mathbf{p}_1$, $\mathbf{p}_2$를 보간해 보자.

$$\mathbf{p}(0) = \mathbf{p}_1$$

$$\mathbf{p}(1) = \mathbf{p}_2$$

즉, B-스플라인과 같이 다항식은 더 짧은 구간에서만 정의되지만, 새로운 제어점을 추가할 때마다 새로운 곡선을 추가할 수 있다.

점 $\mathbf{p}_0$, $\mathbf{p}_3$는 $\mathbf{p}_1$, $\mathbf{p}_2$에서의 기울기를 설정하는데 쓰인다(그림 10.31).

$$\mathbf{p}'(0) \approx \frac{\mathbf{p}_2 - \mathbf{p}_0}{2}$$

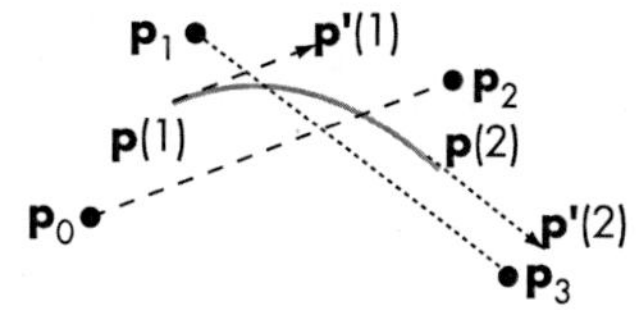

● 그림 10.31 ● Catmull-Rom 스플라인의 생성

$$\mathbf{p}'(1) \approx \frac{\mathbf{p}_3 - \mathbf{p}_1}{2}$$

이제 곡선

$$\mathbf{p}(u) = \mathbf{c}_0 + \mathbf{c}_1 u + \mathbf{c}_2 u^2 + \mathbf{c}_3 u^3$$

에 대해서 다음 4가지 조건들을 가진다.

$$\mathbf{p}_1 = \mathbf{c}_0$$

$$\mathbf{p}_2 = \mathbf{c}_0 + \mathbf{c}_1 + \mathbf{c}_2 + \mathbf{c}_3$$

$$\frac{\mathbf{p}_2 - \mathbf{p}_0}{2} = \mathbf{c}_1$$

$$\frac{\mathbf{p}_3 - \mathbf{p}_1}{2} = \mathbf{c}_1 + 2\mathbf{c}_2 + 3\mathbf{c}_3$$

u가 0에서 1로 진행할 때, $\mathbf{p}_1$에서 $\mathbf{p}_2$로 가게 되므로, $\mathbf{p}_0$와 $\mathbf{p}_2$는 매개변수 공간에서는 2 단위 떨어져 있고, $\mathbf{p}_1$과 $\mathbf{p}_3$도 마찬가지이다. 또한, 이 4가지 조건들은 비록 컨벡스 헐 성질을 가지지는 않지만, 결과로 나오는 곡선이 제어점들에서 연속이고, 1차 미분도 연속이게 한다.

위 4개 수식을 풀면,

$$\mathbf{p}(u) = \mathbf{u}^T \mathbf{M}_R \mathbf{p}$$

이 되고, MR은 Catmull-Rom 기하행렬로 다음과 같이 된다.

$$\mathbf{M}_R = \frac{1}{2}\begin{bmatrix} -1 & 3 & -3 & 0 \\ 2 & -5 & 4 & -1 \\ -1 & 0 & 1 & 0 \\ 0 & 2 & 0 & 0 \end{bmatrix}$$

10.9 곡선과 곡면의 렌더링

곡선이나 곡면이 들어있는 장면을 설정했다면, 그것을 렌더링하는 방법을 찾아야 할 것이다. 표현 방식에 따라 몇 가지 접근방법들이 있다. 양함수 또는 매개변수 곡선, 곡면들에 대해서는 충분한 개수의 점에서 그 곡선이나 곡면을 계산해서 표준적인 평면 객체로 근사시킬 수 있다. 여기서는 매개변수형 다항식 곡선과 곡면을 대상으로 접근방법에 초점을 맞추겠다.

음함수 곡면에 대해서는 투영중심(center of projection)에서 출발해서 픽셀을 통과한 광선(ray)이 객체와 교차하는 점들을 찾아서 그 객체상 점들을 계산할 수 있다. 하지만, 이러한 교차점에 대한 계산은 2차 곡면(10.11절 참고)을 제외하고는 너무 높은 차수의 비선형 방정식의 해를 요구하기 때문에 실시간 계산에는 적합하지 않다.

3차 Bézier 다항식은 다음과 같다.

$$\mathbf{b}(u) = (1-u)^3\mathbf{p}_0 + (1-u)^2u\mathbf{p}_1 + (1-u)u^2\mathbf{p}_2 + u^3\mathbf{p}_3$$

제어점들이 배열 p에 들어 있을 때, 이 식을 u에 대한 N개의 등간격 점들에서 계산하여 배열 points에 넣는 2차원 예제는 다음과 같이 간단하다.

```
float d = 1.0/(N-1.0);
float u, uu;
for(int i=0; i<N; i++)
{
    u = i*d;
    uu = 1.0 - u;
    for(int j=0; j<2; j++) points[i][j] = p[0][j]*uu*uu*uu
                                        + 3.0*p[1][j]*uu*uu*u
                                        + 3.0*p[2][j]*uu*u*u
                                        + p[3][j]*u*u*u;
}
```

10.9.1 다항식 계산 방법

표준 구간에 대해서 다음과 같은 식이 있다고 가정해 보자.

$$\mathbf{p}(u) = \sum_{i=0}^{n} \mathbf{c}_i u^i, \quad 0 \le u \le 1$$

어떤 값들 $\{u_k\}$에서 $\mathbf{p}(u)$의 값을 계산한 후 다중선분(polyline) (또는 GL_LINE_STRIP)을 사용해서 이 곡선을 근사시킬 수 있다. 각각의 u^i 항들을 따로따로 계산하는 대신에, 다음과 같이 묶어서 계산할 수도 있다.

$$\mathbf{p}(u) = \mathbf{c}_0 + u(\mathbf{c}_1 + u(\mathbf{c}_2 + u(\ldots + \mathbf{c}_n u)))$$

이렇게 그룹으로 묶어서 계산하면 각각의 $p(u_k)$를 계산하는 데에 n번의 곱셈만 필요하다. 이 알고리즘은 Horner의 **방법**(Horner's methods)이라고 한다. 전형적인 3차 $\mathbf{p}(u)$에 대해서는 다음과 같이 묶을 수 있다.

$$\mathbf{p}(u) = \mathbf{c}_0 + u(\mathbf{c}_1 + u(\mathbf{c}_2 + u\mathbf{c}_3))$$

점 $\{u_k\}$들이 등간격이라면 **전향 차분**(forward difference)을 사용해서, 곱셈은 전혀 없이 $O(n)$번의 덧셈만으로 $\mathbf{p}u_k$의 값을 구할 수 있다. 전향 차분은 다음과 같은 식으로, 반복적으로 정의된다.

$$\Delta^{(0)}\mathbf{p}(u_k) = \mathbf{p}(u_k)$$

$$\Delta^{(1)}\mathbf{p}(u_k) = \mathbf{p}(u_{k+1}) - \mathbf{p}(u_k)$$

$$\Delta^{(m+1)}\mathbf{p}(u_k) = \Delta^{(m)}\mathbf{p}(u_{k+1}) - \Delta^{(m)}\mathbf{p}(u_k)$$

$u_{k+1} - u_k = h$가 상수(constant)라면, $\mathbf{p}(u)$가 n차 다항식일 때 모든 k에 대해서 $\Delta^{(n)}\mathbf{p}(u_k)$가 상수임을 보일 수 있다. 이 결과는 다음과 같은 스칼라 3차 다항식에 대해서 그림 10.32에 제시된 전략을 권유하는 셈이다.

$$p(u) = 1 + 3u + 2u^2 + u^3$$

$\Delta^{(n)}p(u_0)$를 찾기 위해서는 $p(u_k)$의 제일 첫 $n+1$개 값이 필요하다. 하지만, $\Delta^{(n)}p(u_0)$을 구한 후에는 그림 10.33과 같이 이 값을 표의 옆 칸들로 복사한 후 위로 올라가면서 처리하는 식으로, 다음과 같이 재작성된 순환식(recurrence)을 사용해서 $p(u_k)$값들을 계산할 수 있다.

$$\Delta^{(m-1)}(p_{k+1}) = \Delta^{(m)}p(u_k) + \Delta^{(m-1)}p(u_k)$$

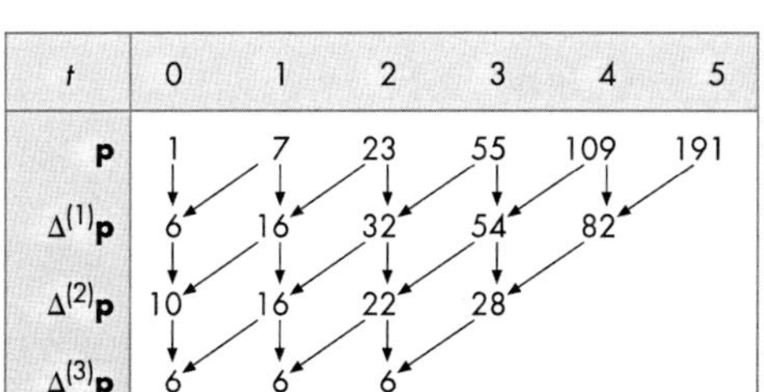

● 그림 10.32 ● 전향 차분표의 구성과정

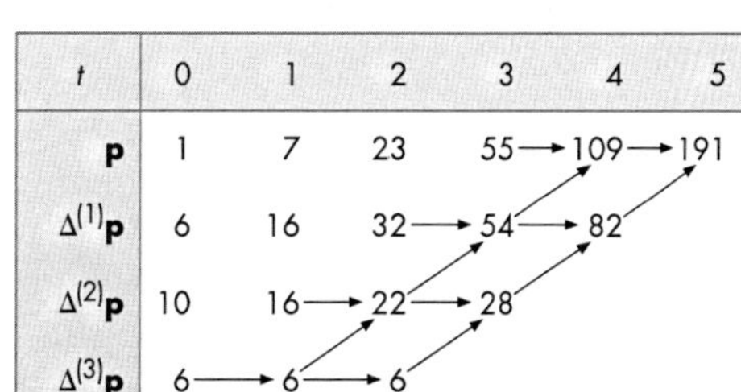

● 그림 10.33 ● 전향 차분표의 사용방법

이 방법은 효율적이긴 하지만, 균일 격자(uniform grid)에 대해서만 적용할 수 있고, 수치적 에러가 누적되는 경향이 있는 문제점도 있다.

10.9.2 Bézier 다항식의 순환적 분할

가장 세련된 렌더링 방법은 Bézier 곡선을 순환적으로 분할한다. 이 방법은 컨벡스 헐 사용에 기초하고 있으며 다항식을 명시적으로 계산할 필요가 없다. 3차 Bézier 다항식을 가지고 있다고 가정하자(이 방법은 고차 Bézier 곡선들에도 적용할 수 있다). 이 곡선이 제어점들의 컨벡스 헐 내부에 있어야 한다는 것을 알고 있다. 이 곡선을 $\mathbf{l}(u)$와 $\mathbf{r}(u)$라는 2개의 다항식으로 나눌 수 있는데, 각각은 원래 구간의 절반씩에서 유효하다. 원래의 다항식이 3차이기 때문에 이 다항식들도 3차이다. 각각 원래 구간의 절반에 대해서만 사용되기 때문에 매개변수 u를 $\mathbf{l}$과 $\mathbf{r}$에 대해 크기 변환을 행한다. 즉, u가 구간 상에서 변할 때, $\mathbf{l}(u)$는 $\mathbf{p}(u)$의 왼쪽 절반을, $\mathbf{r}(u)$는 $\mathbf{p}(u)$의 오른쪽 절반을 따라가게 된다. 각각의 새로운 다항식은 4개의 제어점들을 가지고, 이들 제어점은 다항식을 정의하는 동시에 그들의 컨벡스 헐을 정의하게 된다. 이 2개의 점 집합을 $\{\mathbf{l}_0, \mathbf{l}_1, \mathbf{l}_2, \mathbf{l}_3\}$와 $\{\mathbf{r}_0, \mathbf{r}_1, \mathbf{r}_2, \mathbf{r}_3\}$로 표시하겠다. $\mathbf{p}(u)$에 대한 원래의 제어점들은 $\{\mathbf{p}_0, \mathbf{p}_1, \mathbf{p}_2, \mathbf{p}_3\}$라 하겠다. 이 점들과 2개의 컨벡스 헐이 그림 10.34에 제시되어 있다. $\mathbf{l}$과 $\mathbf{r}$에 대한 컨벡스 헐들은 반드시 $\mathbf{p}$에 대한 컨벡스 헐의 내부에 있어야 하는데, 이것은 Bézier 곡선의 **변분 감쇄 특성**(variation-diminishing property)이라고 한다.

우선 왼쪽의 다항식에 대해서 생각해 보자. $\mathbf{l}_0$와 $\mathbf{l}_3$를 연결하는 선분을 기준으로 $\mathbf{l}_1$과 $\mathbf{l}_2$가 이 선분을 벗어난 정도를 계산해서 해당 컨벡스 헐의 편평한 정도(flatness)를 알아볼 수 있다. 그 점들이 선분에 가까우면, 곡선 대신 선분을 그릴 수 있다. 가깝지 않은 경우에는 $\mathbf{l}$을 다시 절반씩으로 나눈 후에, 새로운 컨벡스 헐 2개에 대해서 편평한 정도를 검사하게 된다. 따라서 다항식 상의 점을 계산할 필요가 없는 순환과정을 가지게 되었지만, $\{\mathbf{l}_0, \mathbf{l}_1, \mathbf{l}_2, \mathbf{l}_3\}$와 $\{\mathbf{r}_0, \mathbf{r}_1, \mathbf{r}_2, \mathbf{r}_3\}$를 찾는 방법에 대해서는 설명이 필요하다. 여기서는 $\mathbf{l}(u)$의 컨벡스 헐을 찾으려고 하는데, $\mathbf{r}(u)$를 위한 계산과정은 대칭적이다. 다음의 식에서 출발해 보자.

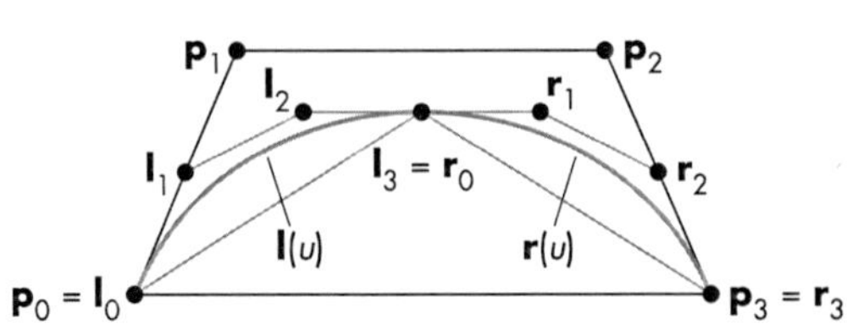

● 그림 10.34 ● 컨벡스 헐과 제어점들

$$\mathbf{p}(u) = \mathbf{u}^T \mathbf{M}_B \begin{bmatrix} \mathbf{p}_0 \\ \mathbf{p}_1 \\ \mathbf{p}_2 \\ \mathbf{p}_3 \end{bmatrix}$$

여기서, $\mathbf{M}_B$는 다음과 같다.

$$\mathbf{M}_B = \begin{bmatrix} 1 & 0 & 0 & 0 \\ -3 & 3 & 0 & 0 \\ 3 & -6 & 3 & 0 \\ -1 & 3 & -3 & -1 \end{bmatrix}$$

다항식 $\mathbf{l}(u)$는 $\mathbf{p}(0)$과 $\mathbf{p}\left(\frac{1}{2}\right)$을 보간해야만 한다. 따라서, 다음 식들이 계산된다.

$$\mathbf{l}(0) = \mathbf{l}_0 = \mathbf{p}_0$$

$$\mathbf{l}(1) = \mathbf{l}_3 = \mathbf{p}\left(\frac{1}{2}\right) = \frac{1}{8}(\mathbf{p}_0 + 3\mathbf{p}_1 + 3\mathbf{p}_2 + \mathbf{p}_3)$$

$u = 0$에서 $\mathbf{l}$의 기울기는 $\mathbf{p}$의 기울기와 일치해야 한다. 그러나, u가 (0, 1)의 범위에서 변하는 반면에 $\mathbf{p}$에 대한 매개변수는 $(0, \frac{1}{2})$의 구간만 움직이기 때문에 암묵적으로 $\bar{u} = 2u$로 치환하겠다. 이에 따라 $\mathbf{l}$과 $\mathbf{p}$의 미분 사이에는 $d\bar{u} = 2du$의 관계가 성립하여 다음 식이 계산된다.

$$\mathbf{l}'(0) = 3(\mathbf{l}_1 - \mathbf{l}_0) = \mathbf{p}'(0) = \frac{3}{2}(\mathbf{p}_1 - \mathbf{p}_0)$$

마찬가지로, 중점에 대해서는 다음 식이 성립한다.

$$\mathbf{l}'(1) = (\mathbf{l}_3 - \mathbf{l}_2) = \mathbf{p}'\left(\frac{1}{2}\right) = \frac{3}{8}(-\mathbf{p}_0 - \mathbf{p}_1 + \mathbf{p}_2 + \mathbf{p}_3)$$

이들 4개의 식은 대수적으로 풀 수 있다. 또한, 이들의 해는 그림 10.35를 이용해서 기하적으로 표현할 수도 있다. 여기서는 왼쪽과 오른쪽 제어점 집합들을 동시에 생성했다. 우선, 보간조건들에 의해 다음 식들이 성립한다.

$$\mathbf{l}_0 = \mathbf{p}_0$$
$$\mathbf{r}_3 = \mathbf{p}_3$$

4개의 식들에 치환을 적용해서 왼쪽과 오른쪽에서의 기울기들로부터 다음 식들이 계산된다.

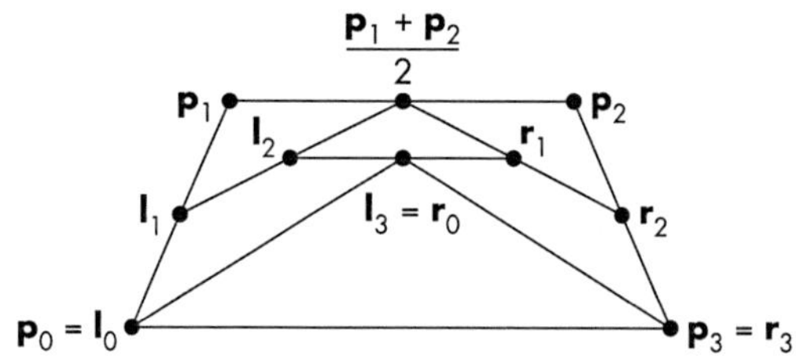

● 그림 10.35 ● 분할 곡선들의 생성

$$\mathbf{l}_1 = \frac{1}{2}(\mathbf{p}_0 + \mathbf{p}_1)$$

$$\mathbf{r}_2 = \frac{1}{2}(\mathbf{p}_2 + \mathbf{p}_3)$$

내부의 점들은 다음과 같다.

$$\mathbf{l}_2 = \frac{1}{2}\left(\mathbf{l}_1 + \frac{1}{2}(\mathbf{p}_1 + \mathbf{p}_2)\right)$$

$$\mathbf{r}_1 = \frac{1}{2}\left(\mathbf{r}_2 + \frac{1}{2}(\mathbf{p}_1 + \mathbf{p}_2)\right)$$

마지막으로, 서로 공유하게 될 중점은 다음과 같다.

$$\mathbf{l}_3 = \mathbf{r}_0 = \frac{1}{2}(\mathbf{l}_2 + \mathbf{r}_1)$$

위 식들은 오직 (2로 나누는 계산을 위한) 시프트(shift) 연산과 더하기 연산만으로 양쪽 제어점 집합들을 결정할 수 있다는 장점을 가진다. 반면 분할에 의한 접근방법이 가지는 장점 중 하나는 적응적으로(adaptive) 적용할 수 있기 때문에 렌더링 과정의 어느 시점에는 둘 중 어느 한쪽만 분할하면 될 것이라는 것이다. 곡선의 렌더링은 파이프라인의 래스터화(rasterization) 단계가 되어야 실제로 행해지고, 이때는 화면 좌표(screen coordinate)나 윈도 좌표(window coordinate)에서 계산이 가능하다. 따라서, 화면의 해상도가 제한되어 있으므로, 컨벡스 헐의 분할 횟수도 제한을 받게 된다(연습문제 10.18 참고).

10.9.3 분할을 이용한 다른 다항식 곡선들의 렌더링

어떤 다항식이 Bézier 다항식일 수 있듯이 이 다항식은 보간 다항식이거나 B-스플라인 다항식이거나 적절하게 선택된 제어점들에 대한 어떤 다른 형식의 다항식일 수도 있다.

Bézier 분할 알고리즘은 매우 효율적이어서 보통은 다른 형식의 곡선을 Bézier 형식으로 변환한 후에 분할 알고리즘을 사용하는 것이 더 유리하다.[11] 변환을 위한 알고리즘은 곡선의 식들로부터 직접 얻을 수 있다. 3차 Bézier 곡선을 생각해 보자. 이 곡선은 Bézier 행렬 $\mathbf{M}_B$에 대해서 다음과 같이 쓸 수 있다.

$$\mathbf{p}(u) = \mathbf{u}^T\mathbf{M}_B\mathbf{p}$$

여기서 $\mathbf{p}$는 제어점들의 **기하행렬**(geometry matrix)이다. 이 다항식은 다른 형식의 다항식을 위한 행렬 $\mathbf{M}$과 그 형식에서 제어점에 대한 행렬 $\mathbf{q}$에 대해서 다음과 같이 쓸 수도 있다.

$$\mathbf{p}(u) = \mathbf{u}^T\mathbf{M}\mathbf{q}$$

위의 두 다항식들이 같은 구간에서 설정된다고 가정하자. 다음이 성립한다면 두 다항식은 일치할 것이다.

$$\mathbf{q} = \mathbf{M}^{-1}\mathbf{M}_B\mathbf{p}$$

보간 다항식을 Bézier 다항식으로 변환하기 위한 제어행렬(controlling matrix)은 다음과 같다.

$$\mathbf{M}_B^{-1}\mathbf{M}_I = \begin{bmatrix} 1 & 0 & 0 & 0 \\ -\frac{5}{6} & 3 & -\frac{3}{2} & \frac{1}{3} \\ \frac{1}{3} & -\frac{3}{2} & 3 & -\frac{5}{6} \\ 0 & 0 & 0 & 1 \end{bmatrix}$$

3차 B-스플라인에서 3차 Bézier 곡선으로의 변환을 위한 제어행렬은 다음과 같다.

$$\mathbf{M}_B^{-1}\mathbf{M}_S = \frac{1}{6}\begin{bmatrix} 1 & 4 & 1 & 0 \\ 0 & 4 & 2 & 0 \\ 0 & 2 & 4 & 0 \\ 0 & 1 & 4 & 1 \end{bmatrix}$$

그림 10.36은 4개의 제어점과 3차 Bézier 다항식, 보간 다항식, 스플라인 다항식을 보여준다. 보간 형식과 스플라인 형식은 각각 행렬 $\mathbf{M}_B^{-1}$와 $\mathbf{M}_B^{-1}\mathbf{M}_S$로 계산한 새로운 제어점들에 대한 Bézier 곡선으로 생성되었다. 스플라인의 경우에는 결과로 나온 곡선이 원래의 제어점 중에서 두 번째와 세 번째 사이에서만 생성됨에 주의한다.

11) 렌더링 시 분할방식을 쓰지 않는 시스템들에서도 Bézier 곡선의 렌더링이 더 최적화 되어 있는 경우가 많다. 따라서, 어떤 형태의 다항식 곡선, 곡면이든 Bézier 곡선, 곡면으로 바꾸려고 한다.

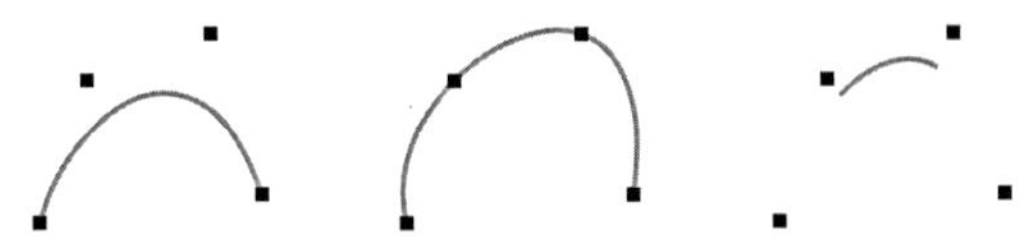

● 그림 10.36 ● 제어점들을 변환한 후에 Bézier 곡선으로 생성한 3차 다항식들
(a) Bézier 다항식 (b) 보간 다항식 (c) B-스플라인 다항식

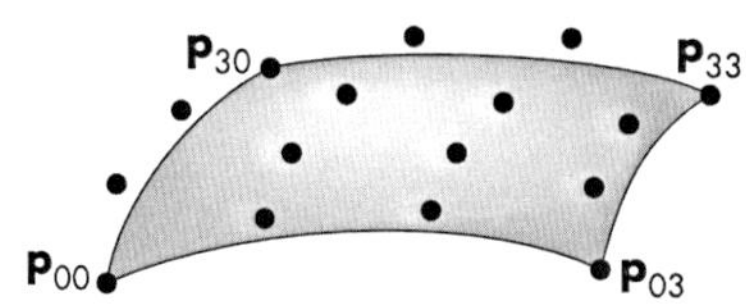

● 그림 10.37 ● 3차 Bézier 곡면

10.9.4 Bézier 곡면의 분할

분할 알고리즘을 Bézier 곡면으로 확장할 수 있다. 16개의 제어점들을 가지는 그림 10.37의 3차 곡면을 살펴보자. 어떤 행 또는 열에 속하는 4개의 점은 각기 분할될 수 있는 Bézier 곡선을 결정한다. 하지만, 분할 알고리즘은 이제 곡면 단편 1개를 4개의 곡면 단편으로 분리해야 하는데, 그 곡면 단편의 가운데 부분을 따라서는 제어점을 가지고 있지 않다. 이에 대한 처리는 2단계로 진행될 것이다.

우선, 곡선 분할 기법을 16개의 제어점들이 v 방향으로 형성하게 되는 4개의 곡선에 각각 적용한다. 따라서, $u = 0, \frac{1}{3}, \frac{2}{3}, 1$인 각각의 경우에 대해서 4개의 제어점으로 구성된 2개의 그룹을 생성하게 되고, 이 두 그룹의 중점은 공유하게 된다. 이제 원래의 각 곡선을 따라 7개의 점들이 존재한다. 그림 10.38에서는 이 점을 원으로 표시했다. 이 그

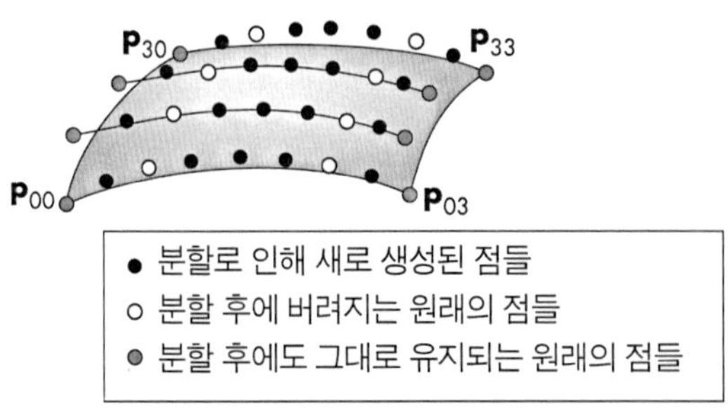

● 그림 10.38 ● 곡면의 첫 번째 분할

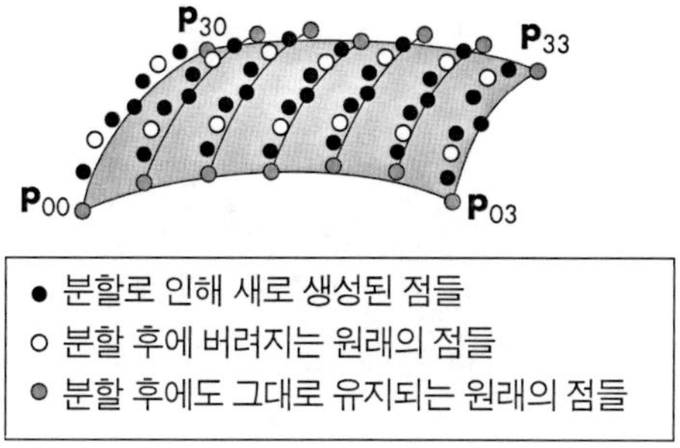

● 그림 10.39 ● 두 번째 분할 후의 점들

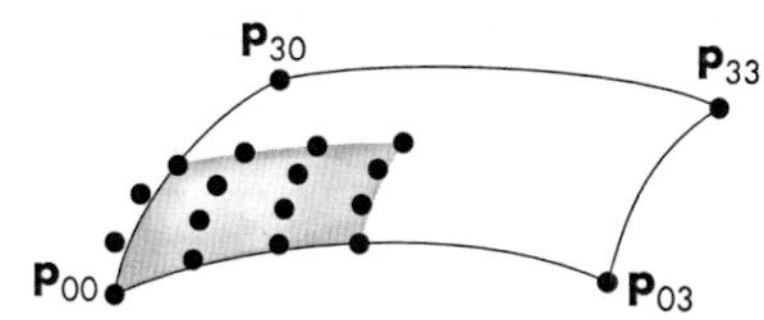

● 그림 10.40 ● 분할된 사분면

림에는 3가지 유형의 점이 있다. 각각은 분할 후에도 그대로 유지되는 원래의 제어점들(회색 표시), 분할 후 버려지는 원래의 제어점들(흰색 표시), 분할과정에서 만들어지는 새로운 점들(검정 표시) 등이다. 이번에는 이 점들을 u 방향으로 분할해 나간다. v가 0, $\frac{1}{3}$, $\frac{2}{3}$, 1 중 하나인 상숫값을 가지는 행들을 생각해 보면, 4개의 점으로 구성된 7개의 그룹이 나온다. 각 그룹은 상숫값인 v에 대해서 하나의 Bézier 곡선을 정의한다. 이제 u 방향으로 분할을 수행해서 매번 중점을 공유하는 4개의 점으로 구성된 2개 그룹을 만들어 낼 것이다. 이 점들은 그림 10.39에 표시되어 있다. 이 점을 16개의 점으로 구성된 4개 그룹으로 나누면서, 경계상의 점들은 공유하도록 하면(그림 10.40 참고), 각 사분면은 새로 분할된 Bézier 곡면의 제어점이 되는 16개의 점을 가지게 된다.

곡선에서의 계산과정과 비교해 보면, 새로 만들어진 컨벡스 헐이 분할과정을 중단시킬만큼 편평한지를 판정하기가 훨씬 어려워진다. 많은 렌더링 프로그램들에서는 분할 횟수를 고정시키는 방법을 쓰는데, 그 횟수는 보통 사용자가 선택할 수 있게 한다. 고품질의 렌더링이 필요한 경우에는 컨벡스 헐을 화면에 투영한 크기가 한 픽셀보다 작아질 때까지 분할을 계속하도록 할 수 있을 것이다.

10.10 Utah 찻주전자

3차 Bézier 곡면 단편들을 순환적으로 분할해 나가는 예제를 보이면서 매개변수형 곡면에 대한 이야기들을 마무리짓겠다. 여기서 보게 될 객체는 Utah **찻주전자**(Utah teapot)이라고 알려져 왔다. 찻주전자에 대한 데이터는 다양한 렌더링 알고리즘들을 테스트하기 위해서 Utah 대학(University of Utah)의 Mike Newell이 만든 것이다. 이 데이터들은 그래픽스 분야에서 30년 이상 사용되어 왔다. 찻주전자 데이터는 32개의 쌍3차 Bézier 곡면 단편(bicubic Bézier patch)을 만들어 내는 제어점으로 구성되어 있다. 이 데이터는 306개의 정점으로 주어진다. 처음 12개의 곡면 단편들은 찻주전자의 몸체를 정의한다. 다음 4개는 손잡이를 정의하고 그 다음 4개는 주둥이를 정의하며 그 뒤의 8개는 뚜껑을 정의하고 마지막 4개는 바닥을 정의한다. 이 데이터들은 손쉽게 구할 수 있다.

설명을 위해서, 각 곡면 단편들은 n번 분할한 후에, 최종적으로 나오는 정점들을 각 곡면 단편의 네 모서리를 연결하는 선분이나 다각형들로 렌더링한다고 가정하자. 따라서, 마지막 단계의 출력은 (선분의 경우는) 다음 함수로 수행될 것인데(곡면을 보간할), 4개의 제어점을 배열에 추가한 후 나중에 선분이나 삼각형으로 렌더링할 것이다.

```
void draw_patch(point4 p[4][4])
{
    points[n] = p[0][0];
    n++;
    points[n] = p[3][0];
    n++;
    points[n] = p[3][3];
    n++;
    points[n] = p[0][3];
    n++;
}
```

하나의 3차 곡선 c에 대한 곡선 단편 분할함수는 `point4` 자료형을 사용해서 다음과 같이 만들 수 있다.

```
void divide_curve(point4 c[4], point4 r[4], point4 l[4])
{

/* Bezier 곡선의 컨벡스 헐 내부 분할 */

    int i;
    point4 t;
    for (i=0; i<3; i++)
    {
```

```
        l[0][i]=c[0][i];
        r[3][i]=c[3][i];
        l[1][i]=(c[1][i]+c[0][i])/2;
        r[2][i]=(c[2][i]+c[3][i])/2;
        t[i]=(l[1][i]+r[2][i])/2;
        l[2][i]=(t[i]+l[1][i])/2;
        r[1][i]=(t[i]+r[2][i])/2;
        l[3][i]=r[0][i]=(l[2][i]+r[1][i])/2;
    }
    for (i=0; i<4; i++) l[i][3] = r[i][3] = 1.0;
}
```

전치행렬(transpose matrix)을 구하는 함수 transpose4를 구현했다면, 곡면 단편 분할 함수는 (조금 효율이 떨어지긴 하지만) 좀 더 쉽게 작성할 수 있다. 이제 코드는 다음과 같다.

```
void divide_patch(point4 p[4][4], int n)
{
    point4 q[4][4], r[4][4], s[4][4], t[4][4];
    point3 a[4][4], b[4][4];
    int k;
    if (n==0) draw_patch(p); /* 재귀 호출 완료 시 단편을 그린다 */

/* u 방향으로 분할 후 결과를 transpose하고,
    다시 u 방향으로 분할(즉, 실제로는 v 방향 분할) */

    else
    {
        for(k=0; k<4; k++) divide_curve(p[k], a[k], b[k]);
        transpose4(a);
        transpose4(b);
        for(k=0; k<4; k++)
            {
            divide_curve(a[k], q[k], r[k]);
            divide_curve(b[k], s[k], t[k]);
            }

/* 결과로 나온 4개 단편을 재귀적으로 분할 */

        divide_patch(q, n-1);
        divide_patch(r, n-1);
        divide_patch(s, n-1);
        divide_patch(t, n-1);
    }
}
```

음영 처리된 다각형들을 사용해서 전체 찻주전자를 렌더링하는 프로그램은 부록 A에 있다. 그 프로그램에는 전체 찻주전자 데이터가 포함되어 있다.

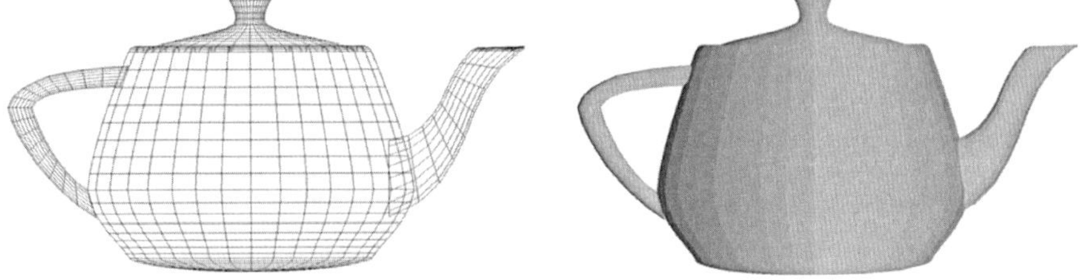

● 그림 10.41 ● 렌더링된 찻주전자들

그림 10.41은 선구조로 표시한 찻주전자와 균일 음영으로 간단하게 렌더링한 것을 보여주고 있다. 서로 다른 곡면 단편들이 서로 다른 곡률과 크기를 가지기 때문에, 전체적인 분할을 모두 같은 단계까지 하면 불필요하게 조그만 다각형들을 많이 만들어 낸다는 점에 주의한다.

10.11 대수 곡면

2차 곡선들은 NURBS 곡선의 특수한 경우로 처리해서 생성될 수 있지만, 이런 종류의 대수 객체(algebraic object)는 상당히 중요하기 때문에 여기서 따로 이야기하겠다. 2차 곡면은 10.1절에서 소개했던 대수 곡면(algebraic surface) 중에서도 가장 중요하다.

10.11.1 2차 곡면

2차 곡면(quadric surface)은 각 항이 $i + j + k \leq 2$라는 제약이 가해진 $x^i y^i z^k$ 형태의 다항식으로 구성된 음함수 형태의 대수식(implicit algebraic equation)으로 표현된다. 어떠한 2차 곡면도 다음과 같은 형태로 표현할 수 있다.

$$q(x, y, z) = a_{11}x^2 + 2a_{12}xy + a_{22}y^2 + a_{33}z^2 + 2a_{23}yz + 2a_{13}xz$$
$$+ b_1x + b_2y + b_3z + c = 0$$

이러한 곡면으로는 타원면(ellipsoid), 포물면(paraboloid), 쌍곡면(hyperboloid) 등이 있다. 이들의 일반식은 3차원 열행렬 $\mathbf{p} = [x\ y\ z]^T$를 사용해서 행렬식 형태인 다음 **2차 형식**(quadratic form)으로 쓸 수 있다.

$$\mathbf{p}^T\mathbf{A}\mathbf{p} + \mathbf{b}^T\mathbf{p} + c = 0$$

여기서 **A**와 **b**는 각각 다음과 같다.

$$\mathbf{A} = \begin{bmatrix} a_{11} & a_{12} & a_{13} \\ a_{12} & a_{22} & a_{23} \\ a_{13} & a_{23} & a_{33} \end{bmatrix} \qquad \mathbf{b} = \begin{bmatrix} b_1 \\ b_2 \\ b_3 \end{bmatrix}$$

A, **b**, c에 포함된 10개의 독립적인 계수들이 주어진 2차 곡면을 결정한다. 그렇지만, 분류의 편의를 위해서 주어진 2차 곡면에 일련의 회전(rotation)과 이동(translation)을 적용시켜서 표준형(standard form)으로 바꿀 수도 있다. 이때, 곡면의 종류는 변하지 않는다. 3차원에서는 이러한 변환 과정을 다음과 같이 쓸 수 있다.

$$\mathbf{p}' = \mathbf{Mp} + \mathbf{d}$$

위의 치환과정은 행렬 **A**를 $\mathbf{M}^T\mathbf{AM}$로 대체한 새로운 2차 형식을 만들어낸다. 어떤 경우든, 행렬 **M**은 $\mathbf{D} = \mathbf{M}^T\mathbf{AM}$을 대각행렬(diagonal matrix)로 만드는 회전행렬이 되게 할 수 있다. 행렬 **D**의 대각선 상 성분들은 2차 곡면의 종류를 결정한다. 예를 들어, 타원체의 식에서 최종적인 2차 형식은 항상 다음과 같은 형태가 되고, 이때의 모든 계수들은 양수가 된다.

$$a'_{11}x'^2 + a'_{22}y'^2 + a'_{33}z'^2 - c' = 0$$

어파인 변환을 사용해서 표준형으로 변환시킬 수 있으므로, 2차 곡면은 어파인 변환에 대해 보존되며, 따라서 다른 표준 기본요소들과도 잘 들어맞는다는 점에 유의하라.

10.11.2 광선 투사에 의한 곡면의 렌더링

2차 곡면과 어떤 광선(ray)과의 교차점은 스칼라 2차식을 풀어서 찾을 수 있기 때문에 2차 곡면은 렌더링하기가 쉽다. 점 $\mathbf{p}_0$에서 **d** 방향으로 나아가는 광선은 다음과 같이 매개변수형으로 표현할 수 있다.

$$\mathbf{p} = \mathbf{p}_0 + \alpha\mathbf{d}$$

이 식을 2차 곡면의 식에 대입하면, 다음과 같은 α에 대한 스칼라 방정식이 구해진다.

$$\alpha^2\mathbf{d}^T\mathbf{Ad} + \alpha\mathbf{d}^T(\mathbf{b} + 2\mathbf{Ap}_0) + \mathbf{p}_0^T\mathbf{Ap}_0 + \mathbf{b}^T\mathbf{d} + c = 0$$

다른 2차식들과 마찬가지로, 이 식에 대해서 0개, 1개 또는 2개의 실근(real solution)을 찾을 수 있다. 이 결과는 2차 곡면을 프레임 버퍼에 렌더링할 때 사용하거나, 광선 추적 계산의 일부로 사용할 수 있다. 또한, 다음과 같이 미분을 취해서 법선 벡터를 계산할 수 있기 때문에 2차 곡면 상 모든 점들에 대해서 표준 음영 모델을 적용할 수도 있다.

$$\mathbf{n} = \begin{bmatrix} \frac{\partial q}{\partial x} \\ \frac{\partial q}{\partial y} \\ \frac{\partial q}{\partial z} \end{bmatrix} = 2\mathbf{A}\mathbf{p} - \mathbf{b}$$

이러한 렌더링 방법은 어떠한 대수 곡면으로도 확장할 수 있다. 다음과 같은 대수 곡면이 있다고 가정해 보자.

$$q(\mathbf{p}) = q(x, y, z) = 0$$

렌더링 파이프라인을 처리하는 과정에서 투영중심으로부터 각 픽셀들을 지나가는 광선을 투사할 수 있다. 이때 각각의 광선들은 다음과 같은 매개변수 형식으로 쓸 수 있다.

$$\mathbf{p}(\alpha) = \mathbf{p}_0 + \alpha\mathbf{d}$$

이 수식을 q에 대입해서, 다음과 같이 α에 대한 음함수 다항식을 얻게 된다.

$$q(\mathbf{p}(\alpha)) = 0$$

수치적 방법으로 교차점을 찾을 수도 있고, 2차 곡면이라면 2차 식을 직접 풀어서 교차점을 찾을 수도 있다. 최고차 항이 $x^i y^j z^k$ 형태라면, 최고 $i + j + k$개의 교차점을 가질 수 있고, 경우에 따라서는 렌더링에 상당한 시간이 요구될 수도 있다.

10.12 분할 곡선과 곡면

10.9.2절의 분할 공식을 조금 다른 관점에서 다시 살펴보자. 4개의 점 $\mathbf{p}_0$, $\mathbf{p}_1$, $\mathbf{p}_2$, $\mathbf{p}_3$에서 출발해서 7개의 점을 계산했다. 이 새로운 점들을 $\mathbf{s}_0$, $\cdots$, $\mathbf{s}_6$라고 하자. 이들 점들은 그림 10.42와 같이 하나의 구분적 선형 곡선(piecewise linear curve)을 정의한다고 볼 수 있다.

이들 점들의 집합 2개 사이의 관계는 분할 공식을 사용해서 다음과 같이 표현할 수 있다.

$$\mathbf{s}_0 = \mathbf{p}_0$$

$$\mathbf{s}_1 = \tfrac{1}{2}(\mathbf{p}_0 + \mathbf{p}_1)$$

$$\mathbf{s}_2 = \tfrac{1}{4}(\mathbf{p}_0 + 2\mathbf{p}_1 + \mathbf{p}_2)$$

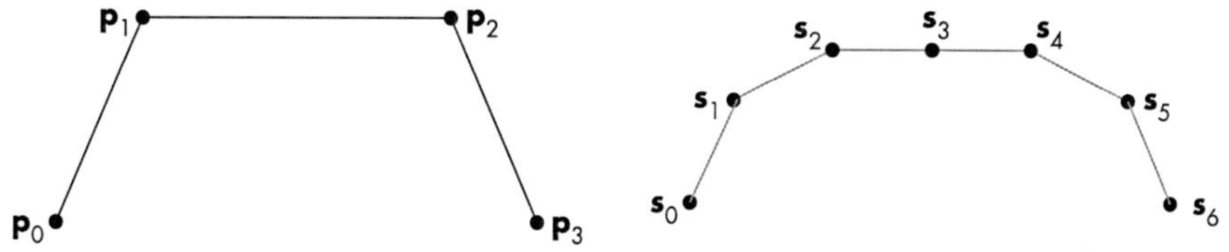

● 그림 10.42 ● (a) 4개의 점으로 결정된 구분적 선형 곡선 (b) 1번의 분할을 거친 후 구분적 선형 곡선

$$\mathbf{s}_3 = \frac{1}{8}(\mathbf{p}_0 + 3\mathbf{p}_1 + 3\mathbf{p}_2 + \mathbf{p}_3)$$

$$\mathbf{s}_4 = \frac{1}{4}(\mathbf{p}_1 + 2\mathbf{p}_2 + \mathbf{p}_3)$$

$$\mathbf{s}_5 = \frac{1}{2}(\mathbf{p}_2 + \mathbf{p}_3)$$

$$\mathbf{s}_6 = \mathbf{p}_3$$

뒤에 나온 곡선은 처음 것의 **세분**(refinement)이라고 한다. 10.9.2절에서 본 바와 같이 이 과정을 B-스플라인 곡선 자체가 될 때까지 반복해서 적용할 수 있다. 하지만, 실제로는 결과로 나온 구분적 선형 곡선들이 새로운 점들을 부드럽게 연결하기에 충분할 정도까지만 반복하기를 원할 것이다. 얼마나 많은 반복이 필요한가는 투영된 컨벡스 헐의 크기에 달려 있고, 이 컨벡스 헐의 크기는 카메라 설정으로부터 결정될 것이다. 따라서, 세밀한 정도를 조절해 가면서 곡선을 렌더링할 수 있는 방법을 구한 셈이다.

이 아이디어 또는 이것이 가져오는 이득은 B-스플라인에만 제한된 것이 아니다. 지난 몇 년간, 이러한 **분할 곡선**(subdivision curve)들을 생성하는 다양한 방법들이 출현했다. 어떤 것들은 ($\mathbf{p}_0$나 $\mathbf{p}_3$에서와 같이) 점들을 보간하게 되고, 다른 것들은 원래의 점들을 일체 보간하지 않는 경우도 있다. 하지만, 어떤 경우든, 세분된 곡선은 항상 부드러운 곡선으로 수렴해 간다.

10.12.1 메시 분할

다음으로는 위에서 설명한 아이디어들을 곡면에는 어떻게 적용할 수 있을지 알아보자. 이런 아이디어들의 이론적인 면과 실제적인 면을 모두 다루는 **분할 곡면**(subdivision surface)이 이미 나와 있다. 일반적인 분할방법을 다루기 보다는 삼각형 메시(triangle mesh)나 사각형 메시(quadrilateral mesh)에 초점을 맞추겠다. 실제로, 많은 모델링 프로그램들이 이런 형태의 메시들이나 하나의 삼각형 메시 또는 사각형 메시를 생성한다. 좀 더 일반적인 메시를 다루어야 한다면, 분할과정을 거쳐서 원래의 메시를 삼각형이나 사각형으로만 구성된 메시들로 바꿀 수도 있다.

임의의 메시에 Catmull-Clark 방법을 사용해서 사각형 메시를 만들 수 있다. 우선,

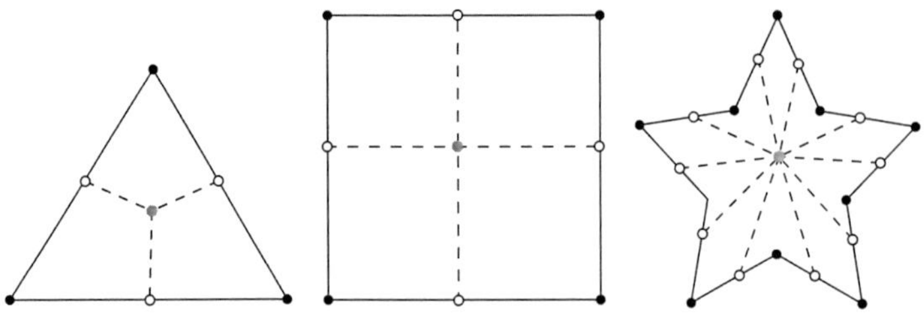

● 그림 10.43 ● 다각형의 분할, (a) 삼각형 (b) 직사각형 (c) 별모양 다각형

각 변들을 반으로 나누어서 그 중점에 새로운 정점을 만든다. 또, 각 다각형의 정점들을 평균해서 계산해 낸 **중심**(centroid) 위치에 정점을 추가한다. 이제 원래의 정점을 그 양쪽에 새로 생성한 정점들과 연결하고, 이들 새로운 2개 정점을 중심과 연결한다. 그림 10.43은 단순한 형태의 다각형들에 대한 분할과정을 보여준다. 어떤 경우에서든 분할과정의 결과로 사각형 메시가 생성됨에 유의하라.

사각형 메시가 만들어지고 나면, 연속적인 분할로 더 세밀한 사각형 메시를 만들 수 있음은 분명하다. 하지만, 더 부드러운 곡면을 만들기 위해서는 조금 더 처리해 줄 것이 있다. 특히, 정점들에서 가능한 한 높은 연속성을 보장하려고 한다.

다음 처리과정을 생각해 보자. 제일 먼저 각 다각형의 평균 위치, 즉 중심을 계산한다. 이제, 각 정점은 그 정점을 포함하는 모든 다각형들의 중심을 평균해서 구한 새로운 위치로 대신한다. 이 시점에, 더 부드러운 곡면이 구해지긴 했지만, 가수가 4가 아닌 정점들에서는 부드러운 정도가 급격하게 변하는 것을 볼 수 있다. Catmull-Clark 방법에서는 추가로 한 단계를 더 수행해서 더 부드러운 곡면을 만들어낸다. 가수가 4가 아닌 정점들은 다음 계산 결과로 대체한다.

$$\mathbf{p} = \mathbf{p}_0 + \frac{4}{k}\mathbf{p}_1$$

여기서 $\mathbf{p}_0$, $\mathbf{p}_1$은 각각 평균 처리를 하기 전후의 정점 위치이고, k는 해당 정점의 가수이다. 한 정점의 **가수**(valence)는 그 정점을 공유하는 다각형의 개수이다. 이 방법은 모서리 부근의 가장자리 정점들을 다른 가장자리 정점들보다 더 이동시키는 경향이 있다. 그림 10.44는 이 과정을 직사각형 1개에 적용하는 과정을 보여준다. 그림 10.44(a)에서 원래의 정점들은 검은색으로, 가장자리 중점에 위치한 정점들은 흰색으로 표시했다. 원래 다각형의 중심은 한가운데 있는 회색 정점이고, 분할된 다각형들의 중심은 색깔 있는 정점들로 표시했다. 그림 10.44(b)는 평균 처리에 의한 정점의 이동을 보여준 것이고, 그림 10.44(c)는 수정된 값을 적용한 Catmull-Clark 분할의 최종 결과이다.

위의 방법은 삼각형들로만 구성된 메시에 대해서는 작동하지 않는데, 내부 점들이

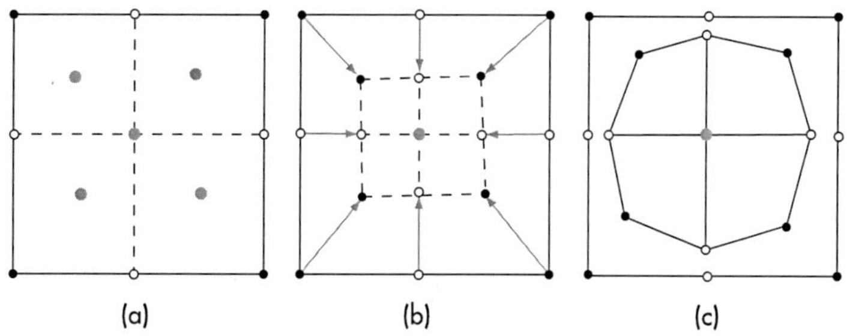

● 그림 10.44 ● Catmull-Clark 분할

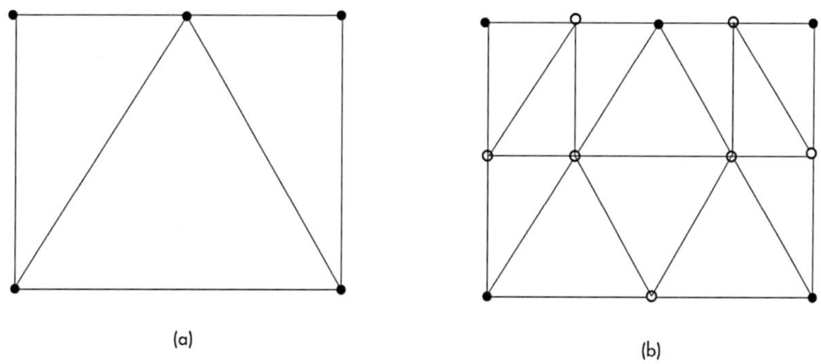

● 그림 10.45 ● 루프 분할, (a) 삼각형 메시 (b) 1번 분할한 후의 삼각형들

상당히 높은 가수를 가지는 데다, 세분(refinement)시킨 후에도 그 값이 변하지 않기 때문이다. 삼각형 메시에 대해서는 *Loop 분할*(Loop subdivision)이라는 간단한 방법이 있는데, 여기서는 일반적인 방법의 한 변형으로 설명할 수 있다. 우선 각 삼각형들은 각 변의 중점들을 연결해서 4개의 삼각형을 만드는 식으로 표준적인 분할과정을 수행한다. 이전과 비슷하게 진행해 나가는데, 다만 움직이려는 정점에는 1/4의 가중치를 두고, 삼각형의 다른 2개의 정점에는 3/8의 가중치를 두어서 중심을 계산한다. 이제 Catmull-Clark 방법에서 했던 것과 비슷하게 평균 처리의 전후의 정점들에 대해서 가중 평균을 구해서 더 부드러운 곡면을 구할 수 있다. Loop의 방법은 이때의 가중치로 $\frac{5}{3} - \frac{8}{3}\left(\frac{3}{8} - \frac{1}{4}\cos\left(\frac{2\pi}{k}\right)\right)^2$을 사용한다. 그림 10.45는 간단한 삼각형 메시와 분할 후의 결과를 보여준다.

컬러 그림판 29의 그림은 분할 곡면을 사용해서 구한 것이다. 그림 10.46은 분할-곡면 알고리즘으로 생성된 일련의 메시들과 그 중 가장 고해상도 메시를 렌더링한 곡면이다. 원래의 메시에는 서로 다른 가수를 가지는 다양한 개수의 변과 정점들을 가지는 다각형들이 포함되어 있다는 것에 주목하라. 또한, 메시가 분할되어 갈수록 더 부드러운

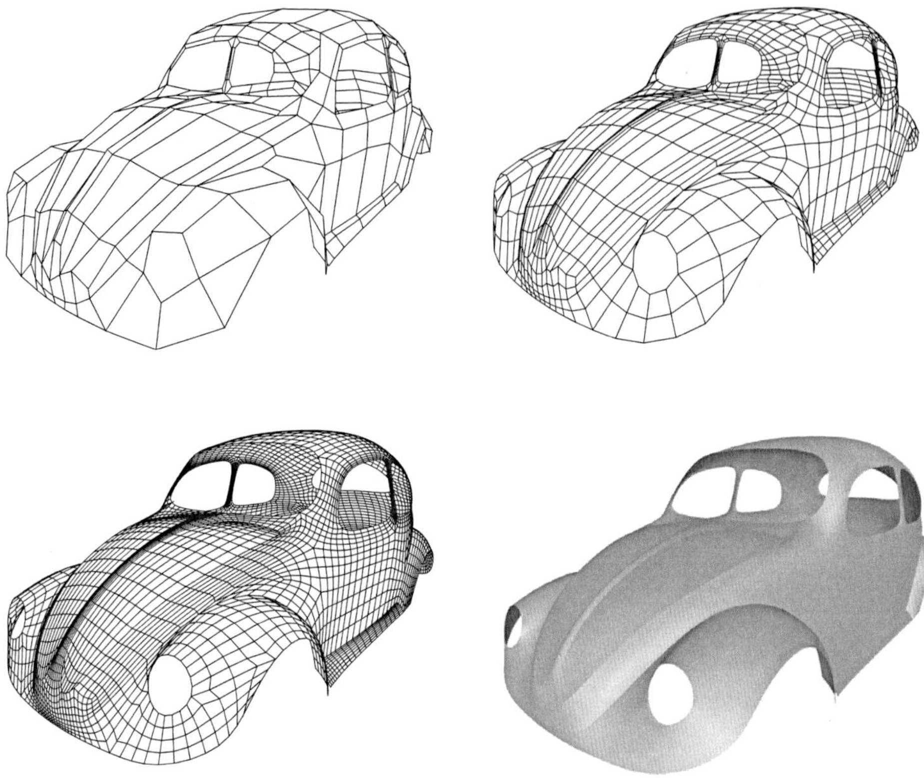

● 그림 10.46 ● 다각형 메시의 연속적인 분할과 렌더링한 곡면
(Caltech Multi-Res Modeling Group의 허가를 받았음)

곡면이 됨에 유의한다.

공유된 변들에 새로운 정점을 삽입하더라도 일관성을 보장하는 자료 구조라든지 하는 교묘한 방법들은 여기서 다루지 않았다. 이 장의 뒤에 있는 참고문헌들이 도움이 될 것이다.

10.13 데이터로부터의 메시 생성

모든 예제들에서 데이터는 사각 그리드의 각 교차점에 주어지거나, 일반적인 그래프 구조의 노드에 주어진다고 가정했다. 많은 경우 어떤 표면에서 그 위치들이 추출되었지만, 서로 구조화되어 있지는 않다. 즉, 위치들은 주어지지만 어느 것들이 서로 연관되었는지는 알 수 없다.

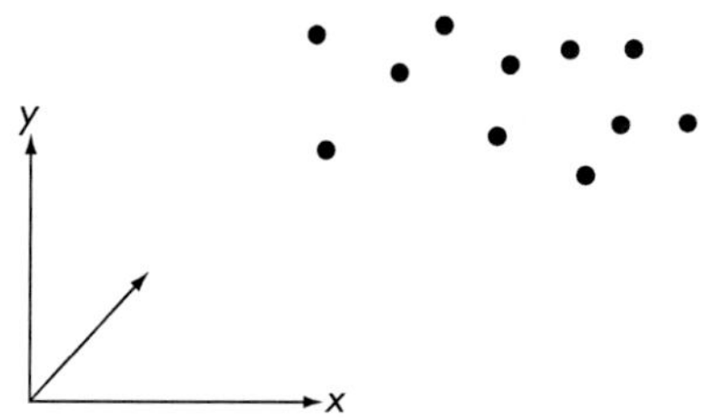

● 그림 10.47 ● 높이 데이터

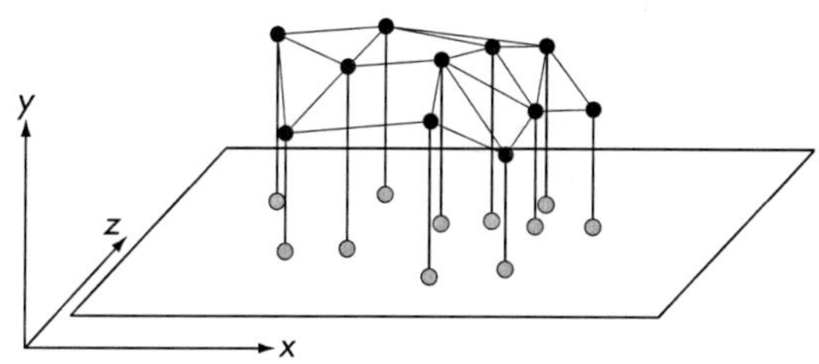

● 그림 10.48 ● $y = 0$ 평면에 투사된 높이 데이터

10.13.1 높이값의 재발견

그런 형태의 자료들이 나오는 예로는, 항공기나 위성에서 지표면상의 여러 점들에 대해서 고도를 무작위로 측정하는 지형학 분야가 있다. 4장에서 다루었던 높이값들은 지표면에 대응되는 $y = 0$ 평면에서 사각 그리드의 높이를 측정했다. 따라서, 이들 높이값은 행렬에 y_{ij} 형태로 저장되었다. 반면 지형학에서는 무작위로 임의의 위치에서 데이터를 얻으므로, 자료가 $\{x_i, y_i, z_i\}$ 형태로 시작한다. 지형학 예제에서는 모든 점들이 같은 표면 위에 있는 구조가 되고, 어떠한 두 점도 같은 x_i, z_i를 가질 수는 없다. 그림 10.47은 $y = 0$ 평면보다 위에 있는 점들을 보여준다. 이들은 그림 10.48과 같이 $y = 0$ 평면에 투영될 수 있다. 이들을 그림 10.49와 같이 삼각형 메시로 연결하는 알고리즘을 찾고자

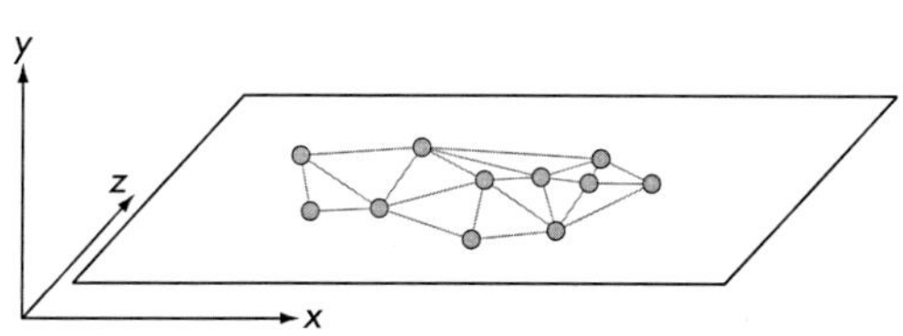

● 그림 10.49 ● 삼각형 메시

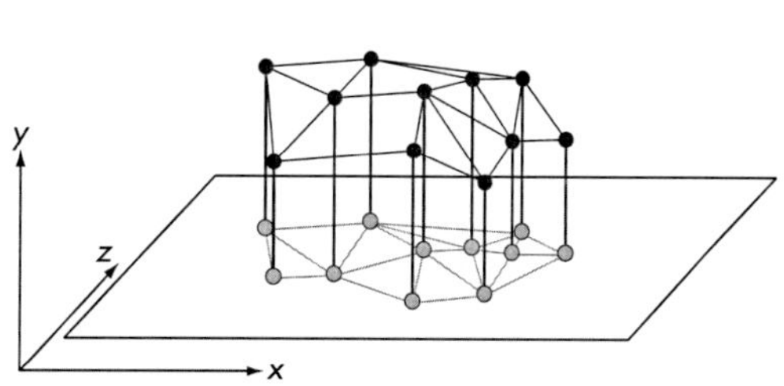

● 그림 10.50 ● 3차원 메시

한다. 평면 상 삼각형 메시는 원래의 데이터들을 삼각형으로 연결하도록 역투영될 수 있다. 이들 3차원 삼각형들은 원래 데이터들을 근사하는 값으로 렌더링될 수 있다. 그림 10.50은 이러한 메시를 보여준다.

다음 절에서는 평면 상의 점들에서 삼각형 메시를 어떻게 얻는지를 설명하겠다.

10.13.2 Delaunay 삼각 분할

평면상에 점들이 주어지면, 이들을 꼭짓점으로 하는 삼각형 메시를 형성하는 다양한 방법들이 있다. 볼록 사각형을 설정하는 4개의 꼭짓점에 대해서도 대각선을 어떻게 그리느냐에 따라, 삼각형 2개를 얻는 방법이 2가지 나온다. n개의 꼭짓점을 가지는 메시에 대해서는 $n - 2$개의 삼각형이 나오지만, 이런 메시를 삼각 분할하는 방법은 매우 다양하다. 그래픽스 관점에서는 주어진 꼭짓점으로 만들어내는 메시들이 모두 동등하지는 않다. 그림 10.51과 같이 4개의 점을 삼각 분할하는 경우를 보자. 우리는 변들이 교차하는 메시를 원하지 않으면서, 검정으로 표시된 4개의 가장자리 변들은 반드시 메시에 들어가기를 원한다. 이들이 4개의 점들에 대한 컨벡스 헐을 형성함에 유의하라. 따라서, 우리는 대각선을 선택할 수 있을 뿐이다. 그림 10.51(a)에서는 2개의 길다란 삼각형이 나왔고, 그림 10.51(b)에서는 좀 더 탄탄한 삼각형들이 만들어진다. 길고 가느다란 삼각형들은 꼭짓점에서의 속성들을 보간하는 과정에서 좋지 않은 렌더링 결과가 나올 수 있으므로, 두 번째 방법을 선호한다.

보통 어떤 삼각형이 정삼각형에 가까울수록 렌더링 결과가 좋아진다. 좀 더 수학적으로는 내각의 최솟값이 커질수록 더 좋은 삼각형이 된다. 같은 점들에서 나온 2개의 삼각형 메시를 비교할 때, 메시 내 모든 삼각형들에서 내각의 최솟값이 더 큰 메시가 더 좋은 메시라고 할 수 있다. 많은 수의 삼각형에 대해서는 그러한 메시를 결정하기가 까다롭지만, 내각의 최솟값을 크게 하는 쪽으로 접근할 수 있다.

메시의 일부분이 되는 평면 상의 점들을 고려해 보자(그림 10.52). 꼭짓점 v는 삼각형 a, v, c 또는 v, c, b 중 하나에 들어가서 메시의 일부가 되어야 한다. 평면상 세 점은 이들을 지나가는 유일한 원을 하나 결정한다. a, v, c가 만들어내는 원은 다른 점을 포함하지 않지만, v, c, b가 만들어내는 원은 포함한다. 또한, a, v, c로 만들어지는 삼각형은 v, c, b로 만들어지는 삼각형보다 최소 내각값이 더 커진다. 이 두 삼각형은 하나의 변을 공유하므로, 둘 중 하나만 메시에 포함되어야 한다.

위의 관찰 결과가 Delaunay **삼각 분할**(Delaunay triangulation)이라는 전략을 만들

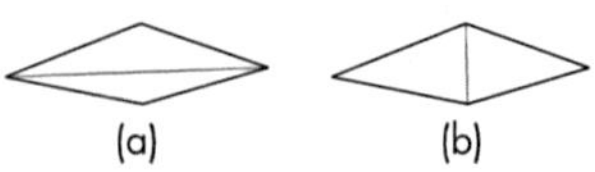

● 그림 10.51 ● 사각형의 2가지 분할방법

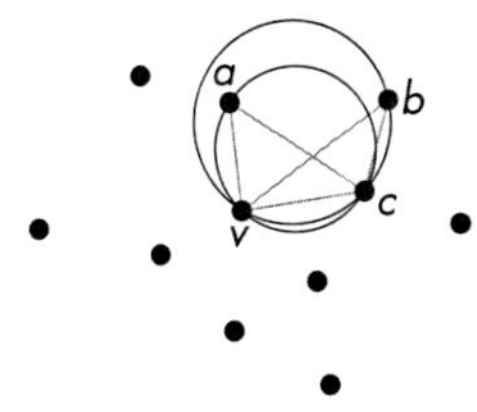

● 그림 10.52 ● 삼각 분할에서 얻어지는 원들

어 낸다. 평면상에 n개의 점이 주어지면, Delaunay 삼각 분할은 다음과 같은 성질을 가지고, 각각은 삼각 분할을 정의하기에 충분하다.

1. Delaunay 삼각 분할 후 삼각형은 그 꼭짓점을 지나는 원 내부에 다른 꼭짓점을 전혀 포함하지 않는다.
2. Delaunay 삼각 분할 후 각 변은 양 꼭짓점을 지나면서 그 내부에 다른 꼭짓점을 포함하는 원이 존재하지 않는다.
3. 삼각 분할 후 각 삼각형에서 내각을 측정하면, Delaunay 삼각 분할은 최소 내각 값이 가장 크다.

위 성질들에 대한 증명은 이 장의 끝에 있는 참고문헌에 들어 있다. 세 번째 성질은 이 삼각 분할이 컴퓨터 그래픽스에 적합하다는 의미이다. 앞의 두 가지 성질은 어떻게 삼각 분할을 할지 알려준다.

그림 10.53에서 보는 바와 같이, 주어진 꼭짓점들을 모두 내부에 포함하는 삼각형의 세 꼭짓점을 추가한다. 이 추가된 꼭짓점들과 이들을 연결하는 변들은 마지막에 제거된다. 원래의 데이터들 중에서 임의로 하나를 골라서, 꼭짓점 v라 하고, 그림 10.54와 같이 새로 추가된 세 꼭짓점들과 연결해서 3개의 삼각형을 만든다. 이제까지의 4개 꼭짓점으로 만들어지는 원들은 내부에 다른 꼭짓점을 포함하지 않으므로, 아직까지는 별도의 테스트가 필요하지 않다.

남은 꼭짓점들에서 다시 무작위로 꼭짓점 u를 고른다. 그림 10.55와 같이 이 꼭짓점은 a, v, c로 구성된 삼각형의 내부에 포함되고, 여기서 만들어진 새로운 삼각형 3개는 아직까지 문제를 일으키지 않는다. 하지만, a, v를 연결하는 변은 a, u, v, b로 이루어진 사각형의 대각선이 되고, a, u, v를 지나는 원은 내부에 b를 포함하고 있다. 따라서 이 변을 사용하게 되면 Delaunay 삼각 분할의 조건을 위배하게 된다. 이 문제에 대해서는 간단한 해결책이 있다. 해당 사각형의 다른 대각선을 취해서 a, v를 연결하는 대각선 대신 u, b를 연결시키는 소위 **플리핑**(flipping) 연산을 하면 된다. 최종 결과는 그림 10.56에 나와 있다. 이제 u, v, b를 지나가는 원은 어떠한 꼭짓점도 포함하지 않고, 다른 삼각

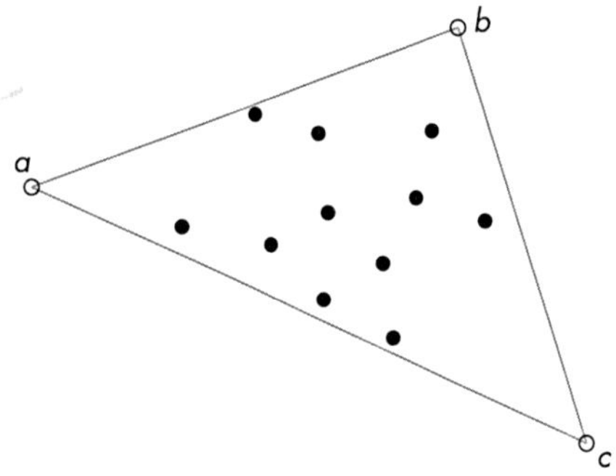

● 그림 10.53 ● Delaunay 삼각 분할의 시작

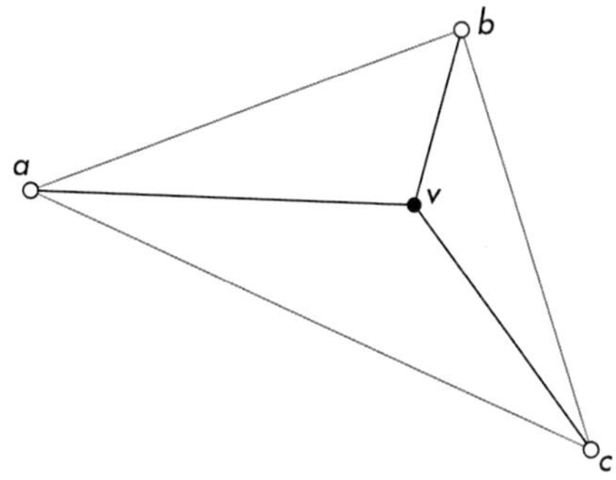

● 그림 10.54 ● 최초의 데이터 점을 추가한 후의 삼각 분할

형들을 지나가는 원들도 모두 그렇게 된다. 따라서, 이제 꼭짓점 일부에 대한 Delaunay 삼각 분할이 완성되었다.

원래의 꼭짓점에서 무작위로 점 하나를 더 가져오고, 필요하면 플리핑을 수행하는 과정을 계속한다. 새로 추가한 꼭짓점에서 대응되는 변만 필리핑하는 것이 충분하지 않을 수도 있다는 점에 유의하라. 어떤 변을 플리핑하면, 다시 다른 변을 플리핑할 필요가 생길 수도 있으므로, 전체 과정은 재귀적일 수 있다. 플리핑 연산은 전체적인 개선을 가져오므로, 매번 추가된 꼭짓점마다 추가과정은 반드시 끝이 나게 되어 있다. 모든 꼭짓점을 추가한 후에는 시작할 때 추가한 세 꼭짓점들과 이들에 연결된 모든 변들을 제거할 수 있다. 평균적으로, 이 삼각 분할 과정은 $O(n \log n)$ 시간 복잡도를 가진다.

메시를 평면에서 만든 후에, 원래의 데이터 점들로 역투영하므로, 잠재적인 문제가 생길 수 있다. 평면에서는 거의 같은 크기의 내각들을 가지던 삼각형이 막상 3차원에서

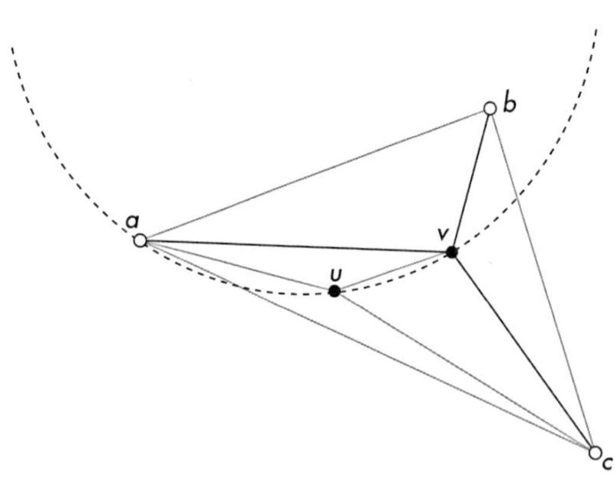

● 그림 10.55 ● 추가한 꼭짓점에서는 플리핑 연산이 필요하다

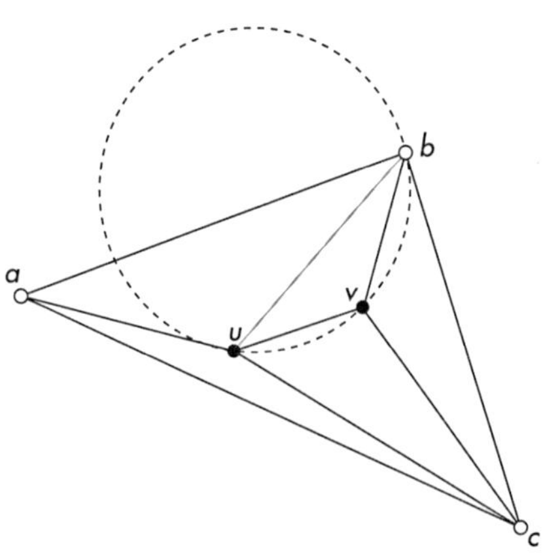

● 그림 10.56 ● 플리핑 후의 메시

해당되는 꼭짓점들을 연결했더니, 그렇게 좋은 내각을 가지지 못할 수도 있다. 한 가지 가능한 방법은 원래의 꼭짓점들을 평면에 투영하는 대신, 아예 3차원 데이터들에 대해서 비슷한 전략을 적용하는 것이다. 4개의 꼭짓점에 대해서 이들을 지나가는 유일한 구를 정의할 수 있다. 따라서, 구 내부에 다른 데이터 점들이 포함되지 않도록 3차원 Delaunay 삼각 분할을 정의하여 4개의 점들로 사면체(tetrahedron)를 만들어 내는 것이다. 불행하게도, 이런 방식은 평면에서의 Delaunay 삼각 분할에 비해 월등히 많은 계산량을 필요로 한다.

10.13.3 포인트 클라우드

Delaunay 삼각 분할은 데이터가 $2\frac{1}{2}$차원이라는 가정을 바탕으로 한다. 즉, 이들 데이터가 하나의 표면에서 왔으므로, 평면상의 투영으로부터 복구 가능하다고 본다. 많은 경우 전혀 구조화되지 않은 데이터가 올 수도 있고, 이들이 매우 거대할 수도 있다. 예를 들어, 레이저 스캐너는 단시간에 수천만 개의 점들을 쏟아낼 수 있다. 이러한 데이터 집합들을 포인트 클라우드(point cloud)라고 한다. 흔히, 이런 자료들은 포인트 그대로 출력된다. OpenGL에서는 곡면과 마찬가지로, 점들도 셰이딩이 가능하므로, 셰이딩이 적용된 점들이 밀집된 모양은 특히 카메라를 대화형으로 조작하게 해주면, 3차원 구조물을 보여 줄 수 있다.

요약

다시 한 번, 이 장에서도 어렵고도 중요한 주제의 표면만을 겨우 살펴 보았을 뿐이다. 또한 다시 한 번, 그래픽스 시스템에서 OpenGL과 같은 표준 API를 사용해서 무엇을 할 수 있는가에 초점을 맞추었다. 이러한 관점에서는 매개변수형 Bézier 곡선과 곡면을 사용하는 것에 많은 장점이 있다. 필요한 데이터들은 모두 대화식으로 입력되거나 수정될 수 있는 점들이기 때문에 매개변수 형식은 안정적이면서도 대화식으로 사용하기가 쉽다. Bézier 곡선과 곡면에 대한 분할 알고리즘은 사용자가 원하는 정밀도 대로 생성되는 객체들을 렌더링할 수 있도록 해준다.

비록 Bézier 곡면들이 렌더링하기는 쉽지만, 스플라인 쪽이 더 많은 부드러움과 제어성을 제공해 줄 수 있다는 것을 보았다. 참고문헌에 있는 문헌들에서는 CAD 분야에서 사용되는 스플라인의 많은 변형들을 논의하고 있다.

2차 곡면은 광선 추적방법에서 널리 사용되고 있는데, 이것은 광선과 2차 곡면의 교차점들은 스칼라 2차 방정식을 풀기만 하면 구할 수 있기 때문이다. 광선과 어떤 다각형을 포함하는 평면과의 교차점을 구한 후에, 그 교차점이 다각형의 내부에 있는지를 결정하는 것은 2차 곡면에 대한 교차점을 구하는 것보다 더 어려울 수 있다. 따라서 많은 광선 추적 프로그램들에서는 무한 평면(infinite plane), 2차 곡면, 볼록 다각형(convex polygon) 등만 사용할 수 있도록 하기도 한다.

분할 곡면은 2가지 이유에서 더욱 더 중요해지고 있다. 첫 번째로, 상용 하드웨어들이 꽤 빠른 속도로 다각형들을 렌더링할 수 있기 때문에 많은 수의 다각형들을 사용해서 원하는 만큼의 부드러움을 달성하는 쪽이 더 적은 수의 곡면 단편들을 쓰는 것보다 훨씬 더 빠르게 렌더링될 수 있다. 하지만, 곡면 렌더링 기능이 래스터화 단계에 보강된다면 향후의 하드웨어에서는 이런 장점에 변화가 올 수도 있다. 두 번째로, 분할 곡면은 원하는 세밀도로 렌더링할 수 있기 때문에, 어떤 곡면이 화면 상 작은 부분으로 투영된다면 그 곡면을 세밀하게 분할해서 그리지는 않도록 함으로써 분할 기법을 매우 효과적으로 사용할 수 있다.

참고문헌

Farin의 책 [Far88]은 곡선과 곡면에 대한 탁월한 소개를 제공한다. 이 책에는 Bézier 자신이 쓴, 그와 deCasteljau가 거의 동시에 같은 곡면을 발견했는데도 자신의 이름이 붙은 것에 대해 언급한 서문도 들어 있다. 불행하게도 deCasteljau의 결과가 기록된 기술 보고서(technical report)는 출판되지 못했고, 덕분에 deCasteljau는 최근까지도 마땅히 받았어야 할 명예를 인정받지 못했었다. Rogers[Rog90], Foley[Fol90], Bartels[Bar87], Watt[Wat00] 등의 책들은 이 외에도 다양한 형태의 스플라인들을 설명하고 있다. NURBS에 대한 소개를 원하면 Rogers의 책 [Rog00]을 참고하라. Catmull-Rom 스플라인은 [Cat75]에서 제안되었다.

Faux의 책 [Fau80]은 곡선과 곡면을 좌표와 무관하게 처리하는 접근방법과 Frenet 프레임에 대해서 논의하고 있다.

Glassner가 편집한 책 [Gla89]은 주로 광선 추적 기법을 설명하지만, Haines가 작성한 1개 절에는 2차 평면이나 다른 대수적 평면들을 다루는 데에 대해서 상당한 자료를 담고 있다.

분할 곡선이나 평면에 대해서는 최근 많은 연구들이 행해지고 있다. 이 분야에서 유망한 연구들을 보려면 [Che95], [Deb96], [Gor96], [Lev96], [Sei96], [Tor96] 등을 참고하라. 이 장에서는 [War04]의 방법을 따라갔다. Catmull-Clark 분할은 [Cat78]에서 제안되었었다. [War03], [Sta03] 등도 참고하라. Delaunay 삼각 분할은 대부분의 계산 기하학 책들에서 다루고 있다. [deB08]을 참고하라.

연습문제

10.1 대수 평면 $f(x, y, z) = 0$을 생각해 보자. 여기서 f의 각 항은 x, y, z에 대해서 최고 m승까지의 항을 가지고 있다. f에는 최대 몇 개의 항이 있을 수 있는가?

10.2 양함수형태의 식 $y = f(x)$와 $z = g(x)$를 생각해 보자. 이들은 어떤 종류의 곡선들을 표현할 수 있는가?

10.3 다항식 $p(u) = \sum_{k=0}^{n} c_k u^k$가 있다고 가정해 보자. 구간 (a, b)에서 p의 각 점들에 대해서 $0 \le v \le 1$의 범위를 가지는 v에 대한, $p(u) = q(v)$인 점이 존재하는 다항식 $q(v) = \sum_{k=0}^{n} d_k v^k$를 구하라.

10.4 3차 보간 곡선을 정의하기 위한 4개 제어점들이 매개변수 u의 유일한 값들에 대해서 정의되어 있기만 하다면, 보간 기하 행렬이 항상 존재함을 증명하라.

10.5 구간 내에서, Bernstein 다항식은 1보다 작아야 함을 증명하라.

10.6 3차 스플라인의 C^2 연속성을 증명하라.

10.7 적절한 제어점들을 택하거나 같은 개념으로 적절한 컨벡스 헐을 택함으로써 어떤 3차 다항식을 3차 Bézier 다항식으로 쓸 수 있음을 10.9절에서 보였었다. 이 사실을 이용해서 어떤 보간 곡선을 OpenGL에서 제공하는 Bézier 렌더링 방법을 사용해서 어떻게 렌더링할 수 있는지를 보여라.

10.8 2차 곡면에 대한 동차 좌표 표현을 구하라.

10.9 Bézier 곡면 단편을 적응적 분할 방법으로 렌더링하여 각각의 단편들이 서로 다른 횟수만큼 분할된다고 가정해 보자. 단편들의 경계를 따라갈 때 그 부분에서 연속성을 유지할 수 있는가? 당신의 대답을 설명하라.

10.10 제어점들을 입력하면, 이 데이터에 대한 보간 곡선, B-스플라인 곡선, Bézier 곡선을 생성하는 OpenGL 프로그램을 작성하라.

10.11 어떤 객체를 애니메이션의 일부로 쓰이기 위한 그 객체의 시간에 따른 경로를 표현하기 위해, 스플라인 곡선들을 사용한다고 가정해 보자. 이런 상황에서, G^1과 C^1 연속성 의 차이를 어떻게 알아차릴 수 있겠는가?

10.12 대화형으로 입력하는 임의의 개수의 점들로부터 3차 Bézier 곡선을 생성하는 프로그램을 작성하라. 사용자는 대화식으로 제어점들을 다룰 수 있어야 한다.

10.13 Bézier 곡면 단편의 편평한 정도를 검사하는 간단한 방법을 구하라.

10.14 매듭점으로 {0, 0, 0, 0, 1, 1, 1, 1}, 가중치로 $w_0 = w_2 = 1$과 $w_1 = w$를 가지는 개방 유리 2차 B-스플라인(open rational quadratic B-spline)을 구하라.

10.15 연습문제 10.14의 결과를 이용하여 $0 \le r \le 1$에 대하여 $w = \frac{r}{1-r}$이면, 모든 원추 단면(conic section)을 구할 수 있음을 보여라. 힌트: $r < \frac{1}{1}$와 $r > \frac{1}{2}$로 나누어서 생각해 보라.

10.16 Hermite 배합함수가 0이 되는 값들을 찾아라. 이들 0이 되는 값들이 Hermite 곡선이 구간 내에서 부드럽다는 것을 의미하는 이유를 설명하라.

10.17 Hermite 곡면 단편을 위한 제어점 데이터와 그 곡면 단편의 모서리에서의 미분 값들 사이의 관계는 무엇인가?

10.18 1024 × 1280 해상도를 가지는 디스플레이 화면에 대해서 3차 다항식 곡면을 렌더링하기 위해서 필요한 최대 분할 횟수는 얼마인가?

10.19 세 점 P_0, P_1, P_2가 있다고 가정하자. 우선, 연속된 점들끼리 매개변수 u가 0에서 1까지 변하는 매개변수형 선분으로 연결하라. 다음으로, 두 선분 상에서 같은 u 값을 가지는 점들끼리 연결시킨 선분을 선형 보간하고, 이 선형 보간된 선분 상에서 다시 같은 u 값을 가지는 점을 찾는다. 이런 과정을 거쳐 생성된 곡선은 어떻게 표현될 수 있는가?

10.20 연습문제 10.19를 4개의 점을 사용하도록 확장하라. 거기서 했던 식으로, 우선 3개의 곡선을 선형 보간하고, 다음으로 이들 2개 곡선을 선형 보간하라. 4개의 점으로부터 결정되는 최종적인 곡선을 표현하라.

10.21 제어점 P_0와 P_1이 일치한다면, 3차 Bézier 곡선에서는 무슨 일이 생기는가?

10.22 주어진 Bézier 곡면 단편을 우선 u 방향을 따라서 분할하고, 그 결과로 생성된 2개 곡선 단편들 중의 오직 하나만 다시 v 방향을 따라서 분할한다고 가정하자. 어떻게 해서 이 과정이 결과 곡면에서 갈라진 틈(gap)을 만들 수 있는지를 보여라. 이 문제점에 대한 간단한 해결책을 찾아라.

10.23 삼각형 메시 또는 사각형 메시의 분할을 수행하는 프로그램을 작성하라. 이 프로그램이 제대로 작동하게 되면, 더 부드러운 곡면을 만들기 위한 평균 처리 단계(averaging step)를 추가하라.

10.24 3차 Catmull-Rom 스플라인을 위한 배합 다항식을 계산하라. 이 다항식의 근을 구하라.

10.25 Catmull-Rom 스플라인을 위한 점들을 동일한 곡선을 생성하는 Bézier 곡선의 제어점들로 바꿔주는 행렬을 계산하라.

Chapter 11

고급렌더링

Interactive Computer Graphics

마지막 장인 이 장에서는, 대화형의 응용을 위해 대부분의 하드웨어 및 소프트웨어에 의해 지원되는 파이프라인 렌더링 전략에 관한 다양한 접근법을 다룬다. 이들 접근법을 소개하는 데는 여러 가지 동기가 있다. 가령, 실시간 환경에서는 렌더링이 안 되는 전역 조명과 같은 효과를 도입하기를 원하거나, 또한 표준적인 컴퓨터 디스플레이에서는 어려운 고품질, 고해상도의 이미지를 만들어내기를 원한다. 즉, 디지털 영화의 한 프레임만 하더라도 1,000만 개의 픽셀을 포함하며 이를 렌더링하기 위해선 한 시간 정도가 소요된다.

11.1 파이프라인 렌더링의 초월

가용한 하드웨어와 소프트웨어를 사용하여 기하학적 객체, 카메라, 광원 그리고 속성 등이 포함된 장면 묘사를 거의 실시간에 가깝게 렌더링할 수 있다는 믿음을 가지게 되었다. 이는 OpenGL 구조로 표현되고 그래픽 하드웨어가 지원되는 형태의 파이프라인 렌더기를 사용할 수 있음을 시사한다. 대부분의 응용을 다룰 수 있을 만큼 기법도 많이 개발되었고, 렌더기에 의해 지원되는 로컬 음영 모델을 사용한 결과들도 많이 찾아냈지만, 우리가 할 수 있는 일은 여전히 제약이 많다. 예를 들어, 파이프라인 렌더기로는 잘 모방할 수 없는 전역 조명과 같은 것이 많다. 또한 표준 워크스테이션보다 더 높은 해상도를 가지면서도 에일리어싱 현상은 적은 이미지를 생성하기를 원한다. 이들 목표를 달성하기 위해 느린 속도의 렌더링을 감수하거나 또는 다수의 컴퓨터를 사용할 경우가 많이 있다. 이 장에서는 현재 연구자와 사용자 모두에게 흥미를 끌고 있는 다양한 기법들을 소개한다.

먼저, 이미지의 물리적 형성에 기반한 기타 렌더링 전략들을 조사해 본다. 이미지 형성에 관한 원래의 논의는 광선을 기반으로 한 것이었다. 이 접근은 아주 간단한 물리적 모델에 기반한 것으로서 렌더링 기법에서 광선 추적이라는 이론적 틀을 마련했다. 이 모델에 대해 상세히 알아보고, 광선 추적기를 어떻게 구현하는지를 보인다.

광선 추적 대신에 물리학에 근거한 렌더링 기법도 시도할 수 있다. 에너지 보존법칙에 근거한 접근법을 알아보고, 적분 방정식, 즉 광원과 반사 표면을 가지는 폐쇄된 환경을 묘사하고 있는 **렌더링 방정식**(rendering equation)을 고려한다. 일반적으로 이 방정식을 풀 수는 없지만, 모든 표면이 이상적인 난반사면(diffuse reflectors)일 때 렌더링 방정식을 만족하는 **라디오시티**(radiosity)라고 하는 렌더링 기법을 개발할 수 있다.

또한 실시간 렌더기에 물리적인 정확성까지 가지는 두 가지 접근법에 대해서도 알아볼 것이다. 하나는 RenderMan에서 사용하고 있는 것이고, 다른 하나는 이미지와 함께 하는 렌더링에 대한 접근법이다. 이들 방법은 서로 다르지만 모두 애니메이션 산업에서 중요한 위치를 차지하게 되었다.

그 다음 대량의 데이터 처리와 고해상도의 디스플레이에 관련된 문제이다. 대량의 데이터에 LCD 패널과 같은 표준 디바이스로는 할 수 없는 고해상도의 디스플레이에 요구되는 자료들이 포함되어 있기 때문에, 이들 두 문제는 서로 연관되어 있다고 볼 수 있다. 프로세서와 그래픽 카드 모두를 활용하는 병렬성을 이용하는 해법을 고려한다.

마지막으로 3차원 장면에 대한 복수 개의 2차원 이미지를 가지고 이들 이미지를 사용하여 다른 관측점으로부터의 이미지를 구하고자 하는 이미지 기반의 렌더링을 소개한다.

11.2 광선 추적

광선 추적(ray tracing)은 로컬 조명 모델에 의한 렌더링 기법의 확장이다. 이는 광원을 떠난 광선들 중 합성 카메라의 렌즈로 들어가서 투영중심을 지나는 광선만이 이미지에 기여한다고 하는 이전의 지식에 근거하고 있다. 그림 11.1은 단일 점 광원과 완전 반사 표면 사이에 일어날 수 있는 상호작용을 보여주고 있다. 광선은 광원으로부터 직접 카메라 렌즈로 들어가거나, 표면에서 여러 번 반사한 후 또는, 한 개 혹은 여러 개의 표면을 통하여 투과된 후에 표면과의 상호작용을 거쳐 카메라의 렌즈로 들어간다.

광원에서 나온 광선의 대부분은 렌즈로 들어가지 않고 이미지에도 기여하지 않는다. 그러므로 광원에서 나온 모든 광선을 추적할 필요는 없다. 그러나 만일 광선의 방향을 역으로 하고, 그리고 투영중심에서 시작하는 광선만을 고려한다면 이 투사 광선(cast ray)들이 이미지에 기여해야 한다는 것을 알 수 있다. 그림 11.2와 같은 광선 추적기(ray tracer)를 생각해 보자. 이 그림에는 이미지 평면이 있고, 이를 픽셀 크기 영역으로 분할한 것을 나타내고 있다. 투사된 각 광선은 표면 또는 광원과 교차하거나, 또는 어떤 것과도 부딪치지 않고 무한히 진행하는 것도 있다. 무한대로 진행하는 투사 광선에 해당

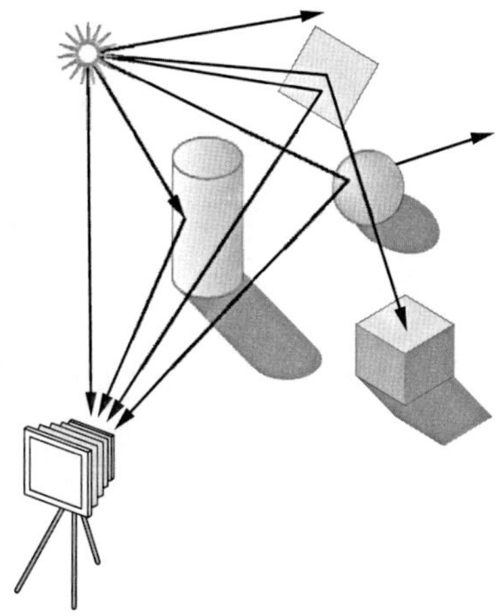

● 그림 11.1 ● 광원을 나온 광선들

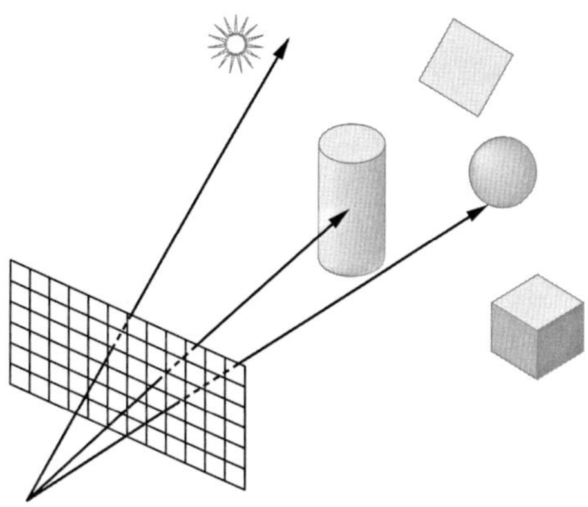

● 그림 11.2 ● 광선 투사 모델

하는 픽셀들에는 배경색이 할당될 수 있다. 모든 표면이 불투명하다고 가정했을 때, 표면에 부딪치는 광선들은 교차점에 대해 음영 계산이 필요하다. 교차점에 대해서 수정된 Phong 모델을 사용해서 간단한 음영 계산을 하면 우리가 작성한 로컬 렌더기와 같은 이미지를 만들 수 있다. 또는 그 이상의 더 많은 작업을 할 수 있다.

지금까지 설명한 프로세스는 파이프라인 렌더기에서 사용하는 것과 같은 단계, 즉 객체 모델링, 투영, 가시면 결정 등을 필요로 한다. 그러나 6장에서 본 바와 같이 계산이 수행되는 순서는 다르다. 파이프라인 렌더기는 정점 단위로 작업하는데 비해, 광선 추적기는 픽셀 단위로 작업을 한다.

광선 추적에서는 반사 모델을 바로 적용하기보다는 투사 광선과 표면 사이의 교차점이 조명을 받는지 아닌지를 먼저 점검한다. 표면상 점으로부터 각 광원으로의 **음영 광선**

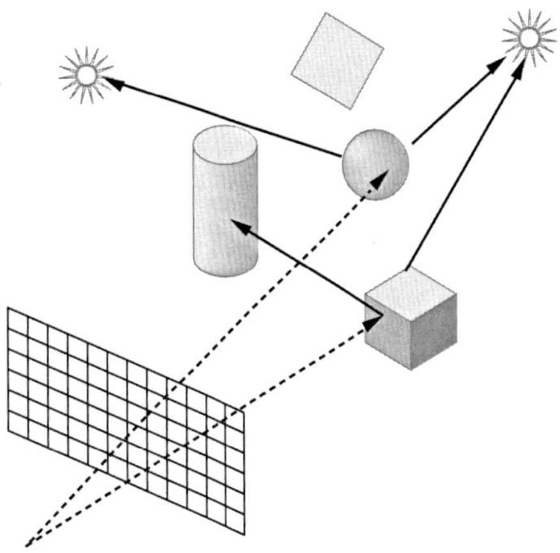

● 그림 11.3 ● 음영 광선들

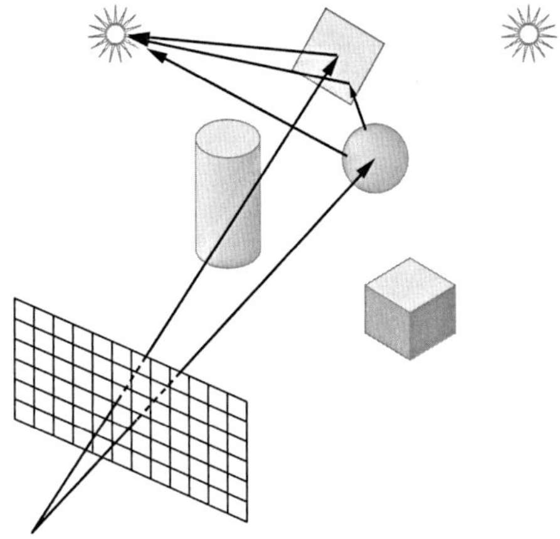

● 그림 11.4 ● 거울이 있는 광선 추적

(shadow ray) 또는 **촉수 광선**(feeler, ray)을 계산한다. 만약, 음영 광선이 광원과 만나기 전에 표면과 교차하면 빛은 고려 중인 점에 도달하는 것이 차단되고, 이 점은 적어도 이 광원에 대해서는 그림자 영역에 있게 된다. 표면에 있는 점으로부터 차단되어 있는 광원에 대해서는 조명 계산을 할 필요가 없다. 만일 모든 표면이 불투명하고 표면들 간 빛의 산란을 고려하지 않는다면, 광선 추적 없이 이미 수행한 것에 음영이 더해진 이미지를 얻게 된다. 지불하는 대가는 투사 광선과 표면이 교차하는 각 점에 대해 은면을 결정하기 위한 계산 정도의 노력이다.

그림 11.4에 보이는 것처럼 일부 표면이 높은 반사율을 가진다고 가정하자. 음영 광선이 무한대로 사라지거나 또는, 광원과 교차할 때까지 표면에서 표면으로 광선이 튀는 것처럼 음영 광선을 따라갈 수 있다. 그림 11.4는 광선 경로 중 두 가지만 보여주고 있다. 왼쪽 투사 광선은 거울과 교차하고, 왼쪽에 있는 광원에 대한 음영 광선은 차단되지 않는다. 따라서 만약 거울이 두 번째 광원의 앞에 있다면 교차하는 점은 하나의 광원에 의해서만 비춰지게 된다. 오른쪽 투사 광선은 구와 교차하고 있으며, 이 경우에 음영은 거울에서 왼쪽 광원으로 반사되고 또한 교차하는 점은 왼쪽 광원에 의해 직접 비춰지게 된다.

그러한 계산은 일반적으로 재귀적으로 수행되고, 표면에서의 빛의 흡수를 고려한다. 광선 추적은 굴절에 의한 반사 빛과 투과 빛 두 가지 모두를 가진 표면을 다루기에 특별히 유용하다. 기본적인 패러다임에 입각하여 투사 광선을 따라 표면까지 추적해 보면, 광원에서 나온 광선이 한 점에 부딪칠 경우, 광원에서 나온 빛은 부분적으로 흡수되고, 이 빛의 일부는 난반사 항에 기여하는 속성을 가짐을 알 수 있다(그림 11.5). 입사광의 나머지는 투과 광선과 반사 광선으로 나누어진다. 투과 광선의 관점에서, 만일 교차점에서 광원이 보이면 세 가지 작업을 수행할 필요가 있다. 첫째, 표준 반사 모델을 사용하

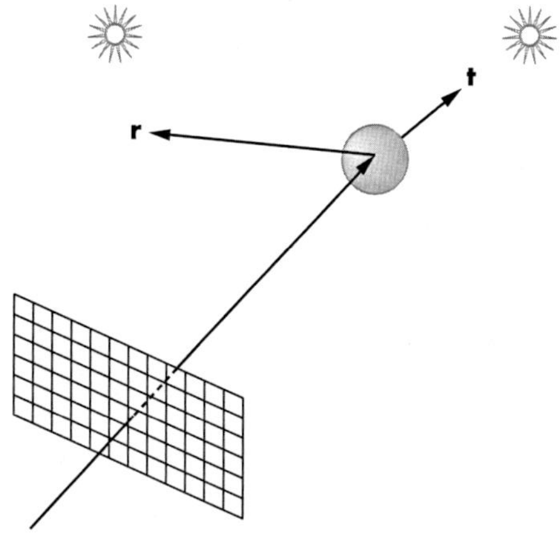

● 그림 11.5 ● 반사와 투과가 있는 광선 추적

여 그 점에서 광원으로부터의 기여를 계산해야 한다. 둘째, 완전 반사 방향으로 광선을 투사해야 한다. 셋째, 투과되는 방향으로 광선을 투사해야 한다. 이들 두 투사 광선은 원래의 투사 광선처럼 취급된다. 즉, 이들 광선은 다른 표면과 교차할 수도 있고, 광원에서 끝나거나 또는 무한대로 진행한다. 이들 광선과 교차하는 각 표면에서 빛의 반사와 투과에 의해 추가적인 광선이 생성될 수도 있다. 그림 11.6은 간단한 환경에서 단일 투사 광선과 이 광선이 따를 수 있는 경로를 보여준다. 그림 11.7은 생성된 **광선 트리** (ray tree)를 나타낸다. 이 트리는 어느 광선이 추적되어야 하는지를 보여주며, 광선 추적 처리에 의해 동적으로 구성된다.

광선 추적기가 광선과 표면과의 교차점에서의 난반사 항을 포함시키기 위해 Blinn-Phong 모델을 사용하지만, 이 점에서 난반사되는 빛은 무시된다. 만일 그러한 빛을 모두 추적하려고 하면, 처리해야 할 광선이 너무 많아서 광선 추적기는 결코 실행을 완료할 수 없을 것이다. 따라서 광선 추적기는 높은 반사율 환경에 가장 적합하다. 컬러 그림판 15는 공개 소프트웨어인 광선 추적기에 의해 렌더링된 것이다. 장면 내에 불과 몇 개의 객체만 있는 간단한 장면이지만 광선 추적기 없이 반사면과 투과면을 이렇게 사실

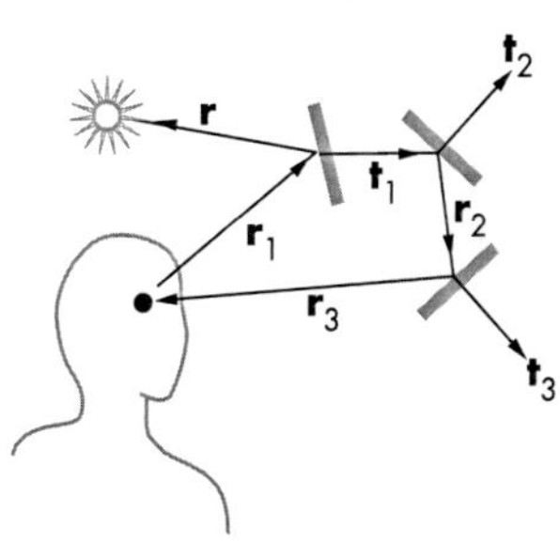

● 그림 11.6 ● 간단한 광선 추적 환경

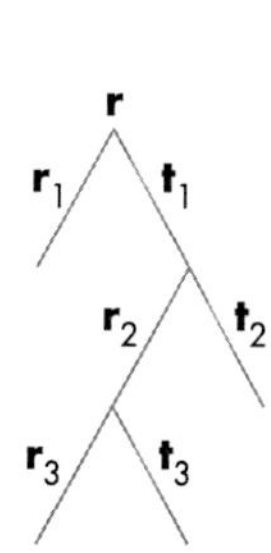

● 그림 11.7 ● 그림 11.6에 대한 광선 트리

감 있게 렌더링하는 것은 불가능에 가깝다. 또한, 광선 추적에 의해 자동으로 생성된 효과인, 장면 내 그림자의 복잡도를 주목하라. 또한 이 이미지는 파이프라인 렌더기에 의한 것 이상의 별다른 어려움 없이 텍스처 매핑도 묘사되고 있음을 보여주고 있다.

11.3 간단한 광선 추적기 구현하기

광선 추적기를 구현하는 가장 쉬운 방법은 광선을 추적하여 반사되거나 투과되는 광선에 대하여 자기 자신을 호출하는 함수를 사용하는 재귀적인 방법이다. 광선 추적의 대부분의 작업은 광선과 표면과의 교차점 계산이다. 다양한 객체를 다룰 수 있는 광선 추적기를 구현하는 것이 어려운 이유는, 복잡한 객체를 추가할 때마다 교차점을 계산하는 것이 문제가 되기 때문이다. 따라서 대부분의 기본적인 광선 추적기들은 평면과 이차 곡면만을 지원한다.

광선 추적 처리를 결정하는 기본적인 고려사항들을 알아보았다. 2차 곡면과 다면체 같은 간단한 객체를 다룰 수 있는 재귀적인 광선 추적기는 비교적 구현하기가 쉽다. 이 절에서는 기본적인 구조와 요구되는 함수들을 살펴본다. 자세한 내용은 이 장 마지막에 있는 참고문헌을 통해 알 수 있다.

두 개의 기본적인 함수가 필요하다. 재귀 함수 `raytrace`는 점과 방향에 의해 명시되는 광선을 따라 광선과 만나는 첫 표면의 음영 값을 리턴한다. 지정된 광선과 가장 가깝게 교차하는 표면의 위치를 찾기 위해 함수 `intersect`를 사용한다.

11.3.1 재귀적 광선 추적

의사코드(pseudocode)로 작성된 함수 `raytrace`를 살펴보자. 시작점 `p`와 방향 `d`를 주면 함수는 색 `c`를 반환한다. 프로그램의 무한 루프 실행을 방지하기 위해 최대 반복 실행 횟수 `max`를 설정한다. 프로그램의 단순화를 위해 단일 광원을 가지며 객체의 기술과 표면속성들은 전역적으로 유효한 것으로 가정한다. 만약 추가적인 광원이 있으면 단순히 단일 광원으로 취급하여 단일 광원의 역할 기능만 추가한다.

```
color c = trace(point p, vector d, int step)
{

    color local, reflected, transmitted;
    point q;
    normal n;

    if(step > max) return(background_color);
```

```
    q = intersect(p, d, status);

    if (status == light_source) return(light_source_color);
    if (status == no_intersection) return(background_color);

    n = normal(q);
    r = reflect(q, n);
    t = transmit(q, n);

    local = phong(q, n, r);
    reflected = trace(q, r, step+1);
    transmitted = trace(q, t, step+1);

    return(local + reflected + transmitted);
}
```

반사된 색과 투과된 색의 계산에서 반사 및 투과 전에 표면에서 에너지가 흡수되는 정도를 반드시 고려해야 한다. 최대 반복 횟수를 초과할 경우 정해진 배경색을 반환한다. 그렇지 않을 경우 주어진 광선과 최근접 객체와의 교차점을 찾기 위해 intersect 함수를 사용한다. 이 함수는 유효한 객체의 전체 데이터베이스를 갖고 있어야 하며, 지원되는 객체의 모든 타입과 광선과의 교차점을 계산할 수 있어야 한다. 결국 광선 추적기에서 소요되는 대부분의 시간과 프로그램 코드의 복잡도는 이 함수에서는 보이지 않는다. 교차점과 관련한 문제는 11.3.2절에서 언급한다.

만약 광선이 객체와 교차하지 않을 경우, intersect로부터 상태변수를 반환할 수 있고 trace로부터 배경색을 반환할 수 있다. 마찬가지로 광선이 광원과 교차할 경우, 광원의 색을 반환한다. 교차점이 반환되면 이 점에서의 색은 3개 성분이 존재한다. 즉, 수정된 Phong 또는 다른 모델을 사용하여 계산된 로컬 색, 반사 색, 그리고 반투명 표면일 경우의 투과된 색이다. 이들 색을 계산하기 전에 교차점에서 법선뿐만 아니라 5장에서와 같이 반사 및 투과된 광선의 방향도 계산해야 한다. 법선의 계산 복잡도는 광선 추적기에 의해 지원되는 객체 클래스에 따라 다르며, 이 계산은 함수 trace의 부분일 수 있다.

로컬 색 계산 시, 가장 가까운 교차점에서 광원이 보이는지를 확인할 필요가 있다. 즉, 이 점에서 광원을 향하여 촉수 광선 또는 음영 광선을 투사하여 임의의 객체와 교차하는지를 확인한다. 음영 광선이 거울 같은 반사면이나 유리조각 같은 반투명면과 만날 수 있으므로 이 처리 또한 재귀적일 수 있다. 또한 음영 광선이 스스로 빛을 발하는 표면과 만날 경우, 이 빛의 일부는 q에서 색에 기여를 해야 한다. 일반적으로 이런 경우는 계산에 심각한 지연을 가져오므로 이러한 영향은 무시하고 계산한다. 실제 광선 추적에서는 이처럼 어느 정도의 타협안을 설정할 필요가 있으며, 또한 물리적으로도 반드시 정확하지 않음을 수용할 수 있어야 한다.

trace를 사용해서, q에서 출발하는 반사되는 광선과 투과되는 광선으로부터의 기여를 계산하는 재귀적인 단계가 두 개가 있다. 이 재귀적 단계로 인해 첫 교차점을 찾아 그 점에서 조명 모델을 적용하는 단순한 광선 투사형의 렌더링이 아닌 광선 추적기가 된 것이다. 마지막으로 p에서의 색을 얻기 위해 세 개의 색을 추가한다.

11.3.2 교차점 계산하기

통상, 광선 추적기에서 소요되는 시간의 대부분은 함수 intersect에서 교차점을 계산하는 시간이다. 따라서 교차점을 쉽게 찾을 수 있는 객체로 한정시키는 데 있어서 매우 주의를 기울여야 한다. 일반적인 교차점 문제는 객체에 대한 암시적 표현을 사용하면 명확하게 표현될 수 있다. 즉, 객체가 표면에 의해 다음과 같이 정의되고

$$f(x, y, z) = f(\mathbf{p}) = 0$$

그리고 점 $\mathbf{p}_0$에서 $\mathbf{d}$ 방향으로의 광선이 다음과 같은 매개변수형으로 표현되면

$$\mathbf{p}(t) = \mathbf{p}_0 + t\mathbf{d}$$

교차점은 값 t에 대해 다음과 같다.

$$f(\mathbf{p}_0 + t\mathbf{d}) = 0$$

이는 t의 스칼라함수이다. 만약 f가 대수 곡면(algebasic surface)일 경우, f는 $x^i y^j z^k$ 형태의 다항식 항의 합이며, $f(\mathbf{p}_0 + t\mathbf{d})$는 t의 다항식이다. 교차점을 찾는 것에서 다항식의 모든 근을 찾는 문제로 줄어든다. 그러나 불행히도 수치해석적 방법이 필요치 않는 경우는 그리 많지 않다.

그 하나가 2차 곡면이다. 10장에서 모든 2차 곡면은 다음과 같은 2차 방정식 형태로 쓸 수 있음을 보았다.

$$\mathbf{p}^T\mathbf{A}\mathbf{p} + \mathbf{b}^T\mathbf{p} + c = 0$$

광선 방정식에 대입하면 스칼라의 2차 방정식을 얻을 수 있어 0, 하나 또는 두 개의 교차점을 산출하는 t값에 대해 풀 수 있다. 2차 방정식의 해는 한 개의 제곱근만 계산하면 되므로 광선 추적기에서 2차 곡면을 쉽게 다룰 수 있다. 또한 2차 곡면의 객체를 빗나가는 광선, 그리고 객체에 접하는 광선들은 제곱근을 취하기 전에 제거할 수 있으므로 한층 계산을 간략화시킬 수 있다.

예를 들어 중심이 $\mathbf{p}_c$, 반경이 r인 다음과 같은 구를 생각해 보자.

$$(\mathbf{p} - \mathbf{p}_c) \cdot (\mathbf{p} - \mathbf{p}_c) - r^2 = 0$$

광선의 방정식에 대립하면

$$\mathbf{p}(t) = \mathbf{p}_0 + t\mathbf{d}$$

다음과 같은 2차 방정식을 얻는다.

$$\mathbf{d} \cdot \mathbf{d}t^2 + 2(\mathbf{p}_0 - \mathbf{p}_c) \cdot \mathbf{d}t + (\mathbf{p}_0 - \mathbf{p}_c) \cdot (\mathbf{p}_0 - \mathbf{p}_c) - r^2 = 0$$

평면의 경우 역시 간단하다. 광선에 대해 방정식을 세우고 이를 평면 방정식으로 대체하면

$$\mathbf{p} \cdot \mathbf{n} + c = 0$$

스칼라 방정식이 만들어지고, 이를 풀기 위해선 한 번의 나눗셈만 수행하면 된다. 즉, 광선에 대해

$$\mathbf{p} = \mathbf{p}_0 + t\mathbf{d}$$

로부터 다음을 얻을 수 있다.

$$t = -\frac{\mathbf{p}_0 \cdot \mathbf{n} + c}{\mathbf{n} \cdot \mathbf{d}}$$

그러나 평면 그 자체는 장면 모델링에서 응용이 제한적이다. 통상 여러 개의 평면이 교차하여 볼록 다면체를 형성하는 것, 또는 평평한 다각형을 정의하는 평면 패치를 관심 대상으로 한다. 다각형의 경우, 교차점이 다각형의 내부 또는 외부에 놓이는지를 결정해야 한다. 이러한 테스트의 어려움은 볼록 다각형인지의 여부, 그리고 볼록 다각형이 아니라면 다각형의 복잡도에 따라 다르다. 이러한 문제는 6장에서 다각형에 대해 논의한 바 있는 렌더링의 문제와 비슷하다. 볼록 다각형의 경우, 나중에 고려할 다면체에 대한 광선 교차를 위한 테스트와 유사한 아주 간단한 테스트가 있다.

다면체는 이를 구성하는 면에 의해 정의할 수도 있지만, 평면들의 교차에 의해 만들어지는 볼록면 다각형으로서도 정의할 수 있다. 즉, 평행 6면체는 6개의 평면으로 정의되며, 4면체는 4개의 평면으로 정의된다. 광선 추적의 경우, 정의의 장점은 광선-다면체의 교차 테스트를 얻기 위해 간단한 광선-평면 교차 방정식을 이용할 수 있다는 점이다.

테스트는 다음과 같이 이루어진다. 다면체를 정의하는 모든 평면은 외부를 향하는 법선을 가지고 있다고 가정하자. 그림 11.8과 같이 다면체를 교차하는 광선을 생각해 보자. 다각형을 단 한 번씩만 들어가고 나올 수 있다. 광선을 향하고 있는 평면을 통해 들어가야 하고, 광선 방향으로 향하고 있는 평면을 통해 나와야 한다. 그러나 이 광선은 광선과 평행한 면을 제외하고 다면체를 형성하는 모든 평면과 교차해야 한다.

전면을 향하고 있는 모든 면, 즉 법선이 광선의 시작점을 향하고 있는 평면들과 광

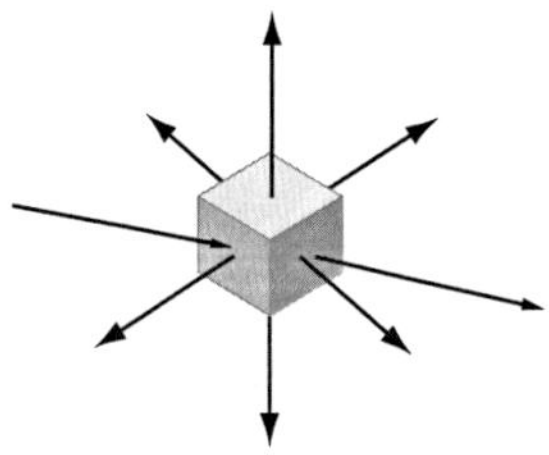

● 그림 11.8 ● 외부로 향하는 법선을 갖는 다면체를 가로지르는 광선

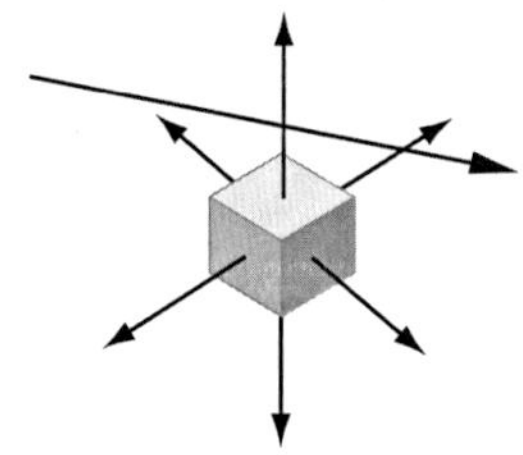

● 그림 11.9 ● 외부로 향하는 법선을 갖는 다면체를 빗나가는 광선

선과의 교차를 생각해 보자. 입구점은 광선을 따라 가장 먼 교차점이어야 한다. 마찬가지로 출구점은 광선의 시작과 벗어나 있는 모든 평면 중에서 가장 가까운 교차점이어야 하고 입구점은 출구점보다 초기점에 더 가까워야 한다. 그림 11.9와 같이 광선이 다면체를 빗나갈 경우, 전면 평면과의 가장 먼 교차점은 후면 평면과의 가장 가까운 교차점보다 초기점에 더 가까운 것을 알 수 있다. 따라서 광선-평면의 교차점을 임의 순서로 계산하여 이들 입구점과 출구점을 찾아서 테스트를 수행하며, 교차점을 찾으면서 이들 입구점과 출구점을 업데이트한다. 현재의 입구점보다 가까울 가능성이 높은 출구점을 찾거나, 또는 현재의 출구점보다 멀 가능성의 입구점을 찾으면 테스트는 중지될 수 있다.

그림 11.10과 같이 평면상에서 광선과 볼록 다각형의 교차를 테스트하는 2차원의 예제를 생각해 보자. 여기에서 선분이 평면을 대체하고 있지만 논리는 동일하다. 1, 2, 3, 4의 순서로 선분과 교차한다고 가정한다. 선분 1의 경우, 법선과 광선 방향과의 내적 값의 부호로부터 이 선분이 초기점을 향하고 있다는 것을 알 수 있다. 선분 1과 교차하여 입구점이 만들어진다. 선분 2는 초기점과 벗어나 있으며, 현재 추정되는 출구점보다 멀리 있는 출구점을 생성한다. 선분 3은 더 가까운 출구점을 만들어내지만 여전히 입구점보다 먼 점이다. 선분 4는 버려질 수도 있는 더 먼 출구점을 만든다. 이 시점에서 모든 선분의 테스트를 완료하고, 광선은 다각형을 관통하고 있다는 결론을 내린다.

그림 11.11은 같은 선분과 볼록 다각형을 가지지만 광선이 다각형을 빗나가는 경우

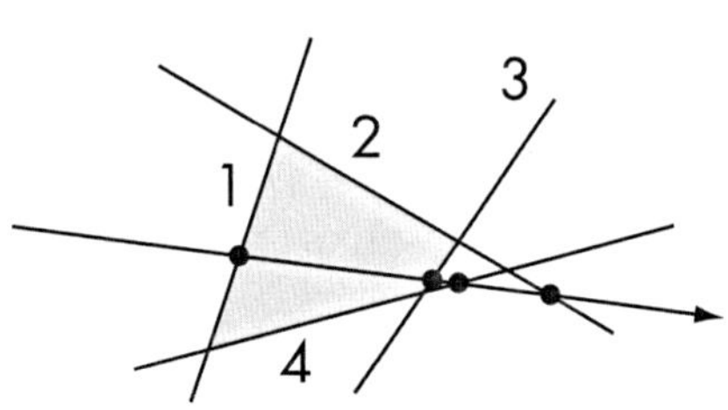

● 그림 11.10 ● 볼록 다각형을 가로지르는 광선

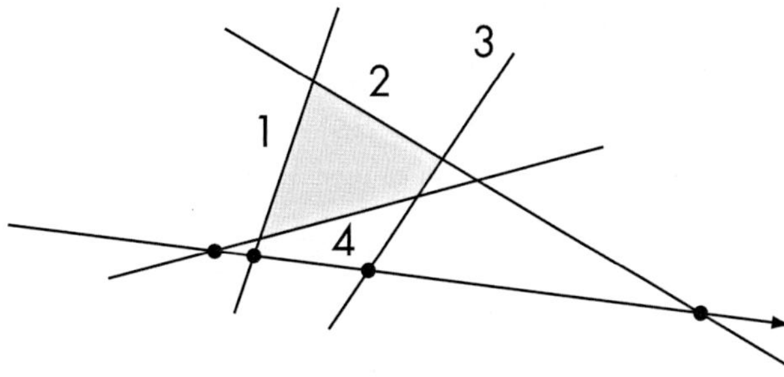

● 그림 11.11 ● 볼록 다각형을 빗나가는 광선

이다. 선분 1과 교차하여 전과 마찬가지로 입구점이 만들어진다. 또한 선분 2 및 3과의 교차로 입구점보다 먼 출구점이 만들어진다. 그러나 선분 4와 교차하여 입구점보다 가까운 출구점을 생성하며, 이는 광선이 다각형을 빗나가고 있음을 나타낸다.

11.3.3 광선 추적법의 변형

대부분의 광선 추적기는 언제 재귀적 처리를 중지할 것인지를 결정하기 위해 복수의 방법을 택하고 있다. 아주 간단히 구현할 수 있는 한 방법으로서, 어느 거리 이상 지나치는 모든 광선은 무한대로 진행하는 것으로 가정하여 무시해 버리는 방법이 있다. 이 테스트는 모든 객체가 원점에 중심을 둔 큰 구 내부에 놓여 있다는 가정에 의해 구현할 수 있다. 즉, 만약 이 구를 지정한 배경색으로 칠해진 객체로 취급할 경우, 교차점 계산에서 이 구가 가장 가까운 객체라고 결정할 때마다 반복을 종료하고 배경색을 반환한다.

또 다른 종료 전략으로서 광선에 남아있는 에너지의 일부를 조사하는 방법이 있다. 광선이 반투명 재질을 통과할 때나 반짝이는 표면으로부터 반사될 때 입사 에너지의 양과 표면에서 흡수되는 양을 추정할 수 있다. 만약 다음과 같이 광선 추적기에 에너지 파라미터를 추가하면, 광선 추적을 계속하기 위한 에너지 잔량이 충분한지 확인하는 한 줄의 코드만 추가하면 된다.

```
trace(point p, vector d, int steps, float energy)
```

광선 추적기의 속도를 높이거나 정확성을 높일 수 있는 개선점은 많이 있다. 예를 들어, 광선 추적기의 재귀 용법을 반복 실행으로 대체하는 것은 아주 간단하다. 이들 객체와의 교차가 순식간에 이루어지기 때문에 흔히 교차점 찾는 작업의 대부분은 경계 상자(bounding box)나 경계 구(bounding sphere)를 사용함으로써 피할 수 있다. 객체를 효율적으로 분류하기 위해서 8장에서 소개한 BSP 트리처럼 경계 입체(bounding volume)를 사용하기도 한다.

광선 추적법은 기본적으로 샘플링 방법이기 때문에 에일리어싱 오차가 발생하기 쉽다. 7장에서 본 바와 같이 에일리어싱 오차는 충분한 샘플점을 갖지 못할 때 발생한다. 그러나 우리가 고려하고 있는 기본적인 광선 추적기의 경우 작업의 양은 광선의 수에 비례한다. 많은 광선 추적기가 다음 광선을 어디로 투사할지를, 지금까지 투사한 결과에 근거해서 결정하는 통계적 샘플링 방법을 사용하고 있다. 따라서 특정 영역에서 광선이 임의의 객체와 교차하지 않으면, 그 방향으로는 추가적인 광선을 거의 투사하지 않고, 객체와 많이 교차하는 방향으로 광선을 많이 투사한다. 이 전략은 RenderMan(11.6절)에서도 사용되고 있다. 통계적 샘플링이 단지 확률적인 판단으로 처리될 뿐이라고 주장할 수 있으나, 통계적 샘플링에 의해 생성된 이미지가 균일 샘플링에 의해 생성된 이미지의 경우처럼 무아레(moire) 패턴 특성을 보이지 않는다는 장점이 있다.

광선 추적법은 본래 각 광선이 다른 광선과 독립적으로 투사되는 병렬 처리이다. 그러나 각 광선이 임의의 객체와 교차할 가능성이 있다는 것에 어려움이 있다. 따라서 각 광선 추적시 모든 객체를 액세스할 필요가 있다. 또한 반사 및 투과된 광선을 추적할 때 많은 데이터 이동을 피하는 데 도움을 줄 수 있는 지역성을 잃을 수도 있다. 따라서, 병렬 광 추적기가 공유 메모리 병렬 구조에 가장 적합하다. 64비트 멀티 코어 프로세서 컴퓨터의 등장으로 많은 응용에서 광선 추적의 실용적인 대안을 위해 충분한 메모리를 지원할 수 있게 되었다.

11.4 렌더링 방정식

대부분의 물리학 법칙은 모멘트 보존과 에너지 보존과 같은 보존 법칙으로 표현될 수 있다. 빛은 에너지의 형태이기 때문에 에너지 기반의 접근법은 광선 추적에 관해 대안을 줄 수 있다. 그림 11.12와 같은 폐쇄환경의 그림을 고려해 보자. 폐쇄 환경을 만들고 있는 몇 개의 표면이 있고, 그 안에 몇 개의 객체 그리고 하나의 광원이 있다. 모든 표면은 물리적으로 동일하다. 각 표면이 다른 파라미터를 가질 수 있지만 각 표면은 동일한 물리적인 법칙을 따른다. 모든 표면은 빛의 일부를 흡수할 수도 있고 반사할 수도 있다. 또한 모든 표면은 빛을 발하는 방사체가 될 수 있다. 광선 추적의 관점에서 보면, 우리가 보는 음영은 무수히 많은 광선들이 에너지가 완전히 소진될 때까지 환경 내 곳곳을 반사하며 돌아다니면서 만들어 놓은 결과라고 말할 수 있다. 그러나 이 장면을 보면 평형 상태임을 알 수 있다. 즉, 표면 각각이 자체의 음영을 갖고 있음을 볼 수 있다. 광선이 그 환경 주위를 어떻게 반사하며 돌아다니는지는 볼 수 없으며 최종 결과만 보고 있다. 에너지 접근법은 이러한 평형 상태에 대해 직접적인 해법을 제공하며, 따라서 많은 반사를 통해 많은 광선을 추적하는 것을 피할 수 있게 해준다.

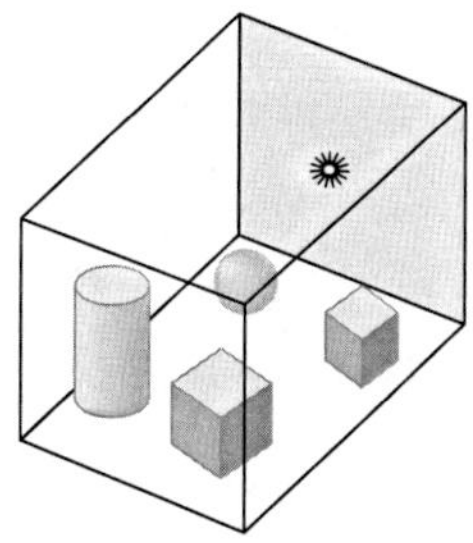

● 그림 11.12 ● 네 개의 객체와 한 개의 광원을 가지는 폐쇄 환경

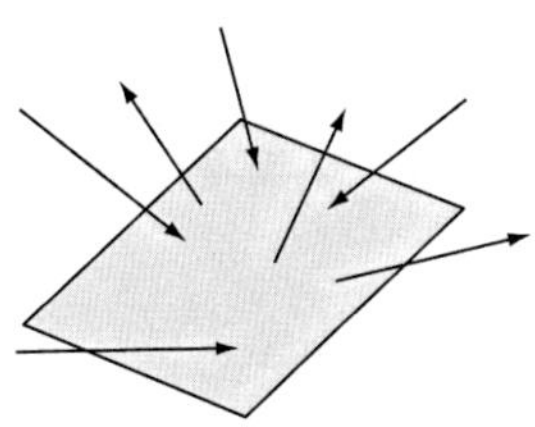

● 그림 11.13 ● 간단한 표면

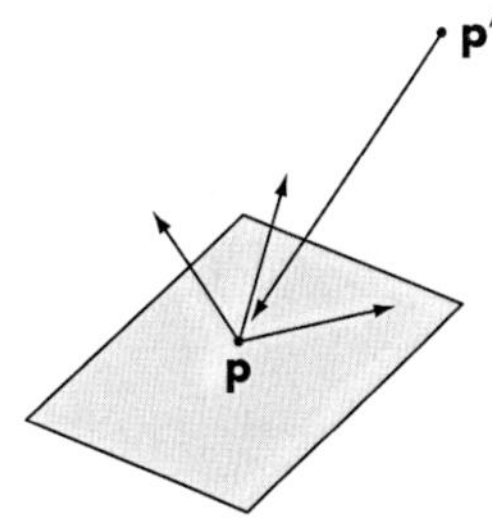

● 그림 11.14 ● **p**′에서 **p**로 향하는 빛

그림 11.13과 같이 한 개의 표면인 경우를 생각해 보자. 여러 방향, 경우에 따라서는 모든 방향에서 입사 및 방사되는 광선을 볼 수 있다. 표면을 떠나는 빛은 두 개의 성분을 가질 수 있다. 만약 표면이 광원이라면, 표면을 떠나는 빛의 일부는 방사에 의한 것이다. 나머지 빛은 다른 표면으로부터 입사한 빛의 반사이다. 따라서 입사 빛은 빛의 방사와 다른 표면으로부터 반사된 것으로 구성된다.

그림 11.14와 같이 두 개의 임의의 점 **p**와 **p**′를 고려함으로써 분석을 간략화할 수 있다. **p**에 도착하는 빛과 **p**를 떠나는 빛을 주시했을 때, 에너지는 균형을 이루어야 한다. 즉, **p**에 원점이 있다면, 에너지 방사와 반사된 빛 에너지는 모든 가능한 점 **p**′로부터의 입사 및 에너지와 같아야 한다. $i(\mathbf{p}, \mathbf{p}')$를 점 **p**′를 떠나 점 **p**[1)]에 도착하는 빛의 세기라 하자. 아래 렌더링 방정식이 이 균형을 표현하고 있다.

$$i(\mathbf{p}, \mathbf{p}') = \nu(\mathbf{p}, \mathbf{p}')(\epsilon(\mathbf{p}, \mathbf{p}') + \int \rho(\mathbf{p}, \mathbf{p}', \mathbf{p}'')i(\mathbf{p}', \mathbf{p}'')d\mathbf{p}'')$$

1) 우리는 방사능 측정(radiometry) 단위와 전문용어의 도입을 꺼리고 있다. 우리는 빛의 세기를 알고 있다. 에너지는 시간에 따라 빛의 세기를 적분한 것이다. 그러나 만약 광원이 변하고 있지 않으면 평형 상태에 있게 되고 이러한 특성은 중요하지 않다. 대부분의 문헌은 에너지나 세기가 아닌 단위 면적당 에너지 또는 세기(에너지 플럭스:energy flux)를 대상으로 하고 있다.

$\mathbf{p}'$를 떠난 빛의 세기는 두 파트로 구성된다. 만약 $\mathbf{p}'$가 빛 방사체이면, $\mathbf{p}$ 방향으로 $\epsilon(\mathbf{p}, \mathbf{p}')$항이 있다. 두 번째 항은 $\mathbf{p}'$에서 $\mathbf{p}$ 방향으로 반사된 모든 가능한 점($\mathbf{p}''$)으로부터 반사에 의해 기여된 것이다. 반사함수 $\rho(\mathbf{p}, \mathbf{p}', \mathbf{p}'')$는 $\mathbf{p}'$에서의 재질 특성을 특징 짓는 함수이다. $\nu(\mathbf{p}, \mathbf{p}')$ 항은 두 가지의 값을 가질 수 있다. 만약 $\mathbf{p}$와 $\mathbf{p}'$ 사이에 불투명 표면이 있을 경우, 그 표면은 $\mathbf{p}$와 $\mathbf{p}'$를 차단하여 $\mathbf{p}'$에서 $\mathbf{p}$로 어떤 빛도 도달하지 못한다. 이 경우 $\nu(\mathbf{p}, \mathbf{p}') = 0$이다. 그렇지 않은 경우 $\mathbf{p}$와 $\mathbf{p}'$간 거리 효과를 고려해야 하며,

$$\nu(\mathbf{p}, \mathbf{p}') = \frac{1}{r^2}$$

이다. 여기서 r은 두 점 간의 거리이다.

렌더링 방정식의 형태가 아주 간단하지만, 이를 풀기는 쉽지 않다. 주된 어려움은 차원에 있다. $\mathbf{p}$와 $\mathbf{p}'$가 3차원 공간상의 점이기 때문에 $i(\mathbf{p}, \mathbf{p}')$는 6개의 변수를 가지고, r는 9개를 가진다. 게다가 색과 관련한 작업에 필요한 빛의 파장에 관한 변수도 추가로 포함하지 않았다.

렌더링 방정식의 일반형을 수치방법으로 풀고자 하는 노력도 있었다. 이들 대부분은 Monte Carlo 방법으로서 어느 정도 통계적 샘플링과 유사하다. 최근에 **광자 매핑**(photon mapping)이 실용적인 방법으로 떠올랐다. 광자 매핑은 광자가 광원에서 생성될 때부터 표면에서 최종적으로 흡수될 때까지 빛 에너지 캐리어인 광자를 추적한다. 광자는 전형적으로 생성에서 최종 흡수까지 여러 번의 반사와 투과를 거친다. 실세계의 장면을 연출할 수 있는 복잡한 형태의 조명을 다룰 수 있다는 것이 이 방법의 장점이다.

광선 추적법에 대해 논의할 때 광원으로부터 방사된 아주 적은 양의 빛이 관측자에 도달하기 때문에 광원에서 광선을 추적하는 것이 비능률적이라고 언급한 바 있다. 그러나 광자 매핑에서는 처리를 계산적으로 실행 가능하게 하는 좋은 전략을 많이 사용하고 있다. 특히 광자 매핑은 Monte Carlo법을 결합한 에너지보존 접근법을 사용하고 있다. 가령 빛이 난반사 표면에 닿을 때 어떤 일이 일어나는지 생각해 보자. 지금까지 보아온 대로 반사된 빛은 모든 방향으로 확산된다. 광자 매핑에서는 광자가 난반사 표면에 다다르면 광자는 반사되거나 흡수될 수 있다. 광자가 흡수되고 안되고는—반사되는 경우, 특정 반사각—통계적으로 결정된다. 따라서 같은 위치에서 같은 입사각으로 표면에 다다른 두 개의 광자에 일어나는 일은 매우 다를 수 있다. 광원으로부터 생성되는 광자가 많을수록 광자를 추적하는 비용은 더 많이 들지만 정확성은 훨씬 높아진다.

특별한 환경에서는 렌더링 방정식이 간략화 될 수 있다. 예를 들어 거울과 같은 전반사 표면인 경우, 입사각이 반사각과 같고 벡터들이 같은 평면 내에 놓일 때에 한하여 반사 함수는 0이 아니다. 이러한 환경에서는 광선 추적은 렌더링 방정식의 해법으로 볼 수 있다.

렌더링 방법이 실용적일 수 있는 또 다른 특수한 경우는 모든 표면이 완전 발산할 때

이다. 이 경우에는 반사되는 빛의 양이 모든 방향으로 동일하다. 따라서 세기 함수는 **p**에만 의존한다. 다음 절에서 이런 경우에 대해 살펴본다.

11.5 라디오시티(Radiosity)

라디오시티란 컴퓨터그래픽에서 모든 광원으로부터의 광량을 방사광을 포함해서 계산하는 방법을 의미한다. 렌더링 방정식을 간략화하는 한 방법은 모든 표면이 완전 난반사경인 환경을 고려하는 것이다. 완전 난반사경은 모든 관측자에 동일하게 보이게 하며, 이 경우의 반사함수는 렌더링 방정식에서 고려된 일반적인 경우에 비해 훨씬 간단하다.

그러나 완전 난반사 표면이 모든 방향으로 빛을 균일하게 반사시킨다고 하지만, 표면이 평평한 경우조차도 수정된 Phong 조명 모델로 렌더링할 때 보이지 않던 음영에 변형을 보일 수 있다는 사실을 알아야 한다. 그림 11.15와 같이 모든 표면이 완전한 난반사면으로 된 간단한 장면을 가정해 보자. 만일 원거리 광원을 이용해 이 장면을 렌더링하면 각 다각형 표면은 하나의 단일 색으로 렌더링된다. 그러나 만약 이것이 실제 장면이라면 적색의 벽에서 난반사된 빛의 일부는 백색의 벽에 부딪히고, 그 적색의 빛은 적색 벽에 가깝게 있는 백색 벽 부분에서 반사된 백색 빛에 더해지는 결과가 될 것이다. 백색 벽에서 반사된 난반사광은 적색 벽에서 비슷한 효과를 낼 것이다. 우리의 간단한 음영 처리 모델은 이러한 **난반사-난반사 상호작용**(diffuse-diffuse interaction)을 고려하지 않았다.

이상적인 전역 렌더기에서는 이러한 상호작용을 고려하고 있다. 라디오시티 방법은 원래 열전달 문제 해법에 사용된 에너지 접근법을 사용함으로써 이러한 문제를 잘 해결할 수 있다.

기본적인 라디오시티 방법은 장면을 작은 평면 다각형, 즉 **패치**(patch)로 분해하며, 이들 각각은 완전 난반사하고, 균일 음영으로 렌더링된다고 가정한다. 가장 먼저 해야 할 일이 이 음영들을 찾는 것이다. 일단 이들 음영을 찾으면 관측자와는 독립적인 각 패

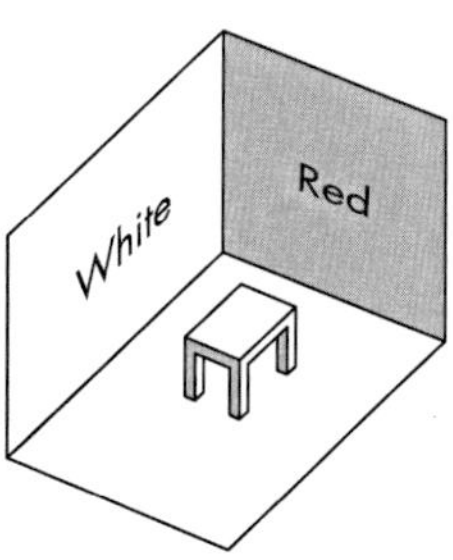

● 그림 11.15 ● 난반사면을 가진 간단한 장면

치에 색을 효과적으로 할당한다. 3차원 환경에서 효율적으로 다각형 패치들에 색을 할당하였다. 이제 우리가 원하는 곳에 관측자를 위치시킬 수 있고, 파이프라인 렌더기를 사용하여 일반적인 방법으로 장면을 렌더링할 수 있다.

11.5.1 라디오시티 방정식

1부터 n까지 번호를 매긴 n개의 패치들로 된 장면이 있다고 가정하자. 패치 i의 라디오시티 b_i는 패치를 떠나는 단위 면적당 빛의 세기(에너지/단위시간)이다. 통상 **라디오시티**는 *watts/meter*^{2}와 같은 단위로 측정된다. 지금 고정 파장에서의 세기를 측정하고 있기 때문에 패치 i의 색을 결정하는 라디오시티 함수 $b_i(\lambda)$를 생각할 수 있다. 패치 i의 면적이 a_i라고 가정하자. 각 패치는 완전 난반사면이라고 가정했기 때문에, 패치 i를 떠나는 세기의 합은 $b_i a_i$이다. 렌더링 방정식을 유도하기 위해 사용된 것과 유사한 이유에 따르면, 방사된 빛의 세기는 패치 전체에 걸쳐 일정한 것으로 가정되는 방사 성분과 다음 식과 같이 빛이 패치 i에 부딪치면서 다른 모든 패치들의 세기에 기인한 반사 성분으로 구성된다.

$$b_i a_i = e_i a_i + \rho_i \sum_{j=0}^{n} f_{ji} b_j a_j$$

f_{ij}를 패치 i와 패치 j 사이의 **폼 팩터**(form factor, 또는 방사율)라 하며, 패치 i를 떠나 패치 j에 이르는 에너지 부분을 나타낸다. 폼 팩터는 두 패치가 서로 상대적으로 어떻게 향해 있는지, 서로 얼마나 떨어져 있는지, 그리고 다른 패치가 패치 j로부터 빛을 차단하여 패치 i에 빛이 도달하는 것을 막고 있는지 등에 따라 다르다. 이들 계수의 계산에 대해서는 다음 절에서 언급한다. 패치 i의 반사율은 ρ_i이다.

계수 f_{ij}와 f_{ji} 사이에는 **상호관계 방정식**(reciprocity equation)이라고 하는 간단한 관계가 있다.

$$f_{ij} a_i = f_{ji} a_j$$

상호관계 방정식을 패치의 빛의 세기에 대한 방정식에 대입하면 다음을 얻을 수 있다.

$$b_i a_i = e_i a_i + \rho_i \sum_{j=0}^{n} f_{ij} b_j a_i$$

a_i로 나누면 패치 라디오시티에 관한 다음과 같은 방정식을 얻는다.

$$b_i = e_i + \rho_i \sum_{j=0}^{n} f_{ij} b_j$$

이 결과를 **라디오시티 방정식**(radiosity equation)이라 한다.

폼 팩터를 계산했다고 가정하면 n개의 미지 라디오시티를 갖는 n개의 선형방정식을 얻는다. 이 방정식과 렌더링 방정식을 비교하면, 패치들이 점점 더 작게 만들어지면 결국에 무한히 많은 수의 패치들을 얻을 수 있음을 알 수 있다. 합은 적분이 될 것이며, 결과적으로 라디오시티 방정식은 모든 표면이 완전 난반사경인 렌더링 방정식의 특수한 경우가 될 것이다.

라디오시티 열행렬

$$\mathbf{b} = [b_i]$$

패치 방사 열행렬

$$\mathbf{e} = [e_i]$$

반사 계수로부터의 대각행렬

$$\mathbf{R} = [\, r_{ij} \,] \qquad a_{ij} = \begin{cases} \rho_i & \text{if } i = j \\ 0 & \text{otherwise} \end{cases}$$

그리고 폼 팩터 행렬

$$\mathbf{F} = [f_{ij}]$$

를 정의하면 이들 방정식을 행렬형태로 나타낼 수 있다.

즉, 라디오시티에 관한 방정식 집합은 다음과 같이 된다.

$$\mathbf{b} = \mathbf{e} + \mathbf{RFb}$$

해는 다음과 같이 쓸 수 있다.

$$\mathbf{b} = [\mathbf{I} - \mathbf{RF}]^{-1}\mathbf{e}$$

11.5.2 라디오시티 방정식의 해법

라디오시티 방정식이 해를 가짐을 보일 수는 있지만 실제적인 어려움이 있다. 통상 전형적인 장면에는 수천 개의 객체 패치들이 있으며, 따라서 가우스 소거법과 같은 직접적인 방법으로 방정식을 푸는 것은 불가능하다. 대개의 방법은 행렬 **F**의 요소 중 상당수가 0으로 이루어져 있다는 사실에 기대를 걸고 있다. 대부분의 패치들이 서로 충분히 멀리 떨어져 있어서 방사 또는 반사한 빛이 다른 패치에 도달하는 것이 거의 없기 때문에 대부분의 행렬요소는 0이다. 이러한 대부분의 행렬요소가 0으로 이루어진 행렬을 소행렬(sparse matrix: 疎行列)이라 한다.

이러한 소행렬을 포함하는 방정식의 해법은 이들 소행렬의 곱셈으로 계산상 이점을 얻을 수 있는 반복법에 기반하고 있다. 패치에 관한 방정식을 사용하여 다음과 같은 반복 식을 얻었다고 가정하자.

$$\mathbf{b}^{k+1} = \mathbf{e} + \mathbf{RFb}^k$$

방정식의 각 반복 단계에서 행렬 곱셈 $\mathbf{RFb}^k$가 필요하며, **F**가 소행렬이라고 가정하면 $O(n)$의 연산횟수가 요구된다. 일반적인 경우에는 $O(n^2)$의 연산이 필요하다. 각 라디오시티 관점에서 보면 다음과 같이 나타낼 수 있다.

$$b_i^{k+1} = e_i + \sum_{j=1}^{n} \rho_i f_{ij} b_j^k$$

Jacobi법으로 알려진 이 방법은 이 문제에 대해 초깃값 $\mathbf{b}^0$와 관계없이 수렴한다.

일반적으로 패치들은 스스로 반사하지 않으므로 $f_{ii} = 0$이다. 만약 값이 얻어지는 대로 바로 업데이트에 반영하게 되면 다음과 같은 Gauss-Seidel법을 얻는다.

$$b_i^{k+1} = e_i + \sum_{j=1}^{i-1} \rho_i f_{ij} b_j^{k+1} + \sum_{j=i+1}^{n} \rho_i f_{ij} b_j^k$$

추가적인 물리적 통찰을 제공하는 별도의 가능한 반복이 있다. 다음의 스칼라 공식은 $|x| < 1$이면 성립한다.

$$\frac{1}{1-x} = \sum_{i=0}^{\infty} x^i$$

이 방정식을 **RF**에 대해 행렬형태로 나타내면 다음과 같다.2)

$$[\mathbf{I} - \mathbf{RF}]^{-1} = \sum_{i=0}^{\infty} (\mathbf{RF})^i$$

따라서 **b**를 다음과 같이 쓸 수 있다.

$$\begin{aligned}\mathbf{b} &= \sum_{i=0}^{\infty} (\mathbf{RF})^i \mathbf{e} \\ &= \mathbf{e} + (\mathbf{RF})\mathbf{e} + (\mathbf{RF})^2\mathbf{e} + (\mathbf{RF})^3\mathbf{e} + \ldots.\end{aligned}$$

2) 이 공식은 **RF**의 모든 고윳값의 크기가 1보다 작으면 수렴한다. 이는 라디오시티 방정식에 대해 참이어야 하는 조건이다.

b를 근사시키기 위해 이 식을 사용할 수 있다. 각 항에는 재미있는 물리적인 의미가 포함되어 있다. 첫 번째 항 **e**는 각 패치로부터 방사된 직사광으로서 이 항을 갖는 근사해는 단지 광원만을 나타낸다. 두 번째 항 (**RF**)**e**는 광원이 다른 패치 위에 정확히 한 번 반사된 결과를 더하는 것이다. 그 다음 항은 두 번 반사에 의한 기여를 추가하고 있는 것이고, 나머지 다른 항에 대해서도 마찬가지이다.

11.5.3 폼 팩터 계산하기

지금까지 패치의 라디오시티에 대한 효율적인 해법들을 소개하였지만, 아직 폼 팩터의 계산에 대해서는 논의하지 않았다. 먼저 두 패치 사이의 폼 팩터에 대한 일반적인 방정식의 유도에 대해 설명하고, 도구를 사용하여 근사적인 폼 팩터를 찾는 방법에 대해 살펴본다.

그림 11.16과 같은 두 개의 완전 난반사 평면 패치 P_i와 P_j를 생각해 보자. 차단을 일으키는 다른 패치는 없다. 각 패치는 방향을 나타내는 법선을 가지고 있다. 각 패치는 모든 방향으로 균일하게 빛을 방사하지만, P_j 상 두 개의 다른 점을 떠나 P_i로 향하는 빛의 양은 다르다. 왜냐하면, P_i 상 두 점 간 거리와 P_j 상 두 점 간의 거리가 다르기 때문이다. 따라서 P_j에서 P_i로 향하는 모든 빛을 모으기 위해서는 P_j 상 모든 점에 대해 적분해야 한다. P_j 상 점으로부터 빛을 수용하는 P_i 상 두 점에 대해서도 같은 논리가 적용된다. 이들은 각각 다른 양의 빛을 수용하고 있으며, 따라서 P_i에 떨어지는 빛을 결정하기 위해서는 역시 P_i 상 모든 점에 대해 적분해야 한다.

5장에서 소개된 난반사 음영에 대한 이해를 토대로 필요한 적분을 유도할 수 있다. 각 패치 상 작은 영역 da_i와 da_j를 고려해 보자. 각각 이상적인 난반사경(그림 11.17)으로 생각될 수 있다. 이들은 거리 r 만큼 서로 떨어져 있다. r은 두 개의 작은 영역 중심에서 $\mathbf{p}_i$와 $\mathbf{p}_j$ 사이의 거리이다. da_j를 떠난 빛은 $\mathbf{d} = \mathbf{p}_i - \mathbf{p}_j$ 방향을 향한다. 그러나 이 빛의 세기는 $\cos\phi_j$ 만큼 감소 또는 축소된다. ϕ_j는 패치 t의 법선과 벡터 $\mathbf{d}$가 이루는 각이다. 마찬가지로 da_i에 도달하는 빛은 $\cos\phi_i$ 만큼 축소된다. ϕ_i는 패치 i의 법선과 벡터 $\mathbf{d}$가

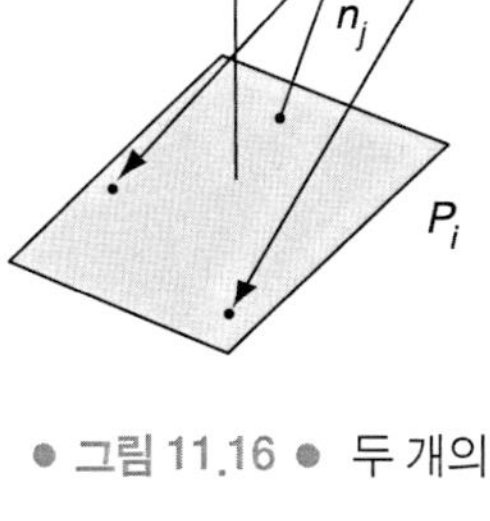

● 그림 11.16 ● 두 개의 패치

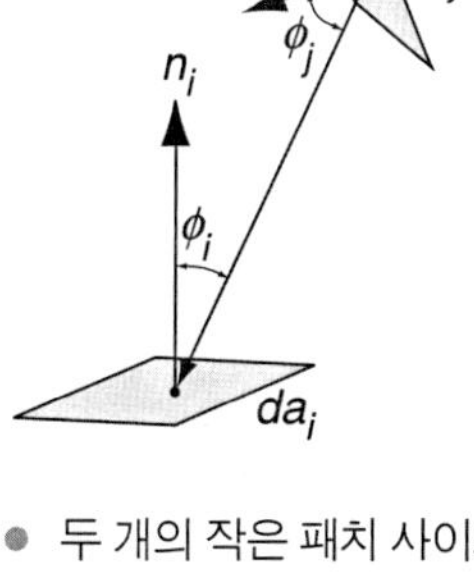

● 그림 11.17 ● 두 개의 작은 패치 사이의 원근 단축법

이루는 각이다. 원하는 폼 팩터 f_{ij}를 구하기 위해 패치들 사이의 거리와 차단(occlusion)의 가능성도 고려해야 한다. 이들 두 가지를 다음 항을 정의함으로써 해결한다.

$$o_{ij} = \begin{cases} 1 & \text{if } \mathbf{p}_j \text{ is visible from } \mathbf{p}_i \\ 0 & \text{otherwise.} \end{cases}$$

마지막으로 패치 전체 영역에 대해 평균하면 다음과 같은 폼 팩터 방정식을 얻는다.

$$f_{ij} = \frac{1}{a_i} \int_{a_i} \int_{a_j} o_{ij} \frac{\cos \phi_i \cos \phi_j}{\pi r^2} da_i da_j$$

비록 이 적분형태가 간단하긴 하지만, 해석적으로 풀 수 있는 특수한 경우는 몇 가지밖에 안 된다. 실제 장면의 경우 수치해법을 필요로 한다. n^2개의 폼 팩터가 있기 때문에 대개의 방법에서는 정확성과 시간 사이에서 절충하고 있다.

두 가지 방법을 소개한다. 첫 번째 방법은 7장의 텍스처 매핑 논의에서 사용된 2단계 매핑의 개념 이해를 전제로 한다. 다시 한 번 두 개의 패치를 생각해 보자. 이번에는 그림 11.18에서와 같이 이들 패치들을 분리하는 반구를 가지는 경우이다. 점 $\mathbf{p}_i$에서 P_i로부터 P_j에 이르는 빛을 계산하고자 한다. 이 점에 반구의 중심이 오도록 하고 법선이 위를 향하도록 패치의 방향을 잡는다. P_j를 반구 위에 투영시키고 투영된 패치를 원래의 패치 대신에 폼 팩터의 계산을 위해 사용할 수 있는지 검토한다. 만약 극좌표계로 변환하면, 폼 팩터방정식은 투영된 패치에 대해서는 더 간단해진다. 그러나 P_i의 작은 각 영역에 대해 반구를 이동시켜 각 영역으로부터의 기여를 더해 주어야 한다.

대부분의 그래픽 응용을 위한 간단한 접근법으로써 그림 11.19에 보인 바와 같이 반

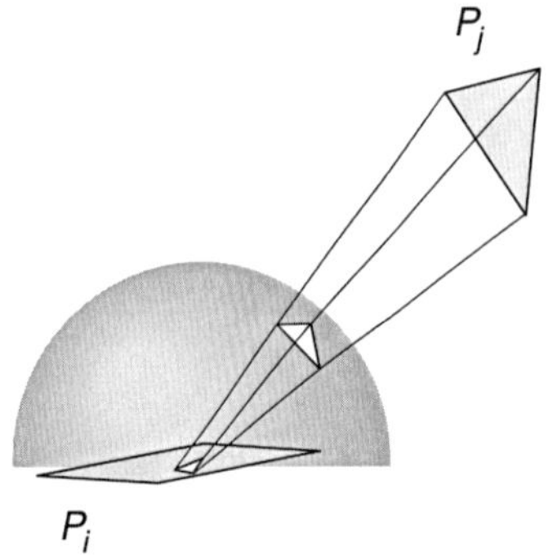

● 그림 11.18 ● 반구 상에 패치 투영하기

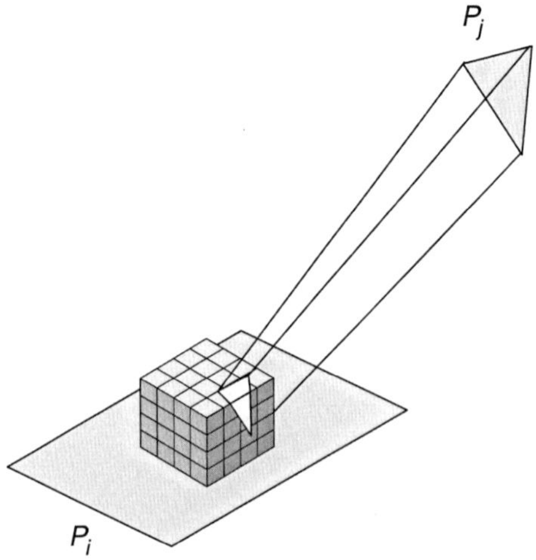

● 그림 11.19 ● 반입방체와 다른 패치 위에 패치 투영하기

구 대신에 반입방체(hemicube)를 사용하는 방법이 있다. 반구처럼 반입방체도 중심을 가지며 표면은 작은 정사각형의 픽셀로 나누어진다. 패치 i를 때리는 빛은 우리가 사용하는 중간 표면의 형태와는 무관하다. 반입방체의 장점은 표면이 P_i와 평행하거나 또는 직각을 이룬다는 점이다. 결과적으로 P_j를 반입방체 위에 투영시켜 반입방체 상의 각 픽셀이 점 $\mathbf{p}_i$에 도달하는 빛에 기여하는 정도를 계산하는 것이 아주 간단해진다. 따라서 만약 반입방체의 표면이 1부터 n까지 번호를 매긴 m개의 픽셀로 나누어지면, P_j의 투영이자 $\mathbf{p}_i$에서 보이는 픽셀들의 기여 정도를 쉽게 계산할 수 있다. 그리고 이것을 더하여 **델타 폼 팩터**(delta form factor) Δf_{ij}를 만들어낸다. 델타 폼 팩터는 반입방체 중심에서 작은 영역 da_i에 대한 P_j의 기여이다. 각 픽셀로부터의 기여는 P_j가 그 위에 투영되는지를 알면 해석적으로 계산할 수 있다. 이 계산은 객체가 광원으로부터 보이는지를 결정하는 데 요구되는 광선 추적 계산과 유사하다. 자세한 내용은 참고문헌에 나와 있다.

폼 팩터를 계산하는 또 다른 방법으로서 간단한 렌더링을 매우 빨리 계산하는 그래픽 시스템을 활용하는 방법이 있다. f_{ij}를 계산하기를 원한다고 가정하자. 만약 P_j로부터의 알고 있는 빛의 양으로만 P_i를 비출 경우, 원하는 폼 팩터의 크기를 실험적으로 구할 수 있다. 이 빛의 양은 P_j 상에 점광원을 두고 임의 렌더기를 사용하여 장면을 렌더링함으로써 근사적으로 구할 수 있다. 다른 패치가 P_j로부터 i를 가릴 가능성이 있으므로 음영을 처리할 수 있는 렌더기를 사용해야 한다.

11.5.4 라디오시티의 실행

실제의 라디오시티 렌더링은 3단계로 이루어진다. 첫째, 장면을 그림 11.20과 같이 패치들의 메시로 나눈다. 이 단계는 패치가 많으면 이에 따라 폼 팩터도 많이 계산해야 하므로 약간의 기술이 필요하다. 그러나 표면을 패치들로 나눔으로써 라디오시티에 의해 아주 작은 난반사-난반사 상호작용을 가지는 이미지를 만들어낼 수 있다. 초기 메시의 생성은 대화식으로 이루어질 수 있으며, 이로써 난반사-난반사 상호작용을 보고자 하는 지역, 즉 표면들 사이의 모서리 지역에 더 많은 패치들을 배치할 수 있다. 또 다른 접근법으로서, 큰 표면의 라디오시티는 이를 잘게 나눈 라디오시티의 영역 가중 합과 같다는 관찰에 근거한 방법이 있다. 따라서, 우선은 대략적인 메시로 시작해서 나중에 세밀하게 다듬어 나갈 수 있다(**점진적 라디오시티**: progressive radiosity). 일단 메시를 구성하면 계산적으로 가장 어려운 처리의 하나인 폼 팩터를 계산할 수 있다.

메시와 폼 팩터를 구했으면 라디오시티 방정식을 풀 수 있다. 장면 내 광원에 대한 값을 사용하여 빛의 방사 배열 $\mathbf{e}$를 만들고 표면에 색을 할당하여 $\mathbf{R}$을 형성한다. 이로써 $\mathbf{b}$를 결정하기 위한 라디오시티 방정식을 풀 수 있다.

$\mathbf{b}$의 구성요소는 패치들의 새로운 색으로서 작용한다. 이제 장면 내에 관측자를 위치시킨 후 통상적인 렌더기를 사용하여 렌더링할 수 있다.

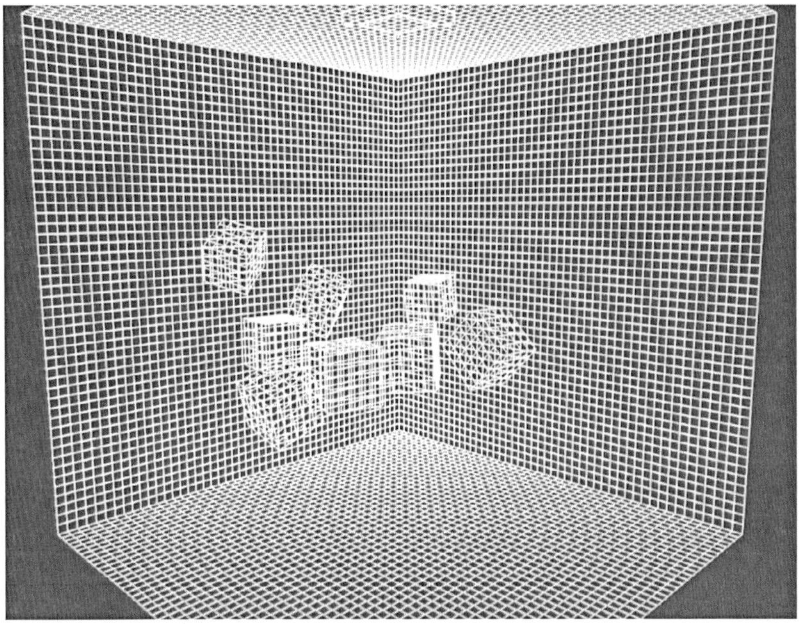

● 그림 11.20 ● 표면을 패치로 나누기

컬러 그림판 16에 있는 이미지는 라디오시티를 이용하여 렌더링된 것이다. 그림 11.20과 같은 초기 메시로 시작해서 더 좋은 패치들을 얻기 위해 입자 시스템에 의해 수정되었다. 난반사체로 구성된 인테리어 렌더링에 라디오시티의 능력을 보여주는 예이다.

11.6 RenderMan

애니메이션 산업의 필요에서 발생한 렌더링을 위한 또 다른 접근법도 있다. 애니메이션 디자인에서 대화식 작업이 많이 필요하지만 최종 이미지가 만들어질 때는 실시간 렌더링이 요구되지는 않는다. 무엇보다 중요한 것은 에일리어싱에 의해 발생되는 들쭉날쭉함이나, 무아레 패턴 같이 렌더링에 의한 인공 가공물(artifact)이 없는 이미지를 만들어 내는 것이다. 그러나 장편 영화 같이 많은 수의 프레임을 렌더링할 경우는 **렌더링 팜스**(rendering farms)와 같은 여러 대의 컴퓨터를 사용하여 애니메이션을 만들더라도 광선 추적기나 라디오시티 렌더기로는 불가능하다. 뿐만 아니라 광선 추적기나 라디오시티 렌더기만으로는 예술적 수준의 품질을 갖는 이미지를 만들어낼 수 없다.

RenderMan의 인터페이스는 1장에서 소개한 모델링-렌더링 패러다임의 사용에 기반하고 있다. 장면 디자인은 6장에서 논의한 간단한 형태의 렌더기를 사용하여 대화식으로 이루어진다. 디자인이 완성되면, 객체, 조명, 재질 속성, 카메라, 움직임 묘사, 그리고 텍스처 등이 파일에 저장되어 고품질의 렌더기 또는 렌더링 팜스로 보내진다.

실제 이 오프라인 렌더기는 임의 형태의 렌더기가 될 수 있다. 그러나 애니메이션 산업의 특별한 요구에 따라 Pixar는 인터페이스(RenderMan)와 상업용 영화에 필요한 형태의 이미지 제작을 위해 고안된 Reyes라는 렌더기 모두를 개발하였다. 광선 추적기와 같이 Reyes는 한 번에 한 픽셀을 작업하도록 고안되었다. 광선 추적기와는 달리 전역적 조명 효과를 고려하도록 고안되지는 않았다. 픽셀 단위로 작업함으로써 Reyes는 에일리어싱 문제를 피할 수 있는 해상도로 모든 객체로부터 모든 빛을 수집한다. Reyes는 다각형 및 곡선형태의 객체를 **마이크로폴리곤**(micropolygon), 즉 한 픽셀의 반의 크기로 투영하는 작은 사변형으로 분할한다(dices). 각 마이크로폴리곤은 작은 영역을 투영하기 때문에 평면 음영이 될 수 있고, 따라서 렌더링 처리를 간략화시킨다. 부드러운 표면 음영은 표면 분할 처리 시에 마이크로폴리곤에 주의 깊게 색을 칠함으로써 얻을 수 있다.

Reyes에는 기타 많은 기법들이 포함되어 있다. 에일리어싱 효과를 줄이기 위해 점 샘플링 대신에 랜덤 또는 통계적 샘플링을 사용하고 있다. 일반적으로 효율적인 텍스처 사용을 위해 한 번에 프레임의 작은 영역을 작업을 하고 있다. 한 개의 장면이라도 많은 객체와 복잡한 조명 효과를 포함하고 있으면 렌더링하는데 시간이 걸린다.

이러한 형태의 사용 가능한 렌더기는 많이 있다. 공유 소프트웨어 형태도 있고 셰어웨어 소프트웨어 형태도 있다. 일부 렌더기는 한 작품 내에 다른 스타일의 렌더링을 혼합할 수도 있다. 따라서 광택 표면을 가지는 일부 객체에 광선 추적법을 사용할 수 있으며, 마찬가지로 또 다른 일부 표면에 대해서는 라이디오시티를 사용할 수도 있다. 일반적으로 이들 렌더기는 다양한 효과를 지원하며 정교함과 이미지 질 사이에 렌더링 시간의 균형을 유지할 수 있게 해준다.

11.7 병렬 렌더링

많은 응용, 특히 대규모 기하학적 데이터 집합을 대상으로 한 과학적 시각화의 경우, 500만 개 이상의 데이터 점을 포함하는 데이터 집합으로부터 이미지를 생성하고 100만 개 이상의 다각형을 생성한다. 이 상황은 두 개의 과제를 던져 주고 있다. 첫째, 이렇게 많은 수의 다각형을 최고의 디스플레이 장비라 할 수 있는 약 200만 개 정도의 픽셀을 갖는 모니터로 어떻게 디스플레이할 것인가? 둘째, 새로운 데이터를 디스플레이하든 또는 원래 데이터 집합의 변환 작업이든 복수 개의 프레임을 디스플레이해야 할 경우, 고

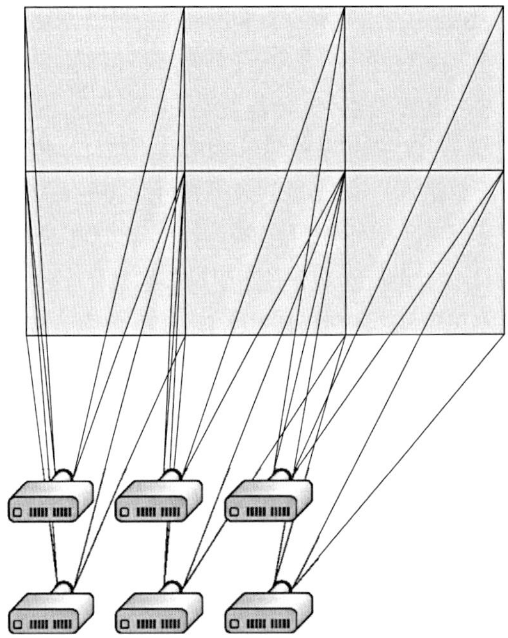

● 그림 11.21 ● 6개의 프로젝터를 사용한 파워 월(power wall)

성능 시스템보다 빨리 대량의 도형들을 렌더링할 수 있어야 한다.

디스플레이 해상도에 대한 일반적인 해결책은 파워 월(power wall)을 구축하는 것이다. 파워 월은 그림 11.21과 같이 여러 대의 프로젝터 세트에 의해 비춰지는 대형 투영면으로서, 각각은 보통 1024 × 1280 또는 1920 × 1080의 고해상도를 가진다. 일반적으로 프로젝터에서 출력된 빛은 가장자리에서 점점 작아지며, 따라서 고른 이미지를 생성하기 위해 디스플레이가 가장자리에서 살짝 오버랩 된다. LCD 패널 배열을 사용하여 고해상도의 디스플레이를 만들 수도 있는데, 이 경우 바둑판 형태의 윈도 모양인 패널 간에 작은 틈이 보일 수 있다.

이러한 문제들에 대한 한 접근법으로 고속망으로 연결된 컴퓨터 클러스터를 사용하는 방법이 있다. 각 컴퓨터는 그래픽 카드를 가지고 있을 수도 있으며, 이러한 구성은 고성능 컴퓨팅 분야에서의 주된 변혁의 한 단면일 뿐이다. 이전에 슈퍼컴퓨터는 설계 시 고도의 병렬성을 채택한 비싸고 매우 빠른 프로세서들로 구성되었다. 이들 프로세서들은 주문 설계되었으며 특수한 인터페이스와 주변 장치들 그리고 일부 정부기관의 연구실이나 대형 회사에서만 쓸 수 있도록 아주 비싼 환경을 요구하였다. 지난 몇 년에 걸쳐 필수품인 프로세서의 속도가 매우 빨라졌고 가격은 많이 싸졌다. 또한 동일 CPU 또는 GPU 내에 멀티 프로세서를 채용하는 추세로 단일 CPU에 멀티 그래픽 카드를 갖는 것으로부터 멀티코어 CPU, 수백 개의 프로그램 가능 프로세서를 가진 GPU 까지 다양한 형태의 병렬성 구현을 위한 가능성이 열리게 되었다.

결과적으로 다양한 프로세서들 사이에서 장면 묘사를 위해 작업을 분산시키는 방법이 다양해지게 되었다. 가장 간단한 방법이 각 프로세서마다 동일한 응용프로그램을 실행시키는 것이지만, 이 경우 각 프로세서마다 다른 윈도를 사용해야 한다. CPU와 GPU의 속도 그리고 대용량의 메모리가 주어진다면 보다 더 실행 가능한 방법이 될 것이다.

3가지 가능성을 검토하고자 한다. 이 분류의 주된 차이는 렌더링 처리 시, 기본 도형들을 정확한 디스플레이 영역에 할당, 정렬하는 것에 있다. 이 단계의 배치에 따라 **선정렬**(sort first), **후정렬**(sort last), 그리고 **중정렬**(sort middle)로 나눈다.

두 가지 형태의 프로세서, 즉 기하 프로세서와 래스터 프로세서들이 아주 많이 있다는 가정을 전제로 논의를 시작한다. 이 구분은 6장에서 논의한 렌더링 파이프라인의 두 단계에 대응한다. 기하 프로세서는 변환, 클리핑, 음영을 포함한 전위(front-end) 부동 소수점 계산을 처리한다. 래스터 프로세서는 비트를 조작하고 주사 변환과 같은 연산을 처리한다. 현재의 범용 프로세서와 그래픽 프로세서 모두 이들 작업 중 어느 것이든 처리가 가능하다. 따라서 CPU 또는 GPU에 다음과 같은 전략을 적용할 수 있다. 프로세서 칩 내에 멀티코어를 통해서, 또는 GPU 내에 서로 다른 노드들 간에 병렬성을 구현할 수 있다. 정렬의 개념을 사용하면 구조적 가능성을 구축하는데 도움이 된다.

11.7.1 중정렬 렌더링

그림 11.22와 같이 연결된 기하 프로세서 그룹(G)과 래스터 프로세서 그룹(R)을 생각해 보자. 대량의 기하 도형을 생성하는 응용프로그램을 가지고 있다고 가정한다. 두 가지 방법으로 복수의 기하 프로세서를 사용할 수 있다. 단일 프로세서상에서 실행한 후 응용프로그램에서 생성된 다른 기하 부분을 다른 기하 프로세서로 보낸다. 또는 응용프로그램을 복수의 프로세서 상에서 실행시킬 수 있다. 이 경우 각 프로세서는 기하 부분만 생성한다.

임의의 기본 요소를 임의의 기하 프로세서로 보낼 수 있고, 이들 각 프로세서는 독립적으로 동작한다고 가정한다. 여러 개의 프로세서를 병렬로 사용할 때 주된 관심은 **부하 균형**(load balancing)이다. 부하 균형은 각 프로세서에 같은 양의 작업을 할당하여 상당한 시간 동안 쉬고 있는 프로세서가 없도록 함으로써 자원을 낭비하는 일이 없도록 해준다. 프로세서들 사이에 사용자 좌표 공간을 균등하게 나누는 것이 한 방법일 수 있다. 불행히도 이 접근법은 많은 응용에서 기하학적으로 문제 공간에서 균등하게 분산되지 않기 때문에 부하 균형이 제대로 이루어지지 않을 수 있다. 한 가지 대안은 기하학적 객체들이 어디에 위치하고 있는지와는 독립적으로 객체가 생성될 때마다 프로세서들 사이에 균등하게 분산시키는 방법이다. 즉 n개의 프로세서가 있으면, 첫 번째 객체는 첫 번

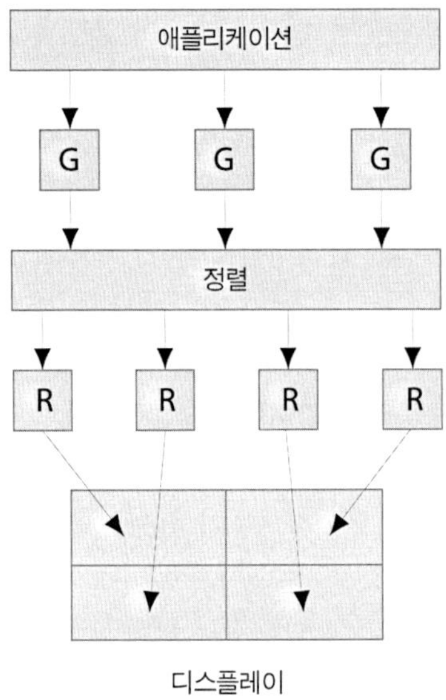

● 그림 11.22 ● 중정렬 렌더링

째 프로세서에, 두 번째는 두 번째 프로세서에, n번째는 n번째 프로세서에, $n+1$번째는 첫 번째 프로세서에 보낸다. 이제 래스터 프로세서를 고려해 보자. 각 프로세서마다 프레임 버퍼의 다른 영역을 할당하거나 또는 화면의 다른 영역을 균등하게 할당할 수 있다. 따라서 각 래스터 프로세서는 스크린 공간의 고정된 부분을 묘사한다.

문제는 기하 프로세서의 출력을 어떻게 래스터 프로세서에 할당하는가이다. 각 기하 프로세서는 디스플레이상 어디든 올 수 있는 객체를 처리할 수 있음을 유념해야 한다. 따라서 출력을 정렬한 후 기하 프로세서로부터 발생되는 기본 요소들을 적절한 래스터 프로세서에 할당해야 한다. 결과적으로, 래스터 단계 이전에 정렬이 이루어져야 한다. 이러한 구조를 중정렬(sort middle)이라 한다.

이러한 구성은 각 작업을 위한 특수 하드웨어와 정보 전달을 위한 고속의 내부 버스가 있었던 수년 전 고성능 워크스테이션에서는 일반적이었다. 최근의 GPU는 복수의 기하 프로세서와 단편 프로세서를 가지고 있기 때문에 중정렬 프로세서[3]로 보일 수 있다. 지금 한 개의 기하 프로세서와 한 개의 래스터 프로세서 조합으로 GPU 내 병렬성을 높이는 단일 GPU를 가지는 그래픽 카드를 고려해 보자. 이제 문제는 그래픽 카드 그룹 또는 GPU를 어떻게 사용하는가이다. GPU 또는 CPU를 기하 프로세서 또는 래스터 프로세서로 사용할 수 있고 이들을 표준 네트워크로 연결할 경우, 중정렬에서 정렬 단계가 병목이 될 수 있어서 다른 두 방법이 더 간단함이 입증되었다.

3) 일부 GPU들은 정점 또는 단편 프로세서로서 사용 가능한 다수의 프로세서들을 제공한다.

11.7.2 후정렬 렌더링

중정렬 렌더링에서는 기하 프로세서의 수와 래스터 프로세서의 수가 다를 수 있다. 그림 11.23과 같이 각 기하 프로세서가 개별 래스터 프로세서와 연결되어 있다고 가정한다. 이 구성은 각각 자신의 그래픽 카드를 갖고 있는 PC들을 모아 놓은 형태 또는 일부 최신 그래픽 카드에서 보여주는 다중 정점 프로세서와 다중 단편 프로세서를 갖는 형태와 같다. 각 프로세서가 응용 데이터를 어떻게 취하는지에 대한 우려는 접어 두고, 대신 이 구성이 응용프로그램에서 생성된 기하학적 데이터를 어떻게 처리하는지에 초점을 맞추기로 한다.

중정렬과 같이 기하학적 객체들이 래스터화 되어 디스플레이상 어디에 위치하는지를 무시하는 순서로 기본 요소들을 기하 프로세서에 내보냄으로써 부하 균형을 이룰 수 있다. 그러나 이러한 방식의 할당과 중간 단계에서의 정렬 부족 때문에 각 래스터 프로세서는 화면 전체 크기의 프레임 버퍼를 반드시 가지고 있어야 한다. 각 기하/래스터 쌍은 완전한 파이프라인을 구성하기 때문에 각 쌍은 부분적인 기하에 대해 정확히 은면이 제거된 이미지를 만들어낸다. 그림 11.24는 각각 적절한 3개의 이미지를 보여주고 있으며, 네 번째는 모든 기하를 포함하는 적절한 이미지를 형성하기 위해 이들이 어떻게 결합되어야 하는지를 보여주고 있다.

부분 이미지는 그림 11.24에서와 같이 합성 단계에서 결합시킬 수 있다. 합성 계산을 위해서는 기하 프로세서의 색 버퍼에 있는 이미지뿐만 아니라 깊이 정보도 필요하다. 각 픽셀에 대해 어느 래스터 프로세서가 관측자에게 가장 가까운 점에 대응하는 픽셀을

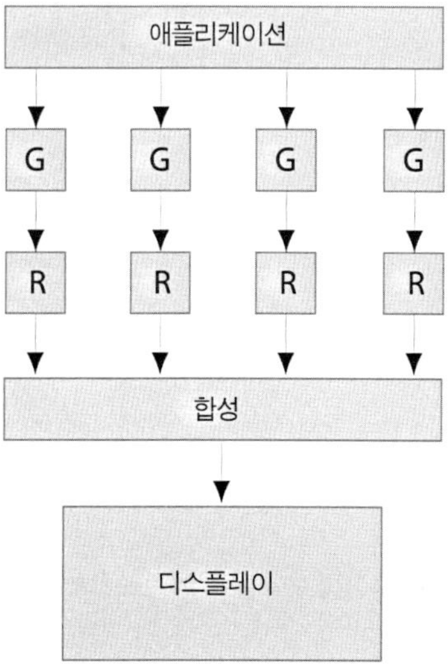

● 그림 11.23 ● 후정렬 렌더링

포함하고 있는지를 알아야 하기 때문이다.[4] 다행히 표준 OpenGL 파이프라인을 사용하면 필요한 정보는 z-버퍼에서 얻을 수 있다. 각 픽셀에 대해 각 z-버퍼에 있는 깊이 값을 비교만 해서 가장 가까운 깊이 값을 갖는 프로세서의 버퍼에 색을 저장한다. 정보가 여러 프로세서에 저장되어 있을 때 이 비교를 어떻게 효율적으로 할 것인지를 결정하는

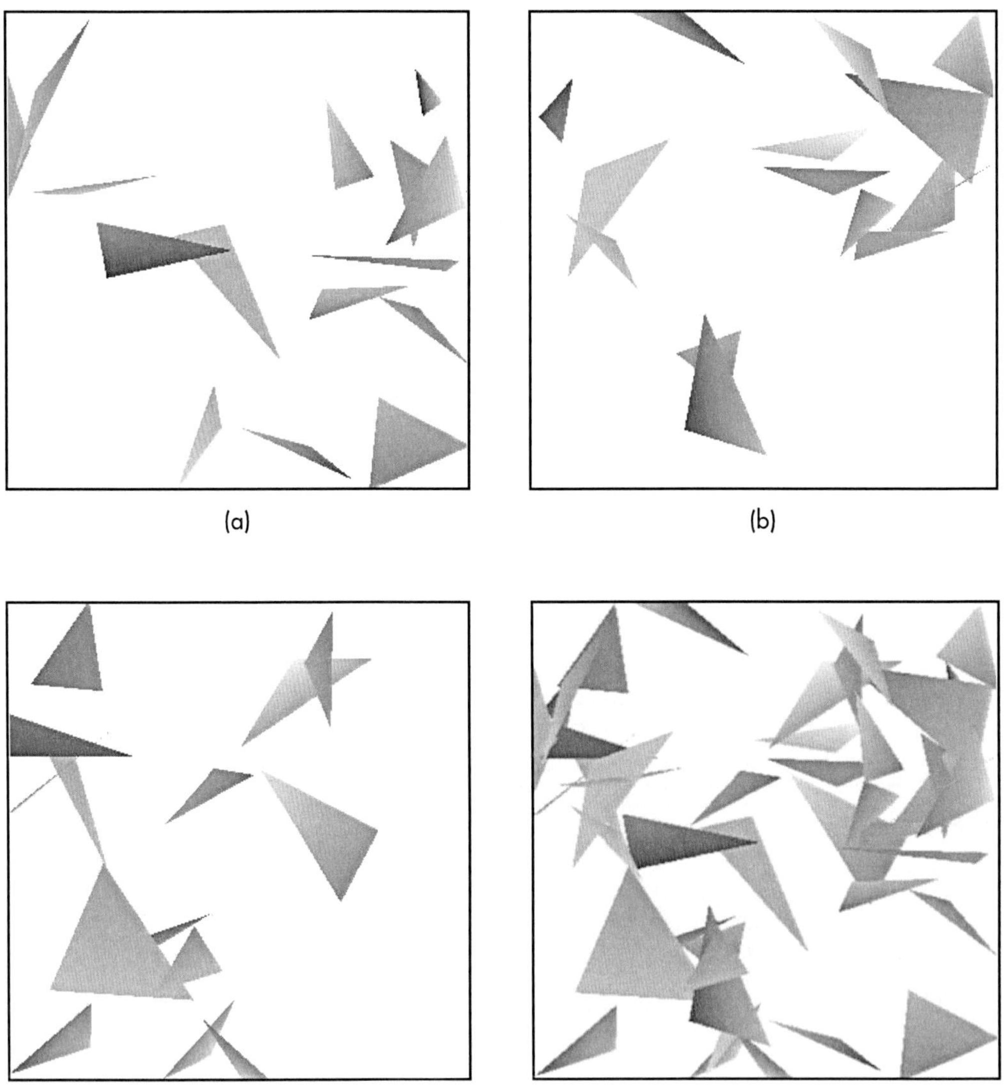

(a) (b) (c) (d)

● 그림 11.24 ● 후정렬 렌더링의 예, (a)-(c) 부분 렌더링 (d) 결합된 이미지

4) 단순화를 위해 모든 기하학적 객체는 불투명하다고 가정한다.

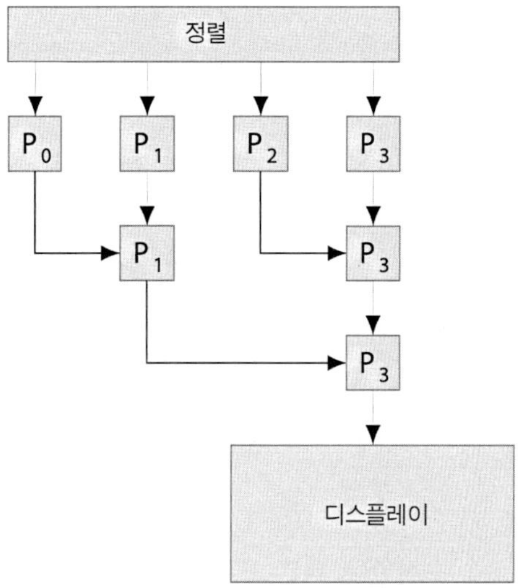

● 그림 11.25 ● 이진 트리 합성

것이 어렵다.

개념적으로 가장 간단한 방법인 **이진 트리 합성**(binary-tree compositing)은 프로세서 쌍으로 하여금 그들 정보를 결합하도록 하고 있다. 그림 11.25와 같이 0에서 3까지 번호가 매겨진 4개의 기하/래스터 파이프라인을 가지는 예를 생각해 보자. 기하학적인 이미지 형성을 위해 프로세서 0과 1이 서로 정보를 결합하고, 동시에 프로세서 2와 3도 각각 그들 정보를 결합할 수 있다. 프로세서 1과 3에 새로운 이미지를 형성한다고 가정해 보자. 따라서 프로세서 0과 2는 색 버퍼와 z-버퍼 모두를 각각 프로세서 1과 3에 보내주어야 한다. 그리고 프로세서 1과 3 사이에 이러한 처리를 반복하여 프로세서 3의 프레임 버퍼에 최종 이미지가 형성되도록 한다. 프로그램 코드는 아주 간단하다. 기하/래스터 쌍의 각 프로세서는 통상적인 렌더링 작업을 수행한다. 합성 단계에서는 단지 픽셀 읽기와 간단한 비교 연산을 몇 가지 수행하면 된다. 그러나 이어지는 합성 처리 각 단계마다 전 단계에서 사용된 프로세서의 반만 필요하므로 궁극적으로 최종 이미지는 한 프로세서에서 준비된다.

또 다른 방법으로 **이진 교환 합성**(binary-swap compositing)이 있다. 이 방법은 놀고 있는 프로세서 문제를 없앤 것이다. 이 기법에서는 각 프로세서가 최종 이미지의 한 부분씩을 담당하게 되고 따라서 정확한 합성을 위해서는 각 프로세서가 모든 데이터를 관찰하고 있어야 한다. 가령 합성을 위해 n개의 프로세서가 있을 경우, 그림 11.26에서와 같이 순환 순서방식(round-robin)으로 프로세서들을 정렬시킬 수 있다. 합성에 n단계가 소요된다(트리 합성의 경우 log n단계). 첫 번째 단계에서 프로세서 0은 프레임 버퍼의 0의 부분에 해당하는 것을 프로세서 1로 보내고, 동시에 프로세서 n으로부터 프레임 버

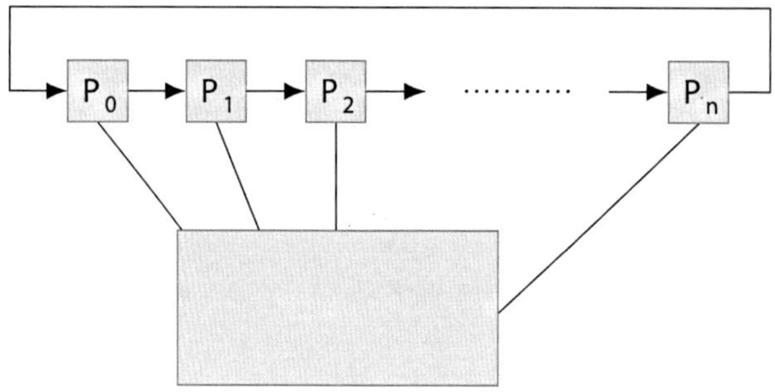

● 그림 11.26 ● 이진 교환 합성

퍼의 n의 부분을 수신한다. 다른 프로세서들도 각자 이웃 프로세서의 색과 깊이 버퍼의 내용을 송신과 수신을 수행한다. 이 시점에서 각 프로세서는 디스플레이의 한 영역을 업데이트할 수 있다. 프로세서 0의 경우, 지역 n이 될 것이다. 두 번째 단계에서 프로세서 0은 프로세서 n으로부터 영역 $n-1$의 데이터를 수신하며, 이는 프로세서 n과 $n-1$로부터의 데이터에 대해 정확하다. 프로세서 0 역시 영역 n으로부터의 데이터를 송신한다. 이제 모든 프로세서가 3개의 프로세서로부터의 데이터에 대해 정확한 영역을 가지게 되었다. 결과적으로 $n-1$ 단계 후 각 프로세서는 최종 이미지의 $1/n$을 가지게 된다. 비록 처리 단계는 늘어났지만 트리 합성을 사용한 것보다 훨씬 적은 데이터 전달이 일어나며, 각 단계에서 놀고 있는 프로세서 없이 모든 프로세서를 활용할 수 있다.

11.7.3 선정렬 렌더링

후정렬 렌더링의 가장 매력 있는 특징 중 하나가 기하 프로세서와 래스터 프로세서를 짝지어 표준 그래픽 카드를 장착한 표준 컴퓨터를 사용할 수 있다는 점이다. 각 기본 요소가 최종 디스플레이에서 어디에 놓이는지를 먼저 결정할 수 있다고 가정한다. 그러면 각 기하/래스터 쌍에 디스플레이의 분리된 부분을 할당할 수 있고 네트워크를 구성할 필요가 없어진다. 구성은 그림 11.27과 같은 형태가 될 것이다. 어느 기본 요소를 어느 프로세서로 가게 할 것인지, 할당하기 위해 앞단에 프로세서들을 배치하고 있다.

이러한 전위(front-end)정렬이 이 기법의 핵심이다. 어느 면에서는 이것이 불가능하게 보일 수도 있다. 왜냐하면 우리가 필요로 하는 기하 파이프라인의 문제를 풀기도 전에 해답, 즉 기본 요소들이 디스플레이상의 어디에 나타날 것인지를 미리 알고 있다는 것을 암시하고 있기 때문이다. 그러나 전혀 가능성이 없는 것은 아니다. 많은 문제들이 이러한 정보를 미리 알 수 있도록 구성되기 때문이다. 또한 객체 좌표에서 스크린 좌표로의 매핑을 구하기 위해 함수 `glGetFloatv`를 사용하여 파이프라인으로부터 정보

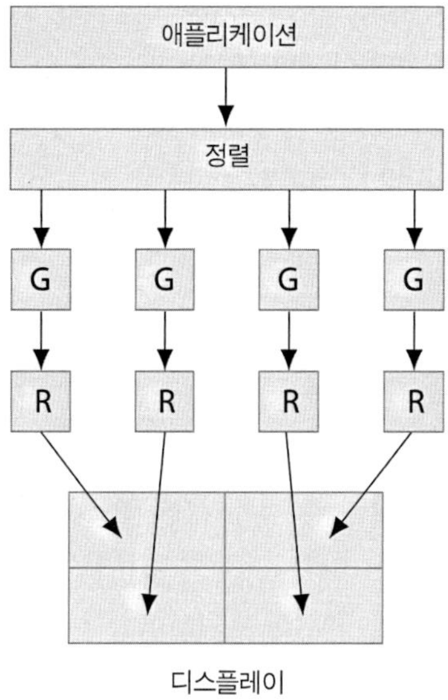

● 그림 11.27 ● 선정렬 렌더링

를 구할 수도 있다. 게다가 항상 정확할 필요도 없다. 만약 기본 요소가 디스플레이상에서 한 개 이상의 영역에 걸쳐 있으면, 기본 요소는 복수의 기하 프로세서에 보내질 수 있다. 기본 요소가 잘못된 프로세서로 보내지더라도 그 프로세서가 적절한 프로세서로 다시 보내준다. 각 기하 프로세서들이 클리핑 단계를 수행하기 때문에 결과 이미지의 정확성은 보장된다.

만약 화면 내에서 기본 요소들이 거의 없는 지역이 있으면 해당 프로세서는 거의 부하가 걸리지 않을 수도 있기 때문에 선정렬 렌더링은 부하 균형의 문제에 초점을 두진 않는다. 그러나 선정렬 렌더링은 후정렬 렌더링에 비해 한 가지 중요한 장점을 가지고 있다. 그것은 고해상도의 디스플레이 생성에 이상적으로 적합하다는 것이다. 가령 1~3백만 픽셀 정도의 해상도를 갖는 CRT나 LCD 디스플레이로 얻을 수 있는 것보다 훨씬 높은 해상도로 출력을 디스플레이하고자 한다고 가정하자. 이러한 해상도는 1억 개 이상의 기하 도형을 포함하는 고해상도 데이터를 검사할 때 필요하다.

이 문제에 대한 한 방법으로 타일 형식의 디스플레이 또는 표준 디스플레이 배열로 구성된 파워 월(power wall)을 구축하는 방법이 있다. 타일(tile)은 CRT나 LCD 패널, 그리고 프로젝터의 출력 등이 될 수 있다. 렌더링의 입장에서 보면 해상도가 4000 × 4000 픽셀을 넘는 정도의 이미지는 디스플레이 배열형태로 렌더링하길 원한다. 일반적으로 이러한 디스플레이는 그래픽 카드를 장착한 PC 클러스터로 구현된다. 따라서 선정렬과 후정렬 렌더링이 후보 전략이 될 수 있다.

그러나 후정렬 렌더링은 각 기하/래스터 프로세서가 최종 이미지 크기의 프레임 버퍼를 가지고 있어야 하며, 합성 단계에서 프로세서들 간에 대량의 데이터 교환이 이루어져야 하기 때문에 이러한 설정에서는 동작될 수 없다. 선정렬 렌더기는 이러한 문제가 없다. 각 기하/래스터 프로세서 쌍은 최종 이미지 중의 작은 영역, 즉 통상 표준 프레임 버퍼 크기의 이미지만 담당하면 된다.

11.8 볼륨 렌더링

우리가 지금까지 개발해 온 컴퓨터그래픽스는 표면의 디스플레이에 관해 초점을 두어 왔다. 따라서 3차원의 객체 렌더링이 가능함에도 이를 3차원 공간상에서 2차원 표면들의 집합으로 모델링한 후 이를 렌더링하였다. 이러한 방법은 만약 데이터 값들이 3차원 영역 내 점의 값을 나타낼 경우 제대로 동작하지 않는다.

3차원 공간상의 일부 영역에서 정의되는 함수 f를 고려하자. 따라서 이 영역 내 각 점에서 스칼라 값 $f(x, y, z)$를 가지며, 이때 f는 **스칼라 장**(scalar field)을 정의한다고 말한다. 예를 들면 f는 객체 내부의 각 점에서 밀도일 수도 있고, 컴퓨터 단층촬영 시 인체 내에 흡수된 X 선의 양, 그리고 유리 석판의 반투명도 등의 형태일 수 있다. 스칼라 장의 시각화는 다음 두 가지 이유로 지금까지 검토해 온 문제들보다 훨씬 더 어렵다. 첫째, 3차원 문제는 작업해야 할 데이터가 훨씬 더 많다는 점이다. 따라서 파일 읽기나 변환 작업과 같은 2차원 데이터의 경우에는 일상적인 연산들에서 실질적인 어려움이 나타난다. 둘째, 두 개의 독립변수를 가지는 문제에서 스칼라 값들의 시각화를 위해 제3의 차원을 사용할 수 있었다. 3개의 독립변수를 가질 경우, 디스플레이를 위해 사용할 수 있는 추가적인 차원이 부족하다. 하지만 약간의 노력으로 이미 개발한 방법을 3차원 스칼라 장을 시각화 할 수 있는 방법으로 확장할 수 있다.

볼륨 렌더링의 분야가 이러한 문제들을 다루고 있다. 그러한 볼륨 데이터 집합들을 시각화 하는 대개의 방법들이 우리가 개발한 방법들을 확장한 것이며, 이들 중 몇몇 접근법을 이어지는 몇 개의 절에서 공부할 것이다. 더 상세한 내용은 참고문헌을 통해서 얻을 수 있다.

11.8.1 볼륨 데이터 집합

의료용 CT 스캔 데이터 집합처럼 어떤 물리적 처리에 의해 측정되고 수집된 데이터 집합이 이산적인 데이터 집합이라는 전제로 논의를 시작한다. 또는 점들의 집합 $\{x_i, y_i, z_i\}$에서 함수 $f(x, y, z)$를 계산하여(또는 샘플링) 얻은 데이터, 즉 볼륨 데이터 집합일 수도 있다.

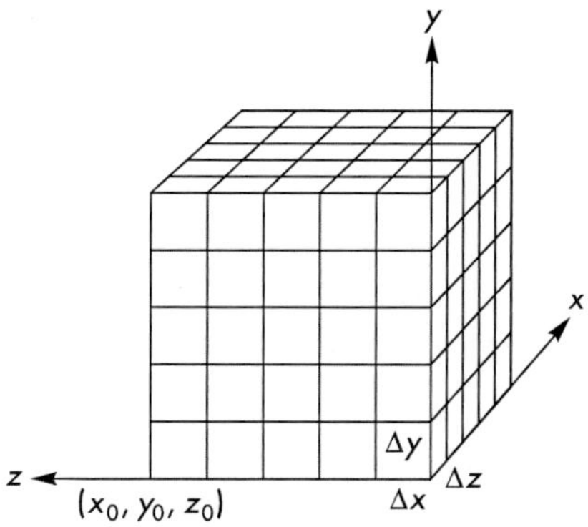

● 그림 11.28 ● 볼륨 데이터 집합

샘플들은 그림 11.28에 보인 바와 같이 x, y, z에서 등간격으로 취한 점들이라고 가정한다. 이는 간략화를 위한 것이며 필수적인 가정은 아니다. 즉,

$$x_i = x_0 + i\Delta x,$$

$$y_i = y_0 + j\Delta y,$$

$$z_i = z_0 + k\Delta z,$$

그리고 다음과 같이 정의할 수 있다.

$$f_{ijk} = f(x_i, y_j, z_k)$$

각 f_{ijk}는 평행육면체 우측 x_i, y_j, z_k에 중심을 둔 Δx, Δy, Δz 내 스칼라 장의 평균값으로 생각할 수 있다. 우리는 이 평행육면체를 체적 요소(volume element) 또는 **복셀**(voxel)이라고 한다.

등간격으로 취해진 샘플들에 대응하는 복셀 값의 3차원 배열을 **구조화된 데이터 집합**(structured data set)이라고 한다. 왜냐하면 공간 내에서 각 샘플의 위치에 대한 정보는 저장할 필요가 없기 때문이다. 구조화된 데이터 집합이란 용어와 복셀 집합이라는 용어는 종종 동일한 의미로 사용되기도 한다.

분산된 데이터는 스칼라 값과 함께 추가적으로 이들 정보를 저장해야 하며, 그러한 데이터 집합을 **비체계적**이라고 말한다. 비체계적 데이터 집합에 대한 시각화는 좀 더 복잡하지만 구조화된 데이터 집합에서 사용한 것과 동일한 기법을 사용하여 처리할 수 있다. 따라서 여기에서는 이러한 주제에 대해서는 더 이상 논의하지 않기로 한다.

2차원 데이터 보다는 더하겠지만, 이들 데이터 집합을 디스플레이하기 위한 방법은 여러 가지가 있다. 그 중 기본적인 두 가지 접근법, 즉 **직접 볼륨 렌더링**(direct volume rendering)과 **등위면**(isosurface)이 있다. 직접 볼륨 렌더링은 이미지 생성 시에 모든 복

셀을 활용하며, 등위면은 복셀의 일부분만 사용한다. 함수 $f(x, y, z)$에 대해 등위면이란 다음과 같은 음함수 방정식으로 정의되는 표면이다.

$$f(x, y, z) = c$$

상수 c의 값은 등위면 값(isosurface value)이다. 복셀 집합으로 이루어진 이산적인 문제에서는 등위면 방법은 근사적인 등위면을 찾는다.

11.8.2 음함수의 시각화

등위면의 시각화는 윤곽선의 3차원 확장으로서 음함수의 시각화와 연관이 있다. 다음 3차원 음함수를 고려한다.

$$g(x, y, z) = 0$$

여기서 g는 해석적으로 알려져 있다. 어떤 점이 이 방정식을 만족한다는 것은 이 함수는 하나 또는 그 이상의 표면을 묘사하는 것이 된다. 간단한 예로써 구, 평면, 2차 곡면, 반지름 r과 단면적 a인 원환체(torus) 등이 있다.

$$(x^2 + y^2 + z^2 - r^2 - a^2)^2 - 4a^2(r^2 - z^2) = 0$$

10장에서 논의한 바와 같이 g는 특정 점이 표면 위에 놓여지는지를 테스트할 수 있는 멤버쉽 함수이다. 그러나 표면 위의 점을 찾을 수 있는 일반적인 방법은 없다. 따라서 특정 g가 주어질 때 그 표면을 보게 할 수 있는 시각화 방법이 필요하다.

이를 위한 한 가지 방법으로 **광선 투사**(ray casting)라고 하는 간단한 형태의 광선 추적을 이용하는 방법이 있다. 그림 11.29는 함수, 관측자, 그리고 투영면을 보여주고 있다. 투영선은 다음과 같이 매개 함수의 형태로 나타낼 수 있다.

$$\mathbf{p}(t) = \mathbf{p}_0 + t\mathbf{d}$$

이는 또한 다음과 같이 개별 요소별로 나타낼 수 있다.

$$x(t) = x_0 + td_x$$

$$y(t) = y_0 + td_y$$

$$z(t) = z_0 + td_z$$

음함수 방정식에 대입하면 다음과 같이 t에 관한 스칼라 방정식을 얻는다.

$$f(x_0 + td_x, y_0 + td_y, z_0 + td_z) = u(t) = 0$$

이 방정식의 해는 투영선이 등위면을 들어가고 나오는 점들에 해당된다. f가 2차 곡면

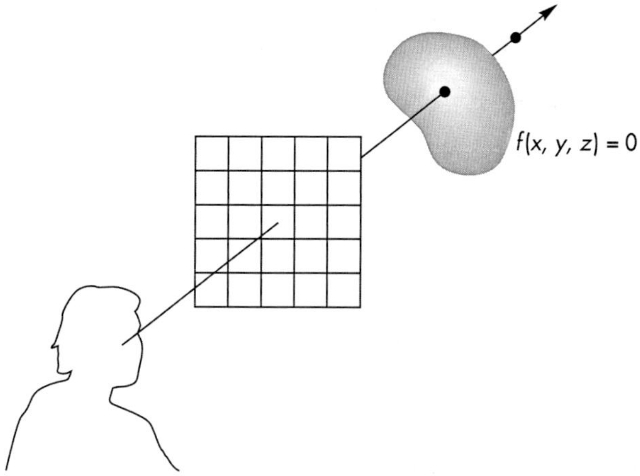

● 그림 11.29 ● 음함수의 광선 투사

또는 원환체와 같은 간단한 함수일 경우, $u(t)$는 11.3절의 광선 추적에서 논의한 바와 같이 간단히 구해질 수 있다.

일단 교차점이 구해지면 표면에 대해 간단한 음영 모델을 적용할 수 있다. 표면에서의 법선은 교차점에서의 편미분에 의해 주어진다.

$$\mathbf{n} = \begin{bmatrix} \frac{\partial f(x,y,z)}{\partial x} \\ \frac{\partial f(x,y,z)}{\partial y} \\ \frac{\partial f(x,y,z)}{\partial z} \end{bmatrix}$$

통상적으로 전역적인 조명의 고려사항은 신경 쓰지 않으며 따라서 교차점이 조명될지를 결정하는 음영 광선 또는 반사된 광선과 추적 광선은 계산하지 않는다. 2차 곡면과 같은 간단한 객체들로 구성된 장면의 경우, 광선 투사는 디스플레이 기법뿐만 아니라 가시 표면의 결정을 수행하며 종종 CSG 모델과 함께 사용된다. 2차 곡면보다 더 복잡한 함수의 경우, 교차점 계산에 필요한 작업량이 매우 크므로 대체방법을 고려해야 한다. 먼저 표면 관측의 문제를 볼륨 관측의 문제로 일반화시킨다.

$g(x, y, z) = 0$으로 기술되는 표면 대신에 3차원 공간의 임의 영역 내 모든 점에서 명시되는 스칼라 장 $f(x, y, z)$를 고려한다고 가정한다. 만약 함수 f의 단일 값 c에 흥미를 가지고 있다면, 시각화의 문제는 등위면의 디스플레이의 문제이다.

$$g(x, y, z) = f(x, y, z) - c = 0$$

때로는 특정 c의 값에 대한 단일 등위면의 디스플레이로 충분하다. 가령, CT 데이터로 작업할 경우, 시각화하고자 하는 조직의 X선의 밀도에 대응시키기 위해 c를 택할 수 있을 것이다. 그 외에 복수 개의 등위면을 표시하는 경우가 있다.

보통 등위면을 구하는 것은 연속함수 g를 임의 구간 상에서 취한 샘플들로 대체하는 이산화의 문제들을 포함하고 있다. 등위면을 시각화 하는 제1의 방법은 마칭큐브(marching cube)로 불리우는 마칭스퀘어(marching square)의 3차원 버전이다.

11.9 등위면과 마칭큐브

각 복셀 값이 스칼라 장 $f(x, y, z)$의 샘플인 데이터 집합 $\{f_{ijk}\}$가 있다고 가정한다. 그리고 샘플들이 격자 상에서 취해질 때, 이산적인 데이터는 복셀 집합을 형성한다. 다각형의 메시를 정의하기 위해 샘플된 데이터를 사용하여 근사적인 등위면을 찾고자 한다. 임의의 주어진 c값에 대해 방정식을 만족하는 표면이 없거나 한 개 혹은 다수 개가 있을 수 있다. 3차원의 삼각형을 잘 표시할 수 있다는 전제 하에 마칭큐브로 불리는 방법을 설명한다. 마칭큐브는 3차원의 삼각형 집합들로 표면을 근사하며, 이들 삼각형 각각은 등위면을 형성하는 각각의 조각들을 근사한다.

복셀 값 $\{f_{ijk}\}$가 복셀의 중심을 가로지르는 정규 3차원 격자 상에 있다고 가정하였다. 그렇지 않을 경우 보간법을 이용하여 격자 값을 계산할 수 있다. 8개의 이웃 격자점은 그림 11.30에 나타낸 바와 같이 3차원의 셀을 지정한다. 셀의 정점 (i, j, k)에 데이터 값 f_{ijk}가 할당된다. 정점에서의 값에만 근거하여 각 셀을 가로지르는 등위면의 부분을 찾을 수 있다.

주어진 등위면의 값 c에 대해 정점에서의 값이 c보다 큰지 혹은 작은지에 따라 각 셀의 정점에 흑 또는 백의 색으로 채색할 수 있다. 전체 $256 = 2^8$가지의 정점 채색이 가능하지만, 대칭성을 고려하면 그림 11.31[5]과 같이 14가지의 유일한 경우만 생긴다. 간

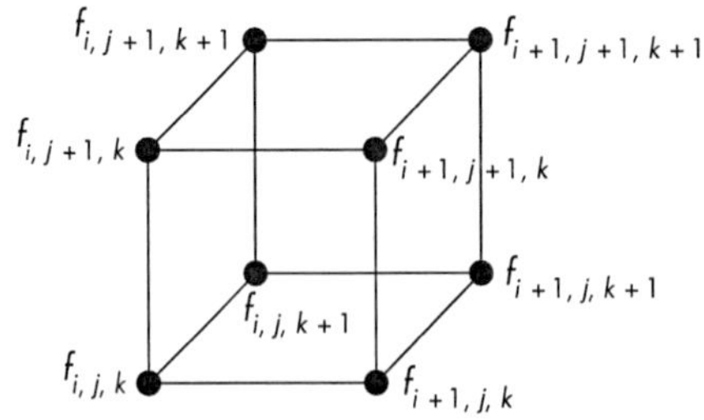

● 그림 11.30 ● 복셀 셀

5) Lorensen & Cline[Lor87]의 논문과 많은 후속 논문에서는 15가지로 언급하고 있으나 이들 중 2가지는 대칭이다.

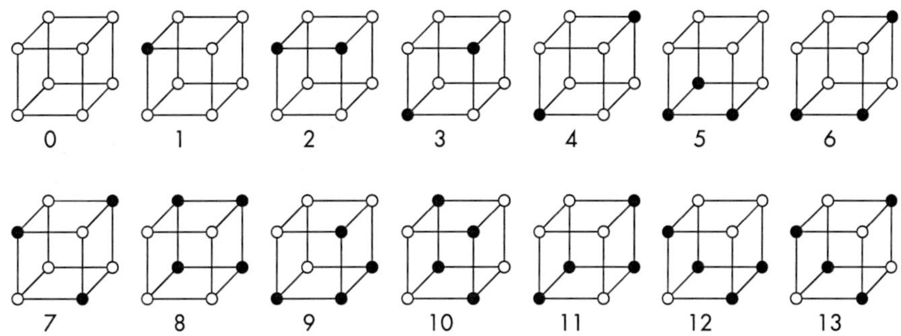

● 그림 11.31 ● 정점의 채색(vertex coloring)

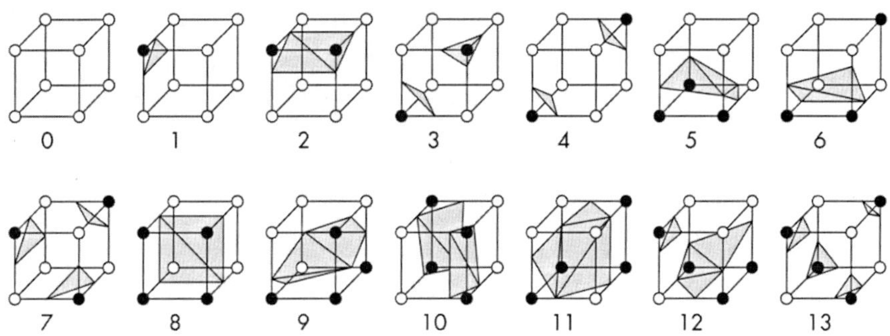

● 그림 11.32 ● 마칭큐브를 위한 모자이크화

단한 데이터 보간법을 이용하면 정점에서의 값들 사이에 선형 보간에 의해 표면과 입방체 에지와의 교차점을 생성할 수 있다. 마지막으로 이들 교차점을 모자이크 형태로 배열하기 위해 삼각형의 다각형을 사용할 수 있으며, 셀을 가로지르는 삼각형 메시 조각을 형성한다. 그림 11.32는 이들 삼각형의 모자이크 배열을 나타낸다.
셀의 윤곽선 그림처럼 각 3차원 셀은 개별적으로 처리될 수 있다. 샘플된 데이터의 각 내부 복셀 값은 8개의 셀에 영향을 준다. 행 단위 그리고 평면 단위 순서로 데이터를 진행한다. 알고리즘에 이름을 명명한 것처럼 생성한 셀의 위치는 데이터 집합을 관통하여 진행해 나간다.

각 셀이 처리되면서 생성하는 임의의 삼각형들은 그래픽 파이프라인을 통해 디스플레이되기 위해 보내져 빛나거나 음영 처리, 회전, 텍스처 매핑, 래스터화 된다. 이 알고리즘은 병렬화가 쉽기 때문에 윤곽선 그림처럼 테이블 기반의 마칭큐브는 3차원 데이터를 디스플레이하는 보편적인 방법이다.

마칭큐브는 데이터 정리(압축) 알고리즘인 동시에 데이터 모델링 알고리즘이다. 시뮬레이션 및 이미징 시스템 모두 10^7에서 10^9개의 복셀을 포함하는 데이터 집합을 생성해낸다. 이러한 대량의 데이터들은 데이터 읽기나 값의 재조정, 또는 데이터들의 회전 등

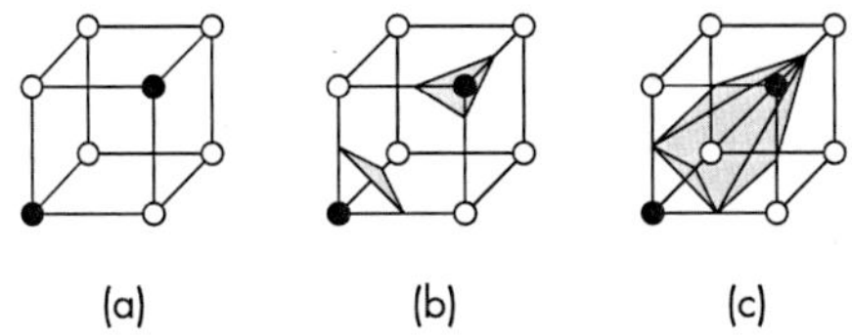

● 그림 11.33 ● 마칭큐브에서의 모호한 문제, (a) 셀 (b) 셀의 한 가지 해석 (c) 두 번째 해석

과 같은 간단한 연산조차도 시간이 많이 걸리고 메모리가 많이 소비된다. 그러나 이들 중 대부분은 알고리즘 실행 후 3차원 삼각형의 수가 그래픽스 시스템에서 비교적 쉽게 처리될 수 있는 기하학적 객체의 수가 10^3에서 10^4개로 줄어든다. 표면을 회전시키거나 색칠하기, 음영 처리 등을 실시간으로 처리할 수 있다. 일반적으로 특정 등위면에 기여하는 복셀이 많지 않기 때문에 사용되지 않은 복셀의 정보는 이미지에 나타나지 않는다.

마칭큐브에는 모호한 문제가 있다. 이러한 문제는 셀 측면의 대각선 반대 정점에 다른 색을 할당할 때마다 발생된다. 그림 11.33(a)에서의 셀 채색을 고려해 보자. 그림 11.33(b)와 11.33(c)는 이들 데이터에 삼각형을 할당하는 2가지 방법을 보여주고 있다. 두 가지 다른 해석으로 생성된 이들 두 등위면을 비교해 보면 이들 두 경우가 발생하는 영역은 완전히 다른 모양과 위상을 가짐을 알 수 있다. 특정 셀에 대한 해석의 잘못된 선택은 그렇지 않으면 부드러운 표면에 구멍을 남길 수 있다. 이러한 문제를 해결하려는 연구가 시도되었으나 어떤 접근 방식도 해결점을 찾지 못했다. 윤곽선 그림에서 본 바와 같이 모든 경우에서 올바른 해를 얻기 위해서는 데이터에서 구할 수 있는 것보다 더 많은 정보를 필요로 한다.

11.10 메시의 간략화

지금까지 등위면을 구성하는 작은 삼각형 조각들을 생성하는 방법으로서 마칭큐브를 살펴보았다. 이 알고리즘의 출력으로서 하나 또는 그 이상의 삼각형 메시를 볼 수 있다. 이들 메시는 삼각형으로만 구성되어 있음에도 매우 불규칙하다.

마칭큐브의 한 가지 단점은 이 알고리즘이 등위면을 디스플레이하는데 실제 필요한 것 이상으로 지나치게 많은 삼각형을 생성한다는 점이다. 이러한 현상에 대한 한 가지 이유는 삼각형의 개수가 등위면의 부드러움보다는 일차적으로 데이터 집합의 해상도에 따라 결정된다는 것이다. 그래서 렌더링한 표면이 눈으로 분간할 수 없을 정도라면 훨씬 적은 수의 삼각형으로 새로운 메시를 생성할 수도 있다. 이러한 **메시 간략화**(mesh simplification) 문제를 위한 방법은 여러 가지가 있다.

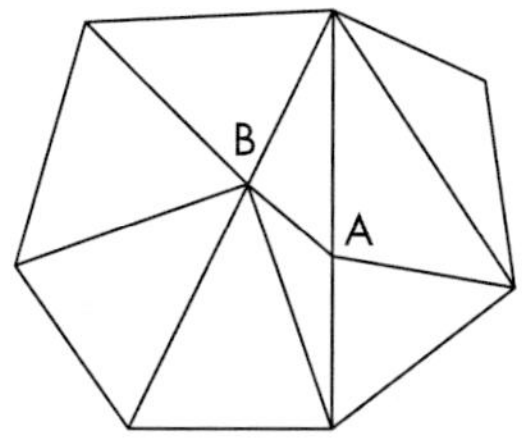

● 그림 11.34 ● 원본 메시

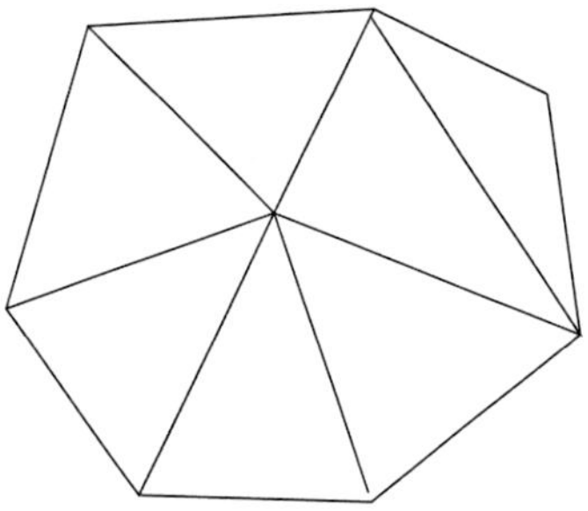

● 그림 11.35 ● 간략화 후 메시

삼각형 데시메이션(triangle decimation ; 삼각형 축소)이라 하는 접근법은 에지와 정점의 일부를 제거함으로써 메시 간략화를 추구한다. 그림 11.34와 같은 메시를 생각해 보자. 만약 정점 A를 정점 B와 일치하도록 옮기면 두 개의 삼각형을 제거할 수 있고 그림 11.35와 같이 간략화 된 메시를 얻는다. 어느 삼각형이 제거되어야 하는지의 결정은 지역적 부드러움 정도나 삼각형의 모양을 기준으로 사용한다. 가늘고 긴 삼각형에 의한 렌더링은 좋지 않기 때문에 후자의 기준, 즉 삼각형의 모양에 의한 기준은 중요하다.

또 다른 접근법으로서 원본 메시에 의해 생성된 표면의 리샘플링(resampling)에 기반한 방법이 있으며, 이는 표면상에 새로운 점들의 집합을 만들어낸다. 이들 점들은 구조적으로 체계화되어 있지 않아 원본 메시에서의 연결성이 부족하다. 따라서 이들 점들을 최적의 방법으로 자유롭게 연결할 수 있다. 10장의 델로네 삼각 분할(Delaunay triangulation) 처리가 가장 보편접인 기법이다.

또 다른 리샘플링 접근법으로서 원본 메시 위에 점들(입자)을 배치하거나 정점의 부분 집합을 선택한 후 점들의 최종 배치를 제어하기 위해 입자 시스템(partical system)을 사용하는 방법이 있다. 입자들 간의 척력(repulsive force; 두 물체가 서로 밀어내는 힘)이 입자들의 위치를 이동시켜 최적의 메시를 만들어낸다.

11.11 직접 볼륨 렌더링

등위면 렌더링의 단점은 모든 복셀들이 최종 이미지 형성에 기여하지 않는다는 점이다. 따라서 잘못된 등가치(isovalue)의 선택으로 인해 데이터 중에 가장 중요한 부분을 놓칠 수도 있다. **직접 볼륨 렌더링**(direct volume rendering)에서는 모든 복셀들이 이미지 형성에 기여하도록 한다. 대개 이들 기법들은 7장에서 소개한 합성 기법의 확장이거나 광선 추적법의 응용이다. 복셀들은 보통 사각형의 격자 위에 위치하기 때문에 관측자의 위치를 안다면 후향 렌더링(front-to-back) 또는 전향 렌더링(back-to-front)에 의한 순서가 정해진다.

초창기의 직접 볼륨 렌더링 방법에서는 각 복셀들을 투명 또는 완전 불투명의 작은 입방체로 취급하였다. 이미지를 후향 렌더링으로 처리할 경우, 광선 추적은 각 광선이 첫 불투명 복셀을 만날 때까지 진행되며, 이미지 내 해당 픽셀은 검정색으로 칠해졌다. 또한 광선을 따라서 불투명 복셀이 발견되지 않을 경우 해당 픽셀은 흰색으로 칠해졌다. 데이터 집합들을 전향 렌더링으로 처리할 경우, 불투명 복셀들만 칠하기 위해 패인터 알고리즘을 이용하였다. 두 기법 모두 각 복셀을 스크린 상에 투영된 입방체로 취급하였기 때문에 심각한 에일리어싱 허상을 가진 이미지를 생성한다. 이들 기법 역시 모든 복셀에서의 정보를 표시하는데 실패하였다. 색상과 불투명도를 사용하여 이들 문제를 피하거나 완화시킬 수 있다.

11.11.1 색상과 불투명도의 할당

먼저 각 복셀에 대해 색상과 투명도를 할당하는 것으로부터 시작한다. 가령, 인체의 두뇌 CT 스캔 데이터일 경우, X-선의 밀도에 기반하여 색상을 할당할 수 있을 것이다. 부드러운 조직(저밀도)은 적색, 지방성의 조직(중밀도)은 청색, 단단한 조직(고밀도)은 백색, 그리고 빈 공간은 블랙과 같이 할당될 수 있다. 가끔 이들 색상 할당은 복셀값의 분포, 즉 데이터의 히스토그램에 기반하여 이루어질 수 있다. 그림 11.36은 4개의 피크를 가진 히스토그램을 보여주고 있다. 이 경우 각 피크마다 색상을 할당할 수 있으며, 컬러 색인을 사용할 경우 그림 11.37에 나타낸 바와 같이 곡선으로부터 결정되는 테이블을 통해 컬러 색인에 R, G, B를 할당할 수 있다. 만약 이들 데이터가 CT 스캔 데이터라면 두개골은 좌측 낮은 피크에 해당되어 흰색이 할당되고 반면에 빈 공간은 히스토그램의 우측 피크에 해당되어 검정색으로 할당될 것이다.

불투명도는 이미지 내에서 우리가 강조하고자 하는 복셀에 근거하여 할당된다. 만약

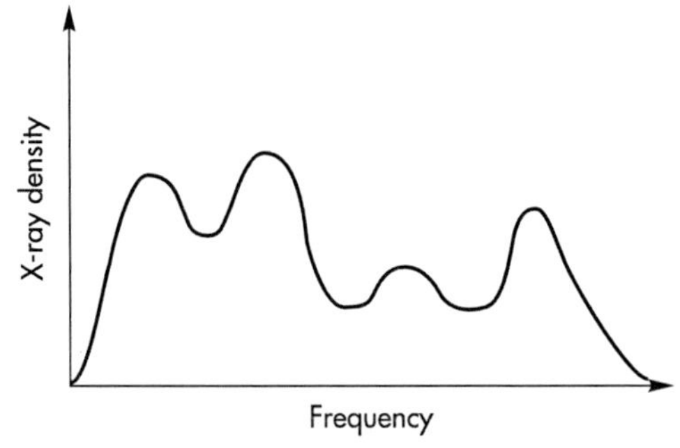

● 그림 11.36 ● CT 데이터의 히스토그램

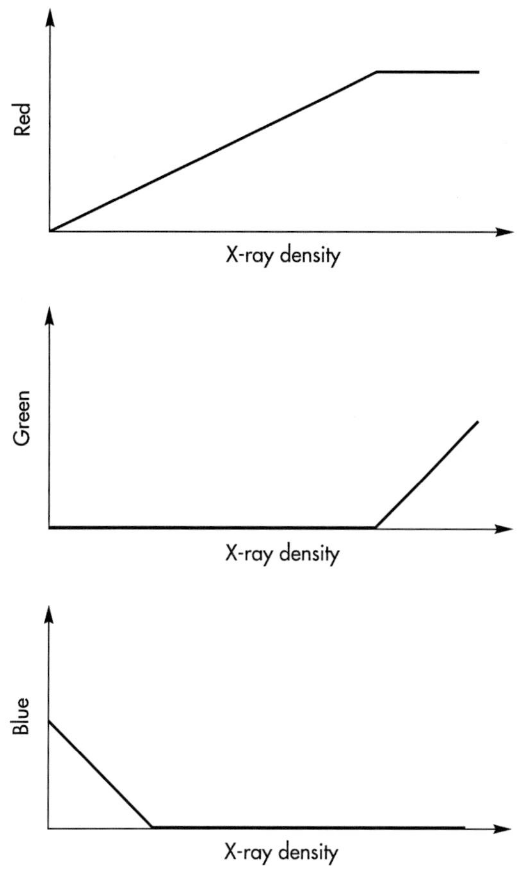

● 그림 11.37 ● CT 데이터에 대한 색상 곡선

두개골을 제외한 두뇌 부분만을 나타내고자 할 경우 두개골에 해당하는 값에 0의 불투명도를 할당할 수 있다. 색상과 불투명도의 할당은 우리가 목표로 하지 않는 패턴 인식의 문제이다. 때로는 사용자 인터페이스에서 이들 값을 대화형으로 조절할 수 있도록 하고 있다. 여기에서는 이들 할당이 이루어진 후에 2차원의 이미지를 구축하는 방법에 대해서만 초점을 두기로 한다.

11.11.2 스플래팅

일단 색상과 불투명도가 할당되면 각 복셀의 기하학적 모양을 설정하고 7장의 합성 기법들을 적용한다. 전향 페인팅(back-to-front)의 적용이 한 방법이다. 그림 11.38의 복셀 그룹을 생각해 보자. 여기에서 앞(front)이란 관측자에 대해 상대적으로 정의되는 용어이다. 3차원의 데이터 집합의 경우 데이터 집합에 대해 상대적으로 관측자의 위치가 정해지면 앞은 우리가 복셀 배열을 처리하는 순서를 정의하게 된다. 8장에서 본 바와 같

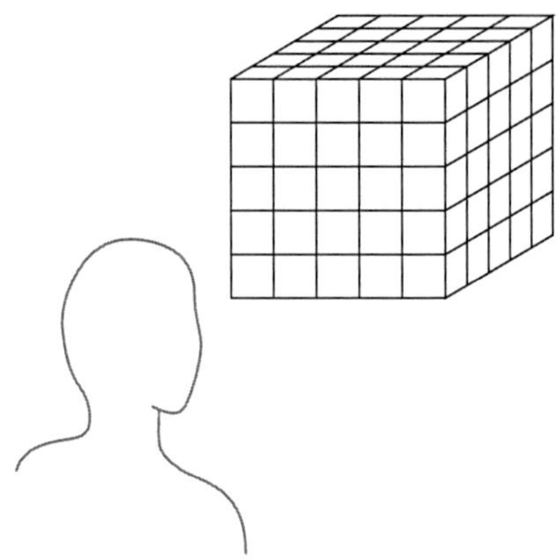

● 그림 11.38 ● 복셀 볼륨

이 옥트리(octree)는 복셀 데이터들을 저장하는데 효율적인 메커니즘을 제공한다. 관측자의 위치 설정은 옥트리의 탐색 순서를 결정한다.

이미지를 생성하는 특별히 간단한 한 가지 방법으로 **스플래팅**(splatting)이라고 하는 방법이 있다. 각 복셀의 모양은 간단한 형태로 주어지고, 이 모양이 이미지 평면 상에 투영된다. 그림 11.39는 구 형태의 복셀과 이것의 스플랫(splat) 또는 족적(footprint)을 나타낸다. 만약 평행 투영을 사용하고 각 복셀이 같은 모양으로 주어지면 스플랫은 색상과 블투명도에서만 다르다. 따라서 각 복셀에 대해 투영과정을 수행할 필요없이 프레임 버퍼에 비트맵으로 족적을 저장할 수 있다.

각 복셀에 할당하는 모양은 7장에서 고려한 샘플링 타입의 문제이다. 데이터를 생성한 프로세스가 이상적이라면 각 스플랫은 3차원 sinc 함수의 투영이 될 것이다. 육각형 또는 타원형의 스플랫 사용은 샘플링 정리의 재구성 파트의 사용보다는 평행육면체 또는 타원면의 복셀 근사에 기반한다. 보다 좋은 근사로서는 sinc 함수의 3차원 가우시안

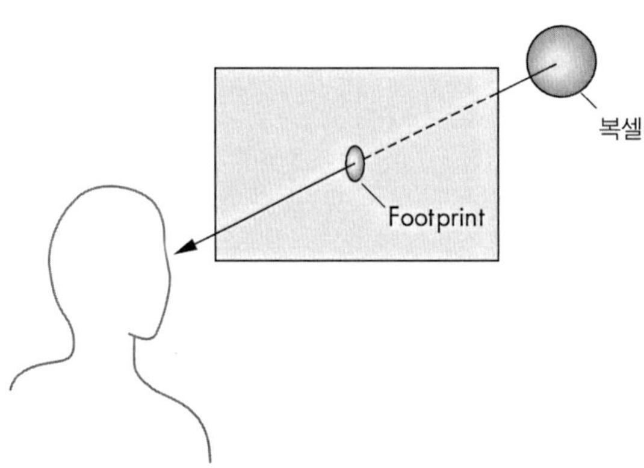

● 그림 11.39 ● 복셀의 스플랫 또는 족적

근사인 가우시안 형태의 스플랫을 사용하는 것이다.

스플랫 이미지 생성에서의 주된 이슈는 각 스플랫이 이미지에 어떻게 합성되는가이다. 격자 상의 데이터는 관측자 또는 투영면으로부터의 거리에 따라 이미 정렬되어 있다. 스플랫을 통하여 각 복셀의 기여를 추가해 가면서 뒤에서 앞으로, 즉 전향식으로 데이터를 진행해 갈 수 있다. 배경 이미지에서 시작하여 연속적으로 스플랫에 혼합해 나간다.

11.11.3 볼륨 광선 추적

직접 볼륨 렌더링 기법의 한 대안으로 광선 추적에 의한 후향식(front-to-back) 렌더링이 있다(그림 11.40). 광선을 따라서 스플래팅에 사용했던 합성공식을 사용하여 불투명 복셀에 언제 도달했는지를 결정하고 이 광선의 추적을 즉시 중지한다. 이 접근법의 어려운 점은 주어진 광선이 많은 데이터 조각들을 관통하고 따라서 가용한 모든 데이터들을 유지하고 있어야 한다는 점이다.

전향식 렌더기와 후향식 렌더기의 선택을 좌우하는 문제가 이미지 지향 렌더기와 객체지향 렌더기의 선택에서 발생되는 문제와 유사하다는 점을 명확히 해야 한다. 우리는 그 프로세스에 불투명도를 추가했을 뿐이다. 결과적으로 볼륨 광선 추적은 3차원 모양의 이미지를 생성할 수 있으며 모든 데이터를 활용할 수 있다. 그러나 광선 추적된 이미지는 관측조건이 바뀌거나 데이터에 변환을 가할 때마다 매번 처음부터 다시 계산되어야 한다.

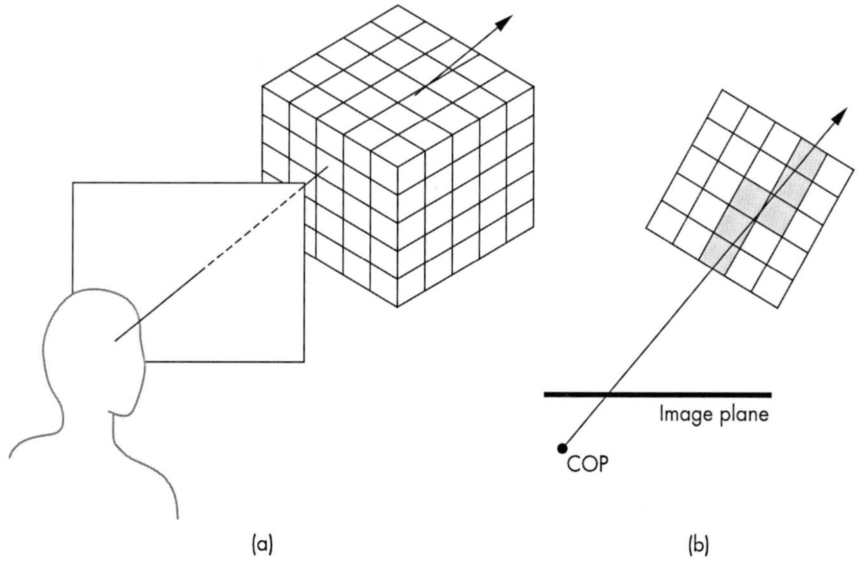

● 그림 11.40 ● 볼륨 광선 투사, (a) 3차원 뷰 (b) 평면도

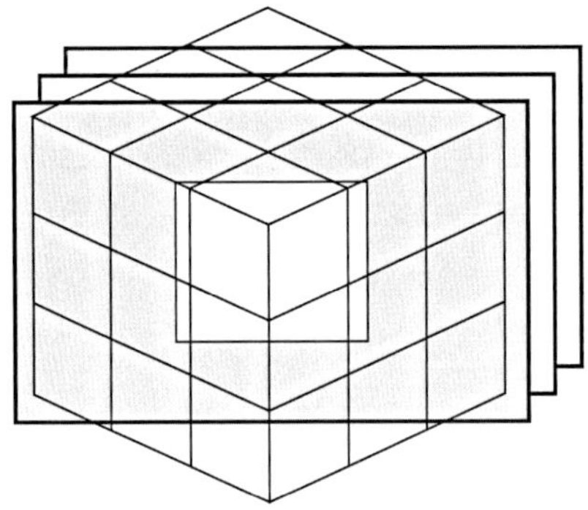

● 그림 11.41 ● 3차원 텍스처 메모리를 다각형으로 자르기

볼륨 광선 추적에서 가장 자주 사용되는 접근법이 **광선 투사**(ray casting)라고 하는 이유는 일반적으로 광선과 복셀의 교차점에서의 음영만 표시하기 때문이며 그림자 광선은 신경 쓰지 않는다. 최근 연구자들은 대부분의 계산을 위해 GPU를 사용하는 다양한 전략을 연구하였다.

11.11.4 볼륨의 텍스처 매핑

텍스처 매핑을 위한 하드웨어 및 소프트웨어의 지원은 3차원 텍스처를 사용한 직접 볼륨 렌더링 기법을 위한 기본이다. 전체의 데이터 집합을 저장할 만큼 충분한 텍스처 메모리를 가지고 있다고 가정한다. 이제 관측자와 평행한 평면들을 정의할 수 있다. 그림 11.41에 보인 바와 같이 이들 평면들이 평행한 다각형 집합을 이루면서 텍스처 메모리 사이를 지나가도록 텍스처 좌표를 세계 좌표(사용자 좌표)로 매핑할 수 있다. 이제 이들 다각형에 대한 복셀들에 텍스처를 매핑한다. 거의 대부분의 문제에서 가지고 있는 데이터 포인트의 수에 상응하는 다각형이 불과 수백 개 밖에 필요하지 않기 때문에 렌더링 하드웨어에 거의 부담을 주지 않는다. 다른 모든 볼륨 렌더링 방법과는 달리 이 방법은 실시간 관측자 이동과 대화형 시각화가 가능할 만큼 빠르다. 그러나 이 방법은 다각형과 텍스처 배열이 이루는 각도에 따라 에일리어싱 문제가 발생한다.

11.12 이미지 기반 렌더링

최근 2차원 이미지를 비롯하여 3차원 정보의 추출과 이로부터 새로운 이미지를 형성하는 문제 등에 많은 관심을 기울여 왔다. 이 문제는 수년에 걸쳐 여러 형태로 나타나고 있다. 가장 중요한 예제 몇 가지를 소개하면 다음과 같다.

- 항공사진을 이용한 지형정보 획득
- 일련의 2차원 X선 사진을 이용한 3차원 CT(computerized axial tomography) 이미지 구성
- 로봇 카메라로부터 기하학적 모델 구하기
- 한 이미지를 다른 이미지로 변형하기(morphing)

엄선된 일련의 저장된 이미지를 사용하여 새로운 이미지를 생성하는 분야에 새로운 응용들이 집중되고 있다. 예를 들어, 사람이나 빌딩 또는 CAD 모델 등 일련의 객체 사진을 촬영하여 이 객체를 다른 관측점에서 본다고 가정하자. 만약 3차원 모델을 가지고 있다면 단순히 관측자 또는 객체를 이동시키는 것만으로도 새로운 이미지를 만들어낼 수 있다. 그러나 만약 2차원 정보밖에 없다면 어떻게 할 것인가? 이들 문제는 모두 넓은 의미의 **이미지 기반 렌더링**(image-based rendering)의 문제로 집약될 수 있으며, 컴퓨터 그래픽, 이미지 처리, 컴퓨터 비전 등의 기술이 포함된다.

11.12.1 간단한 예제

그림 11.42로부터 문제의 아이디어를 얻을 수 있다. 왼쪽에 점 $\mathbf{p}_1$에 위치한 원근 카메라가 있고, 오른쪽 $\mathbf{p}_2$에 두 번째 카메라가 있다. 양쪽 카메라에 의해 상이 그려지는 점 $\mathbf{q}$를 고려해 보자. 카메라의 위치, 방향, 시야 등 이들 카메라에 대해 모든 것을 안다고 가정할 경우, 이들 카메라에 의해 생성된 두 이미지로부터 $\mathbf{q}$를 결정할 수 있는가? 그림 11.43은 두 카메라 모두 x-축에 위치시키고 이미지 평면을 $\mathbf{z} = \mathbf{d}$에 평행하도록 간략화한 문제의 평면도를 나타낸다. 표준 투영 방정식을 이용하여 다음 두 개의 관계식을 얻는다.

$$\frac{x_1 - x_{p_1}}{d} = \frac{x_1 - x}{z}$$

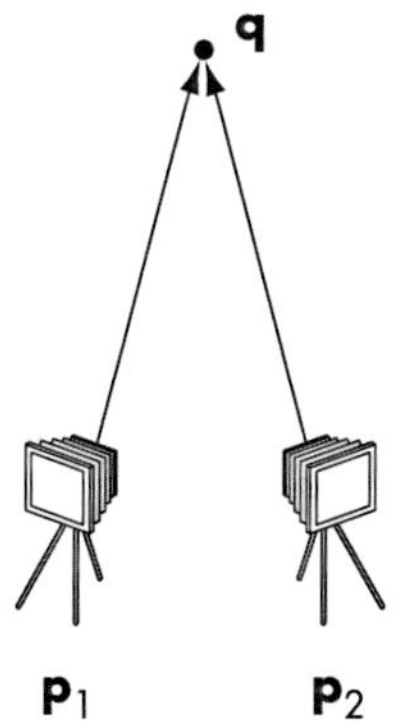

● 그림 11.42 ● 같은 점을 촬영하는 두 대의 카메라

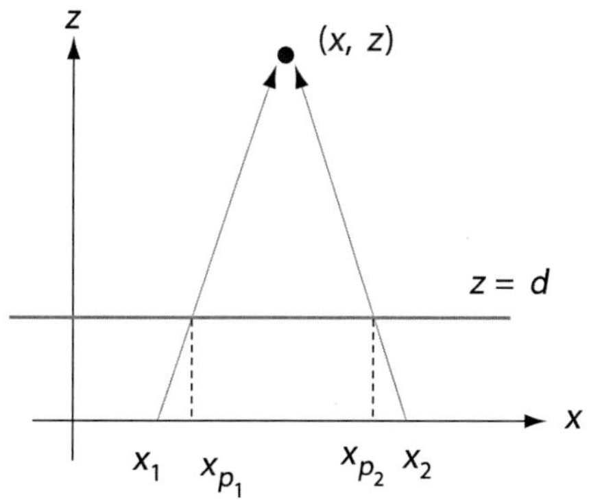

● 그림 11.43 ● 두 카메라의 평면도

$$\frac{x_2 - x_{p2}}{d} = \frac{x_2 - x}{z}$$

이들 식은 두 개의 미지수 x와 z를 포함하는 선형방정식으로서 다음과 같이 풀 수 있다.

$$z = \frac{d\Delta x}{\Delta x - \Delta x_p}$$

$$x = \frac{x_{p_1}\Delta x - x_1\Delta x_p}{\Delta x - \Delta x_p}$$

여기서 $\Delta x = x_2 - x_1$, $\Delta x_p = x_{p2} - x_{p1}$이다.

즉, 두 개의 이미지로부터 **q**를 결정하였다. 이 결과는 카메라 위치와는 무관하다. 카메라 위치 변경으로 단지 방정식만 조금 복잡해질 뿐이다. 일단 **q**를 구하면 임의의 관측점으로부터 이미지를 얻을 수 있다.

좀 더 면밀히 조사해 보면, 몇 가지 실질적인 문제를 발견할 수 있다. 첫째, 수치적인 문제이다. 카메라 위치 측정에서의 작은 오차가 **q**의 추정에 큰 오차를 야기할 수 있다. 이러한 수치적인 논란은 지형 측정과 같은 많은 응용 분야에서 걸림돌로 작용되어 왔다. 이러한 문제를 피하는 한 방법은, 두 개 이상의 측정치를 사용하여 원하는 위치 중에서 가장 좋은 추정치를 결정하는 방법이다.

기타 잠재적인 심각한 문제도 있다. 예를 들어, 점 $\mathbf{p}_1$과 $\mathbf{p}_2$를 어떻게 구할 것인가의 문제이다. 두 대의 카메라로부터 얻은 이미지가 주어질 경우, 해당하는 점을 식별하는 방법이 필요하다. 이 문제는 컴퓨터 비전에서 근본적인 문제 중 하나이며, 이에 대한 완벽한 해법은 없다. 만약 그림 11.44와 같이 차단(occlusion)이 있을 경우, 같은 점이 두 이미지에서 나타나지 않을 수도 있음을 주의해야 한다.

초기의 많은 기법들은 대응점을 찾기 위해 통계적 방법을 사용하는 순수한 이미지

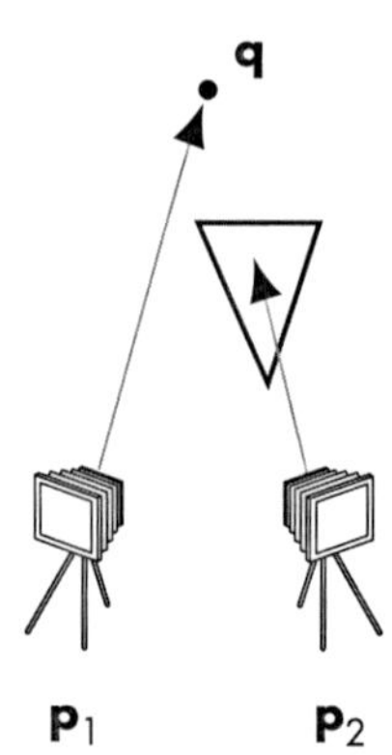

● 그림 11.44 ● 차단이 있는 경우의 촬영

기반 방법이었다. 대응점을 사용자에게 확인토록 하는 대화형의 기법도 있었다. 최근 컴퓨터 그래픽의 분야에서 이 문제에 대한 새로운 접근법이 시도되어 왔다. 이 중에서 주목할 만한 것 몇 가지를 언급하고자 한다. 이에 대한 자세한 내용은 참고문헌을 참고하길 바란다.

순수한 이미지 기반 접근법의 어려움을 피하는 한 방법으로 기하학적 모델을 사용하는 것이다. 예를 들어 실제 환경에서 직각 평행육면체로 구성된 객체들이 많이 있다는 것을 알 수 있다. 이러한 부가적인 정보는 정확한 위치 정보를 끌어내는 데 사용될 수 있다.

연속 이미지로부터 단일 관측자에 대한 새로운 이미지를 생성하는 데 이미지기반 기법이 사용되어 왔다. 이러한 일반적인 문제의 변형은 영화산업이나 Apple사의 Quick Time VR 같은 가상현실 응용에서의 새로운 이미지 제공, 원격 객체 관측 등에 사용되어 왔다.

그 외 2차원 이미지와 3차원 환경에서의 빛의 분포 사이의 수학적인 관계에 대해서도 조사하였다. 각 2차원 이미지는 4차원 광 필드(light field)의 표본이다. 컴퓨터 단층촬영에서 2차원 투영으로부터 3차원 이미지가 구성되는 것과 유사한 방식으로, 여러 대의 카메라로부터 얻은 2차원 투영을 이용하여 3차원 세계를 재구성할 수 있다. 이들 기법 중 두 가지가 **루미그래프**(lumigraph)와 **광 필드 렌더링**(light-field rendering)이다. 장면에 관한 모든 정보가 광 필드에 포함되어 있으므로 광 필드의 측정에 관한 관심이 증가하고 있으며, 방대한 양의 데이터가 포함된 경우에는 최근까지도 가능하지 않다. 광 필드 측정의 흥미 있는 응용 중에 하나가 재조명(relighting)에 있다. 그러한 응용에서는 장면 내 조명이 제거되고 다른 위치에 있는 광원에 의해 생성된 광 필드를 사용하여 재조명한다.

요약

이 장에서는 여러 가지 렌더링 기법을 설명하였다. 전역적 조명에 의한 렌더링의 물리적인 근거는 렌더링 방정식에 포함되어 있다. 그러나 수치 해법에 의해 푼다 하더라도 일반적인 경우에 풀어야 할 변수가 너무 많이 포함되어 있다. 라디오시티와 광선 추적법은 장면 내 표면에 관해 정반대의 가정을 전제하더라도 어느 정도 전역적 효과를 다룰 수 있다. GPU 성능이 점점 강력해지면서 렌더링에서 요구되는 계산도 훨씬 많이 처리할 수 있게 되었다. 결론적으로 파이프라인 접근법과 실시간 응용을 위한 기타 모든 렌더링 방법 사이에 차이가 많이 줄어들었다고 할 수 있다.

컴퓨터의 속도 증가와 비용 하락으로 몇 년 전만 하더라도 불가능하였던 장면 광선 추적과 라디오시티의 계산이 가능하게 되었지만, 실세계에서는 이들 기법 단독으로는 여전히 한계를 가지고 있다. 영화나 텔레비전, 게임 산업 등에서 살펴보면, 풍부한 모델링 방법과 다양한 렌더기를 사용하여 실사 수준의 이미지를 생성하고 있음을 볼 수 있다. 그러나 포토리얼리즘, 즉 사진처럼 극명하게 묘사하는 수법만이 궁극적인 목표가 아니라는 관점도 점점 수용되고 있는 추세이다. 따라서 사실적인 렌더링과 전통적인 수작업 애니메이션을 사용한 컴퓨터 모델링을 결합한 분야에 대한 관심이 증가하고 있음을 볼 수 있다. 아주 다양한 이미지기반의 방법들이 이들 응용의 많은 부분에서 잘 적용되고 있다.

최종 그래픽 소비자에서 볼 수 있는 성향의 대부분은 컴퓨터 게임에서 드러난다. 프로세서의 속도가 아무리 빠르고 가격이 싸더라도, 보다 정교한 컴퓨터 게임을 원하는 소비자의 요구는 개발자로 하여금 새로운 기능을 가진 더 빠른 프로세서를 개발하도록 압박이 계속될 것이다. 고화질 텔레비전(HDTV)이 보편화된 것과 흡사하게 합리적인 가격에 다양한 고해상도 디스플레이가 이용될 수 있게 될 것이다.

과학적인 측면에서 컴퓨터 클러스터에 의한 전통적인 슈퍼컴퓨터의 재배치는 과학적 시각화의 대규모 효과를 위해 계속될 것이다. 이들 클러스터에서 수행된 응용에서 생성되는 거대한 데이터 집합들은 그래픽스 응용 개발을 유도할 것이다. 이들 응용들은 고해상도 디스플레이를 위해 생성된 이미지를 필요로 할 뿐만 아니라 이들 데이터들을 저장하는 어려움은 이들 데이터들을 가능한 빨리 시각화하기 위한 노력도 이끌어낼 것이다.

컴퓨터 구조의 장래와 그리고 이것이 컴퓨터 그래픽스에 어떻게 영향을 줄 것인지는 명확하지 않다. 애플 맥프로와 같은 컴퓨터 제품들은 다중 그래픽 카드와 각각 멀티코어를 가진 멀티프로세서를 지원하는 다중 버스를 가지고 있다. 게임박스는 소니의 플레이스테이션 3을 구동하는 IBM 셀 프로세서처럼 호환 부품을 사용하기 시작했다. 이들 호환 부품을 어떻게 가장 잘 사용하느냐는 열려있는 문제이다. 가장 확실하게 말할 수 있는 것은 여전히 컴퓨터 그래픽스에서 행해질 것이 많다는 것이다.

참고문헌

광선 추적법은 Appel[App68]에 의해 소개되었으며 Whitted[Whi80]에 의해 대중화되었다. 광선 추적에 관한 초창기의 많은 논문들이 Joy와 그의 동료들[Joy88]에 의해 발간된 서적에 수록되어 있다. Glassner[Gla89]의 책은 자기 자신만의 광선 추적기를 만들어보고자 하는 사람에게 특히 도움이 된다. 교차점에 관한 많은 테스트들이 문헌[Gla89]의 Haines가 집필한 장과 Graphics Gems 시리즈[Gra90, Gra91, Gra92, Gra94, Gra95]에 소개되어 있다. [Suf07]과 [Shi03]도 참고하기 바란다. 성능이 우수한 광선 추적기가 많이 있다([War94] 참조).

렌더링 방정식은 Kajiya[Kaj86]에 의해 고안되었다. 라디오시티는 당초 열전달[Sie81]에서 사용되었던 방법에 기반하고 있으며 Goral 등[Gor84]에 의해 처음으로 컴퓨터 그래픽에 적용되었다. 이 방법이 도입된 이래 연구자들은 효율성을 높이는 작업에 많은 노력을 기울였으며

[Coh85, Coh88, Coh93], 정반사 항목도 포함하였다[Sil89]. 폼 팩터를 구하기 위해 점광원(point light source)을 사용한 방법은 [Kel97]에서 소개되었다. 광자 매핑은 Jensen[Jen01]에 의해 일반화되었다.

RenderMan 인터페이스는 [Ups89]에 기술되어 있다. Reys의 렌더링 구조는 [Coo87]에서 처음으로 소개되었다. Maya[Wat02]는 복수의 렌더기를 허용하고 있다.

병렬 렌더링의 분류를 정렬한 것은 Molnar 등[Mol94]에 의해 제안되었다. 중정렬 구조의 장점은 Infinite Reality Graphics 워크스테이션과 같은 실리콘 그래픽스사의 고성능 워크스테이션에서 사용되었다[Mon97]. 후정렬 구조는 Pixel Flow 구조의 한 파트로서 개발되었다[Mol92]. 이진 교환 합성은 [Ma94]에 의해 제안되었다. 컴퓨터 클러스터를 사용한 후정렬 렌더링 소프트웨어는 [Hum01]에 소개되어 있다. 파워 월(power wall)은 [Her00, Che00]에 기술되어 있다.

마칭스퀘어 방법은 Lorenson & Kline[Lor87]에 의해 일반화 된 마칭큐브 방법의 특수한 경우이다. 이 방법은 여러 차례 재발견되었다. 모호한 문제는 [Van94]에서 논의하고 있다. 볼륨의 시각화에 관한 초기의 시도는 Herman[Her79]와 Fuchs[Fuc77]에 의해 보고되었다. 광선 추적 볼륨은 Levoy[Lev88]에 의해 소개되었다. 스플래팅은 Westover[Wes90]에 의해 시작되었다. 입자 역시 시각화[Wit94a, Cro97]를 위해 사용될 수 있다. 기타 다수의 사각화 전략들이 [Gal95, Nie97]에서 논의되어 있다. 시각화를 위한 응용을 구축하는 한 방법은 객체지향 툴킷[Schr06]을 사용하는 것이다.

래핑(wraping) 프레임에 의한 이미지기반 렌더링은 마이크로소프트사의 Talisman 하드웨어의 부분이었다[Tor96]. Apple사의 QuickTime VR[Che95]은 360° 파노라마에서 단일 관측점으로부터 새로운 뷰를 생성하는 것에 기반하고 있다. Debevec 등[Deb96]은 모델기반 접근법을 사용하여 복수의 관측점으로부터 얻은 새 이미지가 적은 수의 이미지로부터 구성될 수 있음을 보여주었다. 기타 래핑 방법은 [Sei96]에 제안되어 있다. 루미 그래프[Gor96]와 광 필드[Lev96]에 관한 연구는 이미지기반 기술의 수학적 기초를 확립하였다. 이미지기반 조명에 관한 응용은 [Rei05]에 나와 있다.

연습문제

11.1 다각형이 평면상에서 선분들이 교차하여 만들어진다는 점에 근거하여 임의의 점이 볼록 다각형의 내부에 있는지를 테스트하는 방법을 고안하라.

11.2 평면들의 교차에 의해 형성되는 다면체에 적용할 수 있도록 연습문제 11.1의 알고리즘을 확장하라.

11.3 중심이 원점인 원환체(torus)에 대한 음함수 방정식을 유도하라. 원환체를 자르는 평면은 같은 반경을 갖는 두 개의 원을 생성한다는 점을 이용하여 방정식을 유도할 수 있다.

11.4 연습문제 11.3의 결과를 이용하여 원하는 교차점을 찾기 위해 2차 방정식을 사용하여 원환체를 광선 추적할 수 있음을 보여라.

11.5 구를 관통하는 광선을 생각해 보자. 이 광선 상에서 구의 중심에 가장 가까운 점을 구하라(힌트: 구의 중심에서 나오는, 광선에 대해 직각인 선분을 생각해 보자. 교차점 테스트에 이 결과를 어떻게 이용할 수 있는가?).

11.6 더 많은 광선을 사용하면 광선 추적기의 정확도를 높일 수 있다. 각 픽셀에 대해 픽셀 중심과 픽셀의 네 모서리를 향해 광선을 투사한다고 가정한다. 픽셀당 하나의 광선을 투사하는 광선 추적기에 비해 이 방법의 경우 얼마나 더 많은 작업이 요구되는가?

11.7 병렬 렌더링에 대한 중정렬 방법에서 기하 프로세서와 래스터 프로세서 사이에 어떤 형태의 정보가 전달되어야 하는가?

11.8 만약 반투명 객체를 허용할 경우 우리의 병렬 렌더링 전략은 어떻게 바뀌어야 하는가?

11.9 병렬 컴퓨터를 분류하는 한 방법은 메모리를 여러 프로세서들 간에 공유하느냐 또는 분산시켜 각 프로세서가 자기 자신만의 메모리를 갖느냐 하는 판단이다. 이 구분이 지금까지 우리가 논의한 다양한 렌더링 전략에 어떠한 영향을 미치는가?

11.10 두 관측자가 동일한 점의 상을 그리는 간단한 예제를, 3차원 공간상에서 두 관측자의 위치를 임의의 위치로 변경할 수 있는 일반적인 경우로 확장하여라.

11.11 평면과 구만을 다룰 수 있는 간단한 광선 추적기를 구축하여라. 인터넷상에 여러분이 구현한 프로그램 코드를 테스트할 수 있는 재미있는 데이터가 많이 있다.

11.12 가장 높은 항이 $x^i y^j z^k$인 대수함수가 있다고 가정하자. 이 함수에 의해 정의되는 표면과 광선과의 교차점을 찾기 위해 필요한 다항식의 차수는 얼마인가?

11.13 가장 높은 항이 $x^i y^j z^k$인 대수함수가 있다고 다시 한 번 가정하자. 만약 $i = j = k$이면, 표면과 매개변수형 광선을 교차시킬 때 생성되는 다항식에는 항이 몇 개나 있는가?

11.14 하나 이상의 OpenGL 실행에 대해 초당 몇 개의 삼각형이 렌더링될 수 있는지 구하라. 은면 제거, 음영 처리, 텍스처 매핑, 래스터화에 소요되는 렌더링 시간을 측정하라. 만약 그래픽 카드를 사용하고 있다면, 여러분이 측정한 성능과 카드 사양을 어떻게 비교할 수 있는가?

11.15 여러분의 그래픽 카드의 픽셀 성능을 측정하여라. 초당 몇 개의 픽셀을 읽고 쓸 수 있는지 측정하여라. 픽셀 읽기와 쓰기의 속도가 다른가? 텍스처 맵 쓰기에 차이점이 있는가?

11.16 각 프로세서에서 렌더링을 하는 후정렬 렌더기를 OpenGL을 사용하여 구축하라. 삼각형 또는 삼각형 메시를 생성하는 응용프로그램을 사용하여 성능 테스트를 해볼 수 있을 것이다.

11.17 더 많은 프로세서를 추가할 때, 선정렬 렌더링의 성능이 궁극적으로 나빠지게 되는데 그 이유를 설명하라.

11.18 2차원 음함수 $f(x, y) = c$를 생각해 보자. c의 각 값에 대해 결과 곡선들은 윤곽선(contour)들의 함수이다. 이러한 윤곽선들은 마칭스퀘어의 3차원 버전인 마칭큐브를 사용하여 디스플레이할 수 있다. 2차원의 사각형 셀과 윤곽선의 값을 고려해 보자. 모서리에서의 값이 윤곽선 값보다 큰 지 아니면 작은지에 따라 셀의 각 모서리에 검은색 또는 흰색을 칠한다. 얼마나 많은 셀 색깔이 있는가? 윤곽선이 셀을 어떻게 관통하는지에서 모호한 점이 있는가?

11.19 마칭스퀘어를 수행하는 OpenGL 프로그램을 작성하라.

Appendix A

샘플 프로그램들

Interactive Computer Graphics

이 부록에는 본문에서 개발한 많은 예제 프로그램들의 소스 코드를 담고 있다. 이 프로그램들과 본문에서 참조한 다른 많은 프로그램들은 www.cs.unm.edu/~angel에서 구할 수 있다. 대부분의 Linux 구현들에서 동작하는 `Makefile`은 물론이고, `Angel.h`, `matrix.h`, `vector.h` 등의 include 파일들도 여기에서 구할 수 있다. 더 많은 샘플 프로그램들과 구현에 대한 문서들도 있다. OpenGL 웹 사이트(www.opengl.org)에서 출발하면, *OpenGL Programming Guide*나 GLUT의 예제들은 물론이고 더 많은 예제 프로그램들을 찾을 수 있다.

특정 그래픽 카드에 대한 드라이버(driver)들은 보통 하드웨어와 소프트웨어를 조합해서 OpenGL을 구현한다. 따라서, 드라이버들을 제대로 인스톨(install)했다면, 모든 시스템에서 동일한 형태로 OpenGL을 사용할 수 있다. 그래픽 카드들은 각각의 성능이나, OpenGL 확장(extension)의 형태로 제공되는 추가 기능들에서는 차이가 있을 수 있다. 그들이 제공하는 OpenGL 버전이 서로 다를 수도 있다. 이런 정보들은 그래픽 카드 생산자의 웹 사이트나 사용하고 있는 컴퓨터의 디스플레이 프라퍼티(display property)에서 확인할 수 있다.

OpenGL은 거의 모든 워크스테이션에서 표준으로 사용되고 있다. 마이크로소프트 윈도즈를 사용하는 시스템에서는 GL을 위한 동적 라이브러리가 시스템 폴더에 들어 있다. 이에 대응되는 .lib 파일과 include 파일들은 Visual C++와 같은 컴파일러들에서 제공하게 된다. GLUT에 대한 파일들(glut32.dll, glut32.lib, glut.h)은 웹에서 가져올 수 있다(www.opengl.org 참고). 좀 더 최신 방법은 `freeglut`이고, 이것도 웹에서 가져올 수 있다. `freeglut`는 작성한 코드가 OpenGL의 어느 특정 버전과 호환되는지를 체크할 수 있다는 장점을 가진다. 우리의 예제들에는 이런 기능의 함수들을 포함시켰지만, 처음 몇 개 예제에서는 주석으로 처리해 두었다.

많은 사용자들은 OpenGL의 버전이나 확장들을 직접 다룰 필요가 없게 해주는 GLEW 라이브러리를 사용하려고 할 것이다. 이 글을 쓰는 시점에는 OpenGL 3.0 이상은 Mac OS X에 포함되어 있지 않다. OpenGL이 Mac의 모든 그래픽 능력의 핵심이므로, 곧 지원될 것으로 기대한다. 여기에 나온 예제들은 약간의 수정만으로 Mac에서도 실행할 수 있다. 그런 예제들이 우리 웹 사이트에 있다. 맥 사용자들은 GLEW를 사용할 필요가 없다.

대부분의 Linux 배포판들은 OpenGL을 Mesa의 형태로 제공하고(www.mesa3D.org 참고), GLUT를 기본으로 포함하고 있다. Mesa는 (구현의 여러 문제들에 관심 있는 사람들을 위해서 원시 코드를 제공하고 있으며) OpenGL을 순전히 소프트웨어로 구현했지만, 점점 더 많은 상업용 그래픽 카드 제조업체들이 자신들의 그래픽 카드 성능을 최대한 이용할 수 있도록 Linux용 드라이버를 제공하고 있다.

뒤에 나올 프로그램들은 윈도 시스템과의 인터페이스를 위해서 GLUT 라이브러리를 사용한다. 여기서 사용한 함수 이름들은 *OpenGL Programming Guide*와 *GLUT User Guide*를 기준으로 했다. 이들 프로그램들은 사실 꽤 많은 부분이 겹친다. reshape 콜백(callback)이나, 초기화 함수, `main` 함수 따위는 프로그램들마다 거의 대동소이하다. 이 때문에, 이들 함수들에 대해서는 제일 처음 나올 때만 딱 한 번 주석들이 제대로 달려 있을 것이다.

여기 나오는 모든 프로그램들에서는 효율성이 아니라, 그래픽스 분야의 원리들을 설명해 주는 것이 중요한 설계 기준이었다. 이 프로그램들을 확장시키거나 더 효율적으로 실행되도록 하는 다양한 방법들을 찾을 수 있을 것이다. 어떤 경우에는 샘플 프로그램에서 사용한 것과는 다른 OpenGL 기능들을 사용해서 완전히 다른 방식으로 똑같은 결과 화면이 나오게 할 수도 있을 것이다.

다음의 프로그램들이 첨부되어 있다.

1. `InitShader` 함수
2. 시어핀스키 개스킷을 이루는 점 5,000개를 생성하는 프로그램(2장)
3. 순환을 사용한 개스킷 프로그램 중 하나(2장)
4. 회전각을 GPU로 보내는 정육면체 회전 프로그램(3장)
5. 원근을 이용하는 정육면체 관측 프로그램(4장)
6. 셰이딩된 정육면체 회전(5장)
7. 프래그먼트 라이팅을 적용한 재귀적으로 생성된 구(5장)
8. 텍스처(texture)를 적용한 회전하는 정육면체(7장)
9. 트리 기반의 인물상 프로그램(8장)
10. 차주전자(teapot) 렌더러(10장)

A.1 셰이더 초기화 프로그램

A.1.1 응용프로그램 코드

```
#include "Angel.h" // 책에서 공통으로 사용하는 헤더 파일

namespace Angel {

// 제공되는 파일을 읽어서, NULL-종료 문자열을 생성
static char*
readShaderSource(const char* shaderFile)
{
    FILE* fp = fopen(shaderFile, "r");

    if ( fp == NULL ) { return NULL; }

    fseek(fp, 0L, SEEK_END);
    long size = ftell(fp);
    fseek(fp, 0L, SEEK_SET);
    char* buf = new char[size + 1];
    fread(buf, 1, size, fp);

    buf[size]='';
    fclose(fp);

    return buf;
}

// 정점, 프래그먼트 셰이더 파일로부터 GLSL 프로그램 객체를 생성

GLuint
InitShader(const char* vShaderFile, const char* fShaderFile)
{
    struct Shader {
        const char* filename;
        GLenum type;
        GLchar* source;
    } shaders[2] = {
        { vShaderFile, GL_VERTEX_SHADER, NULL },
        { fShaderFile, GL_FRAGMENT_SHADER, NULL }
    };

    GLuint program = glCreateProgram( );

    for(inti=0;i<2;++i){
        Shader& s = shaders[i];
        s.source = readShaderSource( s.filename );
        if ( shaders[i].source == NULL ) {
```

```
            std::cerr << "Failed to read " << s.filename << std::endl;
            exit( EXIT_FAILURE );
        }

        GLuint shader = glCreateShader( s.type );
        glShaderSource( shader, 1, (const GLchar**) &s.source, NULL );
        glCompileShader( shader );

        GLint compiled;
        glGetShaderiv( shader, GL_COMPILE_STATUS, &compiled );
        if ( !compiled ) {
            std::cerr << s.filename << " failed to compile:" << std::endl;
            GLint logSize;
            glGetShaderiv( shader, GL_INFO_LOG_LENGTH, &logSize );
            char* logMsg = new char[logSize];
            glGetShaderInfoLog( shader, logSize, NULL, logMsg );
            std::cerr << logMsg << std::endl;
            delete [] logMsg;
            exit( EXIT_FAILURE );
        }

        delete [] s.source;

        glAttachShader( program, shader );
    }

    // 링크 및 에러 체크
    glLinkProgram(program);

    GLint linked;
    glGetProgramiv( program, GL_LINK_STATUS, &linked );
    if ( !linked ) {
        std::cerr << "Shader program failed to link" << std::endl;
        GLint logSize;
        glGetProgramiv( program, GL_INFO_LOG_LENGTH, &logSize);
        char* logMsg = new char[logSize];
        glGetProgramInfoLog( program, logSize, NULL, logMsg );
        std::cerr << logMsg << std::endl;
        delete [] logMsg;

        exit( EXIT_FAILURE );
    }

    // 프로그램 객체의 사용
    glUseProgram(program);

    return program;
}

} // 네임스페이스 Angel의 종료
```

A.2 시어핀스키 개스킷 프로그램

A.2.1 응용프로그램 코드

```
// 2차원 시어핀스키(Sierpinski) 개스킷
// 무작위 선택된 꼭짓점에 분할을 적용해서 생성

#include "Angel.h"
const int NumPoints = 5000;

void
init( void )
{
    vec2 points[NumPoints];

    // 삼각형의 꼭짓점 설정
    vec2 vertices[3] = {
       vec2( -1.0, -1.0 ), vec2( 0.0, 1.0 ), vec2( 1.0, -1.0 )
    };

    // 삼각형 내의 점 하나를 임의로 선택
    points[0] = vec2( 0.25, 0.50 );

    // N-1개의 새로운 점을 계산해서 저장
    for(inti=1; i< NumPoints; ++i) {
       int j = rand( )%3; // pick a vertex at random

       // 선택된 꼭짓점과 이전 점의 중점계산
       points[i] = ( points[i -1] + vertices[j] ) / 2.0;
    }

    // 셰이더 소스를 읽어서, 셰이더 프로그램 사용
    GLuint program = InitShader( "vshader21.glsl", "fshader21.glsl" );
    glUseProgram( program );

    // 정점 배열 객체 생성
    GLuint vao;
    glGenVertexArrays( 1, &vao );
    glBindVertexArray( vao );

    // 버퍼 객체 생성
    GLuint buffer;
    glGenBuffers( 1, &buffer );
    glBindBuffer( GL_ARRAY_BUFFER, buffer );
    glBufferData( GL_ARRAY_BUFFER, sizeof(points), points, GL_STATIC_DRAW );

    // 정점 위치 속성을 초기화
    GLuint loc = glGetAttribLocation( program, "vPosition" );
    glEnableVertexAttribArray( loc );
```

```
    glVertexAttribPointer( loc, 2, GL_FLOAT, GL_FALSE, 0,
                          BUFFER_OFFSET(0) );

    glClearColor( 1.0, 1.0, 1.0, 1.0 ); // 흰색 배경
}

//----------------------------------------------------------------------------

void
display( void )
{
    glClear( GL_COLOR_BUFFER_BIT ); // 윈도 생성
    glDrawArrays( GL_POINTS, 0, NumPoints ); // 점 출력

    glFlush( );
}

//----------------------------------------------------------------------------
int
main( int argc, char **argv )
{
    glutInit( &argc, argv );
    glutInitDisplayMode( GLUT_RGBA );
    glutInitWindowSize( 512, 512 );

    // freeglut를 사용 시에는 다음 두 줄에서 버전 3.2를 사용하는지 체크
    // freeglut를 사용하지 않으면, 주석 처리할 것
    glutInitContextVersion( 3, 2 );
    glutInitContextProfile( GLUT_CORE_PROFILE );

    glutCreateWindow( "Sierpinski Gasket" );
    glewInit( );
    init( );
    glutDisplayFunc( display );

    glutMainLoop( );
    return 0;
}
```

A.2.2 정점 셰이더

```
#version 150 //GLSL 버전 1.5

in vec4 vPosition;

void main()
{
    gl_Position = vPosition;
}
```

A.2.3 프래그먼트 셰이더

```
#version 150

out vec4 fColor;

void main()
{
    fColor = vec4( 1.0, 0.0, 0.0, 1.0 );
}
```

A.3 시어핀스키 개스킷의 재귀적 생성

A.3.1 응용프로그램 코드

```
// 시어핀스키 개스킷을 생성하기 위해서 삼각형을 재귀적으로 분할
// 분할 횟수는 코맨드 라인에서 부여

#include "Angel.h"

using namespace Angel;

const int NumTimesToSubdivide = 5;
const int NumTriangles = 729; // 3^5개의 삼각형 생성
const int NumVertices = 3 * NumTriangles;

vec2 points[NumVertices];
int Index = 0;

//----------------------------------------------------------------------

void
triangle( const vec2& a, const vec2& b, const vec2& c )
{
    points[Index++] = a;
    points[Index++] = b;
    points[Index++] = c;
}

//----------------------------------------------------------------------

void
divide_triangle( const vec2& a, const vec2& b, const vec2& c, int count
)
```

```
{
    if (count>0) {
       //변의 중점계산
       vec2 v0=(a+b)/ 2.0;
       vec2 v1=(a+c)/ 2.0;
       vec2 v2=(b+c)/ 2.0;
       //중간을 제외한 가장자리 삼각형 3개를 분할
       divide_triangle( a, v0, v1, count-1);
       divide_triangle( c, v1, v2, count-1);
       divide_triangle( b, v2, v0, count-1);
    } else {
       triangle( a, b, c ); // 재귀 호출 종료 시, 삼각형 출력
    }
}

//----------------------------------------------------------------------

void
init( void )
{
    vec2 vertices[3] = {
       vec2( -1.0, -1.0 ), vec2( 0.0, 1.0 ), vec2( 1.0, -1.0 )
    };

    // 원본 삼각형의 분할
    divide_triangle( vertices[0], vertices[1], vertices[2],
    NumTimesToSubdivide );

    // 셰이더 소스를 읽어서 셰이더 프로그램 사용
    GLuint program = InitShader( "vshader22.glsl", "fshader22.glsl" );
    glUseProgram( program );

    // 정점 배열 객체 생성
    GLuint vao;
    glGenVertexArrays( 1, &vao );
    glBindVertexArray( vao );

    // 버퍼 객체 생성
    GLuint buffer;
    glGenBuffers( 1, &buffer );
    glBindBuffer( GL_ARRAY_BUFFER, buffer );
    glBufferData( GL_ARRAY_BUFFER, sizeof(points), points,
              GL_STATIC_DRAW );

    // 정점 셰이더에서 필요한 정점 위치 속성 초기화
    GLuint loc = glGetAttribLocation( program, "vPosition" );
    glEnableVertexAttribArray( loc );
    glVertexAttribPointer( loc, 2, GL_FLOAT, GL_FALSE, 0,
                    BUFFER_OFFSET(0) );

    glClearColor( 1.0, 1.0, 1.0, 1.0 ); // 흰색 배경
}
```

```
//----------------------------------------------------------------------

void
display( void )
{
    glClear( GL_COLOR_BUFFER_BIT );
    glDrawArrays( GL_TRIANGLES, 0, NumTriangles );
    glFlush( );
}

//----------------------------------------------------------------------

int
main( int argc, char **argv )
{
    glutInit( &argc, argv );
    glutInitDisplayMode( GLUT_RGBA );
    glutInitWindowSize( 512, 512 );
    glutInitContextVersion( 3, 2 );
    glutInitContextProfile( GLUT_CORE_PROFILE );
    glutCreateWindow( "Sierpinski Gasket" );

    glewInit( );
    init( );

    glutDisplayFunc( display );
    glutMainLoop( );
    return 0;
}
```

A.3.2 정점 셰이더

```
#version 150
in vec4 vPosition;
void main()
{
    gl_Position = vPosition;
}
```

A.3.3 프래그먼트 셰이더

```
#version 150
out vec4 fColor;
void main()
{
    fColor = vec4( 1.0, 0.0, 0.0, 1.0 );
}
```

A.4 셰이더를 이용한 회전하는 정육면체

A.4.1 응용프로그램 코드

```
//
// 회전하는 정육면체 출력
// 이 버전에서는 아이들 함수에서 각도를 증가시키고,
// 그 각도가 정점 셰이더로 가서 회전이 이루어짐

#include "Angel.h"

typedef Angel::vec4 color4;
typedef Angel::vec4 point4;

const int NumVertices = 36; //(6 faces)(2 triangles/face)
                                       (3 vertices/triangle)

point4 points[NumVertices];
color4 colors[NumVertices];

// 원점을 중심으로, 축에 평행한 단위 정육면체의 꼭짓점
point4 vertices[8] = {
    point4( -0.5, -0.5, 0.5, 1.0 ),
    point4( -0.5, 0.5, 0.5, 1.0 ),
    point4( 0.5, 0.5, 0.5, 1.0 ),
    point4( 0.5, -0.5, 0.5, 1.0 ),
    point4( -0.5, -0.5, -0.5, 1.0 ),
    point4( -0.5, 0.5, -0.5, 1.0 ),
    point4( 0.5, 0.5, -0.5, 1.0 ),
    point4( 0.5, -0.5, -0.5, 1.0 )
};

// RGBA 색상들
color4 vertex_colors[8] = {
    color4( 0.0, 0.0, 0.0, 1.0 ), // black
    color4( 1.0, 0.0, 0.0, 1.0 ), // red
    color4( 1.0, 1.0, 0.0, 1.0 ), // yellow
    color4( 0.0, 1.0, 0.0, 1.0 ), // green
    color4( 0.0, 0.0, 1.0, 1.0 ), // blue
    color4( 1.0, 0.0, 1.0, 1.0 ), // magenta
    color4( 1.0, 1.0, 1.0, 1.0 ), // white
    color4( 0.0, 1.0, 1.0, 1.0 ) // cyan
};

// 좌표축별 회전각
enum { Xaxis = 0, Yaxis = 1, Zaxis = 2, NumAxes=3};
int Axis = Xaxis;
GLfloat Theta[NumAxes] = { 0.0, 0.0, 0.0 };
```

```
GLuint theta; // 셰이더 유니폼 변수의 위치(location) 저장

//----------------------------------------------------------------------

// 각 면에 대해서 삼각형 2개로 사각형을 출력하고, 꼭짓점에 색상 부여
int Index = 0;
void
quad( int a, int b, int c, int d )
{
    colors[Index] = vertex_colors[a]; points[Index] = vertices[a];Index++;
    colors[Index] = vertex_colors[b]; points[Index] = vertices[b];Index++;
    colors[Index] = vertex_colors[c]; points[Index] = vertices[c];Index++;
    colors[Index] = vertex_colors[a]; points[Index] = vertices[a];Index++;
    colors[Index] = vertex_colors[c]; points[Index] = vertices[c];Index++;
    colors[Index] = vertex_colors[d]; points[Index] = vertices[d];Index++;
}

//----------------------------------------------------------------------

// 36개의 꼭짓점과 36개의 색상을 가지도록 12개의 삼각형 출력
void
colorcube( void )
{
    quad(1,0, 3,2);
    quad(2,3, 7,6);
    quad(3,0, 4,7);
    quad(6,5, 1,2);
    quad(4,5, 6,7);
    quad(5,4, 0,1);
}

//----------------------------------------------------------------------

// OpenGL 초기화
void init( void )
{
    colorcube( );

    // 셰이더 소스를 읽어서 셰이더 프로그램 사용
    GLuint program = InitShader( "vshader36.glsl", "fshader36.glsl" );
    glUseProgram( program );

    // 정점 배열 객체 생성
    GLuint vao;
    glGenVertexArrays( 1, &vao );
    glBindVertexArray( vao );

    // 버퍼 객체 생성
    GLuint buffer;
    glGenBuffers( 1, &buffer );
    glBindBuffer( GL_ARRAY_BUFFER, buffer );
```

```
    glBufferData( GL_ARRAY_BUFFER, sizeof(points) + sizeof(colors),
                  NULL, GL_STATIC_DRAW );
    glBufferSubData( GL_ARRAY_BUFFER, 0, sizeof(points), points );
    glBufferSubData( GL_ARRAY_BUFFER, sizeof(points),
                     sizeof(colors), colors );

    // 정점 배열 설정
    GLuint vPosition = glGetAttribLocation( program, "vPosition" );
    glEnableVertexAttribArray( vPosition );
    glVertexAttribPointer( vPosition, 4, GL_FLOAT, GL_FALSE, 0,
                BUFFER_OFFSET(0) );

    GLuint vColor = glGetAttribLocation( program, "vColor" );
    glEnableVertexAttribArray( vColor );
    glVertexAttribPointer( vColor, 4, GL_FLOAT, GL_FALSE, 0,
                          BUFFER_OFFSET(sizeof(points)) );

    theta = glGetUniformLocation( program, "theta" );

    glEnable( GL_DEPTH_TEST );
    glClearColor( 1.0, 1.0, 1.0, 1.0 );
}

//----------------------------------------------------------------------

void
display( void )
{
    glClear( GL_COLOR_BUFFER_BIT | GL_DEPTH_BUFFER_BIT );

    glUniform3fv( theta, 1, Theta );
    glDrawArrays( GL_TRIANGLES, 0, NumVertices );

    glutSwapBuffers( );
}

//----------------------------------------------------------------------

void
keyboard( unsigned char key, int x, int y )
{
    switch( key ) {
      case 033: // Escape Key
      case 'q':
      case 'Q':
        exit( EXIT_SUCCESS );
        break;
    }
}

//----------------------------------------------------------------------
```

```
void mouse( int button, int state, int x, int y )
{
    if ( state == GLUT_DOWN ) {
       switch( button ) {
          case GLUT_LEFT_BUTTON:     Axis = Xaxis;  break;
          case GLUT_MIDDLE_BUTTON:   Axis = Yaxis;  break;
          case GLUT_RIGHT_BUTTON:    Axis = Zaxis;  break;
       }
    }
}

//----------------------------------------------------------------------

void idle( void )
{
    Theta[Axis] += 0.01;

    if ( Theta[Axis] > 360.0 ) {
       Theta[Axis] -= 360.0;
    }

    glutPostRedisplay( );
}

//----------------------------------------------------------------------

int
main( int argc, char **argv )
{
    glutInit( &argc, argv );
    glutInitDisplayMode( GLUT_RGBA | GLUT_DOUBLE | GLUT_DEPTH );
    glutInitWindowSize( 512, 512 );
    glutCreateWindow( "Color Cube" );

    glewInit( );

    init( );

    glutDisplayFunc( display );
    glutKeyboardFunc( keyboard );
    glutMouseFunc( mouse );
    glutIdleFunc( idle );

    glutMainLoop( );
    return 0;
}
```

A.4.2 정점 셰이더

```
#version 150
```

```
in vec4 vPosition;
in vec4 vColor;
out vec4 color;

uniform vec3 theta;

void main()
{
    // Compute the sines and cosines of theta for each of
    // the three axes in one computation.
    vec3 angles = radians( theta );
    vec3 c = cos( angles );
    vec3 s = sin( angles );

    // Remember: these matrices are column-major
    mat4 rx = mat4( 1.0, 0.0, 0.0, 0.0,
                    0.0, c.x, -s.x, 0.0,
                    0.0, s.x, c.x, 0.0,
                    0.0, 0.0, 0.0, 1.0 );

    mat4 ry = mat4( c.y, 0.0, s.y, 0.0,
                    0.0, 1.0, 0.0, 0.0,
                    -s.y, 0.0, c.y, 0.0,
                    0.0, 0.0, 0.0, 1.0 );

    mat4 rz = mat4( c.z, -s.z, 0.0, 0.0,
                    s.z, c.z, 0.0, 0.0,
                    0.0, 0.0, 1.0, 0.0,
                    0.0, 0.0, 0.0, 1.0 );

    color = vColor;
    gl_Position = rx * ry * rz * vPosition;
}
```

A.4.3 프래그먼트 셰이더

```
#version 150

in vec4 color;
out vec4 fColor;

void main()
{
    fColor = color;
}
```

A.5 원근 투영

A.5.1 응용프로그램 코드

```
// LookAt ()과 Frustum()를 이용한 컬러 정육면체의 원근 투영

#include "Angel.h"

typedef Angel::vec4 color4;
typedef Angel::vec4 point4;

const int NumVertices = 36; //(6 faces)(2 triangles/face)(3 vertices/triangle)

point4 points[NumVertices];
color4 colors[NumVertices];

// 원점을 중심으로 좌표축에 평행한 단위 정육면체의 꼭짓점들
point4 vertices[8] = {
    point4( -0.5, -0.5, 0.5, 1.0 ),
    point4( -0.5, 0.5, 0.5, 1.0 ),
    point4( 0.5, 0.5, 0.5, 1.0 ),
    point4( 0.5, -0.5, 0.5, 1.0 ),
    point4( -0.5, -0.5, -0.5, 1.0 ),
    point4( -0.5, 0.5, -0.5, 1.0 ),
    point4( 0.5, 0.5, -0.5, 1.0 ),
    point4( 0.5, -0.5, -0.5, 1.0 )
};

// RGBA 색상들
color4 vertex_colors[8] = {
    color4( 0.0, 0.0, 0.0, 1.0 ), // black
    color4( 1.0, 0.0, 0.0, 1.0 ), // red
    color4( 1.0, 1.0, 0.0, 1.0 ), // yellow
    color4( 0.0, 1.0, 0.0, 1.0 ), // green
    color4( 0.0, 0.0, 1.0, 1.0 ), // blue
    color4( 1.0, 0.0, 1.0, 1.0 ), // magenta
    color4( 1.0, 1.0, 1.0, 1.0 ), // white
    color4( 0.0, 1.0, 1.0, 1.0 ) // cyan
};

// 관측 변환 매개변수들

GLfloat radius = 1.0;
GLfloat theta = 0.0;
GLfloat phi = 0.0;

const GLfloat dr = 5.0 * DegreesToRadians;

GLuint model_view; // model-view 행렬 유니폼 변수의 위치(location)
```

```
// 투영 변환 매개변수들

GLfloat left = -1.0, right = 1.0;
GLfloat bottom = -1.0, top = 1.0;
GLfloat zNear = 0.5, zFar = 3.0;

GLuint projection; // projection 행렬 유니폼 셰이더 변수 위치

//-----------------------------------------------------------------

// 각 면마다 2개의 삼각형으로 사각형 생성, 꼭짓점마다 색상 부여

int Index = 0;

void
quad( int a, int b, int c, int d )
{
    colors[Index] = vertex_colors[a];   points[Index] = vertices[a];
      Index++;
    colors[Index] = vertex_colors[b];   points[Index] = vertices[b];
      Index++;
    colors[Index] = vertex_colors[c];   points[Index] = vertices[c];
      Index++;
    colors[Index] = vertex_colors[a];   points[Index] = vertices[a];
      Index++;
    colors[Index] = vertex_colors[c];   points[Index] = vertices[c];
      Index++;
    colors[Index] = vertex_colors[d];   points[Index] = vertices[d];
      Index++;
}

//-----------------------------------------------------------------

// 36개의 꼭짓점과 36개의 색상으로 12개의 삼각형 출력
void
colorcube( void )
{
    quad( 1, 0, 3, 2 );
    quad( 2, 3, 7, 6 );
    quad( 3, 0, 4, 7 );
    quad( 6, 5, 1, 2 );
    quad( 4, 5, 6, 7 );
    quad( 5, 4, 0, 1 );
}

//-----------------------------------------------------------------
--

// OpenGL 초기화
void
init( void )
```

```
{
    colorcube( );

    // 셰이더 소스를 읽어서 셰이더 프로그램 사용
    GLuint program = InitShader( "vshader42.glsl", "fshader42.glsl" );
    glUseProgram( program );

    // 정점 배열 객체 생성
    GLuint vao;
    glGenVertexArrays( 1, &vao );
    glBindVertexArray( vao );

    // 버퍼 객체 생성
    GLuint buffer;
    glGenBuffers( 1, &buffer );
    glBindBuffer( GL_ARRAY_BUFFER, buffer );
    glBufferData( GL_ARRAY_BUFFER, sizeof(points) + sizeof(colors),
            NULL, GL_STATIC_DRAW );
    glBufferSubData( GL_ARRAY_BUFFER, 0, sizeof(points), points );
    glBufferSubData( GL_ARRAY_BUFFER, sizeof(points), sizeof(colors), colors );

    // 정점 배열 설정
    GLuint vPosition = glGetAttribLocation( program, "vPosition" );
    glEnableVertexAttribArray( vPosition );
    glVertexAttribPointer( vPosition, 4, GL_FLOAT, GL_FALSE, 0,
                BUFFER_OFFSET(0) );
    GLuint vColor = glGetAttribLocation( program, "vColor" );
    glEnableVertexAttribArray( vColor );
    glVertexAttribPointer( vColor, 4, GL_FLOAT, GL_FALSE, 0,
                BUFFER_OFFSET(sizeof(points)) );
    model_view = glGetUniformLocation( program, "model_view" );
    projection = glGetUniformLocation( program, "projection" );

    glEnable( GL_DEPTH_TEST );
    glClearColor( 1.0, 1.0, 1.0, 1.0 );
}

//-----------------------------------------------------------------

void display( void )
{
    glClear( GL_COLOR_BUFFER_BIT | GL_DEPTH_BUFFER_BIT );
    point4 eye( radius*sin(theta)*cos(phi), radius*sin(theta)*sin(phi),
radius*cos(theta),
            1.0 );
    point4 at( 0.0, 0.0, 0.0, 1.0 );
    vec4 up( 0.0, 1.0, 0.0, 0.0 );
    mat4 mv = LookAt( eye, at, up );
    glUniformMatrix4fv( model_view, 1, GL_TRUE, mv );
    mat4 p = Frustum( left, right, bottom, top, zNear, zFar );
    glUniformMatrix4fv( projection, 1, GL_TRUE, p );
    glDrawArrays( GL_TRIANGLES, 0, NumVertices );
```

```
    glutSwapBuffers( );
}

//----------------------------------------------------------------------

void keyboard( unsigned char key, int x, int y )
{
    switch( key ) {
    case 033: // Escape Key case 'q': case 'Q':
        exit( EXIT_SUCCESS );
        break;
    case 'x':       left *= 1.1; right *= 1.1; break;
    case 'X':       left *= 0.9; right *= 0.9; break;
    case 'y':       bottom *= 1.1; top *= 1.1; break;
    case 'Y':       bottom *= 0.9; top *= 0.9; break;
    case 'z':       zNear *= 1.1; zFar *= 1.1; break;
    case 'Z':       zNear *= 0.9; zFar *= 0.9; break;
    case 'r':       radius *= 2.0; break;
    case 'R':       radius *= 0.5; break;
    case 'o':       theta += dr; break;
    case 'O':       theta -= dr; break;
    case 'p':       phi += dr; break;
    case 'P':       phi -= dr; break;

    case ' ': // reset values to their defaults
        left = -1.0;
        right = 1.0;
        bottom = -1.0;
        top = 1.0;
        zNear = 0.5;
        zFar = 3.0;
        radius = 1.0;
        theta = 0.0;
        phi = 0.0;
        break;
    }

    glutPostRedisplay( );
}

//----------------------------------------------------------------------

void reshape( int width, int height )
{
    glViewport( 0, 0, width, height );
}

//----------------------------------------------------------------------

int main( int argc, char **argv )
{
```

```
    glutInit( &argc, argv );
    glutInitDisplayMode( GLUT_RGBA | GLUT_DOUBLE | GLUT_DEPTH );
    glutInitWindowSize( 512, 512 );
    glutCreateWindow( "Color Cube" );

    glewInit( );
    init( );

    glutDisplayFunc( display );
    glutKeyboardFunc( keyboard );
    glutReshapeFunc( reshape );

    glutMainLoop( );
    return 0;
}
```

A.5.2 정점 세이더

```
in vec4 vPosition;
in vec4 vColor;
out vec4 color;

uniform mat4 model_view;
uniform mat4 projection;
void main()
{
    gl_Position = projection*model_view*vPosition/vPosition.w;
    color = vColor;
}
```

A.5.3 프래그먼트 셰이더

```
#version 150
in vec4 color;
out vec4 fColor;
void main()
{
    fColor = color;
}
```

A.6 셰이딩된 정육면체의 회전

A.6.1 응용프로그램 코드

```
// 광원 처리를 해서, 회전하는 정육면체 표시
//
// 광원, 재질 특성은 셰이더에 유니폼 변수로 넘어감
// 꼭짓점 위치와 법선 벡터는 회전시킬 때마다 전달

#include "Angel.h"

typedef Angel::vec4 color4;
typedef Angel::vec4 point4;

const int NumVertices = 36; //(6 faces)(2 triangles/face)
                              (3 vertices/triangle)

point4 points[NumVertices];
vec3 normals[NumVertices];

// Vertices of a unit cube centered at origin, sides aligned with axes
point4 vertices[8] = {
    point4( -0.5, -0.5, 0.5, 1.0 ),
    point4( -0.5, 0.5, 0.5, 1.0 ),
    point4( 0.5, 0.5, 0.5, 1.0 ),
    point4( 0.5, -0.5, 0.5, 1.0 ),
    point4( -0.5, -0.5, -0.5, 1.0 ),
    point4( -0.5, 0.5, -0.5, 1.0 ),
    point4( 0.5, 0.5, -0.5, 1.0 ),
    point4( 0.5, -0.5, -0.5, 1.0 )
};

// 회전축마다 (도 단위로) 회전 각도 설정
enum { Xaxis = 0, Yaxis = 1, Zaxis = 2, NumAxes=3 };
int Axis = Xaxis;
GLfloat Theta[NumAxes] = { 0.0, 0.0, 0.0 };

// Model-view와 projection 행렬의 유니폼 위치
GLuint ModelView, Projection;

//----------------------------------------------------------------------

// 각 면마다 2개의 삼각형을 생성하고, 정점에 색상 부여

int Index = 0;

void
quad( int a, int b, int c, int d )
{
```

```
    // 법선 벡터를 계산하기 위해, 사각형의 변을 따라가도록 임시 벡터 설정
    vec4 u = vertices[b] -vertices[a];
    vec4 v = vertices[c] -vertices[b];

    vec3 normal = normalize( cross(u, v) );

    normals[Index] = normal; points[Index] = vertices[a]; Index++;
    normals[Index] = normal; points[Index] = vertices[b]; Index++;
    normals[Index] = normal; points[Index] = vertices[c]; Index++;
    normals[Index] = normal; points[Index] = vertices[a]; Index++;
    normals[Index] = normal; points[Index] = vertices[c]; Index++;
    normals[Index] = normal; points[Index] = vertices[d]; Index++;
}

//----------------------------------------------------------------------

// 36개의 정점에 36개의 색상을 부여해서 12개의 삼각형 생성

void colorcube( void )
{
    quad(1,0, 3,2);
    quad(2,3, 7,6);
    quad(3,0, 4,7);
    quad(6,5, 1,2);
    quad(4,5, 6,7);
    quad(5,4, 0,1);
}

//----------------------------------------------------------------------

// OpenGL 초기화

void
init( void )
{

    colorcube( );

    // 정점 배열 객체 생성
    GLuint vao;
    glGenVertexArrays( 1, &vao );
    glBindVertexArray( vao );

    // 버퍼 객체 생성
    GLuint buffer;
    glGenBuffers( 1, &buffer );
    glBindBuffer( GL_ARRAY_BUFFER, buffer );
    glBufferData( GL_ARRAY_BUFFER, sizeof(points) + sizeof(normals),
        NULL, GL_STATIC_DRAW );
    glBufferSubData( GL_ARRAY_BUFFER, 0, sizeof(points), points );
    glBufferSubData( GL_ARRAY_BUFFER, sizeof(points),
          sizeof(normals), normals );
```

```
// 셰이더 소스를 읽어서 셰이더 프로그램 사용
GLuint program = InitShader( "vshader53.glsl", "fshader53.glsl" );
glUseProgram( program );

// 정점 배열 설정
GLuint vPosition = glGetAttribLocation( program, "vPosition" );
glEnableVertexAttribArray( vPosition );
glVertexAttribPointer( vPosition, 4, GL_FLOAT, GL_FALSE, 0,
        BUFFER_OFFSET(0) );

GLuint vNormal = glGetAttribLocation( program, "vNormal" );
glEnableVertexAttribArray( vNormal );
glVertexAttribPointer( vNormal, 3, GL_FLOAT, GL_FALSE, 0,
        BUFFER_OFFSET(sizeof(points)) );

// 셰이더 광원 처리 매개변수
point4 light_position( 0.0, 0.0, -1.0, 0.0 );
color4 light_ambient( 0.2, 0.2, 0.2, 1.0 );
color4 light_diffuse( 1.0, 1.0, 1.0, 1.0 );
color4 light_specular( 1.0, 1.0, 1.0, 1.0 );

color4 material_ambient( 1.0, 0.0, 1.0, 1.0 );
color4 material_diffuse( 1.0, 0.8, 0.0, 1.0 );
color4 material_specular( 1.0, 0.8, 0.0, 1.0 );
float material_shininess = 100.0;

color4 ambient_product = light_ambient * material_ambient;
color4 diffuse_product = light_diffuse * material_diffuse;
color4 specular_product = light_specular * material_specular;

glUniform4fv( glGetUniformLocation(program, "AmbientProduct"),
    1, ambient_product );
glUniform4fv( glGetUniformLocation(program, "DiffuseProduct"),
    1, diffuse_product );
glUniform4fv( glGetUniformLocation(program, "SpecularProduct"),
    1, specular_product );
glUniform4fv( glGetUniformLocation(program, "LightPosition"),
    1, light_position );

glUniform1f( glGetUniformLocation(program, "Shininess"),
    material_shininess );

// 변환 행렬 유니폼 변수 위치들
ModelView = glGetUniformLocation( program, "ModelView" );
Projection = glGetUniformLocation( program, "Projection" );

glEnable( GL_DEPTH_TEST );

glShadeModel(GL_FLAT);

glClearColor( 1.0, 1.0, 1.0, 1.0 );
```

```
}

//----------------------------------------------------------------------

void
display( void )
{
    glClear(GL_COLOR_BUFFER_BIT | GL_DEPTH_BUFFER_BIT);

    // model-view 행렬생성

    const   vec3 viewer_pos( 0.0, 0.0, 2.0 );
    mat4  model_view = ( Translate( -viewer_pos ) *
          RotateX( Theta[Xaxis] ) *
          RotateY( Theta[Yaxis] ) *
          RotateZ( Theta[Zaxis] ) );

    glUniformMatrix4fv( ModelView, 1, GL_TRUE, model_view );

    glDrawArrays( GL_TRIANGLES, 0, NumVertices );
    glutSwapBuffers( );
}

//----------------------------------------------------------------------

void
mouse( int button, int state, int x, int y )
{
    if ( state == GLUT_DOWN ) {
       switch( button ) {
          case GLUT_LEFT_BUTTON:    Axis = Xaxis;  break;
          case GLUT_MIDDLE_BUTTON:  Axis = Yaxis;  break;
          case GLUT_RIGHT_BUTTON:   Axis = Zaxis;  break;
       }
    }
}

//----------------------------------------------------------------------

void idle( void )
{
    Theta[Axis] += 0.01;

    if ( Theta[Axis] > 360.0 ) {
       Theta[Axis] -= 360.0;
    }
    glutPostRedisplay( );
}

//----------------------------------------------------------------------

void keyboard( unsigned char key, int x, int y )
```

```
{
   switch( key ) {
      case 033: // Escape Key
      case 'q':    case 'Q':
         exit( EXIT_SUCCESS );
         break;
   }
}

//--------------------------------------------------------------------

void reshape( int width, int height )
{
   glViewport( 0, 0, width, height );

   GLfloat aspect = GLfloat(width)/height;
   mat4 projection = Perspective( 45.0, aspect, 0.5, 3.0 );

   glUniformMatrix4fv( Projection, 1, GL_TRUE, projection );
}

//--------------------------------------------------------------------

int main( int argc, char **argv )
{
   glutInit( &argc, argv );
   glutInitDisplayMode( GLUT_RGBA | GLUT_DOUBLE | GLUT_DEPTH );
   glutInitWindowSize( 512, 512 );
   glutCreateWindow( "Color Cube" );

   glewInit( );

   init( );

   glutDisplayFunc( display );
   glutKeyboardFunc( keyboard );
   glutReshapeFunc( reshape );
   glutMouseFunc( mouse );
   glutIdleFunc( idle );

   glutMainLoop( );
   return 0;
}
```

A.6.2 정점 셰이더

```
#version 150

in vec4 vPosition;
in vec3 vNormal;
```

```
out vec4 color;

uniform vec4 AmbientProduct, DiffuseProduct, SpecularProduct;
uniform mat4 ModelView;
uniform mat4 Projection;
uniform vec4 LightPosition;
uniform float Shininess;
void main()
{
    // 정점 위치를 eye 좌표계로 변환
    vec3 pos = (ModelView * vPosition).xyz;

    vec3 L = normalize( LightPosition.xyz -pos );
    vec3 E = normalize( -pos );
    vec3 H = normalize(L+E);

    // 정점의 법선 벡터를 eye 좌표계로 변환
    vec3 N = normalize( ModelView*vec4(vNormal, 0.0) ).xyz;

    // 조명 처리 수식의 처리
    vec4 ambient = AmbientProduct;

    float Kd = max( dot(L, N), 0.0 );
    vec4 diffuse = Kd*DiffuseProduct;

    float Ks = pow( max(dot(N, H), 0.0), Shininess );
    vec4 specular = Ks * SpecularProduct;

    if( dot(L, N) < 0.0 ) specular = vec4(0.0, 0.0, 0.0, 1.0);

    gl_Position = Projection * ModelView * vPosition;

    color = ambient + diffuse + specular;
    color.a = 1.0;
}
```

A.6.3 프래그먼트 셰이더

```
#version 150

in vec4 color;
out vec4 fColor;

void main()
{
    fColor = color;
}
```

A.7 구 모델의 프래그먼트 단위 광원 처리

A.7.1 응용프로그램 코드

```
// 구 모델의 프래그먼트 단위 광원 처리

#include "Angel.h"

const int NumTimesToSubdivide = 5;
const int NumTriangles = 4096;
// (4 faces)^(NumTimesToSubdivide + 1)
const int NumVertices = 3 * NumTriangles;

typedef Angel::vec4 point4;
typedef Angel::vec4 color4;

point4 points[NumVertices];
vec3 normals[NumVertices];

// Model-view와 projection 행렬의 유니폼 위치

GLuint ModelView, Projection;

//----------------------------------------------------------------------

int Index = 0;
void triangle( const point4& a, const point4& b, const point4& c )
{
    vec3 normal = normalize( cross(b -a,c-b));

    normals[Index] = normal; points[Index] = a; Index++;
    normals[Index] = normal; points[Index] = b; Index++;
    normals[Index] = normal; points[Index] = c; Index++;
}

//----------------------------------------------------------------------

point4
unit( const point4& p )
{
    float len = p.x*p.x + p.y*p.y + p.z*p.z;

    point4 t;
    if ( len > DivideByZeroTolerance ) {
      t=p/ sqrt(len);
      t.w = 1.0;
    }

    return t;
```

```
}

void
divide_triangle( const point4& a, const point4& b,
       const point4& c, int count )
{
    if (count>0) {
       point4v1= unit(a+b);
       point4v2= unit(a+c);
       point4v3= unit(b+c);
       divide_triangle( a, v1, v2, count-1);
       divide_triangle( c, v2, v3, count-1);
       divide_triangle( b, v3, v1, count-1);
       divide_triangle( v1, v3, v2, count-1);
    }
    else {
       triangle( a, b, c );
    }
}

void
tetrahedron( int count )
{
    point4 v[4] = {
       vec4( 0.0, 0.0, 1.0, 1.0 ),
       vec4( 0.0, 0.942809, -0.333333, 1.0 ),
       vec4( -0.816497, -0.471405, -0.333333, 1.0 ),
       vec4( 0.816497, -0.471405, -0.333333, 1.0 )
    };
    divide_triangle( v[0], v[1], v[2], count );
    divide_triangle( v[3], v[2], v[1], count );
    divide_triangle( v[0], v[3], v[1], count );
    divide_triangle( v[0], v[2], v[3], count );
}

//----------------------------------------------------------------------
// OpenGL 초기화
void
init( void )
{
    // 사면체를 구로 분할
    tetrahedron( NumTimesToSubdivide );

    // 정점 배열 객체 생성
    GLuint vao;
    glGenVertexArrays( 1, &vao );
    glBindVertexArray( vao );

    // 버퍼 객체 생성
    GLuint buffer;
    glGenBuffers( 1, &buffer );
    glBindBuffer( GL_ARRAY_BUFFER, buffer );
```

```
glBufferData( GL_ARRAY_BUFFER, sizeof(points) + sizeof(normals),
    NULL, GL_STATIC_DRAW );
glBufferSubData( GL_ARRAY_BUFFER, 0, sizeof(points), points );
glBufferSubData( GL_ARRAY_BUFFER, sizeof(points),
      sizeof(normals), normals );

// 셰이더 소스를 읽어서 셰이더 프로그램 사용
GLuint program = InitShader( "vshader56.glsl", "fshader56.glsl" );
glUseProgram( program );

// 정점 배열 설정
GLuint vPosition = glGetAttribLocation( program, "vPosition" );
glEnableVertexAttribArray( vPosition );
glVertexAttribPointer( vPosition, 4, GL_FLOAT, GL_FALSE, 0,
        BUFFER_OFFSET(0) );

GLuint vNormal = glGetAttribLocation( program, "vNormal" );
glEnableVertexAttribArray( vNormal );
glVertexAttribPointer( vNormal, 3, GL_FLOAT, GL_FALSE, 0,
        BUFFER_OFFSET(sizeof(points)) );

// 셰이더 광원 처리 매개변수 초기화
point4 light_position( 0.0, 0.0, 2.0, 0.0 );
color4 light_ambient( 0.2, 0.2, 0.2, 1.0 );
color4 light_diffuse( 1.0, 1.0, 1.0, 1.0 );
color4 light_specular( 1.0, 1.0, 1.0, 1.0 );

color4 material_ambient( 1.0, 0.0, 1.0, 1.0 );
color4 material_diffuse( 1.0, 0.8, 0.0, 1.0 );
color4 material_specular( 1.0, 0.0, 1.0, 1.0 );
float material_shininess = 5.0;

color4 ambient_product = light_ambient * material_ambient;
color4 diffuse_product = light_diffuse * material_diffuse;
color4 specular_product = light_specular * material_specular;

glUniform4fv( glGetUniformLocation(program, "AmbientProduct"),
    1, ambient_product );
glUniform4fv( glGetUniformLocation(program, "DiffuseProduct"),
    1, diffuse_product );
glUniform4fv( glGetUniformLocation(program, "SpecularProduct"),
    1, specular_product );

glUniform4fv( glGetUniformLocation(program, "LightPosition"),
    1, light_position );

glUniform1f( glGetUniformLocation(program, "Shininess"),
          material_shininess );

// 변환 유니폼 변수 위치 파악
ModelView = glGetUniformLocation( program, "ModelView" );
Projection = glGetUniformLocation( program, "Projection" );
```

```
    glEnable( GL_DEPTH_TEST );

    glClearColor( 1.0, 1.0, 1.0, 1.0 ); // 흰색 배경
}

//----------------------------------------------------------------------

void
display( void )
{
    glClear( GL_COLOR_BUFFER_BIT | GL_DEPTH_BUFFER_BIT );

    point4 at( 0.0, 0.0, 0.0, 1.0 );
    point4 eye( 0.0, 0.0, 2.0, 1.0 );
    vec4 up( 0.0, 1.0, 0.0, 0.0 );

    mat4 model_view = LookAt( eye, at, up );
    glUniformMatrix4fv( ModelView, 16, GL_TRUE, model_view );

    glDrawArrays( GL_TRIANGLES, 0, NumVertices );
    glutSwapBuffers( );
}

//----------------------------------------------------------------------

void
keyboard( unsigned char key, int x, int y )
{
    switch( key ) {
      case 033: // Escape Key
      case 'q': case 'Q':
        exit( EXIT_SUCCESS );
        break;
    }
}

//----------------------------------------------------------------------

void
reshape( int width, int height )
{
    glViewport( 0, 0, width, height );

    GLfloat left = -2.0, right = 2.0;
    GLfloat top = 2.0, bottom = -2.0;
    GLfloat zNear = -20.0, zFar = 20.0;

    GLfloat aspect = GLfloat(width)/height;

    if( aspect> 1.0) {
      left *= aspect;
```

```
        right *= aspect;
    }
    else {
        top /= aspect;
        bottom /= aspect;
    }

    mat4 projection = Ortho( left, right, bottom, top, zNear, zFar );
    glUniformMatrix4fv( Projection, 1, GL_TRUE, projection );
}

//----------------------------------------------------------------------

int main( int argc, char **argv )
{
    glutInit( &argc, argv );
    glutInitDisplayMode( GLUT_RGBA | GLUT_DEPTH );
    glutInitWindowSize( 512, 512 );
    glutCreateWindow( "Sphere" );

    glewInit( );

    init( );

    glutDisplayFunc( display );
    glutReshapeFunc( reshape );
    glutKeyboardFunc( keyboard );

    glutMainLoop( );
    return 0;
}
```

A.7.2 정점 셰이더

```
#version 150

in vec4 vPosition;
in vec3 vNormal;

// output values that will be interpolated per-fragment
out vec3 fN;
out vec3 fE;
out vec3 fL;

uniform mat4 ModelView;
uniform vec4 LightPosition;
uniform mat4 Projection;

void main()
{
```

```
    fN = vNormal;
    fE = vPosition.xyz;
    fL = LightPosition.xyz;

    if( LightPosition.w != 0.0 ) {
       fL = LightPosition.xyz -vPosition.xyz;
    }

    gl_Position = Projection*ModelView*vPosition;
}
```

A.7.3 프래그먼트 셰이더

```
#version 150

// per-fragment interpolated values from the vertex shader
in vec3 fN;
in vec3 fL;
in vec3 fE;

out vec4 fColor;

uniform vec4 AmbientProduct, DiffuseProduct, SpecularProduct;
uniform mat4 ModelView;
uniform vec4 LightPosition;
uniform float Shininess;

void main()
{
    // 광원에 관련된 벡터들을 노말라이즈
    vec3 N = normalize(fN);
    vec3 E = normalize(fE);
    vec3 L = normalize(fL);

    vec3 H = normalize(L+E);

    vec4 ambient = AmbientProduct;

    float Kd = max(dot(L, N), 0.0);
    vec4 diffuse = Kd*DiffuseProduct;

    float Ks = pow(max(dot(N, H), 0.0), Shininess);
    vec4 specular = Ks*SpecularProduct;

    // 광원이 정점의 뒤쪽에 있으면, 무시
    if( dot(L, N) < 0.0 ) {
        specular = vec4(0.0, 0.0, 0.0, 1.0);
    }

    fColor = ambient + diffuse + specular;
```

```
    fColor.a = 1.0;
}
```

A.8 텍스처를 입힌 정육면체의 회전

A.8.1 응용프로그램 코드

```
// 2개의 텍스처를 입힌, 회전하는 정육면체
// 숫자 1, 2 키로 텍스처 교체

#include "Angel.h"

const int NumTriangles = 12; // (6 faces)(2 triangles/face)
const int NumVertices = 3 * NumTriangles;
const int TextureSize = 64;

typedef Angel::vec4 point4;
typedef Angel::vec4 color4;

// 텍스처 이미지를 위한 버퍼
GLuint textures[2];

GLubyte image[TextureSize][TextureSize][3];
GLubyte image2[TextureSize][TextureSize][3];

// 정점 배열 객체
point4 points[NumVertices];
color4 quad_colors[NumVertices];
vec2 tex_coords[NumVertices];

// 각 좌표축에 대한 (각도 단위) 회전각 저장
enum { Xaxis = 0, Yaxis = 1, Zaxis = 2, NumAxes=3};
int Axis = Xaxis;
GLfloat Theta[NumAxes] = { 0.0, 0.0, 0.0 };
GLuint theta;

//----------------------------------------------------------------------

int Index = 0;

void
quad( int a, int b, int c, int d )
{
    point4 vertices[8] = {
        point4( -0.5, -0.5, 0.5, 1.0 ),
```

```
        point4( -0.5, 0.5, 0.5, 1.0 ),
        point4( 0.5, 0.5, 0.5, 1.0 ),
        point4( 0.5, -0.5, 0.5, 1.0 ),
        point4( -0.5, -0.5, -0.5, 1.0 ),
        point4( -0.5, 0.5, -0.5, 1.0 ),
        point4( 0.5, 0.5, -0.5, 1.0 ),
        point4( 0.5, -0.5, -0.5, 1.0 )
    };

    color4 colors[8] = {
        color4( 0.0, 0.0, 0.0, 1.0 ), // black
        color4( 1.0, 0.0, 0.0, 1.0 ), // red
        color4( 1.0, 1.0, 0.0, 1.0 ), // yellow
        color4( 0.0, 1.0, 0.0, 1.0 ), // green
        color4( 0.0, 0.0, 1.0, 1.0 ), // blue
        color4( 1.0, 0.0, 1.0, 1.0 ), // magenta
        color4( 0.0, 1.0, 1.0, 1.0 ), // white
        color4( 1.0, 1.0, 1.0, 1.0 )  // cyan
    };

    quad_colors[Index] = colors[a];
    points[Index] = vertices[a];
    tex_coords[Index] = vec2( 0.0, 0.0 );
    Index++;

    quad_colors[Index] = colors[a];
    points[Index] = vertices[b];
    tex_coords[Index] = vec2( 0.0, 1.0 );
    Index++;

    quad_colors[Index] = colors[a];
    points[Index] = vertices[c];
    tex_coords[Index] = vec2( 1.0, 1.0 );
    Index++;

    quad_colors[Index] = colors[a];
    points[Index] = vertices[a];
    tex_coords[Index] = vec2( 0.0, 0.0 );
    Index++;

    quad_colors[Index] = colors[a];
    points[Index] = vertices[c];
    tex_coords[Index] = vec2( 1.0, 1.0 );
    Index++;

    quad_colors[Index] = colors[a];
    points[Index] = vertices[d];
    tex_coords[Index] = vec2( 1.0, 0.0 );
    Index++;
}

//----------------------------------------------------------------------
```

```
void
colorcube( void )
{
    quad( 1, 0, 3, 2 );
    quad( 2, 3, 7, 6 );
    quad( 3, 0, 4, 7 );
    quad( 6, 5, 1, 2 );
    quad( 4, 5, 6, 7 );
    quad( 5, 4, 0, 1 );
}

//----------------------------------------------------------------------

void
init( void )
{
    colorcube( );

    // 체커 보드 패턴을 생성
    for(inti=0; i<64; i++) {
       for(intj=0; j<64; j++) {
          GLubyte c = (((i & 0x8) == 0) ^ ((j & 0x8) == 0)) * 255;
          image[i][j][0] = c;
          image[i][j][1] = c;
          image[i][j][2] = c;
          image2[i][j][0] = c;
          image2[i][j][1] = 0;
          image2[i][j][2] = c;
       }
    }

    // 텍스처 객체 초기화
    glGenTextures( 2, textures );

    glBindTexture( GL_TEXTURE_2D, textures[0] );
    glTexImage2D( GL_TEXTURE_2D, 0, GL_RGB, TextureSize, TextureSize, 0,
                  GL_RGB, GL_UNSIGNED_BYTE, image );
    glTexParameterf( GL_TEXTURE_2D, GL_TEXTURE_WRAP_S, GL_REPEAT );
    glTexParameterf( GL_TEXTURE_2D, GL_TEXTURE_WRAP_T, GL_REPEAT );
    glTexParameterf( GL_TEXTURE_2D, GL_TEXTURE_MAG_FILTER, GL_NEAREST );
    glTexParameterf( GL_TEXTURE_2D, GL_TEXTURE_MIN_FILTER, GL_NEAREST );

    glBindTexture( GL_TEXTURE_2D, textures[1] );
    glTexImage2D( GL_TEXTURE_2D, 0, GL_RGB, TextureSize, TextureSize, 0,
                  GL_RGB, GL_UNSIGNED_BYTE, image2 );
    glTexParameterf( GL_TEXTURE_2D, GL_TEXTURE_WRAP_S, GL_REPEAT );
    glTexParameterf( GL_TEXTURE_2D, GL_TEXTURE_WRAP_T, GL_REPEAT );
    glTexParameterf( GL_TEXTURE_2D, GL_TEXTURE_MAG_FILTER, GL_NEAREST );
    glTexParameterf( GL_TEXTURE_2D, GL_TEXTURE_MIN_FILTER, GL_NEAREST );

    glActiveTexture( GL_TEXTURE0 );
```

```
glBindTexture( GL_TEXTURE_2D, textures[0] );

// 정점 배열 객체 생성
GLuint vao;
glGenVertexArrays( 1, &vao );
glBindVertexArray( vao );

// 버퍼 객체 생성
GLuint buffer;
glGenBuffers( 1, &buffer );
glBindBuffer( GL_ARRAY_BUFFER, buffer );
glBufferData( GL_ARRAY_BUFFER,
              sizeof(points) + sizeof(quad_colors) +
              sizeof(tex_coords), NULL, GL_STATIC_DRAW );

// 정점 배열 객체의 어디에 저장되어 있는지 오프셋을 설정
// 정점 속성 포인터의 오프셋과 같은 개념
GLintptr offset = 0;
glBufferSubData( GL_ARRAY_BUFFER, offset, sizeof(points), points );
offset += sizeof(points);

glBufferSubData( GL_ARRAY_BUFFER, offset,
                 sizeof(quad_colors), quad_colors );
offset += sizeof(quad_colors);

glBufferSubData( GL_ARRAY_BUFFER, offset,
                 sizeof(tex_coords), tex_coords );

// 셰이더 소스를 읽어서 셰이더 프로그램 사용
GLuint program = InitShader( "vshader71.glsl", "fshader71.glsl" );
glUseProgram( program );

// 정점 배열 설정
offset = 0;
GLuint vPosition = glGetAttribLocation( program, "vPosition" );
glEnableVertexAttribArray( vPosition );
glVertexAttribPointer( vPosition, 4, GL_FLOAT, GL_FALSE, 0,
                       BUFFER_OFFSET(offset) );
offset += sizeof(points);

GLuint vColor = glGetAttribLocation( program, "vColor" );
glEnableVertexAttribArray( vColor );
glVertexAttribPointer( vColor, 4, GL_FLOAT, GL_FALSE, 0,
                       BUFFER_OFFSET(offset) );
offset += sizeof(quad_colors);

GLuint vTexCoord = glGetAttribLocation( program, "vTexCoord" );
glEnableVertexAttribArray( vTexCoord );
glVertexAttribPointer( vTexCoord, 2, GL_FLOAT, GL_FALSE, 0,
                 BUFFER_OFFSET(offset) );

// 프래그먼트 셰이더의 텍스처 샘플러 변수 ("texture")를 적당한 텍스처 유닛으로 설정
```

```
    // 여기서는 이전의 glActiveTexture( )에서 설정된 GL_TEXTURE0를 0으로 설정
    glUniform1i( glGetUniformLocation(program, "texture"), 0 );
    theta = glGetUniformLocation( program, "theta" );

    glEnable( GL_DEPTH_TEST );

    glClearColor( 1.0, 1.0, 1.0, 1.0 );
}

void
display( void )
{
    glClear( GL_COLOR_BUFFER_BIT | GL_DEPTH_BUFFER_BIT );
    glUniform3fv( theta, 1, Theta );
    glDrawArrays( GL_TRIANGLES, 0, NumVertices );
    glutSwapBuffers( );
}

//----------------------------------------------------------------------

void
mouse( int button, int state, int x, int y )
{
    if ( state == GLUT_DOWN ) {
        switch( button ) {
            case GLUT_LEFT_BUTTON:     Axis = Xaxis;   break;
            case GLUT_MIDDLE_BUTTON:   Axis = Yaxis;   break;
            case GLUT_RIGHT_BUTTON:    Axis = Zaxis;   break;
        }
    }
}

//----------------------------------------------------------------------

void
idle( void )
{
    Theta[Axis] += 0.01;

    if ( Theta[Axis] > 360.0 ) {
        Theta[Axis] -= 360.0;
    }
    glutPostRedisplay( );
}

//----------------------------------------------------------------------

void
keyboard( unsigned char key, int mousex, int mousey )
{
    switch( key ) {
    case 033: // Escape Key
```

```
    case 'q': case 'Q':
       exit( EXIT_SUCCESS );
       break;
    case '1':
       glBindTexture( GL_TEXTURE_2D, textures[0] );
          break;

    case '2':
       glBindTexture( GL_TEXTURE_2D, textures[1] );
       break;
    }
    glutPostRedisplay( void );
}

//--------------------------------------------------------------------

int main( int argc, char **argv )
{
    glutInit( &argc, argv );
    glutInitDisplayMode( GLUT_RGBA | GLUT_DOUBLE | GLUT_DEPTH );
    glutInitWindowSize( 512, 512 );
    glutInitContextVersion( 3, 2 );
    glutInitContextProfile( GLUT_CORE_PROFILE );
    glutCreateWindow( "Color Cube" );

    glewInit( );

    init( );

    glutDisplayFunc( display );
    glutKeyboardFunc( keyboard );
    glutMouseFunc( mouse );
    glutIdleFunc( idle );

    glutMainLoop( );
    return 0;
}
```

A.8.2 정점 셰이더

```
#version 150

in vec4 vPosition;
in vec4 vColor;
in vec2 vTexCoord;

out vec4 color;
out vec2 texCoord;

uniform vec3 theta;
```

```
void main()
{
    const float DegreesToRadians = 3.14159265 / 180.0;

    vec3 c = cos( DegreesToRadians * theta );
    vec3 s = sin( DegreesToRadians * theta );

    mat4 rx = mat4( 1.0, 0.0, 0.0, 0.0,
           0.0, c.x, -s.x, 0.0,
           0.0, s.x, c.x, 0.0,
           0.0, 0.0, 0.0, 1.0);

    mat4 ry = mat4( c.y, 0.0, s.y, 0.0,
           0.0, 1.0, 0.0, 0.0,
           -s.y, 0.0, c.y, 0.0,
           0.0, 0.0, 0.0, 1.0 );

    mat4 rz = mat4( c.z, -s.z, 0.0, 0.0,
           s.z, c.z, 0.0, 0.0,
           0.0, 0.0, 1.0, 0.0,
           0.0, 0.0, 0.0, 1.0 );

    color = vColor;
    texCoord = vTexCoord;
    gl_Position = rz * ry * rx * vPosition;
}
```

A.8.3 프래그먼트 셰이더

```
#version 150

in vec4 color;
in vec2 texCoord;

out vec4 fColor;

uniform sampler2D texture;

void main()
{
    fColor = color * texture2D( texture, texCoord );
}
```

A.9 트리 순회 형태의 인물상

A.9.1 응용프로그램 코드

```
#include "Angel.h"
#include <assert.h>

typedef Angel::vec4 point4;
typedef Angel::vec4 color4;

const int NumVertices = 36; //(6 faces)(2 triangles/face)
                                (3 vertices/triangle)

point4 points[NumVertices];
color4 colors[NumVertices];

point4 vertices[8] = {
    point4( -0.5, -0.5, 0.5, 1.0 ),
    point4( -0.5, 0.5, 0.5, 1.0 ),
    point4( 0.5, 0.5, 0.5, 1.0 ),
    point4( 0.5, -0.5, 0.5, 1.0 ),
    point4( -0.5, -0.5, -0.5, 1.0 ),
    point4( -0.5, 0.5, -0.5, 1.0 ),
    point4( 0.5, 0.5, -0.5, 1.0 ),
    point4( 0.5, -0.5, -0.5, 1.0 )
};

// RGBA 색상
color4 vertex_colors[8] = {
    color4( 0.0, 0.0, 0.0, 1.0 ), // black
    color4( 1.0, 0.0, 0.0, 1.0 ), // red
    color4( 1.0, 1.0, 0.0, 1.0 ), // yellow
    color4( 0.0, 1.0, 0.0, 1.0 ), // green
    color4( 0.0, 0.0, 1.0, 1.0 ), // blue
    color4( 1.0, 0.0, 1.0, 1.0 ), // magenta
    color4( 1.0, 1.0, 1.0, 1.0 ), // white
    color4( 0.0, 1.0, 1.0, 1.0 ) // cyan
};

//----------------------------------------------------------------------

class MatrixStack {
    int _index;
    int _size;
    mat4* _matrices;

public:
    MatrixStack( int numMatrices = 32 ):_index(0), _size(numMatrices) {
        _matrices = new mat4[numMatrices];
```

```
    }
    ~MatrixStack( void ) {
        delete[] _matrices;
    }
    mat4& push( const mat4&m) {
        assert( _index+1< _size );
        _matrices[_index++] = m;
    }

    mat4& pop( void ) {
        assert( _index-1>=0);
        _index--;
        return _matrices[_index + 1];
    }
};

MatrixStack mvstack;
mat4 model_view;
GLuint ModelView, Projection;

//----------------------------------------------------------------------
#define TORSO_HEIGHT 5.0
#define TORSO_WIDTH 1.0
#define UPPER_ARM_HEIGHT 3.0
#define LOWER_ARM_HEIGHT 2.0
#define UPPER_LEG_WIDTH 0.5
#define LOWER_LEG_WIDTH 0.5
#define LOWER_LEG_HEIGHT 2.0
#define UPPER_LEG_HEIGHT 3.0
#define UPPER_LEG_WIDTH 0.5
#define UPPER_ARM_WIDTH 0.5
#define LOWER_ARM_WIDTH 0.5
#define HEAD_HEIGHT 1.5
#define HEAD_WIDTH 1.0

// 메뉴 아이템 인덱스 설정. 나중에 관절각 설정에도 사용
enum {
    Torso = 0,
    Head = 1,
    Head1 = 1,
    Head2 = 2,
    LeftUpperArm = 3,
    LeftLowerArm = 4,
    RightUpperArm = 5,
    RightLowerArm = 6,
    LeftUpperLeg = 7,
    LeftLowerLeg = 8,
    RightUpperLeg = 9,
    RightLowerLeg = 10,
    NumNodes,
    Quit
};
```

```
// 관절각의 초기화
GLfloat
theta[NumNodes] = {
    0.0, // Torso
    0.0, // Head1
    0.0, // Head2
    0.0, // LeftUpperArm
    0.0, // LeftLowerArm
    0.0, // RightUpperArm
    0.0, // RightLowerArm
    180.0, // LeftUpperLeg
    0.0, // LeftLowerLeg
    180.0, // RightUpperLeg
    0.0 // RightLowerLeg
};

GLint angle = Head2;

//----------------------------------------------------------------------

struct Node {
    mat4 transform;
    void (*render)( void );
    Node* sibling;
    Node* child;

    Node( void ) : render(NULL), sibling(NULL), child(NULL) { }

    Node( mat4& m, void (*render)( void ), Node* sibling, Node* child ) :
      transform(m), render(render), sibling(sibling), child(child) { }
};

Node nodes[NumNodes];

//----------------------------------------------------------------------

int Index = 0;

void
quad( int a, int b, int c, int d )
{
    colors[Index] = vertex_colors[a]; points[Index] = vertices[a]; Index++;
    colors[Index] = vertex_colors[a]; points[Index] = vertices[b]; Index++;
    colors[Index] = vertex_colors[a]; points[Index] = vertices[c]; Index++;
    colors[Index] = vertex_colors[a]; points[Index] = vertices[a]; Index++;
    colors[Index] = vertex_colors[a]; points[Index] = vertices[c]; Index++;
    colors[Index] = vertex_colors[a]; points[Index] = vertices[d]; Index++;
}

void colorcube( void )
{
```

```
    quad(1,0, 3,2);
    quad(2,3, 7,6);
    quad(3,0, 4,7);
    quad(6,5, 1,2);
    quad(4,5, 6,7);
    quad(5,4, 0,1);
}

//----------------------------------------------------------------------

void
traverse( Node* node )
{
    if ( node == NULL ) { return; }

    mvstack.push( model_view );

    model_view *= node->transform;
    node->render( );

    if ( node->child ) { traverse( node->child ); }

    model_view = mvstack.pop( );

    if ( node->sibling ) { traverse( node->sibling ); }
}

//----------------------------------------------------------------------

void
torso( void )
{
    mvstack.push( model_view );

    mat4 instance = ( Translate( 0.0, 0.5 * TORSO_HEIGHT, 0.0 ) *
                      Scale( TORSO_WIDTH, TORSO_HEIGHT, TORSO_WIDTH ) );
    glUniformMatrix4fv( ModelView, 1, GL_TRUE, model_view * instance );
    glDrawArrays( GL_TRIANGLES, 0, NumVertices );

    model_view = mvstack.pop( );
}

void
head( void )
{
    mvstack.push( model_view );

    mat4 instance = (Translate( 0.0, 0.5 * HEAD_HEIGHT, 0.0 ) *
                 Scale( HEAD_WIDTH, HEAD_HEIGHT, HEAD_WIDTH ) );

    glUniformMatrix4fv( ModelView, 1, GL_TRUE, model_view * instance );
    glDrawArrays( GL_TRIANGLES, 0, NumVertices );
```

```
    model_view = mvstack.pop( );
}

void
left_upper_arm( void )
{
    mvstack.push( model_view );

    mat4 instance = (Translate( 0.0, 0.5 * UPPER_ARM_HEIGHT, 0.0 ) *
                     Scale( UPPER_ARM_WIDTH, UPPER_ARM_HEIGHT,
                     UPPER_ARM_WIDTH ) );

    glUniformMatrix4fv( ModelView, 1, GL_TRUE, model_view * instance );
    glDrawArrays( GL_TRIANGLES, 0, NumVertices );

    model_view = mvstack.pop( );
}

void
left_lower_arm( void )
{
    mvstack.push( model_view );

    mat4 instance = ( Translate( 0.0, 0.5 * LOWER_ARM_HEIGHT, 0.0 ) *
                      Scale( LOWER_ARM_WIDTH,
                      LOWER_ARM_HEIGHT, LOWER_ARM_WIDTH ) );

    glUniformMatrix4fv( ModelView, 1, GL_TRUE, model_view * instance );
    glDrawArrays( GL_TRIANGLES, 0, NumVertices );
    model_view = mvstack.pop( );
}

void right_upper_arm( void )
{
    mvstack.push( model_view );

    mat4 instance = (Translate( 0.0, 0.5 * UPPER_ARM_HEIGHT, 0.0 ) *
                     Scale( UPPER_ARM_WIDTH, UPPER_ARM_HEIGHT,
                     UPPER_ARM_WIDTH ) );

    glUniformMatrix4fv( ModelView, 1, GL_TRUE, model_view * instance );
    glDrawArrays( GL_TRIANGLES, 0, NumVertices );

    model_view = mvstack.pop( );
}

void right_lower_arm( void )
{
    mvstack.push( model_view );

    mat4 instance = (Translate( 0.0, 0.5 * LOWER_ARM_HEIGHT, 0.0 ) *
```

```
                         Scale( LOWER_ARM_WIDTH, LOWER_ARM_HEIGHT,
                         LOWER_ARM_WIDTH ) );

    glUniformMatrix4fv( ModelView, 1, GL_TRUE, model_view * instance );
    glDrawArrays( GL_TRIANGLES, 0, NumVertices );

    model_view = mvstack.pop( );
}

void left_upper_leg( void )
{
    mvstack.push( model_view );

    mat4 instance = ( Translate( 0.0, 0.5 * UPPER_LEG_HEIGHT, 0.0 ) *
                      Scale( UPPER_LEG_WIDTH, UPPER_LEG_HEIGHT,
                      UPPER_LEG_WIDTH ) );

    glUniformMatrix4fv( ModelView, 1, GL_TRUE, model_view * instance );
    glDrawArrays( GL_TRIANGLES, 0, NumVertices );

    model_view = mvstack.pop( );
}

void
left_lower_leg( void )
{
    mvstack.push( model_view );

    mat4 instance = (Translate( 0.0, 0.5 * LOWER_LEG_HEIGHT, 0.0 ) *
                     Scale( LOWER_LEG_WIDTH, LOWER_LEG_HEIGHT,
                     LOWER_LEG_WIDTH ) );

    glUniformMatrix4fv( ModelView, 1, GL_TRUE, model_view * instance );
    glDrawArrays( GL_TRIANGLES, 0, NumVertices );

    model_view = mvstack.pop( );
}

void
right_upper_leg( void )
{
    mvstack.push( model_view );

    mat4 instance = (Translate( 0.0, 0.5 * UPPER_LEG_HEIGHT, 0.0 ) *
                     Scale( UPPER_LEG_WIDTH, UPPER_LEG_HEIGHT,
                     UPPER_LEG_WIDTH ) );

    glUniformMatrix4fv( ModelView, 1, GL_TRUE, model_view * instance );
    glDrawArrays( GL_TRIANGLES, 0, NumVertices );

    model_view = mvstack.pop( );
}
```

```
void
right_lower_leg( void )
{
    mvstack.push( model_view );

    mat4 instance = ( Translate( 0.0, 0.5 * LOWER_LEG_HEIGHT, 0.0 ) *
                      Scale(    LOWER_LEG_WIDTH, LOWER_LEG_HEIGHT,
                      LOWER_LEG_WIDTH ) );

    glUniformMatrix4fv( ModelView, 1, GL_TRUE, model_view * instance );
    glDrawArrays( GL_TRIANGLES, 0, NumVertices );

    model_view = mvstack.pop( );
}

//----------------------------------------------------------------------

void display( void )
{
    glClear( GL_COLOR_BUFFER_BIT | GL_DEPTH_BUFFER_BIT );
    traverse( &nodes[Torso] );
    glutSwapBuffers( );
}

//----------------------------------------------------------------------

void mouse( int button, int state, int x, int y )
{
    if ( button == GLUT_LEFT_BUTTON && state == GLUT_DOWN ) {
       theta[angle] += 5.0;
       if ( theta[angle] > 360.0 ) { theta[angle] -= 360.0; }
    }

    if ( button == GLUT_RIGHT_BUTTON && state == GLUT_DOWN ) {
       theta[angle] -= 5.0;
       if ( theta[angle] < 0.0 ) { theta[angle] += 360.0; }
    }

    mvstack.push( model_view );

    switch( angle ) {
    case Torso:
       nodes[Torso].transform =
          RotateY( theta[Torso] );
       break;

    case Head1: case Head2:
       nodes[Head].transform =
          Translate(0.0, TORSO_HEIGHT+0.5*HEAD_HEIGHT, 0.0) *
          RotateX(theta[Head1]) *
          RotateY(theta[Head2]) *
```

```
        Translate(0.0, -0.5*HEAD_HEIGHT, 0.0);
    break;

  case LeftUpperArm:
    nodes[LeftUpperArm].transform =
        Translate(-(TORSO_WIDTH+UPPER_ARM_WIDTH),
                  0.9*TORSO_HEIGHT, 0.0) *
        RotateX(theta[LeftUpperArm]);
    break;

  case RightUpperArm:
    nodes[RightUpperArm].transform =
        Translate(TORSO_WIDTH+UPPER_ARM_WIDTH,
                  0.9*TORSO_HEIGHT, 0.0) *
          RotateX(theta[RightUpperArm]);
    break;

  case RightUpperLeg:
    nodes[RightUpperLeg].transform =
        Translate(TORSO_WIDTH+UPPER_LEG_WIDTH,
                  0.1*UPPER_LEG_HEIGHT, 0.0) *
        RotateX(theta[RightUpperLeg]);
    break;

  case LeftUpperLeg:
    nodes[LeftUpperLeg].transform =
        Translate(-(TORSO_WIDTH+UPPER_LEG_WIDTH),
                  0.1*UPPER_LEG_HEIGHT, 0.0) *
                  RotateX(theta[LeftUpperLeg]);
    break;

  case LeftLowerArm:
    nodes[LeftLowerArm].transform =
        Translate(0.0, UPPER_ARM_HEIGHT, 0.0) *
        RotateX(theta[LeftLowerArm]);
    break;

  case LeftLowerLeg:
    nodes[LeftLowerLeg].transform =
        Translate(0.0, UPPER_LEG_HEIGHT, 0.0) *
        RotateX(theta[LeftLowerLeg]);
    break;

  case RightLowerLeg:
    nodes[RightLowerLeg].transform =
        Translate(0.0, UPPER_LEG_HEIGHT, 0.0) *
        RotateX(theta[RightLowerLeg]);
    break;

  case RightLowerArm:
    nodes[RightLowerArm].transform =
        Translate(0.0, UPPER_ARM_HEIGHT, 0.0) *
```

```
            RotateX(theta[RightLowerArm]);
        break;
    }

    model_view = mvstack.pop( );
    glutPostRedisplay( );
}

//----------------------------------------------------------------------

void menu( int option )
{
    if ( option == Quit ) {
        exit( EXIT_SUCCESS );
    }

    angle = option;
}
//----------------------------------------------------------------------

void reshape( int width, int height )
{
    glViewport( 0, 0, width, height );

    GLfloat left = -10.0, right = 10.0;
    GLfloat bottom = -10.0, top = 10.0;
    GLfloat zNear = -10.0, zFar = 10.0;

    GLfloat aspect = GLfloat( width ) / height;

    if (aspect >1.0) {
        left *= aspect;
        right *= aspect;
    }
    else {
        bottom /= aspect;
        top /= aspect;
    }

    mat4 projection = Ortho( left, right, bottom, top, zNear, zFar );
    glUniformMatrix4fv( Projection, 1, GL_TRUE, projection );

    model_view = mat4( 1.0 ); // An Identity matrix
}

//----------------------------------------------------------------------

void initNodes( void )
{
    mat4 m;

    m = RotateY( theta[Torso] );
```

```
    nodes[Torso] = Node( m, torso, NULL, &nodes[Head1] );

    m = Translate(0.0, TORSO_HEIGHT+0.5*HEAD_HEIGHT, 0.0) *
       RotateX(theta[Head1]) * RotateY(theta[Head2]);
    nodes[Head1] = Node( m, head, &nodes[LeftUpperArm], NULL );

    m = Translate(-(TORSO_WIDTH+UPPER_ARM_WIDTH),
        0.9*TORSO_HEIGHT, 0.0) * RotateX(theta[LeftUpperArm]);
    nodes[LeftUpperArm] = Node( m, left_upper_arm,
        &nodes[RightUpperArm], &nodes[LeftLowerArm] );

    m = Translate(TORSO_WIDTH+UPPER_ARM_WIDTH,
        0.9*TORSO_HEIGHT, 0.0) * RotateX(theta[RightUpperArm]);
    nodes[RightUpperArm] = Node( m, right_upper_arm,
        &nodes[LeftUpperLeg], &nodes[RightLowerArm] );

    m = Translate(-(TORSO_WIDTH+UPPER_LEG_WIDTH),
        0.1*UPPER_LEG_HEIGHT, 0.0) *
        RotateX(theta[LeftUpperLeg]);
    nodes[LeftUpperLeg] = Node( m, left_upper_leg,
        &nodes[RightUpperLeg], &nodes[LeftLowerLeg] );

    m = Translate(TORSO_WIDTH+UPPER_LEG_WIDTH,
        0.1*UPPER_LEG_HEIGHT, 0.0) * RotateX(theta[RightUpperLeg]);
    nodes[RightUpperLeg] = Node( m, right_upper_leg, NULL,
        &nodes[RightLowerLeg] );

    m = Translate(0.0, UPPER_ARM_HEIGHT,
        0.0) * RotateX(theta[LeftLowerArm]);
    nodes[LeftLowerArm] = Node( m, left_lower_arm, NULL, NULL );

    m = Translate(0.0, UPPER_ARM_HEIGHT, 0.0) *
        RotateX(theta[RightLowerArm]);
    nodes[RightLowerArm] = Node( m, right_lower_arm, NULL, NULL );

    m = Translate(0.0, UPPER_LEG_HEIGHT, 0.0) *
        RotateX(theta[LeftLowerLeg]);
    nodes[LeftLowerLeg] = Node( m, left_lower_leg, NULL, NULL );

    m = Translate(0.0, UPPER_LEG_HEIGHT, 0.0) *
       RotateX(theta[RightLowerLeg]);
    nodes[RightLowerLeg] = Node( m, right_lower_leg, NULL, NULL );
}
//----------------------------------------------------------------------

void
init( void )
{
    colorcube( );

    // 트리 초기화
    initNodes( );
```

```
    // 정점 배열 객체 생성
    GLuint vao;
    glGenVertexArrays( 1, &vao );
    glBindVertexArray( vao );

    // 버퍼 객체 생성
    GLuint buffer;
    glGenBuffers( 1, &buffer );
    glBindBuffer( GL_ARRAY_BUFFER, buffer );
    glBufferData( GL_ARRAY_BUFFER, sizeof(points) + sizeof(colors),
                  NULL, GL_DYNAMIC_DRAW );
    glBufferSubData( GL_ARRAY_BUFFER, 0, sizeof(points), points );
    glBufferSubData( GL_ARRAY_BUFFER, sizeof(points), sizeof(colors),
                     colors );

    // 셰이더 소스를 읽어서 셰이더 프로그램 사용
    GLuint program = InitShader( "vshader83.glsl", "fshader83.glsl" );
    glUseProgram( program );

    GLuint vPosition = glGetAttribLocation( program, "vPosition" );
    glEnableVertexAttribArray( vPosition );
    glVertexAttribPointer( vPosition, 4, GL_FLOAT, GL_FALSE, 0,
                    BUFFER_OFFSET(0) );

    GLuint vColor = glGetAttribLocation( program, "vColor" );
    glEnableVertexAttribArray( vColor );
    glVertexAttribPointer( vColor, 4, GL_FLOAT, GL_FALSE, 0,
                           BUFFER_OFFSET(points) );

    ModelView = glGetUniformLocation( program, "ModelView" );
    Projection = glGetUniformLocation( program, "Projection" );

    glEnable( GL_DEPTH_TEST );
    glPolygonMode( GL_FRONT_AND_BACK, GL_LINE );

    glClearColor( 1.0, 1.0, 1.0, 1.0 );
}

//----------------------------------------------------------------------

void
keyboard( unsigned char key, int x, int y )
{
    switch( key ) {
      case 033: // Escape Key
      case 'q': case 'Q':
         exit( EXIT_SUCCESS );
         break;
    }
}
```

```
//------------------------------------------------------------------------

int main( int argc, char **argv )
{
    glutInit( &argc, argv );
    glutInitDisplayMode( GLUT_DOUBLE | GLUT_RGB | GLUT_DEPTH );
    glutInitWindowSize( 512, 512 );
    glutInitContextVersion( 3, 2 );
    glutInitContextProfile( GLUT_CORE_PROFILE );
    glutCreateWindow( "robot" );

    glewInit( );
    init( );

    glutDisplayFunc( display );
    glutReshapeFunc( reshape );
    glutKeyboardFunc( keyboard );
    glutMouseFunc( mouse );

    glutCreateMenu( menu );
    glutAddMenuEntry( "torso", Torso );
    glutAddMenuEntry( "head1", Head1 );
    glutAddMenuEntry( "head2", Head2 );
    glutAddMenuEntry( "right_upper_arm", RightUpperArm );
    glutAddMenuEntry( "right_lower_arm", RightLowerArm );
    glutAddMenuEntry( "left_upper_arm", LeftUpperArm );
    glutAddMenuEntry( "left_lower_arm", LeftLowerArm );
    glutAddMenuEntry( "right_upper_leg", RightUpperLeg );
    glutAddMenuEntry( "right_lower_leg", RightLowerLeg );
    glutAddMenuEntry( "left_upper_leg", LeftUpperLeg );
    glutAddMenuEntry( "left_lower_leg", LeftLowerLeg );
    glutAddMenuEntry( "quit", Quit );
    glutAttachMenu( GLUT_MIDDLE_BUTTON );

    glutMainLoop( );
    return 0;
}
```

A.9.2 정점 셰이더

```
#version 150

in vec4 vPosition;
in vec4 vColor;
out vec4 color;

uniform mat4 ModelView;
uniform mat4 Projection;

void main()
```

```
{
    color = vColor;
    gl_Position = Projection*ModelView*vPosition;
}
```

A.9.3 프래그먼트 셰이더

```
#version 150

in vec4 color;
out vec4 fColor;

void main()
{
    fColor = color;
}
```

A.10 차주전자(teapot) 렌더러

A.10.1 응용프로그램 코드

```
#include "Angel.h"

typedef Angel::vec4 point4;

// 패치 제어점에 대한 자료형을 vertices.h에서 정의한 자료형으로 설정
typedef GLfloat point3[3];
#include "vertices.h"
#include "patches.h"

const int NumTimesToSubdivide = 3;
const int PatchesPerSubdivision = 4;
const int NumQuadsPerPatch =
    (int) pow( PatchesPerSubdivision, NumTimesToSubdivide );
const int NumTriangles =
    ( NumTeapotPatches * NumQuadsPerPatch*2 /* triangles / quad */ );
const int NumVertices = ( NumTriangles*3 /* vertices / triangle */ );

int Index = 0;
point4 points[NumVertices];

GLuint Projection;
```

```
enum {X=0,Y=1,Z=2};

//-------------------------------------------------------------------

void
divide_curve( point4 c[4], point4 r[4], point4 l[4] )
{
    // 베지어 곡선 1개를 동등한 2개의 베지어 곡선으로 분할
    // 왼쪽(l)과 오른쪽(r)이 가운데 제어점의 중점을 공유
    point4 t,mid=(c[1]+c[2])/2;

    l[0] = c[0];
    l[1]=(c[0]+c[1])/2;
    l[2]=(l[1]+mid)/2;

    r[3] = c[3];
    r[2]=(c[2]+c[3])/2;
    r[1]=(mid+r[2])/2;

    l[3]=r[0]=(l[2]+r[1])/2;

    for(inti=0; i<4; ++i) {
       l[i].w = 1.0;
       r[i].w = 1.0;
    }
}

//-------------------------------------------------------------------

void
draw_patch( point4 p[4][4] )
{
    // 베지어 패치의 모서리들로 구성된 사각형을 출력
    points[Index++] = p[0][0];
    points[Index++] = p[3][0];
    points[Index++] = p[3][3];
    points[Index++] = p[0][0];
    points[Index++] = p[3][3];
    points[Index++] = p[0][3];
}

//-------------------------------------------------------------------

inline void transpose( point4 a[4][4] )
{
    for(inti=0; i<4; i++) {
       for(intj=i; j<4; j++) {
          point4 t = a[i][j];
          a[i][j] = a[j][i];
          a[j][i] = t;
       }
    }
```

```
}

void divide_patch( point4 p[4][4], int count )
{
    if (count>0) {
       point4 q[4][4], r[4][4], s[4][4], t[4][4];
       point4 a[4][4], b[4][4];

    // 곡선을 u 방향으로 분할. 결과의 transpose를 취한 후,
    // 다시 u 방향으로 분할 (원래 좌표의 v 방향과 같음)
       for(intk=0; k<4; ++k) {
          divide_curve( p[k], a[k], b[k] );
    }

       transpose( a );
       transpose( b );

       for(intk=0; k<4; ++k) {
          divide_curve( a[k], q[k], r[k] );
          divide_curve( b[k], s[k], t[k] );
       }

    // 결과로 나온 4개 패치를 재귀적으로 분할
       divide_patch( q, count-1);
       divide_patch( r, count-1);
       divide_patch( s, count-1);
       divide_patch( t, count-1);
    } else {
       draw_patch( p );
    }
}

//----------------------------------------------------------------------

void
init( void )
{
    for(intn=0; n< NumTeapotPatches; n++ ) {
       point4 patch[4][4];

    // 각 패치의 제어점을 초기화
    for(inti=0; i<4; ++i) {
       for(intj=0; j<4; ++j) {
       point3& v = vertices[indices[n][i][j]];
       patch[i][j] = point4( v[X], v[Y], v[Z], 1.0 );
       }
    }

    // 패치를 분할
       divide_patch( patch, NumTimesToSubdivide );
    }
    // 정점 배열 객체 생성
```

```
    GLuint vao;
    glGenVertexArrays( 1, &vao );
    glBindVertexArray( vao );

    // 버퍼 객체 생성
    GLuint buffer;
    glGenBuffers( 1, &buffer );
    glBindBuffer( GL_ARRAY_BUFFER, buffer );
    glBufferData( GL_ARRAY_BUFFER, sizeof(points), points,
                  GL_STATIC_DRAW );

    // 셰이더 소스를 읽어서 셰이더 프로그램 사용
    GLuint program = InitShader( "vshader101.glsl", "fshader101.glsl");
    glUseProgram( program );

    // 정점 배열 설정
    GLuint vPosition = glGetAttribLocation( program, "vPosition" );
    glEnableVertexAttribArray( vPosition );
    glVertexAttribPointer( vPosition, 4, GL_FLOAT, GL_FALSE, 0,
              BUFFER_OFFSET(0) );

    Projection = glGetUniformLocation( program, "Projection" );

    glPolygonMode( GL_FRONT_AND_BACK, GL_LINE );

    glClearColor( 1.0, 1.0, 1.0, 1.0 );
}

//----------------------------------------------------------------------

void display( void )
{
    glClear( GL_COLOR_BUFFER_BIT );
    glDrawArrays( GL_TRIANGLES, 0, NumVertices );
    glutSwapBuffers( );
}

//----------------------------------------------------------------------

void reshape( int width, int height )
{
    glViewport( 0, 0, width, height );

    GLfloat left = -4.0, right = 4.0;
    GLfloat bottom = -3.0, top = 5.0;
    GLfloat zNear = -10.0, zFar = 10.0;

    GLfloat aspect = GLfloat(width)/height;

    if (aspect>0) {
       left *= aspect;
       right *= aspect;
```

```
    }
    else {
        bottom /= aspect;
        top /= aspect;
    }

    mat4 projection = Ortho( left, right, bottom, top, zNear, zFar );
    glUniformMatrix4fv( Projection, 1, GL_TRUE, projection );
}

//----------------------------------------------------------------------------

void keyboard( unsigned char key, int x, int y )
{
    switch ( key ) {
    case 'q': case 'Q': case 033 // Escape key:
        exit( EXIT_SUCCESS );
        break;
    }
}

//----------------------------------------------------------------------------

int
main( int argc, char *argv[] )
{
    glutInit( &argc, argv );
    glutInitDisplayMode( GLUT_RGBA | GLUT_DOUBLE );
    glutInitWindowSize( 512, 512 );
    glutInitContextVersion( 3, 2 );
    glutInitContextProfile( GLUT_CORE_PROFILE );
    glutCreateWindow( "teapot" );

    glewInit( );

    init( );

    glutDisplayFunc( display );
    glutReshapeFunc( reshape );
    glutKeyboardFunc( keyboard );

    glutMainLoop( );
    return 0;
}
```

A.10.2 정점 셰이더

```
#version 150

in vec4 vPosition;
```

```
uniform mat4 Projection;

void main()
{
    gl_Position = Projection * vPosition;
}
```

A.10.3 프래그먼트 셰이더

```
#version 150

out vec4 fColor;
void main()
{
    fColor = vec4( 0.0, 0.0, 0.0, 1.0 );
}
```

Appendix B

공간

Interactive Computer Graphics

컴퓨터 그래픽스는 점이나 선분과 같은 기하 구성요소들의 집합을 표현하고 처리하는 것에 관여한다. 이에 필요한 수학은 다양한 형태의 추상 공간(abstract space)을 연구하는 분야들에서 찾을 수 있다. 이 부록에서는 3개의 추상 공간, 즉 **(선형) 벡터 공간**, 어파인(affine) 공간, 유클리드 공간에서 적용되는 법칙들을 살펴보겠다. (선형) 벡터 공간((linear) vector space)은 실수(real number)와 같은 스칼라(scalar), 그리고 벡터(vector)라는 딱 2개의 개체만을 가지고 있다. **어파인 공간**(affine space)에는 점(point)이라는 세 번째 요소가 추가된다. **유클리드 공간**(Euclidean space)에는 거리(distance) 개념이 추가된다.

컴퓨터 그래픽스에서는 벡터 중에서도 특히 방향성 선분(directed line segment)과 그것을 표현하는 n-튜플(tuple)의 숫자들에 관심을 가진다. 부록 C에서는 이러한 n-튜플을 다루는 도구로서 행렬대수를 설명하겠다. 이 장에서는 더 기초적인 개념들과 법칙들을 다루겠다. 이러한 개체들(스칼라, 벡터, 점)을 추상 자료형(abstract data type)으로 보고, 이에 관계된 공리(axiom)들을 그 자료형들에 대해 유효한 연산으로 정의해 보는 것이 도움이 될 것이다.

B.1 스칼라

일반적인 실수와 그에 적용되는 연산들은 **스칼라 필드**(scalar field)의 한 예이다. S를 **스칼라**(scalar)라고 하는 원소 $\alpha, \beta, \cdots$들의 집합이라고 하자. 한 쌍의 스칼라에 대해서는 2개의 기본 연산이 정의된다. 이들 연산들을 덧셈, 곱셈이라고 부르고, 각각 +와 $\cdot$ 기호로 표시한다.[1] 따라서, 모든 α, β에 대해서 $\alpha + \beta \in S$이고, $\alpha \cdot \beta \in S$이다. 이 연

1) 혼란을 줄 염려가 없으면, 보통 $\alpha \cdot \beta$ 대신 $\alpha\beta$로 표기할 수 있다.

산들은 S에 속하는 모든 $\forall\alpha, \beta, \gamma$에 대해서 다음과 같이 교환법칙, 결합법칙, 배분법칙이 성립한다.

$$\alpha + \beta = \beta + \alpha$$

$$\alpha \cdot \beta = \beta \cdot \alpha$$

$$\alpha + (\beta + \gamma) = (\alpha + \beta) + \gamma$$

2개의 특별한 스칼라, 즉 덧셈에 대한 항등원(identity) 0과 곱셈에 대한 항등원 1은 S에 속하는 모든 α에 대해서 다음을 만족시킨다.

$$\alpha \cdot (\beta \cdot \gamma) = (\alpha \cdot \beta) \cdot \gamma$$

$$\alpha \cdot (\beta + \gamma) = (\alpha \cdot \beta) + (\alpha \cdot \gamma)$$

원소 α는 다음과 같이 $-\alpha$로 표시되는 덧셈의 역(inverse)과 S에 속하면서 α^{-1}로 표시되는 곱셈의 역을 가진다.

$$\alpha + 0 = 0 + \alpha = \alpha$$

$$\alpha \cdot 1 = 1 \cdot \alpha = \alpha$$

일반적인 덧셈과 곱셈에 대해서 실수들은 스칼라 필드를 구성하고, (복소수 덧셈과 곱셈을 사용하는) 복소수(complex number)들과 (두 다항식의 비로 표현되는) 유리함수(rational function)들도 마찬가지이다.

B.2 벡터 공간

벡터 공간(vector space)은 스칼라에 추가해서 두 번째 개체로 **벡터**(vector)를 가진다. 벡터들에 대해서는 벡터-벡터 덧셈과 스칼라-벡터 곱셈 등의 두 가지 연산이 정의된다. u, v, w를 벡터 공간 V에 속하는 벡터들이라고 하자. 벡터 덧셈은 주어진 벡터 공간에 대해서 닫혀 있고(V에 속하는 모든 u, v에 대해서, $u + v \in V$), 교환법칙($u + v = v + u$), 결합법칙($u + (v + u) = (u + v) + u$)이 성립한다. V에 속하는 모든 u에 대해서, 다음을 만족시키는 특별한 벡터인 $\mathbf{0}$(**영 벡터**, zero vector)가 존재한다.

$$u + \mathbf{0} = u$$

모든 벡터 u에 대해서는 다음과 같이 $-u$로 표시되는 덧셈의 역이 존재한다.

$$u + (-u) = \mathbf{0}$$

스칼라-벡터 곱셈은 임의의 스칼라 α와 임의의 벡터 u에 대해서 αu가 V에 속하는 벡터가 되도록 정의된다. 스칼라-벡터 연산에서는 다음과 같이 배분법칙이 성립한다.

$$\alpha(u + v) = \alpha u + \alpha v$$

$$(\alpha + \beta)u = \alpha u + \beta u$$

우리가 사용하는 벡터 공간들의 2가지 예로는 기하 벡터(방향성 선분)들과 실수의 n-튜플들을 들 수 있다. 그림 B.1과 같이 표시되는 방향성 선분들을 생각해 보자. 스칼라값들로 실수를 사용하면, 스칼라-벡터 곱셈은 벡터의 길이를 바꿀 수는 있지만 벡터의 방향을 바꿀 수는 없다(그림 B.2).

벡터-벡터 덧셈은 **수미 연결규칙**(head-to-tail axiom)으로 정의되는데, 방향성 선분들을 사용해서 쉽게 그림으로 보여줄 수 있다. 그림 B.3과 같이 벡터 u의 머리를 벡터 v의 꼬리에 연결해서 $u + v$를 구할 수 있다. 이런 방식으로 벡터 필드에 대한 모든 법칙들을 쉽게 검증할 수 있을 것이다.

벡터 공간의 두 번째 예로는 일반적으로 실수 또는 복소수 스칼라에 대한 n-튜플을 들 수 있다. 여기서는 하나의 벡터를 다음과 같이 표기할 수 있다.

$$v = (v_1, v_2, \ldots, v_n)$$

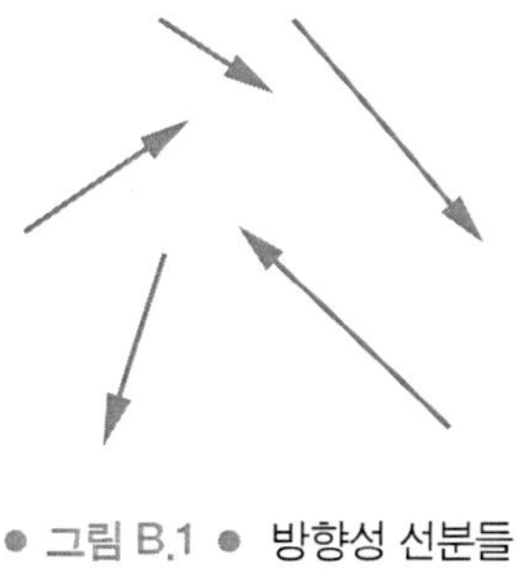

● 그림 B.1 ● 방향성 선분들

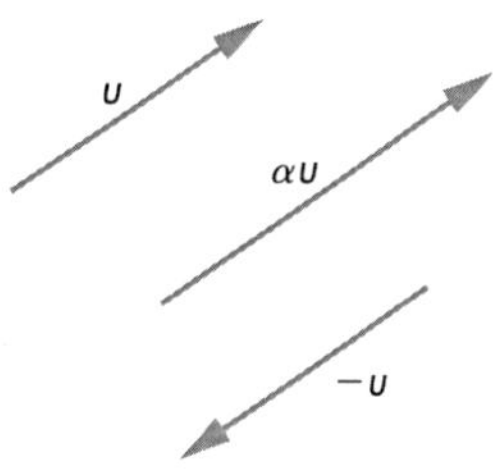

● 그림 B.2 ● 스칼라-벡터 곱셈

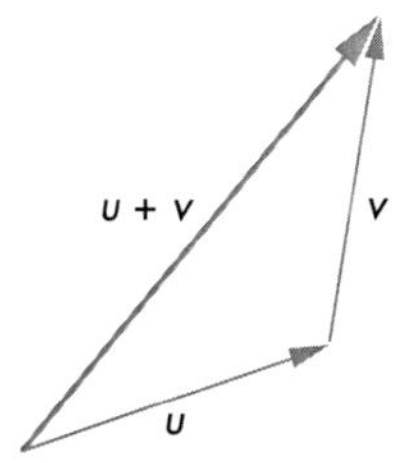

● 그림 B.3 ● 벡터에 대한 수미 연결규칙

스칼라-벡터 곱셈과 벡터-벡터 덧셈은 다음과 같다.

$$u + v = (u_1, u_2, \ldots, u_n) + (v_1, v_2, \ldots, v_n)$$
$$= (u_1 + v_1, u_2 + v_2, \ldots, u_n + v_n)$$
$$\alpha v = (\alpha v_1, \alpha v_2, \ldots, \alpha v_n)$$

이 벡터 공간을 $\mathbf{R}^n$으로 표기하고, 이 공간에서는 행렬 대수를 사용해서 벡터들을 다룰 수 있다(부록 C).

벡터 공간에서 선형 독립성(linear independence)과 기저(basis)의 개념은 매우 중요하다. n개의 벡터 $u_1, u_2, \cdots, u_3$의 **선형 조합**(linear combination)은 다음과 같은 벡터이다.

$$u = \alpha_1 u_1 + \alpha_2 u_2 + \ldots + \alpha_n u_n$$

다음에 주어진 수식

$$\alpha_1 u_1 + \alpha_2 u_2 \ldots + \alpha_n u_n = 0$$

을 만족시키는 유일한 스칼라 값들의 집합이

$$\alpha_1 = \alpha_2 = \ldots = \alpha_n = 0$$

이라면, 이런 벡터들을 **선형 독립**(linearly independent)이라 한다. 어떤 공간에서 선형 독립인 벡터들의 최대 개수를 그 공간의 **차원**(dimension)이라 한다. 만일 벡터 공간이 n 차원이면, 임의로 선택한 n개의 선형 독립적인 벡터들은 하나의 **기저**(basis)를 형성한다. 만일 $v_1, v_2, \cdots, v_3$이 V에 대한 하나의 기저라면, 어떠한 벡터 v든지 이들 기저 벡터들을 이용해서 다음과 같이 유일하게 표현할 수 있다.

$$v = \beta_1 v_1 + \beta_2 v_2 + \ldots + \beta_n v_n$$

스칼라 값들인 $\{\beta_i\}$는 기저 $v_1, v_2, \cdots, v_n$에 대한 v의 **표현**(representation)이라 한다. 만일 $v_1', v_2', \cdots, v_n'$이 또 다른 기저라면(하나의 기저를 형성하는 벡터의 개수는 정해져 있다), 이 기저에 대한 v의 표현은 다음과 같다.

$$v = \beta_1' v_1' + \beta_2' v_2' + \ldots + \beta_n' v_n'$$

이때, 다음의 관계를 만족시키는 $n \times n$ 행렬 $\mathbf{M}$이 존재한다.

$$\begin{bmatrix} \beta_1' \\ \beta_2' \\ \vdots \\ \beta_N' \end{bmatrix} = \mathbf{M} \begin{bmatrix} \beta_1 \\ \beta_2 \\ \vdots \\ \beta_N \end{bmatrix}$$

부록 C에서는 행렬 **M**을 실제로 유도해 볼 것이다. 이 행렬은 행렬 곱셈을 하기 위한 스칼라 연산들만 사용해서 단순한 선형 변환으로, 하나의 표현을 다른 표현으로 바꾸는 방법을 제공한다. 좀 더 일반적으로는 어떤 벡터 공간에서의 기저를 설정했다면, 벡터 대신 대응되는 표현만을 사용해도 된다. 사용된 스칼라가 실수라면, 원래의 추상 벡터 공간에서의 연산 대신에 실수의 *n*-튜플을 행렬 대수의 기법들로 다루어도 된다.

B.3 어파인 공간

벡터 공간에서는 위치(location)나 거리(distance) 같은 기하학 개념들이 없다. 기하학 문제들을 풀기 위해서 방향성 선분들을 정의 그대로의 벡터 공간으로 해석하면, 이들 벡터들은 물리학에서 사용하는 벡터들과 같이 크기와 방향은 있지만, 위치는 없기 때문에 문제가 된다. 즉, 그림 B.4의 벡터들은 모두 같은 벡터들이다.

이 문제를 좌표계의 관점에서 본다면, 하나의 벡터를 **좌표계**(coordinate system)를 정의하는 기저 벡터들에 대해서 표현할 수 있다. 그림 B.5(a)는 기준이 되는 참조점인

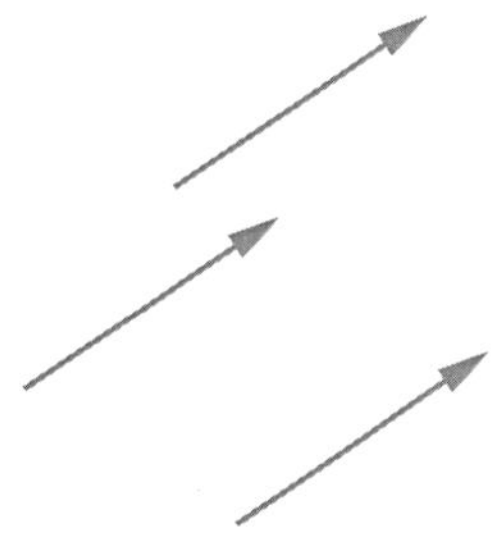

● 그림 B.4 ● 동일한 벡터들

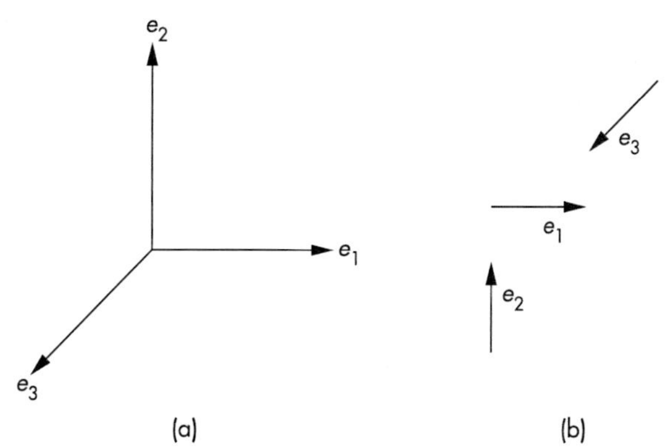

● 그림 B.5 ● 좌표계, (a) 원점에 놓여진 기저 벡터들 (b) 임의로 배치한 기저 벡터들

원점(origin)으로부터 나오는 3개의 기저 벡터들이다. 하지만, 벡터에는 위치가 없기 때문에 그림 B.5(b)와 같은 벡터의 배치도 마찬가지로 유효하다. 또, 벡터 공간에는 벡터와 스칼라만 있으므로, 어떤 특별한 점을 표현할 방법도 없다.

이러한 문제점들은 벡터 공간에 점(point)이라는 세 번째 개체를 추가해서 만들어진 어파인 공간을 도입해서 해결할 수 있다. 점 $\{P, Q, R, \cdots\}$은 하나의 집합을 형성한다. 이들에 대해서는 결과 값으로 벡터가 나오는 **점-점 뺄셈**(point-point subtraction)이라는 새로운 연산이 가능하다. 즉, P와 Q가 임의의 두 점이라면, 뺄셈

$$v = P - Q$$

는 항상 V에 속하는 벡터가 된다. 역으로, 모든 v와 P에 대해서 위의 관계를 만족시키는 Q를 찾을 수 있다. 따라서 다음과 같이 벡터-점 덧셈을 정의할 수 있다.

$$Q = v + P$$

임의의 세 점 P, Q, R에 대해서는 수미연결규칙으로부터 다음을 추론할 수 있다.

$$(P - Q) + (Q - R) = (P - R)$$

벡터의 방향을 화살표로 표현해서 벡터 $P - C$를 점 Q에서 점 P로의 선분으로 표시하면, 수미연결규칙은 그림 B.6과 같이 그림으로 표현할 수 있다.

이제 어파인 기하학에서의 여러 가지 특성들이 나온다. 가장 중요한 것은 좌표계 대신 프레임을 사용한다면 점과 벡터를 모두 어파인 공간에서 정의할 수 있다는 것이다. 하나의 **프레임**(frame)은 점 P_0와 해당 벡터공간의 기저를 정의하는 벡터 $v_1, v_2, \cdots, v_n$들로 구성된다. 프레임이 주어지면, 어떠한 벡터이든 다음과 같은 식으로 유일하게 표현할 수 있고,

$$v = \alpha_1 v_1 + \alpha_2 v_2 + \ldots + \alpha_n v_n$$

어떤 점이든 다음과 같은 식으로 유일하게 표현할 수 있다.

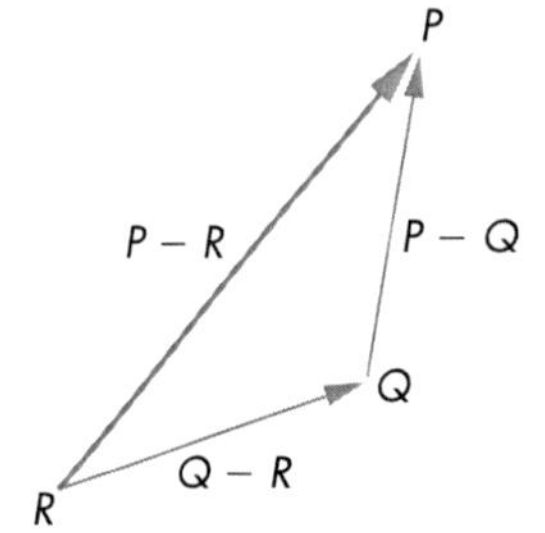

● 그림 B.6 ● 점들에 대한 수미연결규칙

$$P = P_0 + \beta_1 v_1 + \beta_2 v_2 + \ldots + \beta_n v_n$$

스칼라들의 집합 $\{\alpha_1, \cdots, \alpha_n\}$과 $\{\beta_1, \cdots, \beta_n\}$은 각각 n개의 스칼라로 구성된 벡터와 점의 표현이다. 점 P_0는 해당 프레임의 원점으로 간주할 수 있고, 모든 점들은 이 참조점(reference point)을 기준으로 정의된다.

원점이 고정되었다면, 좌표계 내의 변화에 대응되는 프레임 내의 변화에만 신경쓰면 된다. 하지만, 컴퓨터 그래픽스에서는 프레임 내의 변화는 물론이고 같은 물체를 다른 프레임을 기준으로 표현하는 경우도 다루어야 한다. 예를 들어, 객체들은 보통 물리적으로 존재하는 프레임을 기준으로 정의되고, 관측자나 카메라까지도 이 프레임을 기준으로 표현할 수 있다. 하지만, 영상생성(image-creation) 과정에서는 투영중심(center of projection)을 원점으로 하는 카메라 프레임을 정의하고, 이를 기준으로 물체의 위치를 표현하는 것이 더 유리하다.

B.4 유클리드 공간

어파인 공간에 기하적 모델들을 생성하는 데에 필요한 요소들은 포함되어 있지만, 두 점이 얼마나 떨어져 있는가, 또는 벡터의 길이가 얼마인지 등의 개념은 없다. 유클리드 공간에는 이러한 개념이 있다. 엄격히 말하면, 하나의 유클리드 공간은 벡터와 스칼라만 포함하면 된다.

E가 어떤 유클리드 공간이라고 하자. 이것은 스칼라 $\{\alpha, \beta, \gamma, \cdots\}$와 벡터 $\{u, v, w, \cdots\}$를 포함하는 벡터 공간이다. 스칼라는 보통의 실수라고 가정하겠다. 여기에 **내적**(inner product 또는 dot product)이라고 하는 새로운 연산자가 추가되는데, 이 연산자는 두 벡터를 결합해서 하나의 실수를 만들어낸다. 내적은 임의의 벡터 u, v, w와 스칼라 α, β에 대하여 다음 성질들을 만족시켜야 한다.

$$u \cdot v = v \cdot u$$

$$(\alpha u + \beta v) \cdot w = \alpha u \cdot w + \beta v \cdot w$$

$$v \cdot v > 0, \text{ 단 } v \neq 0$$

$$\mathbf{0} \cdot \mathbf{0} = 0$$

만약

$$u \cdot v = 0$$

이면, u와 v는 **직교**(orthogonal)한다. 벡터의 크기(magnitude 또는 길이 length)는 보통

다음과 같이 계산한다.

$$|v| = \sqrt{v \cdot v}$$

점과 같은 어파인 공간의 개념을 유클리드 공간에 추가하면, 두 점 P, Q에 대해서 $P - Q$가 벡터이므로 두 점 사이의 거리는 자연스럽게 다음과 같이 구해진다.

$$|P - Q| = \sqrt{(P - Q) \cdot (P - Q)}$$

내적을 이용하면, 두 벡터 사이의 각도를 다음과 같이 계산할 수도 있다.

$$u \cdot v = |u||v| \cos \theta$$

$\cos\ \theta$값은 두 벡터가 직교한다면 0이 되고, 보통은 -1에서 $+1$ 사이의 값을 가질 것이며, 두 벡터가 평행한 경우($u = \alpha v$)에는 크기가 1이 된다.

B.5 투영

직교성(orthogonality)을 이용하여 몇 가지 중요한 기하학 개념을 유도할 수 있다. **투영**(projection)의 개념은 한 점에서 어떤 직선이나 평면까지의 최단 거리를 찾는 문제에서 유래하고, 다음 문제와 같은 식이 된다. 두 개의 벡터가 주어지면 그림 B.7에서와 같이 그 중의 하나를 다른 벡터에 평행한 성분과 다른 벡터에 직교하는 성분으로 나눌 수 있다. v를 첫 번째 벡터, w를 두 번째 벡터라 하면, 이제 w는 다음과 같이 쓸 수 있다.

$$w = \alpha v + u$$

여기서, αv는 평행한 성분이고, u는 v에 직교해야 하므로, 다음을 만족해야 한다.

$$u \cdot v = 0$$

이제 u와 v가 직교한다고 정의했으므로,

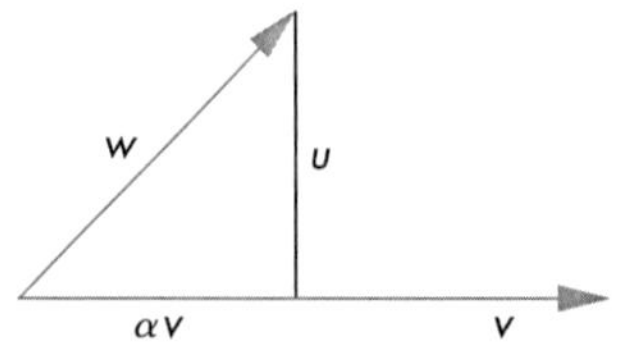

● 그림 B.7 ● 벡터를 또 다른 벡터에 투영

$$w \cdot v = \alpha v \cdot v + u \cdot v = \alpha v \cdot v$$

이고, 따라서 다음 식이 구해진다.

$$\alpha = \frac{w \cdot v}{v \cdot v}$$

벡터 α는 w의 v에 대한 투영이 되고, u는 다음과 같이 계산된다.

$$u = w - \frac{w \cdot v}{v \cdot v} v$$

이 결과를 확장하면, 주어진 선형 독립적인 벡터들의 집합으로부터 직교 벡터들의 집합을 구할 수 있다.

B.6 Gram-Schmidt 직교화

n차원 공간에서 하나의 기저 벡터 집합 $\{a_1, a_2, \cdots, a_n\}$이 주어지면, 이로부터 **직교 정규**(orthonormal)인 새로운 기저 벡터 집합 $\{b_1, b_2, \cdots, b_n\}$을 만들어내는 것은 비교적 간단하다. 직교 정규인 기저 벡터들은 모두 단위 길이를 가지면서 다른 모든 기저 벡터들과 직교인데, 수학적으로는 다음과 같이 표현할 수 있다.

$$b_i \cdot b_j = \begin{cases} 1 & \text{if } i = j \\ 0 & \text{otherwise} \end{cases}$$

그러므로, 직교 좌표계(orthogonal coordinate system 또는 Cartesian coordinate system)로 사용하는 데에 아무런 문제가 없다.

여기서는 설명을 순서대로 하는 방식을 취하겠다. 우선 적절한 값을 택해서 에 직교하는 다음 벡터를 구한다.

$$b_2 = a_2 + \alpha b_1$$

내적을 취하면, 다음이 성립해야 한다.

$$b_2 \cdot b_1 = 0 = a_2 \cdot b_1 + \alpha b_1 \cdot b_1$$

이 식의 해를 구하면,

$$\alpha = -\frac{a_2 \cdot b_1}{b_1 \cdot b_1}$$

와

$$b_2 = a_2 - \frac{a_2 \cdot b_1}{b_1 \cdot b_1} b_1$$

이 된다. 이제 b_1에 평행한 성분을 제거해서, 즉 a_2의 b_1에 대한 투영을 구해서 직교정규 벡터를 구했다.

일반화시키면, 각 단계에서는 b_1, ···, b_{k-1}에 직교인 b_k를 다음과 같이 구한다.

$$b_k = a_k + \sum_{i=1}^{k-1} \alpha_i b_i$$

또, $k - 1$개의 직교 조건들을 사용해서 다음을 구한다.

$$\alpha_i = -\frac{a_k \cdot b_i}{b_i \cdot b_i}$$

이제 처리의 마지막 단계에서 b_i를 $b_i/|b_i|$로 교체함으로써, 즉 각각의 벡터를 정규화하든지, 보다 효율적으로는 가능한 빨리 각각의 b_i를 정규화하여 모든 벡터를 정규화할 수 있다.

참고문헌

선형대수(linear algebra)와 벡터 공간(vector space)에 대해 잘 설명한 책들은 많다. 컴퓨터 그래픽스를 시작하는 사람에게는 벡터 공간의 개념에서 출발해서 일반적인 벡터 공간을 다루는 도구인 선형대수를 공부하는 방식이 좋을 것이다. 불행하게도 대부분의 선형대수 교과서들은 n-튜플의 유클리드 공간인 $\mathbf{R}^n$만을 다룬다. Bowyer and Woodwark [Bow83]이나 Banchoff and Werner[Ban83]와 같은 책을 참고하라.

어파인 공간은 다양한 방법으로 접근할 수 있다. 보다 기하학적인 설명을 보려면 Foley [Fol90]를 참고하라.

연습문제

B.1 복소수가 스칼라 필드를 형성함을 증명하라. 덧셈에 대한 항등원과 곱셈에 대한 항등원

은 각각 무엇인가?

B.2 유리함수(rational function)가 스칼라 필드를 형성함을 증명하라.

B.3 실수 계수를 가지는 유리함수가 벡터 공간을 형성함을 증명하라.

B.4 하나의 기저 벡터 집합을 형성하는 원소의 수는 유일함을 증명하라.

B.5 n개의 실함수로 구성된 집합 $\{f_i(x), i \quad 1, \cdots, n\}$이 있다. 이 집합의 원소들로 함수에 대한 벡터 공간을 형성하는 방법을 설명하라. 이 공간에서의 기저와 차원을 정의하라.

B.6 n차까지의 다항식들로 구성된 집합이 n차원 벡터 공간을 형성함을 보여라.

B.7 유클리드 공간들 중에서 가장 중요한 것은 n-튜플 $a_1, \cdots, a_n$들로 구성된 공간인 $\mathbf{R}^n$이다. 이 공간에서의 벡터 덧셈과 스칼라-벡터 곱셈 연산을 정의하라. 또, $\mathbf{R}^n$에서의 내적은 어떻게 정의되는가?

B.8 $\mathbf{R}^3$에 속하는 3개의 벡터가 있다. 이들 벡터가 기저를 형성하는지 아닌지를 어떻게 알 수 있는가?

B.9 $\mathbf{R}^3$에 속하는 3개의 벡터 (1, 0, 0), (1, 1, 0), (1, 1, 1)이 있다. 이들이 선형 독립임을 보여라. (1, 0, 0)에서 시작해서 이들에 대한 직교 정규 기저를 계산하라.

Appendix C

행렬

Interactive Computer Graphics

컴퓨터 그래픽스에서 행렬의 주된 사용은 좌표계 또는 프레임(frame)의 변경을 표현하는 것이다. 벡터 해석학과 선형대수에서 벡터(vector)라는 용어는 약간 다르게 사용된다. 불행히도, 컴퓨터 그래픽스는 이 두 분야의 지식을 모두 필요로 하기 때문에 벡터라는 용어에 대해서 혼돈을 불러왔다. 이것을 해결하기 위해, 여기서는 선형대수에서 사용하는 '행 벡터(row vector)'와 '열 벡터(column vector)'라는 용어 대신, '행 행렬(row matrix)'과 '열 행렬(column matrix)'을 사용하겠다. 벡터라는 용어는 방향성 선분이나 때로는 부록 B에서처럼 벡터 공간의 요소인 추상자료형 벡터를 나타내기 위해 남겨둔다.

이번 부록에서는 컴퓨터 그래픽스에서 행렬을 다루기 위해 필요한 주된 결과들을 살펴본다. 거의 대부분은 행렬을 사용한다. 그러므로, 선형대수에서 임의의 정방 행렬의 역과 같은 일반적인 행렬 연산을 다루는 부분에는 큰 관심이 없다. 대신, 대부분의 구현에서 4 × 4 행렬의 역을 하드웨어나 소프트웨어로 직접 구현한다.

C.1 정의

행렬(matrix)은 $n \times m$의 스칼라 배열로서, 개념적으로 n개의 행(row)과 m개의 열(column)로서 정렬되어 있다. 때로는, n과 m을 행렬의 행과 열의 **차원**(dimension)이라 하고, 만일 $n \times n$이면, n차원의 **정방행렬**(square matrix)이라고 한다. 대부분의 결과가 복소수에도 적용되지만, 거의 예외 없이 스칼라값으로 실수를 사용한다. 행렬 **A**의 원소들은 스칼라 집합 $\{a_{ij}\}$, $i = 1, \cdots, n$, $j = 1, \cdots, m$의 원소들이다. **A**를 **A**의 원소들로 표현하면,

$$\mathbf{A} = [\, a_{ij} \,]$$

가 된다. $n \times m$ 행렬의 **전치**(transpose)는 **A**의 행과 열을 서로 바꿈으로 얻어지는 $m \times n$ 행렬이다. 이 행렬은 $\mathbf{A}^T$로 표현하며,

$$\mathbf{A}^T = [\, a_{ji} \,]$$

와 같이 된다.

행렬의 특수한 경우인 하나의 열을 갖는 행렬($n \times 1$ 행렬)과 하나의 행을 갖는 행렬($1 \times m$ 행렬)을 **열 행렬**(column matrix)과 **행 행렬**(row matrix)이라고 한다. 열 행렬은 소문자로 표시하며,

$$\mathbf{b} = [\, b_i \,]$$

이 된다. 행 행렬의 전치가 바로 열 행렬이며, $\mathbf{b}^T$로 쓴다.

C.2 행렬 연산

행렬 연산에는 기본적으로 스칼라-행렬 곱셈, 행렬-행렬 덧셈, 행렬-행렬 곱셈의 3가지가 있다. 이 모든 연산들이 행렬의 원소와 스칼라값이 같은 형이면 정의될 수 있지만, 보통은 스칼라값을 실수로 가정할 수 있다.

스칼라-행렬 곱셈(scalar-matrix multiplication)은 임의의 크기를 갖는 행렬 **A**에 대해 정의되는데, 행렬의 원소들에 단순히 스칼라를 곱하는 것이다. 이 연산은

$$\alpha\mathbf{A} = [\, \alpha a_{ij} \,]$$

로 쓸 수 있다. 두 행렬의 덧셈인 **행렬-행렬 덧셈**(matrix-matrix addition)은 두 행렬에서 서로 대응되는 원소들을 더하는 것으로 정의한다. 이 덧셈은 두 행렬의 크기가 같아야만 정의된다. 같은 크기를 갖는 두 행렬의 합은

$$\mathbf{C} = \mathbf{A} + \mathbf{B} = [\, a_{ij} + b_{ij} \,]$$

와 같이 주어진다. **행렬-행렬 곱셈**(matrix-matrix multiplication)에서는 $n \times l$ 크기의 행렬 **A**와 크기의 행렬 **B**를 곱하면 $n \times m$행렬

$$\mathbf{C} = \mathbf{AB} = [\, c_{ij} \,]$$

이 되고, 여기서 각 원소는

$$c_{ij} = \sum_{k=1}^{l} a_{ik} b_{kj}$$

가 된다. 따라서 행렬-행렬 곱셈은 **A**의 열의 수와 **B**의 행의 수가 같아야만 정의된다. **A**가 **B**를 앞에서 곱한다고 하고(premultiply), **B**는 **A**의 뒤에서 곱해진다고 한다(post-multiply).

스칼라-행렬의 곱셈은 임의의 행렬 **A**와 스칼라 에 대해서 항상 성립하는 다음과 같은 단순한 규칙들을 따른다.

$$\alpha(\beta\mathbf{A}) = (\alpha\beta)\mathbf{A}$$

$$\alpha\beta\mathbf{A} = \beta\alpha\mathbf{A}$$

이들은 행렬 연산들이 최종적으로는 행렬의 스칼라 요소들에 대한 스칼라 곱셈이 된다는 사실에서 유도된 것이다. 행렬-행렬 덧셈에는 교환(commutative) 성질이 성립한다. 즉, 임의의 행렬 **A**와 **B**에 대해

$$\mathbf{A} + \mathbf{B} = \mathbf{B} + \mathbf{A}$$

가 성립한다. 또한 **결합적**(associative) 성질도 가지는데, 임의의 세 개의 $n \times m$ 행렬 **A**, **B**, 그리고 **C**에 대해 다음이 항상 성립한다는 것이다.

$$\mathbf{A} + (\mathbf{B} + \mathbf{C}) = (\mathbf{A} + \mathbf{B}) + \mathbf{C}$$

행렬-행렬 곱셈은

$$\mathbf{A}(\mathbf{BC}) = (\mathbf{AB})\mathbf{C}$$

와 같이 결합적이지만, 교환적이지는 않다. 즉, 대부분의 경우 $\mathbf{AB} \neq \mathbf{BA}$이고, 심지어 한쪽 변의 곱셈은 정의되어도 다른 쪽 곱셈은 정의조차 되지 않을 수도 있다. 그래픽스 응용에서 행렬은 평행 이동과 회전 같은 변환을 곱셈으로 표현하게 되는데, 위의 결과는 일련의 변환을 수행할 때 그 순서가 중요함을 보여준다. 회전 다음에 평행 이동하는 것과 평행 이동 다음에 회전하는 것은 일반적으로 같지 않다. 그러나 회전한 다음에 평행 이동을 하고 그 다음은 크기 변환을 하면, 먼저 크기 변환과 평행 이동 순서를 유지하여 결합하고 그 결과에 회전을 적용한 것과 같은 결과를 얻을 수 있다.

단위행렬 **I**는 대각선의 원소들이 모두 1이고 나머지는 0인 정방행렬이다.

$$\mathbf{I} = [\, a_{ij} \,] \qquad a_{ij} = \begin{cases} 1 & \text{if } i = j \\ 0 & \text{otherwise} \end{cases}$$

크기가 같다고 가정하면 다음이 성립한다.

$$\mathbf{AI} = \mathbf{A}$$

$$\mathbf{IB} = \mathbf{B}$$

C.3 행 행렬과 열 행렬

$1 \times n$행 행렬과 $n \times 1$열 행렬에는 특별한 관심이 필요하다. 3차원 공간의 벡터나 점은 어떤 프레임을 기준으로, 열 행렬

$$\mathbf{p} = \begin{bmatrix} x \\ y \\ z \end{bmatrix}$$

로 표현할 수 있다.[1]

열 행렬에는 소문자를 사용하겠다. $\mathbf{p}$의 전치행렬은 다음과 같이 행 행렬이 된다.

$$\mathbf{p}^T = [\,x \quad y \quad z\,]$$

$n \times l$ 행렬과 $l \times n$ 행렬의 곱은 $n \times m$ 행렬이므로, n차원의 정방행렬과 n차원의 열 행렬의 곱은 새로운 n차원의 열 행렬이 된다. 점들의 변환을 표현하는 일반적인 방법은 2, 3, 4차원의 열 행렬을 사용하여 점(또는 벡터)을 표현하고, 정방행렬을 사용하여 점(또는 벡터)의 변환을 표현한다. 따라서, 수식

$$\mathbf{p}' = \mathbf{Ap}$$

는 변환된 점(또는 벡터)을 표현하고, 수식

$$\mathbf{p}' = \mathbf{ABCp}$$

는 일련의 변환, 즉 변환의 **연결**(concatenation)을 표현한다. 여기서 행렬-행렬 곱셈은 결합적이기 때문에 괄호를 사용할 필요는 없다.

많은 그래픽스 책에서는 행 행렬을 사용하여 점을 표현한다. 그렇게 표현하는 경우에는 곱의 전치가

$$(\mathbf{AB})^T = \mathbf{B}^T\mathbf{A}^T$$

가 되는 점을 이용하여 세 변환의 연결을 다음과 같이 행 형태로 나타낼 수 있다.

$$\mathbf{p}'^T = \mathbf{p}^T\mathbf{C}^T\mathbf{B}^T\mathbf{A}^T$$

이러한 형태의 장점은 영어로 읽을 때, 처음에 **C**, 다음에 **B**, 그 다음에 **A**하는 식으로, 실행되는 변환 순서대로 읽힌다는 것이다. 그러나, 거의 모든 과학, 수학 그리고 공학

1) 3장에서 설명한 동차 좌표계 표현에서는 점과 벡터의 표현을 서로 구별한다.

부분에서는 행 행렬보다는 열 행렬을 사용한다. 따라서 우리도 열형태를 선호한다. 이러한 선택이 개념적으로는 간단하지만 실제로는 여러분의 API가 어떤 형태를 사용하고 있는지 주의해야 한다. 왜냐하면 변환의 순서가 바뀔 뿐만 아니라 변환행렬 자체도 전치되어야 하기 때문이다.

C.4 행렬의 계수

컴퓨터 그래픽스에서 행렬의 주된 용도는 점과 변환을 표현하는 것이다. 만일 정방 행렬이 점 또는 벡터의 변환을 표현한다면, 변환이 **가역적**(invertible)인지, 즉 역이 존재하는지에 관심을 가지게 된다. 즉, 만약

$$\mathbf{q} = \mathbf{A}\mathbf{p}$$

이면, 다음 수식

$$\mathbf{p} = \mathbf{B}\mathbf{q}$$

을 만족시키는 정방행렬 $\mathbf{B}$를 찾을 수 있는지를 알고 싶어한다. $\mathbf{q}$를 여기에 대입하면,

$$\mathbf{p} = \mathbf{B}\mathbf{q} = \mathbf{B}\mathbf{A}\mathbf{p} = \mathbf{I}\mathbf{p} = \mathbf{p}$$

이고, 따라서, 다음이 성립한다.

$$\mathbf{B}\mathbf{A} = \mathbf{I}$$

만일 이러한 $\mathbf{B}$가 존재하면, 그것은 $\mathbf{A}$의 역(inverse)이 된다. 이때 $\mathbf{A}$를 **비특이**(nonsingular) 행렬이라 하고, 비가역 행렬은 **특이**(singular) 행렬이라고 한다. $\mathbf{A}$의 역은 $\mathbf{A}^{-1}$로 나타낸다.

역에 관한 기본 결과는 다음과 같다. 정방행렬의 행렬식(determinant)이 0이 아닌 것은 그 행렬의 역이 존재하기 위한 필요충분 조건이다. $|\mathbf{A}|$로 표기되는 $\mathbf{A}$의 행렬식은 스칼라값이지만 저차원 행렬 외에는 역의 계산과 비슷한 계산량을 요구한다. n차원 행렬의 행렬식을 구하는데 필요한 계산량은 $O(n^3)$이다. 컴퓨터 그래픽스에서 주로 다루는 2, 3, 4차원 행렬에 대해서는 크레이머(Cramer)의 규칙을 사용해서 행렬식을 구할 수 있고, 행렬식을 이용하거나 또는 기하학적 추론을 사용해서 역을 구할 수도 있다. 예를 들어, 평행이동의 역은 반대 방향으로의 평행이동이고, 따라서 평행이동행렬의 역도 평행이동 행렬이 된다. 3장에서 이 문제를 다루고 있다.

일반적인 비정방행렬에서는 계수(rank)의 개념이 중요하다. 정방행렬을 열 행렬들로

구성된 행 행렬로 생각할 수 있고, 마찬가지로 행 행렬로 구성된 열 행렬로도 생각할 수 있다. 부록 B의 벡터 공간 개념을 적용하면, $n \times m$ 행렬의 행들은 유클리드 공간 $\mathbf{R}^m$의 원소이고 열들은 $\mathbf{R}^n$의 원소가 된다. 우리는 얼마나 많은 행들(또는 열들)이 서로 **선형 독립적**(linearly independent)인가를 결정할 수 있다. 행(또는 열) **계수**(rank)는 선형 독립적 행(열)들의 개수의 최대값이며, 따라서 $n \times n$ 행렬은 행 계수와 열 계수가 같으므로, 계수가 n인가가 비특이 행렬이 되기 위한 필요충분조건이 된다. 즉, 이 행렬의 모든 행과 열들이 선형 독립적인 것이 그 행렬이 가역적이 되기 위한 필요충분조건이다.

C.5 표현의 변환

행렬을 사용해서 기저에서 부록 B의 규칙을 만족하는 임의의 벡터들의 집합에 대한 기저의 변환을 표현할 수 있다. n차원의 벡터 공간이 있다고 가정하자. 이 벡터 공간에서 $\{v_1, v_2, \cdots, v_n\}$과 $\{u_1, u_2, \cdots, u_n\}$을 두 개의 기저들이라고 하자. 이제 주어진 벡터 $\mathbf{v}$는

$$\mathbf{v} = \alpha_1 u_1 + \alpha_2 u_2 + \ldots + \alpha_n u_n$$

또는

$$\mathbf{v} = \beta_1 v_1 + \beta_2 v_2 + \ldots + \beta_n v_n$$

와 같이 표현할 수 있다. 따라서, $\{\alpha_1, \alpha_2, \cdots, \alpha_n\}$과 $\{\beta_1, \beta_2, \cdots, \beta_n\}$은 $\mathbf{v}$의 서로 다른 두 가지 표현이고, 각각은 유클리드 공간 $\mathbf{R}^n$의 벡터로 표현되거나 또는 n차원의 열 행렬로 표현될 수 있다. 벡터가 아니라 표현의 형태를 다룰 때는 표기법이 그 차이를 반영할 수 있도록 주의해야 한다. 어떤 기저를 사용하는가에 따라서 같은 벡터인 $\mathbf{v}$를

$$\mathbf{v} = [\,\alpha_1 \quad \alpha_2 \quad \ldots \quad \alpha_n\,]^T$$

또는

$$\mathbf{v}' = [\,\beta_1 \quad \beta_2 \quad \ldots \quad \beta_n\,]^T$$

와 같이 나타낼 수 있다.

이제 어떤 표현 $\mathbf{v}$에서 다른 표현 $\mathbf{v}'$으로 어떻게 변환하느냐를 알아보겠다. 기저 벡터들인 $\{v_1, v_2, \cdots, v_n\}$은 다른 기저 벡터들인 $\{u_1, u_2, \cdots, u_n\}$를 사용한 벡터로 표현할 수 있다. 따라서 다음을 만족하는 스칼라 γ_i의 집합이 존재한다.

$$u_i = \gamma_{i1} v_1 + \gamma_{i2} v_2 + \ldots + \gamma_{in} v_n, \quad i = 1, \ldots, n$$

모든 u_i에 대해서는 다음과 같이 행렬의 형태로 표현할 수 있다.

$$\begin{bmatrix} u_1 \\ u_2 \\ \vdots \\ u_n \end{bmatrix} = \mathbf{A} \begin{bmatrix} v_1 \\ v_2 \\ \vdots \\ v_n \end{bmatrix}$$

여기서 **A**는 다음과 같이 행렬이 된다.

$$\mathbf{A} = [\,\gamma_{ij}\,]$$

다음과 같이 열 행렬을 사영해서 **v**와 **v′**을 표현의 형태로 나타낼 수 있다.

$$\mathbf{v} = \mathbf{a}^T \begin{bmatrix} u_1 \\ u_2 \\ \vdots \\ u_n \end{bmatrix}$$

여기서 **a**는 다음과 같다.

$$\mathbf{a} = [\,\alpha_i\,]$$

b는 다음과 같이 정의할 수 있다.

$$\mathbf{b} = [\,\beta_i\,]$$

이제 **v′**은 다음과 같이 쓸 수 있다.

$$\mathbf{v}' = \mathbf{b}^T \begin{bmatrix} v_1 \\ v_2 \\ \vdots \\ v_n \end{bmatrix}$$

행렬 **A**가 이 두 개의 기저들 사이의 관계를 정의하므로, 직접 대입해서

$$\mathbf{b}^T = \mathbf{a}^T\mathbf{A}$$

을 얻게 된다. **A**는 두 기저 사이의 변환을 나타내는 **행렬 표현**(matrix representation)이다. 이것은 두 표현들 사이에 직접적인 변환을 가능하게 해준다. 따라서, 이제는 추상적 벡터를 쓰는 대신에 스칼라들의 행렬을 다루어서 같은 작업을 할 수 있다. 기하학적 문제에서, 벡터들이 방향성 선분일 수 있지만, 그것들을 스칼라들의 집합으로 표현하고, 이들 스칼라값들을 직접 다룸으로써 기저의 변환을 표현할 수 있다.

C.6 외적

3차원 공간에서 평행이 아닌 두 개의 벡터 u와 v가 주어지면, 외적(cross product)은 두 벡터에 직교하는 세 번째 벡터인 w가 된다. 어떤 표현을 사용하느냐에 관계 없이 다음의 관계식

$$w \cdot u = w \cdot v = 0$$

을 만족한다. 여기서 중요한 것은 w의 길이가 아닌 방향이기 때문에, w의 원소 중 하나에 임의로 값을 할당하면, w의 세 개 원소에 대한 세 개의 조건식을 가지게 된다. 특정 좌표계에서 만일 u가 α_1, α_2, α_3의 성분을 가지고, v가 $\{\beta_1, \beta_2, \beta_3\}$의 성분을 가진다면, **외적**(cross product)은

$$\mathbf{w} = \mathbf{u} \times \mathbf{v} = \begin{bmatrix} \alpha_2\beta_3 - \alpha_3\beta_2 \\ \alpha_3\beta_1 - \alpha_1\beta_3 \\ \alpha_1\beta_2 - \alpha_2\beta_1 \end{bmatrix}$$

로 정의된다. 벡터 w는 u와 v에 의해서 정의되며, 특정 좌표계에서 w를 구하고자 할 경우에는 각각에 대응되는 표현을 사용해야 한다. 외적은 $u \times v$에 대해서 일관된 방향을 준다. 예를 들어 x, y, z축을 오른손 좌표계[2)]의 세 좌표 방향을 결정하는 세 개의 벡터들로 생각하자. 일반적인 x, y축을 사용한다면, 외적 $x \times y$는 양의 z축 방향을 가리킨다.

C.7 고윳값과 고유 벡터

정방행렬은 열 행렬을 다른 같은 크기의 열 행렬로 변환해 주는 연산이다. 열 행렬이 점과 벡터를 표현할 수 있으므로, 다음과 같은 질문이 나오게 될 것이다. 언제 주어진 변환이 점 또는 벡터를 아무런 변화없이 그대로 둘 것인가? 예를 들면, 모든 회전행렬은 어떤 주어진 점(고정점)을 그 자리에 그대로 남겨둔다. 약간 더 일반적인 문제를 고려해 보자. 다음 행렬식

$$\mathbf{Mu} = \lambda\mathbf{u}$$

2) 오른손 좌표계는 오른손의 엄지, 검지, 중지가 각각 x, y, z축의 양의 방향을 표현하게 되는 좌표계이다. 다르게 표현하면, 종이 위에 왼쪽에서 오른쪽으로 x축의 양의 방향을 그리고, 아래에서 위로 y축을 그리면, z축은 종이의 윗방향으로 뚫고 나오게 된다.

은 어떤 스칼라값 λ에 대해서는 영행렬이 아닌 해를 가진다. 이러한 해가 존재한다면, 행렬 **M**은 임의의 벡터 **u**(**고유 벡터**, eigenvector)를 그 벡터의 스칼라 배수로 변환한다. 이 관계를 만족하는 λ의 값은 행렬의 **고윳값**(eigenvalue)이라고 한다. 또한 고윳값과 고유 벡터는 각각 **특징값**(characteristic value)과 **특징 벡터**(characteristic vector)라고 한다. 이러한 값들은 표현의 변환과 같은 다양한 연산들에 대해서 주어진 행렬의 독특한 성질들을 보여준다. 다음의 행렬식

$$\mathbf{Mu} - \lambda\mathbf{u} = \mathbf{Mu} - \lambda\mathbf{Iu} = (\mathbf{M} - \lambda\mathbf{I})\mathbf{u} = \mathbf{0}$$

을 풀어서 고윳값을 찾을 수 있다. 이 식은 다음과 같이 행렬식

$$|\mathbf{M} - \lambda\mathbf{I}| = 0$$

이 만족되면 반드시 해를 가지고, 그 역도 성립한다.[3)]

만일 **M**이 $n \times n$이라면, 행렬식은 λ에 대해서 차수 n을 가지는 다항식이 된다. 따라서, n개의 근이 존재하고, 그들의 일부는 중근이거나 복소수가 될 수도 있다. 이들 고윳값들에 대해서 대응되는 고유 벡터들을 찾을 수 있다. 어떤 고유 벡터의 실수 배수는 다시 그 자신이 고유 벡터가 되므로, 우리는 고유 벡터들 중에서 단위 크기를 가지는 고유 벡터만을 선택하겠다. 서로 다른 고윳값들에 대응되는 각각의 고유 벡터들은 선형 독립적이다. 따라서, 모든 고윳값들이 서로 다르다면 고윳값에 대응되는 고유벡터들의 집합은 n차원의 벡터 공간에 대한 기저를 형성하게 된다.

만일 반복되는 고윳값이 있다면, 상황은 좀 더 복잡해질 수 있다. 그러나, 그래픽스에서 사용할 행렬들에서는 이러한 경우에 대해 걱정할 필요가 없다. 즉, **R**이 3×3 회전 행렬이고 $\mathbf{p} = [xyz]^2$가 대응되는 고정점이라면,

$$\mathbf{Rp} = \mathbf{p}$$

가 되므로, 모든 회전행렬은 반드시 고윳값 1을 가져야 한다. 이 결과는 3차원에서나 3장에서의 4차원 동차 좌표 표현에서나 똑같이 적용된다.

T가 비특이 행렬이라고 가정하자. 다음과 같은 행렬

$$\mathbf{Q} = \mathbf{T}^{-1}\mathbf{MT}$$

를 생각해 보자. 이것의 고윳값과 고유 벡터는 식

$$\mathbf{Qv} = \mathbf{T}^{-1}\mathbf{MTv} = \lambda\mathbf{v}$$

---

3) 일반적으로는, Fredholm의 대안(alternative)으로 알려져 있는데, n개의 변수에 대한 n개의 선형 방정식인 $\mathbf{A}\mathbf{x} = \mathbf{b}$는 $|\mathbf{A}| \neq 0$이면 반드시 유일해를 가진다는 것이다. $|\mathbf{A}| = 0$인 경우에는 여러 개의 해가 존재할 수 있다.

의 해가 된다. 여기에 **T**를 곱하면,

$$\mathbf{MTv} = \lambda\mathbf{Tv}$$

가 된다. 따라서, **Q**의 고윳값들은 **M**의 고윳값들과 같고, 고유 벡터들은 **M**의 고유벡터들의 변환이 된다. 이때 행렬 **M**과 **Q**는 **유사**(similar)하다고 말해진다. 컴퓨터 그래픽스에서 나오는 많은 변환들은 유사행렬을 포함하고 있다. 이러한 결과는 좌표계의 변화가 고윳값과 같은 기본적인 특성은 바꾸지 않은 채로 남겨 둔다는 것으로 해석될 수 있다. 만일 **M**을 대각행렬 **Q**로 바꾸는 유사 변환을 찾을 수 있다면, **Q**의 대각 원소들은 두 행렬의 고윳값들이 된다.

고윳값과 고유 벡터는 기하학적으로도 해석할 수 있다. 원점을 중심으로 하고 주축이 좌표축들과 일치하는 타원체를 생각해 보자. 이것은 양수 λ_1, λ_2, λ_3에 대한 식

$$\lambda_1 x^2 + \lambda_2 y^2 + \lambda_3 z^2 = 1$$

로 쓰거나, 또는

$$[x \quad y \quad z]\begin{bmatrix} \lambda_1 & 0 & 0 \\ 0 & \lambda_2 & 0 \\ 0 & 0 & \lambda_3 \end{bmatrix}\begin{bmatrix} x \\ y \\ z \end{bmatrix} = 1$$

과 같은 행렬형태로 쓸 수 있다. 따라서, λ_1, λ_2, λ_3은 대각행렬의 고윳값들이면서 동시에 타원체의 장축과 단축의 길이의 역수가 된다. 만일 회전행렬을 이용해서 좌표계의 변화를 적용한다면, 우리는 더이상 좌표축과 정렬되지 않은 새로운 타원체를 만들게 된다. 그러나 좌표계 변환으로는 변화되지 않는 특성인 타원체의 각 축의 길이는 변하지 않았다.

C.8 벡터와 행렬 클래스

여기서는 행이 하나이거나, 열이 하나인 행렬을 **벡터**라고 표기하는 것을 피하려고 했지만, 많은 문헌들에서 그런 행렬들을 **벡터**(vector)라고 한다. 이 책에서의 더 큰 문제는 GLSL에서도 vector를 그런 의미로 사용한다는 것이다. 또한, 예제들에서도 별도의 C++로 작성된 벡터와 행렬 클래스를 만들었다. 이 클래스들은 `vector.h`와 `matrix.h` 파일에 정의되었고, 모든 예제들에서 include시키는 `Angel.h`에서 이들을 include시킨다.

벡터 클래스는 2, 3, 4차원 벡터들을 위해서 별도의 `vec2`, `vec3`, `vec4` 자료형을

정의한다. 하나의 응용프로그램에서 이들 자료형들을 함께 사용할 수 있도록 산술 연산자들이 오버로드(overload)되어 있고, 이들을 생성하는 생성자들이 포함되어 있다. 이들 클래스는 각 차원에서의 일반적인 벡터를 위한 것이지, 동차 좌표계를 위한 것은 아니다. 정규화 연산자, 외적, 내적, 길이 연산자 등의 표준 함수들도 포함되어 있다.

행렬 클래스는 2, 3, 4차 정방 행렬(mat2, mat3, mat4)을 지원하고, 이들을 다루거나, 벡터와 행렬 간의 연산을 위한 표준 산술 연산자들이 오버로드되어 있다. OpenGL의 초기 버전에는 들어 있다가 도태되어 버린 많은 함수들도 넣어 두었다. 여기에는 대부분의 변환과 관측 함수들이 들어간다. 대부분의 경우, Rotate, Scale, Translate, Ortho, Frunstum, LookAt 등과 같이 예전의 OpenGL에서와 같은 이름을 사용했다.

참고문헌

선형대수와 행렬을 다루는 표준 참고문헌들은 Strang[Str93]과 Banchoff와 Werner[Ban83]을 포함하고 있다. 또한 Rogers와 Adams[Rog90]과 Graphics Gems시리즈 [Gra90, Gra91, Gra92, Gra94, Gra95]를 참고하라.

행 행렬과 열 행렬에 대한 토론은 오래된 주제이다. [New93]과 같은 초기의 그래픽스 책은 행 행렬을 사용했다. 비록 몇몇 책들[Wat93]이 아직도 행 표현을 사용하고 있으나 이제는 열 행렬을 사용하는 쪽으로 가고 있다[Fol90]. 정방행렬은 간단한 n^2개 원소의 배열로 표현될 수 있기 때문에 이것만으로는 API에서 어떤 것이 사용되는지 명확하지 않다. OpenGL과 같은 API들에서는 내부행렬을 사용자 정의행렬로 뒤에서 곱하는 것(postmultiplication)만 가능하고, PHIGS와 같은 다른 API들은 앞에서 곱하기(premultiplication)와 뒤에서 곱하기(postmultiplication) 모두를 지원한다.

연습문제

C.1 $\mathbf{R}^3$에서 두 개의 기저로 $\{(1, 0, 0), (1, 1, 0), (1, 1, 1)\}$과 $\{(1, 0, 0), (0, 1, 0), (0, 0, 1)\}$를 생각해 보자. 두 기저들 간의 표현을 변환하는 두 개의 행렬을 구하라. 그리고 그들이 서로의 역임을 보여라.

C.2 2차까지의 다항식의 벡터 공간을 생각해 보자. 다항식의 집합 $\{1, x, x^2\}$과 $\{1, 1 + x, 1 + x + x^2\}$이 기저임을 보여라. 각 기저에 대해 다항식 $1 + 2x + 3x^2$의 표현을 구하라. 두 기저에서의 표현을 서로 변환하는 행렬을 구하라.

C.3 **i**, **j**, **k**가 각각 $\mathbf{R}^3$ 내에서 x, y, z 방향으로의 단위 벡터를 표현한다고 가정하자. 외적 가 다음과 같음을 보여라.

$$u \times v = \begin{vmatrix} \mathbf{i} & \mathbf{j} & \mathbf{k} \\ u_1 & u_2 & u_3 \\ v_1 & v_2 & v_3 \end{vmatrix}$$

C.4 $\mathbf{R}^3$에서 다음이 성립함을 보여라.

$$|u \times v| = |u||v|| \sin \theta|$$

여기서 θ는 u와 v 사이의 각도이다.

C.5 이차원 회전행렬

$$\mathbf{R} = \begin{bmatrix} \cos\theta & -\sin\theta \\ \sin\theta & \cos\theta \end{bmatrix}$$

의 고윳값과 고유 벡터를 구하라.

C.6 3차원 회전행렬

$$\mathbf{R} = \begin{bmatrix} \cos\theta & -\sin\theta & 0 \\ \sin\theta & \cos\theta & 0 \\ 0 & 0 & 1 \end{bmatrix}$$

의 고윳값과 고유 벡터를 구하라.

Appendix D

OpenGL 함수

Interactive Computer Graphics

D.1 초기화 및 윈도 관련 함수들

```
void glutInit(int *argc, char **argv)
```

GLUT를 초기화. `main` 함수에서 가져온 매개변수들이 넘어가고, 이후에는 응용프로그램에서 사용 가능

```
void glewInit(void)
```

응용프로그램에서 사용하기 위해 GLEW를 초기화

```
int glutCreateWindow(char *title)
```

화면상에 윈도 1개를 생성. 문자열 `title`은 윈도의 이름으로 사용. 리턴값은 다중 윈도 사용 시에 해당 윈도를 참조하기 위해 사용

```
void glutInitDisplayMode(unsigned int mode)
```

디스플레이에 mode로 지정된 성질들을 요청. mode의 값은 컬러 모델(`GLUT_RGB`, `GLUT_INDEX`), 버퍼링(`GLUT_SINGLE`, `GLUT_DOUBLE`) 등에 대한 속성들의 논리합(logical or)

```
void glutInitWindowSize(int width, int height)
```

윈도의 초기 높이(height)와 폭(width)을 픽셀 단위로 지정

```
void glutInitWindowPosition(int x, int y)
```

윈도의 왼쪽 위 꼭짓점에 대한 초기 위치를 픽셀 단위로 지정

```
void glViewport(int x, int y, GLsizei width, GLsizei height)
```

윈도의 원점을 기준으로, 왼쪽 아래 꼭짓점이 (x, y)이고 크기가 픽셀 단위로 width × height가 되도록 뷰포트를 설정

```
void glutMainLoop()
```

프로그램이 이벤트 처리 루프(event-processing loop)에 들어가도록 함. main 함수의 마지막 문장이 되어야 함

```
void glutDisplayFunc(void (*func)(void))
```

윈도를 새로 그려야 할 때 실행될 display 함수로 func를 등록

```
void glutPostRedisplay()
```

현재 실행 중인 콜백 함수의 수행이 끝나면 바로 display 콜백 함수를 실행하도록 요청

```
void glutSwapBuffers()
```

전면 버퍼(front buffer)와 후면 버퍼(back buffer)를 교환

```
void glFlush()
```

버퍼링되어 있는 모든 OpenGL 명령들을 실행되게 함

```
void glutSetWindow(int id)
```

현재 윈도를 식별자 id를 가지는 윈도로 설정

```
void glutContextVersion(int major_version, int minor_version)
```

OpenGL 3.1을 사용하기 위해서는 `glutContextVersion(3, 1)`과 같이 설정해서 원하는 컨텍스트(context)를 설정. freeglut에서만 사용 가능

```
void glutContextProfile(init profile)
```

GLUT_CORE_PROFILE 또는 GLUT_COMPATIBILITY_PROFILE 중에서 원하는 콘텍스트를 설정. 호환성 프로파일(compatibility profile)은 하위 호환을 가능하게 함. freeglut에서만 사용 가능

D.2 정점 버퍼 객체

```
void glGenVertexArrays(GLsizei n, GLuint *array)
```

정점 배열 객체로 사용 가능한 식별자를 배열 array에 n개 생성한다.

```
void glBindVertexArray(GLuint id)
```

식별자로 id를 가지는 정점 배열 객체를 생성. 같은 식별자로 이 함수를 다시 부르면, 이미 생성된 정점 배열 객체를 활성화한다.

```
void glGenBuffers(GLsizei n, GLuint *buffer)
```

버퍼 객체로 사용 가능한 식별자를 buffer에 n개 생성한다.

```
void glBindBuffer(GLenum target, GLint id)
```

식별자 id를 가지는 새로운 버퍼 객체를 만든다. 같은 식별자로 이 함수를 다시 부르면, 이미 생성된 버퍼 객체를 활성화한다. 버퍼 객체의 자료형은 target에 지정되고, 정점 속성 자료를 저장하기 위해서는 GL_ARRAY_BUFFER가 가능하다.

```
void glBufferData(GLenum target, GLsizeiptr size, const GLvoid *data,
GLenum usage)
```

data가 가리키고 있는 자료형 target의, size 유닛만큼의 정점 배열 객체를 위한

서버 메모리를 할당한다. 자료형으로는 GL_ARRAY_BUFFER가 가능하다. usage 매개변수는 자료를 어떻게 읽는지에 대한 설정으로, GL_STATIC_DRAW, GL_DYNAMIC_DRAW가 가능하다.

```
void glBufferSubData(GLenum target, GLintiptr offset, GLsizeiptr size,
const GLvoid *data)
```

활성화된 버퍼 객체의 offset 위치부터 size 바이트 만큼을 target으로 지정된 형태의 data로 업데이트한다.

```
void glVertexAttrib[1234][sfd](GLunit index, TYPE data);
void glVertexAttrib[1234][sfd]v(GLunit index, TYPE *data);
```

주어진 index의 정점 속성값을 설정한다.

```
void glVertexAttribPointer(GLuint index, GLint size, GLenum type,
GLboolean normalized, GLsizei stride, const GLvoid* data)
```

index에 대응되는 size 갯수만큼의 정점 데이터가 data에 저장되어 있다. 자료는 GL_INT, GL_FLOAT 등의 표준 자료형이다. normalized가 TRUE로 설정되면, data를 저장할 때 정규화된다. stride가 0으로 설정되면, 자료들이 연속되어 있다고 가정한다.

```
void glEnableVertexAttribArray(GLuint index)
```

식별자 index를 가지는 정점 배열을 활성화한다.

```
void glDrawArrays(GLenum mode, GLint first, GLsizei count)
```

first에서 시작해서 count 갯수의 GL_TRIANGLES, GL_LINES 등의 요소들을 생성한다.

D.3 상호작용

```
void glutMouseFunc(void *f(int button, int state, int x, int y)
```

마우스 콜백 함수로 f를 등록. 이 콜백 함수에는 버튼의 종류(GLUT_LEFT_BUTTON, GLUT_MIDDLE_BUTTON, GLUT_RIGHT_BUTTON), 그 버튼의 상태(GLUT_UP, GLUT_DOWN), 윈도의 왼쪽 위 꼭짓점에 대한 마우스의 상대 위치 등을 알려 줌

```
void glutReshapeFunc(void (*f)(int width, int height))
```

reshape 콜백 함수로 f를 등록. 이 콜백 함수에는 윈도의 새로운 폭과 높이를 알려 줌. reshape 콜백은 자동적으로 display 콜백을 부름

```
void glutKeyboardFunc(void (*f)(unsigned char key, int x, int y))
```

keyboard 콜백 함수로 f를 등록. 이 콜백 함수에는 눌려진 키의 ASCII 코드 값과 마우스의 현재 위치를 알려 줌

```
void glutIdleFunc(void (*f)(void))
```

idle 콜백 함수로 f를 등록. 이 콜백 함수는 처리해야 될 이벤트가 없을 때마다 실행됨

```
int glutCreateMenu(void (*f)(int value))
```

최상위(top-level) 메뉴의 콜백 함수로 f를 설정하고, 그 메뉴의 식별자를 돌려줌. 콜백 함수에는 메뉴의 항목이 선택될 때마다 대응되는 값이 value에 넣어진다.

```
void glutSetMenu(int id)
```

현재 메뉴(current menu)를 식별자가 id인 메뉴로 설정

```
void glutAddMenuEntry(char *name, int value)
```

현재 메뉴에 문자열 name으로 표시되는 항목을 추가. 이 항목이 선택되면, menu 콜백 함수에는 value 값이 넘어감

```
void glutAttachMenu(int button)
```

button으로 지정된 마우스 버튼에 현재 메뉴를 연결

```
void glutAddSubMenu(char *name, int menu)
```

현재 메뉴에 문자열 name으로 표시되는 부메뉴(submenu)를 추가. menu로 넘겨지는 값은 해당 부메뉴가 생성될 때 리턴된 값을 넘겨주어야 함

```
void glutTimerFunc(int delay, void (*f)(int v), int value)
```

timer 콜백 함수로 f를 등록하고, 이벤트 처리 루프를 delay 밀리세컨드(milli-second)만큼 지연시킴. 타이머가 울리면, value에서 지정한 값이 함수 f의 매개변수 v로 주어지면서 호출됨

```
void glutMotionFunc(void (*f)(int x, int y))
```

motion 콜백 함수로 f를 등록. 마우스 버튼들 중의 하나 이상이 눌려진 상태에서 마우스를 움직이면 마우스의 현재 위치가 f에 주어지면서 호출됨

```
void glutPassiveMotionFunc(void (*f)(int x, int y))
```

motion 콜백 함수로 f를 등록. 마우스가 움직이면 마우스의 현재 위치가 f에 주어지면서 호출됨

D.4 기능 활성화

```
void glEnable(GLenum feature)
```

OpenGL 기능들 중 하나를 활성화. 활성화시킬 수 있는 것들은 GL_DEPTH_TEST, GL_TEXTURE_1D, GL_TEXTURE_2D, GL_TEXTURE_3D, GL_LINE_SMOOTH, GL_POLYGON_SMOOTH, GL_POINT_SMOOTH, GL_BLEND 등

```
void glDisable(GLenum feature)
```

OpenGL 기능들 중 하나를 비활성화

```
void glPolygonMode(glEnum faces, glEnum mode)
```

면(faces)의 종류(GL_FRONT, GL_BACK, GL_FRONT_AND_BACK)에 따라 원하는 다각형 렌더링 모드를 설정. mode는 GL_POINTS, GL_LINES, GL_FILL 등이 가능

```
void glClearColor(GLclampf r, GLclampf g, GLclampf b, GLclampf a)
```

컬러 버퍼를 지울 때 사용할 지움색(clear color)을 RGBA 형태로 설정. GLclampf 자료형은 0.0과 1.0 사이의 실수임

```
void glPointSize(GLfloat size)
```

점의 크기 속성을 픽셀 단위로 설정

```
void glPolygonOffset(GLfloat factor, GLfloat units)
```

factor와 units의 조합으로 다각형의 깊이(depth)에 대한 오프세트(offset)를 설정. 실제 계산에서 곱해지는 값은 다각형의 기울기와 깊이 값의 정밀도에 따라 조정된다.

```
glDepthMask(GLboolean flag)
```

깊이 버퍼를 읽기 전용(GL_FALSE) 또는 읽기-쓰기 가능(GL_TRUE)으로 설정

```
void glBlendFunc(GLenum source, GLenum destination)
```

원천 배합 계수(source blending factor)와 목적 배합 계수(destination blending factor)를 설정. GL_ONE, GL_ZERO, GL_SRC_COLOR, GL_SRC_ALPHA, GL_ONE_MINUS_SRC_COLOR, GL_ONE_MINUS_SRC_ALPHA, GL_DST_COLOR, GL_ONE_MINUS_DST_COLOR, GL_DST_ALPHA, GL_ONE_MINUS_DST_ALPHA 등이 가능

D.5 텍스처와 이미지 함수

```
glTexImage2D[ui us f]v(GLenum target, GLint level, GLint iformat,
GLsizei width, GLsizei height, GLint border, GLenum format
GLenum type, GLvoid *texels)
```

width × height 크기의 자료형 type, 포맷 format인 텍셀(texel)로 구성된 2차원 텍스처를 설정. 배열 texels는 포맷으로 iformat을 가짐. 0 또는 1 텍셀의 경계(border)를 지정 가능

```
glTexParameter[if](GLenum target, GLenum param, TYPE value)
glTexParameter[if]v(GLenum target, GLenum param, TYPE *value)
```

텍스처 타입이 target(GL_TEXTURE_1D, GL_TEXTURE_2D, 또는 GL_TEXTURE_3D)인 경우에 대해, 텍스처 속성 param을 설정

```
glGenTextures(GLsizei n, GLuint* name)
```

텍스처-객체 식별자로 사용되지 않은 연속된 정수값 n개 중의 제일 처음 것을 name에 리턴

```
glBindTexture(GLenum target, GLuint name)
```

name을 타입 target인 텍스처에 결합시킴. target은 GL_TEXTURE_1D, GL_TEXTURE_2D, GL_TEXTURE_3D, GL_TEXTURE_CUBE_MAP 중 하나여야 함

```
glDeleteTextures(GLsizei n, GLuint* namearray)
```

배열 namearray에서 텍스처-객체 네임으로 지정한 n개의 텍스처 객체들을 제거

D.6 상태와 버퍼 관리

```
void glDrawBuffer(GLenum buffer)
```

컬러 버퍼 buffer를 렌더링 용으로 지정

```
void glLogicOp(GLenum op)
```

GL_COLOR_LOGIC_OP 기능이 활성화되어 있는 경우에 16가지의 논리적 쓰기 모드 중의 하나를 선택. 디폴트인 교체 모드(replacement, GL_COPY), 배타적 논리합(exclusive or, GL_XOR) 등이 가능

```
glReadPixels(GLint x, GLint y, GLsizei width, GLsizei height, GLenum
format, GLenum type, GLvoid *image)
```

현재 읽기 버퍼(current read buffer)에서 x, y 위치에서 width × height 크기의 직사각형 영역 내의 픽셀들을 image 배열로 읽어들임. 픽셀 값들은 읽기 버퍼에서 format 형태로 읽어와서 쓸 때는 type 자료형으로 저장

```
glPixelStore[if](GLenum param, TYPE value)
```

픽셀 저장 속성 중 하나인 param을 value로 설정. param에는 GL_UNPACK_SWAP_BYTES, GL_PACK_SWAP_BYTES, GL_PACK_ALIGNMENT, GL_UNPACK_ALIGNMENT 등이 가능

D.7 질의 함수

```
void glGetBooleanv(GLenum name, GLboolean *param)
void glGetIntegerv(GLenum name, GLinteger *param)
void glGetFloatv(GLenum name, GLfloat *param)
void glGetDoublev(GLenum name, GLdouble *param)
void glGetPointerv(GLenum name, GLvoid **param)
```

이름이 name인 매개변수의 현재 값을 param에 돌려줌

```
int glutGet(GLenum state)
```

GLUT_WINDOW_WIDTH, GLUT_WINDOW_HEIGHT, GLUT_ELAPSED_TIME 등의 GLUT 상태 변수의 현재 값을 돌려줌

D.8 GLSL 함수

```
GLuint glCreateProgram()
```

비어 있는 프로그램 객체를 만든 후, 그 식별자를 리턴

```
GLuint glCreateShader(GLenum type)
```

비어있는 음영 처리기(shader) 객체를 GL_VERTEX_SHADER 또는 GL_FRAGMENT_SHADER 형태로 만든 후, 그 식별자를 리턴

```
void glShaderSource(GLuint shader, GLsizei nstrings, const GLchar
**strings, const GLint *lengths)
```

음영 처리기 shader를 위한 원시 코드(source code)를 길이가 lengths인 배열 nstrings에 저장되어 있다고 설정. 원시 코드가 하나의 널(null)로 끝나는 문자열(null-terminated string)이면, nstrings는 1, lengths는 널로 설정 가능

```
void glCompileShader(GLuint shader)
```

음영 처리기 객체 shader를 컴파일

```
void glAttachObject(GLunit program, GLuint shader)
```

음영 처리기 객체 shader를 프로그램 객체 program에 결합시킴

```
void glLinkProgram(GLuint program)
```

응용프로그램과 프로그램 객체 program에 저장된 음영 처리기를 링크시킴

```
void glUseProgram(GLuint program)
```

프로그램 객체 program을 현재 활성화된 객체로 한다.

```
GLint glGetAttributeLocation(GLuint program, const char *name)
```

링크된 프로그램 객체 program에서 속성 name에 대한 인덱스 값을 리턴

```
void glVertexAttribute[1234][sfd](GLunint index, TYPE value1, TYPE
value2, ...)
void glVertexAttribute[123][sfd]v(GLunint index, TYPE *value)
```

인덱스 값으로 index를 가지는 정점 음영 처리기의 속성에 저장될 값을 설정

```
GLint glGetUniformLocation(GLuint program, const GLchar *name)
```

링크된 프로그램 객체 program에서 유니폼 변수(uniform variable) name에 대한 인덱스 값을 리턴

```
void glUniform[1234][if](GLint index, TYPE value)
void glUniform[1234][if]v(GLint index, GLsizei num, TYPE value)
void glUniformMatrix[234]f(GLint index, GLsizei num, GLboolean trans-
pose, const GLfloat *value)
```

인덱스 값으로 index를 가지는 유니폼 변수, 배열 또는 행렬의 값을 설정. 배열이나 행렬의 경우에는 num에서 원소의 수를 지정

```
void glGetProgram(GLuint program, GLenum pname, GLint *param)
```

프로그램 객체인 program에서의 매개변수 pname의 값을 param에 돌려줌. 매개변수로는 GL_TRUE나 GL_FALSE 값을 받을 수 있는 GL_LINK_STATUS와 정보 기록(information log)에 들어있는 글자 수를 돌려주는 GL_INFO_LOG_LENGTH가 가능

```
void glGetShaderiv(GLuint shader, GLenum pname, GLint *param)
```

셰이더 객체인 shader에서의 매개변수 pname의 값을 param에 돌려줌. 매개변수로는 GL_TRUE나 GL_FALSE 값을 받을 수 있는 GL_COMPILE_STATUS와 정보 기록(information log)에 들어있는 글자 수를 돌려주는 GL_INFO_LOG_LENGTH가 가능

```
void glGetProgramInfoLog(GLuint program, GLsizei maxL, GLsizei *len,
GLchar *infoLog)
```

프로그램 객체인 program의 정보 기록을 크기 maxL인 배열 infoLog에 돌려주고,

그 길이는 len에 저장됨

```
void glGetShaderInfoLog(GLuint program, GLsizei maxL, GLsizei *len,
GLchar *infoLog)
```

셰이더 객체인 shader의 정보 기록을 크기 maxL인 배열 infoLog에 돌려주고, 그 길이는 len에 저장됨

참고문헌

Ado85 Adobe Systems Incorporated, *PostScript Language Reference Manual*, Addison-Wesley, Reading, MA, 1985.

Ake88 Akeley, K., and T. Jermoluk, "High Performance Polygon Rendering," *Computer Graphics*, 22(4), 239-246, 1988.

Ake93 Akeley, K., "Reality Engine Graphics," *Computer Graphics*, 109-116, 1993.

Ang90 Angel, E., *Computer Graphics*, Addison-Wesley, Reading, MA, 1990.

Ang08 Angel, E., *OpenGL, A Primer*, Third Edition, Addison-Wesley, Reading, MA, 2008.

ANSI85 American National Standards Institute (ANSI), *American National Standard for Information Processing Systems—Computer Graphics—Graphical Kernel System (GKS) Functional Description*, ANSI, X3.124-1985, ANSI, New York, 1985.

ANSI88 American National Standards Institute (ANSI), *American National Standard for Information Processing Systems—Programmer's Hierarchical Interactive Graphics System (PHIGS)*, ANSI, X3.144-1988, ANSI, New York, 1988.

App68 Appel, A., "Some Techniques for ShadingMachine Renderings of Solids," *Spring Joint Computer Conference*, 37-45, 1968.

Arn96 Arnold, K., and J. Gosling, *The Java Programming Language*, Addison-Wesley, Reading, MA, 1996.

Ban83 Banchoff, T., and J. Werner, *Linear Algebra Through Geometry*, Springer-Verlag, New York, 1983.

Bar93 Barnsley, M., *Fractals Everywhere*, Second Edition, Academic Press, San Diego, CA, 1993.

Bar83 Barsky, B.A., and C. Beatty, "Local Control of Bias and Tension in Beta-Splines," *ACM Transactions on Graphics*, 2(2), 109-134, 1983.

Bar87 Bartels, R.H., C. Beatty, and B.A. Barsky, *An Introduction to Splines for Use in Computer Graphics and Geometric Modeling*, Morgan Kaufmann, Los Altos, CA, 1987.

Bli76 Blinn, J.F., and M.E. Newell, "Texture and Reflection in Computer Generated Images," *CACM*, 19(10), 542-547, 1976.

Bli77 Blinn, J.F., "Models of Light Reflection for Computer-Synthesized Pictures," *Computer Graphics*, 11(2), 192-198, 1977.

Bow83 Bowyer, A., and J. Woodwark, *A Programmer's Geometry*, Butterworth, London, 1983.

Bre65 Bresenham, J.E., "Algorithm for Computer Control of a Digital Plotter," *IBM Systems Journal*, January, 25-30, 1965.

Bre87 Bresenham, J.E., "Ambiguities in Incremental Line Rastering," *IEEE Computer Graphics and Applications*, May, 31-43, 1987.

Car78 Carlbom, I., and J. Paciorek, "Planar Geometric Projection and Viewing

Refference 참고문헌

Transformations," *Computing Surveys*, 10(4), 465-502, 1978.

Cas96 Castleman, K.C., *Digital Image Processing*, Prentice-Hall, Englewood Cliffs, NJ, 1996.

Cat78a Catmull, E., "A Hidden-Surface Algorithm with Antialiasing," *Computer Graphics*, 12(3), 6-11, 1978.

Cat78b Catmull, E., and J. Clark, "Recursively Generated B-Spline Surfaces on Arbitrary Topological Meshes," *Proceedings of Computer-Aided Design, 10*, 350-355, 1978.

Cha98 Chan, P., and R. Lee, *The Java Class Libraries: Java.Applet, Java.Awt, Java.Beans* (Vol. 2), Addison-Wesley, Reading, MA, 1998.

Che95 Chen, S.E., "Quicktime VR: An Image-Based Approach to Virtual Environment Navigation," *Computer Graphics*, 29-38, 1995.

Che00 Chen, K.L. et al., "Building and Using a Scalable Display Wall System," *IEEE Computer Graphics and Applications*, 20(4), 29-37, 2000.

Cla82 Clark, J.E., "The Geometry Engine: A VLSI Geometry System for Graphics," *Computer Graphics*, 16, 127-133, 1982.

Coh85 Cohen, M.F., and D.P. Greenberg, "The Hemi-Cube: A Radiosity Solution for Complex Environments," *Computer Graphics*, 19(3), 31-40, 1985.

Coh88 Cohen, M.F., S.E. Chen, J.R.Wallace, and D.P. Greenberg, "A Progressive Refinement Approach to Fast Radiosity Image Generation," *Computer Graphics*, 22(4), 75-84, 1988.

Coh93 Cohen, M.F., and J.R. Wallace, *Radiosity and Realistic Image Synthesis*, Academic Press Professional, Boston, MA, 1993.

Coo82 Cook, R.L., and K.E. Torrance, "A Reflectance Model for Computer Graphics," *ACM Transactions on Graphics*, 1(1), 7-24, 1982.

Coo87 Cook, R.L., L. Carpenter, and E. Catmull, "The Reyes Image Rendering Architecture," *Computer Graphics*, 21(4), 95-102, July 1987.

Cro81 Crow, F.C., "A Comparison of Antialiasing Techniques," *IEEE Computer Graphics and Applications*, 1(1), 40-48, 1981.

Cro97 Crossno, P.J., and E. Angel, "Isosurface Extraction Using Particle Systems," *IEEE Visualizatio*n, 1997.

Deb96 Debevec, P.E., C.J. Taylor, and J. Malik, "Modeling and Rendering Architecture from Photographs: A Hybrid Geometry- and Image-Based Approach," *Computer Graphics*, 11-20, 1996.

deB08 deBerg, M., C. Otfried, M. van Kreveld, and M. Overmars, *Computational Geometry, Third Edition*, Springer-Verlag, Berlin Heidelberg, 2008.

DeR88 DeRose, T.D., "A Coordinate-Free Approach to Geometric Programming," SIG-GRAPH Course Notes, *SIGGRAPH*, 1988.

DeR89 DeRose, T.D., "A Coordinate-Free Approach to Geometric Programming," in *Theory and Practice of Geometric Modeling*, W. Strasser and H.P. Seidel (Eds.), Springer-Verlag, Berlin, 1989.

Dre88 Drebin, R.A., L. Carpenter, and P. Hanrahan, "Volume Rendering," *Computer Graphics*, 22(4), 65-74, 1988.

Ebe01 Eberly, D.H., 3D *Game Engine Design*, Morgan Kaufmann, San Francisco, 2001.

Ebe02 Ebert, D., F.K. Musgrave, D. Peachey, K. Perlin, and S. Worley, *Texturing and*

Modeling, A Procedural Approach, Third Edition, Morgan Kaufman, San Francisco, 2002.

End84 Enderle, G., K. Kansy, and G. Pfaff, *Computer Graphics Programming: GKS—The Graphics Standard*, Springer-Verlag, Berlin, 1984.

Far88 Farin, G., *Curves and Surfaces for Computer Aided Geometric Design*, Academic Press, New York, 1988.

Fau80 Faux, I.D., and M.J. Pratt, *Computational Geometry for Design and Manufacturing*, Halsted, Chichester, England, 1980.

Fern03 Fernando, R., and M.J. Kilgard, *The Cg Tutorial: The Definitive Guide to Programmable Real-Time Graphics,* Addison-Wesley, Reading, MA, 2003.

Fern04 Fernando, R., *GPU Gems: Programming Techniques, Tips, and Tricks for Real-Time Graphics*, Addison-Wesley, Reading, MA, 2004.

Fol90 Foley, J.D., A. van Dam, S.K. Feiner, and J.F. Hughes, *Computer Graphics*, Second Edition, Addison-Wesley, Reading, MA, 1990 (C Version 1996).

Fol94 Foley, J.D., A. van Dam, S.K. Feiner, J.F. Hughes, and R. Phillips, *Introduction to Computer Graphics*, Addison-Wesley, Reading, MA, 1994.

Fos97 Fosner, R., *OpenGL Programming for Windows 95 and Windows NT*, Addison-Wesley, Reading, MA, 1997.

Fou82 Fournier, A., D. Fussell, and L. Carpenter, "Computer Rendering of Stochastic Models," *CACM*, 25(6), 371-384, 1982.

Fuc77 Fuchs, H., J. Duran, and B. Johnson, "A System for Automatic Acquisition of Three-Dimensional Data," *Proceedings of the 1977 NCC*, AFIPS Press, 49-53, Montvale, NJ, 1977.

Fuc80 Fuchs, H., Z.M. Kedem, and B.F. Naylor, "On Visible Surface Generation by A Priori Tree Structures," *SIGGRAPH 80*, 124-133, 1980.

Gal95 Gallagar, R.S., *Computer Visualization: Graphics Techniques for Scientific and Engineering Analysis*, CRC Press, Boca Raton, FL, 1995.

Gla89 Glassner, A.S. (Ed.), *An Introduction to Ray Tracing*, Academic Press, New York, 1989.

Gla95 Glassner, A.S., *Principles of Digital Image Synthesis*, Morgan Kaufmann, San Francisco, 1995.

Gon08 Gonzalez, R., and R.E. Woods, *Digital Image Processing*, Third Edition, Addison-Wesley, Reading, MA, 2008.

Gor84 Goral, C.M., K.E. Torrance, D.P. Greenberg, and B. Battaile, "Modeling the Interaction of Light Between Diffuse Surfaces," *Computer Graphics (SIGGRAPH 84)*, 18(3), 213-222, 1984.

Gor96 Gortler, S.J., R. Grzeszczuk, R. Szeliski, and M.F. Cohen, "The Lumigraph," *Computer Graphics*, 43-54, 1996.

Gou71 Gouraud, H., "Computer Display of Curved Surfaces," *IEEE Trans. Computers*, C-20, 623-628, 1971.

Gra90 *Graphics Gems I*, Glassner, A.S. (Ed.), Academic Press, San Diego, CA, 1990.

Gra91 *Graphics Gems II*, Arvo, J. (Ed.), Academic Press, San Diego, CA, 1991.

Gra92 *Graphics Gems III*, Kirk, D. (Ed.), Academic Press, San Diego, CA, 1992.

Gra94 *Graphics Gems IV*, Heckbert, P. (Ed.), Academic Press, San Diego, CA, 1994.

Refference 참고문헌

Gra95 *Graphics Gems V*, Paeth, A. (Ed.), Academic Press, San Diego, CA, 1995.

Gra03 Gray, K., *The Microsoft DirectX 9 Programmable Graphics Pipeline*, Microsoft Press, 2003.

Gre88 Greengard, L.F., *The Rapid Evolution of Potential Fields in Particle Systems*, MIT Press, Cambridge, MA, 1988.

Hal89 Hall, R., *Illumination and Color in Computer Generated Imagery*, Springer-Verlag, New York, 1989.

Har96 Hartman, J., and J. Wernecke, *The VRML 2.0 Handbook*, Addison-Wesley, Reading, MA, 1996.

Hea11 Hearn, D., M.P. Baker, and W.R. Carithers, *Computer Graphics*, Fourth Edition, Prentice-Hall, Englewood Cliffs, NJ, 2011.

Hec84 Heckbert, P.S., and P. Hanrahan, "Beam Tracing Polygonal Objects," *Computer Graphics*, 18(3), 119-127, 1984.

Hec86 Heckbert, P.S., "Survey of Texture Mapping," *IEEE Computer Graphics and Applications*, 6(11), 56-67, 1986.

Her79 Herman, G.T., and H.K. Liu, "Three-Dimensional Display of Human Organs from Computed Tomograms," *Computer Graphics and Image Processing*, 9, 1-21, 1979.

Her00 Hereld, M., I.R. Judson, and R.L. Stevens, "Tutorial: Introduction to Building Projection-Based Tiled Display Systems," *IEEE Computer Graphics and Applications*, 20(4), 22-26, 2000.

Hil07 Hill, F.S., Jr., and S.M. Kelley,, *Computer Graphics*, Third Edition, Prentice Hall, Upper Saddle River, NJ, 2007.

Hop83 Hopgood, F.R.A., D.A. Duce, J.A. Gallop, and D.C. Sutcliffe, *Introduction to the Graphical Kernel System*: GKS, Academic Press, London, 1983.

Hop91 Hopgood, F.R.A., and D.A. Duce, *A Primer for PHIGS*, John Wiley & Sons, Chichester, England, 1991.

Hum01 Humphreys, G., M. Elridge, I. Buck, G. Stoll, M. Everett, and P. Hanrahan, "WireGL: A Scalable Graphics System for Clusters," *SIGGRAPH 2001*.

ISO88 International Standards Organization, *International Standard Information Processing Systems—Computer Graphic—Graphical Kernel System for Three Dimensions (GKS-3D)*, ISO Document Number 8805:1988(E), American National Standards Institute, New York, 1988.

Jar76 Jarvis, J.F., C.N. Judice, and W.H. Ninke, "A Survey of Techniques for the Image Display of Continuous Tone Pictures on Bilevel Displays," *Computer Graphics and Image Processing*, 5(1), 13-40, 1976.

Jen01 Jensen, H.W., "Realistic Image Synthesis Using Photon Mapping," A K Peters, 2001.

Joy88 Joy, K.I., C.W. Grant, N.L. Max, and L. Hatfield, *Computer Graphics: Image Synthesis*, Computer Society Press,Washington, DC, 1988.

Kaj86 Kajiya, J.T., "The Rendering Equation," *Computer Graphics*, 20(4), 143-150, 1986.

Kel97 Keller, H., "Instant Randiosity," *Computer Graphics*, 49-56, 1997.

Kil94a Kilgard, M.J., "OpenGL and X, Part 3: Integrated OpenGL with Motif," *The X Journal*, SIGS Publications, July/August 1994.

Kil94b Kilgard, M.J., "An OpenGL Toolkit," *The X Journal*, SIGS Publications, November/December 1994.

Kil96 Kilgard, M.J., *OpenGL Programming for the XWindows System*, Addison-Wesley, Reading, MA, 1996.

Knu87 Knuth, D.E., "Digital Halftones by Dot Diffusion," *ACM Transactions on Graphics*, 6(40), 245-273, 1987.

Kov97 Kovatch, P.J., *The Awesome Power of Direct3D/DirectX*, Manning Publications Company, Greenwich, CT, 1997.

Kue08 Kuehhne, R.P., and J.D. Sullivan, *OpenGL Programming on Mac OS X*, Addison-Wesley, Boston, MA, 2008.

Kui99 Kuipers, J.B., *Quaternions and Rotation Sequences*, Princeton University Press, Princeton, NJ, 1999.

Las87 Lasseter, J., "Principles of Traditional Animation Applied to 3D Computer Animation," *Computer Graphics*, 21(4), 33-44, 1987.

Lev88 Levoy, M., "Display of Surface from Volume Data," *IEEE Computer Graphics and Applications*, 8(3), 29-37, 1988.

Lev96 Levoy, M., and P. Hanrahan, "Light Field Rendering," *Computer Graphics*, 31-42, 1996.

Lia84 Liang, Y., and B. Barsky, "A New Concept andMethod for Line Clipping," *ACM Transactions on Graphics*, 3(1), 1-22, 1984.

Lin68 Lindenmayer, A., "Mathematical Models for Cellular Interactions in Biology," *Journal of Theoretical Biology*, 18, 280-315, 1968.

Lin01 Linholm, E., M.J. Kilgard, and H. Morelton, "A User-Programmable Vertex Engine," *SIGGRAPH*, 2001.

Lor87 Lorensen, W.E., and H.E. Cline, "Marching Cubes: A High Resolution 3D Surface Construction Algorithm," *Computer Graphics*, 21(4), 163-169, 1987.

Ma94 Ma, K.L., J. Painter, C. Hansen, and M. Krogh, "Parallel Volume Rendering Using Binary-Swap Compositing," *IEEE Computer Graphics and Applications*, 14(4), 59-68, 1994.

Mag85 Magnenat-Thalmann, N., and D. Thalmann, *Computer Animation: Theory and Practice*, Springer-Verlag, Tokyo, 1985.

Man82 Mandelbrot, B., *The Fractal Geometry of Nature*, Freeman Press, New York, 1982.

Mat95 The MathWorks, *Student Edition of MatLab Version 4 Users Guide*, Prentice-Hall, Englewood Cliffs, NJ, 1995.

Mau06 Maurina, E., *The Game Programmer's Guide to Torque*, A K Peters, 2006.

Max51 Maxwell, E.A., *General Homogeneous Coordinates in Space of Three Dimensions*, Cambridge University Press, Cambridge, England, 1951.

Mia99 Miamo, J., *Compressed Image File Formats*, ACM Press, New York, 1999.

Mol92 Molnar, S., J. Eyles, and J. Poulton, "PixelFlow: High-Speed Rendering Using Image Composition," *Computer Graphics*, 26(2), 231-240, 1992.

Mol94 Molnar, S., M. Cox, D. Ellsworth, and H. Fuchs, "A Sorting Classification of Parallel Rendering," *IEEE Computer Graphics and Applications*, 26(2), 231-240, 1994.

Mol02 Möller, T., and E. Haines, *Real-Time Rendering*, Second, Edition, A K Peters, 2002.

Mon97 Montrym, J., D. Baum, D. Dignam, and C. Migdal, "InfiniteReality: A Real-Time Graphics System," *Computer Graphics*, 293-392, 1997.

Refference 참고문헌

Mur94 Murray, J.D., and W. Van Ryper, *Encyclopedia of Graphics File Formats*, O'Reilly and Associates, Sebastopol, CA, 1994.

New73 Newman, W.M., and R.F. Sproull, *Principles of Interactive Computer Graphics*, McGraw-Hill, New York, 1973.

Ngu07 Nguyen, H. (Ed), *GPU Gems 3*, Addison-Wesley Professional, Boston, MA, 2007.

Nie97 Nielson, G.M., H. Hagen, and H. Muller, *Scientific Visualization: Overviews, Methodologies, and Techniques*, IEEE Computer Society, Piscataway, NJ, 1997.

Ope05 OpenGL Architecture Review Board, *OpenGL Reference Manual*, Fourth Edition, Addison-Wesley, Reading, MA, 2005.

OSF89 Open Software Foundation, *OSF/Motif Style Guide*, Prentice-Hall, Englewood Cliffs, NJ, 1989.

Ost94 Osterhaut, J., *Tcl and the Tk Toolkit*, Addison-Wesley, Reading, MA, 1994.

Pap81 Papert, S., LOGO: *A Language for Learning*, Creative Computer Press, Middletown, NJ, 1981.

Pav95 Pavlidis, T., *Interactive Computer Graphics in X*, PWS Publishing, Boston, MA, 1995.

Per85 Perlin, K. "An Image Synthesizer," *Computer Graphics*, 19(3), 287-297, 1985.

Per89 Perlin, K., and E. Hoffert, "Hypertexture," *Computer Graphics*, 23(3), 253-262, 1989.

Per02 Perlon, K., "Improved Noise," *Computer Graphics*, 35(3), 2002.

Pei88 Peitgen, H.O., and S. Saupe (Eds.), *The Science of Fractal Images*, Springer-Verlag, New York, 1988.

Pha05 Pharr, M., and R. Fernando (Eds.), *GPU Gems 2: Programming Techniques for High-Performance Graphics and General-Purpose Computation*, Addison-Wesley Professional, Boston, MA, 2005.

PHI89 PHIGS+ Committee, "PHIGS+ Functional Description, Revision 3.0," *Computer Graphics*, 22(3), 125-218, July 1989.

Pho75 Phong, B.T., "Illumination for Computer Generated Scenes," *Communications of the ACM*, 18(6), 311-317, 1975.

Por84 Porter, T., and T. Duff, "Compositing Digital Images," *Computer Graphics*, 18(3), 253-259, 1984.

Pra78 Pratt,W.K., *Digital Image Processing*, Wiley, New York, 1978.

Pru90 Prusinkiewicz, P., and A. Lindenmayer, *The Algorithmic Beauty of Plants*, Springer-Verlag, Berlin, 1990.

Ree83 Reeves, W.T., "Particle Systems—A Technique for Modeling a Class of Fuzzy Objects," *Computer Graphics*, 17(3), 359-376, 1983.

Rei05 Reinhard, Erik, G. Ward, S. Pattanaik, and P. Debevec, *High Dynamic Range Imaging: Acquisition, Display, and Image-Based Lighting*, Morgan Kaufmann, San Francisco, 2005.

Rey87 Reynolds, C.W., "Flocks, Herds, and Schools: A Distributed Behavioral Model," *Computer Graphics*, 21(4), 25-34, 1987.

Rie81 Riesenfeld, R.F., "Homogeneous Coordinates and Projective Planes in Computer Graphics," *IEEE Computer Graphics and Applications*, 1(1), 50-56, 1981.

Rob63 Roberts, L.G., "Homogenous Matrix Representation and Manipulation of N-

Dimensional Constructs," MS-1505. MIT Lincoln Laboratory, Lexington, MA, 1963.

Rog98 Rogers, D.F., *Procedural Elements for Computer Graphics*, Second Edition, McGraw-Hill, New York, 1998.

Rog90 Rogers, D.F., and J.A. Adams, *Mathematical Elements for Computer Graphics*, McGraw-Hill, New York, 1990.

Rog00 Rogers, D.F., *An Introduction to NURBS: With Historical Perspective*, Morgan Kaufmann, San Francisco, CA, 2000.

Ros09 Rost, R.J., B. Licea-Kane, D. Ginsberg, and J.M. Kessenich, *OpenGL Shading Language*, Third Edition, Addison-Wesley, Reading, MA, 2009.

Sch88 Schiefler, R.W., J. Gettys, and R. Newman, *X Window System*, Digital Press,Woburn, MA, 1988.

Schr06 Schroeder, W., K. Martin, and B. Lorensen, *The Visualization Toolkit: An Object-Oriented Approach to 3D Graphics*, Fourth Edition, Kitware, Clifton Park, NY, 2006.

Sei96 Seitz, S.M., and C.R. Dyer, "ViewMorphing," *Computer Graphics*, 21-30, 1996.

Seg92 Segal, M., and K. Akeley, *The OpenGL Graphics System: A Specification*, Version 1.0, Silicon Graphics, Mountain View, CA, 1992.

Shi03 Shirley, P., R.K. Morley, and K. Morley, *Realistic Ray Tracing*, Second Edition, A K Peters, 2003.

Shi05 Shirley, P., M. Ashikhmin, M. Gleicher, S. Marschner, E. Reinhard, K. Sung, W. Thompson, and P. Willemsen, *Fundamentals of Computer Graphics*, Second Edition, A K Peters, 2005.

Sho85 Shoemake, K., "Animating Rotation with Quaternion Curves," *Computer Graphics*, 19(3), 245-254, 1985.

Shr10 Shreiner, D., *OpenGL Programming Guide*, Seventh Edition, Addison-Wesley, Reading, MA, 2010.

Sie81 Siegel, R., and J. Howell, *Thermal Radiation Heat Transfer*, Hemisphere, Washington, DC, 1981.

Sil89 Sillion, F.X., and C. Puech, "A General Two-Pass Method Integrating Specular and Diffuse Reflection," *Computer Graphics*, 22(3), 335-344, 1989.

Smi84 Smith, A.R., "Plants, Fractals and Formal Languages," *Computer Graphics*, 18(3), 1-10, 1984.

Sta03 Stam, J., and C. Loop, "Quad/Triangle Subdivision," *Computer Graphics Forum*, 22, 1-7, 2003.

Str93 Strang, G., *Introduction to Linear Alegbra*, Wellesley-Cambridge Press, Wellesley, MA, 1993.

Suf07 Suffern, K., *Ray Tracing from the Ground Up*, A K Peters, 2007.

Sut63 Sutherland, I.E., *Sketchpad, A Man-Machine Graphical Communication System, SJCC*, 329, Spartan Books, Baltimore, MD, 1963.

Sut74a Sutherland, I.E., and G.W. Hodgeman, "Reentrant Polygon Clipping," *Communications of the ACM*, 17, 32-42, 1974.

Sut74b Sutherland, I.E., R.F. Sproull, and R.A. Schumacker, "A Characterization of Ten Hidden-Surface Algorithms," *Computer Surveys*, 6(1), 1-55, 1974.

Swo00 Swoizral, H., K. Rushforth, and M. Deering, *The Java 3D API Specification*, Second Edition, Addison-Wesley, Reading, MA, 2000.

Refference 참고문헌

Tor67 Torrance, K.E., and E.M. Sparrow, "Theory for Off-Specular Reflection from Roughened Surfaces," *Journal of the Optical Society of America*, 57(9), 1105-1114, 1967.

Tor96 Torborg, J., and J.T. Kajiya, "Talisman: Commodity Realtime 3D Graphics for the PC," *Computer Graphics*, 353-363, 1996.

Tuf83 Tufte, E.R., The *Visual Display of Quantitative Information*, Graphics Press, Cheshire, CT, 1983.

Tuf90 Tufte, E.R., *Envisioning Information*, Graphics Press, Cheshire, CT, 1990.

Tuf97 Tufte, E.R., *Visual Explanations*, Graphics Press, Cheshire, CT, 1997.

Ups89 Upstill, S., *The RenderMan Companion: A Programmer's Guide to Realistic Computer Graphics*, Addison-Wesley, Reading, MA, 1989.

Van94 Van Gelder, A., and J. Wilhelms, "Topological Considerations in Isosurface Generation," *ACM Transactions on Graphics*, 13(4), 337-375, 1994.

War94 Ward, G., "The RADIANCE Lighting Simulation and Rendering System," *Computer Graphics*, July 1994.

War03 Warren, J., and H. Weimer, *Subdivision Methods for Geometric Design*, Morgan Kaufmann, San Francisco, 2003.

War04 Warren, J., and S. Schaefer, "A Factored Approach to Subdivision Surfaces," *IEEE Computer Graphics and Applications*, 24(3), 74-81, 2004.

Wat92 Watt, A., and M. Watt, *Advanced Animation and Rendering Techniques*, Addison-Wesley,Wokingham, England, 1992.

Wat98 Watt, A., and F. Policarpo, *The Computer Image*, Addison-Wesley, Wokingham, England, 1998.

Wat00 Watt, A., *3D Computer Graphics*, Third Edition, Addison-Wesley, Wokingham, England, 2000.

Wat02 Watkins, A., *TheMaya 4 Handbook*, Charles RiverMedia, Hingham, MA, 2002.

Wer94 Wernecke, J., *The Inventor Mentor*, Addison-Wesley, Reading, MA, 1994.

Wes90 Westover, L., "Footprint Evaluation for Volume Rendering," *Computer Graphics*, 24(4), 367-376, 1990.

Whi80 Whitted, T., "An Improved Illumination Model for Shaded Display," *Communications of ACM*, 23(6), 343-348, 1980.

Wit94a Witkin, A.P., and P.S. Heckbert, "Using Particles to Sample and Control Implicit Surfaces," *Computer Graphics*, 28(3), 269-277, 1994.

Wit94b Witkin, A. (Ed.), *An Introduction to Physically Based Modeling*, Course Notes, SIGGRAPH 94, 1994.

Wol91 Wolfram, S., *Mathematica*, Addison-Wesley, Reading, MA, 1991.

Wri11 Wright, R.S., Jr., H. Haemel, G. Sellers, and B. Lipchak, *OpenGL Superbible*, Fifth Edition, Addison-Wesley, Boston, MA, 2011.

Wys82 Wyszecki, G., andW.S. Stiles, *Color Science*,Wiley, New York, 1982.

Index

찾아보기

Interactive Computer Graphics

ㅂ

ㅅ

ㅇ

ㅎ

기타

Appendix A 샘플 프로그램들
Appendix B 공간
Appendix C 행렬
Appendix D OpenGL 함수

부록 A~D까지는 유클라우드로 제공합니다.

ucloud office 부록 CD 다운로드 안내

http:// office.ucloud.com

ID : pptsm@ucloud.com

PW : hp2274

⇒ My ucloud / 게스트폴더 / PW:ISBN 뒤 8자리

컬러 그림 1

NURBS 곡면으로 생성되고 범프 매핑으로 렌더링 된 태양형상 객체의 이미지(Full Dome Project, University of New Mexico 제공)

컬러 그림 2

태양형상 표면의 와이어프레임 표현(Full Dome Project, University of New Mexico 제공)

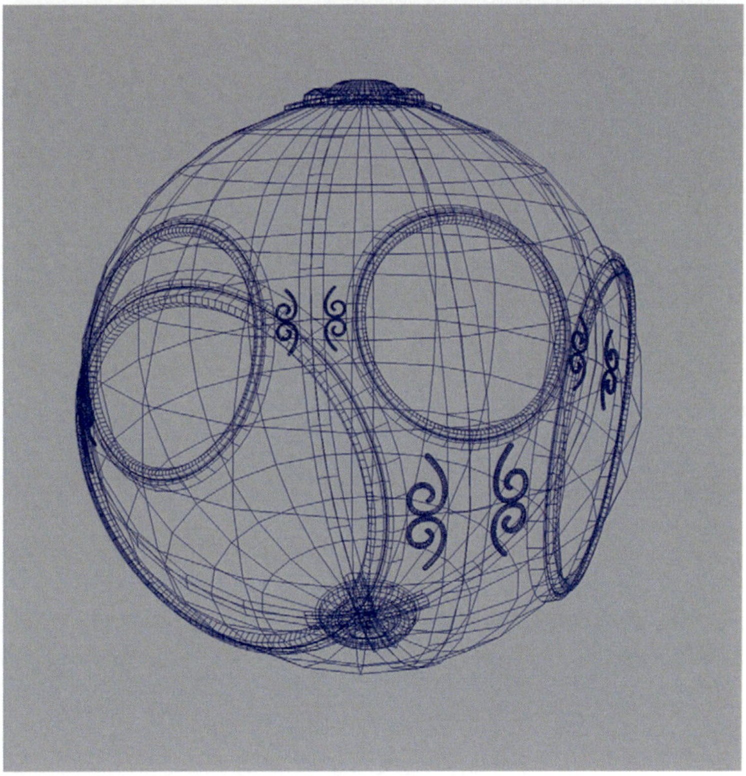

컬러 그림 3

태양형상 객체의 평면음영 렌더링 (Full Dome Project, University of New Mexico 제공)

컬러 그림 4

태양형상 객체의 부드러운 음영 렌더링(Full Dome Project, University of New Mexico 제공)

컬러 그림 5

태양형상 객체의 NURBS의 와이어 프레임 표현. NURBS 곡면을 렌더링 하기 위해서 많은 수의 다각형이 사용된 것이 보인다.(Full Dome Project, University of New Mexico 제공)

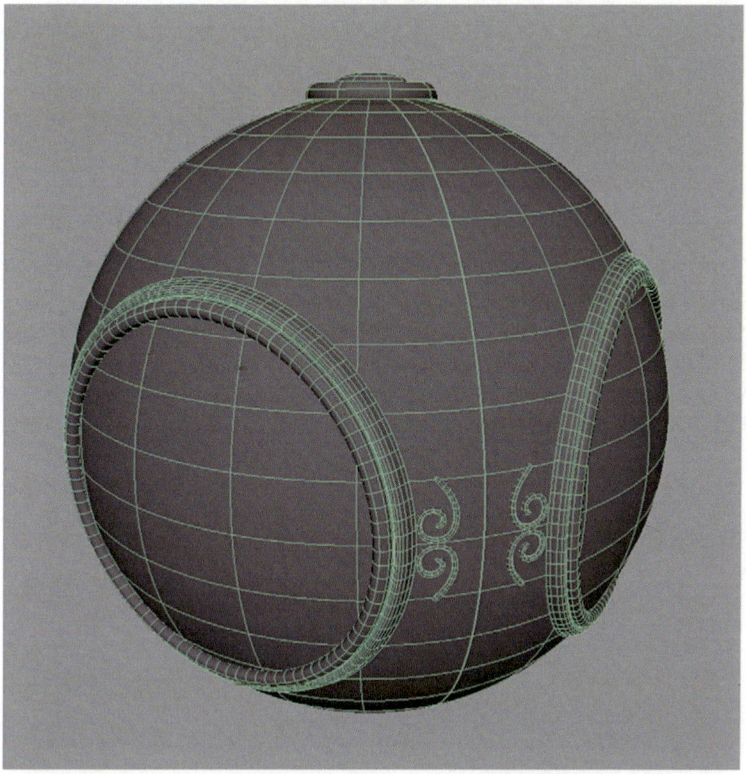

컬러 그림 6

범프 맵을 보이는 태양형상 표면의 렌더링(Full Dome Project, University of New Mexico 제공)

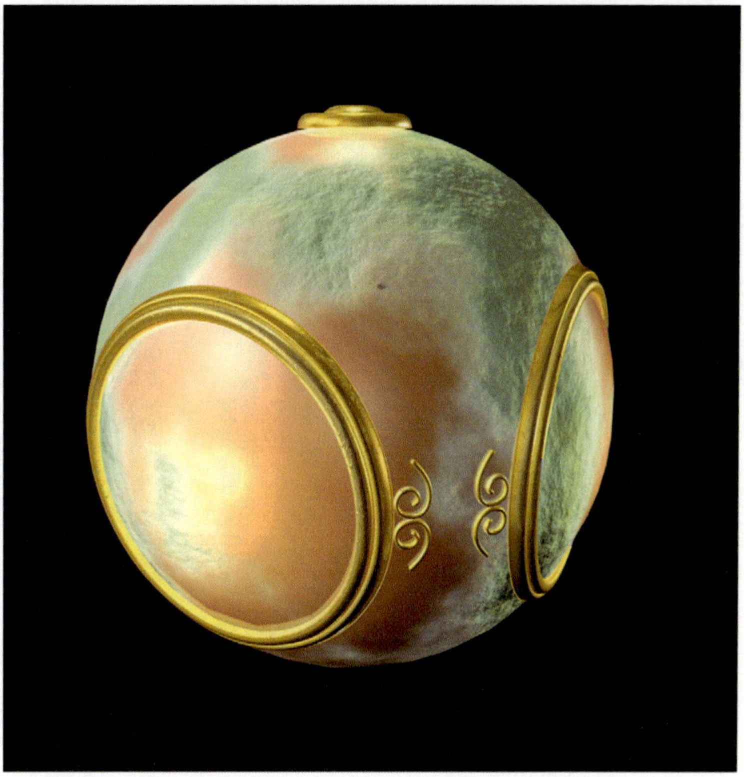

컬러 그림 7

환경 맵을 보이는 태양형상 표면의 렌더링(Full Dome Project, University of New Mexico 제공)

컬러 그림 8

환경 맵을 이용한 태양형상 객체의 작은 부분의 렌더링(Full Dome Project, University of New Mexico 제공)

(a) 앤티앨리어싱 사용하지 않음

(b) 앤티앨리어싱 사용

컬러 그림 9

사원의 외부에서의 축측관측 (Richard Nordhaus, Architect, Albuquerque, NM 제공)

컬러 그림 10

사원의 내부에서의 투시관측 (Richard Nordhaus, Architect, Albuquerque, NM 제공)

컬러 그림 11

카툰-음영으로 그려진 찻잔(Ed Angel, University of New Mexico 제공)

컬러 그림 12

찻잔에 반사된 컬러 입방체의 반사 맵(Ed Angel, University of New Mexico 제공)

컬러 그림 13

Maya를 이용한 애니메이션의 인터페이스(Hugh Walker, ARTS Lab, University of New Mexico 제공)

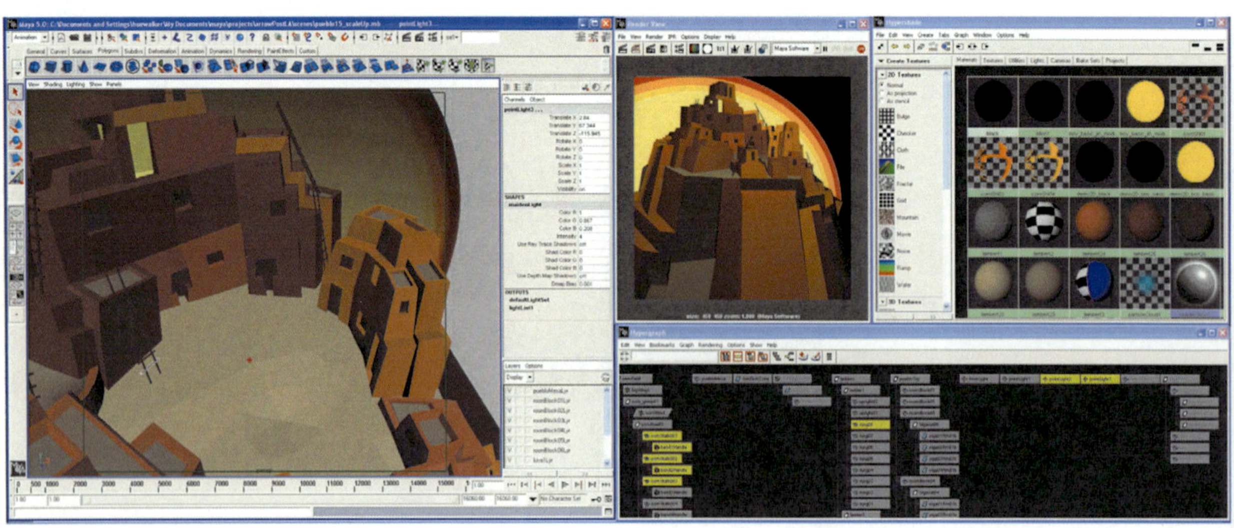

컬러 그림 14(a)

(a) 파도의 와이어프레임 모델(Sony Pictures Entertainment 제공)

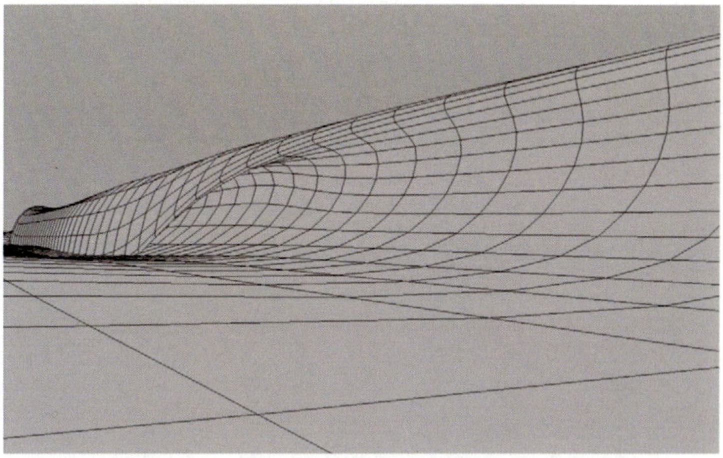

컬러 그림 14(b)

(b) 입자 시스템에 의해서 생성된 물거품과 물안개(Sony Pictures Entertainment 제공)

컬러 그림 14(c)

"Surf' s Up" 의 최종적 합성 이미지 (Sony Pictures Entertainment 제공)

컬러 그림 15

광선 추적기를 사용한 렌더링(Patric McCormick 제공)

컬러 그림 16

부드러운 음영과 확산-확산 반사를 보이는 래디오시티 렌더링(A. Van Pernis, K. Rasche, R. Geist, Clemson University 제공)

컬러 그림 17

다른 재질 특성으로 그려진 유타 찻잔(SGI 제공)

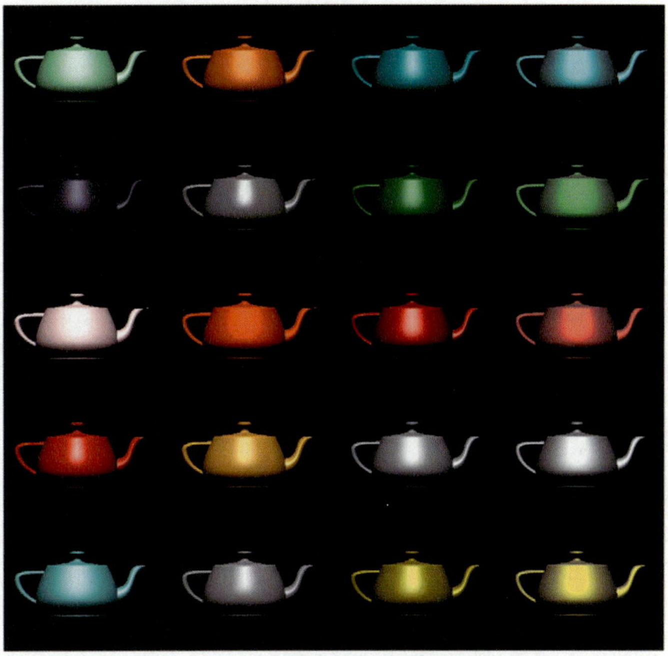

컬러 그림 18

Phong-Blinn 음영된 찻잔(Ed Angel, University of New Mexico 제공)

(a) 정점당(per-vertex) 조명

(b) 단편당(per-fragment) 조명

(c) 하이라이트 근처

(d) 하이라이트 근처

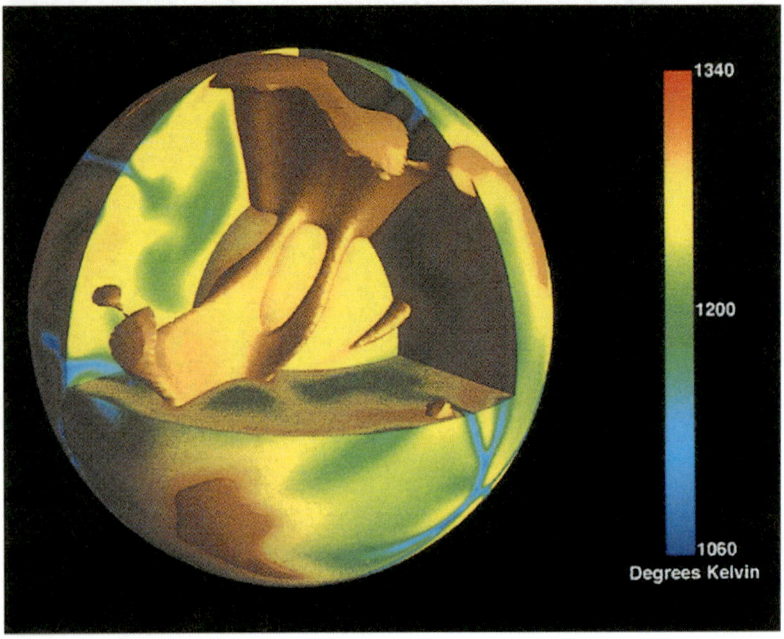

컬러 그림 19

지구내부 맨틀의 유체역학. 온도와 등온도면에 가색 매핑이 사용됨.(James Painter, Advanced Computing Laboratory, Los Alamos National Laboratory 제공)

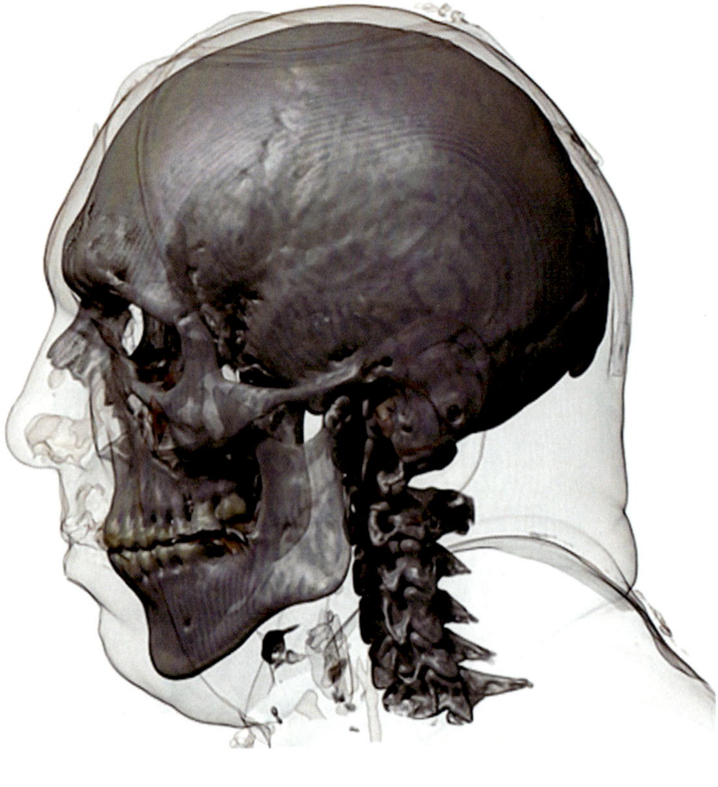

컬러 그림 20

CT 데이터의 볼륨 렌더링(J. Kniss, G. Kindlmann, C.Jansen, Scientific Computing and Imaging Institute, University of Utah 제공)

컬러 그림 21

RGB 컬러 입방체(University of New Mexico 제공)

컬러 그림 22

원격 의료진에 의해서 진료되는 환자의 아바타 표현(Tom Caudell, Visualization Laboratory, Albuquerque High Performance Computing Center, University of New Mexico 제공)

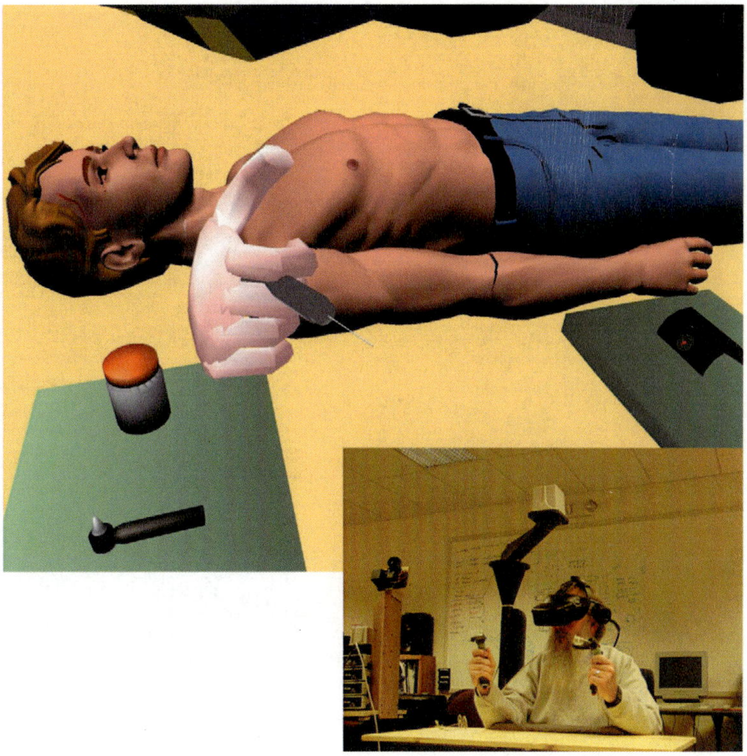

컬러 그림 23

Pixar 사의 "Geri's Game"의 한 장면. Geri의 안경에 의한 굴절을 보여준다(Pixar Animation Studios 제공)

컬러 그림 24

Geri의 안경의 중심에서 계산된 환경으로부터의 반사맵. 반사맵은 렌더링 과정의 일부로서 안경에 매핑 되었다.(Pixar Animation Studios 제공)

컬러 그림 25

Bezier 곡면의 제어 점들을 정의하기 위해서 사각 메시를 사용한 하와이 호놀룰루 고도 데이터의 디스플레이 (Brian Wylie, University of New Mexico and Sandia National Laboratories 제공)

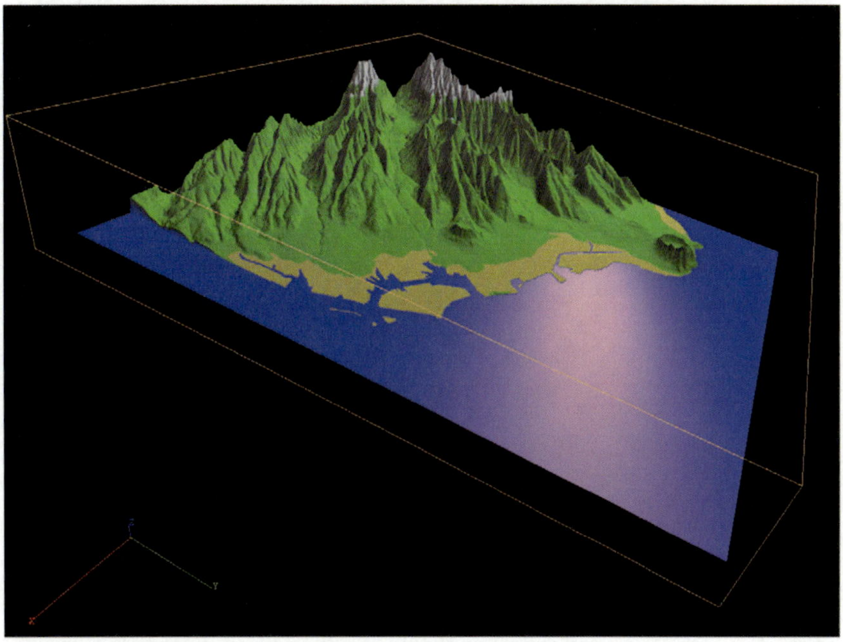

컬러 그림 26

평면 영역의 낮은 해상도를 보여주는 사각 메시의 와이어 프레임(Brian Wylie, University of New Mexico and Sandia National Laboratories 제공)

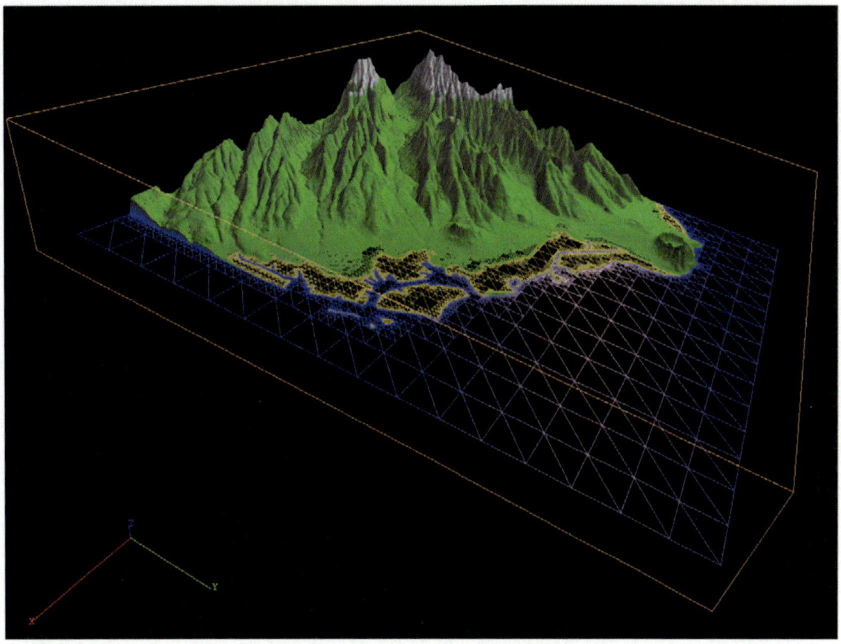

컬러 그림 27

계층적 로봇의 렌더링(University of New Mexico 제공)

컬러 그림 28

사면체의 순환적 분할에 의해 계산된 구. 삼각형에는 임의의 컬러가 할당되었다.(University of New Mexico 제공)

컬러 그림 29

지면에 그려진 입방체의 그림자. 관측자와 광원의 위치에 관측점이 두 번 설정됨으로써 계산되었다.(University of New Mexico 제공)

컬러 그림 30

스트림 튜브를 이용해서 가시화한 캐리비안 해의 열염 흐름(David Munich, High Performance Computing Center, University of New Mexico 제공)

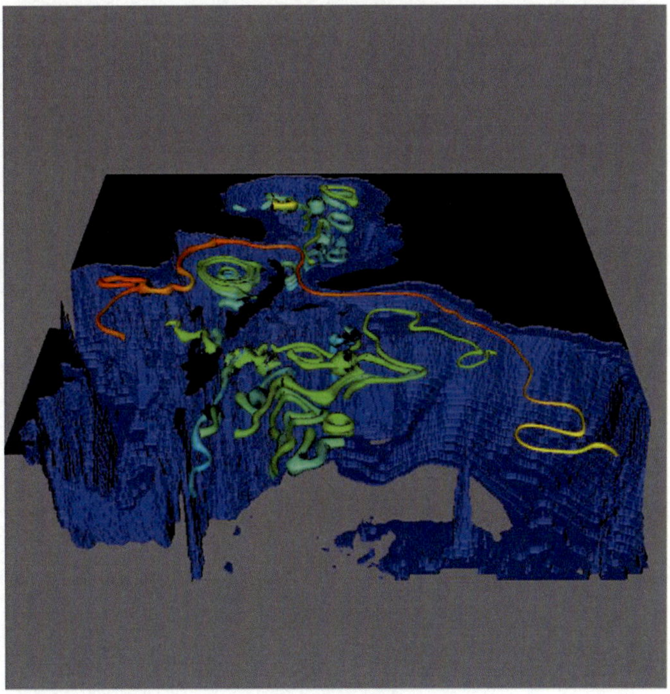

컬러 그림 31

입자 시스템(Lexus and Rhythm and Hues 제공)

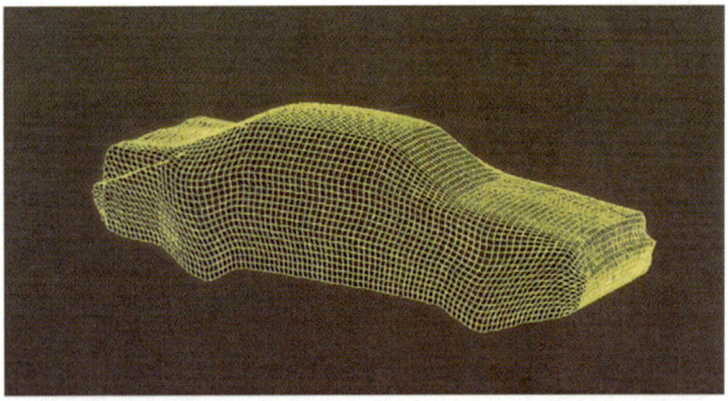

(a) 입자들의 메시

(b) Lexus 표면 모델

(c) 메시가 바람에 날림

(d) 메시가 Lexus에서 벗겨짐

| 역자 약력 |

구자영(jykoo@dankook.ac.kr)
한국과학기술원(KAIST) 전기 및 전자공학과 공학박사/영국 Imperial College 연구교수
영국 Queen Mary College 연구교수/현 단국대학교 소프트웨어학과 교수

권오봉(obgwun@jbnu.ac.kr)
일본구주대학 총합이공학연구과 공학박사/일본구주대학 공학부 조수
뉴욕주립대 스토니블룩 연구교수/현 전북대 컴퓨터공학부 교수

김욱현(whkim@yu.ac.kr)
University of Tsukuba(일본) 공학연구과 공학박사/한국전자통신연구원 선임연구원
현 영남대학교 컴퓨터공학과 교수

김재준(jjkimisu@daegu.ac.kr)
Iowa State University 전기공학과 공학박사/한국전자통신연구원 선임연구원
현 대구대학교 정보통신공학부 교수

백낙훈(mobilegraphicslab@gmail.com)
한국과학기술원 전산학과 공학박사/죠오지워싱턴대학 연구원
현 경북대학교 컴퓨터학부 교수/현 ㈜모바일그래픽스 대표이사

정회경(hkjung@pcu.ac.kr)
광운대학교 컴퓨터공학과 공학박사/영국 ICL 연구소 연구원
한국전자통신연구원 초빙교수/현 배재대학교 컴퓨터공학과 교수

정가 37,000원

OpenGL을 이용한 컴퓨터 그래픽스

2014년 3월 20일 초판 인쇄
2014년 4월 1일 초판 발행

역자와의 협의하에 인지생략

저 자 : Edward Angel · Dave Shreiner
역 자 : 구자영 · 권오봉 · 김욱현 · 김재준 · 백낙훈 · 정회경
발행자 : 우명찬 · 송 준
발행처 : 홍릉과학출판사
주 소 : ㉾ 142-885 서울시 강북구 인수봉로 50길 10
등 록 : 1976년 10월 21일 제5-66호
전 화 : 999-2274~5, 903-7037
팩 스 : 905-6729
ISBN : 979-11-5600-301-4

hongpub@hongpub.co.kr
www.hongpub.co.kr